D1690676

H. W. STOLL
DIE SAGEN DES KLASSISCHEN ALTERTUMS

H. W. Stoll

Die Sagen des klassischen Altertums

Erzählungen aus der alten Welt
Illustrierte Gesamtausgabe

Magnus Verlag

© Magnus Verlag
mit Genehmigung der Rechte-Inhaber
Redaktion/Herstellung: SVS, Stuttgart/Essen
Einbandgestaltung: Aab-Design, Stuttgart
Satz: Typobauer Filmsatz GmbH, Ostfildern 3
Gesamtherstellung: Salzer - Ueberreuter, Wien

1. Prometheus

In uralter Zeit, als noch Kronos (oder Saturnus) die Welt regierte, lebten Götter und Menschen, beide von *einer* Mutter, von der allerzeugenden Erde, entsprossen, vereint auf der Erde zusammen in traulichem Verkehr, kaum sich ihres Unterschiedes bewußt. Als aber nach dem Sturze des Kronos Zeus, sein gewaltiger Sohn, die Herrschaft der Welt in seine Hand genommen und der Berg Olympos, der in den Himmel ragt, der Sitz der ewigen Götter geworden war, da gefiel es den Göttern, sich mit den Menschen auseinanderzusetzen und zu bestimmen, was für Ehren die sterblichen Menschen den Göttern für ihren Schutz und ihre Wohltaten zukommen lassen sollten. Zu Mekone, der Stadt Sikyon im Peloponnes, hielten daher Götter und Menschen eine Versammlung. Dort vertrat Zeus die Sache der Götter, als Anwalt der Menschen aber trat auf *Prometheus*, der Sohn des Japetos, aus dem Geschlechte der göttlichen Titanen, die mit Kronos von Zeus nach langem Kampfe in die Tiefen des Tartaros verstoßen worden waren. Prometheus, der kluge und listige, ließ sich durch das Vertrauen auf seine Geisteskraft verleiten, mit Zeus, dem weisesten der Götter, in der Klugheit zu wetteifern und, damit er seinen Schützlingen, den Menschen, einen günstigen Vertrag erringe, den Sinn des Zeus zu betrügen. Er schlachtete einen großen Stier und zerlegte ihn, damit aus den Stücken die Himmlischen sich wählten, was sie in Zukunft zum Opfer begehrten. Er machte zwei Haufen aus den Stücken. Auf den einen legte er das Fleisch und die eßbaren mit Fett umwachsenen Eingeweide, wohlverhüllt in die Haut des Opfertieres, und oben drauf den Magen, das schlechteste Stück; auf den andern legte er die Knochen künstlich zusammen und überdeckte sie mit glänzendem Fett. So gab er dem guten Teil ein schlechtes und dem schlechten Teil ein gutes Aussehen. Zeus, der Vater der Götter und Menschen, der Allwissende, durchschaute den Trug und sprach scherzenden Mutes: „Sohn des Japetos, erlauchter Herrscher, trauter Freund, wie ungleich maßest du die Teile!" Prometheus glaubte seine List gelungen und sprach lächelnd: „Zeus, ehrwürdigster, größter der unsterblichen Götter, wähle von diesen den Teil, den dein Herz dir anrät." Voll Zorn im Herzen wählte Zeus nun absichtlich den schlechteren Teil, die Knochen, damit er Grund habe, die Menschen, denen er Böses sann, zu verkürzen. Mit beiden Händen hob er das schimmernde Fett auf, und da er das weiße Gebein und die täuschende Arglist sah, sprach er mit zornigem Mute: „Wahrlich, du trefflicher Kenner des Trugs, Freund Japetionide, du hast noch nicht deine betrüglichen Künste verlernt!" Seitdem pflegen die Menschen den Unsterblichen die weißen Knochen der Opfertiere auf duftenden Altären zu verbrennen.

Zeus aber versagte jetzt, um den Betrug des Prometheus zu strafen, den

Menschen das Feuer. Prometheus jedoch stahl listig das Feuer aus dem Olympos, aus dem Hause des Zeus, und brachte den Menschen die glimmenden Funken in einer markigen Ferulstaude zur Erde. Als Zeus den fernhinglänzenden Schein des Feuers bei den Menschen sah, da ergrimmte er noch mehr. Den Prometheus fesselte er mit unzerbrechlichen Banden und trieb ihm noch dazu einen Pfahl mitten durch den Leib; und er sandte einen Adler mit gewaltigen Schwingen, der zerfraß dem Gefesselten täglich die Leber, die jede Nacht aufs neue wieder nachwuchs. Erst nach langer Zeit erlegte Herakles den Adler und befreite den Prometheus aus seiner Pein. So wollte es Zeus, damit sein geliebter Sohn durch diese Tat noch größeren Ruhm auf Erden erlange.

Den Menschen ließ Zeus das Feuer, aber er gab für dieses Gut ihnen ein großes Übel. Auf seinen Befehl formte Hephaistos, der kunstfertige Gott, aus Erde und Wasser das wunderbare Bild einer Jungfrau, mit der Stimme und Kraft der andern Menschen, aber den unsterblichen Göttinen gleich an Antlitz. Athene, unterstützt von den Chariten, Peitho und den Horen, gürtete und schmückte das edle Gebild mit weißem schimmerndem Gewande, übers Haupt hängten sie ihr einen feinen kunstvoll gewirkten Schleier und schmückten ihre Locken mit einem Kranze lieblicher Blumen; auch eine goldene Krone setzten sie ihr auf das Haupt, ein Werk des Hephaistos, das er mit bunten Tiergestalten sinnreich geziert hatte. Athene unterwies sie in kunstreicher Arbeit, Aphrodite umgoß ihr Haupt mit Anmut und erfüllte sie mit verführerischem Schmachten und den Sorgen der Gefallsucht, Hermes gab ihr verschlagenen Sinn und schmeichlerische Rede. Die Götter bewunderten die herrliche Jungfrau und nannten sie *Pandora*, „die Allbegabte", weil alle Götter sie mit Gaben beschenkt hatten.

Nachdem so das reizende Übel für die Menschen bereitet war, schickte es Zeus durch Hermes auf die Erde, in das Haus des *Epimetheus*, des „Nachbedacht", eines Bruders von Prometheus. Prometheus (sein Name heißt „Vorbedacht") hatte den Bruder oft gewarnt, irgendeine Gabe von den Himmlischen anzunehmen, weil zu befürchten sei, daß den Menschen irgendein Unheil daraus erwachse; aber der törichte Epimetheus vergaß die Mahnung des Klugen und nahm das verhängnisvolle Geschenk an. Er vermählte sich mit der Jungfrau, und diese ward die Stammutter aller Frauen der Erde. *Nachbedacht* bemerkte erst, als es zu spät war, welch' Unheil er in sein Haus genommen. Bisher hatten die Menschen auf Erden frei von Leiden und Mühe und todbringender Krankheit ein seliges Leben gelebt; aber das Weib hob jetzt von dem Fasse der Übel den großen Deckel weg und ließ alle Übel herausfliegen, daß sie sich unter den Menschen verbreiteten. Nur die Hoffnung blieb oben an dem Rande des Fasses hängen und vermochte nicht herauszufliegen, da nach dem Ratschlusse des Zeus Pandora schnell wieder den Deckel schloß. Seitdem schweift der Übel zahllose Schar unter den Sterblichen umher, daß Jammer und Trübsal Land und Meer erfüllt. Auch Krankheiten nahen bei Tag und bei Nacht ungerufen den Menschen, leise und schweigend, denn Zeus hat ihnen die Stimme versagt, und sie bringen viel Elend und schnellen Schrittes den Tod, der bisher nur langsam die Sterblichen beschlich.

2. Prometheus

Als Zeus mit Kronos und den Titanen den Kampf begann, um ihnen die Herrschaft der Welt zu entreißen, da riet Prometheus den Titanen, mit denen er durch seine Abkunft zusammenhing – denn er war ein Sohn des Titanen Japetos und der Titanin Themis – sich dem Zeus in Frieden zu unterwerfen, da er an Weisheit sie weit überragte. Aber die wilden Titanen, im Vertrauen auf ihre gewaltige Stärke, verlachten den Rat ihres Genossen und hofften mit leichter Mühe sich zu behaupten. Mit trotzigem Mute begannen sie den Kampf. Da trennte sich Prometheus von seinen Verwandten und trat mit seiner Mutter auf die Seite des Zeus; denn durch die Weissagung seiner Mutter wußte er, daß da der Sieg sein werde, wo bei der Kraft zugleich die Klugheit sei. Nach einem furchtbaren Kampfe von 10 großen Jahren siegte endlich Zeus besonders durch die Hilfe des Prometheus über Kronos und die trotzigen Titanen und warf sie auf des Prometheus' Rat mit Ketten belastet in die Tiefen des Tartaros; aber im Sturze noch sprach Kronos über den Sohn den Vaterfluch aus, den einst auch Uranos bei seiner Entthronung gegen ihn geschleudert hatte. Darum hatte Zeus in der Zukunft ein ähnliches Geschick zu erwarten wie sein Vater Kronos.

Der neue Herrscher verteilte nun die Ehren und Ämter seines nach neuen Gesetzen regierten Reiches unter die ihm verwandten jüngeren Götter. Auch die letzten Spuren der alten Titanenherrschaft sollten vernichtet werden. Die aus dem Geschlechte der Titanen auf seiner Seite gestanden, wurden verdrängt; Okeanos ward verwiesen an den äußersten Saum der Erde, die Prophetin Themis mußte ihr Orakel zu Delphi dem Zeussohn Apollon abtreten. Auch die Menschen, die unter Kronos gelebt, sollten vertilgt werden, um einem neuen Geschlechte Platz zu machen. Da aber tritt Prometheus für die armen Menschen auf und verkündet dem Zeus eine Zeit, wo ein Weib aus dem Menschengeschlechte einen löwenbewältigenden Helden, den Liebling des Zeus, Herakles, gebären werde, wo ein Sterblicher allein Zeus' Herrschaft noch retten könne vor dem Fluche des Vaters. Zeus gibt nach und läßt das Menschengeschlecht bestehen; aber den Prometheus, der ihm durch klugen Rat so manchen guten Dienst getan, haßt er als den letzten Gewaltigen aus dem Titanengeschlechte, der es allein noch wagt, seinem Willen entgegenzutreten. Prometheus selbst gibt dem Herrscher bald Anlaß zu Zorn und Strafe.

Die Menschen waren ein trauriges, ohnmächtiges Geschlecht ohne Gedanken und ohne Hoffnung. Mit offenen Augen sahen sie nicht, hörend hörten sie nicht; wie Traumgestalten irrten sie umher; ihre Gedanken gingen wirr durcheinander, und stumpfen Sinnes wußten sie ihre Wahrnehmungen nicht zu gebrauchen. Sie kannten nicht die Kunst, aus gezimmerten Balken ein Obdach sich zu schaffen; wimmelnden Ameisen gleich, wohnten sie tief vergraben in sonnenlosen Höhlen. Nicht erkannten sie an sicheren Zeichen das Nahen des Winters oder des blumenreichen Frühlings und des fruchtbringenden Herbstes. Was sie taten, geschah ohne Einsicht und Plan. Da erbarmte sich Prometheus der armen Geschöpfe. Er ging nach Lemnos in die Feueresse seines Freundes Hephaistos, in den Feuerberg Mosychlos, holte dort in der glimmenden Ferulstaude einen Funken des göttlichen Feuers und brachte ihn seinen Menschen, und lehrte sie alle Kunst und Wissenschaft. Er deutete ihnen den Auf- und Niedergang der Gestirne, lehrte sie die Kunst der Zahlen und den Gebrauch der Schrift und gab ihnen die Kraft der Erinnerung, die Grundlage sagenkundiger Musenkunst. Den wilden Bergstier spannte er zu ihrem Dienste ins Joch und schirrte das stolze Roß an den Wagen; auch baut' er das Schiff und beflügelte es mit dem leinenen Segel zur Wanderung durchs Meer. Die in der Tiefe der Erde verborgenen Schätze, Erz und Eisen, Silber und Gold, lernten sie durch seine Unterweisung auffinden und gewinnen und zu ihrem Nutzen zu gebrauchen. Bisher, wenn Krankheit einen niederwarf, war zur Heilung kein Mittel vorhanden, weder ein Trank noch eine Salbe; da zeigte ihnen Prometheus die Mischung der Arzneien, wodurch die wilde Kraft der Krankheit gelindert ward. Dann lehrte er sie die verschiedenen Arten der Weissagung, die Deutung der Träume, der Stimmen und Töne, des Vogelflugs und die Opferschau. Auch befreite er sie von der bangen Voraussicht und Furcht des Todes und pflanzte ihnen blinde Hoffnungen ein, daß sie des Todes vergaßen. So wurden die Menschen durch Prometheus in alle Künste des Lebens eingeweiht und aus ihrem rohen und hilflosen Zustande zu einem schöneren, glücklicheren Leben und höherer Kultur geführt.

Zeus grollte dem Prometheus wegen dieses eigenmächtigen Handelns; seinen besonderen Zorn aber erregte der Raub des himmlischen Feuers, welchen Prometheus gegen seinen Willen verübt hatte. Zwar hatte den Titanen seine Mutter Themis gewarnt und ihm vorgestellt, wie der neue Herrscher nur darauf denke, ihn, den Letzten der Titanen, auch noch aus dem Wege zu schaffen; sie hatte ihm verkündet, wie er für seine Tat auf Anordnung des Zeus angeschmiedet 30 Jahrtausende dulden müsse, bis er, müde und matt von aller Qual, mit dem Herrscher sich versöhnen werde. Aber Prometheus fürchtete den Zorn des Zeus nicht, sein trotziger Sinn und seine Liebe zu dem Menschengeschlechte trieben ihn ins Verderben.

Froh, gegen den trotzigen Titanen, der sich dem höheren Willen nicht fügen mag, einen Grund zu haben, befiehlt Zeus seinen riesigen Dienern Kratos und Bia, „Kraft" und „Gewalt", den Prometheus zu ergreifen und in das skythische Land an den fernsten Saum der Erde zu führen, damit er dort an den öden meerbespülten Felsen des Kaukasus angeschmiedet werde. Dies tut Hephaistos, jedoch mit innerem Widerstreben, denn seit langem ist er dem Prometheus befreundet; aber er muß dem Gebote des Vaters gehorchen. Er legt ihm unzerbrechliche Eisenbande um Arme und Füße, um Seiten und Schenkel, und treibt ihm einen diamantenen Keil mitten durch die Brust. Während er so seufzend und voll Mitleid dem Freunde das Eisennetz umlegt, höhnen die rauhen Gesellen Kratos und Bia mit manchem rohen Worte den Unglücklichen und werfen ihm seine frevlerische Überhebung vor, durch die er sich ins Unheil gestürzt; aber der Titanensohn verharrt stolz und trotzig in seinem Schweigen und läßt keinen Laut der Klage hören. Erst als seine Peiniger sich entfernt hatten, bricht er in seiner Einsamkeit in laute Klagen aus über seine Qual und seine Schmach, daß die felsigen Meeresufer weithin davon widerhallen. Am meisten schmerzt es ihn, daß er für ein gutes Werk, für seine Wohltaten gegen das Menschengeschlecht grausame Strafe leiden muß; seine Widersetzlichkeit gegen den Willen des Zeus hält er für gerecht.

Die Töchter des Okeanos, die schönen Okeaniden, haben fern in der Meeresgrotte ihres Vaters den Schall des Hammers gehört, der den Unglücklichen an den Felsen schmiedete, und sein lautes Klaggeschrei; sie kommen mitleidsvoll heran durch die Lüfte, um ihn zu trösten und zu klugem Nachgeben gegen den neuen Herrscher zu bewegen: er ist ja gleichen Stammes mit ihnen, ihre Väter sind Brüder, und Hesione, seine Gattin, ist ihre Schwester. Auch Okeanos selbst, der Alte, kommt heran und mahnt ihn zur Unterwerfung unter das gewaltige Zepter des Zeus, dem auch er sich klug gefügt; er erbietet sich sogar in den Olympos zu gehen und bei Zeus Fürsprache für ihn einzulegen. Aber Prometheus will keine Fürbitte, sein Mitleid könnte auch ihm noch den Haß des neuen Königs erwecken, er will ungebeugt und festen Herzens den Kelch seiner Leiden austrinken, bis einst in der Brust des Zeus sich Zorn und Haß gelöst.

Der gefesselte Prometheus durch Herakles befreit.

Kaum hat Okeanos sich entfernt, so stürzt wahnsinngepeitscht, von der Bremse verfolgt, Io heran, die unglückliche Tochter des Inachos, des Königs von Argos, welche wegen der Liebe des Zeus durch den Zorn der Hera in Gestalt eines Rindes qualvoll auf der Erde umherirrt, ohne Trank, ohne Speise, und nirgends Ruhe findet. Dem Zeus verdankt sie ihr Unglück, wie auch Prometheus. Prometheus erkennt sie sogleich in seinem weissagerischen Geiste und verkündet ihr, durch welche Länder noch all' in Europa und Asien sie flüchtend irren muß, bis sie endlich nach langer Zeit in Ägypten die Erlösung aus ihrem Elend finden wird; dort werde sie, von der milden Hand des Zeus berührt, einen Sohn gebären (Epaphos), von dem im 13. Gliede ein kühner Held (Herakles) ersprieße, der bestimmt sei, ihn selbst aus seiner Qual zu retten. Zu dieser Zeit wird einst Zeus zur Versöhnung geneigt sein. Auch er steht unter der Allgewalt des Geschickes, der Moira, und er wird ohne Prometheus dem drohenden Verhängnis nicht entgehen. Der Fluch des Vaters Kronos, den er vom Throne gestürzt, droht ihm gleichen Sturz durch ein Ehebündnis, das er schließen will. Dann liegt das Heil des Zeus in des Prometheus' Hand; der allein weiß durch die Weissagung seiner Mutter den Namen der Göttin, die, wenn er sie zur Gattin sich erkiest, ihm einen Sohn gebären wird, der größer ist als er und ihm die Weltherrschaft entreißen wird. Dies Geheimnis wird Prometheus in seiner Brust verschließen, und keine Marter und keine List soll es ihm entlocken, es sei denn, daß Zeus seine Bande löst. Tut er das nicht, so stürzt sein Thron, und er fällt erniedrigt in die tiefste Schmach.

Zeus hat in seinem Himmel die Drohungen des Titanen gehört. Er schickt seinen Boten Hermes zu ihm hinab mit der Forderung, daß er das verhängnisvolle Geheimnis offenbare. Halte er es eigensinnig zurück, wo werde der Donner des Zeus und der Keil seines Wetterstrahls den Felsen, an den er geschmiedet ist, zerschmettern, und er werde mit ihm hinab in die Finsternis stürzen, wo er Jahrtausende lang, von Felsgestein umschlossen, schmachten werde, und steige er endlich wieder zum Lichte zurück, noch in denselben Banden wie jetzt, so werde des Zeus mächtiger Aar mit heißer Gier das Trümmerfeld seines Leibes zerfleischen und seine Leber zerfressen. Und diese Marter soll nicht enden, bis freiwillig ein Gott statt seiner in den Hades, in des Todes Nacht hinabsteige. Aber Prometheus ist durch keine Drohung zu schrekken, er will sein Geheimnis bewahren, selbst wenn das All rings umher zusammenstürzt. Da erbebet die Erde, wild zuckt und zischet Blitz auf Blitz; Staub wirbelt auf, vom Sturme gejagt, und in tobendem Aufruhr, unter des Orkanes Geheul stürzet der Fels mit dem Titanen hinab in den Abgrund.

Jahrtausende hängt Prometheus in der finstern Tiefe in seinen Banden, von Felsgeklüft umschlossen, in einsamer Qual; aber sein Herz bleibt ungebrochen. Er steigt auf das Gebot des Zeus wieder zum Tage herauf und hängt wieder Jahrtausende in der skythischen Felsenöde, und, wie Zeus ihm einst gedroht, ein wilder Adler zerfleischt ihm Brust und Leber. Jeden dritten Tag kommt er mit schwerem Flug aus der Höhe herab, schlägt die grimmen Klauen in seine Weichen und nagt an seiner sich stets erneuernden Leber. Das triefende Blut ist seit Urzeiten geronnen an seinem Leib zu eklem Schmutz und träufelt, von der Sonnenglut erweicht, aufs Gestein herab.

Solche tausendjährigen Qualen können endlich auch den trotzigsten Sinn und die riesigste Kraft brechen. Auch Prometheus ist endlich ermattet und wünscht Frieden und Erlösung. Seine früheren Genossen, die Titanen, haben sich längst in die neue Weltordnung gefügt und mit Zeus versöhnt. Sie sind, ihrer Bande ledig, wieder aus dem Tartaros hervorgestiegen und kommen jetzt zu ihrem unglücklichen Verwandten und raten zur Unterwerfung. Auch Themis kommt, seine greise tiefgebeugte Mutter, und mahnt ihn, daß jetzt die Zeit nahe sei, wo Zeus die verhängnisvolle Ehre schließen wolle, die ihm den Sturz bereiten werde. Zeus werde jetzt seinen Rat und seine Versöhnung suchen; er möge diese letzte Gelegenheit sich zu retten nicht von sich weisen.

Zeus hat die Worte der weisen Themis vernommen und wird durch die nahe Gefahr bestimmt, die Versöhnung des Prometheus zu suchen; der rasche despotische Sinn beim Beginn seiner Herrschaft hat sich im Verlaufe der Zeit gemildert, und sein Thron ist jetzt so gefestigt, daß er von den Titanen nichts mehr zu befürchten hat. Er läßt daher den Herakles, den verheißenen Sohn der Io, der die Welt durchzieht, um sie zum Heile der Menschen von Ungeheuern und sonstigen Plagen zu reinigen und für die Ordnung des Zeus auf Erden zu wirken, auf seiner Wanderung an dem skythischen Felsen erscheinen und mit seinem Pfeil den nagenden Adler an der Brust des Prometheus erlegen. Darauf verspricht Herakles, der göttliche Cheiron, der ihm befreundete Kentaur, welcher zufällig durch einen seiner giftigen Pfeile eine unheilbare Wunde empfangen hatte, werde zur Buße für Prometheus freiwillig in den Tod gehen, und löst mit dem Willen des Zeus die Fesseln des Prometheus. Zeus schickt den Hermes mit freundlichen Worten zu Prometheus, und der offenbart jetzt willig sein Geheimnis. Wenn Zeus, so spricht er, sich mit der Nereustochter Thetis, die nach dem Schicksalsschlusse einen Sohn gebären wird, der stärker ist und mächtiger als sein Vater, vermählt, so wird der Sohn aus dieser Ehe ihn selbst vom Throne stoßen. Darum möge Zeus sie dem Achäerfürsten Peleus vermählen, und der Sohn dieser Ehe (Achilleus) werde der herrlichste Held der Hellenen sein. Hierauf erscheint, um die Versöhnung zu vollenden, Cheiron, der wegen seiner unheilbaren Wunde zu sterben wünscht, von seinem Freunde Peleus geleitet, und erklärt, daß er für Prometheus in die Unterwelt gehen wolle. Prometheus selbst aber umflicht sich das Haupt mit einem Weidenkranze, zur Erinnerung an seine Fesselung und zum Zeichen, daß er sich dem Zeus unterwerfe und zu eigen gebe; auch trägt er zu demselben Zweck von jener Zeit an einen eisernen Ring an seiner Hand, in dem ein Steinchen von dem Kaukasusfelsen eingefügt ist. So ist Zeus von seinem Verhängnisse befreit und Prometheus von seiner Fessel. Auf der Hochzeit der Thetis mit Peleus feiern die olympischen Götter und alle Titanen ihr Versöhnungsfest.

1. Die Menschenalter

Zu der Zeit, wo Kronos (Saturnus) die Weltherrschaft innehatte, lebte das *goldene Geschlecht* der Menschen. Wie die Götter lebten sie ein seliges Leben ohne Sorgen und Müh. Die Schwäche des Alters blieb ihnen fern, in stets rüstiger Kraft, von jeglichem Übel frei, ergötzten sie sich an frohen Gelagen; nach langem Leben starben sie, wie vom Schlafe dahingenommen. So lange sie aber lebten, fehlte es ihnen an keinem Gute; freiwillig brachte ihnen die nahrungssprossende Erde die Fülle ihrer Gaben, und zahlreiche Herden weideten ihnen auf der Flur; ruhig, in Friede und Glück, vollbrachten sie ihr Tagewerk. Die seligen Götter waren ihnen hold und pflegten mit ihnen traulichen Umgang. Als dieses Geschlecht von der Erde verschwand, wurden sie gute überirdische Dämonen, Schutzgötter der sterblichen Menschen. In Nebel gehüllt, durchwandeln sie rings die Erde als Wächter des Rechts und Rächer des Bösen und bringen Reichtum und Segen den Menschen. Das ist ihr königliches Ehrenamt, das der Wille des großen Zeus ihnen verliehen.

Darauf schufen die Himmlischen ein zweites viel geringeres Geschlecht, das *silberne,* dem goldenen weder gleich an leiblicher Kraft noch an Gesinnung. Hundert Jahre lang lebte ein Kind kindischen Sinnes im Hause bei der sorglichen Mutter, und waren sie dann endlich zum Alter der Reife gelangt, so lebten sie nur noch kurze Zeit; aber statt in Frieden und mit Vernunft die Güter des Lebens zu genießen, verkümmerten sie sich diese kurze Zeit durch ihren Unverstand. Gleich gerieten sie untereinander in Streit und beleidigten sich durch frevelnden Trotz; auch versäumten sie in ihrer Schlaffheit, den Göttern die gebührenden Opfer zu bringen. Die vertilgte Zeus der Kronide in seinem Zorn, weil sie der Ehrfurcht gegen die Götter ermangelten, und barg sie unter der Erde, wo sie als unterirdische selige Sterbliche fortleben, weniger mächtig zwar als die Dämonen des goldenen Zeitalters, doch auch sie nicht ohne Ehre.

Nun erschuf Zeus das dritte Geschlecht, das *eherne*, dem silbernen nicht gleich; aus Eschenholz, dem Holze der Mordlanze, schuf er es, hart und fest und gewaltig. Das blutige Werk des Krieges war ihre Freude und übermütige Gewalttat. Sie aßen nicht die milde Feldfrucht, denn sie wußten nichts von Feldarbeit und Ackerbau. Wild und hart wie Demant war ihr Herz, ihre Leiber waren von riesigem Bau und von ungeheurer Stärke; ihr wuchtiger Arm war unnahbar. Von Erz waren ihre Waffen und ihre Häuser, mit Erz arbeiteten sie; das dunkle Eisen war noch nicht vorhanden. In ihrem wilden kriegerischen Sinn rieben sie sich selbst auf und gingen namenlos in das Haus des Hades hinab; so gewaltig sie waren, gegen den schwarzen Tode vermochten sie nichts.

Als die Erde auch dieses Geschlecht verschlungen hatte, berief Zeus der Kronide ein viertes Geschlecht zum Leben auf der Erde, das edler war und gerechter als das vorige, das göttliche Geschlecht der *Heroen,* die auch Halbgötter von der Vorwelt genannt wurden. Die vertilgte zuletzt der verderbliche Krieg und die mörderische Feldschlacht. Ein Teil derselben kam um im Kriege gegen das siebentorige Theben im Kadmeerlande, als sie kämpften um die Herden des Oidipus; die andern fielen vor Troja, wohin sie wegen des Raubes der Helena über das weite Meer gefahren. Diesen verlieh nach ihrem Tode der Vater Zeus, geschieden von den Sitzen der Menschen und fern von den Unsterblichen, einen Wohnsitz am äußersten Rande der Erde, an den Strömungen des Okeanos auf den Inseln der Seligen, wo Kronos herrscht. Dort führen sie ein sorgenloses seliges Leben, wo dreimal des Jahres süße Frucht die Erde trägt.

Das fünfte Geschlecht, das nach den Heroen folgte und noch heute dauert, ist das *eiserne.* Bei Tag und bei Nacht werden die Menschen ohn' Unterlaß aufgerieben von Beschwerde und Kümmernis, mit stets neuen Sorgen von den Göttern belastet. Ihr Sinnen und Tun ist eitel Schlechtigkeit. Der Vater ist dem Sohn, der Sohn dem Vater nicht hold, der Gast bewahrt dem Gastfreunde die Treue nicht, der Genosse nicht dem Genossen; auch unter Brüdern ist keine Liebe mehr wie vor Zeiten. Keine Ehrfurcht haben sie vor der Eltern grauem Haar, sie kränken sie durch harte Worte und Mißhandlung und versagen ihnen den Dank für ihre Pflege. Faustrecht gilt, einer zerstört des andern Stadt, überall herrscht Ungerechtigkeit und Meineid, Übermut, Neid und Bosheit, und der schlechte und betrügerische Mann gilt mehr als der gerechte. Die Göttinnen der heiligen Scheu und der Gerechtigkeit sind, in ihre weißen Gewänder gehüllt, hinauf zum Olympos geflohen, und nichts bleibt den Menschen zurück, als rettungsloses Unheil.

2. Die Menschenalter

Zuerst entstand das *goldene* Geschlecht, das ohne Richter und ohne Gesetz freiwillig Treue und Gerechtigkeit übte. Man wußte nichts von Furcht und Strafe; ohne Richter war man sicher. Noch nicht ward die Fichte auf den Bergen gefällt, um hinabzusteigen in die Meeresflut und fremde Länder zu besuchen; keine Küste kannten die Sterblichen außer der ihrigen. Noch waren die Städte nicht von abschüssigen Gräben umgürtet, man kannte nicht die eherne Trompete, nicht Helm noch Schwert, ohne Söldner lebten die Völker sorglos in behaglicher Ruhe. Unberührt von dem Karste, nicht verwundet vom Pflug, gab die Erde alles von selbst; zufrieden mit der Nahrung, die ohne Zwang hervorwuchs, pflückte man im Gebirge würzige Beeren, Meerkirschen und Erdbeeren, Brombeeren und Kornellen, und las sich die gefallenen Eicheln von dem breitgeästeten Baume des Jupiter. Ewiger Frühling herrschte auf der Erde, milde Weste umkosten die Blumen, die ungesät sprossen, Saaten keimten und reiften auf ungepflügtem Felde. Es flossen Bäche von Milch und Bäche von Nektar, und von den grünen Eichen tropfte gelber Honig.

Da Saturnus in den finstern Tartarus verstoßen war und Jupiter die Welt regierte, erwuchs das *silberne* Geschlecht, schlechter als Gold, wertvoller als Erz. Jetzt engte Jupiter die Grenzen des Frühlings ein, der in der Urzeit ewig geblüht, und sonderte Winter und Sommer und Herbst von dem kurzen Lenz, und schuf so vier Räume des Jahres. Bald glühte die Luft von trockner Dürre, bald starrte unter dem tobenden Nord zackiges Eis an Fels und Gezweig. Da suchten die Menschen zuerst den Schutz des Hauses; ihr Haus war die Höhle oder ein dichtes Gebüsch oder mit Bast verbundene Reiser. Jetzt verscharrte man zuerst den Samen der Ceres in langen Furchen, und es seufzte unter dem Joch der Pflugstier.

Darauf folgte das *eherne* Geschlecht, wilder schon von Natur und gewandt im Gebrauch schrecklicher Waffen, doch noch nicht verbrecherisch und gottlos. – Von hartem *Eisen* war das letzte Geschlecht. In diese Zeit von schlechterem Stoff brach sofort jeglicher Greuel herein. Es floh die Scham und die Wahrheit und die Treue, und an ihre Stelle traten Arglist und Trug, Tücke und Gewalttat und frevelnde Gewinnsucht. Der Schiffer entfaltete unbekannten Winden die Segel, und die Fichte, die lange untätig auf luftigen Bergen gestanden, wagte jetzt den Sprung durch fremde Gewässer. Auch die Erde, die früher gemeinsam war wie Luft und Sonnenlicht, wurde jetzt vorsichtig gemessen und durch lange Grenzen zerteilt. Und man forderte nicht bloß die Saat und die schuldige Nahrung von dem reichen Boden, man stieg sogar in die Eingeweide der Erde hinab und grub, so sorgsam sie auch versteckt und zu den stygischen Schatten entrückt waren, die metallenen Schätze hervor, die Ursachen allen Unheils. Schon war das verderbliche Eisen hervorgewühlt und das Gold, heilloser als Eisen. Da erhob sich der Krieg, der mit beiden kämpft, und schwang mit blutiger Hand die Waffen. Nun lebt alles vom Raub, der Gastfreund ist nicht sicher vor dem Gastfreund, der Schwäher nicht vor dem Eidam, und die Bruderliebe ist selten. Der Mann strebt mit Mordgedanken der Gattin nach, diese dem Gatten; Stiefmütter bereiten Gifttrank aus falbem Kraut, und der Sohn forscht ungeduldig vor der Zeit nach der Todesstunde seines Vaters. Alle Liebe und Treue ist verschwunden, und Asträa, die Jungfrau, die Freundin des Rechts und der Gerechtigkeit, verläßt zuletzt von den Himmlischen die blutbefleckte Erde.

Die große Flut

Dem Himmelsvater Zeus war von der Schlechtigkeit der Menschen viel Schlimmes zu Ohren gekommen. Der Wunsch, daß diese Gerüchte unwahr oder übertrieben sein möchten, bewog ihn, seinen Himmel zu verlassen und selbst in menschlicher Gestalt unter den Menschen umherzuwandern, um mit eigenen Augen zu schauen. Er fand leider die Wahrheit noch schlimmer als das Gerücht. Überall traf er Verwilderung und Verruchtheit. So kam er auf seiner Wanderung durch Arkadien noch in später Dämmerung nach Lykosura in das Haus des Königs *Lykaon*. Sobald er eingetreten, gab er Zeichen, daß ein Gott genaht, und die Menge begann ihn mit Gebeten und Gelübden zu verehren. Aber Lykaon verlachte die Gebete und sprach: „Ich werde schon sicher erproben, ob er ein Gott ist oder ein sterblicher Mensch." Er gedachte nämlich während der Nacht im Schlafe ihn durch ungeahnten Mord zu verderben. Zuvor aber versuchte er den Gast auf andere Weise. In seinem Hause hatte er eine Geisel vom Volke der Molosser; der durchstach er mit dem Schwerte die Kehle und kochte und briet die noch zuckenden Glieder und setzte sie seinem Gaste vor, ob er wohl erkenne, was er esse. Da schleudert Zeus im Zorne den rächenden Blitz ins Haus und zerschmettert es. Entsetzt stürzt der Frevler aus den brechenden Trümmern hinaus und sucht das Weite. Er heult auf, denn zu sprechen vermag er nicht; in schäumender Wut fällt er, getrieben von der alten Mordlust, in die Herden und freut auch jetzt noch sich am Blute. Sein Gewand zergeht in rauhe Zotteln, seine Arme wandeln sich in Beine: er wird ein Wolf und behält noch die Spuren des früheren Aussehens, die Gräue des Haars, die blutgierigen Augen, dieselbe Wildheit des Gesichts und der Gebärden.

Ein Haus ist vernichtet, aber alle sind desselben Loses wert. Der Himmelsvater ist entschlossen, das gesamte ruchlose Menschengeschlecht zu vertilgen. Sobald er in den Himmel zurückgekehrt ist, beruft er den Rat sämtlicher Götter. Die kommen sofort auf der glänzenden Milchstraße – denn das ist der Weg der Unsterblichen – hinauf zu der Höhe des Himmels, zu dem Königspalaste des großen Donnerers. Zur Rechten und zur Linken in der Nähe des Zeus haben die vornehmsten unter den Göttern ihre Wohnungen, weiter ab liegen zerstreut die der niederen Götter. Als die heilige Schar der Himmlischen sich niedergelassen in dem Marmorsaale des Zeus und dieser selbst auf erhöhtem Throne, gestützt auf sein elfenbeinernes Zepter, Platz genommen, schüttelte er dreimal und viermal sein gewaltiges Lockenhaupt, mit dem er Erde und Meer und Gestirne bewegte, und sprach also: „Noch nie war ich so besorgt um den Bestand meines Reiches wie jetzt, selbst nicht, als die schlangenfüßigen Giganten den Himmel bestürmten. Soweit die Erde reicht, habe ich nichts als ruchlose Schlechtigkeit gefunden; das gesamte Menschengeschlecht muß ausgerottet werden." Nachdem darauf die Götter die Geschichte des Lykaon gehört, billigen sie alle den Entschluß des Zeus; doch fragen sie alle besorgt, wie nach Vertilgung der Menschen in Zukunft der Zustand der Erde sein, wer den Göttern Weihrauch und Opfer darbringen solle. Darüber beruhigt sie der Götterkönig und verspricht, mit einem neuen besseren Geschlechte die Erde zu bevölkern. Und schon greift er nach seinen Blitzen, um sie auf die Erde zu verstreuen; doch er fürchtet, der Äther möchte Feuer fangen und die Himmelsachse verbrennen, auch erinnert er sich, daß nach dem Schlusse des Schicksals eine Zeit kommen solle, wo Erde und Meer und die Burg des Himmels in furchtbarem Brande zusammenstürzten, – und er legte die Donnerkeile wieder beiseite und beschloß, durch die Wasser des Himmels die Menschen zu vertilgen.

Sofort schloß er alle Winde, welche die Wolken verscheuchen und den Himmel klären, in die Höhlen des Aiolos ein und ließ nur den regenbringenden Notos, den Südwind, wehen. Der flog über die Erde mit feuchten Schwingen, das Haupt mit schwarzem Dunkel verhüllt, aus dem langen Bart und dem grauen Haar, aus Gefieder und Busen trieft die Flut, und wie er mit der Hand die weitumherhangenden Wolken drückt, strömen unter donnerndem Brausen dichte Regengüsse vom Himmel; Iris, die Göttin des Regenbogens in schimmerndem Gewande, schöpft unaufhörlich Wasser und trägt es den Wolken als Nahrung zu. Da werden die Saaten niedergepeitscht vom Regenschwalle; die Hoffnung des Landmanns, die Arbeit des langen Jahres liegt zerstört am Boden. Und der Zorn des Zeus begnügt sich nicht mit den Wassern des Himmels; sein Bruder, der Meergott, unterstützt ihn mit seinen Gewässern. Dieser ruft alle Flüsse zusammen und befiehlt ihnen: „Brecht die Schleusen auf, öffnet die Wasserkammern, laßt euren Fluten alle Zügel schießen!" Die Flüsse gehorchen, und Poseidon selbst stößt mit seinem Dreizack in die Erde, daß sie erzittert und den Gewässern in ihrem Schoße freie Bahnen läßt. Da stürzen die Flüsse entfesselt über ihre Ufer und reißen weithin alles mit sich fort, Saaten und Bäume, Menschen und Vieh, Häuser und Tempel. Und wo ein Haus oder eine hochgetürmte Burg der Gewalt der Fluten trotzte, da stieg bald das Wasser über Giebel und Türme. Schon sind Land und Meer nicht mehr durch Grenzen voneinander geschieden; alles ist Meer, ein Meer ohne Ufer. Wo früher schlanke Ziegen weideten, da lagern jetzt ungestaltete Robben, Delphine tummeln sich in den Wäldern umher, die Meernymphen, die Töchter des Nereus, betrachten mit Staunen die Haine und Häuser und Städte unter dem Wasser. Wolf und Schaf, Löwen und Tiger schwimmen bunt durcheinander in den Wogen, nichts hilft dem Eber seine Blitzeskraft, nichts dem Hirsch seine Schnelle, und der Vogel, nachdem er lange vergeblich einen Platz zum Ruhen gesucht, sinkt endlich mit matten Schwingen ins Meer. Und die Menschen? Die einen suchen Schutz auf dem Hügel, auf den Bergen, die andern in Kahn und Schiff; Hügel und Berge überdeckt die Flut, die Schiffe verschlingt der Abgrund, und wen die Woge verschont, den tötet endlich der Hunger.

Zwischen dem Oeta und dem Lande Böotien liegt Phokis, ein fruchtbares

Land, solange es Land war, jetzt war's ein Teil des Meeres und ein weites Feld der Wogen. Dort ragt mit doppeltem Gipfel der Parnassus hoch über die Wolken, ein gewaltiger Berg, höher als alles Land umher. Dessen Haupt, zwar von der Brandung umtobt, bleibt frei von der Flut. Dort landete in kleinem Schiffe nach langer Irrfahrt auf den Gewässern der gerechte Deukalion mit Pyrrha, seinem frommen Weibe – Deukalion ein Sohn des Prometheus, Pyrrha eine Tochter des Epimetheus und der Pandora. Beim Herannahen der Flut hatte er sich auf den Rat seines Vaters ein festes, wohlüberdecktes Schiff gezimmert und hinlänglich mit Lebensmitteln versehen. So entging er dem Untergang. Als Zeus von so vielen Tausenden die beiden allein noch übrig sah, beide unsträflich und durch frommen Sinn ausgezeichnet vor den andern Menschen, da zerstreute er das dunkle Regengewölk und zeigte dem Himmel die Erde wieder und der Erde den Himmel, und Poseidon ließ auf sein Geheiß durch Triton den Wogen des Meeres den Rückzug blasen. Schon bekommt das Meer wieder Ufer, die Ströme, die Bäche fließen voll in ihren Betten, die Hügel und die Wälder und die Fluren steigen hervor aus den sinkenden Gewässern, und die Erde zeigt wieder ihre vorige Gestalt.

Als Deukalion nach dem Verlaufen der Flut die Erde ringsum einsam und öde sah, sprach er mit tränendem Aug' also zu Pyrrha: „O Schwester, o Gattin, einziges Weib noch auf Erden, in allen Ländern, die reichen vom Aufgang zum Niedergang, sind wir beide noch das einzige Volk, alle andern hat die Flut begraben. Aber auch wir sind unseres Lebens noch nicht sicher, jede Wolke erschreckt noch meine Seele. Und sind wir auch frei von Gefahr, was sollen wir beide, vereinsamt aus der leeren Erde, beginnen? Hätte ich doch die Kunst vom Vater gelernt, Menschen zu bilden und dem geformten Tone Leben einzuhauchen. So bleiben wir allein, der einzige Rest des Menschengeschlechtes!" So sprach er, und sie weinten – und beschlossen, den Rat und die Hilfe der Himmlischen im Orakel zu erflehen. Sie suchen die Orakelstätte von Delphi auf, am Fuße des Parnassus, wo damals noch Themis ihre Weissagungen gab. Als sie die Stufen des verlassenen Tempels berührten, fielen sie zur Erde nieder, küßten den halbzerfallenen Altar und flehten: „Sag' uns, o Themis, durch welche Kunst der Verlust unseres Geschlechtes wieder ersetzt werden kann; gib neues Leben der versunkenen Welt." Die Göttin antwortete:

> „Geht aus dem Tempel,
> Hüllt euch beide das Haupt und löst die gegürteten Kleider,
> Werft sodann die Gebeine der großen Erzeugerin rückwärts."

Lange staunten sie. Endlich brach Pyrrha das Schweigen; sie weigert sich der Göttin zu gehorchen und fleht sie furchtsam um Verzeihung, es sei ihr unmöglich, den Schatten ihrer Mutter durch Zerstreuung ihrer Gebeine zu kränken. Unterdessen sinnen sie noch weiter über die dunklen Worte nach; da wird plötzlich Deukalion die Deutung klar. Er beruhigte seine Gattin mit den freundlichen Worten: „Entweder trügt mich mein Scharfsinn, oder die Worte der Götter sind fromm und wollen keinen Frevel. Die große Erzeugerin ist die Erde, die Steine in dem Leibe der Erde sind, denk' ich, ihre Gebeine; die sollen wir rückwärts werfen."

Zwar setzten sie noch Zweifel in ihre Deutung; doch was schadet's, die

Probe zu machen? Sie gehen hinab ins Tal, verhüllen das Haupt, entgürten die Gewänder und werfen die Steine. Und die Steine – welch' ein Wunder! – begannen ihre Härte und Spröde zu verlieren, sie erweichten allmählich und zogen sich zu langen Gestalten auseinander. Bald, nachdem sie so gewachsen, wurde ihr Aussehen milder, und menschliche Formen, obgleich noch nicht deutlich, traten hervor, ähnlich den Figuren der Bildhauer, die erst aus dem Rohen herausgemeißelt sind. Was an den Steinen Feuchtes und Erdiges war, wurde zu Fleisch, das Feste und Unbiegsame ward Knochen, was Ader war, blieb Ader. So gewannen in kurzer Zeit durch den Willen der Götter die von dem Manne geworfenen Steine männliche Bildung, die vom Weibe geworfenen wurden Weiber.

So ward die Erde mit neuen Menschen bevölkert. Aber wir geben noch immer Zeugnis, welchen Ursprungs wir sind; wir sind ein hartes Geschlecht, ausdauernd zur Arbeit. – Auch die übrigen lebenden Wesen erneuerten sich bald wieder. Als die Glut der Sonne den tiefen Schlamm, den die Flut zurückgelassen, allmählich durchwärmte, da hob sich der Schlamm und schwoll, und es regte sich unter ihm ein neues Leben. In buntem Gewimmel stiegen nach und nach die mannigfaltigsten Gestalten hervor, die zahlreichen Geschlechter der Tiere, welche auf der Erde sich verbreiteten, im Wasser und auf dem Lande und in der Luft.

Phaethon und die Phaethontiden

Phaethon, der Sohn des Helios (Sol) und der Okeanide Klymene, war bei der Mutter im Lande der östlichen Äthiopen zu einem stattlichen Jüngling aufgewachsen. Als dieser einst, stolz auf seine Abkunft von dem Sonnengotte, sich dem Epaphos, dem Sohne des Zeus und der Io, der von demselben Alter war und von nicht geringerem Stolze, gleichzustellen wagte, verlachte ihn Epaphos und erhob Zweifel gegen seine göttliche Abkunft. Voll Scham und Zorn eilte Phaethon zu seiner Mutter Klymene, warf sich an ihre Brust und klagte ihr die Kränkung. „Gib mir ein sicheres Zeichen", bat er, „womit ich beweise, daß Helios mein Vater." Klymene erhob beide Hände zum Himmel und, den Blick zu dem Lichte der Sonne gerichtet, sprach sie: „Bei diesen allschauenden Strahlen schwöre ich dir, daß du des Helios Sohn bist; wenn ich lüge, so soll jetzt zum letzten Mal mein Auge das Sonnenlicht schauen. Auch ist es nicht weit bis zum Hause deines Vaters, es steht ganz in der Nähe unseres Landes; wenn du Lust hast, so gehe hin und frage deinen Vater selbst." Ein freudiger Mut durchzuckte bei diesen Worten Phaethons Brust, und sogleich eilte er durch das Land der Äthiopen und der Inder zum Aufgang der Sonne.

Dort stand auf ragender Höh' die glänzende Sonnenburg, von hohen Säulengängen umgeben, strahlend im Feuerglanze von Gold und Karfunkel. Das Dach war gedeckt mit schimmerndem Elfenbein, und die Flügel des Doppeltores strahlten in Silberglanz. Kostbarer noch als der Stoff selbst war die Bildnerei auf den Toren. Hephaistos hatte auf denselben die Erde und das Meer gebildet und drüber den Himmel. Das Wasser war erfüllt von den mannigfaltigsten Meergöttern, auf dem Lande waren zu sehen Städte und Menschen, Wald und Wild, Flüsse und Nymphen; an dem Himmel glänzten sechs Sternbilder auf dem rechten und ebensoviel auf dem linken Torflügel. Als Phaethon auf steilem Pfade hier ankam und durch die prächtigen Pforten eintrat in die Burg, suchte er sogleich das Antlitz des Vaters; aber er blieb von ferne stehen, denn er vermochte nicht das strahlende Licht in der Nähe zu schauen. Im Purpurgewande saß dort Helios auf einem von Smaragden glänzenden Throne, zur Rechten und zur Linken sind aufgestellt der Tag und der Monat und das Jahr und die Jahrhunderte und in gleichen Zwischenräumen die Stunden. Es steht da der junge Frühling, mit Blumen umkränzt, nackt steht da der Sommer mit Ährenkränzen auf dem Haupt und in den Händen, der Herbst, mit dem Blute der gekelterten Trauben bespritzt, und neben ihm in grauem struppigem Haar der eisige Winter.

Sobald Helios von seinem Throne aus mit dem allsehenden Auge den Jüngling erblickte, der alle diese Wunder staunend betrachtete, fragte er: „Was führt dich hierher, Phaethon, was suchst du in der Burg deines Vaters, mein Sohn?" Jener antwortete: „Erlauchter Vater, wenn du mir den Gebrauch dieses Namens gestattest, man zweifelt auf Erden, ob ich dein Sohn sei, und verlästert meine Mutter. Darum bin ich gekommen, mir ein Unterpfand von dir zu erbitten, mit dem ich meine Abkunft von dir unzweifelhaft dartun kann." So sprach er; da nahm Phöbus die blitzende Strahlenkrone, die des Sohnes Auge blendete, vom Haupte, rief ihn zu sich heran und umarmte ihn mit den Worten: „Klymene hat die Wahrheit gesagt; du bist würdig mein Sohn zu heißen, und ich werde dich nimmer verleugnen. Und damit du nicht lange zweifelst, erbitte dir irgendeine Gnade; sie soll dir gewährt sein, ich schwöre dir's bei dem unterirdischen Wasser der Styx." Kaum hatte Phöbus die Worte gesprochen, da erbat sich Phaethon, daß ihm der Vater auf *einen* Tag die Lenkung des geflügelten Sonnenwagens überlassen möge.

Der Vater erschrak und bereute seinen Schwur; dreimal und viermal schüttelte er sein glänzendes Haupt und sprach: „Mein Sohn, du hast mich ein töricht verwegenes Wort sprechen lassen; dürfte ich doch mein Versprechen widerrufen, ich gestehe, diesen einen Wunsch würde ich dir verweigern. Doch darf ich dir ihn abraten. Dein Begehren ist mit großer Gefahr verbunden, es ist für deine jugendlichen Kräfte zu groß; du bist sterblich, aber was du wünschest, ist ein Werk für Unsterbliche. Ja du verlangst mehr sogar, als den Unsterblichen zu erlangen vergönnt ist. Keiner außer mir vermag fest auf der feuertragenden Achse zu stehen, selbst der König des Olympos, der in seiner furchtbaren Rechten die wilden Blitze schwingt, möchte diesen Wagen nicht lenken. Der Weg, den mein Wagen zu machen hat, ist anfangs steil, so daß kaum in der Frühe die Rosse mit frischen Kräften ihn erklimmen können; mitten am Himmel ist er furchtbar hoch, mit bebender Angst schaue selbst ich oft hinab auf Erde und Meer; gegen Abend rollt der Wagen auf abschüssiger Bahn dem Meere zu, und ohne meine sichere Leitung würde er zerschmettert in die Tiefe stürzen. Dazu bedenke, daß der Himmel mit allen Sternen in beständigem Umschwung sich dreht und ich diesem reißenden Kreislauf entgegenfahren muß. Wie vermöchtest du das? Du denkst dir auch vielleicht da droben freundliche Haine und Städte und Tempel der Götter. Dem ist nicht so; da sind gefährliche Gestalten von Tieren, da drohen die Hörner des Stiers, der Bogen des Schützen, der Rachen des Löwen, der Skorpion und der Krebs mit ihren furchtbaren Scheren. Laß ab, mein Sohn, bessere deinen Wunsch; alles, was die weite Welt an Gütern bietet, steht dir frei, fordere es, nur von diesem Einen steh' ab, es ist eine Strafe für dich, keine Ehre."

Aber alle Vorstellungen des Vaters sind umsonst. Der Jüngling umschlingt seinen Nacken und bittet und fleht, und der Vater hat einen heiligen Eid geschworen, er muß den Wunsch des Törichten gewähren. So führt er ihn denn zu dem hohen Sonnenwagen, einem Werk und Geschenk des Hephaistos. Von Gold waren Achse und Deichsel und die Felgen der Räder, von Silber die Speichen, an dem Joche strahlten Reihen von Chrysolithen und Edelsteinen. Während Phaethon schwellenden Herzens den Wagen bewundert, öffnet Eos das purpurne Tor des Ostens und die rosenbestreuten Hallen; es fliehen die Sterne, Luzifer, der Morgenstern, treibt ihre Scharen ab und zieht zuletzt von der Wache des Himmels. Sobald der Vater die Erde und den Himmel sich röten sieht, heißt er die flüchtigen Horen die Rosse anspannen. Diese vollbringen schnell ihr Werk, sie führen die feuerschnaubenden mit Ambrosia gesättigten Tiere von den Krippen herbei und legen ihnen die klirrenden Zäume an. Dann bestreicht Helios mit heiliger Salbe das Antlitz des Sohnes, damit das verzehrende Feuer ihn nicht schädige, und setzt ihm die Strahlenkrone aufs Haupt, schweren Herzens und unter Seufzen, denn er ahnt das nahende Unglück. Warnend sprach er dann: „Schone mir die Stacheln, Kind, und brauche wacker die Zügel; die Rosse rennen schon von selbst, und es kostet Mühe, sie im Fluge aufzuhalten. Die Straße geht schräg in weitumbiegender Krümmung und durchschneidet nach Süden hin die drei Zonen des Himmels; du wirst die Gleise der Räder deutlich sehen. Darauf halte dich, senke dich weder zu tief, sonst steckst du die Erde in Brand, noch steige zu hoch, sonst verbrennst du den Himmel. Das übrige überlasse ich dem Schicksal, möge es dir gnädig sein und besser für dich sorgen als du selbst. Doch auf! Die Finsternis flieht, Aurora erwacht, nimm die Zügel zur Hand – oder, noch ist es Zeit, nimm meinen Rat und laß mich den Wagen lenken."

Ohne weiter auf die Worte des Vaters zu hören, springt der Jüngling freudigen Mutes auf den Wagen und ergreift die Zügel. Die vier geflügelten Rosse erfüllen unter feurigem Schnauben die Luft mit Gewieher und schlagen ungeduldig mit den Hufen wider die hemmenden Barren. Da öffnet Thethys, die Meergöttin, die Schranken, und der weite Himmel tut sich auf. Mutig durchstampfen die Rosse den wallenden Nebel und stürmen voran. Doch der Wagen ist zu leicht, es gebricht ihm die gewohnte Schwere des gewaltigen Sonnengottes, und er hüpft schwankend durch die Räume des Himmels, wie ein unbelastetes Schiff durch die Wellen hüpft. Kaum merken dies die Rosse, so rennen sie wild aus der gewohnten Bahn. Der Jüngling erschrickt und reißt ratlos und unkundig des Weges die Zügel hin und her; und wie er hinabschaut aus des Äthers Höh' tief, tief unten auf die Länder, da erblaßt er, seine Knie zittern, Dunkel umzieht sein schwindelndes Auge. Da wünscht er, daß er nie seine Abkunft erkannt, nie die Rosse seines Vaters berührt habe. Aber zu spät; ein weiter Raum liegt hinter ihm, noch ferner liegt das Ziel. Ohne zu wissen, was beginnen, starrt er in den weiten Raum und läßt weder die Zügel schießen, noch zieht er sie an; auch kennt er die Namen der Rosse nicht, um sie anzurufen. Jetzt sieht er voll Angst um sich her die mannigfaltigen Wunder des Himmels, die Gestalten furchtbarer Tiere. Eben naht er dem Skorpion; der recket drohend die gewaltigen Scheren nach ihm aus, entsetzt läßt er die Zügel los, und nun stürmen die Rosse ungehemmt in wilder Flucht regellos dahin. Bald springen sie hoch in den Äther zwischen die festgehefteten Fixsterne, bald stürzen sie wieder in die Nähe der Erde. Versengt dampfen die Wolken, Feuer ergreift die Höhen der Erde, tiefe Spalten reißen sich in das vertrocknete Land; das Gras verdorrt, die Bäume brennen, es brennt alle Saat; ja ganze Städte mit ihren Türmen gehen zu Grunde, ganze Völker werden zu Asche, weithin stehen alle Gebirge mit ihren Wäldern in lichten Flammen. Heißer Dampf, mit Asche und sprühenden Funken durchmischt, umwallt den unglücklichen Wagenlenker, und er weiß nicht, wohin die wilden Rosse ihn reißen durch das schwarze Dunkel. Damals, so glaubt man, drang den äthiopischen Stämmen das kochende Blut oben zur Haut und schwärzte für immer ihren Leib, damals ward Libyen eine sandige wasserlose Wüste. Die Nymphen weinten laut mit zerrauftem Haar um Quellen und Seen, aufkochend verdampften die Flüsse, der Nil entfloh voll Schrecken in die äußerste Ferne und verbarg sein Haupt, das den Menschen noch immer verborgen ist. Durch die Spalten der Erde dringt das Licht in die Tiefen des Tartarus und erschreckt das Herrscherpaar der Schatten; das Meer zieht sich zusammen; wo der Seegrund war, ist jetzt ein weites Feld trockenen Sandes. Die Fische suchen den tiefen Grund, entseelte Robben schwimmen auf der lauen Flut; selbst Nereus und Doris und ihre Töchter flüchten in die tiefen Grotten, und auch da beschwert sie noch die Hitze. Poseidon wollte dreimal die Arme und das finstre Antlitz aus den Wogen aufstrecken, doch dreimal scheuchte ihn die Glut zurück. Jetzt hebt die ehrwürdige Tellus ihr versengtes Haupt aus der Erde hervor und fleht den Zeus um Rettung der gefährdeten Welt an, und der schleudert nun endlich seinen Blitz auf den unglücklichen Phaethon und dämpft die Flammen mit der Flamme. Die Rosse reißen sich los von dem zerschmetterten Wagen und rennen scheu nach verschiedenen Seiten; Phaethon aber stürzt entseelt mit brennendem Haupte, wie ein fallender Stern, aus der Höh' und fällt fern von der Heimat weit im Westen in die Fluten des Eridanus. Hesperische Naiaden begraben den zerschellten Leib und setzen auf den Grabstein die Inschrift:

> „Phaethon ruhet allhier, der des Vaters Wagen gelenket;
> Zwar nicht ganz ihn behauptend, erlag er doch großem Bestreben."

Der Vater Helios verhüllte, als er das Unglück seines Sohnes sah, in tiefem Schmerz sein Haupt, und *einen* Tag, wenn's glaublich, war die Welt ohne Sonne; die Flamme des Brandes gab Licht. Klymene aber sucht trostlos die Leiche ihres Sohnes und findet endlich an fremdem Ufer sein Grab. Mit ihr klagen an dem Grabe ihre Töchter, die Heliaden (Sonnentöchter) oder Phaethontiden, und vergießen dem lieben Bruder zahllose Tränen vier Monate lang. Da geschieht ein merkwürdiges Wunder. Während die Schwestern an dem Grabe weinen, klagt plötzlich Phaethusa, die älteste, indem sie eben sich zur Erde beugen will, daß der Fuß ihr starre; Lampetia will ihr helfend nahen, da hält eine Wurzel sie fest; eine dritte greift erschreckt mit der Hand ins Haar, sie rauft Blätter ab; eine andere klagt, daß ihre Füße zu einem Stamme zusammengewachsen, eine andere, daß ihr die Arme sich lang zu grünenden Ästen strecken. Während sie das staunend betrachten, umschließt Rinde ihre Füße, ihren Leib, Brust, Schultern und Hände; nur der Mund ist noch frei, der nach der Mutter ruft. Die Mutter eilt von einer zur andern und küßt sie und versucht die Leiber aus der Rinde zu reißen, das zarte Gesproß von den Händen zu brechen; doch siehe, blutige Tropfen rinnen hervor, wie aus einer Wunde. „Schonung, o Mutter!" ruft, die eben verwundet ist, „Schonung! Du zerreißest in dem Baume unsere Leiber!" „Lebewohl!" rufen sie, und die Rinde hatte ihren Mund verschlossen. Sie sind zu Pappeln geworden. Seitdem fließen Tränen von den Bäumen, die gerinnen an dem Gezweige im Strahl der Sonne zu Bernstein. Der klare Fluß nimmt die goldglänzenden Tränen auf und trägt sie bis zu seiner Mündung, daß sie den Töchtern der Erde ein Schmuck werden.

Io

Inachos war der Gott des gleichnamigen argivischen Flusses und der erste König des Landes Argos. Seine Tochter, die schöne Io, war von Zeus ausersehen, die Stammutter eines großen Heldengeschlechtes zu werden, das helfen sollte die Ordnungen des Zeus auf Erden durchzuführen. Als er ihr in der Nähe des lernäischen Sumpfes liebend nahte, floh die Jungfrau. Da deckte er das Land mit einem dichten Nebel und hemmte so ihre Flucht. Als Hera so plötzlich am heiteren Tage den nächtlichen Nebel entstehen sah, argwöhnte sie, eifersüchtig wie sie war, daß ihr Gemahl in irgendeiner Weise sie betrüge. Und sie zerteilte den Nebel. Zeus aber, der ihr Nahen geahnt, verwandelte, eh' sie es sah, die Jungfrau in ein schneeweißes Rind, um sie so der Rache der Hera zu entziehen. Hera, die List ihres Gemahls durchschauend, lobte die schöne Kuh und fragte, woher sie komme und wem sie gehöre. Sie sei aus der Erde gewachsen, sagte Zeus, um weiteres Forschen abzuschneiden. Hera gab sich zufrieden, doch erbat sie sich von ihrem Gemahl die schöne Kuh zum Geschenke. Was sollte Zeus tun? Grausam war's, die Geliebte seiner harten Gemahlin hinzugeben, aber verdächtig, sie zu verweigern. Er gab sie ihr.

Hera übergab die Verhaßte dem Argos, dem riesigen Sohne des Arestor, zur Bewachung; der trug hundert Augen am Kopf, von denen immer nur zwei schliefen, während die übrigen nach allen Seiten hin ihren Dienst taten. Er weidete bei Tage das arme Rind und bewachte es mit der größten Sorgfalt; wie er auch stand, stets sah er nach der Io, auch wenn er den Rücken ihr zugekehrt hatte. Des Nachts schloß er sie ein und fesselte ihren zarten Hals an Ketten. Die unglückliche Jungfrau, welche auch in ihrer Verwandlung das menschliche Bewußtsein behalten hatte, nährte sich von Baumblättern und bitterem Kraut, trank aus dem schlammigen Fluß und lagerte auf harter Erde. Wenn sie auch, um Gnade zu erflehen, ihre Hände zu dem hartherzigen Wächter hätte erheben wollen, sie hatte keine Hand mehr; wenn sie zu klagen versuchte, so stieß sie ein Brüllen aus, und sie erschrak vor ihrer eigenen Stimme. Sie kam auch zu den Ufern des Inachos, des väterlichen Flusses, wo sie so oft gespielt. Als sie in den Wellen ihr Bild sah, das breite Gesicht und die Hörner, da entsetzte sie sich und floh zurück vor ihrer eigenen Gestalt. Die Naiaden des Flusses, ihre Schwestern, und Inachos selbst erkennen sie nicht. Sie aber geht dem Vater nach und den Schwestern und läßt sich von ihnen streicheln und bewundern. Der greise Inachos rupft Gras und hält es ihr hin, sie leckt seine Hand, um sie zu küssen, und hält ihre Tränen nicht zurück; hätte sie nur eine menschliche Stimme, so würde sie ihn um Hilfe anflehen und ihren Namen nennen und ihr Mißgeschick. Aber das kann sie nicht; da schrieb sie mit ihrem Fuße ihr trauriges Geschick in den Sand. „Wehe, ich Unglücklicher!" ruft Inachos und lehnt sich klagend und weinend an den Nacken der verwandelten Tochter. Aber was hilft sein Klagen? Der unbarmherzige Hüter Argos weist ihn fort und treibt seine Kuh zu einer anderen ferneren Trift, wo er sich auf den Gipfel eines Berges setzt, um nach allen Seiten hin Wache zu halten.

Aber der König des Himmels kann länger nicht mehr die Leiden der geliebten Io ansehen; er befiehlt seinem dienstbaren Sohne Hermes, den Argos zu töten. Sogleich fliegt dieser vom Himmel hinab, und nachdem er seine Flügelschuhe und den beschwingten Hut abgelegt und nur seine Rute behalten, treibt er mit dieser in der Nähe des Argos wie ein Hirte Ziegen vor sich her und spielt auf den Rohren seiner Hirtenflöte, der Syrinx, schöne Weisen. Argos lauscht mit Vergnügen den lieblichen Tönen und ruft ihm zu: „Komm herüber, wer du auch seist, und setze dich hier zu mir auf diesen Fels. Nirgends ist der Graswuchs üppiger als hier, und du siehst, wie hier erwünschter Schatten für die Hirten ist." Hermes setzte sich zu dem Riesen und verplauderte mit ihm die Stunden des Tages und versuchte durch die Töne seiner Syrinx seine wachehaltenden Augen einzuschläfern. Jener jedoch sucht dem Schlafe zu widerstehen, und obgleich ein Teil seiner Augen vom Schlummer überwältigt ist, so wacht er doch immer noch mit dem andern Teile. Um sich wach zu erhalten, fragte er dies und das und auch, wie die Syrinx erfunden worden sei, denn sie war erst jüngst erfunden. Darauf erzählte der schlaue Gott:

In den Bergen Arkadiens war die schönste aller Nymphen die Naiade Syrinx; aber sie war spröde wie keine, vergebens verfolgten sie mit ihrer Liebe die Satyrn und die übrigen Götter des Waldes und der Flur. Die strenge Artemis war ihre Freundin und ihr Muster, gleich ihr schweifte sie hochgegürtet jagend durch die waldigen Berge, und man hätte sie für Artemis selbst gehalten, hätte sie nicht einen Bogen von Horn geführt, während jene einen goldenen Bogen trägt; und auch so hielt man sie für Latonens Tochter. Als sie einst von der Höhe des Lykaion zurückkehrte, erblickte sie Pan, der hohe Gott der arkadischen Berge, und von ihrem Reiz gefesselt, sprach er zu ihr: – Hermes hätte noch erzählen müssen, was Pan gesprochen, wie dann die Nymphe, seine Werbung verschmähend, durch die unwegsamen Berge geflohen, bis sie zu dem schilfreichen Ufer des Ladon kam, wie sie hier, von den Fluten gehemmt, flehte, verwandelt zu werden, um dem Verfolger zu entrinnen. Schon glaubte der Gott sie zu fassen, da hielt er statt des Körpers der Nymphe Schilfrohr in seinen Händen. Er seufzt, und seine Seufzer werden in dem bewegten Rohre zu zarten klagenden Tönen. Der Gott, bezaubert durch die Süße der Töne, rief: „So soll denn diese Verbindung mit dir mir unauflöslich sein!" Und er schnitt sich von dem Schilfe ungleiche Röhren und heftete sie mit Wachs zusammen und nannte die Rohrflöte Syrinx nach dem Namen der geliebten Nymphe. – Alles dies wollte der schlaue Hermes noch erzählen; als er aber sah, daß alle Augen des Wächters sich in süßem Schlummer geschlossen hatten, hielt er schnell inne, rührte leise mit seiner Zauberrute alle Augen und senkte sie in dichtesten Schlaf; dann hieb er mit seinem Sichelschwerte das im Schlafe nickende Haupt des Riesen vom Rumpfe herab, daß es blutspritzend über die Felsen rollte. Hera versetzte seine hundert Augen auf den Schweif des Pfaues und schmückte so das Gefieder ihres Lieblingsvogels mit schimmernden Sternen.

So war Io von ihrem Peiniger befreit; aber die erzürnte Hera ersann der Unglücklichen eine neue Plage. Sie schickte eine große Bremse, welche die rindsgestaltete Jungfrau durch ihren Stich in Wahnsinn versetzte und angstzerrüttet durch alle Länder des Erdkreises jagte, durch Illyrien hinauf in die rauhen Länder der Skythen, am Kaukasus vorüber, zu den Amazonen, über den kimmerischen Bosporus (Rindsdurchgang), der von ihr den Namen trägt, durch alle Länder Asiens bis südlich zu dem Felsendurchbruch, wo von Byblos' Bergen der Nil seine fruchtbare Flut hinabgießt ins Ägypterland. Dessen Strömung folgend, kam sie endlich in die Niederung Ägyptens, in das dreieckige Land, das von den Mündungen des Stromes gebildet wird. Hier fand sie ein neues Heimatland und die Befreiung von ihrer langen Qual.

Als die gepeinigte Jungfrau hier ankam, sank sie erschöpft an dem Ufer des Stromes in ihre Knie und flehte mit Tränen und seufzendem Schrei zum Zeus, daß er ihren Leiden ein Ziel setzen möge. Der besänftigte endlich durch langes Bitten den Zorn seiner Gattin und gab der Jungfrau ihre frühere Gestalt wieder. Die Haare fallen vom Körper, das Gehörn schrumpft zusammen und schwindet; die Scheibe der Augen verengt sich, das Maul zieht sich zusammen zu menschlichen Lippen; Schultern und Hände kehren wieder, die gespaltenen Klauen fallen ab und nichts ist von der Kuh mehr übrig als die glänzende Weiße. Die Jungfrau, gerne zufrieden mit dem Dienste *zweier* Füße, richtet sich auf und steht da in menschlicher Schönheit. Ängstlich versucht sie sich in dem Gebrauche ihrer Stimme, denn sie fürchtet noch immer das frühere Gebrüll; o Freude, sie spricht wieder menschliche Worte.

Von des Zeus milder Hand berührt, gebar Io in Ägypten den Epaphos, dem die Herrschaft des Landes bestimmt war. Das Volk der Ägypter verehrte in der Folge die Io unter dem Namen Isis als Göttin.

Danaos und die Danaiden

Von Epaphos, der Io Sohn, stammte Belos. Dieser hatte zwei Söhne, Aigyptos und Danaos, von denen er diesem das Land Libyen, jenem Ägypten zur Herrschaft übergab. Aigyptos hatte von verschiedenen Frauen 50 Söhne und ebenso Danaos 50 Töchter. So ist der Stamm der Io mit blühender Nachkommenschaft gesegnet; aber der Haß der Hera, der die Io so lange verfolgt und den sie zuletzt wider Willen aufgegeben, waltet fort in ihrem Geschlechte und bringt jetzt in die Häuser der beiden Brüder Zwietracht und Verfolgung. Sie veranlaßt, daß Aigyptos den Bruder bekriegt und seines Reiches beraubt, und daß seine 50 Söhne in frecher Begier nach dem Besitze ihrer Verwandtinnen streben, der 50 Danaiden. Aber diese hassen die Bewerber, die Räuber des väterlichen Thrones, und verabscheuen eine Verbindung mit so naher Verwandtschaft. Da die Söhne des Aigyptos die Ehe erzwingen wollen, baut Danaos auf Rat der Athena das erste fünfzigrudrige Schiff und flieht mit seinen Töchtern aus dem Lande. Über Rhodos, wo sie der Athena Tempel und Dienst weihen, gelangen sie nach Argos, dem Vaterlande ihrer Ahnmutter Io. Als sie dort ans Land gegangen, lassen sie sich, angsterfüllt wie eine Taubenschar, mit frischgepflückten Zweigen in den Händen, an einem Altar der Götter nieder, um den Schutz des Landes in Anspruch zu nehmen.

Sobald Pelasgos, der König des Landes, der über das Volk der Pelasger herrscht bis weit im Norden zu der illyrischen und makedonischen Grenze, Kunde von der Landung der seltsamen Schar erhalten hat, kommt er, von bewaffneter Mannschaft begleitet, heran und forscht nach dem Grunde ihres Erscheinens. Er hört von Danaos, daß seine Neffen, vor denen er geflohen, wahrscheinlich bald mit Heeresmacht nahen werden, um ihn und seine Töchter mit Gewalt fortzuschleppen, und die Danaiden erklären, wenn er ihnen den gesuchten Schutz nicht zu Teil werden lasse, so würden sie am Altare der Götter sich den Tod geben. Der König fürchtet die Gefahr des Krieges mit dem mächtigen Heere der Ägypter; wenn er aber unfromm die Schutzflehenden der Götter preisgibt, so droht ihm der Zorn der Himmlischen. Er entschließt sich mit seinem Volke zur Verteidigung der Fremden, und als nun die Aigyptossöhne mit zahlreicher Flotte erscheinen, um die Danaiden fortzuschleppen, widersetzt er sich ihnen mit Waffengewalt. Es kommt zur Schlacht, in welcher Pelasgos besiegt wird.

Die Argiver wählen jetzt, eingedenk der alten Stammverwandtschaft, den Danaos zu ihrem König, und Pelasgos wandert aus in den nördlichen Teil seines Reiches. Um sich in dem neuen Besitz zu erhalten, muß Danaos den Frieden und die Freundschaft annehmen, welche ihm seine Neffen unter der Bedingung bieten, daß er seine Töchter ihnen vermähle. Die Vermählung findet statt; aber Danaos, welcher der Gewalt hat weichen müssen, nimmt, um sich von seinen verhaßten Bedrängern zu befreien, seine Zuflucht zu blutiger List. Er gibt seinen Töchtern Dolche, damit sie in der Nacht ihre Bräutigame morden. Die Danaiden vollbringen willig die blutige Tat, nur Hypermnestra verschont aus Liebe ihren Gemahl Lynkeus. Sie wird deshalb von ihren Schwestern angeklagt und von Danaos in den Kerker geworfen. Aber Lynkeus veran-

Die Danaiden in der Unterwelt.

läßt die Argiver, daß sie ein Gericht über sie halten. Bei der Verhandlung erscheint Aphrodite, die Göttin der Liebe, um die liebevolle Braut zu verteidigen. Hypermnestra wird freigesprochen und wieder mit Lynkeus vereinigt. Von diesem Paare stammt das berühmte Heldengeschlecht, zu dem Herakles gehört, der Retter und Befreier aus vieler Not, der nach glorreichem Wirken auf Erden zum Heile der Menschen einst eingehen wird zur Seligkeit der Unsterblichen.

Die übrigen Danaiden haben durch den Verwandten- und Gattenmord eine große Schuld auf sich geladen; aber Zeus, der Ahnherr des erlauchten Geschlechts, läßt durch Hermes und Athena das Blut der Gemordeten sühnen und die Hände der Mörderinnen reinigen.

Um seine Töchter wieder zu vermählen, stellte Danaos öffentliche Wettspiele an, bei denen sie den Siegern als Preis zufielen. In der Unterwelt aber leiden sie für ihren Frevel harte Strafe; sie schöpfen Wasser in ein durchlöchertes Faß, ohne Erfolg und ohne Ende.

Perseus

Enkel des Lynkeus war Akrisios, König in Argos. Dieser erhielt das Orakel, daß ein Sohn seiner Tochter Danae ihn töten werde. Er verschloß daher die Tochter in ein unterirdisches aus Erz und Stein gebautes Gemach; sie gebar aber dem Zeus, der sich in Gestalt eines goldenen Regens in die Tiefe hinabließ, einen Knaben, der zu großen Taten bestimmt war, Perseus. Als Akrisios die Stimme des spielenden Knaben in dem unterirdischen Kerker vernahm, holte er Mutter und Knaben hervor und warf sie, in einen Kasten verschlossen, ins Meer. Nachdem die unglückliche Mutter lange mit ihrem lieben Kinde in der tobenden See umhergetrieben war, gelangte der Kasten endlich an die Insel Seriphos. Diktys, der eben am Ufer fischte; zog ihn in seinem Netze heraus und brachte Danae mit ihrem Kinde zu seinem Bruder Polydektes, dem Könige der Insel. Der nahm sie gastlich auf und sorgte für die Erziehung des Perseus; als er aber später sich mit Danae wider ihren Willen vermählen wollte und Perseus, der indes zu einem herrlichem Jünglinge aufgewachsen war, seinem Vorhaben besonders im Wege stand, so suchte er diesen für immer zu entfernen. Er trug ihm auf, das Haupt der Gorgo Medusa zu holen.

Die Gorgonen, drei Schwestern, Stheino, Euryale und Medusa, von denen nur die letzte sterblicher Natur war, wohnten am äußersten Westrande der Erde, im Gebiete der Nacht und des Todes, und waren furchtbare Wesen, geflügelte Jungfrauen mit Schlangenhaaren und mit Schlangen gegürtet, von so grausenhaftem Gesicht und Auge, daß sie jeden, der sie ansah, in Stein verwandelten. Polydektes konnte also wohl hoffen, daß Perseus von ihnen nie wieder zurückkehren werde. Aber der Jüngling, der Zeussohn, war den Göttern wert und erfreute sich ihrer Hilfe. Die kluge Athene und Hermes, der gewandte, standen ihm zur Seite. Mutigen Herzens tritt der Jüngling seinen Weg an und gelangt nach langer Fahrt zu den Schwestern der Gorgonen, den Graien, „den Greisinnen". Mit greisem Haar sind sie geboren und haben zu dritt nur ein Auge und einen Zahn, deren sie sich abwechselnd bedienen. Sie sind die Wächterinnen der Gorgonen und wissen allein den Weg zu diesen. Perseus nahm ihnen Zahn und Auge und gab beide nur unter der Bedingung zurück, daß sie ihm den Weg zu den Gorgonen angaben. Dieser führte zunächst zu den Nymphen; die gaben ihm Flügelschuhe, mit denen er sich durch die Lüfte schwingen konnte, eine Tasche und den unsichtbarmachenden Helm des Hades. Hermes gab ihm ein Sichelschwert und Athene einen metallglatten, spiegelhellen Schild. So ausgerüstet kam Perseus zu den Gorgonen. Er fand die Ungeheuer schlafend und hieb sofort mit seinem Sichelschwerte der Medusa das Haupt ab und steckte es in die von den Nymphen empfangene Tasche. Bei diesem Werke betrachtete er das Bild der Medusa in dem spiegelglatten Schilde der Athena, damit er nicht von dem Anblick versteinert werde. Aus dem Rumpfe der Gorgo sprang das geflügelte Quellroß Pegasos hervor und der riesige Chrysaor, Geschöpfe des Gottes Poseidon.

Kaum hatte Perseus sein Werk vollendet, so erwachten die beiden andern Gorgonen. Um ihrer Verfolgung zu entgehen, setzte er den unsichtbarmachenden Helm auf und schwang sich mit seinen Flügelschuhen in die Lüfte, um den Rückweg anzutreten. Als er über der libyschen Wüste schwebte, fielen blutige Tropfen von dem Gorgonenhaupte zur Erde. Daraus entstanden auf dem Boden giftige Nattern, und seit der Zeit ist jene Gegend voll dieses gefährlichen Gezüchtes. Bald darauf faßten ihn bei seinem Fluge durch die Lüfte stürmische Winde und warfen ihn bald hierhin, bald dorthin. Mit sinkendem Tage kam er im äußersten Westen in das Reich des riesigen Himmelsträgers Atlas, und da er während der Nacht sich der Willkür der Winde nicht anvertrauen wollte, so senkte er sich zur Erde.

Atlas war ein reicher König; er hatte zahlreiche Herden und weite duftige Gärten. In diesen stand ein Baum mit goldenen Ästen, goldenem Laubschmuck und goldenen Äpfeln. Es war ihm vor alters ein Spruch geworden, daß einst ein Sohn des Zeus (Herakles) kommen und den Baum seines Goldes berauben werde. Darum hatte er den Garten mit hohen festen Mauern umzogen und die Äpfel der Bewachung der Hesperiden und eines furchtbaren Drachen übergeben und hielt alle Fremden fern von seinen Grenzen. Als Perseus zu ihm trat und, um Gastfreundschaft bittend, sich als Sohn des Zeus bekannte, wies ihn der Riese, des alten Spruches eingedenk, mit drohenden Worten von sich. Und schon wollte er den drohenden Worten Gewalt folgen lassen, da zog Perseus sein Gorgonenhaupt hervor und hielt es dem Riesen, dessen gewaltiger Kraft er nicht gewachsen war, entgegen. Sofort wurde Atlas in seiner ganzen Größe zum Berge. Bart und Haupthaar wandelten sich in Wälder, Schultern und Arme werden Joche, das Haupt wird Gipfel des Berges, die Knochen werden zu Stein. Darauf wächst und dehnt sich die Berggestalt nach allen Seiten zu ungeheurer Größe, bis hinauf an den Himmel, der seitdem nach dem Schlusse der Götter mit seiner ganzen Wucht und all' seinen Sternen auf ihm ruht.

Mit dem Beginn des nächsten Tages erhob sich der Held wieder in die ruhige Luft und gelangte nach langem Fluge über vieler Völker Wohnsitze zu dem Lande des Kepheus, an die Küste Äthiopiens. Dort sah er am einsamen Felsenufer die schöne Andromeda hangen, die Tochter des Kepheus und der Kassiopeia. Die Tochter sollte büßen für die vermessene Zunge der Mutter. Diese hatte geprahlt, sie sei schöner als alle Nymphen des Meeres. Die erzürnten Nymphen klagten die Beschimpfung dem Poseidon und baten ihn, sie zu rächen. Poseidon schickte eine große Flut über das äthiopische Land und ein schreckliches Meerungeheuer, das, aus der See hervorstürzend, Menschen und Vieh verschlang. Als Kepheus das Orakel des Zeus Ammon in der libyschen Wüste um Befreiung von diesem Drangsal befragte, ward ihm die Weisung, er solle seine Tochter dem Meerungeheuer an der Meeresküste zum Fraße aussetzen, und das Volk zwang ihn, dem Gebote des Orakels zu gehorchen.

Perseus sah die unglückliche Jungfrau an den Felsen angekettet; hätte nicht bisweilen ein leises Lüftchen ihre Locken bewegt, tropften nicht heiße Tränen aus ihrem Auge, er hätte sie für ein Marmorbild gehalten. Er staunt sie an – fast vergißt er die Flügel zu regen – und Liebe erfaßt sein Herz. Sogleich läßt er sich zu ihr nieder und fragt nach ihrem Namen und dem Namen ihres Landes und nach der Ursache dieser Fesselung. Die Jungfrau schweigt anfangs und wagt nicht ein Wort an den Jüngling zu richten. Sie hätte ihr verschämtes Antlitz mit den Händen bedeckt, wäre sie nicht gefesselt gewesen; sie konnte nur ihr Auge mit quellenden Tränen füllen. Als er öfter in sie drang, bekannte sie endlich, damit es nicht schiene, als wollte sie eigene Schuld verschweigen, ihren Namen und den Namen ihres Vaterlandes und erzählte die Schuld ihrer Mutter. Noch hatte sie nicht geendet, da rauschte die Flut, das Ungetüm tauchte aus der Tiefe und schwamm heran, die ganzes Meeresfläche mit seiner Brust bedeckend. Entsetzt schreit die Jungfrau laut auf. Auf ihren Schrei stürzen die beiden unglücklichen Eltern herbei und hängen sich an die gefesselte Tochter. Hilfe bringen sie nicht, sie bringen nur Weinen und Klagegeschrei: „Spart eure Tränen auf die Zukunft", ruft der Fremde, „die Stunde der Rettung ist kurz. Ich bin Perseus, der Sohn des Zeus und der Danae, der Besieger der Gorgo, gewiß kein zu verachtender Eidam; gebt ihr die Tochter mir, wenn ich mit der Götter Hilfe sie rette?" Die Eltern nehmen gerne das Erbieten an, sie bitten ihn inständigst, die Tochter zu retten, und versprechen noch als Mitgift das eigene Königreich.

Indes naht das Ungeheuer, wie ein schnellruderndes Schiff die Wellen furchend. Als es nur noch einen Schleuderwurf entfernt ist, hebt der Jüngling sich in die Lüfte. Das Tier sah seinen Schatten auf dem Wasserspiegel und stürzte sich wütend darauf los. Da fuhr der Held plötzlich aus der Höhe herab, schnell wie ein Adler auf eine Schlange schießt, schwang sich auf des Tieres Rücken und bohrte ihm sein Schwert rechts in die Brust bis tief an den Knauf. In des Schmerzes Qual springt der Fisch bald hoch in die Luft, bald taucht er in die Tiefe, bald schießt er zur Seite wie ein wilder Eber, den die Schar bellender Hunde schreckt. Perseus, mit den schnellen Schwingen stets dem Biß des wütenden Tieres ausweichend, brachte ihm Wunde auf Wunde bei, bis ein dunkler Blutstrom ihm aus dem Rachen quoll. Bei dem hitzigen Kampfe haben sich die Schwingen des Jünglings genetzt, so daß er kaum noch ihrem Fluge vertrauen kann; da sieht er zur rechten Zeit die Spitze eines Felsenriffes aus den Wellen ragen, darauf stellt er sich, und während er sich mit der Linken am Gestein festhält, stößt er mit der Rechten dreimal und viermal noch sein Eisen in die Weichen des Ungetüms, das verblutend in die Tiefe sinkt.

Lauter Beifallsruf erfüllt das Gestade und den weiten Raum des Himmels. Freudig begrüßen die Eltern Kepheus und Kassiopeia den Retter und Eidam und führen ihn zugleich mit der gelösten Tochter in ihr goldstrahlendes Haus, wo sogleich die Hochzeitsfeier bereitet wird. Amor und Hymenäus schwingen die Fackeln, Weihrauchdüfte mischen sich mit dem Dufte der Blumen und Kränze, Flöten und Saitenklang und heitere Gesänge tönen durch die Hallen. Die zahlreichen Gäste sitzen am Mahle und erfreuen ihr Herz am Safte der Traube und horchen gespannt der Erzählung des Perseus von seinen Abenteuern.

Da auf einmal ertönt Waffengeklirr und Kriegsgeschrei in dem Vorhofe des Palastes. Phineus, der Bruder des Königs Kepheus, der früher um die Hand der Nichte geworben, aber in der Zeit der Gefahr sie verlassen hatte, stürzte an der Spitze bewaffneter Scharen herein und forderte die Braut. Schon schwang er die Lanze, um sie auf Perseus zu schleudern, da trat Kepheus dazwischen und rief: „Was beginnst du, rasender Bruder! Nicht Perseus raubt dir die Braut, sie ward dir schon damals entrissen, als du zusahst, wie sie gefesselt wurde, und weder als Oheim noch als Verlobter sie retten mochtest. Warum hast du nicht selbst dir den Preis vom Felsen geholt? So laß sie denn dem, der sie errungen."

Phineus sah in stummem Grimm bald den Bruder, bald Perseus an und schwankte, wen er zuerst angreifen sollte; dann schleuderte er mit aller Kraft des Zorns seine Waffe auf Perseus. Er verfehlte sein Ziel, die Lanze hing fest im Polster. Jetzt springt Perseus empor, und er hätte mit dem Speer, den er zurückschleuderte, sicher dem Feinde die Brust durchbohrt, wenn dieser nicht schnell hinter einen Altar gesprungen wäre und sich so gedeckt hätte. Statt seiner ward ein Begleiter von ihm mitten in die Stirne getroffen. Nun entspann sich ein mörderischer Kampf; stets neue Scharen des Phineus drangen hervor und drohten die geringere Zahl der Gegner zu überwältigen. Perseus kämpfte wie ein Löwe; zuletzt war er von Phineus und seinen Tausenden umringt. Wie winterlicher Hagel flogen die Geschosse von allen Seiten an ihm vorbei; an eine Säule gelehnt, deckte er sich den Rücken und wehrte sich gegen die Tausende. Sie fielen haufenweise, aber zuletzt, das sah er, mußte doch seine Tapferkeit der Menge unterliegen, darum entschloß er sich, zur letzten Hilfe zu greifen. „Weil ihr mich denn zwingt", rief er, „so will ich bei dem alten Feinde Hilfe suchen; wende sich ab, wer Freund ist." Damit zog er das Haupt der Gorgo hervor. „Such' dir einen andern, den deine Mirakel schrecken!" rief, der zunächst eben die Lanze auf ihn schleudern wollte, und in demselben Augenblicke stand er mit geschwungener Lanze ein starres Steinbild. So erstarrte einer nach dem andern. Zuletzt waren nur noch 200 übrig; mit hocherhobenem Gorgonenhaupte verwandelte auch sie Perseus auf einmal alle in Stein.

Jetzt endlich bereute Phineus den ungerechten Krieg. Ratlos blickte er um sich; links und rechts sieht er nichts als Steinbilder in den mannigfaltigsten Stellungen. Er erkennt seine Freunde, ruft sie bei Namen, ungläubig berührt er die nächsten: alles ist Stein. Da faßt ihn Entsetzen, flehend streckt er die Hände nach dem Sieger und ruft mit abgewendetem Gesichte: „Du bist Sieger, Perseus, entferne das Ungeheuer, das entsetzliche! Laß mir das Leben, ich laß'

Perseus, Andromeda herabführend

dir die Braut und alles, was ich habe!" Zornig ruft Perseus: „Sei ohne Sorgen, kein Eisen soll dich verletzen; ich will dir für ewig ein Denkmal setzen in dem Hause meines Schwähers, daß meine Gattin sich tröste an dem Bilde ihres einstigen Bräutigams." So sprach er höhnend und richtete ihm das versteinernde Haupt entgegen, und soviel er sich auch wandte und drehte, zuletzt faßte das Haupt seinen Blick, sein Nacken erstarrte, es erstarrte das feuchte Aug'. Noch in der Versteinerung behielt er die furchtsame Miene, die gesenkten Hände, die knechtische Stellung.

Bald darauf zog Perseus mit seiner jungen Gattin nach Seriphos. Er traf dort seine Mutter schutzsuchend im Tempel; denn Polydektes wollte sie mit Gewalt zur Ehe mit ihm zwingen. Der Sohn kommt zu rechter Zeit, um die Mutter zu retten und zu rächen. Er versteinert den Polydektes, während er schwelgend am Mahle sitzt, und übergibt die Herrschaft der Insel dem Diktys, der sich immer freundlich und liebreich gegen ihn und seine Mutter erwiesen hatte. Die Flügelsohlen und den Helm gibt Perseus an Hermes zurück, der sie den Nymphen und dem Hades wieder zustellt; das Gorgohaupt erhält Athene. Die setzt es mitten auf ihren Brustharnisch.

Hierauf ging Perseus mit Danae und Andromeda nach Argos. Als sein Großvater Akrisios von seinem Herannahen hörte, floh er, des alten Orakels eingedenk, aus dem Lande nach Larissa und überließ dem Enkel die Herrschaft. Aber die Flucht schützte ihn nicht vor seinem Verhängnis. Als einst Perseus bei den Leichenspielen, welche der König von Larissa zu Ehren seines Vaters veranstaltete, mitkämpfte, traf er unversehens seinen Großvater mit der Diskosscheibe und tötete ihn, ohne ihn zu kennen. Sobald er erfuhr, was er getan, bestattete er die Leiche aufs Prächtigste, und da er sich scheute, das Erbe des von ihm gemordeten Großvaters zu behalten, so übergab er die Herrschaft von Argos dem Megapenthes, einem Verwandten, und ließ sich dagegen das Reich von Tiryns abtreten.

Sisyphos und Salmoneus

Sisyphos, ein Sohn des Aiolos, der schlaueste und gewinnsüchtigste aller Menschen, den Göttern gleich an List und klugem Rat, war der Gründer und erste Beherrscher von Korinth oder, wie es in ältester Zeit hieß, Ephyra, der bedeutendsten Handelsstadt in Griechenland. Durch seinen klugen verschlagenen Sinn erwarb er sich unendlichen Reichtum, aber seine Gewinnsucht und der Mißbrauch seiner geistigen Gaben brachten ihn ins Unglück. Der Schlaue hatte gemerkt, wie Zeus die Tochter des Flußgottes Asopos, die schöne Aigina, raubte und nach der Insel Aigina entführte. Als nun der Vater, die Verlorene suchend, nach Korinth kam und den Sisyphos um Rat und Auskunft bat, verriet dieser die Tat des Zeus und ließ sich dafür von dem Flußgotte auf Akrokorinth, der korinthischen Burg, die schöne wasserreiche Quelle Peirene erschaffen, wodurch Burg und Stadt mit Wasser versorgt wurden. Zeus schickte zur Strafe dem selbstsüchtigen Verräter den Tod zu, damit er ihn in die Unterwelt hinabführe. Doch Sisyphos merkte das Herannahen des Todes, lauerte ihm auf und schlug ihn in feste Bande. Jetzt starb auf Erden kein Mensch mehr. Da kommt Ares, der starke Kriegsgott, von Zeus gesandt, und befreit den Tod aus seinen Fesseln und führt den Sisyphos hinab in das Reich der Schatten. Aber dieser hatte zuvor seinem Weibe Merope geboten, seinen Leib nicht zu bestatten und die gebührenden Totenopfer zu unterlassen. Die Herrscher der Unterwelt, Hades und Persephone, vermissen ungern die erwarteten Totenopfer und lassen sich durch die listigen Reden des Sisyphos berücken, daß sie ihn auf die Oberwelt zurücksenden, damit er die Gattin für ihre unfromme Versäumnis bestrafe. So entrinnt der Schlaue wieder der Macht des Todes und gedenkt sobald nicht wieder zurückzukehren. Auf der Oberwelt überläßt er sich dem lustigen und ausschweifendsten Lebensgenusse. Doch diese Herrlichkeit dauert nicht lange. Während er schwelgend am Mahle sitzt, erscheint plötzlich der grimme Tod und zieht ihn unerbittlich zum Schattenreiche hinab. Zur Strafe für seine Frevel wird er drunten von schrecklichen Mühen gefoltert. Er ist verdammt, einen schweren Marmorblock aus der Tiefe des Tals zur Berghöhe hinaufzuwälzen; angestemmt arbeitet er stark mit Händen und Füßen, und glaubt er endlich den schweren Block schon auf den Gipfel zu drehen, da plötzlich rollt er tückisch wieder hinab in die Tiefe, damit der Gequälte, triefend von Angstschweiß und von Staub umwölkt, aufs neue die schwere Arbeit beginne.

Ein Bruder des Sisyphos war Salmoneus, der in Elis die Stadt Salmone baute. Auch er verging sich schwer gegen die Götter. In seinem Übermute wagte er

Sisyphos in der Unterwelt

es, sich den Menschen als Gott, als Zeus selbst darzustellen und Opfer zu fordern. Auf ehernem Wagen jagte er rasselnd durch das Land, ahmte auf Becken und Fellen den Donner des Zeus nach und schwang Fackeln durch die Luft, als wären es Blitze. Da schwang Zeus, der wahre Donnerer, seinen gezackten Blitz aus dichtem Gewölk und zerschmetterte den übermütigen Prahler und vertilgte seine Stadt. In der Unterwelt muß der Gestrafte sein leeres Gaukelwerk forttreiben mit qualmenden Kienfackeln und rasselnden Becken.

Bellerophontes

Ein Enkel des Sisyphos war der große Held Bellerophontes, ein Sohn des Glaukos, Königs von Korinth. Auch galt er für einen Sohn des Gottes Poseidon. Er mußte aus seiner Vaterstadt flüchtig gehen, weil er einen korinthischen Bürger durch unfreiwilligen Mord getötet hatte, und begab sich nach Tiryns zu dem König Proitos. Der nahm den Jüngling gastlich auf, reinigte ihn von seinem Morde und behielt ihn gerne in seinem Hause. Seine Gattin Anteia aber faßte Liebe zu dem herrlichen Jüngling; da jedoch Bellerophon ihre Liebe floh, so füllte sich ihr Herz mit bitterem Hasse, und sie beschloß, ihn zu verderben. Sie verleumdete den Jüngling bei ihrem Gemahl, als verfolge er sie mit seiner Liebe, und Proitos, den Worten seiner Gattin glaubend, sann darauf, wie er den Bellerophontes tötete. Doch scheute er sich, selbst Hand an den Gast zu legen, der ihm bisher so wert gewesen. Darum schickte er ihn nach Lykien zu seinem Schwiegervater, dem König Jobates, mit einem gefalteten Täfelchen voll todbringender Runen, Zeichen, welche den König aufforderten, den Fremdling zu töten.

 Jobates nahm den Jüngling freundlich auf und überhäufte ihn mit Ehren. Neun Tage lang bewirtete er ihn aufs Glänzendste; an jedem Morgen opferte er einen fetten Stier und lud zu dem Mahle dem Fremden zu Ehren zahlreiche Gäste. Am zehnten Tage fragte er ihn nach Namen und Vaterland und seinem Begehr und forderte die Zeichen zu sehen, die er ihm von seinem Schwiegersohne brächte. Er ersah daraus, daß Proitos den Tod des Jünglings verlangte; doch auch Jobates scheute sich, das heilige Gastrecht zu verletzen, und suchte einen andern Weg, den Wunsch seines Schwiegersohnes zu erfüllen. Er legte dem Jüngling gefährliche Kämpfe auf, in denen er voraussichtlich umkommen würde. Zuerst hieß er ihn die Chimaira bekämpfen, ein furchtbares gewaltiges Ungeheuer von göttlicher Natur, gezeugt von Typhon und der riesigen Schlange Echidna, vorn Löwe, hinten ein Drache, in der Mitte eine wilde Bergziege; aus seinem Rachen dampfte Feuerglut. Bellerophontes unternahm im Vertrauen auf den Beistand der Götter das schwere Werk und bestand den Kampf mit Hilfe des Flügelrosses Pegasos.

 Als das Roß Pegasos eben aus dem Rumpfe der von Perseus getöteten Gorgo Medusa entsprungen war und durch die Lüfte schwebend auf Akrokorinth zuerst sich niederließ, um aus der Quelle Peirene zu trinken, sah es Bellerophon, und sein Herz krankte vor Sehnsucht, das herrliche Roß zu besitzen. Vergebens war sein Bemühen es einzufangen. Auf den Rat des Sehers Polyidos legte er sich an der Quelle neben dem Altare der Athene zum Schlafe nieder und erwartete die Hilfe der Göttin. Da erschien ihm Athene im Traume und brachte ihm einen goldbeschlagenen Zügel. „Du schläfst", sprach sie, „äolischer Fürst? Wohlauf, nimm dieses rossebändigende Werkzeug, opfere dem Rosselenker, dem Vater Poseidon, einen glänzenden Stier und zeig' ihm den Zaum." Also schien ihm im Schlafe die Götterjungfrau zu sprechen, und er sprang auf hastigen Fußes. Und siehe, der wunderbare Zaum lag neben ihm. Freudig nahm er ihn auf und eilte zu dem Seher und erzählte ihm der Sache Verlauf. Der Seher riet, sogleich dem Geheiß der Göttin zu folgen und, wenn er dem Vater Poseidon den Stier geopfert, der Athene einen Altar zu bauen. Das geschah, und mit Hilfe des Poseidon und der Athene fing nun Bellerophon das Flügelroß ohne alle Mühe ein, legte ihm den goldenen Zaum an und bestieg es, gewappnet mit eherner Rüstung. Seitdem war das Roß im Dienste des Helden, und er gebrauchte es auch jetzt bei der Bekämpfung der Chimaira in den lykischen Bergen. Er schwang sich hoch in die Lüfte und schleuderte seine Geschosse auf das feuerschnaubende Ungetüm, bis es erlag.

Als Bellerophon siegreich zu Jobates zurückkam, trug ihm dieser auf, das tapfere Volk der Solymer, das von den benachbarten Bergen aus die Lykier oft bedrängte, zu bekämpfen. Bellerophon überwand glücklich das streitbare Volk

Belerophon gegen die Chimaira kämpfend

und zog dann gegen die Amazonen, das kriegerische Weibervolk, welches in Kleinasien am Flusse Thermodon in der Stadt Themiskyra wohnte. Als er sieggekrönt auch aus diesem Kampfe zurückkehrte, lauerte ihm unterwegs ein Hinterhalt der stärksten lykischen Männer auf, welche Jobates ausgesandt hatte, um ihn durch Überfall zu töten. Bellerophon erschlug sie alle. Jetzt erkannte Jobates, daß der herrliche Jüngling von göttlichem Geschlechte sei, und behielt ihn bei sich und gab ihm seine Tochter zur Gemahlin und die Hälfte seines Reiches. Die Lykier aber wählten das fruchtbarste Stück Landes in ihrem Gefilde aus und gaben es ihm zum Eigentum. Seine Gemahlin gebar ihm drei Kinder, Isandros, Hippolochos und Laodameia. Hippolochos war Vater des tapfern Lykiers Glaukos, der vor Troja focht; Laodameia gebar dem Zeus den Helden Sarpedon, der zugleich mit Glaukos nach Troja gezogen war. Später, als Bellerophon den Göttern verhaßt war, starb Laodameia durch den schnelltötenden Pfeil der zürnenden Artemis, und Isandros fiel im Kampfe mit den Solymern.

Bellerophon genoß nämlich nicht bis an sein Lebensende das hohe Glück, das ihm durch die Gnade der Götter zuteil geworden war. Sein Glück verblendete ihn und verdarb sein Herz, daß er übermütig sich vermaß, über menschliches Los hinausstrebend, sich den Göttern gleichzustellen. Er wollte sich auf seinem Flügelrosse in den Himmel aufschwingen zur Wohnung des Zeus; aber Zeus versetzte das göttlich Roß in Wut, es warf den sterblichen Reiter ab und schwang sich selbst empor zu den Krippen des Zeus. Der zu Boden geschmetterte Bellerophontes ward durch den Sturz lahm und schweifte nun, verstörten Sinnes und in Gram sich verzehrend, umher auf dem „Felde der Irren", bis ein elender Tod ihn dahinnahm.

Europa

Europa war die Tochter des phönikischen Königs Agenor in Sidon, eine Jungfrau von strahlender Schönheit. Einst sandte ihr Kythera, die Göttin der Liebe, gegen Morgen, zu der Zeit, wo der süße gliederlösende Schlaf nur leicht auf der Wimper ruht und unter den Schlummernden der Schwarm trugloser Träume umherschweift, einen süßen seltsamen Traum. Während die Jungfrau da lag in Schlafes Arm, wähnte sie, die beiden Weltteile, Asien und die gegenüberliegende Veste, in Frauengestalt um sich kämpfen zu sehen. Die eine derselben hatte eine fremdländische Gestalt, die andere – und dies war Asien – glich einer Einheimischen und mühte sich besonders um die Jungfrau; sie gehöre ihr, sprach sie, sie selbst habe sie geboren und erzogen. Die andere aber wehrte mit starker Hand sie ab und führte die Königstochter ohne Sträuben davon; denn ihr habe der waltende Zeus Europa zum Geschenke gegeben.

Klopfenden Herzens sprang Europa vom weichen Lager, das Traumbild schien ihr ein wahres Gesicht. Lange saß sie schweigend da, und noch immer schwebten ihr die Gestalten der beiden Frauen vor dem offenen Auge. Endlich sprach sie mit bebender Stimme: „Welcher der Himmlischen hat mir dies Traumbild zugesendet? Wer war die Fremde, die ich im Schlafe sah? Wie drängte mein Herz im Schlafe nach ihr hin, wie zog sie selbst mich freundlich an sich heran und nannte mich Tochter! Mögen die Seligen den Traum zum Guten mir wenden." So sprach sie und erhob sich und suchte nach ihren lieben Freundinnen, den gleichaltrigen trauten Gespielen, sei es beim Reigentanz oder beim Bade in den Wellen des Bachs, sei's wenn sie süßduftende Lilien pflückten auf der Au. Und diese erschienen sogleich; sie hatten eine jede ein Blumenkörbchen im Arm und eilten mit der Königstochter hinaus in die Wiesen am Meeresgestade, wo ihre Schar gewöhnlich sich sammelte, um sich zu erfreuen an den sprossenden Rosen und dem Rauschen der Wellen. Europa selbst trug ein goldenes Körbchen, wunderschön, ein wahres Kleinod, das Hephaistos gefertigt und der Libya einst als Brautgabe geschenkt hatte, als sie dem Poseidon sich vermählte. Von dieser erhielt es Thelephaessa, ihre Tochter, und Thelephaessa schenkte es ihrer Tochter Europa. Die kunstreichsten Gebilde waren auf dem goldenen Körbchen, die ganze Geschichte der von Zeus geliebten Io.

Als sie nun auf die blumige Au gekommen, da ergötzten sie sich die eine an diesen, die andere an jenen Blumen. Eine pflückte den duftigen Narzissus, die andere Hyazinthen, der gefiel die Viole, jener der Serpyll; andere wieder suchten eifrig den balsamischen Krokos. Mitten unter ihnen stand das Königskind, in Schönheit strahlend wie Aphrodite unter den Chariten, und sammelte mit zarter Hand glühende Rosen. Ach, sie sollte nicht lange mehr eine spielende

Jungfrau an den Blumen sich ergötzen. Denn Zeus, der Kronide, sobald er sie sah, die liebliche Königstochter, wie entbrannte er von Liebe; der Kypris Geschosse, die allein den Zeus selbst besiegen kann, hatten ihn völlig bewältigt. Damit er jedoch den Zorn der eifersüchtigen Hera vermeide und um den kindlichen Sinn des Mädchens zu berücken, barg er seine göttliche Gestalt und wurde, sein Wesen verleugnend, ein Stier; doch nicht ein Stier von gewöhnlicher Art, wie sie in den Ställen sich sättigen oder am Pflug und am Wagen sich abmühen, und wie viele auf der Weide mit der Herde gehen; nein, sein ganzer Leib glänzte wie rotes lichtes Gold, nur mitten auf der Stirn trug er einen runden silberweißen Fleck; auf dem Scheitel krümmten sich zwei gleichmäßige Hörner gleich den Hörnern des Mondes, sein sanftes Auge glänzte vor Sehnsucht.

So kam er zur Wiese. Er jagte den Jungfrauen keine Furcht ein, sondern alle gelüstete es, heranzukommen und den schönen Stier zu streicheln, dessen ambrosischer Atem selbst den Duft der würzigen Au von Ferne schon überduftete. Jetzt trat er zu der schönen Europa heran und leckte ihr den Hals und schmeichelte ihr freundlich; die klopfte und streichelte ihn, streifte ihm sanft mit der Hand den Schaum vom Maul und küßte sogar den Stier. Der Stier brummte ihr schmeichelnd entgegen, so lieblich, als wären es die Töne einer Flöte, legte sich der Jungfrau zu Füßen und sah mit zurückgebeugtem Nacken zu ihr hinauf und bot ihr den breiten Rücken dar. Da rief sie der Schar ihrer holdgelockten Begleiterinnen zu: „Kommt her, ihr Lieben, wir wollen zur Kurzweil uns auf den Stier setzen; er trägt uns alle auf seinem breiten Rücken wie ein Schiff. Wie blickt er so fromm und freundlich, gar nicht wie andere Stiere, wahrlich, er hat Verstand wie ein Mensch, nur die Sprache fehlet ihm."

So sprach sie und stieg lachend auf den Rücken des Stiers, und eben wollten auch die andern sich ihr nachschwingen: da sprang plötzlich der Stier empor – er hatte geraubt, die er wollte – und eilte gerades Wegs dem Meere zu. Mit ausgebreiteten Händen schaute die Jungfrau nach ihren Gespielen zurück und rief sie um Hilfe an, aber die konnten sie nicht erreichen. Der Stier springt mit seiner schönen Last ins Meer und schwimmt davon, schnell wie ein Delphin. Die Nereiden tauchten aus dem Meere hervor und drängten sich, auf den Rücken von Seetieren dahinschwimmend, in Scharen heran, der Meerkönig Poseidon selbst ebnete dem Bruder die Wellen und führte den Zug, umringt von den Tritonen, den Bewohnern der tiefen Salzflut, welche auf ihren Muscheltrompeten das Brautlied bliesen. Das zitternde Mädchen hielt mit der einen Hand sich an dem Horne des Stiers, mit der andern zog sie die Falten des purpurnen Gewandes herauf, sorgend, daß die Woge nicht den flatternden Saum ihr netze. Hoch vom Winde geschwellt, wallte das weite Gewand um ihre Schultern, gleich dem Segel eines Schiffes, und trug sie linde vorwärts.

Als nun die Jungfrau fern war vom Vaterlande und nirgends mehr ein Gestade, nirgends ein Berg sich zeigte, nur der Himmel über ihr und unter ihr das unermeßliche Meer, da schaute sie angsterfüllten Blickes um sich und sprach also: „Wohin trägst du mich, göttlicher Stier? Wer bist du? Wie kannst du mit dem schweren Fuß das Meer durchwandeln ohne Furcht? Den Schiffen öffnet das Meer seine Bahn, Stiere fürchten sonst den salzigen Pfad. Bist du ein Gott? Warum tust du, was Göttern nicht ziemt? Nie wandeln Delphine auf dem Land, nie ein Stier auf dem Meere; du aber gehst übers Land und schwimmst,

Europa von Zeus als Stier entführt

ohn' dich zu netzen, übers Meer und brauchst die Hufe wie Ruder. Bald wirst du auch hoch in die blaue Luft dich heben, gleich dem leichten Vogel. Wehe mir Armen, daß ich das Haus meines Vaters ließ und diesem Stiere folgte durch fremdes Gewässer einsam und verlassen! Sei du mir gnädig, Poseidon, Herrscher der dunkeln Flut! Du bist's, glaube ich, der diesen Zug anführend durchs Meer geleitet. Nicht ohne der Götter Geleit wandere ich diese feuchten Pfade."

So sprach sie, und der gehörnte Stier antwortete: „Sei getrost, mein Kind, fürchte das Meer nicht. Ich bin Zeus selber, nur dem Scheine nach bin ich ein Stier; ich vermag eine Gestalt zu nehmen, wie ich sie will. Die Liebe zu dir trieb mich, in der Hülle eines Stieres diesen Weg durchs Meer zu gehen. Kreta, die schöne Insel, wird dich aufnehmen, die meine eigene Wiege war; dort wird dein Brautgemach sein, und von mir wirst du berühmte Söhne gebären, zeptertragende Könige, die mit Kraft herrschen werden über die Völker."

So sprach er, und was er gesprochen, erfüllte sich. Kreta stieg bald aus den Wellen empor und nahm die Braut des Zeus auf. Hier ward sie Mutter der großen Könige Minos, Rhadamanthys und Sarpedon.

Kadmos

Als Zeus die Europa geraubt hatte, schickte ihr Vater seine drei Söhne Phoinix, Kilix und Kadmos aus, sie zu suchen, mit dem Befehl, nicht eher zurückzukehren, als bis sie die Schwester gefunden. Phoinix und Kilix standen bald von ihren Nachforschungen ab und gründeten der eine in Afrika, der andre in Kilikien sich eine Herrschaft. Kadmos gelangte nach langem Umherziehen nach Samothrake, und als hier seine Mutter Telephaessa, die ihn begleitete, gestorben war und er sie bestattet hatte, wandte er sich nach Delphi, um das Orakel des Apollon zu befragen, in welchem Lande er sich niederlassen sollte; denn er verzweifelte an der Auffindung seiner Schwester und fürchtete den Zorn des Vaters, wenn er ohne sie nach Hause kehrte. Phöbus Apollon antwortete ihm: „Ein Rind wird dir aufstoßen auf einsamer Au, das noch kein Joch getragen und an keinem Pfluge gezogen hat; das nimm dir zum Führer, und wo es im Grase sich niederlegen wird, da bau' eine Stadt und nenne sie das böotische Theben."

Kaum hatte Kadmos den weissagenden Schlund von Delphi verlassen, so sah er ein Rind, das noch keine Zeichen der Dienstbarkeit um seinen Nacken trug, ohne Hüter gemächlich auf der Weide einhergehen. Er folgte langsamen Schrittes seinen Spuren nach, leise Gebete zu Phöbus, der den Weg ihm geraten, vor sich hin murmelnd. Schon hatte er die Furt des Kephissus durchschritten und die Fluren von Panope, da stand das Rind still, und indem es das stattliche Gehörn zum Himmel erhob, erfüllte es die Luft mit seinem Brüllen. Darauf schaute es zurück nach der Schar der ihm folgenden Männer und legte sich nieder in das weiche Gras. Voll Dank warf sich Kadmos nieder und küßte die fremde Erde und begrüßte die unbekannten Berge und Fluren. Als er darauf dem Zeus ein Opfer darbringen wollte, sandte er einen Teil seiner Diener aus, um aus lebendigem Quell Wasser zu holen zum Weiheguß.

In der Nähe stand ein hoher Urwald, den noch nie eine Axt berührt hatte; in seiner Mitte bildete zusammengefügtes Felsgestein eine niedere von Gestrüpp und Gedörn dicht umwachsene Höhle, aus der reichliches Wasser floß. In der Höhle lagerte ein furchtbarer Drache des Ares und bewachte den Quell. Wie von Gold schimmert sein hoher Kamm, Glut blitzen seine Augen, und der ganze Leib ist geschwollen von Gift. Drei Zungen zischen aus dem weiten Rachen, in welchem drei Reihen von Zähnen drohen. Als die phönikischen Männer, von ihrem bösen Geschicke geführt, in diesen Hain kamen und eben die Krüge in die plätschernde Flut tauchten, da reckte der bläuliche Drache sein Haupt weit aus der Höhle und blies sie an mit schrecklichem Zischen. Entsetzt lassen sie die Krüge sinken, blasser Schreck erfaßt ihre Glieder. Der Drache rollt den schuppigen Rücken zu furchtbarem Knäuel zusammen, krümmt sich dann zu ungeheurem Bogensprunge und, über die Hälfte emporgerichtet, schaut er auf den ganzen Wald herab. Jetzt stürzt er sich auf die Männer, mordet die einen durch Biß, andre erdrückt er in seiner Umschlingung, wieder andere tötet er durch den Anhauch seines giftigen Geifers.

Schon stand die Sonne hoch im Mittag. Der Sohn des Agenor wundert sich, wo seine Leute so lange bleiben, und beschließt sie zu suchen. Er deckt sich mit dem Fell eines Löwen, den er selbst erlegt, nimmt seine Lanze mit glänzender Eisenspitze und einen Wurfspieß, dazu ein Herz, das besser ist als jede Waffe, und eilt dem Walde zu. Sobald er eingetreten war, erblickte er die entseelten Leiber der Seinen und über ihnen die scheußliche Gestalt des Drachen, wie er triumphierend mit der Zunge die zerfleischten Glieder beleckte. „Entweder komme ich als euer Rächer", rief er, „oder ich bin euer Begleiter im Tod!" Mit diesen Worten ergriff er einen Felsblock und schleuderte ihn gegen den Drachen. Hohe Mauern mit ragenden Türmen wären von der Wucht des Blockes erschüttert worden, aber der Drache blieb ohne Wunde; die Schuppenhaut und die Härte des Balgs schützten ihn vor dem Wurf wie ein Panzer. Dem Wurfe des Speeres aber hielt die Härte des Leibes nicht stand, die eiserne Spitze drang mitten durch das gekrümmte Rückgrat tief in die Eingeweide.

Wütend vor Schmerz warf das Tier das Haupt nach dem Rücken, sah die Wunde, biß in den Wurfspieß und zerrte ihn mit Zornesgewalt heraus; doch das Eisen blieb in den Knochen des Rückgrats stecken. Immer mehr wuchs mit dem Schmerze die Wut; der Hals blähte sich schwellend auf, weißer Schaum umfloß den Rachen; der schuppige Schwanz zerpeitschte die Erde und schwarzer Gifthauch aus dem mörderischen Schlunde verpestete die Luft. Bald krümmt er sich in unermeßlichem Kreise zusammen, bald reckt er sich empor, aufrecht wie ein langer Balken, jetzt schießt er in wildem Ungestüm vorwärts wie ein geschwollener Bergstrom und rennt mit der Brust wider die starken Waldbäume. Kadmos weicht etwas zur Seite, deckt sich mit dem Löwenfell gegen den Anfall und hält dem drohenden Rachen die Lanze vor, an welcher seine Zähne in blinder Wut sich vergeblich abmühen. Schon troff das Blut von dem giftgeschwollenen Halse und rötete den Rasen; aber die Wunde war nur leicht, da der Hals stets den Stößen des Speers auswich und keine tiefere Wunde zuließ. Endlich stieß Kadmos das Schwert ihm in die Gurgel, tief, immer tiefer nachstoßend, bis er rückwärts das Ungetüm wider eine Eiche gedrückt und seinen Nacken zugleich mit dem Stamme durchbohrt hatte. Von dem Gewichte des Drachen krümmte sich der Baum und erseufzte, gepeitscht von der Spitze des zuckenden Schweifes.

Während der siegreiche Held den erlegten Drachen betrachtete, hörte er plötzlich eine Stimme; woher sie kam, das wußt' er nicht, doch hörte er sie deutlich: „Was besiehst du so, Sohn des Agenor, den erschlagenen Drachen? Auch dich wird man einst als Drachen sehen." Der Held stand lange da, starr und blaß, und sein Haar sträubte sich in kaltem Schrecken. Siehe, da kam seine Gönnerin Pallas Athene vom Himmel herab und hieß ihn die Zähne des Drachen als Nachwuchs künftigen Volkes in das aufgewühlte Erdreich säen. Er gehorcht, und nachdem er mit dem Pflug eine lange Furche gezogen, säet er, wie ihm befohlen war, die Drachenzähne in die Erde. Darauf begannen, kaum ist's zu glauben, die Schollen sich zu regen, und aus der Furche drang zuerst die Spitze einer Lanze hervor, bald kam ein Helm mit nickendem Busch, bald Schultern und Brust und Arme, mit Waffen belastet: eine ganze Saat beschildeter Männer wuchs auf.

Kadmos wollte schon, erschreckt durch den neuen Feind, zu den Waffen greifen; aber einer aus der erdentsprossenen Saat rief ihm zu: „Ergreife die Waffen nicht, mische dich nicht in innere Kriege!" und zugleich schlug er mit dem Schwerte einen der erdgeborenen Brüder zu Boden; er selbst fällt durch einen Speerwurf. Auch der, welcher diesen getötet, lebt nicht länger als der und haucht den Lebensatem aus, den er eben erst empfangen. In derselben Weise wütet die ganze Schar der Brüder im Wechselmorde, und bald liegen fast alle verblutend an der Brust der Mutter Erde, die sie kaum geboren. Fünf nur blieben übrig. Von diesen warf einer – er hieß Echion – auf Geheiß der Athene zuerst die Waffen zur Erde und erbot sich zum Frieden; ihm folgten die andern.

Diese erzgewappneten erdentsprossenen Männer halfen dem Kadmos und seinen Begleitern die Stadt Theben mit der Burg Kadmea erbauen und wurden die Stammväter des thebanischen Adels. Als Kadmos die Stadt gegründet und das Gemeinwesen geordnet, erhielt er aus der Hand der Himmlischen eine göttliche Gemahlin, Harmonia, die Tochter des Ares und der Aphrodite. Alle Götter kamen zur Hochzeitsfeier ihres Lieblings auf der Kadmea zusammen und brachten ihm und der Braut herrliche Geschenke dar. Unter diesen Geschenken war auch ein Halsband und ein Gewand, beide gar kunstreich und prächtig, aber es wohnte in ihnen eine verderbliche Macht, die in der Folge in das Haus des Kadmos viel Unheil brachte. Kadmos selbst war von der Gnade der Götter mit einer Fülle von Glücksgütern gesegnet; aber dieses hohe Glück wechselte bei ihm und den Seinen mit schwerem Leid. Harmonia gebar ihm einen Sohn Polydoros (d.h. Segensreich) und vier Töchter: Autonoë, Ino, Semele und Agaue. Ino und Semele wurden nach schwerem Geschick zu Göttinnen erhoben; Agaue und Autonoë verfielen durch das Schicksal ihrer Söhne in herbe Trauer.

Kadmos, der das Wechselgeschick seiner Kinder und Enkel noch all' hat ansehen müssen, verließ in hohem Alter, gebeugt von den Schlägen des Schicksals, zugleich mit seiner Gattin Harmonia das thebanische Land und wanderte nach Illyrien aus. Dort ward er, wie ihm einst nach Erlegung des Aresdrachen eine Stimme geweissagt, sowie auch Harmonia in einen Drachen verwandelt, um in dieser Gestalt in Elysium einzugehen.

Aktaion

Ein Enkel des Kadmos war Aktaion, der Sohn der Autonoë und des Gottes Aristaios. Er war ein starker mutiger Jüngling, ein Freund der Jagd und der Bergeshöhen. Einst jagte er mit seinen Genossen in den Wäldern des Kithäron. Von frühem Morgen bis zum Mittag scheuchten sie das flüchtige Wild in lustigem Treiben mit dem Jagdspieß in die aufgestellten Netze und machten reiche Beute. Als die Mittagssonne heiß herniederbrannte, entließ der Jüngling seine Genossen und suchte allein, von seinen Hunden begleitet, in dem schluchtenreichen Gebirge einen einsamen Ort, wo er die heißen Stunden des Tages in der Kühle verbrächte und ausruhe von der Mühe der Jagd. Nach längerem Umherirren gelangte er in ein von Fichten und Zypressen dicht bewachsenes Tal, das Tal Gargaphie, das der jagdliebenden

Artemis heilig war. In dem innersten Winkel des Tales war eine kühle einladende Grotte; die Natur hatte sie kunstreich wie mit Menschenhand gebildet und aus lebendigem Gestein einen natürlichen Bogen darüber gewölbt. Zur Rechten murmelte eine Quelle klarsten Wassers, von grünem Rasensaume umgürtet. Hier pflegte die Göttin, wenn sie vom Jagen ermüdet war, ihre jungfräulichen Glieder im flüssigen Tau zu baden. Eben ist sie in die Höhle getreten und hat einer ihrer Nymphen, die ihre Waffenträgerin war, Jagdspieß

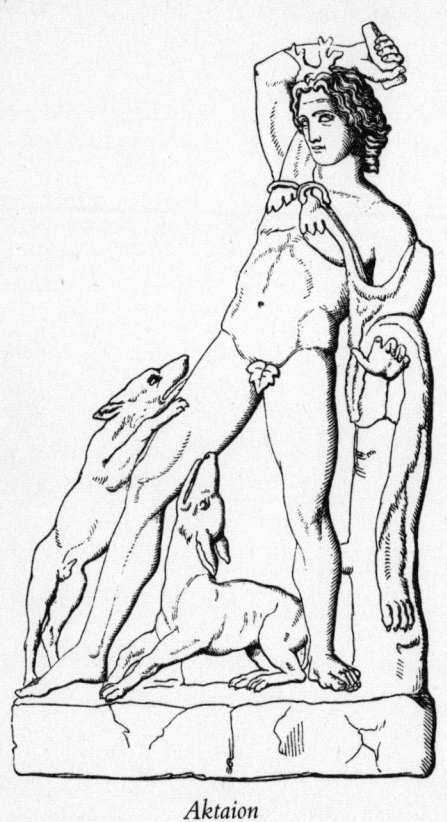

Aktaion

und Köcher und den abgespannten Bogen übergeben; eine zweite nahm auf dem Arme ihr Gewand in Empfang, zwei andere lösten ihr die Sohlen von den Füßen, während Krokale – sie verstand es von allen am besten – die um ihren Nacken wallenden Locken zu einem Knoten zusammenwand. Eine Schar schöpfte mit Urnen Wasser aus dem Quell und goß es über die Herrin.

Während so die Göttin sich am gewohnten Bad erquickte, führte den Enkel des Kadmos sein böses Geschick auf unbekannten Pfaden zu der Grotte. Wie er eintrat und die Nymphen den Mann sahen, schlugen sie sich, nackt wie sie waren, mit plötzlichem Schrei die Brust und drängten sich um ihre Herrin, um sie mit ihren Körpern zu decken; doch die Göttin war höher als sie alle und überragte sie mit dem ganzen Haupte.

Wie die Wolke sich rötet durch die hineinfallenden Strahlen der Sonne, wie die Morgenröte purpurn erglüht, so rötete sich plötzlich das Antlitz der Artemis, da sie ohne Gewand gesehen war. Hätte sie ihre Pfeile zur Hand, um den Jüngling wär es geschehen. So schöpfte sie hastig mit ihrer Hand Wasser aus dem Quell und spritzte es dem Jüngling ins Antlitz und über das Haupt, indem sie rief: „Jetzt darfst du erzählen, daß du mich ohne Gewand gesehen, wenn du noch erzählen kannst." Und sofort läßt sie ihm auf dem besprengten Haupte das Geweih eines Hirsches sprossen, sie verlängert seinen Hals, spitzt seine Ohren, verwandelt ihm die Arme in Beine und die Hände in Klauen, den ganzen Körper überdeckt sie mit gesprenkeltem Fell. Mit der Furcht eines Hirsches flieht der Jüngling davon, und im Laufe selbst wundert er sich über seine Schnelligkeit. Da sieht er sein Gesicht und sein Geweih in dem Wasser. „Ich Unglücklicher!" will er rufen: es folgt keine Stimme, Seufzen ist seine Stimme; Tränen fließen über sein Gesicht, das ist nicht *sein* Gesicht! Alles ist verwandelt, nur der Geist ist derselbe.

Was soll er tun? Soll er nach Hause kehren in den königlichen Palast, soll er sich versteckt halten in den Wälder? Scham verhindert das eine, Furcht das andere. Während er so zweifelnd steht, sehen ihn seine Hunde. Fünfzig Hunde waren auf der Jagd seine Begleiter. Sie stürzen jetzt alle mit wütendem Gebell auf ihn und jagen ihn über Berg und Tal, durch Fels und Geklüft. Endlich erreichen ihn einige auf kürzerem Weg und schlagen ihre Zähne in seinen Rücken und seinen Hals. Während diese so ihren Herrn festhalten, stürzt von allen Seiten die übrige Schar herbei und zerreißt mit wütenden Bissen seinen Leib. Er seufzt, er erfüllt die Luft mit klagendem Stöhnen; zuletzt sinkt er in die Knie und wendet schmerzzerrissen stumm sein Gesicht hierhin und dorthin, als wollte er um Gnade flehen. Da kommen auch seine Jagdgefährten, durch den Lärm der Hunde herbeigerufen. Sie hetzen noch durch den gewohnten Zuruf die rasende Schar auf ihren Herrn, den sie nicht kennen, und suchen den Herrn und rufen ihn und bedauern, daß er nicht da ist, um den herrlichen Fang zu sehen. Von allen Seiten umstellen sie ihn und bohren ihre Jagdspieße in seinen Leib. So starb der Arme an tausend Wunden durch den Zorn der Artemis, die er im Bade gesehen.

Noch spät zeigte man im Kithäron an dem Wege von Megara nach Platäa den Felsen, auf dem Aktaion, müde von der Jagd, zu ruhen pflegte, und den verhängnisvollen Quell. Um seinen dort irrenden Geist zu besänftigen, hatte man die Überbleibsel seines Leibes mit Erde bedeckt und sein ehernes Bild an den Felsen geheftet.

Pentheus

Dionysos (Bakchos), der junge Gott, Semeles Sohn, zog in den Ländern umher, um den Menschen seine Gabe, die sorgenlösende begeisternde Frucht der Rebe zu bringen und sich die Anerkennung seiner Göttlichkeit unter den Völkern zu erwirken. Wer ihn als Gott und mächtigen Zeussohn verehrte, dem war es zum Heile; doch wer ihm Opfer und Anerkennung versagte, der ward mit furchtbarer Strafe gezüchtigt. Er ist begleitet von einer zahlreichen Schar schwärmender Frauen, der Mänaden. Die machen sein gewaltiges Heer aus; bewaffnet mit dem efeuumrankten Thyrsusstabe, ziehen sie mit dem Gotte einher, unwiderstehlich und voll begeisterten Mutes durch die wunderbare Macht des Dionysos. Schon hat er Asien durchzogen bis fern nach Indien hin und seinen Kult verbreitet und den Menschen seine segensreichen Gaben gebracht, hat Städte gegründet und Gesetze gestiftet und alle Lande beglückt. Jetzt kommt er auch nach Europa und wendet zuerst sich nach Theben, seiner heimatlichen Stadt, wo man sich besonders sträubte, seine Göttlichkeit anzuerkennen. Dort herrschte damals Pentheus, der Sohn der Agaue und des erdentsprossenen Echion, dem sein Großvater, der altersschwache Kadmos, die Regierung überlassen. Seine Mutter Agaue sowie deren Schwestern Autonoë und Ino hatten oft ihre Schwester Semele verlästert, sie habe die Gemeinschaft mit dem Göttervater erlogen, und ihr Sohn Dionysos sei ein sterbliches Kind; darum habe Zeus auch mit dem Wetterstrahl der Semele Gemach zerschmettert und sie selbst durch die Flammen verzehren lassen. Pentheus glaubte der bösen Zunge der Frauen und widersetzte sich in übermütiger Eifersucht gegen den gefeierten Verwandten jeder Verehrung desselben.

Jetzt erscheint Dionysos, um Rache zu nehmen und seine Göttlichkeit zu beweisen. Er erfüllt die Mutter des Pentheus sowie ihre Schwestern und alle Frauen und Jungfrauen der Kadmeerstadt mit bakchantischer Raserei, daß sie, Spindel und Webstuhl verlassend, hinauseilen in die Wälder des Kithäron und unter grünenden Tannen auf den Felsenhöhen in schwärmender Feier dem Bakchos huldigen. Auch Kadmos selbst und der Seher Teiresias, die ehrwürdigen Greise, welche die göttliche Natur des Dionysos längst erkannt, wollen, mit dem Efeukranze festlich geschmückt, zu dem Kithäron hinauswandern, um in würdiger Feier den neuen Gott zu verherrlichen. Da tritt ihnen Pentheus entgegen, der junge Herrscher. Er kommt eben nach kurzer Abwesenheit in sein Land zurück und hat gehört, wie die Frauen der Stadt aus ihren Häusern zu dem Feste des falschen Bakchos geeilt sind und, das Waldgebirg durchrasend, den neuerfundenen Gott mit Reigentänzen feiern. Im Zorneseifer gegen solche Ausgelassenheit und sittenverderbende Neuerung hat er durch seine Diener eine Anzahl der schwärmenden Frauen schon ergreifen und in den Kerker werfen lassen; auch die andern noch, auch seine Mutter und Ino und Autonoë hofft er zu fangen und zur Vernunft zurückzubringen. Besonders aber hat er es abgesehen auf den Führer der fremden Bakchantenschar, den gaukelnden Zauberer, der die thebanischen Frauen zu solchen Ausschweifungen verleitet hat. Er weiß nicht, daß dieser Zauberer Bakchos selbst ist, und auch kein anderer ahnt in ihm den Gott. Dionysos ist, um seine Strafe sicher durchzuführen, in der Gestalt eines Bakchosdieners aufgetreten, – ein schöner Jüngling von anmutig blühender, fast weiblicher Gestalt und Miene, mit schwarzem Aug', mit reichem wallenden Lockenhaar, weiß und zart wie eine Jungfrau, so war er in Theben mit seinen Bakchantinnen erschienen. Kein Wunder, wenn Frauen sich durch den üppigen Jüngling betören lassen; allein daß ernste Greise, wie Teiresias und Kadmos, sich auch von dem Gaukler hinreißen lassen, das ist dem Pentheus unbegreiflich. Er macht ihnen in seinem aufgeregten Zorn die heftigsten Vorwürfe und verschließt eigensinnig sein Ohr allen Belehrungen des Teiresias über die neue Religion und allen Bitten des Kadmos. Er wird dadurch nur noch zu stärkerem Widerstande gereizt und erteilt sogleich Befehl, den fremden Betrüger aufzusuchen und gebunden ihm vorzuführen; bittere Feste soll er im Thebanerlande feiern, der Tod der Steinigung ist ihm gewiß.

Nicht lange, so bringt die ausgesandte Dienerschar den gesuchten Jüngling in Fesseln herbei. Sie erzählen, wie er auf dem Kithäron sich freundlich ihnen von selbst dargeboten und lächelnd sie geheißen habe, ihn zu binden und zu Pentheus zu führen; sie berichten zugleich, daß die Bakchantinnen, die Pentheus habe einkerkern lassen, von selbst ihrer Bande entledigt worden seien und wieder auf dem Gebirge mit ihren Genossinnen jubelnd umherschweiften, den Gott preisend, der sie gerettet. Durch dieses wunderbare Ereignis wird der Verblendete nicht gewarnt, mit höhnendem Spott tritt er seinem Gefangenen entgegen, der selbst den rohen Dienern ehrfurchtsvolle Scheu eingeflößt hat. Des Fremdlings Furchtlosigkeit und ruhige Würde, die Zuversicht desselben auf den Schutz seines mächtigen Gottes gegenüber dem Hohn und den Drohungen des jungen Herrschers bringen diesen nicht zur Besinnung. Er befiehlt, ihn gefesselt nahe an der Roßkrippe in einem finsteren Stalle eingesperrt zu halten, bis er ihn zum Tode führen lasse; seine Gefährtinnen aber, die Mänaden, will er zum Verkaufe bringen oder daheim als Mägde am Webstuhl halten.

Der Gefangene wird abgeführt ins Haus des Pentheus, der selber folgt und mit eigener Hand den Verhaßten in seinem Kerker anketten will. Da kommt schon der Geist des Gottes sinnverwirrend über ihn. Einen Stier findet er an der Krippe, und indem er diesen, schnaubend vor Wut und schweißtriefend an allen Gliedern, mit Seilen bindet an Knie und Huf, wähnt er seinen Feind zu binden, der während dem ruhig daneben sitzt und ihn betrachtet. Jetzt bebet das Haus, die Marmorsäulen wanken, erschüttert von der unsichtbaren Macht des Bakchos; von dem Grabe der Semele, wo sie in ihrem Gemache wetterumleuchtet verbrannte im Feuer des Zeus, steigt eine Feuersäule empor. Als Pentheus das sieht, glaubt er das ganze Haus in Flammen, stürzt hierhin und dorthin und ruft die Sklaven herbei, das Feuer zu löschen; doch alles Mühen der Sklaven war umsonst. Nun glaubt er den Gefangenen aus seinen Banden entflohen; mit gezücktem Schwert fliegt er in das innere Haus. Da hält ihm Dionysos im Vorhof ein Scheinbild entgegen, darauf wirft er sich voll Wut und haut mit dem Schwert auf ihn ein und glaubt ihn zu erwürgen. Plötzlich bricht der ganze Bau zusammen. Pentheus stürzt entsetzt zur Erde, und das Schwert entfällt seinen Händen. Der Gefangene aber tritt ruhig aus dem eingestürzten Gebäude hervor zu seinen Bakchantinnen, die vor dem Hause voll

Schreck der Zerstörung zugesehen, die sie als ein Werk ihres Gottes erkannt. Nicht lange, so dringt auch Pentheus wieder aus den eingestürzten Hallen hervor, verstörten Sinnes nach dem Fremdling suchend, der seinen Händen entflohen. Erstaunt sieht er ihn vor sich stehen, ruhig und ohne Furcht. Während der König mit stärkeren Banden droht, kommt ein Hirte vom Kithäron herbei, um ihm von den Orgien der thebanischen Frauen, die er selbst mit angesehen, zu berichten.

„Ich trieb", so erzählte der Hirte, „am frühen Morgen meine Herde den Berg Kithäron hinan bis oben zur Höh'. Siehe, da erblickt' ich drei Weiberhaufen, Autonoë an der Spitze des einen, deine Mutter Agaue führte den zweiten, Ino den dritten Chor. Sie lagen noch alle in Schlummer hingestreckt; die einen lehnten ihren Rücken ans Gezweig der Fichten, andere hatten sorglos das Haupt am Boden auf der Eichen Laub geworfen, aber züchtiglich, nicht, wie du sagst, der Liebe fröhnend und vom Wein und Flötenlärm berauscht. Deine Mutter aber jauchzte plötzlich laut auf mitten unter den Bakchen und hieß sie aus dem Schlaf die Glieder wecken, da sie vom Gebirg der Stiere Gebrüll vernommen. Jene, dem Schlaf entrafft, erhoben sich in sittsamer Zucht, jung und alt, Weiber und Jungfrauen in buntem Gemisch. Und zuerst nun ließen sie das aufgebundene Haar auf die Schultern niederfallen, dann banden sie das bunte Hirschfell um und gürteten es mit Schlangen, die ihre Wangen zahm umspielten. Andere trugen Ruhe oder wilder Wölfe Brut an der säugenden Brust, das Haupt umkränzt mit Eichenlaub und Efeu. Und eine nahm jetzt den Thyrsusstab und schlug ihn wider den Felsen, da sprang aus dem Gestein eine Quelle lauteren Wassers; eine andere stieß den Stab in den Boden, daraus sandte der Gott eine Quelle von Wein empor. Wer nach einem Trunke weißer Milch Begehren trug, der ritzte mit der Fingerspitze nur das Erdreich und hatte Milch in Fülle; aus dem Efeugrün der Thyrsusstäbe flossen Ströme von Honig, daß, wenn du es gesehen, du anbetend den Gott gefeiert hättest, den du stets verhöhnst. Wir Rinderhirten und Schäfer nun traten zusammen und begannen ein Gespräch über die Wunder, die wir sahen. Und einer, der oft zur Stadt kam und gewandt im Reden war, sprach zu uns: „Ihr Bewohner der heiligen Berghöhen, sollen wir nicht des Pentheus Mutter Agaue dort aus der Bakchosfeier entführen? Der König wird's uns danken." Der Vorschlag gefiel uns, und wir versteckten uns in die Büsche und lauerten. Und zur bestimmten Stunde schwangen jene die Thyrsusstäbe zum Festesjubel, den lärmenden Bakchos anrufend, den Sohn des Zeus; und der ganze Berg und sein Gewild stimmten ein in den Jubel, und alles rings erbebte von dem wilden Lauf. Da nahte Agaue im Tanze und hüpfte an mir vorbei. Ich sprang auf aus meinem Versteck und griff nach der Königin: „Auf, meine flüchtigen Hunde", schrie sie, „die Männer jagen mir nach; wohlan, folget mir, folgt, die Hände bewaffnet mit dem Thyrsusstab!" Da flohen wir von dannen, aus Furcht, daß die Bakchantinnen uns zerfleischten. Aber in die weidende Rinderherde drangen sie nun ein ohne Stahl und Waffe. Die eine faßte bewältigend eine brüllende Kuh, andere zerrissen zarte Kälber; Schenkelstücke und Füße wurden auf-und niedergeworfen, und zerrissene Glieder hingen blutend am Gezweig der Fichten. Trotzige Stiere mit wütendem Horn wurden zu Boden geworfen, von tausend Jungfrauenhänden überwältigt, und im Augenblicke war des Tieres Fell vom Leibe gerissen. Darauf, Vögeln gleich im Laufe gehoben, flog die

Schar in die Ebene hinab, wo an den Strömungen des Asopus fruchtreiche Ähren dem Thebanervolke sprossen, und fiel wie ein feindliches Kriegsheer die Städte Hysiä und Erythrä an am Fuße des Kithäron und zerstörte alles. Und sie rafften die Kinder aus den Häusern, trugen sie auf den Schultern ohne Band; doch fiel keines zu Boden. Erzürnt warfen die Männer sich ihnen entgegen mit den Waffen in der Hand. Da war ein seltsam Wunder zu schauen; denn von der Männer scharfem Speer floß kein Blut, die Weiber aber verwundeten mit dem Thyrsus die Männer und warfen sie in schmähliche Flucht, nicht ohne die Hilfe eines Gottes. Darauf kehrten die Weiber zurück zu den Quellen, die der Gott ihnen emporgesandt, und wuschen von den Händen sich das Blut. So nimm den Gott denn, o Herrscher, auf in unsere Stadt, wer er auch sei; denn seine Macht ist groß. Und eins auch brachte er uns Menschen, wie die Sage erzählt, den Weinstock, der jegliches Leid verscheucht; ohne des Weines Genuß, sagt man, ist keine Freude mehr auf Erden."

Obgleich Dionysos in dem, was der Hirte erzählt, genugsam seine Macht bekundet hat, wird Pentheus doch in seiner Verfolgungswut nur noch bestärkt und zum äußersten Widerstand getrieben. Er bietet seine ganze Heeresmacht auf, um dem Unfug der Weiber zu steuern. Dionysos mahnt ihn zwar, daß es töricht sei, in Waffen einem Gott zu widerstehen, daß er besser tue, dem Gott zu opfern als seinen Zorn zu reizen; er aber weist seinen Rat mit Erbitterung zurück, das Blut der verbrecherischen Weiber soll das Opfer sein, das er dem Gotte bringt. Da endlich führt Dionysos ihn seiner verhängnisvollen Strafe entgegen. Er versetzt ihn in völlige Gemütsverwirrung und überredet ihn, daß er in weiblicher Kleidung mit ihm hinaus zum Kithäron zieht, um daselbst die Weiber in ihrem rasenden Treiben zu beobachten. Während sie durch die Straßen von Theben gehen, scheint ihm sein Führer Dionysos ein gehörnter Stier zu sein, er sieht eine doppelte Sonne und ein doppeltes siebentoriges Theben. Auf dem Kithäron kamen sie, vorsichtig ihre Schritte bergend und ohne ein Wort zu reden, an ein von Felsen umschlossenes Tal, in dem im Schatten der Tannen die bakchische Schar saß; die einen schmückten den Thyrsus mit neuem Efeu, andere ergötzten sich dem Bakchos zu Ehren mit Wechselliedern. Pentheus, welcher die Frauen nicht sah, sprach zu Dionysos: „Fremdling, wo wir jetzt stehen, sehe ich das Festgetümmel der Mänaden nicht; dort von dem Hügel oder von der Tanne möcht' ich die Greuel besser sehen." Da ergriff Bakchos einen zum Himmel hoch sich reckenden Tannenbaum und beugt' ihn, beugt' ihn nieder bis zum Grund, daß er sich krümmte wie ein Bogen. Darauf setzte er den Pentheus auf einen Zweig des Baumes und ließ ihn langsam wieder aus den Händen empor sich recken, damit er seine Last nicht fort in die Lüfte schnellte. Sobald Pentheus ruhig oben saß, dem Auge der Mänaden ausgesetzt, verschwand Dionysos, und seine Stimme rief vom Äther herab: „Jungfrauen, da bring' ich euch den, der euch und mich und meine Orgien verhöhnet hat; wohlan, strafet ihn!" Und zugleich schleuderte er den Blitzstrahl seines Vaters auf Luft und Erde. Es schwieg der Äther, schweigend hielt der Hain die Blätter an, und man hörte keines Wildes Laut. Die Frauen, die den Ruf nicht recht vernommen, standen horchend da und warfen die Augen hin und her. Da ertönte zum zweiten Mal des Gottes Mahnung. Sobald die Töchter Thebens den Ruf des Dionysos deutlich vernahmen, sprangen sie auf, gleich schnellen Waldtauben, und stürzten vorwärts, des

Pentheus Mutter Agaue und ihre Schwestern und alle Bakchanten. Von des Gottes Geist zur Wut entflammt, stürmten sie durch den Bergstrom und über Felsen, und als sie den König auf der Tanne sitzen sahen, erklimmten sie den gegenüberliegenden Felsen und warfen von da Steinblöcke nach seinem Haupt und Thyrsusstäbe. Doch umsonst, der Baum, auf dem er ratlos saß, war zu hoch. Da rissen sie Äste von den Eichen, um die Wurzeln des Baumes auszugraben; aber auch das führte so schnell nicht zum Ziel. Zuletzt rief Agaue: „Wohlauf, Mänaden, umstellet den Baum und faßt ihn, daß wir das lauernde Waldtier fangen und er die geheimen Reigen des Gottes nicht verrate." Die nun faßten die Tanne mit tausend Händen und rissen sie aus dem Boden. Der unglückliche Pentheus fiel herab mit Geheul und Klaggeschrei; denn er sah sein Unglück nah. Zuerst nun griff ihn die Mutter mit Mörderhänden an. Er aber riß von dem Haar die Binde, damit die Mutter ihn erkenne und nicht töte, und rief, ihre Wange berührend: „Ich bin's, o Mutter, dein Sohn Pentheus, den du im Hause des Echion gebarst; erbarm' dich mein, o Mutter, und erwürge dein Kind nicht ob seiner Schuld." Doch die Mutter, schäumend und wild die Augen rollend, wird sinnverwirrt von dem Gotte fortgerissen und hört ihn nicht; sie faßt seinen linken Arm, stemmt ihm den Fuß auf den Leib und reißt ihm, von des Gottes Kraft erfüllt, die Schulter aus. Ino und Autonoë rasen in gleicher Weise und helfen ihn zerfleischen, der ganze Schwarm dringt vereint mit Mordgeschrei auf den Unglücklichen ein. So lange er noch Odem hat, seufzt er laut; die Mänaden antworten mit Jauchzen. Die trägt eine Hand, eine andere einen Fuß mit der Sandale, die Seiten sind zerrissen, und mit blutigen Händen werfen sie gleich Bällen sich des Pentheus Glieder zu. Zerstückelt liegt sein Leib umher auf den Felsen und im dichten Gebüsch, nicht leicht zu finden. Das unselige Haupt steckt Agaue, die Mutter, auf ihren Thyrsusstab – sie hält es fürs Haupt eines jungen Löwen – und trägt es jubelnd zu den Mauern Thebens, den Bakchos anrufend, den siegverleihenden Jagdgefährten. Hier zeigt sie es triumphierend als herrliche Beute dem ganzen Volke und ihrem Vater Kadmos, der eben mit Teiresias von seiner Bakchosfeier aus dem Kithäron kommt und klagend die zerrissenen Glieder seines Enkels in den Armen heimträgt. Auf dessen Zureden weicht endlich der Wahn von ihr, und sie erkennt ihr gräßliches Werk und die wohlverdiente Strafe des Bakchos, dem sein eigenes Haus hatte Trotz bieten wollen.

Ion

Erechtheus war ein alter berühmter König in Athen. Dessen Tochter Krëusa gebar dem Apollon einen Sohn und setzte ihn aus Furcht vor dem Zorne des Vaters in der Felsengrotte Makrä, der Grotte des Pan an dem nördlichen Burgfelsen zu Athen, heimlich unter dem Schutze der Nacht aus, in der Hoffnung, daß Apollon seinen Sohn nicht werde untergehen lassen. Sie hatte ihn sorglich in ihren Schleier gehüllt und in ein rundes geflochtenes Körbchen gelegt, dazu ein goldenes Kleinod, das vielleicht einst zu seiner Wiedererkennung führen konnte. Apollon vergaß seines Sohnes nicht; er sprach zu seinem Bruder Hermes: „Auf, lieber Bruder, enteile nach Athen, zu dem Volke der Pallas, und trage das jüngst geborene Kind aus dem Felsgeklüft samt seinem Korbe gen Delphi; dort leg' es nieder in dem Eingang des Tempels. Das Weitere wird meine Sorge sein, denn es ist mein Kind." Der Gott brachte das Kind noch in derselben Nacht in seinem Körbchen nach Delphi und setzte es auf die Schwelle des Apollotempels, in welchem die Sterblichen sich ihre Weissagungen holten. Er öffnete den Korb, damit man das Kindlein sähe, und entflog.

In der Frühe des Morgens, als Pythia, die weissagende Priesterin, in die Pforten des Tempels treten wollte, fand sie das Knäblein; und schon wollte sie es von der heiligen Schwelle entfernen, wähnend, daß irgendein Verbrechen an dem Kinde hange; aber Phöbus wandte ihr Herz, daß sie es voll Mitleid aufhob und zu erziehen beschloß. So wuchs der Sohn des Apollon spielend am Altare seines Vaters auf, und als er zum blühenden Jüngling herangereift war, bestellten ihn die Delphier zum Schatzhüter und getreuen Schaffner des Gottes, und er führte ein heiliges Leben in dem Tempel.

Krëusa aber, die diesen Jüngling geboren, war inzwischen Gemahlin des Xuthos geworden, des Sohnes des Aiolos, der, aus Thessalien in Attika eingewandert, den Erechtheus in einem schweren Kriege gegen Euböa unterstützt und als Ehrenlohn für seine Hilfe von dem König seine Tochter zur Ehe erhalten hatte. Da diese Ehe so lange kinderlos blieb, so verfielen beide Gatten auf den Gedanken, nach Delphi zum Orakel des Apollon zu ziehen, ob der Gott sie erhöre und ihnen Kindersegen schenke. Also fügete es Apollon selbst.

An dem Tage, wo Krëusa in Delphi erschien, tritt in der Morgenfrühe der fromme Jüngling aus den Pforten des Tempels und begrüßt freudig mit einem Hymnus den aufglühenden Tag: „Siehe, da lenkt die feurigen Rosse Hyperion herauf über den Erdkreis, die Sterne all' fliehen vor seinem Strahl zu der heiligen Nacht! Des Parnassus unbewandelte Höhen empfahn das Licht des erwachenden Tages, das rings anleuchtet die Menschengeschlechter. Von der sonnigen Myrrhe steiget der Duft zu dem Berge Apolls, wo die Delpherin thront auf heiligem Sitz und Sprüche ausjauchzt dem hellenischen Volk, die der stürmende Phöbus ihr eingab. Welch' schönen Dienst, o Apoll, üb' ich dir in dem göttlichen Haus. Von löblichem Mühn will nimmer ich weichen. Phöbus ist Vater, Erzeuger mir, ihn, meinen Schützer, preise ich hoch. Denn Vater ist, wer väterlich tut, wie Phöbus getan an mir im Tempel, Paian, Paian, sei glückselig mir, glückselig stets, o Letos Sproß!"

Bei solchem Gesange übte der Jüngling seinen Dienst. Er hängt frische Kränze und Lorbeerzweige an die Pfosten des Tempels, feuchtet den Boden mit Wasser und reinigt ihn mit Lorbeergezweig, er verscheucht die Vögel aus der Nähe des Tempels, daß sie die goldschimmernden Zinnen nicht streifen und die Weihgeschenke des Gottes nicht verletzen. Währenddem sieht er mit einer Schar von Dienerinnen ein stattliches Weib von edler Haltung, dem Alter schon nah, herankommen. Die würdige Gestalt fiel ihm auf, und da er sah, wie sie mit Tränen dem Tempel des Apollon nahte, während doch sonst die Menschen beim Anblick dieses Heiligtums frohlocken, so ging er ihr entgegen und fragte sie nach der Ursache ihres Leids und nach Namen und Vaterland. Sie bekannte sich als Krëusa, des erlauchten Erechtheus' Tochter, Gemahlin des Xuthos, der jetzt Athen beherrschte, die gekommen, wegen ihrer Kinderlosigkeit Abhilfe bei Phöbus zu suchen. Den wahren Grund ihrer Tränen bei der Annäherung zum Tempel, die Erinnerung an die einstige Liebe des Apollon und an ihren Sohn, den sie verloren glaubt, von wilden Tieren zerrissen, erwähnt sie nicht; doch deutet sie ihr Geschick unter dem Namen einer andern an. Ein ihr befreundetes Weib habe sich einst der Liebe des Apollon erfreut, der Gott aber habe sie treulos verlassen, und ihr Kind sei gleich nach der Geburt ausgesetzt worden und verschwunden. Auch um dieser unglücklichen Frau willen sei sie gekommen, das Orakel zu befragen. „Er wäre jetzt ungefähr in deinem Alter, o Jüngling", sprach sie; „glücklich deine Mutter, daß sie sich eines so holdseligen Sohnes erfreut." „Ich habe keine Mutter, o Weib", sprach der Jüngling, „auch kenne ich meinen Vater nicht. Wie ich hierhergekommen, ist mir unbekannt, die Priesterin des Tempels zog mich auf als Diener und Eigentum des Gottes." „O, wie bedaur' ich dich, mein Freund! Wie stimmt dein Los zu dem meinen! Du verlangst und suchst die Mutter, und meine Freundin, ach, sie sucht den Sohn."

Krëusa brach das Gespräch ab bei dem Herannahen des Xuthos, ihres Gemahls. Dieser hatte erst einen Abweg gemacht zu dem Orakel des Trophonios in dem böotischen Lebedeia. Er bringt ein freudiges Orakel mit; der Gott wollte dem Spruche des Apollon nicht vorgreifen, doch weissagte er, Xuthos und Krëusa würden nicht kinderlos von dem Göttersitze heimziehen. Xuthos geht nun, von dem jungen Tempeldiener zurechtgewiesen, in das Innere des Heiligtums, um den Gott zu befragen, während Krëusa mit Lorbeerzweigen zu einem entfernteren Altar des Apollon geht und um einen frohen Spruch zu den Göttern betet. Der junge Tempeldiener setzt unterdes seinen Dienst in der Vorhalle fort. Da öffnet sich das Tor des Heiligtums, und Xuthos kommt von dem Gotte zurück. Als ihm der Jüngling entgegengeht, fällt er ihm voll Freude um den Hals und nennt ihn seinen Sohn. Der Jüngling hält den Alten für wahnsinnig und stößt ihn drohend von sich; aber Xuthos läßt sich nicht abweisen. „Der Gott hat dich mir als Sohn geschenkt", ruft er, „denn wer zuerst mir begegnete beim Ausgang aus dem Heiligtum, den verhieß er mir als Sohn; drum gehorche dem Gott, mein Kind, und nimm den Vater an." „Dem Gotte mißtrauen, geziemet nicht; so grüß ich dich und umarme dich als meinen Vater." Und Vater und Sohn schlossen sich an die Brust und gaben sich ganz der Freude hin, ohne daß sie begriffen, wie dies Verhältnis möglich war; jedoch dem Gott mißtrauen, geziemte nicht.

Xuthos nannte seinen Sohn Ion, weil er ihm beim Verlassen des Tempels entgegen „gegangen" war, (Ion heißt „Der Gehende"), und damit er seiner kinderlosen Gattin durch den unerwarteten Stiefsohn nicht Argwohn und Kummer bereite, während er selber glücklich sei, will er vorerst den Sohn wie einen fremden Gast in sein Haus führen und später zur gelegenen Stunde, wenn seine Gemahlin den Jüngling liebgewonnen, mit ihrem Willen ihn öffentlich als Sohn und als Erben seiner Herrschaft erklären. Jetzt aber entfernt er sich mit Ion von dem Tempel, um durch seinen Herold alle Delphier zu einem großen Mahle zu laden, das er seinem Sohne oder, wie er sagt, seinem Gastfreunde zu Ehren veranstalten will.

Indes kommt Krëusa von dem Altar des Apollon, wo sie bisher betend zugebracht, mit ihrem alten Diener zurück ohne Kenntnis von dem, was geschehen. Ihre Dienerinnen, die zu ihrem Schmerze bei dem Tempel gesehen und gehört haben, wie Xuthos den Sohn angenommen, ohne daß die Herrin etwas erfahren soll, verraten ihr jetzt, obgleich ihr Herr es ihnen bei Todesstrafe verboten hat, daß ihr Gemahl zu ihrer Schmach einen erwachsenen Sohn, den jungen Tempelhüter, als Eindringling ins Haus führen will. Gewiß waltet hier ein schlimmer Trug, der Neugefundene wird ein Sohn sein, den ein Nebenweib dem Xuthos geboren; die geliebte Herrin, die Tochter ihres alten Königsstammes, wird in Zukunft kinderlos und verschmäht im Hause wohnen, wie eine Verstoßene, und der heimatlose Fremdling wird einst den ruhmreichen Königsthron der Erechthiden einnehmen. Das ist den Athenerinnen unerträglich, unerträglicher noch der von Angst und Zorn erfüllten Königin. Unmöglich kann sie mit dem Eindringling unter *einem* Dache wohnen. Da erbietet sich der alte Diener, der dem Hause des Erechtheus in blinder Liebe ergeben ist, den Fremdling aus dem Wege zu schaffen, und die beleidigte, durch Kummer und Zorn verwirrte Krëusa geht auf den Plan ein. Der Alte will bei dem Gastmahle, das Xuthos den Delphiern veranstalten wird, den Jüngling vergiften.

Xuthos war von Delphi aus hinaufgegangen auf den Doppelgipfel des Parnassus, der dem Apollon und zugleich dem Dionysos heilig war, um dort wegen der Auffindung des Sohnes den Göttern ein Dankopfer darzubringen. Währendem veranstaltete auf sein Geheiß der Sohn in Delphi das große Mahl. Er erbaute auf schönen Säulen ein prächtiges Festgezelt und schmückte es aus mit Teppichen und herrlichen Webereien. Die delphischen Männer kamen in großer Zahl und setzten sich mit bekränztem Haupte an die langen mit goldenen und silbernen Gefäßen reich geschmückten Tische und labten sich in heiterer Freude an den köstlichen Speisen und dem edelsten Wein. Da, als eben nach dem Gastmahl das Trinkgelage beginnen sollte, trat ein greiser Diener mitten ins Zelt und erweckte durch seinen dienstfertigen Eifer große Heiterkeit. Er goß geschäftig den Gästen Waschwasser auf die Hände, zündete das duftige Rauchwerk an und besorgte die goldenen Pokale. Als darauf die Flötenmusik begann und die Mischbecher gefüllt wurden, da ließ der Alte statt der kleinen Becher größere Pokale aus Gold und Silber vorsetzen, damit um so schneller die Herzen zu größerer Lust erregt würden. Den schönsten Becher brachte er seinem jungen Herrn dar, gefüllt bis zum Rande. Als dieser nun mit den übrigen sich bereitete, das Trankopfer auszugießen, da entfuhr zufällig einem der Sklaven eine Gotteslästerung. Und Ion, der bei den Sehern in dem Tempel unter den heiligen Gebräuchen aufgewachsen war, erkannte das als ein Unglückszeichen, goß den Opfertrank zur Erde und forderte die Gäste auf, dasselbe zu tun, damit die Becher mit frischem Wein zum heiligen Guß gefüllet würden. Alle füllten schweigend drauf aufs neue ihre Becher und spendeten. Während dies geschah, trieb sich ein Schwarm von heiligen Tauben, die um den Tempel des Apollon gehalten wurden und zahm und ohne Furcht umherflogen, in dem weiten Gezelt umher. Nach Trank begierig, flatterten sie nach dem ausgegossenen Wein und sogen ihn mit ihren Schnäbeln ein. Die andern Tauben nun blieben unversehrt; doch die, welche an die Seite des Ion sich gesetzt und von seinem Ausguß gekostet hatte, begann alsbald ihren Leib zu schütteln, flog wild umher und stieß seltsam stöhnende Töne aus. Alle staunten ob der Qual des Vogels. Nach kurzem Flattern und Zucken streckt' er die Purpurfüße und verschied. Da sprang Ion auf, zerriß sein Kleid und rief: „Welcher Sterbliche droht mir den Tod? Sprich, Alter, aus deinen Händen empfing ich den Pokal!" Zur Folter geschleppt, bekannte der Sklave, daß er Gift in den Trank gemischt und daß Krëusa die Schuld mit ihm teile.

Ion trat nun vor die Ältesten von Delphi und klagte Krëusa des Mordes an, und die Richter beschlossen einstimmig, daß das fremde Weib, des Erechtheus' Tochter, weil sie einem heiligen Manne nach dem Leben getrachtet und Mord bei dem Heiligtum Apollons gewagt, den Tod der Steinigung erleiden sollte. Ganz Delphi macht sich auf, die Verbrecherin zu suchen. An einem Altar vor dem Heiligtum Apolls, zu dem sie sich schutzsuchend geflüchtet, findet sie Ion, und schon ist der Sohn im Begriffe, die Mutter, die den Sohn hat umbringen wollen, zu morden, da tritt Pythia, die Weissagepriesterin, die ihn aufgezogen und welche er wie eine Mutter ehrt, aus dem Tempel und wehrt seinem Beginnen. Sie hatte den Ion in der Absicht aufgesucht, um ihm das alte Kästchen, in dem sie ihn vor Zeiten ausgesetzt gefunden, einzuhändigen. So hatte der Gott es ihr in den Sinn gelegt. Bis heute hatte Apollon ihn zu seinem Tempeldiener gewünscht; darum hatte Pythia nach seinem Willen das Kästchen zurückbehalten. Doch da er ihm heute den Vater gezeigt, damit er, den Tempel verlassend, mit diesem nach Athen ziehe, so ist die Stunde gekommen, ihm das Kästchen zu übergeben, das ihm die Mutter zeigen wird. Ion nimmt mit freudiger Hoffnung das mit Kränzen und Bändern umwundene Kästchen aus der Hand seiner Pflegemutter; doch bald bemächtigen sich seiner trübe Gedanken, indem er bedenkt, wie die Mutter, statt die Brust ihm zu reichen, ihn lieblos verstoßen, wie er namenlos und ohne Mutter aufgewachsen. Er möchte das Kästchen dem Apollon weihn und lieber die Mutter still vergessen als sie wiedersehen. „Doch kein Sterblicher entflieht seinem Lose; ich will der Huld des Gottes nicht widerstreben, die mich der Mutter zuführen will. So wag' ich's denn und öffne das Kästchen."

Krëusa hat von ihrem Altar aus beobachtet, was geschah, und erkennt das Kästchen, in dem sie einst ihr Kind als zarten Säugling ausgesetzt. Sie fliegt von den Stufen des Altars herab auf Ion zu. „Ergreift sie, fesselt sie, sie will entfliehen!" ruft Ion; aber Krëusa hält ihn schon in ihren Armen. „Unerhört Beginnen! Nun ergreift sie *mich*!" „Nicht so, ich fand, die Liebende, den Lieben; du bist mein Sohn, was hat die Mutter Lieberes?" „Du Falsche, hoffst du so mich zu betrügen und deiner Strafe zu entfliehen?" „Dies Kästchen wird für mich zeugen; versuch's, ich will dir sagen, was es birgt. Entfalte das Gewebe, ich hab' es selbst gewirket und gestickt; in seiner Mitte findest du das Bild der Gorgo, noch unvollendet – es war ein Probestück – mit Schlangen ist's umgeben." Der Jüngling findet, was sie angibt. „Was liegt noch sonst im Kästchen?" „Zwei kleine goldne Drachen, ein uralt Geschenk Athenens, ein Halsschmuck für das neugeborne Knäbchen." „Sie sind im Kästchen! Nun nenne mir auch das dritte." „Ich umgab dich mit einem Kranz von Ölzweigen, die auf der Felsenhöh' der Pallas, auf der Burg Athens gewachsen sind; sind sie noch vorhanden, so ist ihr Laub noch frisch, denn es sind Zweige von dem nie verwelkenden Ölbaume der Pallas Athene." So war's, der Kranz lag unverwelkt auf dem Boden des Kästchens. Mit den Worten: „O Teuerste, o Mutter!" warf sich der Jüngling wonneberauscht an das selige Mutterherz.

So hat die Mutter den Sohn gefunden, den sie längst verloren geglaubt, der Sohn die Mutter, die er zu sehen nie gehofft. Als darauf Ion in der Freude seines Herzens nach dem Vater Xuthos verlangte, damit dieser vereint mit ihnen sich der Stunde des Wiederfindens freue, offenbarte ihm Krëusa, daß Xuthos nicht, sondern Apollon selbst sein Vater sei. Apollon gab seinen Sohn einem andern Vater, dem Gemahle seiner Mutter, damit er durch diesen in das edle Haus der Erechthiden und in die Herrschaft Athens eingeführt werde. So zog denn der herrliche Apollosohn als Sohn des Xuthos mit nach Athen und erneuerte als ein Sproß des Erechthidenstammes die glänzende Herrschaft dieses Königsgeschlechtes, das schon dem Erlöschen nahe gewesen. Von ihm trug in der Folge der weitverbreitete Stamm der Ionier seinen Namen.

Prokris und Kephalos

Auch Prokris war eine Tochter des athenischen Königs Erechtheus. Sie war schöner als alle ihre Schwestern und liebte aufs zärtlichste einen schönen Jüngling, den Kephalos, einen Sohn der Taugöttin Herse und des Hermes, und ward von ihm mit derselben Zärtlichkeit geliebt. Der Vater erfüllte gern die Wünsche beider und vermählte sie, und sie waren glücklich in ihrer Liebe wie kein anderes Paar. Doch schon im zweiten Monat ward dies schöne Band zerrissen. Als Kephalos, ein leidenschaftlicher Jäger, in der Frühe des Morgens auf den Höhen des blumenreichen Hymettos mit seinen Netzen den Hirschen nachstellte, sah Eos (Aurora), die holdgelockte Göttin mit dem leicht erregten Herzen, den schönen Jüngling, und rasch entschlossen, wie sie war, raubt sie ihn, von Liebe erfaßt, und trägt ihn in ihr rosiges Haus. Aber so schön die Göttin auch ist, sie vermag die Liebe des Jünglings nicht zu gewinnen. Er kann seine geliebte Prokris nicht vergessen und verzehrt sich in Sehnsucht. Endlich spricht Eos grollend: „Laß dein Klagen, Undankbarer! Prokris sei dein; doch, wenn ich recht voraussehe, du wirst einst bereuen, daß sie dein war", – und entläßt ihn. Bei seinem Abgange aber flößt sie ihm Mißtrauen gegen die Gattin ein, von der er so lange entfernt war, und veranlaßt ihn, daß er in fremder, verwandelter Gestalt die Treue der Prokris erprobe. Unerkannt tritt er ins Haus; das Haus ist ohne Schuld. Prokris beweint noch immer den verlorenen Gatten. Kaum war es dem Fremden möglich, Zutritt zu ihr zu erlangen, und alle Versuche, ihre Liebe zu gewinnen, waren vergeblich. „Ich gehöre nur einem", sprach sie, „wo er auch weilt, meine Liebe bleibt ihm allein." War Kephalos vernünftig, so begnügte er sich mit diesen Beweisen ihrer Treue; aber er fuhr töricht fort gegen sich selbst zu kämpfen und warb durch stets größere Geschenke und Versprechungen um ihre Hand, bis die Festigkeit der Prokris zu wanken begann. Da rief er aus: „Jetzt ist deine Schuld offenbar! Ich, der fremde Bewerber, bin dein Gemahl; ich selbst bin jetzt Zeuge deiner Treulosigkeit, du Falsche!"

Jene antwortete nichts; zürnend, über die arge Hinterlist, in stummer Scham und Reue entflieht sie aus dem Hause und eilt in weite Ferne, nach Kreta, wo sie, das ganze Geschlecht der Männer hassend wegen des einen, als Begleiterin der Artemis jagend in den Bergen umherschweift. Aber sie kann in den Bergen Kretas ihre alte Liebe nicht vergessen. Von der befreundeten Göttin mit einem windschnellen Hunde und einem wunderbaren Jagdspeer beschenkt, der nie sein Ziel verfehlt und stets wieder in die Hand dessen, der ihn geschleudert, zurückfliegt, kehrt sie in die Heimat zurück und gesellt sich unerkannt zu ihrem in den Wäldern jagenden Gatten. Der schnelle Hund und die Wunderlanze reizen diesen so, daß er sie um jeden Preis von ihr fordert; sie verspricht sie, wenn er ihr Gemahl werden wolle, und als er sich dazu bereit erklärt, gibt sie sich ihm zu erkennen. Nun haben sie sich beide gleiche Untreue vorzuwerfen und verzeihen sich beide, und leben wieder in zärtlicher Eintracht zusammen.

Kephalos machte mit dem Hunde und der Lanze, welche seine Gemahlin ihm willig überlassen hatte, manchen vergnüglichen Jagdzug. So ging er unter anderm auch, von den Thebanern gerufen, nach Böotien, um den teumessischen Fuchs, ein bösartiges, von dem erzürnten Dionysos gesandtes Tier, das die Gegend umher bedrängte, jagen zu helfen. Die jugendliche Jagdgenossenschaft umstellte das weite Feld, in welchem der Fuchs hauste. Aber das Tier, von unerreichbarer Schnelle, übersprang leicht die höchsten Netze und entfloh den verfolgenden Hunden schneller als ein Vogel. Da forderte man den Kephalos auf, auch seinen Hund loszulassen, der schon längst gestrebt hatte, sich aus dem hemmenden Halsbande loszureißen. Kaum war er losgelassen, so war er schon aus ihren Blicken entschwunden, man sah nur seine Spur im Sande; schnell wie eine Lanze, wie ein Pfeil, vom Bogen entsandt, flog er dahin. Von einem Hügel aus sah Kephalos das wunderbare Spiel, wie in reißendem Lauf der Fuchs bald gefaßt zu sein schien, bald dem Biß wieder sich entzog, wie er bald geradeaus schoß in die Weite, bald listig im Kreise sich drehte, der Hund ihm stets auf den Fersen, als hascht' er ihn, als hielt' er ihn, doch hascht er und hält er ihn nicht; sein Biß schnappt in die leere Luft. Da will Kephalos seine Zuflucht zu dem unentrinnbaren Jagdspieß nehmen. Während er ihn in der Rechten schwingt und die Finger in den Schwungriemen stecken will, wendet er auf einen Augenblick den Blick von den Tieren ab; als er wieder zu ihnen hinschaut, da sieht er – wunderbar! – zwei Steinbilder auf dem Felde stehen, das eine scheint zu fliehen, das andre in die Luft zu bellen. Ein Gott wollte, daß beide in ihrem Wettlauf unbesiegt blieben, daß Fuchs und Hund ihren Ruhm behielten, der eine unerreichbar, der andre unentrinnbar zu sein.

Viele Jahre lang lebten Kephalos und Prokris im höchsten Glück der Liebe. Sie hätte selbst die Liebe des Zeus, er selbst die Liebe der Aphrodite ihrer Ehe nicht vorgezogen. Da zerbrach nicht ohne ihre Schuld dies schöne Glück. Kephalos pflegte bei den ersten Strahlen der Sonne hinaus in die Wälder zum Jagen zu ziehen, ohne Diener, ohne Roß und Hunde und ohne Netz. Seine stets sichere Lanze war ihm genug. Wenn dann sein Arm ermüdet war vom häufigen Wurf, so legte er sich in den Schatten der Zweige und rief in schwärmender Zärtlichkeit die kühlende Luft an, daß sie komme, die geliebte Aura – denn Aura heißt der Lufthauch – um ihn zu erfreuen und die Glut seines Busens zu lindern. „Du bist meine süße Wonne", rief er wohl, „du labest und erquickest mich, du machst die Wälder mir lieb und die Einsamkeit, dein Hauch ist stets eine Wollust meinen Lippen." Ein Lauscher hörte die schmeichelnden Worte und glaubte, daß Aura, die er so oft anrief, eine Nymphe sei, die er liebe. Und er eilt sogleich zu Prokris und erzählt ihr, was er gehört. Gar leichtgläubig ist die Liebe. Prokris, von plötzlichem Schmerz, durchzuckt bei der Erzählung, sinkt besinnungslos zu Boden, und als sie endlich sich wieder erholt, klagt und jammert sie über die Treulosigkeit des Gatten und ihr Unglück; sie fürchtet einen Namen ohne Körper, eine Nebenbuhlerin, die nicht vorhanden ist. Oft doch auch zweifelt sie noch und hofft getäuscht zu werden, sie mißtraut dem verräterischen Lauscher und will nicht eher das Verbrechen des Gatten verdammen, als bis sie es mit eigenen Augen gesehen.

Als am folgenden Morgen Aurora erwachte und Kephalos wieder in die Wälder zog und wieder nach glücklicher Jagd: „Aura!" rief, „komm und stille mein Sehnen!" da glaubte er plötzlich ein Seufzen zu hören. „Komm, Süßeste!" rief er aufs neue. Da wieder ein leises Geräusch aus dem Gebüsche kam, glaubte Kephalos, es sei dort ein Wild versteckt, und schleuderte seine nie fehlende Lanze. Es war Prokris. Den Speer mitten in der Brust, rief sie: „Wehe mir!" Sobald er die Stimme seiner teuren Gattin erkannte, flog er wie sinnlos dem Orte zu. Er fand sie halb entseelt in ihrem Blute, wie sie den Speer, ihr eigenes Geschenk, aus der Wunde zog. Er hebt den teuren Leib in seinem Arme sanft empor, verbindet die Wunde und stillt das Blut und fleht, sie möge nicht sterben, solle ihn, den Frevler, nicht verlassen. Entkräftet und dem Tode nah, zwang Prokris noch diese wenigen Worte hervor: „Bei unsrer Liebe, bei den Göttern des Lichtes und des Todes flehe ich dich an, führ nicht Aura nach mir in unser Brautgemach." Jetzt erst merkte Kephalos den unseligen Irrtum und belehrte die Gattin – aber zu spät. Sie sinkt zurück und ihre wenigen Kräfte entfliehen mit dem Blute. So lange ihr Auge noch sehen kann, sieht es nach ihm, auf seine Lippen haucht sie ihre unglückliche Seele aus; doch scheint sie ohne Sorge zu sterben.

Daidalos

Daidalos von Athen, der größte Künstler des mythischen Altertums, stammte ebenfalls aus dem Geschlechte des Erechtheus. Er war weit und breit berühmt durch seine herrlichen Kunstwerke. Er errichtete viele schöne Tempel und sonstige Bauten und schuf Bildsäulen, von denen man sagte, sie lebten, sähen und gingen. Denn während die früheren Künstler ihre Standbilder mumienartig mit steif zusammengeschlossenen Füßen, an den Seiten anliegenden Armen und geschlossenen Augen bildeten, öffnete Daidalos seinen Bildern die Augen, löste die Arme frei von dem Körper und gab ihnen eine schreitende Stellung. Er hatte für seine Kunst eine Menge nützlicher Werkzeuge erfunden, wie die Axt, den Bohrer, die Setzwage. Die Künstlereifersucht aber trieb ihn zum Verbrechen. Er hatte einen Neffen und Schüler namens Talos von so genialer Erfindungsgabe, daß er seinen Meister einst an Ruhm weit zu überstrahlen drohte; schon als Knabe hatte er ohne

Hilfe des Meisters die Säge erfunden nach dem Vorbilde einer Fischgräte, ferner den Zirkel, das Dreheisen, die Töpferscheibe und anderes. Dadurch wurde der Neid und die Eifersucht des Daidalos erregt, und er tötete den Neffen heimlich, indem er ihn von dem athenischen Burgfelsen hinabstürzte. Die Sache kam aber doch ans Licht, und er mußte aus der Heimat flüchten, um dem Tode zu entgehen. Er floh nach Kreta zu dem König Minos in

Daidalos und Ikaros

Knossos, der ihn mit offenen Armen aufnahm und sich von ihm viele schöne Kunstwerke fertigen ließ. Unter andern baute Daidalos auch zu Knossos das berühmte Labyrinth, in welchem das Ungeheuer Minotauros aufbewahrt wurde, ein weitläufiges Gebäude mit vielfach gewundenen und verschlungenen Irrgängen.

Obgleich Diadalos von König Minos aufs Freundlichste behandelt wurde, so merkte er doch bald, daß der König, um möglichst viel Nutzen von seiner Kunst zu ziehen, ihn wie einen Gefangenen hielt und keine Lust zeigte, ihn je in seine Heimat zurückkehren zu lassen. Sobald Daidalos sah, wie er beobachtet und bewacht wurde, war ihm die Verbannung doppelt drückend, und die

Liebe zur Heimat erwachte mit doppelter Macht. Er beschloß zu entfliehen, auf welche Weise es auch sei. „Mag er Land und Meer verschließen, so steht doch der Himmel mir noch offen. Auf diesem Wege will ich ziehen. Alles mag Minos besitzen, die Luft besitzt er nicht." So sprach er zu sich und versenkte seinen Geist in unbekannte Künste und erneuerte die Natur. Er legte Federn ordnend zusammen, indem er mit der kleinsten anfing und stets eine größere auf die kleinere folgen ließ, heftete sie in der Mitte mit Fäden zusammen, und unten verband er sie mit Wachs. Dann gab er den so zusammengesetzten Flügeln eine kleine Biegung, so daß sie völlig den wahren Flügeln gleich waren.

Während er so mit seinem Werke beschäftigt war, stand sein Knabe Ikaros neben ihm und hinderte durch allerlei Spiel die wunderbare Arbeit des Vaters. Bald haschte er mit lächelndem Munde nach den Federn, die leicht in der Luft umherflogen, bald knetete er mit dem Daumen das gelbe Wachs, mit dem der Künstler arbeitete. Als Daidalos die letzte Hand an sein Werk gelegt, schwang er seinen Körper in beide Flügel hinein und hing bald rudernd in den Lüften. Er unterwies auch seinen Sohn, dem er ein kleineres Flügelpaar verfertigt hatte. „Fliege mir schön auf der Mittelstraße", sprach er; „denn wenn du zu tief gehst, wird die Welle die Federn zu sehr beschweren; steigst du zu hoch, so verbrennt die Sonnenglut dein Gefieder. Zwischen Wasser und Sonne fliege in der Mitte, stets nur meinem Wege folgend."

Darauf heftete er ihm die Flügel an die Schultern und lehrte ihn die Kunst des Fliegens und die Regeln des Flügelschlags.

Während dieses Werkes und seiner Unterweisung wurden die Wangen des Greises feucht und seine Hände zitterten. Dann umarmte er den Sohn in banger Rührung, drückte den letzten Kuß auf seine Lippen und schwang sich in die Lüfte dem Sohne voran. Ängstlich schaut er zurück nach dem Begleiter und ermutigt ihn zu folgen und zeigt ihm, wie er die Flügel bewegen soll, gleich einem Vogel, der die junge Brut zum ersten Mal aus dem Neste führt. So kamen sie bald in die hohe Luft, und alles ging anfangs glücklich vonstatten. Mehr als ein Mann sah sie auf ihrem luftigen Pfad, ein Fischer, der mit zitterndem Rohre Fische fing, ein Hirte, auf seinen Stab, ein Ackersmann, auf seine Sterze gestützt, – sie sahen und staunten und glaubten, daß es Götter seien, die so durch den Äther fliegen könnten. Und schon hatten sie eine weite Strecke des Meeres hinter sich, schon waren Paros und Delos zurückgelassen, zur Linken war Samos, zur Rechten Lebinthos und Kalymne: da begann der Knabe, durch den glücklichen Fortgang ermutigt, an kühnerem Flug sich zu ergötzen; er verließ den Führer und stieg hoch empor in die Nähe des Himmels, um die junge Brust im reinen Äther zu baden. Da aber erweichte die Nähe der Sonne das Wachs, welches die Flügel zusammenhielt; es schmolz herab, und die Flügel zerfielen. Der unglückliche Knabe schwang verzweifelt die leeren Arme, er faßte keine Luft mehr und stürzte in die Tiefe. Als er eben noch in Angst den Namen des Vaters rief, füllte die verschlingende Flut den schreienden Mund. Der Vater, schon nicht mehr Vater, spähte durch den ängstlichen Ruf erschreckt, vergebens in den Lüften umher. „Ikaros", rief er, „Ikaros, wo bist du, in welchen Regionen soll ich dich suchen?" Da sah er die Federn auf den Wellen schwimmen und erkannte, was geschehen. Trostlos seine Kunst verwünschend, senkte er seinen Flug zur nächsten Insel und irrte an dem Ufer so lange suchend umher, bis die Wellen den Leichnam des Knaben ans Land spülten. Er bestattete die Leiche auf der Insel, die seitdem den Namen Ikaria trägt. Das Meer, in welches Ikaros fiel, heißt das ikarische.

Von Ikaria aus begab sich Daidalos nach der Insel Sizilien. Dort wurde er von dem König Kokalos gastlich aufgenommen und verfertigte diesem und seinen Töchtern manch' schönes Kunstwerk. Sobald Minos von dem Aufenthalte des Daidalos hörte, machte er sich mit einer großen Kriegsflotte auf, um den Entflohenen zurückzuholen. Als er von Kokalos die Auslieferung desselben forderte, wurde er von dessen Töchtern, die den Daidalos wegen seiner Kunst liebgewonnen hatten, durch eine List getötet. Sie bereiteten dem König ein warmes Bad, und als er in der Wanne saß, heizten sie das Wasser so, daß er in dem siedenden Schwall erstickte.

Daidalos starb auf der Insel Sizilien, oder er kehrte, wie die Athener erzählen, später nach Athen zurück, wo das Künstlergeschlecht der Daidaliden, zu dem auch der weise Sokrates gehörte, sich von ihm herleitete.

Aiakos

Zeus hatte in Gestalt eines Adlers Aigina geraubt, die Tochter des Flußgottes Asopos, und nach der Insel Oinopia entführt, welche nach ihr den Namen Aigina erhalten hat. Hier gebar sie dem Zeus einen Sohn, Aiakos, der, sobald er erwachsen war, die Herrschaft der Insel erhielt. Aiakos war der tugendhafteste Mann in Hellas und durch seine Gerechtigkeit, Frömmigkeit und Milde ein besonderer Liebling der Götter. Seine Gerechtigkeit war so groß, daß selbst die Götter ihn bei Streitigkeiten zum Schiedsrichter wählten und nach seinem Tode neben Minos und Rhadamanthys zum Totenrichter einsetzten. Als einst Griechenland an großer Dürre litt, gab das delphische Orakel die Weissagung, das Elend werde enden, wenn der fromme und von den Göttern geliebte Aiakos zu den Göttern bete. Da kamen Gesandte von ganz Griechenland nach Aigina und baten den Aiakos um Hilfe. Dieser ging hinauf zu dem Berge Panhellenion, brachte dem panhellenischen Zeus, d.h. dem Zeus der Gesamthellenen, ein Opfer und betete, und Zeus sandte alsbald reichliche Regengüsse zur Erde.

Alle Götter liebten Aiakos, nur Hera nicht; sie konnte nicht vergessen, daß er ein Sohn ihres Gemahls war. Die ganze Insel Aigina war ihr verhaßt, da sie den Namen von ihrer Nebenbuhlerin trug. Sie sandte daher großes Unglück über Aiakos und seine Insel, eine gräßliche Pest. Ein dichter, schwüler Nebel senkte sich hernieder und lag schwer und drückend auf der Insel vier Monate lang. Da verwehte ein warmer giftiger Wind den Nebel. Tausende von Schlangen krochen in den Quellen und Flüssen und auf dem Lande umher und vergifteten alles. Anfangs zeigte die Seuche sich nur bei dem Vieh, bei Vögeln und Wild. Der Stier fällt während des Pflügens plötzlich tot zur Erde, das mutige Roß seufzt matt hinsterbend an der Krippe. Hirsch und Eber und Bär wandeln schlaff und mutlos umher, ihre toten Leiber verunreinigen Wald und Feld und Straßen und verpesten die Luft. Kein Hund, kein Vogel rührt sie an; sie lösen sich auf in Verwesung und verbreiten ihren Pesthauch unter dem Volk auf dem Lande und hinter den Mauern der Stadt. Jetzt ergreift die Seuche auch die Menschen. Innere Glut und heißer Atem sind die ersten Zeichen der Krankheit. Die Zunge wird rauh und schwillt, Lippen und Gaumen vertrocknen, der heiße Leib duldet kein Kleid, kein Bett; man wirft den Leib zur Erde, um ihn zu kühlen, man stürzt zu den Brunnen und Quellen und Flüssen, um den brennenden Durst zu stillen, beides vergebens. Viele erheben sich nicht mehr, sterben in dem Wasser, und doch trinken die andern wieder. Keiner bleibt im Hause; halbtot irren sie in den Straßen umher, so lange sie sich noch aufrecht erhalten können, andere wälzen sich sterbend mit verdrehtem Blick auf dem Boden. Anfangs suchte man die Leichen noch zu bestatten, zu verbrennen; bald aber fehlte der Raum zu den Gräbern, das Holz zu dem Holzstoß. Da ist keine Hilfe, keine Rettung; aller Mut, alle Hoffnung ist verschwunden. Der unglückliche König sah mit verzweifeltem Herzen das Elend der Seinen; wohin er seine Blicke wandte, lag das Volk tot oder im Sterben, haufenweise, wie morsche Äpfel unter dem Baum, wie Eicheln unter den sturmgepeitschten Ästen. Wer noch Kraft hatte, ging zu dem Tempel des Zeus und opferte und flehte um Rettung. Während des Gebetes stürzten sie unerhört vor dem Altar nieder. Aiakos selbst wollte eben einen Stier vor dem Altar opfern für sich und seine drei Söhne und sein Volk; da sank ohne Wunde plötzlich das Tier mit Gebrüll zu Boden. Sein Opfer ist zunichte, eine Opferschau, um die Mahnungen der Götter zu erkunden, ist unmöglich. Nirgends ist Rat. Zuletzt hat die Seuche sein ganzes Volk hinweggerafft; er allein mit seinen Söhnen bleibt übrig.

Trostlos in diesem Jammer erhebt Aiakos seine Hände zum Himmel. „O Zeus", ruft er, „wenn in Wahrheit ich mich deinen Sohn nennen darf, so gib mir die Meinen wieder, oder laß auch mich sterben!" Da fuhr ein Blitz durch die laut donnernde Luft. „Ich nehme das Zeichen an", rief Aiakos mit freudiger Hoffnung, „laß es mir, Vater, zum Glücke sein!" Gerade neben ihm stand mit gebreiteten Ästen eine heilige Eiche des Zeus, von dem Samen der hochheiligen Eiche zu Dodona. Er sah, wie an ihrem rauhen Stamme ein langer Zug geschäftiger Ameisen Früchte sammelnd auf und nieder zog, und während er ihre Zahl bewunderte, sprach er: „So viele Bürger gib mir, bester Vater, daß ich die leeren Mauern fülle." Da erzitterte die hohe Eiche und ohne Windhauch rauschten ihre bewegten Äste. Der König schauerte vor Furcht zusammen, sein Haar sträubte sich, er fiel nieder, küßte die Erde, küßte den Baum. Seine Hoffnung war gering, doch hoffte er und trug seine Wünsche ahnend im Busen.

Die Nacht kam, und seinen müden Leib deckte der Schlaf. Im Schlafe stand noch immer die Eiche vor seinem Sinn mit ihren zahlreichen Ästen und auf den Ästen die wimmelnde Schar der Ameisen. Da schüttelte sich die Eiche und streute die Tierchen auf die Erde. Die schienen plötzlich größer und größer zu werden, sich vom Boden zu erheben und aufrecht zu stellen; sie verloren ihre Magerkeit, die Zahl ihrer Füße, die schwarze Farbe und bekamen menschliche Gestalt. Da wich der Schlaf. Wie er erwachte, verwünschte er sein Traumgesicht und klagte, daß keine Hilfe bei den Göttern sei. Aber er hört im Hause ein gewaltiges Geräusch und Getöse. Menschliche Stimmen glaubte er zu hören, die seinem Ohr schon ungewohnt geworden. Während er wähnt, auch das sei noch Traum, siehe, da stürzt eilenden Fußes sein Sohn Telamon herein und ruft: „Vater, komm hervor, du wirst sehen, was du nie gehofft und geglaubt!" Der König tritt hervor, und wie er im Traume die Männer gesehen, so sieht er sie jetzt nach der Reihe vor sich und erkennt sie wieder. Sie kommen heran und begrüßen ihren König.

Aiakos danket dem Vater Zeus für die gnädige Erfüllung seines Wunsches und verteilt unter das neue Volk die Stadt und das herrenlose Feld. Und er nennt sein Volk Myrmidonen, weil sie aus Ameisen entstanden sind. Die alte Natur ist ihnen geblieben, sie sind ein starkes kräftiges Geschlecht, tätig und ausdauernd in der Arbeit, genügsamen Sinns und sparsam mit ihrem Erwerb.

Das Geschlecht des Aiakos, der Stamm der Aiakiden war sprichwörtlich wegen seiner gewaltigen Stärke. Aiakos hatte drei Söhne, von der Endeïs den Peleus und Telamon und von der Nereide Psamatheia den Phokos. Peleus und Telamon erschlugen ihren Stiefbruder, weil er sie in den Kampfübungen übertraf, und mußten deshalb vor dem Vater flüchten. Peleus kam nach Thessalien und gründete sich dort zu Phthia eine Herrschaft; sein Sohn ist der große Held Achilleus. Telamon wanderte nach der Insel Salamis aus, wo er König ward; sein Sohn ist der bekannte telamonische oder salaminische Aias, der nach Achilleus vor Troja der Tapferste und Stärkste im Heere der Griechen war.

Tantalos und Pelops

Tantalos war der Sohn des Zeus und der Pluto und herrschte in der Stadt Sipylos an dem gleichnamigen Berge Sipylos in Lydien. Er war vor allen andern Menschen von den Göttern geliebt und hochbegnadet. Sie hatten ihn mit der reichsten Fülle irdischer Güter gesegnet. Der Berg Sipylos lieferte ihm Gold in Menge, auf seinen weiten Feldern prangten üppige Saaten, Reben und Fruchtbäume, und zahlreiche Herden von Rindern und Schafen und Rossen gingen auf seinen Weiden. Die Götter achteten ihn wie ihresgleichen. Sie luden ihn zu sich in den Olympos, wo er teilnahm an ihren Mahlen und Beratungen, sie besuchten ihn in Sipylos und schmausten bei ihm in der goldprangenden Königsburg. Ein so seltenes Glück aber konnte Tantalos, der schwache Sterbliche, nicht ertragen; er sah keinen Unterschied mehr zwischen sich und den Göttern, ward stolz und übermütig und verfiel in Frevel, und der Frevel führte ihn ins Verderben. Die geheimen Ratschlüsse der Himmlischen, die Zeus ihm anvertraut, verriet er den Menschen; er stahl an den Tischen der Götter Nektar und Ambrosia und brachte sie seinen Tischgenossen auf Erden. Einst erlaubte ihm Zeus eine Bitte zu tun. Da sprach er in prahlendem Übermute: „Mir gebricht nichts, ich habe ein Los den Göttern gleich, ich bedarf deiner Gnade nicht." Ein goldener Hund, der einst den jungen Zeus und seine Amme auf Kreta bewacht und den später Zeus zum

Tempelhüter auf Kreta gemacht hatte, war von Pandareos gestohlen und dem Tantalos zur Aufbewahrung übergeben worden. Als Hermes, von Zeus gesandt, nach Sipylos kam, um den Hund zurückzufordern, verleugnete Tantalos den Hund und schwur noch zur Bekräftigung seiner Aussage einen falschen Eid. Noch eines anderen schweren Verbrechens machte der Frevler sich schuldig. Als die Götter einst zu ihm nach Sipylos kamen zum Mahle, schlachtete er seinen Sohn, den Knaben Pelops, zerstückte ihn, kochte und briet ihn und setzte ihn dann als Speise den Göttern vor; er wollte erproben, ob die Unsterblichen, deren Allwissenheit er bezweifelte, den Trug merkten. Aber die Götter verabscheuten das gräßliche Mahl und rührten es nicht an; nur Demeter, in Schmerz versunken ob der geraubten Tochter Persephone, aß, ohne etwas zu ahnen, die eine Schulter des Knaben. Die Götter warfen darauf die Stücke des geschlachteten Kindes in einen Kessel und beauftragten den Hermes, durch Kochen und allerlei Zaubermittel ihm Leben und Gestalt wiederzugeben. Als sie den Knaben in erneuter Schönheit aus dem Kessel hoben, fehlte die eine Schulter. Da setzten sie ihm in die Lücke eine Schulter von Elfenbein, woher es kommt, daß alle Nachkommen des Pelops durch einen blendend weißen Fleck auf der einen Schulter ausgezeichnet sind.

Durch all' diesen Frevel des Tantalos war die Langmut des Zeus erschöpft. Er verstieß ihn in die Unterwelt und strafte ihn dort durch gehäufte Qual. Tantalos stand, von Hunger und Durst gepeinigt, bis an das Kinn in einem See voll klaren Wassers; wenn er sich niederbückte, um den brennenden Durst zu stillen, so zerrann das Wasser unter ihm, daß zu seinen Füßen der schwarze Grund sich zeigte. Über seinem Haupte hingen die Zweige mannigfacher Bäume mit den herrlichsten Früchten, Granaten und Birnen und Äpfel, Feigen und Oliven, und wenn der Greis sich nach ihnen emporstreckte, um sie mit den Händen zu fassen, so trieb ein Wind sie hoch zu den Wolken. Auch hängte Zeus noch einen großen Felsblock über sein Haupt, der stets niederzufallen drohte, so daß der Unglückliche auch noch durch ewige Angst gequält ward.

Pelops erbte die Herrschaft seines Vaters in Sipylos, wurde aber durch den trojanischen König Ilos vertrieben und kam mit seinen reichen Schätzen nach Griechenland, in die Halbinsel, die nach ihm Peleponnes, Pelopsinsel, heißt. Dort warb er um Hippodameia, die Tochter des Oinomaos, Königs in Pisa; aber diese Werbung war mit großer Gefahr verknüpft. Hippodameia war die einzige Tochter des Königs. Da er aber einen Orakelspruch erhalten hatte, daß er durch seinen Eidam umkommen werde, so wollte er die Tochter nicht verheiraten. Um die zahlreichen Freier abzuhalten, die von nah und fern erschienen, erklärte er, daß er nur dem seine Tochter zur Ehe geben werde, welcher ihn im Wagenrennen besiege; wen er überwinde, den koste es das Leben. Er war aber der beste Wagenlenker in ganz Griechenland und hatte Rosse, schneller als der Nordwind. Trotzdem kam mancher Freier, angelockt durch die Schönheit der Königstochter und durch die reiche Herrschaft, welche an ihre Hand geknüpft war. Aber allen brachte ihre Werbung den Untergang. Die Rennbahn, auf der sie um den schönen Preis kämpften, ging von Pisa aus bis zum Altare des Poseidon auf dem Isthmos von Korinth. Oinomaos gab dem Bewerber jedesmal einen Vorsprung, so lange er dem Zeus einen Widder opferte. War das Opfer vollendet, so bestieg er seinen Wagen, den sein Wagenlenker Myrtilos führte, und jagte dem Gegner nach mit geschwungener Lanze. Sowie er ihn erreichte, warf er ihm die Lanze durch den Rücken. So starben viele. Ihre Köpfe nagelte Oinomaos über der Pforte seines Hauses an, jedem, der zu werben kam, zur Abschreckung.

Der junge Pelops kam mutigen Herzens und voll Hoffnung nach Pisa; als er aber die Köpfe seiner unglücklichen Vorgänger sah, da beschlich doch Furcht seine Seele, und er mißtraute seinem Glück und Geschicke. Darum sah er sich nach einer Hilfe um gegen den schwer zu bekämpfenden Gegner; er bestach dessen Wagenlenker Myrtilos, einen Sohn des Hermes, daß er versprach, zu dem bevorstehenden Wettrennen die Nägel vor den Rädern nicht einzusetzen. Als nun beide Wagenkämpfer mit donnernden Wagen dahinflogen, Pelops voran, noch schneller hinter ihm drein der hartherzige Oinomaos mit der geschwungenen Lanze schon dem Jüngling nah, da plötzlich fuhren die Räder aus dem Wagen des Königs, er stürzte und lag sterbend am Boden. Pelops ist gerettet und hat gesiegt; er hat die schöne Hippodameia errungen und die Herrschaft von Pisa. Nun aber tritt Myrtilos auf und fordert für den Verrat an seinem Herrn den bedungenen Lohn. Pelops hatte ihm die Hälfte des zu gewinnenden Reiches versprochen; aber jetzt, im Besitze der Herrschaft, hat er zur Teilung keine Lust. Er führte ihn daher an das Ufer des Meeres und stürzte ihn hinterlistig in die Flut. Das Meer heißt seitdem das myrtoische. Sterbend verfluchte Myrtilos den Pelops und sein ganzes Geschlecht, und obgleich dieser durch ein prächtiges Grabmal den Geist des Myrtilos zu versöhnen und durch Errichtung eines Tempels den Zorn des Hermes zu beschwichtigen suchte, so erfüllte sich doch der Fluch des Gemordeten, daß in der Folge das Geschlecht des Pelops durch Frevel und Unheil furchtbar heimgesucht wurde.

Wir lassen über Pelops noch die Erzählung des Dichters Pindar (1. Olymp. Ode) folgen, der die gewöhnliche Sage gleichsam korrigiert, weil sie mit seinen reineren Begriffen von den Göttern und seiner hohen Vorstellung von dem ehrwürdigen Helden Pelops nicht übereinzustimmen scheint. Götter können unmöglich Menschenfleisch verzehrt haben, der alte Heros Pelops, der Liebling der Götter, kann sich mit Betrug und Mord nicht befleckt haben.

Als die Lebensspinnerin Klotho Pelops, den eben geborenen, aus dem Bade hob, aus dem reinen unbefleckten Kessel, da glänzte seine Schulter weiß wie Elfenbein. Bald strahlte der Knabe in lieblicher Schönheit, und Poseidon, der gewaltige Erderschütterer, gewann ihn lieb. Als nun einst der Vater Tantalos die Götter, an deren Tischen er so oft gesessen, zum Gastmahle lud nach Sipylos, da entführte Poseidon, von Liebe bezwungen, den schönen Knaben auf goldenen Wagen und brachte ihn in das hohe Haus des Zeus, wohin später auch Ganymedes kam. Da aber Pelops verschwunden war und die zum Suchen ausgesendeten Männer ihn der Mutter nicht wiederbrachten, sprach gleich mancher der neidischen Nachbarn, sie hätten die Glieder des Knaben mit dem Messer zerstückt, in siedendem Wasser gekocht und beim Mahle bis auf das letzte Stück verzehrt. Doch solches von den seligen Göttern zu sagen, sei ferne. Wenn je die Götter einen Sterblichen liebten, so war das Tantalos; doch er konnte sein Glück nicht ertragen und stürzte durch Übermut sich in großes

Unheil; sein Vater Zeus hängte über sein Haupt den gewaltigen Stein, der, stets den Sturz drohend, ihn aller Freude beraubt. Solch' Leben des Elends hat er rettungslos, weil er Nektar und Ambrosia den Göttern stahl und seinen Trinkgenossen auf der Erde gab. Darum schickten auch die Unsterblichen seinen Sohn wieder zur Erde zu dem kurzlebenden Geschlechte der Menschen. Sobald diesem in der ersten Jugendblüte schwärzlicher Flaum die Wangen umschattete, da gedachte er die Hand der herrlichen Hippodameia in Elis von dem Vater zu erwerben. Und er ging in dunkler Nacht an das graue Meer und rief dem Poseidon, dem gewaltigen Schwinger des Dreizacks. Und er stand sogleich vor ihm. „Wenn du", so sprach er, „mich je geliebt, Herrscher Poseidon, und für meine Liebe mir Dank hast, so halte zurück den ehernen Speer des Oinomaos, bringe auf dem schnellsten Wagen mich nach Elis und gib mir den Sieg. Dreizehn werbende Männer hat er schon dem Tode übergeben, und noch immer verweigert er die Ehe. Aber große Gefahr locket den starken Mann. Wozu soll, wer doch einmal sterben muß, ein namenloses Alter in träger Ruhe genießen, ohne nach Ruhm und großen Taten zu jagen? Nein, diesen Kampf will ich bestehen, und du gib frohes Gelingen." Also betete er, und seine Worte blieben nicht unerhört. Der Gott gab ihm einen goldenen Wagen mit geflügelten unermüdlichen Rossen; damit gewann er den Sieg und die Hand der Jungfrau. Und er zeugte sechs ruhmreiche Söhne. Jetzt aber liegt er begraben zu Olympia an der Strömung des Alpheios und wird geehrt durch das Opfer herrlicher Blutspenden als ein Beschützer der olympischen Wettkämpfe. – Olympia hatte Pelops, der reichste und mächtigste König im Peloponnes, zu der Herrschaft von Pisa hinzugefügt, und die olympischen Spiele hatte er mit großer Pracht erneuert.

Zethos und Amphion

Nykteus führte in Theben während der Minderjährigkeit des Labdakos die Regierung. Er hatte eine schöne Tochter Antiope, welche von Zeus geliebt wurde. Da ihr Vater deswegen zürnte, floh sie nach Sikyon zu dem König Epopeus und vermählte sich mit ihm. Nykteus forderte die Tochter zurück, und da Epopeus sie wiederholt verweigerte, so zog er gegen Sikyon mit einem großen Heer. Aber das Kriegsglück war gegen ihn; er ward geschlagen und schwer verwundet nach Theben zurückgebracht. Sterbend übergab er seinem Bruder Lykos die Vormundschaft über Labdakos und machte ihm die Rache an Epopeus und seiner Tochter zur Pflicht. Lykos erfüllte den Auftrag des Bruders; er besiegte und erschlug den Epopeus und führte Antiope mit sich nach Theben zurück, wo sie von ihm und seiner Gemahlin Dirke grausam mißhandelt wurde. Ohne daß diese es erfuhren, gebar sie Zwillingssöhne, Zethos und Amphion, Söhne des Zeus, und da sie den Zorn ihrer Peiniger fürchtete, so setzte sie dieselben im Gebirge aus, hoffend, daß ihr Vater Zeus sich ihrer annehmen werde. Ein Rinderhirte fand

Zethos und Amphion

die Knäblein und zog sie in seinem Gehöfte bei sich auf. Als die Knaben heranwuchsen, entwickelte sich bei ihnen eine ganz verschiedene Natur. Zethos wurde ein starker rauher Hirte und Jäger, Waffen und Jagdlärm war seine Freude; Amphion dagegen war von mildem zarten Sinn und liebte Gesang und Saitenspiel. Sein höchster Genuß war das Spiel der Lyra, welche ihm Apollon geschenkt; auf ihr brachte er es zu solcher Kunst, daß er Bäume und Felsen bewegte.

Schon waren die Knaben zu herrlichen Jünglingen herangewachsen, und noch immer lebten sie, ohne Ahnung von ihrer Abkunft, bei dem Hirten, den sie für ihren Vater hielten. Auch ihre Mutter war noch immer in der Gewalt der grausamen Dirke und ihres Gemahls, die sie gefesselt hielten und durch stets neue Mißhandlungen quälten. Da fielen eines Tages durch die verborgene Macht eines Gottes ihre Fesseln von selbst ab, und sie entfloh und kam ins Gebirge zu dem Gehöfte, wo ihre Söhne wohnten. Kaum war sie dort schutzsuchend angelangt, so erschien auch Dirke, ihre Feindin; sie war zufällig hierher gekommen, indem sie mit anderen Frauen im Gebirge das schwärmende Fest des Dionysos feierte.

Sobald sie die flüchtige Antiope erblickt, erwacht ihr ganzer Haß. Sie überredet durch Verleumdung und Lüge die beiden Jünglinge, daß sie die noch unerkannte Mutter an einen wilden Stier binden, um sie zu Tode schleifen zu lassen. Da tritt noch zu rechter Zeit der alte Hirte dazwischen. Er hat Antiope erkannt und weiß auch längst ihren Zusammenhang mit den beiden Jünglingen. Jetzt offenbart er sein Geheimnis, er entdeckt den Jünglingen, daß Antiope ihre Mutter ist, und verhindert so die entsetzliche Tat, daß die Söhne die Mutter morden. Voll Zorn ergreifen jetzt die Jünglinge die falsche Dirke, die ihre Mutter so lange gepeinigt, und binden sie an den Stier, damit sie die Strafe erleide, welche sie ihrer Feindin zugedacht. Dirke wird von dem wilden Tier durch Fels und Gedörn grausam zu Tode geschleift. Ihren zerrissenen Leichnam werfen Zethos und Amphion in eine Quelle in der Nähe von Theben, die seitdem Dirke heißt.

Darauf ziehen die beiden Jünglinge, „die weißrossigen Dioskuren Böotiens", mit ihrer Mutter nach Theben, erschlagen den Lykos und bemächtigen sich der Herrschaft. Kadmos hatte einst die Burg Kadmea zu einer starken Festung erbaut, aber die untere Stadt war noch ohne Schutz. Zethos und Amphion umgeben jetzt auch diese mit festen Mauern. Zethos trägt die gewaltigen Steine mit riesiger Kraft herbei und türmt mit großer Anstrengung Block auf Block; Amphion aber bewegt an seinem Teil mühelos die schweren Felsblöcke durch den zarten Klang der Saiten, daß sie sich zu einer wohlgefügten Mauer zusammenschließen. Lange herrschten sie gemeinsam über ihre Stadt, glücklich und einträchtig, aber durch ihre Frauen erlitten beide später großes Leid. Amphion hatte sich mit Niobe, der Tochter des Tantalos, vermählt, Zethos mit Aëdon, einer Tochter des Pandareos aus Ephesos.

Niobe

Niobe war die Gemahlin des Königs Amphion in Theben, Tochter des Tantalos. Wie ihr Vater war sie von den Göttern geliebt und gesegnet; aber sie war auch übermütig und vermessen wie er, daß sie sich selbst mit den Göttern zu wetteifern unterstand, und zertrümmerte dadurch all ihr Glück. Stolz brüstete sie sich mit ihrer und ihres Gatten Abstammung, mit dem Glanz und der Macht ihrer Herrschaft, mit der Kunst ihres Gatten, der durch sein Saitenspiel selbst Steine bewegte; am meisten jedoch prahlte sie mit ihren Kindern. Sie hatte sieben Söhne und ebenso viele Töchter, und sie wäre in Wahrheit die glücklichste der Mütter gewesen, wenn sie sich selbst nicht dafür gehalten hätte. Das allzu stolze Bewußtsein ihres Mutterglücks stürzte sie ins Verderben.

Es war ein Fest des Apollon, des verderblichen Pestsenders, und seiner Mutter Leto (Latona). Da ging des Teiresias Tochter, die weissagende Manto, durch die Straßen von Theben und rief in göttlicher Begeisterung: „Ihr Ismeniden, Töchter Thebens, kommt alle und bringt der Leto und den beiden Kindern der Leto Weihrauch mit frommem Gebet und flechtet Lorbeer in euer Haar! Durch meinen Mund befiehlt es die Göttin." Man gehorcht, und alle Thebane-

Niobe

rinnen schmücken ihre Schläfe mit Lorbeerzweigen und streuen Weihrauch in die heiligen Flammen unter frommem Gebet. Siehe, da kommt Niobe, die Königin, umringt von der Schar ihrer Dienerinnen, strahlend in golddurchwirktem Gewande, und schön, soweit es der Zorn zuläßt. Und wie sie dastand und hoch ihr stolzes Auge über die Versammlung hintrug, die wallenden Locken mit dem schönen Haupte schüttelnd, sprach sie: „Welcher Wahnsinn ist es, Götter zu verehren, die ihr nicht gesehen, während ihr solche, die mitten unter euch wandeln, ohne Opfer und Weihrauch laßt! Ihr bringt der Leto Opfer, während meine Gottheit ohne Verehrung bleibt? Mein Vater ist Tantalos, der an den Tischen der Götter saß, eine der Plejaden ist meine Mutter, der große Atlas ist mein Großvater, der die Himmelsachse auf seinem Nacken trägt. Zeus ist mein anderer Großvater; auch rühme ich mich seiner als Schwähers. Phrygiens Völker gehorchen mir, unter meiner Herrschaft steht die Königsburg des Kadmos und die durch das Saitenspiel meines Gatten zusammengefügten Mauern von Theben. Wohin ich in meinem Hause die Blicke wende, überall schaue ich unermeßliche Reichtümer. Dazu kommt die einer

Göttin würdige Gestalt, dazu sieben Söhne und sieben Töchter und ebenso viele Schwiegersöhne und Schwiegertöchter. Da fraget noch, welchen Grund ich habe stolz zu sein, und wagt es noch, mir die Titanentochter Leto vorzuziehen, der der weite Erdkreis einst einen kleinen Fleck zur Geburt ihrer Kinder versagte, die, vom Himmel, von der Erde und vom Meere ausgeschlossen, als Verbannte in der Welt umherschweifte, bis Delos, die in den Wogen irrende Insel, der irrenden Göttin mitleidig zur Geburt einen unsteten Sitz bot. Sie gebar zwei Kinder; das ist der siebente Teil meiner Nachkommenschaft. Wie weit ist sie entfernt von einer Kinderlosen? Ich bin glücklich, wer kann das leugnen? Und ich werde glücklich bleiben, wer auch möchte das bezweifeln? Die Menge macht mich sicher; wenn auch von der Schar meiner Kinder das eine oder das andere genommen werden sollte, nimmer doch werde ich zu der Zahl von zweien, zu der Zahl der Leto, herabgebracht. Drum fort von den Altären, eilig fort, und nehmt den Lorbeer aus dem Haar." Erschreckt nehmen die Frauen den Lorbeer vom Haupt und verlassen die unvollendeten Opfer, mit leisem Gebet – das kann die Königin nicht hindern – ihre Göttin verehrend.

Leto ist erzürnt. Auf dem Gipfel des Kynthos, des delischen Berges, spricht sie also zu ihren beiden Kindern: „Seht, ich, eure Mutter, die ich stolz bin auf eure Geburt, die ich keiner andern Göttin außer der Hera weiche, werde geschmäht von einer Sterblichen, die meine Göttlichkeit bezweifelt; ich werde ausgeschlossen von den Altären, an denen ich alle Jahrhunderte hindurch verehrt worden bin, wenn ihr nicht, Kinder, mir beisteht. Und das ist's nicht allein; die stolze Tantalostochter fügte auch noch Schmähungen zu ihrer frechen Tat, sie wagte es, euch ihren Kindern nachzusetzen und nannte mich, was auf sie selbst zurückfallen mag, mit der vermessenen Zunge ihres Vaters eine Kinderlose."

Leto wollte ihrer Erzählung noch Bitten hinzufügen; doch Phoibos rief: „Halt ein, schon zu lang ist der Verzug der Strafe!" Dasselbe sprach Phoibe. Und in schnellem Schwung durch die Lüfte hatten sie sofort, in Wolken gehüllt, die kadmeische Burg erreicht, bereit, die beleidigte Mutter mit ihren Pfeilen zu rächen.

Vor den Toren der Stadt Theben war ein weiter ebener Plan, wo die thebanische Jugend auf Rossen und Wagen wetteifernd beständig sich tummelte. Dort ergötzten sich die Söhne der Niobe am Wettrennen und dem jugendlichen Spiele der Ringkunst. Von diesen tummelte eben der älteste, Ismenos, heitern Mutes sein Roß mit dem schäumenden Zügel in engem Kreis; plötzlich rief er: „Weh!" und ließ aus der sterbenden Hand die Zügel fallen und sank, den scharfen Pfeil mitten in der Brust, rechts von dem Buge des Rosses. Der nächste, Siphlos, hatte durch die Luft das Klirren eines Köchers gehört, und wie ein Schiffer, der mit ausgespannten Segeln dem nahenden Sturme zu entrinnen sucht, will er mit verhängtem Zügel dem Bereich des Verderbens entfliehen, da schlägt ihn hoch in den Nacken der zitternde Pfeil, daß die nackte Eisenspitze vorn aus der Kehle dringt. Vorwärts gebeugt, wie er war, stürzt er über den gestreckten Hals und die Mähne des Pferdes und färbt die Erde mit seinem rauchenden Blut. Phaidimos und Tantalos, der Erbe des großväterlichen Namens, maßen ihre jugendlichen Kräfte im Ringkampf; wie sie Brust an Brust sich ringend umschlungen hielten, durchbohrte sie beide *ein* Pfeil. Zugleich seufzen sie auf, zugleich lassen sie die von Schmerz gekrümm-

Ein Sohn der Niobe

ten Glieder zur Erde gleiten und hauchen zugleich am Boden mit verdrehten Augen den Geist aus. Sie sieht Alphenor; die Brust sich schlagend, fliegt er herzu, um die kalten Glieder in seinen Armen emporzurichten. Er fällt bei dem frommen Dienste; denn Apollon zerriß ihm mit dem tödlichen Eisen die innerste Brust. Als er das Eisen sich herauszog, riß er an dem Haken des Pfeils einen Teil der Lunge mit heraus, und mit dem strömenden Blut entflog die Seele in die Lüfte. Den zarten Damasichthon traf eine doppelte Wunde. Er war in die Kniekehle getroffen. Während er sich bemühte mit der Hand das verderbliche Geschoß herauszuziehen, drang ein zweiter Pfeil bis ans Gefieder ihm durch die Kehle. Ein Blutstrom trieb den Pfeil heraus und schoß hoch empor. Der letzte und jüngste der ganzen Schar, Ilioneus, erhob voll Angst die Hände zum Himmel und betete: „O ihr Götter all, schonet mein!" Den grausamen Schützen rührt das Flehen des Knaben; aber das abgeschnellte Geschoß war nicht mehr zurückzurufen. Der Knabe sank; doch starb er an der leichtesten Wunde, das Herz war kaum von dem Pfeile berührt.

Der Ruf des Unglücks verbreitete sich schnell in die Stadt. Amphion, der

Vater machte, sobald er die Schreckenskunde vernahm, seinen Schmerz durch das Schwert ein Ende. Bald drang auch der Jammer des Volkes in die Frauengemächer und benachrichtigte die Mutter von dem plötzlichen Untergange der Ihrigen. Sie kann das Schreckliche nicht fassen; sie wundert sich, daß die Götter das vermocht, sie zürnt, daß sie das gewagt. Ach, wie verschieden war diese Niobe jetzt von jener Niobe, die noch eben das Volk von den Altären der Leto verjagt hatte, die mit so stolzem Haupte durch die Stadt geschritten war, selbst ihren Freunden beneidenswert, jetzt beklagenswert sogar dem Feinde. Umringt von ihren Töchtern und dem ganzen Volke, wirft sie sich auf die

Eine Tochter der Niobe

kalten Leichen und verteilt ihre letzten Küsse unter die toten Söhne. Darauf erhob sie die bleichen Hände zum Himmel und rief: „Weide dich, Leto, weide dich an meinem Schmerz, sättige dein grausames Herz an meinem Leid. Der Tod der Sieben bringt mich ins Grab! Frohlocke, triumphiere, feindliche Siegerin! Doch warum Siegerin? Habe ich in meinem Unglück nicht noch mehr als Du in deinem Glück? Auch bei so vielen Leichen bleibe ich noch Siegerin!"

Kam hatte Niobe die verwegenen Worte gesprochen, so schwirrte die Sehne eines Bogens, daß vor Schreck alle erbebten, nur Niobe nicht; sie hatte das Unglück kühn gemacht. Vor den Bahren ihrer in der Halle des Palastes ausgestellten Brüder standen in schwarzen Gewändern mit aufgelöstem Haar die Töchter der Niobe. Da sinkt plötzlich eine von ihnen sterbend mit dem Antlitz auf einen Bruder; ein Pfeil sitzt ihr im Herzen. Eine zweite versucht die jammernde Mutter zu trösten; sie schweigt plötzlich, von einer verborgenen Wunde niedergebeugt. Eine dritte will fliehen, sie fällt; über sie stürzt eine andere; die fünfte, die sechste sinkt –, da bleibt nur noch die letzte übrig, die in dem Schoße der Mutter Schutz gesucht hat. Die Mutter deckt sie mit dem Gewande, mit dem ganzen Leibe: „Nur die Eine, die kleinste", schreit sie wehklagend auf, „von so vielen die kleinste laß mir, o Leto!" Während sie fleht, stirbt, für die sie fleht. Verwaist sitzt sie da unter den Leichen des Gatten, der Töchter und der Söhne, und erstarrt vor Schmerz. Kein Windhauch bewegt ihr Haar, in den Wangen fließt kein Blut, das Auge steht starr in dem traurigen Antlitz: sie ist zu Stein geworden. Kalter Tod wohnt in dem Gebilde, aber aus den Augen fließen Tränen, als wenn der Schmerz noch in dem Innern lebte. Eine Windsbraut erfasset den Stein und trägt ihn in Niobes alte Heimat. Dort steht er angeheftet auf dem steinigen Gipfel des Sipylus, und noch immer fließen die Tränen von dem Felsenbilde.

Aëdon

Aëdon, die Tochter des Pandareos aus Ephesos, war die Gemahlin des Zethos, also Schwägerin der Niobe. Wie diese, in Stein verwandelt, ihr selbstverschuldetes Unglück in ewigen Tränen beweint, so ist auch Aëdon in verwandelter Gestalt durch eigene Schuld zu ewiger Klage verdammt. Niobe fiel durch ihren frevelnden Übermut gegen die Götter, Aëdon geriet in Unglück durch Neid und Eifersucht. Ihr Herz konnte es nicht ertragen, das seltene Mutterglück ihrer Schwägerin zu sehen; denn Niobe hatte sechs Söhne und sechs Töchter, während sie nur ein einziges Kind hatte, den Itys oder Itylos. Daher beschloß sie, den ältesten Sohn der Niobe zu ermorden. Sie schleicht im Dunkel der Nacht, mit dem Mordstahl in der Hand, in das Gemach, in welchem der Sohn der Niobe mit ihrem eigenen Kinde im Schlummer liegt, und vollführt die furchtbare Tat. Als der Morgen kommt, da erkennt sie mit Entsetzen, was sie getan; sie hat durch eine verhängnisvolle Verwechslung ihr eigenes einziges Kind getötet. Der Schmerz ist zu groß für das Mutterherz. Zeus erbarmt sich ihrer und verwandelt sie in eine Nachtigall. Nun weint sie zur Frühlingszeit, im dichten Gezweige versteckt, lange Nächte hindurch in bittersüßen Klagen um den gemordeten Sohn und ruft mit langgezogenen Schmerzenstönen den Namen Itys.

Die Dioskuren und Aphareïden

Die Dioskuren, d. h. Zeussöhne, Kastor und Polydeukes (Pollux), waren Söhne des Zeus und der Leda. Nach ihrem menschlichen Vater Tyndareos, König in Sparta, hießen sie auch Tyndariden. Sie waren tapfere Heldenjünglinge, Kastor vor allem geschickt im Bändigen und Lenken der Rosse, Polydeukes ein trefflicher Faustkämpfer. Sie beteiligten sich an den berühmtesten Heldenabenteuern ihrer Zeit, wie der Argonautenfahrt und der kalydonischen Jagd; besonders auch machten sie manchen kühnen Zug mit ihren Vettern, den Söhnen des Aphareus, Königs in Messenien, den Aphareïden Lynkeus und Idas. Von diesen hatte Lynkeus, d. i. Luchsauge, ein Auge so scharf, daß er selbst durch den Erdboden hindurch sah. Sein Bruder Idas zeichnete sich durch seine Stärke und seinen Mut aus, der ihn trieb, sogar mit Apollon sich in einen Kampf einzulassen. Er warb nämlich zugleich mit dem Gotte um Marpessa, die schöne Tochter des Flußgottes Euenos, und raubte sie auf einem geflügelten Wagen, den ihm Poseidon geschenkt. Apollon jagte ihm nach und wollte ihm die Jungfrau wieder abnehmen; aber Idas stellte sich zum Kampfe dem starken Gott gegenüber. Zeus jedoch trennte den Kampf und ließ der Marpessa die Wahl, welchem von beiden sie ihre Hand reichen wollte. Die Jungfrau wählte den Idas; denn sie fürchtete, der Gott werde sie einst verlassen, wenn das Alter die Schönheit von ihr genommen.

Mit diesem Brüderpaare also waren die beiden Dioskuren nahe verwandt und durch Freundschaft verbunden, und sie machten manchen abenteuerlichen Zug miteinander. Einst fielen sie zusammen in Arkadien ein und trieben eine große Herde Rinder als Beute fort. Dem Idas übertrugen sie den Raub zu verteilen. Der zerlegte einen Stier in vier gleiche Teile und setzte fest, wer sein Teil zuerst verzehrt habe, dem solle die eine Hälfte der Herde gehören, wer zunächst, die andere Hälfte. Er selbst ward mit seinem Anteile zuerst fertig und half auch noch den seines Bruders verzehren. Somit glaubten er und sein Bruder das Recht zu haben, die ganze Herde zu nehmen, und trieben sie fort nach Messenien. Die Dioskuren aber, erzürnt über den Verlust ihres Anteils, fielen in Messenien ein und raubten die ganze Herde und noch anderes Vieh der Aphareïden hinzu. Auch entführten sie die beiden Bräute derselben, Phoibe und Hilaeira, die Töchter ihres gemeinsamen Oheims Leukippos, die Leukippiden.

Nachdem die Dioskuren ihre Beute in Sicherheit gebracht, bargen sie sich in einem Hinterhalte, um ihre Vettern, wenn sie sie verfolgten, zu überfallen. Lynkeus aber war auf die Spitze des Taygetos, des höchsten Berges des Peloponnes, von wo aus er die ganze Halbinsel überschauen konnte, hinaufgeeilt, um nach den Räubern zu spähen. Er sah mit seinem scharfen Auge beide in dem Stamme eines Baumes versteckt und zeigte sie dem wilden Idas. Schnell liefen sie dem Orte zu; Idas schleuderte seine Lanze durch den Baum und durchbohrte den Kastor. Nun stürzte Polydeukes zum Angriff auf sie ein, und sie flohen bis zum Grabe ihres Vaters. Da rissen sie einen behauenen Stein, ein Bild des Hades, vom Grabmale und schleuderten ihn dem Polydeukes wider die Brust. Aber sie zerschmetterten ihn nicht und brachten ihn nicht zum

Weichen; unerschüttert tritt er vor und durchbohrt mit der Lanze dem Lynkeus die Brust, daß er sterbend niedersinkt. Nun entspann sich noch ein harter Kampf zwischen Polydeukes und Idas, welchen Zeus endete, indem er seinen flammenden Blitz auf Idas warf. Das himmlische Feuer verzehrte ihn und den toten Bruder.

Polydeukes eilte darauf zu seinem Bruder Kastor zurück, der mit dem Tode rang. Mit Seufzen und heißen Tränen rief er: „Vater Kronion, welche Lösung wird hier meinem Leide sein? Gib auch mir, o Herr, mit diesem gemeinsam den Tod. Der Mann, der seiner Lieben beraubt ist, entbehrt der Ehre; denn wenige der Sterblichen sind treu in der Not, daß sie teilnehmen an der Mühsal." Und Zeus kam ihm entgegen und sprach: „Du bist mein Sohn; diesen aber

Raub der Leukippiden

erzeugte ein sterblicher Mann. Wohlan, ich lasse dir völlig die Wahl, ob du, dem Tode und dem verhaßten Alter entflohen, im Olympos mit Athene und Ares wohnen, oder mit dem Bruder alles teilen willst, so daß du mit ihm die Hälfte der Zeit unter der Erde weilst, die andere Hälfte im goldenen Saale des Himmels." So sprach Zeus, und ohne Zaudern wählte Polydeukes das gemeinsame Los mit dem Bruder. Und Zeus öffnete das Auge des erzumgürteten Kastor und löste seine Stimme. So leben denn beide Heldenbrüder gemeinsam abwechselnd einen Tag um den andern unter den seligen Göttern im Olympos und in der Tiefe der Erde bei den Toten. Die Sterblichen verehren sie als göttliche Heroen; denn sie sind ihnen ein Schutz und Hort in allen Gefahren des Lebens, in und außer dem Hause, auf Wegen und Straßen, zu Land und zur See.

Orpheus und Eurydike

Orpheus war der berühmteste Sänger des mythischen Altertums. Er stammte aus dem thrakischen Lande, von dem Flußgotte Oiagros und der Muse Kalliope. Seine Gemahlin war die liebliche Eurydike, eine Nymphe des Peneiosthales. Kaum war er mit der innigstgeliebten Gattin vermählt, so ward sie ihm schon durch den Tod entrissen. Sie pflückte mit ihren Gespielinnen, den Naiaden, Blumen auf der Frühlingsau, da sah sie der Gott Aristaios und verfolgte sie. Im Fliehen durch das hohe Gras trat sie auf eine giftige Schlange und starb durch ihren Biß. Ihre Begleiterinnen, die Nymphen, weinten laut, daß weithin durch das thrakische Land Berge und Täler von ihren Klagen erfüllt waren. Orpheus selbst saß mit seiner Leier am einsamen Ufer und sang seinen tiefen Schmerz aus vom Morgen bis zum Abend, vom Abend bis zum Morgen, in so süßen, so ergreifenden Klagen, daß die ganze Natur davon bewegt ward, Bäume und Felsen, die Vögel der Luft und die Tiere des Waldes. Zuletzt entschloß er sich, in das Schattenreich hinabzusteigen, ob er vielleicht die Beherrscher der Toten zur Zurückgabe der Geliebten bewegen könne. Er geht durch den Schlund bei Tänarum hinab und durchschreitet mutig die ihn umdrängenden Scharen der Toten. Als er zu dem Throne der unterirdischen Beherrscher gekommen war, begann er sein wunderbares Saitenspiel und sprach: „O ihr Götter des unterirdischen Reiches, ich bin nicht herabgestiegen, um neugierig diese dunkle Welt des Tartaros zu durchspähen, auch nicht, um das dreiköpfige Ungeheuer, den schlangenumspielten Kerberos zu fesseln; der Grund meines Weges ist die Gattin, welche der giftige Biß einer Schlange in der Blüte der Jahre dem Leben geraubt hat. Ich habe versucht, es zu tragen, doch kann ich's nicht. Die Liebe besiegt mich; sie hat ja auch euch vereint, wenn die alte Sage nicht lügt. Bei diesen Orten voll Schrecken, bei dieser schweigenden Öde eures Reiches flehe ich euch an, erneuert der Eurydike das abgekürzte Leben. Wollt ihr es nicht, so lasset mich hier, so erfreut euch an dem Tod von uns beiden."

Während Orpheus solches sprach und zu seinen Klagen die Saiten rührte, zerflossen voll Mitleid die blutlosen Schatten in Tränen. Tantalos vergaß nach den fliehenden Wellen zu haschen, das Rad des Ixion stand bezaubert still, und Sisyphos saß, seines Leids vergessend, ruhig lauschend auf dem Stein seiner Qual. Damals waren zum ersten Mal die Eumeniden gerührt und netzten mit Tränen ihre Wangen, und Persephone mit ihrem finstern Gatten vermochte nicht den Bitten des Sängers zu widerstehen. Sie rufen Eurydike herbei und erlauben ihr, mit dem Gatten zur Oberwelt zurückzukehren; doch fügen sie zugleich die Bedingung hinzu, daß Orpheus nicht eher seine Blicke nach der ihm folgenden Gattin zurückwende, als bis er das Reich des Lichtes erreicht habe; sonst sei ihre Gnade vergebens.

Die Liebenden steigen den langen steilen Pfad hinauf durch die öde Stille; schweigend folgt Eurydike dem schweigenden Gatten. Schon waren sie an den Pforten des Tages, da wendet Orpheus, von Besorgnis und Liebe überwältigt, das Auge nach der Gattin um, und sofort gleitet diese zurück, vergebens ihre Hände nach der Umarmung des Geliebten ausbreitend, und spricht, zum zweiten Male sterbend, mit kaum vernehmlicher Stimme ihr letztes Lebewohl. Trostlos eilt Orpheus der in das Dunkel zurückweichenden Gattin nach; aber Charon, der Fährmann, setzt ihn nicht, trotz Bitten und Klagen, ans andere Ufer. Sieben Tage lang sitzt er am Ufer des Acheron ohne Speise und Trank und weidet sich nur an seinem Gram und seinen Tränen. Endlich kehrt er, klagend über die Grausamkeit des Erebos, zurück in die einsamen Täler der thrakischen Berge. Hier lebte er noch drei Jahre lang, fern von aller Welt, seinem Schmerz und seiner Trauer. Sein Lied ist sein einziger Trost; damit bezauberte er Wälder und Felsen und die Tiere der Wildnis.

Einst saß er auf einem grünen sonnigen Hügel und sang seine traurigsüßen Weisen. Die Bäume, von den holden Klängen gelockt, rücken in Scharen herbei und gewähren lauschend ihrem Sänger kühlen Schatten; die Felsen drängen sich bezaubert heran, die Vögel des Waldes verlassen das Dickicht, das Wild seine Schluchten, und horchen still und zahm den süßen Liedern. Da sehen ihn thrakische Frauen, welche dem Bakchos zu Ehren ihr Fest lärmend in den Bergen feiern, und schon längst erzürnt über den Sänger, der nach dem Verluste seiner Gattin kein Herz zeigt für andere Frauen, stürzen sie wütend auf ihn ein. „Da seht unsern Verächter!" ruft die erste, die ihm naht, und wirft ihren Thyrsusstab ihm ins Antlitz. Die Blätter, die den Thyrsus umwanden bis zur Spitze, schützen den Sänger vor einer Wunde. Eine zweite schleudert einen Stein. Im Wurfe, von den Tönen der Stimme und der Leier besiegt, fällt der Stein zu seinen Füßen, als bät er um Verzeihung. Aber der Tumult wächst, es steigert sich die Wut; das Geschrei und Geheul, der Lärm der Flöten und Hörner, das Getöse der Pauken übertönt den Klang der Saiten, und nun dringen die Steine ungehemmt auf den Sänger und röten sich mit seinem Blute. Die Rasenden stürzen selbst über ihn her, wie eine Meute wütender Hunde über einen verendenden Hirsch, schlagen ihn mit ihrem Thyrsus, mit Ästen und Steinen, bis durch den Mund, der Felsen gerührt und das Raubtier gezähmt, seine Seele entweicht.

Über seinen Tod klagen die Vögel des Hains und das Wild der Berge, harte Felsen, die so oft seinen Gesängen gefolgt sind, vergießen Tränen, die Bäume entblättern aus Trauer ihr Haupt, und Dryaden und Naiaden in dunklen Gewändern zerraufen sich weinend das Haar. Die Glieder des unglücklichen Sängers liegen zerstreut umher; sein Haupt und seine Leier werfen die Rasenden in den Hebrosfluß, und wunderbar! während die Wellen sie dahintragen, klagt leise die Leier, leise Klagen murmelt die tote Zunge, und die Ufer antworten mit leisen Trauerklängen. So schwimmen Haupt und Leier durch den Fluß zum Meer, übers Meer hinüber zu dem Gestade von Lesbos, der Sängerinsel, wo später Alkaios sang und die gefeierte Sappho, wo die Nachtigallen lieblicher singen, als anderswo sonst auf der Erde. Der Schatten des Sängers aber ging hinab in das Reich des Todes, wo er vordem schon gewandert, und suchte und fand seine Eurydike, die er liebend umschloß, um sie nie mehr zu lassen.

Herakles

Des Helden Geburt und Jugend

Herakles (lat. Hercules) war ein Sohn des Zeus. Seine Mutter Alkmene sowohl, wie sein Stiefvater Amphitryon gehörten zu dem berühmten argivischen Geschlecht der Perseiden, beide waren Enkel des großen Helden Perseus. Er selbst aber ist der größte Held des Altertums, ein Mann von gewaltigster Kraft und unbesieglichem Mute, der es sich zur Aufgabe gestellt hat, getreu dem Willen seines Vaters Zeus, alles Unholde und Böse zum Heile der Menschen zu bekämpfen, auch wenn es mit der größten Mühe und Gefahr verbunden ist. Er ist von durchaus edler Natur und des glücklichsten Loses wert, aber ein böses Geschick verfolgt ihn von seiner Geburt an, und erst nach einem Leben voll der größten Anstrengungen und Leiden wird ihm der Lohn seines Ringens zuteil, die Unsterblichkeit und die Gemeinschaft der seligen Götter.

Des Herakles böses Geschick beginnt mit seiner Geburt; er wird im Auslande, in der Verbannung geboren. Sein Stiefvater Amphitryon hatte, ohne zu wollen, seinen Schwiegervater Elektryon erschlagen und war deshalb von dessen Bruder Sthenelos aus seiner Heimat Argos vertrieben worden. Er suchte zugleich mit seinem Weibe eine Zuflucht bei dem König Kreon zu Theben, seinem Oheim von mütterlicher Seite, und fand hier gastliche Aufnahme und Sühnung seiner Blutschuld. Zu Theben, dem Verbannungsorte seiner Eltern, ward Herakles geboren; aber sein Vater Zeus gedachte ihm die Herrschaft über das argivische Land, das Reich der Perseiden zuzuwenden. Am Tage seiner Geburt sprach er im Olympos in der Versammlung der Götter, von froher Erwartung erfüllt: „Höret mich, ihr Götter und Göttinnen all, heute wird ein Mann ans Licht geboren, der über alle Perseiden, jenes Heldengeschlecht, das von meinem Blute stammt, und über ganz Argos herrschen wird." Aber Hera, seine Gemahlin, welche, eifersüchtig über den Rechten der Ehe wachend, ob dem prahlenden Worte des Gottes zürnte, antwortete listigen Sinnes: „Du lügst, Kronide, nimmer wirst du dein Wort zur Erfüllung bringen. Wohlan schwöre mir's zu mit einem starken Eide, daß der, welcher heute im Hause der Perseiden zuerst geboren wird, über Argos herrschen soll und über alle Perseiden, so aus deinem Blute stammen."

Zeus merkte die List seiner Gattin nicht und schwor den Eid. Da eilte Hera vom Olympos hinab und kam nach Argos, wo sie die Gattin des Perseiden Sthenelos ihrer Entbindung nahe wußte. Hier veranstaltete sie als Geburtsgöttin, daß diese vor der Zeit ein schwächliches Kind gebar, während sie die Geburt der Alkmene noch zurückhielt. Darauf kam sie zum Olympos zurück und sprach zu Zeus: „Höre mich, Vater Zeus, eben ward ein Mann geboren, Eurystheus, des Sthenelos Sohn, aus deinem Geschlechte; der wird herrschen über alle Argiver." Da ergriff Schmerz und Zorn die Brust des Kroniden, daß Ate, die Betörung ihn betrogen. Und er faßte im Zorn die Ate am lockigen Haupt und warf sie aus dem Olympos, daß sie auf die Erde fiel, auf die Werke der Menschen. Und er schwor einen schweren Eid, daß sie nie mehr in den Himmel zurückkehren solle zur Versammlung der Götter. Herakles kam zwar noch an demselben Tage zur Welt, aber das Recht der Erstgeburt gab dem Eurystheus die Herrschaft über seinen ganzen Stamm und auch über ihn. So kam der Starke unter die Botmäßigkeit des feigen Schwächlings, und sooft Zeus später seinen lieben Sohn im Dienste des Eurystheus sich abmühen sah, bereute er stets von neuem seine unglückliche Übereilung. Aber er wandte den begangenen Fehler dem Sohne zum Heil; er schloß mit Hera einen Vertrag, das Herakles nach Verrichtung von zwölf Arbeiten, die ihm Eurystheus auferlegen würde, der Unsterblichkeit teilhaftig werden solle. Und damit Herakles in seinem schweren Dienste nicht erliege, läßt er ihm bei seinen Arbeiten seine Tochter Athene als gnädige Helferin beistehn.

Zugleich mit Herakles ward sein Zwillingsbruder Iphikles geboren, ein Sohn des Amphitryon. Sobald Hera erfuhr, daß beide Knaben das Licht der Welt erblickt und in ihren Windeln lagen, sandte sie, von Zorn getrieben, zwei große Schlangen, um die Neugeborenen zu verderben. Diese schlichen bei offenen Türen in das Schlafgemach der Alkmene, begierig die Kinder mit ihrem gefräßigen Rachen zu fassen. Herakles richtete sein Haupt auf und erprobte seine Kraft im ersten Kampf. Er ergriff mit beiden Händen die Hälse der Schlangen und würgte sie, daß aus ihren ungeheuren Leibern der Atem entwich. Ein gewaltiger Schreck hatte die Frauen, die das Lager der Alkmene bedienten, ergriffen, und sie selbst war entsetzt vom Lager gesprungen, ohne Gewand, um der Untiere Gewalt zu hindern. Auf ihr Geschrei eilte schnell die Schar der Kadmeerfürsten herzu mit ehernen Waffen, und mit gezücktem Schwert kam Amphitryon schreckenerfüllt. Doch staunend stand er da, angstvoll zugleich und voll Freude; denn er sah seines Sohnes unerhörten Mut und Kraft. Da ließ er den Nachbar rufen, den großen Propheten des Zeus, Teiresias; der weissagte ihm und der ganzen Versammlung das Schicksal des Sohnes, wie viel wildes Getier er zu Land, wie viel im Meer er erwürgen, wie er manchen feindseligen Mann, der in ausschweifendem Übermute wandelt, dem Tod überliefern werde. Ja, wenn die Götter im Gefilde von Phlegra mit den Giganten den Kampf beginnen, dann werde, so sprach er, durch den Flug seiner Pfeile manch glänzendes Haupthaar im Staube besudelt. Zuletzt werde er in Frieden ewige Zeit hindurch der Ruhe genießen, seinen großen Mühen ein auserwählter Lohn; in den Häusern der Götter werde die blühende Hebe er als Gattin empfahen, das Hochzeitsmahl feiernd bei Zeus dem Kroniden, und an seligem Leben sein Herz erfreuen. Mit diesen wenigen Worten zeichnete der Seher das ganze Geschick unsres Helden.

Amphitryon erkannte die hohe Bestimmung seines Pflegesohnes und gab ihm daher die eines Helden würdige Erziehung. Er ließ den Knaben in den Künsten eines Kriegers von den ausgezeichnetsten Meistern unterweisen. Im Bogenschießen unterrichtete ihn Eurytos, der berühmteste Bogenspanner seiner Zeit, in der Ringkunst der schlaue und gewandte Autolykos, ein Sohn des Hermes und Großvater des schlauen Odysseus, im Kampf mit den schweren Waffen Kastor, der eine der Dioskuren. Das Wagenlenken lehrte ihn Amphitryon selbst; denn er war in dieser Kunst besonders erfahren. Ein Krieger der damaligen Zeit konnte die Geschicklichkeit des Wagenlenkens nicht wohl entbehren, da man in den Schlachten gewöhnlich vom Streitwagen herab kämpfte. Außer dieser mehr körperlichen und kriegerischen Ausbildung aber sollte auch der Geist des Knaben durch Künste und Wissenschaften gehörig gebildet werden. Es scheint indes, daß der junge Herakles darin nicht die erwünschten Fortschritte machte. Wenigstens hatte Linos, sein Lehrer im Zitherspiel, Veranlassung ihn öfters zu tadeln und zu strafen. Als er ihm einst beim Unterrichte einen Schlag gab, geriet Herakles in heftigen Zorn und schlug dem Lehrer die Zither aufs Haupt. Der Schlag war ohne seine Absicht so stark, daß Linos auf der Stelle tot niederfiel. Der Knabe wurde wegen dieses Mordes vor Gericht gezogen; aber er verteidigte sich durch den Spruch des Rhadamanthys, daß der Geschlagene wieder schlagen dürfe, und ward freigesprochen.

Da Amphitryon von der Unbändigkeit des Knaben ähnliche Auftritte in Zukunft befürchtete, so entfernte er ihn aus der Stadt und schickte ihn auf das Gebirge Kithäron zu seinen Rinderherden. Hier wuchs er zu einem starken Jünglinge heran, der alle an Kraft und Größe übertraf. Auf den ersten Blick erkannte man in ihm den Sohn des Zeus. Er war vier griechische Ellen (d. i. sechs Fuß) hoch und hatte gewaltige Gliedmaßen; aus seinen Augen leuchtete Feuerglanz. In der Handhabung des Bogens und des Speeres hatte er solche Geschicklichkeit, daß er nie sein Ziel verfehlte.

Während Herakles auf dem Kithäron lebte, erschlug er als Jüngling von 18 Jahren den kithäroneischen Löwen, ein furchtbares Tier, das, häufig von der Höhe des Berges herabkommend, die Rinder seines Vaters würgte. Die Haut des getöteten Löwen hängte Herakles als Bekleidung um, so daß sie ihm über den Rücken herabhing und mit den Vordertatzen über die Brust zusammengeknüpft war, während der Rachen ihm wie ein Helm auf dem Haupte saß.

Das war die erste Heldentat, welche Herakles zum Heile der Menschen verrichtete. Als er von dieser Jagd zurückkehrte, begegneten ihm die Gesandten des Königs Erginos von Orchomenos, welche nach Theben auf dem Wege waren, um den jährlichen Tribut, den die Thebaner liefern mußten, abzuholen. Erginos hatte nämlich, weil ein Thebaner seinen Vater Klymenos getötet hatte, die Stadt Theben mit Krieg überzogen und zu einem Vertrage gezwungen, wonach ihm 20 Jahre lang jährlich 100 Ochsen als Tribut gezahlt werden mußten. Als Herakles die Gesandten traf, mißhandelte er sie, schnitt ihnen Nasen und Ohren ab und schickte sie mit über den Nacken geknebelten Armen nach Orchomenos zurück, damit sie solchen Tribut ihrem Könige brächten.

Diese Schmach veranlaßte natürlich einen Krieg zwischen Orchomenos und Theben. Erginos zog mit einem großen Heere Rache drohend heran; aber Herakles stellte sich an die Spitze der Thebaner, glänzend in herrlichen Waffen, welche ihm Athene seine Freundin und Beschützerin, gegeben, besiegte das feindliche Heer und tötete mit eigener Hand den König. Durch diesen Sieg befreite er nicht nur die Thebaner von dem schmählichen Tribut, sondern zwang sogar die Orchomenier, den doppelten Tribut zurückzuzahlen. Amphitryon war in der Schlacht gefallen; er hatte sich durch Tapferkeit hervorgetan, sowie auch Iphikles, des Herakles Bruder. Beide Brüder wurden von dem

Herakles erwürgt die Schlange

dankbaren Könige Kreon für ihre Heldentaten belohnt. Er gab dem Herakles seine älteste Tochter Megara zum Weibe, dem Iphikles die jüngere Tochter.

Als Herakles die Hochzeit feierte mit Megara, kamen die Himmlischen vom Olympos herab und nahmen teil an dem glänzenden Feste, wie einst bei der Hochzeit des Kadmos und der Harmonia, und sie brachten dem Helden ausgezeichnete Geschenke dar. Hermes schenkte ihm ein Schwert, Apollon Bogen und Pfeile, Hephaistos einen goldenen Panzer und Athene ein schönes Gewand. Die Keule, welche er gewöhnlich als Waffe führte, schnitt er sich später selbst in einem Haine zu Nemea.

Herakles am Scheidewege

Während Herakles auf dem Kithäron weilte, in einem Lebensalter, wo der Knabe zum Jüngling wird und die ersten ernsten Blicke in die Zukunft wirft, zog er sich eines Tages von Hirten und Herden weg in die Einsamkeit und überlegte still dasitzend in ernste Gedanken versunken, welchen Lebenspfad er in Zukunft wandeln solle. Da sah er zwei stattliche Frauen auf sich zukommen. Die eine zeigte in ihrem Aussehen Anstand und hohen Adel; ihren Leib schmückte Reinlichkeit, Bescheidenheit ihr Auge; ihre Haltung war sittsam, fleckenlos rein ihr Gewand. Die andere hatte einen wohlgenährten weichlichen Körper; das Weiß und Rot ihrer Haut war unnatürlich durch Schminke gehoben; ihre Gestalt war über die gewöhnliche Grenze aufgerichtet, das Auge weit geöffnet. Ihre Kleidung war darauf berechnet, die Reize ihres Körpers so viel wie möglich durchschimmern zu lassen. Sie betrachtete sich häufig mit Selbstgefallen und blickte hierhin und dahin, ob auch andere sie sähen; oft schaute sie nach ihrem eigenen Schatten. Als sie näher an Herakles herankamen, ging die erstere ruhig ihren Gang fort, während die andere sich vordrängend zu dem Jünglinge hineilte und sprach: „Ich sehe, Herakles, daß du unschlüssig bist, welchen Weg des Lebens du einschlagen sollst. Wenn du mich zur Freundin erwählst, so werde ich dich den angenehmsten und gemächlichsten Weg führen; du wirst keine Lust ungekostet lassen und dein Leben ohne alle Beschwerden durchleben. Um Kriege und Geschäfte wirst du dich wenig kümmern; deine einzige Sorge durch das ganze Leben wird sein, wie du an köstlichen Speisen und Getränken dich ergötzest, wie du dein Auge, dein Ohr und die anderen Sinne erfreust, daß du auf dem weichsten Lager schläfst und ohne Mühe und Arbeit dir diese Genüsse alle verschaffest. Solltest du je um die Mittel dazu in Verlegenheit sein, so befürchte nicht, daß ich dich durch viele körperliche und geistige Anstrengungen, durch Gefahr und Not dazu führen werde; sondern du wirst die Früchte fremden Fleißes genießen und nichts von dem entbehren, was dir Gewinn bringen kann. Denn ich gewähre meinen Freunden die Freiheit, von allem Nutzen zu ziehen."

Als Herakles diese Versprechung hörte, fragte er: „O Weib, wie ist denn aber dein Name?" Sie antwortete: „Meine Freunde nennen mich *Glückseligkeit*, meine Feinde dagegen, die mich herabsetzen wollen, heißen mich *Laster*." Unterdes war auch das andere Weib herzugetreten und sprach: „Auch ich komme, lieber Herakles; denn ich kenne deine Eltern sowie deine Natur und deine Erziehung. Danach hoffe ich, daß, wenn du meine Bahn wählen wolltest, du ein trefflicher Arbeiter werden würdest auf dem Felde alles Guten und Großen und ich durch dich noch zu viel größerem Ansehen gelangen würde. Doch will ich dich nicht betrügen durch Vorspiegelung von Genüssen; sondern wie die Götter es angeordnet haben, so will ich dir der Wahrheit gemäß es darstellen. Wisse, ohne Arbeit und Mühe gewähren die Götter den Menschen kein Gut. Willst du, daß die Götter dir gnädig sind, so mußt du sie verehren; willst du, daß die Freunde dich lieben, so mußt du den Freunden dienen; willst du geehrt sein bei deinen Mitbürgern, so mußt du dich ihnen nützlich erweisen; wenn du wegen deiner Tugend von ganz Hellas bewundert sein willst, so mußt du sein Wohltäter werden. Soll das Land dir Früchte tragen, so mußt du es bebauen, willst du durch deine Herde reich werden, so mußt du sie pflegen. Willst du kriegen und siegen, so mußt du die Künste des Kriegs lernen und üben; soll dein Körper deinem Willen dienstbar sein, so mußt du ihn durch Arbeit und Schweiß abhärten."

Hier fiel ihr das Laster in die Rede: „Siehst du, lieber Herakles, wie lang und schwierig der Weg ist, auf welchem dieses Weib dich zu Glück und Freude zu führen verspricht? Ich werde dich auf leichtem und kurzem Pfade zur Seligkeit führen." „Unselige", sprach die Tugend, „was für Gutes besitzest du? Du sättigst dich ja mit jeder Lust, noch ehe das Verlangen nach einem Genusse vorhanden ist; du issest, ehe dich hungert, und trinkst, ehe dich dürstet; um mit Lust zu essen, schaffst du dir geschickte Köche an; damit du mit Lust trinkst, verschaffst du dir kostbare Weine. Kein Bett ist dir weichlich genug; nicht aus Ermüdung, sondern aus Langerweile suchst du den Schlaf. Du lehrst deine Freunde die Nächte durchprassen und den besten Teil des Tages durchschlafen. Drum sind sie in der Jugend ohne Kraft, im Alter ohne Verstand; sorglos durchschwelgen sie die Jugend, mühselig schleppen sie sich durchs Alter, beschämt über das, was sie getan, beschwert durch das, was sie tun. Deshalb bist du, obgleich unsterblich, von den Göttern verstoßen und bei den Menschen verachtet. Was dem Ohre am lieblichsten klingt, das eigene Lob, hast du nie gehört; was dem Auge am schönsten zu schauen, eine eigene gute Tat, hast du nie gesehen. Ich dagegen verkehre mit den Göttern und mit den guten Menschen; kein schönes Werk bei Göttern oder Menschen geschieht ohne mich. Dem Künstler bin ich eine willkommene Gehilfin, dem Hausvater eine treue Wächterin, dem Diener ein lieblicher Beistand; ich bin eine redliche Teilnehmerin an den Geschäften des Friedens, eine zuverlässige Bundesgenossin im Kriege und die treueste Freundin. Speise und Trank und Schlaf schmeckt meinen Freunden besser als den Trägen; denn sie genießen erst, wenn das Bedürfnis sich einstellt. Die Jüngeren erfreuen sich des Lobes der Alten, die Alten der Ehre bei den Jungen. Mit Lust erinnern sie sich der früheren Taten, mit Freuden tun sie, was in der Gegenwart ihnen obliegt; durch mich sind sie den Göttern wert, ihren Freunden lieb, geachtet von dem Vaterlande. Und ist zuletzt des Lebens Ende gekommen, so liegen sie nicht vergessen und ohne Ehre da, sondern gefeiert und besungen von der Nachwelt blühen sie fort im Gedächtnis aller Zeiten. Zu solchem Leben entschließe dich, lieber Herakles, du Kind trefflicher Eltern, und du erringst die höchste Seligkeit."

Ohne lange zu wählen, folgte der edle Jüngling dem Rufe der Tugend, und er wandelt seitdem mit geduldigem Sinn den schweren Weg der Pflicht – zu seinem Heil.

Herakles und Eurystheus

Nach der Vermählung mit der Königstochter von Theben verlebte Herakles mehrere Jahre lang glückliche Tage im Schoße einer aufblühenden Familie und in der Nähe eines glänzenden Thrones, und er blickte mit froher Hoffnung in die Zukunft. Aber Hera, seine Feindin, konnte den Verhaßten nicht lange in frohem Glücke sehen. Sie sandte eine geistverwirrende Krankheit über ihn, daß er im Wahnsinn seine drei Kinder, welche ihm Megara geboren, und zwei Kinder seines Bruders Iphikles ins Feuer schleuderte und tötete. Als endlich wieder die Krankheit von ihm wich, verfiel er in tiefen Kummer und ging, um sich wegen seines Mordes zu strafen, freiwillig in die Verbannung. Nachdem er sich durch seinen Freund Thespios in der Stadt Thespiä von dem Morde hatte reinigen lassen, ging er nach Delphi zu dem Orakel des Apollon, um zu erfragen, wo er in Zukunft wohnen solle. Damals soll ihn die Pythia zuerst mit dem Namen Herakles angeredet haben, als den Helden, der durch die Verfolgungen der Hera seinen Ruhm erlangte; früher hatte er Alkeides (Alcide) geheißen, d.h. Sohn der Stärke. Das Orakel befahl ihm, sich in Tiryns, dem alten Wohnsitze seiner Väter, niederzulassen und dem Eurystheus, seinem Vetter, der in Mykenä saß, zwölf Jahre lang zu dienen, und wenn er in diesem Dienste zwölf Arbeiten, die ihm Eurystheus auferlegen werde, glücklich vollendet habe, werde ihm die Unsterblichkeit zuteil werden.

Herakles folgte, wiewohl ungern, der Weissagung des Orakels und zog nach Tiryns. Hier empfing er von Mykenä aus die Aufträge des Eurystheus durch einen Herold; denn der Feigling fürchtete die Nähe seines gewaltigen Dienstmannes.

Der nemeische Löwe
Die Hydra

Die beiden ersten Aufgaben, welche Eurystheus dem Herakles stellte, war die Bekämpfung zweier Ungeheuer, die im argivischen Lande hausten, des nemeischen Löwen und der lernäischen Hydra. Von dem nemeischen Löwen, welcher von dem feuerspeienden Ungeheuer Typhon und der riesigen Schlange Echidna stammte und in dem Talgrunde zwischen Nemea und Kleonä sein Wesen trieb, sollte Herakles das Fell dem Eurystheus bringen. Als Herakles nach Kleonä kam, kehrte er bei einem armen Manne Molorchos ein, der eben im Begriffe war, dem Zeus ein Opfertier zu schlachten. Herakles bestimmte ihn, sein Opfer aufzuschieben bis zum 30. Tage, und wenn er dann von seiner gefährlichen Jagd zurückgekehrt sei, so wollten sie gemeinschaftlich das Opfer dem Retter Zeus darbringen; erliege er, so sollte Molorchos es

Die Arbeiten des Herakles

ihm als Totenopfer weihen. Darauf ging er in den Wald und suchte den Löwen viele Tage lang. Endlich fand er ihn und schoß nach ihm mit seinem Pfeile. Aber das Tier war unverwundbar, der Pfeil prallte von ihm ab, wie von einem Stein. Herakles ging nun mit der Keule auf den Löwen los und jagte ihn in die Flucht. Er floh in seine Höhle, die zwei Ausgänge hatte. Der Held verrammte den einen Ausgang und ging durch den andern dem Tier zu Leibe. Sobald er in seine Nähe vorgedrungen war, sprang der Löwe auf, ihm an die Brust. Da umschlang Herakles seinen Nacken mit seinen starken Armen und würgte ihn zu Tode. Darauf lud er ihn auf seine Schultern, um ihn gen Mykenä zu tragen. Er kam zu Molorchos am 30. Tage, als dieser eben dem Herakles ein Totenopfer darbringen wollte. Nun aber opferten beide dem Retter Zeus und legten damit den Grund zu den nemeischen Spielen. Als Herakles den Löwen nach Mykenä brachte, geriet Eurystheus vor dem gewaltigen Tiere und der Stärke des Helden in solchen Schrecken, daß er den Befehl gab, Herakles solle in Zukunft die Beweise seiner Taten vor dem Tore zeigen.

Die lernäische Hydra sollte Herakles töten, eine fürchterliche Schlange mit neun Köpfen, von denen acht sterblich, der mittlere unsterblich war, ebenfalls eine Brut des Typhon und der Echidna. Sie war in einem Sumpfe zu Lerna in der Nähe der Quelle Amymone erwachsen und überfiel von da aus die Herden und verwüstete das Land. Herakles zog auf seinem Streitwagen, welchen sein Neffe und Waffenfreund Jolaos, des Iphikles heldenmütiger Sohn, lenkte, mutigen Herzens zu dem Kampfe aus. Als er nach Lerna in die Nähe des Ungeheuers gekommen war, ließ er den Jolaos mit dem Wagen zurück und suchte den Feind auf. Er fand ihn in seiner Höhle in einem Felsenhügel und trieb ihn mit glühenden Pfeilen heraus. Es kam zu einem gefährlichen Kampfe. Das Tier schoß wütend auf ihn los; aber Herakles trat ihm mit dem einen Fuße auf den Leib und hielt es nieder, und während es mit dem langen Schweife ihm den andern Fuß umringelte, schwang er beherzt seine gewaltigen Keulenschläge gegen die zischenden Häupter. Aber er richtete damit nichts aus; denn sowie er einen Kopf abgehauen hatte, wuchsen zwei neue aus dem Rumpfe hervor. Und dazu kam noch ein zweiter Feind, ein mächtiger Seekrebs, der ihn von hinten in den Fuß biß. Herakles zertrat diesen und rief gegen die Hydra den Jolaos zur Hilfe herbei. Der zündete einen Teil des nahen Waldes an und brannte mit den flammenden Baumstämmen die abgehauenen Hälse an, daß die neuen Köpfe nicht hervortreiben konnten. Zuletzt war nur noch der unsterbliche Kopf übrig. Herakles hieb auch diesen ab und begrub ihn unter einem schweren Felsbrock neben dem Wege. Darauf schnitt er den Leib des Ungeheuers auf und tauchte seine Pfeile in die giftige Galle. Seitdem sind die Wunden seiner Pfeile unheilbar.

Die kerynitische Hindin
Der erymanthische Eber
Die stymphalischen Vögel

Hierauf folgen drei Jagdabenteuer in den arkadischen Waldgebirgen. Die dritte Aufgabe war, die kerynitische Hirschkuh lebendig nach Mykenä zu bringen. Dieses war ein schönes, der Artemis geheiligtes Tier, mit goldenem Geweih und ehernen Füßen, unermüdlich und von unglaublicher Schnelligkeit. Da Herakles das Tier weder töten noch verwunden wollte, so jagte er ihm ein ganzes Jahr nach bis zu den Hyperboreern und den Quellen des Istrosflusses und wieder nach Arkadien zurück. Endlich, des langen Jagens müde, schoß er die Hindin, als sie eben über den Fluß Ladon setzen wollte, um sie aufzuhalten, mit einem Pfeil in den Fuß und bemächtigte sich ihrer. Er lud sie auf die Schultern, um sie nach Mykenä zu tragen. Unterwegs trat ihm Artemis mit ihrem Bruder Apollon entgegen, und indem sie ihm Vorwürfe machte, daß er das ihr heilige Tier erjagt habe, wollte sie es ihm wieder abnehmen. Herakles entschuldigte sich und schob die Schuld auf Eurystheus, der es ihm befohlen; und Artemis ließ sich besänftigen. So brachte er denn die Hindin lebendig nach Mykenä.

Sobald Herakles die Hindin nach Mykenä geliefert hatte, gab ihm Eurystheus auf, den erymanthischen Eber gleichfalls lebendig einzufangen. Dieses Tier trieb sein Wesen auf dem Berge Erymanthus, der zwischen Arkadien, Elis und Achaia lag, und stürzte oft in die Gegend der Stadt Psophis herab, wo es die Felder verwüstete und die Menschen tötete. Auf dem Wege zu dieser Jagd überstieg Herakles das rauhe und hohe Waldgebirge Pholoe, auf welchem ein Teil der Kentauren hauste, seit sie von den Lapithen aus Thessalien vertrieben waren. Müde und hungrig kam Herakles zu der Höhle des Kentauren Pholos und wurde gastlich von ihm aufgenommen; denn obgleich Pholos die halbtierische, aus Roß und Menschen zusammengesetzte Gestalt mit den übrigen Kentauren gemein hatte, so teilte er doch gleich dem weisen Cheiron ihre Roheit und tierische Wildheit nicht. Er bewirtete seinen Gast mit gekochtem Fleische, während er selbst seine Portion roh verzehrte. Herakles, der nach Anstrengung und Mühe bei einem tüchtigen Imbiß auch einen guten Trunk liebte, sprach den Wunsch nach einem Trunke Wein aus; aber sein Wirt scheute sich, das gemeinsame Weinfaß der Kentauren, ein köstliches Geschenk des Dionysos, das er in Verwahrung hatte, zu öffnen, aus Furcht, die Kentauren möchten herbeikommen und in ihrem wilden Zorne das Gastrecht verletzen. Herakles jedoch hieß ihn guten Mutes sein und brach selbst das Faß an. Beide zechen nun vergnügten Sinnes aus vollen Humpen; bald aber stürmen die Kentauren, die den süßen Duft des Weines gerochen haben, von allen Seiten zu der Höhle des Pholos herbei und dringen in wilder Wut, mit Felsblöcken und mit Fichtenstämmen bewaffnet, auf Herakles ein. Der empfängt sie mit Feuerbränden, die er ihnen wider die Brust und ins Angesicht schleudert, und treibt sie aus der Höhle zurück. Darauf verfolgt er sie mit seinen Pfeilen und jagt die letzten, die noch nicht gefallen sind, bis zu dem Vorgebirge Malea, wo sich sich zu dem aus dem Pelion hierher vertriebenen Cheiron flüchten. Während sie sich schutzsuchend um ihn drängen, trifft ihn unglücklicherweise ein Pfeil des Herakles ins Knie. Dieser erkannte jetzt erst seinen alten Freund und eilte klagend auf ihn zu; er legte ihm Heilkräuter, die ihm Cheiron selbst gab, auf die Wunde und verband sie; aber die Wunde des giftigen Pfeiles blieb unheilbar, weshalb Cheiron später freiwillig für Prometheus in den Tod ging.

Als Herakles von der Verfolgung der übrigen Kentauren zu der Höhle des Pholos zurückkehrte, fand er zu seinem großen Leide auch diesen tot. Derselbe hatte nämlich einen Pfeil aus der Wunde eines von Herakles erlegten Kentauren herausgezogen, und während er, ihn betrachtend, sich wunderte, wie ein so kleines Ding so riesige Leiber fällen könne, glitt ihm der Pfeil aus der Hand und verwundete ihn am Fuße, so daß er alsbald sterbend niedersank. Herakles begrub trauernd seinen lieben Gastfreund und machte sich dann auf, den Eber im Erymanthus aufzusuchen. Er trieb ihn mit Geschrei aus dem Dickicht des Waldes und jagte ihn verfolgend zu dem höchsten Gipfel des Berges hinauf, wo er im tiefen Schnee stecken blieb. Der Held eilte herzu und fesselte ihn und trug ihn dann lebendig nach Mykenä. Als Eurystheus das furchtbare Tier sah, geriet er dermaßen in Schrecken, daß er sich in ein ehernes Faß verkroch.

Die stymphalischen Vögel hausten in einem waldigen Talgrunde an einem See, bei der arkadischen Stadt Stymphalos. Dies war ein ungeheurer Schwarm von furchtbaren Raubvögeln, so groß wie Kraniche; sie hatten eherne Flügel, Krallen und Schnäbel und konnten ihre scharfen Federn abschießen wie Pfeile. Sie machten die ganze Gegend unsicher; denn sie griffen Menschen und Vieh an und fraßen sie auf. Herakles erfüllte den Auftrag, sie zu verjagen. Als er in dem Tale ankam, waren die Scharen der Vögel in dem Walde zerstreut. Er stellte sich auf einem Hügel auf und scheuchte durch das gewaltige Geräusch zweier ehernen Klappern, die ihm Athene zu diesem Zwecke gegeben, die Schwärme auf, so daß er sie bequem in der Luft mit seinen Pfeilen erreichen konnte. Doch war es ihm nicht möglich, sie alle zu erlegen. Ein Teil derselben flog davon und zog sich weit fort auf die Insel Aretias im Pontus Euxinus, wo später die Argonauten ihre Bekanntschaft machten.

Augias

Die sechste Arbeit des Herakles war, den Viehstall des Augias an einem Tage von allem Miste zu reinigen. Augias war ein Sohn des strahlenden Sonnengottes, des Helios, und König in Elis. Er war berühmt durch seinen unendlichen Reichtum, den er der Liebe seines Vaters zu verdanken hatte. Seine Herden von Schafen und Rindern waren zahllos, wie die Wolken am Himmel. Unter den Rindern gingen 300 Stiere mit schneeweißen Füßen, 200, die waren purpurrot, 12, dem Helios geweiht, waren weiß wie Schwäne, und einer, namens Phaethon, glänzte wie ein Stern. In dem großen Viehhof, in welchem all diese Tiere zusammengetrieben waren, hatte sich mit der Zeit der Mist so sehr angehäuft, daß es eine Unmöglichkeit schien, ihn zu reinigen. Als Herakles erschien und dem Augias anbot, den Viehstall an einem Tage zu säubern, wenn er ihm den zehnten Teil seiner Herde überlassen wollte, ging Augias bereitwillig den Vertrag ein, denn er zweifelte an der Ausführbarkeit der Sache. Herakles forderte den Sohn des Augias, Phyleus, als Zeugen für den Vertrag auf und leitete nun die Flüsse Alpheios und Peneios durch den Hof, nachdem er die Grundmauer der Umfriedigung an zwei gegenüberliegenden Stellen aufgerissen hatte. Der Wasserschwall fegte an einem Tage allen Schmutz aus dem Gehöfte, und Herakles hatte seine Aufgabe gelöst. Aber Augias verweigerte jetzt den bedungenen Lohn und leugnete überhaupt, etwas versprochen zu haben. Er war bereit, es auf einen Richterspruch ankommen zu lassen. Als das Gericht zusammensaß, zeugete Phyleus gegen den Vater. Da jagt Augias, ehe der Spruch gefällt ist, im Zorne Phyleus und Herakles aus dem Lande. Phyleus ging nach der Insel Dulichion und siedelte sich dort an; Herakles kehrte nach Tiryns zurück.

Später, als Herakles des Dienstes bei Eurystheus ledig war, rächte er sich an Augias. Er sammelte ein großes Heer und fiel in Elis ein. Aber die Neffen des Augias, die Zwillingsbrüder Eurytos und Kteatos, Söhne des Aktor und der Molione, daher die Aktorionen und die Molioniden genannt, lauerten seinem Heere in einem Hinterhalte auf und schlugen es, während er selbst krank lag. Dafür lauerte er bald darauf den Molioniden bei Kleonä auf, als sie von Elis aus zu den isthmischen Spielen zogen, und erschlug sie. Darauf zog er aufs Neue nach Elis und griff den Augias an; er eroberte seine reiche Stadt Elis und zerstörte sie mit Feuer und Schwert. Den Augias erlegte er zuletzt mit seinem Pfeile. Und als er nun sein ganzes Heer in Pisa versammelt und die reiche Beute dorthin gebracht hatte, maß er seinem Vater Zeus einen heiligen Bezirk ab und bepflanzte ihn mit Ölbäumen; dann brachte er den zwölf himmlischen Göttern nebst dem Flußgotte Alpheios ein Opfer und setzte die olympischen Spiele ein. Nachdem die Ausgezeichnetsten in seinem Heere sich in den verschiedenen Arten der Wettspiele versucht, feierten sie am Abend beim lieblichen Glanze des Vollmondes ein herrliches Festmahl und sangen preisende Siegesgesänge.

Von Elis aus zog Herakles nach Pylos gegen den König Neleus, der dem Augias Beistand im Kriege gegen Herakles geleistet hatte. In Pylos kam es zu einer furchtbaren Schlacht, an der selbst die Götter sich beteiligten. Der gewaltige Held kämpfte gegen Ares und Hera, er schwang seine Keule gegen den Dreizack des Poseidon und den Herrscherstab des Hades, mit dem er die Toten in sein Reich treibt, er widerstand dem silbernen Bogen des starken Apollon. Von Zeus und Athene unterstützt, errang er den Sieg, eroberte die Stadt Pylos und zerstörte sie, und erschlug den Neleus mit elf blühenden Söhnen. Unter diesen hatte ihm am meisten im Kampfe der älteste zu schaffen gemacht, Periklymenos, der von Poseidon die Gabe der Verwandlung besaß. Er trat dem Herakles bald in der Gestalt eines Löwen entgegen, bald als Adler oder Schlange oder Biene; als er zuletzt in der Gestalt einer Mücke sich auf den Streitwagen seines Feindes setzte, um ihn aufs Neue anzufallen, öffnete Athene ihrem Helden die Augen, daß er die wahre Gestalt seines Feindes erkannte und ihn mit dem Bogen erschoß. Von der ganzen Familie des Neleus blieb der einzige Nestor übrig, der jüngste unter den zwölf Söhnen.

Der kretische Stier
Die Stuten des Diomedes

Der kretische Stier war Minos, dem König von Kreta, von Poseidon aus dem Meere heraufgesendet worden, damit er denselben ihm opfere. Aber Minos behielt das schöne starke Tier in seiner Herde und schlachtete ein anderes Opfertier. Darum machte der erzürnte Poseidon den Stier rasend, daß er verwüstend auf der ganzen Insel umherschweifte. Herakles erhielt von Eurystheus den Auftrag, das wilde Tier einzufangen und nach Mykenä zu bringen. Er fing ihn mit Hilfe des Minos und bändigte ihn mit gewaltigem Arm. Darauf ließ er sich von dem Stier durch die Fluten des Meeres nach Mykenä tragen und brachte ihn dem Eurystheus. Der ließ das Tier frei, und wieder schweifte es rasend durch den ganzen Peloponnes, bis es nach Attika kam und in der Gegend von Marathon sich umhertrieb, wo Theseus es einfing.

Auch die Rosse des Diomedes, des thrakischen Königs, sollte Herakles nach Mykenä führen. Diese Rosse waren so wild und stark, daß sie mit dicken eisernen Ketten an ihren Krippen festgebunden werden mußten, und fraßen Menschenfleisch. Der grausame Diomedes, der seine feste Burg an dem Meeresstrande hatte, warf ihnen die Fremden zum Fraße vor, welche an seine Küste verschlagen wurden. Herakles kam zu Schiffe dorthin, bezwang die Rosse und ihre Wächter und führte sie dem Schiffe zu. Da holte ihn der wilde König Diomedes mit seinen kriegerischen Thrakern am Strande ein, und es entspann sich ein blutiger Kampf, in welchem Diomedes erschlagen wurde. Herakles warf seinen Leib den Rossen zum Fraße hin. Während der Schlacht hatte Herakles die Tiere seinem Liebling Abderos zur Bewachung übergeben; als er siegreich aus der Schlacht kehrt, findet er den schönen Jüngling von den Rossen zerrissen. Er betrauert und bestattet ihn, errichtet ihm einen schönen Grabhügel und stiftet ihm zu Ehren Kampfspiele. Auch gründet er an dem Orte eine Stadt, die er Abdera nennt. – Die Rosse wurden von Eurystheus freigelassen und auf dem arkadischen Berge Lykaion von wilden Tieren zerrissen.

Gürtel der Hippolyte
Rinder des Geryones

Das kriegerische Weibervolk der Amazonen wurde von der Königin Hippolyte beherrscht. Sie trug als Zeichen ihrer Würde einen kostbaren Gürtel, den ihr der Kriegsgott Ares einst geschenkt hatte. Die Tochter des Eurystheus, Admeta, wünschte diesen Gürtel zu besitzen, und Herakles erhielt den Auftrag ihn zu holen. Er schiffte sich mit einem zahlreichen Heere ein und gelangte durch den Pontus Euxinus in die Mündung des Flusses Thermodon und vor die Hauptstadt der Amazonen Themiskyra, wo er ein Lager aufschlug. Hippolyte kam mit ihren Amazonen heran und fragte nach seinem Begehr. Das stattliche Aussehen des Helden sowie seine edle Abkunft veranlaßten sie, daß sie den Gürtel ihm gutwillig zu überlassen versprach. Hera aber mischte sich, um den ihr verhaßten Herakles zu verderben, in Gestalt einer Amazone unter die Menge der kriegerischen Frauen und verbreitete das Gerücht, der Fremde wolle ihre Königin entführen. Da greifen diese zu den Waffen und machen einen Angriff auf das Lager des Herakles. Nun beginnt eine schwere Schlacht, in der die ausgezeichnetsten und tapfersten der Amazonen sich mit Herakles messen. Die erste, die ihn anfiel, war Aëlla, die Windsbraut, so genannt wegen ihrer bewunderungswürdigen Schnelligkeit, mit der sie allen anderen Amazonen vorauseilte. Aber sie fand in Herakles einen noch schnelleren Gegner. Bald suchte sie ihr Heil in windschneller Flucht; aber Herakles holte sie ein und tötete sie. Eine zweite fiel beim ersten Angriff durch einen tödlichen Hieb, ebenso Prothoë, die siebenmal im Zweikampfe gesiegt hatte. Drei Jungfrauen, welche Freundinnen und Jagdgefährtinnen der Artemis waren und stets sicher mit ihrem Jagdspeer getroffen hatten, stürzten sich zugleich dem Helden entgegen; aber diesmal verfehlten sie ihr Ziel und sanken, vergebens sich unter ihren Schilden deckend, unter den Hieben ihres Gegners nebeneinander zu Boden. Nachdem Herakles noch manche andere kriegsgeübte Heldin dem Tode überliefert und auch Melanippe, die tapferste Führerin der Amazonen, gefangengenommen hatte, wendeten sich die übrigen zur Flucht, auf welcher noch die meisten umkamen. Die gefangene Antiope gab Herakles seinem Freunde und Begleiter Theseus als Ehrenpreis für seine Tapferkeit; die Melanippe ließ er frei gegen den Gürtel, welchen ihm Hippolyte einhändigte, wie sie vor der Schlacht versprochen hatte.

Wie der Zug zu den Amazonen den Herakles in die Barbarenländer im weiten Osten führte, so gelangte er bei dem folgenden Abenteuer in den äußersten Westen. Er erhielt nämlich den Befehl, die Rinderherde des Geryones, welche fern im westlichen Okeanos auf der Insel Erytheia, der Insel des roten Sonnenunterganges, weidete, nach Mykenä zu treiben. Geryones war ein starker Riese, der aus drei Leibern zusammengewachsen war, so daß er 3 Köpfe, 6 Hände und 6 Füße hatte, und ließ seine rotschimmernden Rinder durch den Riesen Eurytion und den furchtbaren Hund Orthos bewachen. Herakles hatte bis nach Erytheia einen weiten beschwerlichen Weg durch Europa und Libyen, durch Wüsten und barbarische Völker zurückzulegen.

Auf der Grenze von Europa und Libyen, an der Straße von Gibraltar angelangt, pflanzte er auf beiden Seiten der Meerenge gewaltige Felsensäulen auf als Denksteine seiner weitesten Fahrt. Dies sind die bekannten Säulen des Herakles. Bald darauf kam er zu dem Rande des Okeanos. Aber wie sollte er über die Fluten des Weltstromes hinübergelangen zu seinem Ziele? Ratlos und voll Ungeduld saß er da bis zum Abend. Da senkte eben Helios seinen strahlenden Sonnenwagen von den Höhen des Himmels zu dem Okeanos herab. Die nahen Sonnenstrahlen beschwerten den Helden, und in zornigem Unmut spannte er seinen Bogen gegen den Sonnengott. Der Gott erstaunt ob der Kühnheit des Helden, und statt zu zürnen leiht er ihm seinen becherförmigen Kahn, in dem er jede Nacht mit seinem Gespann um die nördliche Hälfte der Erde auf dem Okeanos nach dem Osten, dem Orte seines Aufgangs, zurückzuschiffen pflegte. Herakles fuhr in dem Sonnenkahn nach der Insel Erytheia hinüber. Sobald ihn der Hund Orthos erblickte, stürzte er auf ihn ein; aber Herakles erschlug ihn mit seiner Keule. Auch den Hirten Eurytion tötete er und trieb die Herde fort. Da eilte ihm der Riese Geryones nach, welchem Menoitios, der die Herden des Hades in der Nähe weidete, den Raub der Rinder angesagt hatte, ward aber durch einen Pfeil des Herakles erlegt. Herakles brachte die Rinder in den Sonnenkahn und schiffte nach Spanien zurück, wo er dem Helios das Fahrzeug wieder zustellte. Nun trieb er seine Herde durch Spanien und Gallien, über die Pyrenäen und die Alpen unter allerlei Anfechtungen nach Italien und kam bis zum Tiber, an die Stelle, wo nachmals Rom stand.

Als Herakles hier mit seinen Rindern in dem grasreichen Tale rastete und während der Nacht sich sorglosem Schlafe überließ, raubte Cacus, ein riesiges feuerspeiendes Ungetüm, der in einer Höhle des Berges Aventinus seine Wohnung hatte und eine Plage der ganzen Umgegend war, die zwei schönsten Stiere der Herde und zog sie, damit Herakles ihre Spur nicht auffände, rückwärts an den Schwänzen in seine Höhle. Als am folgenden Morgen Herakles seine Rinder weiter treiben wollte und merkte, daß ein Teil seiner Herde fehlte, ging er der Spur der abhandengekommenen Tiere nach und gelangte an die Höhle, welche mit einem großen schweren Felsblocke verschlossen war. Köpfe und moderndes Gebein erschlagener Menschen hingen ringsum an den Felsen des Eingangs und lagen zerstreut auf dem Boden. Herakles ahnte wohl, daß der Bewohner dieser verdächtigen Höhle der Räuber seiner Rinder sein möchte; aber merkwürdigerweise führten die Spuren nicht in die Höhle, sondern aus derselben heraus. Das kann er nicht begreifen, und er beeilt sich seine Herde aus der unheimlichen Gegend fortzutreiben. Da brüllt eins der fortgetriebenen Rinder wie aus Sehnsucht nach den zurückgelassenen, und horch! aus der Höhle dringt der antwortende Schrei der gestohlenen Rinder. Mit zornigem Ungestüm eilt Herakles wieder der Höhle zu, drückt mit der gewaltigen Kraft seiner Schultern den schweren Felsblock von der Tür und dringt vorwärts. Der riesige Unhold wirft nach ihm mit Felsstücken und Baumstämmen, aber ohne den Gegner zu erschüttern und aufzuhalten. Da speit er ihm unter schrecklichem Gebrüll gleich einem Feuerberg Wolken von Rauch und Feuer entgegen; aber der erzürnte Held springt durch Flammen und Qualm mit geschwungener Keule und schlägt dreimal und viermal dem Ungetüm ins Angesicht, daß es mit der breiten zottigen Brust auf den Boden stürzt und mit Qualm und Blut seine schwarze Seele aushaucht.

Während Herakles den einen der wiedergewonnenen Stiere dem Zeus zum Dank für den Sieg als Opfer darbrachte, eilten die umwohnenden Landleute und unter ihnen auch der Grieche Evander, der aus Arkadien eingewandert war und hier den ersten Grund einer höheren Kultur gelegt hatte, mit freudigem Jubel herbei und begrüßten den Helden als ihren Retter und Wohltäter, da er sie von dem furchtbarsten Bedränger befreit hätte. Evander, der den Zeussohn erkannte, errichtete ihm einen Altar und opferte ihm und setzte ihm dadurch für alle Zeiten einen Cultus an dieser Stelle ein, den auch später die Römer heilig gehalten haben.

Als Herakles mit seinen Rindern an die sizilische Meerenge kam, sprang einer seiner Stiere ins Meer und schwamm nach Sizilien hinüber, wo der König Eryx ihn in seine Herde steckte. Herakles suchte den verlorenen Stier auf, während Hephaistos ihm die übrige Herde bewachte. Eryx aber wollte das Tier nicht herausgeben, wenn ihn nicht Herakles im Ringen besiegte. Herakles überwältigte und tötete ihn. Am ionischen Meere machte Hera die Herde rasend, daß sie sich zerstreute und in Thrakien umherschweifte und Herakles große Mühe hatte, sie wieder zusammenzubringen. Endlich hatte er den größten Teil derselben wieder eingefangen und trieb sie nach Mykenä, wo Eurystheus sie der Hera opferte.

Die Äpfel der Hesperiden Kerberos

Auch das elfte Abenteuer führte unsern Helden wieder in den fernsten Westen bis an den Rand des Okeanos. Hier stand ein Wunderbaum mit goldenen Äpfeln, welchen die Erde einst der Hera bei ihrer Vermählung mit Zeus zum Geschenke hatte hervorwachsen lassen, in den duftigen Gärten des Atlas, des Himmelsträgers, gepflegt von den Hesperiden, den vier Töchtern des Atlas, und bewacht von einem furchtbaren Drachen Ladon, dessen Auge sich nie zum Schlafe schloß. Herakles sollte drei von diesen Wunderäpfeln nach Mykenä holen; aber das Unternehmen war um so schwieriger, weil Herakles nicht wußte, in welcher Gegend der Baum der Hesperiden stand. Er mußte lange unter mannigfachen Beschwerden in Europa und Asien und Libyen umherziehen, bis er hoch im Norden am Eridanosflusse zu den Nymphen kam, die ihm den Rat gaben, den weissagerischen Meergreis Nereus zu beschleichen und zu zwingen, daß er ihm das Geheimnis der goldenen Äpfel offenbare. Das tat Herakles; er überfiel und fesselte den alten Meergott und ließ ihn nicht eher los, als bis er ihm den Weg zu den Hesperiden angezeigt hatte. Nun wanderte Herakles durch Libyen und traf dort auf den Riesen Antaios, einen Sohn der Erde, der ihn zwang, mit ihm zu ringen. So lange der Riese mit seinen Füßen die Mutter Erde berührte, hatte er eine unüberwindliche Kraft; als ihn aber Herakles in seiner Umschlingung vom Boden in die

Höhe hob, da schwand all' seine Kraft und er ward überwältigt und getötet. In Ägypten fesselte ihn der König Busiris, der alle Fremden dem Zeus opferte, und führte ihn an den Altar, um auch ihn zu schlachten. Aber Herakles zerriß seine Bande und erschlug den Busiris samt seinem Sohne.

Endlich kam Herakles zu Atlas, der das Himmelsgewölbe auf den Schultern trägt. Dieser erbot sich, ihm die Äpfel zu holen, wenn er statt seiner währenddem den Himmel tragen wollte. Herakles nahm das Anerbieten an und lud sich das Himmelsgewölbe auf seine starken Schultern, während Atlas drei Äpfel von dem Hesperidenbaume pflückte. Atlas war das Tragen der Himmelslast herzlich müde; als er daher zu Herakles zurückkam, machte er diesem den Vorschlag, er solle für ihn den Himmel noch eine Weile tragen, er selbst wolle die Äpfel nach Mykenä bringen. Herakles ging scheinbar darauf ein und bat nur noch den Atlas für einen Augenblick die Last aufzunehmen, bis er sich ein Polster für seine Schulter gemacht; denn das Gewölbe drücke doch gar zu sehr. Atlas ging in die Falle; als er wieder an seinem alten Platz stand, die schwere Last auf dem Nacken, nahm Herakles Pfeil und Bogen und die Äpfel vom Boden auf und sagte dem Getäuschten ein freundliches Lebewohl. Als er dem Eurystheus die Äpfel übergab, erhielt er sie von diesem zum Geschenk und weihte sie der Athena, welche sie wieder an ihren früheren Ort zurückbrachte.

Die letzte Arbeit war bei weitem die schwerste und furchtbarste von allen; sie führte hinab in das Reich der Toten, in den grausenhaften Tartaros. Von dort sollte der Held den Kerberos heraufholen, den wachehaltenden Hund des unterirdischen Königs, ein schreckliches Tier mit drei Köpfen, dessen Schweif in den Kopf eines lebendigen Drachen auslief und das auf dem Rücken eine Mähne trug aus allerlei Schlangen. Bevor Herakles in die Unterwelt hinabstieg, begab er sich nach Eleusis, um sich in die dortigen Mysterien, welche dem Reiche des Todes seine Schrecken nehmen, einweihen zu lassen. Der Priester Eumolpos weihete ihn, und nun begab er sich nach Tänarum in Lakonika, wo durch einen finstern Schlund ein Hinabgang in die Unterwelt war. Hermes, der Geleiter der Toten, führte ihn auf dem dunkeln Pfad.

Nahe an den Pforten des Hades fand er den Theseus und Peirithoos, welche beide hier zur Strafe an den Felsen angewachsen waren, weil sie es gewagt hatten, in die Unterwelt zu steigen, um Persophone, die hehre Gemahlin des Pluton, zu entführen. Sie streckten ihm flehend die Hände entgegen, daß er sie losreiße und aus diesem Orte der Qual befreie. Dem Theseus reichte er zuerst die Hand, und es gelang ihm denselben zu lösen; als er aber auch den Peirithoos losreißen wollte, da erbebte die Erde, und er erkannte, daß die Götter die Befreiung dieses Frevlers nicht erlaubten. Als der furchtbare Held in die Schattenwelt eintrat, flohen die Scharen der Toten voll Schrecken davon, mit Ausnahme des Meleagros und der Gorgo Medusa. Gegen die letztere zückte Herakles sein Schwert, wurde aber von Hermes belehrt, daß es nur ein wesenloser Schatten sei. Mit Meleagros unterhielt er sich freundschaftlich und wurde von ihm aufgefordert, sich mit seiner Schwester, der durch seinen Tod vereinsamten Deïaneira zu vermählen. Endlich gelangte Herakles zu dem Throne des Pluton, der ihn als einen Eingeweihten von Eleusis gnädig empfing und ihm erlaubte, den Hund mit sich fortzuführen, wenn er ihn ohne Angriffswaffen bezwänge. Nur von seinem Panzer und der Löwenhaut gedeckt, ging der Held aus, das Ungeheuer zu fangen. Er fand es an der Mündung des Acheron und griff es sogleich an. Er schlang seine starken Arme um den dreifachen Hals des furchtbaren Hundes, und obgleich der Drache, der dem Tiere als Schwanz diente, sich zurückbäumte und ihn in die Weichen biß, so würgte er ihn doch so lange, bis er sich besiegt gab und sich zitternd vor Furcht zu seinen Füßen schmiegte. Herakles fesselte ihn und führte ihn hinauf zu dem Bereiche des Lichts. Als der Höllenhund das Tageslicht erblickte, entsetzte er sich, und giftiger Geifer triefte aus seinem dreifachen Rachen. Davon wuchs der giftige Eisenhut aus dem Boden hervor. Herakles führte das Untier eiligst nach Mykenä, und nachdem er es dem erschreckten Eurystheus gezeigt, brachte er es wieder in den Hades zurück.

Nach Vollendung der zwölf Arbeiten entließ Eurystheus voll Bewunderung den gewaltigen Helden, der selbst den Mächten des Todes ihren Schrecken genommen, aus seinem Dienste, und er begab sich nach Theben zurück, wo sein Weib Megara während seiner langen Abwesenheit ihm in Treue das Haus bewahrt hatte. Von nun an konnte der Held frei über sich verfügen.

Herakles und Eurytos

Herakles blieb nicht lange in Theben. Sein unruhiger Tatendrang trieb ihn bald wieder in die Welt hinaus, um neue Abenteuer zu suchen; auch war es ihm drückend, mit seinem Weibe Megara, deren drei Kinder er einst im Wahnsinne erschlagen, weiter zu leben. Er vermählte sie mit seinem geliebten Neffen und Waffenbruder Jolaos und begab sich nach Oichalia auf Euböa, der hochgelegenen Feste des Eurytos. Der König Eurytos war der berühmteste Bogenschütze des Altertums; er hatte seinen Bogen von Apollon zum Geschenk erhalten und war auch von dem Gotte selbst in seiner Kunst unterrichtet worden. Mit Herakles stand er seit lange in freundschaftlichem Verhältnis, er war sein Lehrer gewesen in der Kunst des Bogens. Jetzt gerade hatte Eurytos in alle Welt verkünden lassen, daß er seine schöne Tochter, die blonde Jole, dem zur Gemahlin geben wolle, der ihn in einem Wettkampfe mit dem Bogen besiegen werde. Herakles, den trefflichen Schützen, lockte der Wettkampf mit dem berühmten Meister; auch trug er Liebe zu der schönen Jole. Er erschien daher unter den Bewerbern und besiegte den Eurytos; als er aber nun die Hand der Jole forderte, die selbst zu dem großen Helden Neigung trug, da verweigerte sie Eurytos und wies, das Gastrecht verletzend, den Helden mit Hohn aus dem Hause, indem er mit seinen übermütigen Söhnen ihm den Knechtesdienst bei Eurystheus und den Mord seiner eigenen Kinder vorwarf. Herakles entfernte sich mit tiefem Groll im Herzen und trieb sich längere Zeit an verschiedenen Orten umher, stets neue Abenteuer suchend.

Währenddem wurden dem Eurytos Rinder gestohlen von Autolykos, dem Sohne des Hermes, dem schlauesten Diebe, den das Altertum kannte, und Eurytos glaubte, daß der beleidigte Herakles der Räuber sei. Aber Iphitos, der einzige von seinen Söhnen, der dem Herakles Freund war, traute diesem einen solchen Raub nicht zu und verteidigte ihn vor dem Vater; er übernahm es sogar, um die Unschuld des Helden zu beweisen, die Rinder aufzusuchen. Auf seiner Wanderung traf er mit Herakles zusammen, der eben aus dem thessalischen Pherä kam, wo er bei dem Könige Admetos die Gastfreundschaft in seltenem Maße genossen hatte, und forderte ihn auf, die Rinder seines Vaters suchen zu helfen. Herakles versprach dies und nahm ihn mit in seine Burg Tiryns, wo er ihn gastlich bewirtete. Als aber beide auf die Zinnen der Burg gestiegen waren, um nach den verlorenen Rindern auszuschauen, da erwachte in dem Herzen des Helden durch die Erinnerung der Schmach, die ihm im Hause des Eurytos widerfahren war, jähzorniges Rachegefühl; eine plötzliche Wut kam über ihn, nicht ohne die Einwirkung der Hera, und er warf den Freund und Gast von der hohen Zinne hinab und gab ihm so den Tod.

Dieser frevelhafte Mord konnte nicht ungestraft bleiben. Obgleich er sich nachher hatte entsühnen lassen, so belegte ihn Zeus doch mit einer schweren langedauernden Krankheit. Zuletzt ging er nach Delphi und befragte das Orakel um Befreiung von seinem Siechtum. Aber die Pythia wies ihn als einen Unheiligen aus dem Tempel und verweigerte ihm den Spruch. Da raubte Herakles den Dreifuß, von welchem herab die Orakel erteilt zu werden pflegten, aus dem Tempel und wollte sich ein eigenes Orakel gründen. Das litt natürlich Apollon nicht, dem das delphische Orakel gehörte, und es kam zu einem heißen Kampfe zwischen dem Gott und dem Helden. Aber Zeus trennte den Kampf seiner Söhne durch einen Blitzstrahl, den er zwischen sie warf. Die beiden Brüder versöhnten sich, und nun erhielt Herakles einen Orakelspruch: er werde wieder genesen, wenn er auf drei Jahre in die Knechtschaft verkauft werde und den Kaufpreis dem Eurytos als Blutgeld zahle. Herakles fügte sich willig seinem Geschicke und ließ sich von Hermes an Omphale verkaufen, die Königin in Lydien. Das Kaufgeld brachte Hermes dem Eurytos; aber dieser nahm das Sühnegeld nicht an, und so blieb bei aller Erniedrigung der alte Groll.

Herakles und Omphale

Herakles war drei Jahre lang der Sklave der Omphale. Während dieser Zeit erduldet er die tiefste Schmach, und seine Heldenkraft scheint völlig erloschen. Die stolze Königin gefällt sich darin, gegen den gefesselten Löwen die Herrin zu spielen und in orientalischer Weichlichkeit und Erschlaffung ihn ganz zu erniedrigen. Sie zieht ihm ein langes Frauengewand an und weiche Sandalen und läßt ihn Wolle spinnen. Während so der ruhmreiche Held in dem Frauengemache sitzt, ein willenloser Sklave, und allen Launen seiner Herrin unterworfen ist, brüstet sich, wohlgefällig neben ihm stehend, die Gebieterin mit der furchtbaren Löwenhaut, die sie sich um die Schultern geworfen, und spielt lächelnd mit der schweren Keule, die einst Riesen und Ungeheuer zu Boden schlug.

Bisweilen erlaubte jedoch die Herrin ihrem Sklaven auch eine Wanderung in die benachbarten Landschaften. So kam er einst in die Gegend von Ephesos. Während er in dem Schatten eines Baumes sich sorglosem Schlafe überließ, schlichen sich die Kerkopen an ihn heran, zwergartige Kobolde, verschmitztes nichtsnutziges Gesindel. Als diese die schönen Waffen des Helden sahen, bekamen sie Lust sie ihm zu rauben. Aber Herakles erwacht und erfaßt die diebischen Gesellen und bindet ihnen Hände und Füße. Darauf hängt er sie kopfüber an einer langen Tragstange über die Schulter, um sie mitzunehmen. Aber die losen Gesellen können auch in dieser mißlichen Lage ihre mutwilligen Späße nicht lassen und amüsieren dadurch den Helden so, daß er sie wieder laufen läßt.

Ein andermal kam Herakles nach Kelänä in Phrygien, wo Lytierses herrschte, ein Sohn des Midas. Dieser zwang die vorübergehenden Wanderer, ihm sein Korn im Felde zu schneiden, während er selbst dabei saß und schmauste und zechte. Des Abends schnitt er ihnen die Köpfe ab, band ihre Leiber in die Garben und trug sie singend nach Hause. Als Herakles vorüberzog, wollte ihn Lytierses auch zu seiner Arbeit zwingen; allein der Held erschlug ihn und warf seinen Leib in den Mäander. In ähnlicher Weise brachte er den Syleus in Aulis um, der die Fremden zwang, ihm seine Weinberge umzugraben. Herakles fügte sich dem Gebote des Syleus; aber statt zu graben, riß er die Reben aus und schmauste und zechte auf Unkosten seines Arbeitgebers, und als dieser im Zorn ihn strafen wollte, erschlug er ihn und setzte das Gehöfte durch Ableitung eines Flusses unter Wasser.

Durch solche Vorkommnisse erwachte allmählich wieder der Heldensinn und die Tatenlust des Herakles, daß er wieder zu großen Unternehmungen auszog und Kämpfe unternahm im Interesse der Omphale und der Lydier; auch nahm er zu dieser Zeit teil an der Jagd des kalydonischen Ebers und am Argonautenzuge. Nach Ablauf der drei Jahre war Herakles seiner Knechtschaft ledig und erfreute sich wieder der vollen Heldenkraft.

Herakles und Admetos

Zu der Zeit, wo Herakles aus dem Hause des Eurytos gestoßen worden war, kam er auf seiner Wanderung auch nach Pherä in Thessalien zu dem frommen und gastlichen Könige Admetos. Dieser war ein Liebling des Apollon. Als der Gott wegen des Mordes der Kyklopen von seinem Vater Zeus zu einem Jahr Knechtesdienst verurteilt worden war, erwählte er sich den Dienst des Admetos und weidete seine Herden. Mit dem Gotte zog der Segen in das Haus des Admetos, daß auf seinen Feldern die schönsten Früchte wuchsen und seine Rosse die schönsten und schnellsten waren weit und breit. Auch verhalf Apollon seinem Liebling zu der Hand der tugendreichen Alkestis (Alkeste), der schönsten unter des Pelias lieblichen Töchtern. Der König Pelias in Jolkos wollte nämlich seine Tochter nur dem zur Ehe geben, der seinen Wagen mit einem Löwen und einem Bären zu bespannen vermochte. Apollon erfüllte den Admetos mit gewaltiger Kraft und half ihm selbst die wilden Tiere ans Joch spannen. So gewann Admetos die herrliche Alkestis.

Auch noch eine andere Gnade verschaffte Apollon dem Admetos. Er erbat sich nämlich von den Schicksalsgöttinnen, daß Admetos in seiner ihm bestimmten Todesstunde nicht sterben sollte, wenn ein anderer bereit sei, für ihn in den Tod zu gehen. Als nun die verhängnisvolle Stunde erschien, da fand sich niemand unter seinen Freunden, der für ihn sterben wollte; selbst die hochgetagten Eltern, die stündlich den Tod zu erwarten hatten, weigerten sich, den jugendkräftigen Sohn seiner Gattin und den fröhlich aufblühenden Kindern zu erhalten. Da entschloß sich die jugendliche Alkestis, die liebende Gattin, für ihren Gemahl dem blühenden Leben zu entsagen und in die Finsternis des Todes hinabzusteigen.

Kaum hatte Alkestis ihren Willen kund getan, so erschien auch schon Thanatos, der schwarze Priester des Todes, um mit dem Opfermesser seiner Beute eine Locke vom Haupte zu schneiden und sie zu den Unterirdischen hinabzuführen. An allen Altären der Götter hatte Admetos zwar unter reichen Opfern um Abwehr des traurigen Unheils gefleht, allein Opfer und Gebet waren umsonst. Alkestis fühlte schon in ihrer Brust den heranschleichenden Tod und machte sich bereit zum Scheiden. Sie badete ihren zarten Leib, schmückte sich mit reinem Gewand, und nachdem sie zu dem Hausaltar der Hestia getreten, flehte sie um Heil und Segen für ihren lieben Gemahl und die teuren Kinder. Ebenso nahte sie fromm den übrigen Altären im Hause und kränzte sie mit Myrten und betete, mit gefaßtem Sinn und ohne Klage. Dann warf sie sich trauernd auf ihr Lager und erwartete den herannahenden Tod, indes Admetos und die zarten Kinder sich laut weinend an sie schmiegten und sie anflehten, nicht zu sterben. Das ganze Haus jammerte um die geliebte Königin. Sie aber reichte allen die Hand und sprach ihnen Trost zu und umarmte und küßte die Kinder und den Gatten. „Laß mich, Teurer, für dich sterben", sprach sie zu ihrem Gemahl, „obgleich die Trennung von dir, dem edelsten der Thessalier, mir nicht schmerzlos ist. Doch ohne dich konnte ich nicht leben auf der Erde, eine Witwe mit verwaisten Kindern. Deine Eltern klag' ich an, die dich verraten, denen das Sterben rühmlicher war, rühmlich, voll Großmut den Sohn zu retten. Dann hättest du nicht einsam dein Leben lang zu klagen um deine Gattin und hättest keine Waisen zu erziehen. Doch da die Götter es einmal so gefügt, so bitte ich nur um eines, führe nicht den Kleinen, die du liebst wie ich, ein anderes Weib als Mutter in das Haus, das, von bösem Neide gequält, unholden Sinn den Kindern trüge." Admetos versprach unter Tränen, daß sie stets im Tode wie im Leben seine einzige Liebe sein werde, nie solle ein anderes Weib an ihre Stelle treten. Dann übergab Alkestis ihm die jammernden Kinder und sank ohnmächtig auf ihr Lager.

Der trauernde Gatte traf die vorbereitenden Anstalten zur Bestattung der teueren Toten und sagte dem ganzen Volke eine Landestrauer an auf ein volles Jahr. Die Thessalier weinten um den Tod ihrer Königin und priesen sie als das edelste und hochherzigste Weib, das je gelebt; sie schoren das Haupt und legten Trauerkleider an, sie schnitten ihren Rossen die Mähnen von dem Nacken. Unterdessen kam Herakles an die Pforten des Admetos und ward von

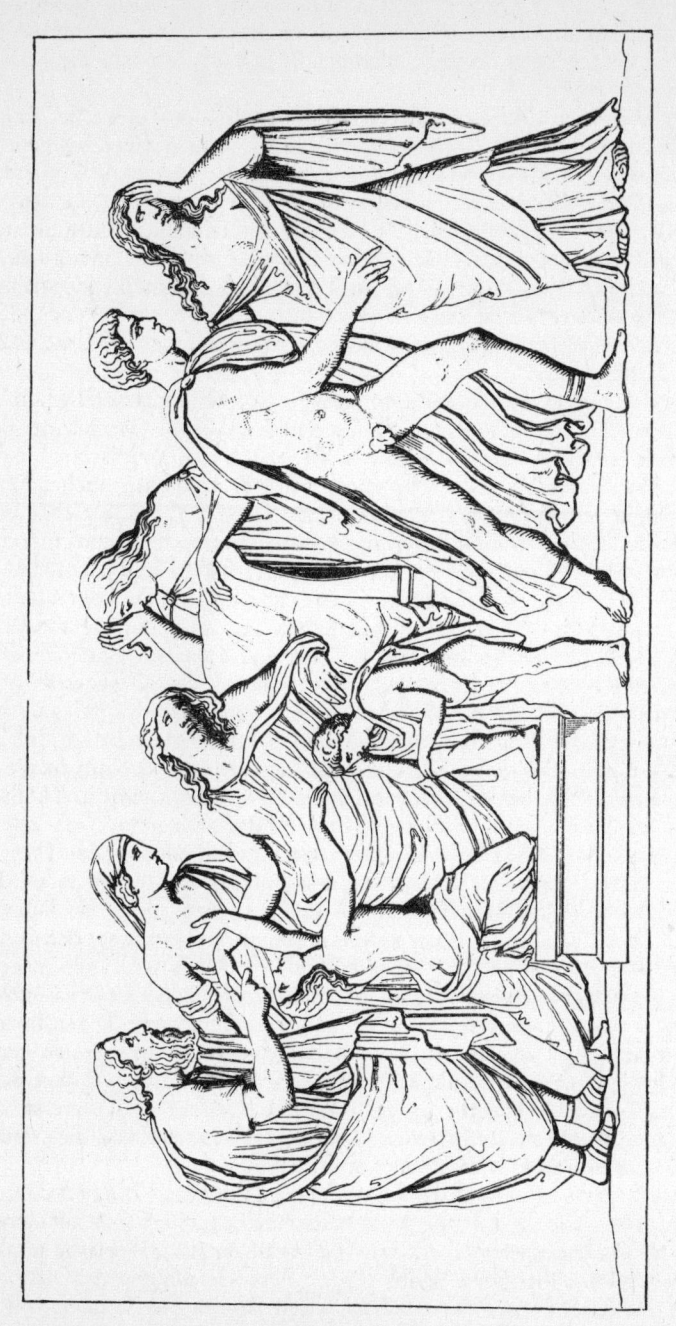

Tod des Alkestis

diesem, der eben aus dem Hause trat, erkannt und freundlich bewillkommt. So sehr sich auch Admetos bemühte, seine Traurigkeit zu verbergen, so erkannte doch Herakles, daß ein Trauerfall das Haus betroffen haben müßte, und wollte sich zu irgend einem andern Gastfreunde in der Stadt wenden; allein Admetos, der nie ungastlich einem Fremden von seiner Türe gewiesen, antwortete auf die Fragen des Herakles so verdeckt, daß dieser glauben mußte, eine fremde Verwandte sei in dem Hause verstorben, und sich bereden ließ zu bleiben. Admetos ließ ihn durch einen Diener in das Gastgemach führen und dort bewirten, während er selbst die Bestattung seiner Gattin vornahm. Herakles labte sich an Speise und Trank nach dem langen Weg, und als des Weines Feuer ihn aufzuregen begann, kränzte er sich die Stirn mit Myrten und überließ sich bei dem Becher einer lauten frohen Lust. „Was siehst du mich so ernst und feierlich an?" sprach er zu dem Diener, „ein Diener muß gefällig sein gegen Fremde und kein düsteres Gesicht zeigen. Was ist's, wenn eine Fremde in eurem Hause gestorben ist? Komm her und lerne weise sein; sei fröhlich und trinke mit mir und genieße den Tag, den du eben lebst. Ein voller Becher, Freund, verscheuchet die Runzeln von der Stirn."

Der Diener wandte sich mit Grauen ab. „Du kennst nicht unser Leid", sprach er, „uns ziemt nicht Lachen und Festeslust bei dem schweren Schlage, der unsern Herrn betroffen." „Wie? so sag mir denn, wer starb?" Der Diener offenbarte endlich, daß Alkestis, seines Herrn Gemahlin, gestorben sei. „Was sagst du? eines so herrlichen Weibes ward er beraubt, und er nahm doch den Fremden gastlich auf und verheimlichte mir sein Leid! Und ich habe hier in dem Hause der Trauer mich mit Kränzen geschmückt und gejubelt und gezecht! Doch sage mir, wo ward das fromme Weib bestattet, wo find ich sie?" „Wenn du den geraden Weg gehst, der nach Larissa führt, wirst du ihr schmuckes Grabmal sehen." Mit diesen Worten entfernte sich der Diener.

Herakles war gerührt von der edlen Gastlichkeit, die Admetos ihm bewiesen, und beschloß, ihm würdig zu entgelten. „Ich muß sie retten, die Gestorbene", sprach er, „und sie wieder in das Haus meines Gastfreundes zurückführen. Ich gehe und berge mich bei dem Grabmal, und wann Thanatos kommt im schwarzen Gewand, der Totenbeherrscher, um am Grabe das Opferblut zu trinken, dann spring ich aus dem Hinterhalte hervor und ergreif ihn, umschling ihn und lasse ihn nicht los, bis er das Weib mir überläßt. Und kommt er nicht, und verfehle ich meinen Raub, so steig ich hinunter in das Reich des Pluton und fordre sie von ihm." Mit diesen Worten verließ er still das Haus und begab sich nach dem Totenmal.

Admetos kehrte weinend in sein vereinsamtes Haus zurück und beklagte sein freudloses Dasein. Besser wäre es ihm, er wäre mit der Gattin gestorben. Da kommt Herakles zurück und führt an der Hand ein verschleiertes Weib. „Du tatest nicht recht, Admetos", sprach er, „daß du mir dein Leid verhehltest und in deiner Trauer mich ins Haus aufnahmst. So habe ich denn großes Unrecht getan und in deinem unglücklichen Hause mich bekränzt und den Himmlischen frohe Trankopfer ausgegossen. Das tadle ich, doch will ich dich nicht betrüben. Warum ich nochmals zurückkomme, das vernimm. Sieh, dieses Weib habe ich in einem Wettkampfe als Preis erlangt; hebe mir sie auf in deinem Hause, bis ich wiederkehre." Admetos erschrak und bat das Weib zu einem anderen seiner Gastfreunde in der Stadt zu führen; er befürchtete, wenn er sie im Hause behalte, den Tadel der Bürger sich zuzuziehen und den Schatten seiner teuren Gemahlin zu kränken. „Wunderbar", sprach er, „gleicht dieses Weib meiner Gattin an Größe und Gestalt. O führe sie aus meinen Augen und quäle mich nicht durch ihren Anblick. Mein Herz wallt auf, und aus meinen Augen bricht ein Strom von Tränen; denn sowie ich sie anblicke, erwacht mir neuer Kummer." Aber Herakles ließ nicht ab, in ihn zu dringen, so daß er zuletzt das Weib ins Haus zu führen bereit war. „So bewahre sie denn", sprach Herakles, „doch blicke noch erst einmal die Jungfrau an, ob sie denn wirklich deiner Gemahlin zu gleichen scheint, und ende glücklich deinen Gram."

Mit diesen Worten enthüllte Herakles die verschleierte Gestalt, und mit Freud' und Schreck sah Admetos seine Gattin vor sich stehen. „Ist es ein Schattenbild des Hades, oder hat gnädig ein Gott die Teure mir aus dem Reiche des Todes zum Leben zurückgesandt?" „Fasse sie nur an, wie eine Lebende, sie ist dein Weib und lebt; ich rang sie mit eigenem Arm am Grabeshügel dem Thanatos ab. Doch nicht eher wirst du ihre Stimme vernehmen, als bis die Totenweihe wieder von ihr genommen und der dritte Tag erschienen ist. Führe sie jetzt hinein und freue dich ihres Besitzes; ich errang sie dir wieder, weil du so edle Gastlichkeit gegen mich geübt hast." Mit freudigem Herzen dankte Admetos dem Helden für das wiedergeschenkte Glück und lud ihn ein, bei ihm zu bleiben und die Tage der Freude mit ihm zu teilen. Doch den Helden trieb sein Geschick weiter zu neuen Taten.

Herakles und Laomedon

Als Herakles von der Bekämpfung der Amazonen zurückkehrte, kam er an die Küste von Troja. Dort sah er eine klagende Jungfrau an einem Felsen des Meeresstrandes angekettet. Es war die schöne Hesione, die Tochter des Laomedon, der über Troja herrschte. Die Götter Poseidon und Apollon hatten auf des Zeus Gebot ihm für Lohn die Mauern seiner Burg gebaut; doch als ihr Werk vollendet war, hatte der treulose König den versprochenen Lohn verweigert und sie unter Drohungen aus dem Lande gejagt. Wenn sie ihm wieder in die Hände fielen, sprach er, so werde er ihnen die Ohren abschneiden; den Apollon drohte er an Händen und Füßen zu binden und auf eine ferne Insel zu verkaufen. Da sandten beide im Zorn großes Unheil über Troja. Apollon erregte eine furchtbare Pest, und Poseidon schickte aus dem Meere ein großes Ungeheuer, welches das Land verwüstete und die Menschen verschlang. Es sollte keine Befreiung von dem Übel sein, wenn nicht der König seine eigene Tochter Hesione dem Ungeheuer zum Fraße aussetzte. Das bedrängte Volk zwang den König, zur Rettung des Landes die Tochter preiszugeben; er schmiedete sie an den Felsen am Meere, und dort erwartete nun die Unglückliche in Verzweiflung den Tod durch den Rachen des furchtbaren Ungetüms. Da kommt zur rechten Stunde Herakles; er verspricht die Jungfrau zu retten, wenn Laomedon ihm zum Lohne die Rosse geben wollte, welche er einst von Zeus zum Entgelt für den in den Himmel geraubten Sohn Ganymedes erhalten hatte. Laomedon erklärte sich in seiner Not zu allem bereit, und Herakles rüstete sich nun zum Kampfe mit dem Ungeheuer. Er barg sich in der Nähe der Hesione hinter einem hohen Walle, den die Troer in Eile aufgeworfen, und als nun das Untier aus den Fluten hervortauchte, um die Jungfrau zu verschlingen, da stürzte er mit Geschrei auf dasselbe los, sprang ihm in den weit geöffneten Rachen und bohrte ihm sein Schwert bis tief in die Leber. Das Tier war tot und die Jungfrau gerettet; aber der wortbrüchige König verweigerte jetzt dem Herakles die bedungenen Rosse und wies ihn drohend aus dem Lande. Herakles zog ab, da er den Gürtel der Amazonenkönigin ohne Verzug nach Mykenä bringen mußte und das ihn begleitende Heer zu schwach war, um gegen den König in seiner festen Stadt einen schnellen Erfolg zu erringen; aber er gedachte, sobald es ihm die Umstände erlaubten, mit großer Heeresmacht zurückzukehren und den Treulosen zu bestrafen.

Als Herakles aus der Dienstbarkeit der Omphale entlassen war, war seine erste Unternehmung der Rachezug gegen Troja. Er sammelte auf 18 Schiffen ein stattliches Heer freiwilliger Helden, unter ihnen Telamon und Peleus, die Söhne des Aiakos, und Oïkles, Vater des berühmten Sehers Amphiaraos. Als sie an der trojanischen Küste gelandet waren, zog Herakles mit dem größten Teile des Heeres sogleich gegen die von dem Meere entfernte Stadt, während er eine kleine Abteilung unter Anführung des Oïkles zur Deckung der Schiffe zurückließ. Diese überfiel plötzlich Laomedon mit einer auserlesenen Schar und machte den größten Teil derselben nieder; den Oïkles erlegte er mit eigener Hand. Herakles trieb den König in die Stadt zurück und erstürmte die Stadt. Der, welcher zuerst eindrang, war Telamon; Herakles folgte ihm als der zweite. Das kann er nicht ertragen, daß ein anderer ihn übertroffen. Schon schwingt er erzürnt die Lanze, um den Telamon niederzustoßen, da merkt dieser die Gefahr; schnell bückt er sich nieder und liest Steine zusammen. Herakles fragt verwundert, was er beginne. „Ich errichte dem Herakles Kallinikos, dem ruhmreichen Sieger, einen Altar", war die Antwort, und der Held war besänftigt. Den Laomedon erlegt Herakles mit seinen Pfeilen samt all seinen Söhnen, mit Ausnahme des Podarkes. Dieser sowie seine Schwester Hesione werden Kriegsgefangene. Herakles übergab die königliche Jungfrau als Siegespreis seinem Freunde Telamon; sie folgte ihm als Gattin nach Salamis und ward ihm Mutter des Teukros, der später des Vaters würdig vor Troja kämpfte. Hesione erhielt die Erlaubnis, von den Gefangenen sich einen, wen sie wolle, auszuwählen und der Freiheit wiederzugeben. Sie wählte ihren Bruder Podarkes, doch mußte sie ihn durch einen Scheinkauf erwerben, daß sie ihren Schleier für ihn hingab. Darum erhielt er den Namen Priamos, d.h. „der Erkaufte". So blieb dieser im Lande als König zurück, um später in einem noch schrecklicheren Kriege noch einmal besiegt zu werden.

Als Herakles auf der Rückkehr von Troja begriffen war, sandte Hera, erzürnt über des verhaßten Helden ruhmreiches Siegesglück, einen furchtbaren Sturm über seine Flotte und trieb ihn nach der Insel Kos, wo ein gefährlicher Kampf seiner harrte. Hera hatte währenddessen den Zeus durch Hilfe des Schlafgottes eingeschläfert, daß er nichts von ihrem Beginnen merken sollte. Zeus erwachte jedoch zur rechten Zeit und führte seinen Sohn wohlbehalten nach Argos. Seine Gattin Hera aber hängte er im Zorne mit unzerbrechlichen Banden aus dem Olympos hoch in den Luftraum und band an ihre Füße zwei schwere Ambosse, und wer von den Göttern zur Hilfe ihr beisprang, den schleuderte er in seiner Wut von der Schwelle des Himmels hinab, daß er ohnmächtig zur Erde fiel; auch Hypnos, den Schlafgott, der ihn so listig hintergangen, suchte er tobend im ganzen Olympos, und er hätte ihn in die Tiefe des Meeres geschleudert, wenn nicht die ehrwürdige Nacht ihn in ihren Schutz genommen hätte.

Herakles und die Giganten

Nachdem Herakles an Laomedon Rache genommen, lud ihn Athena ein, an dem Kampfe gegen die Giganten teilzunehmen. Die Giganten waren Riesen von ungeheurer Kraft, mit schrecklichen Gesichtern, langem Bart und Haupthaar, und hatten statt der Füße geschuppte Schlangenschwänze. Darauf fuhren sie blitzesschnell über die Erde hin, noch unterstützt durch große fledermausartige Flügel. Die Erde hatte sie aus den Blutstropfen des Uranos emporwachsen lassen, als sein Sohn Kronos ihn in empörerischem Frevel der Herrschaft beraubte und blutig verstümmelte. Empörerischer Übermut war auch der Grundzug ihres Wesens, so daß sie, im Vertrauen auf ihre riesige Kraft, gegen die himmlischen Götter einen Kampf unternahmen, um ihnen die Herrschaft der Welt zu entreißen. Mit gewaltigen Felsblöcken und brennenden Baumstämmen traten sie auf den phlegräischen Gefilden in Thessalien, auf der Halbinsel Pallene, den Göttern entgegen, die auf dem nahen Olympos thronten, und es erhob sich ein furchtbarer Kampf. Zeus schleuderte Donner und Blitz gegen die riesigen Ungeheuer, Athena ihre mächtige Lanze, Poseidon focht mit dem Dreizack, Apollon mit dem Bogen, und so die andern Götter mit andern Waffen. Lange tobte so der Kampf der Götter und Riesen hin und her, und es erfolgte keine Entscheidung; denn die Kraft der Götter war so leicht nicht besiegt, und die Giganten waren gegen die Waffen der Götter von Gaia, ihrer Mutter Erde, gefeit, daß sie ihnen nicht erlagen. Gegen die Waffen eines Sterblichen waren sie nicht gefeit. Das wußte Zeus, und er sandte Athena zu Herakles, daß er ihnen beistehe. Sobald Herakles auf den Kampfplatz trat, suchte Gaia ein Zauberkraut, das ihre Söhne auch gegen die Waffen eines Menschen schütze. Zeus jedoch verbot der Sonne und dem Monde und der Morgenröte zu scheinen und schnitt selbst das Zauberkraut ab. Jetzt war es um die Giganten geschehen. Der älteste und größte und stärkste unter ihnen war Alkyoneus, riesig groß wie ein Berg. Diesen streckte Herakles durch einen Pfeil zu Boden; da er aber auf der Stelle seiner Geburt, auf Pallene, unsterblich war und, auf dem Boden liegend, neue Kraft zu neuem Kampfe gewann, so schleppte ihn Herakles auf den Rat der Athena über die Grenze von Pallene hinaus und gab ihm den Tod. Porphyrion, nach Alkyoneus der furchtbarste unter den Riesen, griff die Götterkönigin Hera an und zerriß ihr das Gewand;

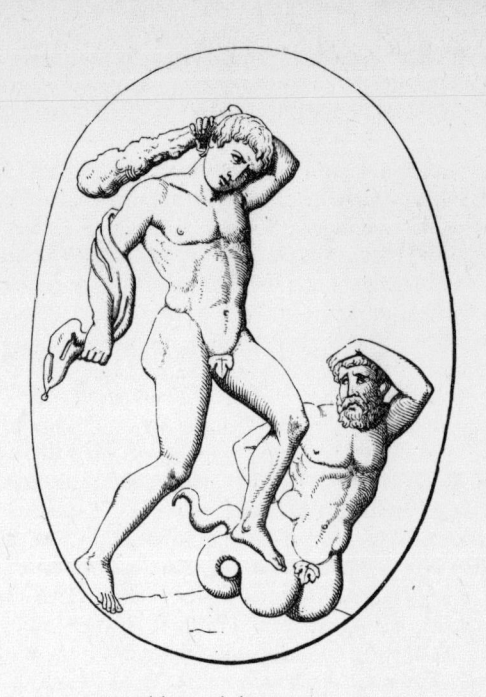

Herakles und die Giganten

da schmetterte ihn Zeus mit dem Blitze nieder, und Herakles tötete ihn mit seinem Pfeil. Apollon wandte sich gegen Ephialtes und schoß ihm das linke Auge aus, Herakles das rechte. Dionysos erlegte den Eurytos mit dem Thyrsus, Hephaistos den Klytios, indem er glühende Feuermassen auf ihn schleuderte. Auf den fliehenden Enkelados warf Athena die Insel Sizilien. Poseidon verfolgte den Polybotes durch das Meer und warf auf ihn ein Stück der Insel Kos, woraus die Insel Nisyros entstand. Andere wurden von andern zu Boden geworfen; vor allen Göttern aber zeichnete sich in dem Kampfe neben Zeus Athena aus. Doch mußte Herakles allen Giganten zuletzt noch mit seinen Pfeilen den Tod geben.

Herakles und Deïaneira

In der Stadt Kalydon in Ätolien herrschte der alte König Oineus, ein milder freundlicher Mann von der freigebigsten Gastlichkeit. Er hatte eine Tochter Deïaneira, deren reizende Schönheit manchen Freier von nah und von fern heranzog. Unter diesen war auch der Gott des benachbarten Flusses Acheloos, der in verschiedenen Gestalten in das Haus des Vaters kam, einmal in völliger Menschengestalt, dann als gewaltiger Stier, bald wieder als Schlange oder in menschlicher Bildung mit gehörntem Stierkopf, aus dessen zottigem Barte stets strömendes Wasser floß. Der Deïaneira zitterte das Herz vor Schreck, sooft der ungeschlachte Bewerber das Haus betrat, aber der Vater wagte nicht, den mächtigen Stromgott abzuweisen, der in seiner Nachbarschaft waltete und Segen und Verderben bringen konnte. Da erschien eines Tages auch Herakles unter den Freiern. Schon bei seinem Gange in die Unterwelt hatte ihm der Held Meleagros von seiner teuren Schwester Deïaneira erzählt und ihn gebeten, die Vereinsamte sich zur Gattin zu erwählen. Vor der Bewerbung des berühmten Zeussohnes und des mächtigen Flußgottes traten jetzt alle andern Freier zurück, und es fragte sich nur, wer von diesen beiden die schöne Königstochter heimführen werde. Da der Vater sich scheute selbst zu entscheiden, erboten sich die beiden Bewerber, um die Braut zu kämpfen. Auf ebenem Plan vor der Stadt also stellten sich Herakles und der Flußgott, diesmal in menschlicher Gestalt, ohne Waffen zum Kampfe gegenüber, vor den Augen des Königs und der Königin und der Deïaneira, die in banger Erwartung der Entscheidung entgegensah. Welchen Ausgang sie wünschte, war leicht zu sagen. Der starke Zeussohn, der berühmte Held, hatte ihr Herz gewonnen.

Herakles, in allen Künsten des Ringkampfes erfahren, griff die schwerfällige Gestalt des Acheloos bald von dieser, bald von jener Seite an. Bald faßte er ihn im Nacken, bald an dem wuchtigen Fuß; aber alle Gewandtheit und alle Stärke ward zu Schanden an dem kolossalen Leibe des Gegners. Er stand fest und unerschütterlich wie eine Mauer, wie ein Damm, gegen den die Fluten mit brausendem Toben vergebens anstürmen. Erschöpft treten sie auseinander, um aufs neue sich zu fassen; Fuß gegen Fuß, Brust gegen Brust gedrängt, ringen sie mit umschlingenden Armen schnaubend und tobend, Stirn an Stirn, gleich zwei wilden Stieren auf der Weide. Dreimal versuchte der Alcide ohne Erfolg die sich wider ihn stemmende Brust des Flußgottes zurückzustoßen, beim vierten Mal zerbrach er die Umschlingung seiner Arme und schwang sich mit seiner ganzen Wucht auf seinen Rücken. Wie ein Berg drückte er auf ihn nieder und zwängte und würgte ihn in seinen starken Armen, bis der Flußgott keuchend ins Knie sank und mit dem Antlitz die Erde küßte. Kaum liegt er am Boden, so entschlüpft er als langgestreckte Schlange der Umschlingung des Helden und zischt ihm, auf gewundenem Leib sich erhebend, mit weitgeöffnetem Rachen zu neuem Kampf entgegen. „Mit Schlangen zu kämpfen habe ich schon in der Wiege gelernt, die Hydra in Lerna hat mit mehr als einem Rachen mich angezischt!" rief Herakles mit höhnischem Lachen und faßte die Schlange mit beiden Händen um den Hals und würgte sie wie in einer eisernen Zange; da plötzlich steht ein gewaltiger Stier vor ihm mit drohenden

Hörnern. Unerschreckt ergriff Herakles den Stier am Horn und warf ihn mit solcher Gewalt zur Erde, daß das ausgebrochene Horn in seinen Händen zurückblieb. Nun erklärte sich der Flußgott für besiegt und trat beschämt dem starken Helden die Jungfrau ab. Das verlorene Horn tauschte er wieder ein gegen das mit Blumen und Früchten gefüllte Segenshorn der Nymphe Amaltheia, in dessen Besitz er war.

Nach seiner Vermählung mit Deïaneira weilte Herakles längere Zeit in dem gastlichen Hause seines Schwiegervaters, bis ein unglücklicher Zufall ihn von dannen trieb. Bei einem Trinkgelage nämlich beging der Knabe Eunomos die Unvorsichtigkeit, ihm Wasser, das zum Waschen der Füße bestimmt war, über die Hände zu gießen. Herakles wollte dem Knaben eine kleine Zurechtweisung geben; allein seine schwere Hand fiel wider seinen Willen so mächtig auf den Knaben, daß er tot zu Boden sank. Obgleich der Vater des Knaben dem Helden den unvorsätzlichen Mord verzieh und keine Blutsühne verlangte, so legte sich doch Herakles freiwillig die Verbannung auf und wendete sich mit seinem jungen Weibe gen Trachis am Öta, um bei seinem Gastfreunde, dem König Keÿx, seinen Wohnsitz zu nehmen.

Als sie unterwegs an den Fluß Euenos kamen, trafen sie in wüster menschenleerer Gegend auf Nessos, einen der zersprengten Kentauren, der hier einen Erwerb daraus machte, die Wanderer auf seinem breiten Pferderücken um Lohn über den strudelreichen Fluß zu tragen. Herakles übergab ihm Deïaneira, um sie hinüberzubringen, während er selbst durch die Flut vorausschritt. Als er am jenseitigen Ufer ist, hört er plötzlich den lauten Schrei seiner Gattin; er wendet sich um und sieht, wie der rohe Kentaur, gereizt von der Schönheit des Weibes, mit frecher Hand sie umfaßt hält, um sie mit Gewalt zu entführen. „Meine Pfeile, Räuber, sind schneller als deine Füße!" ruft Herakles, und ein scharfer Pfeil sitzt ihm in der Brust. Des Todes gewiß, sinkt er am Ufer nieder; denn er kennt die giftigen Pfeile des Herakles. Doch benutzt er noch die wenigen Augenblicke, die ihm übrig sind, um seinen Mörder zu verderben. Er rafft das aus der Wunde entströmte Blut, welches mit dem Gift des Pfeiles gemischt, an seinem Leibe geronnen ist, zusammen und übergibt es der Deïaneira, die er zu sich zurückgerufen. „Weil du die Letzte bist, die ich herübergetragen", sprach er, „so sollst du dessen noch in Zukunft einen Genuß haben. Nimm dies mein Blut und bewahre es sorgsam in engem Verschluß, daß kein Lichtstrahl es trifft, und wenn je einmal dein Gatte sein Herz einer andern zuwendet, so bestreiche sein Kleid damit, und seine Liebe wird für immer zu dir zurückkehren. Deïaneira nahm leichtgläubig das verhängnisvolle Geschenk, ohne zu bedenken, daß es aus der Hand eines sterbenden Feindes kam, und barg es, ehe Herakles herankam, in einem verschlossenen Gefäße, um es für einen Notfall in der Zukunft aufzubewahren. Dieser vermeintliche Liebeszauber ward später für Herakles die Ursache seines Todes.

Nach einem beschwerlichen Wege über die öden Höhen des Parnaß und Öta gelangte Herakles nach Trachis, wo er von Keÿx freundlich aufgenommen ward und für viele Jahre seinen Wohnsitz aufschlug.

Ende des Herakles

Herakles wohnte viele Jahre lang mit seinem Weibe Deïaneira und seinen Kindern in Trachis. Doch konnte er von seiner alten Weise nicht lassen; er zog bald hierhin, bald dorthin, ein Mal um zu strafen, ein ander Mal um zu helfen und zu retten. So machte er zuletzt mit einem Heere sich auf, um den Eurytos, der ihn vor Zeiten mit Schmach aus dem Hause gestoßen, in Oichalia zu züchtigen. Schon ist er fünf Monate über ein Jahr von Hause, und noch immer hat seine besorgte Gattin keine Kunde, wo er weilt und welches Geschick ihm geworden. Wenn sonst der Held auszog zu irgend einem Abenteuer, so ging er ab mit frohem Mut und der gewissen Hoffnung, daß er bald als Sieger heimkehren werde, und seine Gattin sah ihn scheiden ohne Sorge. Diesmal aber war sie seit seinem Abzug von bangem Zweifel gequält. Der Held selbst hatte mit trüber Ahnung Abschied genommen; er hatte seinem Weibe ein Täfelchen hinterlassen mit einer alten Weissagung des dodonäischen Orakels, welche aussagte, wenn er drei Monate über ein Jahr von der Heimat fern bleibe, so sei ihm entweder in dieser Zeit der Tod bestimmt, oder er werde, wenn er diese Zeit glücklich überschritten, in Zukunft dann eines kummerlosen Lebens im Kreise der Seinen sich erfreuen. Darum hatte er auch im voraus bestimmt, was seinen Kindern vom Lande ihrer Väter als Erbe zufallen und was ihr selbst von seiner Habe als Besitz verbleiben sollte.

Schon hatte Deïaneira in der Angst ihres Herzens ihrem ältesten Sohne Hyllos all' ihre Sorgen mitgeteilt und dieser sich entschlossen auszuziehen, um den Vater zu suchen; da kam ein Diener eilend zum Palaste heran und verkündete der Deïaneira, daß Herakles lebe und im Glanze des Sieges bald heimkehren werde. Er hatte es draußen vor der Stadt aus dem Munde des Heroldes selbst gehört, des Lichas, welchen Herakles vorausgesandt hatte, um seiner Gattin die frohe Rückkehr zu melden. Daß der Bote noch nicht selbst zur Stelle war, kam von der Freude und der Neugier des Volkes, das ihn draußen umdrängte und über des Herakles' Erlebnisse alles bis ins einzelnste erfahren wollte.

Endlich kommt Lichas mit seiner frohen Botschaft. Herakles hat die Feste des verhaßten Feindes zerstört und den übermütigen König für seine Frevel an dem Gaste mit all' seinen Söhnen in den Tod gesandt. Eine auserlesene Schar gefangener Jungfrauen schickt er mit Lichas der Deïaneira voraus, während er selbst noch an der Küste von Euböa an dem Vorgebirge Kenaion weilt, um dem Zeus Kenaios, wie er gelobt, zum Danke für den geschenkten Sieg ein feierliches Opfer darzubringen. Deïaneira betrachtet die trauernden Jungfrauen, die nach Zerstörung ihres heimatlichen Glückes auf fremdem Boden wandeln, elternlos und dem Sklavendienst bestimmt, mit Mitleid und Wehmut; vor allen aber zog in der unglücklichen Schar *eine* Jungfrau sie an durch ihre hohe Schönheit und ihr königliches Wesen. „Unglückliche", sprach sie zu ihr, „wie bedaure ich dein hartes Los. Sprich, wer bist du, wer sind deine Eltern? Ohne Zweifel, das bezeugt mir dein Aussehen, bist du von edlem Geschlechte. Wer ist sie, Lichas? sag' mir's; denn sie selber, in ihr Weh versunken, hat nur Tränen, und ich will durch Fragen die Trauer ihres Herzens nicht noch mehr erregen. Ist sie nicht aus dem Blute des Eurytos?" „Wie weiß ich das", sprach Lichas mit verstellter Miene, „ich kenne weder ihren Namen, noch weiß ich, welches Stammes sie ist, doch gewiß gehört sie einem hohen Hause an." Deïaneira forschte nicht weiter und befahl die Jungfrauen in das Haus zu führen und sie dort aufs schonendste zu behandeln.

Kaum war Lichas mit den Mädchen in das Haus gegangen, so drängte sich der Diener, der ihr die erste Nachricht gebracht, an sie heran und sprach: „Traue nicht dem Boten deines Gatten, er spricht die Wahrheit nicht. Ich habe es selbst im Beisein vieler Zeugen aus seinem Munde gehört, daß dein Gatte ganz allein wegen dieser Jungfrau die Feste Oichalia zerstört und den Eurytos erschlagen hat. Es ist Jole, des Eurytos Tochter, um die Herakles früher gefreit und die er noch immer liebt. Er hat sie als Sklavin nicht, sondern als Nebenweib dir ins Haus gebracht." Diese Nachricht traf Deïaneira wie ein betäubender Schlag; doch faßte sie sich bald und rief den Lichas, der eben wieder zu Herakles zurückkehren wollte, zu sich, um ihn aufs neue zu befragen. „Du sprachst die Wahrheit nicht, sag' mir offen und frei, wer ist das Mädchen, das du hergebracht? Ich weiß, es ist Jole, die Herakles liebt. Bei dem großen Zeus, birg mir das Wort nicht weiter. Oder glaubst du, daß ich meinem Gatten zürne, wenn die Liebe, die allbewältigende, sein Herz besiegt, hältst du mich für so unedel, daß ich die Jungfrau hasse, die mir nie ein Unrecht getan? Mit Erbarmen und Mitleid fiel mein Auge auf sie, da ihre Schönheit ihr das Lebensglück zerstört und ihr Geburtsland in Knechtschaft gestürzt hat." Lichas gestand jetzt die Wahrheit; er habe, ohne jedoch von Herakles dazu beauftragt zu sein, den Sachverhalt verschwiegen, um nicht ohne Not seine Herrin zu betrüben. Mit scheinbarer Ruhe hieß Deïaneira den Diener seine Rückkehr zu Herakles nur noch kurze Zeit aufschieben, bis sie ihrem Ehegemahl für die zahlreiche Schar von Gefangenen, welche er ihr gesendet, eine Gegengabe bereitet habe.

Das Herz der Deïaneira war von schwerem Kummer niedergedrückt. Sie sollte hinfort das Haus und das Herz ihres Gatten mit einer andern teilen, deren jugendliche Blüte eben erst zur Entfaltung kam, und bei ihr war schon die Schönheit der Jugend dem Welken nah'. War da nicht zu befürchten, daß ihr nur der Name der Gattin bleiben, der andern die Liebe des Herakles zufallen werde? Das war nicht zu ertragen. Da fällt ihr der alte Liebeszauber des Nessos ein, und sie greift in ihrer Not freudig zu dem unschädlichen Mittel, des Gatten Liebe sich zu erhalten. Zu bösem Werke könnte ihr edles Gemüt sich nicht entschließen. Sie holt den vermeintlichen Liebeszauber, den sie lange im Verborgenen fern vom Feuer und vom Tageslicht aufbewahrt hat, hervor und bestreicht damit ein prächtiges Gewand, das sie ihrem Gemahle schicken will. Wohlgefaltet legt sie das Festkleid in ein verschlossenes Kästchen und übergibt es dem Lichas. „Bring' dieses Festgewand", sprach sie, „das ich selbst gewirkt, meinem Gemahle als eine Gabe von meiner Hand. Kein Sterblicher soll es vor ihm tragen, und weder der Strahl der Sonne noch des Feuers Glanz darf es berühren, bis er öffentlich vor allem Volk am Altare stehend den Göttern sein Opfer bringt. Denn so gelobte ich ihn mit dem Gewande zu schmücken, wenn er gerettet mir zur Heimat wiederkehre, damit als schmucker Opferer er mit schmuckem Kleide vor die Götter trete. Und daß er wirklich von meiner Hand das Geschenk empfängt, bezeuge ihm dieses

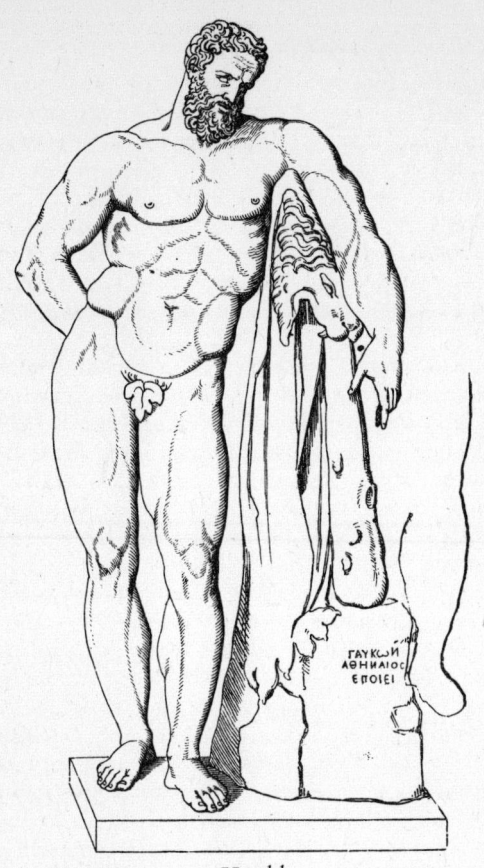

Herakles

Siegel, das ich zum sicheren Verschluß auf das Kästchen gedrückt." Lichas versprach, genau die Worte seiner Herrin auszurichten, und eilte nach Euböa zurück; arglos und mit froher Hoffnung sah Deïaneira der Rückkehr ihres Gatten entgegen.

Doch die Hoffnung wandelte sich bald in Angst und Bangen. Als sie zufällig wieder das Gemach betrat, wo sie im geheimen das Gewand für ihren Gatten zubereitet, da war die Wollflocke, womit sie das Zaubermittel auf das Kleid gestrichen und die sie, als zu nichts mehr nütze, auf den Boden hingeworfen, nicht mehr zu sehen. Von den Strahlen der Sonne durchwärmt, hatte die Wolle sich in sich selbst verzehrt und war zu Staub zerfallen; an der Stelle, wo sie gelegen, sah sie mit Schreck einen blasentreibenden giftigen Schaum aufzischen. Da ergriff banger Zweifel ihre Seele, ob sie nicht in der Verwirrung ihres Herzens unbedacht ein großes Unheil angestiftet. Wie sollte auch der Kentaur ihr, die die Ursache seines Todes war, einen guten Rat gegeben haben? In dieser Angst harrte die unglückliche Frau voll Unruhe, welche Nachricht ihr von dem Gatten kommen werde. Da erschien Hyllos, den die Ungeduld zu dem Vater nach Euböa getrieben hatte, und brachte der Zweifelnden schreckliche Gewißheit.

„O Mutter", rief er voll Zorn und Abscheu, „hättest du doch nie gelebt, oder wärest du eines andern Mutter, oder die Götter hätten dir einen andern Sinn gegeben! Du hast den Vater mir, deinen Gatten dahingemordet." „Was sprichst du, Kind", rief Deïaneira entsetzt, „wer sagte das, daß du so unglückseliger Tat mich zeihen darfst?" „Ich sah's mit eigenen Augen, kein fremder Mund hat mich belehrt", fuhr der Jüngling fort. „Ich traf, von Sehnsucht getrieben, den Vater auf dem Vorgebirge Kenaion, wie er eben dem Vater Zeus zahlreiche Altäre aufrichtete und zu dem festlichen Opfer sich bereitete. Da kam auch Lichas, der Herold, mit deiner Gabe, dem toderfüllten Gewande. Der Vater erfreute sich an dem kostbaren Geschenke und legte es an nach deinem Wunsche, um das Opfer zu vollbringen; doch wie er mit stolzem Siegesgefühl in milder Heiterkeit an dem lodernden Altare seine Hände betend zum Himmel hob, da drang ihm plötzlich ein heftiger Schweiß auf die Haut, und das Opferkleid schmiegte sich wie angelötet an alle Glieder; ein zerreißendes Zucken fuhr durch sein Gebein, und wie vom Gifte einer feindseligen Natter ward er mörderisch verzehrt. Da rief er den Herold und fragte ihn, zu welcher Arglist er das Gewand ihm hergebracht. Doch der wußte nichts, als daß du die Gabe ihm gesendet. Kaum hat er das Wort gesprochen, so faßt Herakles, von schmerzhaftem Krampf durchzuckt, den Unglücklichen, der nichts verschuldet, an dem Fuß und schleudert ihn in wilder Wut wider den Fels im Meer, daß er zerschmettert in der Flut versank. Das ganze Volk schrie jammernd auf bei dieser furchtbaren Tat des Rasenden, und keiner wagte sich ihm zu nahen. Bald zuckte er nieder zur Erde, bald sprang er wieder vom Boden auf unter gräßlichem Geschrei und Brüllen, daß weithin die Berge widerhallten. Als er endlich erschöpft am Boden in schrecklichstem Schmerze sich krümmte und wälzte, stöhnend in langem Klagruf und die Ehe mit dir verfluchend, die ihm den Untergang gebracht, da sah er, aus seiner Schmerzensglut aufblickend, mich, den Sohn, weinend in seiner Nähe stehen, und er rief mir zu: „Komm, mein Sohn, fliehe nicht vor meiner Not, und wenn du auch mit mir sterben mußt, bringe mich weg, fort aus diesem Lande, damit ich hier nicht sterben muß." Da legten wir ihn in ein Schiff und führten ihn herüber mit großer Not; denn er ächzte und zuckte und schrie in steter Qual. So werdet ihr ihn denn bald hier schauen, lebend noch oder vielleicht auch schon gestorben. Das ist deine Tat, Mutter; möge die Erinys mit ihrer Rache dich treffen, da du den besten Mann von Hellas so schmählich hingemordet hast."

Deïaneira erwiderte kein Wort auf die Vorwürfe ihres Sohnes. In stummem Schmerz ging sie in das Haus, und nachdem die Verzweiflung sie durch alle Räume hin und wieder getrieben, warf sie sich schluchzend auf ihr Lager, löste die Goldspangen von der Brust und entgürtete sich die Seite. Eine Dienerin, die ihr nachgegangen, sah ihr Beginnen, und nichts Gutes ahnend, rief sie eilends den Hyllos herbei. Als sie in das Schlafgemach stürzten, lag Deïaneira entseelt vor ihnen in ihrem Blute; sie hatte ein zweischneidig Schwert sich in die Seite gestoßen bis tief ins Herz. Der Sohn warf sich jammernd über die Leiche der Mutter und bedauerte, daß er unbedachtsam sie so böser Schuld geziehen; denn zu spät hatten ihn die Hausgenossen belehrt, daß sie, verleitet durch die Arglist des Kentauren, in bester Absicht schlimmes Werk getan.

Noch hing Hyllos klagend an dem Munde der toten Mutter, da hörte er im Hofe fremden Männertritt. Es waren die Männer, welche den schlafenden Herakles auf einer Bahre herbeitrugen. Die Klage des Hyllos weckte ihn auf zu neuer Qual. „Wo bist du, Sohn?" rief er, „fasse mich, erbarme dich! Nimm dein Schwert und stoße es mir hier unter den Hals, erlöse mich von der Pein, in welche mich deine gottlose Mutter gestürzt. O undankbares Hellenenvolk! Will keiner mit dem Stahl, mit dem Feuer mich retten aus dieser Pein? Und doch, wie viel hab' ich gekämpft und gelitten zu eurem Heil. O sehet hier diese Glieder, die einst den Löwen in Nemea bezwungen und die lernäische Schlange, die mit den Giganten und mit dem Hunde des Hades gekämpft, wie ist das letzte Fleisch von ihnen weggefressen und alles Mark und Blut zerstört. Kein Speer, kein Gigantenheer, kein Ungeheuer der Wüste hat mich bewältigt, und nun hat die Hand eines Weibes mich vertilgt. O führe sie her, mein Sohn, daß ich sie strafe."

Hyllos belehrte den Vater, daß die Mutter willenlos gefehlt, daß sie, durch den bösen Rat des sterbenden Nessos verführt, mit dem von dem lernäischen Gifte durchdrungenen Blute des Kentauren das verhängnisvolle Gewand bestrichen, in dem Wahne, durch einen unschädlichen Liebeszauber das Herz des Herakles wieder an sich zu fesseln. Durch diese Nachricht wurde der Zorn des Helden besänftigt, und er erkannte zugleich, daß sein Lebensende nahe sei. Denn er hatte vor Zeiten ein Orakel erhalten, daß kein Lebendiger ihn fällen werde, er könne nur sterben durch einen Toten. Jetzt sah er, daß der tote Nessos ihm den Tod bereitet. Darum verlobte er noch in Eile seinen Sohn Hyllos mit Jole und befahl dann, ihn hinauf auf die Höhe des Öta zu tragen, damit er dort in den Tod gehe. Er ließ dort einen hohen Holzstoß errichten, stellte sich darauf und forderte nun den Sohn und seine Begleiter auf, den Holzstoß anzuzünden. Allein keiner wollte sich dazu verstehen. Da kam Philoktetes herzu, der Herrscher auf dem Öta, ein Freund des Herakles; dieser ließ sich von Herakles bereden, den Scheiterhaufen anzuzünden, und erhielt dafür die nie fehlenden Pfeile des Herakles zum Lohn. Als das Feuer lodernd aufschlug, fielen prasselnde Blitze zuckend vom Himmel und beschleunigten den Brand, und Herakles stieg unter rollendem Donner auf einer Wolke hinauf in den Olympos. Das Feuer hatte an dem Helden den sterblichen Teil seines Wesens vernichtet, und er ging als ein unsterblicher Gott in die Gemeinschaft der Götter ein. Athena empfing den verklärten Helden und führte ihn seinem Vater entgegen und der Hera, welche ihrem Hasse entsagt hatte, nachdem er sein irdisches Leben vollendet. Zeus und Hera vermählten den vergötterten Herakles mit ihrer Tochter Hebe, der Göttin ewiger Jugend, und diese gebar ihm zwei göttliche Söhne, Aniketos und Alexiares, den „Unbesiegbaren" und den „Unheilabwender".

Die Herakliden

Nach dem Tode des Herakles gerieten seine Kinder, die Herakliden, in große Not. Ein Teil derselben war bei Hyllos in Tiryns, der Feste des Herakles im argivischen Lande. Eurystheus aber, der den Herakles sein ganzes Leben gehaßt und bedrängt hatte, verfolgte auch seine Kinder, so daß sie, um dem Tode zu entgehen, von Tiryns fliehen mußten und sich nach Trachis begaben. Aber der König Keÿr in Trachis war zu schwach, um sie gegen die Verfolgung des Eurystheus zu schützen. Als dieser daher ihre Auslieferung von Keÿr verlangte, flohen sie von Trachis, und so irrten denn die Kinder des Helden, der sein Leben lang für das griechische Volk gelitten und gestritten, ohne bleibende Zufluchtsstätte in Griechenland von Land zu Land und von Stadt zu Stadt; denn jedermann fürchtete sich vor der Macht des Eurystheus. Der einzige, der sich ihrer annahm, war der greise Jolaos, der alte Waffengenosse des Herakles. Der nahm sie wie ein Vater unter seine treue Hut und wanderte, obgleich schon niedergedrückt von der Schwere des Alters, mit ihnen und Alkmene bald hierhin bald dorthin, um ihnen einen sicheren Zufluchtsort zu finden. Zuletzt kam er mit dem flüchtigen Geschlechte auch nach Athen, wo damals Demophon, der Sohn des Theseus, herrschte. Er setzte sich mit dem Knaben schutzflehend an dem Altar des Zeus auf dem Markte nieder, während Alkmene mit den Enkelinnen in einen nahen Tempel getreten war, damit die zarten Mädchen nicht dem Volksgewühle ausgesetzt würden. Hyllos aber war mit den herangereiften Brüdern ausgezogen, um eine Feste zu suchen, die sie alle aufnehmen könnte, wenn auch aus Athen sie die Gewalt vertriebe.

Noch war es früher Morgen, und der Markt war leer. Da erschien Kopreus, der Herold des Eurystheus, um den Jolaos mit seinen Schützlingen unter übermütigen höhnenden Reden gewaltsam mit sich fortzuschleppen. Jolaos rief die Bürger Athens mit lauter Stimme um Schutz und Hilfe an. Die Bürger strömten aus ihren Häusern herbei und sahen, wie der schwache Greis am Boden lag, hin- und hergezerrt von den Händen des Heroldes, um ihn die klagende Schar der Knaben. Bald kam auch Demophon, der König der Stadt, und fragte den Herold, wer er sei und was er wolle. „Ich bin aus Argos, Herr, mein König Eurystheus sendet mich her, um diese Flüchtlinge in ihr Vaterland zurückzuführen, wo das Gesetz den Tod über sie ausgesprochen hat. Es ist billig, daß wir selbst Recht üben über unsere Landesgenossen; und du, o König, wirst nicht so unklug sein, daß du allein in ganz Griechenland dich dieser Landflüchtigen annähmest und dich in einen Krieg stürztest mit meinem mächtigen Herrn; denn wenn du durch ihr Jammern dich betören lässest, so wird das Schwert den Streit zwischen uns und dir entscheiden. Drum überlaß mir den Alten und die Knaben hier, damit du dir meinen Herrn zum Freunde machest." Der König, ein würdiger Sohn des weisen Theseus, sprach: „Wie soll man Urteil fällen, bevor man auch die andere Seite gehört hat; drum sprich auch du, Führer dieser Kinder, was hast du für dein Recht zu sagen?" „Sieh, diese Knaben, Herr, sind die Kinder des Herakles, welche ich, des Helden Freund und Waffengefährte Jolaos, in Schutz genommen. Eurystheus hat uns aus Argos vertrieben und verfolgt uns durch ganz Hellas. Wie kann er uns seine Untertanen nennen und ein Recht über uns üben wollen, da er uns ja selbst unseres Vaterlandes und des Namens Argiver beraubt hat? Muß denn der, welchen Argos vertrieben, aus dem ganzen Umkreis von Griechenland fliehen? Nein, aus Attika gewiß nicht; das mächtige Athen mit seinen edlen Bürgern wird uns, die Schutzflehenden, nicht von den Altären der Götter treiben aus Furcht vor der Macht von Argos. Eher stürben sie, als daß sie ihre Freiheit und ihre Ehre also schändeten. Und dazu fordert die Verwandtschaft, o König, daß du diese verfolgten Kinder in Schutz nimmst. Denn wisse, Theseus, dein Vater und Herakles waren beide Urenkel des Pelops. Noch mehr, sie beide waren Waffenbrüder, ich selbst zog mit ihnen, als sie einst fortschifften, den Gürtel der Amazonenkönigin zu holen. Und weißt du nicht, daß Herakles deinen Vater aus der Unterwelt befreite? Darum erbarme dich zum Lohne für solche Wohltat der armen Kinder, deiner Verwandten, sei du ihnen Freund und Vater und Bruder." Ohne sich lange zu bedenken, erklärte sich Demophon bereit, die Fremdlinge zu beschützen. „Drei Gründe zwingen mich", sprach er, „mich dieser Unglücklichen anzunehmen. Zuerst die Rücksicht auf Zeus, an dessen heiligem Altar ihr sitzt; dann die Verwandtschaft und die Wohltaten, die der Vater dieser Kinder meinem Vater erwiesen hat und zuletzt die Schande, die der Übel größtes ist. Denn welche Schmach würde ich auf mich laden, würde mein Staat noch das freie Athen heißen, wenn ich aus Furcht vor Argos die Schutzflehenden wegreißen ließe? Darum, o Herold, geh' ohne diese wieder zu deinem Herrn zurück." Der Herold entfernte sich, indem er drohte, daß er bald in Begleitung einer großen Heeresmacht zurückkehren werde; denn Eurystheus selbst stand mit 10000 schwerbewaffneten Kriegern an der Grenze bereit, wenn die Athener sich nicht gutwillig seinem Wunsche fügten, sie mit Gewalt der Waffen zur Herausgabe des Jolaos und der Herakliden zu zwingen.

Demophon rüstete sich mit seinem Volke, um dem argivischen Heere entgegenzuziehen. Kundschafter wurden ausgesendet, und die Priester veranstalteten feierliche Opfer und untersuchten die Eingeweide der Opfertiere, ob Glück oder Unglück ihnen im Kampfe beschieden sei. Sie weissagten zum Schrecken des Königs und des Volkes, daß nur dann der Sieg ihrem Heere bestimmt sei, wenn vor der Schlacht eine Jungfrau von edlem Stamme der Totengöttin geopfert würde. Demophon überbrachte diese Nachricht dem Jolaos, der an dem Altare des Zeus zurückgeblieben war, und erklärte, daß weder er selbst, noch einer der Bürger sich dazu entschließen könnte, die Tochter zum Heile der Fremden als Opfer hinzugeben. Einem Schiffbrüchigen gleich, der, nachdem er glücklich den Strand erreicht, aufs neue in die wilde See zurückgeschleudert wird, sieht sich Jolaos wieder aller Hoffnung beraubt. Gern hätte er sich selbst dem grausamen Feinde hingegeben, als Opfer für die unglücklichen Kinder, doch Eurystheus wird – davon überzeugt ihn Demophon leicht – mit dem Leben des Greises nicht zufrieden sein, er haßt und fürchtet zumeist die aufsprossenden Heldensöhne, die das am Vater begangene Unrecht einst rächen können. Voll Verzweiflung bricht der Alte mit den Knaben in laute Klagen aus.

Da tritt aus dem Tempel, worin sich Alkmene mit den Töchtern des Herakles befand, eine hohe Jungfrau hervor. Es war Makaria, die hochherzige Tochter der unglücklichen Deïaneira, die älteste unter ihren Geschwistern. Diese hatte die Klagen des Greises und ihrer Brüder vernommen und kam hervor, um nach der Ursache ihres Schmerzes zu fragen. Sie erfährt, daß nach der Aussage der Weissager eine Jungfrau aus edlem Stamme geopfert werden müsse, damit ihre Brüder und die ganze Stadt gerettet würden. Kaum hat die edle Jungfrau das vernommen, so bietet sie sich selbst zum Opfer dar. „Was könnte uns auch entschuldigen", sprach sie, „wenn eine Stadt um unsertwillen sich in tödliche Gefahr begibt, und wir wollten, indes andere für uns sich opfern, uns feige dem Tode entziehen? Nicht also, führt mich an den Ort, wo mein Leib geopfert werden soll, bekränzet mich und weihet mich den unterirdischen Göttern. Dann sieget schön, denn dieses Leben beut sich freiwillig ohne Sträuben als Opfer für die Brüder dar." Alle staunten das heldenmütige Mädchen an. Endlich sprach Jolaos: „O Kind, du sprachst deines Vaters würdig; ich darf deiner Worte mich nimmer schämen, obgleich ich dein Geschick beweine. Doch gerechter scheint mir's, daß wir alle deine Schwestern hierher zum Altar rufen und das Los entscheide, welche von euch für die Brüder das Leben lassen soll." „Nein", rief Makaria, „ich will nicht durch die Fügung des Zufalls sterben; eine solche Tat ist ohne Reiz und ohne Ruhm. Freiwillig geb' ich mein Leben hin. Auf, säumet nicht, daß der Feind nicht vorher euch überfalle und mein Opfer vergebens sei; doch sorget, daß in weiblichen Armen, nicht in Männerhand ich meinen Geist verhauche."

So ward denn die hochherzige Jungfrau abgeführt, um für die Ihrigen zu sterben. Als der Greis sie dahingehen sah, da brach seine schwache Kraft zusammen; er verhüllte sein Antlitz und warf sich jammernd zu Boden. Nicht lange, so trat ein Bote an den Jammernden heran und verkündete ihm, daß Hyllos mit einem großen Heere erschienen sei und schon als linker Flügel, mit dem Heere der Athener vereint, sich dem Feinde gegenüber gestellt habe. Schon seien die Opfer vor die Schlachtordnung geführt und das verbundene Heer werde bald zu dem blutigen Werke schreiten. Die Nachricht von dem nahen Kampfe belebte den Heldengeist des Alten wieder; er erhob sich und verlangte trotz der Widerrede seiner Umgebung und der Alkmene, die auf die freudige Nachricht von der Ankunft des Hyllos aus dem Tempel getreten war, nach Waffen, um an der Schlacht teilzunehmen. Von dem Boten des Hyllos begleitet, eilt er in die Feldschlacht.

Als die beiden Heere einander in langen Reihen gegenüberstanden, trat Hyllos zwischen beide Schlachtordnungen in die Mitte und bot dem Eurystheus einen Zweikampf an, damit überflüssiges Blutvergießen vermieden werde. „Erlegst du mich, so magst du die Kinder des Herakles mit dir fortführen; fällst du dagegen unter meiner Hand, so sei uns die Rückkehr in das Vaterland und die angestammte Herrschaft vergönnt." Die beiden Heere zollten den Worten des Hyllos freudigen Beifall; aber der feige Eurystheus verweigerte den Zweikampf. Er hielt es für sicherer, mit dem ganzen Heere zu kämpfen und war bei seiner starken Streitmacht des Sieges gewiß. Hyllos kehrte in seine Schlachtreihe zurück, die Priester opferten das Blut der Makaria und die Schlacht begann. Die Trompeten schmetterten, Schlachtruf erklang auf beiden Seiten; bald mischte sich in das Dröhnen der Schilde und das Klirren der Schwerter das Flehen der Verwundeten und das Angstgestöhn der Sterbenden. Anfangs drohte die dichtgereihte Schar der schwerbewaffneten Argiver die Reihen der Gegner mit gewaltigem Stoße zu durchbrechen; doch diese hielten tapfer stand und drängten bald den Feind zurück, und jetzt erst begann der blutigste Kampf, der lange unentschieden blieb. Endlich wandten sich die Argiver zur Flucht und fielen haufenweis unter dem Schwerte der nacheilenden Feinde. Eben jagte Hyllos auf seinem Streitwagen, die Flüchtigen verfolgend, an dem alten Jolaos vorüber. Da hob dieser seine Hände zu ihm empor und bat, ihm seinen Wagen zur Verfolgung des Feindes abzutreten. Hyllos überließ ihm seinen Platz, und nun jagte der greise Held dem geschlagenen Heere nach und suchte den verhaßten Eurystheus. Als er an dem Heiligtume der pallenischen Athena ankam, sah er in der Ferne den Wagen des Eurystheus in rasender Eile davonfliehen. Da erhob der Alte seine Hände zum Himmel und flehte zu Zeus und Hebe, daß sie ihm nur auf *einen* Tag seine Jugendkraft wiedergäben, damit er seinen und des Herakles alten Bedränger züchtigen könne, wie er es verdiente. Da geschah ein merkwürdiges Wunder. Zwei glänzende Sterne senkten sich vom Himmel nieder auf das Joch der Rosse – man glaubte, es seien Herakles und Hebe – und ein schwarz' Gewölk verhüllte den Wagen. Und siehe, wie der Nebel und die Sterne verschwunden waren, stand Jolaos da in der früheren Jugendblüte mit starkem Arm und blonden Locken. Bei den skironischen Felsen auf der Grenze von Megara und Korinth ereilte er das Viergespann des Eurystheus, bezwang ihn leicht und führte ihn, den Heerführer der Feinde selbst, gefesselt zu seinen Freunden zurück. Unendlicher Jubel tönte aus dem verbündeten Heere dem glücklichen Sieger entgegen, der seinen Gefangenen triumphierend nach Athen brachte und der Alkmene zu eigen gab.

Alkmene empfing den Peiniger ihres Sohnes und ihrer Enkel mit höhnischer Freude. „Kommst du endlich", rief sie ihm zu, „du Scheusal; traf dich endlich das Strafgericht? Senke dein Auge nicht zur Erde; hier schau' mich an, bist du's wirklich, du Bösewicht, der meinen Sohn mit tausendfacher Schmach beladen hat, lebendigen Leibes in die Schattenwelt gesandt und gezwungen, mit Löwen und Hydern zu kämpfen? Und diese Peinigungen des Sohnes genügten dir noch nicht; mich, seine Mutter, und diese Schar seiner Kinder verfolgtest du durch ganz Griechenland bis zu diesem Altare, von dem du gottlos sie wolltest fortreißen lassen. Jetzt aber fandest du Männer und ein freies Volk, das dich nicht fürchtete. Gut, daß du in meine Hand geraten, nun sollst du büßen für all' deine Frevel. Dir gebührt der elendeste Tod." Der feige Eurystheus bewies sich in diesem Augenblicke, wo er den Tod sicher vor Augen sah, stärker, als man von ihm erwartete. Er zeigte seiner Feindin gegenüber weder Furcht, noch erniedrigte er sich zu demütiger Bitte. Hyllos und die Bürger von Athen sprachen für den Gefangenen, da es gegen die Gesetze der Humanität sei, einen Feind, den man lebend aus dem Kampfe gebracht, nachher zu töten; allein Alkmene ließ sich nicht erweichen. Das Andenken, an die vielen alten Unbilden, welche ihre Familie durch Eurystheus erfahren, sowie der Gedanke an den letzten schweren Verlust, die Opferung der Makaria, hatten das Herz der Greisin zum bittersten Rachedurst verhärtet. Sie weidete sich an dem grausamsten Tode ihres Feindes und grub ihm mit eigenen Händen die Augen aus. Die Athener aber begruben seinen Leib in der Nähe des Tempels der pallenischen Athena, und weil sie ihn mit humanem Sinn eines ehrlichen Begräbnisses gewürdigt, so war sein Grab in der Folge ein rettender Hort des attischen Landes.

Theseus

Seine Geburt und Reise nach Athen

Aigeus, der König von Athen, aus dem Stamme des Erechtheus, war kinderlos, obgleich er schon mit zwei Frauen vermählt gewesen. Und schon wurde das Haupt ihm grau, so daß er einem einsamen und freudlosen Alter entgegenging. Da begab er sich nach Delphi, um den Gott zu befragen, wie er in den Besitz eines Nachkommen und Erben seines Thrones gelangen könnte. Der Gott gab ihm einen dunklen Bescheid, den er sich nicht zu erklären wußte; er reiste daher direkt von Delphi nach Trözen zu dem durch seine Weisheit berühmten Könige Pittheus, damit dieser ihm den Sinn des Orakels auslege. Pittheus ersah aus dem Götterspruch, daß dem athenischen Könige ein Sohn bestimmt war, der durch seine Heldentugenden sich großen Ruhm unter der Menschheit erwerben werde. Darum vermählte er ihm seine Tochter Aithra, damit seine Familie teil habe an der verheißenen Ehre; doch verheimlichte er die Ehe vor dem Volke, und als Aithra einen Sohn gebar, verbreitete er den Glauben, daß der Meergott Poseidon dessen Vater sei. Den Knaben nannte der Theseus und erzog ihn aufs sorgfältigste; denn der Vater Aigeus hatte bald nach seiner Vermählung mit Aithra Trözen wieder verlassen und war nach Athen geeilt, weil er befürchtete, seine nächsten Verwandten, die 50 Söhne des Pallas, möchten sich seiner Herrschaft bemächtigen. Bevor aber Aigeus Trözen verließ, hatte er ein Schwert und ein Paar Fußsohlen unter einen schweren Felsblock gelegt und seiner Gattin den Auftrag gegeben, wenn ihr Sohn zu einer solchen Kraft herangewachsen sei, daß er den Felsblock aufzuheben vermöchte, so solle sie ihn Schwert und Sohlen hervorholen lassen und mit diesen Erkennungszeichen zu ihm nach Athen schicken. Bis dahin aber sollte ihm seine Abkunft verheimlicht bleiben.

Als Theseus 16 Jahre alt war, führte ihn die Mutter an den Felsen. Er hob ihn mit leichter Mühe in die Höhe und holte Schwert und Schuhe hervor. Und jetzt erst offenbarte ihm Aithra, wer sein Vater sei, und forderte ihn auf, zu demselben zu ziehen; an Schwert und Schuhen wolle der Vater ihn erkennen. Der starke mutige Jüngling war sogleich entschlossen nach Athen zu gehen. Mutter und Großvater rieten und baten, daß er den Weg zur See wählte, weil dieser gefahrloser war; denn der Landweg nach Athen über den korinthischen Isthmus war höchst unsicher durch viele riesige Unholde und wildes Getier. Herakles hatte es sich zur Aufgabe gemacht, die Welt von solchen Ungetümen zu befreien; da er sich aber damals in Lydien befand, in der Sklaverei der Omphale, so konnten solche Räuber und Missetäter, die ihm bisher entgangen oder sich verborgen gehalten, ihr Unwesen wieder frei und ungehindert treiben. Der junge Theseus war entschlossen, jetzt seine Rolle zu übernehmen. Er war von mütterlicher Seite her mit Herakles verwandt – seine

Mutter und die des Herakles waren beide Enkelinnen des Pelops – und er fühlte in sich etwas von dem Geist und der Kraft des großen weltberühmten Helden. Von früher Jugend an hatte er sich ihn zum Vorbilde ausersehen und konnte kaum die Zeit erwarten, wo er gleich ihm die Welt durchziehen und sich durch heldenmütige Taten großen Ruhm erkämpfen könnte. Auch wollte er nicht ohne den Glanz großer Taten vor seinen Vater treten; diese, nicht die Schuhe und ein unblutiges Schwert sollten dem Vater beweisen, daß er sein Sohn sei und von dem edlen Geschlechte des Erechtheus. Darum also verschmähte er den sicheren Weg zur See und wählte den Landweg nach Athen.

Sobald Theseus die Grenze der großväterlichen Herrschaft überschritten hatte und in das Gebiet von Epidaurus kam, trat ihm in einem finstern Walde ein räuberischer Riese entgegen, mit Namen Periphetes. Er schwang eine

Theseus

schwere eiserne Keule, mit der er die Wanderer niederschmetterte; deshalb nannte man ihn den Keulenschwinger. Der Jüngling trat dem Riesen furchtlos entgegen und tötete ihn nach kurzem Kampfe. Die eiserne Keule nahm er freudig an sich und trug sie hinfort als seine Waffe und als Zeichen seines Sieges und seiner Kraft, wie Herakles die Haut des Löwen trug zum Zeichen, welch ein gewaltiges Tier er bezwungen. Auf dem Isthmus von Korinth in dem Fichtenwalde des Poseidon traf Theseus auf einen neuen Frevler, den Sinis oder Fichtenbeuger. Diesen letzten Namen hatte er erhalten, weil er die Fremden, die ihm in die Hände fielen, auf die Weise tötete, daß er sie an die Spitzen niedergebeugter Fichten band und dann in die Lüfte schnellte. Theseus nahm ihm auf dieselbe Weise das Leben und stiftete später, als er König von Athen geworden, an der Stelle dem Poseidon die isthmischen Spiele. Die schöne Tochter des Unholds flüchtete sich vor Theseus in eine Gegend, die mit dichtem Gebüsch überwachsen war, und versteckte sich unter demselben, indem sie in kindlicher Einfalt die Büsche anflehte, sie vor dem Fremdling zu bergen, sie wolle auch niemals sie beschädigen oder verbrennen. Theseus rief sie freundlich zurück, unter der Versicherung, daß er ihr nichts zu Leide tun werde, und nahm sich ihrer für die Zukunft an; er vermählte sie nachmals mit Deïoneus, dem Sohne des Königs Eurytos von Oichalia. Ihre Nachkommen aber verbrannten nie eines von den Gewächsen, die ihre Ahnfrau beschützt hatten.

Auf seinem weiteren Zuge kam Theseus in die enge waldige Gegend von Krommyon, in der ein furchtbares Wildschwein hauste, Phaia, „die Graue", oder auch einfach die krommyonische Sau genannt. Theseus versprach den Bewohnern der Gegend, sie von dem gefährlichen Tiere zu befreien, und erlegte es. Darauf gelangte er an die Grenze von Megara zu dem sogenannten skironischen Felsen, wo auf hohem Felsenpfade an einem steilen Abhange über dem Meer der übermütige Räuber Skiron sein Wesen trieb. Er zwang mit frechem Hohne die vorüberziehenden Wanderer ihm die Füße zu waschen, und während sie dieses Geschäft verrichteten, schleuderte er sie durch einen Fußtritt die steile Felswand hinab in das Meer, wo eine große Schildkröte den zerschmetterten Leib auffraß. Theseus warf den Missetäter den Felsen hinab. Bei Eleusis, nicht weit von der Grenze von Megara, forderte ihn der Riese Kerkyon, wie er allen Fremden zu tun pflegte, zum Ringkampfe auf. Theseus, der gewandteste Ringer seiner Zeit, überwältigte und tötete ihn. Er übergab dem Hippothoon, dem Sohne des Poseidon und der Alope, der schönen Tochter des Riesen, der, nach seiner Geburt ausgesetzt, von einer Stute war gesäugt und von Hirten war aufgezogen worden, die Herrschaft des Landes. Jenseits Eleusis traf Theseus auf den grausamen Damastes, einen Wegelagerer, der die Fremden, die in sein Gehege kamen, auffing und in ausgesuchter Weise zu Tode marterte. Er hatte ein Lager, auf das er die Gefangenen sich zu legen zwang; war nun das Lager ihnen zu kurz, so hieb er ihnen von den Gliedmaßen ab, was überstand, war es zu lang, so reckte er ihren Leib durch Schlagen und Hämmern so weit aus, bis sie in die Bettstelle paßten. Deswegen nannte man ihn Prokrustes, „den Ausrecker". Theseus zwang ihn selbst auf das grausame Lager und hieb ihm, da sein riesiger Leib weit überstand, die Glieder zusammen, daß er jämmerlich umkam.

Nach so vielen schweren Abenteuern kam Theseus glücklich bis zu dem Flusse Kephissus bei Athen. Dort begegneten ihm einige Männer aus dem Geschlechte der Phytaliden, die ihn freundlich aufnahmen und bewirteten und, nachdem sie ihn von dem vergossenen Blute gesühnt und gereinigt, bis an die Stadt Athen führten. Als der zarte Jüngling in langem jonischen Gewande mit zierlich aufgebundenem Haar durch die Straßen dahinging, sahen ihn einige Arbeiter, die bei dem Bau eines Apollotempels beschäftigt waren, und spotteten des schönen Mädchens, das so allein umherstreiche. Da spannte Theseus von einem nahestehenden Wagen die Stiere ab und warf den Wagen hoch in die Luft bis oben auf das Dach des Tempels, an dessen Ausbau sie eben beschäftigt waren. Mit Staunen und Schreck erkannten sie, daß sie es nicht mit einem schwachen Mädchen zu tun hatten, und waren froh, daß er, ohne sie weiter zu kränken, davonging.

Theseus in Athen

Theseus trat unerkannt als Fremdling in das Haus seines Vaters. Damals schaltete gerade in dem Hause des alten Königs die arglistige Medeia, welche von Korinth aus nach Athen geflüchtet war und bei Aigeus sich dadurch eine gastliche Aufnahme erwirkt hatte, daß sie versprach, ihm durch ihre Zauberkünste die Kraft der Jugend wiederzugeben. Diese erkannte den Theseus als den Sohn des Königs, und da sie befürchtete, der Sohn möchte sie bald aus dem Hause treiben, so trachtete sie ihm nach dem Leben. Sie brachte dem König, der in seiner Schwachheit von jedermann Gefahr fürchtete, den Argwohn bei, der Fremdling sei ein Späher seiner Feinde, und beredete ihn, beim Mahle ihn zu vergiften. Als das Mahl bereitet war, setzte sie dem Jüngling einen vergifteten Trank vor; dieser aber wollte dem Vater eine freudige Überraschung bereiten, indem er ihm Gelegenheit böte zu seiner Erkennung, und zog, um das Fleisch zu zerschneiden, das Schwert, das jener einst für ihn unter den Felsen gelegt. Da erkannte der Alte voll Freude und Schreck den Sohn, warf schnell den Giftbecher um und schloß den lang Ersehnten mit Jubel in die Arme. Medeia aber, die Frevlerin, hielt es für ratsam, während Vater und Sohn ganz der Freude des Erkennens und Findens hingegeben waren, aus dem Hause zu entfliehen und so bald als möglich das Land zu verlassen.

Aigeus stellte sogleich der versammelten Volksgemeinde den Sohn vor und erzählte ihr die Abenteuer, die er auf dem Wege von Trözen daher so ruhmreich bestanden. Mit freudigem Jauchzen begrüßte das Volk den jungen Helden als ihren zukünftigen König. Dieser hatte schon in den nächsten Tagen Gelegenheit, sich den Bürgern Athens als Helden zu bewähren. Die 50 Söhne des Pallas nämlich, der ein Bruder des Aigeus war, die wilden Pallantiden, hatten gehofft, nach dem Tode ihres alten kinderlosen Oheims in den Besitz seiner Herrschaft zu gelangen. Jetzt, wo unversehens dem Alten aus der Fremde ein unbekannter Sohn gekommen, ging ihnen diese Hoffnung zu Schanden, und sie rückten voll Zorn mit den Waffen in der Hand auf die Stadt los, in der Absicht, den Alten mit seinem Sohne zu erschlagen und sich der Herrschaft zu bemächtigen. Ein Haufe derselben zog auf offener Straße gegen die Stadt, während ein anderer sich in einen Hinterhalt gelegt hatte, um dem Theseus, wenn er mit jenen kämpfte, in den Rücken zu fallen. Ein Herold aber hatte dem Theseus diesen Anschlag verraten. Dieser suchte daher zuerst den Hinterhalt auf und erschlug sie alle, worauf der andere Haufe sich flüchtend zurückzog. So war Aigeus von der Bedrängnis der herrschsüchtigen Neffen befreit und erfreute sich seitdem eines ruhigen Alters. Auch den Bürgern des attischen Landes erwies bald der junge Königssohn eine große Wohltat. In den Gefilden von Marathon trieb sich noch der schreckliche Stier herum, den wir aus der Geschichte des Herakles kennen. Herakles hatte ihn von Kreta nach Mykenä gebracht, und nachdem Eurystheus ihn hatte entlaufen lassen, war er nach längerem Umherirren in die Gegend von Marathon gekommen, wo er der Schrecken und die Plage war für Menschen und Vieh. Theseus zog gegen ihn, fing ihn und brachte ihn nach Athen, wo er ihn dem Gotte Apollon opferte.

Des Theseus Fahrt nach Kreta

Die Athener seufzten damals unter einem schweren Geschicke. Ein Sohn des Minos, des gewaltigen Seekönigs von Kreta, mit Namen Androgeos, war vor Jahren zu einem Feste nach Athen gekommen und hatte daselbst im Kampfspiele alle Kämpfer besiegt. Diese Schmach kränkte die Athener und besonders den König Aigeus, welcher den Jüngling aus dem Wege zu räumen beschloß. Er sandte ihn gegen den vorhin erwähnten marathonischen Stier, der ihn tötete. Minos, damals gerade auf der Insel Paros mit einem Opfer beschäftigt, erhielt schnell die Nachricht von dem Tode seines Sohnes, er rüstete eine mächtige Flotte aus und segelte heran, um an den treulosen Athenern Rache zu nehmen. Nachdem er das mit Attika verbündete Megara bezwungen, legte er sich vor Athen und belagerte die Stadt so lange,

Theseus, den marathonsichen Stier bändigend

bis Hunger und Krankheit sie zwang, sich ihm zu unterwerfen. Er legte ihnen einen grausamen Tribut auf. Sie mußten jedes neunte Jahr 7 Jünglinge und 7 Jungfrauen nach Kreta schicken, welche dem Minotauros zum Fraße hingegeben wurden. Dieser Minotauros war ein furchtbares menschenfressendes Ungeheuer, halb Mensch und halb Stier, und wurde in dem von Daidalos erbauten Labyrinthe verschlossen gehalten, einem Gebäude mit unzähligen Irrgängen. Sobald die unglücklichen Opfer in Kreta angekommen waren, wurden sie in dieses Gebäude gebracht und fanden daselbst durch das Ungeheuer den Tod.

Damals kamen die Gesandten des Minos zum dritten Mal, um den traurigen Menschentribut abzuholen, und die Stadt füllte sich mit Jammer und Klage. Die Opfer sollten dem Gebrauche gemäß durch das Los aus der Jugend der Stadt ausgewählt werden. Da waren denn die Väter, welche erwachsene Söhne und Töchter hatten, in großer Angst und Trauer und machten dem Aigeus bittere Vorwürfe, daß er, obgleich der Urheber des ganzen Unheils, allein nicht teilnehme an der Strafe und mit seinem aus der Fremde hergelaufenen Sohne ruhig zusehe, wie ihnen die rechtmäßigen Kinder zu grausamem Tode entrissen würden. Da Theseus dies Murren und Klagen hörte, entschloß er sich freiwillig mit den durchs Los bestimmten Jünglingen und Jungfrauen nach Kreta zu gehen. Der Vater beschwor ihn zurückzubleiben und ihn nicht kinderlos zu machen, nachdem ihm kaum das Glück geworden, einen Sohn und Erben zu besitzen; allein Theseus blieb bei seinem Entschlusse und suchte den Vater durch die Versicherung zu beruhigen, daß er den Minotauros bezwingen und nicht bloß die Opfer, die mit ihm geschickt würden, vom Tode, sondern auch die Stadt für immer von dem grausamen Tribute befreien werde. Denn der Tribut sollte so lange bestehen, als der Minotauros lebte. So gab denn Aigeus nach, und Theseus steuerte, nachdem er zuvor mit seinen Begleitern Zweige der flehenden Bitte in dem Tempel des Appollon niedergelegt, auf dem mit schwarzen Segeln ausgerüsteten Trauerschiffe, begleitet von den ängstlichen Blicken der Zurückbleibenden, mutig in die See.

Das delphische Orakel hatte dem Theseus den Rat gegeben, er sollte Aphrodite, die Göttin der Liebe, sich zur Führerin wählen und ihr Geleite sich erbitten. Er verstand zwar den Sinn des Orakels nicht, doch brachte er der Göttin vor seiner Abfahrt am Ufer des Meeres ein Opfer. In Kreta angelangt, erkannte er bald, was das Orakel gemeint. Ariadne, die liebliche Tochter des grimmen Minos, sah den herrlichen Jüngling, und sofort faßte ihr Herz eine unbegrenzte Liebe zu ihm. In einer geheimen Unterredung gestand sie ihm ihre Neigung und händigte ihm einen Knäuel Garn ein, mit dessen Hilfe er sich in dem verworrenen Labyrinthe zurechtfinden sollte. Als Theseus mit den unglücklichen Schlachtopfern in das in einsamer Wildnis gelegene Labyrinth geschickt ward, knüpfte er das Ende des Fadens an dem Eingange fest und leitete sich an demselben den Übrigen voran durch die wirren Gänge fort, bis er zu der Stelle kam, wo der Minotauros sie erwartete. Theseus griff das gräßliche Ungeheuer sogleich an und erlegte es in wildem Kampfe. Darauf leitete er sich mit den geretteten Jünglingen und Jungfrauen an dem Faden wieder aus dem Labyrinthe heraus. Mit freudigem Jubel begrüßten die Befreiten und ihr Befreier das Tageslicht, wo Ariadne in banger Sorge ihrer harrte. Unter Gesang und Lautenklang, die Locken umkränzt mit den Kränzen der Liebe, tanzen Theseus und Ariadne zugleich mit den übrigen Jünglingen und

Jungfrauen einen fröhlichen Reigen, in welchem sie die Verschlingungen des Labyrinthes nachahmen, ein Tanz, der auf Delos in der Folge noch immer zum Andenken an die Rettung der athenischen Jünglinge und Jungfrauen getanzt ward. Doch sie durften nur kurze Zeit sich der Lust und Freude überlassen; wenn Minos ihre Rettung aus dem Labyrinthe erfuhr, so hatten sie neues Unheil zu befürchten. Darum mahnte Theseus zu schneller Flucht. Ariadne teilte die Flucht. Die Liebe trieb sie, dem Geliebten in die Fremde zu folgen; auch fürchtete sie den Zorn ihres Vaters, wenn derselbe erführe, daß durch ihre Hilfe die Athener entflohen. Ehe sie absegelten, zerhieb noch Theseus auf ihren Rat den Boden der kretischen Schiffe, damit Minos sie auf ihrer Flucht nicht verfolgen könnte.

So kamen sie glücklich und ungefährdet zur Insel Naxos, wo sie eine Zeitlang verweilten. Dort erschien der Gott Dionysos (Bakchos) dem Theseus im Traume und erklärte ihm, daß ihm Ariadne vom Schicksal als Braut bestimmt sei, er müsse ihm die Geliebte überlassen, wolle er nicht von seinem göttlichen Zorne verfolgt sein. Theseus fürchtete den Gott und folgte seinem Gebot. Schweren Herzens segelte er von der Insel ab, während die Geliebte im Schlummer lag. Als sie erwachte, sah sie sich verlassen und einsam auf der einsamen Insel und brach in laute Klagen aus über ihre Verlassenheit und die Treulosigkeit des Jünglings, dem sie alles geopfert. Da erschien ihr der Gott Dionysos und erklärte ihr den Zusammenhang ihres Schicksals und beruhigte sie durch die Verheißung hoher Ehren. Er erkor sie zu seiner Braut, und Zeus erhob sie unter die Götter. Die Krone, welche sie bei ihrer Vermählung mit Dionysos getragen, wurde als Sternbild an den Himmel versetzt und prangt noch heute am Firmament in glänzenden Sternen als Krone der Ariadne.

In tiefer Trauer um die verlorene Ariadne war Theseus von Naxos aus weitergesegelt. Bei seinem Abschied von dem Vater hatte er diesem versprochen, wenn sein Unternehmen gelungen, wolle er zum Zeichen froher Wiederkehr weiße Segel statt der schwarzen auf seinem Schiffe aufziehen. In seiner Trauer vergaß er jetzt, wo er den Küsten der Heimat sich näherte, seiner Verabredung mit dem Vater und ließ die schwarzen Segel. Schon viele Tage saß der alte Aigeus auf einem hohen Felsen am Ufer, von wo er eine weite Aussicht auf das Meer hatte, und harrte in banger Sorge auf den geliebten Sohn. Da endlich erschien in der Ferne das ersehnte Schiff, aber weh! es trägt die schwarzen Segel; der Sohn hat im Kampfe mit dem Minotauros den Tod gefunden! Voll Verzweiflung stürzte sich der unglückliche Vater ins Meer und gab sich den Tod. Unterdessen kam Theseus in den Hafen, und während er dort den Göttern die Opfer darbrachte, die er bei seiner Abfahrt ihnen gelobt hatte, schickte er einen Herold in die Stadt mit der Botschaft der Rettung. Der Herold wunderte sich, daß nur ein Teil der Bürger seiner Botschaft sich freute und ihn als Freudenbringer bekränzen wollte, während die andern ihn mit trauriger Miene anhörten. Bald löste sich ihm das Rätsel. Eben nämlich verbreitete sich die Nachricht von dem Tode des Aigeus durch die Stadt, und die Trauer ward allgemein, sobald die Kunde der ganzen Bürgerschaft bekannt geworden war. Da nahm wohl der Herold die ihm dargebotenen Kränze an, aber er schmückte sich nicht damit das Haupt, sondern hängte sie traurig an seinen Heroldstab und kehrte so zu seinem Herrn in den Hafen zurück. Dieser hatte sein Dankopfer noch nicht vollendet; darum wartete der Herold, um die

Theseus, den Minotaurus bändigend

heilige Handlung nicht durch seine Unglücksbotschaft zu stören, vor dem Tempel, bis Theseus sie durch eine feierliche Spende beschlossen hatte. Dann meldete er ihm das Ende seines Vaters. Theseus war tief ergriffen von der Trauerbotschaft und zog betrübten Herzens in die trauernde Stadt ein, welche er unter freudigem Jubel zu betreten gehofft hatte.

Das Schiff, welches Theseus nach Kreta und wieder zurück gebracht, haben die Athener viele Jahrhunderte lang als ein heiliges Schiff aufbewahrt und zu der heiligen Gesandtschaft gebraucht, welche sie jährlich nach Delos zu dem Feste des Apollon schickten. Sobald ein Stück des Schiffes abgängig ward, setzten sie ein anderes dafür ein, so daß im Laufe der Zeit durch die stete Ausbesserung das Fahrzeug öfter ganz erneuert worden ist.

Theseus und Hippolytos

Nach dem Tode des Aigeus ward Theseus König von Athen, und er ordnete den Staat durch weise Einrichtungen und Gesetze der Art, daß er für den eigentlichen Begründer desselben angesehen wurde. Er handhabte die Regierung im mildesten Sinn; sein Reich wurde als der Sitz der Gerechtigkeit und Humanität gerühmt und war die Zufluchtstätte aller Bedrängten und Verfolgten. So erwarb er sich neben dem Ruhme eines großen Helden auch den eines trefflichen Regenten. Aber der Tatendrang seiner kühnen Seele ließ ihm keine Ruhe und trieb ihn noch öfter fern von den Grenzen seines Reiches. Er nahm teil an der kalydonischen Jagd und der Argonautenfahrt und zog mit Herakles ins Land der Amazonen. Bei dieser letzten Unternehmung gewann er als Siegespreis die Amazonenkönigin Antiope und brachte sie nach Athen, wo sie seine Gemahlin ward. Aber das streitbare Frauenvolk der Amazonen ertrug diese Schmach nicht. Mit einem mächtigen Heere zogen sie nach Griechenland, um an den Griechen für den Einfall in ihr Land Rache zu nehmen und ihre Königin zu befreien. Sie drangen bis Athen vor und stürmten sogar in die Stadt, so daß die Athener sich auf ihre Burg zurückziehen mußten, während die Amazonen sich auf dem sogenannten Areshügel, dem Areopag, lagerten. In der anstoßenden Niederung kam es zu einer großen Schlacht, in welcher Antiope, von leidenschaftlicher Liebe zu ihrem schönen heldenmütigen Gatten erfüllt, an dessen Seite aufs tapferste gegen ihre Schwestern stritt, bis sie, von einem Wurfspeere in die Brust getroffen, zu den Füßen ihres Gatten sterbend niedersank. Dieses für beide Seiten schmerzliche Opfer beschwichtigte die Kampfeswut und veranlaßte eine feierliche Aussöhnung und den Abzug der Amazonen.

Antiope hatte dem Theseus einen Sohn geboren, den Hippolytos. Er sandte ihn als Kind nach Trözen zu seinem Großvater Pittheus, damit dieser ihn erziehe. Hippolytos wuchs dort zu dem schönsten Jünglinge auf, zu dem wohl manches jungfräuliche Herz in Liebe entbrannte. Aber der keusche Jüngling blieb kalt für Schönheit und Liebe; an der Seite seiner Freundin, der reinen jungfräulichen Göttin Artemis, schweifte er durch die Gebirge, um Hirsche und Eber zu jagen, und verschmähte die Freundschaft der Aphrodite. Darüber zürnte die Göttin der Liebe und beschloß ihn zu verderben, indem sie eine unreine Liebe zu ihm in der Brust seiner Stiefmutter Phaidra erweckte. Phaidra war eine Tochter des Minos, eine jüngere Schwester der Ariadne. Schon in vorgerücktem Alter hatte Theseus bei Deukalion, dem ältesten Sohne des damals verstorbenen Minos, um die Hand der Jungfrau geworben, welche an Schönheit und Gestalt ihrer Schwester, der Geliebten seiner Jugend, so ähnlich war, daß, als er die junge Gattin in sein Haus führte, er die Träume seiner Jünglingsjahre erfüllt glaubte. Aber er bedachte nicht, daß seine Jahre nicht mit denen seiner Gemahlin stimmten und daß die Schönheit seiner Jugend, wodurch er vordem so manches weibliche Herz gerührt hatte, vorüber war.

Einst kam sein Sohn Hippolytos von Trözen herüber, um die eleusinische Mysterienfeier mitzubegehen; da sah Phaidra zum ersten Male ihren schönen Stiefsohn, der ihr wie ein frisches verjüngtes Bild ihres Gemahles entgegentrat,

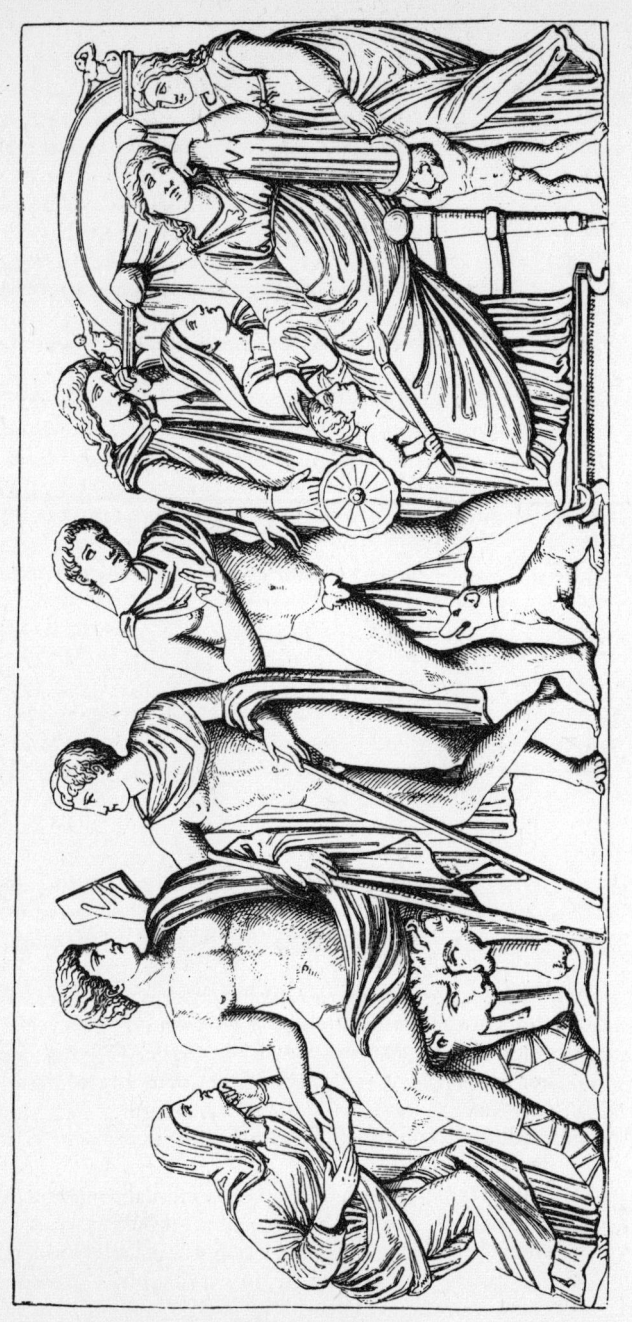

Hippolytos und Phaidra

und ihr Herz ward – so wollte es Aphrodite – von der heißesten Liebe zu dem Jüngling ergriffen. Doch verschloß sie ihre Neigung in ihrem Busen und suchte sie niederzukämpfen. Aber umsonst, ihr Herz war schwach und ihr Gemüt voll glühender Leidenschaft. Als der Jüngling wieder nach Trözen zurückgekehrt war, baute sie, des fernen Lieblings stets eingedenk, auf der hohen Burg von Athen der Fernschauerin Aphrodite einen Tempel; dort saß sie, oft Tage lang und schaute in nagender Liebespein sehnsüchtig hinüber nach der fernen Küste, wo der Geliebte weilte. Und als nun Theseus bald darauf mit ihr nach Trözen reiste, um längere Zeit daselbst zu verbleiben, da fachte die Nähe des schönen Jünglings die Flammen ihres Herzens zu einem wilden Brande an, der sie und ihn verderben sollte. Schon will sie nicht mehr ihrer Leidenschaft entsagen und sie bekämpfen; der verzehrende Liebesgram ist ihr ein gesuchter Genuß. Wenn Hippolytos auf dem Ringplatze in jugendlichen Kämpfen sich übte, dann saß sie gewöhnlich, zurückgezogen von dem Auge der Welt, auf einer nahen Anhöhe bei einem Tempel der Aphrodite unter einem Myrtenbaume und weidete sich an dem Anblick des geliebten Jünglings, und wenn dann heiße Liebesqual ihre Brust durchwühlte, zerriß und zerstach sie mit ihren Haarnadeln weinend die Blätter des Baumes. So verzehrte sich ihr krankendes Herz an der unheiligen Flamme, daß Mark und Leben ihr versiechten und die Blüte ihrer Schönheit verwelkte. Tag und Nacht verquälte sie sich in ihrem einsamen Gemache, blaß und krank, mit verwirrtem Sinn, und beschloß endlich, ehe sie der Schmach erliege und ihre Liebe bekenne, zu sterben. Drei Tage schon hatte sie sich Speise und Trank versagt und lag auf ihrem Lager mit matten Gliedern und krankem Herzen, ohne daß jemand entdecken konnte, wo der Grund ihrer Leiden zu suchen war. Da drang in zärtlicher Sorge um ihr Leben ihre alte Amme in sie und fragte und forschte, bis die Unglückliche ihre Liebe zu dem Stiefsohne gestand. Die Amme, ein verschmitztes Weib, ihrer Herrin in blinder törichter Liebe ganz ergeben, übernahm es, ohne daß Phaidra es verlangte, aber auch ohne daß sie es wehrte, den Hippolytos von der Leidenschaft seiner Stiefmutter zu unterrichten und ihn zu bereden, daß er den Wünschen ihres Herzens Erhörung schenkte.

Eben war Hippolytos mit seiner muntern Jagdgesellschaft aus dem Gebirge zurückgekehrt und zog unter Lobgesängen auf seine Beschützerin, die jungfräuliche Artemis, zu der Königsburg. Einen Kranz von Blumen, die er auf unentweihter Frühlingsau gepflückt, legte er der Bildsäule der Göttin, welche vor dem Palaste des Pittheus stand, um das Haupt und trat dann heiteren Sinnes in die Pforten ein. Da näherte sich ihm die alte Amme und offenbarte ihm, nachdem sie zuvor vorsichtig ihn durch einen Eid zur Verschwiegenheit verpflichtet, die Liebe seiner Stiefmutter Phaidra. Mit Abscheu und Entsetzen hörte der keusche Jüngling die Worte der Alten und den schändlichen Antrag, daß er die Neigung seiner Mutter, der Gemahlin seines Vaters, nicht unerwidert lassen möchte. Er schauderte zurück vor dem ungeheuren Frevel des pflichtvergessenen Weibes, und indem er in stürmischer Aufregung allen Frauen fluchte, eilte er fort aus dem Hause, hinaus in die freie heilige Natur, um dort den wallenden Zorn seiner Seele zu beschwichtigen. Er wollte nicht eher wieder unter *ein* Dach mit dem unreinen Weibe treten, als bis sein Vater, der eben zum delphischen Orakel gereist war, zurückgekehrt sei.

Sobald Phaidra vernahm, daß Hippolytos den Antrag der Amme mit Abscheu von sich gewiesen und voll Zorn davongeeilt sei, da ergriff Scham und Verzweiflung ihre Seele, und sie beschloß zu sterben. Mit welchen Augen wollte sie auch hinfort den verratenen Gatten ansehen und den Jüngling, der ihre Schuld kannte und ihre Liebe verschmähte? Sie will durch den Tod ihre Schmach und bittere Liebesschuld abbüßen, aber zugleich auch Rache üben an dem, der durch seine Verschmähung ihr Herz tödlich gekränkt; auch dem Hippolytos will sie den Untergang bereiten, er soll ihr Los teilen und nicht hochmütig auf ihr Mißgeschick niederschauen. Sie erhängte sich in ihrem Gemache; vorher aber hatte sie auf ein Täfelchen, das sie sorgsam versiegelt, geschrieben, daß Hippolytos mit Gewalt nach ihrer Ehre getrachtet und sie nur durch den Tod der Schmach habe entgehen können.

Theseus kam eben lorbeerbekränzt von Delphi zurück. Als er dem Hause sich näherte, in der Erwartung, daß die Pforten mit frohem Gruße sich ihm auftun würden, hörte er drinnen lautes Jammergeschrei der Frauen und Sklaven. War Pittheus gestorben, der hochbetagte Greis, oder war einem seiner unmündigen Kinder ein Unheil widerfahren? Da hört er, daß seine geliebte Gattin gestorben, daß sie selbst sich den Tod gegeben, durch den Strick. Er stürzt in das Haus und eilt zu der Leiche, klagt verzweifelt über den Verlust der treuen Gattin, der liebsten und besten der Frauen, so viele nur auf dem Erdkreis die Sonne bescheint. Da sieht er in ihrer Hand das Täfelchen, er löst das Siegel und wehe, welch' Unheil, welcher Frevel! Mit eigener Hand hat sie geschrieben, daß Hippolytos, sein Sohn, des Vaters Ehe zu entweihen gewagt hat, und daß dieses Vergehen der Grund ihres Selbstmordes ist. In furchtbarem Zorn und Schmerz verwünscht er den Verruchten und fleht zu Poseidon: „Vater Poseidon, der du mich immer geliebt wie einen Sohn, wenn du einst mir gewährt hast drei Wünsche zu erfüllen, so würge einer heute mir den Sohn! Diesem Tage entrinne er nicht, wenn du wahrhaft jene Huld verheißen hast! Und schickt Poseidon", fügt er hinzu, „ihn nicht hinab ins Schattenreich, so verbanne ich ihn aus dem Vaterland, daß er auf fremdem Strande, verfolgt von den Flüchen des Vaters, seine Tage hinschleppt in Jammer und Not!"

Noch tobte der Zorn in der Brust des Theseus, als Hippolytos herzukam und teilnehmend und ahnungslos fragte, was geschehen. Auf die Vorwürfe und Anklagen des Vaters verteidigte er sich ruhig im Bewußtsein seiner Unschuld; da er aber, durch einen Eid gebunden, die wahre Ursache des Mordes nicht offenbaren wollte, so konnte er dem Vater die Überzeugung von seiner Schuld nicht nehmen und ward von ihm sogleich aus dem Lande verwiesen. Nachdem er bei Zeus, dem Eidesrächer, nochmals feierlich seine Unschuld versichert und Artemis, seine Freundin und Genossin, die die Reinheit seines Herzens kennt, angerufen, geht er unter Seufzen und Tränen von dannen.

Noch an demselben Tage eilte ein Bote zu Theseus und verkündete ihm den Tod seines Sohnes. Mit bitterem Hohne fragte der verblendete Vater: „Durch wen kam er um? Hat etwa ihn ein Feind erschlagen, dessen Weib er gewaltsam entehrt, wie des Vaters Weib?" „Nein, Herr", erwiderte der Diener, „sein eigen Rossegespann hat ihn verderbt und jenes Fluchwort, das du von Poseidon auf des Sohnes Haupt herabgefleht." „O Götter, o Poseidon", rief Theseus, „so hast du heute dich mir als einen rechten Vater gezeigt, da du mein Gebet erhört! Doch sprich, Bote, wie kam er um, wie hat die Keule der Vergeltung ihn getroffen, den Schänder meiner Ehre?" „Wir Diener waren eben", so erzählte jetzt der Bote, „am Meeresufer beschäftigt, das Rossegespann deines Sohnes zu baden und zu striegeln, als wir mit Schmerz die Botschaft hörten von seiner Verbannung. Darauf nahte er selbst, begleitet von einer Schar trauernder Jugendfreunde, und wiederholte uns klagend, was wir gehört; dann hieß er uns Rosse und Wagen zur Abfahrt rüsten, da hier nicht fürder mehr sein Vaterland sei. Sobald die Rosse angeschirrt standen, ergriff er die Zügel und sprach, die Hände zum Himmel erhebend: ‚Zeus, treffe der Tod mich, wenn ich je ein Frevler war! Möge mein Vater, sei ich lebend oder tot, erfahren, daß er mir Unrecht getan!" Darauf trieb er die Rosse vorwärts, und wir Diener folgten ihm, auf dem Wege nach Epidauros und Argos hin. Da wir nun zu einer öden Stelle am Gestade kamen jenseits des Trözenerlandes am saronischen Busen, da traf ein Laut, gleich dem unterirdischen Donner des Zeus, furchtbar unser Ohr, daß die Rosse Haupt und Ohr zum Himmel reckten und wir in jugendlicher Furcht uns umsahen, woher der Schall käme. Da sahen wir, zum Meeresufer hingewandt, eine Woge hoch zum Himmel aufgetürmt, so daß die Felsen des gegenüberliegenden Gestades und der Isthmus unserem Blick entzogen waren. Darauf trieb sie in gewaltigem Wogenschwall mit weißem Schaume tosend nach der Küste, gerade zu dem Wege, wo das Viergespann ging, und warf einen großen Stier an das Ufer, ein wildes Ungeheuer, von dessen Gebrüll die Berge und die Felsen widerhallten. Sinnloser Schreck erfaßte das Gespann. Dein Sohn, erfahren im Lenken der Rosse, riß mit Gewalt die Zügel an sich und mühte sich mit rückwärts gebogenem Leib die tobenden Renner zu halten; doch sie, beißend in den Zaum, stürmen davon, unbekümmert um die Hand des Lenkers und die Zügel. Und wenn er zum Blachfelde hin sie wandte, so stand der Stier plötzlich vor ihren Augen und scheuchte sie rückwärts, und stürzten sie dann im Schrecken wieder zu dem Felsgestade, so nahte er sich schweigend und folgte beständig, bis er endlich das Rad wider den Felsen warf und den Wagen niederschmetterte. Jetzt gab's eine furchtbare Verwirrung. Hoch sprangen die Achsennägel empor und die Speichen des Rades, und er selber, der Unglückliche, in die Zügel verwickelt, ward von dem rasenden Gespann samt dem umgestürzten Wagen fortgeschleift über Sand und Felsgestein, das Haupt zerschellend und den Leib bald hier bald dort an die Klippen schlagend. „O grauser Vaterfluch", rief er, „wer eilt den Unschuldigen zu retten!" Wir eilten nach, doch vermochten wir nicht das flüchtige Gespann zu erreichen. Endlich, aus den zerrissenen Zügeln gelöst, fällt er hin, ich weiß nicht wie; zerschellt mit blutigem Leib liegt er da und schwankt noch leise röchelnd zwischen Tod und Leben. Die Rosse sind verschwunden und auch der Stier wie vom Boden verschlungen. „Herr", sprach der Diener weiter, „ich bin zwar ein Sklave deines Hauses, aber nimmer wirst du mich vermögen zu glauben, dein Sohn sei schlecht; in meinen Augen bleibt er immer ein tugendhafter Mann."

Theseus, noch immer von der Schuld des Hippolytos überzeugt, sprach nach längerem Schweigen: „Ich freue mich nicht über das Unglück des Sohnes, aber ich kann auch den Frevler nicht bedauern. Bringt mir ihn her, daß ich, Aug' in Aug' ihm blickend, vor seinem Tode noch der frechen Schuld, die er geleugnet, ihn durch der Götter Strafgericht überführe." Da, während Theseus noch des sterbenden Sohnes harrt, erscheint plötzlich die Göttin Artemis, die Freundin und Jagdgefährtin des Hippolytos, und ruft: „Wie, Theseus, du frohlockst? Unglücklicher, der du, vertrauend den falschen Worten deines Weibes, den eigenen Sohn gewürgt! Unverhehlbare Schmach hast du auf dich geladen, und unter den Gerechten darfst du hinfort nicht wandeln. Vernimm dein Unheil! Dein Weib Phaidra, aufgereizt von der Göttin, die ich verabscheue, liebte deinen Sohn, und obgleich sie selbst versuchte die unheilige Leidenschaft mit Vernunft niederzukämpfen, stürzte die Arglist ihrer Amme sie ins Verderben; denn sie verriet deinem Sohne die Liebe der Mutter, die er, wie's seiner würdig war, verschmähte. Da schrieb Phaidra, um der Beschuldigung arger Tat zu entgehen, den lügnerischen Brief und stürzte deinen Sohn ins Unheil; denn du glaubtest ihr, und er, der der Amme Verschwiegenheit gelobt, hielt seinen Eid. Doch du hast schwer gefehlt, da du in allzu raschem Zorn den Todesfluch über den Sohn aussprachst, ehe du, wie du gesollt, der Forschung erst noch Zeit vergönnt."

Theseus stand wie vernichtet. Jetzt weiß er, sein Sohn stirbt schuldlos, und er stirbt durch ihn. „Ich bin verloren", ruft er, „aller Reiz des Lebens ist mir dahin!" Mit lauter Klage stürzt er dem Sohne entgegen, der eben mit zerrissenem blutigen Leib, schon dem Tode nah, dahergebracht wird. Noch lebt er so lange, daß er dem schwer hintergangenen unglücklichen Vater verzeihen und ihn von der Blutschuld entbinden kann.

Theseus begrub in tiefem Schmerze die Leiche des Sohnes unter dem Myrtenbaum, an welchem Phaidra, die Gequälte, so oft gesessen hatte. Auch den Leib der Phaidra bestattete er an diesem ihrem Lieblingsplatze; denn er wollte die unglückliche Gattin im Tode nicht entehren. Den Hippolytos aber verehrten seitdem die Trözenier als einen Halbgott und feierten ihm ein jährliches Fest. Die Bräute weihten dem keuschen Jüngling, dem Liebling der Artemis, den die verschmähte Aphrodite in den Tod gestürzt, unter kummervollen Tränen ihr Lockenhaar und beklagten ihn in holden Gesängen.

Hochzeit des Peirithoos

Peirithoos, der König der kriegerischen Lapithen in Thessalien, ein kühner unbändiger Recke, hatte viel von der Stärke und Tapferkeit des Theseus gehört und bekam Lust mit demselben anzubinden und ihn kennenzulernen. Er kam daher nach Attika in die Gegend von Marathon und trieb dort eine Herde Rinder weg, die dem Theseus gehörte. Dieser eilte auf die Kunde davon dem Räuber nach. Sobald er ihm nahe gekommen, wandte sich Peirithoos und stellte sich dem Verfolger kampfbereit gegenüber. Da wurden beide Helden so von gegenseitiger Bewunderung ihrer Gestalt und Kühnheit ergriffen, daß sie des Kampfes vergaßen und einander zur Freundschaft und Waffenbrüderschaft die Hände reichten.

Nicht lange nachher zog Theseus nach Thessalien zu der Hochzeit seines neuen Freundes, der sich mit Hippodameia, der schönsten unter den Töchtern der Lapithen vermählte. Er hatte zu der Feier zahlreiche Gäste geladen, alle

Fürsten Thessaliens und manchen Freund aus der Ferne, auch seine Nachbarn, die Kentauren aus dem nahen Gebirge Pelion, ein wildes rohes Geschlecht, deren Körper eine Mischgestalt war aus Menschen und Roß; an den Oberkörper eines Mannes nämlich schloß sich die Brust und der Rumpf eines Pferdes. Der große Saal der Königsburg faßte nicht alle Gäste, viele noch, Lapithen und Kentauren gemischt, waren an zahlreichen Tischen gelagert in einer weiten von Bäumen umschatteten Grotte. Lautes Getümmel hallte durch die festlich geschmückten Räume, Brautlieder wurden gesungen, zahlreiche Feuer flammten auf den Herden und Altären, und die Gäste schwelgten bei Wein und köstlichen Speisen. Die jugendliche Braut saß in der Mitte des Saales, umringt von der Schar der Frauen und Mütter, in strahlender Schönheit, und alles pries den Gatten, dem solch ein Weib zu Teil geworden.

Lange blieb die brausende Lust des Festes ungestört. Da sprang Eurytion, der wildeste und stärkste der Kentauren, berauscht von Wein und getrieben von roher Begier, plötzlich auf Hippodameia los, faßte sie am Haar und schleppte sie raubend fort. Seinem Beispiele folgend, fielen die übrigen Kentauren, hingerissen von der angeborenen Gewalttätigkeit und alle von der Glut des Weines erhitzt, über die anderen Frauen und Jungfrauen her, um sie zu entführen. Sogleich erhoben sich die Lapithen und die übrigen griechischen Helden und warfen sich den Räubern entgegen, und nun entstand ein wildes wüstes Kämpfen und Würgen, wie in einer eroberten Stadt. Die kühnsten und gewaltigsten Helden der Vorzeit stritten gegen rohe tierische Kraft und Wildheit. Theseus zuerst stürzte dem Eurytion entgegen: „Welcher Wahnsinn treibt dich", rief er ihm zu, „daß du vor meinen Augen den Peirithoos angreifst und uns beide in dem Einen kränkst!" Mit diesen Worten drängt er die Stürmenden hinweg und entreißt ihrer Wut die geraubte Jungfrau. Ohne eine Antwort schlägt Eurytion mit seinen gewaltigen Fäusten dem Helden ins Antlitz und vor die Brust; der aber erfaßt einen schweren ehernen Mischkrug, der ihm gerade zur Seite steht, und schleudert ihn dem Kentauren ins Gesicht, daß er mit zerschmettertem Haupte rückwärts niederstürzt und mit seinen Hufen ausschlagend verendet. „Zu den Waffen!" riefen bei dem Fall ihres Bruders jetzt alle Kentauren, „zu den Waffen!" Zuerst flogen Becher und Krüge und weitbauchige Becken hin und wider; der Kentaur Amykos riß von der Decke einen Leuchter mit vielen Fackeln und zerschmetterte damit die Stirn des Lapithen Keladon, dafür streckte ihn Pelates mit dem abgerissenen Bein eines Tisches zu Boden. Der Kentaur Gryneus erhob einen ungeheuren Altar mit seinem Feuer und warf ihn mitten unter die Lapithen – nicht ungestraft, denn Exadios stieß ihm mit einem Hirschgeweih beide Augen aus. Rhoitos, nach Eurytion der furchtbarste unter den Kentauren, riß sich einen lodernden Brand vom Altar und bohrte ihn dem Charaxos in die Schläfe; wie trockene Saat brannte sein Haupthaar, und das Blut in der Wunde zischte, wie wenn man glühendes Eisen in den Kühltrog taucht. Der Verwundete schüttelt die Flammen sich vom Haupt, wühlt eine steinerne Schwelle aus dem Boden, eine ganze Wagenlast, und will sie gegen den Feind schleudern; aber die Last ist zu schwer, sie zerschmettert ihn selbst und neben ihm auch seinen Genossen Kometes. Rhoitos springt jubelnd hinzu und bohrt ihm noch dreimal und viermal den Brand in die Wunde und zersprengt ihm den Schädel. Darauf erwürgt er noch, schwelgend im Blutbad, den jungen Korythos und den Euagros; doch als er auf den Dryas lossspringt, stößt dieser ihm einen vorn angebrannten Pfahl zwischen Schulter und Nacken. Ächzend arbeitet er mühsam die Stange aus dem harten Knochen und flieht, übergossen von dem eigenen Blut. Die Flucht des Rhoitos reißt die andern Kentauren mit sich fort, nur Apheidas blieb im Saale zurück. Vom Weine betäubt, lag er, ausgestreckt in seiner ganzen Länge, auf einem zottigen Bärenfell, einen gehenkelten Becher voll Wein noch in der schlaffen Hand. Als Phorbas ihn sah, stieß er seine Lanze ihm in die Kehle, indem er spottend rief: „Mische den Wein dir mit dem Wasser der Styx!" Ohne den Schmerz des Todes starb der trunkene Kentaur, während das schwarze Blut auf die Polster rann und in den Becher.

Der tobende Kampf hat sich jetzt ins Freie gezogen, und die hellenischen Helden können ihre gewöhnlichen Waffen gebrauchen. Der Kentaur Petraios hat eben einen Eichbaum umfaßt und müht sich ihn loszureißen; da fliegt ihm der Speer des Peirithoos durch die Rippen und heftet seinen Leib wider den knorrigen Stamm. Noch drei andere Kentauren fallen unter seinem Speere. Als

Kentauren und Lapithen

Diktys ihm entfliehen will, stürzt er von einer Felsenspitze herab und zerbricht durch die Schwere seines Körpers eine gewaltige Esche; er bleibt mit zerrissenem Leibe an dem Stumpfe hangen. Aphareus sieht es und will ihn rächen; er reißt den Bergfels los, um ihn gegen den Lapithenkönig zu schleudern, aber Theseus zermalmt ihm mit seiner wuchtigen Keule den Arm. Ihn völlig zu töten, hat er keine Zeit oder keine Lust, er springt auf den breiten Rücken des Bianor und zerschmettert ihm, während er mit der Linken sein Haupt am zottigen Haare zurückzieht, mit der Keule die Schläfe. Einen nach dem andern erschlägt der athenische Held. Demoleon will eine Fichte entwurzeln; doch da ihm der Held zu schnell herankommt, bricht er sie ab und schleudert sie so gegen den Feind. Theseus sprang auf die Seite, und Krantor, der Waffengenosse des Peleus, ward getroffen. Peleus rächte den Freund, er bohrt dem Demoleon den Speer in den Leib. Der Wilde will ihn herausziehen, doch vermag er's nicht. Da springt er gegen Peleus an, um ihn mit seinen gewaltigen Hufen niederzuschmettern; er deckt sich gegen die wilden Tritte mit seinem Schild und Helm und stößt ihm unterdessen das Schwert in die Brust. Darauf erlegt er im Kampfeszorn noch eine ganze Schar von Feinden. In ähnlicher Weise wütete Nestor, der Held von Pylos, daß bald ganze Haufen von gewaltigen Kentaurenleibern im Blute umherlagen.

Kyllaros war der schönste und jugendlichste unter den Kentauren. Eben begann ihm der goldfarbene Bart um die kräftigen Züge seines schönen Antlitzes zu sprossen, goldfarben wallte das Haar ihm von den Schultern herab bis mitten zu dem Buge. Nacken und Brust, Schultern und Hände waren wie vom Künstler geformt, und auch der untere Teil seines Körpers, der Rosseleib, war ohne Fehl, pechschwarz glänzend, nur die Füße und der Schweif waren weiß. Viele Kentaurinnen waren ihm hold und stellten ihm nach; doch die schöne Hylonome rührte einzig sein Herz, die anmutigste unter allen Kentaurenjungfrauen, welche die waldigen Höhen bewohnten. Durch Liebe und Geständnis der Liebe fesselte die Schmeichlerin den schönen Jüngling. Auch sorgte sie stets die Schönheit ihres Körpers, soweit seine Gestalt es zuließ, zu erhöhen; sie glättete mit dem Kamme ihr Haar, bekränzte es bald mit Rosmarin, bald mit Veilchen und Rosen und Lilien, zweimal wusch sie des Tages ihr Antlitz im frischen Bergquell, zweimal badete sie ihren Leib in dem Flusse, und stets umkleidete sie die Schulter nur mit den schönsten Fellen. Beide glühten von gleicher Liebe, unzertrennlich schweiften sie zusammen auf den waldigen Höhen umher und in den Matten der Täler. Auch damals waren sie zusammen in das Haus des Lapithenkönigs gekommen und fochten gemeinsam den wilden Kampf. Da kam von der linken Seite, man weiß nicht, aus welcher Hand, ein Wurfspeer und drang dem Kentaurenjüngling in die Brust, und sein Herz, leicht geritzt, erstarrte, sobald er das Eisen aus der Wunde gezogen, zugleich mit dem ganzen Körper. Hylonome fing in ihren Armen die sinkenden Glieder des sterbenden Geliebten auf, und indem sie die Hand auf die blutende Wunde drückte und Lippen an Lippen schmiegte, versuchte sie vergebens die Flucht seiner Seele zu hemmen. Als sie sah, daß er gestorben, ergriff sie verzweifelnd den Speer, der in seiner Wunde gesessen, und stieß sich ihn in die Brust. Noch sterbend umschlang sie ihren Gatten.

Die Kentauren kamen immer mehr in Nachteil. Peirithoos, Theseus, Nestor und Peleus und vor allen Kaineus, ein Lapithe von unbändiger Kraft, dem die Gunst des Poseidon Unverwundbarkeit verliehen hatte, taten Wunder von Tapferkeit. Den würgenden Kaineus umringte zuletzt ein Schwarm der Kentauren. Sie schleuderten einen Hagel von Geschossen jeder Art auf ihn, aber wunderbar! der Lapithe blieb unverletzt. Als sie endlich merkten, daß er nicht zu verwunden war, türmten sie einen Berg von Baumstämmen und Felsen auf ihn, daß er zuletzt, von der Last erdrückt, seine Seele aushauchte. Jetzt drangen noch einmal die Helden auf die wilden Feinde ein und machten mit der sinkenden Nacht dem Kampf ein Ende. Die meisten Kentauren waren erschlagen, die übrigen retteten sich durch die Flucht auf den Pelion. Das zivilisierte Heldentum hatte gesiegt über die wilde Kraft natürlicher Roheit. In den nächsten Tagen verscheuchte Peirithoos mit seinen Freunden den Rest der Kentauren aus dem nahen Gebirge und trieb sie nach dem Pindus hin und den Grenzen von Epirus.

Des Theseus Frauenraub und Ende

Des Peirithoos schöne Gemahlin Hippodameia starb bald, und da auch Theseus damals ehelos war, so ließ er sich, obgleich schon in einem Alter von 50 Jahren, durch den jugendlich verwegenen Freund zu einem abenteuerlichen Unternehmen bereden, zum Raube der Helena. Diese Tochter des Zeus und der Leda, welche durch ihre Schönheit und ihren Leichtsinn nachmals so großes Unheil über Troja und über die Griechen brachte, war damals noch mehr Kind als Jungfrau; aber doch war ihre Schönheit schon weit und breit berühmt. Die beiden Helden kamen nach Sparta und raubten das Mädchen, während sie mit den spartanischen Jungfrauen im Tempel der Artemis den Reigen tanzte. Sie eilten mit ihrer Beute, verfolgt von den nachsetzenden Spartanern, in die arkadischen Berge; dort, erst in der Gegend von Tegea, gab die ausgesandte Mannschaft die unnütze Verfolgung auf, und die beiden Räuber konnten jetzt in Ruhe überlegen, was sie mit dem entführten Mädchen beginnen sollten. Sie kamen überein, daß sie um ihren Besitz losten, und wem das Los sie zuspreche, der solle dem andern irgend eine andre Braut, welche er wolle, rauben helfen. Das Los bestimmte sie dem Theseus. Er brachte sie nach Attika in seine feste Burg Aphidnä, wo er sie in die Verwahrung seiner Mutter Aithra gab.

Nun galt es, dem Peirithoos eine Braut zu gewinnen. Dieser verwegene Recke war mit einem gewöhnlichen Abenteuer nicht zufrieden, er beabsichtigte nichts Geringeres, als dem König der Schatten, dem Pluton, seine Gemahlin Persephone aus der Unterwelt zu entführen. Theseus war durch sein Wort gebunden, dem Waffenbruder zu folgen, und so gingen sie denn auf dem Kolonos bei Athen durch den Schlund, durch welchen auch Ödipus zur Unterwelt einging, unter die Erde hinab und wanderten den steilen dunklen Pfad zu dem Reiche des Hades. Schon waren sie bis an die Pforten des Hades gelangt, da setzten sie sich, um auszuruhen und über die Ausführung ihres Werkes zu beraten, auf einen Felsen nieder; als sie aber wieder sich erheben wollten, waren sie an den Stein festgewachsen. Da hatten sie denn Zeit, über die Verruchtheit ihres Beginnens nachzudenken und ihren Frevelmut zu bereuen. Als später Herakles desselbigen Weges kam, um den Kerberos aus der Unterwelt zu holen, streckten beide ihm verzweifelnd die Hände entgegen und baten, sie zu erlösen. Herakles reichte dem Theseus die Hand und riß ihn von dem Felsen los; die Götter ließen seine Befreiung zu, weil er, sonst ein frommer gottesfürchtiger Held, zu diesem frevelhaft törichten Unternehmen durch den Willen des Peirithoos gezwungen worden war. Als aber Herakles auch den Peirithoos von dem Felsen lösen wollte, erbebte donnernd die Erde, zum

Zeichen, daß die Götter es nicht erlaubten. So sitzt denn der Frevler ohne Erlösung noch immer drunten angekettet in der Finsternis, gepeinigt von den Erinyen.

Als Theseus auf die Oberwelt zurückkam, fand er in seinem Lande alles verändert, seine Burg zu Aphidnä zerstört, seine Mutter entführt, Athen von ihm abgefallen. Während seiner Abwesenheit nämlich waren die Dioskuren Kastor und Polydeukes, die Brüder der Helena, nach Attika gekommen, um die Schwester zu suchen und zu befreien. Sie erschienen in Athen und forderten in gutem die Zurückgabe der Helena. Da ihnen aber die Bürger antworteten, sie hätten weder die Jungfrau bei sich, noch wüßten sie, wo Theseus sie verborgen halte, drohten sie mit Krieg. Jetzt verriet Akademos, der auf irgend eine Weise das Geheimnis des Theseus erfahren hatte, den Aufenthalt der Helena. Die Dioskuren rückten vor Aphidnä und erstürmten nach einem harten Kampfe die Burg und zerstörten sie. Sie befreiten ihre Schwester und führten zugleich mit ihr des Theseus Mutter Aithra fort, welche seitdem die Sklavin der Helena war und später sie auch nach Troja begleitete. Ehe aber die Dioskuren Attika verließen, straften sie den Theseus noch dadurch, daß sie in Athen den Feind desselben, den Menestheus, Sohn des Peteos und Nachkommen des Erechtheus, welcher schon längst nach der athenischen Herrschaft gestrebt, auf den Thron erhoben. Als Theseus nach Athen zurückkam, fand er die Gemüter sich entfremdet und den Menestheus durch demagogische Künste in der Herrschaft so befestigt, daß er es für gut fand, ohne Kampf dem Throne zu entsagen und in die Fremde zu gehen. Seine beiden jungen Söhne, Akamas und Demophon, sandte er nach Euböa zu seinem Freunde Elephenor; er selbst ging nach der Insel Skyros, wo er von seinem Vater her noch Verwandtschaft und große Güter hatte. Als er noch nicht weit von Athen entfernt war, bei dem Flecken Gargettos, sprach er über die undankbaren Athener eine feierliche Verwünschung aus, an der Stelle, die man später das Verwünschungsfeld nannte.

In Skyros herrschte damals der König Lykomedes, der sich in den Besitz der Güter des Theseus gesetzt hatte. Als dieser nun sein Besitztum zurückforderte, stellte sich Lykomedes, als sei er zur Rückgabe gern bereit, und führte ihn auf einen hohen Felsen am Meer, um ihn, wie er sagte, von da sein weites Gut überblicken zu lassen. Während Theseus mit frohem Blick die schöne Insel überschaute, stürzte ihn Lykomedes durch einen tückischen Stoß von dem Felsen hinab in das Meer. So fand der alte Held fern von seinem Reiche in der Verbannung einen traurigen Tod. Seine beiden Söhne zogen mit Elephenor vor Troja, wo sie sich durch Tapferkeit auszeichneten. Nach Beendigung des Krieges kehrten sie mit ihrer Großmutter Aithra, die sie in der eroberten Stadt gefunden, nach Athen zurück und bemächtigten sich nach dem Tode des Menestheus wieder der angestammten Herrschaft.

Obgleich von den Athenern verraten und vertrieben, erwies sich ihnen Theseus doch auch noch im Tode als Freund und Helfer. Als sie bei Marathon die gefährliche Schlacht gegen die Perser schlugen, stieg der Held aus der Erde empor und führte ihre Scharen zum Siege. Jetzt erinnerten sich die Bürger wieder mit Dankbarkeit ihres Wohltäters, und sie beschlossen, seine Gebeine von Skyros ins Vaterland zurückzuholen. Als der Feldherr Kimon Skyros eroberte und sein Grab suchte, zeigte es ihm ein Adler, der über dem Hügel schwebte und dann herniederfuhr und mit seinen Krallen die Erde aufwühlte. Man grub nach und fand in einem Sarge die riesigen Gebeine, daneben eine eherne Lanze und ein Schwert. Kimon brachte die heiligen Überreste nach Athen, wo man sie mit glänzenden Aufzügen und Opfern empfing und feierlich bestattete. Mitten in der Stadt wurde dem Helden ein prächtiger Tempel erbaut, das Theseion, das heute noch wohlerhalten als christliche Kirche dient, und seitdem verehrten ihn die Athener in dankbarer Erinnerung als den Begründer und Wohltäter ihres Staates mit heroischen Ehren.

Meleagros

Kampf der Ätoler und Kureten

Oineus, der König der Ätoler in der Stadt Kalydon, hatte einst bei einem fröhlichen Erntefeste, wo er allen Göttern reiche Opfer darbrachte, der Artemis zu opfern versäumt. Mochte er sie zufällig vergessen oder absichtlich vernachlässigt haben, jedenfalls war seine Verschuldung groß. Darum zürnte die Göttin, und sie sandte in das Gelände des Oineus einen großen wilden Eber mit gewaltigen Hauern, der umherstürmend viel Unheil anrichtete und die Bäume umwarf samt Wurzeln und samt Blüten. Mit wenigem Volke war er nicht zu bewältigen; deshalb sammelte der junge Held Meleagros, der Sohn des Oineus, aus vielen Städten die mutigsten Jäger mit ihren Hunden, und nachdem mancher Mann gefallen, erlegte er selbst das Tier. Artemis aber, durch die Erlegung des Ebers noch mehr erzürnt, erregte großen Lärm und Streit zwischen Kureten und Ätolern, wem das Haupt und das borstige Fell des Tieres als Ehrenpreis gebühre. Es entstand ein wilder männerwürgender Krieg, in welchem die Kureten, in der benachbarten Stadt Pleuron seßhaft, solange der streitbare Meleagros mit den Ätolern in die Feldschlacht zog, stets Unheil traf, so daß sie nicht mehr, obgleich zahlreich und stark, außer ihren Mauern sich zu halten vermochten. Als aber Meleagros zürnend vom Kriege sich zurückzog, wandte sich das Glück. Er zürnte ob den Flüchen seiner Mutter Althaia, deren Bruder, einen Kureten, er im Kampfe erschlagen hatte. Unter vielem Jammer und den Busen mit Tränen netzend, hatte sie, in die Knie gesunken, die Erde mit ihren Händen geschlagen und zu Hades und Persephone gefleht, daß sie ihrem Sohne den Tod gäben. Und die in Nacht wandelnde Erinys mit dem grausen Herzen hörte die Flüche der Mutter aus der dunkelen Tiefe. Hart gekränkt durch die Verwünschungen seiner Mutter, saß nun Meleagros untätig daheim bei seiner Gattin Kleopatra, der schönen Tochter des Idas und der Marpessa, und bald erscholl der feindliche Kriegslärm um die Tore und Türme von Kalydon. Die Ältesten des Volkes baten und schickten heilige Priester zu ihm, daß er auszöge in die Schlacht; sie versprachen ihm ein großes Geschenk, 50 Morgen Landes hießen sie ihn sich wählen, wo die fetteste Flur von Kalydon lag, Rebenland zur Hälfte und zur Hälfte Fruchtland. Sein Vater, der greise Oineus, stieg zu der Schwelle seines Gemaches, pochte an den Pforten und fiel dem Sohn flehend zu Füßen, und es flehten die Schwestern, und die ehrwürdige Mutter flehte; aber er weigerte sich nur noch mehr. Es kamen die Freunde, die trautesten, die liebsten Freunde; aber sie vermochten nichts über sein grollendes Herz. Da – als schon die Geschosse des Feindes an sein Gemach schlugen, als schon das Volk der Kureten auf die Türme klomm und Feuerbrände in die Stadt warf – da flehte ihn jammernd die Gattin an, sie erinnerte ihn an all das Elend, das eine eroberte

Meleagros, im Kampfe mit den Kureten gefallen

Stadt trifft, an den Mord der Männer, die verheerende Wut der Flammen, an die Not fortgeschleppter Kinder und Weiber: und der Held ließ sich erweichen. Er ging und wappnete sich mit strahlender Rüstung und wandte den Untergang ab von der Vaterstadt; aber er kehrte nicht wieder aus der Feldschlacht, die Erinys, die den Fluch der Mutter gehört hatte, gab ihm in der Blüte seiner Jahre den Tod.

Die kalydonische Jagd

Oineus, der König in Kalydon, brachte einst zum Danke für die reiche Ernte des Jahres den Göttern die Erstlinge der Früchte dar, der Demeter Feldfrüchte, Wein dem Bakchos, der Athena das Öl der Olive, und so jedem der übrigen Götter die ihm gebührende Ehre. Nur die Altäre der Artemis blieben ohne Weihrauch. Darüber zürnte die Göttin, und sie schickte zur Strafe in die Felder des Oineus einen furchtbaren Eber, groß wie ein Stier. Feuer und Blut glühte in seinen Augen, sein Nacken starrte von Borsten, die aufrecht standen wie dichte Speere, seine Hauer waren groß wie die Zähne des Elefanten, und aus dem schäumenden Rachen schoß wie Blitzesstrahl glühender Odem, der durch seinen Anhauch das Laub versengte. Wild durchstampfte er bald die grünende Saat, bald raffte er die reifen Ähren von den Halmen, daß der Landmann weinend die Hoffnung des Jahres vernichtet sah und die Tenne und die Scheune vergebens auf die versprochene Ernte warteten. Das Geranke der Rebe mit den schweren Trauben, der fruchtbeladene Ölbaum sinkt unter seinen Tritten und seinen Hauern. Der Hirt und seine Hunde können das wütende Tier nicht von den Schafen, der trotzigste Stier kann es nicht von den Rindern verscheuchen; alles Volk flüchtet vor ihm und glaubt sich nur in den Mauern der Stadt noch sicher. Da endlich versammelt Meleagros, der heldenmütige Sohn des Oineus, aus allen Gauen Griechenlands die mutigsten und stärksten Heldenjünglinge, um das Tier zu erjagen und das Land von seiner Plage zu befreien. Es kamen zu der großen Jagd die beiden Dioskuren Kastor und Polydeukes, Theseus und Peirithoos, die Söhne des Aphareus Idas und Lynkeus, Peleus und Telamon, die beiden Söhne des Thestios aus Pleuron, Brüder der Althaia, der Mutter des Meleagros, Jason und Admetos aus Thessalien, Iphikles und Jolaos aus Theben, die Aktoriden Eurytos und Kteatos aus Elis und viele andere. Auch Atalante kam, die jungfräuliche Jägerin aus Arkadien, welche von erster Jugend auf in den Wäldern gelebt. Gleich nach der Geburt im Walde ausgesetzt, war sie von einer Bärin gesäugt und dann von Jägern zur Jägerin aufgezogen worden. Sie war schön und schnell wie Artemis, ihre Beschützerin, und gedachte gleich ihr in steter Jungfräulichkeit zu leben. (Später vermählte sich Atalante. Um die Freier zurückzuschrecken, hatte sie einen Wettlauf festgesetzt; wer sie darin besiege, dem versprach sie ihre Hand, doch wen sie erreichte, dem gab sie mit der Lanze den Tod. Obgleich schon viele so unter ihrer Lanze gefallen waren, so wagte doch der Jüngling Meilanion, von Liebe getrieben, noch den gefährlichen Wettlauf. Er besiegte die schnelle Jungfrau durch List; er ließ nämlich, indem er vor ihr herlief, drei goldene Äpfel, die ihm Aphrodite geschenkt, zur Erde fallen, und während Atalante diese aufhob, erreichte er glücklich das Ziel. So gewann er die Hand der Atalante, die ihm den schönen Parthenopaios gebar, einen der Helden des ersten thebanischen Krieges.) Auch trug sie sich ganz der Artemis gleich. Ihr Haar war kunstlos in einen Knoten am Nacken zusammengebunden, eine glatte Spange befestigte ihr kurzes Jagdgewand auf der rechten Schulter, um die linke Schulter hing der elfenbeinerne Köcher, mit Pfeilen gefüllt; auch trug sie den Bogen in der linken Hand. Ihr Antlitz hätte man bei einem Knaben ein Jungfrauengesicht genannt, bei der Jungfrau könnte man's ein Knabengesicht nennen. Sobald Meleagros die schöne hochragende Jungfrau sah, wünschte er ihre Huld, und heimliche Liebe schlich in sein Herz. „Glückselig der Mann", sprach er, „den diese einst würdigt ihr Gatte zu sein." Mehr zu reden, verbot ihm die Scham.

Neun Tage lang bewirtete Oineus die jugendlichen Helden, am zehnten machten sie sich auf, den Eber zu suchen. Ein hochstämmiger Wald, den noch nie eine Axt berührt, zog sich von der Ebene einen weiten Abhang hinan und sah düster hernieder auf die unten liegenden Felder. Hierhin wandten sich die Männer zuerst; die einen spannten Netze aus, andere entkoppelten die Hunde, wieder andere spürten auf den getretenen Pfaden nach dem Untier, begierig nach Kampf und Gefahr. Bald kamen sie in ein tiefes, durch strömende Regenbäche ausgehöhltes Tal, dessen unterste Schlucht dichtes Gestrüpp von Weiden und Schilf und Binsen überwucherte. Aus diesem Dickicht stürzte, aufgescheucht durch das Hallo der Jagd, plötzlich der Eber voll Wut hervor, mitten unter die Feinde, wie ein Blitzstrahl aus dunkelen Wolken. Die Jäger empfangen ihn mit lautem Geschrei und halten ihm die eisernen Spitzen ihrer Lanzen entgegen. Das Tier weicht aus und bricht durch eine Koppel anspringender Hunde, indem es sie mit hauendem Zahne niederwirft und zerstreut. Da fliegen von allen Seiten die Speere nach ihm; aber sie verfehlen zum Teil in der ersten Hitze der Jagd ihr Ziel, zum Teil prallen sie ab von den rauhen Borsten oder streifen doch nur mit leichter Wunde seinen Leib. Dadurch zu noch größerem Zorn gereizt, wendet der Eber sich um und stürzt, mit funkelndem Aug' und flammenschnaubendem Rachen, blitzschnell wie ein von der Wurfmaschine geschleuderter Felsblock tobend unter die Jäger. Drei von ihnen streckt er zu Boden, auch den vierten noch, den Pylier Nestor, der später so hohen Ruhm gewann, hätte er vor der Zeit hinweggerafft, hätte dieser nicht schnell an seiner Lanze sich in die Äste eines nahen Eichbaums hinaufgeschwungen, von wo er aus sicherer Höhe auf den schrecklichen Feind herabsah. Das wütende Tier wetzte drohend seine Hauer an dem Eichstamme und bohrte dann die geschärfte Waffe dem nächsten Feind in die Hüfte. Jetzt hätten die Zwillingsbrüder Kastor und Polydeukes, die hoch auf weißen Rossen ihre hellblinkenden Speere schwangen, dem borstigen Tiere blutige Wunden versetzt, wenn es sich nicht in das nahe Dunkel des Waldes geflüchtet hätte, wohin weder ein Roß noch ein Speer ihm folgen konnte. Telamon eilte ihm nach und Peleus und Atalante. Diese legte jetzt einen geflügelten Pfeil auf die Sehne und brachte dem Eber eine Wunde bei unter dem Ohr. Das war die erste Wunde, welche die Borsten des Tieres mit Blut rötete. Meleagros sah zuerst das strömende Blut und zeigte es seinen Genossen und rief der Jägerin jubelnd zu: „Dir gebühret, o Jungfrau, der Preis der Tapferkeit!" Die Männer erröteten vor Scham, daß ein Weib sie überflügelt, und indem sie gegenseitig sich anfeuern, dringen sie aufs neue mit zornigem Mute ein. Aber die Menge der Geschosse hinderte nur und verwirrte den Wurf. Der Arkader Ankaios, ein Mann von riesiger Stärke, trat dem vorstürzenden Tiere entgegen, indem er seine wuchtige Doppelaxt, die er gewöhnlich als Waffe trug, mit beiden Händen schwang. „Jetzt erkennet", rief er voll Eifersucht auf die Auszeichnung seiner Landesgenossin, „jetzt erkennt, wie weit Männerwaffen denen der Weiber vorgehen! Wenn auch Artemis selbst mit eigenen Waffen das Untier verteidigt, soll es doch ihr zum Trotz durch meine Hand vertilgt werden!" So prahlend, holte er mit der Streitaxt aus, aber ehe der Schlag fiel, lag er am Boden mit zerrissenem Leib; denn der wilde Eber hatte ihm beide Hauer in die Weichen gerannt. Endlich nachdem noch mancher Speer vergebens entsandt war, traf die Lanze des Melagros das Tier mit kräftigem Wurfe in den Rücken. Während es wütet und im Kreise sich dreht, springt er hinzu und durchstößt ihm mit dem Jagdspieß den Bug, daß es verendend niedersinkt. Mit lautem Jubel eilen jetzt die Genossen herzu und reichen dem Sieger grüßend die Rechte und staunen das entsetzliche Wild an, das ausgestreckt vor ihren Füßen liegt. Meleagros stemmte seinen Fuß auf den Kopf des Ebers, streifte ihm mit Hilfe seines Schwertes das borstige Fell ab und reichte es der Atalante mit den Worten: „Nimm die Beute, Arkaderin, die mir gehörte, du verdienst den Ruhm mit mir zu teilen." Die Jungfrau nahm den Siegespreis mit Freuden an. Da ging ein Murren des Neides durch die ganze Schar, und die Söhne des Thestios, die Oheime des Meleagros, Plexippos und Toxeus, sprangen auf die Jungfrau zu, indem sie mit lauten Ruf ihr die geballten Fäuste entgegenhielten. „Auf der Stelle lege die Beute nieder, Weib, und erschleiche nicht, was uns gehört; sonst soll dir deine Schönheit wenig nützen und der Schutz deines verliebten Gönners." Mit diesen Worten entrissen sie ihr das Geschenk und sprachen dem Helden das Recht ab, darüber zu verfügen. Da brauste Meleagros in gewaltigem Zorn auf: „Räuber fremden Verdienstes", rief er, „lernet von mir, wie weit Drohungen von Taten verschieden sind!" und bohrte dem Plexippos und sogleich auch dem andern Oheim das Eisen in die Brust.

Eben ging Althaia, die Mutter des Meleagros, zu den Tempeln der Götter, um ihnen für den Sieg ihres Sohnes Dankopfer darzubringen. Da sah sie die Leichen ihrer Brüder dahertragen. Wehklagend zerschlug sie sich die Brust, vertauschte die golddurchwirkten Freudengewänder mit schwarzem Trauerkleid und erfüllte die Stadt mit Jammergeschrei. Sobald sie aber jetzt erfuhr, daß ihr eigener Sohn die Brüder erschlagen, wandelte sich ihre Trauer in Zorn, und sie dachte nur an Strafe und Rache. Einst als eben Meleagros das Licht der Welt erblickt, waren die drei Schicksalsgöttinnen, die Moiren, in das Gemach der Althaia getreten und hatten ein Holzscheit in die Flammen des Herdes gelegt mit den Worten: „Gleiche Dauer, o Kind, wird dir und diesem Holze verliehen sein!" Als die Göttinnen nach diesem Spruche das Gemach verließen, sprang Althaia vom Lager und raffte das Scheit aus den Flammen und verschloß es sorgsam, damit sie ihrem Sohn langdauerndes Leben sichere. Jetzt aber, wo Rachedurst ihr Herz erfüllte, holte sie das verhängnisvolle Holz hervor, ließ Kienholz auf Reisig legen und entzündete es zu loderndem Brande.

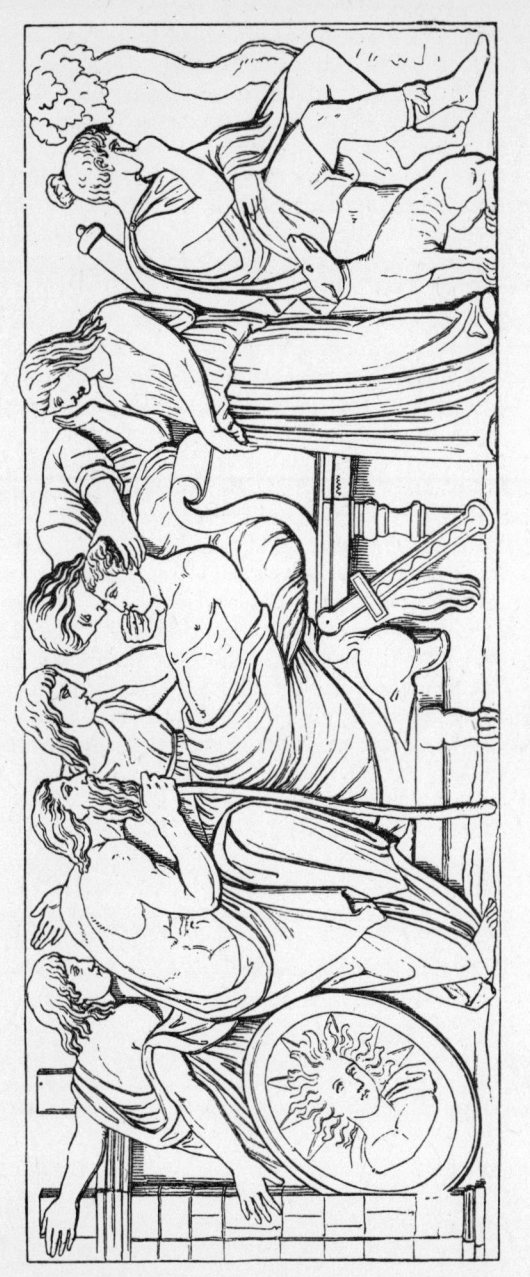

Tod des Meleagros

Viermal wollte sie das Scheit in die Flamme legen, viermal zuckte sie zurück; Mutter und Schwester bekämpfen sich in ihrem Herzen. Bald erblaßt ihr Antlitz vor Angst, bald rötet es der glühende Zorn; jetzt spricht aus ihrer Miene grauses Drohen, dann wieder Mitleid und Erbarmen. Wenn der wilde Zorn ihre Tränen erstickt hat, quellen doch wieder andere Tränen. Wie ein Kahn von der doppelten Macht des Windes und der entgegenkämpfenden Strömung hin-und hergerissen wird, so schwankt des Thestios' Tochter zwischen doppelter Regung, bald unterdrückt sie den Zorn, bald erregt sie ihn wieder. Endlich sieget die Bruderliebe über die Liebe zum Sohn. „So brenne denn mein Fleisch in den Gluten des Todes!" rief sie. „Blicket hierher, ihr Rachegeister meiner Brüder, schauet mein Furienopfer! Frevel strafe ich und Frevel übe ich, Tod sei gesühnet mit Tod. Fühlet ihr nur, meine Brüder, was ich für euch tue, empfanget das teuer erkaufte Totengeschenk, die unselige Frucht meines eigenen Leibes." So sprach sie und warf, das Antlitz abkehrend, mit zitternder Hand das Holzscheit mitten in die Flammen.

Während das Holz in den Flammen loderte, da tönte, – war's Wahrheit oder war's Täuschung? – aus dem Holze ein klagendes Seufzen. Der junge Held Meleagros aber, obgleich entfernt und ohne zu ahnen, was vorging, ward zu gleicher Zeit von innerem Schmerzensbrande verzehrt. Anfangs bekämpft er noch mit Kraft die gewaltige Qual; doch beklagt er's, daß er in unrühmlichem und unblutigem Tode dahinsinke, und preist die Freunde glücklich, die im Kampfe mit dem Eber erlagen. Mit seufzendem Munde ruft er den greisen Vater, Brüder und Schwestern und die teure Gattin, auch vielleicht die Mutter. Je mehr das Holz, an welchem sein Leben hing, vom Feuer verzehrt ward, desto stärker wühlte in seinem Innern der Schmerz, desto mehr ermattete seine Lebenskraft, bis endlich, als das Holz eben ganz in Asche zerfiel, er den letzten Atemzug verhauchte.

Das stolze Kalydon klagte, in Schmerz versunken, um seinen großen Helden, am meisten aber trauerte der greise Vater und seine Gattin und seine Schwestern. Die Mutter hatte sich im Bewußtsein tiefer Schuld das Schwert in die Brust gestoßen.

Die Argonauten

Phrixos und Helle

In Orchomenos, einer reichen Stadt im nördlichen Böotien, wohnte der König Athamas, ein Sohn des Aiolos. Er hatte eine göttliche Gemahlin, Nephele, welche ihm zwei Kinder geboren hatte, Phrixos und Helle. Als er sich aber neben der göttlichen Nephele noch mit einer menschlichen Gemahlin verband, mit Ino, der Tochter des thebanischen Königs Kadmos, da verließ Nephele im Zorne das Haus, und von der Zeit ruhte das Verderben auf der Familie des Athamas. Ino war eine böse Stiefmutter gegen Phrixos und Helle und suchte sie aus dem Weg zu räumen. Sie überredete die Frauen des Landes, daß sie im geheimen mit ihr das Getreide, das zur Saat bestimmt war, dörreten, und als nun der erhoffte Ertrag der Felder ausblieb und Athamas eine Gesandtschaft nach Delphi zum Orakel schickte, um zu erkunden, wie die Unfruchtbarkeit zu beseitigen sei, brachten die Gesandten, von Ino bestochen, die gefälschte Weissagung zurück, die Unfruchtbarkeit werde aufhören, wenn Phrixos dem Zeus als Opfer geschlachtet würde. Athamas bereitete sich, von den Einwohnern des Landes gezwungen, zur Opferung seines Sohnes; aber als eben der Knabe an dem Altare stand, um geschlachtet zu werden, sandte seine Mutter Nephele einen goldwolligen Widder, den ihr der Gott Hermes geschenkt, und ließ durch ihn den Sohn zugleich mit seiner Schwester Helle entführen. Das Tier trug die beiden Geschwister auf seinem Rücken hoch durch die Lüfte über Berg und Tal und über das Meer hin. Als sie über dem Meere waren, das heute die Straße der Dardanellen heißt, fiel Helle von dem Widder herab und ertrank in den Fluten. Deswegen nannten die Alten das Meer Hellespontos, „das Meer der Helle". Phrixos aber gelangte nach langer Fahrt durch die Lüfte endlich in das Land Aia oder Kolchis an dem äußersten Busen des Schwarzen Meeres, wo der Phasis fließt. Hier herrschte der berühmte Zauberkönig Aietes, ein Sohn des Sonnengottes Helios. Der nahm den Knaben freundlich auf und behielt ihn bei sich, und als er zum starken Jüngling herangereift war, gab er ihm seine Tochter Chalkiope zur Gemahlin. Den Widder mit dem goldenen Vließe opferte Phrixos dem Zeus Phyxios, „dem Fluchtschirmenden", zum Dank für seine Rettung, und das goldene Vließ schenkte er dem König, der ihn so freundlich aufgenommen. Aietes hängte das seltene Kleinod in einem heiligen Haine des Ares an einer Eiche auf und ließ es durch einen furchtbaren Drachen, der nimmer schlief, bewachen. Dort hing das Vließ lange Zeit in sicherer Hut, und es hinwegzuholen galt für eins der schwierigsten und gefährlichsten Abenteuer. In Griechenland aber war die Kunde von diesem wunderbaren Vließe allgemein verbreitet, und bei den Verwandten des Phrixos erhielt sich der Wunsch, es in ihren Besitz zu bringen, da für ihr Haus an seinem Besitze Heil und Segen hing.

Jason und Pelias

Kretheus, ein Bruder des Athamas, hatte in Thessalien an einem trefflichen Hafen die Stadt Jolkos gebaut, welche durch die Fruchtbarkeit ihrer Felder sowie durch Handel und Schiffahrt zu hoher Blüte gelangte. Die Herrschaft über die Stadt hinterließ er seinem ältesten Sohne Aison, aber der Stiefbruder desselben, Pelias, Poseidons Sohn, ein ungerechter übermütiger Mann, stieß ihn vom Throne und zwang ihn als Privatmann in der Stadt zu leben. Als dem Aison ein Sohn geboren ward, befürchteten er und seine Gattin, daß der grausame König das Kind, dem nach dem Rechte der Thron von Jolkos gebührte, töten möchte; deshalb gaben sie vor, ihr Kind sei gleich nach der Geburt gestorben, und veranstalteten in ihrem Hause eine Leichenfeier, schickten aber heimlich den Sohn in das nahe Gebirge Pelion zu dem weisen Kentauren Cheiron, damit er dort erzogen würde. In der Höhle des Kentauren nun wuchs Jason – so nannte ihn Cheiron – unter den Händen seines Pflegevaters, seiner Gattin Chariklo und seiner Mutter Philyra abgeschieden von aller Welt zu einem herrlichen Knaben auf, und Cheiron unterwies ihn in allen Heldentugenden. Als Jason das 20. Lebensjahr erreicht hatte, verließ er den stillen Zufluchtsort seiner Jugend und kam nach Jolkos zurück, um die Herrschaft des Vaters für sich zu fordern. Er trat auf den Markt unter das versammelte Volk, ein Jüngling von stolzer Kraft und strahlender Schönheit. Er war in der üblichen Landestracht, über der Schulter aber trug er zur Abwehr frostigen Regenschauers ein buntes Pardelfell; sein wallendes Haupthaar floß in langen Locken über den ganzen Rücken. In seinen Händen trug er nach Heldenart zwei gewaltige Lanzen. Frei und unerschrocken stand er da, und das Volk staunte den schönen fremden Jüngling an, ungewiß, ob es Apollon sei oder der starke Ares. Da kommt Pelias daher, der König, auf prächtigem Wagen von schnellen Maultieren gezogen, und wie er den Jüngling nur mit *einem* Schuh bekleidet sah, erschrak er. Denn er hatte vor Zeiten ein Orakel erhalten, er solle sich vor dem Einschuhigen hüten, der vom Gebirge herabkommen würde in die Ebene von Jolkos, sei es ein Fremder oder auch ein Einheimischer; durch die erlauchten Aioliden sei ihm bestimmt zu sterben, durch Gewalt oder durch unentrinnbare List. Pelias gedachte erschreckt seines Orakels und fragte, seine Furcht im Herzen bergend, den Fremden mit höhnenden Worten nach Geschlecht und Vaterland. „Doch das rate ich", sprach er hochfahrend, „beflecke dich nicht mit hassenswerter Unwahrheit; der bin ich Feind." Der Jüngling antwortete ruhig und mit freundlichen Worten: „Ich denke, daß ich den Lehren des weisen Cheiron Ehre mache, der mich in seiner Höhle bei seinem Weibe und seiner Mutter und seinen tugendhaften Töchtern Wahrheit und Redlichkeit lehrte. Zwanzig Jahre habe ich bei ihnen gelebt, ohne je in Wort oder Tat mich vergangen zu haben; jetzt aber kehre ich hierher zurück zum Hause meines Vaters Aison, um die von den Ahnen ererbte Herrschaft des Vaters zu fordern, welche, wie ich höre, der ungerechte Pelias gewaltsam geraubt hat. Doch, werte Bürger, zeigt mir das Haus meiner ritterlichen Ahnen; denn ich bin ein Kind dieses Landes, Jason, Aisons Sohn."

So sprach er, und wie er in das Haus seiner Eltern trat, erkannte ihn das Auge

Phixos und Helle

des Vaters sogleich, und Tränen der Freude brachen aus seinen grauen Wimpern, da er sein Kind so als schönsten Mann vor sich sah. Und es kamen auf das Gerücht von Jasons Heimkehr, um dem Vetter ihr Wohlwollen zu bezeugen, Aisons Brüder, Pheres aus der Stadt Pherä in der Nähe, und fern aus Messenien Amythaon, beide mit ihren Söhnen Admetos und Melampus. Jason empfing sie gastlich im Hause des Vaters und ehrte sie mit schönen Geschenken, und nachdem er sie fünf Tage und fünf Nächte lang aufs beste bewirtet und ihr Herz ergötzt mit freundlichen Gesprächen und jeglicher Lust, pflog er am sechsten ernste Unterredung mit ihnen und tat ihnen seinen Willen kund. Und sie gaben ihm Beifall und erhoben sich sogleich mit ihm von ihren Sitzen, und kamen zum Hause des Pelias. Der hörte sie eintreten mit schnellem Schritt und kam ihnen entgegen, und Jason sprach mit milden Worten zu ihm: „Sohn des Poseidon, der Menschen Herz ist zwar eher geneigt, den Gewinn des Unrechts höher zu achten als das Recht; allein unvermutet geraten sie ins Unheil. Wir hingegen, du und ich, wollen zähmen alle heftige Begier. *Einem* Geschlechte gehören wir an, und als Blutsfreunde dürfen wir nicht mit Speer und Schwert entscheiden, wem die Würde unserer Ahnen gebührt. Drum will ich dir lassen alle Herden von Schafen und Rindern und alles Feld, das du meinen Eltern entrissen; aber Zepter und Thron, auf dem mein Vater einst saß, – denn nur danach verlangt mich – gib willig mir zurück, damit nicht neues Unheil entstehe." „Das will ich", sprach Pelias gelassen, aber argen Trug im Herzen, „jedoch vorher tilge der Unterirdischen Zorn, der ob unserem Hause schwebt. Denn Phrixos, der ferne vom Vaterlande starb, gebeut seine Seele zurückrufend zu sühnen und, hinreisend zu des Aietes Palaste, das zottige Widderfell zu holen, auf dem er dem Meere einst entging und seiner Stiefmutter Bosheitsgeschossen. Ein wunderbar Traumgesicht stieg hernieder und verkündete mir's. Da forscht' ich, ob's Wahrheit sei, bei Kastalias Quell: und schnell gebot mir der Gott eine Seefahrt auszurüsten. Mich jedoch umschwebt das Alter schon; dir aber knospt noch die Blüte der Jugend. Drum wage denn du diesen Kampf, und ich schwöre dir's, Herrschaft und Reich werf' ich dir hin." Jason ging den Bund ein und sammelte sich Genossen zur Fahrt in ganz Griechenland.

Zurüstung der Argonautenfahrt

Jason reiste durch alle Teile Griechenlands und forderte die namhaftesten Helden der damaligen Zeit auf, mit ihm nach Kolchis zu ziehen. Alle sagten ihm mit Freuden ihre Unterstützung zu und versprachen, zur bestimmten Zeit sich in Jolkos einzustellen. Wir nennen unter andern den berühmten Sänger Orpheus und den argivischen Seher Amphiaraos, Zetes und Kalaïs, die geflügelten Söhne des Boeras, des Nordwindes, Kastor und Polydeukes, Idas und Lynkeus, Telamon und Peleus, Herakles, Meleagros, Theseus, Laertes, den Vater, und Autolykos, den mütterlichen Großvater des Odysseus, den starken Ankaios aus Arkadien, Admetos; auch Akastos, der Sohn des Pelias, der mit Jason innige Freundschaft geschlossen, nahm teil an dem Abenteuer wider Willen des Vaters. Als die Helden sich zu Jolkos versammelten, lauter tapfere und kühne Recken, die Blüte von ganz Hellas, fanden sie das Schiff, welches sie übers Meer tragen sollte, schon fertig im Sande des Ufers stehen. Es war ein herrlicher Fünfzigruderer, das erste große Schiff, auf welchem Griechen sich auf das offene Meer wagten, von außerordentlicher Leichtigkeit und Schnelle. Argos, ein Sohn des Arestor, hatte es mit Hilfe der Athene, welche dem Jason ihr besonderes Wohlwollen zugewandt hatte, am Fuße des Pelion erbaut, und davon erhielt das Schiff den Namen Argo; die Helden aber, die in dem Schiffe fuhren, hießen Argonauten, „die Argoschiffer". Athena hatte in das Vorderteil der Argo ein Stück Holz von der heiligen weissagenden Eiche zu Dodona eingefügt. Außer Athena wandte die Göttin Hera den Argonauten ihren besonderen Schutz zu. Sie zürnte dem Pelias, weil er ihr Opfer und Verehrung versagt hatte, und wollte, daß durch Jason die Zauberin Medea nach Jolkos geführt würde, damit diese ihr ein Werkzeug werde zur Bestrafung des Königs. Dem Jason aber war sie hold. Einst, als dieser im Gebirge bei winterlichem Wetter jagte, kam er an einen reißenden, vom Regen angeschwellten Gießbach. Am Rande desselben stand ein altes Weib und jammerte und bat, sie über das tobende Wasser zu bringen. Der Jüngling erbarmte sich ihrer und trug sie auf seinen Schultern hinüber. Er hatte die Göttin Hera über den Fluß getragen, welche, um ihn zu versuchen, die Gestalt einer alten Frau angenommen. Seit der Zeit erfreute sich Jason der Gunst und Unterstützung der mächtigen Göttin, wie er oft bei den Gefahren dieses Zuges erkannte.

Als die Argonauten am Hafen von Jolkos alle versammelt waren, zur Fahrt bereit, da war das erste, was sie taten, daß sie sich einen Führer wählten. Alle warfen ihr Auge auf Herakles, den starken Zeussohn, den berühmtesten unter allen, und baten ihn, sich an ihre Spitze zu stellen; der aber wies mit beiden Händen die Ehre von sich und deutete auf Jason. Jason nahm die Führerschaft an und befahl nun zunächst, die Argo ins Meer zu ziehen, und ließ sich durch seine Diener mit Lebensmitteln reichlich versehen. Darauf verlosten sie die Sitze im Schiffe, so daß immer je zwei auf eine Ruderbank kamen; für das mittelste Ruder aber wählten sie ohne Los die starken Helden Herakles und Ankaios. Den Tiphys machten sie zum Steuermann, der scharfblickende Lynkeus wurde der Lotse des Schiffes.

Unterdessen hatte Jason aus seinen Herden zwei stattliche Stiere herbeiholen und dem Apollon einen Altar am Ufer errichten lassen. Denn diesem Gotte glaubte er vor allen andern opfern zu müssen, da dieser durch sein Orakel zur Fahrt aufgefordert und zugleich die glückliche Ausführung verheißen hatte. Man führte die Stiere zum Altar, und Herakles schlug den einen mit der Keule nieder, Ankaios den andern mit seiner wuchtigen ehernen Axt. Als man die ausgewählten Opferstücke auf dem Altar verbrannte und Jason unter frommem Gebet die heilige Spende hineingoß, da leuchtete die Flamme hell empor. Idmon, der Seher, weissagte daraus eine glückliche Heimkehr; ihm selbst aber, sagte er, sei beschieden, fern von der Heimat auf asischem Boden zu sterben. Die Helden bedauerten das Los des geliebten Genossen, freuten sich aber ihrer eigenen glücklichen Weissagung und wandten sich, als der Abend niedersank, zum frohen Opferschmause. Sie lagerten sich am Ufer auf weichem Laub und Rasen und ergötzten sich an Speise und Trank und heiteren Gesprächen und horchten den lieblichen Weisen des Orpheus. Am folgenden Morgen, sobald die Morgenröte erschien, bestiegen sie auf den Weckruf des Tiphys die Argo und gossen den Göttern zur glücklichen Fahrt eine Weinspende ins Meer, und steuerten mutig aus dem Hafen. Die Fahrt ging längs der Küste von Thessalien, Makedonien und Thrakien dem fernen Ziele zu. Ein günstiger Wind blies in die Segel, und die Argo hüpfte lustig ohne Ruderschlag dahin durch die Wogen nach dem Takte der Lieder, die Orpheus sang. Voll Entzücken lauschten die Helden, und die Fische, die Brut des Meeres, tauchten empor aus der Tiefe und folgten bezaubert den süßen Klängen, gleich einer Herde, die dem Syrinxspiel des Hirten folgt.

Die Argonauten auf Lemnos

Nach der Fahrt von einigen Tagen gelangten die Argonauten zur Insel Lemnos. Dort hatten das Jahr zuvor die Frauen alle ihre Männer ermordet, weil diese ihre Gattinnen verstoßen und sich mit Kriegsgefangenen verbunden hatten, die sie sich vom benachbarten Festlande geholt. Auch alle Kinder männlichen Geschlechtes waren getötet worden, da diese, herangewachsen, einst den Mord ihrer Väter rächen könnten. Nur Hypsipyleia, die Königstochter, hatte ihren Vater Thoas gerettet; sie hatte ihn heimlich in einer verschlossenen Kiste ins Meer geworfen, und er war an der Küste von Sikinos von Fischern ans Land gezogen worden. So waren denn die Lemnierinnen gezwungen, selbst ihre Herden zu weiden und ihre Felder zu bestellen, und sie gingen, den kriegerischen Amazonen gleich, in den Waffen ihrer Männer, in steter Besorgnis, die Thraker vom benachbarten Festlande, die Verwandten ihrer Nebenbuhlerinnen, möchten ihre Insel überfallen. Als sie daher die stattliche Argo ihrer Küste zurudern sahen, stürmten sie alle, die Königin Hypsipyleia an ihrer Spitze, mit geschwungenen Waffen dem Ufer zu, um die Landung zu verhindern; die Argonauten aber schickten einen Herold an die Königin ab und baten, daß es ihnen erlaubt sei, während der Nacht an der Küste zu verweilen. Hypsipyleia führte daher ihre Frauenschar wieder in die Stadt zurück und hielt in betreff der Fremden auf dem Markte eine Volksversammlung. Sie saß auf dem steinernen Thronsitze ihres Vaters, neben ihr ihre greise Amme mit zwei blonden Jungfrauen auf jeder Seite, rings im weiten Kreise saß das übrige Volk. Da erhob sich die jungfräuliche Königin und sprach: „Liebe Schwestern, wir wollen den fremden Männern Speise und Trank und, was sie sonst begehren, auf ihr Schiff liefern, damit sie außerhalb unserer Mauern bleiben und nicht sehen, welch' böses Werk wir getan. Wahrlich, es würde ihnen schlecht gefallen, und ein schlimmer Ruf würde sich weithin über uns verbreiten. Das also ist mein Rat; doch wer etwas anderes zu raten hat, mag sprechen." Da erhob sich die alte Amme und sprach, auf ihren Stab gebückt: „Ja, sendet immerhin den Fremden Geschenke, das halte ich auch für gut; doch bedenket auch, wie es euch ergehen wird, wenn ein Heer der Thraker oder auch sonstiger Feinde euch überfällt. Und wenn auch ein Gott euch dieses Unglück fern hält, so stehen euch doch noch viele andre Übel bevor. Wenn wir Alten dahingestorben sind und ihr Jüngern seid alt geworden, werden dann die Ochsen sich selbst ans Joch spannen und euch den Pflug durchs Ackerfeld ziehen? Werden sie euch, wenn im Laufe des Jahres die Saat gereift, an eurer Statt die Ähren abschneiden? denn ihr werdet's nicht können. Ich für mein Teil werde bald in die Grube steigen, aber euch Jüngeren rate ich, nehmt die fremden Männer in eure Häuser und vertraut ihnen euer Gut an und die Verwaltung eurer Stadt, daß sie euch schützen vor fremder Gefahr und daß ein nachwachsendes Geschlecht euch vor der Not des Alters bewahrt."

Der Rat der Alten gefiel dem ganzen Volke, und Hypsipyleia sandte sogleich die Jungfrau Iphinoe als Botin an Jason und lud die Fremdlinge ein, ans Land und in ihre Stadt zu kommen. Jason warf ein kostbares Purpurgewand, das ihm

Athene geschenkt, über die Schulter, nahm die wuchtige Lanze in die Hand und schritt mit Iphinoe der Stadt zu, einem strahlenden Sterne gleich. An den Toren der Stadt kamen ihm die Frauen und Jungfrauen freudig entgegen und begleiteten ihn staunend zu dem Palaste der Königin; die Mägde taten ihm die hohen Pforten weit auf und Iphinoe führte ihn in das Gemach ihrer Herrin, wo er sich dieser gegenüber auf prächtigem Sessel niederließ. Hypsipyleia schlug die Augen nieder, und die Röte der Scham überzog ihre jungfräulichen Wangen. Nach kurzem Schweigen sprach sie verschämt zu dem jungen Helden: „Fremdling, warum weilt ihr so lange außerhalb unserer Mauern? In unserer Stadt wohnen ja keine Männer, daß ihr euch zu fürchten hättet. Sie pflügen drüben die Felder Thrakiens. Während nämlich mein Vater Thoas König war, zogen sie hinüber, verheerten das Land und brachten reiche Beute und eine große Schar kriegsgefangener Jungfrauen mit zurück. Mit diesen verbanden sie sich und verließen und mißhandelten ihre rechtmäßigen Gattinnen und deren Kinder. Als sie nun einmal wieder nach Thrakien hinübergegangen waren, da verschlossen wir ihnen bei ihrer Rückkehr die Tore, damit sie uns gerecht würden oder anderswohin mit ihren Kebsweibern auswanderten. Sie forderten die Auslieferung ihrer Söhne und zogen mit diesen nach Thrakien zurück, wo sie jetzt noch wohnen. So sind wir denn hilflos geblieben. Darum, wenn es euch gefällt, kehret bei uns ein und bleibet, und du, wenn du deinen Wohnsitz hier aufschlagen willst, nimm die Herrschaft meines Vaters und sei König über diese Insel. Wahrlich, du wirst dies Land nicht tadeln, es ist die fruchtbarste und schönste Insel, die in diesem Meere liegt. Geh daher zu den Deinen zurück und melde ihnen unsern Vorschlag, und bleibet nicht länger außerhalb unserer Stadt." So sprach sie, verhehlte aber wohlweislich den frevelhaften Mord der Männer. Jason erwiderte: „Königin, wir nehmen gern die Hilfe an, die ihr uns bietet. Wenn ich meinen Genossen die Nachricht gebracht, kehre ich zurück; doch die Herrschaft der Insel verbleibe dir, nicht als ob ich sie verachtete, aber mich ruft ein harter Kampf in ferne Lande." Er reichte der Königin die Rechte und kehrte zum Schiffe zurück. Während er durch die Straßen schritt, begleiteten ihn die Frauen in freudigem Gedränge bis zum Tore; dann rüsteten sie schnell ihre Wagen, beluden sie mit vielen Gastgeschenken und eilten dem Meere zu. Die Argonauten nahmen mit Freuden die Nachricht des Jason auf und folgten den Frauen in die Stadt. Jason nahm seine Wohnung in der Königsburg bei Hypsipyleia, die übrigen verteilten sich hier und dort. Nur Herakles blieb mit einigen Auserlesenen zur Wache in dem Schiffe zurück.

    Nun folgten festliche Tage. Gastmähler wechselten mit fröhlichen Reigen; duftiger Opferdampf stieg überall von den Altären auf, am meisten aber feierte man von allen Göttern mit Opfern und Gesängen den Hephaistos, den Schutzgott der Insel, und Aphrodite, seine liebliche Gemahlin. Von Tag zu Tag ward die Abfahrt verschoben, und man hätte wahrscheinlich noch viel länger verweilt, wenn nicht Herakles die Schar seiner Genossen ohne Wissen der Frauen versammelt und unter Schelten und Tadel sie an den fast vergessenen Zweck ihrer Fahrt erinnert hätte. Die Helden gehorchten beschämt der Mahnung des Herakles und rüsteten sich zur Abfahrt. Die Lemnierinnen umringten, zahlreich wie ein Schwarm von Bienen, die scheidenden Freunde mit Bitten und Klagen und wünschten ihnen unter Tränen und Händedruck Glück zur weiteren Fahrt. Hypsipyleia reichte beim Scheiden mit feuchten Augen Jason die Hand und sprach: „So ziehe denn hin, mögen die Götter dir und deinen Genossen gewähren, das Vließ, wie ihr wünschet, nach Hause zu bringen. Kehrst du einmal glücklich hierher zurück, so lege ich die Herrschaft dieser Insel in deine Hand. Doch ich weiß, das wird nimmer geschehen, du hast diese Absicht nicht. So gedenke denn wenigstens mein in der Ferne." Jason nahm voll Rührung Abschied von der Königin und bestieg das Schiff, die andern folgten. Argos löste das Fahrzeug vom Lande, die Ruder setzten sich in Bewegung, und bald war das schöne Eiland hinter ihrem Rücken verschwunden.

Kyzikos

Durch den Hellespont gelangten die Argonauten in die Propontis zu der Insel Kyzikos, welche nahe an der Küste von Phrygien durch einen schmalen Isthmus mit dem Festlande zusammenhing. Dort wohnten auf dem Bärenberge wilde erdgeborene Riesen; sechs gewaltige Hände hingen jedem vom Leibe herab, zwei von den breiten Schultern und vier von den Seiten. Um den Isthmus und in der Ebene wohnten die Dolionen unter ihrem Könige Kyzikos. Sie stammten von dem Meergotte Poseidon, und der schützte sie auch vor den Riesen, daß sie trotz der Nähe ihnen nichts zuleide taten. Hier also landeten die Argonauten in einem schönen Hafen und gingen vor Anker. Sobald Kyzikos und die Dolionen von der Landung der edlen Helden hörten, eilten sie herbei und empfingen sie freundlich und beredeten sie, daß sie ihr Schiff in den Hafen ihrer Stadt einlaufen ließen. Der König Kyzikos stand in der ersten Blüte der Jahre, kaum sproßte ihm der zarte Flaum um Kinn und Wangen, und er hatte erst vor wenigen Monden sich vermählt mit der schönen Kleite, einer Tochter des Merops. Er hatte aber vor Zeiten einen Orakelspruch erhalten, wenn eine göttliche Schar von Helden an die Insel käme, so solle er sie liebreich empfangen und sie nicht bekriegen. Darum versah er die Fremdlinge mit Wein und fetten Schafen und kam selbst, um an ihrem Mahle teilzunehmen; er hörte von dem Zweck und Ziel ihrer Reise und belehrte sie über die Richtung ihrer Fahrt. Am andern Morgen bestieg er mit ihnen einen hohen Berg, um sie die Lage der Insel und das weite Meer umher überschauen zu lassen, während ein Teil der Argonauten, unter ihnen Herakles, das Schiff aus dem Hafen herausführen wollte. Da stürmten von der anderen Seite des Berges die Riesen herbei und suchten den Hafen mit großen Felsblöcken zu sperren. Herakles aber ergriff seinen Bogen und streckte einen nach dem andern nieder. Unterdessen kam auch die übrige Schar vom Berge zurück und half die Riesen bekämpfen mit Bogen und Lanzen, bis auch der letzte erschlagen war. Wie große Baumstämme, welche die Axt des Holzhauers gefällt, lagen die Riesen über- und durcheinander am Boden, die einen mit Kopf und Brust im Wasser, mit den Füßen am Ufer, die andern den schweren Rumpf in den Sand gestreckt und mit den Füßen im Meer, beide den Fischen und Vögeln zugleich ein willkommener Fraß.

Nach diesem Kampfe gingen die Argonauten unter den Glückwünschen der Dolionen in See. Den ganzen Tag trieb ein günstiger Wind die Argo vorwärts; in der Nacht aber drehte sich der Wind, ohne daß die Helden es merkten, und führte sie nach der Insel der Dolionen zurück. Sie gingen ans Land, doch erkannten sie in der Finsternis die befreundete Insel nicht wieder, und als die Dolionen von der Landung bewaffneter Männer hörten, glaubten sie, es seien pelasgische Seeräuber, die öfter ihre Insel heimsuchten, und stürzten mit den Waffen herbei. Es begann in der Dunkelheit ein furchtbarer Kampf, in welchem keiner den andern erkannte. Die Argonauten erlegten eine große Anzahl von Dolionen; Jason traf den König Kyzikos mit der Lanze mitten in die Brust. Der Kampf dauerte bis zum Morgen, da erkannte man mit Schrecken den unseligen Irrtum. Drei Tage klagten die Argonauten und Dolionen mit zerrauftem Haar um den geliebten König, der in der Blüte seiner Jahre dahingesunken; dann bestatteten sie ihn mit großen Ehren und veranstalteten Leichenspiele an seinem hohen Grabmale, das noch in späten Zeiten zu sehen war. Kleite aber, die jugendliche Gattin des Königs, ertrug es nicht, ohne den Geliebten zu leben; sie gab sich selbst den Tod. Die Nymphen der benachbarten Haine beweinten sie, und aus ihren Tränen, die reichlich zur Erde flossen, schufen die Götter eine Quelle, der sie den Namen der armen frühverblichenen Kleite gaben.

Hylas

Nach einer sturmvollen Fahrt landeten die Argonauten eines Abends an der Küste von Mysien, an der Stelle, wo nachmals die Stadt Kios oder Prusias stand, das jetzige Bursa. Die Einwohner des Landes nahmen sie freundlich auf und versahen sie mit Speise und Trank. Während die Helden nach den Mühen des Tages im weichen Grase lagerten und sich an der Abendmahlzeit erlabten, ging Herakles in den nahen Wald, um sich ein Ruder zu holen; denn er hatte während des Tages, als er mit gewaltigem Arme den stürmenden Wogen entgegenrang, sein Ruder zerbrochen. Er fand bald eine Tanne, die ihm passend erschien, legte Bogen und Köcher und die Löwenhaut ab, faßte den Stamm mit beiden Händen und riß ihn mitsamt den Wurzeln aus der Erde. Währenddem war Hylas, der schöne Knabe, welchen Herakles, nachdem er seinen Vater, den Dryoperkönig Theiodamas, erschlagen, zu sich genommen hatte und mit solcher Zärtlichkeit liebte, daß er ihn fast nie von seiner Seite ließ, aus dem Lager gegangen, um Wasser für sich und seinen Herrn zu suchen. In waldiger Niederung fand er eine Quelle, und wie er sich eben bückte, um mit dem ehernen Kruge zu schöpfen, da umschlangen die Nymphen des Quells, von Liebe erfaßt, den schönen Knaben und zogen ihn zu sich hinab in die Flut. Wie ein Stern in der Nacht leuchtend vom Himmel fällt und im Dunkel erlischt, so verschwand in dem Quell der schöne Hylas. Ein Argonaut Polyphemos, ein Freund des Herakles, der dessen Rückkehr in der Nähe jener Quelle erwartete, hörte den Schrei des versinkenden Knaben und wähnte, ein wildes Tier habe ihn erfaßt, oder Räuber schleppten ihn ins Gebirge. Wie ein Löwe, der nach Beute sucht, stürmte er mit gezogenem Schwerte nach der Gegend hin, von wo er den Ruf gehört; aber er fand den Knaben nicht. Da begegnete ihm Herakles, der eben mit seiner Tanne aus dem Walde kehrte: „Unglücklicher", rief er ihm entgegen, „muß ich der Erste sein, der dir die Trauerbotschaft meldet! Hylas ist zum Quell gegangen und nicht wieder zurückgekehrt; Räuber schleppen ihn fort oder wilde Tiere zerreißen ihn; ich selbst habe seinen Angstschrei gehört." Dem Herakles troff der Schweiß von den Schläfen, als er solches hörte, und das Blut wallte ihm gegen die Brust. Zornig warf er die Tanne zur Erde und rannte hin und her, wie ein Stier, den die Bremse gestochen. Die ganze Nacht hindurch riefen sie suchend den Namen des Hylas, so laut sie konnten, und wie aus weiter Ferne drangen die schwachen Töne des antwortenden Knaben an ihr Ohr. Sie ahneten nicht, daß die

Hylas an der Quelle

Stimme aus der nahen Quelle herauftönte, wo die Nymphen die Angst und Trauer des schönen Knaben auf ihren Knien liebkosend zu beschwichtigen suchten.

Als der Morgenstern über der Bergeshöh' heraufstieg und ein günstiger Fahrwind sich erhob, ermahnte Tiphys seine Gefährten, den Wind zu benutzen und in See zu gehen. Mit vollen Segeln fuhren sie fröhlich durch die Fluten; da merkten sie, daß Herakles und Polyphemos fehlten, und es erhob sich ein wilder Streit, ob sie den tapfersten Gefährten zurücklassen sollten. Jason saß währenddem ratlos und voll Kummer da und sprach kein Wort. Den Telamon aber, des Herakles' treuesten Freund, übermannte der Zorn, und er rief ihm zu: „Wie kannst du so ruhig dasitzen? Ja, dir paßt es, den Herakles zurückzulassen! Von dir allein ist der Plan ausgegangen, damit der Held deinen Ruhm nicht verdunkle. Doch was helfen da Worte! auch ich werde mich von dir und deinen Gefährten trennen, da ihr solches ausgedacht." Darauf sprang er mit funkelnden Augen auf den Steuermann Tiphys los, und er hätte ihn gezwungen, das Schiff umzukehren und wieder nach der mysischen Küste zu steuern, wenn nicht die beiden Boreaden ihn mit scheltenden Worten zurückgehalten hätten. Zugleich tauchte der prophetische Meergott Glaukos mit seinem struppigen Haupte aus der Tiefe der See, faßte mit starker Hand den Kiel des Schiffes und verkündete ihnen, daß das Zurückbleiben des Herakles und Polyphemos nach dem Willen der Götter geschehe. Dem Herakles sei bestimmt, dem Eurystheus zwölf Arbeiten zu verrichten, worauf ihm die Unsterblichkeit zuteil werde; Polyphemos aber solle nach der Fügung des Schicksals die Stadt Kios gründen und im Lande der Chalyber sein Leben beschließen. Beide seien beim Suchen des Hylas zurückgeblieben, den die Nymphen aus Liebe geraubt. Darauf tauchte der Meergott wieder in die wirbelnde Tiefe. Die Helden freuten sich der Weissagung, Telamon aber trat beschämt zu Jason hin und bat um Verzeihung wegen des harten Wortes, zu dem ihn der Schmerz verführt. Jason verzieh gerne, und so setzten sie denn die Fahrt heiteren Mutes fort.

Herakles ging, nachdem er lange vergebens nach seinem geliebten Hylas gesucht, nach Argos zurück in den Dienst des Eurystheus; vorher aber ließ er die Mysier schwören, daß sie den Hylas suchen wollten, bis sie ihn gefunden. So kam es, daß in der Folge die Einwohner jener Gegend noch jährlich an einem bestimmten Tage nach Hylas suchend in den Wäldern umherschweiften. Polyphemos blieb bei ihnen und baute die Stadt Kios.

Amykos

Beim Anbruch des nächsten Tages steuerten die Argonauten auf eine weit ins Meer sich vorstreckende Landzunge an der bithynischen Küste los. Dort befand sich Wohnung und Gehöfte des Bebrykerkönigs Amykos, eines wilden Mannes von riesiger Größe und Stärke, der keinen Fremdling von seiner Küste sich entfernen ließ, ehe er sich mit ihm im Faustkampfe gemessen. So hatte schon mancher aus der Nachbarschaft, den das Geschick an die Unglücksküste geführt, unter seiner gewaltigen Faust den Tod gefunden. Auch jetzt, als er die Argo am Ufer anlegen sah, eilte er herbei und rief den aussteigenden Helden mit übermütigem Stolze zu: „Hört mich, ihr Meervagabunden, was euch not tut zu wissen. Kein Fremder darf mir von hier abziehen, bevor er mit mir gerungen. Darum wählt mir aus eurer Schar den Stärksten aus und stellt mir ihn hier zum Faustkampfe. Folgt ihr nicht, so soll es euch übel ergehen." Wilder Zorn faßte die Helden, als sie die unverschämten Worte hörten, vor allen aber den Polydeukes, den besten Faustkämpfer in ganz Hellas. Der sprang vor und rief: „Mäßige dich und laß deine Drohung. Wir unterwerfen uns deinem Gesetze; ich selbst übernehme den Kampf mit dir." Amykos sah den kühnen Jüngling mit furchtbaren Blicken an, wie ein verwundeter Löwe im Gebirge den, der ihn zuerst getroffen. Der Tyndaride aber legte ruhig seinen Mantel ab und bereitete sich zum Kampfe, auch Amykos warf seinen schwarzen Mantel und die schwere Hirtenkeule, die er zu tragen pflegte, von sich, während auf beiden Seiten die hellenischen Helden und die Scharen der herbeigeströmten Bebryker sich niederließen, um dem Kampfe zuzuschauen. Der wilde König war furchtbar anzusehen, wie ein Sohn des schrecklichen Typhon; der jugendliche Polydeukes stand heiter da, gleich einem strahlenden Sterne am Abendhimmel. Zwar sproßte ihm kaum der erste Flaum um die Wangen; aber er fühlte in sich eine unbesiegliche Kraft, und sein stolzer Mut wuchs höher, je länger er den Gegner ansah. Er schwang seine Arme in der Luft, um zu erproben, ob sie ihm nicht durch die lange Ruderarbeit erstarrt wären. Ohne sich zu rühren, stand Amykos ihm gegenüber, und der Blutdurst leuchtete ihm aus den düsteren Augen. Da warf ein Diener des Amykos die harten Faustriemen zwischen beide Gegner auf den Boden. „Nimm dir", rief der König, „ohne zu losen, welchen du willst, damit du hernach dich nicht beschwerst. Binde ihn um die Hand; du wirst bald erkennen, daß ich ein guter Riemenschneider bin und die Wangen der Männer mit Blut zu färben verstehe."

Polydeukes nahm mit ruhigem Lächeln den Riemen, der ihm zunächst lag und ließ ihn sich von seinen Freunden um die Faust binden; dasselbe tat Amykos, und der furchtbare Faustkampf begann. Die wuchtigen Hände vor das Gesicht haltend, schritten sie aufeinander los. Wie eine schwere Woge, die gegen ein Schiff anstürmt, stürzte plötzlich Amykos auf den jugendlichen Polydeukes ein und versuchte Stoß auf Stoß und Schlag auf Schlag; der aber, gewandt ausweichend, blieb stets unversehrt, und nachdem er sich klug die schwachen Seiten des Gegners gemerkt, versetzte er ihm manchen wirksamen Schlag. Rastlos hämmerten beide aufeinander ein, daß die Kinnbacken krachten und die Zähne knirschten, und sie ruhten nicht eher, als bis der Atem ihnen ausging. Da traten sie auseinander und wischten sich, schwer stöhnend, den strömenden Schweiß ab. Bald aber gingen sie wieder wie zwei kämpfende Stiere gegeneinander. Amykos holte weit aus und wollte, hoch sich auf den Fußspitzen erhebend, mit aller Macht die schwere Faust auf das Haupt des Polydeukes schleudern, da bog dieser aus, daß er nur ein wenig von dem Schlage an der Schulter gestreift ward, und versetzte zu gleicher Zeit seinem Gegner einen solchen Faustschlag über das Ohr, daß ihm die Knochen zerbrachen und er vor Schmerz in die Knie sank. Laut jauchzten die Freunde des Polydeukes, Amykos aber neigte sterbend sein Haupt auf den Boden.

Als die Bebryker ihren König getötet sahen, stürzten sie voll Wut mit Keulen und Spießen auf Polydeukes ein. Aber seine Genossen eilten mit gezückten Schwertern zu seinem Schutze herbei. Es kam zu einem wilden Kampfe. Die ersten, die auf Polydeukes eindrangen, warf er selbst zu Boden; den einen trat er mit dem Fuß vor die Brust, daß er nicht mehr aufstand, dem andern schlug er mit der Faust das Auge aus dem Kopfe. Kastor, dem Bruder zur Seite, schlug mit seinem Schwerte einen nach dem anderen nieder, und Ankaios, der riesige Arkader in seinem borstigen Eberfell, schwang tobend seine wuchtige Axt. Da ergriff die Bebryker panischer Schrecken, und sie wandten sich eilig zur Flucht. Die Argonauten verfolgten sie noch weit in das Land hinein. Darauf warfen sie sich auf die Viehställe und machten reiche Beute. Während der Nacht blieben sie am Lande, verbanden ihre Wunden und opferten den Göttern. Das Haupt mit Lorbeerreisern geschmückt, saßen sie am frohen Mahle und ergötzten sich bei vollen Bechern an fröhlichen Gesängen und dem Saitenspiel des Orpheus. Polydeukes war der Held, dem ihre Lieder galten, der siegreiche Sohn des Zeus.

Phineus

Am folgenden Tage fuhren die Argonauten durch die hochgetürmten Wellen des Bosporus und gelangten Bithynien gegenüber an die thrakische Küste. Dort stand das Haus des Phineus, der früher König in Thrakien gewesen, jetzt aber von großem Unheil heimgesucht war. Apollon hatte ihm die Gabe der Weissagung verliehen, aber er hatte sein Wissen mißbraucht und die geheimen Ratschläge des Zeus den Menschen mitgeteilt. Dafür war er in hohem Alter mit Blindheit geschlagen, und die Harpyien, vogelgestaltete alles wegraffende Jungfrauen, raubten ihm alle Speise, welche das umwohnende Volk ihm für seine Weissagungen zutrug, sobald er sie verzehren wollte, vom Munde weg und aus den Händen, so daß er stets von gräßlichem Hunger geplagt war. Hatten sie auch noch etwas von den Speisen zurückgelassen, so war dieses von scheußlichem Gestank erfüllt, so daß es niemand genießen konnte. Sobald Phineus den Lärm der aussteigenden Fremdlinge hörte, erkannte er in seinem prophetischen Geiste, daß die Argonauten angekommen waren, und gedachte des Orakels, das ihm geworden, daß es ihm wieder vergönnt sei Speise zu genießen, wenn die Boreassöhne mit ihren hellenischen Genossen an seine Küste gelangten. Er erhob sich daher von seinem Lager und wankte, an den Wänden hintastend, aus dem Hause. Die Argonauten sahen den elenden Greis, wie er mit abgemagerten zitternden Gliedern, auf seinen Stab gestützt, daher schlich, gleich einem wandelnden Schatten, und erschöpft auf der Schwelle seines Hauses hinsank. Sie drängten sich voll Mitleid um ihn und sahen ihn staunend an. Sobald er sich etwas erholt, sprach er mit kaum vernehmbarer Stimme: „O ihr Helden der Hellenen, wenn ihr wirklich die seid, die Jason nach dem goldenen Vließe führt, helft mir, rettet mich aus meinem Elend. Denn die Rachegöttinnen haben mich nicht bloß des Augenlichtes beraubt, sondern sie entziehen mir auch durch die gräßlichen Vögel die Speise, daß ich in meinem Alter vom Hunger erbärmlich dahinschwinde. Ein Orakel sagt mir, daß die Boreaden mich von diesen Plagegeistern befreien sollen. Ich beschwöre euch, rettet mich. Ich bin euch kein Fremdling; ich bin Phineus, Agenors Sohn, einst herrschte ich unter den Thrakern und war vermählt mit Kleopatra, der Schwester der Boreaden, die unter euch sind." Die Helden konnten die Jammergestalt ohne Tränen nicht ansehen, und Zetes, der eine der Boreaden, warf sich ihm in die Arme und versprach ihm, mit Hilfe seines Bruders ihn von der Qual der Harpyien zu befreien, wenn nur die Götter solches erlaubten. Da erhob Phineus sein starres Auge zum Himmel und schwor ihnen, daß ihm die gewisse Weissagung sei, die Götter würden ihnen wegen ihrer Hilfe nicht zürnen. Und sogleich bereiteten die Helden dem Greis ein Mahl, das der letzte Raub der Harpyien sein sollte, und die Boreaden stellten sich mit gezückten Schwertern in die Nähe. Sobald der Greis das Mahl berührte, stürzten die geflügelten Harpyien unter schrecklichem Gekreische schnell wie der Blitz aus der Luft herab und rafften ihm die Speisen vom Munde weg. Die Argonauten erhoben ein furchtbares Geschrei; aber die Vögel ließen sich nicht schrecken und fraßen alles bis auf den letzten Bissen auf, dann flogen sie mit Geschrei davon über das Meer hin und ließen einen gräßlichen Gestank hinter sich zurück. Die Boreaden folgten ihnen mit gezückten Schwertern durch die Lüfte – denn als die Söhne des Nordwindes hatten sie Flügel – und jagten ihnen nach, wie die Hunde im Gebirge ein Reh verfolgen oder einen Hirsch, stets ihnen nach und doch nicht sie erreichend. Endlich in der Nähe der plotischen Inseln waren sie ihnen so nahe gekommen, daß sie sie eben mit den Händen fassen konnten und mit den Schwertern ausholten, sie zu erlegen. Da kam Iris, die schnelle Botin der Götter, vom Himmel herab und wehrte ihnen, die Harpyien, die schnellen Hunde des Zeus, zu töten; doch schwor sie ihnen den großen Göttereid, daß die Raubvögel nimmermehr das Haus des Phineus berühren sollten. Die Boreassöhne wichen dem Eide und kehrten zu dem Schiffe zurück. Von ihrer Umkehr hießen jene Inseln die Umkehrinseln, die Strophaden.

Im Hause des Phineus badeten und pflegten die Argonauten den Leib des Alten und schlachteten die Schafe, die sie aus den Ställen des Amykos geraubt, um ein herrliches Mahl zu bereiten. Vergnügt setzten sie sich zu Tische und schauten staunend zu, wie Phineus gierig seinen langgetragenen Hunger stillte. Es war ihm, als sättige er sich einmal im Traume. Die ganze Nacht durch blieben sie beim Becher zusammen und harrten auf die Rückkehr der Boreaden, während Phineus, mitten unter ihnen am Herde sitzend, ihnen über ihre weitere Fahrt seine Weissagungen spendete. „Hört, was ich euch sagen darf", sprach er, „denn nicht alles erlauben die Götter euch zu sagen. Vor allen Dingen werdet ihr, sobald ihr von hier abgesegelt seid, in einer Meeresenge zu zwei Felsen kommen, den Symplegaden, durch die noch kein Mensch bis jetzt ungefährdet hindurchgefahren ist. Denn sie sind nicht festgewurzelt in den Boden und schlagen stets unter tobender Brandung krachend widereinander. Darum folgt meiner Mahnung und nahet ihnen nicht unbedacht. Laßt erst eine Taube hindurchfliegen; kommt diese glücklich hindurch, so waget die Fahrt, rudert mit allen Kräften und vergesset der Götter nicht. Wird die Taube von den Felsen zermalmt, so steht ab von dem Weg; denn dann ist euch die Durchfahrt verwehrt. Nach diesen Felsen wendet euch rechtwärts und fahret stets an der Küste hin, doch nicht allzu nah; denn dort ist manches gefährliche Vorgebirge und manches feindselige Volk. Ihr kommt an den Städten der Amazonen vorbei und den hölzernen Türmen der Mossynöken, die hoch auf den waldigen Bergen liegen, auch an den Chalybern, die im Schweiße ihres Angesichtes das Eisen aus der Erde graben. Endlich gelangt ihr zur kolchischen Küste, wo der Phasis wirbelnd ins Meer fällt und die hochgetürmte Burg des Königs Aietes steht. Da leget euer Schiff vor Anker; dort hängt das goldene Vließ an einer hohen Eiche, Tag und Nacht von dem schlaflosen Drachen bewacht."

Die Argonauten horchten mit Grausen den Worten des Alten, doch tröstete dieser sie mit der Aussicht glücklicher Heimkehr, wenn sie nur einmal die Symplegaden hinter sich hätten. Vor allem aber sollten sie in Kolchis nicht vergessen, die Hilfe der listigen Kypris, der Liebesgöttin, zu erflehen. Die Argonauten wollten noch dies und jenes erfragen, da kehrten die Boreaden von ihrem luftigen Fluge zurück und meldeten die glückliche Vollendung ihres Abenteuers.

Die Symplegaden
Die Insel Aretias

Nach kurzer Rast bei Phineus fuhren die Argonauten weiter, beklommenen Herzens; denn es harreten ihrer, das wußten sie, große Gefahren. Bald auch hörten sie schon aus der Ferne das Tosen und Toben der Symplegaden, die ohn' Unterlaß zusammenfuhren, daß der dumpfe Schlag der Felsen und das Rauschen der siedenen Brandung weithin an den Felsenufern widerhallte. Auf den Ruf des Tiphys, der wachsam sein Steuer führte, faßten die Helden mit Kraft die Ruder, um im rechten Augenblicke das Schiff mit aller Macht durch die verderbendrohenden Felsen hindurchzujagen. Der Held Euphemos aber stellte sich, eine Taube in der Hand, auf das Vorderteil des Schiffes, und als eben die zusammenschlagenden Felsen sich wieder öffneten, da ließ er sie fliegen. Mit verhaltenem Atem schauten die Helden, die Köpfe reckend, ihr nach, wie sie mit flüchtigen Schwingen zwischen den Felsen hindurchflog. Krachend schlagen die Felsen zusammen, zerstäubender Schaum steigt auf wie eine Wolke, weithin donnert laut der Äther, und in den Höhlungen der Felsen brüllt tobend das aufgeregte Meer. Die schäumende Flut dreht das Schiff ringsum wie einen Kreisel, daß die Schiffer kaum sehen können, wie die Taube gerettet über die Felsen davonfliegt. Nur die äußerste Spitze des Schwanzes hatten die Felsen ihr abgeschlagen. Die Argonauten erhoben ein lautes freudiges Geschrei; aber des Tiphys' Ruf mahnte, der Ruder zu warten und ohne Verzug in die sich öffnende Straße zwischen den Felsen hindurchzufahren. Wie von einem hohen Berge herab schoß die Argo auf einer rollenden Woge in den Zwischenraum, da kam von der andern Seite bergeshoch eine gleiche Woge ihnen entgegen und drohete ihrem Haupte Verderben. Auf des Tiphys' Rat ließen sie ab vom Rudern, und die drohende Welle wälzte sich unschädlich unter dem Kiele hin und hob das Schiff hoch empor bis über die Felsen. Nun rangen sie mit furchtbarer Anstrengung den stürzenden Wellen entgegen, daß die Ruder sich krümmten, wie ein Bogen. Kaum war das Schiff durch die Ruderarbeit etwas vorgerückt, so warf eine Woge es wieder rückwärts, mehr als zuvor. Jetzt stürzte ein hoher Wasserschwall aufs neue gegen das Schiff und trieb es um und um, und schon nahten auch die schrecklichen Felsen. Da kam Athena vom Himmel herab den Bedrängten zu Hilfe, und während sie mit der Linken den einen Felsen zurückschob, stieß sie die Argo wie einen Pfeil mit der Rechten aus der Enge hinaus. Ein kleines Stück des Hinterteils schlugen die zusammenfahrenden Felsen ab, dann traten sie auseinander und standen fest für immer; denn es war ihnen durchs Schicksal bestimmt, stille zu stehen, sobald ein Schiff durch sie hindurchgefahren sei. „Nun sind wir gerettet", rief Tiphys freudig aus, „doch ohne Athena waren wir verloren. Jetzt fürchte nichts mehr, Jason, nachdem wir die Felsen hinter uns haben, jetzt wirst du, wie Phineus verkündete, leicht alle anderen Gefahren bestehen."

„Hätt' ich doch nie", sprach Jason mit trüber Miene, „des Pelias' Auftrag übernommen, dann hätte ich doch nie meine Freunde in solche Gefahren gebracht." Ein freudiges Jauchzen antwortete diesen Worten des Jason, mit denen er seine Genossen erproben wollte, und bekundete ihm den unerschrockenen Mut der Heldenschar. „Mit solchen Gefährten", rief Jason, „ist kein Wagnis mir zu groß. Wohlauf, so laßt uns weiter steuern!"

Die Fahrt ging viele Tage und Nächte an der Südküste des schwarzen Meeres entlang, an manchen fremden Völkern vorbei. Endlich gelangten sie in die Nähe der Insel Aretias. Während sie bei ruhiger See dahinfuhren, sahen sie einen mächtigen Vogel daherfliegen. Als der über dem Schiffe war, schüttelte er sein Gefieder, und eine Feder, scharf wie ein Pfeil, fiel herab gerade auf die Schulter des Oileus. Dem Helden fiel vor Schmerz das Ruder aus der Hand, und seine Gefährten sahen mit Staunen das seltsame Geschoß. Während sein Nebenmann das Geschoß aus der Schulter zog und die blutende Wunde verband, erschien ein zweiter Vogel. Doch kaum war dieser in der Nähe des Schiffes angekommen, so traf ihn Klytios, der mit gespanntem Bogen auf der Lauer stand, mit seinem Pfeil, daß er neben dem Schiffe in das Meer fiel. Jetzt merkten die Helden, daß das Land, welches sich in der Ferne zeigte, die Insel Aretias war; denn sie erkannten die Vögel des Ares, die Stymphaliden, die, von Herakles aus Arkadien vertrieben, hierher sich verzogen hatten. Auf des Amphidamas' Rat setzten alle ihre Helme mit den nickenden Büschen aufs Haupt, die Hälfte der Schar wappnete sich mit Schilden und Speeren und deckte die andern, die die Ruder führten. So fuhren sie auf die Insel zu. Als sie der Küste naheten, erhoben sie ein furchtbares Geschrei und schlugen wider die ehernen Schilde, daß die Vögel, von dem Lärm erschreckt, aufflogen und, einen Hagel von Pfeilen aus ihrem Gefieder auf die wohlgedeckten Helden entsendend, hoch durch die Lüfte in kreischenden Schwärmen nach dem nahen Festlande entwichen.

Jetzt stiegen die Helden ungefährdet ans Land. Wie aber staunten sie, als ihnen plötzlich vier Jünglinge entgegenkamen, in zerrissenen Kleidern kläglich anzusehen. Es waren die Söhne des Phrixos, denen ihr Vater auf dem Sterbebette aufgetragen hatte, in seine Heimat nach Orchomenos in das reiche Haus des Athamas zurückzukehren. Sie waren auf einem Schiffe, das ihnen ihr Großvater Aietes gegeben, mutigen Herzens ausgesteuert; aber kaum waren sie auf der See, so erhob sich in finsterer Nacht ein furchtbarer Sturm, zerbrach ihr Schiff und schleuderte sie an die unwirtliche Küste der Insel Aretias. Zu ihrem Glücke trafen sie hier fast zu gleicher Zeit die Argonauten, welche sie von Mangel und Not retteten. Die Jünglinge eilten ihnen entgegen und baten sie um Nahrung und Kleidung; sie erzählten ihr Geschick und bekannten sich als die Söhne des Phrixos. Die Helden waren hocherfreut über die Begegnung, und Jason begrüßte sie als seine Vettern; denn ihre Großväter Athamas und

Kretheus waren Brüder. Man gab ihnen Kleidung aus dem Schiffe und bewirtete sie mit Speise und Trank. Als ihnen aber Jason während des Mahles erzählte, daß sie auf dem Wege nach Kolchis seien, um das goldene Vließ zu holen, und sie um ihren Beistand und ihre Führung bat, da erschraken sie, und Argos, der älteste unter ihnen, sprach: „O ihr Freunde, so viel wir vermögen, wollen wir helfen; doch unser Großvater Aietes ist ein grimmiger grausamer Mann. Er soll ein Sohn des Sonnengottes Helios sein und ist stark wie Ares; dazu gebietet er über ein zahlreiches mächtiges Volk, die Kolchier. Das Vließ aber bewacht ein furchtbarer Drache, das ist schwer zu nehmen, selbst wenn Aietes es nicht wehrte." Mancher Held ward bleich bei der Erzählung des Argos, aber Peleus rief: „Mach' uns nicht bange, Lieber! wir sind so schwach nicht, daß wir dem Aietes erliegen müßten; auch wir sind kundig des Krieges, und auch in unsern Adern strömt Götterblut. Drum, gibt er nicht in Güte das Vließ, so sollen ihm, hoff' ich, seine kolchischen Völker wenig nützen." Bei solcher Rede kehrte den Helden der alte Mut zurück, und sie ergötzten sich noch bis in die Nacht an frohen Gesprächen. Am folgenden Morgen gingen sie, begleitet von den Söhnen des Phrixos, unter Segel, und nachdem sie einen Tag und eine Nacht gerudert, sahen sie im Osten den äußersten Busen des Meeres und darüber die ragenden Gipfel des Kaukasus, wo an rauhen Felsen Prometheus angeschmiedet hing und den Adler des Zeus mit seiner Leber nährte. Als es eben zu dunkeln begann, sahen sie, wie der Adler zu seinem grausamen Mahle über ihrem Schiffe dahinflog, hoch, den Wolken nah, und doch bewegten sich durch seinen mächtigen Flügelschlag alle Segel des Schiffes wie im Winde. Nicht lange, so hörten sie tief aus den Bergen den stöhnenden Schmerzensruf des Titanen, in dessen Brust der Adler wühlte. Dann ruderte der Vogel wieder desselben Weges zurück.

Noch in derselben Nacht gelangten die Argonauten an die Mündung des Phasis im Kolcherlande. Freudig nahmen sie Segel und Segelstangen herab und trieben mit den Rudern das Schiff den Fluß hinauf. Zur Linken hatten sie den Kaukasus und die Hauptstadt des Aietes, zur Rechten das heilige Feld und den Hain des Ares, wo das Vließ hing unter der Hut des Drachen. Jetzt erhob sich Jason und goß aus goldenem Becher von ungemischtem Wein einen Weiheguß in den Fluß der Mutter Erde und den Göttern des Landes und den Seelen der verstorbenen Helden und flehte sie an, ihm wohlwollende Helfer zu sein und ihr eben vor Anker gehendes Schiff gnädig aufzunehmen. Darauf legten sie auf den Rat des Argos das Schiff in einer von hohem Schilfe umwachsenen Bucht des Flusses vor Anker und überließen sich einem kurzen Schlummer; denn bald erschien das Morgenrot.

Eine Szene auf dem Olympos

Nachdem Jason mit seinen Gefährten glücklich in Kolchis gelandet, ratschlagten Hera und Athena, die beiden Göttinnen, welchen vor allen die Argonauten am Herzen lagen, abgeschieden von den übrigen Göttern, auf welchem Wege sie am besten dem Jason den Besitz des Vließes verschaffen könnten. Zuletzt riet Hera, zu Aphrodite zu gehen und sie zu bitten, daß sie durch ihren Sohn Eros (Amor), den Liebesgott, im Herzen der Zauberin Medeia, des Aietes' Tochter, Liebe zu Jason erwecke, damit diese dem Helden durch ihre Zauberkünste zu dem Vließe verhelfe. Der Rat gefiel der Athena, und beide Göttinnen begaben sich in das Haus der Aphrodite. Sie trafen sie allein zu Hause, denn ihr Gatte, der kunstfertige Hephaistos, war beschäftigt in seiner Schmiede auf der Insel Lipara. Sie kämmte eben, auf prächtigem Throne sitzend, die duftigen Locken, die über ihre weißen Schultern herabwallten, mit goldenem Kamme, um sie dann in lange Flechten zu winden. Sobald sie aber die hohen Göttinnen nahen sah, erhob sie sich und rief sie herein und ließ sie sich niedersetzen auf goldenen Stühlen. Dann setzte sie sich selbst, band die Locken schnell zurück und fragte freundlich lächelnd: „Was führt euch her, ihr Lieben, nach so langer Zeit? Ihr laßt euch so selten herab, mich die niedere Göttin, zu besuchen." „Mach' uns keine Vorwürfe, Liebe", sprach Hera, „wir tragen viel Sorge im Herzen. Jason und seine Genossen liegen mit ihrem Schiffe jetzt im Phasis, um das Vließ zu holen, und wir fürchten sehr für sie, zumeist für Jason. Denn der Held ist mir teuer, weil ich sein gutes Herz erkannt, als er mich einst über den Anauros trug und weil ich durch ihn den verruchten Pelias strafen will, der mir die Opfer versagt." Aphrodite, ungewiß, welch' Verlangen die Göttin trug, sprach zögernd: „Wenn ich irgendwie durch Wort oder Werk, ehrwürdige Göttin, dir dienen kann, so geschieht es gern, so schwach auch meine Hände sind." „Der Gewalt und der Hände bedarf es nicht, o Liebe", antwortete Hera; „heiße nur deinen Knaben Eros, daß er des Aietes' Tochter mit Liebe zu Jason erfülle; wenn die ihm beisteht, so wird er leicht das Vließ gewinnen, denn sie ist gar klugen listigen Sinnes." Kypris antwortete verlegen: „Euch, ihr Göttinnen, wird der Knabe eher gehorchen als mir. Vor euch wird er wohl, so unverschämt er auch ist, noch einige Scheu haben; aber um mich kümmert er sich gar nicht und hadert ohne Respekt stets mit mir, so daß ich schon in meinem Zorn daran dachte, ihm Bogen und Pfeile zu zerbrechen." Die Göttinnen lachten und sahen sich an, Aphrodite aber sprach traurig: „Ja, so ist mein Schmerz andern zum Spott, und ich sollte es auch niemand erzählen; genug, daß ich selber es weiß. Doch da ihr es wünscht, so will ich's versuchen und ihn beschwatzen, und ich hoffe, er wird gehorchen." Somit erhoben sich die Göttinnen, und Hera sprach freundlich, indem sie die zarte Hand der Kypris erfaßte, im Weggehen: „So vollführe denn die Sache, wie du sagst, Kythereia, und hadere nicht mit dem Knaben und zürne ihm nicht; er wird schon in Zukunft sich fügen."

Sobald sich die Göttinnen entfernt hatten, verließ Aphrodite das Haus und suchte in den Schluchten des Olympos umher, ob sie ihren Sohn fände. Sie fand ihn fern in dem Blumengarten des Zeus zugleich mit dem Knaben Ganymedes, den Zeus wegen seiner Schönheit auf den Olympos geraubt hatte. Die beiden Knaben spielten mit goldenen Würfeln. Eros, der verschlagene, stand da mit seinen blühenden Wangen und hielt die linke Hand an der Brust, ganz gefüllt mit goldenem Gewinnst, während Ganymedes still und voll Ärger am Boden saß und, erzürnt über das Lachen des andern, eben noch die zwei letzten Würfel, die ihm geblieben, zum Wurfe in der Hand hielt. Er warf, und auch die waren verloren, und er ging traurig und mit leeren Händen davon, ohne die herankommende Kypris zu bemerken. Die trat vor ihren Sohn, faßte ihn am Kinn und sprach zu ihm: „Was lachst du, du Loser? gewiß hast du wieder betrogen und den Arglosen übervorteilt. Doch jetzt tue mir, was ich sage. Ich gebe dir auch das schöne Spielzeug des Zeus, das ihm als Kind seine Amme Adrasteia machte in der idäischen Höhle, eine schöne Kugel aus Gold, wie du noch keine gesehen, mit goldenen Ringen darum; wenn du sie wirfst, so fliegt sie wie ein Stern durch die Luft mit glänzendem Schweif. Die geb' ich dir, aber dafür mußt du mir auch einen Pfeil auf des Aietes' Tochter schießen, daß sie den Jason liebt. Und das bald, sonst ist mir dein Dienst wenig nütze."

Der Knabe warf in seiner Freude alles Spielwerk fort und hängte sich mit beiden Händen an das Gewand der Mutter und bat, ihm sogleich das Geschenk zu geben. Die aber zog ihn schmeichelnd an sich und herzte und küßte ihn und sprach lächelnd: „Bei deinem und meinem Haupte, du sollst es haben, ich betrüge dich nicht; doch erst schieße deinen Pfeil auf des Aietes' Tochter." Der Knabe ließ sich beschwichtigen, las die Würfel wieder zusammen und warf sie zählend alle in den glänzenden Busen der Mutter. Dann band er schnell den Köcher, den er an einen Baumstamm gelehnt, sich ans goldene Band, ergriff den Bogen und eilte aus dem Garten des Zeus. Als er die ätherischen Pforten des Olympos hinter sich hatte, schwang er sich auf dem steilen Himmelspfad hinab zur Erde, wo zwischen Flüssen und Bergen die Felder und Städte der Menschen liegen.

Jason im Palaste des Aietes

Am Morgen nach der Landung hielt Jason mit seinen Genossen auf dem Schiffe eine Beratung. „Ihr Freunde", sprach er, „ich will euch sagen, was ich für gut halte. Bleibt ihr andern all' mit den Waffen auf dem Schiffe, ich allein will mit den Söhnen des Phrixos und zweien von euch hingehen zu Aietes und zuerst mit Worten versuchen, ob er das Vließ mir in Güte gibt, oder es verweigert; denn im Vertrauen auf seine Stärke möchte er leicht uns abweisen. Dann, wenn wir über seine böse Absicht Gewißheit erhalten, können wir beraten, was zu tun ist. Doch oft hat ein gutes Wort mehr ausgerichtet als Gewalt. Und der König hat doch auch einst den Phrixos gastlich aufgenommen." Den Helden gefiel der Plan, und Jason verließ nun mit den vier Söhnen des Phrixos, mit Telamon und Augeias das Schiff und schritt, den Friedensstab des Hermes in der Hand, der Stadt zu. Sie kamen über das sogenannte kirkeische Feld. Dort sahen sie mit Schaudern an zahlreichen Weidenstämmen eine Menge Leichen an Ketten aufgehängt. Doch waren das keine Verbrecher oder gemordete Fremdlinge, sondern die Kolchier hielten es für einen Frevel, ihre männlichen Leichen zu verbrennen oder zu begraben, sie hängten sie, in rohe Stierhäute gewickelt, an Bäumen auf, damit die Luft sie vertrocknete; die weiblichen Leichen dagegen begruben sie in der Erde, damit Luft und Erde ihr gleiches Teil erhielten.

Während Jason und seine Freunde der Stadt zuschritten, senkte Hera einen dichten Nebel über sie und die Stadt, auf daß sie unbemerkt und ungekränkt durch das zahlreiche Volk der Kolchier hindurchgingen. Nachdem sie aber bis an den Palast des Königs gekommen, zerteilte die Göttin den Nebel wieder. Mit Staunen betrachteten sie das große Königshaus mit seinen hohen Mauern und weiten Pforten und den Säulen, die in langen Reihen an den Mauern hinliefen. Schweigend traten sie über die Schwelle in den Vorhof. Da wölbten sich schattige Rebenlauben hoch über vier schönen Springbrunnen; aus dem einen sprudelte Milch, aus dem andern Wein, der dritte sandte duftiges Öl hervor und der vierte Wasser, das im Winter warm war, im Sommer eiskalt. Diese wunderbaren Werke hatte der kunstreiche Hephaistos dem Aietes geschaffen; auch hatte er ihm Stiere gemacht mit ehernen Füßen und ehernen Mäulern, aus denen sie schreckliches Feuer ausschnaubten, und einen Pflug aus purem Eisen: alles dem Helios zu Dank, dem Vater des Aietes, da dieser einst den ermüdeten Gott aus der Gigantenschlacht auf seinem Wagen gerettet hatte. Aus dem Vorhofe traten sie in den inneren Hof; da zogen sich an den Seiten zur Rechten und zur Linken schöne Säulenhallen hin, hinter welchen Doppeltüren in zahlreiche Gemächer führten. Gegenüber quer standen nebeneinander zwei hohe Paläste; den einen, den höheren, bewohnte Aietes mit seinem Weibe Eidyia, den andern Apsyrtos, der Sohn des Aietes, den ihm eine kaukasische Nymphe geboren hatte, bevor er Eidyia, die Tochter des Okeanos und der Tethys, heimführte. Die Kolchier nannten ihn Phaethon, „den Strahlenden", weil er alle anderen Jünglinge an Schönheit überstrahlte. Die Gemächer neben diesen Palästen bewohnten die Mägde und die beiden Töchter des Aietes, Chalkiope, des Phrixos' Witwe, und die jüngere Medeia, die noch unvermählt war. Medeia war Priesterin der Zaubergöttin Hekate und fuhr täglich hinaus zu ihrem Tempel, wo sie dann gewöhnlich den ganzen Tag verweilte; doch heute hatte Hera ihr in den Sinn gegeben zu Hause zu bleiben. Eben schritt sie über den Hof, um zu den Gemächern ihrer Schwester Chalkiope zu gehen, da begegneten ihr die hereintretenden Helden. Erschreckt tat sie einen lauten Schrei. Chalkiope und die Mägde hörten den Schrei, warfen hastig Gewebe und Spindel beiseit' und stürzten in den Hof. Als Chalkiope ihre Söhne sah, erhob sie dankend die Hände zum Himmel, stürzte mit Jubel auf sie zu und schloß sie unter Tränen in ihre Arme.

Unterdessen kamen auch Aietes und Eidyia, die den Jubelruf der Tochter gehört, aus dem Palaste, und nun füllte bald geschäftiges Getümmel den Hof. Die einen von den königlichen Dienern schlachteten einen großen Stier, die andern spalteten Holz, wieder andere wärmten Wasser am Feuer, den Fremdlingen zum Bade, und so war keiner, der ohne Arbeit gewesen wäre. Währenddem kam unsichtbar durch die blaue Luft daher Eros, der listige Knabe, mit Bogen und Köcher. Er stellte sich an einen Pfosten in der Vorhalle, spannte seinen Bogen und nahm einen schmerzbringenden Pfeil hervor; dann schlüpfte er heimlich mit verschlagenem Blicke über die Schwelle, kauerte sich hinter Jason nieder und schoß seinen Pfeil in die Brust der Medea. Darauf flog er lachend davon. Die Jungfrau, von dem Geschosse tief ins Herz getroffen, stand da in stummer Beklemmung. Ein heißer Schmerz brannte in ihrem Busen, auf ihren zarten Wangen wechselte Blässe mit flammender Glut, seufzend warf sie verstohlene Blicke nach Jason, dem schönen Helden, und ein süßer Kummer füllte ganz ihre Seele.

Unterdessen hatten die Diener das Mahl bereitet, und die fremden Helden, nachdem sie ihre Glieder im warmen Bade erquickt, labten sich bei fröhlichen Gesprächen an Speise und Trank. Während des Mahles fragte Aietes leise den Argos nach dem Grunde ihrer unverhofften Rückkehr und nach den Fremden. Argos erzählte sein und seiner Brüder trauriges Geschick, und wie sie mit den Fremden zusammengetroffen; er nannte Namen und Vaterland der Helden und verheimlichte ihm auch nicht, warum sie gekommen. Ein König in Griechenland habe dem Jason aufgetragen, das goldene Vließ zu holen, weil er sich vor der Stärke des Jünglings fürchte und hoffe, er werde bei dem gefährlichen Abenteuer seinen Tod finden.

Als Aietes das hörte, erschrak er, und Zorn schwellte sein Herz; denn er glaubte, die Fremden seien durch seine Enkel zu dem Zuge veranlaßt. Seine Augen funkelten grimmig unter den buschigen Brauen hervor, und er rief: „Geht sogleich mir aus den Augen, ihr Frevler, mit euren Ränken! Nicht um das Vließ zu holen, seid ihr gekommen, sondern um Zepter und Thron mir zu rauben. Hättet ihr nicht schon meinen gastlichen Tisch berührt, wahrlich, ich risse euch die Zungen aus und zerbräch' euch die Arme und schenkte euch bloß die Füße, um davonzuziehen, auf daß es in Zukunft euch, ihr Lügner, verginge mich anzugreifen." Da erhob sich Telamon, der Aiakide, im Zorn und wollte mit gleichen Worten dem Alten erwidern; doch Jason hielt ihn zurück und antwortete selbst mit sanften Worten: „Fasse dich, Aietes, wir sind nicht mit böser Absicht in deine Stadt und dein Haus gekommen. Wer möchte auch ein so weites Meer durchschiffen, um andere zu berauben. Nein, das Geschick und der Befehl eines bösen Königs hat uns zu diesem Wagnis getrieben. Verleih' uns, was wir wünschen, und ich will deinen Ruhm in ganz Hellas verkünden. Wir sind dir bereit zu jedem Gegendienst; willst du die Sarmaten oder irgendein anderes Nachbarvolk dir unterwerfen, nimm uns als Bundesgenossen, wir helfen dir treulich sie bezwingen."

So sprach er besänftigend; doch des Königs Herz war unschlüssig, ob er sogleich sie angreifen und töten sollte, oder erst ihre Kraft erproben. Das letztere schien ihm das beste. „Fremdlinge", sprach er, „wozu so viele Worte? Seid ihr wirklich göttlichen Stammes oder nicht schlechter als ich, so will ich das Vließ euch geben; denn tapferen Männern gönne ich alles. Doch zuerst müßt ihr mir eine Probe geben und eine Arbeit verrichten, die ich selber mit meinen Händen zu bestehen pflege, so gefährlich sie ist. Auf dem Aresfelde weiden mir zwei erzhufige Stiere, die Flammen aus ihren Nüstern schnauben. Mit diesen durchpflüg' ich das große Feld des Ares, und habe ich alles umgeackert, so säe ich in die Furchen nicht den Samen des Feldes, sondern die Zähne eines Drachen, die zu geharnischten Männern aufwachsen. Die erleg' ich dann, wenn sie mich rings umstehen, mit meiner Lanze. Mit dem frühen Morgen joch' ich die Stiere an den Pflug und gegen Abend ruh' ich von der Ernte. Wenn du solches mir vollendest, so gebe ich dir noch selbiges Tages das Vließ, um es deinem König heimzubringen. Doch ohne dieses gestatte ich dir es nicht; denn es ist nicht billig, daß ein starker Mann dem schlechteren weiche." Jason saß lange da, stumm und nachdenklich mit gesenktem Blicke; denn die Gefahr schien ihm allzu groß, und er wollte nicht verwegen ein so schweres Werk versprechen. Endlich sprach er klugen Sinnes: „Wahrlich mit Recht, o König, forderst du da von mir ein schweres Werk. Doch so groß auch die Gefahr, ich will sie bestehen. Schlimmeres als der Tod kann doch den Menschen nicht treffen. Ich gehorche der Notwendigkeit, die mich hierher gesandt." „So geh' denn jetzt", sprach der König finstern Blickes, „hin zu deinen Genossen, da du zur Arbeit dich verstehst. Doch überlege dir's wohl, wenn du dich fürchtest die Stiere zu jochen und die gefährliche Ernte zu wagen, so überlaß es mir und gehe von hinnen."

Medeia verspricht ihre Hilfe

Jason erhob sich von seinem Sitze und verließ mit Augeias und Telamon und Argos das Haus des Königs. Die übrigen Söhne des Phrixos blieben auf des Bruders Wink bei der Mutter zurück. Während der junge Held dahin schritt, strahlend von Schönheit und Anmut, ließ die Jungfrau Medeia gepreßten Herzens ihre Blicke heimlich durch den Schleier ihm folgen, und ihre Gedanken gingen ihm nach wie ein Traum. Als sie wieder allein war in ihrem Gemache, da flossen ihr vor Mitleid die Tränen über die zarten Wangen, und sie sprach in leiser Klage zu sich selbst: „Wozu dieser Harm, Unglückliche? Was geht der Jüngling dich an? Mag er der trefflichste sein aller Helden oder der schlechteste – soll's sein, so geh' er zu Grunde! Und doch – o möcht' er dem Unheil entrinnen! Ehrwürdige Göttin Hekate, rette ihn, laß ihn heimkehren wohlbehalten! Doch ist's ihm bestimmt zu erliegen, so wisse er wenigstens, daß ich nicht über sein trauriges Los mich freue." So quälte sich die Jungfrau in bangen Sorgen. Die Helden aber gingen ihres Weges dem Schiffe zu. Als dort die Nachricht von der Antwort des Königs nach kurzem Kleinmut zu wildem Mute und verwegenem Beginnen entflammte, trat Argos mit einem klugen Vorschlag unter die bewegte Menge. „Ihr Freunde", sprach er, „laßt noch ab von der Gewalt, sie brächte uns sicheres Verderben. Ich kenne in dem Palaste des Aietes eine Jungfrau, die versteht sich auf allerlei kräftigen Zauber, es ist die Schwester meiner Mutter. Wenn die uns hilft, so sind wir gerettet. Ich will zu meiner Mutter gehen, ob diese die Schwester für uns gewinnen kann, daß sie mit ihrem Zauber dem Jason beisteht." Kaum hatte er geendet, so sahen sie ein merkwürdiges Zeichen. Eine Taube, von einem Habicht verfolgt, flog plötzlich aus der Luft herab und barg sich in dem Busen des Jason; der Habicht aber fiel auf den Boden des Hinterschiffs. Da rief der Weissager Mopsos: „Das ist uns, ihr Freunde, ein Zeichen der Götter, das nicht anders zu deuten, als daß wir die Jungfrau um Hilfe ansprechen sollen, und ich glaube, sie wird's nicht verweigern, wenn anders Phineus wahr sprach, der uns verkündete, daß durch die Göttin Aphrodite uns die Heimkehr beschieden sei. Der Aphrodite lieblicher Vogel ist dem Tode entflohen. Drum laßt uns die Göttin anrufen und dem Rate des Argos folgen." Die Helden stimmten bei, und Jason schickte den Argos in die Stadt zurück, damit er durch Vermittelung seiner Mutter ihm den Beistand der Medeia gewinne.

Unterdessen hielt Aietes außerhalb des Palastes eine Versammlung des kolchischen Volkes und erzählte ihm von der Ankunft der Fremdlinge und ihrer Absicht. Er befahl ihnen, Schiff und Schiffer wohl im Auge zu behalten, daß keiner entfliehe; denn sobald die Stiere den Führer umgebracht, wolle er einen ganzen Wald umreißen und das Schiff samt der Mannschaft verbrennen. Eine ausgesuchte Strafe aber sollten des Phrixos' Söhne ihm erleiden, da sie die Fremden ihm ins Land geführt, um ihm Zepter und Thron zu entreißen.

Medeia aber lag auf ihrem Lager in unruhigem Schlummer. Sie träumte, daß der fremde Jüngling den Kampf mit den Stieren unternommen, aber nicht wegen des Vließes, sondern um sie selbst als Gattin in sein Haus zu führen. Nun war es ihr aber im Traume, als ob sie selbst einen Kampf glücklich mit den Tieren bestände und ihre Eltern ihr Versprechen nicht hielten, weil nicht sie, sondern der Fremdling die Stiere habe anschirren sollen. Darüber entstand ein Streit zwischen ihrem Vater und den Fremden, und beide Teile trugen ihr auf, die Sache zu entscheiden. Sie wählte den Fremdling und verschmähte die Eltern. Schmerz und Zorn ergriff die Eltern, und sie schrien laut auf – und mit dem Schrei erwachte die Jungfrau. Erschreckt blickte sie an den Wänden des Gemachs umher, mit klopfendem Herzen, und es dauerte lange, bis sie sich gesammelt. Da entschloß sie sich zu ihrer Schwester zu gehen, ob diese vielleicht sie bitten würde, um ihrer Söhne willen den Fremden zu helfen. Sie erhob sich vom Lager mit nackten Füßen und trat auf den Vorhof; aber die Scham hielt sie zurück und wendete sie um. Dreimal trieb so die Liebe sie aus dem Gemache und dreimal kehrte sie um; als sie zum vierten Mal sich wieder zur Tür wenden wollte, warf die Verwirrung ihres gequälten Herzens sie aufs Lager, und sie weinte und klagte. Eine Magd hörte ihr Klagen und meldete es der Schwester. Die saß eben mit Argos und den anderen Söhnen in ihrem Gemache und ratschlagte mit ihnen, wie sie die Jungfrau gewinnen könnte. Sogleich eilte sie zu Medeia und fand sie, wie sie in Tränen gebadet auf dem Lager mit ihrem Schmerze rang. „Was ist dir geschehen, arme Schwester", sprach sie voll Mitleid, „welcher Schmerz quält deine Seele? Hat eine plötzliche Krankheit dich ergriffen, oder hast du von dem Vater ein böses Wort gehört über mich und meine Kinder? O daß ich dieses Haus meiner Eltern nicht mehr sehen müßte und fern wohnte, wo man selbst den Namen der Kolchier nicht hörete!" Medeia errötete bei dieser Frage, und jungfräuliche Scham verhinderte sie zu antworten. Bald drängte das Wort sich auf die Zunge, bald flog es wieder zurück in ihren tiefsten Busen, und sie vermochte nicht zu reden. Endlich machte die Liebe sie kühn, und sie sprach verschlagenen Sinnes: „Ja, Schwester, das Geschick deiner Kinder ängstigt mich, ich befürchte, daß der Vater sie mit den fremden Männern tötet. Ich sah böse Träume; möge ein Gott ihre Erfüllung vereiteln." Unerträgliche Furcht ergriff Chalkiope bei diesen Worten. Sie umfaßte mit beiden Händen die Knie ihrer Schwester, barg das Haupt in ihren Schoß und beschwor sie unter Tränen, ihre Söhne zu retten. Weinend hielten sich beide umschlungen, und Medeia versprach, was sie vermöge, für die Jünglinge zu tun. „Nun, so wirst du", sprach Chalkiope, „um meiner Kinder willen dem Fremdling irgend einen Trug an die Hand geben, wodurch er die geforderten Kämpfe glücklich besteht. Von ihm gesendet, ist Argos zu mir gekommen, um deine Hilfe zu erflehen." Als die Jungfrau solches hörte, hüpfte ihr das Herz in der Brust, die Freude färbte ihr Antlitz mit rosiger Glut und machte ihr Auge schwindeln; sie rief in entzückter Begeisterung: „Schwester, nicht will ich mehr das morgende Frührot sehen, wenn nicht dein und deiner Söhne Leben mein Erstes ist. Doch verheimliche meinen Dienst, daß die Eltern nichts davon erfahren. Morgen in aller Frühe will ich zum Tempel der Hekate gehen und dort dem Fremdling das Zaubermittel einhändigen, mit dem er die Stiere bändigen wird." Chalkiope verließ das Gemach ihrer Schwester und brachte ihren Söhnen die frohe Botschaft. Medeia aber, allein gelassen mit ihren stürmischen Gefühlen, schloß während der Nacht, wo alle Welt in ruhigem Schlummer lag, kein Auge. Scham und Liebe, Mitleid und Furcht stritten sich um ihr armes Herz, sie weinte und zitterte und fand keine Ruhe und keinen Entschluß. Ja, sie will ihn retten, den Geliebten, und dann will sie sterben, noch in dieser Nacht, daß niemand ihr einen Verrat vorwerfen kann an dem Vaterlande und den Eltern. Mit diesem Gedanken erhob sie sich und holte ein Kästchen, in welchem sie heilbringende und tödliche Arzneien verwahrte. Sie stellte es auf ihre Knie und weinte heiße Tränen. Schon hatte sie das Schloß des Kästchens geöffnet, schon griff sie nach einem tödlichen Gifte, da erwachten in ihr auf einmal alle süßen Sorgen des Lebens, alle Lebensfreuden und der Gedanke an die lieben Gespielinnen der Jugend. Das Leben schien ihr holder als je, und eine unwiderstehliche Furcht vor dem Tode ergriff sie. Sie stellte das Kästchen wieder auf den Boden. Hera hatte ihr Herz umgewandelt und stark gemacht. Sie ist entschlossen, dem Geliebten den Zauber zu geben, und kann nun kaum das Erscheinen des Morgens erwarten.

Medeias und Jasons Zusammenkunft

Während Argos in der ersten Frühe des Morgens zu dem Schiffe zurückkehrte, um den Helden die frohe Botschaft von dem Entschlusse der Medeia zu melden, war Medeia schon beschäftigt sich zu ihrem Ausgange zu rüsten. Sie band ihr blondes Haar zurück, das in wirren Locken herabhing, strich Tränen und Harm von den Wangen, salbte sich mit ambrosischem Öl und legte ein schönes Gewand an, das sie mit goldenen Spangen befestigte. Darauf warf sie einen glänzenden Schleier über ihr schönes Haupt und eilte, alles Harmes und aller Gefahren vergessend, freudig durch die Hallen des Hauses. Sie befahl ihren Mägden, deren zwölf zu ihrem Dienste bereit waren, schnell die Maultiere an den Wagen zu spannen. Inzwischen nahm sie aus dem Kästchen die Salbe hervor, die man Prometheusöl nannte. Wer damit seinen Körper salbte, nachdem er zuvor zu Hekate gebetet, der war für diesen Tag dem Eisen und dem Feuer unverwundbar und war an Stärke jedem Gegner überlegen. Es war der schwarze Saft aus der Wurzel einer Blume, die in den Wäldern des Kaukasus aus dem herabträufelnden Blute des Prometheus erwachsen war. In dunkler Nacht hatte die Zauberjungfrau, in schwarzes Gewand gehüllt, nachdem sie siebenmal in fließendem Wasser die Hände gewaschen und siebenmal die unterirdische Hekate angerufen, die Zauberwurzel geschnitten und den Saft in einer Muschel aufgefangen, während unter Donnergeroll in der Tiefe die Erde bebte und Prometheus selbst, von Schmerz zerrissen, laut stöhnte. Dies Zauberöl also nahm sie jetzt aus dem Kästchen und steckte es in ihren Gürtel. Darauf bestieg sie den Wagen und fuhr mit zweien ihrer Mägde zu dem Tempel der Hekate.

Sie war noch nicht lange dort, so erschien auch Jason in Begleitung von Argos und dem Seher Mopsos. Hera hatte heute den Helden mit wunderbarer Schönheit geschmückt, so daß selbst seine Begleiter ihn mit Staunen betrachteten. Als sie sich dem Tempel näherten, traten Argos und Mopsos zurück, und Jason ging allein in den Tempel, wo die Jungfrau seiner harrete. Als Medea den schönen Heldenjüngling sah, da war ihr, als fiele ihr das Herz aus der Brust, Nacht umhüllte ihr Auge, und sie stand da mit glühenden Wangen, als wäre sie in die Erde festgewurzelt. Lange standen sich beide sprachlos gegenüber, wie im Gebirge Eiche und Tanne still nebeneinander stehen in Windesstille; da kommt plötzlich ein Sturm und bewegt brausend Blätter und Zweige; so sollten auch sie bald, angeweht vom Hauche der Liebe, viel bewegte Worte tauschen. „Warum scheust du mich so", sprach endlich Jason, „da ich doch allein bin? Ich bin nicht wie andere prahlerische Männer, auch war ich nie zu Hause so. Drum scheue dich nicht zu fragen und zu sagen, was dir lieb ist. Doch bedenke, daß wir an heiliger Stelle sind, wo es Frevel ist, zu täuschen. Ich komme als Fremdling und Schutzflehender zu dir, von harter Notwendigkeit getrieben, und bitte dich bei Hekate selbst und bei Zeus, der den Schutzflehenden ein Schirm und ein Hort ist, gib mir das Zaubermittel, das du mir durch die Schwester versprochen, ich will dir danken, wie du immer es wünschest, und will zugleich mit den andern Helden deinen Namen rühmen in ganz Hellas; und die Gattinnen und die Mütter der Helden, die vielleicht schon jetzt am Meeresgestade sitzen und um uns klagen, werden dich preisen, daß du sie von ihren Sorgen erlöset und uns gerettet hast. Hat doch auch Ariadne, des Minos' Tochter, den Theseus aus schweren Kämpfen gerettet und ist mit ihm gezogen übers Meer, fern von dem Vaterlande. Die lieben selbst die Götter, und hoch im Äther glänzt ihre Sternenkrone zum Lohn für ihre edle Tat."

Die Jungfrau, des Lobes froh, senkte mit süßem Lächeln den Blick zur Erde, und ihr Herz schwamm in Entzücken. Sie erhob wieder ihr Auge und blickte den Jüngling an und wollte reden, und doch wußte sie nicht, was sie reden sollte. In holder Verwirrung nahm sie stumm das Zaubermittel aus ihrem Gürtel und reichte es dem Jüngling, der es mit Freuden entgegennahm. Gern hätte sie ihm ihre Seele aus der Brust gegeben, wenn er es verlangt hätte, so süße Flammen wehte ihr der Liebesgott von Jasons blondem Haupte entgegen. Ihre Seele zerfloß, durchwärmt von dem Hauche der Liebe, wie der Tau auf den Rosen unter den Strahlen der Morgensonne. Beide hefteten bald verschämt ihre Augen auf den Boden, bald sandten sie sich freundlich lächelnde Blicke zu. Endlich und mit Mühe sprach die Jungfrau:

„Höre nun, wie ich dir Hilfe schaffen will. Wenn dir mein Vater die Drachenzähne eingehändigt hat, so gehe in schwarzem Gewande allein um Mitternacht zu dem Flusse, und wenn du dich in seiner Strömung gebadet, grabe eine Grube, opfere darüber ein weibliches Lamm und verbrenne es ganz auf dem Scheiterhaufen, den du in der Grube selbst gemacht. Dann gieße eine Honigspende darauf und bete zu der gewaltigen Hekate. Gehst du dann wieder zurück, so laß dich durch keine Fußtritte und kein Hundegebell irre machen; wende dich nicht um, sonst ist dein Opfer vergebens. Am kommenden Morgen aber nimm dies Zaubermittel und salbe dir den ganzen Körper; dann spürst du in dir eine unermeßliche Kraft, und du glaubst dich selbst Göttern gewachsen. Auch den Speer und den Schild mußt du salben und das Schwert. Dann wird weder das Eisen der erdentsprossenen Männer noch die Flamme der Stiere dir schaden. Doch dauert dies nur jenen einen Tag. Aber weiche drum nicht vor dem Kampfe zurück. Noch ein anderes will ich dir sagen. Sobald du die Drachenzähne gesäet hast und du die Männer zahlreich aus der Erde hervorsprossen siehst, wirf heimlich einen Stein unter sie; die werden dann in Wut, wie Hunde um ein Stück Brot, miteinander kämpfen und sich gegenseitig morden. Du selbst aber stürze dich dann unter sie und mach' sie nieder. So wirst du das Vließ gewinnen und nach Hellas bringen, fern von Aia. Ja ziehe hin, wohin dir's beliebt, wohin dein Herz dich ruft."

So sprach sie und heftete stumm ihren Blick zur Erde, und Tränen flossen über ihre Wangen; denn sie gedachte mit Schmerz, daß er fern von ihr weit über das Meer hinziehen werde. Traurig sprach sie darum wieder zu ihm und ergriff seine Rechte, denn in ihrem Schmerz verschwand ihre Scheu: „Gedenke der Medeia, wenn du nach Hause gekehrt bist; so werde auch ich dein in der Ferne gedenken. Doch sage mir, wo dein Wohnort ist, wohin du auf deinem Schiffe ziehen wirst. Wirst du nach dem reichen Orchomenos gehen, oder nach der ääischen Insel? Sage mir auch von der edlen Jungfrau, der Tochter des Minos, die du vorhin rühmend erwähnt; sie ist meinem Stamme verwandt."

Die Tränen der Jungfrau weckten auch dem Jason süße Liebe im Herzen, und er sprach zu ihr: „Weder Tag noch Nacht werde ich dich vergessen, wenn ich, dem Tode entflohen, nach Hellas gekehrt bin. Meine Heimat ist Jolkos in dem fruchtbaren Hämonien, wo Deukalion, des Prometheus' Sohn, manche Stadt gegründet und viele Tempel den Göttern erbaut hat. Das ist noch gar weit von der ääischen Insel. Doch was rede ich viel von meiner Heimat. Möchte doch, wie Minos mit Theseus um der Tochter willen Frieden und Freundschaft schloß, so dein Vater uns beiden hold und gewogen sein." Traurig antwortete die Jungfrau: „Ja, in Hellas schließt man wohl Frieden und Freundschaft; aber Aietes ist harten Sinnes, darum sprich nicht von Freundschaft und Bündnis. Gedenke mein, wenn du in Jolkos bist, und mein Herz soll dein gedenken, auch wenn der Vater es wehrt. Doch solltest du je mein vergessen, o brächte dann ein Vogel mir die Kunde, oder trügen die schnellen Winde mich selbst dann von hier nach Jolkos in dein Haus, damit ich dich mahnen könnte, daß du durch mich dem Tode entronnen bist."

So sprach sie und weinte. „O Gute", sprach Jason, „laß die Winde, laß die Vögel! Kommst du selbst nach Griechenland, so wirst du geehrt sein bei

Männern und Frauen wie eine Gottheit, weil du ihre Söhne und Brüder und Gatten gerettet; und mein wärest du dann ganz, und nichts sollte unsere Liebe trennen als der Tod." Bei diesen Worten zerfloß die Seele der Jungfrau in Wonne, und obgleich sie der herben Trennung von dem Vaterlande und den Eltern gedachte, so zog es doch ihr Herz mit wunderbarer Gewalt nach dem fernen schönen Griechenland. Hera hatte mit dieser Sehnsucht ihre Brust erfüllt, damit sie nach Jolkos käme und dort dem Pelias Verderben brächte.

Lange schon harrten die beiden Begleiterinnen der Medea in der Ferne auf ihre Herrin, denn es war längst Zeit, daß die Jungfrau zum Hause der Mutter zurückkehrte. Sie aber in ihrem trauten Gespräche dachte nicht an die Heimkehr, bis endlich Jason mahnte. „Es ist Zeit zum Scheiden; schon nahet die Sonne dem Untergang, und leicht möchte jemand alles erfahren. Wir wollen später wieder an diesem Orte zusammenkommen."

So schieden sie. Jason ging zurück zu dem Schiffe, Medea aber zu ihren Begleiterinnen, die ihr hastig entgegeneilten. Doch sie beachtete sie kaum, denn ihre Seele schwebte hoch in den Lüften. Mit leichten Füßen sprang sie auf den Wagen, ergriff die Zügel und trieb die Maultiere der Stadt zu.

Jasons Arbeiten

Am andern Morgen schickten die griechischen Helden zwei aus ihrer Mitte in die Stadt, um von Aietes die Drachenzähne zu erbitten. Er gab ihnen von den Zähnen desselben Drachen, den Kadmos bei Theben erschlagen, in der sicheren Hoffnung, daß der Fremde nicht bis zum Ziele seiner Arbeit kommen werde. In der nächsten Nacht badete Jason in dem Flusse, brachte, in ein schwarzes Gewand gehüllt, das von Medea vorgeschriebene Opfer und betete zu der unterirdischen Hekate. Als er darauf sich zur Rückkehr wandte, erschien die furchtbare Göttin, umringt von gräßlichen Drachen, welche flammende Eichenäste in ihren Rachen trugen, und umbellt von ihren unterirdischen Hunden. Der Anger umher zitterte unter ihren Tritten, die Nymphen des Flusses und der Au heulten laut auf; Jason aber, der Mahnung der Medea eingedenk, sah sich nicht um, sondern eilte, von blasser Furcht ergriffen, hastigen Fußes zu seinen Genossen zurück. Bald erhob sich die schimmernde Morgenröte hinter den schneeigen Gipfeln des Kaukasus.

Jetzt legte Aietes den festen Panzer um seine Brust, welchen ihm Ares selbst geschenkt; er hatte ihn einst dem starken Mimas im Gigantenkampfe abgezogen. Aufs Haupt setzte er den goldenen Helm mit vier prächtigen Büschen, der glänzte wie die aufgehende Sonne. Dann nahm er den schweren Schild und die mächtige Lanze, die außer Herakles kein anderer Held hätte schwingen können, und bestieg seinen Streitwagen, den ihm sein Sohn Apsyrtos vorgeführt. Er ergriff die Zügel und stürmte zur Stadt hinaus, um dem Kampfe des Jason zuzuschauen. Ihm folgte das zahlreiche Volk der Kolchier.

Unterdessen hatte Jason nach Anweisung der Medea Schild und Lanze und

Schwert mit dem Zauberöl bestrichen. Rings um ihn her versuchten seine Genossen ihre Kraft an dem Speere, doch keiner vermochte ihn zu biegen. Voll Zorn hieb Idas mit dem Schwerte auf die Lanzenspitze, aber das Schwert sprang zurück von dem Eisen wie ein Hammer vom Amboß, daß die Helden laut aufjauchzten vor Staunen und Freude. Nun salbte Jason auch seinen Körper, und eine entsetzliche Kraft drang in seine Glieder. Seine beiden Hände schwollen auf und wurden fest wie Eisen; einem mutigen Rosse gleich, das vor der Schlacht sich bäumt und wiehernd die Erde schlägt, reckte der Aisonide sich auf, stampfte die Erde und schwang Schild und Speer in seinen Händen. Nun ruderten die Helden das Schiff bis zu dem Felde des Ares, wo der Kampf stattfinden sollte. Dort fanden sie schon den Aietes harrend auf seinem Wagen am Ufer des Flusses, während das Volk der Kolchier sich rings umher auf den felsigen Vorsprüngen des Kaukasus aufgestellt hatte.

Sobald das Schiff angebunden war, sprang Jason mit Schild und Speer ans Ufer, setzte den glänzenden, mit spitzen Zähnen besetzten Helm aufs Haupt und hängte das Schwert um, einem Ares oder Apollon gleich an Kraft und Schönheit. Indem er auf dem Felde umherblickte, sah er das eherne Joch der Stiere auf dem Boden liegen und daneben Pflug und Pflugschar von hartem Eisen. Er trat hinzu, schraubte die Eisenspitze an seinen Speer und legte den Helm ab; dann ging er, mit dem Schilde bewehrt, den Spuren der Stiere nach, um sie aufzusuchen. Da brachen diese unversehens aus einer unterirdischen Höhle hervor, wo ihre Ställe waren, und stürzten flammenschnaubend und ganz in schwarzen Dampf gehüllt, auf den Helden ein. Seine Freunde erschraken, als sie das sahen; aber Jason stand da mit aufgestemmten Füßen und erwartete, seinen Schild vorhaltend, ihren Anlauf, wie ein Fels die stürmende Flut. Unter furchtbarem Gebrüll stoßen die beiden Ungetüme mit ihren Hörnern auf ihn ein; doch er steht unerschüttert. Schnaubend vor Zorn wiederholen sie ihren Angriff und umsprühen ihn brüllend mit ihrem Feuer; er aber bleibt unversehrt durch das Zaubermittel der Jungfrau. Da ergreift er mit der Rechten das Horn des einen Stiers, zieht ihn mit aller Kraft an das eherne Joch und wirft ihn durch einen Tritt wider die ehernen Füße in die Knie; sogleich faßt er auch den zweiten, der auf ihn losrennt, und stürzt ihn mit einem Ruck zu Boden. Schnell wirft er den breiten Schild von sich und hält zu beiden Seiten, von ihren Flammen umsprüht, die niedergeworfenen Tiere fest. Aietes bewunderte die ungeheure Stärke des Mannes. Jetzt reichten ihm die Tyndariden Kastor und Polydeukes, wie es unter ihnen verabredet war, das Joch, und er band es den Tieren auf den Nacken; dann fügte er die eherne Deichsel in den Ring des Joches, nahm Schild und Helm und Lanze und trieb mit den Stichen der Lanze die zornigen feuersprühenden Stiere mit dem Pfluge vorwärts, daß der Boden tief aufgerissen ward und unter Krachen die Schollen aus der Furche wichen. Jason folgte mit festem Tritt und streute weithin in die Furche die Zähne, stets vorsichtig hinter sich schauend, damit nicht die wilde Saat der erdentsprossenen Männer ihn überrasche. Die Stiere aber arbeiteten sich vorwärts mit ihren ehernen Hufen. Als der dritte Teil des Tages noch übrig war und die Sonne schon nach Westen sich senkte, da war das ganze Blachfeld, obgleich es vier volle Morgen umfaßte, von dem unermüdlichen Pflüger umgeackert, und die Stiere wurden vom Pfluge gelöst. Jason scheuchte sie mit seinen Waffen, daß sie erschreckt über das offene Feld dahinflohen, und begab sich nach dem Schiffe, so lange er die Furchen noch leer von den Erdgeborenen sah. Während sich seine Freunde ermutigend um ihn drängten, eilte er zu dem Flusse, schöpfte die Flut mit seinem Helm und stillte den brennenden Durst. Dann prüfte er die Gelenke seiner Knie und erfüllte sich mit neuem Kampfesmut, wie ein Eber, der zornig schäumend seine Hauer gegen den Jäger wetzt. Denn schon sproßten ringsum die erdgebornen Männer mit blitzenden Helmen empor, und das Gefilde des Ares starrte von Schilden und spitzen Lanzen. Da gedachte Jason der Mahnung der Medeia. Er erfaßte einen großen runden Feldstein, vier kräftige Männer hätten ihn kaum von der Stelle gebracht, er aber erhub ihn leicht und warf ihn mit einem gewaltigen Satze weithin unter die wilden Krieger; dann barg er sich, aufs Knie fallend, kühn und vorsichtig hinter seinem Schilde. Laut schrien die Kolchier auf wie ein brausendes Meer, und starr vor Staunen sah Aietes dem entsetzlichen Wurfe nach. Die wilden Kämpen fielen einander an wie wütige Hunde, denn jeder glaubte, der andere habe den Stein geworfen; wie Tannen und Eichen, die der Wirbelwind umreißt, fielen sie nieder auf ihre Mutter Erde und verhauchten den Geist. Während des wildesten Getümmels stürzte Jason unter sie, wie ein fallender Stern, und mähete mit seinem Schwerte nach allen Seiten. Die einen ragten erst bis zu den Hüften aus dem Boden hervor, andere stellten sich eben auf die Füße, wieder andere rannten zornig zum Kampf. Alle sanken sie unter den Streichen des Helden und lagen wirr durcheinander am Boden wie geknickte Halme, die der Regen des Zeus darniederpeitscht; durch die Furchen floß das schwarze Blut in Strömen.

Voll Zorn und Trauer sah der König Aietes das Werk des Helden. Ohne ein Wort zu reden, wandte er sich der Stadt zu und sann darauf, wie er den Fremden wirksamer begegnen könnte. Jason aber ging mit der sinkenden Nacht zu dem Schiffe zurück und ruhte im Kreise seiner Freunde aus von den überstandenen Mühen.

Raub des Vließes

Aietes ratschlagte während der ganzen Nacht in seinem Palaste mit den Edlen der Kolchier, wie er die Argonauten verderben könnte. Denn er zürnte ihnen sehr und war überzeugt, daß Jason nicht ohne Hilfe seiner Töchter die schwere Arbeit bestanden habe. Der Medeia aber flößte Hera eine große Furcht ein. Sie zitterte wie ein Reh, das in dem tiefen Walde das Gebell der Hunde aufgescheucht; denn sie dachte, ihr Vater wisse alles und sinne auf Rache und Strafe. Mit funkelnden Augen, verwirrten Sinnes wandelte sie umher und zerraufte klagend ihr Haar. Sie hätte sich den Tod gegeben mit ihren Giften, wenn Hera ihr nicht den Sinn gewendet und ihr eingegeben hätte, mit den Söhnen des Phrixos zu fliehen. Dieser Gedanke beflügelte wieder ihren gesunkenen Mut; sie küßte ihr Lager, die Türen und die Pfosten, legte eine abgeschnittene Locke ihres Hauptes zum Andenken für die Mutter auf ihr Lager und eilte flüchtend aus ihrem Gemache. Von selbst taten sich durch ihre Zaubersprüche die Pforten des Palastes vor ihr auf, und sie flüchtete mit nackten Füßen durch die engen Straßen in das Freie. Auf Seitenwegen und Fußpfaden, die der Zauberjungfrau alle von ihren nächtlichen Wanderungen her bekannt waren, eilte sie nach dem fremden Schiffe. Selene, die sanfte Mondgöttin, sah sie, wie sie so, von Furcht und von Liebe getrieben, durch die Nacht dahinstürmte, und sprach still für sich: „So quält denn doch nicht mich allein die Liebe zu dem schönen Endymion! Oft hast du mich mit deinen Zaubersprüchen vom Himmel herabgezogen, daß ich meiner Liebe nachginge zu der latmischen Höhle, auf daß du ungestört in mondloser Nacht deine Zauberkräuter suchen könntest. Jetzt leidest du selbst eine gleiche Qual um Jason. Gehe nur zu und mache dich bereit, so schlau du auch bist, den schwersten Schmerz zu dulden." So sprach Selene; die Jungfrau aber eilte auf das leuchtende Freudenfeuer zu, das die ganze Nacht hindurch die Helden dem Siege des Jason zu Ehren auflodern ließen. Am Ufer des Flusses angekommen, rief sie mit lauter Stimme durch die Nacht den Namen des Phrontis, des jüngsten Sohnes ihrer Schwester. Der erkannte mit seinen Brüdern und mit Jason die Stimme des Mädchens und antwortete dreimal dem dreimaligen Rufe. Die Helden ruderten das Schiff schnell ans Ufer, und noch war es nicht ans Land gebunden, so sprangen schon Jason, Phrontis und Argos ans Ufer und naheten der Jungfrau. Die umfaßte die Knie ihrer Neffen und rief in zagender Angst: „Rettet mich, entreißt mich und euch dem Zorne meines Vaters. Alles ist offenbar, und es ist keine Rettung mehr. Das Vließ händige ich euch ein, ich bezaubere den Wächter, den Drachen; aber du, Jason, schwöre mir in Gegenwart deiner Genossen, daß du mir dein Versprechen halten und mich, die Fremde und Verwaiste, vor Schmach und Schande bewahren willst."

Jason hob sie voll Freude vom Boden auf, umfaßte sie und sprach: „Bei dem olympischen Zeus und Hera, den Schützern der Ehe, schwöre ich dir, Geliebte, daß ich dich als Gattin in mein Haus führen werde, sobald wir mein Vaterland erreicht haben." Bei diesem Schwur legte er seine Hand in die ihre. Sie aber hieß die Helden sogleich das Schiff den Fluß hinauf zu dem heiligen Haine des Ares rudern, damit sie noch in dieser Nacht des Vließes sich bemächtigten. Als sie an die Stelle kamen, die man Widdersruhe nannte, weil dort der Widder des Phrixos nach seiner langen Fahrt durch die Lüfte zuerst sich zur Erde gesenkt und zur Ruhe die Knie gebeugt hatte – in der Nähe stand der Altar, auf dem Phrixos den Widder geopfert – da verließen Medeia und Jason das Schiff und gingen auf einem Fußsteig in den Hain nach der hohen Eiche, an welcher das goldene Vließ hing, glänzend wie eine Wolke, die von dem Golde der Morgensonne beschienen wird. Als sie dem Baume nahten, reckte der schreckliche Drache mit seinen blitzenden Augen ihnen den langen Hals entgegen und zischte sie an, so furchtbar, daß weithin die Ufer des Flusses und der ganze weite Hain davon widerhallten. Wie über einem brennenden Walde die Flammen sich hinwälzen, eine höher als die andere, so wälzte das Ungeheuer seinen mit leuchtenden Schuppen überdeckten Leib in unzähligen Krümmungen auf sie los. Medeia trat ihm furchtlos entgegen, indem sie mit sanfter Stimme den Schlaf, den mächtigsten der Götter, anrief, das Untier zu bezwingen, und die mächtige Hekate, ihr Beginnen zu fördern. Jason folgte ihr nicht ohne Furcht, aber der Drache hatte schon, überwältigt von den Zaubersprüchen der Jungfrau, die zahllosen Schlingen seines Leibes gelöst, daß der lange Rücken sich weithin durch den Wald ausstreckte; nur noch der Kopf strebte, hoch erhoben, nach ihnen zu schnappen. Die Jungfrau sprengte ihm mit dem Zweige einer Wacholderstaude unter mächtigen Zaubersprüchen die Tropfen eines Zaubertrankes über die Augen. Der Duft des Zaubers goß Betäubung über das Ungeheuer, es schloß die Augen und den drohenden Rachen und stemmte den schweren Kopf einschlummernd auf den Boden.

Während Medea durch stete Besprengung den Drachen in den Fesseln des Schlafes hielt, nahm Jason das goldene Vließ von der Eiche herab. Dann verließen beide den Hain und eilten dem Schiffe zu. Das Vließ, das dem Helden von der Schulter bis zu den Füßen herabhing, warf weithin seinen goldenen Schein und erhellte ihnen den nächtlichen Pfad. Mit der Morgenröte betraten sie das Schiff, und die Helden bewunderten das kostbare Vließ, das funkelte wie der Blitz des Zeus. Jeder drängte sich heran, um es zu betasten; Jason aber entzog es ihren Händen und überdeckte es mit einem Gewande. Die Jungfrau ließ er sich auf das Hinterdeck des Schiffes setzen und sprach dann zu seinen Gefährten: „Jetzt laßt uns ohne Zaudern in die Heimat kehren. Der Schatz, nach dem wir ausgeschifft, ist in unseren Händen durch die Gunst dieser Jungfrau, die ich als mein Gemahl in mein Haus führen werde. Denn ich befürchte sehr, daß Aietes bald da sein wird mit seinem ganzen Volke, um uns an der Ausfahrt aus dem Flusse zu verhindern. Darum soll die Hälfte von euch abwechselnd rudern, die Hälfte mit den vorgehaltenen Schilden die Geschosse der Feinde abhalten." Nun hieb er schnell mit dem Schwerte die Taue ab, welche das Schiff ans Ufer banden, und die Ruderer trieben mit hastigem Schlag das Fahrzeug den Fluß hinab. Und wahrlich, die Eile tat not. Denn Aietes hatte die Liebe und die Flucht der Medea und den Raub des Vließes erfahren und noch während der Nacht mit seinem ganzen Volke sich aufgemacht, die Räuber und die verräterische Tochter einzuholen und zu bestrafen. Als sie aber an die Mündung des Flusses kamen, sahen sie das fremde Schiff schon weit auf der hohen See. Da erhob der alte König voll Zorn und Schmerz die Hände zum Himmel und rief Zeus und Helios an als Zeugen der Übeltat und erklärte sofort seinem Volke, wenn sie nicht das Mädchen, zu Wasser oder Land ergriffen, ihm zurückbrächten, damit er den Rachedurst seines Herzens stillen könnte, so sollten sie es alle mit ihrem Kopfe büßen. Noch an demselben Tage zogen die Kolchier ihre Schiffe in die See, spannten die Segel auf und fuhren unter Anführung des Apsyrtos hinaus auf das Meer, zahlreich wie ein Schwarm wandernder Vögel.

Die Rückkehr

Die Argonauten fuhren unter günstigen Winden, die ihnen Hera in die Segel sandte, weiter; denn sie wollte, daß Medeia so bald als möglich nach Hellas käme, um den Pelias zu verderben. Am dritten Tage landeten sie an der Küste der Paphlagonier beim Ausfluß des Halys. Hier erinnerten sie sich, daß ihnen Phineus geraten hatte, auf einem anderen Wege, als sie gekommen, zurückzukehren, und Argos, des Phrixos' Sohn, belehrte sie, daß sie auf dem Ister (Donau) die Heimkehr suchen sollten. Die Quellen dieses Flusses sprudelten hoch im Norden, weit über den Sitz des Boreas hinaus auf den rhipäischen Bergen, und wenn er in das Gebiet der Skythen und Thrakier gekommen, teile er sich in zwei Arme, von denen der eine in das jonische (das schwarze) Meer, der andere in das sizilische sich ergieße. Kaum hatte Argos dies geraten, so ließ ihnen Hera ein günstiges Zeichen erscheinen, aus dem sie jubelnd erkannten, daß sie ihm folgen sollten; eine lange strahlende Furche zog sich am Himmel hin und zeigte ihnen die Richtung ihrer Fahrt. Freudig gingen sie unter Segel, und der günstige Wind ließ nicht nach, und die glänzende Himmelsfurche erlosch nicht eher, als bis sie glücklich die jonische Mündung des Ister erreicht hatten. Ein Teil der Kolchier aber, von Apsyrtos geführt, war noch vor ihnen auf kürzerem Wege zum Ister gelangt und hatte ihnen durch einen Hinterhalt in den Buchten und hinter den Inseln der Flußmündung den Ausweg verlegt. Die Argonauten gingen an einer Insel, die von den Kolchiern nicht besetzt war, vor Anker; da sie aber einsahen, daß sie gegen die ungeheure Zahl der Kolchier, denen auch noch die Einwohner des Landes befreundet waren, in einer Schlacht den kürzeren ziehen müßten, so ließen sie sich in Unterhandlungen ein und schlossen einen Vertrag, wonach sie selbst das Vließ behalten sollten, da Aietes es ja dem Jason versprochen, wenn er die geforderten Kämpfe bestünde, Medeia aber sollte auf einer Insel des Flusses in einem Tempel der Artemis, abgeschieden von beiden, in Gewahrsam gehalten werden, bis einer der gerechten Könige der Nachbarschaft entschieden habe, ob sie den Argonauten folgen oder dem Vater zurückgeschickt werden sollte. Sobald Medeia merkte, was vorging, rief sie den Jason beiseite und beschwor ihn unter Tränen, ihres Dienstes eingedenk zu sein und sie nicht der Rache des grausamen Vaters preiszugeben. Jason beruhigte sie und erklärte ihr, der Vertrag sei nur zum Schein geschlossen, man suche nur die Schlacht hinauszuziehen, durch die sie alle, auch Medeia, zugrunde gehen würden, um in der Zwischenzeit den Apsyrtos, den Führer der Feinde, ins Verderben zu locken; sei dieser beseitigt, so würden die Kolchier bei den Nachbarn keine Hilfe mehr finden und leicht zu besiegen sein. Da sprach Medeia: „Höre mich, ich habe einmal gesündigt und kann nicht mehr zurück; das Verhängnis treibt mich weiter von Frevel zu Frevel. Wehre du in der Schlacht die Speere der Kolchier ab, ich will dir jenen in die Hände locken. Schicke ihm, um sein Vertrauen zu erwecken, durch seine Friedensherolde glänzende Geschenke, und ich will ihn dann zu einer geheimen Unterredung unter dem Schleier der Nacht in den einsamen Tempel einladen, in welchen ihr mich bringen werdet, als wollte ich ihm ohne euer Vorwissen das goldene

Vließ zurückgeben; dann magst du ihn, da die Not uns drängt, überfallen und töten."

So geschah es denn. Apsyrtos, durch die Geschenke des Jason mit Zutrauen erfüllt, ging arglos in das Netz, welches die eigene Schwester ihm stellte, Er kam in stiller Nacht mit einem Schiffe zu der heiligen Insel und suchte, indem er seine zahlreiche Begleitung auf dem Schiffe zurückließ, den Tempel der Artemis auf. Während er hier in seine Schwester drang und um die Rückgabe des Vließes bat, sprang Jason aus einem Hinterhalte auf ihn los, mit dem blanken Schwert in der Hand. Medeia wandte sich ab und verhüllte sich das Haupt, um den Mord des Bruders nicht zu sehen. Wie ein Opfertier stürzte der Jüngling, vom Mordstahl getroffen, in der Vorhalle des Tempels nieder und suchte mit beiden Händen das aus der Wunde strömende Blut zurückzuhalten, das den weißen Schleier und das Gewand der abgewandten Schwester besprizte. Erinys, die Rachegöttin, sah mit finsteren Augen die dunkle Tat.

Jason hieb dem Toten die äußersten Gliedmaße ab, leckte dreimal von dem Blute und spuckte dreimal aus, wie der Mörder tut, um die Rache der blutigen Tat von sich abzuwenden; dann verscharrte er den Leichnam in die Erde. Unterdes hatte Medea den Argonauten schon durch eine Fackel das Zeichen zum Angriffe auf die in dem Schiffe zurückgebliebenen Kolchier gegeben. Wie Habichte auf eine Taubenschar, wie Löwen über eine Herde von Schafen fielen sie über die ihres Führers beraubte Schar her und machten sie alle nieder. Als Jason von seinem blutigen Werke her ihnen zu Hilfe kam, war der Sieg schon entschieden.

Noch in derselben Nacht fuhren die Argonauten, den übrigen Kolchiern unbemerkt, davon. Als diese am nächsten Tage ihnen folgen wollten, hielt Hera sie durch schreckende Blitze zurück. Da sie aber die Rückkehr zu dem grimmen Aietes fürchteten, so zerstreuten sie sich und nahmen die einen hier, die andern dort in der Fremde ihre Wohnsitze. Die Argonauten aber fuhren an manchen Küsten und Inseln vorbei und glaubten schon in wenigen Tagen ihre Heimat zu erreichen, da warf sie ein Sturm wieder in weite Ferne zurück. Der Zorn des Zeus lag schwer auf ihnen wegen des Mordes an Apsyrtos. Das verkündete den erschreckten Helden das Holz der dodonäischen Eiche, welches Athena mitten in den Kiel der Argo eingefügt hatte. Der Zorn des Zeus werde nicht eher enden, als bis Kirke, die Tochter des Helios, des Aietes' Schwester, den Jason von seinem Morde gereinigt habe. Nach langer gefährlicher Fahrt durch die nordischen Gewässer kamen sie endlich zu der ääischen Insel, wo Kirke wohnte. Sie sahen, wie die Zauberin am Meeresufer stand und ihr Haupt in den Wellen badete; denn ein nächtlicher Traum hatte sie erschreckt. Sie hatte geträumt, ihr ganzes Haus ströme über von Blut, und die Flamme verzehrte alle ihre Zaubermittel; sie aber schöpfte mit der Hand das Blut und löschte die Flamme. Dieser schreckliche Traum trieb sie am frühen Morgen zum Meeresgestade, um ihre Locken und ihr Gewand von der Befleckung zu reinigen. Greuliche Bestien, anderen Tieren nicht ähnlich, sondern zusammengesetzt aus den verschiedensten Gliedern, waren ihr nach dem Ufer gefolgt, wie eine Herde dem Hirten. Es waren verzauberte Menschen, die das Unglück an diese Küste verschlagen hatte. Jetzt wandelte sie mit dieser seltsamen Begleitung wieder langsam zu ihrer Wohnung zurück, indem sie bald dieses, bald jenes Tier freundlich streichelte. Die Argonauten sahen das mit

Entsetzen, denn sie erkannten aus allem, daß das Weib die Zaubergöttin Kirke war, des Aietes' Schwester. Jason hieß seine Gefährten alle auf dem Schiffe bleiben; er selbst aber sprang mit Medeia ans Land und zog sie mit sich fort zu dem Palaste der Kirke. Diese wußte nicht, was die Fremden begehrten, und stellte ihnen köstliche Stühle hin; beide aber flüchteten, ohne ein Wort zu reden, zu dem Herde und setzten sich darauf. Medeia lehnte ihr Haupt in beide Hände, Jason aber steckte sein Schwert, mit dem er des Aietes' Sohn ermordet, vor sich hin in den Boden, legte die Hand darauf und sah unverwandten Auges vor sich nieder. Kirke erkannte aus diesem Verhalten der Fremdlinge, daß sie Flehende seien, die, nach einem Morde flüchtig, Sühnung verlangten von der Blutschuld. Die Scheu vor dem Zorne des Zeus, der des flüchtigen Mörders sich annimmt und ihm Sühnung gewährt, bewog sie, die reinigende Sühnung der Fremden zu übernehmen. Sie nahm ein junges Schwein und schnitt ihm die Kehle durch, so daß der rauchende Blutstrom dem Jason über die beiden mordbefleckten Hände floß. Dann goß sie unter Gebeten zu dem versöhnenden Zeus allerlei sühnende Spenden aus, und während die ihr dienenden Nymphen die gebrauchten Sühnmittel ins Meer trugen, verbrannte sie im Innern des Hauses, am Herde stehend, heilige Opferkuchen und rief die Erinyen an, daß sie abließen von ihrem Zorne, und den sühnenden Zeus, daß er den Mördern gnädig sei.

Nachdem sie so die Sühnungsgebräuche beendigt, hieß sie beide vom Herde aufstehen und sich auf kostbaren Stühlen niederlassen und setzte sich selbst ihnen gegenüber. Darauf befragte sie sie über ihre Fahrt und ihr Vaterland, und welche Tat sie zu ihrem Hause getrieben. Auch wünschte sie des Mädchens Herkunft zu erfahren; denn sobald Medeia ihre Augen zu ihr aufgeschlagen, hatte sie aus dem goldenen Glanze derselben erkannt, daß sie aus dem Stamme des Helios sei, zu dem sie selbst gehöre; alle Nachkommen des Sonnengottes nämlich zeichneten sich durch den strahlenden Goldglanz ihrer Augen aus. Medeia verheimlichte ihr nichts, nur den Mord des Bruders vermochte sie nicht zu bekennen. Jedoch dem Geiste der Zaubergöttin blieb nichts verborgen; aber es jammerte sie des weinenden Mädchens, und sie sprach zu ihr: „Unglückliche, fürwahr, schwer hast du gesündigt, und unziemlich bist du entflohen. Nicht lange, glaube ich, wirst du dem Zorne des Vaters entgehen; bald wird er in Griechenland erscheinen und den Mord seines Sohnes an dir rächen. Doch da du mir verwandt bist und als Schutzflehende mein Haus betratst, so will ich dir kein Leid tun; aber entferne dich aus meinem Hause mit dem fremden Manne, dem du wider Willen des Vaters gefolgt bist, und bitte mich nicht weiter, denn ich kann deine Pläne und deine Flucht nicht billigen." Unendlicher Schmerz ergriff die Jungfrau bei diesen Worten. Sie weinte heiße Tränen und barg jammernd ihr Antlitz in ihr Gewand, bis Jason sie an der Hand faßte und die Wankende aus dem Hause der Kirke führte.

Auf der weiteren Fahrt drohte den Argonauten noch manche Gefahr; aber die Fürsorge der Hera rettete sie vor dem Untergange. Zunächst kamen sie an der blühenden Insel der Sirenen vorbei, welche, halb Jungfrauen halb Vögel, durch ihren bezaubernden Gesang den vorübersegelnden Schiffer zum Ufer locken, um ihn zu verderben. Schon waren die Argonauten, von ihren lieblichen Liedern betört, im Begriffe das Schiff zum Ufer zu lenken und Anker zu werfen, da griff Orpheus zur Leier und begann sie so mächtig zu schlagen zu seinen holden Gesängen, daß die Stimmen der Sirenen übertönt wurden und die Helden, unbekümmert um die verlockenden Jungfrauen, weiterfuhren. Nur Butes, des Teleon Sohn aus Athen, ward durch die verführerischen Töne verleitet ins Meer zu springen, um hinüberzuschwimmen; aber Aphrodite rettete ihn aus der wirbelnden Flut und brachte ihn nach Lilybäum, wo er seinen Wohnsitz aufschlug. Nicht lange, so kamen die Helden zu der Skylla und Charybdis, zwischen denen mitten hindurch sie der gefährliche Weg führte. Thetis aber, die hilfreiche Meergöttin, mit ihren Schwestern, den Nereiden, führte auf Geheiß der Hera das Schiff glücklich hindurch und auch an den gefährlichen Irrfelsen, den Plankten, vorbei bis zu der Insel Scheria, wo die Phäaken wohnten mit ihrem milden und gerechten König Alkinoos. Sie wurden von dem gastlichen Volke aufs freundlichste aufgenommen und fühlten sich wohl wie in der Heimat. Da aber erschien wider Erwarten ein zahlreiches Heer der Kolchier, die auf einem andern Wege hierhergekommen waren, und drohten, wenn ihnen Medeia nicht gutwillig zurückgegeben würde, mit Waffengewalt. Schon standen beide Teile zur Schlacht bereit einander gegenüber, da trat Alkinoos dazwischen und verhinderte den Kampf; denn er wollte ohne Blutvergießen ihren Streit schlichten. Da geriet Medeia in große Furcht, Alkinoos möchte sie den Kolchiern ausliefern, und bat flehentlich des Königs Gemahlin Arete, ihr beizustehen und Fürbitte bei ihrem Gemahle für sie einzulegen. In der Nacht besprach sich Alkinoos mit seiner Gemahlin über das kolchische Mädchen, und Arete bat für die Arme. Da erklärte er, wenn Medeia mit Jason vermählt sei, so würde er auf keine Weise sie von ihm trennen, sei sie aber noch unvermählt, so müsse er sie dem Vater zurücksenden. Deshalb schickte Arete noch in derselben Nacht einen Herold zu Jason und veranlaßte ihn, daß er sogleich die Vermählung mit Medeia feierte. Als am nächsten Morgen Alkinoos in Gegenwart der griechischen Helden und der Kolchier und seines ganzen Volkes sich zu Gericht setzte, erklärte Jason mit einem feierlichen Eide, daß Medeia seine Gemahlin sei. Der König entschied daher, daß Medeia von ihrem Gatten nicht getrennt werden solle, und da die Kolchier sich dem widersetzten, so hieß er sie entweder als friedliche Gäste in seinem Lande wohnen, oder sich sofort zu entfernen. Da sie die Rückkehr zu Aietes fürchteten, blieben sie im Lande. Die Argonauten aber verweilten sieben Tage lang auf der Insel und lebten nach den vielen Nöten der vergangenen Tage mit den Phäaken herrlich und in Freuden. Dann gingen sie, reichlich von ihren Wirten beschenkt, wieder unter Segel.

Schon waren sie wieder in der Nähe der hellenischen Küste, da erhob sich ein brausender Nordwind und trieb sie neun Tage und neun Nächte lang durch das libysche Meer bis an das öde Ufer der libyschen Syrten, in eine Bucht, deren träge schlammige Flut von dichtem Seegras überdeckt war. Ringsum dehnte sich eine weite Sandfläche vor ihnen aus, und nirgends zeigte sich ein Tier oder ein Vogel. Die Flut stieß mit gewaltigem Schlage den Kiel des Schiffes in den Schlamm des Ufers, so daß nur noch ein kleiner Teil desselben im Wasser lag. Erschreckt sprangen alle ans Land, und sie sahen mit Schmerz über den breiten Erdrücken hin, der sich der Luft ähnlich ins Unendliche ausdehnte. Kein Wasser, kein Pfad, kein Gehöfte war rings zu sehen, alles lag in totem Schweigen. „Was ist das für ein Land?" fragte einer den andern, „wohin verschlug uns der Sturm? Wären wir doch lieber mitten in die Irrfelsen hineingefahren; hätten wir doch bei irgendeinem großen Wagnis den Untergang gefunden!" „Wir sind verloren, es ist kein Loskommen", rief Ankaios, der nach des Tiphys' Tod die Steuerung des Schiffes übernommen, „da versuche ein anderer seine Kunst! Doch ich glaube, Zeus hat uns alle Hoffnung der Heimkehr genommen." So sprach er und setzte sich weinend hin. Trostlos, blaß vor Gram schlichen die Männer den Schatten gleich am Ufer umher. Als der Abend kam, reichten sie einander zum Abschied die Hände und warfen sich der eine hier, der andere dort in den Sand und erwarteten, in ihre Mäntel gehüllt, ohne Speise und Trank den Tag und den Tod. Die zwölf Mägde, welche Arete beim Abschied der Medeia zum Geschenke gegeben, seufzten und klagten die ganze Nacht um ihre Herrin, wie Schwäne, die sterbend ihren letzten Gesang in die Luft verhauchen, und streuten sich in ihrer Verzweiflung den gelben Sand auf das Haupt. Und nun wären alle ruhmlos an der einsamen Küste zugrunde gegangen, wenn sich ihrer nicht die Beherrscherinnen des Landes, drei libysche Nymphen, erbarmt hätten. Diese traten zur heißen Mittagsstunde zu Jason, der hoffnungslos am Boden lag, und zogen ihm leise das Gewand vom Haupte. Erschreckt sprang er auf, wandte aber, als er die Göttinnen vor sich sah, voll Scheu die Augen ab. „Unglücklicher", sprachen sie freundlich, „warum lässest du so vom Unglück dich niederwerfen? Stehe auf und ermuntere deine Gefährten. Wenn Amphitrite, die Meergöttin, den Wagen des Poseidon losgeschirrt hat, dann vergeltet eurem Schiffe, das euch so lange getragen hat, mit gleichem Dienste, und ihr werdet in das schöne Griechenland zurückkehren." Nach diesen Worten verschwanden die Göttinnen, Jason aber eilte zu seinen Genossen und teilte ihnen seine Erscheinung mit. Während sie noch über das seltsame Orakel nachdachten, sprang ein gewaltiges Meerroß ans Land mit hoch in der Luft fliegenden goldenen Mähnen; es schüttelte den weißen Schaum von den Gliedern und lief dahin über die sandige Fläche dem Winde gleich. Da sprach Peleus freudig zu seinen staunenden Gefährten: „Jetzt hat Amphitrite den Wagen des Poseidon ausgespannt; wohlan, laßt uns unser Schiff auf die Schulter nehmen und durch die Wüste tragen der Spur des Rosses nach; denn es wird wohl nicht unter den trockenen Sand tauchen, sondern uns zu irgendeinem Busen des Meeres führen." Freudig folgten die Argonauten; sie nahmen das Schiff, das sie so lange getragen hatte, auf die Schultern und wanderten mit ihm zwölf Tage und zwölf Nächte durch die Wüste. Da kamen sie endlich zu der tritonischen Meeresbucht. Hier setzten sie die Argo ab und liefen, durstigen Hunden gleich, nach Trinkwasser umher. Die Hesperiden – denn in deren Gegend waren sie gekommen – zeigten dem Orpheus einen Quell, den kurz vorher Herakles auf einer Fahrt nach den Äpfeln der Hesperiden durch den Tritt seines Fußes aus dem Felsen gestoßen hatte.

Als darauf die Helden ihr Schiff wieder in die See gebracht und bestiegen hatten, um weiterzufahren, da suchten sie den ganzen Tag, um aus der tritonischen Bucht in das offene Meer zu gelangen. Wie eine Schlange, die in der heißen Sonne hier- und dorthin sich windet und mit zischendem Mund und funkelnden Augen nach der Höhle sucht, in der sie sich bergen kann, so suchte die Argo, hin und her kreuzend durch die schäumenden Wasser, vergeblich den Ausgang zur offenen See. Da riet Orpheus, den größten Opferdreifuß, den sie im Schiffe hatten, den Göttern des Landes am Ufer zu weihen und sie um

Hilfe zu bitten. Kaum war das geschehen, so erschien der Meergott Triton in der Gestalt eines Jünglings, hob eine Erdscholle vom Boden auf und reichte sie als Gastgeschenk dem Helden Euphemos. „Nehmet", sprach er freundlich, „das erste beste, was ich euch bieten kann. Wenn ihr aber einen Ausweg suchet aus dem unbekannten Meere, so will ich euch den Weg zeigen. Ich bin Eurypylos, den der Vater Poseidon zum Herrscher dieser Meeresküste gemacht hat. Sehet dort, wo das Wasser schwarz über der Tiefe sich kräuselt und auf beiden Seiten weiße Felspfade sich erheben, da ist der schmale Ausgang aus der Bucht in die See, auf der ihr, zur Rechten gewendet, die Insel Kreta erreichen werdet, die nicht weit mehr von der Pelopsinsel entfernt ist." So sprach er wohlwollend, und die Helden bestiegen wieder freudig ihr Schiff. Nachdem sie die Ruder in Bewegung gesetzt, sahen sie, wie der Jüngling den Dreifuß auf die Schulter nahm und damit in den Fluten verschwand. Da erkannten sie, daß irgendein Gott ihnen hilfreich genaht war, und hießen den Jason dem Gotte ein Schaf opfern. Der schlachtete sogleich ein Schaf in die Wellen und flehte zu dem Gotte, ihnen ferner gnädig zu sein. Nicht lange, so tauchte Triton in der ihm eigenen Gestalt aus der Tiefe herauf, faßte das hinterste Ende des Fahrzeuges und schob es sicher in das äußere Meer. Vom Kopf bis zum Leibe herab hatte er die schöne Gestalt eines menschlich gebildeten Gottes, aber vom Leibe an ging sein Körper in einen langgestreckten zweigabeligen Fischschwanz aus, dessen Flossen die Oberfläche des Wassers peitschten. Sobald er die Argo durch den Ausgang des Busens geschoben, verschwand er wieder in der Tiefe, und die Helden gelangten nun nach mehrtägiger Fahrt an die Küste von Kreta, wo Minos herrschte. Diesem hatte Zeus einen riesigen Mann aus Erz – Talos war sein Name – zum Wächter seiner Insel gegeben, um welche er täglich dreimal die Runde machte. Er hatte nur eine einzige Ader, die vom Kopf bis zur Ferse ging und unten durch einen ehernen Nagel geschlossen war. Als er die Argonauten heransegeln sah, riß er von einem Felsen gewaltige Blöcke ab und schleuderte sie nach dem Schiffe, um sie an der Landung zu verhindern. Medeia aber bändigte ihn durch furchtbare Zauberformeln, daß sein Auge sich schloß und er im Taumel den Nagel in der Öffnung seiner Blutader an einer Felsenkante ausstieß. Das Götterblut quoll wie ein Strom von Blei aus der Wunde. Er versuchte zwar die Ader wieder mit dem Nagel zu schließen und sich auf den ehernen Füßen aufrecht zu erhalten, aber der Blutstrom war nicht zu hemmen und seine Kraft entschwand. Wie eine angehauene Tanne, die der Sturm während der Nacht umschmettert, stürzte der Riese von dem Felsen hinab in die Tiefe des Meeres.

Nun landeten die Argonauten ohne Gefahr und ruhten am Gestade bis zum Morgen. Als sie aber darauf über das weite kretische Meer dahinfuhren, überfiel sie in der Finsternis der nächsten Nacht ein furchtbarer Sturm. In dieser Not half ihnen Apollon, der, auf eine der nächsten Inseln getreten, von seinem goldenen Bogen glänzende Lichtpfeile schoß und ihnen durch den plötzlichen Glanz eine Insel zur Landung zeigte. Zum Dank bauten sie dem rettenden Gotte einen Altar und nannten ihn Phoibos Aigletes, „den Blitzenden und Leuchtenden". Die Insel aber nannten sie Anaphe, „die Gezeigte". Als sie weiterfuhren, warf Euphemos die Erdscholle des Triton in Folge eines Traumes, den er gehabt, in das Meer, und siehe, eine schöne blühende Insel stieg aus der Tiefe auf. Sie nannten sie Kalliste, „die Schönste". Die Nachkommen

Adonis und Aphrodite

des Euphemos' bevölkerten in der Folge die ihrem Ahnen beschiedene Insel und nannten sie Thera.

Bald darauf gelangten die Argonauten nach Ägina und von da ohne alles Ungemach in den Hafen von Jolkos. Die Argo weihten die Helden dem Poseidon in seinem Heiligtum auf dem Isthmos von Korinth.

Des Pelias' Tod

Als Jason nach Jolkos kam, händigte er dem Pelias das goldene Vließ ein. Dieser hatte nicht erwartet, daß Jason mit seinen Gefährten je ins Vaterland zurückkehren werde, und hatte, um seine Herrschaft zu sichern, mit tyrannischer Grausamkeit die Familie des Jason ausgerottet. Als er dem Aison das Leben nehmen wollte, erbat sich dieser die Gnade, sich selbst den Tod geben zu dürfen; er veranstaltete ein Opfer und tötete sich, indem er das Blut des geschlachteten Opfertieres trank. Im Schmerz darüber erhängte sich seine Gattin unter Flüchen gegen den grausamen Pelias. Auch den unmündigen Knaben Promachos, den sie zurückließ, ermordete Pelias mit eigener Hand. Da er jetzt dem Jason auch das früher gegebene Versprechen nicht hielt, ihm die väterliche Herrschaft zurückzugeben, wenn er ihm das goldene Vließ gebracht, so suchte Jason ein Mittel, sich an dem treulosen arglistigen Tyrannen zu rächen. Dazu bot ihm Medea bereitwillig die Hand. Der hinterlistige grausame Mann sollte auf eine noch grausamere listigere Weise getötet werden. Medea gab sich das Ansehen, als sei sie mit Jason zerfallen, und näherte sich den Töchtern des Pelias; sie schlich sich ganz in ihr Vertrauen ein, indem sie sich bitter über den Undank des Jason beklagte, und erzählte ihnen viel von den Zauberkünsten, die sie zu üben verstände. Sie verstand auch das Alter zu verjüngen und zeigte diese Kunst den Mädchen an einem alten Widder. Sie schlachtete und zerstückte ihn und kochte ihn dann mit allerlei Zauberkräutern in einem ehernen Kessel. Die Glieder des Tieres verbanden sich wieder und zogen sich zusammen, die großen gewundenen Hörner verschwanden am Kopfe, man hörte im Kessel ein zartes Blöken, und während die Mädchen noch staunten über das Blöken, sprang auf einmal ein Lamm heraus und hüpfte umher in jugendlichem Mutwillen. Jetzt drangen die erstaunten Peliastöchter in die Zauberin, daß sie auch ihrem alten Vater durch ihre Künste die Jugendkraft wieder verschaffen möge, und die Zauberin verstand sich dazu nach langem Zögern. Drei Nächte und drei Tage waren vorübergegangen, da setzt sie in sternheller Nacht den ehernen Kessel aufs prasselnde Feuer und füllt ihn mit Wasser und mit Kräutern. Dann geht sie mit den Mädchen in das Schlafgemach ihres Vaters, welchen sie samt seinen Wächtern durch mächtige Zaubersprüche in tiefen Schlaf versenkt hatte. Als sie ans Lager getreten, spricht sie zu den Töchtern: „Warum zaudert ihr? zieht eure Messer und nehmet das alte Blut weg, damit ich die leeren Adern mit jugendlichem Blute wieder fülle. In euren Händen ruht Leben und Lebensdauer eures Vaters. Wenn ihr ihn liebt, so leistet ihm diesen Dienst und nehmt ihm mit euren Waffen das Alter und die verdorbenen Säfte." Durch diese Worte angetrieben, beginnen die Töchter ihr mörderisches Werk. Mit abgewandtem Antlitz – denn ihn anzuschauen, vermögen sie nicht – stechen sie mit ihren Messern auf den schlafenden Vater ein und überdecken ihn mit Wunden. Der Vater erwacht und versucht, mit Blut übergossen, sich vom Lager aufzuraffen; er streckt seine alten Arme den gezückten Messern der Töchter entgegen und ruft: „Was beginnt ihr, meine Töchter! was bewaffnet euch gegen das Leben eures Vaters?" Den Töchtern sinkt der Mut und die Hand, aber Medeia schneidet ihm, während er spricht, die Gurgel durch und wirft seine zerstückten Glieder in den siedenden Kessel. Den Kessel aber hatte die listige Zauberin nur mit reinem Wasser und kraftlosen Kräutern gefüllt. Die Glieder zerkochten in der wallenden Flut, und die getäuschten Töchter harreten vergebens auf die Wiedererweckung des Vaters, den sie selbst gemordet. So fand nach dem Willen der Hera der gottlose König durch Medeia ein grausiges Ende.

Akastos, der Pelias Sohn, veranstaltete dem Vater glänzende Leichenspiele und bemächtigte sich des Thrones von Jolkos; den Jason aber, dessen Freund er bisher gewesen und den er auf der Fahrt nach Kolchis wider des Vaters Willen begleitet, trieb er nebst der Medeia aus dem Lande. Sie flüchteten nach Korinth.

Jason und Medeia in Korinth

Jason und Medeia wohnten jahrelang zu Korinth in einträchtigem Glücke. Zwei blühende Knäblein waren der Segen ihrer Ehe. Als jedoch der Medeia die Blüte der Jugend schwand, da wendete sich Jasons Herz; er sagte sich treulos von seinem Weibe und seinen Kindern los und warb, ohne der Medeia etwas davon zu sagen, um die Hand der Glauke, der jugendlichen Tochter des Königs Kreon von Korinth, zugleich in der Hoffnung, durch die Verbindung mit dem königlichen Hause das Los der Verbannung für sich zu mildern und zu größeren Ehren zu gelangen. Seine Werbung hatte Erfolg, der König versprach ihm gerne die Hand seiner Tochter, und schon war für die nächsten Tage die Hochzeitsfeier bestimmt. Medeia erfuhr erst durch andere den Verrat und Undank ihres Gemahles, der ihr so viel verdankte, dem sie Vaterland und Vaterhaus geopfert, für den sie sogar den eigenen Bruder gemordet. Zorn und Schmerz erfaßte die tief Gekränkte, die schmählich Verstoßene, und ihre heiße Liebe verwandelte sich in wilden Haß und blutigen Rachedurst. Denn das Gemüt der Kolchierin war heftig und voll Leidenschaft, und ihr unbeugsamer Sinn schreckte nicht, wenn Unrecht sie gereizt, vor dem Entsetzlichsten zurück. Betäubt von Schmerz lag sie auf ihrem Lager, ohne Speise, mit zerrauftem Haar, unzugänglich jedem Trost und Zuspruch, wie ein Fels der Meeresflut; dann wieder erhob sie sich und stürmte mit dem Blick einer Löwin durch das Haus; sie rief die Eide an, die Jason einst ihr geschworen, klagte den Göttern, wie Jason ihr vergolten, und rief um Rache, die schrecklichsten Flüche und

Drohungen stieß sie aus gegen Kreon und seine Tochter, die ihren Gemahl zum Verrat an ihr und ihren Kindern verführt. Als Kreon solches erfuhr, da fürchtete er von dem wilden unbändigen Sinn der Zauberin Unheil für sein Haus, eilte zu ihrem Palaste und befahl ihr, noch desselbigen Tages mit ihren Kindern den Bereich seiner Stadt zu verlassen. Medea unterdrückte ihren Zorn und sprach sich verstellend: „Was fürchtest du von mir, o König? Ich bin nicht das Weib, das wider den königlichen Herrscher zu sündigen wagte. Auch hast ja du mir nichts Böses getan. Du handelst untadlig, du gabst dein Kind dem, der dir gefiel. Aber den Gatten, ja den hasse ich; denn mit Undank lohnt er mir, seiner Eide vergessen. Doch es mag geschehen, er mag sie heimführen und in Freuden mit ihr leben; nur laßt mich im Lande wohnen. Obgleich ich Unrecht litt, will ich doch schweigen und den Mächtigeren mich nicht widersetzen."

Da der König ahnete, daß das gefürchtete Weib hinter den schönklingenden Worten Verderben sinne, und deshalb bei seinem Beschlusse verblieb, so warf sich Medea vor ihm zur Erde und flehte, indem sie seine Knie umfaßte, daß nur diesen einen Tag er ihr noch vergönne in der Stadt zu bleiben, damit sie sich überlege, wo sie eine Zuflucht für sich und ihre Kinder suchen solle. „Erbarme dich der Kinder!" rief sie, „du bist ja auch Vater, hast auch Kinder! Sei barmherzig, die Natur gebeut's. Nicht meinetwegen ängstigt mich die Flucht; daß sie mit mir ins Elend gehen, das zerreißt mir das Herz." Der König ließ sich rühren; er sprach: „Tyrannisch und unmenschlich ist mein Sinn nicht. Oft hat schon Mitleid mir geschadet, und ich fürchte, auch diesmal fehle ich; doch ich will dir's gewähren. Bleibe noch diesen Tag; doch wisse, erblickt dich morgen noch der aufgehende Sonnenstrahl in meinem Gebiet, so stirbst du. Heute wohl wirst du nicht vollbringen können, was ich befürchte."

So hatte Medea Zeit gewonnen, um ihre furchtbaren Pläne ins Werk zu setzen, Zeit genug, um ihre drei Feinde, Vater, Braut und Bräutigam, zu verderben. Doch welchen Weg der Rache soll sie nehmen? Soll sie das Königshaus in Flammen setzen, die verhaßte Nebenbuhlerin mit dem Schwerte durchstoßen? Wenn man sie ergreift, während sie sich durch den Palast schleicht, ehe sie ihr Werk vollbracht, dann würde sie ein Gespött ihrer Feinde, und der Tod wäre ihr gewiß. Nein, sie will sicherer gehen, durch Gift soll Glauke sterben.

Unterdes kommt Jason von seiner Braut her und sucht bei Medea sein verräterisches Vorhaben zu entschuldigen. Nicht aus Überdruß ihrer Liebe, aus Begier nach einer jungen Braut gehe er dies neue Ehebündnis ein, nein, er wolle nur ihr und ihren Kindern durch diese Ehe einen Dienst erweisen. Durch die Verbindung mit dem König wolle er ihnen ein ehrenvolles und sorgenfreies Leben gründen, damit seine Söhne Fürstenkindern gleich erzogen würden. Doch sie sei ein unklug leidenschaftlich Weib, das im Zorn das Beste nicht erkenne und sich selbst ins Unglück stürze. Sie könne froh sein, daß ihr für ihre Drohungen gegen das Königshaus nur die Verbannung beschieden sei; hätte er nicht den Zorn des Königs beschwichtigt, so hätte sie ihre Torheit mit dem Tode gebüßt. Medea nahm mit Zorn und Verachtung die gleißnerischen Worte ihres Gemahls auf. „Verächtlicher", rief sie, „du bist unverschämt genug, noch vor mein Antlitz zu kommen und deinen Verrat zu beschönigen! Wer rettete dich, als du die feuerschnaubenden Stiere anjochen mußtest und die Todessaat des Drachen streu'n? Wer gab dir das Vließ? Das Vaterhaus und das

Vaterland habe ich dir zuliebe verraten, bin mit dir in die Fremde über die weite See, habe dich gerochen an Pelias durch den qualvollsten Tod. Und dafür verrietst du mich und nahmst dir ein anderes Weib. Eid und Treue sind hin. Glaubst du, daß jetzt andere Götter herrschen als die, bei denen du mir Treue versprachst? Und sage mir, ich will dich fragen, wie man Freunde fragt: wohin rätst du mir zu fliehen? zu des Vaters Haus, das ich verraten? oder zu des Pelias' Töchtern? Wahrlich, deine Freundschaft hat fürsprechend ein schönes Los mir bereitet. Während du die neue Hochzeit feierst, flieht, aus diesem Reiche verjagt, deine Gattin verlassen mit verlassenen Kindern in die freudlose Fremde, irren deine Kinder als Bettler ins Elend hinaus." Mit diesen Worten wandte sie sich verächtlich von dem Treulosen ab. Der aber blieb verhärtet; mit kalten Worten bot er ihr reichliche Gelder an und Empfehlungen an seine Gastfreunde. Aber Medeia verschmähte alles. „Geh' hin und vermähle dich", sprach sie, „vielleicht verwünschest du einst dein Hochzeitsfest."

Durch die Unterredung mit dem treulosen Gatten wurden die Leidenschaften in der Brust der Medeia noch mehr aufgewühlt und trieben sie ihr Rachewerk zu beschleunigen. Nur eins noch machte ihr Sorge: wo wird sie nach vollbrachter Tat eine sichere Zufluchtstätte finden? Während sie noch, vor ihrem Palaste wandelnd, überlegt, kommt Aigeus vorbei, der König von Athen. Er war in Delphi gewesen, um das Orakel zu befragen, wie er zu Kindern kommen möge, und befand sich eben auf dem Wege nach Trözen zu dem weisen Pittheus, um sich von ihm die dunkele Antwort enträtseln zu lassen. Aigeus, von Medeia angesprochen, verheißt ihr ein sicheres Asyl, wenn sie, von Korinth flüchtig, zu ihm nach Athen komme.

Sobald sich Aigeus entfernt hat, beginnt Medeia dem Königshause ihre Schlingen zu legen. Dazu aber hat sie die Hilfe des Jason nötig. Drum läßt sie ihn zu einer neuen Unterredung rufen und nimmt den Anschein an, als habe sie sich besonnen und verziehen. „Ich bitte dich, Jason", sprach sie, „was ich vordem redete, das verzeihe mir. Ich habe töricht mich ereifert und sehe nun ein, daß dein Entschluß weise ist und zu unserem Heil. Ich hätte selbst, ich Törin, dir die königliche Braut zuführen sollen, um uns mächtige Verwandte zu schaffen und den Kindern eine schöne Zukunft. Ja, um der Kinder willen entsag' ich gern. Ich selbst will in die Verbannung gehen, wie's der König befahl und mir am besten ist; aber die Söhne behalte hier und laß sie aufwachsen unter deiner Vaterhand. Sie dürfen nicht das Los der Verbannung sehen. Bitte du den König, daß er sie an deiner Seite läßt, und gibt er dir nicht nach, so laß die junge Braut den Vater erweichen. Ich selber will die Jungfrau unsern Plänen günstig stimmen, will sie uns gewinnen durch die herrlichsten Geschenke. Ein zartes golddurchwirktes Gewand und eine goldene Krone, die einst Helios meinem Vater gab, will ich ihr durch unsere Kinder schicken. Führe du sie selbst zu der hohen Braut in den Palast." Jason ließ sich betören und führte seine beiden Kinder mit den kostbaren Geschenken in die Königsburg. Bei den Dienern im Palast war große Freude, als sie die Kinder der Medeia mit ihrem Vater erscheinen sahen, denn sie glaubten nun, aller Zwist sei vorüber. Der eine küßte die Hände, ein anderer das blonde Haupt der Kinder, andere wieder folgten erfreut den Knaben bis zu dem Frauengemach. Als Jason mit den Kindern zu der jungen Braut hereintrat, da ließ sie in voller Freude ihr Auge auf dem Geliebten ruhen, ohne daß ihr Blick auf die Knaben fiel. Sobald sie aber diese herantreten sah, wandte sie das Antlitz ab; denn der Gedanke an ihre Mutter rief ihr die Eifersucht wach. Doch Jason besänftigte sie und sprach: „Nicht zürne mehr denen, die dir hold sind! Kehre ihnen deine Blicke zu und halte die für Freunde, die dein Gatte liebt. Empfange auch ihre Gaben und flehe deinen Vater an, daß er meine Söhne von der Verbannung löse."

Medeia und ihre Kinder

Als Glauke die schönen Geschenke sah, da hielt sie sich nicht und versprach alles, und kaum hatte Jason mit den Kindern wieder den Palast verlassen, so legte sie arglos das strahlende Goldgewand an und drückte den goldenen Kranz auf ihre Locken. Des seltenen Schmuckes froh, beschaute sie sich in dem strahlenden Spiegel und wandelte in kindlicher Lust durch die Hallen des Palastes. Da plötzlich wird ihr Antlitz bleich, ihre Glieder beben, und von tödlichem Schmerz durchzuckt, taumelt sie zurück auf ihren Sitz. Weißer Schaum trat auf ihre Lippen, und mit wildverdrehten Augensternen lag sie seufzend da. Dann fuhr sie mit gräßlichem Gestöhne empor, der verzauberte Kranz sprühte verzehrendes Feuer aus, und das vergiftete Gewand benagte flammend ihren zarten Leib. Sie flieht, vom Sitz aufspringend, und schüttelt Haupt und Haar hierhin und dorthin, um die brennende Krone abzuschütteln; aber der goldene Reif umstrickte sie nur noch fester, und lichtere Flammen zischten, wie sie das Haar so schüttelte, aus ihm hervor. Sie fällt zu Boden, Blut entströmt ihrem Scheitel, und als der Vater, von der wehklagenden Dienerschaft herbeigerufen, endlich erscheint, da ist ihr Leib und ihr Antlitz so entstellt und zerstört, daß niemand außer dem Vater sie erkennen mag. In laute Klagen ausbrechend, stürzt er sich über die entstellte Tochter, umarmt sie und küßt sie. Doch als er wieder den alten Leib erheben will, da haftet er fest an dem Gewand, und wie er auch sich müht, stets zieht das brennende Gewand ihn wieder zurück, bis er zuletzt, von der Gewalt des verderblichen Zaubers übermannt, sterbend niedersinkt. Als Jason endlich herzukam, lagen Vater und Kind, furchtbar von der Zauberflamme verzehrt, als Leichen an dem Boden.

So hatte Medeias Zorn Rache genommen an denen, die ihren Gatten zum Verrat verlockt, und zugleich auch an dem Verräter selbst; doch damit ist die dämonische Wut der Barbarin noch nicht befriedigt. Um Jason noch empfindlicher zu strafen, will sie auch die Kinder, die ihm teuer sind, hinmorden, so sehr sie selber sie auch liebt. Als die Kinder aus dem königlichen Palaste zu ihr zurückgekehrt waren, begann für ihr Mutterherz ein fürchterlicher Kampf. Sie hat in ihrer Wut beschlossen, den verhaßten Gemahl mit dem schwersten Schlage zu treffen, und doch, wie freundlich lächelten sie die geliebten Kinder an! Nein, sie kann es nicht, sie will sie mit sich führen aus diesem Lande; den Vater zu betrüben, litte sie ja selbst eine zwiefach bittere Qual. Nein, sie sollen leben, vergessen will sie, was sie beschloß. „Jedoch, was will ich? Ein Gespött sein aller Welt, wenn ich meine Feinde ungezüchtigt ließ und floh? Es muß gewagt sein! Feigheit wär's, Überlegung frommt mir nicht! Weh mir! Nein, denke, mein Geist, den Gedanken nicht aus! Laß sie, verschone die Kinder. Unselige! Im Elend mit mir lebend, sind sie meine Lust. – Nein, bei den unterirdischen Rachegeistern, sie müssen sterben. Soll ich meine Kinder den Feinden preisgeben, daß sie ihrer spotten? Sie müssen sterben; so will denn ich, die sie gebar, auch selber sie morden. – O kommt, ihr Kinder, reicht der Mutter die Hand, daß sie sie küsse! O liebe Hand, holdseliger Mund, du edles Antlitz! Kinder, ihr sollt glücklich sein, aber erst dort. Euer Glück auf Erden raubt euch der Vater. – Ach, wie hold er mich umfängt, wie zart die Wange ist, wie süß der Odem! – Geht, geht, ihr Kinder, ich vermag nicht länger euch anzuschauen! Mein Elend überwältigt mich. Grausam ist, ich fühl' es, was ich vollbringen will; doch der Zorn besiegt das Mitleid. Es muß geschehen!"

Der grausame Entschluß steht fest; sie führt die Kinder in das Haus. Noch harrt sie, bis sie die Kunde von dem Tode der verhaßten Königstochter und ihres Vaters erhalten hat; dann schreitet sie, von Rachegeistern getrieben, einer Furie gleich, zum Mord der Kinder. Zwar dringt das Angstgeschrei der Armen wie ein Schwert ihr durch die Seele; aber die Wut umdüstert ihre Sinne, versteint ihr Herz – mit fester Hand stößt sie das Schwert in der Kinder Brust.

Eben war die blutige Tat vollbracht, da eilte Jason in der höchsten Aufregung herbei, um Medeia für den Mord seiner Braut und ihres Vaters zu bestrafen. Mit Entsetzen hört er, daß auch seine Kinder noch gemordet sind. Medeia weidet sich triumphierend mit kaltem Hohn an dem verzweifelten Schmerze des Verhaßten, und als das Volk der Korinther von allen Seiten herbeiströmte, um vereint mit Jason Rache an der Frevlerin zu nehmen, da fliegt sie auf einem Drachenwagen, den sie von ihrem Ahnen, dem Sonnengott, hatte, durch die Lüfte davon. In Athen fand sie bei Aigeus eine sichere Zuflucht, wie er ihr versprochen; als sie aber später dessen Sohn Theseus nach dem Leben trachtete, mußte sie auch von dort flüchten und begab sich wieder nach Kolchis zurück, wo sie ihren vom Throne gestürzten Vater wieder in die Herrschaft einsetzte.

Jason, dem die Rache der Medeia alles Glück und alle Hoffnungen des Lebens zerstört, verlebte in Korinth noch manches traurige Jahr. Oft ging er auf den korinthischen Isthmus, wo in dem Heiligtum des Poseidon die Argo als Weihgeschenk des Gottes stand, und erfreute sich durch die Erinnerung an die glückliche Heldenzeit seiner Jugend. Der Argo erging es ähnlich wie dem Jason. Nach ihrer ruhmreichen Fahrt zu fernen Küsten und durch weite Meere stand sie jetzt einsam da und fast vergessen, und ihre Balken und Bretter lösten sich allmählich aus den Fugen. Einst zur heißen Mittagszeit lag Jason müde und lebenssatt in ihrem Schatten; da zerfiel plötzlich der stolze Bau und begrub den gescheiterten Mann unter seinen Trümmern.

Ödipus

Des Ödipus Jugend und Frevel

Laios, der Sohn des Labdakos, aus dem Geschlechte des Kadmos, war König in Theben und hatte Jokaste, die Tochter des Menoikeus, der von einem der aus den Drachenzähnen des Kadmos entsprossenen Riesen stammte, zur Gemahlin. Da ihre Ehe kinderlos blieb, so wandte sich Laios an das Orakel zu Delphi und erhielt von Apollon das Orakel:

> Laios, Labdakos' Sohn, du erflehst dir den Segen der Kinder;
> Wohl, ich will dir verleih'n einen Sohn, doch ist dir verhänget,
> Durch die Hände des Sohnes zu sterben. Denn also bestimmt' es
> Zeus der Kronide, gerührt von den traurigen Flüchen des Pelops,
> Dem du geraubet den Sohn; der hat dies all' dir gewünschet.

Laios hatte nämlich in früheren Jahren, als er, aus der Heimat flüchtig, eine Zeit lang die Gastlichkeit des Königs Pelops in Pisa genoß, dessen jungen Sohn Chrysippos geraubt und mit sich fortgeführt, und für diesen frevelnden Undank hatte Pelops ihm geflucht, daß er einst durch seinen eigenen Sohn das Leben verlieren möge. Das empfangene Orakel erfüllte den Laios und seine Gemahlin mit nicht geringer Furcht, die doppelt erwachte, als ihnen endlich ein Sohn geboren wurde. Kaum sah dieser den dritten Tag, so schnürte ihm der Vater die Füße zusammen, durchbohrte seine Knöchel unbarmherzig mit einem Eisen und ließ den armen Säugling durch die Hand seiner Mutter einem Sklaven des Hauses übergeben, daß er ihn im Gebirge Kithäron aussetze. Dort, hofften sie, werde das Kind, von dessen Hand sie Unheil fürchteten, in der Wildnis verschmachten oder von wilden Tieren zerrissen werden, und sollte es dennoch durch irgend einen Zufall am Leben bleiben, so mußten die verstümmelten Füße doch bald seine Erkennung herbeiführen. Der Sklave, der des Laios Herden im Kithäron weidete, war barmherziger als die königlichen Eltern und konnte es nicht über sich gewinnen, das arme Kind dem Verderben preiszugeben. Er übergab es einem Diener des Königs Polybos von Korinth, der oft in seiner Nähe auf dem Kithäron die Kinder seines Herrn weidete und seit lange mit ihm bekannt war, und bat ihn den Knaben aufzuziehen. Der korinthische Hirt brachte den Knaben seinem Herrn, und da dieser kinderlos war, so entschloß er sich mit seiner Gemahlin Merope, den Findling an Kindesstatt anzunehmen. Wegen seiner geschwollenen Füße nannten sie den Knaben Ödipus, d.h. Schwellfuß. So hatte denn Ödipus, den seine hartherzigen Eltern von sich gestoßen, in fremdem Lande elterliche Liebe gefunden, und der heimatlose Findling wuchs unter der treuen Pflege fremder Hände als der Erbe eines glänzenden Thrones auf. Zum Jüngling herangereift, galt er allgemein für den ersten der Bürger in Korinth. Da griff ein unbedeutender Vorfall störend in sein Jugendglück ein. Bei einem fröhlichen Gelage nannte ihn ein korinthischer Jüngling im Rausche ein untergeschobenes Kind. Ungehalten über das beschimpfende Wort, hielt Oidious kaum den Tag über aus; am andern Morgen trat er vor seine Eltern, um sie auszuforschen. Die zürnten über den Jüngling, der ihrem Sohne solche Schmach angetan, und suchten ihn zu beruhigen; da er aber von ihnen keine genügende Auskunft erhielt und der Vorwurf beständig an seinem Herzen nagte, so ging er ohne Wissen seiner Eltern nach Delphi, um sich bei dem Orakel Gewißheit über seine Abkunft zu holen. Der weissagende Gott ließ ihn ohne Aufschluß über seine Frage, verkündete ihm aber grauenvolles Unheil: er werde seinen Vater ermorden, mit seiner eigenen Mutter sich vermählen und ein den Menschen grauses Geschlecht erzeugen.

Als Ödipus die furchtbare Weissagung vernommen, beschloß er, um dem verkündeten Unheil zu entrinnen, so schwer es ihm auch wurde, das Auge seiner teuren Pflegeeltern, die er für seine wahren Eltern halten mußte, nie mehr zu sehen. Er verließ den Weg, der von Delphi nach Korinth führte, und wanderte auf gut Glück in die Welt hinein, indem er nur die Sterne sich zu Wegweisern nahm. Nach einer glücklichen Jugend im korinthischen Königshause ist er wieder ein heimatloser Pilger. Einsam wandert er, ohne zu wissen wohin, durch das phokische Land. In der Nähe von Daulis in öder Gegend ist ein Dreiweg, wo durch einen engen Hohlweg, der noch heute zu sehen, die Straße von Böotien heraufkommt. In dieser Straße bog der Jüngling ein, als eben ein Wagen des Wegs heraufkam ihm entgegen. Auf dem Wagen saß ein Mann in schon vorgerückten Jahren, sein Haar war schon mit einigem Weiß untermischt; vor ihm saß ein Herold als Wagenlenker, einige Diener folgten dem Wagen. Der Wagenlenker und der Alte wollten den ihnen entgegenkommenden Wanderer mit Gewalt aus dem Wege drängen; da versetzt der Jüngling, von raschem Zorn erfaßt, dem Wagenlenker einen Schlag und will dann ruhig an dem Wagen vorbeigehen. Als er eben an dem Alten vorüberkommt, schlägt ihn dieser, den rechten Augenblick abwartend, mit dem Stachelstabe, mit welchem man die Pferde antreibt, über den Kopf; sofort aber führt der Geschlagene mit jugendlichem Arm einen so kräftigen Hieb mit seinem Wanderstab gegen den Alten, daß er rücklings vom Wagen herabfällt. Einmal in Zorn versetzt, erschlägt er alle Begleiter des fremden Mannes bis auf einen, der unvermerkt im Gewirr entflohen ist.

Ödipus setzte seinen Weg weiter fort, ohne sich viel Gedanken über seinen Mord zu machen; war er doch selbst der angegriffene Teil und seine Tat eine Notwehr gewesen. Er ahnet nicht, daß der erschlagene Alte sein eigener Vater war, der thebanische König Laios, der eben auf dem Wege nach dem delphischen Orakel begriffen war.

Bald darauf kam Ödipus auf seiner ferneren Wanderung nach Theben, wohin der bei Daulis entsprungene Sklave die Nachricht von dem Tode des Königs Laios gebracht hatte. Aber die Thebaner waren damals in einer Lage, in welcher sie sich nicht lange mit diesem Ereignis beschäftigen konnten. Ein großer Schrecken war unmittelbar vor ihren Toren. Die Sphinx, ein aus der Unterwelt heraufgesandtes furchtbares Ungeheuer mit Kopf und Brust einer Jungfrau und dem geflügelten Rumpf eines Löwen, hatte sich in der Nähe der Stadt auf einem Felsenberge, der nachmals von ihr den Namen Sphinxberg trug, gelagert und versetzte Theben und die ganze Umgegend in große Not. Sie legte den Bürgern von Theben Rätsel vor, die sie von den Musen gelernt hatte, und wenn einer das Rätsel nicht zu lösen vermochte, so zerriß und fraß sie ihn. So hatte schon mancher Bürger ein unglückliches Ende gefunden. Zuletzt noch hatte ein Sohn des Kreon, des Bruders der Jokaste, welcher nach des Laios Tode die Regierung führte, der schönste Jüngling in ganz Theben, in hochherziger Vaterlandsliebe die Lösung des Rätsels versucht, um seine Vaterstadt von der grausamen Plage zu befreien; aber auch er hatte unter den Krallen des Ungeheuers sein junges Leben verloren. Da machte Kreon bekannt, daß der, welcher die Stadt von der Sphinx erlöse, die königliche Krone und die Hand der verwitweten Königin erhalten solle. Als Ödipus, der abenteuernde Wandrer, dies hörte, entschloß er sich, sein Glück zu versuchen; er trat vor die Sphinx und fragte nach dem Rätsel. Das Rätsel lautete: „Es gibt ein Wesen, das ist am Morgen vierfüßig, am Mittag zweifüßig und am Abend dreifüßig und hat *eine* Stimme. Es verändert allein von allen Wesen auf der Erde seine Gestalt; wenn es aber auf den meisten Füßen geht, so hat es die geringste Kraft und Schnelligkeit." „Das ist der Mensch", sprach Ödipus; „am Morgen seines Lebens, als schwaches hilfloses Kind, geht er auf Händen und Füßen, auf zwei Füßen wandelt er am Mittag seines Lebens, und hat er endlich den Abend des Lebens erreicht, so ist für den schwachen Greis der Stab ein dritter Fuß." Das Rätsel war glücklich gelöst, und die Sphinx stürzte sich verzweifelt von der Höhe des Felsen und gab sich den Tod. Es war ihr vom Schicksal verhängt, daß sie sich töten müsse, sobald ein Sterblicher ihr Rätsel gelöst.

Die jubelnde Stadt beschenkte jetzt dankbar den heimatlosen Fremdling mit der königlichen Krone und gab ihm die Hand der verwitweten Königin. Ein wunderbares Glück in dem wechselvollen Leben des jungen Mannes, und doch welch' einen schrecklichen Abgrund verdeckte dies schimmernde Glück. Er saß auf dem Throne des von ihm erschlagenen Vaters und lebte in unheiliger Ehe mit der eigenen Mutter; ein den Menschen grauses Geschlecht erwuchs aus dieser unnatürlichen Ehe. Die Orakel des delphischen Gottes waren erfüllt.

Die Entdeckung der Frevel des Ödipus

Viele Jahre lang herrschte Ödipus im thebanischen Lande, geliebt von seinen Untertanen als der Erretter der Stadt aus höchster Not und hochgeehrt wegen seiner Weisheit und Güte. Er war umgeben von einer fröhlich aufblühenden Familie, seine Gattin hatte ihm vier Kinder geboren, zwei Söhne und zwei Töchter, Polyneikes und Eteokles, Antigone und Ismene. Aber das unheilige Verhältnis, in dem er lebte, konnten die Götter für die Dauer nicht dulden; obgleich er ohne Wissen und Willen gesündigt, so mußte doch die Verkehrung aller sittlichen Ordnung endlich aufgedeckt werden und ihre Sühne erlangen. Um die Entdeckung herbeizuführen, um das

Volk aufmerksam zu machen, daß etwas faul war im Staate, sandten die Götter eine furchtbare Pest über das thebanische Land. Haufenweise starben die Menschen dahin, das Vieh krankte, und es welkten die Saaten. Als der König die Bedrängnis seines Volkes sah, schickte er seinen Schwager Kreon, der der Nächste an seinem Throne war und in engster Freundschaft mit ihm lebte, nach Delphi, um bei Apollon nach Abhilfe von dem großen Unheil zu forschen. Das Volk wußte nicht, was der König in treuer Sorge um die Stadt getan. Als die Not aufs Höchste gestiegen war, stellte es feierliche Bittgänge zu den Tempeln und Altären der Stadt an und erflehte unter Opfern und Gesängen und Klagen Rettung von den Göttern.

Ein Teil des Volkes, Greise und Kinder und auserlesene Jünglinge, geführt von Priestern, kamen mit Ölzweigen in den Händen von Kadmea vor den Palast des Ödipus und setzten sich wie Bittflehende auf den Stufen der Altäre nieder, welche vor seinem Palaste standen, in der Hoffnung, daß er, der weise König, ihnen Hilfe finden werde. Ödipus trat wie ein Vater unter sein Volk und fragte mitleidsvoll den ehrwürdigsten unter den Greisen, einen Priester des Zeus, nach der Ursache ihres Erscheinens. „Du siehst, o Herr, wie unsere Stadt in namenlosem Elend krankt; die Felder verzehrt sengende Dürre, es sterben die Herden auf der Trift; die würgende Pest verödet unsere Häuser und füllet den Hades mit Klagen und Seufzen. Wir wissen nicht, wie die Stadt aus diesem Wogenschwall des Verderbens wieder ihr Haupt erheben soll. Drum nehmen wir unsere Zuflucht zu dir, den wir als den ausgezeichnetsten unter den Menschen kennen, der schon einmal unsere Stadt aus tiefster Not gerettet hat, und flehen dich an, daß du uns auch jetzt durch deine Weisheit irgend eine Abwehr findest." „Arme Kinder", sprach Ödipus, „wohl ist mir die Ursache eures Flehens bekannt; ich weiß, ihr kranket alle, aber unter allen krankt doch keiner im Herzen so wie ich. Ihr fühlt nur ein jeder sein eigen Leib, doch meine Seele leidet für mich und für die ganze Stadt. Drum habt ihr nicht aus dem Schlummer jetzt mich geweckt, nein, Tag und Nacht hab' ich unter Tränen in vielfacher Sorge nach Rettung geforscht, und die Heilung, die ich endlich gefunden, habe sogleich ich ins Werk gesetzt. Ich habe Kreon, meinen Schwager, nach Delphi entsandt zu dem Hause des Phoibos, um dort das Rettungsmittel zu erkunden. Schon macht mir's Sorge, wo er so lange weilt; doch sobald er zurück ist, werde ich – ich wäre sonst ein schlechter König – ohne Zögern tun, wie der Gott befiehlt."

Kaum hatte der König ausgeredet, so erschien Kreon, als froher Bote des Gottes das Haupt mit Lorbeer umkränzt, in der Versammlung und brachte das Gebot des Orakels: den in ihrer Mitte lebenden Mörder des Laios sollten sie als einen Unreinen, als einen Beflecker ihres Landes verbannen oder töten; denn der Mord des Königs laste als schwere Schuld auf ihrem Lande. Ödipus forschte jetzt erst nach den näheren Umständen bei dem Morde seines Vorgängers und erfuhr, daß Laios einst auf dem Wege nach dem delphischen Orakel von Räubern sei erschlagen worden samt all' seinen Begleitern, mit Ausnahme eines einzigen, der sich durch die Flucht gerettet habe. Der Schrecken, mit dem damals die Sphinx das Land erfüllte, sei Schuld gewesen, daß sie den Tätern nicht weiter nachgespürt. Daß Räuber den Laios überfallen, hatte der geflüchtete Diener fälschlich ausgesagt, weil er sich schämte zu bekennen, daß ein einziger Mann sie alle überwältigt und er noch obendrein geflohen sei.

Ohne zu ahnen, daß der Mord des Laios und sein eigenes Abenteuer in dem Hohlwege bei Daulis dasselbe Ereignis waren, daß er selbst der gesuchte Mörder, war Ödipus sogleich aufs Eifrigste bemüht, dem Gebote des Gottes nachzukommen und die Spuren des zu bestrafenden Mörders aufzusuchen. Konnten doch von politischen Gegnern in Theben die Mörder gedungen sein und ihm selbst wie seinem Vorgänger noch gefährlich werden. Er entläßt die ihn umringende Menge und beruft die Ältesten des Volkes zu sich; vielleicht kann er mit ihrer Hilfe zu seinem Ziele gelangen. Sobald diese erschienen sind, macht er ihnen den Spruch des Gottes bekannt und fordert sie auf, ihn in der Aufsuchung des Mörders zu unterstützen. „Wenn einem von euch", sprach er, „bekannt ist, durch wen der König Laios umkam, so spreche er es aus, und fürchtet sich einer vielleicht eine eigene Schuld freiwillig zu gestehen – er soll nichts anderes leiden, als ungekränkt aus dem Lande gehen. Wer aber schweigt aus Furcht für einen Freund und so die Schuld der Mitwisserschaft von sich abwälzen will, den weise ich aus diesem Lande, deß Zepter ich trage, und verbiete ihm alle Teilnahme an Opfer und Gottesdienst und allen Verkehr mit seinen Mitbürgern; jeder soll ihn von seinem Hause stoßen als eine Pest unseres Landes. Und wer die Tat vollführt hat und sich nicht nennt, sei's einer oder war er mit mehreren im Bunde, den verfluch' ich, daß er in Not und Plage sein Leben hinschleppe und elendiglich verderbe. Ja, sollte ich selbst mit Wissen an meinem Herde ihn bergen, so treffe mich derselbe Fluch."

Die Männer versicherten ihre Unschuld und ihre Unkenntnis; nur hätten sie gehört, daß der König von Wanderern erschlagen worden sei. Sie raten, den Seher Teiresias, den weisen Diener des Apollon, herbeikommen zu lassen; der möchte am Besten durch seine Seherkunst Auskunft geben können. Ödipus erklärt, das habe er schon auf den Rat seines Schwagers Kreon getan; er habe schon zwei Boten nach dem Seher geschickt und wundere sich, daß derselbe noch immer nicht erschienen sei. Endlich kommt der alte blinde Seher, von einem Knaben geführt. Er hatte längst in seinem Geiste alles durchschaut, aber er wollte den König, den er hochschätzte, und das königliche Haus durch seine Offenbarungen nicht ins Verderben stürzen. Darum hatte er gezögert zu kommen. Ödipus empfing den ehrwürdigen Greis mit freundlichen Worten, legte ihm den Inhalt des Orakels vor und bat ihn, der allein hier helfen könne, durch Anwendung seiner Seherkunst den Mörder des Laios ausfindig zu machen. Der Alte bereute sein Kommen. „Wehe", rief er aus, „wie schrecklich ist das Wissen, wo es dem Wissenden zum Unheil gereicht! Das hatte ich nicht bedacht, sonst wäre ich nicht gekommen. Laß mich nach Hause kehren, o Herrscher, so trägst du am Leichtesten das Deine und ich das Meine."

Ödipus ist betroffen von der Antwort des Sehers und bittet ihn in seinem Eifer für das Heil der Stadt noch dringlicher; alles Volk wirft sich flehend dem Seher zu Füßen, aber er verharrt bei seiner Weigerung. „Magst du auch zürnen, ich werde nimmer verkünden, wonach du forschest; denn es wäre dein Unheil." Da gerät der König, der die Weigerung des Sehers nicht begreifen kann, aufgeregt wie er ist, in heftigen Zorn und wirft ihm in bitterem Wortwechsel vor, er selbst werde wohl Anstifter und Mitwisser des Mordes sein; ja, wenn er nicht blind wäre, so würde er behaupten, er allein habe den Mord verübt. Durch den ungerechten Vorwurf gerät auch Teiresias in Zorn. „Wie, ist's wahr? Nun, so sage ich dir, verbleibe bei der Verkündigung, die du vorhin getan; von jetzt an rede weder diese deine Mitbürger mehr an noch auch mich. Denn wisse, du selbst bist der unheilige Beflecker dieses Landes; du bist der Mörder, den du suchst; noch mehr, du lebst, ohne es zu wissen, mit deinen Teuersten im schmählichsten Verkehr. Apollon wird das alles noch ans Licht bringen."

Dem König hätte bei diesen Worten des Sehers das Orakel, das ihm einst zu Delphi geworden, in den Sinn kommen sollen; doch die Aufregung und Leidenschaft hat ihn blind gemacht und treibt seinen Scharfsinn in falsche Bahnen. Bei der Hindeutung auf Apollon, der die Sache schon zu Ende führen werde, kommt ihm plötzlich ein Verdacht. Kreon war zu Delphi gewesen, Kreon hat ihm geraten, den Teiresias zu rufen; es ist kein Zweifel, Kreon hat, um sich in den Besitz der Herrschaft zu setzen, mit dem feilen Seher sich gegen seinen Thron und sein Leben verschworen. Den Spruch, den Kreon von Delphi gebracht, haben gewiß beide Verschwörer selbst ersonnen, und nun bezeichnet der Seher ränkevoll ihn, den König, als Mörder, um ihn so zu verderben. Im Schmerz und Zorn über solche Entdeckung klagt Ödipus über die Treulosigkeit und Falschheit seines Freundes und Verwandten und schilt den edlen Seher einen Ränkeschmied und listigen Gaukler, der nur sehend sei, wo ein Gewinn zu holen ist. Freilich, als die Sphinx das Land bedrängte, da war der Seher blind, da mußte Ödipus das Rätsel lösen; und diesen Mann, der durch seine Weisheit das Land gerettet, versucht jetzt der blinde stumpfe Seher vom Thron zu stoßen, damit er an Kreons Thron der Nächste sei. Das soll er mit Tränen büßen. Furchtlos spricht jetzt der erzürnte Teiresias nochmals seine Enthüllungen aus und weissagt dem König, der sich so weise dünkt, einen grauenvollen Sturz. In höchster Leidenschaft weist der König den Seher fort; hätte er gewußt, daß der Alte so albern sei, er hätte ihn nicht zu sich beschieden. „Deine Eltern", sprach Teiresias, „haben mich nie für albern gehalten." Das hingeschleuderte Wort rief plötzlich in der Seele des Ödipus die Erinnerung an das Geheimnis seiner Abkunft wach; er fordert Aufschluß, aber der Seher verweigert ihn und läßt sich von seinem Knaben von dannen führen.

Kaum hatte sich Teiresias entfernt, so erschien Kreon. Er hatte von der schweren Beschuldigung seines Schwagers gehört und kam, um sich zu verteidigen und seine Unschuld darzutun. Aber der verblendete König ist vernünftigen Gründen nicht zugänglich, er wiederholt seine Anklage und droht dem Verschwörer den Tod. Der laute Wortwechsel der beiden Männer rief Jokaste, die Gemahlin des Königs, Kreons Schwester, aus dem Palaste; sie fragte nach der Veranlassung ihres Streites und suchte Gemahl und Bruder wieder auszusöhnen. Durch ihren und des Volkes Zuspruch wird der erhitzte König wenigstens dazu vermocht, daß er den Kreon ungekränkt entläßt; doch seinem Haß will er nie entsagen.

Erst als Kreon sich entfernt hat, erfährt Jokaste von ihrem Gemahle ausführlicher, was er seinem Schwager und dem Seher vorzuwerfen habe; der Seher habe ihn den Mörder des Laios genannt. Leichtfertig und frivol suchte Jokaste, ein Weib, das sorglos und leichten Sinnes in den Tag hinein lebt, die Bedenken ihres Gemahls zu zerstreuen. Um Weissagungen brauchten die Menschen sich nicht zu kümmern. Ihrem ersten Gatten sei ja auch vom delphischen Orakel geweissagt worden, er werde durch die Hand seines eigenen Sohnes sterben, und nun hätten ihn, wie die Sage gehe, Räuber erschlagen auf dem Dreiwege;

und ihr Sohn habe kaum den dritten Tag erlebt, so hätten sie ihn – so erzählte die herzlose Mutter – durch fremde Hand von sich geworfen ins wüste Gebirg. Da habe er die Weissagungen des Apollon nicht erfüllen können. Die Erwähnung des Dreiwegs erfüllte die Seele des Ödipus mit Zweifel und Unruh'. „Wie sprachst du, geliebtes Weib, auf einem Dreiwege ward Laios erschlagen? Sag an, wo ist die Stelle?" „Im Phokerlande, da wo die Wege von Delphi und Daulis in einen zusammenlaufen." „Und zu welcher Zeit geschah der Mord?" „Kurz zuvor, ehe du die Herrschaft dieses Landes übernahmst." „Und wie war das Aussehen und das Alter deines ersten Gemahls?" „Groß, das Haar mit spärlichem Weiß untermischt, von deiner Gestalt nicht viel verschieden." „Noch eins, zog Laios in geringer Begleitung, oder folgte ihm wie einem König eine zahlreiche Trabantenschar?" „Fünf insgesamt, darunter ein Herold; ein einziger Wagen trug den Laios." „Wehe, nun ist es klar! Wie fürcht' ich, daß doch der Seher sehend war! Wer war es, der solches erzählt?" „Ein Sklave, der sich allein gerettet. Seitdem er von dort zurückkam und dich im Besitze der Herrschaft sah und den Laios tot, da bat er mich inständigst, ich möchte ihn aufs Land und zu den Herden entlassen, damit er so weit wie möglich von dieser Stadt entfernt sei. Und ich gewährte es ihm, denn er war stets ein treuer Diener unseres Hauses." Ödipus, in höchster Angst, gab sogleich Befehl, daß der alte Diener aufs Schnellste herbeigerufen werde. Inzwischen erzählte er seiner Gemahlin ausführlich das Abenteuer, das er einst in dem Dreiweg bei Daulis gehabt. „Nur ein Punkt noch ist es, der mir Hoffnung läßt. Du sagtest, Räuber hätten deinen Gemahl erschlagen; wenn das richtig ist, so war Laios nicht der von mir Gemordete, denn ich allein habe jenen Mann und seine Begleiter erschlagen. Doch ich befürchte, daß die Flüche, welche ich heute ausgesprochen, auf mein eigenes Haupt zurückfallen. Und wenn ich in die Verbannung gehen muß, wohin soll ich Unglücklicher mich wenden, da ich mein Vaterland Korinth nicht wieder betreten darf; denn es ist mir ja geweissagt, daß ich mich mit meiner Mutter vermählen und meinen Vater ermorden werde."

Während Ödipus im Innern des Hauses auf die Ankunft des Sklaven, nach welchem geschickt worden ist, in ägstlicher Spannung harrt, Jokaste aber nach vergeblichen Versuchen ihren Gemahl zu beruhigen vor den Palast getreten ist, um zu Apollon zu beten, dessen Weissagungen sie noch so eben leichtsinnig bespöttelt hat, erscheint ein Bote von Korinth und meldet ihr, daß der König Polybos gestorben ist und die Bürger von Korinth den Ödipus auf den erledigten Thron rufen wollen. Jubelnd läßt Jokaste ihren Gemahl aus dem Palaste rufen; jetzt sehe er doch, daß die Weissagungen der Götter eitel seien. Polybos, sein Vater, sei gestorben, ohne daß er, wie das Orakel gesagt, von seiner Hand ermordet sei. Ödipus geht auf ihre Vorstellungen ein und freut sich, von dieser Furcht endlich befreit zu sein, daß er noch einmal der Mörder seines Vaters werden könnte, aber *eine* Sorge bleibt ihm noch immer; das Orakel hat ihm verkündet, daß er sich seiner Mutter vermählen werde, und seine Mutter lebt noch. Als der korinthische Bote ihn von dieser Sorge reden hört, ruft er aus: „Warum habe ich nicht gleich dich von dieser Sorge befreit! Du bist ja gar nicht der Sohn des Polybos und der Merope. Wisse, ich selbst empfing dich einst, als ich in den Schluchten des Kithäron die Herden weidete, als kleines Kind – grausam waren deine Füße durchbohrt und zusammen-

geschnürt – aus den Händen eines Hirten des Königs Laios und brachte dich meinem Herrn, dem Polybos, der mit seinem Weibe Merope dich aufnahm und wie sein eigen Kind erzog. Darum bin ich jetzt auch hergekommen, um dir zuerst die Botschaft von seinem Tode zu bringen, damit ich, wenn du nach Korinth zurückkehrtest, zum Dank ein Geschenk erhielte von deiner Hand."
Jetzt erkennt Jokaste plötzlich den furchtbaren Zusammenhang des Geschikkes; sie beschwört den Ödipus, von weiteren Nachforschungen abzustehen, und da er dies entschieden ablehnt, so eilt sie klagend in das Haus; ihre letzten Worte deuten einen entsetzlichen Entschluß an. Ödipus aber, welcher glaubt, Jokaste, das stolze eitele Weib, befürchte, daß etwa seine niedere Geburt zu Tage kommen werde, erklärt, von grenzenloser Angst erfaßt, daß er nicht eher ruhen werde, als bis er das Rätsel seines Lebens völlig gelöst habe. „Mag brechen, was da brechen will", ruft er, „ich will, und ist sie noch so niedrig, meine Abkunft wissen. Ich sehe mich an als den Sohn des guten Glücks, das im Wechsel des Lebens mich klein und groß gemacht."

Endlich erscheint der ersehnte thebanische Diener. Derselbe konnte nach der Aussage des versammelten Volkes allein nur derjenige Diener sein, welcher auch einst im Kithäron das Kind dem Korinther eingehändigt hatte. Der Alte merkte schnell, um was es sich handelte, und erkannte bald aus den Aussagen des Korinthiers den ganzen Zusammenhang der Sache. Darum zögerte er auf die Fragen des Königs einzugehen; als jedoch Ödipus ihm mit Züchtigung drohte, hielt er nicht weiter zurück und bekannte, daß er den Knaben, der für ein Kind des Laios gegolten, von Jokaste, der Mutter, empfangen, damit er ihn töte, weil die Eltern nach einem Orakel befürchtet hätten, er werde einst seinen Vater morden; er habe aber den Knaben diesem Korinthier, der vor ihm stehe, übergeben, daß er ihn im fremden Lande auferziehe. „Wehe, weh! nun ergibt sich Alles klar! O Licht, daß ich heute zum letzten Male dich schaute, der ich gezeugt ward, von wem ich nicht gesollt, verkehrte, mit dem ich nicht gesollt, mordete, den ich nicht gedurft!" So rief der unglückliche König verzweifelt aus und stürzte in den Palast.

Das Volk blieb in Schreck und Jammer zurück vor dem Hause und harrete des Ausgangs. „O ihr Geschlechter der Sterblichen", sprach mancher, „wie halte ich euch dem Nichts gleich! Welcher Mann trägt mehr von dem Glück davon, als daß er sich glücklich wähnt, und wähnt er sich glücklich, so stürzt er dahin. Dein feindlich Geschick, o Ödipus, lehrt mich, daß nichts auf Erden glücklich zu preisen. – Überschwenglich glücklich trafst du vordem das Ziel höchster Segnung, als du die krummklauige Seherjungfrau vernichtetest und vor dräuendem Tode ein Schirm dastandest der Stadt. Da wardst du mein König, hochgeehrt, ein waltender Herrscher in dem mächtigen Theben. – Und jetzt, wer ist bejammernswerter als du, wer ist durch plötzlichen Wechsel in wilderes Unheil verstrickt? O Ödipus, edles Haupt, hätt' ich doch nimmer dich gesehen; ich jammere laut meinen Schmerz aus ob deinem Elend. Und doch, durch dich atmete ich neu auf und senkte gerettet mein furchtsames Auge in Schlummer."

Während das Volk harrend und klagend noch vor dem Palaste stand, stürzte ein Diener aus dem Hause hervor und erzählte, was drinnen geschehen. Jokaste war, als sie in das Haus geeilt, jammernd und mit beiden Händen das Haar zerraufend, hastig in das Ehegemach geflohen; dort warf sie ungestüm die

Türe zu und rief verwezifelnd den Laios an, bejammerte das Lager, auf dem sie dem Manne Kinder geboren und zugleich dem Sohn. Wie sie darauf gestorben, sahen die Diener nicht; denn Ödipus der eben schreiend in das Haus stürzte, zog ganz ihre Aufmerksamkeit auf sich. Mit irrem Schritt tobt' er umher, forderte ein Schwert, fragte, wo seine Gattin sei – nicht Gattin, die Mutter, die seiner Kinder Mutter war. Das zeigte seinem wütigen Sinn irgend ein Gott, denn die Diener standen stumm vor Schreck; mit schrecklichem Ruf stürzte er, wie von unsichtbarer Hand geführt, wider die Doppeltür, stieß sie aus den Angeln und drang ins Gemach. Da sah er sein Weib – sie hatte sich in geflochtener Schlinge aufgehängt. Entsetzlich stöhnt er und löst den Strick. Und als die Leiche nun elend am Boden lag, da riß er hastig von ihrem Gewand die goldenen Spangen und schlug sie mit heftigem Schwung sich in die Augen, indem er rief, da sie nicht gesehen, was er Böses gelitten und getan, so sollten sie hinfort, in Finsternis, auch nicht mehr sehen, die er nie gedurft. So fluchend bohrte er einmal und mehrmal sich die spitzen Spangen in die Augen, daß ein dunkeler Strom, blutigem Hagel gleich, aus den zerfleischten Augensternen über seine Wangen rollte.

Noch horchte das Volk mit Grauen der Erzählung des Dieners, da trat der König mit zerrissenen Augen und blutigem Antlitz aus den Pforten seines Palastes, eine tiefgebeugte Jammergestalt. Das Volk empfing den geliebten König mit tiefem Mitleid. Er bat sie, ihn, den Schmachbeladenen, in die Wildnis hinauszustoßen, wo kein menschliches Auge ihn sähe, ihn zu erschlagen, ihn ins Meer zu stürzen. Da meldete man ihm, daß eben sein Schwager Kreon herankomme, der werde über seine Wünsche entscheiden. Ödipus erschrak, denn er gedachte des großen Unrechts, das er seinem Schwager angetan; aber das edle Herz des Kreon war fern davon, sich rächen und an seinem Unglück weiden zu wollen. Er bat den Ödipus, in das Haus zu gehen, damit er seine unheilige Gestalt den Augen der Welt und dem Lichte der Sonne verberge, und versprach ihm, den delphischen Gott über seine Wünsche befragen zu wollen. Der müsse über sein ferneres Schicksal entscheiden. Ödipus fügte sich und ging, geleitet von dem teilnehmenden Volke, an der Hand seines Schwagers in den Palast zurück. *Ein* Tag hatte den in der Fülle des Glücks stehenden Mann vernichtet, eine ernste Lehre für das versammelte Volk, keinen Menschen glücklich zu preisen, bevor er frei von Not und Schmerz des Lebens Ziel erreicht.

Des Ödipus Ende

In der ersten Glut des Schmerzes nach der Enthüllung seiner Frevel wünschte Ödipus in die Wildnis hinausgestoßen oder zu Tode gesteinigt zu werden; aber keiner der Thebaner ging damals auf seine Wünsche ein. Als er jedoch im Laufe der Zeit im Innern des Palastes sitzend, die Wallungen seines Herzens beschwichtigt hatte und, mit seinem Geschicke ausgesöhnt, erkannte, daß er in seiner Selbstbestrafung viel zu weit gegangen, da nach langer Zeit beschlossen die Thebaner, den unglücklichen König, der in Ruhe seine Tage in der Heimat zu beschließen wünschte, aus dem Lande zu weisen, da seine Gegenwart das Land verunreinigte und in Unheil bringen könne. Die Söhne des Ödipus, Polyneikes und Eteokles, waren damals schon erwachsen und hätten durch ihre Einsprache die Verbannung ihres blinden Vaters verhindern können; da sie aber selbst sich in den Besitz der Herrschaft ihres Vaters zu setzen wünschten, so ließen sie gerne die Verweisung desselben geschehen und teilten sich in die Herrschaft so, daß sie abwechselnd jeder ein Jahr regieren wollten. So wanderte denn der alte blinde König in die Welt hinaus und zog als elender Bettler von Stadt zu Stadt, von Land zu Land. Wäre es auf die Söhne angekommen, er wäre im Elend untergegangen; allein die edler gearteten Töchter nahmen sich des Vaters an. Antigone, die ältere, eine hochherzige starkmütige Jungfrau, wanderte mit ihm als treue Führerin in der Irre umher durch wüste Wälder, durch Sonnenhitze und Regenguß, darbend und barfuß im Bettlergewand; sie zog das beschwerliche unsichere Leben an der Seite des Vaters dem ruhigen Aufenthalte in der Behausung der Brüder vor und war zufrieden, wenn nur der Vater die kärgliche Nahrung hatte. Ismene blieb in Theben zurück, um hier, so viel sie vermochte, der Sache des Vaters zu dienen und dann und wann ihm Nachricht zu bringen über das, was in Betreff seiner zu Hause geschah.

Nach langer Wanderung kam endlich Ödipus, von seiner Tochter geführt, eines Tages in das attische Land, zu dem in der Nähe von Athen gelegenen Hügel Kolonos, auf welchem ein den Erinyen geweihter Hain sich befand. Es war früher Morgen, ein stiller Friede lag auf der anmutigen Landschaft, und auch in dem Herzen des Ödipus war nach langem Leid der Friede eingezogen. „Wer wird heute, meine Tochter", sprach er, „den schweifenden Ödipus mit spärlichen Gaben aufnehmen, der ich um weniges nur bitte, doch noch weniger als dies wenige empfange; und auch dies ist mir genug. Denn die Leiden haben mich entsagen gelehrt und die lange Zeit und das ungebeugte Herz. Doch siehe, mein Kind, ob du nicht irgendwo einen Sitz für mich findest, sei's auf heiligem oder profanem Boden; da setz' mich nieder und forsche dann, wo wir denn sind." Antigone sah in der Ferne die Türme einer Stadt, das mußte Athen sein. Dieser Hain aber, in dem sie standen, mußte ein heiliger Hain sein; Lorbeer und Ölbaum und Reben bildeten ein dichtes Gebüsch, in welchem zahlreiche Nachtigallen ihre süßen Lieder sangen. Da setzte Antigone ihren müden Vater nieder auf einen rauhen Stein und schickte sich eben an, etwas weiter fortzugehen, um zu erfragen, wie der Ort, an dem sie weilten, heiße; da kam ein fremder Mann heran, aus dem nahen Dorfe Kolonos, dessen Einwohner die Pflicht hatten, diesen stillen Hain der Erinyen vor jeder Störung und Befleckung zu bewahren. Ödipus wollte ihn nach dem Orte befragen, an dem er sich befinde, aber der Fremde fiel ihm in die Rede und forderte ihn auf, vorerst seinen Sitz zu verlassen; denn der Hain sei keinem Sterblichen zu betreten erlaubt. „Wie heißt der Ort, o Fremdling", fragte Ödipus, „welchem Gott ist er geweiht?" „Die furchtbaren Göttinnen wohnen darin, die Töchter der Erde und des Dunkels; Eumeniden, die Huldreichen, nennt sie unser Volk." „Nun so mögen sie huldreich mich, den Schutzflehenden, aufnehmen, denn ich werde nicht mehr von diesem Sitze weggehen; so ist die Fügung meines Geschickes."

Diese zuversichtlichen Worte des Greises benahmen dem Koloniaten den Mut ihn wegzuweisen. Er wandte sich, um seinen Gaugenossen die Sache anzuzeigen, damit diese bestimmten, was zu tun; aber Ödipus beschwor ihn, erst ihm genau zu sagen, an welchem Orte er sich befinde. „Der ganze Hügel hier ist heilig", sprach der Mann, „er ist geweiht dem Poseidon und dem feuerbringenden Titanen Prometheus; die Stelle aber, auf der du stehst, den Huldreichen geweiht, heißt die eherne Schwelle dieses Landes, die Grundfeste Athens. Die nachbarlichen Auen haben zum Stammherrn den reisigen Helden Kolonos, nach dem sie selbst genannt sind. Der König des Landes aber wohnt drunten in der Hauptstadt Athen, Theseus heißt er, des Aigeus Sohn." „Könnte wohl", sprach Ödipus, „ein Bote hingehen und ihn herbescheiden? Denn durch kleinen Dienst gewänne er großen Lohn." Der Fremde zweifelte, wie ein blinder alter Mann seinem König eine große Wohltat erweisen könnte, doch flößte das hohe edle Aussehen des Alten trotz seiner Blindheit und seinem Bettlergewande ihm Ehrfurcht ein, daß er ihn auf seinem Sitze verbleiben hieß und zu seinen Gaugenossen sich entfernte, um ihnen die Entscheidung über den Fremden zu überlassen.

Ödipus hatte erkannt, daß er an dem Orte angelangt war, wo er nach dem Schlusse des Schicksals sterben und die endliche Ruhe finden sollte. Einst, als Phoibos ihm jene vielen Leiden, die ihn betroffen, geweissagt hatte, hatte er ihm auch noch ein weiteres Orakel verkündet: er werde nach langer Zeit endlich in ein Land kommen, wo ihm der Sitz und die Aufnahme ehrwürdiger Gottheiten zu Teil werde; dort werde er sein unglückliches Leben enden und Ruhe finden, denen zum Heil, die ihn aufgenommen, zum Unheil denen, die ihn verjagt. Als Zeichen dessen würde ihm kommen ein Erdbeben oder ein Donner oder ein Blitz des Zeus. Jetzt erkannte er, daß die Erinyen, in deren Hain er gekommen, die ehrwürdigen Gottheiten waren, die ihn gastlich aufnehmen und ihm die Ruhe geben würden, nachdem sie ihn sein Leben lang verfolgt. Darum wandte er sich jetzt, wo er mit seiner Tochter wieder allein war, an sie in frommem Gebet: „Ihr grauenvollen und doch gnädigen Göttinnen", sprach er, „erbarmt euch mein; zu euch bin ich zuerst in diesem Lande gekommen, eure sichere Führung, das weiß ich jetzt, hat mich in diesen Hain geleitet, sonst wäre ich, der Nüchterne, nicht hier zuerst auf euch, die Nüchternen, getroffen, um auf diesem heiligen Sitz des unbehauenen Steines mich niederzulassen. Gönnt mir jetzt endlich nach dem Spruch des Apollon meines Lebens Wendung und Vollendung, wenn euch nicht etwa dünkt, daß ich noch zu wenig gelitten, der ich stets im Joch der schwersten Leiden ging. Erbarmt euch, ihr uralten Töchter der Nacht, erbarme dich, ehrenreichstes Athen, du

Stadt der großen Pallas, habt Mitleid mit diesem elenden Schattenbilde des Ödipus; denn dies ist nicht mehr der alte Leib."

Kaum hatte Ödipus sein Gebet vollendet, so erschien eine Schar von kolonischen Bürgern, Greise, welche von ihrem Gaugenossen erfahren hatten, daß der fremde Mann in den Hain der Eumeniden eingedrungen sei, und nun herbeieilten, um ihn herauszutreiben. „Wo ist er, wo weilt er, der Verruchteste?" riefen sie in Angst und Zorn. „Ein Fremdling ist er gewiß, nicht unseres Landes; sonst hätte er nicht in diesen unbetretbaren Hain der zornmütigen Göttinnen sich gewagt, die wir sogar zu nennen uns scheuen; ohne aufzuschauen, ohne Laut gehen wir vorüber, leise mit stummer Lippe ein fromm

Ödipus wird blind zum Tor hinausgeführt

Gebet hinlispelnd, und jetzt ist, wie ich höre, ein Verächter deß in den Hain getreten, und ich kann, rings spähend, nicht sehen, wo er weilt." Ödipus hatte bei dem Herannahen der Männer sich von seiner Tochter in das dichteste Gebüsch des Hains führen lassen, weil er befürchtete, sie möchten ihn von diesem Orte, wo er seine endliche Ruhe erwartete, fortweisen; als er aber hörte, wie die Männer ihn einen verruchten Verächter des Heiligen nannten, da trat er, um nicht als solcher Frevler angesehen zu werden, plötzlich aus dem Dickicht hervor. Die Greise, die in ehrwürdiger Scheu von dem Haine sich fernhielten, erschraken bei dem Anblick der hohen unglücklichen Gestalt. „Weh, weh, die blinden Augen! wer ist der Alte? Warst du von Jugend auf des Lichtes beraubt? langes Leid, lange Zeit, das seh' ich, liegt auf deinem Antlitz! Doch daß du nicht neues Unheil dir zufügst, tritt hervor, komm' her zu dieser Stelle, daß du mir Rede stehst; vorher aber enthalte dich jedes Wortes."

Ödipus gehorchte; während aber Antigone ihn langsam vorsichtig aus dem Haine führte, ließ er sich von den Männern versprechen, daß ihn niemand wider seinen Willen aus diesen Sitzen vertreiben solle. Endlich gelangte er außerhalb des Haines und setzte sich an der Grenze desselben auf einem Steine nieder, nach Vorschrift der Greise mit dem Gesicht von dem Haine abgekehrt und tief sich niederkauernd. Jetzt erst fragten die Greise den Fremdling, wer und woher er sei. Ödipus wich aus und bat, ihn mit diesen Fragen zu verschonen; endlich aber mußte er mit schwerem Herzen den wiederholten Aufforderungen nachgeben. „Kennt ihr einen von Laios Stamm?" „Wehe, weh!" „Und der Labdakiden Geschlecht?" „O Zeus!" „Den unglücklichen Ödipus?" „Bist du denn der?" „Fürchtet euch nicht über das, was ich sage." „Weh, weh, o!" „Unglücklicher!" „Weh!" Es erfolgte ein Augenblick tiefen Schweigens; die Greise standen da, ratlos, voll Angst und Entsetzen, Ödipus harrte in bangem Erwarten, was die Männer beschließen würden, nachdem sie seinen furchtbaren Namen gehört. Endlich riefen die Greise ihm zu, daß er schleunigst aus ihrem Lande sich entfernen solle; sie befürchteten, daß der Schuldbeladene ihrer Stadt Unheil und den Zorn der Götter bringen möchte. Nichts half dem Unglücklichen seine Erinnerung an ihr Versprechen, nichts die flehentlichen Bitten der Antigone; erst als er sich auf die gepriesene Humanität der Athener berief, auf ihre in ganz Hellas bekannte Bereitwilligkeit, den Fremden und unglücklich Verfolgten, beizustehen, nachdem er sie belehrt, daß er unwissend gesündigt, daß seine verrufenen Taten mehr gelitten seien als getan, und erklärt hatte, er komme als ein heiliger Mann, der diesem Lande Heil bringe, wie sie erfahren würden, wenn ihr König da sei, da gaben sie sich, von achtungsvoller Scheu erfüllt, zufrieden und waren bereit, die Entscheidung ihres Königs abzuwarten, der wohl bald erscheinen werde.

Unterdessen sah Antigone in der Ferne ein Weib, von einem Diener begleitet, herankommen. Sie saß auf einem edlen Rosse, das Haupt mit einem breitkrämpigen Hute bedeckt. Antigone vermeinte die Kommende zu erkennen; doch war sie lange im Zweifel, bis sie endlich ihre Schwester Ismene erkannte. Mit Freude und Schmerz zugleich fallen die Schwestern und der Alte sich in die Arme und halten sich mit tränenden Augen umfangen. Endlich fragte der Alte die Tochter, warum sie gekommen; denn sie komme gewiß nicht ohne schlimme Botschaft. Nun erzählte Ismene, wie ihre beiden Brüder zu Theben anfangs überein gekommen wären, den väterlichen Thron dem Kreon zu überlassen, indem sie besonnen den uralten Fluch ihres Hauses erwogen; jetzt aber habe irgend ein Gott ihr sündiges Herz mit schlimmem Hader um die königliche Macht erfüllt. Der Jüngere habe den älteren Polyneikes vom Throne gestoßen und aus dem Lande verjagt. Der kam, wie die Sage in Theben ging, als Flüchtling nach Argos zu dem König Adrastos und fand dort neue Verwandtschaft, Freunde und Bundesgenossen, indem er sich mit des Königs Tochter vermählte. Jetzt zog er mit einem gewaltigen Heere heran, das entschlossen war, entweder Theben niederzuwerfen oder selbst zu Grunde zu gehen. Ismene meldete ferner, daß den Thebanern ein Orakel geworden, sie sollten, um in dem bevorstehenden Kampfe zu siegen, sich den Ödipus verschaffen, tot oder lebend, denn an seinem Besitze hafte ihnen Heil und Sieg. „Also wenn ich nichts mehr bin, dann erst bin ich ein rechter Mann?" „Ja, jetzt erhöhen die Götter dich, nachdem sie zuvor dich gestürzt." „Doch traurig ist's, einen Greis erheben, der als Jüngling fiel." Die Thebaner machten auch schon Anstalten, sich des Ödipus zu bemächtigen; denn Kreon war, so erzählte Ismene, schon auf dem Wege, um ihn zu holen. Aber es war nicht ihre Absicht, ihn in ihr Land aufzunehmen; sie wollten ihn an ihrer Grenze unterbringen, um so ihn in ihrer Gewalt zu haben, ohne daß er durch eine Berührung mit ihnen dem Lande Unheil brächte. Und ebenso sollte auch sein Leib nicht in thebanischer Erde, sondern dicht an der Grenze ihres Landes begraben werden. Diese lieblose Selbstsucht erregte den Zorn des verbannten Königs, und er war fest entschlossen, dem Kreon nicht zu folgen.

Endlich kam Theseus, der König. Er grüßte den Ödipus, den er sofort erkannte, freundlich und wohlwollend, und nachdem er ihm seine Teilnahme ausgesprochen, fragte er ihn, was er und seine unglückliche Führerin von ihm wünschten. Er sei ihm gern zu jedem Dienst bereit; sei er doch selbst auf fremdem Boden erzogen und habe in fremdem Land gar manche schwere Gefahr bestanden. Ödipus erklärte, er bringe ihm seinen unglücklichen Leib zum Geschenke, dem Aussehen nach zwar nicht sehr begehrenswert, doch werde er ihm zu großem Gewinn sein, wenn Theseus ihn nach seinem Tode bestatten wolle. Dies Einzige sei es, was er von ihm begehre, sicheren Aufenthalt bis zu seinem Tode und Bestattung seines Leibes; dann werde sein Grab dem attischen Lande ein großer Schutz und Hort sein. „Du glaubst, o Theseus, das sei ein geringer Dienst? Doch wisse, kein kleiner Kampf steht dir bevor. Die Thebaner, die mich wider meinen Willen vertrieben haben und nimmermehr mich in ihre Gewalt bekommen sollen, werden kommen, um sich meiner zu bemächtigen. Denn sie wissen durch einen Orakelspruch, daß ihnen bestimmt ist, an meinem Grabe in diesem Lande eine große Niederlage zu erleiden, wenn das freundschaftliche Verhältnis zwischen euch und ihnen einst zerrissen ist. Dann wird mein kalter Leib im Grabe ihr warmes Blut trinken, wenn Zeus noch Zeus ist und Phoibos der wahrhaftige Sohn des Zeus." „Wer sollte das Wohlwollen eines solchen Mannes von sich weisen?" sprach Theseus. „Alte Gastfreundschaft verbindet unsere beiderseitigen Häuser, und du kommst zudem als ein Schutzflehender der Götter und bietest diesem Lande und mir nicht geringen Zoll. Darum werde ich dir gerne Wohnung und Sicherheit in meinem Lande gewähren. Willst du hier an diesem Orte verbleiben, so werde ich diese Männer als deine Wächter bestellen, doch ziehst du's vor, mit mir in die Stadt zu gehen – es steht dir frei." Ödipus erklärte, daß er auf dem Kolonos bleiben wolle, wo es ihm bestimmt sei, einst im Grabe noch über die zu siegen, die ihn verjagt; nur befürchte er, wenn Theseus ihn jetzt hier zurückgelassen, möchten die Thebaner kommen und ihn fortführen. Theseus beruhigte ihn, die Macht seines Volkes werde solches schon verhüten, und entfernte sich dann, um in der Nähe am Altar des Poseidon mitsamt seinem Volke ein großes Opfer darzubringen.

So hat endlich Ödipus die sichere Gewähr, daß er auf dem Kolonos, wo er bald seinen Tod erwartet, verbleiben darf. Die kolonischen Greise, die bei ihm zurückgeblieben sind, rühmen ihm die Schönheit dieser Stätte und die große Macht ihres Vaterlandes. „Du bist, o Freund", sprechen sie, „zu der schönsten Stätte dieses rosserreichen Landes gekommen, zu dem weißschimmernden Felsenhügel Kolonos, wo in grünen Schluchten zahlreich die helltönende Nachtigall klagt, preisend den weinfarbenen Efeu und das heilige Gebüsch des Bakchos mit tausend Früchten, schattenreich, unbewegt von dem Hauch jeglicher Stürme; da wandelt gern der schwärmende Dionysos im Geleit seiner göttlichen Ammen. – Es wächst da unter dem Tau des Himmels immerdar Tag für Tag der schöntraubige Narkissos und der goldstrahlende Krokos; nie versiechen die schlaflosen Quellen des irrenden Kephissos, lebenerweckend durchströmt er mit seinem lauteren Naß die weiten Gefilde des Landes. Ihn lieben die Reigen der Musen und Aphrodite mit dem goldenen Zügel. – Hier wächst, wie nirgends im asischen Land noch in der großen Insel des Pelops, ein Baum herrlich durch eigene Kraft, von Feindes Lanzen unversehrt, der kindernährende Ölbaum mit glänzendem Laube; weder ein König in Jugendkraft noch ein betagter Heerführer wird je ihn zerstören; denn stets bewacht ihn das Auge des Zeus und die glanzäugige Athena. – Noch ein anderes Lob dieses Landes, das Geschenk eines großen Gottes, kann ich rühmend nennen, den Reichtum der Rosse und die Herrschaft des Meeres. Du, Fürst Poseidon, Sohn des Kronos, hast diesen Ruhm ihm gegründet, der du den zügelnden Zaum den Rossen zuerst in diesen Landen geschaffen; und wunderbar fliegt der beruderte Kiel, von den Händen getrieben, durch die Wogen der See hin, umhüpft von dem Chor der hundert Nereiden."

Die gepriesene Macht Athens sollte bald sich bewähren; denn Kreon kam eben von Theben her in Begleitung bewaffneter Männer. Er wandte sich zunächst mit gleißenden Worten an die kolonischen Greise, die über sein Erscheinen sichtlich erschrocken waren; er, der schwache Greis, sei nicht mit böser Absicht gekommen, um irgend eine Tat der Gewalt sich gegen eine Stadt zu erlauben, die er als die mächtigste in Hellas kenne. Nein, er wolle auf gütlichem Wege den Ödipus, seinen lieben Verwandten, bewegen, daß er mit ihm nach Theben zurückkehre. Darauf wandte er sich an Ödipus und bat ihn im Namen des gesamten thebanischen Volkes, nach Hause zu kommen. Er heuchelte tiefen Schmerz über das Unglück seines Schwagers, über sein und seiner zarten Tochter elendes unsicheres Bettlerleben und beschwor ihn, die Schmach ihres Hauses nicht mehr länger zur Schau umherzutragen, sondern zu Hause sie im Kreise seiner lieben Verwandten dem Auge der Welt zu bergen. Ödipus durchschaute die heuchlerischen Worte seines Schwagers, dem die jetzt vorgeschützte Verwandtschaft doch früher nichts gegolten hatte, und deckte in unwilligem Zorn seine bösen Absichten auf. „Du bist gekommen, ich weiß es wohl, nicht um mich nach Theben in mein Haus zurückzuführen, sondern an der Grenze willst du mich aufstellen, damit eure Stadt von dem Zorngericht Athens befreit bleibe. Doch dieses wird dir nicht zu Teil, das wird dir, daß mein Rachegeist ewig dort in Theben wohnen wird. Und meinen Söhnen, den verruchten, soll von meinem Lande nichts anderes werden, als ein Fleckchen Erde, drauf zu sterben. So weiß ich's, besser als du es weißt, denn ich vernahm's von Zeus selber und seinem weisen Sohn. Drum hebe dich weg und belagere mich hier nicht lange, wo ich wohnen muß; denn auch so leben wir nicht beklagenswert, wenn wir zufrieden sind." Als Kreon sah, daß er durchschaut war und auf gütlichem Wege nichts erlangte, so wandte er sich zur Gewalt. Gewalt hatte er auch vorher schon anderwärts gebraucht; er hatte die Ismene, welche auf Anraten der kolonischen Bürger von ihrem Vater an eine heilige Stätte des Hügels gesandt worden war, um dort für ihn eine feierliche Spende den Eumeniden darzubringen, von Bewaffneten ergreifen und fortführen lassen. Das eröffnete er jetzt im Zorn dem Ödipus und machte sogleich auch Anstalten, die an der Seite ihres Vaters zurückgebliebene Antigone mit sich fortzuschleppen. Die Greise von Kolonos widersetzten sich zwar unter den Klagen und dem Flehen des hilflosen Ödipus; aber sie waren zu schwach den bewaffneten Begleitern des Kreon gegenüber und mußten die

Gewalttat geschehen lassen. Ihr lauter Hilferuf zog ihre Landesgenossen nicht so schnell herbei. Als Antigone fortgeführt war, trat Kreon vor den verzweifelnden Ödipus und höhnte ihn mit frechen Worten: „Jetzt wirst du, Alter, nicht mehr auf diesen beiden Stäben des Weges wandern. Da du denn siegen willst über Freunde und Vaterland, so siege. Spät wirst du erkennen, daß weder jetzt noch früher du dir zum Heile tatst, dem Rat der Freunde zum Trotz und deinem Zorne folgend, der dich stets ins Unheil treibt." Als jetzt Kreon sich entfernen wollte, aber die Greise Hand an ihn legten, um ihn zurückzuhalten, da glaubte er sich auch befugt, den Ödipus mit Gewalt fortzuschleppen. Sowie er aber ihn erfassen wollte, schleuderte Ödipus furchtbare Flüche gegen ihn, daß der allsehende Helios dem Verruchten ein gleiches Alter verleihen möge wie ihm, und die Greise riefen mit noch lauterer Stimme ihre Freunde zu Hilfe. Da, noch zur rechten Zeit, eilte Theseus herbei, und da er von Ödipus gehört, was sich Kreon erlaubt, schickte er sogleich seine bewaffneten Scharen aus zu Roß und zu Fuß, um die Räuber zu verfolgen und die Mädchen zurückzubringen. Den Kreon aber hielt er als Gefangenen zurück und zwang ihn mit ihm zu gehen, damit, wenn er etwa in der Nähe die Mädchen noch verborgen hielte, er ihm den Versteck derselben zeige. Nicht lange, so kehrten die Mannen des Theseus und er selber mit den beiden Mädchen zurück. Jene hatten den Leuten des Kreon in siegreichem Kampfe die fortgeschleppten Mädchen abgejagt; den Kreon aber hatte Theseus großmütig in die Heimat entlassen.

Mit rührender Freude empfing der blinde Ödipus seine geliebten Kinder und konnte nicht genugsam dem Theseus für seine Wohltat danken. Aber der Arme kam noch immer nicht zur Ruhe. Der kurz vorher noch Verstoßene und Verachtete war jetzt durch die Fügung der Götter ein mit Eifer gesuchter und vielumworbener Mann. Polyneikes, der eben mit seinem argivischen Heere auf dem Zuge gegen Theben begriffen war, hatte auch die Weissagung in Betreff seines Vaters vernommen, daß der, welcher ihn auf seiner Seite habe, über seine Feinde triumphieren werde. Darum kam er, von seinem Heere gesandt, auf den Kolonos; da er aber einen ungnädigen Empfang oder gar völlige Abweisung von dem Vater befürchtete, so hatte er sich an dem Altar des Poseidon als Schutzflehender niedergelassen, damit er mit Rücksicht auf den Gott vor dem Vater erscheinen und ungekränkt wieder abziehen dürfe. Als Ödipus hörte, daß Polyneikes in der Nähe sei, wollte er ihn, der sich so schwer an dem Vater versündigt, nicht vor sich lassen; aber durch die Vorstellungen des Theseus und die Bitten der Antigone ward er endlich zum Nachgeben bewogen. Polyneikes kam mit heißen Tränen und warf sich klagend vor ihm nieder. So hatte er sich das Schicksal des alten Vaters nicht gedacht, der, ein verbannter Mann, vor ihm stand als Bettler in altem, schmutzigen Gewande, das verworrene graue Haar in den Lüften flatternd. „Ich Verlorener", rief er klagend aus, „zu spät erkenne ich und bezeuge es selbst, daß ich, ein Bösewicht, meines Vaters vergessen! Doch für alle Schuld sitzt neben Zeus die Gnade, laß auch du, o Vater, die Gnade bei dir wohnen, vergib mir, was ich an dir verbrochen. – Du schweigst? du wendest dich ab von mir! O laß mich nicht so im Zorne von dir ohne ein Wort der Erwiderung. O ihr Schwestern, versucht ihr es, den Vater zu rühren, daß er nicht so den unter dem Schutze des Gottes Nahenden verachtet und ohne Antwort von sich stößt." „Sage du selbst, unglücklicher Bruder", sprach Antigone mitleidsvoll, „was dich hergeführt, vielleicht löset deine Rede ihm die Lippen." Polyneikes erzählte nun dem Vater, wie er, von dem Bruder durch einen Volksaufstand vom Throne gestoßen und aus dem Lande verjagt, in Argos bei Adrastos Aufnahme und durch die Ehe mit dessen Tochter eine mächtige Verschwägerung gefunden, wie sieben Fürsten mit siebenfacher Schar, um ihn auf seinen Thron zurückzuführen, schon drohend das thebanische Gebiet umständen. Dann bat er ihn, mit ihm gegen Theben zu ziehen und durch seine Gegenwart ihm den Sieg zu sichern, damit er den verhaßten Bruder stürze und ihm selber, dem vertriebenen Vater, die Krone wieder zurückgebe. Aber der reumütige Sohn fand keine Gnade. Mochte er auch ohne Heuchelei das Unglück seines Vaters bedauern, die Selbstsucht wohnte doch noch in seinem Herzen; und dieser konnte Oidipus sich nicht zu eigen geben. „Verruchtester", sprach der Alte im Grimme, „du hast in dieses Elend mich gestoßen, durch dich trage ich dieses Bettlergewand, über das du jetzt Tränen vergießest. Doch da helfen keine Tränen, da muß getragen sein. Du und dein Bruder seid nicht meine wahren Kinder. So viel an euch lag, wäre ich im Elend umgekommen; nur diesen euren Schwestern verdanke ich's, daß ich noch lebe. Darum wird der Rachegeist bald über euch kommen. In diesem Kampf, den du jetzt erregst, wirst du Theben nicht niederwerfen, du wirst in deinem Blute fallen, und dein Bruder in dem seinen. Gegenseitig mit eigener Hand sollt ihr euch morden. Diese Flüche ruf' ich über euch, dies Geschenk geb' ich meinen Söhnen. Melde das deinen Bundesfürsten und meld' es in Theben." Von dem Vaterfluche geschreckt, wandte Polyneikes verzweifelt sich zur Rückkehr. Zwar versucht noch Antigone den Bruder mit milden Worten zu bereden, daß er sein Heer von der Vaterstadt zurückführe nach Argos und so den furchtbaren Ausgang, den die Flüche des Vaters verkündeten, vermeide; allein er kann sich nicht entschließen, ohne Kampf, wie aus Furcht, sich zurückzuziehen und dem verhaßten Bruder die Herrschaft zu lassen, und stürmt, verhängnisvoll von den Flüchen des Vaters getrieben, in den sichern Tod.

    Nachdem so alle Versuche gescheitert waren, den Ödipus von dem Orte, wo er sterben sollte, wegzuziehen, nahete endlich die Stunde seiner Erlösung. Plötzlich ertönte ein dumpfer Donner, der die Umgebung des Ödipus mit Angst und Schrecken erfüllte, ihm selbst aber ein Zeichen seines nahen Todes war. Ängstlich fragte er nach Theseus, welcher sich wieder wegbegeben hatte, um das unterbrochene Opfer zu Ende zu bringen; er befürchtete, Theseus möchte ihn nicht mehr am Leben oder nicht mehr bei geraden Sinnen treffen. Dreimal wiederholte sich der schreckliche Donner, und die Greise von Kolonos riefen ein- über das andre Mal den König mit lauter Stimme herbei. Dieser kam und vernahm von Ödipus, daß er in dem Donner ein sicheres Zeichen seines nahen Endes erkenne und jetzt das früher Verheißene ihm erfüllen wolle. Zu dem Orte, wo er sterben müsse, werde er jetzt selbst ihn führen; aber Theseus dürfe seine Ruhestätte, die ihm eine Abwehr aller Feinde sein werde, niemanden verraten. Was er sonst noch ihm zu offenbaren habe, das werde er an der Stelle selbst ohne Zeugen erfahren. Der König allein nur dürfe dies Geheimnis wissen und erst auf seinem Todesbette seinem Nachfolger mitteilen, und so wieder in Zukunft der jedesmalige Herrscher seinem Nachfolger. Nachdem er darauf von dem attischen Lande und seinen Bürgern segnend Abschied genommen, ging er, begleitet von Theseus und seinen Töchtern und einigen Dienern, dem Orte seines Todes zu. Wunderbar! ohne Führer ging der blinde Greis, wie geleitet von unsichtbarer Hand, sicheren Schrittes seinen Begleitern voran bis zu der ehernen Schwelle, wo der dunkle Schlund hinabführt in das Reich der Unterwelt. Dort setzte er sich nieder, löste das Bettlergewand von seinen Gliedern und befahl seinen Töchtern, ihn aus heiligem Quell zu waschen und in reine Gewande zu kleiden. Als das geschehen, hörte man aus der Tiefe rollenden Donner. Da fielen erschreckt die Mädchen dem Vater an die Knie und weinten laut, und der Vater umschlang sie mit den Armen und sprach: „Geliebte Kinder, von nun an habt ihr keinen Vater mehr, jetzt werdet ihr deß beraubt, der euch zumeist in dieser Welt geliebt." Schluchzend hielten sich Vater und Töchter umschlungen; doch da sie endlich ausgeweint und es stille ward, da rief plötzlich eine Stimme aus der Tiefe, daß allen vor Entsetzen die Haare sich sträubten: „Auf, Ödipus, was zögern wir zu gehen? schon lange säumest du!" Als Ödipus den plötzlichen Ruf hörte, rief er den Theseus herbei, legte die Hände seiner Töchter in dessen Hand und bat ihn, sie nicht zu verlassen. Darauf nahm er Abschied von seinen Kindern und schickte sie dann zugleich mit den übrigen Begleitern schnell zurück. Nur Theseus blieb an seiner Seite; er allein durfte sehen, was geschah. Als nun die weinenden Mädchen und ihre Begleiter sich entfernten und nach einiger Zeit auf ihrem Wege zurückschauten, da sahen sie von Ödipus nichts mehr, den Theseus aber sahen sie die Hand vor das Haupt halten, die Augen sich überschattend, wie wenn er irgend ein schreckliches überwältigendes Gesicht gehabt. Nicht lange, so sahen sie ihn anbetend die Hände zur Erde niederstrecken und darauf wieder empor zum Himmel; er betete zu den unterirdischen und zugleich zu den Göttern des Olympos. Welcher Tod Ödipus beschieden war, das sah niemand außer Theseus allein. Kein feuertragender Blitzstrahl des Zeus hat ihn hinweggenommen, kein jäher Sturmwind, sondern irgend ein Bote der Götter führte ihn sanft hinab, oder die Erde tat sich mild ihm auf, daß er lautlos ohne Schmerz und Stöhnen hinabfuhr zu den lichtlosen Sitzen der Toten, wo er, ausgesöhnt mit den rächenden Erinnyen, die endliche Ruhe fand. Sein verborgenes Grabmal aber war für alle Zeiten dem attischen Lande ein schützender Hort.

Die thebanischen Kriege

Des Polyneikes Flucht
Der Auszug der Sieben gegen Theben

Als Ödipus nach Entdeckung seiner Frevel sich in wildem Schmerze die Augen ausgerissen hatte, hielten ihn seine Verwandten im Innern des Hauses verborgen, damit die Schmach der Familie den Augen der Welt entzogen werde. Kreon übernahm die Regierung der Stadt, da die Söhne des Ödipus, Polyneikes und Eteokles, noch unmündig waren. Jahrelang saß der blinde König verfinsterten Geistes im Palaste seiner Väter, und das Alter kam allmählich über sein Haupt. Zwar hatte er im Laufe der Zeit sich einigermaßen mit seinem Geschicke ausgesöhnt; er war ruhiger geworden, aber sein heftiges Gemüt war ihm geblieben, und sein wundes Herz ward durch jede kleine Vernachlässigung oder Beleidigung aufs Tiefste verletzt. Seine Söhne, die nun erwachsen waren, erwiesen ihm nicht immer die schuldige Ehrfurcht. Einst erlaubte sich Polyneikes bei dem gemeinsamen Mahle, an welchem Oidipus als das Haupt der Familie den Vorsitz hatte, eigenmächtig die verschlossenen Ehrenkleinode der Familie, das heiligste Eigentum des Vaters, anzutasten. Er holte ohne des Vaters Erlaubnis einen schönen silbernen Tisch, ein altes Gerät des gottseligen Kadmos, aus seinem Schreine und setzte ihn dem Alten vor; dann nahm er einen schönen goldenen Becher aus der Lade und füllte ihn mit süßduftendem Wein. Eteokles aber, der Bruder, wehrte ihm nicht. Sobald der Vater erkannte, daß die Kleinode seiner Väter ihm vorgesetzt waren, die ihn an den erschlagenen Laios erinnerten, da fiel ihm großes Leid auf das Herz, und im Zorn über die Söhne, die so rücksichtslos und unehrerbietig verfuhren, sprach er schwere Verwünschungen gegen sie aus, daß sie nimmer in Frieden ihr väterliches Erbe teilen sollten, sondern ohne Ende Hader und Krieg unter ihnen sei. Seitdem schlossen die Söhne unter irgend einem Vorwande den Alten ein und schickten ihm seine Mahlzeit. Von jedem Opfertiere schickten sie ihm als dem Familienhaupte das Ehrenstück, die Keule; einst aber verabsäumten sie das, sei es aus Leichtfertigkeit oder aus einem andern Grunde, und sandten ihm das Hüftstück. Sobald Ödipus das gewahrt, wirft er die Hüfte fort und ruft: „Wehe mir, das haben die Söhne zu großer Schmach mir getan!" Dann flehte er zu dem König Zeus und den anderen Göttern, daß die ruchlosen Söhne im Kampfe um sein Gut sich gegenseitig mordend zum Hades niederführen. Die Götter erhörten das Flehen des beleidigten Vaters, und die Erinyen, die Gottheiten des Fluchs, machten sich auf gegen die Söhne.

Polyneikes und Eteokles suchten die Erfüllung der Flüche des Vaters zu vermeiden und kamen überein, daß sie abwechselnd Jahr um Jahr in Theben

Archemoros

herrschen wollten. Bald aber kam die alte Leidenschaft, die Herrschsucht, über sie, und Eteokles stieß den älteren Polyneikes durch einen Aufruhr, den er in der Stadt erregte, vom Thron und jagte ihn aus dem Lande. Der flüchtige Polyneikes kam nach Argos und suchte Schutz bei dem König Adrastos. In stürmischer Nacht gelangte der Jüngling an den verschlossenen Palast und wollte sich in der Vorhalle für die Nacht ein Lager bereiten. Da nahte ein anderer Jüngling in gleicher Absicht; es war der wilde Tydeus, ein Sohn des ätolischen Königs Oineus aus Kalydon, der wegen eines Mordes aus der Heimat hatte flüchten müssen. Beide gerieten wegen des Lagers in Streit, und bald rief das Getöse des Kampfes den Adrastos aus seinem Palaste. Als er die beiden Jünglinge wie Tiere des Waldes mit einander kämpfen sah, den einen mit dem Bilde eines Löwen, den andern mit deim eines Ebers auf seinem Schilde, da erinnerte er sich eines Orakels, das ihm einst geworden war, daß er seine Töchter einem Löwen und einem Eber vermählen sollte, und führte beide in sein Haus. Er verband seine beiden Töchter mit den fremden Jünglingen. Deipyle mit Tydeus, Argeia mit Polyneikes, und versprach den Schwiegersöhnen, sie t Waffengewalt in ihre Heimat zurückzuführen und in ihre Rechte wieder einzusetzen.

Zunächst wurde der Heereszug gegen Theben unternommen. Adrastos veranlaßte seine Verwandten, die vornehmsten Fürsten des Landes, zur Teilnahme an der Fahrt. Vor allem war ihm daran gelegen, seinen Schwager Amphiaraos zu gewinnen, der durch seine Tapferkeit, seine Frömmigkeit und seine Weissagungsgabe in ganz Hellas berühmt war. In früheren Jahren hatten Amphiaraos und Adrastos sich wegen der Herrschaft in Argos bekämpft, und Adrastos war besiegt nach Sikyon geflohen. Als sie sich später wieder versöhnten und Adrastos nach Argos in seine Herrschaft zurückkehrte, heiratete Amphiaraos dessen Schwester Eriphyle, und die beiden Fürsten setzten durch einen Eid unter sich fest, wenn in Zukunft wieder ein Zwiespalt eintreten sollte, so wollten sie Eriphyle, die Schwester und Gattin, als Schiedsrichterin unter ihnen anerkennen. Jetzt trat ein solcher Fall ein. Adrastos verlangte von Amphiaraos, daß er mit gegen Theben ziehe; dieser aber weigerte sich deß, da er durch seine Weissagungsgabe wußte, daß der Zug mit dem gänzlichen Untergange des Heeres enden werde. Da bestach Polyneikes das eitle habsüchtige Weib mit dem goldenen Halsband der Harmonia, das er von den Familienkleinoden aus Theben mit sich genommen hatte, daß sie in dem Streite zwischen Gatten und Bruder gegen den Gatten entschied. Das war die Wirkung des Halsbandes, an dem der Fluch des Ares hing, und das jedem Hause, in das es gebracht wurde, Verderben stiftete. Eriphyle sandte verbrecherisch mit vollem Wissen ihren edlen Gatten in den sicheren Tod. Amphiaraos mußte sich fügen, und nachdem er seinen Beitritt erklärt hatte, rüsteten sich auch die übrigen Verwandten des Adrastos bereitwillig zum Zuge, der wilde, riesige Kapaneus, ein Nachkomme des Proitos, der gewaltige Hippomedon, ein Neffe des Adrastos, Parthenopaios, der Sohn der arkadischen Jägerin Atalante, der in Argos eine neue Heimat gefunden, und Eteoklos, der Sohn des Iphis. Mit Polyneikes und Tydeus waren es sieben Fürsten, die mit siebenfacher Schar unter Führung des alten Adrastos auszogen, jugendliche Helden voll tollen trotzigen Mutes, entschlossen, entweder das siebentorige Theben in Trümmer zu legen oder selbst vor seinen Mauern zu erliegen. Darum heißt dieser Heereszug der Zug der Sieben gegen Theben. Sie achteten nicht der ungünstigen Zeichen, welche die Götter ihnen sandten, nicht der unglückverheißenden Weissagungen des Amphiaraos und folgten dem mit dem Vaterfluche Beladenen ins Verderben.

Als die Rüstungen für den Zug vollendet waren, sammelten sich die Helden in dem Hause des Adrastos, der sie durch reiche Bewirtung ehrte. Manch' kühnes prahlendes Wort ward bei dem Mahle aus dem Munde der jungen Helden gehört, und alle waren begierig, sobald als möglich ihre Kräfte mit dem stolzen Theben zu messen. Nur Amphiaraos, der Seher, obgleich eine Sturmwolke des Kriegs, freute sich nicht des nahen Kampfes. Als er traurig Abschied nahm von seinem Hause, hatte er seinen noch unerwachsenen Söhnen Alkmaion und Amphilochos aufgetragen, sobald sie in das Jünglingsalter getreten, an der treulosen Mutter den Vater zu rächen, den sie um schnödes Gold in den Tod gesandt. Seine trüben Weissagungen verhallten auch diesmal unbeachtet in der Versammlung der Helden, und so zog denn das stolze Heer in strahlendem Waffenglanz mit tobendem Kriegsmut aus den Toren von Argos, allen voran der greise Adrastos auf seinem stattlichen Kriegswagen mit den beiden herrlichen Rossen Areion (Roß des Fluchs und Unheils) und Kairos (die rechte Zeit).

Als das Heer in dem waldigen Talgrunde von Nemea ankam, suchten die Mannen in dem sonst so wasserreichen Tale vergebens nach einer Quelle; die Nymphen hatten auf Geheiß des Bakchos, des in Theben geborenen Gottes, alle Brunnen des Landes mit Sand verschüttet. Während sie noch suchend umherzogen, stießen sie auf eine Jungfrau von seltener Schönheit, die ein Knäblein auf ihren Armen trug. Es war Hypsipyle, die lemnische Königin, welche wir in der Geschichte der Argonauten kennen gelernt haben. Die lemnischen Frauen hatten sie, weil sie bei dem allgemeinen Männermorde ihren Vater Thoas versteckt und gerettet hatte, in die Fremde verkauft, und so war die Königstochter als Sklavin in die Dienste des Lykurgos, Königs von Nemea, und seiner Gemahlin Eurydike gekommen, welche ihr unmündiges Kind Opheltes ihr zur Wartung übergaben.

Als die Helden sie baten, ihnen Wasser zu zeigen, legte sie das Kind im Schatten eines Baumes auf den Rasen nieder und führte sie durch dichtes Waldgebüsch zu dem einzigen Brunnen, der noch übrig war. Die Helden und das gesamte Heer löschten jubelnd den brennenden Durst; als sie aber nun wieder zu der Stelle zurückkehrten, wo Hypsipyle das Knäblein gelassen hatte, fanden sie dasselbe von einer großen Schlange zerrissen, die in der Nähe an den Stufen eines Altars lag. Hypsipyle rang verzweifelt die Hände und jammerte laut auf, während die Helden traurig und voll Entsetzen dastanden. Da schleuderte Kapaneus im Zorn seine Lanze auf den Drachen und durchbohrte ihm das zischende Haupt. Bald eilten die Eltern des unglücklichen Kindes herbei; Lykurgos stürzte in der Wut des Schmerzes mit dem Schwerte auf Hypsipyle los, um sie zu töten, aber Adrastos und Amphiaraos beschwichtigten ihn und retteten Hypsipyle. Darauf sammelten die Helden das zerrissene Gebein des Knaben und bestatteten es; Amphiaraos aber weissagte aus dem Tode des Opheltes, des „Schlangenkindes", seinen Freunden nochmals ihr eigenes Geschick. Sowie hier das Knäblein durch die Zähne des Drachen seinen frühen Tod fand, so werden sie alle unter den Händen der aus den Drachenzähnen des Kadmos entsprossenen Thebaner in der Blüte ihrer Jahre erliegen. Darum nannten sie den Knaben Archemoros „Todesführer". Zu Ehren des frühverstorbenen Knaben feierten die Helden prächtige Leichenspiele, die in der Folge unter dem Namen der nemeischen Spiele jedes dritte Jahr erneuert wurden. Die Kampfrichter in diesen Spielen trugen zum Andenken an Archemoros schwarze Trauergewänder.

Die Belagerung von Theben

Der Glanz der kriegerischen Waffenspiele im Tal von Nemea hatte das dunkle Bild des Archemoros in den Hintergrund gedrängt und das Heer wieder mit dem alten kühnen Mute erfüllt, daß sie freudig und hoffnungsvoll weiter zogen. Als sie in die Nähe von Theben kamen an den Fluß Asopos, lagerten sie sich an dem grasreichen Ufer und schickten den Tydeus als Gesandten in die Stadt, damit er dem Eteokles zu Gunsten des Polyneikes einen Vergleich vorschlüge. Ohne Begleitung ging Tydeus in die feindliche Stadt und traf die vornehmen Kadmeer im Hause des Eteokles beim Schmause. Furchtlos trat er unter sie und trug seine Aufträge vor. Die Thebaner wiesen die Vorschläge zurück und luden ihn zum Mahle. Aber Tydeus, nicht allzugewandt im Reden, aber desto tüchtiger im Schwingen der Lanze und des Schwertes, klein zwar von Gestalt, aber von gewaltiger Kraft und im besonderen Schutze der Athena, rief zornglühend alle Gäste zum Einzelkampfe vor und besiegte sie alle ohne Beschwer. Darob ergrimmten die Thebaner, und als er wieder zurückging, legten sie ihm einen tückischen Hinterhalt, 50 gewappnete Edle unter zwei Führern. Tydeus bereitete auch diesen ein schmähliches Ende, er würgte sie alle in unbändigem Mute und ließ nur einen nach Hause kehren, den Maion, Sohn des Haimon, damit er den Thebanern die Nachricht von ihrer Schmach brächte.

Nach diesen Vorfällen war an eine Aussöhnung nicht mehr zu denken; Haß und Zorn standen auf beiden Seiten in hellen Flammen. Die Argiver zogen vor die Mauern Thebens, und es kam in dem offenen Felde zu manchem heißen Kampfe, bis die Thebaner hinter ihre Mauern zurückgedrängt wurden. Da rüsteten sich die Argiver zu einem allgemeinen Angriffe auf Mauern und Tore. Die sieben Feldherren schlachteten dem Ares und den übrigen Göttern ein Stieropfer, netzten in dem auf einen schwarzen Schild strömenden Blute ihre Hände und schworen bei Ares, dem bluttrunkenen Gotte des Schreckens, die Stadt zu bewältigen und des Kadmos Veste zu zertrümmern oder selbst fallend das thebanische Feld mit ihrem Blute zu tränken. Dann hängten sie, ihren Tod vorahnend nach den Weissagungen des Amphiaraos, Andenken für ihre Eltern in der Heimat, Locken und Kränze, rings an dem Wagen des Adrastos auf, mit Tränen im Auge, doch ohne einen Laut der Klage; heiß schnob ihr eisenherziger, in Kriegslust glühender Mut gleich einem blutgierigen Löwen. Darauf verteilten sie durch das Los die sieben Tore der Stadt, auf welche die sieben Heerfürsten mit ihren Scharen den Angriff richten sollten. Eteokles, der die Verteidigung der Stadt leitete, hatte durch den Seher Teiresias Kunde von der drohenden Gefahr, und ein Späher, den er ausgeschickt, gab ihm Nachricht von dem, was im feindlichen Lager vorging. Die ganze Stadt war in Aufregung und Furcht. Aber Eteokles verlor den Mut nicht; er forderte alle waffenfähige Mannschaft der Stadt auf, sich zum Schutze des Vaterlandes zu rüsten, selbst Greise und halberwachsene Jünglinge, und als die Frauen und Jungfrauen voll Angst scharenweise sich zu den Altären herandrängten, die vor seinem Palaste standen, weinend und klagend, da schickte er sie scheltend nach Hause, damit sie nicht durch ihr Schreien und Wehklagen die Männer mit Mutlosigkeit erfüllten. Nachdem er darauf den Göttern für die Rettung der Stadt heilige Hekatomben gelobt und ein feierliches Opfer vor seinem Hause dargebracht hatte, entfernte er sich, um die nötigen Gegenmaßregeln gegen den Angriff der Feinde zu ergreifen. Er hatte den Späher nochmals ausgesandt, damit dieser ihm die Verteilung der sieben feindlichen Fürsten an die sieben Tore näher berichte. Die ganze bewaffnete Mannschaft war um den König versammelt unter ihren mutigen Führern, als eben der Späher erschien.

„Schon wütet Tydeus", sprach der Späher, „voll Trotz an dem prötischen Tor. Amphiaraos, der Seher, wollte ihn nicht über die Furt des Ismenos gehen lassen, weil die Opfer ungünstig seien; aber Tydeus tobte tollkühn und voll Kampfbegier, wie ein Drache zischt in der Mittagshitze, und schmähte den weisen Seher, der aus Feigheit nur vor dem Kampfe warne. Dabei schüttelte er wild die drei Roßschweife auf seinem Helme und die lärmenden ehernen Schellen an seinem Schild. Auf seinem Schilde prangt ein stolzes Wappenbild; auf nachtdunklem Grunde glänzt in der Mitte ein heller Vollmond und um ihn eine Schar funkelnder Sterne. Wie ein schäumendes Streitroß steht er so an dem Ufer des Flusses und verlangt nach Kampf." „Den fürcht' ich nicht", sprach der König, „mit all' seinem Prunk. Seine Bilder schlagen keine Wunden, und sein Helmbusch und seine Glöcklein ritzen nicht. Und jene Nacht auf seinem Schilde kann leicht ihm eine Deutung sein der eigenen Todesnacht; dann legt von selber sich der Übermut. Ihm stelle ich den Melanippos entgegen, des Astakos erlauchten Sohn, der, übermütiger Rede feind, sich doppelt brav im Kampfe zeigt. Ziehe hin, du würdiger Sprößling der alten Sparten, und schütze im Würfelspiel des Ares die Vaterstadt vor des Feindes Speer." Melanippos zog mit seiner Schar zum Tor des Proitos, und der Späher fuhr fort: „Das Tor Elektra erlosete Kapaneus, ein riesiger Held voll stolzen Trotzes. Gräßliches droht er unseren Mauern. Sei's der Götter Wille, spricht er, oder nicht, er wolle und müsse die Stadt zerstören; selbst der Zorn des Zeus werde ihn nicht abhalten, und schlüg' er auch mit seinem Wetter drein, aller Blitzstrahl und des Donners glühender Pfeil sei ihm nur ein warmer Strahl der Mittagssonne. Einen nackten Feuerknecht mit drohender Fackel in der Hand trägt er auf seinem Schilde mit der goldenen Inschrift: „Ich stecke die Stadt in Brand!" „Der schafft sich", sprach Eteokles, „selber sein Gericht, den frechen Verächter der Götter schlägt sein eigener Mund. Ich weiß, ein glühender Blitzstrahl aus der Hand des Zeus, mitnichten dem Sonnenstrahl des Mittags gleich, wird ihn zerschmettern. Als Gegner stell' ich ihm den Polyphontes, einen Mann von glühendem Mut, der durch der Götter Huld unserer Stadt ein sicherer Schutz sein wird." Polyphontes ging ab zu dem elektrischen Tore. „Das neitische Tor fiel dem Eteoklos zu", sprach der Späher weiter, „mit wiehernden Rossen stürmt er darauf los. Sein Schild zeigt einen gewappneten Mann, der an einer Leiter rasch zu einem Turme hinaufsteigt, mit der Unterschrift, daß Ares selbst ihn nicht vom Turme stürzen soll." Diesem schickte Eteokles den tapferen Megareus entgegen, einen Sohn des Kreon, vom Stamm der Sparten. „Am Tor der Pallas Onka tobt in wildem Lärm der riesige Hippomedon. Ein entsetzliches Bild führt er auf seinem Schilde, den Typhon, aus dem feuersprühenden Munde schwarzen Qualm ausschnaubend, und um den Rand schlingen sich drohende Schlangen. Mit lautem Kriegsruf stürmt er den Seinen voran, kriegstrunken einer Mänade gleich, den Tod im wilden Blick."

„Zunächst wird Pallas Onka, die nah am Tore wohnt", sprach Eteokles, „die Feindin alles Übermutes, diesen wilden Drachen abwehren, sodann Hyperbios, der tapfere Sohn des Oinops, seinem Gegner gleich an Gestalt und Mut. Auf seinem Schilde sitzt der Vater Zeus mit dem flammenden Blitz; wie Zeus den Typhon schlug, so wird, hoff' ich, Hyperbios den wilden Gegner niederschmettern." Hyperbios besetzte mit seiner Schar das onkäische Tor. „Am fünften Tor, dem borrhäischen, steht Parthenopaios, der Sohn der arkadischen Jägerin, ein Jüngling, dem eben um das holdselige Jungfrauenangesicht der erste weiche Flaum sprießt. Doch nicht jungfräulich, wie sein Antlitz, ist auch sein Herz; nein, voll wilden Mutes tobt er furchtbar an unserem Tor und schwört vermessen bei seiner Lanze, die ihm mehr denn ein Gott gilt, teurer als sein Auge ist, daß er des Kadmos heilige Stadt trotz Zeus zerstören will. Die blutgenährte Sphinx, die so feindselig unserer Stadt war, hat er auf seinem Schilde, sie trägt vor sich einen kadmeischen Mann." Der König stellte dem übermütigen Jüngling einen Mann entgegen, der ohne Prunk und Prahlerei nur nach Taten begierig war, Arkteus, den Bruder des vorgenannten Hyperbios. Am homoloischen Tore stand Amphiaraos, der edelste und zugleich kühnste Mann. Mit lautem Scheltwort tadelte er den stürmischen Tydeus, der so sehr zum Kampfe trieb; er nannte ihn einen Mörder und Zerrütter seiner Stadt, einen Schergen der Erinys, den ärgsten Lehrer des Unglücks fürs Argivervolk, der dem Adrastos all' dies Unheil geraten. Dann wandte er sich kummervoll an Polyneikes und rief: „Ja, vielgerühmt im Munde der Nachwelt und den Göttern wohlgefällig ist dein Beginnen, die Stadt deiner Väter und die Götter der Heimat mit fremdem Heere wegzutilgen. Wie kann dein Vaterland, von der Wut des Speers unterjocht, als Bundesgenossin bei dir im Kampfe stehen? Mir aber ist beschieden, in diesem Felde zu fallen und als Seher unter feindlichem Lande gebettet zu sein. Auf zum Kampfe! Ein nicht ruhmloser Tod erwartet mich." So sprach der Seher und schwang seinen ehernen Schild, dessen Rund kein Zeichen trug. Den weisen und gerechten, gottesfürchtigen Mann, den großen Seher, hatte ein unselig Los mit Gottlosen geeint, und diese schlimme Genossenschaft brachte ihm, das erkannte er wohl, eine schlimme Furcht. Eteokles schickte ihm den Lasthenes entgegen, einen Greis an Einsicht, einen Jüngling an Kraft.

An dem letzten Tore hatte sich Polyneikes aufgestellt, seine Vaterstadt verwünschend und verfluchend. „Am Wall will er sich emporschwingen", erzählte der Späher dem König, „will selbst mit dir zum Kampfe sich treffen, dich erschlagen, neben dir selbst fallen, oder, bleibst du am Leben, dich verbannen und so sich rächen durch gleiche Schmach. Die Götter seiner Heimat ruft er an, daß sie gnädig seinen Bitten Erhörung schenken. Und einen neuen festen Erzschild trägt er, auf welchem ein Weib – Dike, die Gerechtigkeit heiße sie – einen gewappneten Mann klug dahinführt, und die Inschrift sagt: „ich werde diesen Mann heimführen, die Vaterstadt und das Vaterhaus soll er besitzen". Sobald Eteokles hörte, daß sein Bruder den Kampf mit ihm suche, trieb ihn der wütende Bruderhaß und die dunkle Gewalt des Vaterfluches, ihm entgegen zu eilen. „Wehe", rief er, „nun erfüllen sich des Vaters Flüche. Auf, reicht mir den Speer und die Doppelschienen, daß ich, der Fürst dem Fürsten, der Bruder dem Bruder, der Feind dem Feind entgegengeh'! Weil denn der Gott es will, so fahre hin der ganze Stamm des Laios in die Todesnacht. Des lieben

Vaters arger Fluch steht neben mir und zeigt mir letzte Lust vor letztem Schmerz. Längst schon haben die Götter mein vergessen, nur unserer Todes Opferblut erfreut sie; warum soll ich jetzt flehend den Tod noch meiden?" Mit solchen Worten eilte er stürmend nach dem Tore. „Wehe" – riefen die thebanischen Frauen und Jungfrauen, die ihn fortstürmen sahen – „mir graust's! Es naht die stammvertilgende Göttin des Zorns, die Flucherinys! Brudervernichtend erhebt sich der Haß jetzt. Scharfschneidender Strahl verteilt jetzt blutig ihr Land, jedem so viel, als zum Grab ihm genügt. Erschlügen jetzt die Brüder sich, fielen sie beide in Wechselmord, tränke der Erde trockner Staub ihrer Leichen schwarzgeronnenes Blut, wer wüßte dann Sühne noch? wer wüsche dann je sie rein? O neues Weh, der alten Schuld ihres Hauses beigemischt! Ich denke der Frevelschuld der alten Zeit, der rastlos gestraften, die sich fortzog ins dritte Geschlecht, da Laios dem Willen des Phoibos sich nicht gefügt, dem Spruch, daß seine Stadt er rettete, wenn er kinderlos stürbe. Betört von der Freunde bösem Rat, zeugte den Tod er sich, den Vatermörder Ödipus, der dann, o Schmach! die Mutter sich vermählt. Ein Meer von Schuld, Woge auf Woge, braust daher und schlägt wider unsre Stadt. Zugleich mit den Fürsten, fürcht' ich, geht die Stadt uns zu Grunde. Wehe der Flüche des Ödipus! Sein bitteres Wort, daß mit bewaffneter Hand um das Erbe sie blutig dereinst loseten, das vollendet jetzt, fürcht' ich, die schnelle Flucherinys."

An den Mauern und Toren tobte unterdeß der Kampf. Blutgierigen Adlern gleich stürmten laut schreiend die argivischen Helden gegen die Tore, klimmten hinauf zu den Zinnen der Mauer; aber die tapferen thebanischen Krieger leisteten verweifelten Widerstand, daß sie ohne Erfolg endlich sich zurückzogen. Auch an dem Tore, wo die beiden Brüder sich entgegenstanden, war mit großer Erbitterung gekämpft worden, ohne daß eine Entscheidung sich ergab. Da ließ Eteokles durch einen Herold rings umher Schweigen gebieten und rief von einem hohen Turm den Heeren zu: „Ihr Häupter von Hellas, ihr Führer des Argiverheeres, und du, o Volk von Theben, höret mich! Sparet euer Blut und laßt mich allein mit meinem Bruder kämpfen. Töte ich ihn, so laßt mich fürderhin in meiner Herrschaft; doch besiegt er mich, so nehme er die Vaterstadt." Lauter Beifall erscholl dem Eteokles von den Argivern und den Thebanern. Man schloß Stillstand, und die Führer schworen vor dem Doppelheer, kein Schwert zu ziehen. Nachdem nun die Priester geopfert und die beiden Brüder sich gewappnet hatten, traten sie zum Zweikampf in die Mitte beider Heere. Polyneikes flehte zu Hera, der argivischen Göttin, daß sie ihm gewähre, den Bruder mit siegender Hand zu töten; Eteokles rief Pallas Athena an, die Schirmerin von Theben, daß er mit blutigem Speer die Brust des Bruders durchbohre, der gekommen, das Land seiner Väter zu zerstören. Darauf gab Drommetenklang das Zeichen zum mörderischen Kampf. Das Brüderpaar sprang gräßlich wider einander. Wie zwei schäumende Eber, die den Zahn zum Kampfe gewetzt, fielen sie sich mit ihren Speeren an; doch vorsichtig barg sich jeder mit seinem Schilde, daß das Eisen umsonst in den Staub abprallte. Sah einer über dem Schildrand des andern Blicke, gleich stieß er seinen Speer dahin. Da strauchelt Eteokles über einen Feldstein und wird vom Schilde entblößt. Polyneikes benutzt diesen Augenblick und bohrt heranspringend den Speer dem Bruder durch den Schenkel. Laut jauchzte das Heer der Argiver; aber in demselben Augenblicke sah der Getroffene des Bruders Schulter bloß und schnellte mit Macht den Speer auf dessen Brust. Die Spitze des Schaftes brach ihm am Panzerhemde ab, so daß er, der Lanze beraubt, wieder zurückweichen mußte. Schnell aber faßte er einen schweren Feldstein und schleuderte ihn auf des Bruders Lanze, daß sie zerbrach. Nun waren beide der Lanzen beraubt; da rissen sie die Schwerter aus der Scheide und begannen, Schild an Schild gedrängt, den Streit aufs Neue. Jetzt gedachte Eteokles einer List. Er hemmte plötzlich den Streich, den er schon halb geführt, und trat, vom Schilde gedeckt, zurück, dann gleich wieder auf den rechten Fuß vorspringend, stieß er dem Bruder das Eisen durch den Leib bis tief in den Rückgrat. Polyneikes bog den Leib zur Seite und sank bluttriefend in den Staub. Der andere, des Sieges gewiß, warf das Schwert hin und sprang zu dem Gefallenen, um ihm die Rüstung auszuziehen; aber Polyneikes, der, leise röchelnd, das Schwert noch in den Händen hielt, stieß in diesem Augenblick, seine letzte Kraft zusammennehmend, dem verhaßten Bruder den Stahl tief in die Brust, daß er sterbend niederfiel. Dicht nebeneinander hauchten sie im Staube ihre Seele aus, unversöhnt und ohne Schlichtung ihres Streites. Die Flüche des Vaters haben sich erfüllt.

Der Waffenstillstand, den die Heere wegen des Zweikampfes abgeschlossen, war von kurzer Dauer. Kaum lagen die Brüder tot, so griffen die Argiver mit neuer Wut die Stadt an. Kreon, der jetzt die Zügel der Regierung wieder ergriffen, forschte bei dem alten Seher Teiresias, wie die Stadt zu retten sei, und dieser verkündete, wiewohl mit Widerstreben, daß der jugendliche Menoikeus, des Kreon Sohn, an der Stelle, wo Kadmos einst den Drachen des Ares erschlagen hatte, geopfert werden müsse, damit der alte Groll des Ares gegen das gesamte thebanische Geschlecht gesühnt werde. Der Zorn des Gottes fordere ein Leben aus dem Geschlechte der Sparten, die aus der Saat der Drachenzähne aufgesproßt seien, und Kreon mit seinen Kindern sei noch der einzige, der rein und ungemischt von Vater und von Mutter her aus jenem Geschlechte stamme. Wenn des Menoikeus junges Haupt ihm falle, werde Ares der bedrängten Stadt zur Seite stehen und sie vom Untergange retten. Kreon hörte mit Schrecken den Spruch des Sehers. „Gern gäbe ich selbst mein Leben hin für die Vaterstadt, doch meinen Sohn kann ich nicht opfern; solch' Mißgeschick bring' ich nicht über mich. Ehe die gesamte Stadt den Seherspruch erfährt, fliehe, mein Sohn, aus der Stadt, fort aus dem Lande, nach Delphi, nach Kalydon, weit bis nach Dodana! Rette dich vor dem Tode!" Menoikeus, der den Seherspruch der Teiresias ruhig mit angehört, nahm den Schein an, als wollte er der Aufforderung seines Vaters folgen, und entfernte sich, nicht aber um zu fliehen, sondern um für sein Vaterland zu sterben. „Wie sollt' ich", sprach der edle Jüngling, „während die andern ohne den Zwang des Orakels vor den Türmen der Stadt dem Tode entgegengehen, wie ein Feigling aus dem Lande meiner Väter entweichen, um, das eigene Leben selbstsüchtig rettend, Vater und Bruder und Vaterstadt zu verraten. Wo ich auch lebte, wäre Schmach mein Los. Nein, mein Leben gehöret dir, mein Vaterland!" So eilte er denn allein zu den Zinnen der Kadmea hinauf, an die Stelle über der schwarzen Kluft, wo einst der Drache gehaust. Hier durchbohrte er sich die Brust mit einem Schwerte und stürzte sich mit seinem strömenden Blute von der Zinne hinab in die Drachenhöhle.

Die Nachricht von dem Opfertode des Menoikeus gab den schon ermattenden thebanischen Kriegern neuen Mut, die stürmenden Argiver von ihren Mauern und Türmen zurückzuhalten. Fürchterlich tobte vor allen andern der wilde Kapaneus. Eine hochstufige Leiter legte er an und klimmte, unter seinen Schild geschmiegt, von Steinen und Speeren umsaust, stürmend zur Mauer hinan. „Selbst das Feuer des Zeus nicht soll mich abhalten, hinauf zu klimmen!" rief er im Übermut und drang auch schon bis oben zur Zinne. Da traf ihn der Blitz des Zeus, daß die Erde erkrachte. Wirbelnd wie ein Rad stürzte sein Leib flammend zur Erde und lag zerschmettert am Boden. Grauses Entsetzen ergriff die Argiver, sie wandten sich zu wilder Flucht. Die Thebaner aber, durch das Zeichen des Zeus ermutigt, stürmten zu Fuß und zu Roß aus den Toren ihnen nach ins Blachfeld und richteten eine furchtbare Niederlage unter ihnen an. Das ganze stolze Heer erlag mit seinen stolzen Führern. Den Tydeus verwundete Melanippos. Als er halbtot auf dem Schlachtfelde lag, erbat sich Athena, seine stete Beschützerin, von Zeus die Erlaubnis, ihn wegen seiner übermenschlichen Tapferkeit unsterblich machen zu dürfen. Sobald aber Amphiaraos, der Seher, welcher den Tydeus haßte als den hauptsächlichsten Anstifter des Kriegszuges, die Göttin nahen sah und ihre Absicht erkannte, schnitt er schnell dem Melanippos, der auch gefallen, das Haupt ab und warf es dem Tydeus hin. Der spaltete den Kopf des Melanippos und schlürfte in rohem Zorn sein Gehirn aus. Als das Athena sah, schauderte sie zurück und ließ den Unhold sterben. Den Amphiaraos verfolgte Periklymenos zu dem Ismenos hin. Als er eben seine Lanze in den Rücken des Fliehenden stoßen wollte, spaltete Zeus mit seinem Blitz die Erde, und der fromme Seher sank mit Roß und Wagen und seinem Wagenlenker unversehrt von menschlicher Hand in die Tiefe. An der Stelle, wo ihn die Erde verschlungen, ward er nach dem Ratschlusse des Zeus ein weissagender Heros, der den Menschen im Traume seine Orakel aus der Tiefe heraufsandte. Von dem ganzen Heere blieb nur Adrastos übrig. Er floh auf seinem schnellen Rosse, dem schwarzmähnigen Areion, in das attische Land.

Die Bestattung

Die Mütter der erschlagenen argivischen Heerführer waren auf die Nachricht von der Niederlage des Heeres mit deren unmündigen Söhnen herbeigeeilt, und Adrastos hatte mit ihnen die Thebaner gebeten, ihnen die Leichen der Gefallenen zu ehrlicher Bestattung auszuliefern. Aber Kreon und die Thebaner, übermütig durch das Glück ihres Sieges, verweigerten die Bestattung; die feindlichen Krieger, welche gekommen waren, ihre Stadt in Trümmer zu legen, sollten auf dem Felde unbeerdigt liegen bleiben, den Vögeln und den Hunden zum Fraße. Da wandten sich Adrastos und die greisen Frauen nach dem athenischen Lande, um durch Vermittlung des dortigen Königs Theseus zu ihrem Rechte zu kommen. Eine Versündigung war es gegen göttliches und menschliches Gesetz, dem Toten, selbst dem erschlagenen Feinde die Bestattung zu versagen. Sie kamen nach der attischen Stadt Eleusis, wo sich das hehre Heiligtum der Demeter und Kora befand und eben jetzt des Theseus Mutter Aithra sich aufhielt, um der Demeter Opfer darzubringen für den Segen des Saatfeldes. Als sie eben in den Tempel gehen wollte, sah sie an den Stufen des Altars, der vor dem Tempel stand, die kummervolle Schar der greisen Frauen mit ihren kleinen Enkeln sitzen, mit geschorenem Haupte, in Trauergewänder gehüllt und Ölzweige, die Zeichen der Schutzflehenden, in ihren Händen. An dem Eingange des Tempels stand tränenden Blickes mit verhülltem Haupte der alte Adrastos. Aithra fragte teilnehmend die Frauen, wer sie seien und warum sie in diesem Aufzuge gekommen, und nachdem sie den Grund ihres Erscheinens gehört, schickte sie in aller Eile einen Herold nach Athen, um ihren Sohn herbeizurufen. Gramvoll und in Tränen saß sie unter den klagenden Müttern, als Theseus eilenden Fußes herankam. „Sage, o Mutter, welche unverhofften Dinge sind geschehen", rief er ihr zu, „wer sind die fremden Frauen in dem schwarzen Gewand mit geschorenem Haar? Warum diese Tränen und dies Klaggeschrei?"

„Du siehst, mein Sohn, die grauen Mütter der sieben Helden, die jüngst vor der Thebaner Stadt erlagen, und ihren Führer dort, Adrastos, den Beherrscher von Argos. Der wird am besten dir sagen, was sie hergeführt." Der alte König fiel dem Fürsten Athens zu Füßen und erzählte ihm sein Unglück und den frevelhaften Übermut der Thebaner; er flehte ihn an, daß er ihm durch Güte oder durch Gewalt zu der Bestattung seiner Kriegsgefährten verhelfe; denn er sei ohne Macht, seitdem sein ganzes Heer vor Theben liege.

Theseus zögerte, dem Adrastos seine Hilfe zuzusagen, da er selbst den Krieg begonnen und gegen die Zeichen der Götter ausgezogen sei. Als aber die greisen Frauen mit ihren unmündigen Enkeln klagend und flehend seine Knie umfaßten, als seine eigene Mutter, voll tiefen Mitleids mit dem Unglück der jammernden Mütter, sich ihm weinend zu Füßen warf, da sagte er seine Hilfe zu unter der Bedingung, daß das athenische Volk seine Zustimmung gebe; denn in Athen beschränkte der Wille des Volkes die Macht des Königs. Er begab sich daher selbst in Begleitung des Adrastos nach der Hauptstadt zurück und erlangte leicht von dem edlen Volke der Athener, das zu jeder Zeit den Bedrängten zu helfen bereit war, die Zustimmung zu einem Heereszuge gegen Theben, falls dieses nicht auf gütlichem Wege zur Herausgabe der Gefallenen zu bringen sei.

Als Theseus, eben nach Eleusis zurückgekehrt, eine Gesandtschaft an den König Kreon abordnen wollte, erschien von Theben aus ein Herold. Übermütig und mit Trotz trat der Herold auf. „Ich und das ganze Thebanervolk", sprach er, „verbieten dir, dem König von Athen, dem Adrastos in Attika Zuflucht zu gönnen; und ist er hier, oder habt ihr schon zu einem Dienst euch verpflichtet, so brecht noch diesen Tag das Versprechen und treibt ihn fort; denn was habt ihr mit dem Volke von Argos zu schaffen? Folgst du mir, Theseus, so wirst du ohne Sturm deine Stadt fortsteuern, doch sonst steigt uns und dir und deinen Bundesgenossen ein großes Ungewitter auf." Theseus antwortete gelassen und ohne Furcht vor der thebanischen Drohung: „Geh' und sage deinem König Kreon, daß er nicht unser Herr ist; auch weiß ich ihn nicht so mächtig, daß er die Stadt der Pallas zwingen könnte, ihm zu gehorchen. Was ihr verlangt, kann nicht geschehen; zum Krieg wird's also kommen. Doch diesen

Krieg beginn' ich nicht aus eigenem Antrieb, auch nicht um den Adrastos hier, nein, ich will, dem heiligen Gebrauche des gesamten Hellas getreu, ohne euch zu kränken, den Toten ein Grab verleihen; denn ganz Griechenland beleidigt der, der die Toten ihres Rechts, des Grabes beraubt."

Sobald der Herold sich entfernt, erließ Theseus das Gebot, daß sein ganzes Volk zu Fuß und zu Roß sich wappne, und zog aus gen Theben. Das Heer der Thebaner erwartete ihn schlagfertig vor den Mauern und hatte die Leichen der Argiver, um die der Streit galt, hinter sich gelegt. Theseus erklärte, daß er nicht gekommen, um aufs neue Mord und Blutvergießen zu bringen, er wolle nur, den heiligen Gebrauch des griechischen Volkes ehrend, die Toten bestatten. Ohne ein Wort zu erwidern, stand Kreon in den Waffen da, des Angriffs gewärtig. Da begann Theseus das Treffen. Er selbst, die schwere Keule in der Faust, die er einst dem Epidaurier Periphetes abgenommen, stürzte sich in die dichtesten Reihen und schmetterte rings um sich her alles nieder, was ihm entgegenstand. Nach heißem Kampfe wandte sich endlich das thebanische Heer zur Flucht, und in der ganzen Stadt erscholl Klage und verzweifeltes Geschrei. Doch Theseus mochte nicht, obgleich ihm niemand mehr wehrte, in die Stadt einziehen; sondern er erklärte auch nach dem Siege, er komme nicht, um zu zerstören, sondern fordere nur die Toten.

Thebens Hochmut war gefallen; bereitwillig lieferten sie jetzt die Toten aus, welche das athenische Heer nach Eleutherä am Fuße des Kithäron brachte, um sie dort zu bestatten. Auf sieben hohen Scheiterhaufen wurden die Krieger der sieben Heeresabteilungen verbrannt; die Leichen der gefallenen Heerfürsten aber nahm Theseus mit nach Eleusis, um sie dem Adrastos und ihren Müttern zur Bestattung einzuhändigen. Auf *einem* Scheiterhaufen wurden die Leichen der andern Helden verbrannt; für Kapaneus aber, den der Blitz des Zeus getroffen, wurde ein besonderer Holzstoß errichtet; denn dem hellenischen Glauben galt die Leiche eines vom Blitz Erschlagenen für heilig. Als er auf dem Holzstoße lag und die Flamme schon hoch emporschlug, da erschien plötzlich Euadne, des Kapaneus Gemahlin, welche auf die Kunde von dem Tode ihres Gatten ohne Wissen ihres Vaters Iphis und ihrer andern Verwandten sich von Hause entfernt hatte, geschmückt mit festlichen Gewändern, auf dem Felsen, der über dem Holzstoße emporragte, und stürzte sich nieder in die flammende Glut, um vereint mit ihrem geliebten Gatten in den Tod zu gehen. Die Asche des Kapaneus wurde mit der seiner Gattin zu Eleusis bestattet und darüber ein hohes Grabmal errichtet; die Reste der übrigen Helden dagegen empfingen die greisen Mütter, um sie mit sich nach Argos zu nehmen. Die weinenden Knaben trugen die Urnen mit der Asche ihrer Väter nach der Heimat, schon jetzt entschlossen, dereinst, wenn sie erwachsen wären, ihren Tod an Theben zu rächen. So kehrte statt der Helden, die so prahlend ausgezogen, eine Hand voll Staub nach Argos zurück.

Antigone

Nachdem Polyneikes und Eteokles im Brudermord gefallen, befahl Kreon, der jetzt König war, daß Eteokles, welcher in der Verteidigung des Vaterlandes ruhmvoll gestorben, mit allen Ehren bestattet werden sollte; die Leiche des Polyneikes aber, der mit feindlichen Scharen gekommen war, um seine Vaterstadt und die Tempel und Altäre der heimischen Götter zu zerstören, der seine Mitbürger mit Mord und Sklaverei bedroht, sollte unbegraben und unbeweint auf dem Felde liegen bleiben, den Hunden und den Vögeln eine willkommene Speise. Wer diesem Gebote zuwider handle, der solle den Tod der Steinigung erleiden. Gegen dieses unfromme herzlose Gebot empört sich das Herz der Antigone, der Schwester des Gefallenen, einer echten Labdakidentochter von festem unbeugsamem Mute. Der König hat kein Recht, den Toten dem Grabe und den Unterirdischen zu entziehen, die ungeschriebenen Satzungen der Götter, welche gebieten, den Toten die heilige Pflicht der Bestattung zu Teil werden zu lassen, sind ewig und unverletzlich und dürfen von keiner weltlichen Macht gekränkt werden. Sie, die nächste Verwandte des Toten, kennt kein höheres Gesetz, und unbekümmert um das willkürliche Gebot des Königs, ist sie entschlossen, ihre Pflicht gegen den Bruder zu tun, wenn sie auch sterben muß. Sie tritt daher zu ihrer Schwester Ismene und fordert sie auf, mit ihr die Leiche des Bruders zu bestatten. Aber Ismene, ein edles aber furchtsames weibliches Gemüt, erschrickt bei dem Vorschlag der Schwester und sucht sie von ihrem Beginnen abzuhalten. „Bedenke, Schwester", sprach sie, „wie der Vater mit Haß beladen und in Schmach uns zu Grunde ging, wie seine Mutter – zugleich sein Weib! – mit dem Strick sich das Leben nahm, die Brüder dann an *einem* Tag jammervoll sich gegenseitig mordeten. Und wir, die wir allein jetzt noch übrig sind, welchen schlimmsten Tod werden wir sterben, wenn wir gegen das Gesetz und die Macht des Königs uns auflehnen. Bedenke, daß wir Frauen sind, zum Kampf mit Männern nicht geschaffen, und daß wir von Mächtigeren abhängen und ihnen, wenn sie auch noch Schmerzlicheres befehlen, gehorchen müssen. Darum flehe ich zu unsern Toten in der Tiefe, daß sie mir vergeben, wenn ich, der Gewalt mich fügend, etwas gegen sie versäume." Antigone kann eine solche Furchtsamkeit bei so heiliger Sache nicht begreifen und wendet sich mit feindseliger Entrüstung von ihr ab, um sogleich allein an ihr Werk zu gehen. Auf die teilnehmende Bitte der Ismene, doch wenigstens ihre Tat verborgen zu halten, antwortet sie in edlem Unwillen, daß sie vor aller Welt ihre Tat laut verkünden wolle, wisse sie doch, daß sie damit den Unterirdischen gefallen werde.

Eben war Kreon vor seinem Palaste mit den Ältesten des Volkes versammelt, um ihnen die Grundsätze, die er bei seiner neuen Regierung befolgen werde, bekannt zu machen und sie aufzufordern, ihn bei Aufrechterhaltung seines Gebotes in Betreff der Leiche des Polyneikes zu unterstützen, da kam ein Bote, einer von den Männern, welche der König als Wächter bei der Leiche des Polyneikes aufgestellt hatte, und meldete, daß die Leiche bestattet sei; es habe jemand, ohne daß sie es gemerkt, den Toten mit Staub überstreut und zum Grabe geweiht. Kreon gerät in den größten Zorn, daß sein erstes königliches

Gebot so mit Füßen getreten worden ist, er glaubt, politische Feinde, die mit geheimem Murren den Nacken unter seine Herrschaft beugten, hätten mit Geld die Wächter bestochen, und droht diesen mit einem Eide, wenn sie ihm nicht den Täter kund täten und hierher führten vor sein Angesicht, so würden sie alle des martervollsten Todes sterben. Der Bote ist froh, daß er diesmal mit heiler Haut davongekommen, und eilt zu seinen Genossen zurück, entschlossen, in keinem Falle mehr zum König zurückzukehren, möchten sie nun den Täter ergreifen oder nicht. Nicht lange aber, so kam er freudig zurück, die Königstochter Antigone am Arme mit sich schleppend. „Hier ist sie, mein König, die das Werk getan; sie ergriffen wir, als sie eben die Leiche begraben wollte." Der König staunt und traut kaum den Worten des Wächters. Wie sollte ein schwaches Mädchen es wagen, dem Gebote des Königs entgegen zu handeln? Darauf erzählte der in seiner Freude gar wortreiche Bote, was alles sich zugetragen. „Als ich, o Herrscher, meinen Genossen deine schweren Drohungen überbrachte, da kehrten wir, in großer Angst, allen Staub von dem Toten, bis der verwesende Leib ganz entblößt war. Dann setzten wir uns lauernd an dem Rande des Hügels nieder, so daß der von der Leiche herkommende Windhauch uns nicht erreichte, und ermunterten einer den andern zu wachsamer Schau. So dauerte das eine geraume Zeit, bis um Mittagszeit plötzlich ein furchtbarer Sturmeswirbel, ein himmelhohes Schrecken, sich erhob und wütend durch die Ebene im grünen Laub der Bäume tobte. Der ganze Äther war voll des Grauens. Wir saßen schweigend da und trugen mit geschlossenen Augen die gottverhängte Not. Und als sie endlich nach langer Zeit sich legte, da sieht man die Jungfrau, wie sie schmerzerfüllte Klagen ausstößt; gleich einem Vogel, der heimgekehrt sein Nest beraubt der Jungen findet, jammert sie, als sie den Leichnam unbedeckt sieht, laut auf und verflucht die, welche diese Tat getan. Und sogleich trägt sie wieder mit ihren Händen trockenen Staub herzu, und aus ehernem Kruge gießt sie dreimaligen Weileguß auf den toten Leib. Wie wir sie sahen, stürzten wir auf sie zu und erfaßten sie sogleich; doch blieb sie ruhig und ohne allen Schreck, und als wir sie dieser und der früheren Tat beschuldigten, da leugnete sie nichts."

Antigone stand, während der Wächter solches erzählte, ruhig da mit zur Erde gesenktem Haupte, und als nun Kreon sie fragte, ob sie ihre Schuld eingestehe und ob sie das königliche Gebot gekannt, erklärte sie frei und ohne Furcht, sie habe die Tat getan und das Verbot gewußt. „Es war ja Zeus nicht", sprach sie, „der mir dies Gebot verkündete, auch Dike nicht, die bei den Unterirdischen wohnende Göttin des Rechts, welche beide unter den Menschen dies Gesetz über die Toten eingesetzt; und ich glaube nicht, daß deine, des sterblichen Menschen Verordnungen mehr Kraft hätten als die ungeschriebenen unwandelbaren Gesetze der Götter. Denn diese sind nicht von heute und von gestern, sondern sie leben ewig, und niemand weiß, von wann sie sind. Gegen sie wollte ich mich nicht, aus Furcht vor Menschensatzung, versündigen und mich strafbar machen bei den Göttern. Denn daß ich sterben werde, das wußt' ich wohl, auch ohne deine Bekanntmachung. Wenn ich aber nun vor der Zeit sterben werde, so acht' ich das mir zum Gewinn. Denn wer in so vielfachem Leide lebt, wie ich, wie sollte dem der Tod nicht Gewinn sein? Darum schmerzt mich's nicht, wenn sich jetzt dies Geschick erfüllt; aber meiner Mutter Sohn so im Tode ohne Grab zu sehen, das war mir Schmerz."

Dem König Kreon klangen diese Worte der hochgemuteten Jungfrau wie Hohn, und er ereiferte sich um so mehr, je ruhiger und gefaßter ihm Antigone gegenüberstand. „Doppelter Frevel!" rief er aus, „erst übertritt sie frech mein Gebot, und nun brüstet sie sich noch und frohlockt mit ihrer Tat. Doch solch' ein trotzig starrer Sinn fällt zuerst; sprödgeglühter Stahl zerspringt und bricht am leichtesten. Wahrlich, ich bin kein Mann mehr, sie ist ein Mann, wenn solche Anmaßung ihr ungestraft bleiben soll. Nein, ist sie auch meiner Schwester Kind, wäre sie mir verwandter als alle Verwandtschaft, sie soll dem schlimsten Tode nicht entgehen, samt ihrer Schwester; denn auch diese ist bei dieser Bestattung mit ihrem Rate beteiligt. Ruft mir sie herbei, eben noch sah ich sie im Hause umherrasen wie von Sinnen; so pflegt das schuldbewußte Herz das heimlich vollführte Verbrechen zu verraten." „Wenn du mich töten willst", sprach Antigone, „nun so zaudere nicht; denn wie in deinen Reden nichts ist, was mir gefiele, so gefällt auch mein Tun deinem Sinne nicht, obgleich ich mir durch die Bestattung des Bruders den schönsten Ruhm erwarb. Und auch diese Bürger würden ihr Gefallen ob meiner Tat bezeugen, wenn nicht Furcht ihren Mund verschlösse." „Wie? diese Stadt sollte dein Beginnen gut heißen, die du den Frevler an dem Vaterlande dem andern Bruder gleich geachtet, der die Vaterstadt verteidigte?" „Der Tod macht alles gleich, versöhnt den Haß." „Nie wird der Feind, auch nicht im Tode, uns ein Freund." „Nicht mit zu hassen, mit zu lieben, bin ich da." „Nun denn, so geh hinab und liebe drunten, wen du lieben mußt; doch nie, so lange ich lebe, soll mir ein Weib hier herrschen."

Eben trat Ismene weinend aus dem Palaste. Kreon fuhr sie mit zornigen Worten an: „Du, die du in meinem Hause wie eine Natter dich an mich heranschlichst und, ohne daß ich's merkte, mein Blut aussogst, wohlan sage, wirst auch du dieser Bestattung dich teilhaftig nennen, oder schwörst du nichts zu wissen?" Die schwache und ängstliche Ismene wird stark durch das Unglück. Zum Handeln hatte sie den Mut nicht, doch jetzt zum Leiden. Sie bekennt, das Werk mitgetan zu haben, wenn ihre Schwester damit übereinstimme, und will an der Schuld und der Strafe ihr Teil mittragen; ohne die Schwester kann sie ja nicht leben. Aber Antigone weist ihre Teilnahme zurück, und nun entsteht ein edler Wettstreit unter den Schwestern, indem die eine erklärt, daß sie im Innern ihres Herzens die Tat mitgetan und den Tod mitleiden wolle, die andere dagegen allein für ihre Tat einstehen und von der Genossenschaft der Schwester nichts wissen will, die nur mit Worten liebe, nicht mit der Tat.

Von der Schwester schroff und hart zurückgewiesen, versucht nun Ismene das Herz des Kreon zu besänftigen, indem sie für dic Schwester bittet, welcher das Unglück die Klarheit des Verstandes benommen, und ihn erinnert, daß Antigone die Braut seines Sohnes Haimon ist. Auch die Ältesten der Stadt mahnen ihn, die Braut seines Sohnes zu schonen; aber der starre zornige Sinn des Kreon bleibt ungerührt, Antigone soll sterben, sein Sohn wird schon noch ein anderes Weib finden. „Schlechte Weiber für meine Söhne sind mir zuwider! Führet die Mädchen ohne Verzug hinein, ihr Diener, und hütet sie, denn auch die Mutigen fliehen gern, wenn der Tod ihnen nahe steht." Die um den König versammelte Menge stand mit ihrem Herzen auf der Seite der Mädchen, sie priesen in ihrem Innern die Tat der Antigone und bedauerten ihr unverdientes Geschick; aber sie wagten dem gestrengen König gegenüber keinen Tadel oder Widerspruch. Sie hatten nur Worte des Bedauerns und beklagten das Unheil ihrer Königsfamilie, des Hauses der Labdakiden, auf welches von Alters her von Geschlecht zu Geschlechte Leid auf Leid sich stürzte gleich den Wogen des stürmenden Meeres. Von einem Gotte verfolgt, findet es keine Erlösung. Die Jungfrauen, die letzten Wurzeln, über die ein neuer Hoffnungsschimmer sich gebreitet, auf sie fällt jetzt auch durch des Sinnes Verblendung das blutige Beil und vernichtet den letzten Rest des Stammes.

Haimon, der jüngste noch übrige Sohn des Kreon, welchem Antigone verlobt war, hatte gehört, daß sein Vater beschlossen habe, seine Braut zu töten, und eilte herbei, um das drohende Unglück abzuwenden. Der Vater empfing ihn mit beschwichtigenden Worten. „Mein Sohn", sprach er, „du mußt des Vaters Einsicht alles nachsetzen, mit dem Vater gleichen Freund haben und gleichen Feind. Laß des Weibes wegen die Lust deinen Sinn nicht betören; mit Verachtung, als eine Feindin gib das Mädchen auf, das so offenkundig im Ungehorsam gegen mich betroffen ward. Ich will nicht als Lügner vor der Stadt bestehen und töte sie. Dulde ich im eigenen Hause den Ungehorsam, so wächst er mir draußen noch übers Haupt, und einem Weibe, nein, dem sei nie der Sieg gegönnt."

Haimon hatte sich bisher stets als gehorsamer Sohn dem Willen des strengen Vaters gefügig untergeordnet; um so mehr wunderte sich jetzt Kreon, als der Sohn, so bereitwillig er anfangs auf seine Worte einzugehen schien, doch allmählich sich als Verteidiger der Antigone hinstellte und erklärte, das gesamte thebanische Volk preise im Geheimen ihre edle hochherzige Tat und bejammere ihr unverdient Geschick. „Wolle nicht allein weise sein, mein Vater; einen Mann, und ist er auch noch so klug, entehrt es nicht, auch einmal anderer Leute Rat zu hören, und er darf kein Ding zu straff aufspannen. Der Baum am winterlichen Gießbach, der nachgibt, rettet seine Zweige, der starrend widerstrebt, geht zu Grunde mit samt der Wurzel. Der Schiffer, der allzustraff die Segel spannt, wirft das Schiff um." „Wie", rief Kreon in blindem Zorn, „der Knabe will mich, den alten Mann, belehren? Widersetzt sich dem Vater um eines Weibes willen? Nein, lebend führst du diese Braut nicht heim!" „So willst du sie wirklich töten?" fragte Haimon. „Nun, wenn sie stirbt, so zieht sie einen andern nach sich in den Tod." „Du willst noch drohen? Auf, bringt sogleich die Verhaßte hierher, daß sie hier vor seinen Augen auf der Stelle sterbe." „Nimmermehr, vor meinen Augen wird sie nicht sterben, das hoffe nie, und mein Haupt wirst du nie mehr vor deinen Augen sehen. Wüte gegen Freunde, denen solches gefällt." Mit diesen Worten stürzte Haimon in heftigster Aufregung davon. Die versammelten Greise machten Kreon auf die verhängnisvolle Andeutung aufmerksam, welche in den Worten des forteilenden Sohnes lag; aber Kreon blieb taub gegen alle Warnung. „Mag er tun, was er will", rief er in seinem Zorneseifer, „die Mädchen wird er nicht vom Tode retten." „Gedenkst du denn beide zu töten?" Durch diese Frage der Greise kam Kreon zur Besinnung. Ismene, die nicht Hand angelegt, soll denn verschont bleiben, aber Antigone soll sterben. In der Einsamkeit, fern von dem Wandel der Menschen, soll sie in dem unterirdischen Grabgewölbe der Labdakiden lebendigen Leibes eingemauert werden und des Hungertodes sterben." So wird denn Antigone alsbald aus dem Palaste geführt, um nach dem Orte ihres Todes gebracht zu werden. Der kühne Mut, der sie bei ihrer Liebestat beseelte, ist verschwunden nach vollbrachter Tat, und die natürlichen Gefühle, die Lust zum Leben, die Furcht vor dem Tode machen sich in dem weiblichen Herzen wieder geltend; sie klagt laut, wie sie ohne Freund, unbeweint dahin gehe ihren letzten Gang nach freudlosem Leben in das dunkle Grabesgemach, wo sie lebend wohnen soll bei den Toten. Das Herz des alten Königs bleibt ungerührt bei den Klagen der Jungfrau, der Tochter seiner Schwester, der Braut seines Sohnes, und er befiehlt mit harten Worten, die Verbrecherin fortzuführen. Noch stand das Volk voll Trauer und Mitleid wegen der unglücklichen Königstochter vor dem Palaste, in ihrer Mitte der tyrannische König, da erschien an der Hand eines Knaben der blinde Seher Teiresias. Das Geschick des Königs und der Seinen führte ihn her. „Du wandelst, o Herrscher", sprach der Alte, „einen gefährlichen Pfad; denn höre, welche Zeichen meiner Kunst ich zu berichten habe. Als ich auf meinem alten Sitz der Vogelschau saß, da hörte ich den verworrenen Ton laut schreiender Vögel, und ich erkannte an dem Geräusch ihrer Flügel, daß sie mit mörderischen Krallen sich bekämpften. Das erschreckte mich, und sogleich versuchte ich auf dem Altar die Wahrzeichen des Opferbrandes. Da aber wollte von den fettumhüllten Schenkelknochen keine helle Flamme auflodern; sprühend floß der Saft in die Asche, daß die Knochen bloß dalagen; die aufgelegte Galle blähte sich und verspritzte. Dies Unglück kommt der Stadt durch dich; denn alle Altäre sind uns besudelt durch die Vögel und die Hunde, die den Fraß von dem unglücklichen Polyneikes umherschleppen. Darum nehmen die Götter kein Opfer mehr von uns an, und die Vögel schreien uns kein gutes Zeichen mehr zu, da sie gefressen von dem fetten Blute des gefallenen Mannes. Das bedenke, mein Sohn. Jeder Mensch kann fehlen, doch wenn einer fehlt, so ist das kein unberatener unglückseliger Mann, der, dem Rate anderer zugänglich, den Fehler wieder zu heilen sucht. Drum laß deinen Zorn gegen den Toten, schände den Toten nicht. Was ich dir rate, kommt aus wohlwollendem Herzen." Kreon glaubte, der Seher sei bestochen, um wider ihn aufzutreten. „Alle zielt ihr auf mich", rief er zornig, „wie der Schütze nach der Scheibe, selbst die Seherkunst bleibt nicht unversucht. Eure Seherzunft hat schon längst mich verhandelt und verkauft; doch erkauft euch nur, wenn ihr Lust habt, gewinnsüchtig sardisches Hellgold, den Goldreichtum Indiens, ihr sollt mir doch nicht den Toten im Grabe bergen, wenn selbst die Adler des Zeus ihn als Beute raubten und emportrügen zum Throne des Zeus. Auch weise Leute, fallen schmachvollen Sturz, wenn sie des Gewinnes halber schlechte Dinge in schöne Worte kleiden." Durch die arge Beschuldigung entrüstet, sprach der Seher jetzt die Weissagung aus, die er sonst im Busen zu bergen gedachte. „So wisse denn, König, daß Helios nicht manchen Kreislauf mehr vollenden wird, bis du selber einen Sproß aus deinem Blute zum Entgelt für die Toten in den Tod hingeben wirst, dafür, daß du mit verruchtem Sinn die Seele einer Lebendigen aus der Oberwelt hinabgestoßen und ins Grab gekerkert hast, daß du einen Toten, der den unterirdischen Göttern gehört, unheilig hier oben hältst und dem Grabe entziehest. Für diese frevelnde Schmach wird bald dein Haus mit Klage sich füllen und die ganze Stadt wird in Verwirrung mitgerissen werden. Solche Pfeile habe ich, da du auch mich kränkst, gleich einem Schützen im Zorne gegen dein Herz gesandt, und führwahr, sie treffen, du entgehst ihrem Brande nicht. Nun aber führe mich nach

Hause, Knabe, damit er an Jüngeren seinen Zorn auslasse und eine ruhigere Zunge sich aneigne und verständigeren Sinn."

Mit peinlichem Schweigen sah die versammelte Menge und der König dem abgehenden Seher nach. Endlich wagten die Greise den König zu erinnern, daß, soweit ihr Gedächtnis reiche, der greise Teiresias noch keine Unwahrheit geweissagt, und daß er auch jetzt keine Lüge möge gesprochen haben. Auch Kreon war durch die schauerlichen Weissagungen des Alten erschüttert. Eine entsetzliche Angst bemächtigte sich plötzlich seines Gemütes; all' sein Starrsinn bricht auf einmal zusammen, und haltlos gibt er sich dem Rate der Freunde hin, damit er dem verkündeten Unheil entgehe. „Geh", sprachen sie, „und befreie die Jungfrau aus dem unterirdischen Hause, birg den Toten im Grabe; aber eile, o Herr, denn rasch erfassen die Rachegeister der Götter den schlimm Beratenen; eile, übertrag's keinem andern." In hastiger Angst befahl jetzt Kreon, daß seine Diener mit ihm zu der Leiche des Polyneikes eilten, um sie zu bestatten; er selbst will dann die Antigone lösen, die er auch gebunden. Es möchte doch das Geratenste sein, befürchtet er, den bestehenden Sitten sich zu fügen bis an sein Lebensende.

Sobald der König und seine Begleiter zu der Hochfläche gelangt waren, wo die zerrissene Leiche des Polyneikes lag, da flehten sie zu Hekate, der Wegegöttin, und zu Pluton, daß sie in Gnaden ihren Zorn beschwichtigen möchten, wuschen den Leichnam mit heiligem Wasser, verbrannten dann, was noch von ihm übrig war, auf frischgebrochenen Zweigen und errichteten über der Asche einen hohen Grabeshügel aus vaterländischer Erde. Darauf eilten sie zu dem steinernen Grabgewölbe, dem Brautgemach der Jungfrau. Da hörte einer aus der Ferne den Klang heller Jammerklagen aus der Gegend des Gemachs und machte den König darauf aufmerksam. Da dieser nun rasch weiter eilte und, näher gekommen, die undeutlichen Laute eines Schreies vernahm, rief er klagend: „Weh' ich Unglücklicher, was prophezeit mir mein Herz! Gehe ich jetzt, ich ahn's, den unglückseligsten Weg, den ich je betrat? Die Stimme meines Sohnes dringt leise zu mir heran. Eilet, ihr Diener, voran, reißt die Quadern auf und schaut hinein, ob ich wirklich die Stimme des Haimon höre." Die Diener taten, wie ihnen befohlen war, und sahen im entlegensten Teile der Gruft die Jungfrau an einer Schlinge, die sie aus einem Gewande sich gedreht, aufgehängt, und Haimon hatte, fest ihren Leib umschlingend, sich an sie gelehnt, stöhnend und klagend ob dem Tode der Braut und der unseligen Tat des Vaters. Als der den Sohn sah, brach er in heftiges Jammern aus, eilte zu ihm hinein und rief: „O Unglücklicher, was tust du, was willst du? welchem Elende unterliegst du? Komm heraus, mein Kind, ich bitte dich auf meinen Knien." Mit wildem Auge starrte der Sohn ihn an, Abscheu in den Mienen und ohne ein Wort zu erwidern. Da in raschem Zorn zog er sein Schwert und stieß es nach dem Vater, der kaum ausweichend dem Stoß entging. Entrüstet über sich selbst, warf sich der Unglückliche in die Spitze seines Schwertes und bohrte sie sich mitten in die Brust. Noch lebend umschlingt er mit schlaffem Arm die Jungfrau und röchelt an ihrer blassen Wange zugleich mit dem purpurnen Blutstrom sein Leben aus. Eine Leiche umschlang er die Leiche, in des Hades Behausung feierte er sein Hochzeitsfest.

Kreon hatte den Selbstmord des Sohnes nicht mehr hindern können. Zerknirscht, ein völlig gebrochener Mann, nimmt er die Leiche in seine Arme und trägt sie, klagend und den heillosen Irrwahn seiner Seele verwünschend, nach Hause. An den Pforten des Palastes vernimmt er ein neues Unglück. Seine Gattin Eurydike hatte schon die Unglückskunde vernommen, und im Schmerz über den Verlust ihres letzten Sohnes hatte sie sich selbst den Tod gegeben. An einem Altar im Innern des Hauses hatte sie das scharfgeschliffene Schwert sich in die Brust gestoßen und so die schwarzen Brauen sich gelöst, nachdem sie noch furchtbare Flüche gegen den ausgestoßen, der ihr Haus verödet und sie kinderlos gemacht. „Weh, weh! auffliegen möcht' ich vor Furcht und Angst", schrie Kreon in äußerster Verzweiflung, „warum stößt keiner das scharfe Schwert mir in das Herz! Unglücklicher, ich mordete den Sohn und mordete die Gattin; keinen andern kann ich beschuldigen als mich. Führet mich fort, schnell fort von hier, ich bin ein Nichts, ein unnützer Tor!" Während die thebanischen Greise den vernichteten Mann in den Palast führten, sprachen sie in tiefer Erschütterung: „Ja, die Grundlage alles Erdenglückes ist die Besonnenheit; niemand frevle gegen göttliche Dinge; übermütiges Prahlen bringt schwere Schicksalsschläge dem Vermessenen, daß spät er die Besonnenheit lernt."

Der Epigonenkrieg

Zehn Jahre nach dem Zuge der Sieben gegen Theben rüsteten sich die herangewachsenen Söhne der Gefallenen, die sogenannten Epigonen, d.h. die Nachgeborenen, zu einem neuen Zuge gegen diese Stadt, um den Tod ihrer Väter zu rächen. Auch der alte Adrastos beteiligte sich wieder an dem Rachewerk; aber sein hohes Alter verhinderte ihn, die Führung des Heeres zu übernehmen. Man wandte sich daher an das Orakel zu Delphi und fragte, wen man als Anführer des Heeres wählen sollte. Das Orakel verhieß ihnen den Sieg, wenn Alkmaion, der Sohn des Amphiaraos, seinem Vater gleich an Tapferkeit und Mut, an die Spitze des Heeres trete. Alkmaion aber zweifelte, ob er die Anführung des Heereszuges übernehmen dürfte, ehe er den Auftrag seines Vaters ausgeführt, ehe er des Vaters Tod an seiner Mutter Eriphyle gerochen habe. Er befragte deshalb den Gott in Delphi, und dieser hieß ihn beides ausführen, den Mord der Mutter und den Rachezug gen Theben. Eriphyle aber hatte unterdeß von Thersandros, des Polyneikes Sohn, ein zweites verhängnisvolles Geschenk genommen, damit sie den Sohn zum Zuge berede, ein schönes Prachtgewand (Peplos), welches Athena einst der Harmonia an ihrem Vermählungsfeste mit Kadmos geschenkt und das Polyneikes bei der Verteilung der Familienkleinode in seine Hand bekommen. Sie redete daher dem Alkmaion und dessen Bruder Amphilochos zu, daß sie sich an dem Zuge gegen Theben beteiligten, und Alkmaion verschob auch wirklich seine Rache an der Mutter bis nach seiner Rückkehr.

So zogen denn die jungen Helden unter der Führung des Alkmaion in den Krieg; es waren Aigialeus, Sohn des Adrastos, Promachos, S. des Parthenopaios,

Thersandros, S. des Polyneikes, Diomedes, S. des Tydeus, Sthenelos, S. des Kapaneus, Euryalos, S. des Mekisteus. Weniger Volk führten sie mit sich gegen das siebentorige Theben als einst ihre Väter, aber sie waren stark im Vertrauen auf die Zeichen des Zeus und die Hilfe der Götter. Als sie in das thebanische Gebiet gekommen, verwüsteten sie zuerst das Land und die Ortschaften rings umher und zogen dann gegen die Stadt selbst. Die Thebaner, welche einst das Heer der Väter völlig vernichtet hatten, rückten unter ihrem jungen wilden König Laodamas, dem Sohne des Eteokles, den Söhnen siegesgewiß entgegen bis in die Nähe der Stadt Glisas, und hier kam es am Fuße des Berges Hypaton nicht weit von der Kadmea zu einer gewaltigen Schlacht. Von den argivischen Führern fiel der einzige Aigialeus unter der Hand des Laodamas, Alkmaion aber rächte den Freund, wie vor Troja Achilleus seinen Patroklos, und erschlug den Laodamas. Nachdem der König gefallen war, wandten die Thebaner sich zur Flucht und schlossen sich in ihre Mauern ein. Die Epigonen aber bestatteten zuerst ihre Toten auf dem Schlachtfelde und errichteten ihnen einen Grabeshügel, den man noch heute in jener Ebene zeigt, und rückten dann vor die Tore von Theben. Die entmutigten Thebaner suchten Rat bei dem greisen Teiresias. Auf dessen Ausspruch sandten sie einen Herold an die Argiver, um sie durch Unterhandlung hinzuhalten, und zogen während dessen in der Nacht zum größten Teil mit Weibern und Kindern, die sie auf ihre Wagen gesetzt, heimlich aus der Stadt. Sie wanderten zunächst nach dem in der Nähe befindlichen Tilphossion, einem von Natur festen Berge, an dessen Fuße die heilige Quell Tilphussa entsprang. Während sie sich hier für eine Zeitlang festsetzten, verloren sie ihren Führer, den alten Seher Teiresias, durch den Tod, welchen er sich durch einen Trunk aus der kalten Tilphussa zugezogen. Die Thebaner bestatteten den Seher, der von Kadmos an viele Menschenalter hindurch ihnen geweissagt in Glück und Unglück bis zum Untergange ihrer Stadt, an der Quelle aufs Glänzendste und ehrten ihn durch ein hohes Grabmal; dann zogen sie weiter nach Akarnanien, wo sie die Stadt Hestiäa gründeten.

Als die Argiver erfuhren, daß der größte Teil der Thebaner aus der Stadt geflohen sei, machten sie sogleich einen Angriff auf die Mauern und Tore und nahmen die Stadt nach kurzem Kampfe ein. Vor allen zuerst drang der tapfere Alkmaion in das Tor. Hierauf sammelten sie die Beute und rissen die Mauern nieder. Die Reste der Bevölkerung machten sie zu Sklaven. Zum Dank für die glückliche Ausführung ihres Unternehmens sandten sie dem Apollon, der sie mit seinem Rate unterstützt, einen Teil der Beute nach Delphi, als edelste Beute die Tochter des Teiresias, die Seherin Manto; denn sie hatten gelobt, wenn sie Theben genommen, dem Gotte das Schönste der Beute zu weihen. Die Herrschaft über das eroberte Theben und das gesamte thebanische Land übergaben die Argiver dem Thersandros, dem Sohne des Polyneikes, dem einzigen noch übrigen Sproß des Labdakidenhauses, und zogen dann siegegekrönt in die Heimat zurück. Der alte Adrastos starb unterwegs zu Megara aus Gram über den Tod seines einzigen Sohnes Aigialeus; er hatte die endliche Erfüllung seines Wunsches, die Demütigung Thebens, um einen schweren Preis erkauft.

Alkmaion

Nachdem Alkmaion von Theben zurückgekehrt war, unternahm er es, den zweiten Auftrag des Apollon auszuführen, die schandbare Mutter, welche für schnödes Gold den Gatten in den Tod gesandt, zu strafen. Seine Erbitterung gegen die Mutter war noch gestiegen, da er nach seiner Rückkehr erfahren, daß Eriphyle auch, um ihn in den Krieg zu senden, Geschenke genommen hatte. Er überfiel sie in dem eigenen Hause und ermordete sie mit dem Schwerte. Aber wie bei Orestes, so blieb auch bei ihm der Muttermord, obgleich von dem Gotte Apollon befohlen, nicht ungeahndet. Die Rachegöttin Erinys erhob sich gegen ihn und scheuchte ihn fort aus der Heimat. Von Wahnsinn getrieben, floh er mit Halsband und Prachtgewand (Peplos), den verderbenbringenden Gaben des thebanischen Königshauses, nach Arkadien und kam nach Psophis in das Haus des Königs Phegeus. Dieser entsühnte ihn und gab ihm seine Tochter Arsinoe zur Ehe. Halsband und Peplos schenkte Alkmaion seiner Gemahlin. Aber der Muttermörder fand auch in der neuen Heimat keine Ruhe, und seine Anwesenheit brachte dem Lande Unfruchtbarkeit und Seuchen. Er fragte deshalb das Orakel zu Delphi um Rat und erhielt die Antwort, er müsse die Ruhe suchen in einem Lande, das erst nach der Zeit seines Muttermordes entstanden und darum für ihn nicht mit dem Fluche behaftet sei; denn Eriphyle hatte sterbend jedes Land verflucht, das den Muttermörder aufnehmen würde. Alkmaion verließ daher sein junges Weib und seinen unmündigen Sohn Klytios und gelangte endlich nach langer Wanderung an den Ausfluß des Acheloos, wo in jüngster Zeit der Fluß durch angeschwemmten Schlammboden eine Insel gebildet hatte. Auf dieser Insel fand er die längst gesuchte Ruhe und beschloß daselbst sich niederzulassen. Er heiratete, seiner früheren Gattin und des Sohnes vergessend, die Tochter des Flußgottes Acheloos, Kallirrhoe.

Kallirrhoe hatte auch schon von dem kostbaren Schmuck, dem Halsband und dem Peplos der Harmonia, gehört, in deren Besitz sich Alkmaion befinden sollte, und bat ihren Gatten, ihr denselben zu geben. Alkmaion versprach ihn in seiner Heimat zu holen, begab sich nach Psophis zu Phegeus und seiner ersten Gemahlin, in deren Hand die Kleinode waren, und verlangte von ihnen die verhängnisvollen Geschenke unter dem Vorwande, daß er sie zu Delphi dem Apollon als Weihgeschenke darbringen wolle. Phegeus händigte sie ihm ein, erfuhr aber bald aus dem Munde eines Sklaven, daß Alkmaion aufs neue sich vermählt und seiner neuen Gattin den Schmuck versprochen habe. Als daher Alkmaion sich auf den Rückweg begeben hatte, ließ er ihm durch seine beiden Söhne Pronoos und Agenor auflauern und ihn erschlagen. Die Mörder brachten Halsband und Peplos ihrer Schwester Arsinoe zurück und rühmten sich der Rache, die sie für sie an dem ungetreuen Gatten genommen. Arsinoe aber, deren Herz noch immer mit Liebe an Alkmaion hing, verfiel in große Trauer und verwünschte ihre Brüder, daß sie ihr den Gatten gemordet. Dafür rächten sich die Brüder an ihr auf grausame Weise; sie verschlossen sie in eine enge Kiste und brachten sie zu ihrem Gastfreunde, dem König Agapenor, nach Tegea, wo sie sie töten ließen unter der Beschuldigung, sie habe ihren Gatten

Alkmaion gemordet. So hatte der verderbliche Schmuck ihr und ihrem Gatten den Tod gebracht.

Aber das ganze Haus des Phegeus war durch die Berührung mit jenem Schmuck dem Verderben geweiht. Als nämlich Kallirrhoe den Mord ihres Gatten erfuhr, warf sie sich nieder auf ihr Angesicht und erflehte im tiefsten Schmerze, von bitterem Rachedurst erfüllt, von Zeus die Gnade, daß er ihren und des Alkmaion unmündigen Söhnen Akarnan und Amphoteros auf der Stelle die Mannesreife gewähre, damit sie ohne Verzug den Mord ihres Vaters rächen könnten. Und Zeus erhörte ihre Bitte. Als Knaben legten sich am Abend die Söhne der Kallirrhoe nieder, und als starke Jünglinge wachten sie des Morgens auf. Sogleich zogen sie aus, um ihr Rachewerk zu vollführen. Als sie nach Tegea kamen, trafen sie dort eben die Söhne des Phegeus, die Mörder ihres Vaters, die im Begriffe waren, das Halsband und den Peplos der Harmonia nach Delphi als Weihgeschenk dem Apollon zu bringen. Sie erschlugen beide und nahmen ihnen den Schmuck ab. Darauf eilten sie nach Psophis, drangen in das Haus des Phegeus und mordeten ihn und seine Gemahlin. Die Einwohner von Psophis verfolgten sie in Gemeinschaft mit andern Arkadern, sie aber retteten sich glücklich aus dem Lande und kamen wohlbehalten mit dem Schmuck der Harmonia zu ihrer Mutter zurück. Damit jedoch dieser verderbliche Schmuck nicht auch ihnen noch Unheil stifte, brachten sie denselben auf den Rat ihres Großvaters Acheloos nach Delphi und weihten ihn dem Apollon. Dort in dem heiligen Tempel des vor Unheil schützenden Gottes ruhte der Fluch, der an dem Schmuck hing. Von Akarnan erhielt das durch ihn und seinen Bruder kolonisierte Akarnanien seinen Namen. Klytios, der Sohn des Alkmaion und der Arsinoe, floh nach dem Tode seines Vaters aus Abscheu vor seinen mütterlichen Verwandten aus Psophis und ließ sich in Elis nieder.

Metamorphosen

Daphne

Apollons erste Liebe war die Nymphe Daphne, die schöne Tochter des thessalischen Flußgottes Peneios. Nicht von ungefähr liebte er, sondern durch den grausen Zorn des Eros. Der starke Gott hatte eben in Delphi mit seinem Bogen den furchtbaren Drachen Python erlegt, und noch stolz auf seinen Sieg, sprach er spottend zu Eros, als er ihn seinen Bogen spannen sah: „Was soll dir, du mutwilliger Knabe, ein so kriegerisches Geräte? Der Bogen ziemt meinen Schultern, der ich kräftige Wunden dem Wild und dem Feinde schlagen kann, der ich jüngst mit unzähligen Pfeilen den ungeheuren Leib des Python bewältigt. Sei du mit deiner Fackel zufrieden und strebe nicht nach meinem Ruhme." Der gekränkte Eros antwortete: „Trifft auch, Phoibos, dein Bogen alles, so trifft doch mein Bogen dich; so weit alles, was lebet, dir nachsteht, so weit ist dein Ruhm geringer als der meine." Mit diesen Worten schwang er seine Flügel und stand hoch auf dem Haupte des Parnassus. Dort nahm er zwei Pfeile aus seinem Köcher von verschiedener Wirkung; der eine verscheucht, der andere erregt Liebe, der eine ist stumpf und von Blei, der andere ist von Gold und hat eine glänzende Spitze. Den goldenen bohrt er in die Brust des Apollon, mit dem andern trifft er Daphne. Sogleich liebet der eine, die andere aber meidet den Liebenden und schweift einsam gleich der jungfräulichen Artemis jagend durch die Wälder und Berge. Viele Jünglinge warben um die schöne Jungfrau, aber sie verschmähte jede Werbung, und obgleich der Vater sie oft bat, sich zu vermählen und sein Herz mit Enkeln zu erfreuen, so blieb sie doch ungerührt und flehte schmeichelnd, ihr für immer ein jungfräuliches Leben zu gestatten. Der Vater willfahrte die Bitte, aber ihre Anmut und Schönheit war dem entgegen.

Apollon sah sie und liebte sie, sein jugendliches Herz ward eine lodernde Flamme. Jedoch die Jungfrau, sobald sie ihn erblickte, enteilte wie auf den Flügeln des Windes und achtete nicht auf sein Bitten. „Bleibe, peneische Jungfrau", ruft er und eilet ihr nach, „ich verfolge dich ja nicht feindlich, bleibe, o Nymphe! So flieht ja ein Lamm vor dem Wolf, die Taube vor dem Adler, ihrem Feinde! Ich folge aus Liebe. Wehe mir, falle nur nicht. Du zerreißt dir die Füße am Dorn, und dann bin ich die Ursache deines Schmerzes. Wo du läufst, ist der Boden rauh; fliehe doch mäßiger, ich will ja auch mäßiger folgen. Frage doch, wem du gefällst; ich bin kein roher Hirt aus den Bergen, mir dienet Delphi und Delos und Klaros, Zeus ist mein Vater, ich bin der Herr der Leier und des Bogens, Heilbringer und Retter nennt mich die Welt. Ach, daß meiner Liebe kein heilbringendes Kraut wächst!" Noch mehreres wollte er reden, aber die Jungfrau verdoppelte jetzt ihre Schritte; da trieb's auch ihn, in angestrengterem Laufe zu folgen. In stürmender Eile fliegen sie dahin, der eine von der Hoffnung, die andre von der Furcht gespornt; aber Apollon, auf den Flügeln des Eros, ist schneller in der Verfolgung und läßt ihr keinen Augenblick Erholung. Schon ist er ihr nah an dem Rücken, schon fühlt sie seinen warmen Atem in ihrem Nacken; da schwindet ihre Kraft und sie erblaßt, ermattet von der Anstrengung des Laufs. Nach der Flut des Peneios hinschauend, ruft sie: „Hilf mir, Vater, wenn ihr Flüsse göttliche Macht habt! Erde, tue dich auf und verschlinge mich, oder verwandle diese Gestalt, die mir Kränkung bringt." Kaum hat sie ihr Flehen geendet, so fesselt schwere Erstarrung ihre Glieder. Zarter Bast umzieht ihre weiche Brust, ihre Haare wachsen zu Laub empor, ihre Arme zu Ästen. Ihr eben noch so flüchtiger Fuß hängt an trägen Wurzeln fest, und ihr Antlitz umhüllet der Wipfel; nur die Schönheit bleibt ihr. Auch in dieser Gestalt noch liebt Phoibos sie, seine an den Stamm gelegte Hand fühlt, wie unter der Rinde noch ihre Brust zittert. Er umschlingt mit zärtlichen Armen ihre Zweige und gibt Küsse dem Holze; auch das Holz noch weicht seinen Küssen aus. „Da du als Gattin nicht mein sein kannst", sprach er, „so sollst du wenigstens als Baum die Meinige sein. Immer sollst du, teurer *Lorbeer*, mir Haupt und Leier und Köcher umwinden, und wie mein jugendliches Haupt stets ungeschorene Locken umwallen, so soll auch dein Haupt von beständigem Laube umgrünet sein." So sprach Apollon. Der Lorbeer nickte dazu mit seinen frischen Zweigen und schien den Wipfel wie ein Haupt zu bewegen.

Narkissos und Echo

Narkissos, der Sohn des Flußgottes Kephissos und der Nymphe Leiriope, war ein Jüngling, Knabe mehr noch als Jüngling, von wunderbarer Schönheit, so daß, wer ihn nur sah, von Liebe ergriffen ward; doch in der schönen Gestalt schlug ein hartes, stolzes Herz, das alle Liebe verschmähte. Echo, die Nymphe, welche, von Hera bestraft, weder zuerst zu reden, noch, wenn ein anderer sprach, zu schweigen vermochte, sah ihn einst, während er auf dem Kithäron die furchtsamen Hirsche in die Jagdnetze trieb, und von seiner Schönheit bezaubert, folgte sie ihm heimlich von Busch zu Busch und von Berg zu Tal, und je länger sie ihm folgte, desto mehr durchglühte sie die Liebe. Wie gern hätte sie den Knaben mit liebkosenden Worten angeredet, aber das verwehrt ihr die Natur, und sie wartet, bis sie ihm, wie es ihr vergönnt ist, antwortend sich offenbaren kann. Siehe, da verirrte sich der Jüngling von seinem Gefolge,

Rief: „Ist einer allhier?" und: „Allhier!" antwortete Echo.
Jener staunt, und indem er mit spähendem Blicke sich umsieht,
Rufet er: „Komm!" laut auf; „Komm!" ruft sie dem Rufenden wieder.
Rückwärts schauet er, keiner erscheint. „Was", rufet er endlich,
„Meidest du mich?" „Was meidest du mich?" antwortet die Stimme.

Jener besteht, und getäuscht von des Wechselhalles Gegaukel:
„Hier uns vereiniget!" ruft er: und freudiger keinen der Töne
Nachzutönen bereit: „Uns vereiniget!" ruft sie entgegen;
Und sie gefällt in den Worten sich selbst. Aus dem dichten Gesträuch nun
Trat sie hervor, mit dem Arm den ersehnten Hals zu umschlingen.
Jener entflieht und entfliehend: „Hinweg die umschlingenden Hände",
Saget er, „lieber den Tod als dir mich zu schenken begehr' ich!"
Nichts antwortete Jen' als: „Dir mich zu schenken begehr' ich!"

Mit diesen Worten schlüpfte die Verachtete in den Wald und bedeckte ihr errötendes Antlitz mit Laub, und seitdem barg sie sich voll Scham in einsamen Grotten. Dennoch aber bleibt ihr die Liebe und wächst nur noch durch den Gram der Verschmähung. Und dieser wachsende Liebesgram verzehrt ihren blühenden Leib zum Erbarmen; es schrumpft die Haut um die mageren Glieder, es verflieget Saft und Blut, und nur noch Laut und Gebein sind übrig. Der Laut behält Klang und Kraft, und das Gebein wird zu Felsen. Immer noch lauschet sie im Walde, und obgleich niemand sie sieht auf dem Berge, so wird sie doch von allen gehört.

Noch manche andere Nymphe ward unglücklich durch den stolzen lieblosen Knaben. Da rief eine der Verschmäheten mit zum Himmel erhobenen Händen: „So möge auch er lieben, so möge er nie des Gegenstandes seiner Liebe froh werden!" Und die beleidigte Aphrodite hörte ihr Flehen. Einst an einem heißen Sommertage kam Narkissos auf der Jagd im Helikon ermüdet zu einem silberhellen ruhigen Quell im Schatten dichter hoher Bäume. Er legte sich nieder in das saftige Grün am Rande des Quells und bückte sich zu trinken; da sah er in dem Wasser einen wunderlieblichen Knaben. Es war das Bild seiner eigenen schönen Gestalt, die über so manches Herz schon den Gram hoffnungsloser Liebe gebracht, durch welche Echo zu einem wesenlosen Scheinleben sich verzehrt hatte; jetzt sollte an ihr auch sein eigenes bisher so unempfindliches Herz sich zum Tode verzehren. Wie durch eine Zaubergewalt gebannt, schaut er das liebliche Bild an und wird von grenzenloser Liebe erfaßt, nicht ahnend, daß er nur sich selbst bewundert und liebt. Sein Auge wird des Anblickes nicht satt; seine Lippen suchen den Mund des schönen Knaben, und er küßt nur die kühle Flut, sehnsuchtsvoll streckt er die Arme nach dem ihm entgegenstrebenden Geliebten, und er greift nur zerrinnende Wellen. Er vergißt Speise und Trank, er vergißt den Schlaf. „Wer ward je so grausam gequält", ruft er, „nicht Meere trennen uns, nicht Berge, nur eine dünne Welle ist zwischen uns, und doch können wir uns nicht erreichen. Komm hervor aus deiner Quelle, geliebter Knabe; siehe, ich bin schön, und du bist mir gut; wenn ich meine Arme ausstrecke nach dir, so breitest du sie mir entgegen, wenn ich dir zulächle, lächelst auch du. Auch Tränen sah ich bei dir, wenn ich Tränen vergoß, und wenn ich spreche, antwortest du freundlich, das merke ich an deinen schönen Lippen, doch vernehm' ich's nicht. – Wehe! nun ahn' ich's, du bist nur ich selbst; nun seh' ich's, mich täuschet das eigene Bild, ich liebe nur mich selber. O daß ich mich teilen könnte, daß ich mich trennen könnte von meinem Körper!" Schon verzehrt der Liebesschmerz ihm die Kräfte, schon ahnet er, daß ein früher Tod ihm naht, doch kann er sich nicht trennen von seinem Bilde. Festgebannt sitzt er da und starrt in die Quelle, von

Narkissos

innerer Glut verzehrt, hinschwindend, wie der Tau vor der Sonne vergeht. Echo sieht ihn, die einst Verschmähte; zwar zürnet sie noch immer ob der Schmach, doch liebt sie noch immer, und sein Leiden macht ihr Schmerz. So oft der Knabe *Wehe!* ruft, antwortet ihr *Weh!* und so oft er seufzet, seufzet sie mit. „Ach vergeblich geliebter Knab!" ruft zuletzt er noch mit schwacher Stimme, und sie spricht traurig: „Ach vergeblich geliebter Knab!" „Lebe wohl!" ruft er, „Lebe wohl!" ruft Echo. Er senkt das müde Haupt in das frische Grün, und die Nacht des Todes schließet sein Auge. Ringsum in dem Walde klagten die Dryaden, und Echo klagte mit ihnen; sie errichteten ihm einen hohen Holzstoß zur Bestattung, doch da sie seinen Leichnam suchten, fanden sie ihn nicht. Wo sein schönes Haupt in das Grün sich geneigt hatte, da stand eine Blume von kalter, starrer Schönheit, mit weißen Blättchen. *Narkissos* heißt die verhängnisvolle Todesblume.

Die tyrrhenischen Schiffer

Tyrrhenische Schiffer unter der Führung des Jünglings Akoites legten einst auf einer Fahrt nach Delos bei heranbrechender Nacht an der Küste von Keos an. Sobald die Morgenröte erschien, erhob sich Akoites vom Lager und hieß seine Genossen frisches Wasser einnehmen und zeigte ihnen selbst den Weg zur Quelle. Nachdem er unterdessen einen nahen Hügel bestiegen und nach Wind und Wetter umgeschaut hat, ruft er seine Leute und kehrt zum Schiffe zurück. „Da sind wir!" rief einer der Schiffer, und führte einen Jüngling mit sich von jungfräulicher Gestalt, den er, wie er glaubte, als gute Beute auf dem leeren Gefilde gefunden hatte. Der Gefangene, mehr Knabe noch als Jüngling, schwankte wie betäubt von Wein und Schlaf und vermochte kaum zu folgen. Akoites betrachtete sich Gesicht und Gang und Gewand und glaubte an der ganzen Gestalt nichts zu sehen, was einem Sterblichen ähnlich war, und er sagte es seinen Genossen. „Welche Gottheit in diesem Körper ist", sprach er, „weiß ich nicht, doch eine Gottheit ist in ihm verborgen." Und zu dem Jüngling gewandt, sprach er: „Wer du auch sei'st, sei uns gnädig und gib uns Segen zu unserer Arbeit. Verzeihe auch diesen." „Für uns brauchst du nicht zu beten", rief einer aus der rohen Schar der Schiffer, und sogleich stimmten seinem Worte alle andern bei. Die Raubsucht hatte sie ganz verblendet. „Und doch werd' ich nicht leiden", sprach Akoites, „daß dies Schiff die heilige Last aufnehme und uns unglücklich mache; hier habe ich am meisten zu befehlen." Mit diesen Worten stellte er sich ihnen entgegen und wehrte ihnen den Eingang ins Schiff. Da faßte ihn Lykabas, der Verruchteste unter den rohen Gesellen, mit der Faust an der Gurgel und hätte ihn ins Meer geschleudert, wäre er nicht, obgleich betäubt, an einem Taue hangen geblieben. Der frevelnde Schwarm lobte lachend die Tat und führte den Gefangenen in das Schiff, in der Absicht, ihn irgendwo um guten Preis als Sklaven zu verkaufen. Jetzt erst schien das Geschrei den fremden Jüngling aus seinem Taumel zu wecken und ihm nach schwerem Rausche die Besinnung wiederzukehren. „Was macht ihr?" sprach er, „welcher Lärm? Sagt, Schiffer, wie bin ich hierher gekommen? wohin wollt ihr mich bringen?" „Fürchte nichts", sprach Proreus, „und sage nur, in welchen Hafen du gebracht sein willst, wir setzen dich dort ans Land." „Nach Naxos", antwortete der Jüngling, „wendet euren Lauf, das ist meine Heimat, und euch soll's ein gastliches Land sein." Trugvoll schwört jetzt die Rotte bei allen Göttern, daß es so geschehen solle, und sie heißen den Akoites die Segel aufspannen. Naxos lag zur Rechten; als Akoites rechts hin die Segel stellte, winkten sie ihm zu und zischelten ihm ins Ohr: „Was machst du, Rasender, welcher Wahnsinn erfaßt dich? Wende doch links!" Akoites staunte und sprach: „So übernehme ein anderer die Lenkung!" und sagte sich von dem Dienste des Frevels los. Alle schalten und schmähten ihn in dumpfem Gemurr, und Aithalion rief höhnend: „Ja, auf dir allein ruht unser aller Heil!" Und damit trat er an die Stelle des Akoites ans Steuer und lenkte das Schiff von Naxos ab.

Der Gott Bakchos – denn dieser war der Jüngling – stellte sich jetzt, als ob er nun erst den Betrug merkte, und indem er vom Hinterteil des Schiffes aus über das Meer hinschaute, sprach er wie weinend: „Nicht das Gestade dort, ihr Schiffer, habt ihr mir versprochen, nicht nach diesem Lande wollt' ich. Was hab' ich euch getan? Welch' ein Ruhm für euch, wenn ihr Jünglinge den Knaben täuschet, so viele den einen?" Akoites saß schon lange weinend da. Die frevelnde Rotte lachte sein und trieb mit angestrengtem Rudern das Fahrzeug rasch durch die Flut. Da auf einmal blieb das Schiff unbeweglich mitten in den Wogen stehen, als stünde es auf trockenem Land. Verwundert schlagen die Schiffer mit doppelter Kraft die Ruder und ziehen alle Segel auf, um das Fahrzeug von der Stelle zu bringen. Aber Efeugeranke schlang sich plötzlich hemmend um alle Ruder und hängte sich fortkriechend mit seinen Blütentrauben rings um die Segel. Der Gott selbst, die Stirne mit beerenreichem Kranze umschlungen, schwang in der Hand einen Thyrsusstab, von Weinlaub umrankt, und um ihn her lagerten täuschende Truggestalten von Tigern und Luchsen und gefleckten Pantern. Wild sprangen die Männer empor, ungewiß, ob aus Wahnsinn oder aus Furcht. Und zuerst begann Medon mit krummen Rücken zusammenzusinken und an dem verkrüppelten Körper dunkele Flossen zu treiben. „In welche Wundergestalt verwandelst du dich?" rief Lykabas, und während er sprach, zog sich Mund und Nase in die Breite und überdeckte sich seine Haut mit harten Schuppen. Libys wollte eben die feststehenden Ruder anstemmen, da sah er seine Hände plötzlich zusammenschnurren und sich in Flossen verwandeln. Ein anderer will die verwickelten Taue lösen, da hat er keine Arme mehr und springt mit krummem Rücken, die Füße zu einem sichelförmigen Schwanze verwachsen, in die Wogen hinab. Nach allen Seiten springt die verwandelte Rotte ins Meer, sie tauchen hinab und tauchen herauf, wälzen und drehen sich wild wie im Tanze und blasen aus den weiten Nüstern das Wasser, eine lustig sich tummelnde Schar von *Delphinen.* Von Zwanzigen – denn so viel waren in dem Schiffe – blieb nur einer übrig, Akoites, der Besitzer des Schiffes. Während er bang und zitternd vor Schreck dastand, nahete ihm der Gott und ermutigte ihn durch seinen Zuspruch. „Fürchte dich nicht, Akoites", sprach er, „und lenke das Schiff nach Naxos." Auf der Insel angelangt, brachte er dem mächtigen Gotte am flammenden Altar ein Dankopfer dar für seine Rettung.

Die Töchter des Minyas

Der Priester des Bakchos zog durch die Straßen von Orchomenos und forderte die Frauen und Jungfrauen der Stadt auf, ihr gewohntes Tagewerk zu verlassen und das Fest des Gottes zu feiern. Die Frauen und Töchter samt ihren Mägden verlassen Wollkorb und Webstuhl, und das gelöste Haar mit Bändern durchwunden, den umlaubten Thyrsusstab in den Händen, eilen sie hinaus und schwärmen dem großen Gotte zu Ehren unter fröhlichem Jauchzen, unter dem lärmenden Schall der Trommeln und Flöten in den nahen Wäldern umher. Nur die Töchter des Minyas, des Königs in Orchomenos, Alkathoe, Leukippe und Arsippe, blieben fern von dem Feste, da sie die Göttlichkeit des Bakchos, des Sohnes der Thebanerin Semele, nicht anerkennen wollten. Sie verlachten solch' törichtes Treiben und saßen ruhig zu Hause mit ihren Mägden am Spinnrocken und am Webebaum, ganz dem Dienste der werktätigen Pallas ergeben. Den ganzen Tag bis zur Abenddämmerung waren ihre geschäftigen Hände in Bewegung, und sie erleichterten sich das Werk durch die zeitkürzende Erzählung von mancherlei Märchen und wunderbaren Geschichten. Als sie auch jetzt noch ihrem Fleiße keine Ruhe gönnten, ertönte auf einmal durch das Haus der Schall von Flöten und Pauken, es duftet von Myrrhen und Krokos, und die Webstühle mit dem Gewebe fangen an zu grünen von Efeu und von Weinranken, die Fäden am Spinnrocken wandeln sich in Reben. Das Haus beginnt zu beben und zu wanken, flammende Fackeln durchleuchten die Räume, und Scharen wilder Tiere stürmen heulend umher. Von Schrecken erfaßt, eilen die Frauen hierhin und dorthin und suchen, geblendet von dem Scheine der Fackeln, dunkele Winkel, und o Wunder! – wie's geschah, man sah es nicht! – um ihre zusammengeschrumpften Glieder sind plötzlich Flügel einer dünnen Netzhaut gezogen: sie fliegen umher als häßliche *Fledermäuse*. Auch jetzt lassen sie das Haus nicht, sie hassen noch immer den Wald und das sonnige Licht.

Pyramus und Thisbe

Pyramus und Thisbe, jener der schönste Jüngling, diese die schönste der Jungfrauen unter den Völkern des Morgenlandes, bewohnten in Babylon, der Stadt der Semiramis, zwei dicht an einander stoßende Häuser. Als Nachbarkinder wurden sie in frühester Jugend bekannt, und sie liebten sich, und ihre Liebe wuchs mit den Jahren. Auch hätte die Ehe die Liebenden vereinigt, aber die Väter wehrten dies. Doch konnten sie nicht wehren, daß die beiden Herzen von gleicher Liebesglut flammten. Sobald die Zeugen fern waren, sprachen sie mit einander durch Zeichen und Winke, und je mehr sie ihre Liebe verheimlichen mußten, desto größer wurde sie.

In der gemeinsamen Wand der beiden aneinander stoßenden Häuser war seit ihrer Erbauung eine Ritze, bisher in der langen Zeit von niemand bemerkt, aber was entdeckt das Auge der Liebe nicht? Pyramus und Thisbe bahnten ihrer Stimme durch die Ritze einen verstohlenen Weg und lispelten dort einander oft liebkosende Worte zu. Oft beklagten sie auch, daß die Wand sie neidisch trennt, und die Sehnsucht, ungeschieden einander nahe zu sein, wächst durch solche Unterhaltung nur noch mehr. Da verabreden sie eines Morgens, daß sie in der nächsten Nacht ihre Hüter täuschen und sich aus dem Hause schleichen wollen, um draußen vor der Stadt an dem Grabmale des Ninus sich zu treffen. Dort stand an einem kühlen Quell ein hochwipfliger Maulbeerbaum voll schneeweißer Früchte, unter dessen schützendem Dache wollten sie ungestört und ungetrennt ihrer Liebe sich freuen. Als der langsam hinschleichende Tag endlich entwichen war und die Nacht ihren schwarzen Fittig über die Erde breitete, schlich sich Thisbe listig und leise aus dem väterlichen Hause und eilte durch die Nacht – die Liebe gab ihr Mut – mit verhülltem Antlitz dem bezeichneten Hügel zu, wo sie sich unter dem Baume niedersetzte, um auf den Geliebten zu warten. Kaum saß sie eine Weile, so kam eine Löwin, die eben mordend in einer Rinderherde gewütet, mit blutigem Rachen daher, um an dem nahen Quell ihren Durst zu löschen. Der Schein des Mondes zeigte dem Mädchen das Tier schon von ferne, und sie floh mit ängstlichem Fuß in eine nahe Bergschlucht. Im Fliehen entfiel ihr das weite Obergewand. Als die Löwin ihren Durst gestillt hatte und zu dem Walde zurückkehren wollte, sah sie das Gewand auf dem Boden und zerriß es mit ihrem blutigen Rachen.

Pyramus, der später als Thisbe die Stadt verlassen hatte, kam eben in die Nähe des Hügels und sah mit Schrecken in dem leichten Sande die Spuren des Raubtiers. Jetzt sah er auch das zerrissene und mit Blut befleckte Gewand und rief voll Verzweiflung: „Soll denn *eine* Nacht uns beide töten! Meine Seele ist schuldig, ich bin, Unglückliche, dein Mörder. Warum habe ich dich bei Nachtzeit in diese Wüste gelockt und bin nicht zuerst gekommen!" Er hob das blutige Gewand auf und trug es in den Schatten des verabredeten Baumes. Dort bedeckte er es mit Küssen und Tränen, und indem er rief: „Empfange jetzt auch den Strom meines Blutes!" bohrte er das Schwert sich in die Brust. Als er sterbend, auf den Rücken hingestreckt, den Stahl aus der heißen Wunde zog, sprang sein rotes Blut empor bis in die Äste des Baumes. Die weißen Früchte, von dem Todesblute besprengt, nahmen eine dunkle Farbe an, und die blutgefeuchtete Wurzel färbte die rings hangenden Maulbeeren mit purpurnem Rot.

Siehe da kommt, noch in voller Angst, Thisbe zurück, um den Geliebten nicht zu täuschen, und sucht ihn mit den Augen und mit dem Herzen, begierig, ihm zu erzählen, welcher großen Gefahr sie entronnen sei. Als sie an den Ort kam und an dem Baume die Veränderung der Früchte erkannte, stutzte sie, ob es die frühere Stelle sei: da sieht sie auf dem blutigen Boden zuckende Glieder, in blassem Schreck und voll Schauer wendet sie sich, um zu fliehen. Doch sie flieht nicht, sie kehrt in bangem Zweifel zurück: es ist ihr Geliebter! Sie schlägt sich die Brust, zerraufet ihr Haar, schlingt ihre Arme um den Leib des Geliebten und füllet seine Wunden mit Tränen, ihre Tränen mischen sich mit seinem Blute. Indem sie sein kaltes Antlitz mit Küssen bedeckt, ruft sie: „Mein Pyramus, welches Unglück hat dich mir geraubt? Höre mich, Pyramus, deine teure Thisbe ruft dich, erhebe dein Antlitz!" Bei dem Namen Thisbe hebt der Jüngling noch einmal sein mit dem Tode ringendes Auge und schließt es für immer.

Als Thisbe jetzt ihr Gewand und sein aus der Scheide gerissenes Schwert erblickte, rief sie: „Wehe, Unglücklicher, dich tötete die Liebe und deine eigene Hand! Auch mir fehlt die Liebe nicht, sie wird mit Mut geben zum Todesstoß. Hat der Tod uns getrennt, so soll er auch uns wieder vereinen. O möchten doch, dies ist mein letzter Wunsch, unsere unglücklichen Eltern in *einem*Grabe uns bergen, und du, o Baum, der du mit deinen Zweigen jetzt die Leiche des einen deckst und bald unsere beiden Leichen decken wirst, behalte die Zeichen unseres Todes, trage immer die Früchte in der dunkelen Farbe der Trauer zum Gedächtnis unseres blutigen Doppelmordes."

Nachdem Thisbe so gesprochen, stürzte sie ihre Brust in das noch warme Schwert des Pyramus. Was sie gewünscht, ward ihr von den Göttern und von den Eltern erfüllt: Die Frucht des Maulbeerbaumes ist seitdem, sobald sie gereift, schwärzlich, und die Asche der beiden Liebenden ruht in *einer* Urne.

Arachne

Arachne, die Tochter des Purpurfärbers Jdmon in Kolophon, von niedrer Herkunft, war hochgerühmt in den lydischen Städten als kunstreiche Weberin. Selbst die Nymphen von den Weinabhängen des Tmolus und den Gewässern des Paktolus kamen oft nach dem kleinen Hypäa, wo die Künstlerin wohnte, und sahen staunend ihrer Arbeit zu. Sie schien von der Pallas selbst ihre Kunst gelernt zu haben. Doch das leugnete sie stets und rief sogar beleidigt: „Sie mag kommen, die Göttin, und mit mir streiten, ich fürchte nicht, daß sie mich besiegt." Da kam Pallas, die von ihrem Ruhm und ihrem Prahlen gehört, in der Gestalt eines alten Weibes, mit grauem Haar, die schwachen Glieder auf einen Stab gestützt. Sie sprach: „Nicht lauter Schlimmes, Arachne, hat das Alter, mit den Jahren reift die Erfahrung; darum verwirf meinen Rat nicht. Suche dir den Ruhm, alle Sterblichen in der Kunst der Wollebereitung zu übertreffen; doch der Göttin weiche und bitte sie in Demut um Verziehung ob deinem verwegenen Worte; sie wird der Bittenden vergeben." Arachne ließ zornig den angefangenen Faden aus der Hand sinken und sah die Alte mit finsteren Blicken an. „Du bist eine Törin, Alte; dein Alter macht dich schwach! Solche Reden magst du deiner Schnur oder deiner Tochter vorpredigen, nicht mir; ich weiß mir selber zu raten. Es bleibt bei meinem Vorsatz. Warum erscheint sie nicht selbst, warum vermeidet sie den Kampf mit mir?" Da rief die Göttin: „Sie ist da!" und die falsche Gestalt abwerfend, stand sie da als die hehre Göttin Pallas. Die Nymphen und die lydischen Frauen huldigten ihr in Ehrfurcht; die Jungfrau allein zagte nicht, obgleich sie errötete. Eine rasche Glut überzog ihr Antlitz, aber eben so rasch verschwand sie wieder, wie am Morgen beim Nahen des Frührots Purpur die Luft durchzieht und schnell wieder schwindet vor dem Strahl der Sonne. Trotzig beharrte sie bei ihrem Entschluß und rannte, getrieben von der Begierde des Siegs, in ihr nahes Geschick. Denn die Tochter des Zeus weigert den Wettkampf nicht und warnt auch die Törichte hinfort nicht mehr.

Der Wettkampf begann sogleich. Beide, die göttliche und die menschliche Künstlerin, stellen an gesonderten Orten die Webebäume auf und machen sich eifrig mit kundigen Händen an ihr Werk. Aus Purpur und tausend anderen Farben wirken sie ihre kostbaren Gewebe, aus denen die wundervollsten Gemälde sich hervorheben. Pallas Athene wirkt in der Mitte ihres Gewebes den Fels der athenischen Burg und darauf ihren altberühmten Streit mit Poseidon um den Besitz des Landes. Die zwölf Himmlischen, in ihrer Mitte der Allvater Zeus, sitzen als Richter da in ihrer erhabenen Würde. Poseidon stößt mit dem Dreizack Meerwasser aus dem Felsen, sie selbst in Helm und Ägis, mit Schild und Speer ruft mit der Spitze ihrer Lanze den Ölbaum aus dem Boden hervor, die schönste Gabe für das attische Land, und erhält von den Göttern den Sieg. In die vier Ecken webte sie vier Beispiele menschlicher Überhebung, die durch die Götter bestraft wird, und um das Ganze einen Kranz von den Blättern ihres Ölbaumes. Arachne bildete in ihrem Teppich den Raub der Europa, wie sie von dem in einen Stier verwandelten Zeus über das Meer getragen wird, und daneben noch mehrere andere Geschichten, in denen die Himmlischen in ihrer Erniedrigung und Schwäche erscheinen. Das Ganze umzog sie mit einem Kranze von Efeu, mit Blumen durchflochten.

Selbst Pallas nicht, selbst der Neid nicht konnte die Kunst der Jungfrau tadeln. Ihr Gewebe war wie das Werk einer Göttin und stand in der Kunst dem der Pallas nicht nach; aber in den Bildungen, die sie in ihren Teppich gewirkt, sprach sich ein die Götter verachtender frevelhafter Sinn aus. Als Pallas diese sah, zerriß sie im Zorn die schmachvollen Gemälde und schlug mit dem Weberschiffe, daß sie noch in der Hand trug, der Frevlerin drei- und viermal vor die Stirne. Das ertrug die Unglückliche nicht, sie schlang sich das Seil um die Kehle und hängte sich auf. Pallas hob sie voll Mitleid aus der Schlinge und sprach: „Lebe du, doch hange, Verruchte! und diese Strafe soll fortdauern bei deinem Geschlecht und den späten Enkeln." Indem sich die Göttin entfernte, besprengte sie die hangende Arachne mit dem Safte eines Zauberkrautes, und sofort entfielen ihr die Haare, und sie schrumpfte zusammen zu einer häßlichen *Spinne*, die, im Gewebe hangend, noch immer die alte Kunst treibt.

Die lykischen Bauern

In einem tiefen Tale Lykiens liegt ein kleiner See voll klaren Wassers. In seiner Mitte steht ein Altar, geschwärzt von Opferasche und umgrünt von schwankendem Rohr. Der Altar ist nicht den Najaden des See's geweiht oder den Nymphen der nahen Felder, er gehört der Leto (Latona), welche einst hier die Macht ihrer Göttlichkeit im Zorne bekundete. Kaum hatte die Göttin, die Geliebte des Zeus, auf der Insel Delos die Zwillingskinder Apollon und Artemis geboren, so verfolgte sie wieder der Zorn der Hera, der eifersüchtigen Gemahlin des Himmelsgottes, und die Unglückliche wanderte wieder unstet und flüchtig wie vorher, ihre beiden Kindlein am Busen tragend, auf dem weiten Erdkreise umher von einem Lande zum andern. Einst kam sie an einem heißen Sommertage ermüdet von der langen Wanderung in die Gefilde von Lykien. Die Strahlen der Sonne brannten glühend auf ihren Scheitel, und ihre Zunge lechzte vor Durst. Da sah sie tief unten im Tale einen kleinen See; Landleute umher sammelten sich Reiswerk und Schilf, das am See wuchs. Die Titanin trat freudig zu dem Wasser und senkte sich an dem Rande des See's aufs Knie, um sich einen frischen Trunk zu schöpfen. Die rohe Schar der

Landleute aber stürzte herzu und wehrte ihr. Gelassen sprach die Göttin: „Warum wehrt ihr mir das Wasser? Das Wasser ist Gemeingut, wie die Sonne und die Luft. Und doch bitte ich flehentlich darum, daß ihr mir es gestattet. Ich wollte ja nicht meine matten Glieder in der Flut waschen und baden, ich wollte nur meinen Durst stillen. Meine Lippen und mein Gaumen sind trocken, daß kaum die Stimme noch den Weg findet; ein Trunk Wassers wird mir süßer Nektar sein, das Leben verdanke ich euch, wenn ihr mir einen Trunk gestattet. Laßt euch rühren, seht, auch von diesen Kleinen an meinem Busen, die ihre kleinen Arme wie flehend euch entgegenstrecken." Wen hätten die sanften Bitten der Göttin nicht rühren sollen? Und doch besteht die rohe Menge darauf, ihr das Wasser zu wehren, sie fügt noch Schimpfworte hinzu und Drohungen, wenn sie nicht auf der Stelle sich entferne. Und damit noch nicht genug. Sie springen in den See und trüben, den Schlamm aufrührend, tückisch mit Händen und Füßen die Flut. Da betäubte der Zorn den Durst. Leto flehte nun nicht weiter die Unwürdigen an und ließ sich nicht mehr herab zu Worten, die einer Göttin nicht ziemen; sie hob ihre Hände zum Himmel und rief: „So lebet denn ewig in diesem Sumpfe!" Der Wunsch der Göttin ging in Erfüllung. Die tückische Schar hat ihre Lust daran in den Fluten umherzuspringen, bald ihre Glieder ganz unters Wasser zu tauchen, bald den Kopf hervorzustrecken oder oben auf der Fläche zu schwimmen. Oft setzen sie sich auf den Rand des Ufers, und dann springen sie wieder in das Wasser zurück. Auch jetzt noch üben sie ihre schändlichen Zungen im Zank, und schamlos mühen sie sich, auch unter dem Wasser noch zu schimpfen und zu schmähen. Auch ist die Stimme schon rauh, die geblähten Hälse schwellen, das Geschimpfe erweitert noch das breite Maul. Schulter und Kopf berühren sich und scheinen den Hals zu verdrängen; der Rücken ist grün, der breite Bauch ist weiß: neue *Frösche* hüpfen lustig in dem Schlamme des Sees.

Prokne und Philomela

Als Pandion, der König von Athen, von den Thebanern mit Krieg heimgesucht ward, zog ihm der tapfere thrakische König Tereus mit seinen Scharen zu Hilfe und befreite ihn von der Gefahr. Pandion belohnte ihn mit der Hand seiner Tochter Prokne. Thrakien jauchzte glückwünschend dem Paare entgegen, und sie selbst brachten den Göttern Opfer des Dankes dar; aber dem Hochzeitsfeste nahten die Grazien und Hymenäus nicht, die Eumeniden schwangen die Hochzeitsfackel, die sie von einem Leichenbegängnis entlehnt, und der Unglücksvogel Uhu saß während der Vermählung auf dem Dache des Hauses.

Fünf Mal waren schon im Kreislauf der Jahre die Früchte gereift, seit Prokne in das Haus des thrakischen Königs eingezogen war; da ward sie von großer Sehnsucht nach ihrer Schwester Philomela ergriffen, die jetzt zu einer herrlichen Jungfrau mochte aufgeblüht sein, und sie bat ihren Gatten, daß er entweder sie selbst auf kurze Zeit in die Heimat reisen lasse, oder die Schwester ihr zum Besuche nach Thrakien hole. Tereus läßt ein Schiff ins Meer ziehen und eilet mit Segel und Ruder nach der attischen Küste. Als er den Schwäher begrüßt, auch den Grund seiner Ankunft ihm schon gesagt hat, siehe, da kommt Philomela herzu, glänzend in fürstlichem Schmucke, glänzender noch von Gestalt und Antlitz, anmutig und schön, wie in den Wäldern die Najaden und Dryaden einhergehen sollen, wenn man sie in ähnlicher Pracht gekleidet denkt. Sobald der Thrakerkönig die herrliche Jungfrau erblickte, ward die angeborene Leidenschaftlichkeit seines Herzens wild erregt, und eine Flamme schlug in seiner Brust auf, wie wenn ein Wanderer Feuer in ein reifes Ährenfeld wirft. Philomela mußte sein werden, sollte er auch, um ihr Herz zu gewinnen, alle Schätze seines Reiches aufbieten, oder sollte er mit Gewalt sie rauben und den Raub in blutigem Kriege verteidigen müssen. Schon dauert jeder Verzug ihm zu lange; er kommt wieder auf den Auftrag der Prokne zurück und betreibt unter ihrem Namen seine eigenen Wünsche. Die Liebe macht ihn beredt, und so oft sein Drängen zu ungestüm wird, entschuldigt er es mit dem Wunsche seiner Gattin. Selbst Tränen fehlen nicht. So scheint der Unhold, während er auf Schandtat sinnt, ein zärtlicher liebevoller Gatte zu sein und erntet Lob aus dem Verbrechen. Philomela selbst stimmt aus Sehnsucht nach der Schwester in seine Bitten ein, und indem sie schmeichelnd ihre Arme um den Nacken des Vaters schlingt, fleht sie unaufhörlich, daß er ihr die Reise erlaube. Endlich gibt der Vater widerstrebend nach.

    Nach einer Nacht voll leidenschaftlicher Unruhe rüstet am frühen Morgen sich Tereus zur Abfahrt. Der alte Pandion reicht ihm die Hand umd empfiehlt ihm unter Tränen die teure Tochter, daß er sie schütze wie ein Vater und sie sobald als möglich ihm wieder zurücksende. Während des Auftrages küßt er die Tochter und nimmt Abschied, kummervoll und mit düsterer Ahnung. Sobald Philomela in das Schiff gestiegen ist und das Meer unter dem Schlage der Ruder aufschäumt, jubelt der Barbar in seinem Herzen und kann kaum die lüsterne Seele bändigen. Er hat die Jungfrau unentrinnbar in seiner Gewalt, wie ein Adler den geraubten Hasen, den er hoch auf dem Felsen in sein Nest setzt.

    Das Schiff ist an der thrakischen Küste gelandet. Die ermüdete Mannschaft zieht es ans Ufer und geht auseinander, ein jeder in seine Heimat. Tereus aber schleppte seine Gefangene zu einem einsamen Gehöfte, das in einem wilden Waldgebirge versteckt lag, und schloß sie dort, während sie blaß und zitternd und schon alles Schlimmste fürchtend, unter Tränen nach ihrer Schwester fragte, hinter hohen Mauern wie in einen Kerker ein. Er lügt ihr vor, daß ihre Schwester gestorben sei, und zwingt sie, sich mit ihm zu vermählen. Philomela fügt sich der Gewalt und sitzt trauernd, von zahlreichen Hütern umwacht, wie eine Gefangene auf ihrem einsamen Gehöfte, voll banger Zweifel und Ahnungen. Warum hat Tereus, wenn Prokne wirklich tot ist, sie mit Trug und Verstellung von Hause weggelockt und hält sie jetzt, seine Gattin, hier verborgen und fern von aller Welt? Sie forscht und hört mit Entsetzen, daß Prokne noch lebt, daß sie wider Wissen und Willen die Nebenbuhlerin ihrer Schwester ist. Als sie darauf dem verbrecherischen König Vorwürfe macht und ihm droht, sobald sie könnte, unter das Volk zu treten und seine und ihre Schmach laut zu verkünden, da fesselt sie der Barbar und schneidet ihr mit seinem Schwerte die

Zunge aus. Jetzt ist er sicher; auch wenn sie entfliehen sollte, kann sie doch sein Verbrechen nicht verraten. Nach dieser Schandtat kehrte er zu Prokne zurück, und auf ihre Frage, wo er die Schwester gelassen, seufzte er und erzählte mit erheuchelter Trauer, daß Philomela gestorben. Prokne riß sich klagend die golddurchwirkten Kleider von den Schultern und legte schwarze Gewänder an, sie errichtete ein leeres Grabmal und brachte den Manen der Schwester zahlreiche Totenopfer.

Ein ganzes Jahr war vergangen, ein langes Jahr voll Verzweiflung für die unglückliche Philomela. Was soll sie tun? Die Wache und die hohen Mauern versperren ihr die Flucht, ihr stummer Mund vermag sich nicht zu offenbaren. Doch im Schmerz ist der Geist sinnreich, und das Unglück macht erfinderisch. Sie wirkte in ihrer Einsamkeit ein weißes Gewebe und stickte darein mit Purpurfäden in wenig Worten das Geheimnis, das ihr Mund nicht verraten konnte. Darauf brachte ein Diener, dessen Treue und Mitleid sie sich erworben, heimlich ihr Gewebe zu Prokne. Diese entrollte es, ohne zu ahnen, was es enthielt, und las die schreckliche Meldung ihrer bejammernswerten Schwester. Der Schmerz machte sie stumm, und sie fand auch keine Tränen. Ohne zu bedenken, ob sie recht oder unrecht tut, sinnt ihr Geist nur auf Rache und Strafe.

Eben war die Zeit, wo die thrakischen Frauen die nächtliche Feier des Bakchos im Gebirge umherschwärmend begingen. Auch die Königin Prokne verließ in der Nacht das Haus, nahm Efeukranz und Thyrsusstab und stürmte, begleitet von der Schar ihrer Frauen, in den Bergen schrecklich tobend umher, wie es schien, von der Wut des Bakchos, in Wahrheit von der Wut des Schmerzes getrieben. Endlich kommt sie zu dem einsamen Gehöfte, wo sie ihre Schwester Philomela verborgen wußte. Mit Geheul und Evoeruf erbricht sie die Tore, reißt die Schwester mit sich fort, und nachdem sie die Staunende mit dem Epheuschmuck des Bakchos umhüllt und ihr Antlitz mit Epheuranken verdeckt hat, führt sie sie mit sich in ihr eigenes Haus. Sobald Philomela merkte, daß sie das gräßliche Haus des Tereus betreten, erblaßte sie und starrte vor Gram. Die Schwester nahm ihr jetzt den Festschmuck und die Verhüllung des Gesichtes ab und umarmte die Unglückliche, Kummervolle, die aus Scham ihr Auge nicht aufzuschlagen wagte und durch Mienen und mit der Hand zu beteuern suchte, daß sie mit Gewalt von Tereus zu der frevelhaften Ehe gezwungen worden sei. Prokne kann ihren glühenden Zorn nicht bändigen, das Weinen der Schwester unterbrechend, ruft sie: „Hier ist nicht mit Tränen zu handeln, sondern mit Stahl, oder weißt du noch etwas Furchtbareres als Stahl? Zu jedem Greuel, Schwester, bin ich gerüstet, um dem Veruchten seine Schandtat zu vergelten. Ich werde Feuer an sein Haus legen und ihn mitten in die Flammen werfen, oder die Zunge und die Augen mit dem Eisen ihm aushauen und durch tausend Wunden seine schwarze Seele aus dem Leibe treiben. Irgend etwas Gräßliches muß geschehen, was? noch weiß ich's nicht."

Während Prokne so sprach, kam ihr kleiner Sohn Itys zu ihr. Da plötzlich erkennt sie, was sie vermag. Mit wilden Blicken ihn anschauend, spricht sie: „Ha, wie er dem Vater gleicht!" und schweigt; denn sie denkt auf schreckliche Tat, und ihr Busen wogt von stummem Ingrimm. Wie das Söhnchen sich näherte und die Mutter grüßt, wie es seine kleinen Arme um ihren Nacken schlang und schmeichelnd sie küßte, da ward die Mutter einen Augenblick gerührt, ihr Zorn stockte, und ihr Auge ward unwillkürlich feucht von Tränen; aber sobald sie merkte, daß die Mutterliebe ihr Herz weich machte, wandte sie ihr Auge rasch wieder von ihm ab zu dem Antlitz der Schwester und waffnete sich mit neuem Zorn. Sie raffte schnell den Knaben auf und schleppte ihn fort, wie an den Ufern des Ganges die Tigerin ein Hirschkalb fortschleppt durch den dichten Wald. Als sie zu einem entlegenen Raume des Hauses gekommen und der Knabe, schon sein Schicksal erkennend, die Hände zu ihr aufhob und „Mutter, Mutter!" rief, stieß sie rasch, ohne das Gesicht zu wenden, den Dolch ihm in das Herz. Mit dieser einen Wunde wäre es genug gewesen zum Tod, aber Philomela durchschnitt ihm noch die Kehle, und nun zerstücken sie die noch halblebenden zuckenden Glieder und kochen sie zum Teil in siedendem Wasser, zum Teil braten sie das blutige Fleisch am Bratspieß. Darauf ruft Prokne den nichts ahnenden Tereus zum Mahle und trägt ihm die gräßliche Speise auf. Der König sitzt hoch auf dem Throne seiner Ahnen und schmauset, er vergräbt sein eigen Fleisch in seinem Leibe. Als er sich gesättigt, fragt er, von ängstlicher Sorge erfaßt, nach seinem Knaben Itys. „Er ist dir nahe", spricht Prokne kalt und kann ihre grausame Freude nicht verhehlen. Während er ägnstlich um sich schaut und den Knaben mit Namen ruft, springt Philomela, die fliegenden Haare vom Blute triefend, mit wütiger Gebärde hervor und schleudert das blutige Haupt des Kindes dem Vater ins Angesicht. Tereus schreit gräßlich auf, stößt mit dem Fuße den grauenvollen Tisch fort und ringt weinend und heulend, das schreckliche Mahl herauszuwürgen. Jetzt springt er mit bloßem Schwert auf die beiden Frauen los, die ihr Herz an seiner Qual weiden, und verfolgt sie. Flügel scheinen die beiden davonzutragen. Wirklich tragen Flügel sie davon, die eine fliegt zu dem Walde, die andere schwingt sich unter das Dach; Prokne ist eine *Nachtigall* geworden, Philomela eine *Schwalbe*. Noch heute siehst du an ihrem Gefieder blutige Flecken, die Spuren ihres Mordes. Tereus aber, der sie verfolgte, ward ein *Wiedehopf*. Mit kriegerischem Busch auf dem Haupte und mit starkem Schnabel bewehrt, verfolgt er die Nachtigall und die Schwalbe bis auf den heutigen Tag.

Philemon und Baukis

Auf Phrygiens Hügeln steht eine alte Eiche und dicht daneben eine Linde, beide von einer mäßigen Mauer umgeben. Ihre niederen Zweige schmückt mancher Kranz, den fromme Hände mit heiliger Scheu darangehängt. Nicht ferne davon ist ein See, einst bewohnbares Land, jetzt ein Gewässer, belebt von Tauchern und Sumpfhühnern. Hierher kam einst Zeus, der Himmelsvater, und mit ihm Hermes, sein ihm diestbarer Sohn, beide in menschlicher Gestalt in der Absicht, die Gastlichkeit der Menschen zu prüfen. Sie traten an tausend Häuser heran und baten um Obdach und ein Plätzchen zur Ruhe; doch tausend Häuser verschlossen ungastlich die Tür. Nur *ein* Haus nahm sie auf, klein zwar und gedeckt mit Stroh und Rohr, doch die drin wohnten, waren ein frommes freundliches Paar, der greise Philemon und sein gleichaltriges Weib Baukis. Beide hatten in dieser Hütte in den Tagen ihrer Jugend den Bund fürs Leben geschlossen und waren darin grau geworden, zufrieden mit ihrer Armut, die für ihren einfachen Sinn nichts Drückendes hatte. Keinen Diener fand man im Hause, sie beide waren die ganze Familie und dienten liebreich eines dem andern.

Als in die niedere Tür dieses Hauses die Götter eintraten mit gesenktem Haupte, kam ihnen der alte Philemon freundlich entgegen und hieß sie ihre Glieder niederlassen auf einem hingestellten Sessel, über welchen die geschäftige Baukis sogleich ein rauhes Gewebe warf. Darauf eilt diese zum Herde, scharrt aus der lauen Asche die glimmenden Funken des gestrigen Feuers, nährt es mit Blättern und trockener Rinde und zwingt es mit keuchendem Atem zur Flamme; dann holt sie von dem Dache gespaltenes Kienholz und trockenes Reisig, bricht es kurz und schiebt es unter den ehernen Kessel. Während sie darauf den Kohl beliest, den ihr Gatte in dem bewässerten Garten geholt, hebt dieser mit zweizinkiger Gabel den Rücken eines Schweines, den sie lange aufbewahrt, vom rußigen Balken herab und schneidet ein bescheidenes Stück davon und legt es in das siedende Wasser. Und damit den Gästen der Verzug bis zur Mahlzeit nicht zu lange währe, bemühen sich beide durch unterhaltende Gespräche die Zeit zu kürzen.

Eine buchene Wanne mit krummem Henkel hing an einem Nagel an der Wand; die füllen sie mit lauem Wasser und stellen sie den Gästen zum Fußbad dar. Während diese ihre Glieder in dem Bade erfrischen, breitet Baukis über ein Polster aus weichem Sumpfgras, das in der Mitte der Stube auf weidenem Gestelle lag einen Teppich – er war zwar alt und von schlechtem Gewebe, wohlpassend zu dem weidenen Gestelle, doch war er ein Kleinod der Alten, das sie nur an festlichen Tagen hervorzuholen pflegten. Darauf laden sie die Gäste ein sich niederzulassen zum Mahle. Die zitternde Alte mit aufgeschürztem Gewande stellt den Tisch davor, aber der dritte Fuß des Tisches ist ungleich; eine Scherbe darunter macht ihn gleich. Nachdem sie so den Tisch gefestigt, reibt sie ihn ab mit duftiger Krausenmünze. Darauf trägt sie die Speisen auf; da sind Oliven, die zweifarbige Beere der reinen Minerva, und herbstliche Cornelkirschen, eingemacht in flüssiger Hefe, Endivien und Radieschen und gepreßte Milch und Eier, leicht gedreht in nicht allzu heißer Asche, alles in irdenen Gefäßen. Auch wird ein Mischbecher aufgestellt, gleichfalls von Ton, und Becher von Buchenholz, im Innern mit gelbem Wachse gebohnt. Nach einer Weile sendet der Herd warme Speisen, und wiederum wird Wein aufgetragen von nicht hohem Alter. Ein wenig auf die Seite geschoben, gibt er Platz für den Nachtisch. Da ist Nuß, da ist Feige, mit runzlichen Datteln vermischt, und Pflaumen und duftige Äpfel in offenen Körbchen und Trauben von der purpurnen Rebe. In der Mitte steht eine glänzende Wachsscheibe. Zu all' diesem kommt als das Schönste und Beste eine freundliche Miene und ein nicht träger und armer Wille.

Unterdes sehen die beiden Wirte, wie der Milchbecher, so oft er ausgeschöpft ist, von selbst sich wieder füllt und der Wein von selber nachwächst, und sie staunen ob dem Wunder und stehen starr, und mit erhobenen Händen tammeln sie Gebete voll Furcht und Schreck und flehen um Verzeihung für die schlechte Bewirtung. Was sollen sie tun, um die göttlichen Gäste zu besänftigen? Sie hatten eine einzige Gans, eine Wächterin des kleinen Hauses. Die schickten sie sich an den eingekehrten Göttern zu opfern; aber die Gans verspottete mit ihren schnellen Flügeln die Langsamkeit der Alten und zog sie flüchtend lange hin und her und schien endlich ihre Zuflucht zu den Göttern selbst zu nehmen. Die Götter verboten sie zu töten und sprachen: „Wir sind Götter, und eure gottlose Nachbarschaft wird büßen für ihr Vergehen; ihr dagegen werdet verschonet bleiben von dem Übel, das ihnen verhängt ist, nur verlaßt eure Wohnung und gehet mit uns hinauf auf die Höhe des Berges."

Beide gehorchen, und auf ihre Stäbe gestützt, wandern sie mühsam den langen Pfad hinauf der Bergeshöh' zu. Als sie nur noch einen Pfeilschuß von dem Gipfel entfernt waren, wandten sie ihren Blick und sahen die ganze Niederung in einen See verwandelt, nur ihr Haus war stehen geblieben. Während sie das bewundern und das Geschick der Ihrigen beweinen, wandelt sich jene alte Hütte, die selbst für ihre zwei Bewohner zu klein gewesen, in einen prächtigen Tempel. Säulen treten unter das Dach, das Stroh des Daches wird zu Gold, die Türe weitet sich zu stattlichen Toren mit kunstvoller Arbeit, der Boden deckt sich mit Marmor. Darauf spricht Zeus mit freundlichem Munde: „Saget, gerechter Greis, und du, deines gerechten Gatten würdiges Weib, was wünschet ihr?" Nachdem Philemon mit seinem Weibe sich kurz besprochen, eröffneten sie den Göttern ihren gemeinsamen Wunsch. „Priester zu sein, wünschen wir, und euren Tempel zu hüten, und weil wir in Eintracht bis herher unsre Tage verlebt, so möge uns beide *eine* Stunde dahinnehmen, daß weder ich das Grab meiner Gattin sehe, noch jene mich begraben muß." Ihrem Wunsche folgte die Erfüllung. Sie waren der Schutz des Tempels, so lange das Leben ihnen vergönnt war. Einst, als sie, von Jahren und Alter aufgelöst, vor den heiligen Stufen standen und die Wundergeschichte des Ortes sich ins Gedächtnis riefen, da sah plötzlich Philemon seine Baukis, und Baukis sah jenen sich mit grünem Laube überdecken. Und während schon der Gipfel über beider Antlitz emporwuchs, wechselten sie noch, so lange sie konnten, Worte der Liebe. „Lebe wohl, o Gatte!" sprachen sie beide, und beiden deckte zugleich dichtes Laubwerk den Mund. Philemon war eine *Eiche* geworden, Baukis eine *Linde*.

Kyparissos

Auf den Fluren von Karthäa auf der Insel Keos ging ein großer schöner Hirsch, der den Nymphen geweiht war. Sein breitgeästetes Gehörn, so groß, daß es sein Haupt ganz beschattete, funkelte von Gold, an einem schlanken Halse hing eine Schnur blitzender Juwelen, eine silberne Kugel schwebte an dünnen Riemen über seiner Stirne, und an beiden Ohren blinkten, um die Schläfe spielend, Gehänge aus ehernen Perlen. Das Tier hatte die angeborene Furcht und Zaghaftigkeit völlig verlernt; es besuchte die Wohnungen und ließ sich selbst von unbekannten Händen den Hals streicheln. Keinem andern war das schöne zahme Wild lieber als dem Knaben Kyparissos, dem Königssohn der Insel. Er führte den Hirsch zur Weide in das frische junge Gras und zu der hellen Flut des Quelles. Bald durchflocht er ihm das Geweih mit farbigen Blumen, bald saß er wie ein Reiter auf seinem Rücken und lenkte ihn mit purpurnen Zügeln hierhin und dorthin.

Einst hatte in heißer Mittagsschwüle der Hirsch die ermüdeten Glieder in dem Schatten des Waldes niedergestreckt und atmete in dem hohen saftigen Grase erquickende Kühle. Da traf ihn ein unvorsichtiger Wurf des Kyparissos mit dem Jagdspeer. Wie er das geliebte Tier an der grausamen Wunde sterben sah, ergriff ihn Verzweiflung, und er wünschte selbst zu sterben. Er flehte zu Apollon um den Tod. Apollon, ein Freund des schönen Knaben, mit dem er oft wie ein Hyakinthos jagend die Wälder durchzog, suchte ihn zu trösten und mahnete ihn, seinen Gram zu mäßigen, aber umsonst. Der Knabe seufzet und wünscht sich als letztes Geschenk von den Göttern, daß seine Trauer ewig währe. Jetzt, da unter endlosem Weinen sich sein Blut erschöpft, begannen seine Glieder eine grünliche Farbe zu bekommen, und die Locken, die eben noch um seine schneeige Stirne gespielt, wurden ein struppiges Haar, das stachelicht und starrend auf dem hohen Wipfel einer *Zypresse* zum Himmel emporsah. Apollon seufzte, als er so den trauernden Knaben in einen Baum verwandelt sah, und sprach voll Gram: „Du wirst stets von mir betrauert sein, Geliebter, und wirst andere betrauen und stets ein Genosse der Trauernden sein."

Hyakinthos

Apollon, der Götterjüngling, liebte vor allen den schönen Knaben Hyakinthos, den Sohn des lakonischen Königs Amyklas. Oft verließ er seinen Orakelsitz Delphi und kam in das Tal des Eurotas, um mit dem Liebling in den Wäldern zu jagen oder am Spiel sich zu ergötzen. Einst zur heißen Mittagszeit legten beide ihre Gewänder ab und salbten sich die Glieder mit Öl, um sich mit dem Werfen der Diskusscheibe zu vergnügen. Zuerst

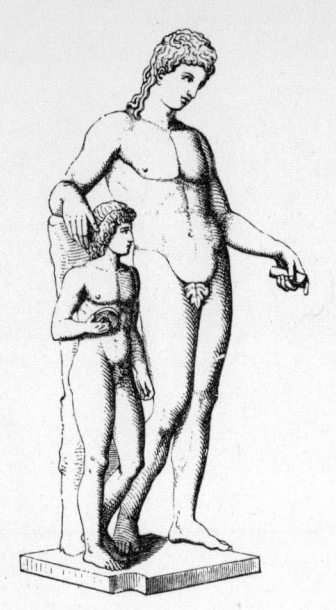

Apollon und Hyakinthos

schwang Apollon mit starkem Arm die schwere eherne Scheibe und warf sie hoch bis in die Wolken. Als sie eben wieder zur Erde fiel, eilte der Knabe, um wetteifernd auch einen Wurf zu tun, hastig hinzu; da sprang die Scheibe vom Boden zurück, dem Hyakinthos ins Antlitz. Zum Tode getroffen, erbleicht der Knabe; bleich, wie er, springt der Gott herzu und fängt den zusammensinkenden Liebling in seinen Armen auf. Bald wärmt er ihn, bald trocknet er die blutende Wunde, bald sucht er durch aufgelegte Blätter die fliehende Seele zurückzuhalten. Alles umsonst. Wie das Veilchen, wie die Lilie, im Garten gepflückt, die zarten Blätter senkt und das welkende Haupt zur Erde neigt, so sank das Haupt des schönen Knaben sterbend nieder, und sein Geist entflog. Mit tiefem Schmerz steht Apollon vor dem toten Liebling und bedauert, daß er, ein Gott, nicht mit ihm sterben kann; doch damit der Geliebte nicht ganz dem Tode verfallen und von ihm geschieden sei, läßt er aus dem Blute, das auf den Rasen hinabgeströmt, eine Blume sprossen, lilienförmig, purpurrot; es ist der Hyakinthos. Auf den Blütenblättchen steht der Seufzer des Gottes eingeschrieben: AI, AI! Weh, weh! In jedem Frühling ersteht die Blume in neuer Pracht zu ewigem Gedächtnis des Hyakinthos; zur Zeit der Sommerhitze aber beginngen Sparta und Amyklä ihm und dem Gotte zu Ehren ein großes Fest, das der Trauer um seinen Tod und zugleich der Freude über seine Wiederbelebung gewidmet war.

Pygmalion

Pygmalion, ein Künstler auf Kypros, lebte aus Scheu vor den Fehlern des weiblichen Geschlechtes ehelos ein einsames Leben. Unterdes formte er mit wunderbarer Kunst aus schneeigem Elfenbein die Gestalt eines Weibes, so schön und vollkommen, wie nie ein Weib auf Erden erwuchs, und verliebte sich in sein eigenes Werk. Es ist ganz die Gestalt einer Jungfrau, sie scheint zu leben und sich bewegen zu wollen, wenn nicht die Scheu sie zurückhielte. So sah man in dem Werke der Kunst kaum noch das Kunstwerk. Er schaut sie bewundernd an, und während er sie bewundert, bemächtigt sich immer größere Liebe seiner Seele. Oft faßt er das Werk mit prüfender Hand an, ob es Körper sei oder Elfenbein, und auch dann noch weiß er kaum, daß es Elfenbein ist. Er gibt ihr Küsse und glaubt sie erwidert, er spricht mit ihr und hält sie in seinen Armen. Er überhäuft sie mit schmeichelnden Liebkosungen, bringt ihr Geschenke, die den Mädchen lieb sind, Muscheln, Vögel, tausendfarbige Blumen. Auch schmückt er ihre Glieder mit schönen Gewändern, ihre Finger mit Ringen, ihren Hals mit prächtigen Schnüren. Er macht ihr ein Lager von Purpurdecken und legt unter ihren Nacken, als wenn sie dies fühlte, ein weiches Polster.

Es war ein Festtag der Aphrodite, hochgefeiert in ganz Kypros. Pygmalion brachte der Göttin am weihrauchduftenden Altare ein weißes Rind dar mit vergoldeten Hörnern. Als er nach Vollendung des Opfers betend am Altare stand, sprach er schüchtern: „Ihr Götter, wenn ihr alles geben könnt, so sei mein Weib – die elfenbeinerne Jungfrau", wollte er sagen, doch scheute er sich und sprach: „so sei mein Weib ähnlich der elfenbeinernen Jungfrau." Aphrodite, die selbst dem Feste genaht war, verstand, was der Wunsch des Pygmalion sagen wollte, und ließ zum Zeichen holder Gewährung dreimal die Opferflamme hell auflodern. Als er nach Hause zurückkehrte, eilte er gleich zu dem Bilde der Jungfrau, und freundlich sich über sie neigend, küßte er sie. Es schien ihm, als ob ihre Lippen warm wären. Er küßte sie wieder und berührte ihren Arm mit der Hand. Das berührte Elfenbein ist weich und gibt dem Drucke des Fingers nach, wie Wachs, das die Sonne erweicht hat. Während er staunend noch schwankt zwischen Freude und der Furcht vor Täuschung, berührt er immer aufs Neue versuchend ihre Glieder. O Freude! es ist ein lebendiger Leib, die Adern schlagen unter dem prüfenden Daumen. Der Jüngling erhebt vollströmende Worte des Dankes zu Aphrodite und schließt in seliger Wonne die Arme um die errötende Jungfrau.

Adonis

Aphrodite hat nie einen Jüngling zärtlicher geliebt als den wunderschönen Adonis, den assyrischen Königssohn. Paphos und Knidos und das metallreiche Amathus, wo sonst die Göttin so gerne weilte, schienen ganz von ihr vergessen, ja sie vergißt gar den Himmel, den Adonis zieht sie dem Himmel vor. Sie weicht nicht von seiner Seite; statt, wie sonst, in Schatten und Ruhe sich selber genug zu sein und sich an Putz und Schmuck und der Pflege ihres schönen Leibes zu ergötzen, streift sie mit dem geliebten Jüngling, nach Art der Jägerin Artemis hoch bis zum Knie das Gewand geschürzt, durch Berge und Wälder und dornbewachsenes Gestein, hetzet die Hunde und verfolgt das Wild, Hasen und Hirsche und sonstige ungefährliche Tiere; den starken Eber, den Wolf und Bär und den Löwen meidet sie, und sie mahnet auch den Adonis, von diesem gefährlichen Wilde sich fern zu halten. „Sei tapfer, mein Geliebter, gegen die Flüchtigen", sprach sie, „gegen die Kühnen ist Kühnheit gefährlich. Sei nicht verwegen auf meine Gefahr hin; reize nicht das Wild, dem die Natur schlimme Waffen gab. Den Löwen und das borstige Wildschwein rührt deine Jugend nicht und deine Schönheit, wie mich. Hüte dich vor ihnen, sonst könnte dein Mut mir und dir viel Unheil bringen."

Mit solch' zärtlichen Ermahnungen ward die Göttin nicht müde, und so lange sie an seiner Seite war, folgte auch der Jüngling. Einst aber, als sie auf kurze Zeit fern war, in Kypros, vergaß er ihren Rat. Seine Hunde scheuchten im Dickicht einen gewaltigen Eber auf, und als er eben ins Freie hervorbrach, warf ihm Adonis seinen Jagdspieß in die Seite. Das verwundete Tier wandte sich im Zorn gegen ihn und riß ihm, während er flüchtend sich zu retten suchte, mit seinem Hauer eine solche Wunde in die Seite, daß er sogleich sterbend zur Erde sank. Aphrodite hörte in weiter Ferne den Seufzer des Sterbenden und eilte auf ihrem mit weißen Schwänen bespannten Wagen durch die Lüfte dem Orte des Unheils zu. Als sie ihn da liegen sah in seinem Blute mit zuckenden Gliedern, sprang sie von ihrem Wagen herab, zerriß im Schmerz ihr Gewand, zerschlug sich die Brust und klagte laut. Ihre Klage vermochte den Toten nicht wieder zu wecken; doch damit er nicht ganz der Vernichtung und dem Vergessen anheim falle, goß sie himmlischen Nektar auf sein Blut und wandelte es in eine Blume. Rot wie Blut ist die Blume, ähnlich der Blüte des Granatbaumes, doch nur kurz, wie das Leben des Jünglings selbst, ist die Zeit ihrer Blüte; schnell verwehet der Wind ihre welken Blättchen. *Anemone* oder *Windröschen* wird sie darum genannt.

Midas

Bakchos, der schwärmende Gott, zog einmal von Thrakien hinüber nach Phrygien zu den Weinabhängen des Tmolos und den Fluren des Paktolos, dessen Fluten damals noch nicht von reichem Goldsande schimmerten. Ihn begleitete der ganze Schwarm der Satyrn und Bakchantinnen; nur Silenos, der alte Zecher, fehlte. Während der Alte, von Wein berauscht, in den Rosengärten des phrygischen Königs Midas umhertaumelte, hatten ihn Landleute gefangen und, mit Blumenkränzen gefesselt, zu ihrem König geführt. Midas erkannte sogleich den Freund und Genossen des Dionysos und bewirtete ihn festlich 10 Tage und 10 Nächte. Am Morgen des 11. Tages führte er ihn seinem jugendlichen Zögling, dem Bakchos, wieder zu. Der Gott freute sich, daß sein Liebling ihm wiedergeschenkt war, und gestattete dem König einen Wunsch. Midas sprach: „Schaffe, mächtiger Gott, daß alles, was mein Leib berührt, sich in funkelndes Gold verwandele." Der Gott willfahrte seinem Wunsche, doch bedauerte er, daß er sich nichts Besseres erwählet.

Des bösen Geschenkes froh, entfernte sich der phrygische König und versuchte sogleich, ob auch die Verheißung des Gottes sich erfülle. Er brach einen belaubten Zweig von einer Eiche, und siehe – kaum kann er es glauben – er hält einen goldenen Zweig in der Hand; er nahm einen Stein von dem Boden und eine Erdscholle, Stein und Scholle sind Gold; er pflückte Ähren vom Halm und erntete Gold; der Apfel, den er vom Baume brach, schien ein Apfel der Hesperiden. Wenn er einen Pfosten mit dem Finger berührte, so strahlte der Pfosten wie Feuer, sogar, als er seine Hände in Wasser tauchte, um sie zu waschen, wallte das Wasser als goldene Flut. Sein Herz ist zu klein, um all' seine Hoffnungen zu fassen; alles erscheint ihm jetzt golden. Voll Freude läßt er sich ein reichliches Mahl auftragen. Der Tisch ist besetzt mit leckerem Fleisch, mit weißem Brot und duftendem Wein. Aber sowie er das Brot in die Hand nimmt, ist es starres Gold, wie er das Fleisch in den Mund bringt, kaut er auf gelbem Blech, daß es unter den Zähnen klirrt; er mischt sich Wein und Wasser, und flüssiges Gold fließt ihm durch die Kehle. Erschreckt von dem unverhofften Übel, so reich und doch so elend, wünscht er seinem Reichtum zu entfliehen und verflucht, was er eben sich gewünschet. Nichts stillt ihm den Hunger, heißer Durst brennt in seiner Kehle, das verhaßte Gold bringt dem Toren verdiente Qual. Da erhebt er seine Hände zum Himmel und ruft: „Verzeih' mir, Vater Dianysos, ich habe gesündigt, doch ich flehe, erbarme dich und nimm das glänzende Elend von mir!" Der freundliche Gott gewährte dem reumütigen Toren seine Bitte und hob das verliehene Geschenk wieder auf. „Und damit die Tünche des begehrten Goldes ganz von dir weiche", sprach der Gott, „so wandre zu den Fluten des Paktolos, der bei Sardes fließt, und steige an seinen Ufern die Höhen hinan, bis du zu seiner Quelle kommst. Dort, wo der Wasserschwall am stärksten hervorspringt, tauche dein Haupt in den schäumenden Sprudel und spüle dir den Leib und spüle die Schuld ab." Der König tat es. Die goldschaffende Kraft wich von dem Körper und teilte sich dem Flusse mit. Seitdem führt der Paktolos reiches Gold mit sich und erfüllte die Schollen der anliegenden Fluren mit goldblinkendem Sande.

Seitdem Midas so schlimme Erfahrung mit dem Golde gemacht, haßte er allen Reichtum und liebte es, einfach und genügsam in den Wäldern und Fluren umherzuwandern, ein eifriger Vereherer des ländlichen Gottes Pan. Aber sein Geist blieb stumpf wie zuvor, und sein törichter Sinn brachte ihm bald ein neues Geschenk, das er behielt bis an sein Lebensende. Pan, der auf den Höhen des Tmolos oft auf der Rohrpfeife den Nymphen seine tändelnden Lieder vorblies, vermaß sich, den Apollon, den zitherspielenden Gott, zum Wettkampfe in der Musik aufzufordern. Tmolos, der alte Gott des Berges, von beiden Wettkämpfern zur Entscheidung aufgefordert, saß als Richter da, und ringsum standen, dem Spiele zu lauschen, die Nymphen und andere ländliche Gottheiten, auch Midas, der König. Zuerst spielte der Weidegott Pan auf seiner Flöte, und Midas hörte mit Entzücken seine barbarischen Töne. Darauf trat Apollon vor, sein lockiges Haupt von dem Lorbeer des Parnassus umkränzt, die schönen Glieder mit langem purpurnen Talare umhüllt; in der Linken hielt er die von Elfenbein und Edelsteinen glänzende Zither, in der Rechten das Plektrum. Er schlug mit der kundigen Hand so lieblich die Saiten, daß, von den süßen Tönen bezaubert, Tmolos ihm ohne Bedenken den Preis zuerkannte und alle Zuhörer und Zuhörerinnen seinem Urteile beistimmten. Nur Midas tadelte ihn und nannte sein Urteil ungerecht. Apollon, erzürnt über die unverständige Rede des Königs, litt nicht, daß seine törichten Ohren hinfort noch die menschliche Gestalt behielten, er reckte sie in die Länge, hüllte sie in graue Zotten und machte sie gelenk und leicht beweglich; an dem menschlichen Leibe saßen auf einmal lange Eselsohren.

Der König schämte sich der neuen Zier seiner Schläfe und deckte sie, damit die Welt nichts davon erführe, sorgsam mit einem purpurnen Turban. Nur *einem* Diener, der ihm Bart und Haar schor, konnte er die Schmach nicht verheimlichen; doch verbot er ihm streng, irgend etwas davon verlauten zu lassen. Der geschwätzige Barbier jedoch konnte das schwere Geheimnis nicht allein tragen, und da er nicht wagte es einem Menschen zu offenbaren, so ging er an den Fluß, grub ein Loch in die Erde und flüsterte hinein: „König Midas hat Eselsohren." Darauf scharrte er die Grube sorgfältig zu. Nicht lange, so wuchs über der Stelle mit ihrem Geheimnis ein dichter Wald von Schilfrohr auf, und so oft nur ein leiser Windhauch das Rohr durchstrich, flüsterte ein Halm dem andern das Geheimnis zu: „König Midas hat Eselsohren." So kam es unter die Leute.

Keyx und Halkyone

Keyx, der junge König von Trachis, ein Sohn des Morgensternes (Phosphoros oder Lucifer), geschreckt durch furchterregende Ereignisse und Vorzeichen, wollte nach Klaros zu dem Orakel des Apollon reisen, um den Gott wegen der Zukunft zu befragen. Er entschloß sich zu dieser weiten Reise über das Meer, weil der Weg übers Gebirge von Trachis nach Delphi von dem räuberischen Phlegyerkönig Phorbas gesperrt war. Vorher jedoch teilte er seiner jungen Gemahlin Halkyone, einer Tochter des Windgottes Aiolos, mit der er seit kurzem in zärtlichstem Ehebunde lebte, seine Absicht mit. Diese ward bei der Nachricht blaß wie der Tod, ihr innerstes Gebein durchdrang schauernder Frost, und ein Tränenstrom übergoß ihre Wangen. Als sie endlich vor Weinen und Schluchzen zu reden vermochte, sprach sie zu dem Gatten: „Welche Schuld habe ich auf mich geladen, Teuerster, daß dein Herz sich von mir wendet? Wohin ist die Sorge um mich, die du früher hattest? Schon kannst du ohne Sorge von deiner Halkyone fern sein? Schon gefällt dir eine lange Reise; schon bin ich dir lieber in der Ferne? Wenn noch zu Lande der Weg ginge! dann quälte mich nur der Schmerz, nicht auch die Furcht. Aber das Meer schreckt mich und des Abgrunds trauriger Anblick. Neulich erst sah ich zerschmetterte Planken am Gestade liegen, und wie oft las ich auf einem leeren Grabmal den Namen eines unglücklich Ertrunkenen. Vertraue nicht darauf, daß du ein Eidam des Aiolos bist, der die Winde im Verschluß hält und nach Gefallen das Meer besänftigt; wenn die wilden Winde einmal losgelassen sind und sich des Meeres bemächtigt haben, dann ist ihnen nichts verwehrt, und Land und Meer ist ihnen preisgegeben. Je mehr ich sie kenne – denn ich sah sie oft in meiner Jugend im Hause meines Vaters – um so mehr fürchte ich sie. Doch wenn dein Herz kein Bitten wenden kann, wenn du fest entschlossen bist zu gehen, so nimm mich mit; dann teilen wir doch jedes Geschick, und ich brauche nichts zu fürchten, außer was ich wirklich leide."

Die Worte und die Tränen der geliebten Gattin rührten den Keyx, doch wollte er weder die Reise aufgeben, noch auch die Teure den Gefahren einer so weiten Meerfahrt aussetzen. Er suchte daher ihre bekümmerte Seele zu trösten; doch umsonst. Nur das feierliche Versprechen konnte sie einigermaßen beschwichtigen, daß er zurückkehren werde, ehe der Mond sich zweimal erneut habe. Und ohne Verzug ließ er nun das Schiff in das Meer ziehen und mit Ruder und Segel versehen. Als Halkyone das Schiff sah, da schauderte sie zusammen, wie wenn sie künftiges Unglück ahnte. Mit bangem Herzen, unter heißen Tränen hielt sie den scheidenden Gatten umfangen, als könne sie ihn nimmer lassen, und als er endlich sich ihren Armen entwand und sie mit traurigem Munde ihr Lebewohl sprach, sank sie aller Kraft beraubt zu Boden. Der Gatte suchte Verzug; allein die Jünglinge im Schiffe mit kräftigem Arm nach der offenen See. Die am Strande zurückgelassene Halkyone erhob die feuchten Augen und blickte hinaus nach dem Gatten; er stand auf dem Hinterteile des Schiffes und winkte ihr mit der Hand Scheidegrüße zu, die sie lebhaft erwiderte. Als er weiter entrückt war und sie sein Antlitz nicht mehr erkennen konnte, verfolgte sie noch mit dem Blick, so lange sie konnte, das entfliehende Fahrzeug. Zuletzt sieht sie nur noch das weiße Segel; als auch das Segel entflohen war, geht sie mit bangem Herzen in das Haus und wirft sich weinend auf ihr Lager.

Die Ruderer hatten mit rüstiger Kraft das Fahrzeug in das offene Meer gebracht. Jetzt, da ein leiser Wind die Taue bewegte, legten sie die Ruder bei und entfalteten am Maste das Segel. Der Himmel war heiter und günstig der Wind, und das Schiff hüpfte leicht und lustig durch die plätschernde Flut. Als sie ungefähr die Mitte des Weges erreicht hatten und die Küsten auf beiden Seiten weit entfernt waren, da begann gegen Abend das Meer hohe schäumende Wogen zu treiben, und ein tobender Sturm brauste von Süden. „Schnell die Rahen herab!" rief der Lenker des Schiffes, „und bindet das Segel ganz an die Stangen!" Aber vor dem Brausen des Sturmes und dem Tosen der Wellen hörte man sein Wort nicht. Jeder schafft auf eigene Faust. Die einen ziehen die Ruder eiligst ins Schiff, andere verstopfen die Ruderlöcher, wieder andere raffen die Segel herab; der schöpft hastig das eingedrungene Wasser ins Meer zurück, jener reißt an den Segelstangen. Während dieser ordnungslosen Tätigkeit wächst das rauhe Unwetter, die Winde bekämpfen sich wild von allen Seiten und wühlen das zürnende Meer auf. Der Lenker des Schiffes selbst verzagt und bekennt, daß er nicht wisse, wie es stehe, was er befehlen solle und was verbieten. Bei solcher Wucht des Unheils schwindet alle Kunst. Laut schreit das Schiffsvolk und knarren die Taue, laut donnern die zusammenschlagenden Wogen, und es kracht unter Donnerschlägen der Himmel. Das Meer hebt sich in schäumenden Wellen empor, als wollt' es den Himmel schlagen, als wollt' es die schwarzen Wolken mit seinem Gischte bespritzen; bisweilen stürzt es in sich zusammen und überdeckt sich mit weißem, zischendem Schaum. Bald, wenn es den gelben Sand aus dem Abgrund heraufgefegt, ist es gelb wie der Sand, bald ist es schwärzer als das Wasser der Styx. Das trachinische Schiff selbst ist ein Spiel dieses Wechsels; jetzt scheint es hoch wie von dem Gipfel eines Berges in die Täler und in den untersten Tortarus niederzuschauen, dann wieder, hinabgeschleudert und umringt von ragenden Wogen, scheint es aus dem Schlunde der Unterwelt zum hohen Himmel aufzublicken. Oft, von einer Welle getroffen, erkracht gewaltig seine Seite, nicht anders als wenn ein eherner Widder oder ein Felsblock dumpf eine zerfallende Veste erschüttert. Schon wanken die Keile, schon klaffen die Ritze und bieten einen Weg den Wellen des Todes. Schwerer Regenguß fällt aus aufgelösten Wolken, fast sollte man glauben, der ganze Himmel stiege herab ins Meer und das aufgetürmte Meer stiege hinauf in die himmlischen Höhen; die Segel triefen vom Regenguß, und zugleich mit dem Wasser des Himmels mischen sich die Wasser des Meeres. Der Äther ist ohne Gestirne, die dunkle Nacht verdoppelt sich durch ihre und des Sturmes Finsternis. Doch dann und wann durchfahren die Finsternis zuckende Blitze und verbreiten Licht, daß die Wellen glühend wiederscheinen. Auch springen die Wellen schon in das hohle Gebäu des Schiffsraumes. Wie ein Krieger, mutiger als die andern, nachdem er oftmals die Mauern der verteidigten Stadt hinangesprungen, endlich die Hoffnung des Sieges erlangt und jetzt, von Ruhmbegierde gespornt, unter tausend Mann doch allein die Mauer gewinnt, so stürzt, während die wilden Wogen das hohe Bord des Schiffes bestürmen, mit stärkerer Macht die zehnte Welle heran und hört nicht eher auf den ermüdeten Kiel zu bedrängen, als bis sie gleichsam in die Mauern des eroberten Schiffes hinabsteigt. Ein Teil des Meeres versuchte noch einzudringen, ein Teil war schon drinnen. Alle zittern nicht weniger, als wie eine Stadt zittert, wenn ein Teil des Feindes draußen die Mauern untergräbt, während die andern schon drinnen die Mauern in Besitz haben. Jetzt ist alle Kunst zu Ende, aller Mut ist gesunken; so viele Wellen kommen, so vielfacher Tod stürzet herein. Der weint, der staunt wie erstarrt, jener preist glücklich, die ein Grab auf dem Lande erwartet, dieser erhebt die Hände zum Himmel und fleht unter Gelübden die Gottheit vergeblich um Rettung an; jener denkt an die Brüder und den Vater, dieser an Weib und Kind, ein jeder an das, was er Liebes in der Heimat zurückgelassen. Keyx denkt nur an Halkyone; nur ihren Namen ruft er, und obgleich er nach ihr allein sich sehnt, freut er sich doch, daß sie fern ist. Auch möchte er zu der Küste des Vaterlandes umschauen und die letzten Blicke nach der Heimat wenden, aber er weiß nicht, wo sie ist; so dreht sich strudelnd das Meer, und die Sterne des Himmels deckt doppelte Nacht. – Der Mastbaum zerbricht unter dem Stoße des Windes, es zerbricht das Steuer; stolz sich erhebend, blickt siegreich die Woge auf ihre Beute, und wie wenn man den Athos oder den Pindus in das offene Meer schleuderte, stürzt sie von oben herab und versenkt zugleich durch ihre Last und den Schlag das Schiff in die Tiefe. Mit ihm versinkt ein Teil der Männer und findet in dem Abgrund den Tod, andere halten, sich zu retten, Trümmer des Kiels umfaßt. Keyx hält mit der Hand, die das Zepter geführt, zerrissene Scheiter seines Fahrzeugs fest und ruft – umsonst! – den Vater um Hilfe an und den Schwäher; zumeist aber ist in dem Munde des unglücklichen Schwimmers der Name der Gattin Halkyone. Sie denkt, sie ruft er, vor ihre Augen wünscht er seinen toten Leib getrieben, von ihren Händen wünscht er sich bestattet. Halkyone ruft er, so lange die andringenden Wogen es gestatten, und selbst noch unter der Flut murmelt er Halkyone. Siehe, da wölbt sich mitten über den Wellen ein schwarzer Wasserbogen und überschüttet zerberstend sein Haupt mit den zerschellten Wassern. – Phosphoros, der Vater des Keyx, war in jener Nacht von Dunkel umhüllt; weil ihm vom Himmel zu entweichen nicht erlaubt war, überdeckte er sein Antlitz mit dichten Wolken.

Die Tochter des Aiolos, Hakyone, unbekannt mit so großem Jammer, zählte unterdes Nächte und Tage, bis wann ihr geliebter Gatte wiederkehren mußte. Sie beeilt schon die Gewänder, mit denen der Zurückgekehrte sich schmücken soll, und die, welche sie selbst dann tragen will. Allen Göttern brachte sie frommen Weihrauch, doch zu den Altären der Hera, der Beschützerin ehelicher Liebe, kam sie zumeist und flehte für ihren Gatten, daß er gesund bleibe und zurückkehre und daß er keine andere ihr vorziehe. Nur dies letzte wurde ihr von all' ihren Wünschen zu Teil. Aber die Göttin duldete nicht länger, daß sie für einen Toten angefleht werde, und um die traurigen Hände von ihren Altären abzuhalten, befahl sie der Iris, ihrer treuen Botin, daß sie zu der Behausung des Schlafgottes eile und ihn heiße, unter der Gestalt des toten Keyx ein Traumbild zu Halkyone zu schicken, das den Tod ihres Gemahles ihr offenbare. Iris kleidete sich in ihr von tausend Farben schimmerndes Gewand, und indem sie am Himmel den weitgewölbten Bogen zeichnete, eilte sie zu der verborgenen Wohnung des Schlafgottes.

Fern am Westrand der Erde in der Nähe der Kimmerier ist in einem Berge eine tief eingehende weite Felsengrotte, die Behausung des Schlafes. Niemals dringt in ihr Inneres ein Strahl der Sonne, düstere Nebel steigen aus dem Boden und erfüllen die Höhle mit zweifelhafter Dämmerung. Da weckt kein Hahn mit seinem Ruf die Morgenröte, kein Gebell eines Hundes unterbricht die tiefe Stille, fern ist jedes Geräusch von Vieh und Gewild, jeder Laut der menschlichen Stimme. Nur ein Bächlein vom Wasser der Lethe quillt am Fuße des Felsen und ladet sanft hinrieselnd durch leises Gemurmel zum Schlafe ein. Vor den Pforten der Höhle blüht fruchtbarer Mohn und unzählige andere Kräuter, aus deren Säften die Nacht sich betäubenden Schlaf sammelt, um ihn tauend über die Länder auszugießen. In dem ganzen Hause ist keine knarrende Tür, an den Schwellen kein Hüter. Tief im Innern aber steht ein weiches Lager auf schwarzem Ebenholze, mit dunkeler Decke überzogen. Darauf ruhet der Schlafgott mit matten gelösten Gliedern. Um ihn her liegen in vielfach gaukelnder Bildung die luftigen Träume, zahlreich wie die Blätter des Waldes, wie die Ähren auf dem Felde. Als Iris hier eintrat und die ihr im Wege stehenden Träume zerteilte, erglänzte weithin das heilige Haus von dem Schimmer ihres Gewandes. Der Schlaf, von dem Glanze getroffen, hob mit Mühe die schweren Augen empor, und indem er wieder und immer wieder zurücksank und sein nickendes Kinn auf die Brust fiel, schüttelte er endlich den Schlaf aus den Gliedern und fragte, auf den Arm gestützt, die Göttin, die er erkannte, nach dem Grunde ihres Kommens.

Die Jungfrau sprach: „Schlaf, Ruhe der Wesen, sanftester der Götter, Friede der Seelen, der du die Sorge verscheuchst und die ermüdeten Glieder nach dem Geschäfte des Tages erquickst und zur Arbeit wieder erneuerst, sende nach Trachis zu Hlakyone unter dem Bilde des Königs Träume, welche die wahren Gestalten nachahmen und den Schiffbruch darstellen. Also befiehlt es Hera." Sobald Iris ihren Auftrag vollendet, enteilte sie, denn sie fühlte schon, daß der Schlummer in ihre Glieder eindrang, und kehrte auf dem Bogen, auf welchem sie eben gekommen, zum Olympus zurück.

Der Gott des Schlafes rief aus dem Volke seiner 1000 Kinder Morpheus, „den Gestalter", hervor, der nach Verlangen Gang und Miene und Stimme der Menschen auszudrücken verstand, auch ihre Kleider wiedergab und die einem jeden geläufigen Worte. Morpheus ahmte bloß Menschen nach, ein anderer – Ikelos, „den Bildner" nannten ihn die Götter, die Menschen Phobetor, „den Schrecker" – wandelte sich in wilde Tiere, Vögel und Schlangen. Ein Dritter, Phantasos, „der Darsteller", nahm die Gestalt von leblosen Dingen an, er ward Fels, Wasser, Balken. Diese drei pflegen nur Königen und Fürsten ihr Antlitz zu zeigen, während die übrigen das niedere Volk durchschweifen. Die läßt der Alte bei Seite und wählt allein den Morpheus zur Ausführung des göttlichen Befehls. Darauf birgt er wieder, von sanfter Ermattung gelöst, sein Haupt in dem tiefen Polster.

Morpheus flog mit geräuschlosen Schwingen durch die Finsternis und gelangte bald zu der Stadt Trachis, und nachdem er seine Flügel abgelegt, verwandelte er sich in die Gestalt des Keyx. Blaß, einem Toten gleich, ohne Kleidung, stand er vor dem Lager der unglücklichen Gattin; sein Bart ist feucht, und aus den Haaren trieft schweres Wasser. Über das Lager geneigt, sprach er mit wehmütigem Antlitz: „Erkennst du den Keyx, unglückliche Gattin? oder hat der Tod meine Gestalt verändert? Sieh mich an, statt des Gemahls findest du den Schatten des Gemahles. Nichts halfen mir, Halkyone, deine Wünsche und Gelübde. Ich bin tot, hoffe nicht auf meine Rückkehr. Im ägäischen Meere ergriff uns der Sturm und zerschlug unser Schiff, und die Flut erfüllte meinen sterbenden Mund, während er vergebens deinen Namen rief. Dies verkündet dir nicht ein zweifelhafter Bote oder ein schweifendes Gerücht; ich selber sage dir mein Geschick. Erhebe dich, kleide dich in Trauergewande und weihe mir Tränen, damit ich nicht unbeweint in die Schattenwelt gehe." Halkyone seufzte im Schlaf und weinte und breitete ihre Arme nach dem Gatten aus, der zurückwich. „Bleibe, wohin enteilst du?" rief sie aus, „laß uns zusammen gehen!" Durch ihre Stimme ward sie geweckt, und sie sah umher nach der Stelle, wo sie ihn eben gesehen. Da sie ihn nirgends fand, schlug sie sich klagend Haupt und Brust und zerriß ihr Gewand und rief, da die Amme sie nach dem Grunde solches Schmerzes fragte: „Hin ist Halkyone; sie kam um mit ihrem Keyx. Er versank im Schiffbruch, ich sah ihn wahrhaft, ich erkannte ihn im Traum. Er ist dahin. Grausamer wäre meine Seele als selbst das Meer, wenn ich noch länger zu leben trachtete. Nein, ich will dir folgen, Geliebter; wenn auch die Urne nicht mein Gebein mit dem deinen zusammen verschließt, so soll doch in der Aufschrift des Grabes mein Name dem deinen gesellet sein.

Es war Morgen; da geht Holkyone traurig aus dem Hause zu dem Gestade, nach der Stelle, wo sie den Gatten hatte scheiden sehen. Während sie da an der Erinnerung des Abschiedes sich weidet und über das Meer hinblickt, sieht sie in einiger Entfernung im Wasser etwas wie einen menschlichen Körper. Und anfangs war sie zweifelhaft, was das sei; als die Welle es ein wenig näher getrieben und sie deutlich erkannte, daß es ein menschlicher Leib war, obgleich sie ihn nicht kannte, ihr Herz doch, weil es ein Schiffbrüchiger war, mächtig bewegt, und sie rief, wie wenn sie einem Unbekannten Tränen weihte, bedauernd: „Wehe, Unglücklicher, wer du auch sei'st, und wehe der Gattin, wenn du eine Gattin hast!" Indes wird der Körper näher getragen. Je mehr sie ihn anschaut, desto mehr und mehr schwinden ihr die Sinne. Jetzt ist er dem Ufer nah, jetzt kann sie ihn erkennen. „Er ist's!" schreit sie auf und zerreißt sich zugleich Antlitz und Haar und Kleid, und indem sie ihre zitternden Hände zu ihm ausstreckt, ruft sie: „So kehrst du, teuerster unglücklicher Gatte, zu mir zurück!" Dicht an den Wellen war ein Damm, von Menschenhand gemacht, um den ersten Zorn des Meeres und den Sturm der Wogen zu brechen. Dahin springt sie; es war ein Wunder, daß sie es konnte; sie flog. Und indem sie die Luft mit den eben gewachsenen Schwingen schlug, steifte sie, ein bejammernswürdiger Vogel, die Oberfläche des Wassers, wehmutsvoll klagend. Wie sie den stummen toten Leib berührte, schmiegte sie die jungen Flügel an die teuren Glieder und gab ihm umsonst ach! kalte Küsse mit dem harten Schnabel. Ob Keyx dies gefühlt, ob das Haupt in der Bewegung der Wellen er zu heben schien, war dem Volke zweifelhaft. Doch er hatte es gefühlt. Beide erhalten zuletzt durch die Gnade der Götter die Gestalt von Vögeln. Als *Eisvögel* bewahren sie sich dieselbe Liebe und bleiben in treuem Ehebund mit einander vereint. Sieben ruhige Tage in der stürmischen Winterzeit sitzt Halkyone brütend auf ihrem über den Wellen schwebenden Neste. Dann ist der Weg über die See sicher; denn Aiolos, ihr Vater, hält während der Zeit die Winde verschlossen und gewährt Meerstille seinen Enkeln.

Aisakos

Aisakos war der Sohn des Priamos aus dem uralten Geschlechte der trojanischen Könige; die Tochter des Flußgottes Granikus, die schöne Alexirhoe, hatte ihn heimlich am Fuße des schattigen Iba geboren. Der Jüngling haßte die Städte; fern von dem Schimmer des Hofes, suchte er die einsamen Berge und die ländlichen Fluren. Nur selten kam er zu den Versammlungen der Troer. Doch hatte er kein rohes und bäuerliches Herz, seine Brust war nicht unempfindlich gegen die zarten Regungen der Liebe. Die schöne Nympe Hesperie, die Tochter des Flußgottes Kebren, hatte er schon oft in den Wäldern mit seiner Liebe verfolgt. Jetzt sah er sie, wie sie am Ufer des väterlichen Flusses ihre über die Schultern wallenden Haare in der Sonne trocknete. Sobald er ihr nahete, floh sie, wie die erschrockene Hündin flieht vor dem falben Wolfe, wie fern vom verlassenen Teich die Ente vor dem Habicht. Der Troer verfolgte sie mit Ungestüm; sie eilen dahin, er von Liebe, sie von Furcht getrieben. Siehe, da beißt eine im Grase geborgene Natter die fliehende Nymphe in den Fuß und läßt ihr Gift in der Wunde. Mit dem Leben ist zugleich die Flucht gehemmt. Außer sich vor Schmerz, umfaßt der Jüngling die Entseelte und ruft: „Mich reut, mich reut meine Verfolgung! Doch das fürchtete ich nicht, um solchen Preis wollte ich nicht siegen. Beide haben wir dich Arme getötet, die Wunde kommt von der Schlange, die Ursache kommt von mir. Schlimmer wäre ich als die Natter, wenn ich nicht gleich durch meinen Tod deinen Tod sühnte." Sprach's und stürzte sich von dem Felsen ins Meer. Tethys, des Fallenden sich erbarmend, nahm ihn sanft auf, sie bedeckte ihn, während er auf der Flut schwamm, mit Federn und entzog ihm den Genuß des ersehnten Todes. Aber der Liebende zürnt, daß er gegen seinen Willen zu leben gezwungen wird, daß seiner Seele gewehrt wird, ihre elende Behausung zu verlassen, und sowie er die neuen Flügel empfangen, fliegt er empor und wirft wiederum den Leib unter die Flut. Die Federn leichtern den Fall. Aisakos wütet, er stürzt wieder das Haupt in die Tiefe und versucht ohn' Ende den Weg des Todes. Die Liebe gibt ihm Magerkeit; die langgeschenkten Beine bleiben ihm und der lange Hals. Er liebt das Meer und heißet *Taucher*, weil er ins Meer taucht.

Akis

Akis war der Sohn des Faunus und der Nymphe Symaethis, durch seine reizende Schönheit eine große Lust seiner Eltern, eine noch größere Lust der Nereide Galatea. Erst 16 Sommer hatte er gesehen, und zweifelhafter Flaum umschattete eben seine Wangen. Der schönen Nereide war sein Herz ganz und einzig ergeben, und auch sie war nur glücklich in seiner Nähe. Aber zugleich verfolgte sie der riesige Kyklop Polyphemos mit grenzenloser Liebe. Auch an ihm erwies sich die große Macht der Aphrodite; der grausame Unhold, den ungestraft kein Fremdling besuchte, der rohe Verächter der himmlischen Götter empfand, was Liebe sei. Von der Liebe zu Galatea erfaßt, loderte sein Herz in hellen Flammen, und er vergaß sein Vieh und seine Höhle. Jetzt trieb ihn die Lust zu gefallen, daß er sorglich die Schönheit seines Körpers pflegte; er kämmte sein borstiges Haar mit dem Karste und beschnitt den zottigen Bart mit der Hippe, im Wasser spiegelte er sein Antlitz und studierte seine Mienen. Seine angeborene Wildheit und sein blutiger Mordsinn waren verschwunden, und die fremden Schiffe kamen und gingen jetzt ohne Gefahr. So kam auch Telemos nach Sicilien, der berühmte Weissager, und besuchte den Kyklopen und prophezeite ihm, daß Odysseus ihm einst sein einziges Auge, das er auf der Mitte der Stirn trug, rauben werde. „O törichter Prophet", lachte der Kyklop, „eine andere schon hat mir mein Auge geraubt."

Ein felsiger Hügel ragte mit keilförmiger Spitze weithin in das Meer, auf beiden Seiten von der Brandung geschlagen. Dahin kam oft der wilde Kyklop, begleitet von seinen Schafen, und setzte sich mitten auf die Anhöhe. Wenn er dann die Fichte, die ihm als Stab diente, lang wie ein Mastbaum, zu seinen Füßen gelegt, nahm er seine Hirtenflöte, die aus 100 Rohren zusammengereiht war, zur Hand und blies so mächtig hinein, daß die rauhen Töne weithin durch die Berge und über das Meer schallten. Galatea, der die Lieder galten, saß dann wohl irgendwo in einer Grotte verborgen, an die Brust des geliebten Akis gelehnt, und horchte den Tönen und dem Gesang seiner Stimme. „Galatea", sang der Riese, „weißer als der Blütenschnee des Ligusters, frischer als Blumenau'n, schlank wie die ragende Erle, mutwillig wie ein zartes Böcklein, Galatea, weicher bist du wie der Flaum des Schwans und die geronnene Milch, und doch härter als Fels und Eichenholz, wilder wie eine Bärin. Und flüchtig bist du zu meinem Schmerz wie ein Hirsch, den die Hunde jagen, nein, flüchtig gar wie ein wehendes Lüftchen. Und doch, wenn du mich kenntest, würde die Flucht dich reuen, du würdest deine Spröde verdammen und selbst dich mühen mich zu halten. Ich habe eine Höhle, weit und tief im Berge, aus lebendigem Fels, wo du die Sonne nicht spürst in der Glut des Mittags und auch den Frost nicht; ich habe Bäume mit Äpfeln beladen, Reben mit Trauben wie Gold, mit Trauben wie Purpur, beide verwahr' ich für dich. Auch süße Erdbeeren kannst du im Schatten des Waldes suchen, Cornellen und Pflaumen, Kastanien und Meerkirschen; jeder Baum soll dir dienen. All diese Schafe und Ziegen sind mein, viele auch noch irren in den Tälern umher, andere in den Wäldern, viele sind in der Höhle im Stall; und fragst du: wie viele sind's? ich könnte dir's nicht sagen. Nur der Arme zählt sein Vieh. Und wollt ich ihre Trefflichkeit rühmen, du würdest's gar nicht glauben; du mußt selbst sehen, wie ihre Euter strotzen. Schneeweiße Milch habe ich immer im Überfluß, ein Teil wird zum Trinken aufbewahrt, ein anderer wird zu Käse gemacht. Auch nicht leicht zu erwerbende alltägliche Geschenke sollst du bekommen, wie Hasen und Zicklein oder ein Taubenpaar oder ein Nest voll junger Vögel, nein, ich habe zwei junge Bären, ganz gleich, so daß du sie kaum unterscheiden kannst, neulich im Gebirge gefangen, mit denen kannst du spielen, die sollst du haben. Hebe doch jetzt dein niedliches Haupt aus den Wellen, Galatea, und komm hervor, verschmähe nicht meine Geschenke. Wahrlich, ich kenne meine Gestalt; neulich besah ich mich im Spiegel des Wassers, da gefiel mir meine Gestalt. Siehe, wie groß bin ich! Selbst Zeus im Himmel ist nicht größer. Reiches dickes Haar buscht sich über meinem ernsten Gesichte und umschattet die Schultern wie ein Wald. Und mitten auf der Stirn ist *ein* großes leuchtendes Auge, groß wie ein mächtiger Schild. Schaut nicht der Sonnengott mit *einem* leuchtenden Kreise vom Himmel herab auf diese ganze weite Erde? Und denke doch, mein Vater ist der Gebieter eures Meeres, den geb ich dir zum Schwiegervater. Erbarm dich doch endlich, Galatea, und erhöre mein Flehen; dir allein unterwerf ich mich. Den Zeus und den Himmel veracht ich und den zerschmetternden Blitz, aber dir huldige ich, dein Zorn ist mir schrecklicher als der Blitz. Ja, wenn du Alle flöhest, so wollte ich deine Verschmähung noch leichter ertragen; aber warum liebst du den Akis und verschmähst mich, warum ziehst du seine Umarmungen den meinen vor? Akis mag an sich selber sein Gefallen haben, er mag auch dir – zu meinem Schmerze sag ich's – gefallen, aber bekomm' ich ihn einmal unter die Hände, so soll er merken, daß ich Kraft habe in meinem Riesenleibe. Ich zerreiß ihn, ich schleppe sein zukkend Herz und seine zerfetzten Glieder durchs Feld und streue sie dann in deine Fluten; dann seid ihr verbunden. Denn mein Herz brennt und ich bin wütend vor beleidigter Liebe, ich trage den ganzen Ätna mit seinen Flammen in meiner Brust. Doch dich kümmert dies nicht, Galatea."

Nachdem der Kyklop so vergebens gejammert, sprang er auf und tobte umher wie ein wütender Stier. Da, während sie harmlos ruhen und nichts von dem Unhold fürchten, sieht er Galatea und Akis. „Ich seh euch", schreit er voll Zorn, daß der Ätna wiederhallt, „und fürwahr, diesmal sollt ihr zum letzten Mal miteinander kosen." Galatea tauchte erschreckt ins Meer; auch Akis floh und rief in Angst: „Rette mich, Galatea, rettet mich, ihr Eltern, ich bin verloren!" Der wilde Kyklop verfolgt ihn, reißt einen Felsblock von dem Berge und schleudert ihn nach dem Jüngling, und obgleich nur die äußerste Ecke des Felsen ihn traf, so wurde er doch ganz davon bedeckt und zermalmt.

Die um Rettung angeflehten Eltern und Galatea hatten den Akis nicht zu schützen vermocht; sie verwandelten ihn, das erlaubte das Schicksal, in einen Fluß. Unter dem Felsblock hervor strömte das rote Blut. Nicht lange, so begann die Röte allmählich zu schwinden, und der Strom bekam die Farbe eines Flusses, der vom Regen getrübt ist. Bald verschwand auch diese Trübung, und ein klarer Fluß sprang aus dem zerborstenen Felsen hervor. Plötzlich, o Wunder! tauchte aus dem Strudel bis zur Mitte des Leibes ein Jüngling auf, sein Haupt mit Rohr umkränzt. Das war Akis, der Flußgott, nur war er größer als früher, und sein Antlitz war bläulich, wie bei einem Flußgott. Noch heute trägt der Fluß den Namen Akis.

Picus

Picus, ein Sohn des Gottes Saturnus, war König in Latium, ein schöner jugendlicher Held, geliebt von allen Nymphen in den Bergen und Gewässern von Latium. Er aber, alle verschmähend, liebte einzig seine junge Gemahlin, eine Tochter des Janus und der Venilia, die schöne Nymphe Canens, d.h. die Sängerin. Diesen Namen gab man ihr wegen ihres bezaubernden Gesanges. Wenn sie singend durch die Fluren ging, so folgten ihr lauschend die Felsen und Bäume und die Tiere des Waldes, Flüsse hemmten ihren Lauf und die Vögel in der Luft standen still in ihrem Fluge. Während sie so einst an ihrer Gesangeskunst sich ergötzte, war Picus, ihr Gatte, hinaus in die laurentischen Gefilde gezogen, um den Eber zu jagen. Stattlich saß er auf seinem mutigen Roß, zwei Jagdspeere in der Linken, sein Purpurgewand war mit einer goldenen Spange zusammengeheftet.

In dieselben Wälder war damals die Sonnentochter Kirke, die wegen ihrer Zauberkünste berühmte Jungfrau, von ihrer Insel herübergekommen, um auf den fruchtbaren Höhen sich neue Kräuter für ihr Zauberwerk zu sammeln. Als diese, im Gebüsche versteckt, den schönen Jüngling sah, staunte sie, und die gesammelten Kräuter entfielen ihrem Schoße. Eine flammende Glut loderte ihr durch Mark und Bein. Sobald sie von der ersten stürmischen Wallung sich erholt, wollte sie dem Jüngling ihre Liebe bekennen; aber das eilende Roß und die ihn umringende Schar seiner Begleiter verhinderte sie. „Du sollst mir nicht entfliehen, wenn auch ein Sturmwind dich fortrisse", sprach sie und schuf durch ihre Zauberkraft das hohle Bild eines Ebers, der an den Augen des Königs vorüber zu laufen und in das Dickicht des Waldes zu gehen schien, da wo das verwachsene Gebüsch dem Rosse den Zugang wehrte. Picus schwingt sich schnell von dem dampfenden Roß und eilt zu Fuß dem Trugbilde nach in den Wald. Da spricht Kirke ihre Gebete und Zauberformeln, indem sie geheimnisvolle Mächte mit geheimnisvollen Sprüchen anruft, daß durch den aus der Erde emporsteigenden Nebel der Himmel sich verdunkelt und die Begleiter des Königs auf den sich kreuzenden Pfaden seine Spur verlieren. Jetzt tritt die Zauberin, Ort und Zeit benutzend, zu dem jungen König heran: „Bei deinen glänzenden Augen", sprach sie, „mit denen du die meinigen fingst, bei deiner schönen Gestalt, o Jüngling, welche mich, die göttliche Nymphe, zwingt dir zu huldigen, sei gnädig meiner Liebe und nimm den allschauenden Sonnengott zum Schwäher, verachte nicht grausam die Kirke." Picus wies die Bittende trotzig zurück: „Wer du auch sei'st", rief er, „dein bin ich nicht; eine andere besitzt mich, Canens, des Janus Tochter, und sie soll mich, so die Götter mir gnädig sind, einzig besitzen ein langes Leben hindurch." Oft erneuerte Kirke ihr Flehen, aber vergebens. Da sprach sie im Zorn: „Das soll dir nicht ungestraft sein; nimmer wirst du zu Canens zurückkehren. Lerne jetzt, was eine Gekränkte, eine Liebende, ein Weib vermag." Darauf wandte sie sich zweimal zum Aufgang und zweimal zum Niedergange und berührte dreimal den Jüngling mit ihrem Stabe, indem sie drei Zaubersprüche hermurmelte. Picus entflieht, doch er wundert sich, daß er jetzt schneller laufe, als sonst; er bemerkt Federn an seinem Leibe, und unwillig, daß er so plötzlich die Vögel der latinischen Wälder vermehren soll, bohrt er seinen harten Schnabel in die Stämme der Wildnis und verwundet zornig die hochragenden Äste. Sein Purpurgewand hat sich in purpurne Flügel verwandelt, wo die goldene Spange früher das Kleid zusammengeheftet, wächst Flaum und läuft ein goldener Halsring um seinen Nacken. Picus ist ein pickender *Specht* geworden, der aus der früheren Zeit nichts mehr hat als den Namen; denn das lateinische Volk nennt den Specht Picus.

Unterdes hatten die Begleiter des Picus ihren Herrn überall vergebens gesucht. Sie trafen endlich die Zauberin – denn der Nebel war von Wind und Sonne verscheucht – und bestürmten sie mit gerechten Beschuldigungen und forderten ihren König zurück. Zuletzt drohen sie mit Gewalt und erheben schon ihre Waffen. Da sprengt Kirke ihr Gift und ruft unter magischem Jammergeheul die Götter der Nacht und der Finsternis aus der Tiefe herauf. Plötzlich – welch furchtbares Wunder! – hüpft zitternd der Wald, die Erde stöhnt, die nahen

Bäume werden fahl, die Kräuter umher sind bespritzt mit roten Blutstropfen; die Steine scheinen zu brüllen, Hunde zu bellen, schwarze Nattern im Grase zu zischen, und leichte Schemen von Toten schweben in der Luft. Während die Jünglinge dastehen in starrem Staunen, berührt Kirke sie mit ihrer giftigen Zauberrute und verwandelt sie in mannigfaltige Formen von wilden Tieren. Keinem blieb die frühere Gestalt.

Schon war die Sonne im Westen zur Ruhe gegangen, und noch immer harrte Canens mit Herz und Augen auf den geliebten Gatten. Die Diener und das Volk durchstreifen mit Fackeln alle Wälder, aber sie finden den König nicht. Die Nymphe weint und zerrauft sich das Haar und zerschlägt sich die Brust, sie eilet hinaus und schweift sinnlos durch die Felder. Sechs Nächte und sechs Tage sahen sie ohne Speise und Schlaf durch Berge und Täler irren, endlich sank sie, ermattet vom Weg und vom Grame, am kühlen Ufer des Tiberflusses nieder. Mit leisen Klagen besang sie dort unter Tränen ihr Leid, wie ein Schwan vor dem nahen Tode sein Sterbelied singt. Zuletzt, von ihrem Kummer in der innersten Seele aufgelöst, schwand sie dahin, veratmend als leichtes Lüftchen.

Ampelos

Dionysos, der göttliche Sohn der vom Blitze des Zeus erschlagenen Semele, lebte, ehe er die Welt durchzog, um unter den Völkern seine Verehrung zu verbreiten und sie mit seiner köstlichen Gabe, dem Wein, zu beglücken, als zarter Jüngling in den Fluren von Lydien, umspielt von Satyrn und Silenen und Nymphen. Da traf er einst, als er in dem Walde den wilden Tieren nachging, einen jungen Satyr, den er noch nie gesehen, einen Jüngling von der lieblichsten Jugendblüte. Seinen Wangen fehlte noch der zarte Flaum, wallende Locken umspielten sein rosiges Antlitz und den schneeweißen Nacken; sein großes lichtes Auge blickte mild und sanft wie des Mondes Schein. Bei dem ersten Blicke ergriff den jungen Gott Bewunderung und Liebe zugleich. „Wer bist du", spach er freundlich, „welche Göttin hat dich geboren? Ist's Aphrodite oder eine der Chariten? Bist du vielleicht Eros, der seine Flügel bei Seite gelegt? Doch ich sehe, du bist ein Satyr, bist von sterblichem Stamme. Siehe, ich bin Bakchos, der Sohn des Zeus; willst du, der Sterbliche, mit mir, dem Gotte, königliche Ehren teilen? Ich will dich halten wie meinesgleichen."

Der schöne Satyr – Ampelos war sein Name – gab sich in die Freundschaft des Gottes, und seitdem waren beide unzertrennliche Gefährten. Bakchos war glücklich, wenn er die Stimme seines Lieblings hörte, wenn beim Mahle sein Auge auf ihm ruhen konnte; aber war er ihm fern nur einen Augenblick, so wich all sein Frohsinn. Mit eifersüchtiger Liebe folgte ihm sein Blick überallhin; denn er fürchtete, Zeus möchte durch seinen Adler den schönen Knaben ihm rauben, wie einst den Ganymedes, oder Poseidon möchte ihn entführen, wie er den Pelops entführt. Wenn er am Diskuswurf sich mit ihm ergötzte, wachte er mit ängstlicher Sorge, daß er den Liebling nicht treffe, wie Apollon einst den Hyakinthos mit unglücklichem Wurfe getötet. Tag und Nacht sann er darauf, was er dem Geliebten zu Liebe tun könne; er spielte und jagte mit ihm, er rang und schwamm um die Wette mit ihm und ließ ihm absichtlich die Freude des Sieges. Wenn er Wettspiele der Satyrn veranstaltete, bewirkte er stets, daß sein Liebling alle übertraf.

Das frohe Gefühl des Sieges machte den Jüngling keck und kecker. Schon wagte er es, mit den Tieren, die in der Nähe des Bakchos ihre angeborene Wildheit abgelegt und mild und zahm der Macht des Gottes huldigten, allein zu spielen. Mit dem Schmucke des Bakchos setzte er sich auf dessen von Panthern gezogenen Wagen und fuhr durch den einsamen Wald; er bestieg den Nacken des Bären, der Löwen und der Tiger und lenkte sie reitend umher. Wenn der Gott das sah, so mahnte und warnte er den Liebling und bat ihn, nur in seiner Gesellschaft solch' gefährliches Spiel zu treiben; aber der Knabe in seinem leichten spielenden Sinn verkannte die Gefahr und lachte der Angst seines göttlichen Freundes. Einst, als wieder einmal Bakchos von ihm fern war, trieb ihn der Leichtsinn, sich auf den Rücken eines Stieres zu setzen. Jubelnd und jauchzend, umringt von andern Satyrn, treibt er das Tier hierhin und dorthin, und seine Lust findet kein Ende. Da schickt Selene, durch ein keckes Wort des Jünglings verletzt, eine Bremse über das Tier, daß es, in Wut versetzt, mit wilden Sprüngen dahintobt. Ampelos stürzt auf den harten Boden und zerbricht das Genick; verblutend liegt er auf dem grünen Rasen und haucht sein junges Leben aus.

Ein Satyr meldete dem Bakchos das Unglück. Der eilte verzweifelnd herbei; aber schon hatte der Tod das Auge seines Lieblings geschlossen. Noch war die Schönheit nicht von dem Toten gewichen; lächelnd wie im Schlummer lag er da in den Blumen. Der Gott streute Rosen und Lilien über sein Haupt und überließ sich wehmütiger Klage, mit ihm klagten die Satyrn und die Nymphen. „O Vater Zeus", rief er, „gib mir den Freund zurück, der meinem Herzen so teuer war! War ja doch auch dem Apollon vergönnt, den geliebten Hyakinthos wieder aufleben zu sehen in einer schönen Blume, an der er noch immer sich erfreuen kann." Während Dionysos noch klagend stand, da sah er plötzlich, wie der Leib des Ampelos sich bewegte und krümmte gleich einer Schlange; der Rumpf richtete sich auf von der Erde und ward zu einem rauhen Stamm, die Füße bohrten sich in die Erde und wurden zu Wurzeln. Aus den Armen aber und der Brust, aus Nacken und Haupt wanden sich lange schlängelnde Reben und hängten sich rankend an den nahen Baum. Das Gewand, das dem Knaben noch um die Schulter gelegen, zerging vor den Augen des staunenden Gottes und verteilte sich als grüner Blätterschmuck an die zahlreichen Ranken; und die Locken, die braunen glänzenden Locken wurden zu üppigen vollen Trauben, die überall aus dem grünen Laube hervorglänzten und freundlich den Gott wie zum Genusse einluden. Mit zögernder Hand pflückte er eine der schönen Früchte und drückte ihren duftigen Saft in einen Becher. Kaum hat er den würzigen Trunk an die Lippen gebracht, so ruft er voll Staunen und Freude: „Nektar und Ambrosia hast du, mein Ampelos, mir bescheret! Nicht eine Blume, ein Hyakinthos, eine Rose, ein Narkissos bist du mir geworden, nein, aller Blumen Duft ist in dir vereinigt, die Süße und

Würze aller Früchte ist in deine Frucht zusammengeströmt!" Der Genuß des süßen Göttertrankes lösete alle Trauer und Sorge von dem Herzen des Gottes, und er umschlang freudig seinen Liebling, der fortan als *Rebe* seine Lust und Wonne ward, wie er als Knabe Ampelos vordem ihn entzückt hatte. Den Namen Ampelos (d.h. Rebe) behielt der Knabe auch in seiner Verwandlung, und alle Völker, denen Dionysos die Gabe des köstlichen Weines gebracht, preisen ihn dankbar als ihren Sorgenlöser und Freudenbringer.

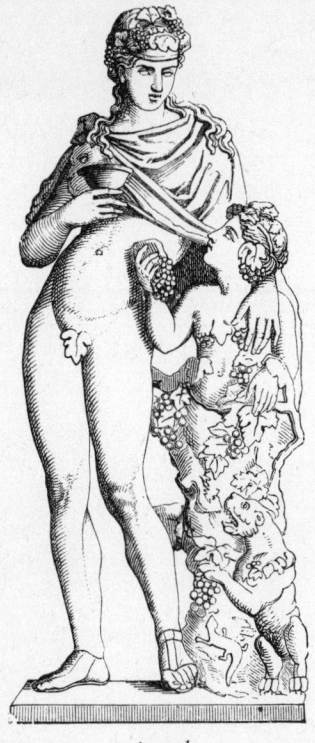

Ampelos

Amor und Psyche

Es lebten einst in einer Stadt ein König und eine Königin. Diese hatten drei Töchter von ausgezeichneter Schönheit. Die beiden älteren konnten durch menschliches Lob noch hinreichend gepriesen werden; aber die Schönheit der jüngsten war so groß, daß die menschliche Sprache zu arm war, sie genügend zu loben. So geschah es denn, daß die Menschen von nah und von fern, von der Wundererscheinung herbeigelockt, das Mädchen verehrten, vollkommen wie die Göttin Venus selbst. Man glaubte, daß die Göttin, welche der blaue Grund des Meeres geboren und der Tau der schäumenden Fluten genährt, sich ihrer Göttlichkeit entschlagen habe und mitten unter den Sterblichen wandle, oder daß wieder durch eine neue Befruchtung mittelst der Sterne des Himmels nicht das Meer, sondern das Land eine neue Venus in jungfräulicher Blüte erzeugt habe. So blieben denn die Tempel der wahren Venus verlassen und ihr Gottesdienst vernachlässigt. Nach Paphos schiffte niemand und niemand nach Knidos, auch nicht nach Kythera, um die Göttin Venus zu schauen. Das Mädchen betet man an, in dem menschlichen Antlitz verehrt man die große Göttin; bei dem Morgengange der Jungfrau ruft man bei Opfer und Opfermahl die Gnade der abwesenden Venus an. Wenn sie durch die Straßen wallt, drängt sich das Volk in großen Haufen heran und ehrt sie mit Kränzen und ausgestreuten Blumen.

Dies maßlose Übertragen himmlischer Ehren auf ein sterbliches Mädchen entzündet heftig den Zorn der wahren Venus, und sie spricht entrüstet also zu sich selber: „Wie, ich, die Urmutter der Welt, der Elemente anfänglicher Quell, ich des ganzen Erdkreises gnadenreiche Venus, soll mit einem sterblichen Mädchen meine göttliche Ehre teilen? Eine Irdische soll mein Bild zur Schau ragen? Vergebens hätte mich Paris, der phrygische Hirt, der Juno und Minerva vorgezogen und für die schönste aller Göttinnen erklärt. Diese Anmaßung meiner Ehren soll ihr nicht zur Freude gereichen; sie soll ihre unerlaubte Schönheit bereuen." Und sie ruft sogleich ihren Sohn Amor, den beschwingten verwegenen Knaben, der, bewaffnet mit Flammen und Pfeil, unter Göttern und Menschen umherschweift und alle verwundet. Sie reizt den Knaben, der niemand verschonen mag, noch obendrein mit Worten auf, führt ihn zu jener Stadt und zeigt ihm die Psyche; denn diesen Namen hatte das Mädchen. Und nachdem sie ihm von ihrem Wettstreit mit ihr erzählt, sprach sie seufzend und voll Zorn: „Bei den Banden der mütterlichen Liebe beschwöre ich dich, mein Sohn, bei den süßen Wunden deiner Pfeile, schaffe Genugtuung deiner Mutter, aber vollgültige, und bestrafe mir diese trotzige Schönheit; dieses eine willfahre mir. Laß diese Jungfrau von der glühendsten Liebe zu dem niedrigsten Menschen ergriffen werden, dem das Schicksal Ehre und Besitz und selbst

Sicherheit vor Not und Armut vorenthält, zu einem so niedrigen, so elenden Menschen, daß er auf dem ganzen Erdkreise seines Gleichen nicht findet."
So sprach sie und überdeckte den Sohn mit heißen Küssen. Darauf begibt sie sich zu dem nächsten Meeresgestade, und sobald sie mit den rosigen Sohlen den leichten Tau der hüpfenden Wellen berührt, siehe, da erfolgt schon, als hätte sie es längst befohlen, die Huldigung des Meeres. Tritonen ziehen ihren goldenen Wagen, andere umtaumeln sie lustig in der Flut und blasen auf ihren Muscheltrompeten. Der eine schützt sie mit einem Schirm gegen den Brand der Sonne, der andere hält ihr einen Spiegel vor das Antlitz, damit sie sich ihrer Schönheit erfreue; die Töchter des Nereus mit dem Knaben Palämon schwimmen auf ihren Delphinen um sie her und singen fröhliche Reigen. So zieht die Göttin über das Meer dahin zum Oceanus.

Indessen hat Psyche trotz ihrer glänzenden Schönheit keinen Genuß von ihrer Auszeichnung. Sie wird betrachtet von allen, gelobt von allen; aber niemand, weder ein König noch ein Prinz, selber keiner aus dem Volke nahet, um ihre Ehe zu begehren. Sie bewundern wohl ihre göttliche Schönheit, aber sie bewundern sie wie ein von einem Künstler gefertigtes Bild. Längst schon hatten die beiden älteren Schwestern, deren mäßige Schönheit niemand der Welt verkündet hatte, sich mit königlichen Freiern verlobt und eine glückliche Ehe gefunden; aber Psyche sitzet, des Gatten entbehrend, zu Hause und beweint ihr einsames Los, krank am Körper, wund in der Seele, und obgleich alle Welt ihre Schönheit preist, verwünschet sie dieselbe doch selbst in ihrem Herzen. Der Vater der Psyche, welcher befürchtet, daß der Zorn irgend eines Gottes die Ursache des Unglücks seiner Tochter sein möge, geht nach Klaros zu dem alten Orakel des Apollon und erfleht unter Gebet und Opfer Ehe und Gemahl für die verschmähte Jungfrau. Apollon aber antwortet folgendermaßen:

„*Stelle das Mägdlein hin auf den Gipfel des ragenden Berges,*
   Mit des Grabesgemachs bräutlichem Schmucke geziert:
Und nicht hoff einen Eidam, von sterblichem Stamme entsprossen,
   Wütig ist er und wild, häßliche Schlangennatur,
Der mit Flügeln der Äther durchfliegt und Alles besieget
   Und mit Flamme und Schwert jegliche Dinge zerstört,
Den selbst Jupiter fürchtet, vor dem die Götter erzittern,
   Bebet die Welle des Stroms, schaudert die stygische Nacht."

Nachdem der einst so glückliche König die Worte der heiligen Weissagung vernommen, kehrt er traurig nach Hause zurück und erklärt seiner Gattin was der Gott befehle. Man trauert, man weint, man klagt Tage und Nächte lang; aber das grausame Gebot muß endlich erfüllt werden. Man veranstaltet für die unglückliche Jungfrau den bräutlichen Zug und führt, nachdem die Feierlichkeiten der Leichenhochzeit vollbracht sind, in Begleitung des ganzen Volkes die lebendige Leiche unter Trauer und lauter Klage dem verhängnisvollen Felsen zu. Unterwegs spricht die Jungfrau zu den trostlosen Eltern: „Warum weint und klaget ihr? Merket ihr nicht, daß ihr von dem tödlichen Schlage des Neides getroffen seid? Als die Völker mich weit und breit mit göttlichen Ehren feierten, als sie mich einstimmig als die neue Venus ausriefen, da hättet ihr trauern und weinen, da mich schon als gleichsam tot beklagen sollen. Allein durch den Namen Venus, das sehe ich, bin ich untergegangen. Stellt mich auf den Felsen, dem das Orakel mich zusprach. Ich eile jene glückliche Hochzeit zu begehen, ich eile meinen edlen Gatten zu schauen. Was zaudere ich? Warum verschmähe ich den Kommenden, der zum Verderben des ganzen Erdkreises geboren ist?" Nachdem die Jungfrau so gesprochen, mischte sie sich mit kräftigem Schritte unter das sie begleitende Volk und ließ sich zu dem bezeichneten Felsen führen. Man stellte sie auf dessen höchsten Gipfel, löschte die Hochzeitsfackeln und schickte sich an, gesenkten Hauptes nach Hause zu kehren. Die niedergebeugten Eltern schlossen sich in dem Innern des Hauses ein und ergaben sich banger nächtiger Trauer. Psyche aber stand furchtsam und zitternd auf dem Gipfel des Felsen und zerfloß in Tränen. Da kam plötzlich ein leise säuselnder Zephyr, blähte ihre weiten Gewänder auf und trug sie in ruhigem Wehen über die Abhänge des Felsen hinab in ein tiefes, tiefes Tal; dort ließ er sie sanft auf weichem Rasen niedergleiten.

Psyche ruhete auf dem Pfühle des tauigen Rasens und versank, nachdem die Aufregung ihrer Seele sich gelegt, in süßen Schlummer. Als sie sich durch hinlänglichen Schlaf gestärkt, erhob sie sich gefaßteren Mutes. Sie sieht einen Hain von schlanken gewaltigen Bäumen, sie sieht einen Quell klaren Wassers mitten im Haine. Nah an dem Sprudel des Quells ist ein königlicher Palast, nicht von Menschenhand, sondern durch die Kunst irgend eines Gottes erbaut. Schon beim ersten Eintritt erkannte man den anmutigen Aufenthalt eines Gottes. Die von Citrusholz und Elfenbein wunderbar getäfelte Decke ruht auf goldenen Säulen, alle Wände sind bedeckt mit erhabener Arbeit von Silber, mit wunderbaren Figuren und Bildern. Selbst die Fußböden sind mit kleinen Stücken kostbaren Steins belegt, die zu schönen Gemälden sich zusammenfügen. Auch die übrigen Teile des weiten Hauses sind unermeßlich kostbar; ganze Wände, mit goldenen Massen belegt, strahlen in eigenem Glanze, so daß das Haus sich selbst seinen Tag macht, auch wenn die Sonne ihn versagte. So glänzten die Gemächer und Säulengänge und selbst die Bäder. Wahrlich, es schien ein dem großen Jupiter zum Umgange mit den Menschen erbauter himmlischer Palast zu sein.

Psyche, durch den Glanz des Palastes angezogen, tritt näher heran, und schon getraut sie sich etwas dreister über die Schwelle. Sie geht durch die wunderbaren Räume und betrachtet das Einzelne; sie kommt zu reichen Kammern, in denen der Schimmer unermeßlicher Schätze aufgehäuft ist, und wunderbar! dieser größte Schatz der Erde lag ohne Schloß und Hüter dort aufbewahrt. Während sie das mit dem größten Entzücken betrachtet, tönt ihr eine körperlose Stimme entgegen und spricht: „Was staunst du, o Herrin, über so große Schätze? Dein ist dies alles. Geh ins Schlafgemach und erquicke auf dem Lager die müden Glieder, geh nach Gefallen zum Bade. Wir, deren Stimmen du vernimmst, sind deine Dienerinnen und werden dir geschäftig zur Hand sein. Und hast du den Körper durch Schlaf und Bad gepflegt, so wird ein königlich Mahl nicht fehlen."

Psyche merkte das Glück einer göttlichen Vorsicht. Sie folgte der Einladung der körperlosen Stimmen und erquicke sich durch Schlaf und Bad. Darauf sah sie sogleich in ihrer Nähe ein Polster neben einem Tisch und ließ sich mit Freuden nieder. Auf der Stelle werden mannigfaltige Speisen und nektarische Weine aufgetragen, ohne die Hand eines Dieners, nur wie von einem Windhauche herbeigeführt. Sie konnte niemanden sehen, sondern hörte nur Worte fallen, und sie hatte blose Stimmen zu Dienerinnen. Nach einem reichlichen Mahle trat jemand herein und sang ungesehen, und ein anderer schlug die Zither, welche, wie er selbst, nicht gesehen wurde. Darauf drang der volle Klang einer singenden Menge zu ihren Ohren; das war, obgleich kein Mensch sichtbar wurde, doch offenbar ein Tanzchor.

Als diese Vergnügungen zu Ende waren, lud der Abend Psychen ein ins Schlafgemach zu gehen. Und in schon vorgerückter Nacht dringt ein schmeichelnder Ton zu ihrem Ohre. Da fürchtet sie in solcher Einsamkeit für ihre Unschuld und bebt und schaudert. Und schon war der unbekannte Gatte da, und vor Anbruch des Tages war er enteilt. Sogleich erschienen die vor dem Gemache harrenden Stimmen und bedienten die junge Gattin. Dies geschah so lange Zeit. Jede Nacht kam, ohne von ihr gesehen zu werden, der unbekannte Gatte, und der Ton seiner Stimme war der Trost ihrer Einsamkeit.

Unterdessen verzehrten sich ihre Eltern in unablässiger Trauer und Klage. Und jene älteren Schwestern, die fern wohnten, kamen auf die Nachricht von dem, was geschehen, betrübten Herzens, um die Eltern zu sehen und zu sprechen. In dieser Nacht sprach der Gemahl also zu seiner Psyche: „Süßeste Psyche, geliebte Gattin, das unbarmherzige Geschick droht dir Gefahr; vermeide sie durch aufmerksame Vorsicht. Deine Schwestern, welche jetzt durch den Glauben an deinen Tod bestürzt sind und deine Spur aufsuchen, werden bald auf jenem Felsen sein. Wenn du daher vielleicht Klagen hören solltest, so antworte nicht, ja sieh nicht einmal zu ihnen hinaus; sonst wirst du mir den herbsten Schmerz, dir aber das größte Verderben bereiten." Sie versprach es und gelobte, nach dem Rate des Gatten zu tun. Nachdem dieser aber zugleich mit der Nacht verschwunden war, brachte die Unglückliche den ganzen Tag in Tränen und Klagen zu. „Jetzt bin ich", sagte sie oft, „völlig unglücklich, da ich, von der Hast eines wenn auch glücklichen Kerkers umschlossen und des Gesprächs menschlicher Unterhaltung beraubt, meine um mich trauernden Schwestern nicht trösten, ja nicht einmal sehen kann." Und ohne Bad und ohne Speise ging sie unter vielen Tränen zu Bette.

Nicht lange, so erscheint der Gatte, etwas früher als sonst, und während sie auch jetzt noch unter seiner Umarmung weint, fragt er sie also: „Hast du mir das versprochen, meine Psyche? Was soll ich nun, dein Gemahl, von dir erwarten? was soll ich hoffen? Tag und Nacht hörst du nicht auf dich zu peinigen. Tue nun, wie du willst, und gehorche deinem Sinn, der Verderbliches verlangt; nur gedenke meiner ersten Ermahnung, wenn du zu spät es bereuen wirst." Da erpreßte Psyche durch Bitten und Tränen von dem Gatten, daß er ihren Wunsch gewähre, die Schwestern zu sehen und zu trösten. So gab denn jener den Bitten der Psyche nach und erlaubte ihr noch obendrein, die Schwestern, wenn sie kämen, mit Gold und Geschmeide zu beschenken. Aber wiederholt ermahnete er sie, daß sie sich nicht durch ihre Schwestern verleiten lasse, neugierig nach der Gestalt ihres Gatten zu forschen, sonst müsse er sich für immer von ihr trennen. Sie dankte ihrem Gatten und sprach frohen Mutes: „Eher will ich hundert Mal sterben, als dieser süßen Ehe mit dir entbehren; denn ich liebe dich sehr, wer du auch sein magst, und ich schätze dich wie mein eigenes Leben, ja ich halte dich höher als selbst den Cupido. Aber jenes gestatte denn auch meinen Bitten und befiehl deinem Diener, dem Zephyr, daß er auf gleiche Weise wie mich einst die Schwestern mir herbringe." Durch die Gewalt der Liebe besiegt, versprach der Gemahl wider seinen Willen alles zu tun. Und wiederum bei Annäherung des Tages entschwand er aus den Armen der Gattin.

Bald erschienen die Schwestern der Psyche auf dem Felsen und erhoben laute Klagen. Sie riefen die unglückliche Schwester mit Namen, bis Psyche sinnlos und zitternd aus dem Hause stürzt und ruft: „Warum härmt ihr euch? da bin ich, die ihr betrauert. Höret auf mit eurem Jammern, da ihr ja jetzt die Schwester umarmen könnt." Darauf ruft sie den Zephyr und mahnt ihn an den Befehl ihres Gemahles. Und sogleich führt sie jener mit sanftem Wehen sicher hernieder. Jetzt genießen sie einander in gegenseitiger Umarmung, und die Tränen der Trauer werden zu Freudentränen. „Aber", sprach sie, „gehet auch jetzt frohen Sinnes mit mir in unser Haus und freut euch mit eurer Psyche." Darauf zeigt sie ihnen die reichen Schätze des goldenen Hauses, läßt ihr Ohr die Schar der dienenden Stimmen hören und erquickt sie durch ein Bad und durch das prächtigste Mahl. Von Staunen erfüllt über die wahrhaft göttlichen Reichtümer, beginnen die Schwestern schön in ihrem innersten Herzen Neid zu hegen. Zuletzt unternimmt es die eine mit ziemlich bedenklicher Neugierde zu forschen, wer denn der Herr dieser himmlischen Schätze sei, wer und wie ihr Gatte. Psyche verriet ihre Geheimnisse nicht, sondern sie erdichtete, was ihr eben passend in den Sinn kam. Ihr Gemahl, sagte sie, sei ein schöner Jüngling, dessen Wangen eben der erste Flaum umschatte, meist mit Jagen im Feld und im Gebirge beschäftigt. Und damit nicht durch irgend eine Unvorsichtigkeit in der fortschreitenden Unterhaltung ihr stilles Geheimnis verraten würde, überhäufte sie die Schwestern mit Kostbarkeiten von Gold und Edelsteinen und ließ sie sogleich durch den herbeigerufenen Zephyr zurücktragen.

Die Schwestern eilen nach Hause, und je mehr sie sich das Glück der Psyche vergegenwärtigen, desto mehr reget sich in ihren Herzen der Neid. „O blindes unholdes Geschick", spricht die eine von Unmut, „wie verschieden ist unser Los von dem unserer Schwester. Getrennt von den Eltern und vom Vaterlande, leben wir wie Verbannte, wie Sklavinnen im Hause fremder Männer, während dieser, die doch viel jünger ist als wir, solche Reichtümer und ein göttlicher Gemahl zu Teil wurde. Du hast es gesehen, liebe Schwester, welche Haufen von Schätzen in dem Hause liegen, welche Kostbarkeiten, welche Gewänder da glänzen; wie blitzen die Edelsteine, wie viel Gold wird außerdem überall in dem Boden mit Füßen getreten! Wenn sie nun auch noch einen so schönen Gatten besitzt, wie sie behauptet, so lebt auf dem ganzen Erdkreise keine glücklicher als sie. Vielleicht wird sie noch ihr göttlicher Gemahl bei fortgesetztem Umgange und gesteigerter Liebe sogar zu einer Göttin machen. So ist es wahrlich! so gab und betrug sie sich. Schon erhebt sie hoch ihr Haupt und spielt als sterbliches Weib schon stolz die Göttin, sie, die Stimmen zu Dienerinnen hat und selbst den Winden gebietet. Aber ich Unglückliche habe einen Gatten erhalten, der älter ist als mein eigener Vater, einen schwachen Greis mit kahlem Scheitel, der eifersüchtig das Haus mit Riegeln und Ketten verschließt." Darauf die andere: „Ich aber, liebe Schwester, muß einen Mann dulden, der durch Gichtgebrechen gekrümmt und verdreht ist, dem ich die Krummen zu Stein verhärteten Finger mit stinkenden Salben einreiben muß, nicht die pflichtgetreue Rolle einer Gattin, sondern das mühsame Geschäft eines Arztes übend. Du, Schwester, magst zusehen, ob du geduldig und mit sklavischem Sinn solches Los ertragen willst; ich halte es nicht länger aus, ein so glückliches Geschick einer Unwürdigen zugefallen zu sehen. Bedenke, wie stolz, wie anmaßend sie sich gegen uns betrug, wie sie von so vielen Reichtümern uns nur weniges ungern umwarf und, von unserer Gegenwart beschwert, uns schnell wegtreiben, fortwehen, fortblasen ließ. Ich bin kein Weib, ich will überhaupt nicht leben, wenn ich sie nicht von der Höhe ihres Glückes herabstoße. Und wenn auch dich, wie ich denke, unsere Beschimpfung verdrossen hat, so wollen wir beide einen gewaltigen Plan schmieden. Aber wir wollen, was wir im Herzen bergen, weder unsern Eltern noch sonst jemand entdecken, nein, wir haben überhaupt nichts von ihrem Glücke erfahren! Es ist genug, daß wir es zu unserem Schmerze gesehen haben, wir wollen nicht auch noch bei unsern Eltern und bei allem Volke ihr Glück rühmend verbreiten. Die sind ja nicht glücklich, deren Glück niemand kennt. Und jetzt wollen wir zu unseren Gatten gehen und unser armes Haus aufsuchen, und wenn wir uns gehörig beraten haben, dann wollen wir stärker zurückkehren, um den Übermut zu strafen." Sobald die bösen Schwestern alle kostbaren Geschenke, die sie von Psyche erhalten, verborgen hatten, zerrausten sie ihr Haar, zerrissen ihr Antlitz und kamen, um die Verlorene klagend, zu ihren Eltern. Hier reißen sie im Fluge die Wunden des Schmerzes wieder auf und eilen dann, von Wahnsinn getrieben, nach Hause, schändlichen Verrat, ja Mord gegen die unschuldige Schwester im Herzen.

Unterdessen ermahnt Psychen ihr Gatte, den sie nicht kennt, wiederum in seinen nächtlichen Unterredungen also: „Siehst du, welche Gefahr dir das Schicksal aus der Ferne droht? Und wenn du dich nicht, während sie noch ferne ist, stark vorsiehst, wird sie bald in der Nähe erscheinen. Treulose Wölfinnen legen dir verbrecherischen Hinterhalt, sie wollen dich überreden, daß du mein Antlitz erforschest, das du, wie ich dir schon oft gesagt, nicht mehr sehen wirst, sobald du es gesehen. Wenn daher die Verruchten kommen – und sie werden kommen, ich weiß es – so laß dich überhaupt mit ihnen in kein Gespräch ein, und wenn dir dies deine Gutmütigkeit nicht erlaubt, so darfst du wenigstens über deinen Gatten weder etwas anhören noch antworten. Denn bald werden wir unsern Familienkreis erweitern, und unser Kind wird ein göttliches sein, wenn du unser Geheimnis mit Schweigen bedeckst, wenn du es entweihst, ein sterbliches." Psyche blühte auf durch die frohe Botschaft und ergötzte sich an dem Troste göttlicher Nachkommenschaft; sie war stolz auf den Ruhm ihres zukünftigen Pfandes und freute sich, ängstlich die sich mehrenden Tage und die vergehenden Monde zählend, der verheißenen Würde des mütterlichen Namens. Aber schon nahete hastig in gottloser Eile das verderbliche Schwesternpaar.

Da ermahnte wiederum der auf Stunden erscheinende Gatte seine Psyche: „Der letzte Tag, der Tag der Entscheidung ist da; die feindliche Brut hat schon die Waffen ergriffen und trachtet mit gezücktem Dolche nach deinem Halse. Wehe, welche Not bedrängt uns, süßeste Psyche! Erbarme dich dein und mein! Bewahre durch ehrfurchtsvolle Verschwiegenheit Haus und Gatten und dich und jenen unseren Kleinen vor dem drohenden Unglück. Jene schändlichen Weiber, die du wegen ihres tödlichen Hasses und der Verachtung aller

Bande des Bluts nicht Schwestern nennen darfst, sieh sie weder, noch höre sie an, wenn sie, wie Sirenen auf dem Felsen stehend, mit klagender Stimme durch die Klippen schreien." Psyche antwortet unter Schluchzen und Tränen: „Schon lange, ich weiß es, hast du gezweifelt an meiner Treue und Schweigsamkeit; und doch will ich dir auch jetzt die Festigkeit meiner Seele bewähren. Befiehl du nur wieder unserm Zephyr, daß er sein Amt treu verrichte, und da du mir dein heiliges Antlitz zu schauen versagst, so erlaube mir dafür wenigstens den Anblick der Schwestern, ich beschwöre dich bei diesen Locken, die dein Haupt umwallen, bei den zarten Wangen, die den meinen ähnlich sind, bei der ich weiß nicht von welchem Feuer durchglühten Brust. Bei dem Kleinen, in dem ich einst dein Antlitz erkennen werde, beschwöre ich dich, laß dich erweichen durch die Bitten der Gattin und gönne mir den Genuß der schwesterlichen Umarmung, laß die Freude aufs Neue die Seele deiner teuren, dir treu ergebenen Psyche beleben. Dann forsch' ich nicht weiter nach deinem Angesicht; es trennt mich ja selbst nicht von dir die nächtliche Finsternis; ich halte dich umfaßt mein Licht!" Durch diese Worte und ihre sanften Umarmungen bezaubert, verspricht der Gatte, indem er ihre Tränen mit seinen Locken abtrocknet, ihr zu willfahren und verschwindet sogleich vor dem Lichte des werdenden Tags.

Das schwesterliche Paar geht, ohne erst die Eltern gesehen zu haben, in hastiger Eile geraden Weges von dem Schiffe zu jenem Felsen, und ohne erst die Gegenwart des tragenden Windes abzuwarten, springen sie in loser Kühnheit in die Tiefe hinein. Aber Zephyr, wohl eingedenk des Befehls seines Herrn, fängt sie, obgleich ungern, in seinen Armen auf und setzt sie auf den Boden. Sie dringen nun sogleich in das Schloß, und nachdem sie ihre Beute umarmt, sprechen sie, schwesterliche Liebe erheuchelnd und den Pfuhl der tief verborgenen Tücke mit heiteren Mienen bedeckend, mit schmeichelnden Worten: „Psyche, du bist jetzt kein Kind mehr, wie sonst, nein du bist schon Mutter. Mit welcher Freude wirst du unser ganzes Haus erfüllen! O wir Glücklichen, wie werden wir uns freuen an der Erziehung des goldenen Knaben. Ja, wenn er, wie notwendig, der Schönheit der Eltern entspricht, so wird gewiß ein Cupido geboren werden." So drängen sie sich, Liebe heuchelnd, allmählich in das Herz der Schwester. Diese läßt sie sich von der Ermüdung des Weges ausruhen und erquickt sie mit ihren herrlichen Speisen. Sie befiehlt, daß die Zither erklinge, und sie erklingt, Flöten ertönen und Chöre erschallen. Dies alles ergötzte, ohne daß jemand gesehen ward, mit den süßesten Weisen die Horchenden. Doch selbst die Süße des Gesanges erweicht nicht die boshaften Herzen der Weiber; sondern indem sie allmählich ihre Rede zu der verhängten Schlinge des Truges hinlenken, fangen sie heuchlerisch an zu forschen, was für einen Gatten sie habe, und woher er stamme. Da ersinnst sie, ihre frühere Rede vergessend, eine neue Erdichtung und sagt, ihr Gatte, aus der nächsten Provinz, gebe sich mit großartigen Geldgeschäften ab und stehe schon, das Haar mit etwas Grau untermischt, in der Mitte des Lebens. Doch ohne bei dieser Rede lange zu verweilen, beladet sie die Schwestern wieder mit reichlichen Geschenken und übergibt sie den Schwingen des Windes.

Aber während sie, von dem linden Hauche des Zephyr entführt, nach Hause kehren, sprechen sie so unter einander: „Schwester, was sollen wir zu der abenteuerlichen Lüge der Einfältigen sagen? Früher war er ein Jüngling, dessen Kinn sich soeben mit blühendem Flaum bedeckt; jetzt ist er in mittleren Jahren mit grauem Haar. Wer ist das, den eine so kurze Zeit durch plötzliches Alter so umgebildet? Siehe, liebe Schwester, entweder ersinnt das schändliche Weib eine Lüge, oder sie kennt die Gestalt ihres Mannes nicht. Was von beiden auch wahr sein mag, sie muß so bald als möglich von jenen Schätzen verjagt werden. Wenn sie das Gesicht ihres Gatten nicht kennt, so hat sie gewiß einem Gott sich vermählt und trägt einen Gott unter ihrem Herzen. Wahrlich, wenn sie – was fern sei – Mutter eines göttlichen Knaben würde, ich nähme gleich einen Strick und erhängte mich. Laß uns daher jetzt zu unsern Eltern zurückkehren und dann gleich an den Anfang der Rede dieses Weibes recht gleichfarbigen Trug knüpfen." So entflammt, begrüßen sie hochmütig ihre Eltern, und nachdem sie diesen eine schlaflose Nacht bereitet, eilen die Verruchten in der Frühe nach dem Felsen; von da fliegen sie auf den gewohnten Schwingen des Windes hastig hinab, und indem sie falsche Tränen hervorzwingen, reden sie listig das Mädchen folgendermaßen an: „Du, liebe Schwester, sitzest da in glücklicher Unwissenheit, sorglos um deine Gefahr; aber wir, in wachender Sorge um dein Heil, werden elendiglich durch dein Unglück gepeinigt. Denn wir haben als sicher erfahren und können's dir als Schwestern nicht verheimlichen, daß ein fürchterlicher Drache nachts unbekannt bei dir schläft. Jetzt bedenke den Orakelspruch des Gottes, welcher ausrief, daß du der Ehe einer scheußlichen Bestie bestimmt seiest. Viele Landleute und Nachbarn, und die umher im Gebirge jagen, haben ihn oft abends vom Raube zurückkehren und durch die Furt des nahen Flusses schwimmen sehen. Und alle sind der festen Überzeugung, daß er nicht lange mehr in schmeichelnder Ergebenheit dich nähren und füttern, sondern bald mitsamt deinem Kinde dich verschlingen wird. Hier hängt es nun von deiner Entscheidung ab, ob du deinen für dein Heil besorgten Schwestern beistimmen und dem Tode entfliehen, oder in den Eingeweiden des grausamsten Ungeheuers begraben sein willst. Wenn dich aber die tönende Einsamkeit dieses Landsitzes und die heimliche Liebe dieser häßlichen und gefahrvollen Ehe ergötzt, nun, so haben wir doch als liebende Schwester unsere Pflicht getan."

Da gerät die arme Psyche in ihrer zarten Einfalt in Furcht und Schrecken, und in ihrer Verzweiflung vergißt sie alle Ermahnungen ihres Gatten und ihre Versprechungen und stürzt sich in die Tiefe des Verderbens. Zitternd und blaß lispelt sie mit halblauter Stimme stotternde Worte und spricht also zu ihren Schwestern: „Ihr übet, teure Schwestern, die Pflicht schwesterlicher Liebe; aber auch jene, die euch solches versichern, scheinen mir nicht Lügen zu dichten. Denn nie sah ich das Antlitz meines Gatten, noch habe ich überhaupt erfahren, woher er stammt; sondern ich höre nur seine nächtliche Stimme und habe einen ganz lichtscheuen Gatten von ungewissem Stande. Daher gebe ich euch Recht, wenn ihr ihn ein Ungeheuer nennt. Und er schreckt mich immer gar sehr von seinem Anblick ab und droht mir großes Unglück, wenn ich neugierig trachtete, sein Antlitz zu sehen. Wenn ihr jetzt Hilfe und Rettung eurer Schwester bringen könnt, so steht mir bei." Arglos gibt sich jetzt die arme Psyche in die Hände ihrer Schwestern, die mit schändlichem Trug auf das bebende Gemüt des unschuldigen Mädchens eindringen. Mit erheuchelter Sorge spricht die eine: „Weil uns denn die Bande des Blutes treiben, über deinem Leben zu wachen, so wollen wir dir den Weg zeigen, der allein zur

Rettung führt. Nimm ein scharfes Messer und verbirg es heimlich auf der Seite des Lagers, wo du zu ruhen pflegst; dann stelle eine brennende Lampe vorsichtig unter ein deckendes Gefäß, und wenn dann das Ungeheuer, seinen schweren Leib daherschleppend, das gewohnte Lager bestiegen hat und ausgestreckt im ersten tiefen Schlafe zu atmen beginnt, so gleite von dem Lager herab, schleiche leise zu der Lampe, befreie sie von ihrem Verschluß und nimm nach ihrem Rate die günstige Zeit wahr zu der herrlichen Tat – hebe kühn die Rechte und haue mit dem scharfen Messer, kräftig ausholend den Knoten des verderblichen Drachen zwischen Nacken und Kopf entzwei. Und unsere Hilfe soll dir nicht fern sein; sobald du durch den Mord des Ungeheuers dich gerettet, werden wir schnell alle Schätze mit dir davontragen und dich in erwünschter Ehe – Menschen mit Menschen verbinden." Durch solche Worte setzen sie das schon glühende Herz der Schwester vollends in verderbliche Flammen; da sie aber die Nähe des Unglücks auch für sich fürchten, so eilen sie, von dem gewohnten Hauche des Windes über den Felsen getragen, sogleich davon, besteigen die Schiffe und kehren nach Hause.

Psyche, allein in ihrer Einsamkeit zurückgelassen, schwebt in der peinlichen Qual. Obgleich der Plan gefaßt und sie in ihrem Geiste entschieden ist, so schwankt sie doch, während sie schon Hand ans Werk legt, noch ungewiß in den verschiedensten Stimmungen hin und her. Sie beeilt sich, sie schiebt auf, – sie wagt, zittert, mißtraut und zürnt – und der Schluß ist, in demselben Körper haßt sie das Ungeheuer, liebt sie den Gatten. Als jedoch der Abend schon die Nacht heranzog, da vollendet sie in hastiger Eile die Vorbereitungen zu ihrem schlimmen Werke.

Es war Nacht, und der Gatte war gekommen und lag in tiefem Schlafe. Da wird Psyche, sonst schwach an Kräften und schwach an Mut, doch jetzt, getrieben von dem grausen Geschicke, stark und mutig; sie nimmt die Lampe hervor, ergreift das Messer und vertauscht die weibliche Furcht mit Kühnheit. Aber sobald bei der Annäherung des Lichtes die Geheimnisse des Lagers erhellt werden, da sieht sie von allen Wesen das sanfteste und süßeste Ungeheuer, den schönen Gott Cupido selbst lieblich in Schlummer liegen. Psyche, durch solchen Anblick erschreckt und ihrer Seele nicht mächtig, beugt sich, erschöpft in toter Blässe und zitternd, tief in die Knie und sucht das Eisen zu verbergen – aber in der eigenen Brust. Das hätte sie gewiß getan, wäre nicht das Eisen, aus Furcht vor solchem Frevel, den verwegenen Händen entfallen. Und obgleich schon ermattet und an ihrem Heile verzweifelnd, erholt sie sich doch wieder, indem sie öfter die Schönheit des göttlichen Antlitzes betrachtet. Sie sieht die festlichen, von Ambrosia triefenden Locken des goldenen Hauptes, welche den milchweißen Nacken und die purpurnen Wangen lieblich umspielen; über die Schultern des geflügelten Gottes hin schimmern die tauigen Schwingen in glänzender Blüte, und obgleich die Flügel ruhen, so scherzet doch zitternd aufliegend der äußerste zarte Flaum. Zu den Füßen des Bettes lagen Bogen, Köcher und Pfeile, die huldreichen Waffen des großen Gottes.

Während Psyche mit unersättlicher Seele gar neugierig den schönen Gott betrachtet und die Waffen ihres Gatten bewundert, nimmt sie einen Pfeil aus dem Köcher heraus, und indem sie die äußerste Schärfe desselben mit der Spitze der Finger berühren will, sticht sie sich durch einen zu heftigen Druck der zitternden Hand etwas zu tief, so daß über die Haut kleine Tropfen ihres rosigen Blutes tauen. So verfiel Psyche ohne ihr Wissen durch ihre Schuld in die heftigste Liebe zu Amor.

    Jetzt fiel sie, mehr und mehr von der Begierde zu Cupido brennend, heftig über ihn her, und indem sie mit offenen Lippen ihm gierige Küsse aufdrückte, befürchtete sie über die Länge seines Schlafes. Aber während sie in solchem Glücke taumelnd schwelgte, spie die Lampe aus der Spitze ihres Lichtes einen Tropfen brennendes Öles auf die rechte Schulter des Gottes. Von dem Schmerze erweckt, sprang der Gott auf, und da er den Verrat der Treue sah, floh er ohne

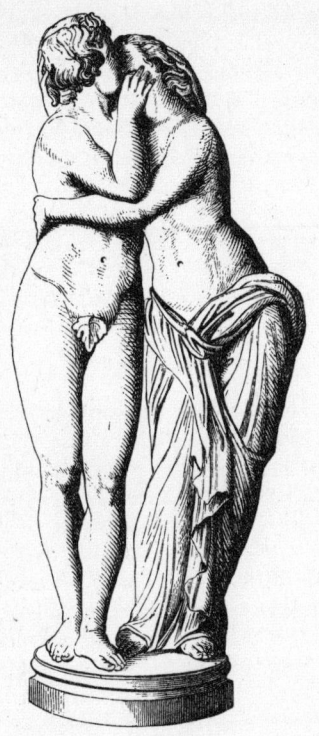

Amor und Psyche

ein Wort zu reden, sofort aus den Augen und den Armen der unglücklichen Gattin. Aber, sowie er aufspringt, ergreift Psyche mit beiden Händen seinen rechten Fuß und wird mit durch die Lüfte getragen. Endlich fällt sie erschöpft auf den Boden. Aber der liebende Gott verließ die auf der Erde liegende Psyche nicht; er flog auf die nächste Zypresse und redete sie von ihrem Wipfel aus in tiefem Schmerze also an: „O törichte Psyche, ich gehorchte nicht den Befehlen meiner Mutter, die mir gebot, dich mit der Liebe zu dem niedrigsten und unglücklichsten Menschen zu erfüllen und in die gemeinste Ehe zu fesseln; sondern ich bin vielmehr selbst als Liebender zu dir geflogen. Aber darin handelte ich leichtsinnig, ich weiß es; ich, der gefeierte Schütze, habe mich mit meinem eigenen Geschosse verwundet und dich zu meiner Gattin gemacht, – damit ich dir als ein Ungeheuer erschiene und du mit einem Messer mein Haupt abschnittest, das diese dich liebenden Augen trägt. Ich habe dich stets wohlwollend gewarnt, aber umsonst. Doch deine trefflicen Ratgeberinnen sollen mir sogleich für ihre verderblichen Lehren büßen; dich aber will ich nur durch meine Flucht strafen."

Nach diesen Worten erhob er sich auf seinen Schwingen in die Lüfte. Psyche, auf die Erde hingestreckt, folgte, soweit sie vermochte, mit dem Auge dem Fluge des Gatten und quälte sich in Jammern und Klagen. Als aber der Gatte ihren Blicken entschwunden war, stürzte sie sich in die Wellen des nächsten Flusses. Der sanfte Flußgott jedoch setzte sie aus Furcht vor dem Gotte, der selbst die Gewässer in Brand zu setzen pflegt, sogleich durch eine unschädliche Windung wieder an das blühende Ufer. Da saß zufällig Pan, der ländliche Weidegott, und spielte auf seiner Syrinx allerlei schöne Weisen; nahe an dem Flusse wandelten auf der Weide schäkernde Ziegen. Der bockgestaltete Gott rief die betrübte und ermattete Psyche, deren Unglück er kannte, liebevoll zu sich und tröstete sie. „Schönes Mädchen", sprach er, „ich bin zwar nur ein bäurischer Hirte, aber durch die Gunst des langen Alters in vielem erfahren. Wenn mein Vermuten richtig ist, so leidest du an zu heftiger Liebe. Drum höre mich an: Suche dich nicht wieder durch einen Sturz oder auf irgend eine andere gewaltsame Weise zu töten. Laß ab von Schmerz und Trauer; bete vielmehr zu Cupido, dem größten der Götter, und erwirb dir den Jüngling durch schmeichelnden Gehorsam."

Psyche antwortete nichts, sondern verehrte schweigend den wohlratenden Gott und ging ihres Weges. Aber noch war sie nicht weit mit schwankendem Schritte umhergeirrt, als sie auf einem abseits führenden unbekannten Pfade zu einer Stadt kam, in welcher der Gemahl der einen ihrer Schwestern die Herrschaft besaß. Als Psyche dies erfuhr, wünschte sie, daß ihre Gegenwart der Schwester gemeldet würde. Sie wurde bald eingeführt, und nach den Umarmungen gegenseitiger Begrüßung beginnt sie auf die Frage nach der Ursache ihres Erscheinens also: „Du erinnerst dich doch eures Rates, durch den ihr mich bewogt das Ungeheuer, das unter dem erlogenen Namen eines Gatten bei mir ruhte, mit zweischneidigem Messer zu töten, bevor es mich mit seinem gefräßigen Rachen verschlänge. Aber sobald ich, wie wir verabredet hatten, bei dem Schimmer der Lampe sein Gesicht betrachte, bietet sich meinen Augen ein wundervoller und wahrhaft göttlicher Anblick dar, ich sehe den Sohn der Göttin Venus selbst, ja den Cupido selbst, in sanftem Schlummer vor mir liegen. Und während ich, durchschauert von dem Anblick so großen Glückes und durch die allzumächtige Flut der Lust verwirrt, an dem Mangel des Genusses krankte, da sprühte durch ein unglückliches Ungefähr die Lampe glühendes Öl auf seine Schulter. Durch diesen Schmerz wurde er sogleich aus dem Schlafe aufgeschreckt, und als er mich mit Feuer und Schwert bewaffnet sah, sprach er: „Entferne dich sogleich wegen dieser schrecklichen Schandtat von meinem Lager und sei geschieden von mir. Ich werde mich aber mit deiner Schwester – und er nannte deinen Namen – alsobald in rechtlicher Ehe verbinden." Darauf befiehlt er dem Zephyr, daß er mich über die Grenzen seines Hauses hinauswehe."

Noch hatte Psyche ihre Rede nicht geendet, so täuschte schon jene, von den Stacheln rasender Begier und verderblichen Neides getrieben, ihren Gatten mit einer listig ausgesonnen Lüge, als hätte sie etwas über den Tod ihrer Eltern erfahren, bestieg ein Schiff und eilte zu dem Felsen, und obgleich ein anderer Wind wehte, warf sie sich doch hastig und in blinder Hoffnung mit einem gewaltigen Sprung in die Lüfte, indem sie rief: „Nimm mich auf, Cupido, die deiner würdige Gattin, und du, Zephyr, fange deine Gebieterin auf!" Aber zerschellt und zerschmettert auf dem Geklüfte der Felsen kam sie in der Tiefe an, den Vögeln und dem Raubwild eine willkommene Beute. Und auch die zweite Schwester ereilte bald die rächende Strafe. Denn Psyche gelangte auf fernerer Irrfahrt zu einer andern Stadt, in der die andere Schwester wohnte. Diese wurde auf dieselbe Weise getäuscht und eilte, eifersüchtig auf die Ehe der Schwester, nach dem Felsen und verfiel in gleiches tödliches Verderben.

Unterdessen ging Psyche unter den Völkern umher und suchte den Amor. Aber dieser lag seufzend und gequält von der Wunde der Lampe in dem Gemache seiner Mutter. Da tauchte jener weiße Vogel, die Möve, schnell in den tiefen Schoß des Ozeans, näherte sich der Venus, die eben badend umherschwamm, und sagte ihr an, daß ihr Sohn verbrannt und klagend an einer schmerzreichen Wunde darniederliege und an seiner Rettung verzweifle. „Und schon murren alle Völker", sprach sie, „und überhäufen deine Familie mit Schmähungen, jener sei zur Buhlerei im Gebirge, du zum Bade im Meere entwichen; deswegen sei keine Lust, keine Anmut und liebenswürdige Heiterkeit mehr, sondern alles sei schmucklos und bäuerisch und roh." So schwatzte jener plauderhafte und neugierige Vogel in die Ohren der Venus und zerstörte die gute Meinung von dem Sohne. Venus aber rief im höchsten Zorne: „Also mein guter Sohn hat schon eine Geliebte! Wohlan, die du mir allein in Liebe dienest, sage mir den Namen der Göttin, welche den zarten bartlosen Knaben aufregte; ist sie aus der Schar der Nmyphen oder eine der Horen, aus der Musen Chor oder aus meiner Dienerschaft der Grazien?" Der geschwätzige Vogel antwortete: „Ich weiß nicht gewiß, Gebieterin, aber ich glaube, es ist ein Mädchen, das er heftig liebt, Psyche heißt sie, wenn ich mich recht erinnere." Da rief Venus zornig: „Wohl gar liebt er in Wahrheit jene Psyche, jene Nebenbuhlerin meiner Gestalt und meines Namens. Wahrlich, der Bube hielt mich für eine Kupplerin, auf deren Veranstaltung er jenes Mädchen kennen lernen sollte."

Mit diesem Rufe tauchte sie schnell aus dem Meer und eilte in ihr goldenes Gemach; und als sie dort den kranken Knaben in dem vermeldeten Zustand traf, schrie sie, schon gleich auf der Schwelle, so laut als möglich: „Ist das ehrbar und unserem Geschlechte ziemlich, daß du nicht nur die Befehle deiner Mutter, ja deiner Gebieterin mißachtet und mit Füßen trittst, sondern auch, ein Knabe von diesem Alter, dich mit dieser Psyche, meiner Feindin, vermähltest. Aber warte, du unliebenswürdiger Wicht, du sollst mir büßen; ich werde irgend einen von meinen Sklaven an Kindes Statt annehmen und ihm diese Flügel und Flammen und Bogen und Pfeile geben und all mein Gerät, das ich dir nicht zu diesem Gebrauche gegeben hatte. Du bist in deiner ersten Jugend schlecht erzogen und hast vorwitzige Hände, du hast oft ohne Scheu deine Voreltern verwundet, und mich selbst, deine Mutter, stellst du täglich muttermörderisch bloß und verachtest mich ganz wie eine Witwe. Aber du sollst dieses Spiel bereuen und jene Ehe herb und bitter empfinden. Doch was soll ich tun? Wohin soll ich mich wenden, um diesen Wicht zu bestrafen? Soll ich Hilfe suchen bei meiner Feindin *Nüchternheit,* welche ich wegen der Ausschweifungen dieses Knaben selbst oft beleidigt habe, soll ich gerade eine Unterredung veranstalten mit dem bäuerischen, trübseligen Weibe? Mich schaudert! Und doch darf ich den Trost der nicht von mir weisen, woher er auch komme. Sie gerade muß ich zu Hilfe nehmen und keine andere, daß sie mir diesen Knaben aufs Empfindlichste strafe, daß sie ihm den Köcher ausleert und die Pfeile zerbricht, den Bogen aufknüpft und die Fackeln löscht; ja auch seinen Körper selbst soll sie mir durch schärfere Mittel zur Ordnung weisen. Ich selbst werde ihm seine Locken, die meine Hände oft mit goldenem Glanze überstrichen haben, abschneiden und die Flügel stutzen, die ich oft auf meinem Schoße mit Nektar begossen."

So sprach sie und stürzte in dem heftigen Zorn einer Göttin zur Türe hinaus. Ihr begegnen Ceres und Juno, und da sie ihr erhitztes Gesicht sehen, fragen sie, warum sie so zornig sei und ihr schönes Antlitz entstelle. Sie antwortet: „Ihr kommt mir zu gelegener Zeit. Ich bitte euch, helft mir, soviel ihr könnt, jene flüchtige schweifende Psyche ausfindig machen. Denn euch ist gewiß die berüchtigte Geschichte meines Hauses und die Taten meines liebenswürdigen Sohnes nicht verborgen geblieben." Jene wußten nicht, was geschehen, und begannen den Zorn der Venus zu beschwichtigen. „Was hat denn, o Herrin", sprachen sie, „dein Sohn so Böses getan, daß du mit halsstarrigem Sinne seine Vergnügungen anfichtst und die, welche er liebt, auf jegliche Weise zu verderben suchst? Was ist es für ein Verbrechen, wenn er einmal einem hübschen Mädchen freundlich war? Oder hast du vergessen, wie viel Jahre er zählt? Scheint er dir, weil er sein Alter in schöner Jugend erhält, immer ein Knabe zu sein? Du, seine Mutter und eine vernünftige Frau, willst du immer neugierig die Spielereien deines Sohnes ausforschen, ihm Schwelgerei vorwerfen, seine Liebschaften unterdrücken und deine eigenen Künste und Ergötzungen an dem schönen Knaben tadeln? Wer unter den Göttern, wer unter den Menschen wird es loben, wenn du, die du unter den Völkern umher die Sehnsucht der Liebe ausstreust, in deinem eigenen Hause die Liebe lieblos einschränkst, wenn du dein Haus dem weiblichen Umgange verschließest, der doch aller Welt gemeinsam ist?" So sprachen die Göttinnen für Cupido, aus Furcht vor seinen Pfeilen, auch in seiner Abwesenheit und verteidigten ihn gnädig. Aber Venus, erzürnt, daß über ihren Schimpf noch gescherzt würde, verließ sie und nahm wieder hoch durch die Lüfte in schnellem Schritte ihren Weg zum Meere.

Unterdessen schweifte Psyche auf ihren Wanderungen hin und her und suchte den Gatten Tag und Nacht, begierig, den Erzürnten wenn nicht durch Schmeicheleien der Gattin zu besänftigen, so doch durch sklavische Bitten zu erweichen. Und als sie auf dem Gipfel eines Berges einen Tempel erblickte, sagte sie: „Ist es nicht möglich, daß dort mein Herr wohnt?" Und schnell wendet sie ihre Schritte dorthin und tritt in den Tempel ein. Sie sieht Weizenähren auf einem Haufen und andere zu einem Kranze gewunden, sie sieht Ähren von Gerste. Es waren auch Sicheln da und alles Geräte der Ernte, aber alles durcheinander liegend und unordentlich vermengt, wie es gerade von den

Händen der Landleute hingeworfen war. Dieses alles legte Psyche sorgfältig in Ordnung, in der Meinung, daß sie keines Gottes Heiligtümer vernachlässigen, sondern von allen Gnade und Mitleid erflehen müsse. Während sie dieses mit Eifer besorgt, kommt die gute Mutter Ceres herzu und ruft: „Ach unglückliche Psyche, auf dem ganzen Erdkreise sucht Venus deine Spur mit wütender Seele und fordert dich zur äußersten Strafe, und du unternimmst unterdes die Sorge für mein Heiligtum und denkst an etwas ganz anderes als an dein Heil?" Da umfaßte Psyche ihre Knie, netzte ihren Fuß mit reichen Tränen und flehte: „Bei dieser deiner fruchtbringenden Rechten bitte ich dich, erhabene Göttin, stehe der unglücklichen Psyche bei, die ihre Zuflucht bei dir nimmt. Laß mich unter diesem Haufen von Ähren nur wenige Tage verborgen bleiben, bis der Zorn der großen Göttin sich mildert, oder doch meine ermatteten Kräfte durch kurze Ruhe sich erholen." Ceres erwiderte: „Zwar deine Bitten und Tränen rühren mich, Psyche, und ich wünsche dir zu helfen; aber mit meiner Verwandten, mit der auch alte Freundschaft mich verbindet, kann ich nicht in Feindschaft treten. Daher entferne dich schnell aus diesem Tempel. Daß du aber von mir nicht bist zurückbehalten und beschützt worden, darüber zürne mir nicht."

Psyche, gegen ihr Erwarten zurückgewiesen und von doppelter Trauer ergriffen, setzt wieder ihren Weg fort, und sie erblickt wieder in dem Haine eines tiefen Tales einen schönen Tempel; und um keines Gottes Gunst ohne Anspruch zu lassen, naht sie den geheiligten Pforten. In die Knie gesunken, umfaßt sie den Altar und fleht zu Juno – denn dieser gehörte der Tempel – um Hilfe und Beistand; aber auch Juno wies sie aus Rücksicht gegen Venus, wiewohl ungern, von der Schwelle ihres Tempels fort. Da entschloß sich Psyche endlich zu dem Hause der Venus selbst zu gehen und durch unterwürfigen Gehorsam ihren Zorn zu beschwichtigen. Vielleicht findet sie ja im Hause der Mutter den geliebten Gatten. Aber Venus, den irdischen Mitteln der Nachforschung entsagend, hatte sich an den Himmel gewandt. Sie hatte ihren goldenen Wagen, ein Werk des Vulcanus, mit weißen Tauben bespannt und war hinaufgefahren zu der königlichen Burg des Jupiter. Hier forderte sie mit stolzer Miene den Dienst des Mercurius, des Götterboten, und Jupiter gewährte ihr. Frohlockend fuhr sie mit Mercurius sogleich vom Himmel hernieder und sprach zu ihm: „Arkadischer Bruder, du weißt ja, wie lange ich schon meine abhanden gekommene Magd suche. Es bleibt nichts übrig, als durch dich öffentlich eine Belohnung für ihre Auffindung ausrufen zu lassen. Beeile daher meinen Auftrag und gib deutlich die Zeichen an, woran sie erkannt werden kann, damit keiner, wenn er sich des Verbrechens unerlaubter Geheimhaltung schuldig macht, sich mit Nichtwissen entschuldigen kann." Mit diesen Worten überreichte sie ihm ein Blatt, auf dem der Name der Psyche und das übrige angegeben war. Darauf entfernte sie sich nach ihrer Wohnung, und Mercurius, unter allen Völkern umhereilend, verrichtete mit diesen Worten das übertragene Geschäft des Ausrufs: „Wenn einer die flüchtige Königstochter, die Sklavin der Venus, mit Namen Psyche, von der Flucht zurückbringen oder in ihrem Versteck anzeigen kann, so komm er zu dem Ausrufer Mercurius, um als Anzeigegebühr von Venus selbst sieben süße Küsse in Empfang zu nehmen."

Indem Mercurius also ausrief, hatte das Verlangen nach solchem Preise den Wetteifer aller Sterblichen erregt. Dies entfernte nun vollends alles Zaudern der Psyche. Als sie sich den Pforten ihrer Gebieterin näherte, kam ihr eine von der Dienerschaft der Venus entgegen, mit Namen *Umgang;* und sogleich ruft diese, so laut sie kann: „Hast du endlich, nichtswürdige Magd, angefangen zu erkennen, daß du eine Gebieterin hast? Oder willst du mit der Frechheit deiner Sitten auch das nicht wissen, welche Mühe wir um dein Aufsuchen gehabt haben? Aber es ist gut, daß du vor allen in meine Hände geraten bist; denn du sollst sogleich für deinen Trotz büßen." Und sie fiel frech mit der Hand in ihre Haare und zog die Unglückliche, die vergebens Widerstand leistete, mit sich fort. Sobald aber Venus sie herein und vor sich gebracht sah, erhob sie ein lautes Gelächter, gleich denen, welche in heftigem Zorne sind, und indem sie ihr Haupt schüttelte, sprach sie: „So hast du dich denn endlich herabgelassen, deine Schwiegermutter zu begrüßen? Oder bist du gekommen, deinem Ehegemahl, der an deiner Wunde gefährlich darniederliegt, einen Besuch zu machen? Aber sei ohne Sorgen; denn ich will dich nun aufnehmen, wie es einer guten Schwiegertochter gebührt." Und sie rief: „Wo sind meine Dienerinnen *Sorge* und *Trauer?*" Sie wurden hereingerufen und empfingen das Mädchen, es zu plagen. Und diese, dem Befehle ihrer Herrin gehorsam, schlugen die arme Psyche mit Geiseln und plagten sie mit andern Peinigungsmitteln und brachten sie dann wieder vor das Angesicht ihrer Gebieterin.

Da erhob Venus wiederum ein höhnisches Gelächter, flog auf sie zu, zerriß ihre Kleider und zerraufte ihr das Haar. Darauf ließ sie Weizen und Gerste und Hirse, Mohn und Erbsen, Linsen und Bohnen herbeibringen, mischte die Körner, schüttete sie auf einen großen Haufen und sagte dann zu Psyche: „Eine so häßliche Magd wie du scheint mir nur durch emsigen Dienst ihren Liebhaber zu verdienen; jetzt will ich deine Brauchbarkeit erproben. Sondere mir da den gemischten Haufen dieser Körner, und wenn du jede Sorte für sich schön gesondert und ausgelesen hast, so zeige mir, aber noch vor Abend, die Vollendung deines Werkes." Nachdem sie ihr so den Haufen so vieler Körner angewiesen, ging sie selbst zu einem Hochzeitsschmause. Psyche, bestürzt durch den schrecklichen Auftrag, steht da stumm und starr und legt keine Hand an die nicht zu entwirrende Masse. Da kommt die kleine ländliche Ameise, die in solch schwieriger Arbeit erfahren ist, und indem sie sich der Not der Gemahlin des großen Gottes erbarmt, läuft sie emsig hin und her und ruft und bittet das ganze Heer der benachbarten Ameisen herzu: „Erbarmt euch, der allerzeugenden Erde geschäftige Kinder, erbarmt euch und bringet schnell der Gattin des Amor, dem lieblichen Mädchen, Hilfe in ihrer Not!"

Das sechsfüßige Volk strömt, eine über die andere, in Wogen herbei und trägt in größter Eile den ganzen Haufen Korn für Korn auseinander; und nachdem sie die einzelnen Sorten auseinander gelesen, entfernen und verbergen sie sich schnell. Bei Anbruch der Nacht aber kehrt Venus, von Wein und Balsam duftend, von dem hochzeitlichen Mahle zurück, den ganzen Körper von schimmernden Rosen umkränzt. Und als sie die bewundernswürdige Arbeit gewahrte, rief sie: „Das ist nicht dein und deiner Hände Werk, Nichtswürdige, sondern dessen, dem du zu deinem und zu seinem Unglück gefallen hast." Darauf warf sie ihr ein Stück schwarzes Brotes vor und schickte sie zur Ruhe.

Unterdessen wurde Cupido einsam in einem Gemache des inneren Hauses in strenger Haft gehalten. So unter *einem* Dache getrennt, brachten die Liebenden die schreckliche Nacht zu. Aber kaum fuhr Aurora am Himmel herauf, so rief Venus die Psyche und sprach zu ihr: „Siehst du den Hain, der dort an dem Flusse und dem langen Felsen sich hinzieht? Dort schweifen schimmernde goldwollige Schafe auf unbewachter Weide. Da sollst du mir von der Wolle des kostbaren Vließes sogleich eine Flocke holen, auf welche Weise du sie auch erlangen magst." Psyche entfernte sich willig, nicht, um den Befehl auszuführen, sondern um durch einen Sturz von dem am Flusse emporragenden Felsen sich Befreiung von ihrem Unglück zu verschaffen. Aber von dem Flusse her spricht die liebliche Pflegerin der Musik, das grüne Schilfrohr, von leisem Gesäusel des süßen Lüftchens göttlich durchhaucht, also: „Durch schweres Leid geprüfte Psyche, verunreinige nicht durch deinen Tod meine heiligen Wellen, noch aber wage dich an die fürchterlichen Schafe dieses Ufers heran, so lange sie mit von der Sonnenglut geliehener Hitze in wildem Rasen zu toben pflegen und mit scharfem Horn und steinerner Stirn und giftigem Bisse den Sterblichen Verderben drohen. Bis nach Mittag die Glut der Sonne sich mildert und die Schafe sich zur Ruhe gelegt haben, kannst du unter jener hohen Platane, die zugleich mit mir dasselbe Wasser trinkt, dich geheim halten; dann, sobald sich die Wut der Schafe gelegt hat, durchstreife das Gesträuch des nahen Hains, und du wirst die goldene Wolle finden, die zerstreut an den dichtverwachsenen Stämmen hängt."

So unterrichtete das gute und menschenfreundliche Schilfrohr die kummervolle Psyche, und indem sie genau den erhaltenen Rat befolgte, sammelte sie in leichtem Raube die weiche goldene Wolle in ihrem Schoß und brachte sie der Venus. Doch auch durch diese zweite Arbeit verdiente sie sich bei ihrer Herrin keine Anerkennung, sondern diese sagte mit bitterem Lächeln: „Auch bei diesem Werk erkenne ich die Unterstützung des Buhlen. Aber jetzt will ich doch genau erproben, ob du mit recht starkem Mute und mit besonderer Klugheit begabt bist. Siehst du den Gipfel jenes Felsen, von dem die dunklen Wellen des schwarzen Quells herabfließen und, in dem Behältnis des nahen Tales eingeschlossen, die stygischen Sümpfe und die dampfrauschenden Fluten des Cocytus nähren? Da schöpfe aus des tiefen Bornes innerstem Springquell die kalte Flut und bringe sie mir eiligst in dieser Urne." Mit diesen Worten gab sie ihr ein kristallenes Gefäß und fügte noch schwere Drohungen hinzu.

Psyche ging eiligen Schrittes nach dem Gipfel des Berges, in der Hoffnung, dort das Ende ihres unglücklichen Lebens zu finden. Sobald sie in die Nähe der beschriebenen Berghöhe gekommen war, sah sie die todbringende Gefahr des Auftrags. Denn ein in ungeheurer Masse aufsteigender Fels mit abschüssigem unbetretbarem Geklüfte spie aus tiefem Spalt schreckliche Quellen aus, welche sogleich durch eine Öffnung in das nächste Tal verborgen niederflossen. Zur Rechten und zur Linken kriechen aus den Höhlen des Felsen, die langen Hälse ausstreckend, schreckliche Drachen hervor, deren schlaflose Augen zu beständiger Wache vorliegen. Und schon wehrten sich auch die tönenden Wasser selbst; denn sie rufen beständig: „Entferne dich! was tust du? was hast du vor? Hüte dich, fliehe! Du wirst zu Grunde gehen!" Psyche, durch die furchtbare Gefahr ganz erdrückt, stand sprachlos da, wie ein Stein verwandelt, und wußte nicht, was beginnen. Da flog plötzlich der schnelle Adler, des hohen Jupiter königlicher Vogel, mit ausgebreitetem Flügelpaare aus heiterer Himmelshöh herab vor das Antlitz des Mädchens, nahm die Urne aus ihrer

Hand, und nachdem er sich in die Nähe des Quells geschwungen, schöpfte er, zwischen den wütenden Zähnen der Drachen und dem Zischen ihrer dreifachen Zungen rechts und links hin mit den mächtigen Flügeln schlagend, schnell die widerstrebenden und zur Rückkehr mahnenden Wasser, vorgebend, er hole das Wasser auf den Venus Befehl, und ihr diene er. Daher ward ihm der Zugang etwas leichter.

So nahm Psyche freudig die volle Urne und brachte sie eilens der Venus zurück. Und doch konnte sie auch jetzt nicht den Zorn der Göttin besänftigen. Denn indem diese noch größere und schlimmere Schmach und Qual drohte, sprach sie unter schrecklichem Lachen: „Nun, du scheinst mir eine mächtige und ausgelernte Hexe, da du diese meine Befehle so glücklich vollbracht hast. Aber noch einen Dienst, meine Liebe, wirst du mir tun müssen. Nimm diese Büchse und gehe zu den Toten und dem unterirdischen Hause des Orcus. Dort bringe sie der Proserpina und sage: „Venus bittet dich, ihr einen kleinen Teil deiner Schönheit zu schicken, nur hinreichend auf einen einzigen Tag. Denn was sie hatte, verbrauchte sie all, während sie ihren kranken Sohn pflegte. Aber komm mir nicht zu spät zurück, weil ich mich damit salben muß, wenn ich in die Versammlung der Götter gehe."

Jetzt verzweifelte Psyche vollends an ihrem Leben, da sie gezwungen war, in die Tiefe des Tartarus hinabzusteigen. Sie warf ihr Gewand ab und eilte zu einem hohen Turme, um sich von da hinabzustürzen; denn so glaubte sie gerades Wegs und auf die beste Art in die Unterwelt gelangen zu können. Plötzlich aber ertönte ihr eine Stimme aus dem Turme entgegen: „Warum suchst du, Unglückliche, dich zu töten? Wenn einmal dein Geist von dem Körper getrennt ist, so gehst du zwar gewiß in den Tartarus ein, aber auf keine Weise wirst du von da zurückkehren können. Höre mich an:

Nicht weit von hier liegt Lacedämon. Dort suche das in unwegsamen Gegenden verborgene Tänarum auf. Da ist das Luftloch des Pluto, und durch die gähnenden Pforten zeigt sich der öde Pfad zum Tartarus. Sobald du die Schwelle überschritten und den Pfad betreten hast, führt dich dieser gerades Wegs zur Burg des Orcus. Aber bis hierher darfst du nicht leer durch jene Finsternis gehen, sondern du mußt Kuchenstückchen aus mit Wein und Honig vermischten Gerstenmehl in beiden Händen tragen, und auch in dem Munde zwei Münzen. Und wenn du nun schon einen guten Teil des Weges zurückgelegt hast, wirst du auf einen hinkenden mit Holz beladenen Esel stoßen mit einem hinkenden Treiber. Dieser wird dich bitten, du möchtest ihm einige von der Last herabgefallene Stücke reichen. Aber gib du keine Antwort, sondern geh still vorüber. Bald darauf kommst du an einen toten Fluß, an welchem Charon angestellt ist; dieser fordert sogleich das Fährgeld und fährt alsdann in einem zusammengestückten Kahn die Wanderer an das jenseitige Ufer. Diesem schmutzigen Greis mußt du als Fährgeld die eine der Münzen, die du trägst, geben, jedoch so, daß er sie selbst mit eigener Hand aus deinem Munde nimmt. Und wenn du über den trägen Fluß setzest, wird ein toter Greis, der darauf schwimmt, seine faulen Hände emporheben und dich bitten, du möchtest ihn in das Fahrzeug ziehen. Aber laß dich nicht durch unerlaubtes Mitleid verführen. Bist du über den Fluß gesetzt und eine Weile fortgegangen, so werden dich alte Weberinnen, die ein Gewebe bereiten, bitten, ein wenig mit Hand anzulegen. Aber auch das darf nicht geschehen. Denn dieses alles und vieles andere wird dir durch die Nachstellungen der Venus begegnen, damit du nur ein Stückchen Kuchen aus den Händen lässest. Und glaube nicht, daß dieser unbedeutende Verlust des Gerstenbrotes ohne Gewicht sei. Denn wenn du dies eine Stückchen verlierst, so ist dir dieses Tageslicht für immer versagt. Ein großer Hund nämlich mit dreifachem gewaltigem Kopfe, scheußlich und furchtbar, welcher die Toten mit donnerndem Rachen anbellt und zu schrekken sucht, liegt beständig vor der Schwelle und der dunklen Halle der Proserpina und bewacht das öde Haus des Pluto. Diesen kannst du durch einen Bissen leicht bezähmen und vorübergehen; und sofort trittst du ein zur Proserpina selbst, die dich wohlwollend und gütig aufnehmen und einladen wird, dich auf weichem Polster niederzulassen und ein reiches Mahl einzunehmen. Aber setze du dich auf die Erde und fordere als Imbiß ein Stückchen schwarzen Brotes. Dann melde ihr, weshalb du gekommen. Und hast du empfangen, was sie dir geben wird, so gehe wieder zurück und besänftige mit dem noch übrigen Bissen die Wut des Hundes; und wenn du dann dem habsüchtigen Fährmann das Geldstück, das du behalten, gegeben hast und über seinen Fluß gesetzt bist, so wirst du wieder auf demselben Wege zu diesem Bereiche der himmlischen Gestirne zurückkehren. Aber vor allem rate ich dir, daß du dich nicht unterstehst, jene Büchse, die du tragen wirst, zu öffnen und mit verderblicher Neugier nach dem verborgenen Schatze der göttlichen Schönheit zu forschen."

Psyche folgte dem Rate der unbekannten Stimme. Sie ging nach Tänarum, und nachdem sie Münzen und Kuchenstücke nach vorgeschriebener Weise genommen, stieg sie den unterirdischen Gang hinab. Sie geht an dem hinkenden Eselstreiber still vorüber, gibt dem Schiffer das Fährgeld, läßt das Verlangen des schwimmenden Toten und der arglistigen Bitten der Weberinnen unberücksichtigt, besänftigt die Wut des Hundes durch den dargereichten Kuchen und kommt so in das Haus der Proserpina. Und sie nahm weder den von der Wirtin angebotenen weichen Sitz noch die kostbare Speise an, sondern vor ihren Füßen auf der Erde sitzend und mit schlechtem Brote zufrieden, überbrachte sie die Botschaft der Venus. Sogleich empfängt sie die heimlich gefüllte und verschlossene Büchse, und nachdem sie mit dem zweiten Kuchen die bellenden Rachen des Hundes verschlossen und die noch übrige Münze dem Fährmann gegeben hatte, kam sie viel kräftiger und heiterer von den Toten zurück.

Als sie das holde Tageslicht wieder gewonnen und freudig begrüßt hatte, wurde ihre Seele von verwegener Neugier ergriffen. Und sie spricht: „Siehe, ich bin doch eine törichte Trägerin der göttlichen Schönheit, daß ich mir nicht etwas Weniges davon nehme, um so vielleicht meinem schönen Geliebten zu gefallen." Mit diesen Worten öffnet sie die Büchse. Aber es war durchaus nichts darin, keine Schönheit, sondern unterirdischer wahrhaft stygischer Schlaf, der sogleich, von seinem Verschlusse befreit, in sie drang. Dichter Nebel der Betäubung ergießt sich durch ihren ganzen Körper, und sie sinkt mitten auf ihrem Wege nieder. Unbeweglich lag sie da, nichts anderes als ein schlafender Leichnam.

Aber Cupido, jetzt von der schweren Wunde genesen, ertrug nicht länger die Abwesenheit seiner Psyche. Er entschlüpfte durch das enge Fenster des Gemaches, in dem er eingeschlossen war, und flog in hastiger Eile zu der

Geliebten. Nachdem er ihr den Schlaf sorgfältig abgestreift und wieder in die Büchse verschlossen hat, weckt er sie durch einen unschädlichen Stich seines Pfeiles. „Siehe", sprach er, „wieder warst du, Unglückliche, durch eine ähnliche Neugierde ins Verderben geraten. Indes vollführe schnell den Dienst, den dir meine Mutter auferlegt hat; für das übrige werde ich sorgen." Mit diesen Worten erhob sich der Liebende auf seinen Schwingen in die Lüfte. Psyche aber bringt eiligst der Venus das Geschenk der Proserpina.

Unterdessen flog Cupido auf den Flügeln der Liebe zu den Höhen des Himmels, und trat flehend vor den großen Jupiter, um ihm seine Sache vorzutragen. Jupiter faßt die Wange des Sohnes, drückt sie an seinen Mund und spricht also zu ihm: „Obgleich du, mein Sohn, mir niemals die von allen andern Göttern zugestandene Ehre erwiesen hast, sondern diese meine Brust, in der die Gesetze der Elemente und der Gestirne Lauf bestimmt werden, durch beständige Pfeilschüsse verwundet und durch häufige Händel irdischer Lust befleckt hast, obgleich du gegen die Gesetze mein Ansehen und meinen Ruf verletzt hast, indem du mein heiteres Antlitz in Schlangen und Feuer, in wilde Tiere und Vögel und Vieh verwandeltest, so will ich doch, eingedenk meiner Mäßigung und weil du unter diesen meinen Händen aufgewachsen bist, alles zu gutem Ende führen. Doch denke darauf, deine Nebenbuhler fern zu halten, und wenn sich jetzt ein Mädchen auf der Erde durch Schönheit auszeichnet, so mußt du mir durch sie gegenwärtige Wohltat vergelten."

So sprach Jupiter und befahl dem Mecurius sofort alle Götter zu einer Versammlung zu rufen. Alsbald füllte sich der himmlische Saal, und der hohe Jupiter sprach: „Ihr versammelten Götter, daß dieser Jüngling unter meinen Händen aufgewachsen ist, wißt ihr alle. Seiner ersten Jugend heißen Ungestüm habe ich durch irgend einen Zügel bändigen zu müssen geglaubt. Er erwählte sich ein Mädchen und ehelichte sie: er soll sie haben und behalten und glücklich sein." Und zur Venus gewendet, sprach er: „Und du, meine Tochter, betrübe dich nicht und fürchte nichts für deine Familie und deinen Stand wegen eines Ehebündnisses mit einer Sterblichen. Ich will die Ehe gesetzmäßig und ebenbürtig machen." Und sogleich läßt er Psychen durch Mercurius holen und in den Himmel führen. Er reicht ihr den Becher mit Ambrosia und spricht: „Nimm, Psyche, und sei unsterblich; und nie wird Cupido von deiner Verbindung lassen, sondern diese Ehe soll euch ewig dauern."

Und ohne Verzug wird ein reichliches Hochzeitsmahl angerichtet. Obenan lag auf seinem Polster der Gatte und hielt Psychen in seinen Armen umschlungen, ebenso Jupiter mit seiner Juno und dann der Reihe nach alle Götter. Da reichte dem Jupiter den Becher des Nektars sein Mundschenk, jener ländliche Knabe Ganymedes, den übrigen aber Liber. Vulcanus kochte die Speisen, die Horen schmückten mit Rosen und anderen Blumen den ganzen Saal aus, die Grazien streuten Balsam. Apollo spielte die Zither, und die Musen begleiteten ihn mit ihrer lieblichen Stimme, während Venus nach dem Takt ihrer Lieder anmutige Reigen tanzte.

So kommt auf gesetzmäßige Weise Psyche in die Ehe des Cupido, und es wird ihnen eine Tochter geboren, die wir *Glückseligkeit* nennen.

Die Ereignisse des trojanischen Krieges vor der Ilias

Troja

Das weltberühmte Troja oder Ilion, Ilios, vor Zeiten die mächtigste Stadt in dem vorderen Asien, mit ihrer hochgetürmten Veste Pergamon (Pergama, Pergamos) lag in dem fruchtbaren Hügellande zwischen dem Idagebirge und dem Hellespont, auf zwei Seiten umflossen vom Simoeis und Skamandros, welche durch eine breite Ebene dem nahen Meere zuströmen. In uralter Zeit, wo Troja noch nicht stand, wohnte hier an den Abhängen des Ida das Volk der Teukrer unter ihrem Könige Teukros (lat. Teucer), einem Sohne des Flußgottes Skamandros und der Nymphe Idaia. Dieser nahm den Dardanos, einen Sohn des Zeus und der Pleiade Elektra, der, aus seiner Heimat Arkadien durch eine Hungersnot vertrieben, zuerst nach der Insel Samothrake und von da nach dem gegenüberliegenden phrygischen Festlande gewandert war, gastfreundlich auf und gab ihm seine Tochter Bateia zur Ehe; auch schenkte er ihm einen Strich Landes, in welchem er die Stadt Dardania gründete. Der Stamm des trojanischen Volkes, der diese Stadt und die Umgegend bewohnte, nannte sich nach ihm Dardaner. Des Dardanos Sohn war Erichthonios, der die Herrschaft über das ganze trojanische Land erbte und als der reichste von allen Sterblichen gerühmt ward. Ihm weideten 3000 Stuten mit zarten Fohlen auf den Wiesen umher; zwölf darunter waren von solcher Leichtigkeit und Schnelle, daß man sie Kinder des stürmenden Boreas nannte; sie liefen über das wogende Kornfeld hin, ohne die Spitzen der Halme zu knicken, und auf dem Meere über die Kämme der Wogen.

Auf Erichthonios folgte sein Sohn Tros, nach welchem das Volk den Namen Troer (lat. Trojaner) erhielt. Er hatte drei Söhne, Ilos, Assarakos und Ganymedes. Der Knabe Ganymedes war der schönste der Sterblichen; darum raubte ihn Zeus durch seinen Adler in den Olympos, damit er unter den Unsterblichen wohne und ihm beim Mahle den Becher fülle. Zum Entgelt für den schönen Jüngling gab Zeus dem Vater ein Gespann göttlicher Rosse. In den beiden andern Söhnen des Tros teilte sich das trojanische Königsgeschlecht in zwei Häuser. Assarakos nämlich ward der Stammvater der Dardanerkönige, welche in der Stadt Dardania saßen; sein Sohn war Kapys, dessen Sohn Anchises, ein Jüngling von solcher Schönheit, daß selbst die Göttin Aphrodite ihm ihre Liebe schenkte, während er auf dem Ida die Herden seines Vaters weidete. Sie gebar ihm den Helden Aineias (Aeneas), der zur Zeit des trojanischen Krieges über den Stamm der Dardaner König war. Ilos, der älteste Sohn des Tros, war der Begründer der in der Stadt Troja herrschenden Familie. Einst war er nach Phrygien gekommen und hatte dort in Wettkämpfen, welche der König des Landes veranstaltete, im Ringen alle besiegt. Als Kampfpreis gab ihm der König fünfzig Jünglinge und eben so viele Jungfrauen; auch schenkte er ihm, einem Orakel zufolge, eine buntgefleckte Kuh, mit der Aufforderung, da, wo die Kuh sich lagere, eine Stadt zu gründen. Ilos folgte der Kuh bis zu einer Anhöhe, die man den Hügel der phrygischen Ate nannte; dort ließ sie sich nieder. Ate, die Göttin der Unheil stiftenden Betörung, hatte einst sogar gewagt den Zeus zu betören; deshalb hatte er sie im Zorn aus dem Olympos geschleudert, daß sie auf die Erde niederfiel. Sie fiel auf den nach ihr benannten phrygischen Hügel, auf welchem jetzt Ilos die Stadt Ilion oder Troja baute. Ehe er den Bau begann, flehte er zu Zeus um ein Zeichen, und am folgenden Morgen fand er vor seinem Zelte das Palladion, welches Zeus vom Himmel hatte niederfallen lassen, ein hölzernes Bild der Pallas von drei Ellen Höhe, mit an einander geschlossenen Füßen, in der Rechten einen Speer, in der Linken Rocken und Spindel haltend. Dies Bild war ihm ein heiliges Unterpfand göttlichen Schutzes für die zu gründende Stadt, eine Gewähr der Sicherheit und der Wohlfahrt ihrer Bürger, so lange sie im Besitze desselben verblieben. Er begann daher frohen Mutes den Bau der Stadt und errichtete für das Palladion auf der Burg einen Tempel. Die Burg versah er mit hohen Mauern und Türmen, die untere Stadt dagegen erhielt erst unter seinem Sohne Laomedon eine schützende Mauer.

Zu diesem kamen nämlich einst die Götter Poseidon und Apollon, welche wegen irgend eines Vergehens von Zeus für ein Jahr zu menschlichem Knechtsdienste verurteilt waren, und erboten sich, ihm gegen einen bestimmten Lohn die Stadt zu ummauern. In ähnlicher Weise, wie Zethos und Amphion die Mauern von Theben aufrichteten, vollführten die beiden Götter zu Troja ihr Werk. Poseidon brach mit gewaltiger Kraft die Steinblöcke aus dem Erdgerippe los und türmte sie mit seinen starken Händen zu einem hohen Walle auf, während Apollon an der Stelle, wo er die Mauer aufzuführen übernommen hatte, durch den zarten Klang der Saiten die Steine in Bewegung setzte, daß sie sich von selbst zu einer Mauer zusammenfügten. Eine solche von Göttern errichtete Mauer mochte wohl unzerstörbar und uneinnehmbar sein; allein zugleich mit den beiden Göttern hatte noch ein Dritter mit menschlichen Händen an der trojanischen Mauer gebaut; es war Aiakos, ein sterblicher Mann, wenn auch hoch geehrt und geliebt von den Göttern, der Stammvater des starken Aiakidengeschlechts, zu welchem Telamon und Aias, Peleus und Achilleus gehörten. Wo der an der Mauer gebaut, da war sie zerstörbar und bot dem Angriff der Feinde die Aussicht eines Erfolges. In der Geschichte des Herakles ist schon erzählt, wie der gewalttätige treulose Laomedon dem Poseidon und Apollon übermütig und höhnend das Wort brach und dafür gestraft wurde, wie er, zum zweiten Male wortbrüchig gegen Herakles, von diesem mit Krieg heimgesucht und seine Stadt erobert ward. Der starke Telamon, der Sohn des Aiakos, erstieg damals zuerst die Mauer von Troja an der Stelle, wo sein Vater einst gemauert hatte. Von der ganzen Familie des Laomedon blieb bei dieser Eroberung Trojas niemand übrig als seine Tochter Hesione und sein jüngster noch unmündiger Sohn Priamos. Hesione zog als Gattin des Telamon mit nach Salamis, Priamos blieb mit Erlaubnis des Herakles in Troja zurück als zukünftiger König. Unter ihm erhob sich die Stadt zu neuer Blüte und Macht, und bis in sein hohes Alter lebte er mit seiner Gemahlin Hekabe (Hecuba), umgeben von einer zahlreichen Nachkommenschaft, 50 Söhnen und eben so vielen Töchtern, welche ihm verschiedene Frauen geboren, als reicher mächtiger König in seinem glänzenden Palaste auf der Burg Pergama, von allen gepriesen als einer der glücklichsten unter den Menschen. Aber vor seinem Ende soll man keinen Erdgeborenen glücklich preisen. Das zeigt das Schicksal des Priamos. Der trojanische Krieg, der 10 Jahre lang sein Land verwüstete, legte zuletzt seine hochgetürmte Stadt in Asche, brachte ihm, dem alten König, und all seinen Söhnen den Untergang und seiner greisen Gattin und ihren königlichen Töchtern das Los der Knechtschaft.

Der Apfel der Eris

Als Peleus, der Sohn des Aiakos, sein Vermählungsfest mit der schönen Nereustochter Thetis auf auf dem Gebirge Pelion feierte, kamen alle Himmlischen herzu, um durch ihre Gegenwart die Feier zu ehren und den Vermählten ihre Gaben darzubringen. Zeus und Hera kamen, die Herrscher im Olympos, und Athena und Ares, beide heute ohne Waffen, Apollon und Artemis, Aphrodite und Hephaistos, die Chöre der Horen und Chariten und Musen, sowie auch die ganze Schar der Nereiden, der Schwestern der Braut. Alle huldigten einer heitern Freude; Ganymedes, der jugendliche Mundschenk des Zeus, kredenzte den duftenden Nektar in goldenen Bechern, Apollon, der Goldgelockte, spielte die Kithara, und die Musen begleiteten sein Spiel mit neunstimmigem Gesange, die Chariten und die Horen und andere jugendliche Göttinnen faßten einander an den Händen und tanzten fröhliche Reigen, während Ares und Hermes und andere Jünglinge sich scherzend einmischten. Nur *eine* Göttin war von diesem fröhlichen Feste ausgeschlossen, Eris, die Göttin der Zwietracht. Über die Zurücksetzung erzürnt, irrte sie in der Nähe der Versammlung umher und sann rachesüchtig nach, wie sie die heitere Weihe des schönen Festes stören sollte. Plötzlich warf sie ungesehen einen goldenen Apfel, den sie von dem Baume der Hesperiden gepflückt, in die Versammlung, mit der Aufschrift: „Der Schönsten." Sogleich erhoben sich drei von den Göttinnen und machten Anspruch auf den Apfel, Hera und Athena und Aphrodite. Keine gestand der anderen den Vorrang zu, und sie traten vor Zeus und verlangten, daß er den Streit schlichte und den Apfel der Würdigsten zuspreche. Aber Zeus scheute sich durch eine Entscheidung die eine und die andere zu verletzen, er übergab dem Hermes den Apfel und beauftragte ihn, die drei Göttinnen nach dem Ida im trojanischen Lande zu geleiten, damit Paris dort den Apfel der Göttin zuteile, welche er für die Schönste halte.

Paris war ein Sohn des trojanischen Königs Priamos und der Hekabe. Vor seiner Geburt hatte Hekabe einen schreckhaften Traum gehabt, den die Weissager so deuteten, daß Hekabe einen Sohn gebären werde, der seiner Vaterstadt den Untergang bereite. Darum ließ Priamos den Knaben gleich nach seiner

Geburt durch einen Hirten namens Agelaos im Idagebirge aussetzen. Nach fünf Jahren fand der Hirte das Kind, während es von einer Bärin gesäugt ward, unverletzt; er nahm es jetzt an sich und erzog es wie sein eigen Kind und nannte den Knaben Paris. So wuchs der Königssohn als Hirte unter Hirten auf, ein stattlicher Jüngling, vor allen andern ausgezeichnet durch Schönheit und Körperkraft. Er war den Herden und Hirten ein mannhafter Verteidiger gegen Räuber und wilde Tiere, weshalb ihn die Hirten Alexandros nannten, d. h. Männerverteidiger. In dieser Zurückgezogenheit auf den anmutigen Höhen des Ida verlebte der Jüngling als einfacher Hirte, unerkannt von der Welt, die schönsten Jahre seines Lebens. Sein Herz sehnte sich nicht hinaus in das bewegte Treiben der Welt; an der Seite der schönen Nymphe Oinone, einer Tochter des Flußgottes Kebren, mit der er durch die zärtlichste Liebe verbunden war, genoß er ein stilles friedliches Glück, das keine Sehnsucht kannte. Wäre er doch nie aus dieser glücklichen Verborgenheit herausgetreten.

Eines Tages stand der schöne phrygische Jüngling auf einer waldigen Anhöhe des Ida unter einem hochragenden Felsen im Schatten von Fichten und Eichen und ergötzte sich am Spiele der Hirtenflöte, während seine Rinder und Schafe ringsum in dem Grase weideten. Da sah er plötzlich den Götterboten Hermes auf sich zuschreiten mit den drei erhabenen Göttinnen, und von Schrecken erfaßt, wandte er sich zur Flucht. Hermes aber beruhigte ihn. „Laß deine Furcht", rief er ihm zu, „und bleibe. Diese drei Göttinnen sendet Zeus dir, damit du entscheidest, welche von ihnen den Vorzug in der Schönheit verdient. Welche du für die Würdigste erkennst, der übergib diesen Apfel." Damit händigte er dem jungen Hirten den Apfel ein und schwang sich davon. Die hohen göttlichen Gestalten traten jetzt vor den Jüngling, damit er sie prüfe und über ihre Schönheit sein Urteil fälle. Hera und Athena, die geehrtesten Göttinnen des Olympos, hatten es verschmäht, im Vertrauen auf ihre Hoheit und Würde, durch irgend welche äußere Mittel die Schönheit ihres Leibes zu erhöhen; Aphrodite aber, eine Göttin von niederem Range, hatte mit Hilfe der Horen und Chariten ihre natürlichen Reize noch gehoben durch zarte buntfarbene Gewänder, die in die Fülle aller Frühlingsblumen getaucht waren und ambrosischen Duft verbreiteten, sie hatte ihre wallenden Locken mit den schönsten Blumen bekränzt und mit schimmerndem Golde geschmückt. Der Jüngling war von dem Glanze der göttlichen Erscheinungen so geblendet, daß er es nicht vermochte, über ihre Gestalt und ihre Schönheit zu richten; er ließ sich allein bestimmen durch die Gaben, welche die drei Göttinnen ihm versprachen. Hera, die Götterkönigin, trat zuerst vor und bot ihm, wenn er ihr den Preis gäbe, Gewalt und Herrschaft, das Königtum über Asien und Europa; die kriegerische Athena, die Göttin der Weisheit, versprach ihm dann Kriegs- und Siegesruhm, den Preis des ersten aller Helden und zugleich den Ruhm höchster Weisheit und Männertugend. Aphrodite, die bisher im Hintergrunde gestanden und nur mit ihren holden Augen zu dem scheu aufblickenden Hirten gesprochen hatte, trat zuletzt zu ihm heran, und indem sie unter süßem Lächeln seine Hand erfaßte, versprach sie ihm das höchste Glück der Liebe, den Besitz der Helena, des schönsten Weibes auf der Erde, die ein Abbild sei ihrer eigenen reizenden Gestalt. Der Jüngling, bezaubert von der Schönheit der liebreizenden Göttin und durch das lockende Versprechen höchsten Liebesglückes, reichte der Aphrodite den goldenen Apfel und sprach ihr so den Preis

Paris und Dinone

der Schönheit zu. Seitdem war Aphrodite die treueste Schützerin des Paris; Athene aber und besonders Hera haßten wegen der Zurücksetzung nicht bloß den Paris, sondern ganz Troja und suchten von nun an ihr Verderben. Der Apfel der Eris hat nicht allein Zwietracht unter die vorzüglichsten Göttinnen des Olympos gebracht, sondern legte den Grund zu einem furchtbaren Kampf und Streit der Völker Europas und Asiens, dem großen trojanischen Kriege, an demselben Tage, wo die Eltern des herrlichsten Helden dieses Kriegs, des Achilleus, ihr Hochzeitsfest feierten.

Nicht lange nachher kehrte Paris, der Hirte, wieder in die königliche Familie, aus der er entsprossen, zurück. Hekabe nämlich konnte ihr ausgesetztes, dem Tode geweihtes Kind nicht vergessen und peinigte ihr Herz mit Vorwürfen und Gram. Um ihren Schmerz zu beruhigen, veranstaltete ihr Gemahl dem verlorenen Sohn zu Ehren glänzende Leichenspiele und ließ als den vorzüglichsten Preis für die Wettkämpfer den schönsten Stier aus seinen Herden auf dem Ida aussuchen. Nun traf es sich, daß gerade in der Herde des Paris der schönste Stier sich fand und nach der Stadt Troja abgeführt werden sollte. Paris konnte sich von seinem Lieblingstier nicht trennen und begleitete es in die Stadt. Als er die Prinzen des königlichen Hauses und die edelsten Jünglinge Trojas und der benachbarten Städte in mannhaftem Kampfe sich lustig tummeln sah, da erwachte auch in ihm der Mut und die Lust, seine Kräfte unter den edeln Jünglingen zu erproben; er kämpfte mit bei den Spielen, die auf seinen Tod veranstaltet waren, und der Hirte besiegte alle königlichen Prinzen, selbst den Hektor, Deïphobos und Ilioneus. Darüber ergrimmen die königlichen Jünglinge, und es kommt zu heftigem Streit, in welchem Deïphobos das Schwert zieht, um den eingedrungenen Hirten niederzuhauen. Dieser flüchtet auf den Altar des Zeus Herkeios, „des Familienbeschützers", und wird jetzt von seiner Schwester Kassandra, der Seherin, als Sohn des Priamos erkannt. Die Eltern führten erfreut den wiedergeschenkten Sohn, dessen liebenswürdige Schönheit allen gefiel, in die Königsburg, obgleich Kassandra, die jetzt das ganze Geschick ihres Hauses vor Augen sah, an die frühere verhängnisvolle Weissagung erinnerte und gegen seine Aufnahme sprach. Sie ward, wie gewöhnlich, nicht gehört; denn Apollon hatte der Jungfrau zwar die Gabe der Weissagung verliehen, aber da sie dem Willen des Gottes nicht ganz sich hingab, hatte er die traurige Strafe über sie verhängt, daß niemand ihren Weissagungen Glauben schenkte.

Raub der Helena

Die plötzliche Veränderung in dem Geschicke des Paris, der, als einfacher Hirte in den Bergen aufgewachsen, als Königssohn in den reichen Palast seiner Eltern eingezogen ist, hat für eine Zeitlang ihn den Traum des von Aphrodite verheißenen Glückes vergessen lassen, so daß diese zuletzt ihn selber zur Fahrt nach Sparta mahnen muß. In Sparta nämlich wohnte die ihm versprochene Helena, das schönste Weib der Erde. Sie war eine Tochter des Zeus und der Leba, der Gemahlin des spartanischen Königs Tyndareos, und jetzt die Gemahlin des Atriden Menelaos, der von Tyndareos die Herrschaft von Sparta erhalten hatte. Schon in ihrer ersten Jugend hatte sich der Ruf ihrer göttlichen Schönheit durch ganz Hellas verbreitet und hatte, wie in der Geschichte des Theseus erzählt ist, den Theseus und Peirithoos verlockt, sie aus Sparta zu rauben. Ihre Brüder, die Tyndariden oder Dioskuren Kastor und Polydeukes, hatten sie damals wieder befreit und in das elterliche Haus zurückgeführt; bald aber strömten so viele Freier aus allen Teilen Grie-

chenlands, die berühmtesten und edelsten Fürstensöhne, in dem Hause des
Tyndareos zusammen, daß dieser ungewiß war, wen er aus der edeln Schar sich
als Eidam erwählen sollte, und zugleich von der Sorge beschwert ward, wegen
der Bevorzugung des einen Auserwählten möchten die Zurückgesetzten aus
Zorn und Kränkung Streit erregen und ihm und den jungen Paare verderblich
werden. Da gab ihm Odysseus, der kluge König von Ithaka, den Rat, er solle
die Tochter selbst wählen lassen, wer ihrem Herzen am meisten gefiele; vorher
aber alle Freier durch einen feierlichen Eid verpflichten, daß sie den Auserkore-
nen gegen jede Unbill, die ihm der Besitz der Helena zuziehe, schützen wollten. Die Jünglinge leisteten den geforderten Eid, und Helena erwählte sich den
schönen Menelaos, den aus Mykenä flüchtigen Sohn des Atreus, zum Gemahle.

Paris und Helena

Bei seinem Tode übergab Tyndareos dem Eidam das Königtum von Sparta;
denn seine Söhne Kastor und Polydeukes hatten die Herrschaft von Amyklä
erhalten. So lebte der König Menelaos, ein Mann von milder, freundlicher
Gesinnung, in seinem von Reichtum und Pracht glänzenden Palaste mit seinem schönen Weibe in behaglichem Glücke.

Paris, der trojanische Königssohn, baute sich unterdessen, von seiner Gönnerin Aphrodite selbst unterstützt, an dem Fuße des Ida ein stattliches Schiff, das ihn nach Sparta tragen und die versprochene Helena nach Troja führen sollte. Oinone, die ihm so treu ergeben war, hatte als weissagerischer Nymphe die Absicht des Geliebten erkannt und suchte ihn durch Bitten und Tränen in ihrem ländlichen Glücke zurückzuhalten; aber der Jüngling, von träumerischem Sehnen in die Ferne getrieben, blieb taub gegen ihr Flehen. Sie mußte den Wünschen ihres Herzens entsagen, doch hieß sie die Liebe noch immer den Treulosen zu warnen; denn sie sah das Unglück voraus, das er sich und seinem Vaterlande bereiten werde. Auch der Seher Helenos, sein Bruder, warnte den Paris und weissagte ihm Verderben, aber der von der Macht der Aphrodite Erfaßte ließ sich nicht halten, er steuerte mit froher hoffnungsvoller Seele in das glatte Meer hinaus dem schönen Griechenland zu. Mit schmerzergriffener Seele sah Kassandra dem Segel nach und rief dem Vater Priamos und der versammelten Menge der Troer, die eine solche Fahrt erlaubt, unglückkündend zu: „Wehe unserer Stadt und uns allen! Ich sehe in Flammen das heilige Ilion hinsinken und seine Söhne im Staube verbluten; ich sehe die Mütter und Jungfrauen klagend den fremden Männern folgen ins Joch der Knechtschaft!" So rief sie verzweifelnd; man glaubte ihr nicht.

Ein furchtbarer Sturm überfiel den Paris bei seiner Fahrt übers Meer; aber der Sturm schreckte ihn nicht, er fuhr leichten Sinnes weiter an der Küste Griechenland hin. Er sah in Thessalien vom Meere aus die hohen Türme von Phthia, die Heimat des Achilleus, sah Salamis und Mykenä, wo Aias wohnte und Agamemnon, und lief endlich in den lakonischen Busen ein, wo der Eurotas, der Fluß Spartas, ins Meer fällt. Hier ließ er sein Schiff am Ufer zurück und wanderte mit seinem Freunde und Vetter Aineias, dem Sohne der Aphrodite, der auf Veranlassung seiner Mutter ihn von Troja aus begleitet hatte das Tal des Eurotas hinauf. In Amyklä kehrten sie bei den Dioskuren ein, den Brüdern der Helena, und wurden freundlich von ihnen bewirtet. Darauf kamen sie nach Sparta zu der Schwelle des Menelaos. Der würdige Herrscher geht ihnen freundlich grüßend entgegen und führt sie in sein gastliches Haus. Beim Mahle sieht Paris zum ersten Mal die Herrin des Hauses, Helena, und macht ihr kostbare Geschenke. Ihre wunderbare Schönheit entflammt sein Herz; aber auch Helena wird von dem verführerischen Gaste, dessen Schönheit durch die reiche asiatische Pracht seiner Kleidung noch gehoben ist, nur allzubald entzündet. Während beide sich schon ihre Liebe durch Blick und Wort gestanden haben, reist Menelaos in einem wichtigen Geschäfte arglos nach Kreta, indem er seiner Gattin aufträgt, für die Fremden bis zu ihrer Abreise aufs Beste zu sorgen. Kaum ist er abgefahren, so verleitet Paris die nur allzuwillige Helena zur Flucht. Leichtsinnig verläßt diese in der Nacht das Haus ihres Gatten und ihre kleine Tochter Hermione und folgt dem fremden Jüngling, dessen schmeichelnde Künste ganz ihr Herz betört haben, auf das Schiff, das Paris noch mit kostbaren, dem Menelaos geraubten Schätzen beladen hat.

Als der Verführer mit seiner schönen Beute eiligst über das Meer fuhr, da hemmte plötzlich Nereus, der weissagerische Meergreis, aus den Wellen auftauchend, den Lauf des Schiffes und rief dem Räuber zu: „Zum Unglück führst du das Weib in dein Haus. Mit großem Heere wird Hellas sie zurückfordern; denn geschworen hat es, deine Ehe zu zerreißen und zu zerstören das alte

Reich des Priamos. Wehe, welcher Schweiß wartet der Rosse und der Männer, wie viel Leichen kostet dein Frevel dem Geschlechte des Dardanos! Schon rüstet Pallas ihren Helm, ihren Schild und ihre Wut. Vergebens wirst du auf Aphroditens Beistand vertrauen, vergebens in deinem Gemach feige die schweren Lanzen und die knossischen Pfeile meiden und den tobenden Kriegslärm, zuletzt wird dein verführerisch Haar, du Räuber, doch in dem blutigen Staube geschleift. Fürchtest du nicht den Odysseus und den Pylier Nestor, den Aias nicht und Diomedes, den Sohn des Tydeus, vor dem du fliehen wirst, wie eine Hündin vor dem Wolfe. Hält auch der Zorn des Peliden Achilleus Ilion und den troischen Müttern den Tag des Verderbens auf: wenn die Zahl der Jahre sich erfüllt hat, stürzen die flammenden Häuser von Pergamos in Schutt und Staub." So sprach Nereus und tauchte wieder in die Flut. Der Schreck, den die Erscheinung und die Weissagung des Gottes verursacht, war dem leichtsinnigen Paare bald geschwunden, und sie erreichten nach dreitägiger Fahrt glücklich die Küste von Troja. Aphrodite hatte ihnen günstigen Wind und ruhige See gewährt.

Die Werbungen des Menelaos zum Kriegszuge gegen Troja

Iris, die schnelle Botin der Götter, brachte dem Menelaos die Nachricht von dem, was in seinem Hause vorgefallen war, nach Kreta. Er eilte zurück und fand sein Haus verlassen und beraubt und sein schönstes Glück zerstört. Voll Trauer und voll Zorn über die Treulosigkeit seiner Gattin und den Frevel des trojanischen Gastes begab er sich zu seinem Bruder Agamemnon, dem mächtigen König von Mykenä, der mit Klytaimnestra, der Schwester der Helena, vermählt war, um mit ihm zu ratschlagen, was zu tun. Agamemnon teilte den Schmerz und Unwillen seines Bruders und riet, sogleich die Fürsten Griechenlands zum Rachezug gegen Troja aufzufordern. Alle Fürsten, die einst um die Hand der Helena geworben hatten, waren ja durch den dem Tyndareos geleisteten Eid verpflichtet, dem Menelaos beizustehen und ihm entweder die entführte Gattin wieder zu verschaffen oder an dem frechen Räuber Rache zu nehmen.

Zuerst nun reisten die beiden Brüder nach Pylos zu dem alten berühmten Helden Nestor, dem Sohne des Neleus, der schon das dritte Menschenalter sah. Das erste Geschlecht, das mit ihm zugleich auf die Schaubühne des Lebens getreten war, war dahin gegangen, und er hatte darauf über deren Söhne geherrscht, jetzt herrschte er über die Enkel. Er hatte als Knabe das Blutbad erlebt, das Herakles unter seinen Brüdern und seinem Vater anrichtete , hatte mit den Lapithen gegen die Kentauren gefochten, die Aktorionen bekämpft, Teil genommen an der kalydonischen Jagd und manchem andern Abenteuer der Vorzeit. Wie ein ehrwürdiges Denkmal, wie ein lebendiges Orakel der alten Zeit stand er da unter dem jüngeren Geschlechte, dem er, ein liebenswürdiger wohlwollender Greis, aus dem reichen Schatze seiner Erfahrung gern seinen Rat erteilte und mit honigsüßer Zunge die Geschichten der alten großen Zeit seiner Jugend erzählte, in denen er selbst als ein Mann von frischer Kraft nicht die letzte Rolle gespielt. Auch jetzt, wo die beiden Atriden ihre Zuflucht zu ihm nahmen, weiß der gastfreundliche Alte zu raten und zu trösten; er führt dem betrübten Menelaos aus der früheren Zeit Beispiele vor von gerechter Vergeltung für begangenen Frevel und bestärkt ihn in dem Vorsatze, einen Rachezug gegen Troja zu unternehmen. Er selbst erklärt sich bereit, teilzunehmen an dem Kriege mit seinen edlen tapferen Söhnen Thrasymedes und Antilochos; denn wenn auch die alte Kraft seiner Jugend dahin ist, so ist doch der alte Mut und das kriegerische Feuer seiner Seele noch nicht erloschen. Auch erbietet er sich, mit den Atriden an die einzelnen Fürstenhöfe Griechenlands zu reisen und die Helden zu dem gemeinsamen Rachewerk aufzufordern.

Menelaos und Agamemnon nehmen das Anerbieten des bei allem Volke hochverehrten Greises gerne an und ziehend werbend mit ihm in Griechenland umher. In Kreta, bei dem König Idomeneus, einem Enkel des Minos, bedarf es keines langen Zuredens, er ist ein den Atriden engverbundener Gastfreund. Auch Diomedes, der mutige, kriegslustige Sohn des Tydeus, König in der Stadt Argos, welcher schon in dem Epigonenkriege tapfer mitgekämpft, sagt gern seine Hilfe zu mit seinem Freunde und Waffengenossen Sthenelos, ferner der weise Palamedes, Sohn des Nauplios, Königs auf Euböa, Philoktetes, König auf dem Oeta, dem Sohn des Poias, der im Besitze der herakleischen Pfeile ist, ohne welche Troja nicht genommen werden kann, der starke Aias, König auf Salamis, der Sohn des Telamon, mit seinem Halbbruder Teukros, auch der lokrische Aias, Sohn des Oïleus, der kleine Aias genannt im Gegensatz zu dem großen Salaminier, ein tapferer mutiger Held, sowie noch viele andere. Einen großen Teil der Fürsten band ihr einst dem Tyndareos geleisteter Eid, andere lockte der Ruhm und die Lust zu kühnen Abenteuern, alle aber sahen die Schmach, welche mit Verletzung des Gastrechts, mit List und Diebstahl ein fremder Verführer einem der angesehensten Fürsten ihres Volkes angetan hatte, als eine Beschimpfung von ganz Griechenland an, die nicht ungerächt bleiben durfte.

Der kluge, listige Odysseus (Ulysses) dagegen, der König auf Ithaka, Sohn des Laertes (daher Laertiade), welcher noch nicht lange mit der schönen Penelope vermählt war, hatte wenig Lust, sein junges Weib und sein unmündiges Knäblein Telemachos zu verlassen und weit übers Meer in einen ungewissen Krieg zu ziehen, obgleich es ihm durchaus nicht an kriegerischem Mute fehlte. Als die werbenden Fürsten, begleitet von Palamedes, an seinen Hof kamen, stellte er sich wahnsinnig, spannte einen Esel und einen Stier zusammen an einen Pflug und ackerte ein Feld, um Salz zu säen. Der weise Palamedes ahnte Verstellung, er nahm den kleinen Telemachos und legte ihn in die Furche, über welche Odysseus eben hinwegackern wollte; da hielt der Vater, aus der Rolle fallend, bestürzt sein Gespann an und wurde von den Fürsten seines Verstandes überwiesen. Nun konnte er sich nicht mehr weigern, seinem Eide getreu für Menelaos auszuziehen. Von der Zeit an aber war er von der bittersten Feindschaft gegen Palamedes erfüllt.

Noch fehlte *ein* Jüngling, die Blüte des hellenischen Heldentums, Achilleus, der Sohn des Peleus und der Thetis aus Phthia in Thessalien, ohne welchen die Veste von Troja nicht erobert werden konnte. So hatte Kalchas, der weise Seher aus Mykenä, welcher das griechische Heer nach Troja zu begleiten entschlossen war, den Atriden geweissagt. Achilleus, dem schönen Jüngling, war es bestimmt, in dem bevorstehenden Kriege durch seine großen Heldentugenden sich den glänzendsten Ruhm und einen unsterblichen Namen zu erwerben, aber in der Blüte der Jahre zu fallen. Seine göttliche Mutter Thetis kannte das ihm beschiedene Los und suchte ihn demselben zu entziehen. In seiner frühesten Jugend hatte sie das Kind des Nachts ins Feuer gehalten und des Tags mit Ambrosia gesalbt, um so, was sterblich an ihm war, zu vertilgen. Aber einst überraschte sie ihr Gatte in der Nacht, während sie das Kind über dem Feuer hielt, und da er, erschreckt und unbekannt mit ihrem Tun, mit gezücktem Schwerte auf sie lossprang, entfloh sie und kehrte zu dem greisen Vater in die Tiefe des Meeres zurück. Den Sohn ließ sie in dem Hause des Gatten, und da ihr Werk gestört worden war, so behielt er seine Sterblichkeit. Peleus brachte ihn seinem Freunde Cheiron, dem weisen Kentauren, auf den Pelion zur Erziehung; der unterrichtete ihn im Reiten und Jagen und in den Künsten des Kriegs, sowie im Spiele der Lyra und nährte ihn mit der Leber von Löwen und wilden Ebern und dem Marke von Bären zu einer solchen Kraft auf, daß er als sechsjähriger Knabe Löwen und Eber erlegte und den schnellen Hirsch im Laufe einholte ohne Hunde und Netz. Als die Werbungen zum trojanischen Kriege geschahen, brachte ihn die zärtlich besorgte Mutter, um ihm sein Verhängnis abzuwenden, auf die Insel Skyros, zu dem König Lykomedes. Dort lebte der zarte Jüngling, in Frauenkleider versteckt, unter den Töchtern des Königs; aber Kalchas verkündete seinen Aufenthalt, und der schlaue Odysseus übernahm es, den Jüngling aufzusuchen und für den Kriegszug zu gewinnen. Er kam mit Diomedes, als Kaufmann verkleidet, nach Skyros und breitete vor den Augen der Mädchen, unter denen auch Achilleus sich befand, seine Waren aus, allerlei kostbaren Schmuck, aber auch schöne blinkende Waffen. Während die Schar der Jungfrauen mit der Betrachtung der Waren beschäftigt war, ließ Odysseus plötzlich vor dem Hause die Kriegstrompete blasen und Schlachtruf und Waffengetöse erschallen. Die Jungfrauen entflohen erschreckt; aber Achilleus ergriff Schild und Speer und stürzte mit jugendlichem Kampfesmut dem vermeintlichen Feinde entgegen. So ward der Jüngling entdeckt, und er versprach gerne, mit vor Troja in den Krieg zu ziehen. Sein treuer Freund Patroklos, der Sohn des Menoitios, und der alte Phoinix, der in seinen jüngeren Jahren als Flüchtling vor seinem Vater bei dem gastlichen Peleus eine Zuflucht gefunden und dem kleinen Achilleus oft auf seinen Knien geschaukelt, sind bereit ihn zu begleiten.

Die Helden, welche ihre Teilnahme an dem Kriege zugesagt hatten, kamen zu einer Versammlung in dem Tempel der argivischen Hera zwischen Argos und Mykenä zusammen, um die nötigen Vorbereitungen zu dem Zuge zu besprechen und sich einen Anführer zu wählen. Sie wählten Agamemnon, den ritterlichen König von Mykenä, der unter ihnen der mächtigste war und in hohem Ansehen stand. Ein Sohn des Atreus, Enkel des Pelops, gehörte er dem durch seinen Reichtum und seinen Herrscherglanz weitberühmten Geschlechte der Pelopiden an und besaß den größten Teil des argivischen Landes mit den benachbarten Inseln außerdem Korinth, Sikyon und Achaia.

Der erste mißglückte Auszug

Nachdem alles zu dem Kriegszuge vorbereitet war, versammelten sich die Fürsten mit ihren Schiffen und ihren Völkern in dem Hafen zu Aulis an der böotischen Küste, Euböa gegenüber. Hunderttausend Mann kamen zusammen in 1186 Schiffen aus allen Teilen Griechenlands und verschiedenen Stämmen der Hellenen zugehörig. Der größte Teil derselben aber waren Achäer, wie z.B. die Scharen des Agamemnon und die des Achilleus, weshalb die Dichter gewöhnlich das vor Troja kämpfende Heer Achäer nannten; da aber Agamemnon, der Herrscher im argivischen Lande, an der Spitze der ganzen Unternehmung stand, so nannte man das Herr auch Argiver und Danaer, denn diese in Argos wohnenden Achäer hießen Danaer nach dem alten Heros Danaos.

Als die in Aulis verweilenden Scharen unter einer hohen Platane an zahlreichen Altären, die sie rings um eine Quelle errichtet hatten, den Göttern heilige Hekatomben darbrachten für günstige Fahrt und glückliche Ausführung ihres Unternehmens, da schickten ihnen die olympischen Götter ein großes Zeichen; ein furchtbarer Drache, den Rücken blutigrot, kam unter einem der Altäre hervor und wand sich an der Platane hinauf. Da hing oben auf dem höchsten Aste unter den Blättern verborgen ein Nest mit jungen Sperlingen, acht an der Zahl, die Mutter war die neunte. Der Drache verschlang die kläglich zwitschernden Jungen, während die Mutter jammernd um sie herumflog. Da drehte er plötzlich das Haupt und faßte auch die Alte am Flügel, und nachdem er sie samt ihren Jungen gefressen, verwandelte ihn Zeus, der Gott, der ihn gesendet, in Stein, ein merkwürdiges Wunder dem versammelten Volke. Während die Männer umherstanden und staunten, wie eine so schreckliche Erscheinung mitten in ihre Opfer eindrang, sprach Kalchas, der Seher, weissagend also: „Warum verstummt ihr, ihr hauptumlockten Achäer? Der waltende Zeus hat uns hier ein großes Zeichen geschaffen, das sich spät zwar erfüllen wird, dessen Ruhm aber nimmer vergeht. Wie dieser Drache die Jungen im Neste verzehrte samt der Mutter, so werden wir die Stadt Troja nehmen und zerstören, aber neun Jahre lang müssen wir kämpfen, wie er neun Vöglein verschlang, und erst im zehnten Jahre werden wir die breitstraßige Stadt erobern."

Der Weissagung des Sehers antwortete das Volk mit lautem Jauchzen, und bald steuerte das ganze Heer voll Hoffnung und von kriegerischem Mute beseelt, in seinen zahlreichen Schiffen der asiatischen Küste zu. Sie landeten in Mysien, im Lande Teuthrania, wo Telephos König war. Dieser Telephos stammte aus Arkadien und war ein Sohn des Herakles und der Auge, der Tochter des Königs Aleos zu Tegea. Aus Furcht vor dem Vater hatte Auge das Knäblein im Gebirge ausgesetzt und war dann nach Asien entflohen, wo sie bei dem König Teuthras in Mysien freundliche Aufnahme fand. Das Kind wurde in der Wildnis von einer Hündin gesäugt, bis es von Hirten gefunden wurde, die es aufnahmen und erzogen. Als Telephos erwachsen war und das delphische Orakel nach seiner Mutter fragte, hieß ihn dieses nach Mysien zu Teuthras reisen. Dort fand er die Mutter, heiratete Teuthras Tochter und ward dessen Nachfolger in der Herrschaft. Als jetzt das griechische Heer an seiner Küste landete und im Glauben, sie seien ins troische Gebiet gelangt, das Land plünderte und verwüstete, eilte ihnen Telephos, ein stattlicher Held und der würdigste Sohn des Herakles, mit seinen Mannen mutig entgegen und lieferte ihnen eine Schlacht. Thersandros, der Sohn des Polyneikes, Enkel des Ödipus, wurde, da er tapfer kämpfend sich zu weit vorgewagt, gleich bei dem ersten Zusammentreffen von Telephos mit dem Speere durchbohrt und die Griechen wieder bis an die Schiffe zurückgeworfen. Jetzt aber stürzte Achilleus, der Gewaltige,

Achilleus auf Skyros

gegen Telephos vor, und es entspann sich an dieser Stelle der Schlacht ein furchtbarer Kampf, in welchem auf der einen Seite Telephos und seine tapfersten Freunde, auf der andern Achilleus, Patroklos, Protesilaos und andere fochten. Die Griechen mußten weichen; nur Achilleus und Patroklos harrten noch allein im Gefechte aus und taten Wunder der Tapferkeit. Damals erprobte Achilleus zum ersten Mal den gewaltigen Mut und den Heldensinn seines

Freundes Patrokles, der an seiner Seite verwundet wurde, und seitdem waren beide unzertrennliche Waffengefährten. Zuletzt trieb Achilleus den starken Heraklessohn in die Flucht und verfolgte ihn, während auch die übrigen Mysier flohen, durch ein Weingelände. Hier stürzte Telephos in der Verstrickung einer Rebe, nach dem Willen des Dionysos, den er nie geehrt, und wurde, während er sich wieder aufrichtete, von Achilleus mit dem Speere in der Seite verwundet. Doch entkam er mit Hilfe der Seinen noch glücklich vom Schlachtfelde und zog sich mit sinkender Nacht in seine Stadt zurück. Erst am folgenden Morgen, als man zur Bestattung der Toten einen Waffenstillstand schloß, erfuhren die Griechen, daß ihr tapferer Feind ein Stammgenosse von ihnen war und ein Sohn ihres großen Helden Herakles. Sie schlossen jetzt Freundschaft mit ihm und forderten ihn auf, mit ihnen, seinen Volksgenossen, gegen Troja zu ziehen. Telephos erbot sich seinen Freunden zu jedem Dienste bereit, aber die Teilnahme am Kriege gegen Troja verweigerte er, da seine zweite Gemahlin Astyoche eine Tochter des Priamos sei.

Hierauf ziehen die Griechen von Teuthrania ab, um nach dem trojanischen Lande zu steuern. Aber unterwegs überfällt sie ein furchtbarer Sturm, der sie nach allen Winden zerstreut, so daß sie zuletzt wieder auf verschiedenen Wegen nach Aulis zurückkehren.

Lager in Aulis
Oper der Iphigeneia

Als die Flotte wieder in Aulis angekommen war, wurden die Schiffe ans Land gezogen und ein Lager aufgeschlagen. Viele von den Teilnehmern, auch Agamemnon selbst, entfernten sich nach Hause, ungewiß, ob der Zug so bald zu zustande kommen werde; denn es fehlte der Wegweiser, der sie sicher an die trojanische Küste führen sollte. Da ihnen ein Orakel geworden war, daß Telephos, der König von Teuthrania, mit welchem sie jüngst gekämpft und der sich geweigert hatte, an dem Kriege gegen Priamos sich zu beteiligen, ihnen den Weg nach Troja zeigen müsse, so war man in großer Verlegenheit, wie dieser doch noch zu gewinnen sei. Indes fügte sich die Sache unverhofft nach ihrem Wunsche. Die Wunde des Telephos nämlich widerstand allen Mitteln der Heilung und ward mit jedem Tage schmerzhafter und gefährlicher. Er begab sich daher nach dem Orakel zu Delphi und erhielt den Bescheid, nur derselbe, der ihn verwundet, könne ich auch heilen. Da ihn Achilleus verwundet hatte, so eilte er nach Mykenä zu Agamemnon, um dessen Fürsprache bei Achilleus zu erlangen. Damit er unerkannt und ungefährdet bleibe in dem Lande derer, mit welchen er noch kurz zuvor gekämpft und denen er mehr als einen Genossen erschlagen, hatte er sich als Bettler verkleidet und kam so, in Lumpen gehüllt, lahm und hinkend an dem Bettlerstab vor dem Hause des Agamemnon an. Der Klytaimnestra entdeckte er sich, ehe Agamemnon seiner ansichtig ward, und teilte ihr seine Absicht mit. Auf ihren Rat riß er den kleinen Orestes, den Sohn des Königs, aus der Wiege und eilte damit hilfesuchend an den Altar des Hauses, drohend, daß er das Kind töten werde, wenn Agamemnon sich seiner nicht erbarme und ihm Heilung verschaffe. Der König, um das Leben seines Kindes besorgt, zugleich auch des Orakels eingedenk, daß sie ohne des Telephos Führung Troja nicht nehmen würden, sagte bereitwillig seine Hilfe zu und ließ den Achilleus nach Mykenä rufen, damit er die Heilung übernehme. Achilleus aber erklärte, er verstünde die Heilkunst nicht und sei nicht im Stande, dem Kranken zu helfen. Da deutete der kluge Odysseus die dem Telephos gewordene Weissagung: „Nicht dich, Achilleus", sprach er, „meint Apollon, sondern deine Lanze; die Lanze ist es, die den Telephos verwundet hat, sie soll ihn auch heilen." Da schabte Achilleus von seiner Lanzenspitze Eisenspäne ab und streute sie auf die Wunde, und die Wunde heilte. Der dankbare Telephos übernahm jetzt gern die Verpflichtung dem griechischen Heere den Weg nach Troja zu zeigen.

Bald hatten sich alle Kriegsgenossen wieder im Lager zu Aulis zusammengefunden, um die Fahrt anzutreten. Aber die Göttin Artemis hemmte ihre Abfahrt durch widrige Winde, da sie dem Agamemnon zürnte, der auf einer Jagd bei Aulis eine der Göttin geheiligte Hündin mit dem Speere erlegt und prahlend dabei gerufen hatte, selbst Artemis vermöge nicht geschickter ein Wild zu treffen als er. Die kriegslustigen Scharen waren zu ruhmloser Rast gezwungen. Um ihre Ungeduld und die Langeweile des müßigen Aufenthaltes zu bannen, erfand damals Palamedes das Brettspiel und das Würfelspiel. Aber weder solche Kurzweil noch nutzloses Waffenspiel vermochte den unruhigen Sinn der Krieger lange zu fesseln, und schon begannen verderbliche Krankheiten die Blüte der Jugend dahinzuraffen, und das murrende Heer drohte den Aufstand. Da verkündete Kalchas, um den Zorn der Artemis, welche das Heer aufhalte, zu sühnen, müsse Agamemnon seine älteste Tochter Iphigeneia dem Opfertode preisgeben.

Nur Agamemnon, Menelaos und Odysseus wußten um die Weissagung des Kalchas. Aber Agamemnon wollte lieber den ganzen Zug aufgeben und allem Ruhm entsagen, als seine liebste Tochter in den Tod dahingeben; er befahl sogleich dem Herold Talthybios das Heer zu entlassen und nach Hause zu senden. Dem aber widersetzte sich Menelaos und suchte durch tausend Gründe den Bruder umzustimmen, bis dieser denn auch mit wiederstrebendem Herzen nachgab und einen Brief nach Mykenä schrieb an seine Gemahlin Klytaimnestra, daß sie ihm die Tochter Iphigeneia ins Lager schicken möchte, damit er sie dem um sie werbenden Achilleus vermähle; der edle Jüngling wolle nicht eher mit dem Griechenheere ausziehen, als bis die Braut ihm angetraut sei. Doch bald machte die Vaterliebe sich in dem Herzen des Königs wieder geltend, und er schrieb in der Nacht heimlich einen zweiten Brief an Klytaimnestra, sie solle die Tochter jetzt nicht senden, da er den Achilleus bewogen, die Hochzeitsfeier auf eine spätere Zeit hinauszuschieben. Diesen Brief übergab er noch in derselben Nacht einem alten treuen Sklaven, um ihn eiligst nach Mykenä zu tragen. Aber Menelaos, der eine Sinnesänderung seines Bruders befürchtete, umlauerte sein Zelt und entriß dem Sklaven den Brief, als er eben das Lager verlassen wollte. Nachdem er den Brief geöffnet, eilte er zu Agamemnon und machte ihm Vorwürfe über seinen abscheulichen Verrat. „Wie ungerecht und ungetreu ist doch der Wankelmut", rief er unwillig. „Erinnerst du dich noch, wie du, voll Begierde nach dieser Feldherrnwürde, gar demütig und leutselig jedermann bei der Hand ergriffst, deine Türe selbst dem Niedrigsten öffnetest? Nachdem du aber die Würde erlangt, wie ganz anders war dein Wesen da. Da warst du plötzlich den Freunden nicht mehr der alte Freund, warst schwer daheim zu sehen und selten draußen bei dem Heer. So darf der wackere Mann nicht handeln; unwandelbar muß er dann gerade seinen Freunden am getreuesten zur Seite stehen, wenn er, vom Schicksal erhöht, am meisten ihnen nützen kann. Und jetzt hier in Aulis, als der Fahrwind uns nicht günstig war und alles Volk, des vergeblichen Harrens müde, nach Hause begehrte, wie warst du da bestürzt und riefst verzweifelt: Was soll ich tun, welchen Weg rätst du mir an, damit ich meine Feldherrschaft nicht verliere und den schönen Ruhm? Und als nun Kalchas, durch das Opfer belehrt, dich hieß deine Tochter der Artemis hinzugeben, da warst du gleich nach kurzem Zuspruch willig zu der Opferung und schicktest, ohne daß dir jemand Zwang antat, deiner Gattin Botschaft. Und jetzt weichst du doch wieder untreu aus und sendest ein neues Schreiben, damit du dein Kind nicht in den Tod geben müssest. Aber freilich, tausend andern ist es schon ergangen wie dir, erst streben sie begierig nach dem Ehrenamte und ziehen sich dann schmachvoll zurück, wenn es ein Opfer gilt. Aber eine solche Schwäche führt zum Sturz; denn dem, der im Volke der Erste sein will, ziemt Einsicht und Verstand."

Solche leidenschaftliche Vorwürfe des Bruders erregten Agamemnons Herz, doch suchte er ruhig und mit Mäßigung zu antworten. „Sage mir", sprach er, „warum schnaubst du so schrecklich mit blutigem Zornesblick? Wer tut dir ein Leid? was verlangst du? du willst deine treffliche Gattin wieder erwerben! Die vermag ich dir nicht zu schaffen. Du hättest sie besser hüten sollen. Nun soll ich, der Schuldlose, für deine Fehler büßen. Mein Ehrgeiz kränkt dich; doch was willst du? Du trachtest ohne Vernunft und ohne Scham wieder nach dem Besitze deines schönen Weibes. Wahrlich, ein solch Gelüste eines Mannes ist verächtlich. Aber wenn ich einen Schritt, den ich schlecht bedacht, nun bessere, so nennst du das Raserei; du rasest, Freund, daß du, von der schlimmen Ehe glücklich befreit, ihr wieder nachstrebst. Nein, nimmermehr werde ich mein Kind töten; Tage und Nächte müßte ich trostlos in Tränen verbringen, wollte ich solch ungerechten Frevel gegen mein eigenes Blut begehen."

Noch haderten die beiden Brüder miteinander, als ein Bote dem Agamemnon die Ankunft seiner Tochter Iphigeneia meldete. Klytaimnestra selbst brachte sie nach Aulis, zugleich mit ihrem kleinen Söhnchen Orestes. Ermüdet von dem langen Wege, lagerten sie draußen an einer Quelle und ließen die ausgespannten Rosse in dem Grase weiden. Das Volk war scharenweise aus dem Lager hinausgeströmt, um die schöne Tochter des Oberkönigs zu sehen, und fragte, unbekannt mit den Absichten des Vaters, unter sich, wozu wohl Agamemnon die Jungfrau herbeschieden habe; vielleicht zu einem Hochzeitsfeste, vielleicht auch aus Sehnsucht nach dem Kinde? Auch hörte man schon manchen sagen: „Der Artemis, der Herrscherin von Aulis, wird jetzt die Jungfrau geweiht." Den Agememnon versetzte die Nachricht in trostlose Verzweiflung. Mit welchen Augen soll er die Gattin, die er nicht erwartet, empfangen? Zum Hochzeitsfeste hat die liebende Mutter sittsam die Tochter hergeführt, und nun soll sie ihn in falschem Trug erfinden, als Mörder ihres Kindes. Und die teure Tochter, die der Tod bald zum Brautaltare führen soll, wie jammerte sie ihn, wie wird sie flehen und weinen! Selbst der Kleine, Orestes, er wird aufschreien, unverständlich zwar, doch dem Vaterherzen nur zu vernehmlich. Während der Unglückliche so in Verzweiflung rang, näherte sich ihm Menelaos und erfaßte seine Rechte. Des Bruders Qual hat ihn gerührt, und Mitleid mit der armen Jungfrau, die seinem eigenen Geschlechte angehört, hat sein Herz gewendet, daß er seine früheren Vorwürfe und sein Drängen bereut und von allen Forderungen absteht. „Laß, o Bruder, deine Tränen; ich widerrufe alles, was ich zuvor gesagt. Wie kann ich ein Glück suchen, das nur Unglück ist? Ich will mit deinem Jammer niemals mir Helena erkaufen, das Böse für das Gute. Sinnlos war ich, wie ein törichter Jüngling; doch jetzt weiß ich, was es heißt, seine Kinder töten. Entlaß das Heer, wir ziehen nach Hause; ich opfere all meine Rechte dir auf." Die edlen Worte des Bruders erfreuten zwar das Herz des Agamemnon, doch zerstreuten sie seinen Gram nicht. „Schön sprachst du, Menelaos, ein wackeres Wort, das deiner würdig ist; doch es treibt mich des Geschickes Zwang, den blutigen Mord der Tochter zu vollbringen. Das ganze Heer, das Hellas hier versammelt hat, wird zu dieser Greueltat mich zwingen. Kalchas wird seine Weissagung vor allem Volke kund tun, und brächten wir den Seher auch zum Schweigen, Odysseus weiß den Seherspruch. Ehrgeizig ist er und hinterlistig und bei dem Volke beliebt; er wird das ganze Heer mit sich fortreißen, daß es, wenn ich das Opfer verweigere, mich und dich ermorden wird, und dann doch die Jungfrau auch hinopfern. Und flöh ich in mein Reich, sie würden mir nachstürmen, würden die alte Kyklopenburg zerbrechen und mein ganzes Land veröden. Solch ratloses Verhängnis hat der Götter Zorn mir aufgeladen. Nur auf das eine sei mir bedacht, o Bruder, sorge, daß in dem Lager Klytaimnestra nicht erfahre, bevor ich dem Hades mein Kind überliefert. So wird dieses Leid mir am wenigsten Tränen kosten."

Unterdes kam Klytaimnestra auf ihrem Wagen heran mit der lieben Tochter und dem kleinen Sohn. Menelaos hatte sich entfernt, seine Trauer und Verlegenheit zu bergen. Nachdem er mit der Gemahlin die ersten Worte der Begrüßung gewechselt, hüpfte Iphigeneia mit kindlicher Freude dem Vater entgegen und umschlang zärtlich seinen Nacken. „Wie freu' ich mich, Vater, daß ich dich wiederseh nach so lange Zeit! Doch wie bleibst du so unruhig, Vater, und freust dich doch?" „Ein König und Feldherr, Kind, hat der Sorgen viel." „O, sei jetzt mein und denke nicht mehr an Kümmernis, verscheuche die Furchen von deiner Stirn und sieh mich freundlich an!" „Wohl, ich bin froh, mein trautes Kind, daß ich dich so froh seh." „Und doch rinnen Tränen von deiner Wange." „Lang ist ja auch die Trennung, die uns bevorsteht." „Ach, wär's mir doch vergönnt, die Fahrt mit dir zu teilen!" „Auch dein harret eine Fahrt, wo du des Vaters gedenken wirst." „Mit der Mutter doch, oder ich allein?" „Allein, von Vater und Mutter fern." „Bringst du mich in ein anderes Haus, mein Vater?" „Laß das, solches ziemt nicht dem Mädchen zu erkunden." „Eile denn, Vater, und kehre bald mir von Phrygien zurück." „Erst muß ich hier noch ein Opfer bestellen – ein Opfer, bei dem du nicht fehlen wirst." Agamemon, mit seinem furchtbaren Geheimnis in der Brust, vermochte nicht länger das Gespräch mit der ahnungslosen Tochter fortzusetzen und schickte sie unter Liebkosungen und Tränen in das für die Frauen bereitete Zelt zu den Jungfrauen, die sie herbegleitet hatten. Noch galt es für den unglücklichen Mann eine schwere

Prüfung in dem Gespräche mit der Gattin, die er in ihrer Täuschung erhalten mußte. Mit Angst und Sorge gab er Antwort auf ihre neugierigen Fragen nach dem Geschlechte und den Verhältnissen des Bräutigams und den Anordungen zu dem Hochzeitsfeste und suchte sie vergebens zu bewegen, vor der Feier, die er allein besorgen werde, wieder nach Mykenä zurückzukehren, da ihr Verweilen in dem Lager unter dem Schwarm der Männer sich nicht zieme und die Töchter zu Hause ihrer Fürsorge zu lange entbehrten. Ratlos entfernt er sich endlich, um den Kalchas aufzusuchen, ob der nicht noch das Unheil von ihm abwenden kann.

Nicht lange, so kam Achilleus eiligst vor das Zelt des Agamemnon und fragte die Sklaven nach dem Führer. Er könne dem Drängen seiner kriegslustigen Myrmidonen nicht länger widerstehen: entweder soll er den Agamemnon zur Abfahrt zwingen oder sie nach Hause führen; auch kann sein eigens nach Taten begieriges Herz die träge Ruhe nicht mehr ertragen. Klytaimnestra hat seine Stimme vernommen und von einem Sklaven gehört, wer er sei; sie tritt aus dem Zelte und begrüßt ihn freundlich als ihren künftigen Eidam. „Was sagst du", sprach Achilleus erstaunt, „von welcher Verlobung sprichst du? Nie freiete ich um deine Tochter, und nie hat auch Agamemnon mir von solcher Hochzeit gesprochen." Welch Rätsel, welche Schmach! So hatte Agamemnon seine Gattin hintergangen? Sie träumte sich als Brautführerin, wo keine Braut war, und stand voll Beschämung vor dem Jüngling, zu dem sie so unziemlich von Ehe und Verwandtschaft gesprochen. Der edle Achilleus suchte sie zu beruhigen: „Laß dich's nicht kümmern und vergiß es, wenn einer seinen Scherz mit dir und mir getrieben hat, und verzeih mir, wenn mein Erstaunen dir wehe getan." So wollte er eben in das Gezelt gehen, um Agamemnon aufzusuchen; da kam ein alter Sklave, der einst der Klytaimnestra bei ihrer Vermählung aus dem Hause des Vaters nach Mykenä gefolgt war, derselbe, welcher den zweiten Brief nach Mykenä gefolgt war, derselbe, welcher den zweiten Brief nach Mykenä hatte tragen sollen, mit verstörtem Antlitz und zitternd vor Angst aus dem Zelte und offenbarte der Herrin und Achilleus, daß Agamemnon seine Tochter der Artemis opfern wolle. Die erschreckte Mutter warf sich klagend dem Achilleus zu Füßen und umfaßte wie eine Schutzflehende seine Knie: „Ich schäme mich nicht, so zu deinen Knien zu liegen, ich die Sterbliche vor dem Sohne der Göttin. Mein Stolz ist hin, und um was sollte ich mehr mich bemühen, als um mein Kind? Hilf mir, o Sohn der Göttin, in meiner Not, und ihr, die deine Braut hieß, fälschlich zwar, doch hieß sie so. Im bräutlichen Kranze führte ich sie dir hierher, die man jetzt zum Opfer fortreißt. Ewige Schmach wäre es dir, wenn du sie nicht rettetest. Bei allem, was dir teuer ist, bei deiner göttlichen Mutter beschwöre ich dich, schütze uns. Siehe, ich habe keinen Altar, zu dem ich flüchten könnte, als deine Knie. Nirgends ist auch sonst ein Freund mir nah, und Agamemnons grausamen Willen hast du erfahren. Ein wehrloses Weib, kam ich in die Mitte eines gewalttätigen Heeres; wenn deine Hand es übernimmt uns zu schützen, so sind wir sicher, versagst du's, so verderben wir."

Achilleus, von Mitleid bewegt und erbittert, daß Agamemnon seinen Namen mißbraucht hatte, um die unglückliche Tochter ins Todesnetz zu locken, hob die jammernde Fürstin voll Ehrfurcht vom Boden auf und rief: „Ich schütze dich, Fürstin! Bei Nereus, dem Vater der Thetis, die mich gebar, schwöre ich dir's, nicht soll Agamemnon die Jungfrau anrühren, selbst ihr Gewand nicht fassen mit der Spitze seiner Finger, sonst soll mein Schwert, ehe es ins Phrygerland zieht, mit Blut sich färben. Ich wäre der feigste Mann im Griechenheere, wenn ich deinem Gatten zu Mord und Tod meinen Namen liehe. Für immer wäre ich befleckt, mein Name hätte die Jungfrau ermordet, wollte ich Agamemnon die schmähliche Tat vollführen lassen." Nachdem hierauf Achilleus der Königin geraten, zunächst die Umstimmung ihres Gemahles durch Bitten zu versuchen, da ein gutes Wort besser sei als Gewalt, entfernte er sich mit dem Versprechen, als treuer Hüter sie und ihre Tochter zu bewahren und zur rechten Stunde mit der Tat ihr nahe zu sein.

Als Agamemnon aus dem Lager zurückkam, entschlossen, die Tochter zum Opfer zu führen, sprach er zu der Gattin: „Sende jetzt die Tochter aus dem Zelt und übergib sie dem Vater; denn schon steht das heilige Wasser und das Opfermehl bereit und die jungen Kühe, die vor dem Hochzeitsfeste ihr Blut am Altar der Artemis verspritzen sollen." „Welche schönen Worte", rief Klytaimnestra voll Zorn und Abscheu, „doch deine Tat – wie kann ich sie schön nennen? Komm jetzt hervor, o Tochter, aus dem Zelte, du weißt ja nun, was dein Vater will. Wohlan, bringe auch Orestes, deinen Bruder, mit!" Als Iphigeneia weinend aus dem Zelte trat, fuhr Klytaimnestra fort: „Siehe, Vater, da steht sie dir gehorsam, doch antworte mir offen und wahrhaftig, willst du nicht deine und meine Tochter töten?" „Weh, mein böses Geschick!" rief Agamemnon in Verzweiflung, „ich bin verloren, mein Geheimnis ist entdeckt!" „Ich weiß es, alles ist entdeckt, auch dein Schweigen und dein Seufzen ist ein Geständnis; mühe dich nicht mit Reden ab und laß mich reden. Siehe, ich war dir und den Deinen stets ein untadelig Weib, deines Hauses Wohl vermehrend, dein Stolz und deine Wonne, wenn du kamst und wenn du gingst. Vor diesem Knaben gebar ich drei Töchter dir, und davon willst du jetzt eine mir kläglich rauben. Und warum willst du sie morden? Damit Menelaos Helena wieder erlange. Fürwahr, vortrefflich! für ein schlechtes Weib geben wir die Kinder hin, kaufen für das Liebste das Feindseligste. Siehe, wenn du von der Heimat ziehst in den Krieg, meinst du, werde ich daheim den Sitz dieser Jungfrau anschauen und ihr leeres Gemach? Mit tränenvollem Blick sitz ich dann allein und bejammere sie, die vom Vater Gewürgte, ohn Unterlaß. Und wird mir's schwer sein, die Töchter, die mir noch übrig bleiben, gegen dich, den Mörder derer, die dich lieben, mit Abscheu zu erfüllen, daß dein Haus dich empfängt, wie du's verdient? Nein, bei den Göttern, zwinge mich nicht, wider dich zu freveln, wie du selbst an mir freveltest! Du willst deine Tochter schlachten? Wie willst du dabei beten? Was darf der Mörder seines Kindes sich Gutes erflehen? Schmachvolle Rückkehr, wie du schmachvoll von Hause auszogst. Und kann ich etwa dir Segen erflehen? Dann müßte ich die Götter sinnlos wähnen. Und muß es denn gerade deine Tochter sein, die fallen soll? Warum trittst du nicht vor das Heer und sprichst: „Ihr wollt zu dem Phrygerlande schiffen, Argiver; so loset, wessen Tochter sterben soll." So ist es billig. Warum würgt Menelaos, dessen Sache es gilt, nicht seine Tochter Hermione für seine Helena? Soll, während ich, dein treues Weib, meines Kindes beraubt werden, die ungetreue Gattin, glücklich ihr Kind geborgen wissen in Spartas Hut? Antworte mir, wenn ich unrecht redete; doch hab ich wohl gesprochen, o dann morde nicht deine und meine Tochter, nein, besinne dich!"

Jetzt auch warf Iphigeneia sich dem Vater weinend zu Füßen. „O daß ich den Mund des Orpheus besäße, mein Vater, daß mit dem Zaubergesang ich Felsen bewegte, und besänftigte mit meinen Worten, wen ich nur wollte; nun aber habe ich nur Tränen und Klagen. Demütig flehend hange ich an deinen Knien, verdirb mich nicht in der Blüte der Jahre; es ist so süß, das Licht zu schauen, o zwinge mich nicht in die Nacht da drunten. Gedenke der Liebkosungen, mit welchen du mich, dein erstes Kind, auf deinen Knien gewiegt. Was habe ich mit dem Ehebund der Helena und des Paris zu schaffen, warum soll ich sterben, weil Paris nach Sparta kam? O sieh mich an, gönne mir den Blick deines Auges und deinen Kuß, daß ich doch sterbend dies Andenken noch von dir habe, wenn mein Wort dich nicht zu rühren vermag. O Bruder, wenn auch klein, sei ein Helfer deiner Schwester, weine mit mir, flehe mit mir, daß die Schwester nicht sterbe! Siehe, schweigend fleht er für mich. Erbarme dich, schone mein; bei deinem Kinn beschwören wir beide geliebten Kinder dich, er das Knäblein und ich die Jungfrau!"

Agamemnon blieb unerbittlich. „Ich weiß", sprach er, „wo ich Erbarmen haben muß und wo nicht; denn ich liebe meine Kinder, sonst wäre ich ja ein Rasender. Mit schwerem Herzen, Gattin, führe ich diese Tat aus, aber schwer ist's auch sie zu lassen; ich muß sie tun. Ihr seht, welch Schiffsheer mich hier umringt, wie viele Fürsten in ehernem Panzer hier versammelt sind; ihnen allen ist der Weg nach Troja verschlossen, wenn ich dich nicht opfere, mein Kind. So hat Kalchas es verkündet, und ein wildes Verlangen rast in dem Griechenheere, ungesäumt in das Land der Barbaren zu schiffen und dem Raub der Griechenfrauen ein Ziel zu stecken. Widersetz ich mich dem Seherspruch, so morden sie euch und mich. Nicht dem Menelaos habe ich mich zu Diensten gegeben, Kind, nein, dem gesamten Hellas, dem ich, mag ich wollen oder nicht, dich opfern muß. Dawider vermag ich nichts. Durch dich, meine Tochter, und durch mich muß unser Land frei werden, daß in Zukunft nicht mehr der Grieche von Barbaren sich seine Frauen muß rauben lassen."

Nach diesen Worten verließ Agamemnon die jammernden Frauen. Da hörte man plötzlich Lärm und Waffengetöse; Achilleus kam hastig daher mit einer Schar von Kriegern und legte wie zum Kampfe die Waffen an, welche seine Getreuen ihm brachten. Das ganze Heer, durch Odysseus von dem Spruche des Kalchas benachrichtigt, hatte tobend die Opferung der Iphigeneia gefordert; aber Achilleus hatte sich widersetzt, er werde seine Braut, die der Vater ihm verheißen, sich nicht morden lassen. Da stürmten alle, die Myrmidonen, seine eigenen Krieger, voran, zornig auf ihn los und schalten ihn einen verliebten Toren, und sie hätten ihn gesteinigt, wenn er sich nicht durch die Flucht ihrer Wut entzogen hätte. Jetzt wird Odysseus an der Spitze der wütenden Männer kommen, um mit Gewalt das Opfer zu holen. Doch Achilleus ist entschlossen, mit dem Schwert in der Hand ihnen die Beute streitig zu machen. Ein blutiger furchtbarer Kampf steht bevor.

Da wand sich Iphigeneia aus den Armen der angsterfüllten Mutter los und sprach gefaßten Mutes: „Umsonst, geliebte Mutter, zürnst du deinem Gatten; dem Unmöglichen können wir uns nicht entziehen. Zwar dem edlen Eifer unsers Freundes gebührt Lob; doch du siehst, wir richten nichts aus, du verfällst der Lästerung und er dem Verderben. Hört drum, welchen Entschluß mir die Überlegung eingegeben. Mein fester Wille ist zu sterben; jede niedere

Regung aus meiner Seele verbannend, will ich's rühmlich vollenden. Das ganze herrliche Griechenland blickt jetzt auf mich, auf mir beruht die Fahrt der Flotte und der Fall von Troja, auf mir die Ehre der griechischen Frauen, daß kein Barbar es mehr wagt, ein griechisches Weib zu rauben. Alles das werde ich durch meinen Tod erringen, und ein glückseliger Ruhm wird mir zuteil als einer Befreierin des Vaterlandes. Warum soll mir das Leben so teuer sein, während Tausende von Männern den Schild am Arm zur Rache für das

Opfer der Iphigeneia

gekränkte Vaterland ausziehen in die Gefahr des Todes. Auch darf der edle Achilleus nicht um *eines* Weibes willen gegen alles Volk von Hellas in den Kampf gehen und dem Tod sich preisgeben. Nein, wenn Artemis sich meinen Leib zum Opfer erkor, so will ich, die Sterbliche, nicht widerstreben; für das Vaterland geb ich willig mein Leben hin. Opfert mich und zerstört Troja, Trojas Trümmer sollen für ewig mir ein Denkmal sein."

Mit leuchtenden Blicken stand die hochherzige Jungfrau bei diesen Worten vor der Mutter und dem Peliden. „Selig wäre ich geworden, Kind Agamemnons", rief der Jüngling voll Begeisterung, „hätten die Götter mir deine Hand beschieden. Edel sprachst du und würdig deines Vaterlandes. Nun ich dein Wesen erkannt, erfüllt mein Herz heiße Liebe zu dir. Bedenk es wohl, ein furchtbar Übel ist der Tod; ich bin bereit dich zu retten und dich in mein Haus zu führen." „Männerkrieg und Mord", sprach Iphigeneia mit ruhigem Ton, „hat Frauenschönheit durch des Tyndareos Tochter genug erregt; um mich stirb du nicht, geliebter Freund, und morde um meinetwillen keinen. Laß mich Hellas retten, wenn ich das vermag." „Erhabene Seele", rief der Pelide, „ich widerspreche nicht, wenn dir's also gefällt. Doch vielleicht gereut dich noch dein Wille, wenn der Mordstahl über deinen Nacken droht. Dann werd ich dir zu Hand sein; ich eile mit meinen Waffen zum Altar, um deinen Tod zu hindern."

Mit diesen Worten eilte der Jüngling davon. Iphigeneia aber tröstete die klagende Mutter, verbot ihr alle Trauer um ihren ruhmreichen Tod und ließ sich dann, ein edles Opfer, von den Dienern des Vaters nach dem Orte führen, wo sie verbluten sollte. Die Mutter blieb in dem Zelte zurück – so wollte es Iphigeneia – und ergab sich einem verzweifelten Schmerze.

In dem heiligen Haine vor dem Lager stand auf blumiger Au der Altar der Artemis, umringt von dem ganzen griechischen Heere. Da wandelte Iphigeneia, von den Dienern ihres Hauses geführt, durch die staunenden Scharen und trat festen Schrittes zu ihrem Vater. Der seufzte laut auf, wandte das Haupt und barg die strömenden Tränen in den Falten seines Gewandes. Die Jungfrau stellte sich zur Seite des Vaters und sprach: „Siehe, mein Vater, da bin ich schon. Willig geb ich meinen Leib am Altar der Göttin zum Opfertode für mein Vaterland und das gesamte Hellenenvolk, wenn es also der Götterspruch gebeut. So viel an mir liegt, seid glücklich und siegreich und kehret bald in das Vaterland zurück. Berühre drum kein Argiver meinen Leib; denn ich werde still und mutig meinen Nacken dem Opferstahle bieten."

Staunen ergriff das ganze Griechenheer, als es solchen Mut und Hochsinn sah. Der Herold Talthybios aber, in der Mitte stehend, gebot der Versammlung Schweigen und Andacht. Am Altare zog der Seher Kalchas ein scharfes Schwert aus der Scheide und legte es in einen goldenen Korb und bekränzte dann die Jungfrau. Jetzt trat auch Achilleus an den Altar, der, durch den Hochsinn der Jungfrau besiegt, allem Widerstande entsagt hatte, ergriff das Körbchen mit dem Opfermehl und das Weihwasser und besprengte umwandelnd den Altar, indem er sprach: „Hehre Göttin Artemis, empfange dieses Opfer, das unentweihte Blut vom Rücken der reinen Jungfrau, das dir das gesamte Heer der Achäer und der Herrscher Agamemnon darbringen, und gewähre gnädig unsern Schiffen eine glückliche Fahrt und unserm Speere die Erstürmung von Pergamos." Die Atriden und das Heer standen da mit zur Erde gekehrtem Blick. Der Priester Kalchas nahm das Schwert und betete und spähte mit scharfem Blick nach dem Halse, um wohl zu treffen. Mit Wehmut im Herzen, verhaltenen Atems stand alles stumm – da, welch plötzliches Wunder! Man hörte deutlich den Fall des Schlages, aber die Jungfrau war verschwunden. Der Priester schrie auf, laut schrie das ganze Heer; statt der Jungfrau lag eine Hündin veratmend am Boden, welche mit ihrem Blute den Altar besprengte. „Sehet her", rief Kalchas freudig, „ihr Führer des vereinten Heeres, dies Opfer hat die Göttin uns gesendet, eine bergwandelnde Hündin; sie hat Artemis statt der Jungfrau sich gewählt, deren edles Blut ihrem Altar nicht besudeln sollte. Die Göttin ist versöhnt, sie gewährt uns günstige Fahrt und Iliums Erstürmung. Drum fasset Mut, noch an diesem Tage werden wir die Bucht von Aulis verlassen und das ägäische Meer durchsteuern."

Nachdem darauf das ganze Opfertier in der Flamme verzehrt war und der Priester noch um glückliche Fahrt zu der Göttin gebetet hatte, machte das Heer sich freudig zum Aufbruch bereit; denn schon begann ein günstiger Fahrtwind zu wehen. Agamemnon war zu seinem Zelte geeilt, um der Gattin die freudige Wendung des Opfers zu verkünden und ihre Heimkehr nach Mykenä zu beschleunigen. Beide trennten sich mit dem frohen Glauben, daß ihre Tochter zu dem Kreise der Götter entrückt sei.

Artemis hatte Iphigeneia von dem Altar entrückt und fernhin an die Küste des Skythenlandes gebracht, damit sie dort in ihrem Tempel ihr als Priesterin diene.

Die neun ersten Jahre des Krieges

Die Fahrt von Aulis nach Troja ging glücklich vonstatten. Nur *einen* Helden traf großes Unheil, Philoktetes, den König der Malier am Oeta, der im Besitze der Pfeile des Herakles war. Als nämlich die Flotte an der kleinen menschenleeren Insel Chryse in der Nähe von Lemnos anlangte, suchte man nach dem Altar der Nymphe Chryse, um an demselben ein Opfer darzubringen; denn sie hatten ein Orakel erhalten, daß sie Troja nicht erobern könnten, wenn sie nicht vorher an diesem Altare opferten. Jason hatte ihn erbaut, als er auf der Fahrt nach Kolchis begriffen war, und Herakles hatte auf demselben bei seinem Zuge gegen Troja geopfert. Philoktetes, früher ein Begleiter des Herakles, wußte seine Stelle und wollte ihn jetzt seinen Genossen zeigen. Als er aber den mit Gestrüpp überwachsenen heiligen Raum betrat, in welchem der alte zerfallende Altar stand, schoß ein giftiger Drache, der Hüter des Heiligtums, auf ihn zu und biß ihn in das Bein. Die von dem fressenden Gifte erfüllte Wunde verursachte dem Helden eine furchtbare Qual. Er jammerte Tag und Nacht; kein Opfer, keine Spende konnte man darbringen, ohne durch seine die heilige Handlung störenden Seufzer und Weherufe unterbrochen zu werden. Dazu verbreitete das eiternde Geschwür einen unerträglichen Geruch. Da das Heer eine solche Gedrängnis nicht länger erdulden wollte, berieten sich die beiden Atriden mit dem klugen Odysseus, was zu tun, und sie beschlossen, den edeln Helden, der sein Unglück im Dienste für das allgemeine Wohl sich zugezogen hatte, vom Heere zu entfernen. Als sie an der wüsten, menschenleeren Küste von Lemnos vorübersegelten, luden sie den unglücklichen Kranken, während er eben in tiefem Schlafe lag, in ein Fahrzeug und setzten ihn an dem unwirtlichen Felsengestade aus. Bogen und Pfeile legten sie neben ihn und etwas Speise und Kleidung, und überließen ihn dann seinem Schicksal. Bis in das zehnte Jahr des Krieges verlebte der Arme, gequält von seiner immer mehr um sich fressenden Wunde, an der öden Felsenküste, von aller Welt verlassen und vergessen, ein trauriges Leben voll Jammer und Elend. Da erinnerten sich endlich die Griechen von Troja des verstoßenen Helden und seiner herakleischen Pfeile, ohne welche sie die Stadt nicht nehmen konnten, und holten ihn in das Lager.

Als das Heer an die trojanische Küste kam, eilten die Scharen der Troer herbei, um ihre Landung zu verhindern. Der Anführer der Troer war Hektor, der älteste Sohn des Priamos, der tapferste und hochherzigste Mann in Troja; denn Priamos war zu alt, als daß er noch selbst sich an dem Kriege hätte beteiligen können. Die Griechen hatten ein Orakel, daß der, welcher zuerst das trojanische Land betreten würde, sterben müsse. Das wußte Protesilaos, der Sohn des Iphikles aus Thessalien, und obgleich er erst jüngst sich vermählt hatte mit der zärtlich geliebten Laodameia, der Tochter des Akastos, Enkelin des Pelias, so trieb ihn doch, während die übrigen zögerten, sein Heldenmut, sich für die Gesamtheit zu opfern und allein, allen voran, kühn auf das trojanische Land hinabzuspringen unter die drohenden Feinde. Der Speer des Hektor durchbohrte ihn, daß er sogleich sterbend niederfiel. Als später seine junge Gattin die Kunde seines Todes empfing, überließ sie sich einem trostlosen Grame und flehte zu den Unterirdischen, daß es ihr erlaubt sei, nur noch drei Stunden auf der Oberwelt mit dem geliebten Gatten zu verkehren. Die Götter der Tiefe erhörten ihr Flehen, und Hermes führte den Protesilaos auf einige Stunden zum Leben zurück. Als er wieder hinab mußte zur Unterwelt, starb die Gattin freudig mit ihm. Das Grab des jungen Königs zeigte man am Hellespont, Troja gegenüber auf der thrakischen Küste. Die Ulmen auf dem Grabe blühten auf der Seite, wo die Äste nach Ilion hingewendet waren, früh im Jahre, aber auch früh welkten wieder Blüten und Blätter, als ob sie trauerten über den Tod des früh Gefallenen.

Nachdem Protesilaos als Opfer für seine Genossen gefallen war, sprangen die übrigen Griechen beherzt aus den Schiffen, um seinen Tod zu rächen, und es entspann sich ein blutiger Kampf, in welchem auf beiden Seiten viel tapfere Krieger fielen. Auf griechischer Seite zeichnete sich vor allen Achilleus aus durch seinen unwiderstehlichen Mut und seine übermenschliche Kraft, bei den Trojanern Hektor und ihr Bundesgenosse Kyknos. Dieser war König von Kolonä in Troas und stammte von dem Meergott Poseidon und der Nymphe Kalyke, ein wunderbarer Held, rießig groß und stark, eisenfest und unverwundbar, weiß wie ein Schwan am ganzen Leibe, woher er auch seinen Namen trug, denn Kyknos heißt der Schwan. Als Nachbar der Troer und als Schwager des Priamos, mit dessen Schwester er in erster Ehe vermählt gewesen war, eilte er bei dem Herannahen der griechischen Flotte den Trojanern zur Hilfe herbei und richtete unter den Scharen der Griechen ein entsetzliches Blutbad an. Keiner hielt ihm stand, bis Achilleus, hoch auf seinem Streitwagen die Lanze schwingend, ihm entgegen stürmte. „Wer du auch seist", rief der Pelide, indem er seine Lanze nach ihm warf, „nimm wenigstens den Trost mit in den Tod, daß du von Achilleus, dem Sohne der Thetis, getroffen bist!" Die schwere Lanze flog sicher zum Ziel, aber die scharfe Eisenspitze traf die Brust des Kyknos mit dumpfem Stoß, ohne sie zu verwunden. Staunend sah das Achilleus. Wundere dich nicht, Sohn der Göttin", rief ihm Kyknos entgegen, „nicht dieser Helm, nicht dieses Schild schützen mir den Leib, ich trage die Waffen nur als Zierat; selbst wenn ich alle Bekleidung von mir würfe, bliebe ich doch unverletzt. Es heißt etwas, nicht der Sohn einer Nereide, sondern der Sohn des Gottes zu sein, der über Nereus und seine Töchter und über das ganze Meer herrscht." Mit diesen Worten schleuderte er seinen Speer nach Achilleus und durchbohrte die Wölbung seines Schildes, so daß die Spitze durch das Erz und die neun ersten Stierhäute, womit der schwere Schild überzogen war, hindurchdrang und erst in der zehnten Lage stecken blieb. Achilleus schüttelte den Speer aus dem Schilde und sandte rasch mit nerviger Faust ein zweites Geschoß auf den Gegner; doch auch diesmal ohne Erfolg. Auch die dritte Lanze ließ den Kyknos unversehrt, obgleich er sich ganz ungedeckt dem Wurfe entgegenstellte. Da entbrannte dem jungen Helden der Zorn, wie im Stiergefechte dem Stier, wenn er merkt, daß er, getäuscht durch das vorgehaltene rote Gewand, vergeblich seinen Stoß getan. Nachdem er zweifelnd seine Lanze geprüft, ob ihr etwa die eiserne Spitze fehlte, schleuderte er

Philoktetes

sie zornig gegen den Lykier Menoites. „Ich will doch sehen, ob meine Hand schwach geworden!" rief er, während die Lanze dahinflog und dem Menoites Panzer und Brust durchschlug. „Das ist meine Hand", jubelte er, „das ist meine Lanze! Ich will sie gleich nochmals an diesem versuchen." Schnell zog er das Geschoß aus dem warmen Blute des Gefallenen und schleuderte es gegen den Kyknos. Die Lanze sprang zurück, wie von einem harten Felsen; aber wo sie getroffen, war ein blutiger Fleck. Achilleus sah's und frohlockte; doch vergebens, es war keine Wunde, es war das Blut des Menoites, das an der Lanze hängen geblieben war. Jetzt aber sprang Achilleus in Wut von seinem Streitwagen herab und stürzte sich mit gezücktem Schwerte auf seinen Gegner. Schild und Helm des Feindes sieht er von seinem Schwerte durchbohrt, doch seines Schwertes Spitze hat sich ohne Erfolg an dem harten Leibe des Riesen abgestumpft. Da hält er sich nicht länger, er schwingt hoch in der Linken seinen schweren Schild und stößt ihn dreimal und viermal in das Antlitz des Gegners, während er mit der Rechten seinen Schwertknauf hämmernd wider seine Schläfe schlägt. Kyknos weicht, und der Heldenjüngling folgt hitzig nach, drängt und stößt und läßt ihm keine Ruhe. Da wird jener verwirrt und betäubt, und Nebel schwimmt vor seinen Augen; ohne sich zu wenden, weicht er Schritt vor Schritt. Jetzt stößt er wider einen großen Feldstein, Achilleus bedrängt ihn von vorn mit seinen Stößen und Schlägen, und er fällt rücklings auf den Boden. Der Pelide hält ihn nieder, indem er mit dem Schild und dem Knie sich auf seine Brust stemmt, faßt das Helmband unter dem Kinn und würgt den Unverwundbaren zu Tode.

Der Fall des Kyknos brachte Schrecken unter die Trojaner, daß sie bald völlig das Feld räumten. Man schloß einen Waffenstillstand zur Bestattung der Toten. Nachdem das Heer der Griechen seine Pflicht gegen die Toten erfüllt, zog es die Schiffe ans Land und schlug ein Lager an der Küste auf in der Niederung zwischen den Vorgebirgen Sigeion und Rhoiteion. Die beiden stärksten Helden im Heere, Achilleus und Aias, wählten sich gleichsam als Wächter die äußersten Enden des Lagers als Standorte, am Sigeion Achilleus, Aias am Rhoiteion; Odysseus aber hatte sich die Mitte des Lagers, wo ein freier Platz zu den Versammlungen gelassen war und auch Agamemnon seinen Standort hatte, für sein Zelt ausersehen. Um das ganze Schiffslager warfen sie nach der Landseite hin einen schützenden Wall auf.

Hierauf sendeten die Griechen den Menelaos und Odysseus als Gesandte in die Stadt, um die Auslieferung der Helena und der dem Menelaos geraubten Schätze zu fordern. Antenor, ein verständiger edler Greis, der zu den angesehensten Männern Trojas gehörte, nahm sie in seinen Palast auf und bewirtete sie gastlich. Nachdem Priamos das Anliegen der Gesandten gehört, berief er eine Versammlung seines Volkes, um zu beraten, welchen Bescheid man ihnen geben sollte. Menelaos und Odysseus trugen in der Volksversammlung ihre Forderungen vor, Menelaos zuerst, geläufig, mit kurzen und bündigen Worten. Dann erhob sich Odysseus, und die Worte fielen ihm aus dem Munde wie stöbernder Schnee. Seine Rede machte einen gewaltigen Eindruck auf das versammelte Volk, und als nun Antenor, der hochgeachtete verständige Greis, zu Gunsten der Griechen sprach, da verlangte das Volk laut, daß man das geraubte Weib und die Schätze zurückgeben und den gefährlichen Krieg vermeiden sollte. Das wäre auch der Helena erwünscht gewesen; denn sie wäre gern wieder ihrem ersten Gemahl in die Heimat gefolgt und bereute ihre törichte leichtsinnige Flucht mit dem weichlichen Paris. Paris widersetzte sich aber mit aller Macht der Auslieferung, unterstützt von einem Teil seiner kampflustigen Brüder und besonders von dem Troer Antimachos, der von Paris mit vielem Golde bestochen war. Dieser suchte sogar die Trojaner zu bereden, daß sie den Menelaos, der durch das heilige Gesandtschaftsrecht geschützt war, festhalten und töten sollten. Priamos und Hektor, der stets gegen den Frevel seines Bruder gesprochen hatte, sowie der besonnenere Teil der Trojaner neigten sich jedoch der Ansicht des beredten Antenor zu, und Helena wäre dem Menelaos zurückgegeben worden, wenn nicht der Seher Helenos, der Bruder des Paris, durch einen unglückseligen Orakelspruch, der den Trojanern in dem bevorstehenden Kampfe den Beistand der Götter verhieß, ihren Sinn zu ihrem Verderben gewendet hätte. Sie beschlossen, die Helena zurückzubehalten und den Paris in seinem Besitze zu schützen, und entließen die mit Krieg und furchtbarer Rache drohenden Gesandten guten Mutes zu ihrem Lager.

Die Griechen begannen jetzt die Belagerung der Stadt. Dreimal versuchten sie am Feigengebüsch, wo die Mauer am schwächsten war, einzudringen, aber vergebens. Sie mußten sich auf einen langen Krieg gefaßt machen; denn sie hatten nicht Mannschaft genug, um die Stadt von allen Seiten einzuschließen, und die Trojaner wa gten aus Furcht vor dem schrecklichen Achilleus sich nicht zu entscheidendem Kampfe in das freie Feld. So begann denn ein furchtbarer Zerstörungs- und Plünderungskrieg im trojanischen Lande, bei welchem Achilleus die Hauptrolle übernahm. Er zog bald zur See, bald zu Lande aus, um die kleineren trojanischen oder mit Troja verbündeten Städte anzugreifen. Zwölf Städte eroberte er zur See und elf zu Lande, er raubte die Häuser aus und legte sie in Asche, würgte die Männer und führte die Frauen und Kinder in die Knechtschaft. Die reiche Beute wurde dann im Lager unter die Achäer verteilt, und die edlen Fürstentöchter den ausgezeichnetsten Helden als Ehrengeschenke übergeben. So erhielt Nestor aus dem zerstörten Tenedos die schöngelockte Hekameda, weil er vor allen sich durch Rat und Einsicht auszeichnete; die schönwangige Diomede, eine Tochter des Phorbas, erwählte sich Achilleus nach der Zerstörung von Lesbos. Einst machte Achilleus einen Raubzug in den Ida, um den Aineias zu überfallen und seine Rinderherden wegzutreiben. Seine Freundin, die kriegerische Athena, zog ihm voran und zeigte ihm den Weg, zum Morde der Troer und Leleger ihn antreibend. Er traf den Aineias allein bei der Herde und hätte ihn erschlagen, wenn er nicht in eiliger Flucht sich nach dem hohen Pedasos, der Stadt der Leleger, gerettet hätte. Aber Achilleus folgte ihm und zerstörte die Stadt und führte viele schöne Frauen und Jungfrauen in die Knechtschaft fort. Aineias jedoch war seinem Verfolger entronnen. Auch Lyrnessos zerstörte Achilleus auf demselben Raubzuge und nahm die schöne Hippodameia, Briseïs, wie sie gewöhnlich nach ihrem Vater, dem Priester Brises, genannt wird, gefangen. Sie ward seine Geliebte und treue Freundin.

In der Stadt Thebe, die unter dem waldigen Berge Plakos lag, daher das hypoplakische Theben genannt, herrschte über kilikisches Volk Eetion, der Vater der Andromache, welche mit Hektor vermählt war. Achilleus zog gegen die Stadt und erschlug die sieben Söhne des Königs, die in den nahen Bergen die Rinder- und Schafherden ihres Vaters hüteten, alle an einem Tage. Dann erstürmte er die Stadt selbst und erschlug auch den alten starken Helden Eetion; doch scheute er sich, die Leiche des ehrwürdigen Königs der Waffen zu berauben. Er verbrannte die Leiche zugleich mit den glänzenden Waffen und errichtete ihm ein hohes Grabmal. Die Gemahlin des Königs, die Mutter der Andromache, führte er mit der übrigen reichen Beute in die Sklaverei fort; doch gab er sie später gegen ein hohes Lösegeld frei, und sie kehrte nach der Heimat zurück, wo sie bald der tötende Pfeil der Artemis traf. Unter den gefangenen Jungfrauen war auch Astynome oder Chryseïs, die Tochter des Apollopriesters Chryses, eines Bruders des früher genannten lyrnesischen Priesters Brises, der in der Stadt Chryse wohnte. Sie war damals gerade nach Theben gekommen, um Eetions Schwester Iphinoe zu besuchen und einem Opfer der Artemis beizuwohnen. Chryseïs war der schönste Teil der Beute, und die Griechen wählten sie als Ehrengeschenk aus für den Oberkönig Agamemnon.

Auch die Troer und die Söhne des Priamos waren in diesen Zeiten nicht sicher vor der Hand des Achilleus, wenn sie einmal die schützenden Mauern verlassen hatten. Er lauerte ihnen auf in den Schluchten des Ida und in der Nähe der Stadt. So fing er einst den Antiphos und Isos, einen ehelichen Sohn und einen Bastard des Priamos, im Ida bei den Schafherden und führte sie, ihre Hände mit Ruten zusammengebunden, mit sich fort, aber er gab sie dem Priamos wieder frei gegen entsprechendes Lösegeld. Einen andern Sohn des Priamos, Lykaon, verkaufte er nach Lemnos an den Sohn des Jason Euneos. Er hatte ihn ergriffen, während er in der Nacht auf einem Baumstücke seines Vaters junges Gezweig von einem Feigenbaume schnitt, um daraus auf seinem Wagen einen Sesselrand zu machen.

Der zarte Troïlos, von den erwachsenen Söhnen des Priamos der jüngste, wagte sich einst, da das Griechenlager von der Stadt ziemlich fern war, mit seinen zwei Rossen aus der Stadt, um sie in der Nähe der Mauern im freien Felde zu tummeln. Zugleich mit ihm war auch seine Schwester Polyxena, gedeckt von mehreren sie begleitenden Kriegern, aus dem Tore gegangen, um an einem nahen mit Buschwerk und Bäumen umschatteten Brunnen Wasser zu holen. Nachdem der Jüngling, Knabe noch mehr als Jüngling, eine Zeitlang seine Rosse in jugendlicher Sicherheit umhergesprengt, lenkte er sie zu dem Brunnen, um sie zu tränken. Da plötzlich sprang ein feindlicher Kriegsmann aus dem Gebüsche hinter dem Brunnen mit geschwungenem Speere auf Troïlos los. Es war Achilleus, der sich hier versteckt hatte, um Troern und Troerinnen, die zum Brunnen kämen, aufzulauern. Überrascht und voll Schrecken fliehen Bruder und Schwester davon; Achilleus verfolgt den auf seinen Rossen forteilenden Troïlos durch das Feld hin. Priamos, der greise König, saß an dem skäischen Tore, das auf dieser Seite nach dem Meere und dem griechischen Lager hin gerichtet war, auf einem Steinsitze, um die alten Glieder in der freien Natur zu sonnen; da kam atemlos ein Späher, der auf der nahen Warte gewacht hatte, herbeigeeilt und meldete ihm die Gefahr seines Sohnes. Des Königs ältere Söhne, Hektor und Polites und Deïphobos, stürzten auf die Kunde schnell in Waffen aus dem Tore, um dem bedrohten Bruder Hilfe zu bringen. Sie kamen zu spät. Achilleus, der Schnellfüßige, ereilte den Flüchtigen in der Nähe eines Altars des thymbräischen Apollon, wo er Schutz und Gnade zu finden hoffte, faßte ihn an den Locken und riß ihn vom Pferde, und während er flehend zu seinen Füßen um Schonung bat, stieß er ihm unbarmherzig die Lanze in die Brust. Schon waren die Brüder, denen auch Aineias sich noch zugesellt hatte, nahe herangekommen, und sie sahen voll Schmerz den jammervollen Tod des zarten Jünglings, den sie ihm nicht mehr abwehren konnten; aber seinen Leib durften sie dem grausamen Feinde nicht lassen, daß er ein Fraß würde den Vögeln und den Hunden. Sie begannen einen Kampf mit Achilleus, der endlich vor den vier tapferen Männern sich zurückziehen und die Leiche preisgeben mußte. Hektor trug ihn triumphierend und trauernd zugleich auf den Schultern nach der Stadt, während der greise Priamos und eine zahlreiche Schar von Männern und Frauen klagend ihm von den Zinnen der Mauern entgegensahen. Von der Zeit an zürnte Apollon dem Achilleus, weil er an seinem heiligen Altare den Mord nicht gescheut hatte, und dieser Zorn des Gottes brachte dem Helden später den Tod.

In die ersten Jahre des Krieges fällt auch der Tod des Palamedes, des weisen und gerechten Fürsten aus Euböa, der durch viele nützliche Erfindungen und weise Ratschläge sich das größte Verdienst um das griechische Heer erworben hatte. Bei der Werbung zum Kriege hatte er durch sein beredtes Wort die meisten Helden leicht zur Teilnahme veranlaßt; zu Aulis hatte er durch seine Erfindung unterhaltender Spiele gesorgt, daß dem Heere die träge Ruhe nicht allzu lästig ward; auch hatte er bei einer Hungersnot, die in Aulis ausbrach, dem Unheil dadurch gesteuert, daß er die Töchter des Anios, welche alles, was sie mit der Hand berührten, in Korn, Wein und Öl verwandelten, von Delos

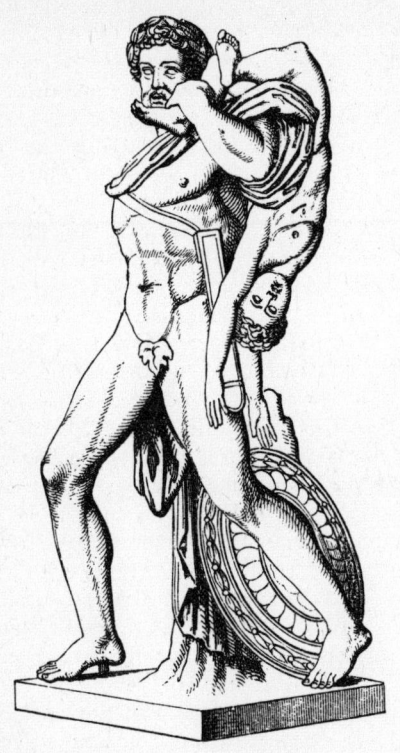

Hektor der Troïlos tragend

herbeiholte. In Aulis und vor Troja erhielt er durch heilkräftige krankheitsabwehrende Mittel die Gesundheit des Heeres; er lehrte den Gebrauch der Leuchttürme und die Anwendung der Schildwachen und viele andere Dinge. An edlem Heldensinn glich er dem Achilleus, der sein Freund war und ihn gern an seinen kriegerischen Unternehmungen sich beteiligen ließ. Aber der weise Erfinder so vieler Künste des Friedens zog den Frieden dem Kriege vor und riet in seiner wohlwollenden Sorge für das allgemeine Beste dem Heere zur Beilegung des Streites mit den Troern, da sein weiser Sinn die lange Dauer und die vielen Leiden des Krieges voraussah. Dadurch aber geriet er in Spannung und Feindschaft mit der kriegslustigen entschlossenen Partei im Heer, besonders mit Odysseus, der, nun er einmal zum Kriege ausgezogen war, nicht eher nach Hause zurückzukehren gedachte, als bis Troja zerstört sei. An Odysseus hatte Palamedes einen unversöhnlichen Feind, seit er seinen verstellten Wahnsinn aufgedeckt und ihn zur Teilnahme am Kriege gezwungen hatte; während des Krieges aber war der Haß in dem Herzen des Odysseus noch gewachsen, da bei allen Gelegenheiten Palamedes sich ihm an Weisheit überlegen zeigte und ihn verdunkelte. Erfüllt von seinem leidenschaftlichen Hasse und unter dem Einflusse des Ehrgeizes und der Eifersucht, verkannte Odysseus die redlichen und wohlwollenden Absichten des Palamedes und sah in der Friedensliebe desselben eine strafwürdige Neigung für den Feind; er argwöhnte ein verräterisches Einverständnis mit den Trojanern, und indem er wähnte, durch einen feindseligen Streich gegen den gefährlichen Nebenbuhler der allgemeinen Sache einen guten Dienst zu tun, ließ er sich durch seinen Verdacht und seinen Haß verleiten, ihn durch ein erdichtetes Verbrechen zu verderben. Er verbarg heimlich eine Summe Goldes in dem Zelte des Palamedes, dann schrieb er im Namen des Priamos einen Brief an ihn, in welchem von seinen Anerbietungen, ihm das Lager der Griechen zu verraten, und von überschicktem Golde die Rede war. Diesen Brief gab er einem phrygischen Gefangenen, daß er ihn nach Troja an Priamos trage; vor dem Lager ließ er durch einen seiner Leute den Phryger überfallen und töten und kam dann mit dem ihm abgenommenen Briefe zu Agamemnon, um den Palamedes des Verrates anzuklagen. Palamedes ward vor den Oberkönig geführt und leugnete natürlich die Sache; da ging man auf den Vorschlag des Odysseus in sein Zelt, um nach dem von Priamos übersendeten Golde zu suchen. Man fand es endlich in dem heimlichsten Verstecke, gerade die Summe, die in dem Briefe des Priamos namhaft gemacht war. Nun schien das Verbrechen des verleumdeten Helden gewiß, und Agamemnon berief alle Fürsten des Heeres zu einem Kriegsrate, um über den Verräter Gericht zu halten. Der beredte Oeyssseus wußte die Sache so klar und augenscheinlich darzutun, daß alle Verteidigung und seine Berufung auf seine vielfachen großen Verdienste um das Heer unnütz blieben; man verurteilte ihn zum Tode durch Steinigung. Als das Urteil gesprochen war und man ihn gefesselt an das Ufer des Meeres führte, um dort die Steinigung sogleich zu vollziehen, brach der Verkannte und von allen Verstoßene in die Worte aus: „O ihr Danaer, ihr tötet die allweise, die unschuldigste gesangreiche Nachtigall!" Ohne Klage, ohne ein flehendes Wort ertrug er den bittern Martertod. Als sein blutiges zerschelltes Haupt schon zum Tode sich neigte, spach er noch die Worte: „Wahrheit, ich bedaure dich, du starbst vor mir!" So starb unschuldig der Edelste und Beste im Griechenheere. Später sollten die Achäer den Mord schrecklich büßen; denn als sie bei ihrer Rückkehr an den kaphareischen Felsen in der Nähe von Euböa vom Sturm überfallen wurden, stelle Nauplios, der Vater des Palamedes, um den Tod des Sohnes zu rächen, an den gefährlichsten Stellen Fackeln aus, welche die Bedrängten in den Tod lockten, und wer sich an das Land rettete, der fiel unter seinem Schwerte. Agamemnon verbot die Leiche des Verräters zu bestatten, er sollte für die Hunde und die Vögel des Himmels als Speise schmählich hinausgeworfen werden. Allein Aias, der gerade und ehrliche Telamonier, der trotz dem bösen Schein nicht an die Schuld des Getöteten glauben konnte, bestattete ihn gegen das Verbot mit allen Ehren.

Zorn des Achilleus

Streit des Achilleus und Agamemnon

Neun harte Jahre des Krieges schon waren vorübergegangen, und das zehnte Jahr war angebrochen, in welchem den Griechen nach der Weissagung des Kalchas bestimmt war, die feindliche Stadt zu nehmen; aber noch immer zeigte sich wenig Hoffnung auf baldiges Ende. Ja, neues schweres Unheil war in diesem Jahre dem vielgeprüften Heere beschieden, das so lange schon von der teuren Heimat, von Weib und Kind entfernt war und unter Drangsal und Not schon so manchen Tapfern in die fremde Erde gebettet hatte, Pest und Zwietracht der Führer und blutige würgende Schlachten.

Bei der Eroberung von Thebe durch Achilleus war Chryseïs, die schöne Tochter des Priesters Chryses, gefangengenommen und dem Agamemnon als Ehrengeschenk übergeben worden. Nun kam der alte Vater in seinem Priesterschmuck, die Lorbeerkränze des Gottes Apollon auf dem goldenen Priesterstabe vor sich hertragend, in das Lager der Griechen, um die Tochter loszukaufen, und er flehte alle Achäer an, am meisten aber die beiden Atriden, die Herrscher der Völker. „Atriden", sprach er, „und ihr andern tapfern Achäer, mögen die Götter euch gewähren, die Stadt des Priamos zu zerstören und glücklich nach Hause zu kehren; mir aber löset die liebe Tochter und nehmet das Lösegeld, aus Rücksicht gegen Apollon, den Ferntreffer, dessen Priester ich bin." Da rieten alle Achäer, den Priester des Gottes zu ehren und das herrliche Lösegeld anzunehmen; aber dem Atriden Agamemnon gefiel das nicht, sondern er schickte den Greis mit Schimpf fort und mit harten Worten. „Daß ich dich nicht mehr, Alter", rief er, „im Lager bei den hohlen Schiffen treffe, weder jetzt noch in Zukunft; sonst werden dir dein Priesterstab und die Kränze des Gottes wenig helfen. Deine Tochter werde ich nicht lösen; sie soll in meinem Hause zu Argos meine Sklavin bleiben bis in ihr Alter. Gehe jetzt und reize mich nicht, auf daß du unversehrt aus dem Lager kommst."

Der Greis erschrak und entfernte sich. Schweigend ging er an dem Ufer des rauschenden Meeres hin seiner Heimat zu; dann, als er fern war von dem Lager, erhob er die Hände zu seinem Gotte und flehte: „Höre mich, Gott mit dem silbernen Bogen! wenn je ich dir zur Freude einen Tempel erbaut oder fette Schenkelknochen von Schafen und Ziegen verbrannt habe, so gewähre mir jetzt meinen Wunsch: laß die Danaer für meine Tränen büßen durch deine Geschosse."

So flehte er, und der Gott erhörte ihn. Erzürnten Herzens schreitet er von den Höhen des Olympos herab mit dem Bogen und dem Köcher auf der Schulter, der düstern Nacht gleich, und die Pfeile in seinem Köcher erklirren furchtbar, während er so im Zorne dahingeht. Er setzte sich fernab von den

Schiffen und entsandte einen Pfeil unter die Achäer; schrecklich erklang der silberne Bogen. Zuerst erlegte er die Maultiere und die Hunde, darauf aber richtete er seine Geschosse gegen sie selbst, so daß beständig die Scheiterhaufen zu Verbrennung der Toten in Menge auflodertern. Neun Tage lang flogen so die Pfeile des Gottes in das Lager, bis am zehnten Achilleus das Volk zu Versammlung rief; Hera, die Freundin der Griechen, hatte es ihm in ihrer Sorge um das Heer ins Herz gelegt.

Als das Volk versammelt war, erhob sich Achilleus und riet, einen Seher oder einen Priester oder einen Traumdeuter zu befragen, weshalb Apollon so sehr erzürnt sei, ob wegen eines verabsäumten Gelübdes oder einer Hekatombe, und durch welche Opfer man ihn besänftigen könne. Da stand Kalchas, der weise Seher, auf und sprach: „Du forderst mich auf, Pelide, den Zorn des Apollon zu deuten. Wohlan, ich will es sagen; doch schwöre mir, daß du mich schützen willst mit Wort und mit der Tat, wenn ob meinem Wort ein Mächtiger im Heere mir zürnt." „Sei gutes Mutes, Seher", sprach Achilleus, „und sage deine Weissagung. Beim Apollon, der dir die Sehergabe verlieh, so lang ich lebe, soll keiner im Lager die Hand an dich legen, selbst Agamemnon nicht, der der Mächtigste im Heer ist." Da faßte Kalchas Mut und sprach: „Nicht wegen eines Gelübdes oder einer Hekatombe zürnt der Gott, sondern wegen des Priesters, dem Agamemnon Schmach antat und die Tochter nicht löste, und nicht eher wird er das Verderben von uns abwenden, als bis die Jungfrau ihrem Vater zurückgegeben ist, ohne Kaufpreis und ohne Lösegeld, und wir eine heilige Hekatombe ihm zu seinem Tempel nach Chryse gesendet haben. So nur möchten wir seine Gnade wiedergewinnen."

Da erhob sich der König Agamemnon, Zorn umdüsterte seine Seele und seine Augen sprühten Feuer. „Unglücksseher", rief er, „noch nie hast du Erfreuliches mir geredet, stets liebst du das Schlimme zu verkünden, Gutes hast du mir nie gesagt oder getan. Und auch jetzt wieder sagst du den Danaern, daß deswegen der Gott uns die Seuche geschickt, weil ich die Tochter des Chryses nicht losgegeben. Wahrlich, ich behielte sie lieber in meinem Hause, ich schätze sie höher als selbst meine eheliche Gattin, Klytaimnestra; denn sie steht ihr nicht nach weder an Wuchs und Gestalt noch an Geist und Geschicklichkeit; doch damit das Volk nicht verderbe, bin ich bereit sie zurückzugeben. Aber zum Ersatz gebet mir auf der Stelle ein anderes Ehrengeschenk." „Sei nicht habgierig, ruhmvoller Atride", sprach Achilleus, „wie können wir jetzt dir ein Ehrengeschenk geben, wo alles verteilt ist, was wir aus den Städten erbeutet? Und wir können doch das Verteilte von den einzelnen nicht wiederfordern. Drum entlaß jetzt die Jungfrau dem Gotte, und gewähret Zeus uns wieder eine troische Stadt zu zerstören, so wollen wir dir dreifach und vierfach Ersatz geben."

„Sinne nicht auf Trug, tapferer Achilleus!" rief Agamemnon. „Soll ich mein Geschenk hergeben, während du das deine behältst? Nein, wenn die Achäer mir keinen Ersatz geben, so gehe ich und hole mir mit eigener Hand dein Geschenk oder das des Aias oder des Odysseus; dann mag zürnen, zu wem ich komme. Doch davon später; jetzt auf, laßt uns ein Schiff rüsten und die Chryseïs und eine Hekatombe abschicken. Einer von euch Fürsten mag Führer sein, meinetwegen du selbst, Pelide, schrecklichster der Männer!" Mit finsterem Blick entgegnete der Pelide: „Wie soll noch, Unverschämter, Selbstsüchtigster, einer der Achäer dir willig gehorchen, einen Gang dir gehen oder mit dem Feinde kämpfen? Nicht der Troer wegen kam ich hierher in den Krieg – sie haben mir kein Leid getan – sondern dir zu Gefallen, Ehrvergessener, und um für Menelaos, deinen Bruder, zu streiten. Doch das achtest du durchaus nicht, sondern du drohst mir jetzt noch mit eigener Hand mir mein Ehrengeschenk zu nehmen, das ich mit Schweiß erkämpft und die Achäer mir gegeben. Erhalte ich doch nie ein so herrliches Teil wie du, wenn die Achäer eine Stadt zerstört haben; das meiste in dem schweren Kriege tut meine Hand, und kommt die Teilung, dann trägst du bei weitem das Beste davon, und ich gehe kampfesmüde, mit wenigem zufrieden, zu meinen Schiffen zurück. Aber jetzt gehe ich heim nach Phthia, da magst du dir, wenn du kannst, ohne mich hier Güter und Reichtum häufen." „Fliehe nur", rief der stolze König, „wenn dein Herz dich's heißt. Ich bitte dich nicht, meinetwegen zu bleiben. Bei mir sind noch andere, die mir Ehre erwerben, zumeist der waltende Zeus. Verhaßt bist du mir vor allen, denn stets ist Streit dir lieb und Krieg und Schlacht. Überhebe dich nur nicht, denn wenn du stark und tapfer bist, so gab dir das, denk ich, ein Gott. Drum geh nur nach Hause mit deinen Schiffen und deinen Genossen und herrsche über deine Myrmidonen, nicht über uns. Um dich und deinen Groll kümmere ich mich wenig, doch das sage ich dir: die Chryseïs schicke ich zurück, aber ich komme selbst in dein Zelt und hole mir dein Ehrengeschenk, die schöne Briseïs, auf daß du erkennst, wie viel höher ich bin als du, und damit in Zukunft auch ein anderer sich scheut, mir entgegenzutreten wie du."

Zorn ergriff bei diesen Worten das junge Herz des Peliden, und sein Sinn schwankte in der starken Brust, ob er das Schwert ziehen und den Atriden auf der Stelle niederstoßen sollte, oder die Wallung seines Herzens unterdrücken. Während er noch so unschlüssig stand und allmählich halb unbewußt sein mächtiges Schwert aus der Scheide zog, kam plötzlich Athene vom Himmel – Hera hatte sie gesendet, da sie beide Fürsten gleich liebte – trat, von den andern nicht gesehen, hinter ihn und faßte ihn an den blonden Locken. Staunend wandte sich der junge Held und erkannte die Göttin an dem leuchtenden Blick. „Warum bist du gekommen, Göttin", sprach er zu ihr, „willst du etwa den Übermut des Atriden sehen? Wahrlich, sein Stolz soll ihn das Leben kosten." Athene antwortete: „Ich kam vom Himmel herab, um deinen Zorn zu hemmen. Laß ab vom Zorn und ziehe das Schwert nicht; mit Worten schilt ihn, soviel du magst. Glaube mir und folge, einst wird dir wegen der heutigen Schmach die dreifache Gabe geboten werden."

Der Jüngling folgte der göttlichen Mahnung und stieß rasch das Schwert in die Scheide, aber seinem Zorne ließ er in Worten freien Lauf. „Unverschämtester und doch feigster der Männer! Wann hast du je den Mut, dich mit dem Volke zur Schlacht zu wappnen oder mit den Tapfersten dich in einen Hinterhalt zu legen? Ja, das scheint dir der Tod. Viel bequemer ist's, Geschenke zu rauben dem, der dir zu widersprechen wagt. Volkfressender König, da du über Feiglinge herrschest; sonst hättest du heute zum letzten Male gefrevelt. Doch das sage ich dir und schwöre es dir durch einen heiligen Eid bei diesem Königszepter: so wahr der nie mehr Blätter und Zweige treiben wird, so wahr werden einst alle Achäer sich nach Achilleus sehnen, wenn sie in Scharen unter der Hand des mordenden Hektor fallen und du ihnen nicht helfen kannst. Dann wird dir der Zorn und Gram die Seele zernagen, daß du den Besten der Achäer nicht geehret hast." Mit diesen Worten warf er das Zepter zornig zur Erde und setzte sich. Gegenüber aber stand Agamemnon und wollte seiner Wut freien Lauf lassen; doch Nestor, der ehrwürdige Greis, trat dazwischen und suchte die beiden Fürsten durch verständiges Wort zu beschwichtigen und zu versöhnen, damit nicht durch die Zwietracht der Ersten im Heere Unheil über das Ganze komme. Aber seine Zurede vermochte nichts. „Du hast Recht, o Greis", sprach Agamemnon, „doch *der* will allen zuvor sein, allen will er befehlen, alle beherrschen. Wenn aber die Götter ihn zu einem tapferen Krieger machten, so gaben sie ihm deswegen doch nicht das Recht zu Schmähung und Schimpf." „Wahrlich", fiel Achilleus ein, „ich wäre feige und nichtswürdig, wenn ich mich vor dir in allem, was du sagst, demütige. Andern magst du befehlen, nicht mir. Eins noch sag ich dir jetzt: Wegen des Mädchens werde ich nie die Arme zum Streit erheben, weder gegen dich noch gegen einen andern; ihr gabt sie mir, ihr mögt sie auch nehmen. Von meinem übrigen Besitztum aber, das ich bei meinem Schiffe habe, taste mir nichts an wider meinen Willen, sonst soll alsbald dein schwarzes Blut von meiner Lanze triefen!"

Die Versammlung ging auseinander. Der Pelide begab sich mit Patroklos und seinen Freunden zu seinen Zelten, während Agamemnon zum Meere ging und ein Schiff ausrüstete zur Fahrt nach Chryse, um dem Gott die Hekatombe und dem Priester die Tochter zu senden. Als Führer der Sendung ging Odysseus mit. In dem Lager aber hieß der Oberkönig das Volk durch sühnende Waschungen sich reinigen und dem Gott Apollon heilige Opfer darbringen. Darauf sandte er seine beiden Herolde Talthybios und Eurybates zu dem Zelte des Achilleus, um dessen Sklavin Briseïs zu holen. Die Herolde gehorchten, wenn auch ungern, und trafen den Achilleus vor seinem Zelte sitzend. Verlegen und voll Ehrfurcht standen sie vor ihm und wagten nicht ihren Auftrag zu verkünden. Der Jüngling erkannte wohl, weshalb sie gekommen, und obgleich er ihres Anblickes sich nicht freute, so redete er sie doch freundlich an: „Freude sei mit euch, ihr Boten des Zeus und der Menschen", sprach er, „kommet heran; ihr habt mir ja keine Schuld, sondern Agamemnon, der euch hersendet wegen der Briseïs. Wohlan denn, Patroklos, führe die Jungfrau heraus und übergib sie ihnen; sie selbst aber sollen Zeugen sein vor Göttern und Menschen und vor dem König, dem Wüterich, wenn je man wieder meine Hilfe vermißt. Wahrlich, er tobt in verderblichem Wahnsinn."

Patroklos brachte die Jungfrau und übergab sie den Herolden. Sie folgte ihnen ungern, denn sie liebte den schönen edlen Jüngling. Achilleus aber setzte sich weinend an den Strand des Meeres, fern von seinen Freunden, schaute hinab in die dunkele Flut und flehte mit ausgebreiteten Händen zu seiner Mutter Thetis. Die tauchte schnell wie ein Nebel aus der Tiefe empor, setzte sich neben den weinenden Sohn und sprach, indem sie ihn mit der Hand streichelte: „Warum weinst du, mein Kind, welches Leid kam über dein Herz? Sprich, verhehle mir es nicht, damit wir es beide wissen." Achilleus erzählte der Mutter, was ihm geschehen, und bat sie, in den Olymp hinaufzugehen und den Zeus zu vermögen, daß er den Troern Glück und Sieg verleihe und die Griechen bedränge, bis sie alle die Schuld ihres Königs innewürden und er selbst sein Unrecht gegen ihn erkenne. Thetis versprach den Wunsch ihres Sohnes zu erfüllen, sobald Zeus wieder in den Olymp zurückgekehrt sei. „Denn gestern ist er mit allen Göttern zu den frommen Äthiopen zum Opferschmause gereist an den Strand des Ozean; am zwölften Tage aber kehrt er wieder in den Olympos zurück. Dann gehe ich zu ihm und umfasse sein Knie, und ich hoffe, er wird mir willfahren. So lange aber bleibe ruhig bei deinen Schiffen und zürne den Achäern und enthalte dich des Kampfes." So sprach sie und kehrte in die Tiefe des Meeres zurück; Achilleus aber saß seitdem, eingedenk der Worte seiner Mutter, in seinem Zelte, grollend wegen des schönen Weibes, das man ihm mit Gewalt genommen.

Achilleus und Briseis

Odysseus war unterdessen nach Chryse gekommen. Er stellte dem Priester seine Tochter zurück und brachte dem Gott am Altare des Tempels das sühnende Opfer. Der Priester, erfreut über den Wiederempfang der lieben Tochter, flehte nun zu Apollon, daß er die Achäer von der verderblichen Pest befreie. Und der Gott erhörte ihn.

Am zwölften Tage kamen die Götter, Zeus an ihrer Spitze, von den Äthiopen zurück. Da tauchte Thetis in der Frühe des Morgens aus dem Meere auf und ging zum Olympos, wo sie den Zeus auf der höchsten Spitze fern von den andern Göttern traf. Sie setzte sich vor ihn, umschlang seine Knie, berührte mit der Rechten sein Kinn und flehete ihn an, daß er ihren Sohn ehre und den Troern so lange Sieg verleihe, bis ihm von Agamemnon und den Achäern die schuldige Genugtuung geworden. Lange saß Zeus schweigend da; doch Thetis hielt sein Knie fest umschlungen und sprach wieder: „Ohne Rückhalt gewähre mir entweder oder versage mir – denn bei dir ist keine Furcht – damit ich weiß, ob ich vor allen die am wenigsten geehrte Göttin bin." Da sprach tiefseufzend der Vater Kronion: „Wehe, heillose Dinge, da du mich zur Feindseligkeit gegen Hera zwingst, wenn sie mich mit zankenden Worten reizt. Auch so schon hadert sie stets mit mir bei den unsterblichen Göttern und sagt, daß ich im Kriege den Troern beistehe. Aber entferne du dich jetzt, damit Hera dich nicht sieht, ich werde deinen Wunsch erfüllen. Wohlan, damit du vertraust, will ich dir Gewährung zunicken mit meinem Haupte; denn das ist unter den Göttern das heiligste Pfand meiner Verheißung." So sprach der Kronide und nickte mit den dunkelen Brauen, und die ambrosischen Locken wallten hernieder von seinem unsterblichen Haupte, und es erbebte der hohe Olympos.

Die Göttin fuhr wieder hinab in das Meer, Zeus aber ging in seinen Palast, wo die Götter alle zum Mahle versammelt waren. Ehrfurchtsvoll erhoben sie sich und traten ihm grüßend entgegen, und er setzte sich auf seinen Thron. Hera aber hatte gemerkt, daß ihr Gemahl mit Thetis geratschlagt, und machte ihm Vorwürfe, daß er ihr gewiß versprochen, den Achilleus zu ehren und den Achäern Verderben zu senden. Aber Zeus trat ihr mit festem Worte entgegen und hieß sie sich ruhig zu verhalten, damit er nicht an ihr sich vergreife. Da erschrak die hohe Hera und saß schweigend da, ihr Herz bezwingend. Auch die übrigen Götter saßen beklommen und lautlos und verloren die Lust am Mahle, da so die Herrscher des Olympos sich mit harten Worten angingen. Da trat Hephaistos, der Sohn des Hauses, mit dem Becher zu der Mutter und redete ihr zu, den Vater nicht zu reizen, sondern mit freundlichen Worten zu versöhnen. „Dulde und trag es, liebe Mutter", sprach er, „wenn auch mit schwerem Herzen, daß ich nicht sehen muß, wie er dich straft; denn helfen könnte ich dir nicht. Weißt du noch, wie er vordem, als ich dir beisprang, mich am Fuße faßte und von der Schwelle des Olympos warf, daß ich den ganzen Tag stürzte und erst mit sinkender Sonne auf Lemnos niederfiel?" Hera lächelte bei dem gutmütigen Rate des Sohnes, nahm den Becher und trank. Und er eilte nun erfreut zu den andern Göttern und schenkte ihnen geschäftig den süßen Nektar ein. Da löste sich plötzlich die Beklemmung der seligen Götter in einem unauslöschlichen Gelächter, wie sie so rührig den hinkenden Hephaistos aufwarten sahen, und die frühere selige Heiterkeit war wieder in den Saal des Zeus zurückgekehrt.

Die Versuchung des Heeres durch Agamemnon
Thersites

In der folgenden Nacht sann Zeus auf seinem Lager nach, wie er sein der Thetis gegebenes Wort erfüllen sollte. Endlich beschloß er, dem Agamemnon einen trügerischen Traum zuzusenden und ihn durch das Versprechen des Sieges und der Eroberung der Stadt zu einer Schlacht zu verleiten. Als Agamemnon erwachte, ließ er sogleich das Volk zu einer Versammlung berufen; vorher aber hielt er bei dem Schiffe des Nestor einen Rat der Fürsten, in welchem man auf seinen Vorschlag beschloß, vorerst das Volk zu versuchen und seine Gesinnung auszuforschen durch das Vorgehen, man wolle den langen erfolglosen Krieg aufgeben und nach Hause ziehen.

Als nun das Volk in brausender Menge herbeigeströmt war und die Herolde Ruhe geboten hatten, erhob sich Agamemnon und redete also: „Freunde, Danaerhelden! Zeus hat mich in schweres Unheil verstrickt; denn er versprach mir erst, daß ich ohne Vertilgung Trojas nicht heimkehren sollte, und nun beschließt er mir verderblichen Trug und heißt mich ruhmlos nach Hause ziehen, nachdem ich vieles Volk verloren. Schmählich allerdings ist's und ein Schimpf bei den späteren Geschlechtern, daß das so heldenmütige und so zahlreiche Volk der Achäer mit einem viel schwächeren Feind so umsonst und ohne Erfolg kämpfet. Denn wenn wir Troer und Achäer Frieden schlössen und, um unsere beiderseitige Zahl zu messen, je einen Troer, der in der Stadt einen eigenen Herd hat, für zehn Griechen als Mundschenk wählten, wahrlich, viele unserer Haufen entbehrten des Mundschenks. Um so viel zahlreicher sind wir als die Troer; aber sie haben Bundesgenossen aus vielen Städten, die halten mich ab und wehren mir die Veste von Ilion zu zerstören. Neun Jahre sind schon dahingegangen, und schon modern die Balken der Schiffe und die Taue stocken, und unsere Frauen und Kinder sitzen harrend zu Hause, während wir hier erfolglos uns abmühen. Drum ist's wohl am besten, wir folgen dem Gebote des Zeus und fliehen mit unseren Schiffen in die Heimat; denn wir werden doch das weitstraßige Troja nicht mehr erobern."

Durch diese Worte kam das Volk in Bewegung wie das wogende Meer. Mit lautem Jubel stürzten sie zu den Schiffen, daß dunkeler Staub unter ihren Füßen aufwirbelte; sie riefen einander zu, Hand an die Schiffe zu legen und sie ins Meer zu ziehen, reinigten unter lautem Geschrei die Schiffsgräben, durch welche man die Fahrzeuge zum Meere ziehen mußte, und nahmen schon unter den Schiffen die Stützen weg. Agamemnon und die in den Plan eingeweihten Fürsten standen ratlos, und die Achäer wären in Wahrheit jetzt gegen den Willen des Geschickes nach Hause gekehrt, wenn nicht himmlische Mächte sich eingemischt hätten. Hera, die erbitterste Feindin von Troja, erschrak bei dem Gedanken, daß die Griechen abziehen möchten, ohne Troja zerstört zu haben. Sie bat daher Athene, ins Lager der Griechen zu eilen und ihre Flucht zu verhindern. Athene kam schnell vom Olympos zu den Schiffen und traf den klugen Odysseus, wie er mit gramvollem Schmerze regungslos bei seinem Schiffe stand und es nicht zu berühren wagte. Sie trat nahe an ihn heran und sprach zu ihm: „So wollt ihr also wirklich nach Hause fliehen, wollet dem Priamos Ruhm und den Troern Helena, die die Argiverin, zurücklassen, um die so viele Achäer gefallen sind fern von dem Vaterland? Nein, das darf nicht geschehen! Gehe jetzt unter das Volk und laß nicht ab, halte jeglichen Mann durch freundliche Worte zurück und laß sie nicht die Schiffe in das Meer ziehen." Odysseus erkannte die Stimme seiner Freundin; er warf schnell den Mantel ab in die Hände seines Heroldes Eurybates und eilte durchs Lager; von Agamemnon, dem er begegnete, nahm er das Zepter, und wer von den Führern ihm aufstieß, den hielt er mit freundlichen Worten ab und hieß ihn zum Versammlungsorte zurückgehen und die andern mitführen, und wen er von dem niederen Volke lärmend und schreiend traf, den schlug er mit dem Zepter und wandte ihn scheltend und laut drohend um.

So herrschte Odysseus waltend durch das Heer und trieb es von den Schiffen, daß es brausend wie das stürmische Meer wieder zur Versammlung stürzte. Das Volk setzte sich und ward allmählich ruhig; nur einer wagte es, auf die Fürsten zu lästern. Es war Thersites, der Frechste und der Häßlichste im Heere. Er war krummbeinig und an dem einen Fuße lahm; die Schultern waren ihm höckerig und nach der Brust hin zusammengeengt; sein Kopf war spitz und auf dem Scheitel nur mit dünnlicher Wolle besetzt. Verkehrten Sinnes schmähte er beständig mit vielen törichten Worten auf die Fürsten, wo ihm nur etwas erschien, das lächerlich wäre vor den Achäern, zumeist aber auf die Ausgezeichnetsten, auf Achilleus und Odysseus, denen er am meisten verhaßt war. Heute jedoch wandte er seine Zunge hell kreischend gegen Agamemnon. „Atride", rief er, „was begehrest du noch? Voll sind dir die Zelte von Erz und von Weibern, auserlesenen, die wir Achäer dir immer zuerst gaben, wenn wir eine Stadt erobert hatten. Mangelt dir's noch an Gold, das ein Troer noch als Lösegeld für seinen Sohn bringen soll, den ich oder ein anderer Achäer in Banden weggeführt? Oder verlangst du noch nach einem jungen Weibe? Fürwahr, nicht ziemt sich's für dich als Führer, die Achäer in Not und Unglück hineinzuführen. Feiglinge ihr, verworfenes Volk, Achäerinnen, nicht mehr Achäer! Auf, laßt uns nach Hause ziehen, der mag allein vor Troja sich an Ehrengeschenken sättigen, daß er erkennt, ob auch wir ihm beistehen oder nicht, der auch jetzt dem Achilleus sein Ehrengeschenk genommen hat. Aber Achilleus, der Schlaffe, hat keine Galle, sonst hättest du jetzt, Agamemnon, zum letzten Mal gefrevelt."

Während Thersites so gegen Agamemnon, den Fürsten der Völker, haderte, trat unvermerkt Odysseus zornigen Blicks mit dem Zepter in der Hand an ihn heran und sprach: „Schweig, törichter Schreier, denn du bist doch der Schlechteste unter allen Achäern, die mit den Söhnen des Atreus nach Ilion zogen. Wagst du noch einmal so wahnsinnig zu toben, fürwahr, mein Haupt soll nicht mehr auf meinen Schultern stehen und ich will nicht Vater des Telemachos heißen, wenn ich dir nicht die Kleider abziehe bis auf die Blöße und dich mit schmählichen Hieben unter lautem Geheul aus der Versammlung zu den Schiffen treibe." Damit schlug er dem überraschten Thersites mit dem Zepter über den Rücken und die Schulter, daß sogleich eine blutige Beule sich unter dem Zepter erhob und der Schreier weinend sich krümmte und zitternd vor Furcht und Schmerz sich niedersetzte. Mit verzerrtem Gesicht wischte er sich die Tränen, während die anderen Achäer, die den Frechen alle haßten, obgleich betrübt über die vereitelte Hoffnung der Rückkehr, in herzliches Gelächter ausbrachen und mancher lachend zu seinem Nachbar sprach: „Traun, manche treffliche Tat hat Odysseus schon vollführt; aber dies ist doch der schönste Streich, den ich je von ihm gesehen."

Darauf trat Odysseus mit dem Zepter in der Hand vor das Volk und ermahnte es, nachdem Athene an seiner Seite in Gestalt eines Heroldes Ruhe geschafft, in kluger Rede, den Agamemnon nicht mit Schmach zu beladen, nachdem sie ihm gelobet, nicht eher heimzukehren, als bis sie die Veste von Troja genommen, sondern trotz der langen schweren Zeit, die sie schon hier zugebracht, auszuharren und zu kämpfen bis zu dem Zeitpunkt, wo ihnen Kalchas einst zu Aulis die Eroberung der Stadt verheißen habe; und nachdem durch seine Worte das bewegliche Volk umgestimmt worden war und laut aufjauchzte in frischem Kriegsmut, da erhob sich der weise Nestor und forderte den Agamemnon auf, mit kräftigem unerschütterlichem Sinn wie bisher die Danaer in den Kampf zu führen, und damit er erkennen könne, wer von den Führern, wer von dem Volke feige sei und wer tapfer, so solle er die Männer nach Stämmen und Geschlechtern ordnen und abgesondert kämpfen lassen. So werde er auch erfahren, ob göttliche Schicksalsgewalt oder Feigheit des Heeres und mangelnde Kriegserfahrung die Eroberung der Stadt verhindere. Frohen Mutes antwortete Agamemnon: „Traun, an klugem Rate, o Greis, übertriffst du uns alle. Wenn doch nur zehn solcher Männer im Heere wären, dann sollte bald die Stadt des Priamos unter unseren Händen in den Staub sinken. Aber Zeus hat mir Unheil gegeben und mich in ein eitles Gewirr von Zank und Hader verstrickt, daß ich mich mit Achilleus entzweite wegen des Mädchens; ich selbst begann die Zwietracht. Wenn wir je wieder eines Sinnes werden, dann wird den Troern nur noch kurzer Aufschub sein. Doch jetzt, ihr Völker, gehet zum Mahle und stärkt euch zur Schlacht. Schärfet den Speer, bereitet den Schild, reichet Futter den Rossen und rüstet mit prüfendem Auge den Wagen, daß wir den ganzen Tag in ununterbrochenem Kampfe uns mit dem Feinde versuchen. Doch wer mir bei den Schiffen zurückbleibt, dessen Leib fressen die Hunde und die Vögel."

Das Volk antwortete dem König mit lautem Jauchzen, daß es tönte wie die Meeresflut, die beim Sturm sich am Felsen bricht. Sie sprangen auf und zerstreuten sich eilig zu den Schiffen. Bald dampfte es aus allen Zelten, und sie nahmen ihr Frühmahl; der eine opferte diesem, der andere jenem Gotte und flehte um Schutz in den Gefahren der Schlacht. Der Herrscher Agamemnon aber opferte einen fetten fünfjährigen Stier dem Kronion und lud zum Mahle die ausgezeichnetsten der Fürsten, Nestor und Idomeneus, die beiden Ajanten, Diomedes und Odysseus; ungeladen kam auch sein Bruder Menelaos. Als sie den Stier zum Altar geführt und zum Opfer bereit standen, sprach der Herrscher Agamemnon betend: „Zeus, ruhmwürdiger hehrer Gott, laß die Sonne nicht untergehn, ehe ich das Haus des Priamos dampfumhüllt in Trümmer gestürzt, ehe ich den Panzer um die Brust des Hektor mit den Erze zerrissen und viele seiner Genossen um ihn niedergestreckt im Staube liegen." So betete er. Der Gott gewährte ihm seine Bitte nicht; er nahm das Opfer und gab ihm unermeßliche Drangsal.

Nachdem das Opfermahl vorüber war, ließ Agamemnon die Völker durch seine Herolde zur Schlacht rufen. Schnell sammelte sich das Volk, und die

Fürsten mit Agamemnon durcheilten die Scharen und ordneten sie. Athena, mit der Ägis bewappnet, durchflog das Heer und trieb die Männer an, daß sie mutigen Herzens nach Kampf und Streit verlangten und der Krieg ihnen lieber war als die Rückkehr zur Heimat. So zogen sie aus auf das Schlachtfeld in glänzenden Waffen, in zahlreichem Getümmel, von den Führern wohlgeordnet; vor allen aber glänzte hervor der Held Agamemnon. Wie ein Stier vor der Herde schritt er dem Heere voran, dem Zeus gleich an Kopf und Augen, an hoher Brust dem Poseidon, dem Ares an Hüften und Lenden.

Zweikampf des Paris und Menelaos

Die Troer waren eben vor den Pforten des Priamos zu einer Beratung versammelt, da brachte ihnen Iris, die schnelle Botin des Zeus, unter der Gestalt des Priamiden Polites, der auf dem hohen Grabmal des Aisyetes als Späher saß, die Kunde von dem heranrückenden Heere der Achäer. Sogleich entließ Hektor die Versammlung; das Volk stürzte zu den Waffen und strömte zu Roß und zu Fuß in zahlreichen Schwärmen aus den Toren, um dem Feinde entgegenzugehen. An dem alten Grabmale der Myrina ordneten sich Troer und Bundesgenossen zur Schlacht und zogen dann unter Hektors Führung weiter mit Lärm und lautem Geschrei, gleich den Schwärmen der Kraniche, wenn sie zum Ozean ziehen, um mit den winzigen Pygmäen, den Fäustlingen, zu kriegen. Die Achäer aber rückten ihnen schweigend und gefaßten Mutes, einer dem andern zu helfen bereit, durch den aufwirbelnden Staub entgegen. Als sie einander nahe kamen, schritt Paris keck und herausfordernd den Seinen voran, ein Pardelfell um die Schultern, mit Bogen und Schwert bewaffnet, in den Händen zwei gewaltige Speere. Indem er hoch in der Luft seine Speere schwang, rief er die Besten der Achäer zum Zweikampf auf. Als Menelaos ihn so keck daherschreiten sah, freute er sich wie ein Löwe, der hungrig im Gebirge eine große Beute trifft, einen Hirsch oder einen Gemsbock; denn er hoffte jetzt an dem Frevler sich zu rächen, und sprang sofort in voller Rüstung von seinem Wagen zur Erde. Kaum aber wurde Paris seiner ansichtig, so wich er in blassem Schreck wieder zurück in das Gedränge seiner Genossen, wie ein Mann, der im Gebirgstal entsetzt plötzlich vor einer Natter zurückschreckt. Der tapfere Hektor erzürnte über die Feigheit seines Bruders und fuhr ihn mit scheltenden Worten an: „Unglücks-Paris, an Schönheit ein Held, weibsüchtiger Verführer! Wärst du doch nie geboren, oder doch gestorben, ehe du um Weiber gebuhlt! Das wäre besser, als so zum Spott zu sein und zum Hohn. Ja, die Achäer lachen und sagen, bei uns sei Vorkämpfer, wer eine schöne Gestalt hat, ohne Rücksicht auf Kraft und auf Mut. Feigling du, du hast es gewagt, über das Meer zu schiffen zu fremden Völkern und ein schönes Weib zu entführen, die Schwägerin kriegerischer Männer, und wagst es nicht, dem Menelaos im Kampfe zu stehen? Wahrlich, du würdest auch bald erkennen, welches Mannes Weib du entführt; deine Zither und die Gaben der

Aphrodite, dein Lockenhaar und dein glattes Gesicht würden dir wenig helfen, wenn du dich im Staube wälztest. Doch die Troer sind feigherzig, sonst hätten sie längst dich zu Tode gesteinigt für das Unheil, das du ihnen bereitet." Paris antwortete beschämt: „Hektor, du tadelst mich mit Recht, du nur hast stets ein unerschütterliches Herz, wie eine Axt, die mit Wucht durch den Balken dringt – doch schmähe mir die Gaben der Aphrodite nicht; nicht verwerflich sind die Gaben der Unsterblichen. Wenn du aber jetzt willst, daß ich kämpfe, so laß die Troer und die Achäer sich niedersetzen, dann will ich vor ihnen mit Menelaos um Helena und alle Schätze den Zweikampf bestehen. Wer von uns beiden siegt, der nehme die Schätze und das Weib, und ihr andern mögt dann Frieden schließen, die Achäer nach Hause kehren und ihr ruhig in Troja wohnen."

Hektor freute sich über diese Worte seines Bruders, er trat vor die Reihen der Troer und hemmte mit in der Mitte gefaßtem Speer ihren Andrang. Als die Achäer ihn erblickten, richteten sie ihre Pfeile auf ihn und warfen nach ihm mit Steinen; aber Agamemnon rief laut: „Haltet ein, Argiver, werfet nicht, ihr Söhne der Achäer, Hektor will ein Wort zu uns reden!" Die Achäer hielten ein und wurden still, und Hektor, zwischen beiden Schlachtreihen in der Mitte, machte den Vorschlag des Paris bekannt. Ein tiefes Schweigen erfolgte; endlich sprach Menelaos: „Höret nun auch mich, auf dessen Herzen am meisten der Kummer lastet. Jetzt endlich, hoffe ich, werden Troer und Achäer, nachdem sie wegen des Streites, den Paris veranlaßt, so vieles gelitten, versöhnt sich trennen. Einer von uns beiden, dem das Verhängnis es bestimmt, soll sterben; ihr andern mögt euch sobald als möglich in Frieden trennen. Bringt jetzt, ihr Troer, zwei Lämmer herbei, ein weißes für Helios, ein schwarzes für die Mutter Erde; wir Achäer wollen ein drittes für den Zeus bringen. Führet auch den alten Priamos her zur Beschwörung des Bundes, damit niemand frevelnd den Vertrag breche; denn seine Söhne sind übermütig und unzuverlässig."

Bei diesen Worten freuten sich Troer und Achäer; denn sie hofften, daß jetzt der traurige Krieg ein Ende nehmen werde. Sie zogen ihre Streitwagen in Reihen zurück, stiegen ab, zogen die Rüstung aus und legten sie, Feinde ganz nahe an Feinden, auf die Erde nieder. Hektor aber schickte zwei Herolde in die Stadt, die Lämmer zu holen und den Priamos zu rufen. Agamemnon ließ durch Talthybios ein Lamm von den Schiffen holen.

Unterdessen ging Iris in der Gestalt der Laodike, der schönsten Tochter des Priamos, welche mit dem Antenoriden Helikaon vermählt war, zu Helena. Sie fand sie in ihrem Gemache, wie sie an einem großen Gewebe arbeitete, in welches sie die vielen Kämpfe der Troer und Achäer um sie einwirkte, und sprach zu ihr: „Komm mit mir, Teuerste, Seltsames zu schauen. Die Troer und Achäer, welche noch eben im Gefilde einander mit den Greueln des Krieges drohten, ruhen jetzt still und ohne Kampf auf ihre Schilde gelehnt, die Speere in die Erde geheftet, einander gegenüber. Aller Krieg ist beendet, nur Paris und Menelaos werden um dich mit ihren langen Lanzen kämpfen, und wer siegt, dessen Gattin wirst du heißen." Diese Worte erregten der Helena süße Sehnsucht nach dem früheren Gemahle, nach Vaterstadt und den Eltern, und sie hüllte sich sogleich in silberfarbene Leinwand und eilte mit Tränen im Auge aus dem Gemache, zugleich mit zwei Dienerinnen, Aithra und Klymene. Und sie kamen zum skäischen Tore, auf dessen Zinnen Priamos mit den Ältesten des Volkes saß, um aus der Ferne den Kämpfen des jüngeren Geschlechts zuzuschauen. Als diese die Helena auf den Turm zukommen sahen, sprachen sie leise zu einander: „Fürwahr, die Troer und Achäer sind nicht zu tadeln, daß sie um ein solches Weib so lange im Elend ausharren; sie gleichet den unsterblichen Göttinnen an Schönheit. Aber trotzdem soll sie heimkehren auf den Schiffen der Danaer, ehe sie uns und unseren Kindern hinfort noch Jammer bereitet." Priamos aber rief Helena zu sich: „Komm hierher, liebes Kind, und setze dich zu mir, daß du deinen früheren Gatten siehst und deine Verwandten und Freunde. Komm – du bist mir ja nicht schuld, die Götter sind es, die mir den tränenvollen Krieg sandten – nenne mir den Namen jenes gewaltigen Mannes, der da groß und herrlich vor den andern hervorragt. Zwar andere sind noch größer an Haupt, aber so schön und edel von Gestalt sah ich keinen; er hat das Aussehen eines Königs."

Helena antwortete ehrfurchtsvoll: „Lieber Schwiegervater, du erregst mir Scheu und Furcht zugleich. Hätte ich doch lieber mir den schlimmsten Tod gegeben, als daß ich Schamlose, Heimat und Tochter und Freunde verlassend, deinem Sohne hierher gefolgt wäre; doch das ist nicht geschehen, drum verzehre ich mich in Tränen. Doch um dir zu sagen, um was du mich fragest: dieser Mann ist der Atride, der mächtige Agamemnon, beides, ein trefflicher König und ein gewaltiger Krieger. Er war mein Schwager, ach leider war er es einst." „O glücklicher Atride!" rief Priamos, ihn mit Bewunderung betrachtend, „gesegneter Mann, wie zahllose Völker der Achäer gehorchen dir. Vor Zeiten zog ich selbst in die Rebengefilde Phrygiens, da sah ich ein gar zahlreiches Heer der rossetummelnden Phrygier an den Ufern des Sangarios lagern, dem ich selbst als Bundesgenosse mich zugesellt hatte zum Kampfe gegen die männergleichen Amazonen; aber so zahlreich waren sie nicht, wie hier die Achäer. Doch nenne mir, liebes Kind, auch dort den andern Mann. Er ragt zwar nicht so hoch mit dem Haupt, wie der Atride Agamemnon, aber er ist breiter an Schultern und an Brust. Die Rüstung liegt auf dem Boden, und er selbst umwandelt die Scharen der Männer wie ein Widder die Schafe."

„Das ist der Laertiade, der vielkluge Odysseus", sprach Helena, „aus dem felsigen Ithaka, gewandt in mancherlei List und voll kluger Ratschläge." „Du hast recht", sprach der greise Antenor, der dem Priamos zur Seite saß, „Odysseus kam schon einmal hierher in einer Botschaft wegen deiner zugleich mit Menelaos. Damals nahm ich sie gastlich auf und bewirtete sie in meinem Hause, und da lernte ich ihr Aussehen kennen und ihren klugen Sinn. Wenn sie standen in der Versammlung der Troer, da überragte Menelaos mit den breiten Schultern den Odysseus, saßen aber beide, so erschien Odysseus ehrwürdiger. Wenn sie redeten, so sprach Menelaos geläufig, kurz, aber eindringend; wenn sich aber der schlaue Odysseus erhob, so stand er da, die Augen zur Erde geheftet, den Stab unbeweglich in der Hand, wie ein verlegener Mann, man hielt ihn für tückisch oder für dumm; wenn er aber seine gewaltige Stimme aus der Brust ertönen ließ, dann fielen ihm die Worte aus dem Munde wie stöbernder Schnee, und kein Sterblicher vermochte mit ihm zu wetteifern."

„Wer ist jener dritte", fragte Priamos wieder, „stattlich und groß, hervorragend über alle Argiver mit dem Haupt und den breiten Schultern?" „Das ist der Telamonier Aias", sprach Helena, „der gewaltige Hort der Achäer. Auf der vorderen Seite steht unter den Kretern Idomeneus, wie ein Gott; um ihn stehen die Führer der Kreter versammelt. Oft beherbergte ihn Menelaos in unserem Hause, wenn er von Kreta herüber kam. Nun erkenne ich einen nach dem andern von den mutigen Kämpfern meiner Heimat, die ich alle dir mit Namen nennen könnte; doch zwei reisige Helden kann mein Blick nicht finden, meine beiden Brüder Kastor und Polydeukes. Folgten sie wohl dem Heere nicht, oder wollten sie heute nicht in die Schlacht gehen, weil sie sich der Schande ihrer Schwester schämen?" So sprach sie, sie wußte nicht, daß ihre Brüder bereits in Lakedämon in der heimischen Erde begraben lagen.

Währenddem trugen die Herolde die zwei Lämmer für das Bundesopfer und den Wein in einem Schlauche durch die Stadt. Der Herold Idaios aber, der einen glänzenden Mischkrug und silbernen Becher trug, kam zu Priamos heran und rief ihn in das Gefilde, daß er den Vertrag wegen des Zweikampfes seines Sohnes vor den Griechen beschwöre. Den Greis durchschauerte ein Schreck bei dieser Nachricht, doch befahl er seinen Gefährten die Rosse anzuschirren. Sobald das geschehen, bestieg er den Wagen zugleich mit Antenor, dem angesehensten der troischen Greise neben dem König, und lenkte die Rosse durch das skäische Tor dem Schlachtfelde zu. Als sie zu den beiden Heeren kamen, stiegen sie vom Wagen ab und gingen in die Mitte zwischen die Reihen der Troer und Achäer. Und es erhoben sich sogleich Agamemnon und Odysseus, die Herolde brachten die Opfertiere herbei, mischten den Wein in dem Kruge und besprengten damit die Hände der Könige. Dann zog Agamemnon das Messer, das ihm immer an der großen Scheide des Schwertes hing, und schnitt den Lämmern das Stirnhaar weg, welches die Herolde unter die Fürsten der Troer und Achäer verteilten. Darauf betete er laut mit erhobenen Händen: „Vater Zeus, ruhmreichster hehrer Gott, und Helios, der du alles siehst und alles hörst, und ihr Flüsse und Erde und ihr unterirdischen Götter, die ihr den Eidbruch straft, seid Zeugen und überwacht diesen Eidschwur: wenn Paris den Menelaos tötet, so soll er Helena und ihre Schätze behalten, und wir kehren in die Heimat zurück; wenn aber Menelaos den Paris tötet, so sollen die Troer die Helena und alle Schätze zurückgeben und eine gebührende Buße zahlen, deren Gedächnis noch bei den späten Geschlechtern dauert. Wenn aber Priamos und die Söhne des Priamos die Buße nicht zahlen wollen, so will ich hierbleiben und fortkämpfen, bis der Zweck des Krieges erreicht ist."

Nach diesen Worten schnitt er den Lämmern die Kehle ab und legte die zuckenden Tiere auf den Boden. Darauf schöpften sie mit den Bechern den Wein aus dem Kruge und gossen ihn aus unter Gebeten zu den Unsterblichen. Währenddem sprach mancher von den Troern und Achäern: „Ruhmreichster Zeus und ihr andern Götter, welche von uns zuerst den Eidschwur brechen, deren Gehirn fließe zur Erde wie dieser Wein, ihres und ihrer Kinder." Hierauf sprach der alte König Priamos: „Höret mich, ihr Troer und Achäer, ich will jetzt wieder zu dem hohen Ilion zurückkehren; denn ich kann unmöglich vor meinen Augen den lieben Sohn mit dem Fürsten Menelaos kämpfen sehen. Zeus und die andern Götter wissen allein, welchem von beiden das Los des Todes bestimmt ist." Darauf legte er die Lämmer in den Wagen und fuhr dann mit Antenor wieder in die Stadt zurück.

Hektor aber und Odysseus maßen jetzt zuerst den Kampfplatz ab, schüttelten dann die Lose in einem Helm, wer zuerst die eherne Lanze entsenden sollte. Währenddem flehte das Volk mit erhobenen Händen zu den Göttern, und mancher Troer und Achäer betete also: „Vater Zeus, wer von beiden den Grund gelegt zu diesem Streite, den laß vertilgt in den Hades sinken; uns aber werde Friede und Freundschaft." Während sie so sprachen, schüttelte Hektor mit rückwärts gewandtem Blick die Lose in dem Helm, und heraus sprang das Los des Paris. Darauf setzten sich die Völker in Reihen nieder, ein jeder zu seinen Rossen und zu seinen Waffen, und die beiden Helden wappneten sich. Dann traten sie in voller stattlicher Rüstung, angestaunt von Troern und Achäern, in die Mitte, mit finsterem Blick, stellten sich einander nah auf dem abgemessenen Raume und schwangen zornerfüllt ihre Speere. Zuerst schwang Paris seine Lanze und traf den Schild des Menelaos, ohne ihn zu durchbohren; denn die Spitze bog sich um auf dem harten Erze. Nun erhob auch Menelaos die Lanze: „Herrscher Zeus", rief er, „laß mich strafen, der mich zuerst gekränkt, daß auch noch einer der späten Enkel sich scheue, dem Gastfreund Böses zu tun, der ihm Liebe erwies." Unter diesen Worten schwang er seine Lanze und warf sie auf den glänzenden Schild des Paris, daß sie durch Schild und Panzer drang und gerade an den Weichen hin den Leibrock durchschnitt; Paris jedoch beugte sich auf die Seite und entging dem Tode. Schnell zog jetzt Menelaos das Schwert und schlug damit dem Gegner auf die Wölbung des Helms; aber dreifach und vierfach zersprang ihm die Klinge und entfiel seiner Hand. „Vater Zeus, verderblichster, warum mißgönnst du mir den Sieg!" rief Menelaos mit zum Himmel erhobenem Blick, stürzte dann auf den Gegner ein und erfaßte ihn an dem Helmbusch und zog ihn umgewendet nach der Seite der Achäer hin. Und er hätte ihn mit sich zu den Achäern gezogen und sich unendlichen Ruhm erworben, wenn nicht Aphrodite das buntgestickte Helmband, das dem Paris unter dem Kinn den zarten Hals würgend einschnürte, zerrissen und ihren Liebling befreit hätte. Nur der leere Helm blieb in der nervigen Faust des Menelaos; den warf der Held ergrimmt in weitem Bogen nach seinen Freunden hin, die ihn aufhoben, und stürmte dann wieder zurück, um den Verhaßten mit der Lanze zu töten. Aber Aphrodite barg ihren Liebling in dichten Nebel und trug ihn durch die Lüfte in sein duftiges Gemach. Darauf führte sie ihm von dem skäischen Tore die Helena zu. Als die in das Gemach getreten war, setzte sie sich ihm grollend gegenüber, kehrte die Augen ab und schalt den Gemahl: „Du kommst aus dem Kriege? O wärest du umgekommen, von dem gewaltigen Manne gefällt, der früher mein Gatte war. Ja, früher rühmtest du dich, stärker zu sein als Menelaos und ihn mit dem Speere zu besiegen; wohlan, gehe jetzt und fordere ihn nochmals zum Kampfe. Doch nein, laß es, kämpfe nicht mehr töricht mit Menelaos, daß du nicht von seinem Speer bewältigt wirst." Paris antwortete ihr: „Kränke mir das Herz nicht so mit deinem Schelten. Jetzt hat Menelaos mit Hilfe der Athene gesiegt, ein andermal besiege ich ihn; denn auch mir stehen Götter zur Seite."

Während Paris sicher und wohlbehalten zu Hause bei Helena saß, stürmte Menelaos noch immer wie ein Raubtier durch das Heer der Troer und suchte ihn; aber kein Troer und kein Bundesgenosse konnte ihm den entwichenen Feind zeigen. Sie hätten ihn gewiß nicht aus Freundschaft verheimlicht; denn alle haßten ihn wie den Tod. Endlich erhob Agamemnon seine Stimme und rief: „Höret mich, ihr Troer und Danaer und Bundesgenossen, der Sieg ist offenbar auf Seiten des Menelaos. Gebet ihr also die Argiverin Helena heraus und mit ihr die geraubten Schätze und zahlt eine gebührende Buße." Diesen Worten stimmten alle Achäer bei, die Troer aber schwiegen.

Schuß des Pandaros
Schlacht

Auf dem Olympos saßen die Unsterblichen im Saale des Zeus beim Mahle und berieten, ob sie den Vertrag, welchen die Troer und Griechen geschlossen, zur Ausführung kommen oder aufs neue den Krieg entbrennen lassen sollten. Hera setzte es durch, daß kein Friede werde, sondern das ihr verhaßte Troja zerstört werden müsse. Darum beauftragte Zeus die Athena, auf das Schlachtfeld vor Troja zu gehen und zu bewirken, daß die Troer das Bündnis brächen. Sie fuhr eilends hinab wie ein glänzender Stern, der vom Himmel fällt, und trat unter der Gestalt des Antenoriden Laodokos zu Pandaros, dem trefflichen Bogenschützen, der mit seinen lykischen Scharen unter den Bundesgenossen der Troer stand. „Kluger Sohn des Lykaon", sprach sie, „möchtest du's wohl wagen, einen Pfeil auf Menelaos zu senden? Du würdest dir bei allen Troern Dank gewinnen, zumeist aber bei Paris, der dir den Tod des Menelaos mit herrlichen Geschenken lohnen würde. Wohlan, flehe zu Apollon, dem Bogenschützen, und schnelle deinen Pfeil." Pandaros ließ sich betören; er nahm seinen Bogen zur Hand, legte einen befiederten Pfeil auf, und schwirrend flog das Geschoß von der Sehne. Aber Athena vergaß des Menelaos nicht; sie lenkte den Pfeil nach dem Gürtel, wo die goldene Spange sich befand und der Harnisch sich doppelt zusammenfügte. Dennoch aber drang die Spitze des Pfeils durch Gürtel und Harnisch und den schützenden Leibgurt und ritzte noch den Leib des Helden, daß das Blut hervorsprang und an dem Schenkel herabfloß. Als Agamemnon das strömende Blut des geliebten Bruders sah, schauderte er zusammen, und auch Menelaos schauderte; doch als er bemerkte, daß die Widerhaken des Pfeils noch über dem Gürtel hervorstanden, tröstete er den Bruder, der ihn schon zum Tode getroffen wähnte und laut klagte. Sogleich ließ Agamemnon den Arzt Machaon, den Sohn des Asklepios, herbeirufen; der zog den Pfeil heraus, untersuchte die nicht tiefe Wunde und legte eine lindernde Salbe auf.

Während noch Machaon und die Freunde um den verwundeten Menelaos beschäftigt waren, rückten schon die Reihen der Troer zum Angriff heran. Da hüllten sich die Achäer schnell in ihre Wehr und bereiteten sich zum Kampfe. Agamemnon aber, voll Aufregung und Zorn ob der Falschheit der Troer, eilte zu Fuß durch die Scharen und trieb sie zu schneller Wappnung; und wo er die Haufen eifrig sich rüsten sah, da lobte und ermunterte er, die Saumseligen aber tadelte und schalt er. Bald waren die Scharen gewappnet und rückten ein Haufe nach dem andern den Troern entgegen, gleich den Wogen des Meeres, die von der hohen See sich brausend wider die Küste wälzen. Lautlos zogen sie dahin in ihren glänzenden Waffen, nur die Führer ließen ihre Stimme erschallen. Die Troer aber und ihre zahlreichen Bundesgenossen lärmten daher wie eine Herde blökender Schafe. Ares, der Gott des wilden tobenden Kampfes, trieb die Trojaner an, die Achäer aber Pallas Athene.

Als die Völker einander nahekamen, da stießen sie wuterfüllt mit den Schilden und den Speeren zusammen, und es erhob sich ein lautes Getöse.

Bald erscholl Wehklagen und Siegesgeschrei der Gewürgten und der Würgenden, und die Erde strömte von Blut. Zuerst erlegte Antilochos, Nestors wackerer Sohn, einen Troer unter den Vorkämpfern, den Echepolos; er durchbohrte ihm mit der Lanze die Stirne, daß er krachend wie ein Turm zusammenstürzte. Elephenor, der Fürst der Abanten, will den Gefallenen am Fuße fassen und herüberziehen, allein der Troer Agenor rennt ihm, während er sich bückt, den Schaft in die entblößte Seite und gibt ihm den Tod. Über dem Leichnam würgten sich Troer und Danaer wie Wölfe. Der Telamonier Aias bohrte dem jugendlichen Simoeisios seinen Speer in die Brust. Antiphos, des Priamos Sohn, will den Freund rächen und schleudert seine Lanze nach Aias; doch er fehlt ihn und trifft den Leukos, einen Genossen des Odysseus. Da ergrimmt Odysseus, er schreitet durch das Vordergefecht nah an die Troer und zielt mit dem Speer, nach beiden Seiten um sich schauend. Die Troer wichen vor der drohenden Lanze des Gewaltigen zurück; aber sein Geschoß flog nicht vergeblich, es traf den Bastard des Priamos Demokoon in die Schläfe, daß das Eisen auf der andern Seite des Hauptes wieder hervordrang und der Jüngling dumpf dröhnend zu Boden stürzte. Entsetzt zogen sich die Vorkämpfer der Troer zurück, selbst der strahlende Hektor, und die Achäer drangen laut schreiend nach und zogen die Gefallenen auf ihre Seite. Darüber zürnte Apollon, der von den Höhen von Pergamos auf die Schlacht herabschaute, und rief den Troern Ermutigung zu; von der andern Seite aber trieb Pallas Athene die Scharen zum Kampf, und wieder begann ein schreckliches Morden.

Jetzt rüstete Athene den Tydiden Diomedes mit Kühnheit und gewaltiger Kraft aus, damit er vor allen Achäern sich auszeichne und herrlichen Ruhm gewänne. Um Helm und Schild entzündete sie ihm ein lichtes Feuer, einem strahlenden Sterne gleich, und sandte ihn mitten in das Gewühl, wo die meisten Streiter sich tummelten. Die beiden Söhne des Dares, eines reichen Troers, eines Priesters des Hephaistos, Phegeus und Idaios, tüchtig in jeglicher Kampfesart, sprengten ihm aus dem Haufen der ihrigen zuerst entgegen, sie auf ihrem Streitwagen, während er zu Fuße kämpfte. Phegeus warf die Lanze nach Diomedes, aber sie flog ihm über die Schulter; des Diomedes Lanze traf besser, sie drang dem Phegeus mitten in die Brust und warf ihn zur Erde. Idaios sprang vom Wagen herab und wagte nicht die Leiche seines Bruders zu schützen; er entrann kaum selber dem Tode durch Hilfe des Hephaistos, der ihn in Nacht einhüllte und entführte, damit der greise Vater ihm nicht ganz in Jammer versänke. Das schöne Gespann der Brüder trieb Diomedes aus dem Getümmel und übergab es seinen Genossen, um es zu den Schiffen zu führen. Als die Troer die beiden Söhne des Dares den einen fliehen, den andern getötet sahen, da erregte allen Mitleid und Zorn das Herz, und sie kämpften mit doppelter Wut. Aber Athene ergriff ihren Bruder Ares, der unter den Troern einherstürmte, an der Hand und sprach: „Ares, blutiger Würger, sollen wir jetzt nicht die Troer und Danaer allein kämpfen lassen und eine Weile zusehen, wem der Vater Zeus den Sieg verleiht? Komm, laß uns den Zorn des Zeus vermeiden." Mit diesen Worten führte sie ihn aus dem Kampfgewühl und brachte ihn an den Strand des Skamandros, und nun kam bald Furcht und Schrecken unter die Troer, daß sie sich zur Flucht wandten, verfolgt von den Tapfersten der Achäer. Agamemnon und Idomeneus, Meriones, Menelaos und andere erlegten bald diesen bald jenen, während Diomedes vernichtend durch das Gefilde stürmte, wie ein winterlicher Strom, der alles niederwirft. Als Pandaros ihn so die Reihen der Troer vor sich hertreiben sah, spannte er seinen Bogen gegen ihn und schoß ihm einen Pfeil in die rechte Schulter, daß das Blut auf den Panzer strömte. Frohlockend rief er den Troern zu: „Auf, ihr reisigen Troer, der Beste der Achäer ist getroffen! Nicht lange mehr, hoff ich, wird er das starke Geschoß aushalten." Doch das Geschoß bezwang den Helden nicht; er zog sich zurück zu seinem Waffengenossen Sthenelos, dem Sohne des Kapaneus, der mit ihrem gemeinsamen Streitwagen in der Nähe hielt, und als dieser ihm den Pfeil aus der Wunde gezogen, flehte er zu Athene, daß sie ihm den Pandaros in die Hände liefere, der ihn geschossen und sich gerühmt habe, daß er nicht lange mehr das Licht der Sonne schauen werde. Und Athene macht ihm Hände und Füße leicht, trat neben ihn und sprach: „Jetzt, Diomedes, kehre gutes Mutes in den Kampf zurück; ich habe dir den unerschütterlichen Mut und die Stärke deines Vaters, des reisigen Tydeus, in die Brust gegossen und nahm dir von den Augen die Finsternis, die bisher darauf lag, daß du Götter und Sterbliche in der Schlacht unterscheiden kannst. Kommt ein Gott dir versuchend entgegen, dem weiche aus; nur Aphrodite magst du, wenn sie in den Streit kommt, mit dem Erze verwunden."

Der Tydide stürzte sich jetzt mit dreifachem Mute in die Schlacht, wie ein Löwe, den ein Hirte verwundet hat, und erlegte in kurzer Zeit acht tapfere Troer. Als Aineias ihn so die Reihen seiner Freunde lichten sah, eilte er zu Pandaros, nahm ihn zu sich auf den Wagen und suchte dann den Diomedes wieder auf, um ihn gemeinsam mit jenem zu bekämpfen. Sthenelos sah beide auf seinen Freund zukommen und rief ihm zu, daß er sich auf ihren Wagen zurückziehe; aber Diomedes antwortete finstern Blickes: „Rede mir nichts von Flucht; es liegt nicht in meiner Art im Kampfe zurückzubeben und mich zu ducken. Noch ist meine Kraft ungeschwächt, und auf dem Wagen mag ich nicht kämpfen. Hier zu Fuße erwarte ich sie, und beide sollen sie nicht wieder auf dem Wagen davonkommen, wenn auch einer entflieht. Aber du habe acht; wenn es mir gelingt sie beide zu töten, so springe herbei und ergreife die Rosse des Aineias, denn sie stammen von den edlen Rossen, die Zeus dem Tros gab zum Entgelt für Ganymedes." Unterdes kamen die beiden Feinde heran, und Pandaros, der seinen Pfeilen nicht mehr vertraute, sandte eine Lanze gegen den Tydiden und durchbohrte ihm den Schild. „Getroffen in den Weichen", rief Pandaros triumphierend, „nicht lange mehr wirst du es aushalten!" „Nicht getroffen!" rief Diomedes und schleuderte seinen Speer. Athene richtete das Geschoß, daß es neben dem Auge die Nase durchbohrte und die eiserne Spitze durch die Zähne und die Zunge unten am Kinne wieder hervordrang. Mit rasselnden Waffen fiel er vom Wagen und hauchte den Geist aus. Aineias aber sprang mit Schild und Speer schnell zur Erde und umging wie ein Löwe schützend den Toten, daß die Feinde ihn nicht raubten. Da faßte Diomedes einen gewaltigen Feldstein, so groß, daß ihn jetzt zwei Männer nicht trügen, schwang ihn leicht in der Luft und warf ihn dem Aineias wider das Hüftgelenk, daß die Sehnen zerrissen und die Knochen zermalmt waren. Der Held Aineias sank in die Knie und stemmte die nervige Faust auf die Erde, während finstere Nacht sein Auge umhüllte, und er wäre umgekommen, wenn nicht Aphrodite, seine Mutter, ihn mit den Lilienarmen umfaßt und, indem sie die Falten ihres glänzenden Gewandes schützend vor ihn hielt, davongetragen hätte. Sthenelos führte unterdes die Rosse des Aineias aus dem Getümmel, und nachdem er sie einem seiner Freunde übergeben, eilte er schnell wieder mit seinem Wagen in die Nähe des Tydiden, der eifrig der Aphrodite nachjagte, da er sie mit dem von Athene geöffneten Auge als die kraftlose unkriegerische Göttin erkannt hatte. Als er sie mit ihrer Beute in dem Getümmel erreichte, stieß er ihr den Speer in die zarte Hand nah an der Handwurzel, daß ihr göttliches Blut zur Erde rann. Laut schrie die Göttin auf und ließ den Sohn fallen, den Apollon in seine Arme nahm und durch eine verhüllende Wolke schützte. Von Schmerz gequält, entrann sie an der Hand der Iris vom Schlachtfelde und fand zur Linken der Schlacht den stürmenden Ares sitzen, mit Lanze und Wagen in Nacht gehüllt. Indem sie in die Knie sank, bat sie den lieben Bruder um seinen Wagen, auf welchem Iris sie in den Olymp hinauffuhr. Dort warf sie sich klagend in den Schoß ihrer Mutter Dione. Die schlang ihre Arme um sie und streichelte sie und sprach: „Welcher Gott hat dir das getan, liebes Kind?" Aphrodite antwortete: „Der übermütige Diomedes hat mich verwundet, weil ich meinen lieben Sohn Aineias aus der Schlacht tragen wollte. Denn das ist nicht mehr ein Streit der Troer und Achäer, sondern die Achäer kämpfen sogar schon gegen Unsterbliche." Dione tröstete sie mit freundlichen Worten und wischte das Blut mit beiden Händen ab; die Wunde heilte und der Schmerz verschwand. Athena aber und Hera sahen sie höhnend an und sprachen spöttisch zu Zeus: „Gewiß hat Kypris eine Achäerin verlockt, zu den Troern, denen sie hold ist, ihr zu folgen, und sie hat sich an einer Spange die zarte Hand geritzt, während sie sie streichelte." Der Vater der Götter und Menschen lächelte, rief Aphrodite zu sich und sprach: „Liebe Tochter, dir sind die Werke des Krieges nicht verliehen. Ordne du lieber die Werke der Hochzeit; den Krieg besorgt schon der stürmende Ares und Athena."

Auf dem Schlachtfelde stürmte unterdessen Diomedes gegen den niedergeworfenen Aineias an, obgleich er wußte, daß Apollon selbst ihn beschützte. Dreimal sprang er an, um den Helden zu töten, und dreimal schlug ihm Apollon wider den Schild; als er zum vierten Male anstürmte, rief der Gott mit schrecklichem Drohen: „Hüte dich, Tydide, und weiche zurück; schätze dich den Göttern nicht gleich! Denn nimmer sind gleichen Stammes unsterbliche Götter und irdische Menschen." Da wich der Tydide zaudernden Schrittes zurück, aus Scheu vor dem Zorne des Apollon. Den Aineias aber brachte Apollon nach Pergamos in seinen Tempel, wo Leto und Artemis ihn heilten und pflegten, während auf dem Schlachtfelde Troer und Achäer sich über einem Scheinbilde des Aineias, das Apollon gemacht hatte, herumschlugen. Ares, von Apollon gemahnt, den Tydiden aus der Schlacht zu treiben, stürzte sich jetzt wieder ins Getümmel und erfüllte die Troer mit neuem Mut, daß sie, angeführt von Hektor, festen Stand hielten, und auch Aineias, von Apollon gesandt, erschien wieder zum Staunen aller unter den Reihen der Seinen. Nach hartem Kampfe wichen die Achäer zurück, doch ohne zu fliehen; denn Ares schritt dem Hektor furchtbar voran, daß auch Diomedes, dem Gotte weichend, sich zurückzog.

Da trafen sich im Gewühle des Kampfes Sarpedon, der Lykier, und Tlepolemos, der Sohn des Herakles, jener ein Sohn, dieser ein Enkel des Zeus. Tlepolomos rief höhnend dem Sarpedon zu: „Warum so furchtsam, Sarpedon? Wahrlich sie lügen, wenn sie sagen, du stammest von Zeus. Da war mein Vater Herakles, des Zeus Sohn, ein anderer Mann, der mit wenigem Volke hierherkam und die Stadt Troja eroberte. Doch du bist feige und sollst bald, von mir bezwungen, zum Hades hinabgehen." Sarpedon antwortete: „Dein Vater bezwang Troja wegen des törichten Frevels des Laomedon; doch dir künd' ich jetzt hier den Tod an durch meine Lanze." Beide warfen zugleich den Speer. Sarpedon traf seinen Feind durch die Kehle, daß er sogleich tot niederstürzte, ward aber selbst von dem Speere des Tlepolemos in den linken Schenkel getroffen. Seine Freunde trugen ihn aus dem Getümmel, vergaßen aber in ihrer Hast, den langen nachschleifenden Speer aus der Wunde zu ziehen, da Odysseus sie würgend verfolgte und einen Lykier nach dem andern erlegte. Da flehte Sarpedon den herankommenden Hektor an, ihn nicht in die Hände der Griechen fallen zu lassen. Ohne ein Wort zu antworten, stürzte Hektor in den Feind und richtete, von Ares unterstützt, ein solches Blutbad unter ihnen an, daß Hera und Athena sich entschlossen, gemeinsam den Achäern beizustehen. Hera ließ ihren prächtigen Wagen anschirren, Athena rüstete sich und warf den furchtbaren Sturmmantel des Zeus, die Ägis, um ihre Schultern, und nun fuhren beide durch die Wolkentore des Himmels zum Schlachtfeld hinab. Als sie an Zeus vorüberkamen, der auf einer Höhe des Olympos saß und der Schlacht zusah, sprach Hera zu ihm: „Vater Zeus, zürnst du nicht dem Ares ob solcher Werke, wie er so ohne Grund das Volk der Achäer würgt? Würdest du grollen, wenn ich ihn mit mächtigem Schlag vom Schlachtfeld triebe?" Zeus antwortete: „Frisch zu, schicke Pallas Athena gegen ihn, die versteht zumeist ihn in bittern Schmerz zu senken."

Rasch flog der Götterwagen dahin. Wo Simoeis und Skamandros ineinander münden, da ließen sie Wagen und Rosse in Nebel gehüllt zurück und eilten, flüchtigen Tauben gleich, den Achäern zu Hilfe. Wo die meisten und tapfersten Achäer standen, um Diomedes gedrängt, wilden Löwen gleich oder starken Ebern, dahin wandte sich Hera und rief mit der ehernen Stimme des Stentor, dessen Ruf so laut tönte, wie der von 50 andern Männern: „Schmach, ihr Argiver, ob eurer Feigheit! So lange Achilleus focht, kamen die Troer kaum aus ihren Toren hervor, jetzt kämpfen sie fern von der Stadt bei euren Schiffen!" So erregte sie den Männern wieder den Mut in den Herzen. Athena aber trat zu Diomedes, der bei seinem Wagen stand und sich die Wunde kühlte, die ihm der Pfeil des Pandaros gebohrt. „Wahrlich, Diomedes", sprach sie, „du gleichst wenig deinem kühnen Vater, der zu Theben allein 50 Kadmeer auf einmal erschlug. Lähmt dich die Furcht oder die Trägheit?" Diomedes antwortete: „Ich erkenne dich, Göttin, Tochter des Zeus. Nicht Furcht oder Trägheit lähmt mich; sondern deines Wortes eingedenk, meide ich den Kampf mit Ares, der dort sich im Treffen tummelt." „Freund Diomedes", sprach die Göttin, „fürchte jetzt den Ares nicht mehr, noch einen anderen Gott, denn ich bin deine Helferin. Wohlan, lenke zuerst den Wagen gegen Ares und verwunde ihn aus der Nähe; scheue den blutigen Wüterich nicht." Damit zog sie den Sthenelos vom Wagen und stieg selbst hinauf, ergriff die Zügel und lenkte das Gespann gegen Ares, der eben dem gewaltigen Periphas, dem tapfersten Krieger der Ätolier, die Rüstung abzog. Damit der Gott sie nicht sähe, setzte sie den bergenden Helm des Hades auf. Als Ares den Diomedes sah, ließ er den Periphas liegen und stürzte auf ihn zu, um ihn zu morden. Über das Joch und die Zügel streckte er die eherne Lanze; aber Athene ergriff sie und lenkte den Stoß auf die Seite. Da erhob sich Diomedes mit dem Speer, und Athene drückte ihn dem Gott in die Weichen, daß die Spitze durch den Leibgurt ihm in die Haut drang, und zog dann den Speer wieder zurück. Ares schrie auf, wie 9000, wie 10 000 Männer im Streit, daß Furcht und Entsetzen die Troer und Achäer ergriff, und fuhr dann wie eine mächtige Wolke, einem brausenden Orkan gleich, zum Himmel empor. Schnell kam er zum Olympos, dem Sitze der Götter, und setzte sich traurigen Herzens neben Zeus, zeigte ihm die blutige Wunde und klagte über Athene und Diomedes. Aber finster schaute ihn Zeus an und sprach: „Winsele mir nicht so, Parteigänger! Du bist mir der verhaßteste von allen Göttern; stets ist Streit dir lieb und Krieg und Schlachten, du hast den Trotz und Starrsinn deiner Mutter Hera. Doch du bist mein Sohn, ich kann nicht länger deine Qual ansehen; hätte ein anderer Gott dich erzeugt, traun, du lägest längst im tiefen Tartaros." Darauf gebot Zeus dem Götterarzte Paieon den Sohn zu heilen. Rasch schloß sich die Wunde; Hebe badete ihn und hüllte ihn in schöne Gewande, und freudigen Trotzes setzte er sich neben den Vater.

Hera und Athene aber kehrten nun auch heim aus der Schlacht, nachdem sie dem Ares sein Morden gehemmt.

Fortsetzung der Schlacht
Hektor

Die Schlacht tobte weiter, ohne daß die Götter sich einmischten, und die Troer waren nahe daran, bis an die Tore der Stadt zurückgedrängt zu werden. Da redete Helenos, der Sohn des Priamos, der kluge Vogelschauer, seinem Bruder Hektor zu, daß er in die Stadt hinaufgehe und ihre Mutter Hekabe veranlasse, durch ein dargebrachtes Prachtgewand und die Gelobung eines Opfers die Gnade der Pallas Athene den Troern zuzuwenden, daß sie sich ihren Frauen und Kinder erbarme und den wilden Kämpfer Diomedes von der Stadt fernhalte. Hektor gehorchte und eilte, nachdem er nochmals die Scharen seiner Freunde ermutigend durchflogen und seine Absicht kundgetan, in die Stadt.

Unterdes trafen sich auf dem Schlachtfelde der Lykier Glaukos, der Sohn des Hippolochos, Enkel des Bellerophontes, und der Tydide Diomedes. Dieser redete den Glaukos an: „Wer bist du, edler Kämpfer? Denn ich habe dich früher noch nicht im Kampfe gesehen. Doch jetzt zeigst du dich hervorragend vor allen andern an Mut, da du es wagst, dich meinem Speere entgegenzustellen. Bist du aber ein Gott, so weich ich dir; denn ich begehre nicht mit Himmlischen zu kämpfen. Doch bist du ein Sterblicher, so komm heran, daß du schnell das Ziel des Todes erreichst." Glaukos antwortete: „Mutiger Tydide, was fragst du nach meinem Geschlechte. Die Geschlechter der Menschen sind wie die Blätter des Waldes, die der Wind verweht und der Frühling wieder neu gebiert. Doch willst du es wissen, so vernimm: mein Ahne ist Sisyphos von Korinth, dessen Enkel Bellerophontes die Chimära bezwang, und Bellerophon ist mein Großvater." Als Diomedes das hörte, freute er sich, stieß die Lanze in die Erde und rief dem Glaukos freundlich zu: „So bist du mir ja ein alter Gastfreund von den Vätern her; denn Oineus, mein Großvater, beherbergte den edlen Bellerophon in seinem Hause 20 Tage lang, und sie gaben einander schöne Gastgeschenke, Bellerophon meinem Großvater einen goldenen Becher, den ich noch zu Hause bewahre. So bin ich denn dein Gastfreund mitten in Argos und du der meine in Lykien. Darum wollen wir einander meiden im Kampfe; es gibt ja noch viele Troer für meine Lanze und viele Achäer für dich. Aber damit auch die andern erkennen, daß wir väterliche Gastfreunde sind, so laß uns die Rüstungen tauschen." Nachdem sie so gesprochen, schwangen sie sich von den Wagen, reichten einander die Hände und gelobten sich Freundschaft, und Glaukos gab seine goldene Rüstung gegen die eherne des Diomedes.

Als Hektor an das skäische Tor kam, umringten ihn die Frauen und Töchter der Troer und fragten nach ihren Söhnen und Brüdern, Gatten und Vettern. Er aber ermahnte sie alle, die Götter anzuflehen, und eilte zu dem Hause des Priamos. Dort begegnete ihm in der Halle seine greise Mutter; sie faßte ihn an der Hand und sprach: „Warum, mein Sohn, hast du die Schlacht verlassen? Gewiß bedrängen euch sehr die entsetzlichen Männer Achaias, und du kamst, um auf der Burg die Hände zu Zeus zu erheben? Doch verziehe, daß ich dir einen Trunk Wein bringe, auf daß du zuerst dem Zeus und den anderen Göttern spendest und dann selber trinkest; denn der Wein ist eine kräftige Stärkung für den ermüdeten Mann." Hektor antwortete: „Bringe mir keinen Wein, ehrwürdige Mutter, daß du mich nicht entnervest und ich meiner Kraft vergesse. Mit blutigen Händen scheue ich mich auch dem Zeus den Wein zu sprengen. Aber gehe du, nachdem du die edlen Frauen der Stadt versammelt, mit Rauchwerk zu dem Tempel der Pallas Athena und lege ihr ein Gewand, das schönste und größte, das du in der Lade hast, auf die Knie und versprich ihr zwölf einjährige makellose Kühe zum Opfer, wenn sie sich der Frauen und Kinder der Troer erbarmen und den wilden Tydiden von der Stadt abhalten wolle. Ich will unterdes zu Paris gehen und ihn zur Schlacht rufen, ob er vielleicht noch meines Rates achtet. Schlänge ihn nur die Erde hinab, den der olmypische Zeus von Troern und dem Priamos und den Söhnen des Priamos zum Verderben erschuf."

Hekabe tat nach dem Willen des Sohnes. Sie brachte mit den edlen Frauen der Stadt ihr schönstes Gewand der Athena in ihren Tempel und gelobte das Opfer; aber die Gattin gewährte ihre Bitte nicht. Hektor eilte zu dem schönen Hause des Paris, das nicht fern von dem Palaste des Priamos und dem des Hektor auf der Burg stand. Er traf ihn, wie er in seinem Gemache seine schönen Waffen musterte, Schild und Panzer und Bogen, und Helena, die Argiverin, saß bei ihm, mit ihren Dienerinnen am Webstuhl beschäftigt. Als Hektor in der Türe stehend ihn sah, schalt er ihn: „Das ist nicht schön, Heilloser, so im Unmut hier zurückgezogen zu sitzen, während um die Stadt und die Mauern die Völker im Kampfe zugrunde gehen. Deinethalben ist ja doch der Krieg entbrannt. Du würdest auch mit jedem andern hadern, wenn du ihn so lässig dasitzen sähest. Auf zur Schlacht, ehe unsere Stadt im Feuer des Feindes verlodert!" Paris antwortete: „Hektor, du zankest mich mit Recht; doch ich bin nicht aus Unmut gegen die Troer, sondern aus Gram hier gesessen. Nun aber hat mich die Gattin durch schmeichelnden Zuspruch wieder beredet, zur Schlacht zu gehen, und so scheint's mir auch besser. So warte denn, bis ich mich gewappnet, oder gehe du voran und ich folge; ich werde dich bald erreichen." Hektor schwieg, und Helena redete zu ihm mit holden Worten: „Lieber Schwager, hätte mich, die schamlose Unheilstifterin, doch an dem Tage, wo die Mutter mich gebar, ein Sturmwind ins öde Gebirge oder in das tiefe Meer geschleudert, daß ich umkam, ehe solche Dinge geschahen; oder wäre ich doch lieber die Gattin eines besseren Mannes geworden, der Scham und Ehrgefühl in der Brust trüge; denn diesem fehlt alle Herzhaftigkeit, und er wird die Frucht seiner Feigheit noch kosten. Doch komm herein, lieber Schwager, und setze dich; denn du trägst doch alle Arbeit und Mühe um mich, die Schamlose, und wegen der Freveltat des Paris." „Heiße mich nicht so freundlich sitzen, Helena; denn schon drängt mich das Herz, wieder den Troern zu Hilfe zu eilen, die mich sicher vermissen. Doch treibe du diesen an, und er selbst mag sich sputen, daß er mich noch innerhalb der Stadt erreicht. Denn ich will erst noch in mein Haus gehen und nach meinem Gesinde sehen und nach dem Weibe und dem Söhnlein; wer weiß, ob ich wieder aus der Schlacht zurückkehre."

Mit diesen Worten entfernte sich Hektor. Aber er traf zu Hause Andromache nicht; sie war mit ihrem Kinde und einer Dienerin zum skäischen Tore geeilt, da sie gehört, daß die Troer in der Schlacht bedrängt würden, und stand dort seufzend und weinend auf dem Turme. Als Hektor auf seinem Wege durch die Stadt dem skäischen Tore nahete, durch das man zum Schlachtfelde ging, kam ihm seine Gattin hastigen Laufes entgegen, zugleich mit der Dienerin, welche das Knäblein Astyanax trug; es hing ihr an dem Busen wie ein schöner Stern. Der Vater sah mit stillem Lächeln sein Söhnchen an; Andromache aber trat mit tränenfeuchtem Auge zu dem Gatten, faßte seine Hand und sprach: „Entsetzlicher Mann, gewiß dich tötet noch dein Mut, du erbarmst dich weder deines stammelnden Kindes noch deines unglückseligen Weibes, das du bald zur Witwe machen wirst; denn dich werden gewiß die Achäer töten, indem sie alle auf dich einstürmen. Dann wäre es mir das Beste, wenn ich in die Erde versänke; denn wenn ich deiner beraubt bin, ist mir kein Trost mehr übrig, sondern lauter Weh. Denn ich habe nicht Vater, nicht Mutter mehr; den Vater erschlug Achilleus, als er Theben zerstörte, nebst meinen sieben Brüdern, und die Mutter starb bald darauf eines schnellen Todes. Nun bist du mir Vater und Mutter und Bruder, du bist mir blühender Gatte. Drum erbarme dich und bleibe hier auf dem Turme, mache nicht dein Kind zur Waise und zur Witwe deine Gattin; das Heer stelle dort in den Feigenhügel, wo die Mauer leicht zu ersteigen ist." Liebreich antwortete ihr Hektor: „Auch mich härmt das alles, teures Weib; doch ich müßte mich schämen vor Trojas Männern und Frauen, wenn ich wie ein Feiger aus der Ferne dem Kampfe zuschaute. Auch leidet das mein Herz nicht; denn ich lernte stets biederen Mutes zu sein und zu streiten unter den Vordersten für meines Vaters hohen Ruhm und für den meinen. Zwar es ahnet mir in meinem Herzen, der Tag wird einst kommen, wo das heilige Ilion in Staub sinkt und Priamos und das

Hektor, Paris bei Helena suchend

Volk des lanzenschwingenden Priamos; aber weder das Leid der Troer, noch selbst das der Hekabe und des Herrschers Priamos und der Brüder, wenn sie unter der Hand der feindlichen Männer hinsinken, geht so mir zu Herzen, wie das deine, wenn einer der Achäer dich weinend fortführt in das Joch der Knechtschaft und du dann, von hartem Zwang belastet, in Argos traurigen Sinnes am Webstuhl sitzest und Wasser holest, und dann wohl ein Mann, der dich in Tränen sieht, spricht: sehet, das ist Hektors Weib, des tapfersten Helden unter den Troern, da sie kämpften um Ilion. Möge das Grab mich decken, ehe ich dein Schreien hören muß, wenn sie dich entführen."

So sprach er und reichte nach dem Knäblein; aber das Kind schmiegte sich schreiend an den Busen der Amme, erschreckt durch den Glanz des ehernen Helmes und den Helmbusch, der furchtbar von dem Haupte des Vaters herniedernickte. Und der Vater lächelte, und die Mutter auch, und er nahm den Helm vom Haupte und legte ihn auf die Erde, küßte das liebe Kind und wiegte es in den Armen. Darauf flehte er zum Himmel empor: „Zeus und ihr anderen Götter, laßt mein Kind werden wie mich selbst, voranstrebend dem Volke der Troer und stark an Kraft, und laßt ihn mächtig herrschen über Ilion; möge man einst sagen: der überragt noch weit seinen Vater, wenn er beutebeladen aus dem Streit heimkehrt, seiner Mutter zur Freude." Darauf reichte er das Kind der lieben Gattin, die drückte es an den duftigen Busen und lächelte unter Tränen. Hektor aber streichelte sie voll inniger Wehmut mit der Hand und sprach: „Armes Herz, nicht mußt du so dich grämen; niemand wird mich töten gegen das Geschick; dem Verhängnis aber ist noch kein Sterblicher entgangen. Gehe du jetzt zum Hause zurück, zu Webestuhl und Spindel; der Krieg aber gebühret uns Männern, am meisten mir." Darauf nahm er seinen Helm vom Boden auf, und sein teures Weib ging nach Hause, indem sie noch oft sich umsah und Tränen vergoß. Als sie in das Haus trat und die Dienerinnen sie weinen sahen, teilte ihr Gram sich allen mit, und sie klagten um Hektor, wie wenn er schon gestorben wäre.

Paris aber ließ nicht lange mehr auf sich warten. Nachdem er sich in seine glänzenden Waffen gehüllt, eilte er durch die Stadt, wie ein mutiges Roß, das sich von der Krippe losgerissen und zum Bade im kühlen Strome fliegt. Er erreichte den Bruder, da er eben sich von seinem Weibe wegwandte, und nun stürmten sie vereint kampfesmutig dem Schlachtfelde zu. Die Troer freuten sich, als sie beide Helden herankommen sahen, und wurden von frischem Mute beseelt. Ein neues gewaltiges Morden begann.

Jetzt flog Athene vom Olympos nach Troja herab, traf an der Eiche des Zeus mit ihrem Bruder Apollon zusammen, und beide kamen überein, dem Blutbade für heute ein Ende zu machen durch einen Zweikampf des Hektor mit einem der tapfersten Achäer. Der Seher Helenos, ein Sohn des Priamos, vernahm die Zwiesprache der Götter und sagte deren Willen dem Hektor an. Der war gerne zum Zweikampfe bereit. Nachdem die Völker sich auf beiden Seiten niedergelassen und Apollon und Athene in Gestalt von Geiern sich auf die Eiche des Zeus gesetzt, um sich an dem Anblicke der Männerscharen zu erfreuen, rief Hektor, in die Mitte getreten, einen der Besten unter den Achäern zum Kampfe auf. Die Achäer verstummten; denn jeder schämte sich den Zweikampf auszuschlagen und fürchtete sich doch auch ihn gegen den gewaltigen Hektor aufzunehmen. Endlich erhob sich Menelaos, voll Zorn über die

Zaghaftigkeit seiner Genossen, und begann sich zu rüsten; aber Agamemnon hielt ihn zurück, da der Kampf mit dem viel stärkeren Hektor ihm sicheres Verderben bringen würde, und Nestors, des alten Kampen, strafende Rede rief die Scham und den alten Mut in den Herzen der achäischen Fürsten wieder wach, daß neun derselben zugleich vortraten und sich zum Zweikampfe anboten: Agamemnon selbst, Diomedes und die beiden Aianten, Idomeneus und sein Waffengefährte Meriones, Eurypylos und Thoas und Odysseus. Das Los entschied für den Telamonier Aias. Aias freute sich; ein Lächeln in dem ernsten Antlitz, trat er, nachdem er sich gewappnet, in die Mitte, gewaltig wie der Schlachtengott Ares, mit mächtigen Schritten, die lange wuchtige Lanze schwingend, vor sich den ungeheuren Schild. Die Argiver sahen mit Stolz und Freude auf den gewaltigen Mann, und die Troer ergriff Furcht und Schrecken; selbst dem Hektor pochte das Herz lauter im Busen, doch konnte er nicht mehr zurück, da er ja selbst den Zweikampf gefordert.

Als die beiden Kämpfer einander gegenüberstanden, sprach Aias drohend: „Hektor, nun wirst du erkennen, daß es auch außer dem Peliden Achilleus unter den Argivern noch tapfere Krieger gibt, und zwar mehr als einen. Wohlan, beginne den Kampf!" Hektor antwortete: „Aias, edler Telamonier, versuche mich nicht wie ein schwaches Kind oder ein unkriegerisches Weib; ich verstehe den Männerkampf in jeglicher Art. Aber ich will nicht mit heimlicher List meinen Speer nach dir senden, sondern offen, ob ich dich treffe." Mit diesen Worten schleuderte er seine Lanze und traf den mit sieben Stierhäuten überzogenen Schild des Aias auf das Erz, das als achte Lage darübergelegt war. Die Lanze drang durch das Erz und durch sechs Stierhäute und blieb in der siebenten Lage stecken. Jetzt entsandte auch Aias seine Lanze und durchbohrte den starken Schild des Gegners, daß die Spitze noch durch den Panzer und den Leibrock drang gerade an den Weichen hin, und hätte Hektor sich nicht schnell auf die Seite gebogen, er wäre dem schwarzen Verhängnis nicht entgangen. Schnell rissen jetzt beide ihre Speere wieder los und stürmten, blutgierigen Löwen oder starken Ebern gleich, gegeneinander. Hektor stieß mit dem eingelegten Speer mitten auf den Schild des Telamoniers, aber die Spitze bog sich um und durchdrang das Erz nicht; Aias aber durchrannte den Schild des Priamiden und streifte ihm mit der Spitze den Hals, daß das schwarze Blut hervorquoll. Doch Hektor ließ nicht ab vom Kampf; er wich etwas zurück, erfaßte einen großen Feldstein und schleuderte ihn mitten gegen den Schild des Aias; auch dieser ergriff einen noch viel größeren Stein, schwang und warf ihn, sich aufstemmend mit unermeßlicher Kraft, daß der Schild des Hektor nach innen zerbrach und der Held mit verletztem Knie rücklings niedersank. Doch er hielt den Schild fest in der Hand, und Apollon richtete ihn wieder auf. Und jetzt wären die beiden Helden mit den Schwertern aufeinander losgegangen, wenn nicht die Herolde Talthybios und Idaios, jener ein Achäer, dieser ein Troer, hinzutretend ihre Stäbe zwischen beide gestreckt und sie gehindert hätten. „Kämpfet nicht mehr, ihr Kinder", sprach Idaios, „beide seid ihr dem Zeus lieb, beide seid ihr tapfere Kämpfer, das wissen wir alle. Doch nun nahet die Nacht, gehorchet der Nacht." „Das laß den Hektor sagen", sprach Aias; „er hat zum Zweikampf gefordert, er beginne also; ich werde folgen, wie er will." Darauf sprach Hektor: „Aias, ein Gott hat dir Größe und gewaltige Kraft gegeben und Kunde des Krieges, daß du der beste bist von allen Achäern.

Doch für heute laß uns den Kampf einstellen, später wollen wir wieder streiten, bis ein Gott dem einen der Völker den Sieg verleiht. Es wird Nacht, und es ist gut, der Nacht zu gehorchen. Laß uns jetzt beide zu den unseren gehen, die uns mit Freuden empfangen werden nach Furcht und Angst. Doch wollen wir erst einander Geschenke geben, daß einst die Troer und Achäer sagen: seht, sie kämpften miteinander den Kampf der Zwietracht, aber sie trennten sich in Frieden und Freundschaft." Mit diesen Worten reichte er dem Aias sein Schwert mit silbernem Griff samt der Scheide und dem kostbaren Wehrgehenke; Aias aber gab ihm einen purpurnen Gürtel. So schieden sie; Aias ging zu den Scharen der Griechen zurück, Hektor zu den Troern, die ihn nach Troja hinaufführten voll Freude, daß er den furchtbaren Händen des Telamoniers glücklich entronnen war.

Neue Schlacht
Sieg der Troer

Am folgenden Tage schlossen Griechen und Troer einen Waffenstillstand zur Bestattung der Toten; die Griechen aber benutzten zugleich diese Zeit, um ihr Lager durch eine Mauer mit Toren und hohen Türmen und einen tiefen Graben zu befestigen. Als das Frührot des nächsten Tages erschien, wo die Völker sich aufs neue zum Kampfe rüsteten, berief Zeus die Unsterblichen zu einer Versammlung und sprach: „Höret mich, ihr Götter und Göttinnen alle, wen von euch ich heute in die Schlacht gehen sehe, um den Troern oder den Achäern beizustehen, der kehrt mir schmählich geschlagen in den Olympos zurück, oder ich fasse ihn und schleudere ihn in den finsteren Tartaros, in den tiefsten Abgrund unter die Erde. Dann sollt ihr erkennen, wie weit ich der Mächtigste vor allen Göttern bin. Oder versucht's! laßt eine goldene Kette aus dem Himmel herab und hänget euch alle daran, Götter und Göttinnen; nicht werdet ihr mich, den Zeus, den höchsten Berater, vom Himmel herabziehen; aber wollte ich ziehen, ich zöge euch alle empor samt Erde und Meer und knüpfte das Seil um das Felsenhaupt des Olympos, daß das Weltall schwebend im Luftraum hinge. So viel stärker bin ich als Götter und Menschen." Alle verstummten vor diesen gewaltigen Worten des Göttervaters, nur Athene, seine vielgeliebte Tochter, wagte die Bitte, daß sie den bedrängten Achäern wenigstens durch guten Rat beistehen dürfe, und erhielt von dem Vater eine freundliche Antwort. Darauf schirrte Zeus die goldmähnigen Rosse an seinen Wagen und fuhr nach den Höhen des Ida, wo er einen Altar und einen Hain hatte; von da sah er herab auf die Stadt der Troer und die Schiffe der Achäer.

Beide Heere zogen eben zum Streit, die Troer in geringer Zahl, doch zu blutigem Kampfe bereit; denn sie hatten ja Weib und Kind zu schützen. Als die Scharen aufeinander trafen, Schild wider Schild rannte und Speer mit

Speer sich kreuzte, da erhob sich ein schreckliches Getöse, Wehklagen und Siegesruf, und das Blut strömte über den Boden. Während des ganzen Morgens kämpften sie mit gleichem Glücke; als aber die Sonne die Mittagshöhe erreicht hatte, da nahm der Vater Zeus seine goldene Waage und legte in die Schalen zwei finstere Todeslose, das der Troer und das der Achäer, faßte dann die Waage in der Mitte und wägte: da sank die Schale der Achäer tief zur Erde, während das Los der Troer zum Himmel emporstieg. Mit einem lauten Donner vom Ida herab verkündete Zeus den Achäern ihr Verderben und schickte seinen flammenden Blitzstrahl mitten durch ihr Heer, daß alle bleiches Entsetzen erfaßte und die mutigsten Helden zu wanken begannen. Idomeneus und Agamemnon und die beiden Aianten wichen; nur Nestor blieb zurück, doch wider Willen; denn Paris hatte mit einem Pfeil das eine seiner Rosse vor die Stirn getroffen, daß das zum Tode verwundete Tier sich bäumte und von Schmerz gequält zur Erde warf. Während Nestor die Stränge des Nebenrosses mit dem Schwerte abzuhauen bemüht war, kam der die Griechen verfolgende Hektor auf seinem Wagen heran und bedrohte das Leben des edlen Greises; aber Diomedes sah es noch zu rechter Zeit und stellte sich, während Odysseus, von ihm angerufen, ohne zu hören, eilends zu den Schiffen floh, schützend vor den bedrängten Alten und nahm ihn auf seinen Wagen, um zugleich mit ihm den Hektor anzugreifen. Nestor führte die Zügel, und Diomedes schleuderte seine Lanze gegen den anstürmenden Hektor. Er fehlte ihn, tötete aber dessen Wagenlenker Eniopeus. Hektor wich zurück, um sich einen anderen Wagenlenker zu suchen, während Diomedes und Nestor ihm nachdrangen. Und Hektor wäre jetzt verloren gewesen und die Troer in ihre Mauern wie die Lämmer zusammengescheucht worden, wenn nicht das Auge des Zeus gewacht hätte. Er schleuderte mit gewaltigem Donner seinen Blitz vor das rasche Gespann des Diomedes in den Boden, daß die Flamme schrecklich loderte und die Rosse in wilder Angst zurückbebten. Die Zügel entfielen der Hand des Nestor, und er sprach erschreckten Herzens: „Diomedes, auf, laß uns fliehen; siehst du nicht, daß Zeus dir den Sieg versagt? Heute verherrlicht er den Hektor, ein ander Mal wird uns wieder Ruhm und Sieg." „Du hast recht, o Greis", rief Diomedes, „doch schmerzt es mich, daß Hektor unter den Troern sich rühmen soll: der Sohn des Tydeus ist bang vor mir zu den Schiffen geflohen." „Laß ihn", sprach Nestor, „die Troer werden's nicht glauben noch auch die Troerinnen, deren Männer du in den Staub geworfen." Mit diesen Worten wandte der Greis die Rosse zur Flucht, und Hektor und die Troer verfolgten sie unter wildem Geschrei mit ihren Geschossen. „Tydide", rief Hektor, „dich ehrten vor allem die Achäer in der Versammlung und beim Festmahl; doch jetzt werden sie dich verachten, denn du bist wie ein zagendes Weib. Fort, feiges Mädchen, du bist es nicht, der unsere Mauern ersteigen und unsere Frauen zu Schiffe fortführen wird. Nein, erst geb ich dir den Tod!" Bei diesen höhnenden Worten schwankte Diomedes in seinem Sinne, ob er nicht die Rosse umwenden und den Hektor bekämpfen sollte; dreimal gedachte er's zu tun, dreimal aber erscholl der Donner des Zeus vom Ida herab, und er wandte sich wieder zur Flucht, von dem prahlenden Hektor verfolgt.

Hera aber zürnte ob der prahlenden Worte des Hektor. Unmutig bewegte sie sich hin und her auf ihrem Throne, daß der große Olympos erzitterte, und forderte den Poseidon auf, mit ihr den Achäern beizustehen; allein Poseidon wagte nicht dem Willen seines mächtigen Bruders Zeus entgegen zu handeln. Unterdes drängten sich die Achäer mit Roß und Mann an Wall und Graben ihres Lagers in scheuer Flucht vor dem stürmenden Hektor dicht zusammen, und dieser war nahe daran, die Brandfackel in die Schiffe zu werfen. Da eilte, von Hera getrieben, Agamemnon, der Völkerfürst, den langen Purpurmantel in der nervigten Hand, verzweifelt zu dem Schiffe des Odysseus, das in der Mitte des Lagers stand, sprang auf das hohe Verdeck und rief den Achäern zu: „Schmach, ihr Achäer! Wo ist jetzt euer kecker Mut und euer Prahlen? Vater Zeus, in welch Unheil hast du mich gestoßen! Wenn je ich dich mit reichem Opfer geehrt, so laß uns wenigstens selbst gerettet werden und entfliehen und nicht so schmachvoll hier durch die Troer umkommen." So rief er unter Tränen, und Zeus erbarmte sich sein, daß das Volk errettet ward. Er sandte sogleich einen Adler vom Himmel, der ein junges Hirschkalb in den Klauen trug und es vor dem Altar des Zeus selbst niederwarf. Als die Achäer das Zeichen des Zeus sahen, kam frischer Mut in ihre Brust, und sie begannen von neuem gegen die Troer anzustürmen. Diomedes sprengte zuerst über den Graben hervor und erlegte den Agelaos, der eben seine Rosse zur Flucht wendete, ihm nach Agamemnon und Menelaos, die beiden Aianten, Idomeneus, Meriones, Eurypylos. Teukros, der treffliche Schütze, stellte sich mit seinem Bogen hinter den großen Schild seines Bruder Aias, und so oft er mit gespanntem Bogen vorsprang, fiel ein Troer, vom Pfeil getroffen, in den Staub. Neun Troer hatte er schon hintereinander niedergestreckt, dazu noch den Wagenlenker des Hektor, Archeptolemos; da stürzte Hektor auf ihn los und traf ihn, als er eben wieder den Bogen spannte, mit einem Feldstein an das Schlüsselbein, daß die Sehne zerriß und er in die Knie sank, indem die erstarrte Hand den Bogen fallen ließ. Aias aber deckte den Bruder mit seinem Schilde, und zwei Freunde trugen den Verwundeten zu den Schiffen.

Jetzt stärkte Zeus den Troern aufs neue den Mut, so daß sie die Achäer wieder bis an ihren Graben zurücktrieben. Hektor drang wutfunkelnden Blickes mit den ersten voran und verfolgte die Achäer wie ein Jagdhund, der den gehetzten Eber oder den Löwen von hinten faßt, stets achtsam auf seine Wendung, und streckte die hintersten einen nach dem andern nieder. Die Achäer wurden innerhalb des Grabens zusammengedrängt; dort stellten sie sich und ermahnten sich gegenseitig zum Kampfe und flehten mit erhobenen Händen zu allen Göttern, während Hektor mit dem wütenden Blicke der Gorgo sein Gespann vor ihren Augen drohend umhertummelte. Als Hera vom Olympos herab die Bedrängnis der Griechen sah, forderte sie Athena auf, wider Willen des Zeus mit ihr denselben zu Hilfe zu eilen. Athena war willfähriger als Poseidon; während Hera ihren Wagen rüstete, wappnete sie sich in ihrem Gemache und fuhr dann mit Hera durch die Wolkentore des Himmels gen Troja hinab. Aber Zeus erblickte sie, als sie eben den Olympos verließen, schickte ihnen zornig die Iris zu und hieß sie zurückkehren, sonst werde er sie mit dem Blitze von dem zerschmetterten Wagen stürzen und sie treffen, daß in zehn Jahren ihre Wunden nicht heilten. Da erschraken die Göttinnen und wandten um. Zeus aber fuhr zum Olympos zurück und setzte sich in dem Göttersaale auf seinen goldenen Thron; der Olympos erzitterte unter seinen Füßen. Athena und Hera saßen allein in dem Saale mit grollendem Herzen und sprachen kein Wort. Erst als Zeus sie mit Vorwürfen angeredet, konnte

Hera ihren Zorn nicht zurückhalten und sprach ihm entgegen zu Gunsten der Achäer. Aber Zeus erwiderte: „Morgen sollst du eine noch größere Niederlage der Griechen sehen, und nicht eher soll der tobende Hektor ruhen vom Streit, als bis die Achäer, um die Steuer ihrer Schiffe gedrängt, kämpfen und nach des Patroklos Tode Achilleus sich wieder von den Schiffen erhebt. So will es das Verhängnis."

Unterdessen senkte sich die Nacht auf die weite Erde und machte dem Kampfe bei den Schiffen ein Ende, zum Bedauern der Troer, den Griechen zur Freude. Hektor führte sein Heer von den Schiffen weg, um an der Strömung des Skamandros während der Nacht im Freien zu lagern, damit sie am frühen Morgen die Schlacht aufs neue begännen und das Unheil der Achäer vollendeten. Man löste die Rosse vom Joch und reichte ihnen Futter, man ließ Schafe und Rinder, Wein und Brot aus der Stadt kommen und bereitete das Mahl. Für die Nacht aber zündete man zahlreiche Wachtfeuer an, auf daß die Griechen nicht in der Dunkelheit entflöhen; und damit die Stadt nicht bei der Abwesenheit der wehrhaften Männer von dem Feinde heimlich überfallen würde, ließ Hektor durch Herolde gebieten, daß die Knaben und die Greise auf den Türmen rings um die Stadt, und die Frauen in den Häusern Feuer anzünden und sorgliche Wache halten sollten.

Versöhnungsversuch bei Achilleus

Im Lager der Griechen herrschte von ihrer Flucht noch Angst und Schrecken. Agamemnon selbst war mutlos und aller Hoffnung bar; er berief in aller Stille noch an demselben Abend eine Versammlung der Fürsten und machte den Vorschlag, mit den Schiffen in die Heimat zu fliehen, da sie die Stadt Troja nimmer erobern würden. Die Fürsten saßen lange stumm da; endlich erklärte Diomedes, wenn auch alle in die Heimat zögen, er und sein Freund Sthenelos würden allein ausharren und fortkämpfen, bis sie Ilion zerstört; denn nicht ohne den Willen eines Gottes seien sie hergekommen. Da jauchzten alle Achäer dem kühnen Tydiden freudig zu; der alte Nestor lobte sein verständiges Wort und forderte den Agamemnon auf, den Führern in seinem Zelte ein Mahl zu bereiten und dort mit ihnen über die Rettung des Heeres zu beraten, während die jüngeren Männer außerhalb der Mauer längs des Grabens dem Feinde gegenüber Wache hielten. Nachdem das Mahl beendet war, schlug Nestor dem Agamemnon vor, den zürnenden Achilleus durch Geschenke und freundliche Worte zu versöhnen, und Agamemnon, der sein Unrecht offen bekannte, war gerne dazu bereit. Er erklärte, daß er, um sein Unrecht wiedergutzumachen, dem Achilleus eine reiche Sühne bieten wolle: 7 neue Dreifüße, 10 Talente Goldes, 20 blinkende Becken, 12 treffliche Rosse und 7 lesbische Jungfrauen, die er wegen ihrer Schönheit sich ausgewählt, als Achilleus Lesbos erobert. Dazu will er auch die Briseïs wieder zurückgeben, die er ungekränkt und in Ehren in seinem Zelte bewahrt habe, und wenn die

Götter ihnen vergönnten die Stadt des Priamos zu erobern, so solle Achilleus sich sein Schiff mit Gold und Silber vollfüllen und 20 Troerinnen sich auslesen, die schönsten nach Helena, und kämen sie nach Griechenland zurück, so könne er eine seiner Töchter sich zur Gattin wählen, und er wolle den Eidam hochhalten gleich seinem Sohn Orestes und ihm 7 blühende Städte zur Mitgift geben. Nestor machte nun gleich drei Männer namhaft, welche als Gesandte zu Achilleus gehen und ihm das Anerbieten des Agamemnon kundtun sollten: Phoinix, den alten Freund und Führer des Peliden, den Telamonier Aias und Odysseus, zur Begleitung wurden ihnen die Herolde Hodios und Eurybates zugegeben.

Als die Gesandten zu dem Zelte des Achilleus kamen, fanden sie ihn, wie er sein Herz an alten Heldenliedern ergötzte, die er zu dem Klange seiner kostbaren Laute sang. Sein Freund Patroklos saß ihm gegenüber und wartete schweigend, bis er seinen Gesang beendet habe. Als Achilleus die Männer sah, Odysseus voran, sprang er erstaunt mit der Leier von seinem Sitze auf und begrüßte sie freundlich zugleich mit Patroklos, der auch sich erhoben hatte. „Freude sei mit euch, ihr teuren Freunde", sprach er, ihnen die Hände reichend, „gewiß führt euch irgendeine Not zu mir; doch auch dem Zürnenden seid ihr die willkommensten von allen." Mit diesen Worten führte er sie herein und ließ sie sich niedersetzen. Dann sprach er zu Patroklos: „Bringe einen größeren Mischkrug, Freund, mische auch stärkeren Wein und reiche jedem einen Becher, denn die wertesten Männer sind unter meinem Dache." Während Patroklos dem Auftrage nachkam, zerlegte Achilleus unter dem Beistandes seines Freundes Automedon den Rücken einer Ziege und eines Schafes und die fette Schulter eines Schweines und steckte die Stücke an die Bratspieße, unter denen Patroklos die Glut eines mächtigen Feuers entflammte. Nachdem er das Fleisch gebraten und auf Bretter gelegt hatte, verteilte Patroklos das Brot in schönen Körbchen rings auf dem Tische, und Achilleus verteilte das Fleisch und setzte sich dann dem Odysseus am Tische gegenüber. Patroklos legte auf des Freundes Geheiß Opferstücke den Göttern ins Feuer, und nun begannen die Männer sich an dem köstlichen Mahl zu erlaben. Als sie sich gesättigt an Speise und Trank, winkte Aias dem Phoinix, daß er reden sollte; aber Odysseus, der dies merkte, kam ihm zuvor, füllte seinen Becher und trank dem Achilleus zu: „Heil dir, Achilleus, an der Fülle des Mahles gebricht's dir nicht; doch sind wir nicht wegen des Mahles gekommen, sondern wegen der großen Not, in der wir uns jetzt befinden. Denn jetzt gilt es unsere Rettung oder unsern Untergang; wir sind verloren, wenn du uns nicht Abwehr bringst. Die Troer lagern schon nahe unsern Schiffen, und Hektor, auf seine Stärke trotzend und im Vertrauen auf die Hilfe des Zeus, der den Troern glückverheißende Blitze sendet, wütet entsetzlich; er erwartet mit Ungeduld den kommenden Tag, da hofft er die Schiffe der Achäer in Brand zu stecken und zwischen den rauchenden Trümmern sie selbst alle zu würgen. Wohlauf, rette uns, damit du nicht später es bereuest, wenn dem Übel keine Besserung mehr zu schaffen ist. Gedenke der Ermahnungen deines Vaters, als wir in Phthia dich zum Kriege abholten; bändige den Stolz in deiner Brust, sprach er, denn freundlicher Sinn ist besser als Zorn und Streit. Dies Wort vergaßest du; doch wohlan, entsage jetzt dem Groll gegen Agamemnon. Siehe, er bietet dir würdige Gaben zur Buße." Darauf nannte er ihm die Anerbietungen des Agamemnon; aber Achilleus antwortete: „Edler Sohn des Laertes, ich muß gleich auf deine Rede frei und ohne Rückhalt erwidern, wie ich im Herzen denke; denn verhaßt ist mir wie die Pforten des Todes, wer anderes spricht, als was er im Herzen birgt. Weder Agamemnon noch ein anderer Achäer soll mich bereden wieder zu kämpfen; denn nimmer hatte ich Dank von meinen Mühen, der Feige ist hier dem Tapferen gleich. Genug unruhiger Nächte habe ich durchwacht, genug der blutigen Tage in der Feldschlacht gekämpft, zwölf Städte habe ich zur See verwüstet und elf zu Lande, und was ich erbeutet, das brachte ich dem Agamemnon dar; der aber behielt vieles und verteilte wenig. Und jetzt nahm er mir auch noch mein Ehrengeschenk, das Liebste, was ich hatte. Seitdem er das getan und mich mit Arglist betrogen, versuchte er mich nie mehr; er mag mit andern darauf sinnen, das feindliche Feuer von den Schiffen fernzuhalten. Hat er doch schon vieles ohne mein Zutun zustande gebracht, die Mauer und den großen breiten Graben und den Pfahlzaun dahinter; und dennoch kann er den mordenden Hektor nicht bändigen. Als ich noch mitkämpfte, wagte sich Hektor kaum aus dem skäischen Tor. Nun, da mich's nicht mehr gelüstet mit Hektor zu kämpfen, fahre ich morgen mit meinen Schiffen nach Phythia, und in drei Tagen hoff ich zu Hause zu sein. Einmal hat mich Agamemnon betrogen, zum zweiten Male täuscht er mich nicht mehr. Seine Geschenke sind mir verhaßt; ich verachte sie, und böte er mir so viel als Sand am Meere, als Staub auf dem Felde. Eine Tochter von ihm begehre ich nicht, und wäre sie schöner als Aphrodite und klüger als Pallas Athena; er mag sich einen andern Eidam wählen, mir wird mein Vater zu Hause unter den Achäerinnen eine edle Gattin suchen. Wie oft sehnt sich mein Herz nach jener glücklichen Ruhe, wo ich an der Seite eines geliebten Weibes mich der Güter erfreuen werde, die mein alter Vater gesammelt; denn keine Schätze wiegen mir das Leben auf, das, einmal entflohen, nie wiederkehrt. Meine Mutter sagte mir, daß ein zweifaches Los mir beschieden sei: wenn ich hier ausharrend um die Stadt kämpfte, so sei mir die Heimkehr versagt, aber unvergänglicher Ruhm bestimmt; kehre ich dagegen heim ins Land meiner Väter, so reiche mein Leben, wenn auch ruhmlos, bis zu hohem Alter. Drum will ich lieber in die Heimat ziehen, und auch euch andern möchte ich dasselbe raten, denn nie werdet ihr doch das hohe Ilion nehmen. Diese Botschaft bringet den Fürsten; Phoinix aber mag hierbleiben und bei uns sich zur Ruhe legen, damit er morgen mit mir nach Phthia fahre, wenn es ihm so gefällt; denn Zwang will ich ihm nicht antun."

Die Fürsten blieben lange stumm; endlich versuchte der alte Phoinix unter Tränen seinen geliebten Zögling mit eindringlichen Worten umzustimmen, aber vergebens. Achilleus verharrte bei seinem Sinn und winkte dem Patroklos, daß er dem alten Helden sein warmes Lager bereiten lasse, auf daß die andern sich baldigst zur Rückkehr wendeten. Da erhob sich Aias und sprach kurz nach seiner Art: „Laß uns gehen, edler Laertiade; denn schwerlich erreichen wir den Zweck unseres Weges. Achilleus hat in der Brust einen wilden Sinn; der Grausame ist unversöhnlich, ihn kümmert die Freundschaft nicht, mit der wir ihn stets im Lager geehrt. O sei sanftmütig, Pelide, ehre auch das Gastrecht, wir sind als Gäste unter deinem Dach, wir sind vor allen dir die wertesten Freunde." „Alles", sprach Achilleus, „hast du mir fast aus der Seele geredet, edler Telamonier; aber mein Herz schwillt vor Zorn, wenn ich des Mannes gedenke, der mich so schnöde vor den Argivern behandelt, und nicht eher werde ich des Kampfes gedenken, als bis Hektor schon die Schiffe der Myrmidonen erreicht hat." Nach diesen Worten ergriff jeder den Becher, sie spendeten den Göttern, und Odysseus und Aias verließen mit den Herolden das Zelt. Phoinix blieb schweren Herzens zurück.

Odysseus und Diomedes auf nächtlicher Kundschaft

Als Odysseus und Aias die Botschaft von Achilleus den versammelten Fürsten überbrachten, wurden alle niedergeschlagen und sprachen kein Wort; aber der kühne Diomedes sprach ihnen Mut zu, daß sie ein jeder in sein Zelt zur Ruhe gingen, entschlossen, am morgenden Tage das Lager nach Kräften zu verteidigen. Doch Agamemnon fand keine Ruhe; ratlos schaute er bald hinüber zu den Feuern des lärmvollen trojanischen Lagers, bald über die Schiffe der Seinen hin, und Seufzer drangen wie Schneegestöber aus seiner geängstigten Brust. Zuletzt entschloß er sich zu Nestor zu gehen, ob er mit ihm vielleicht einen Rat aussänne zur Rettung des Volkes. Schnell kleidete er sich an und warf eine große Löwenhaut um seine Schultern; als er eben die Lanze ergriff, um das Zelt zu verlassen, trat sein Bruder Menelaos ein, den gleich ihm die Sorge nicht schlafen ließ. Agamemnon bat ihn, den fern lagernden Aias und Idomeneus zu berufen, während er selbst zu Nestor ginge; bei den Wächtern am Graben, welche Meriones und Thrasymedes, der Sohn des Nestor, befehligten, wollten sie sich treffen und dort des Rates pflegen. Bald war Nestor geweckt, dann auch Odysseus und Diomedes, der kleine Aias und Meges, des Phyleus Sohn, die in der Nähe ihre Zelte hatten, und nun eilten die Fürsten vereint der Wache zu. Sie trafen die jungen Männer munter und wachsam, wie Hunde bei der Herde, die die Stimme des Raubtieres im nahen Walde gehört, und der alte Nestor belobte und ermunterte sie. Darauf schritt er durch den Graben weiter, ihm nach die Fürsten, auch Meriones und Thrasymedes, die Führer der Wachen, und sie setzten sich abseits aufs Gefilde zur Beratung. Nestor begann das Gespräch: „Freunde, wie wäre es, wenn jetzt einer den Mut hätte zu den Troern hinzugehen, ob er vielleicht einen der äußersten erhaschte oder ein Gespräch der Feinde belauschte, damit wir erführen, was sie vorhaben, ob sie gedenken auf dem Schlachtfelde zu bleiben oder in die Stadt zurückzugehen?" Da erhob sich Diomedes und erbot sich zu dem Wagnisse, wenn noch ein anderer ihn begleiten wolle. Sogleich meldeten sich mehrere, und Diomedes wählte sich aus ihnen den Odysseus. „Mit Odysseus", sprach er, „dem klugen erfindungsreichen Liebling der Athena, dessen Herz in jede Gefahr voll freudiger Kühnheit ist, hoffe ich sogar aus flammendem Feuer zurückzukehren." „Tadle und rühme mich nicht zu sehr, Tydide", sprach Odysseus, „denn du sprichst solches vor kundigen Männern. Doch auf, schnell eilet die Nacht, und weit schon sind die Sterne vorgerückt; kaum ist noch ein Drittel der Nacht übrig."

Schnell wappneten sich jetzt die beiden Helden. Diomedes nahm Schild und Schwert des Thrasymedes und dessen Sturmhaube ohne Busch und Helmkamm; dem Odysseus gab Meriones Bogen und Köcher und Schwert und einen Helm von Leder und Filz, der mit den weißen Hauern eines Wildschweines besetzt war. Nachdem sie in die Nacht hineingeschritten waren, hörten sie von der rechten Seite den Schrei eines Reihers, den Athena gesandt, und des glücklichen Rufes froh, beteten die Helden zu ihrer Beschützerin um Beistand bei ihrem Werke. Darauf gingen sie weiter durch das Dunkel, mutigen Löwen gleich, durch Blut und Leichen und zerstreute Waffen.

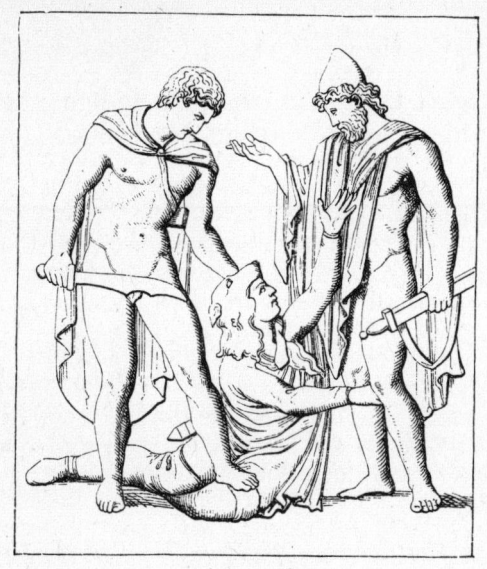

Tod des Dolon

Zu gleicher Zeit hatte Hektor in einer Versammlung der Troer einen Mann gefunden, der zu dem griechischen Lager auf Kundschaft auszugehen bereit war. Es war Dolon, der Sohn des Heroldes Eumedes, eines an Gold und Erz wohlbegüterten Mannes, neben fünf Schwestern der einzige Sohn, unansehnlich von Gestalt, aber ein flüchtiger Läufer. Der versprach im Vertrauen auf seine List und seine Schnelligkeit, den Schiffen der Danaer nahe zu gehen, ja selbst bis zu dem Zelte des Agamemnon zu dringen, um dort die Beratung der Fürsten zu belauschen, wenn Hektor ihm zum Lohn für seinen Mut das Gespann und den Wagen des Achilleus zuschwöre. Hektor gelobte es, und Dolon rüstete sich zu seinem Gange. Er warf schnell den Bogen über die Schulter, hüllte sich in ein zottiges Wolfsfell, setzte einen Otterhelm auf das Haupt und nahm die Lanze. Darauf ging er mit Begier seinen Weg und kam bald in die Nähe der beiden griechischen Kundschafter. Odysseus hörte seinen Tritt und machte seinen Begleiter darauf aufmerksam: „Diomedes, da kommt ein troischer Mann, vielleicht ein Kundschafter, oder er will auf dem Schlachtfelde die Leichen berauben; lassen wir ihn ein wenig vorübergehen, dann stürmen wir ihm nach und fangen ihn oder treiben ihn den Schiffen zu, wenn er es uns im Laufe zuvortut." So besprachen sich beide und schmiegten sich abseits vom Wege unter die Toten. Sorglos lief Dolon vorüber. Als er eine ziemliche Strecke entfernt war, erhoben sie sich und liefen ihm nach. Dolon hörte das Geräusch und stand still; er glaubte, Hektor wolle ihn durch befreundete Boten zurückrufen. Als sie ihm auf die Weite eines Speerwurfes genaht waren, erkannte er sie als Feinde und floh. Die beiden andern rannten ihm nach wie zwei Jagdhunde, die ein Hirschkalb oder einen Hasen verfolgen, und trieben ihn von den Seinigen ab dem Schiffslager zu. Schon war er nicht mehr weit von der Wache der Danaer entfernt, da rief ihn der Tydide zornig an: „Steh, oder ich werfe die Lanze, schwerlich entrinnst du dem Tod!" Zugleich entsandte er den Speer, doch er fehlte absichtlich. Die eherne Spitze flog dem Flüchtling über die rechte Schulter und heftete sich in den Boden. Da stand er starr und blaß vor Schrecken, sein Kinn bebte und die Zähne klapperten ihm im Munde. Keuchend kamen sie heran und hielten ihm beide Hände. „Fangt mich lebendig", rief er weinend, „ich löse mich gerne mit reichem Gold und Erz und Eisen." „Sei getrost", sprach der kluge Odysseus, „und laß die Todesgedanken, aber sage mir jetzt die Wahrheit getreu: warum gehest du so allein in der finsteren Nacht, wo andere Sterbliche schlafen, von eurem Lager weg zu den Schiffen hinab?" Der Troer antwortete zitternd: „Ach, zu meinem Unheil hat Hektor mich zur Kundschaft verleitet, er versprach mir die Rosse und den kostbaren Wagen des Achilleus." Odysseus sprach lächelnd: „Wahrlich, dich gelüstete nach einem großen Geschenke! Doch sage mir jetzt der Wahrheit gemäß: wo verließest du Hektor, wo ist sein Kriegsgerät, wo seine Rosse? Wo sind die Wachen oder die Lagerstätten der andern Troer?" Dolon antwortete: „Hektor hält mit den Fürsten Rat fern von den andern am Grabmal des Ilos. Besondere Wachen haben die Troer nicht; wo sie gerade um ihre Feuer versammelt sind, da wachen sie, die Bundesgenossen aber liegen abseits im Schlafe und überlassen die Hut den Troern. Wenn ihr ins troische Lager wollt, dort am Ende des Lagers liegen neuangekommene Thraker mit ihrem Fürsten Rhesos, dem Sohne des Eïoneus. Dessen Rosse sind die schönsten und größten, die ich je gesehen, weißer denn Schnee und schnell wie die Winde; sein Wagen ist köstlich mit Gold und Silber geschmückt, er selbst trägt eine wundervolle Rüstung von Gold, wie ein Gott, nicht wie ein Sterblicher. Doch nun führt mich zu den Schiffen, oder laßt mich hier gebunden liegen, bis ihr wiederkehrt und gesehen, ob ich die Wahrheit gesprochen." „Denke mir nicht an Flucht trotz deiner guten Kundschaft", sprach Diomedes finsteren Blickes, „nachdem du in meine Hand gekommen. Ich will sorgen, daß du in Zukunft den Argivern kein Leid mehr bringst." Mit diesen Worten holte er mit dem Schwerte aus, und während der Troer flehend die Hände erhob, um sein Kinn zu berühren, hieb er ihn durch den Nacken, daß das Haupt des Schreienden in den Staub fuhr. Darauf nahmen sie den Otterhelm von dem Haupte des Getöteten, seinen Bogen, Speer und das Wolfsfell, und nachdem Odysseus die ganze Beute in die Höhe gehoben und betend der Athena geweiht hatte, legte er sie auf eine Tamariske zugleich mit einem Rohrbüschel und abgebrochenen Zweigen zum wegweisenden Merkmal für ihre Rückkehr. Dann schritten sie wohlgemut durch Mord und Blut und Waffen vorwärts dem thrakischen Lager zu.

Die Thraker lagen ermüdet in tiefem Schlafe, ihre blinkenden Rüstungen neben ihnen auf der Erde in drei Reihen geordnet, bei jedem das stampfende Doppelgespann. Rhesos selbst schlief in der Mitte, neben ihm standen seine Rosse, am hintersten Wagenringe angebunden. Odysseus gewahrte sie zuerst und zeigte sie dem Diomedes: „Dies ist der Mann, dies sind die Rosse, die der Troer uns angezeigt. Wohlan, jetzt frisch, löse die Rosse, oder töte du lieber die Männer und laß mir die Rosse."

Wie ein Löwe, der mit grimmigem Mute unter Ziegen oder Schafe stürzt, sprang Diomedes unter die schlafenden Männer und hieb mit seinem Schwerte wild umher, daß sich ein schauerliches Röcheln erhub und das rote Blut über den Boden floß. Sobald der Tydide einen Mann getötet, zog ihn der kluge Odysseus an den Füßen zurück, damit die Pferde, wenn er sie fortführte, vor den Leichen nicht scheuten. Zwölf Thraker lagen schon in ihrem Blute, da kam Diomedes an den dreizehnten, an Rhesos selbst; er lag stöhnend in einem schrecklichen Traum, da traf ihn der Streich und nahm ihm das Leben. Schnell löste unterdes Odysseus die Rosse, band sie zusammen und trieb sie aus dem Getümmel, indem er sie mit dem Bogen antrieb; denn er hatte vergessen die Peitsche aus dem Sessel des Wagens mitzunehmen. Darauf schwang er sich auf das eine Roß und pfiff leise, um den Diomedes zurückzurufen. Der aber blieb und schwankte noch über einer kühnen Tat, ob er den Wagen mit den glänzenden Rüstungen an der Deichsel herausziehen oder ihn aufpacken und fortragen sollte, oder ob er fortfahren sollte mit seinem blutigen Würgen. Während er noch unschlüssig dastand, nahte ihm Athena und mahnte ihn zur Rückkehr. Er erkannte die Stimme der Göttin und bestieg eiligst das andere Roß; Odysseus peitschte die Tiere mit dem Bogen, und beide flogen rasch dem griechischen Lager zu.

Apollon, der Freund der Troer, hatte bemerkt, wie Athena sich zu Diomedes gesellte. Zornig über die den Griechen hilfreiche Göttin drang er in das Getümmel des troischen Heeres und weckte den Thrakerfürsten Hippokoon, einen Verwandten des Rhesos. Als er die Stelle, wo die Pferde gestanden, leer und die Männer ermordet in ihrem Blute noch zucken sah, erhub er ein lautes Klagen und rief seinen teuren Genossen mit Namen. Die Troer stürzten lärmend und schreiend herbei und schauten mit Entsetzen, welch schreckliche Tat die entflohenen Männer verübt hatten.

Als Odysseus und Diomedes den Ort erreicht hatten, wo sie den Dolon gemordet, hielt Odysseus die Rosse an, und Diomedes holte die blutige Rüstung des Troers von der Tamariske. Dann flogen sie weiter dem befreundeten Lager zu. Nestor hörte zuerst die stampfenden Rosse und machte seine Genossen darauf aufmerksam. Noch hatte er nicht ausgeredet, so kamen die Helden selber. Unter frohem Jubel schwangen sie sich von den Rossen und erzählten ihr glückliches Abenteuer. Odysseus trieb darauf jauchzend die Rosse durch den Graben, und die andern Achäer folgten ihm in frohem Getümmel zu dem Zelte des Diomedes, wo sie die erbeuteten Tiere neben die andern Rosse des Fürsten an die Krippe banden. Die blutige Beute des Dolon aber legte Odysseus in dem Hinterteile des Schiffes nieder, um sie der Athena als heiliges Beutestück zu weihen. Nun wuschen sich die beiden Helden in der Meeresflut den Schweiß von den Gliedern, erfrischten sich durch ein warmes Bad, salbten sich und setzten sich dann zum Frühmahl, indem sie dankend der Göttin Athena den süßen Wein aus vollem Kruge spendeten.

Zweite Niederlage der Griechen

Der neue Tag brachte neuen Kampf. Agamemnon rief sein Volk zur Schlacht und hüllte sich selbst in seine schimmernde Rüstung. Mit dem hohen nickenden Helmbusch auf dem Haupte, in den Händen zwei gewaltige Lanzen, schritt er, ein furchtbarer stattlicher Krieger, in die Schlacht, während Athena und Hera, um den mächtigen König zu ehren, fernher einen lauten Donner sandten. Die Streiter zu Fuß in ihren ehernen Rüstungen drangen wohlgeordnet voran, ihnen nach die Reisigen auf ihren Streitwagen. Lautes Getümmel tobte durch das Heer, von Zeus erregt, der Tau mit Blut besprengt aus der Höhe herabgoß, da er heute manch tapferes Haupt in den Hades zu senden gedachte.

Gegenüber auf einem Hügel des Feldes hielten die Troer unter ihren Führern Hektor, Polydamas und Aineias und drei Söhnen des Antenor. Wie ein funkelnder Stern durch Nachtgewölk wandelte Hektor bald durch die vorderen, bald durch die hintersten Züge und ordnete und ermunterte die Krieger. Bald stürzten die feindlichen Reihen mordend gegeneinander, wie Schnitter im Weizenfeld einander entgegenstrebend die Schwaden niedermähen. Haupt an Haupt drang alles zur Schlacht, und keiner dachte an Flucht; sie tobten wie Wölfe. Während des ganzen Morgens hielt die Schlacht sich das Gleichgewicht, doch um die Mittagszeit durchbrachen die Achäer die Reihen der Troer. Agamemnon stürmte allen voran; er erlegte den Helden Bianor und seinen Wagenlenker, dann die beiden Söhne des Priamos Antiphos und Isos, darauf den Peisandros und Hippolochos, die jugendlichen Söhne des Antimachos, der, von Paris bestochen, gegen die Auslieferung der Helena geifert. Wie flammendes Feuer, das unter dem Wehen des Sturmes die Stämme des dichten Waldes vernichtend durchrast, drang der Held, würgend mit Lanze und Schwert, stets weiter und weiter, und viele Häupter der Troer sanken in den Staub, während die leeren Wagen rasselnd durch das Treffen flogen.

Die Troer flohen in wildem Getümmel durch das Gefilde an dem Grabmahl des Ilos vorbei bis zu dem skäischen Tor. Hier machten sie Halt und sammelten sich, von Hektor ermutigt, welchen Zeus bisher dem Gewürge der Schlacht entzogen. Auch jetzt wieder schickte er ihm von der Höhe des Ida seine Botin Iris zu mit der Mahnung, so lange Agamemnon tobe, das Vordertreffen zu meiden und erst vorzudringen, wenn er ihn verwundet sähe; dann werde der Vater Zeus ihm Sieg verleihen. Bald tobte die Schlacht aufs neue. Agamemnon, stets unter den Vordersten, traf auf den gewaltigen Iphidamas, einen Sohn des Antenor, und erlegte ihn nach kurzem Kampfe mit dem Schwerte. Koon, der älteste Sohn des Antenor, sah, wie Agamemnon ihm die Rüstung abzog, und von Schmerz ergriffen über den Tod des Bruders, nahte er ihm unvermerkt von der Seite und stieß ihm den Speer in den Arm. Schauer durchzuckte plötzlich den Getroffenen, aber er vergaß des Kampfes nicht, sondern stürzte auf Koon los und durchbohrte ihn mit der Lanze, während er in Eile den Leichnam seines Bruders auf die Seite ziehen wollte. Solange das Blut noch warm aus der Wunde floß, setzte Agamemnon den Kampf noch fort mit Lanze und Schwert und gewaltigen Steinen; sobald aber das Blut in der verharschenden Wunde stockte, mahnte ihn ein heftiger Schmerz die Schlacht zu verlassen. Er bestieg seinen Wagen und flog den Schiffen zu.

Als Hektor den Agamemnon das Treffen verlassen sah, gedachte er der Mahnung des Zeus und drang, die Seinen zum Angriff aufrufend, wie ein Sturmwind unter den Feind. Neun tapfere Führer der Argiver streckte er in kurzer Zeit in den Staub und viele von dem Volke, und er hätte das fliehende Heer bis an die Schiffe gedrängt, wenn nicht Odysseus seinen Freund Diomedes zu sich herangerufen und mit ihm gemeinsam den Andrang des Feindes aufgehalten hätte. Wie ein Eberpaar stürzten sie sich unter die Troer und begannen ein wildes Morden. Längere Zeit schwebte jetzt die Schlacht wieder im Gleichgewicht. Da sah Hektor die beiden würgenden Helden und stürmte mit Geschrei gegen sie an. Sie erwarteten ihn mit festem Fuße, und Diomedes schleuderte seine Lanze. Sie traf den Hektor oben an die Kuppel des Helms; zwar prallte sie ab, aber Hektor fuhr rücklings in die Scharen auf das Knie und stemmte, die Besinnung verlierend, die Hand auf den Boden. Während Diomedes dem Schwung seiner Lanze nacheilte, hatte Hektor die Besinnung wieder erlangt und war auf seinem Wagen aus dem Getümmel entflohen. Unmutig wandte sich Diomedes gegen einen andern Troer und streckte ihn nieder; doch während er ihm die Rüstung abzog, schoß Paris, hinter der Säule auf dem Grabmal des Ilos versteckt, dem knieenden Helden einen Pfeil in die Sohle des rechten Fußes. Lachend sprang er aus dem Hinterhalt hervor und verspottete laut jauchzend den Getroffenen. Diomedes rief unerschrocken: „Bogenschütze, Weiberheld, du prahlst, daß du den Fuß mir geritzt! Das gilt mir so viel, als wenn ein Weib oder ein Knabe mich getroffen." Unterdessen war Odysseus herbeigeeilt und vor den Verwundeten getreten, daß er in Sicherheit sich den schmerzhaften Pfeil aus dem Fuße ziehen konnte. Doch dem Kampfe mußte er entsagen; er sprang auf seinen Wagen und fuhr zu den Schiffen.

Odysseus, von Aias und den andern flüchtigen Achäern alleingelassen, war jetzt in großer Not; doch er hielt es für Schande zu fliehen. Wie ein Eber, wild mit den Zähnen knirschend, sich gegen die rings auf ihn anspringenden Hunde und Jäger stellt, so stellte Odysseus sich mutig den von allen Seiten auf ihn eindringenden Troern entgegen und streckte einen nach dem andern in den Sand. Eben hatte er den tapfern Charops mit der Lanze durchstochen, da trat ihm zürnend dessen Bruder Sokos, ein gewaltiger Lanzenschwinger, entgegen und bohrte den Speer durch seinen Schild und den Harnisch und ritzte ihm die Haut an den Rippen; aber Athena ließ das Erz nicht bis in die Eingeweide dringen. Als Odysseus erkannte, daß das Geschoß ihn nicht tödlich getroffen, wich er ein wenig zurück und rief dem Sokos zu: „Unglückseliger, du hast mich zwar an der Bekämpfung der Troer gehemmt, doch dir bringt jetzt meine Lanze grauses Verderben!" und schleuderte dem Flüchtenden seine Lanze in den Rücken, daß die Spitze vorn an der Brust hervordrang und er dumpfkrachend niederfiel. Schnell zog er darauf den Speer des Sokos aus seiner eigenen Wunde; da strömte das rote Blut hervor und schwächte ihm das

Herz. Als die Troer das Blut des Königs sahen, stürzten sie alle auf ihn ein. Odysseus wich zurück und schrie dreimal, so laut er konnte, nach seinen Freunden. Das hörte Menelaos und eilte schnell mit dem Telamonier Aias zu Hilfe. Die Troer umdrängten den blutenden Helden, wie im Gebirge ein Rudel hungriger Schakale den verwundeten Hirsch, der dem Jäger entrann; da aber kommt grimmvoll der Löwe heran und verscheucht die Schakale: so flohen erschreckt die Troer nach allen Seiten, als sie den gewaltigen Aias mit geschwungener Lanze herannahen und sich mit seinem breiten Schilde vor Odysseus stellen sahen. Diesen faßte Menelaos an der Hand und führte ihn aus dem Gewühl zu seinem Streitwagen.

Jetzt sprang Aias in das Gedränge der Feinde und erschlug einen nach dem andern. Wie ein hochgeschwollener Strom, Eichen und Kiefern mit sich fortreißend, ins Tal stürzt, so tobte Aias durch das Feld hin, die Männer und die Rosse vor sich niederwerfend. Hektor sah das nicht; denn er war am Skamandros auf der linken Seite des Treffens beschäftigt, da wo um Idomeneus und Nestor das ärgste Kampfesgewühl war. Trotz der wütenden Tapferkeit des Hektor hielten hier die Griechen standhaft aus, und sie wären nicht gewichen, wenn nicht Paris den Helden Machaon, den trefflichen Arzt, mit einem Pfeile verwundet hätte. Als Idomeneus das sah, rief er erschreckt: „Nestor, erhabener Neleïde, hurtig, nimm Machaon auf deinen Wagen und bring ihn zu den Schiffen; denn ein Arzt, der Pfeile ausschneidet und lindernde Salben auflegt, ist viele andere Männer wert." Nestor nahm schnell den Machaon auf seinen Wagen und brachte ihn zu den Schiffen. Unterdes sah Kebriones, Hektors Wagenlenker, in der Ferne die Verwirrung, welche der tobende Aias anrichtete, und wendete dorthin den Streitwagen. Hektor stürzte sich sogleich in das dichteste Gewühl, doch mied er den starken Aias. Zeus aber sandte bei dem Anblick des Hektor Furcht in die Seele des Aias. Staunend blieb er stehen, warf den großen Schild auf den Rücken und ging langsam Schritt vor Schritt rückwärts, stets vorsichtig um sich blickend und oft sich kehrend, wie ein Löwe, der, in der Nacht von dem Rinderstande durch die Speere und die Feuerbrände der Hirten abgehalten, spät in der Dämmerung bekümmerten Herzens ins Dickicht zurückkehrt. Die Troer folgten ihm und warfen ihm Speere auf seinen Schild; doch er ging zögernd wie ein Esel, der, um zu fressen, in das Feld eingebrochen und, unbekümmert um die Schläge der Knaben, erst nachdem er sich gesättigt, seines Weges geht. So oft er aber sein Antlitz den Troern entgegenwandte, wichen ihre dichten Reihen furchtsam zurück. So kam er bis in die Nähe der Schiffe und stellte sich in der Mitte zwischen Troern und Achäern allein allen Feinden gegenüber und wehrte ihnen, von ihren Speeren umsaust, den Weg zum Lager. Eurypylos, Euaimons Sohn, sah die Bedrängnis des mutigen Helden und eilte ihm zu Hilfe; er durchbohrte den Apisaon mit seiner Lanze, doch als er hinzusprang, um ihm die Wehr von den Schultern zu ziehen, traf ihn ein Pfeil des Paris in den Schenkel, daß er schnell, um dem Tode zu entgehen, in die Scharen seiner Freunde sich zurückziehen mußte. „Freunde", rief er den Achäern zu, „wohlauf, stehet dem Aias bei, der in harter Not ist, sonst glaub ich, wird er nimmer dem Treffen entfliehen." Die Achäer eilten mit erhobenem Speer, den Schild vor der Brust, in die Nähe des Aias, der nun zu den Seinen sich zurückzog und mit ihnen gemeinsam den Kampf wieder aufnahm.

Der Kampf um die Mauer

Die Griechen waren in ihr Lager hinter Mauer und Graben zurückgewichen und kämpften von den Türmen der Mauer herab gegen den andringenden Feind. Speere und Steine flogen hin und her um den gewaltigen Bau, und Schlacht und Getümmel war aufs neue furchtbar entbrannt. Hektor, der Gewaltige, stritt mit dem Ungestüm des Sturmwindes und durchflog ringsum die Scharen der Seinen, laut sie ermahnend, über den Graben zu setzen. Aber die Rosse bäumten sich wiehernd an dessen Rand und wagten den Sprung nicht; denn der Graben war zu breit zum Sprung, und zum Durchgang waren seine Ufer auf beiden Seiten zu abschüssig; auch war er obenher mit mächtigen spitzen Pfählen dicht bepflanzt. Nur das Fußvolk versuchte den Übergang. Da riet der edle Polydamas von den Wagen zu steigen und zu Fuß über den Graben gegen die Mauer zu stürmen. Hektor billigte den Rat und sprang sogleich von dem Wagen; ihm folgten die andern. In fünf Scharen geordnet, rückten sie dichtgedrängt hinter ihren Schilden gegen die Verschanzung. Hektor und Polydamas und Kebriones führten die erste Schar, die zahlreichste und tapferste, Paris, Alkathoos und Agenor standen an der Spitze der zweiten, der dritten geboten Helenos und Deïphobos und Asios, des Hyrtakos Sohn aus Arisbe, der vierten Aineias und zwei Söhne des Antenor; die fünfte Schar, die Bundesgenossen, standen unter den Lykierfürsten Sarpedon und Glaukos.

Die andern Troer und Bundesgenossen alle folgten dem Rate des Polydamas; nur Asios mochte seinen Wagen nicht verlassen. Er lenkte mit seiner Schar linkshin zu der Stelle, wo die Achäer in der Verschanzung einen Durchgang für ihre Rosse und Wagen gelassen hatten, und drang daselbst mit seinem Wagen ein; denn die Achäer hatten die Flügel des Tores nicht geschlossen, damit der eine und der andere, der auf dem Schlachtfelde sich verspätet, noch in das Lager sich retten könnte. Laut schreiend folgten ihm die Seinen; sie wähnten töricht, die erschreckten Achäer würden ihnen nicht standhalten und sich erschlagen lassen bei ihren Schiffen; aber sie trafen am Eingange des Tores zwei gewaltige Recken, die Lapithenfürsten Leonteus, Sohn des Koronos, und Polypoites, des Peirithoos Sohn. Wie zwei hohe festgewurzelte Bergeichen, die kein Sturm zu fällen vermag, standen sie da, zween wilden Ebern gleich an Mut, vertrauend auf ihre eigene Stärke und auf die Hilfe des Volkes, das oben auf der Mauer und den Türmen ihnen nahe stand und sogleich einen Schwall von Geschossen und Steinen auf die einbrechenden Troer warf. Die erste Lanze, mit der Polypoites die Feinde begrüßte, drang dem Damasos zerschmetternd mitten durch die Stirne; dann erlegte er den Pylon und Ormenos, während Leonteus dem Hippomachos seinen Wurfspieß in den Leib bohrte und den Antiphates nebst drei andern Troern mit dem Schwerte zu Boden hieb.

Während Asios hier wider Erwarten einen verzweifelten Kampf bestand und voll Schmerz seine Tapfern zahlreich in den Staub sinken sah, stürmten Hektor und Polydamas mit ihren Scharen zu Fuß durch den Graben gegen den Wall; doch zauderten viele noch unschlüssig an dem Rande des Grabens.

Denn als sie eben hinüberzugehen versuchten, erschien ihnen linkshin ein Adler, der eine große blutigrote Schlange in den Klauen trug. Die Schlange krümmte sich rückwärts und biß den Adler in die Brust am Halse, daß er, von Schmerz gequält, sie zur Erde fallen ließ; sie fiel mitten unter die Troer, welche voll Schrecken das Tier vor sich liegen sahen und in ihm ein Zeichen des Zeus erkannten. Polydamas eilte erschreckt zu Hektor und rief: „Laß uns nicht weiter gehen, Hektor, es könnte uns ergehen wie dem Adler, der seinen Raub nicht heimbrachte." „Du bist ein Tor", erwiderte Hektor finster, „mich kümmern die Vögel nicht, ob sie rechtshin fliegen oder linkshin; ich vertraue dem Ratschluß des Zeus, der mir Sieg verhieß. Nur *ein* Wahrzeichen gilt mir, die Verteidigung des Vaterlandes. Wisse, so du dem Kampf dich entziehst oder einen andern mit deinen törichten Reden vom Kriege ablenkst, so verhauchst du sofort unter meinem Speere dein Leben." So sprach Hektor und ging voran, die andern folgten unter schrecklichem Geschrei. Zeus aber sandte hoch vom Ida her einen furchtbaren Sturm, der den wirbelnden Staub zu den Schiffen hin trieb und den Achäern allen Mut benahm. Um so mutiger griffen die Troer an. Schon versuchten sie die große Verschanzung zu durchbrechen; sie rissen die Brustwehren nieder und rüttelten an den Zinnen der Türme, sie untergruben mit Hebeln die vorspringenden Pfeiler, welche die Achäer als Schutzwehren für die Mauertürme errichtet hatten. Aber die Achäer wichen nicht von der Stelle; sie schirmten die Brustwehren mit ihren Schilden und warfen Steine und Geschosse auf die Stürmenden. Vor allen beeiferten sich die beiden Aias, überallhin eilend, das Volk auf den Türmen zur mutigen Gegenwehr anzufeuern, die Tapferen durch freundliche Rede, die Lässigen durch harte Scheltworte. Wie stöbernder Schnee flogen die Steine unter furchtbarem Kampfgetöse von Heer zu Heer, und Hektor mit seinen Troern hätte noch immer nicht den mächtigen Riegel an der Pforte des Walles durchbrochen, wenn nicht Zeus seinen Sohn Sarpedon, den Lykierfürsten, gegen die Argiver zum Kampfe gereizt hätte. Wie ein Löwe, der, unbekümmert um Hunde und Hirten, heißhungrig in den Schafstall einbricht, stürmte er auf die Mauer heran, vor sich den ehernen goldgerandeten Schild, zwei mächtige Speere schwingend. „Glaukos", rief er, „mein Freund, warum werden wir mit Ehrensitz und vollen Bechern beim Gastmahl unter dem Lykiervolke geehrt gleich Göttern, wenn wir nicht auch als Vorkämpfer in die brennende Schlacht uns stürzen? Wohlan, dem Tod entgeht ja kein Sterblicher, laß uns kämpfen und unseren eigenen Ruhm oder den Ruhm eines anderen verherrlichen." So rief er, und Glaukos, nicht träge, stürmte mit ihm voran, ihnen nach die Scharen der Lykier.

Als der Athener Menestheus, der Sohn des Peteos, die Lykier auf seinen Turm losstürmen sah, erschrak er und spähte ringsum, ob er einen Führer sähe, der ihm helfe die Not abwehren. Er sah nicht fern von sich die beiden Aias stehen und den Teukros, aber wegen des lauten Getöses der Schlacht konnte sein Ruf nicht zu ihnen dringen. Er schickte daher seinen Herold Thootes zu ihnen hinüber und bat den Telamonier und seinen Bruder Teukros, ihm zu Hilfe zu kommen. Diese eilten bereitwillig heran und erschienen dem Bedrängten noch zu rechter Zeit; denn eben klommen die Lykier gleich dem düsteren Sturme an dem Turme empor. Ein schrecklicher Kampf begann. Aias ergriff im Innern der Mauer einen großen scharfzackigen Steinblock, den jetzt kaum zwei rüstige Männer mit beiden Händen trügen, und schleuderte ihn auf Epikles, einen tapferen Freund des Sarpedon, daß er mit zerschmettertem Helm und Haupte gleich einem Taucher von dem Turme hinabschoß. Teukros traf den Glaukos, als er eben an dem Walle hinaufstieg, mit einem Pfeil in den entblößten Arm; der sprang heimlich von der Mauer zurück, damit die Achäer ihn nicht sähen und wegen seiner Verwundung verhöhnten. Mit Schmerz sah Sarpedon seinen Freund aus dem Treffen sich zurückziehen, doch ließ er nicht ab vom Kampfe, sondern er stieß dem Alkmaon die Lanze in die Brust, daß dieser, als Sarpedon sie wieder herausriß, taumelnd folgte und prasselnd zur Erde fiel. Jetzt faßte Sarpedon die Brustwehr mit seinen mächtigen Händen und riß sie nieder, so daß sich in der Mauer ein weiter Zugang öffnete. Rasch sprangen Aias und Teukros dem Stürmenden entgegen; Teukros traf ihn mit einem Pfeil in den Schildriemen, Aias durchstach ihm anstürmend mit der Lanze den Schild, daß er zurückprallte und ein wenig von der Brustwehr sich zurückzog. Doch wich er nicht gänzlich; zu seinen Lykiern sich umwendend, rief er: „Lykier, wie vergeßt ihr des stürmenden Kampfes! Schwer ist mir's trotz meiner Kraft, allein zu den Schiffen Bahn zu brechen. Wohlauf, folgt mir, vereinte Arbeit ist besser."

Geschreckt von dem scheltenden Zuruf ihres Königs drangen die Lykier heftiger an; aber auch die Argiver verdoppelten von innen ihren Widerstand, und es begann wieder eine furchtbare Arbeit. Über die eingestürzte Brustwehr hin hieben und stießen sie wild aufeinander, so daß das rote Blut überall auf beiden Seiten strömte, weder konnten die Lykier sich Bahn zu den Schiffen öffnen, noch vermochten die Danaer sie ganz von dem Wall zu verdrängen. Lange stand die Waage der Schlacht in der Schwebe, bis endlich Zeus dem Hektor die Oberhand gab, daß er zuerst in die Mauer der Danaer drang. Laut rief er seinen Scharen zu: „Auf, ihr Troer, hinan! Durchbrechet die Mauer und werfet Feuer in die Schiffe." Alle vernahmen's und klommen begierig zu den Zinnen empor. Hektor aber raffte einen großen oben zugespitzten Feldstein auf, der draußen vor dem Tore stand, und schleuderte ihn mit gewaltigen Armen mitten wider das Tor des Lagers. Dumpf krachte das Tor, die Angeln zerbrachen und zugleich die mächtigen Riegel, der wuchtige Stein drang hinein durch die zerschmetterten Bohlen. Furchtbar, der dunkelen Nacht gleich, sprang der kühne Hektor in der schrecklich blinkenden Rüstung mit wutfunkelndem Blick in das geöffnete Tor, zwei Speere hoch in der Luft schwingend, und schwerlich hätte jetzt ein Sterblicher seinen Andrang gehemmt. Seinem Rufe folgten die Troer und kletterten sogleich über die Mauer, während andere durch das Tor einströmten. Entsetzen kam über die Danaer, in tobendem Aufruhr flohen sie zurück zu ihren Schiffen.

Der Kampf um die Schiffe

Als Zeus den Hektor mit seinen Troern bis zu den Schiffen der Griechen geführt, überließ er die kämpfenden Völker ihrem Schicksal und wandte, auf den Höhen des Ida sitzend, sein leuchtendes Auge den fernen Ländern der Thraker und Myser und Abier zu. Poseidon aber, der Meereskönig, saß unterdes auf dem höchsten Gipfel des waldigen Samothrake, von wo er das ganze Idagebirge und die Stadt des Priamos und das Schiffslager der Griechen überschauen konnte, und sah mit Erbarmen, wie die Griechen auf dem freien Raume zwischen dem Wall und ihren Schiffen mit den einströmenden Troern in verzweifeltem Kampfe rangen. Voll Zorn gegen den Bruder Zeus schritt er von der Höhe herab, und mit vier gewaltigen Schritten, unter welchen Berge und Wälder bebten, kam er nach Ägä, wo in der Tiefe des Meeres sein unvergänglicher goldschimmernder Palast stand. Dort schirrte er seine goldmähnigen erzhufigen Rosse an den goldenen Wagen, hüllte sich in seine goldene Rüstung und fuhr über die Meeresflut dem Lande der Troer zu. Zwischen Tenedos und Imbros barg er in einer weiten Grotte auf dem Grunde des Meeres seine Rosse und eilte dann selbst auf das Schlachtfeld, wo um Hektor die Troer lauttobend sich drängten, in der Hoffnung, die Schiffe zu erobern und alle Achäer zu erschlagen. Der Meeresgott mischte sich in der Gestalt des Sehers Kalchas in die Schar der Achäer und trieb sie zu mutigem Kampfe an, vor allen die beiden Aias, die an der schlimmsten Stelle des Treffens dem Hektor selbst gegenüberstanden. Die beiden Helden erkannten den Gott beim Weggehen und fühlten Hände und Füße mit neuer Kraft und ihr Herz mit frischem Mute belebt. Bald scharten sich, von Poseidon aufgetrieben, auch die Männer, welche vor Gram und Müdigkeit bei den Schiffen ruhten, um sie und erwarteten dichtgedrängt, Lanze an Lanze, Schild an Schild, Mann an Mann, den Angriff des Feindes. Tobend wogte die Schlacht hin und her ohne Entscheidung, und auf beiden Seiten hielt der Tod blutige Ernte.

Idomeneus, der tapfere Kreterkönig, hatte einen verwundeten Freund zu den Ärzten gebracht und eilte eben zu seinem Zelte, um sich zu neuem Kampfe Waffen und Speere zu holen. Da trat Poseidon in Gestalt des Thoas, des edlen Ätolerfürsten, zu ihm und feuerte zusprechend seinen Mut an. Schnell hatte der Held seine glänzende Rüstung angelegt und eilte, dem Blitze des Zeus gleich, mit zwei Speeren in der Hand aus dem Zelte. Da begegnete ihm Meriones, der in seinem ferngelegenen Zelte sich eine neue Lanze holen wollte; denn sein Speer war ihm im Kampfe an dem Schilde des Deïphobos abgebrochen. Idomeneus hieß den Freund in seinem eigenen Zelte einen Speer aussuchen und eilte dann mit ihm kampfbegierig in die Schlacht zurück. In der Mitte des Treffens fochten die beiden Aias und Teukros gegen Hektor und seine Scharen; dort, wo der starke Telamonier stand, war keine Hilfe nötig. Darum wandte sich Idomeneus mit seinem Waffengefährten zur Linken der Schlacht, wo sich bei ihrer Ankunft sogleich alle Feinde mit lautem Rufe gegen ihn stürzten. Da gab's einen wilden Kampf an den Hinterteilen der Schiffe gleich staubaufwirbelndem Sturmwind. Idomeneus, obgleich schon halb ergraut, sprang, seine Genossen aufrufend, wie ein Jüngling unter die

Feinde und trieb sie in Schrecken. Der erste, den er erlegte, war Othryoneus, der erst kürzlich nach Troja in den Krieg gezogen war; er warb um Kassandra, des Priamos Tochter, und versprach prahlend, die Achäer aus dem troischen Lande zu vertreiben, und der alte König hatte ihm die Tochter versprochen. Jetzt traf ihn, während er stolz durch die Reihen einherschritt, die Lanze des Idomeneus mitten in den Bauch, und er brach dumpfkrachend zusammen. Frohlockend rief Idomeneus: „Hoch will ich, Othryoneus, vor allen Sterblichen dich rühmen, wenn du wirklich alles ausführst, was du dem Priamos versprochen, der dir die Tochter gelobte. Wir hätten dir auch gern die schönste Tochter des Atriden gegeben, wenn du uns geholfen hättest, Troja zu zerstören. Doch folge mir jetzt zu den Schiffen, da wollen wir weiter von der Ehe reden; wir sind mit der Mitgift nicht karg." Mit diesen Worten zog er ihn am Fuße durch das Getümmel der Schlacht. Da nahte ihm Asios, der zu Fuße seinem von dem Wagenlenker geführten Streitwagen vorausging, und richtete schon die Lanze gegen ihn. Aber Idomeneus kam ihm zuvor und schleuderte ihm seinen Speer unter dem Kinn in die Kehle, daß das Erz im Nacken wieder hervordrang; wie eine stürzende Fichte fiel er der Länge nach vor seinem Wagen nieder und griff zähneknirschend mit der Hand den blutigen Staub. Sein Wagenlenker verlor alle Besinnung und vermochte nicht das Gespann umzukehren; Antilochos stieß ihm die Lanze mitten durch den Leib und trieb seine Rosse herüber zu den Achäern.

Deïphobos sah den Fall seines Freundes Asios und drang auf Idomeneus ein, ihn zu rächen. Aber seine Lanze streifte nur den Rand des Schildes, hinter welchem Idomeneus sich duckend barg, und traf den Fürsten Hypsenor in die Leber. „Nicht ungerächt liegt Asios", rief Deïphobos frohlockend, „nicht ohne Begleiter geht er zur Unterwelt." Antilochos trat schützend vor den schwer seufzenden Hypsenor, welchen zwei Freunde aufnahmen und zu den Schiffen trugen; Idomeneus aber, unersättlich im Kampf, bohrte seine Lanze dem Eidam des Anchises, Alkathoos, in die Brust und rief jauchzend: „Ist unsere Rechnung billig, Deïphobos? Drei gebe ich dir für einen! Wohlan, stelle dich mir entgegen, daß du in mir den Sprossen des Zeus erkennst. Minos, mein Großvater, war ein Sohn des Zeus." Deïphobos schwankte, ob er allein den Kampf mit Idomeneus aufnehmen, oder, sich zurückziehend, einen andern tapfern Troer sich zu Hilfe rufen sollte. Er holte seinen Schwager Aineias; aber Idomeneus zagte nicht, als er die beiden gewaltigen Kämpfer auf sich herankommen sah, sondern erwartete sie mutig, wie ein Eber, auf seine Kraft vertrauend, im Gebirge den Hunden und Jägern steht. Doch rief auch er seine Freunde herbei und sprach: „Heran, ihr Freunde, helft mir; ich bin allein, und Aineias steht in der Blüte der Jugend und Kraft und ist furchtbar in der Feldschlacht." Alle kamen bereitwillig herzu, Askalaphos und Aphareus, Deïpyros, Meriones und Antilochos, und stellten sich, die Schilde wider die Schultern gelehnt, neben ihn. Auf der andern Seite rief indes auch Aineias noch den Paris und Agenor mit ihren Scharen herzu, und nun begann unter dem dichtgedrängten Haufen ein wildes Kampfgewühl, in welchem auf beiden Seiten viel Blut floß, die Achäer aber, von Poseidon mit Mut und Kraft beseelt, zuletzt die Oberhand behielten, nachdem Deïphobos und Helenos verwundet und viele andere Troer erschlagen waren.

Währenddem focht Hektor mit seinen Scharen im Mitteltreffen, da wo er zuerst in das Lager eingedrungen war, aber ohne besonderen Erfolg; denn hier standen ihm die beiden Aias entgegen, stets treu einander an der Seite, wie zwei Pflugstiere, die zusammen am Joche gehen. Das Kriegsvolk des Telamoniers, starke Männer und geschickt in der stehenden Feldschlacht, kämpfte dichtgeschart um seinen Führer mit Speer und Lanze, während die Leute des kleinen Aias, des Lokrers, an verschiedenen Orten sich bergend, aus der Ferne den Kampf führten; denn sie waren ohne Helm und Schild und Lanze, nur mit Bogen und wollenen Schleudern bewaffnet, ihrem König in den Krieg gefolgt. Aber auch so taten sie dem Feind nicht geringen Schaden und erregten ihm große Verwirrung. Furchtbar tobte die Schlacht, und das Geschrei und das Getöse des Kampfes stieg grauenvoll zum Himmel.

Nestor, der den verwundeten Machaon in sein eigenes Zelt gebracht hatte und dort in Ruhe bewirtete, hörte den Tumult der nähergerückten Schlacht und trat besorgten Herzens mit Schild und Lanze vor das Zelt, schwankend, ob er sogleich in die Schlacht eilen, oder den Völkerfürsten Agamemnon aufsuchen sollte, um mit ihm zu beraten. Er entschloß sich, zu Agamemnon zu gehen. Auf dem Wege begegnete ihm dieser selbst, begleitet von Odysseus und Diomedes, alle drei auf ihre Lanzen gestützt, denn sie waren an Wunden krank; aber die Unruhe hatte sie aus ihren Zelten getrieben, um den Verlauf der Schlacht zu sehen. Sorgenvoll besprachen sie sich mit Nestor, was zu tun, und Agamemnon riet schon, während der Nacht, wenn die Troer sich zurückgezogen, auf den Schiffen zu entfliehen. Dem aber widersprach Odysseus mit Eifer, und Diomedes riet, in die Schlacht zurückzugehen, damit sie, wenn sie auch selbst nicht kämpfen könnten, die andern zu tapferem Aushalten ermunterten. Dieser Rat gefiel, und sie gingen der Schlacht zu. Unterwegs gesellte sich Poseidon, der ihr Gespräch gehört, in Gestalt eines alten Kriegers zu ihnen, faßte den Agamemnon bei der Hand und sprach: „Schmach und Unheil dem Achilleus, der sich jetzt wohl in seinem törichten Sinn der Flucht der Achäer freut! Doch noch nicht völlig bist du den den Göttern verhaßt, noch wirst du die Fürsten und Führer der Troer flüchtend zu ihrer Stadt eilen sehen." Nach diesen Worten stürmte er davon durch die Ebene, laut schreiend wie 10 000 Männer im Krieg, und erfüllte die Herzen der Achäer mit rastloser Streitlust.

Hera, die Himmelsgöttin, sah vom Olympos herab, wie ihr Bruder, der Meergott, in den Scharen der Achäer helfend und ermunternd schaltete, und freute sich des; sie sah aber auch den Zeus, ihren Gemahl, auf der Höhe des Ida sitzen, unbekümmert um die Not der Achäer, und grollte ihm in tiefster Seele und beschloß seinen Sinn durch eine List zu täuschen, daß ihm verborgen bliebe, was auf dem Schlachtfelde geschehe. Sie beredete den Schlafgott, daß er mit ihr auf den Ida eilte und den Göttervater in tiefen Schlaf versenkte. Dann sandte sie ihrem Bruder Poseidon durch den Schlafgott die Botschaft, daß er jetzt mit Ernst den Griechen helfen und Sieg verleihen möge für die kurze Zeit wenigstens, wo Zeus durch ihre List in tiefem Schlummer liege. Sogleich stürmte jetzt Poseidon ins vorderste Getümmel und rief den Griechen zu: „Argiver, wollen wir auch jetzt noch dem Hektor den Sieg lassen, daß er sogar unsere Schiffe nimmt? Das wähnt er frohlockend, weil Achilleus grollend bei seinen Schiffen sitzt. Doch wir helfen uns selbst. Wohlan, leget die besten und größten Schilde an, decket das Haupt mit glänzendem Helm, ergreift die mächtigsten Lanzen und folget mir, ich gehe voran; schwerlich soll Hektor uns bestehen, wenn er auch noch so sehr wütet." So rief der Gott, und die Völker gehorchten ihm. Die verwundeten Könige selbst, Diomedes und Odysseus und Agamemnon, ordneten die Reihen und ließen sie die Waffen tauschen; der Starke nahm starke Waffen, dem Schwächeren gab man schwache. Schnell waren sie gewappnet und rückten ins Feld, Poseidon voran, ein langes entsetzliches Schwert, gleich dem flammenden Blitz, in der gewaltigen Hand schwingend. Furcht und Zagen hielt die Männer ab ihm zu begegnen.

Aber Hektor blieb unerschreckt. Er ordnete seine Scharen und führte sie den anstürmenden Argivern entgegen. Mit furchtbarem Geschrei trafen die Reihen aufeinander, die einen von Poseidon, die andern von Hektor ermutigt, und die Schlacht brauste lauter als die donnernden Wogen, welche der Nordwind wider die Felsen treibt, schrecklicher als der sausende Waldbrand im Bergtal. Hektor warf zuerst seine Lanze auf den gegen ihn andringenden Aias und traf ihn gut, mitten auf die Brust, wo Schild- und Schwertriemen sich kreuzten; doch der Speer drang nicht durch, und Hektor zog sich unwillig in die Scharen der seinen zurück. Da warf ihm Aias einen schweren Stein nach; der flog über den Schild ihm wider die Brust nahe am Halse, so daß der Held krachend in den Staub stürzte, gleich einer Eiche, die der zerschmetternde Strahl des Zeus traf, und Lanze und Schild und Helm ihm entfielen. Die Griechen jauchzten laut auf, schleuderten einen Hagel von Speeren und stürmten vor, um den Gefallenen an sich zu ziehen. Aber die ersten Helden der Troer schützten ihn; Polydamas und Aineias und Agenor, Sarpedon und Glaukos traten mit ihren Schilden vor ihn, während andere ihn aufhoben und zu seinem Wagen trugen, der ihn zur Stadt bringen sollte. Als sie an die Furt des Xanthos kamen, legten sie ihn auf die Erde und gossen ihm Wasser ins Antlitz; da erhob er sich und schlug die Augen auf, setzte sich auf die Knie und spie schwarzes Blut aus. Bald aber sank er wieder rücklings zur Erde, und seine Augen waren wieder mit Nacht umhüllt.

Als die Griechen den Hektor entfernt sahen, drangen sie um so mutiger auf die Troer ein und warfen sie, durch Poseidon geführt und gestärkt, nach hartem Kampfe in die Flucht, daß sie unter blutigem Verlust durch die Pfahlverzäunung und den Graben aus dem Lager eilten und erst bei ihren zurückgelassenen Streitwagen wieder haltmachten. Jetzt erwachte Zeus auf dem Ida aus seinem Schlafe und sah, wie die Griechen und Poseidon unter ihnen die Troer bedrängten, und sah den Hektor auf dem Gefilde am Xanthos liegen, umringt von seinen Freunden. Da ergriff Mitleid und Zorn seine Seele, und er sandte sogleich die Botin Iris auf das Schlachtfeld, um dem Poseidon zu befehlen, die Schlacht zu verlassen; der gehorchte säumig und mit Unmut dem Befehle des mächtigeren Bruders. Zu Hektor aber sandte Zeus den Apollon, um ihn wieder in die Schlacht zu führen. Er traf den Helden nicht mehr auf dem Boden liegend, sondern er saß, von Zeus gestärkt, aufgerichtet da und sammelte neue Lebensgeister; der Angstschweiß war verschwunden und der Atem war leichter. „Hektor, sei getrost", rief der Gott, „siehe, mich, den Phoibos Apollon, sendet Zeus dir als Schützer und Helfer, wie ich auch früher dich beschirmt. Wohlan, jetzt rufe deine reisigen Scharen auf und führe deinen Wagen gegen die Schiffe; ich selbst werde vorangehen und euren Rossen den Weg ebnen und die Achäer in die Flucht schlagen." So sprach er und hauchte ihm Mut und Kraft in die Seele, daß der Held aufsprang wie ein mutiges Roß, das mit fliegender Mähne und erhobenem Haupt von der Krippe zum Flusse eilt, und, selbst hoch zu Wagen, seine reisigen Scharen sogleich gegen die Feinde führte. Als diese den Hektor herankommen sahen, erschraken sie und ließen ab von der Verfolgung, wie Jäger und Hunde im Dickicht von dem Hirsche, wenn der Löwe ihnen in den Weg tritt. „Wehe", rief der Ätolerfürst Thoas, ein Mann trefflich im Kampf und gewandt in der Rede, „welches Wunder sehe ich dort! Hektor ist wieder erstanden und dem Tode entronnen, und wir glaubten doch alle, daß er unter Aias Händen erlegen sei. Gewiß nicht ohne den Willen des Zeus steht er so mutig wieder unter den Vordersten. Darum folgt mir, laßt die Menge des Volkes sich zu den Schiffen zurückziehen, wir selbst aber, die Besten im Heere, wollen uns mit unseren Lanzen ihm entgegenstellen; ich denke, er wird sich scheuen, unsere Schar zu durchbrechen, wenn er auch noch so tapfer ist."

Die Helden gehorchten dem Rate des Thoas und riefen die tapfersten Kämpfer zusammen; diese stellten sich um Aias und Idomeneus, Teukros und Meriones und Meges, den Enkel des Augeas, dem Hektor und den Troern entgegen, während die Masse des Heeres sich zu den Schiffen zurückzog. Die Troer drangen in dichten Scharen vor, Hektor an ihrer Spitze, allen voran aber Phoibos Apollon, in dunkles Gewölk gehüllt, die grauenvolle Ägis seines Vaters Zeus in den Händen. Die Helden der Achäer empfingen sie dicht aneinander gedrängt: lautes Geschrei erhob sich auf beiden Seiten, die Pfeile sprangen von den Sehnen, die Speere flogen in Masse aus den mutigen Händen und bohrten sich zum Teil in die Leiber der Kämpfenden, zum Teil auch fielen sie nutzlos vor den Reihen in den Boden ein. Eine Zeit lang stand der Kampf ohne Entscheidung; da schüttelte Apollon, laut schreiend, den Achäern die gräßliche Ägis entgegen, und sie flohen voll Entsetzen, wie vor zwei Löwen eine Rinderherde auseinanderflieht, wenn der Wächter entfernt ist. Die Troer drangen mordend nach und trieben sie in ihre Verschanzung zurück. Hektor rief den Seinigen zu: „Stürmt gerad auf die Schiffe und lasset die Leichname liegen! Wen ich fern von den Schiffen sehe, den trifft der Tod und fressen die Hunde!" Mit diesen Worten trieb er seine Rosse vorwärts, und alle folgten ihm mit schrecklichem Geschrei. Vor ihnen stampfte Apollon durch einen Fußtritt die schroffen Ufer des Grabens hinab und schuf ihnen einen offenen Weg, so breit wie der Flug einer Lanze. Da schritt er mit ihnen hinüber und warf mit einem Stoße der Ägis die Mauer um, leicht wie am Meeresufer ein Kind die Sandhäuflein zerstört, die es spielend aufgetürmt. Bei ihren Schiffen machten die Griechen halt und ermutigten einander und erhoben flehend ihre Hände zu allen Göttern empor. „Vater Zeus", rief Nestor, „wenn je dich einer von uns in Argos mit reichem Opfer erfreut, so gedenke des und halte uns das Verderben ab; laß nicht so vor Trojas Macht die Achäer hinsinken!" Zeus antwortete dem ehrwürdigen Greis mit einem mächtigen Donner; die Troer aber deuteten das Zeichen zu ihren Gunsten und drangen mit unbändigem Mute über die niedergestürzte Mauer bis zu den Schiffen. Dort kämpften sie mit ihren Lanzen von den Wagen herab, während die Argiver, auf den Verdecken stehend, sie mit langen Schifferstangen abzuwehren suchten.

Furchtbar tobte um die Schiffe der Kampf, und die Helden sanken scharenweise in den Tod. Wie blutgierige Löwen stürzten die Troer, von Hektors

Stimme ermutigt, immer aufs neue gegen die Schiffe, während die Achäer, um den furchtbaren Aias geschart, unbezwungenen Mutes fortkämpften und eher zu sterben gedachten, als ihre Schiffe preiszugeben und zu fliehen. Doch all ihr Mut war vergebens, Zeus hatte beschlossen, dem Hektor Ruhm und Sieg zu verleihen, bis er die schreckliche Feuerflamme in die Schiffe der Griechen würfe, und trieb ihn vorwärts mit wütendem Ungestüm gleich einem brausenden Orkane. Seine Lippen schäumten, seine Augen funkelten unter den finsteren Braunen, und furchtbar flatterte um seine Schläfe der Helmbusch. Schon wichen die Scharen der Achäer von den vordersten Schiffen zu den Zelten zurück, wenige noch hielten bei Aias aus, der, bewehrt mit einer mächtigen Schifferstange von 22 Ellen, von einem Verdeck zum andern sprang, wie ein geschickter Rossespringer von einem Pferd auf das andere, und hier und dort die Troer zurückwarf und die Seinen mit schrecklicher Stimme zum Kampfe rief. Endlich erfaßte Hektor mit der mächtigen Hand das Hinterteil des Schiffes, welches den Protesilaos hergebracht, aber nicht mehr zurückführen sollte; denn er war zuerst von allen Achäern auf troischer Erde gefallen. „Feuer herbei", rief er, „und dringt alle zusammen hierher! Heute vergilt uns Zeus alle Mühe der früheren Tage, daß wir die Schiffe nehmen, die uns so viel Unheil gebracht. Auf, Zeus selber mahnet uns und befiehlt es!" Wild durcheinander kämpfen jetzt Troer und Achäer um das Schiff, nicht mehr mit Bogenschuß und Speerwurf, sondern in nächster Nähe mit Beilen und Äxten und Schwertern und mit dem Stoß der Lanze. Manches schöne Schwert fiel aus der Hand oder von der Schulter der Kämpfenden in den Staub, und der Boden schwamm von Blut. Hektor hielt standhaft mit der einen Hand den Knauf des Schiffes gefaßt, den Feuerbrand erwartend; Aias aber, von den Speeren der Feinde zurückgedrängt, stand hoch auf dem Verdecke des Schiffes und spähte ringsum und durchstach mit der Lanze jeden, der mit der Brandfackel nahte. Zwölf Feinde lagen so zu seinen Füßen im Blut. Die Geschosse umflogen ihn von allen Seiten und schlugen prasselnd wider seinen leuchtenden Helm; aber er wich nicht, obgleich die Schulter ihm starrte von dem schweren Schilde und der Schweiß ihm von den Gliedern rann. Er atmete schwer und hastig und fand in dem Schwall der Bedrängnis keinen Augenblick der Erholung. Da plötzlich sprang Hektor herzu und hieb mit seinem gewaltigen Schwerte ihm die Spitze seiner Lanze ab, daß sie weithin sausend zu Boden fiel und der Held nur noch einen stumpfen Schaft in der Hand schwang. Jetzt erkannte Aias mit schauerndem Schreck, daß der Ratschluß des Zeus ihm entgegen war und den Troern den Sieg wollte, und zog sich zurück. Da warfen die Troer schnell loderndes Feuer in das Schiff, und sogleich schlug die Flamme prasselnd empor.

Patroklos geht in den Kampf und fällt

Als aus dem Schiffe des Protesilaos die lichte Flamme schlug, da schienen die Griechen rettungslos verloren; aber noch zu rechter Stunde nahte die unerwartete Hilfe.
Achilleus hatte, auf dem Hinterteile seines Schiffes stehend, der mörderischen Schlacht vor dem Lager zugesehen, in welcher so mancher edle Held der Achäer verwundet oder getötet ward, er hatte gesehen, wie der alte Nestor auf seinem Wagen den verwundeten Machaon aus dem Treffen nach seinem Zelte fuhr, aber den Machaon selbst nicht deutlich erkannt. Deshalb rief er seinen Freund Patroklos aus dem Zelte und trug ihm auf, nach dem Zelte des Nestor zu eilen und sich zu erkundigen, wer der Verwundete sei. Als Patroklos bei Nestor eintrat, fand er den alten Helden mit dem verwundeten Machaon in trautem Gespräche sitzen beim Becher; denn Hekamede, die edle Kriegsgefangene aus Lesbos, hatte ihnen ein Mahl bereitet und einen Mischtrank aus pramnischem Weine. Der Alte ging dem eintretenden Jüngling freundlich entgegen, faßte ihn bei der Hand und forderte ihn auf, sich zu ihnen zu setzen. Doch Patroklos dankte und gab kurz den Grund an, weshalb er gekommen. Da sprach Nestor: „Was kümmert sich doch Achilleus so sehr um die Achäer, die das Geschoß verwundete? Er weiß doch nicht, in welcher Not das Heer ist; die Besten liegen bei den Schiffen, getroffen von Pfeil und Speer. Verwundet mit dem Pfeil ist Diomedes, mit dem Speere Odysseus und Agamemnon, und auch diesen trefflichen Mann führte ich eben, verwundet durch einen Pfeilschuß, aus der Feldschlacht. Aber Achilleus kennt kein Erbarmen. Wartet er vielleicht, bis unsere Schiffe von der Flamme verzehrt sind und wir selbst einer nach dem andern hinbluten? Ja, wäre ich noch so kräftig wie in meiner Jugend, wo ich für mein Volk gegen die Epeer stritt und sie haufenweis erschlug! Aber Achilleus will nur für sich allein Genuß von seiner Tapferkeit. Und doch hat sein Vater Peleus, als wir, Odysseus und ich, nach Phthia kamen, um euch zum Kriege abzuholen, ihm beim Abschiede die Mahnung gegeben, stets der Erste zu sein und vorzustreben den andern. Und dich, Patroklos, mahnte damals dein Vater Menoitios, deinem Freunde mit klugem Rate zur Seite zu stehen, da du älter seiest als er, wenn auch geringer an Geburt und an Kraft. Daran erinnere jetzt den Achilleus, vielleicht bewegt ihn dein Zuspruch, daß er die Waffen ergreift und uns rettet. Aber wenn ihn vielleicht ein Wink der Götter oder ein Wort von Zeus zurückhält, so bitte ihn, daß er wenigstens dir gestatte, mit den Myrmidonen in den Kampf zu gehen, und zwar in seiner Rüstung, ob vielleicht die Troer, dich für ihn ansehend, vom Kampfe abstehen und uns einige Erholung gönnen."
Die Worte Nestors waren nicht ohne Eindruck auf den hochherzigen Jüngling, und er eilte bewegten Herzens zu Achilleus zurück. Als er in der Mitte des Lagers an das Zelt des Odysseus kam, begegnete ihm Eurypylos, der eben, von einem Pfeile des Paris in den Schenkel getroffen, aus der Schlacht ging. Er hinkte mühsam an seinem Speere dahin, und schwarzes Blut rieselte aus der Wunde. Als er den jungen Freund sah, bat er, ihn zu seinem Schiffe zu führen und seine Wunde zu pflegen, da er ja von Achilleus die Heilkunst, welche ihn

der Kentaur Cheiron gelehrt, auch empfangen haben solle. Patroklos erbarmte sich sein, umfaßte ihn unter der Brust und führte ihn in sein Zelt. Dort legte er ihn auf ein ausgebreitetes Stierfell und schnitt ihm den bitteren Pfeil aus der Wunde; dann spülte er das schwarze Blut mit lauem Wasser ab, zerrieb eine lindernde Heilwurzel zwischen den Händen und streute das Pulver auf die Wunde. Bald stockte das Blut und die Schmerzen vergingen.

Während so Patroklos seinen Freund sorglich pflegte und mit freundlichen Worten unterhielt, kamen die Griechen in der Schlacht in immer größeren Nachteil und wurden zuletzt hinter ihre Verschanzung zurückgetrieben. Als das Angstgeschrei und Getümmel der Danaer bis zu dem Zelte des Eurypylos drang, da klagte Patroklos laut, schlug sich mit den Händen beide Hüften und sprach: „Eurypylos, ich kann nicht mehr länger bleiben; denn zu laut erhebt sich schon der Kriegslärm. Ich überlasse dich deinem Waffengenoß und eile zu Achilleus, um ihn zum Kampfe zu bewegen." Kaum hatte er dies gesprochen, so lief er auch schon hastig davon. Als er in das Zelt zu Achilleus eintrat, stürzten ihm die Tränen aus den Augen, wie ein dunkler Quell vom jähen Felsen stürzt, und der Pelide fragte ihn mitleidig nach der Ursache seines Schmerzes. Patroklos klagte ihm die Not der Griechen und bat ihn, sie zu retten; wenn ihn aber ein Wink der Götter oder ein Wort des Zeus vom Kampfe zurückhalte, so möge er ihn wenigstens in die Schlacht gehen lassen und ihm seine Rüstung leihen, damit die Troer, ihn für Achilleus haltend, vielleicht sich zurückzögen und die Achäer sich ermutigten. Achilleus konnte sich zwar selbst noch nicht entschließen die Waffen zu ergreifen, aber da er sich von Anfang an vorgesetzt, seinem Groll zu entsagen, sobald das Schlachtgetümmel bis zu den Schiffen gedrungen sei, so erlaubte er jetzt, wo Hektors Ruf bis zu seinem Zelte tönte und das ganze Lager in Gefahr war in Flammen aufzugehen, dem Patroklos in seiner eigenen Rüstung in den Kampf zu gehen, damit er die Troer von den Schiffen zurücktriebe; doch sobald er die Schiffe gerettet und die Troer aus dem Lager geworfen, solle er umkehren, damit nicht ein Troja befreundeter Gott ihn treffe. Kaum hatte er seine Ermahnung geendet, so sah er, wie die Flamme von dem Schiffe des Protesilaos aufstieg, und er schlug sich die Seiten und rief: „Erhebe dich, edler Held Patroklos, schon sehe ich die Flamme an den Schiffen! Hülle dich rasch in die Waffen, während ich selbst das Kriegsvolk versammle, damit sie nicht die Schiffe nehmen und jeder Ausweg uns gehemmt ist." Patroklos legte schnell die Rüstung an, Beinschienen und Harnisch, nahm Schwert und Schild und setzte den von Roßhaaren umwalleten stattlichen Helm aufs Haupt; dann ergriff er zwei Lanzen, doch nicht die lange gewaltige Lanze des Achilleus, die einst Cheiron dem Peleus geschenkt, denn sie konnte nur Achilleus schwingen. Währenddem spannte auf sein Geheiß Automedon, sein trautester Freund nach Achilleus, die schnellen Rosse des Peliden, Xanthos und Balios, an den Streitwagen, und Achilleus selbst rief seine Völker auf, daß sie sich wappneten. Wie blutgierige Wölfe sammelten sich die Führer der Myrmidonen um den edlen Patroklos mit ihren Völkern, welche Achilleus selbst ordnete. Fünfzig Schiffe waren dem Peliden nach Ilion gefolgt und in jedem führte er 50 Krieger; dieses gesamte Volk hatte er in fünf Scharen geteilt und jeder einen Führer gegeben: Menesthios, Eudoros, Peisandros, den alten Phoinix und Alkimedon. Nachdem Achilleus diese fünf Scharen wohl gereiht und geordnet hatte, rief er ihnen die ernste

Mahnung zu: „Keiner, ihr Myrmidonen, vergesse mir die Drohungen, die ihr, während ich zürnte, bei den Schiffen den Troern aussprach. Jetzt ist der Tag des Kampfes da, nach dem ihr so lange geschmachtet; jetzt bekämpfe die Troer, wer ein mutiges Herz hat." Als sie die Worte ihres Königs vernommen, schlossen sie die Reihen noch enger; Schild an Schild, Helm an Helm, Mann an Mann, so rückten sie aus nach dem Kampfplatz, voran Patroklos und sein Wagenlenker Automedon. Achilleus ging unterdes in sein Zelt und holte aus einer schönen Lade einen kunstreichen Becher hervor, aus dem noch kein anderer Mann getrunken und kein anderer Gott eine Spende empfangen hatte außer dem Vater Zeus, reinigte ihn mit Schwefel, wusch ihn mit lauterem Flußwasser und füllte ihn dann mit funkelndem Weine. Darauf trat er in die Mitte seines Hofes, und indem er den Wein spendend ausgoß, flehte er zu dem Vater Zeus, daß er seinem Freunde Sieg verleihe und ihn unverletzt zu den Schiffen zurückführe. Der ersten Bitte schenkte Zeus Gewährung, die zweite versagte er. Achilleus verschloß seinen kostbaren Becher wieder in der Lade und stellte sich dann vor das Zelt, um der Schlacht der Troer und Danaer zuzusehen.

Die Myrmidonen stürzten unterdessen mit ihrem Führer Patroklos gegen die Troer, schnell und kampfesmutig wie ein gereizter Wespenschwarm. Als die Troer sie herankommen sahen, den Patroklos hoch auf dem Wagen in der Rüstung des Achilleus, da gerieten sie in Schreck und Verwirrung und spähten schon um, wohin sie entfliehen sollten; denn sie dachten, daß Achilleus selbst wieder in den Kampf gehe. Patroklos schleuderte seine Lanze mitten unter sie, wo an dem Schiffe des Protesilaos das dichteste Gedränge war, und streckte den Päonier Pyraichmes nieder, daß die Päonier, von Schrecken betäubt, flüchteten. Der Held trieb alle zurück und löschte die Flammen an dem halbverbrannten Schiffe. Nun stürzten die Danaer, durch die unerwartete Hilfe ermutigt, wieder von allen Seiten hervor und erneuerten den Kampf mit doppelter Wut; Menelaos, Antilochos und sein Bruder Thrasymedes, die beiden Aias, Idomeneus, Meriones und andere achäische Helden faßten jeder seinen Mann, und bald war das ganze Heer der Troer auf der Flucht von den Schiffen. Hektor selbst, nachdem er lange die Seinen zu schützen und zu retten gesucht, floh mit seinen schnellen Rossen allen voran über den Graben; das Volk hinter ihm, flüchtend mit Angst und Geschrei und in wirrem Getümmel, ward aufgehalten durch die Tiefe des Grabens, in welchem mancher Wagen von den fortspringenden Rossen zerschellt und zurückgelassen ward, und sank scharenweise unter dem Speere des Patroklos und seiner Freunde. Die glücklich hinüberkamen, eilten in dichtem Schwarme durch das staubige Feld der Stadt zu unter tosendem Geschrei, wie im Spätherbst durch den Regen geschwellte Bäche und Ströme brausend von den Bergen zum Meere stürzen. Patroklos, begierig den Hektor zu erreichen, jagte ihnen nach und trieb immer die nächsten Scharen vom Wege ab und rückwärts den Schiffen zu und streckte sie würgend nieder.

Als Sarpedon, der Fürst der Lykier, so seine Freunde unter den Händen des Patroklos erliegen sah, berief er seine Lykier um sich, sprang vom Wagen und eilte auf Patroklos zu. Als dieser ihn zu Fuß herankommen sah, sprang auch er vom Wagen, und nun stürzten die beiden Helden gegeneinander los wie zwei kampfgierige Geier. Da sprach Zeus im Olympos seufzend zu Hera: „Wehe mir, wenn das Geschick mir unter Patroklos' Hand den lieben Sohn Sarpedon bändigt! Noch schwankt mir das Herz, ob ich ihn lebend aus dem Kampf raffen und zu den Fluren Lykiens entführen oder durch Patroklos töten lassen soll." Da schalt ihn Hera und sprach: „Was für ein Wort, Kronion, redest du da? Einen Sterblichen, der längst dem Verhängnis verfallen ist, willst du schonen? Bedenke, wenn du deinen Sohn aus der Schlacht retten willst, ob nicht auch noch ein anderer Gott begehre seinen Sohn dem Tode zu entziehen; denn noch viele Söhne unsterblicher Götter kämpfen um Troja's Veste. Glaube mir, besser ist's, du lässest ihn in der Schlacht fallen unter der Hand des Patroklos und übergibst dann die Leiche dem Tod und dem Schlafe sie nach Lykien zu tragen, daß seine Brüder und Verwandten ihn dort unter Grabhügel und Säule rühmlich bestatten." Kronion gab der Gattin nach, und er vergoß blutige Tränen zur Erde, dem teuren Sohne zur Ehre, den Patroklos bald im Gefilde von Troja erschlagen sollte.

Als Patroklos und Sarpedon einander nahe waren, warf jener zuerst seine Lanze und traf den Waffengenoß des Sarpedon Thrasymelos, in den Leib, daß er stürzte; die Lanze des Sarpedon verfehlte den Patroklos, und auch eine zweite Lanze flog über dessen Schulter hinaus, ohne ihn zu berühren. Da schwang Patroklos seinen Speer und traf den Gegner da, wo das Zwerchfell sich um das Herz hüllt, daß er sank wie eine Eiche oder Fichte im Gebirge unter der Axt des Schiffbauers und, vor seinem Wagen liegend, knirschend mit der Hand im Staube wühlte. Sterbend rief er seinen Freund Glaukos an, daß er mit den Lykiern seinen Leib schütze und ihn nicht der Waffen beraubt werden ließe. Kaum hatte er geendet, so schloß der Tod sein Auge. Patroklos stemmte die Ferse gegen seine Brust und zog ihm die Lanze aus dem Leibe; Glaukos aber stand da mit Wehmut im Herzen, da er nicht helfen konnte, denn ihn quälte die Wunde, welche ihm der Pfeil des Teukros bei der Bestürmung der Mauer geschlagen hatte. Er flehte in seinem Kummer zu Apollon, daß er ihm seine Wunden heile und ihn zum Kampfe stärke, und der Gott erhörte sein Gebet. Mutig und mit rüstiger Kraft eilte der lykische Held durch die Reihen der Troer und suchte seine tapferen Freunde auf, Polydamas und Agenor, Aineias und Hektor, daß sie ihm beistünden, den gefallenen Sarpedon vor den Händen der erbitterten Danaer zu schützen. Diese flogen schnell herbei, und nun erhob sich über der Leiche Sarpedons ein furchtbares Waffengetümmel. Zeus breitete über die Kämpfenden verderbliche Nacht, damit um seinen lieben Sohn die Kriegswut noch heftiger tobe. Wie in dem Waldtal die Schläge holzhauender Männer weithin erschallen, so krachten die Schilde und die ehernen Waffen der Krieger unter dem Schlage der Schwerter und dem Stoße der Lanzen; die Leiche des Sarpedon war mit Geschossen und Blut und Staub bedeckt, so daß auch ein Freund ihn nicht erkannt hätte, und Haufen von Leichen türmten sich um ihn. Endlich flohen die Troer, Hektor voran, zu der Stadt hin und ließen die Leiche des Lykierfürsten in den Händen der Achäer. Die zogen ihm die Rüstung von den Schultern, welche Patroklos zu den Schiffen tragen ließ. Den Leichnam aber nahm Apollon auf Geheiß des Zeus vom Schlachtfelde auf, trug ihn zu dem Flusse Skamandros, wusch ihm das dunkle Blut ab, salbte ihn mit Ambrosia und hüllte ihn in ambrosische Gewande; dann übergab er ihn dem Schlaf und dem Tode, den Zwillingsbrüdern, daß sie ihn in seine Heimat trügen, wo die Brüder und Verwandten ihn bestatteten.

Patroklos vergaß in seinem Kampfesmute der Warnungen des Achilleus und verfolgte die Troer mordend bis an die Mauern ihrer Stadt. Und jetzt hätten die Achäer unter Patroklos' Hand das wohlbefestigte Troja erobert, wenn nicht Apollon, ihm Verderben sinnend, von einem Turme herab die Troer beschützt hätte. Dreimal stieg Patroklos an einer Ecke der Mauer kühn hinan, und dreimal drängte ihn der Gott zurück, indem er mit seinen mächtigen Händen wider seinen Schild stieß; als er zum vierten Mal ansprang, einem Gotte gleich, da rief ihm Apollon die schreckliche Drohung zu: „Weiche, Patroklos, deinem Speere ist nicht vergönnt, die Stadt der Troer zu zerstören, nicht einmal dem Achilleus, der doch viel stärker ist als du." Da wich Patroklos zurück vor dem Zorne des furchtbaren Gottes.

Hektor stand zweifelnd am skäischen Tore, ob er seine Rosse in das Schlachtgetümmel zurücktreiben oder mit dem Volke in die Mauern sich einschließen sollte. Da trat Apollon zu ihm in der Gestalt seines Oheims Asios, der ein Bruder der Hekabe war, und trieb ihn wieder mit seinen Scharen in die Schlacht gegen Patroklos. Als dieser ihn mit seinem Wagenlenker Kebriones, einem Bastard des Priamos, auf sich zukommen sah, sprang er vom Wagen, faßte einen schweren zackigen Feldstein und schleuderte ihn gegen sie. Er traf den Kebriones wider die Stirne und zerschmetterte ihm das Antlitz, daß ihm die Augen vor die Füße in den Staub fielen und er selbst wie ein Taucher tot vom Wagen herabschoß. Mit kränkendem Spotte rief Patroklos: „Hei, welch' ein behender Mann! Wie leicht taucht er hinab! Gewiß hat er einst die Kunst des Tauchens geübt an den fischreichen Gewässern des Meeres und manchen Mann mit gefangenen Austern versehen. Traun, die Troer haben unvergleichliche Taucher!" Mit diesen Worten des Übermuts sprang er wie ein Löwe auf den Leichnam des Gefallenen; auch Hektor sprang vom Wagen, der eine faßte das Haupt, der andere den Fuß des Toten, und Troer und Achäer drängten sich heran und schlugen, wie wenn Ost- und Südwind miteinander kämpfen, herüber und hinüber. Erst gegen Abend warfen die Achäer die Troer zurück und bemächtigten sich des Kebriones in seiner Rüstung; und Patroklos stürzte sich aufs neue mit feindlicher Wut in die Troer, dreimal sprang er gegen sie an mit schrecklichem Ruf und erlegte dreimal neun Männer: doch als er zum vierten Mal anstürmte, da nahte ihm des Lebens Ende. In finstere Nacht gehüllt, kam ihm ungesehen Phoibos Apollon furchtbar entgegen, trat hinter ihn und schlug ihn mit flacher Hand in den Rücken zwischen die Schultern, daß die Augen ihm schwindelten; dann schlug er ihm den Helm von dem Haupte, zerbrach ihm die Lanze, riß ihm den Schild herab und den Harnisch und betäubte sein Herz mit Grauen, daß er staunend starr dastand. Da stach ihm von hinten Euphorbos, des Panthoos Sohn, mit der Lanze in den Rücken; doch er fällte den Starken nicht, der sich jetzt, um dem Tode zu entgehen, in das Gedränge seiner Freunde zurückzog. Als Hektor ihn zurückweichen sah, stürmte er ihm nach und rannte ihm die Lanze in den Leib, daß die eherne Spitze aus dem Rücken wieder hervordrang und der Held dumpf krachend zu Boden fiel, den Seinen zu Schreck und Gram. So fiel der Gewaltige unter der Hand des Hektor, wie ein Eber, dem ein Löwe obsiegt am Gebirgsquell, wohin sie beide zu trinken kamen.

Laut frohlockte Hektor: „Ha, Patroklos, du gedachtest unsere Stadt in Schutt zu legen und unsere Frauen als Mägde in eure Heimat zu führen. Törichter!

Die beschützet Hektor, der mit dem Speere zu kämpfen versteht. Was hilft dir nun Achilleus mit all seiner Stärke? Der trug dir sicherlich auf, nicht eher zurückzukehren, als bis du dem männerwürgenden Hektor den Panzer durchstochen, und du versprachst es töricht." Patroklos antwortete schwachen Lautes: „Prahle nur immerhin! Zeus und Apollon haben dir Siegesruhm gewährt sonder Müh'; denn die haben mir die Wehr von den Schultern genommen, sonst hätt' ich solcher, wie du, zwanzig dahingestreckt. Mich hat das böse Geschick und Apollon getötet, und von den Menschen Euphorbos; du ziehst mir nur als dritter die Rüstung ab. Aber eins verkünde ich dir: Du selbst wirst nicht lange mehr einhergehen, schon steht das Verhängnis des Todes dir zur Seite, daß du Achilleus, dem göttlichen Aiakiden, erliegst." So sprach er, und die Nacht des Todes umhüllte sein Auge. Hektor aber rief dem Gestorbenen noch in stolzem Siegesmute zu: „Was weissagest du mir grauses Verderben, Patroklos? Wer weiß, ob nicht Achilleus, der Thetis Sohn, von meiner Lanze durchbohrt, sein Leben verhaucht." Mit diesen Worten zog er, mit dem Fuße sich aufstemmend, den Speer aus der Leiche und schleuderte sie zurück auf den Boden.

Achilleus entschließt sich zum Kampfe

Nachdem Hektor den Patroklos erlegt, jagte er dem Automedon nach, der den Wagen des Patroklos führte, ob er vielleicht die göttlichen Rosse des Achilleus erbeuten könnte; aber die schnellhufigen Rosse enteilten ihm. Er wandte sich daher zu der Stelle zurück, wo Patroklos lag und Troer und Achäer um den Leichnam des Gefallenen kämpften. Vor allen war Menelaos bemüht, die Leiche zu schützen, und er hatte die Freude, den Euphorbos, der den Patroklos zuerst verwundet, mit seiner Lanze in den Staub zu strecken. Als Hektor auf den Kampfplatz kam, gelang es ihm die Griechen zurückzutreiben und von den Schultern des Gefallenen die Rüstung des Achilleus abzuziehen, die er sich dann abseits vom Getümmel selbst anlegte. Als Zeus aus der Höhe des Himmels ihn sich mit der Rüstung des göttlichen Aiakiden wappnen sah, schüttelte er sein Haupt und sprach in seines Herzens Tiefe: „Du Armer, du ahnest das Todesgeschick nicht, das dir so nahe ist; du rüstest dich mit der göttlichen Wehr des erhabenen Mannes, vor dem auch andere erzittern, erschlugst ihm den sanftmütigen tapferen Freund und nahmst ihm nicht der Ordnung gemäß die Wehr von Haupt und Schultern. Dennoch, weil dir keine Wiederkehr aus der Schlacht beschieden ist und dir Andromache nicht bei der Heimkehr die herrlichen Waffen des Peloden abnehmen wird, will ich dir zur Entschädigung noch einmal Siegesruhm verleihen." So sprach der Vater Zeus, und Hektors Brust durchdrang der kriegerische Geist des Ares, und seine Glieder wurden erfüllt von unmäßiger Kraft. Mit wildem Mute stürzte er sich unter seine Genossen und rief sie alle zu todesverachtendem Kampfe um die Leiche des Patroklos zusammen. Auf der anderen Seite aber berief auch Menelaos seine Freunde, die beiden Aias, Idomeneus und Meriones und andere, und nun entbrannte ein wütender Kampf um Patroklos. Die Erde floß von Blut, Troer und Bundesgenossen und Danaer sanken bunt durcheinander tot in den Staub. „Lieber soll die Erde uns verschlingen", sprach mancher von den Danaern, „als daß wir diesen Toten den Troern lassen, ihn in ihre Stadt zu ziehen!" Mancher Troer rief: „Und wäre uns allen zugleich bestimmt, bei diesem Manne zu sterben, keiner doch entziehe sich dem Kampfe!" Zuletzt jedoch vermochten die Danaer dem siegreichen Hektor nicht mehr standzuhalten, und schon mancher wandte den Rücken; selbst Aias, der gewaltige Telamonier, verzweifelte und sprach zu Menelaos, der neben ihm kämpfte: „Wäre doch irgendein Freund des Peliden da, der ihm ansagte, daß sein trauter Genosse erschlagen liegt! Spähe umher, Menelaos, ob du vielleicht den Antilochos siehst, und sende ihn schleunigst zu Achilleus."

Menelaos eilte durch das Treffen und suchte den Sohn des Nestor; er fand ihn zur Linken im Gemenge der Schlacht wie er seine Genossen zum Kampf ermahnte, unbekannt noch mit dem Jammergeschick seines geliebten Freundes. Als er von Menelaos die Botschaft hörte, durchfuhr ihn ein Schauer; er stand lange stumm und sprachlos da, und seine Augen füllten sich mit Tränen, dann eilte er, der Aufforderung des Menelaos folgend, in schnellem Laufe weinend zu dem Zelte des Achilleus, um ihm den Tod ihres gemeinsamen Freundes zu verkünden.

Achilleus stand nachdenklich vor seinen Schiffen und übersann in seinem Geiste, was schon zur Vollendung gekommen war. Als er die Griechen dem Lager zufliehen sah, sprach er unmutig zu seinem Herzen: „Wehe, warum flüchten dort so die Achäer durch das Gefilde? Wenn mir nur nicht die Götter das Unglück vollendet haben, das mir die Mutter verkündigte, daß noch während meines Lebens der tapferste der Myrmidonen unter der Hand der Troer erliegen werde." Während er noch solches in seinem Herzen erwog, nahete der Sohn des Nestor, heiße Tränen vergießend, und rief: „Wehe, Pelide, ein entsetzliches Jammergeschick vernimmst du, das nie möchte geschehen sein. Unser Patroklos liegt erschlagen; sie kämpfen um seinen nackten Leichnam, denn die Waffen zog ihm Hektor ab." Da ergriff jacher betäubender Schmerz die Seele des Peliden. Er raffte mit beiden Händen den dunklen Staub vom Boden und streute ihn sich aufs Haupt und über das Antlitz und das Gewand; dann warf er sich der ganzen Länge nach in den Staub und zerraufte sein Haar. Die Mägde, die er und Patroklos erbeutet, rannten mit zitternden Knien aus dem Zelte und drängten sich, weinend und die Brüste schlagend, um ihren klagenden Herrn, und Antilochos stand auf der andern Seite und weinte und klagte, und hielt die Hände des stöhnenden Freundes, denn er befürchtete, er möchte in seinem Schmerze sich mit dem Schwerte die Kehle abschneiden.

In der Tiefe des Meeres hörte Thetis in der glänzenden Grotte ihres Vaters das Klagegeschrei ihres Sohnes, und sie weinte laut auf, daß ihre Schwestern alle, die Nereiden, herankamen und mit ihr sich die Brust schlugen und jammerten. „Wehe mir Armen", rief Thetis, „wehe mir unglücklichen Heldenmutter, daß ich einen so hochherzigen tapferen Sohn gebar, der vor allen Helden hervorragt. Wie ein sprossender Baum wuchs er empor, und ich erzog ihn mit Fleiß und schickte ihn gen Ilion, das Volk der Troer zu bekämpfen; aber nie kehrt er zur Heimat zurück in die Wohnung seines Vaters. Und so lange er

Der verwundete Patroklos, von Aias verteidigt

lebt sein kurzes Leben, muß er Leiden erdulden, und ich kann ihm nicht helfen. Doch jetzt gehe ich, mein teures Kind zu schauen und zu hören, welcher Jammer ihn traf." Und sogleich verließ sie die silberglänzende Grotte, und ihre Schwestern folgten ihr, und sie kamen an das Gestade von Troja. Die Mutter trat zu dem klagenden Sohne und umschlang laut weinend sein Haupt und sprach: „Liebes Kind, was weinest du? Was betrübt dein Herz? Verhehle mir's nicht. Ist dir doch alles von Zeus vollendet, was du begehrtest, daß die Männer Achaias, um die Schiffe zusammengedrängt, in entsetzlicher Not nach deiner Hilfe schmachteten." Da begann Achilleus schwer seufzend: „Mutter, ja der Olympier hat mir alles vollendet; aber was frommt mir solches, nachdem mein teurer Patroklos, der mir lieb war wie mein eigenes Haupt, in den Staub gesunken ist? Meine eigenen herrlichen Waffen, welche die Götter dem Peleus verehrt an eurem Vermählungstage, hat ihm Hektor, der ihn erschlug, vom Leibe gezogen. Ich begehre nicht mehr unter den Sterblichen zu wandeln, wenn nicht Hektor, unter meiner Lanze sein Leben verhauchend, mir büßt für den Mord meines Patroklos." „Nun, dann ist dein Leben schnell dahin", rief Thetis weinend, „denn bald nach Hektor ist auch dir dein Ende beschieden." „Möchte ich doch gleich sterben", sprach Achilleus voll Unmut, „da es mir nicht vergönnt war, meinen erschlagenen Freund zu schützen. Fern von der Heimat sank er dahin und entbehrte meiner Hilfe. Verflucht sei der Zorn, der zuerst süßer als Honig in die Brust der Menschen schleicht und dann aufwächst wie ein dampfendes Feuer. Auch mich hat er betört, daß ich weder meinem Patroklos noch meinen andern Freunden, die unter Hektors Hand fielen, ein Schirm und Heil ward, sondern, umsonst die Erde belastend, ruhig bei den Schiffen saß. Doch das Vergangene sei vergessen; ich unterdrücke meinen Groll und gehe, den Mörder des teuersten Hauptes zu erreichen, mag mein Los ich empfangen, wann immer es Zeus und den anderen Götter gefällt. Manche Troerin soll noch durch mich unter Seufzern sich die Tränen wischen von der rosigen Wange, sie sollen innewerden, daß ich lange vom Kriege gerastet. Drum wehre mir den Kampf nicht, liebe Mutter, denn ich werde nimmer gehorchen." „Du hast Recht, mein Sohn", sprach Thetis, „aber dir fehlen die Waffen. Hektor prangt in deiner Rüstung einher, wenn er auch nicht lange darin frohlocken wird. Gehe mir nicht in das Getümmel des Krieges, bis ich wieder zu dir zurückgekehrt bin. Sobald die Sonne heraufsteigt, bringe ich dir eine stattliche Wehr von Hephaistos."

So sprach Thetis und eilte zu dem Olympos hinauf, zu der Esse des kunstberühmten Hephaistos, während ihre Schwestern wieder zu der Tiefe des Meeres zurückkehrten. Unterdessen hatten Menelaos, der zu seinen früheren Kampfgenossen zurückgeeilt war, und Meriones die Leiche des Patroklos vom Boden aufgenommen und trugen ihn dem Lager zu, während die beiden Aias und ihre Freunde schützend folgten. Die Troer mit Hektor und Aineias setzten ihnen schreiend nach, wie Jagdhunde einem verwundeten Wildschwein; aber sobald die beiden Aias sich drohend umkehrten, wichen sie erschreckt zurück und wagten nicht mehr um den Leichnam zu kämpfen. Aber immer aufs neue kamen sie heran. Dreimal faßte Hektor den Fuß des Patroklos, um ihn wegzureißen, und dreimal stießen die beiden Aias ihn zurück, und er hätte ihnen den Leichnam noch geraubt, wenn nicht Iris, von Hera gesandt, den Achilleus angetrieben hätte, ohne Waffen auf den Wall des Lagers zu eilen und die nachstürmenden Troer durch seinen Ruf zurückzuschrecken. Athena selbst hängte ihm um die mächtigen Schultern die grauenvolle Aegis des Zeus und ließ um sein Haupt eine goldene Wolke gleich strahlendem Feuer leuchten; so stand der Held auf dem Walle und schrie dreimal laut auf gleich einer Kriegstrompete, daß die Troer entsetzt auseinanderstoben und im Gewirre zwölf der Tapfersten durch die eigenen Wagen und Geschosse zugrundegingen. Des freuten sich die Achäer und brachten endlich nach unsäglicher Mühe die teure Leiche in Sicherheit. Sie legten sie auf ein Lager, und seine Freunde standen umher voll Trauer und Wehmut. Auch Achilleus kam herzu und sah den teuren Freund auf der Bahre, von dem scharfen Erze zerfleischt, den er kurz zuvor noch in jugendlicher Kraft mit Roß und Wagen in den Kampf gesandt.

Endlich nach langem blutigen Kampfe ging die Sonne säumig unter, und das Heer der Achäer ruhte aus von den verderblichen Mühen des Krieges. Die ganze Nacht aber seufzten und klagten um Patroklos seine lieben Freunde, und vor allen jammerte Achilleus, während seine mörderischen Hände auf dem Busen des Freundes ruhten. „Wehe", sprach er, „welch' eitles Wort sprach ich aus, als ich dem Vater Menoitios tröstend versprach, ihm den herrlichen Sohn nach Eroberung von Ilion und mit reicher Beute sicher nach Opus zurückzubringen. Aber der Mensch denkt, und Zeus vollendet es anders. So ward nun uns beiden bestimmt, dieselbe Erde mit unserem Blut zu röten hier im troischen Lande; denn auch mich werden Vater und Mutter nimmermehr im Palaste empfangen, sondern das Erdreich wird hier mich decken. Doch da ich nun nach dir, mein Patroklos, in die Erde sinken soll, so werde ich dich nicht eher bestatten, als bis ich dir die Waffen und das Haupt deines Mörders, des Hektor, gebracht. Und an deinem Totenfeuer werde ich dir zwölf der edelsten Söhne Trojas schlachten, um meinem Zorn ob deiner Ermordung genug zu tun. Bis dahin ruhe hier bei meinen Schiffen." Darauf ließ Achilleus den Staub von der Leiche des Freundes waschen und ihn mit Öl salben, dann legten sie ihn auf ein schönes Lager und hüllten ihn in köstliche Leinwand von Kopf bis zu den Füßen.

Unterdessen war Thetis in den ehernen sternenhellen Palast des Hephaistos gelangt, welchen er sich selbst auf dem Olympos erbaut hatte. Der kunstfertige Gott war eifrig in seiner Esse beschäftigt, als Thetis in den Palast trat. Charis, seine anmutige Gattin, empfing die Göttin freundlich und setzte sie auf einen schönen mit Silber beschlagenen Sessel; dann rief sie ihrem Gatten in der Werkstatt zu: „Komm' herein, Thetis wünscht dich zu sprechen." „Also die edle erhabene Göttin ist in meinem Hause", rief Hephaistos, „die mich einst rettete, als meine entsetzliche Mutter Hera mich lahmes Kind aus dem Himmel warf; da wäre ich in Elend verkommen, wenn nicht Thetis und Eurynome, des Okeanos Tochter, mich in ihrem Schoße aufgefangen hätten. Neun Jahre lang weilte ich bei ihnen auf dem Grunde des Meeres in der gewölbten Grotte, allen verborgen, und schmiedete ihnen mancherlei Kunstwerke. Sie also ist jetzt in meinem Hause! Jetzt gebührt sich's, daß ich ihr den Rettungsdank zahle. Biete du ihr die Bewirtung des Gastrechts, während ich selbst erst meine Blasebälge und sonstigen Geräte bei Seite geschafft habe." Nachdem dies in Eile geschehen, wusch sich der Gott mit einem Schwamm Hände und Gesicht, Nacken und Brust, hüllte sich in seinen Leibrock und kam hinkend auf einem mächtigen Stabe aus seiner Werkstatt hervor, gestützt auf zwei Mägde, die er sich selbst aus Gold geschmiedet hatte, jugendlich schön und Lebenden gleich, begabt mit Kraft und Verstand und Stimme. Er setzte sich auf einen Sessel neben Thetis, erfaßte ihre Hand und sprach: „Ehrenwerte geliebte Göttin, was führet dich in unser Haus? Denn sonst besuchst du mich gar nicht. Sage, was du verlangst, ich werde es gern gewähren, so mir's möglich ist."

Darauf erzählte Thetis, was geschehen, und bat Hephaistos, ihrem Sohne eine neue Rüstung zu machen, Schild und Helm, Beinschienen und Harnisch, und der Gott, gerne zu ihrem Dienste bereit, eilte sogleich wieder in seine Esse und nahm das Werk in Angriff. Er schmelzte in mächtigen Tiegeln Erz und Zinn und Silber und Gold und begann dann mit Hammer und Zange auf dem Amboß zu schmieden. Zuerst formte er einen großen starken Schild aus fünf Schichten mit dreifachem blanken Rande und einem Gehenke von Silber. Die Wölbung schmückte er mit den kunstreichsten Gebilden. In der Mitte befand sich die Erde und das wogende Meer und der Himmel mit Sonne und Mond und allen Sternen. Um diese herum waren angebracht zwei blühende Städte, die eine belebt durch ein Hochzeitsfest und Gelage, durch eine Volksversammlung mit hadernden Bürgern, Herolden und Richtern, die andere im Zustande der Belagerung; der Feind liegt vor den Mauern, auf den Mauern stehen Weiber und Kinder und Greise, während die Männer der Stadt draußen sich in einen Hinterhalt lagern und eine Herde rauben, um die sich dann blutiger Kampf entspinnt. Außerdem schuf der Künstler friedliche Bilder des ländlichen Lebens, die Bestellung eines Feldes, ein wallendes Ährenfeld mit Schnittern, eine Weinlese mit jauchzenden Jünglingen und Mädchen, eine Rinderherde, von zwei Löwen angefallen, eine Schafherde und einen ländlichen Tanz. Um all' diese Bilder aus dem mannigfach gestalteten Leben der Menschen zog sich am Rande des Schildes der gewaltige Strom des Okeanos. Nach dem Schilde schmiedete der Gott den Harnisch, glänzender denn Feuer, darauf den gewaltigen Helm mit einem goldenen Haarbusch und zuletzt die Beinschienen aus feinem Zinn. Sobald er alles Geräte vollendet hatte, brachte er es zu den Füßen der Thetis; diese nahm das schimmernde Waffengeschmeide und trug es schnell vom Olympus hinab in das Lager der Achäer.

Eben hatte Eos, die Göttin des Frührots, den Menschen und Göttern den neuen Tag gebracht; da trat Thetis vor ihren Sohn, der noch immer über seinen Freund Patroklos ausgestreckt lag, laut jammernd und umringt von seinen trauernden Genossen. Sie legte die Waffen vor Achilleus nieder, strahlendschön, wie noch nie ein Sterblicher um seine Schultern getragen. Die Myrmidonen schreckten vor dem schimmernden Glanze zurück und wagten nicht sie anzuschauen; Achilleus aber ward bei ihrem Anblick noch heftiger von zornigem Kriegsmute ergriffen, seine Augen strahlten wie flammendes Feuer unter den Wimpern hervor, und er nahm freudig die herrlichen Geschenke des Gottes in die Hände. Lange ergötzte er sich an ihrem Anblick, dann sprach er zur Mutter: „Wahrlich, diese Waffen schuf mir eine unsterbliche Hand! Jetzt aber will ich gleich mich wappnen; doch ich befürchte, daß Fliegen in die Wunden meines erschlagenen Freundes schlüpfen und darin Gewürm erzeugen, das den Leichnam entstellt". „Laß das dein Herz nicht bekümmern, mein Sohn", sprach Thetis, „ich selbst werde den Leib unversehrt erhalten durch Ambrosia und roten Nektar und die Fliegen abwehren; du aber rufe jetzt die Helden der Achäer zur Versammlung, um dich auszusöhnen mit Agamemnon, und dann wappne dich zum Kampfe."

Achilleus ging nun an das Ufer des Meeres und rief mit donnernder Stimme die Helden Achaias zur Versammlung. Da lief freudig herbei, was nur sich regen konnte, selbst die Steuerleute und die Schaffner, die sonst die Schiffe nicht verlassen; auch Diomedes und Odysseus, die noch schwere Wunden trugen, hinkten, auf ihre Lanzen gestützt, zur Versammlung und setzten sich in die vordersten Reihen. Zuletzt erschien der Völkerfürst Agamemnon, er krankte noch an der Wunde, die der Speer des Koon ihm geschlagen. Als die Versammlung vollzählig war, erhob sich Achilleus und sprach sein Bedauern aus über seinen verderblichen Streit mit Agamemnon, der so vielen Tapferen

Achilleus, sich rüstend

das Leben gekostet, und entsagte vor allem Volk seinem Zorne, um sogleich mit ihnen in die Schlacht zu ziehen. Da jubelten freudig alle Achäer, und Agamemnon erhob sich und sprach: „Hört mich, ihr Helden der Danaer, ich will mich dem Achilleus erklären. Oft schon haben die Söhne Achaias mich wegen meines Haders mit Achilleus rügend gestraft; doch ich trage nicht die Schuld, sondern Zeus und die Moira und die im Dunkel schleichende Erinys verblendeten mich zu heftigem Fehl damals in der Versammlung. Dafür habe ich schwer gebüßet. Jetzt aber will ich gerne vergelten, und ich biete dir, Achilleus, Sühnung, so viel du begehrst. Ziehe in den Kampf, und ich lasse dir alle die Geschenke reichen, die gestern Odysseus, von mir gesendet, dir anbot. Oder willst du lieber noch bleiben, so lasse ich dir gleich durch meine Diener die Geschenke aus meinem Schiffe herholen, daß du sehest, was ich alles dir gebe." Achilleus antwortete: „Atride, ruhmvoller Völkerfürst, ob du Geschenke mir geben willst oder sie behalten, das steht bei dir. Jetzt laß uns ohne Verzug der Schlacht gedenken; denn noch vieles ist ungetan, und es dränget mich, im Vordertreffen die Scharen der Troer mit dem Speere zu vernichten. So seid auch ihr nur jetzt des Kampfes eingedenk." Aber Odysseus antwortete: „Edler Pelide, laß nicht ungespeist die Achäer in die Schlacht gehen, denn der Kampf wird nicht kurz sein. Laß das Volk jetzt erst auseinandergehen, daß sie das Frühmahl sich bereiten und an Speise und Wein sich erquicken; das gibt Kraft und Mut. Unterdes mag Agamemnon die Geschenke hier mitten auf den Versammlungsplatz bringen, auf daß alle Achäer sie mit Augen sehen und du dein Herz daran erfreuest. Und dann soll er in seinem Gezelte dich mit einem stattlichen Mahle bewirten, damit du in nichts die schuldige Ehre missest."

Agamemnon war gerne zu allem bereit. Die Geschenke wurden auf den Versammlungsplatz gebracht und dann in das Zelt des Achilleus getragen. Auch die sieben Sklavinnen und mit ihnen Briseïs wurden dorthin geführt. Als Briseïs die Leiche des Patroklos sah, brach sie in lautes Klagen aus; denn er war in ihrer unglücklichen Gefangenschaft stets ihr gefälliger Freund und gutmütiger Tröster gewesen. Das Mahl, mit welchem Agamemnon den Peliden ehren wollte, schlug er aus; denn nicht eher wollte er Trank und Speise über seine Lippen bringen, als bis das Werk seiner Rache vollendet sei. Odysseus, die beiden Atriden, Nestor und Idomeneus und Phoinix begleiteten ihn in seine Wohnung und suchten ihn zu erheitern; doch der Anblick des toten Freundes weckte wieder seinen ganzen Schmerz, und er begann aufs neue zu klagen. Mitleidig sah Zeus auf den Trauernden herab, und er sandte Athena, daß sie ihm Nektar und Ambrosia sanft und unvermerkt in die Brust flößte, damit seine Knie in der Schlacht ihm nicht vor Hunger erstarrten.

Nachdem die Völker ihr Frühmahl eingenommen, wappneten sie sich und strömten gleich den dichten Flocken des Schnees aus den Schiffen hervor, Helm an Helm, Schild an Schild, Harnisch an Harnisch, Lanzen an Lanzen; das ganze Erdreich umher leuchtete von dem Glanze des Erzes und dröhnte unter ihren Füßen. Mitten unter ihnen wappnete sich auch Achilleus voll zornigen Kampfesmuts, daß seine Augen flammten und seine Zähne knirschten. Nachdem er die schimmernden Waffen des Hephaistos angelegt, versuchte er sich in der Rüstung, ob sie auch passend schlösse und die Glieder sich leicht bewegten: und siehe, es war ihm, als wenn Flügel seinen Leib in die Höhe trügen. Nun nahm er aus schönem Gehäuse den langen schweren Speer seines Vaters Peleus, den außer Achilleus kein Danaer schwingen konnte. Der Kentaur Cheiron hatte die Mordlanze einst auf dem Gipfel des Pelion abgehauen und dem Peleus geschenkt. Automedon und Alkimos hatten unterdes die Rosse an den Streitwagen gespannt, und ersterer sich selbst als Wagenlenker in den Sessel geschwungen. Jetzt sprang auch Achilleus in seinem leuchtenden Waffenschmuck auf den Wagen, strahlend wie die Sonne, und rief mit furchtbarer Stimme seinen unsterblichen Rossen zu: „Xanthos und Balios, bringt mir glücklich den Wagenlenker wieder ins Lager der Achäer zurück, nachdem wir uns am Kampfe gesättigt; laßt mich nicht wie den Patroklos tot auf dem Felde zurück." Da ward ihm ein grauenvolles Wunderzeichen durch Hera, die plötzlich dem Streitrosse Xanthos Rede verlieh. Mit zur Erde geneigtem Haupte, daß die wallende Mähne bis auf den Boden niedersank, antwortete das unsterbliche Roß: „Wohl bringen wir dich, starker Achilleus, lebend aus dem Kampfe zurück; aber der Tag des Verderbens ist dir nahe. Doch des sind wir nicht schuldig, sondern der mächtige Gott und das gewaltige Verhängnis. Nicht durch unsere Säumnis ist Patroklos erlegen, sondern der gewaltige Gott Apollon schlug ihn und gab Siegesehre den Hektor. Dir selbst aber ward verhängt, unter der Hand eines Gottes und eines Mannes zu fallen." So sprach das Roß, und die Macht der Erinyen schloß seinen Mund. Unwilligen Herzens antwortete Achilleus: Xanthos, warum weissagst du mir den Tod? Dessen bedarf's nicht; weiß ich doch selbst, daß mir fern von Vater und Mutter hier das Todesgeschick bestimmt ist. Aber trotzdem raste ich nicht, bis ich Troer genug im Kampfe erschlagen." So sprach er und lenkte mit lautem Ruf die stampfenden Rosse in die vordersten Reihen.

Die Götterschlacht

Während die Achäer und Troer im Gefilde gegeneinanderzogen, berief Zeus eine Götterversammlung und erlaubte allen Himmlischen an der Schlacht teilzunehmen und beizustehen, wenn sie wollten, damit nicht Achilleus, wenn seiner Tapferkeit freier Lauf gelassen würde, heute gegen die Bestimmung des Geschickes Troja erobere. Da gingen die Götter sogleich zum Kampfe zweifachen Sinnes, zu den Achäern eilten Hera und Pallas Athena, Poseidon und Hermes und Hephaistos, zu den Troern gesellte sich Ares, Phoibos Apollon und Artemis und ihre Mutter Leto, der Flußgott Skamandros oder Xanthos und Aphrodite.

So lange die Götter noch fern waren von den beiden anrückenden Heeren, waren die Achäer stolzen Mutes, weil Achilleus wieder mit in den Kampf zog, den Troern aber zitterten alle Glieder, als sie den Peliden in strahlenden Waffen dem Kriegsgotte gleich herankommen sahen. Bald nahten die Götter, und Eris mischte den Streit; Pallas Athena und Ares trieben von beiden Seiten mit gewaltigem Ruf die Völker wider einander, Zeus, der Lenker der Schlachten, donnerte gräßlich vom Olympos herab, Poseidon erschütterte die Erde, daß alle Gipfel und alle Wurzeln des Ida erzitterten und selbst Hades, der Gott der Unterwelt, erschreckt vom Throne sprang, fürchtend, die Erde möchte bersten und sein gräßliches Reich Göttern und Menschen vor Augen legen. Ein solch' schreckliches Getöse entstand, als die Götter gegeneinander in den Streit gingen; dem Poseidon stellt sich Apollon mit seinen Pfeilen entgegen, dem Ares Athena, Artemis begegnete der Hera, Hermes der Leto, dem Hephaistos der Flußgott Xanthos.

Während so Götter gegen Götter vorrückten, suchte Achilleus in dem Getümmel den Hektor, nach seinem Blute gierig. Apollon aber, in Gestalt des Lykaon, des Priamiden, feuerte den Aineias gegen ihn an, daß er schnell durch die Vorderkämpfer vordrang. Das sah Hera und berief die ihr befreundeten Götter Poseidon und Athena, ob sie den Aineias zurückdrängen oder von ihrer Seite dem Achilleus die Kraft erhöhen sollten, auf daß er inne werde, die mächtigsten Götter seien mit ihm. Poseidon antwortete: „Hera, ich möchte nicht, daß Götter wider Götter streiten, daß uns vielmehr abseits vom Wege dort auf die Warte uns niedersetzen und den Männern den Kampf überlassen; doch wenn Ares oder Apollon den Streit anfangen oder den Achilleus hemmen, dann wollen auch wir uns in die Schlacht mischen, und ich glaube, sie werden bald wegeilend zum Olympos heimkehren, gebändigt durch unsere starken Hände." So setzten sich denn Poseidon und Hera und Athena und die andern den Achäern befreundeten Götter, in Wolken gehüllt, auf dem Walle des Herakles nieder, den vor Zeiten Athena und die Troer dem Helden zum Schutze gegen das Meerungeheuer aufgeworfen hatten; gegenüber aber setzten sich auf den Hügel Kallikolone Apollon und Ares, und beiderseits scheuten sich die Götter den harten Kampf zu beginnen.

Jetzt drangen aus dem Getümmel der Wagen und gewappneten Männer die beiden Helden Aineias und Achilleus gegeneinander vor. Aineias schritt zuerst aus den Reihen, mit hochnickendem Helmbusch, den gewaltigen Schild vor der Brust, drohend die eherne Lanze schwingend. Als der Pelide ihn sah, ging er ihm mit Ungestüm entgegen wie ein grimmer blutdürstiger Löwe. „Warum wagst du dich so weit den andern vor, Aineias", rief er ihm zu, „treibt dich vielleicht das Herz mit mir zu kämpfen, weil du hoffst, künftig auf Priamos Thron das Volk der Troer zu beherrschen? Oder haben dir die Troer ein auserlesenes Ackerfeld versprochen, wenn du mich tötest? Das möchte dir schwerlich gelingen. Weißt du nicht, wie du einst fliegenden Laufs vor mir flüchtetest von den Höhen des Ida bis nach Lyrnessos, ohne dich umzuschauen? Damals retteten dich Zeus und die anderen Götter; doch heute retten sie dich schwerlich. Wohlan, ich rate dir, gehe schleunig unter die Menge zurück, damit dir nichts Schlimmes begegnet." Aineias rief ihm entgegen: „Pelide, hoffe mich nicht mit Worten abzuschrecken wie ein Knäblein! Auch ich könnte mit schmähender Rede antworten. Kennt doch jeder von uns das Geschlecht des andern. Dich erzeugte, sagt man, Peleus mit der Nereide Thetis, mich gebar dem Anchises die Göttin Aphrodite. Wohlan, laß uns mit den Waffen, nicht mit Worten uns versuchen." Mit diesen Worten warf er seinen Speer auf den gewaltigen Schild des Peliden, doch ohne ihn zu durchbohren; Achilleus Speer drang an dem Schildrande des Aineias durch, da, wo Erz und Stierhaut am dünnsten sind, und fuhr über den Rücken des sich duckenden Aineias tief in die Erde. Während er noch bestürzt dastand über den gefährlichen Wurf, stürzte in lautem Geschrei Achilleus mit dem Schwerte auf ihn ein. Da ergriff Aineias in der Eile einen ungeheuren Feldstein, so schwer, daß heute zwei Männer ihn nicht trügen, er aber schwang ihn leicht, und nun hätte er wohl den anstürmenden Achilleus auf den Helm oder wider den Schild getroffen, doch ohne ihn zu töten, Achilleus aber hätte ihm sicherlich mit dem Schwerte das Leben geraubt; allein Poseidon, um den edlen Fürsten Aineias zu erhalten, eilte unsichtbar herzu, goß um die Augen des Peliden dichten Nebel, und nachdem er seine eschene Lanze aus dem Schilde des Aineias gezogen und ihm vor die Füße gelegt, hob er den Aineias hoch in die Lüfte und schwang ihn über viele Reihen der Männer und viele Wagen bis an das äußerste Ende der Schlacht, wo die Kaukonen, die Bundesgenossen der Troer, sich zum Kampfe rüsteten. „Welcher Gott heißt dich, Aineias", sprach Poseidon, „gegen den Peliden kämpfen, der stärker ist als du und auch von den Göttern mehr geliebt?

Halte dich zurück und weiche ihm aus, damit du nicht gegen das Geschick in den Hades gehst. Wenn Achilleus tot ist, dann magst du unter die Vorderkämpfer dich mutig mischen." Mit diesem Rate verließ er den Helden und nahm dem Peliden den Nebel wieder vor den Augen. „Wunderbar", sprach dieser zu seinem Herzen, „meine Lanze liegt da auf der Erde, und ich sehe den Mann nicht, gegen den ich sie gesendet. Wahrlich, Aineias war den Göttern lieb. Mag er, er wird's nicht mehr wagen, sich mit mir zu versuchen, und seiner Rettung sich freuen." Dann sprang er wieder in die Reihen der Seinen und feuerte sie zur Schlacht an.

Auf der anderen Seite trieb Hektor seine Scharen zum Kampfe, aber auf den Rat des Apollon mied er den Achilleus und ließ ihn einen tapferen Troer nach dem andern erschlagen. Als er aber sah, wie Achilleus dem Polydoros, seinem jüngsten Bruder, welchen Priamos bisher wegen seiner zarten Jugend nicht hatte in die Schlacht gehen lassen, den Speer in den Leib bohrte und dieser, die vorquellenden Eingeweide in der Hand, sich auf dem Boden wälzte, da hielt er sich nicht länger zurück und drang mit geschwungenem Speer gleich flammendem Feuer auf Achilleus ein. Der freute sich, als er endlich den Mann erblickte, der sein Herz so sehr gekränkt, und rief ihm mit finsterem Blicke zu: „Komm näher, auf daß du schnell das Ziel des Todes erreichst!" Furchtlos antwortete Hektor: „Hoffe nicht, Pelide, mich wie ein kleines Kind mit Worten zu schrecken. Wohl weiß ich, wie tapfer du bist und wie sehr ich dir nachstehe, doch es liegt in der Hand der Götter, ob ich vielleicht doch, der Schwächere, dir das Leben raube; denn auch mein Speer war bisher nicht stumpf." Mit diesen Worten schwang er seine Lanze und warf sie gegen Achilleus; aber Athena trieb sie durch einen leisen Anhauch zurück, daß sie zu den Füßen Hektors wieder niederfiel. Jetzt sprang Achilleus mit schrecklichem Rufe gegen ihn; doch Apollon raubte den gefährdeten Liebling hinweg und hüllte ihn in dichten Nebel. Dreimaß stieß der Pelide mit dem ehernen Speer in den tiefen Nebel; als er zum vierten Mal eindrang gleich einem Gott, rief er: „Wieder entrannst du dem Tod, du Hund! Wahrlich, das Unheil war nahe über deinem Haupte! Gewiß hat Apollon dich wieder entrückt; doch wenn anders auch mir ein Gott zur Seite steht, so hoffe ich dich später noch zu treffen und es mit dir zu endigen." Darauf wandte er sich wieder gegen die andern Troer und würgte in ihren Scharen entsetzlich, wie ein Waldbrand unter dem Wehen des Sturmes sich zerstörend durch das Gebirgstal wälzt. Die Erde floß von Blut, seine Rosse durchstampften Leichen und Schilde wie Dreschochsen auf der Tenne die Gerste, daß das Blut unter ihren Hufen und den Rädern aufspritzte wider die Achse und die schmucken Räder des Wagensessels; von Blut troffen ihm selbst die mörderischen Hände.

In dichten Scharen flohen die Trojaner vor ihm her. Als sie an die Furt des wirbelnden Xanthos kamen, trennte er sie und trieb den einen Haufen über das Blachfeld gegen die Stadt hin. Hera goß über sie ein dichtes Gewölk und hemmte sie so an der weiteren Flucht. Die andern wurden nach dem Gewässer des Flusses gedrängt und stürzten sich mit lautem Getöse in die Flut. Schreiend und lärmend schwammen sie in den Wirbeln des Flusses umher, Männer und Rosse in dichtem Gewirr, gleich Heuschrecken, welche die Glut des Feuers ins Wasser gescheucht. Achilleus lehnte seine Mordlanze wider ein Tamariskengebüsch und sprang mit dem Schwerte in den Fluß. Rechts und links hieb er unter die Schwimmenden, daß bald der Fluß von Blut sich rötete und sich ein gräßliches Röcheln unter seinen gewaltigen Streichen erhub. Wie vor dem großen gewaltigen Delphin die andern Fische sich bange in die Buchten des Hafens drängen, so duckten sich die Troer voll Angst flüchtend unter die Ufer; allein die schreckliche Hand des Peliden fand sie und gab ihnen den Tod. Als seine Hände vom Morde müde waren, griff er noch zwölf Jünglinge lebendig in dem Strom und übergab sie gebunden seinen Gefährten, damit er sie später auf dem Scheiterhaufen seines Freundes als Totenopfer schlachte. Dann sprang er wiederum in die Flut und setzte innerhalb des Flusses und an seinen Ufern das Würgen fort mit Schwert und Lanze, daß die Leichen der Gemordeten sich hoch in dem Flusse türmten und selbst seine Wogen im Laufe zum Meere gehemmt waren. Da erhob sich der Flußgott Xanthos erzürnt aus dem tiefen Strudel und gebot dem Helden, daß er außerhalb seines Stromes auf dem Blachfelde die Feinde verfolge und würge. Und Achilleus versprach es und wandte sich von dem Flusse ab; bald aber vergaß er in der Kampfeswut sein Versprechen und sprang aufs neue hinein. Da schwellte plötzlich der erzürnte Flußgott seine trüben Wogen und warf mit lautem Gebrüll die Leichen an das Gestade und schlug mit seinem brandenden Schwall schrecklich wider den Schild des Peliden, daß er, um sich auf den Füßen zu halten, eine hohe Ulme an dem Ufer mit den Händen erfaßte; die Ulme stürzte um und überbrückte die Flut, und der Held schwang sich glücklich an ihr auf das Ufer. Doch der Flußgott in seinem Zorn verfolgte ihn auch jetzt noch durch das Gefilde, daß die Wellen ihm die Schultern umspülten und sein Fuß den Boden verlor. Da flehte er wehklagend zu den Göttern um Rettung, und es nahten ihm Poseidon und Athena in der Gestalt sterblicher Männer, und indem sie seine Hand faßten, erfüllten sie sein Herz mit Mut und seine Glieder mit Kraft, daß er aus den Fluten sprang. Doch der Zorn des Xanthos entbrannte immer heftiger; aufs neue erhob er seine Brandung gegen den Peliden und rief auch noch seinen Bruder Simois zur Hilfe herbei. Als Hera den geliebten Helden in den hochgetürmten schäumenden Wogen ringen sah, schrie sie laut auf, denn sie fürchtete, daß der strudelnde Strom ihn wegraffen und verschlingen möchte, und rief schnell ihren Sohn Hephaistos an, daß er ihm zu Hilfe eile. Der Feuergott erregte sogleich eine entsetzliche Glut und sandte sie durchs Gefilde. Die Toten ringsum, die Achilleus gefällt, verbrannten, das Feld war trocken und der Wasserschwall zog sich gehemmt in seine Ufer zurück. Nun wendete der Gott seine Flamme in den Strom selbst; die Ulmen am Ufer, die Weiden und Tamarisken und das Schilfgras begannen zu brennen, die Fische und Aale in der Flut, von dem Flammenhauch bedrängt, zappelten matt und angstvoll hin und her, und schon wogte auch der Strom in lichten Flammen, daß der Flußgott wimmernd rief: „Glutatmender Gott Hephaistos, ich verlange nicht mit dir zu kämpfen! Laß ab vom Streit, meinethalben mag Achilleus die Troer sogleich aus ihrer Stadt treiben." So rief der Gott unter der Qual des Feuers, während seine Gewässer kochend sprudelten, wie schmelzendes Fett im Kessel, und nicht von der Stelle gingen. Aber Hephaistos blieb ohne Erbarmen. Da wandte sich Xanthos flehend an Hera. „Warum quälet", rief er, „dein Sohn so heftig meine Gewässer? Ich habe ja nicht mehr verschuldet, als die andern, die den Troern beistehen, und nun will ich mich gern beruhigen, wenn du es befiehlst und auch er sich beruhigt." Auf Heras Bitte löschte endlich Hephaistos sein entsetzliches Feuer, und der Strom rollte wieder in sein altes Bett zurück. So endeten, von Hera beschwichtigt, die beiden mächtigen Götter ihren Kampf.

Unterdessen gerieten auch die anderen Götter in gewaltigem Kampfe aneinander unter schrecklichem Toben, daß die weite Erde erdröhnte und der Himmel erscholl wie von Trompetenschall, zur Freude des Zeus, der, auf dem Olympos sitzend, mit lachendem Herzen dem Streite der Götter zusah. Zuerst stürmte Ares auf Athena los mit dem ehernen Speer und rief: „Warum, schamlose Fliege, treibst du voll stürmischer Dreistigkeit die Götter zum Kampfe. Weißt du noch, wie du den Tydiden Diomedes reiztest mich zu verwunden und selbst, den Speer fassend, meinen Leib verletztest. Dafür sollst du jetzt mir büßen." So sprechend, stieß er wider den schrecklichen Schild der Athena, den selbst der Donner des Zeus nicht zerbricht. Diese ergriff zurückweichend mit ihrer starken Hand einen großen rauhen Stein, den vor Zeiten die Menschen als Grenzstein aufgestellt, und warf ihn dem stürmenden Ares an den Hals, daß er mit rasselnden Waffen besinnungslos in den Staub fiel und sieben Hufen Landes mit seinem Leibe bedeckte. Da lachte Athena und rief jauchzend: „Du Tor, nie hast du bedacht, wie viel stärker ich bin als du. So magst du den Zorn deiner Mutter abbüßen, weil du die Achäer verließest und den übermütigen Troern beistandest." Nach diesen Worten wandte sie ihr strahlendes Auge ab. Aphrodite aber faßte den schwerstöhnenden Gott, der kaum die Besinnung wieder sammelte, an der Hand und führte ihn aus dem Getümmel. Das sah Hera und sprach zu Athena: „Siehe da, Athena, die Freche führt den mordenden Ares aus der Schlacht fort, wohlan, jage ihr nach!" Athena stürmte nach mit frohem Herzen und schlug mit ihrer starken Hand der Aphrodite wider die Brust, daß sie besinnungslos zugleich mit Ares auf den Boden fiel. „So muß es allen gehen", rief Athena frohlockend, „die den Troern beistehen so kühn und beherzt, wie Aphrodite jetzt dem Ares zu helfen kam; dann hätten wir längst den Krieg beendigt, und Troja läge in Schutt und Staub." So sprach sie, und Hera lachte.

Dem Apollon rief Poseidon zu: „Phoibos, warum so fern, da die andern schon den Kampf begonnen? Schande wär's, wenn wir kampflos zum Olympos zurückkehren wollten. So hebe denn an, denn du bist der Jüngere. Hast du vergessen, du Tor, welch' Leid wir beide um Ilion erduldet, als wir dem Laomedon dienten und er mit so schnödem Lohn uns vergalt? Dafür zollst du jetzt seinem Volke den Dank, daß du nicht hilfst die Übermütigen von Grund aus zu vertilgen." Ihm antwortete Phoibos: „Erderschütterer, du selbst würdest mich nicht für klug halten, wollte ich mit dir wegen der Sterblichen streiten, die hinfällig sind gleich dem Laub der Bäume. Drum laß uns abstehen vom Kampf und sie selbst ihre Sache entscheiden." So sprach er und wandte sich ab, voll Scheu, mit dem Bruder seines Vaters zu kämpfen. Artemis, seine Schwester, hörte es und rief schmähend: „Du fliehst, Ferntreffer, und lässest den Sieg und den Ruhm dem Poseidon? Tor, wozu trägst du den Bogen? Prahle mir hinfort nicht mehr in dem Hause unseres Vaters, daß du mit Poseidon den Kampf aufnehmen wolltest!" Apollon schwieg, aber Hera, die Gemahlin des Zeus, fuhr zornig über sie her: „Wie wagst du's, Schamlose, mir entgegenzutreten, trotz deinem Bogen? Viel geratener wäre es dir, in den Wäldern Hirsche zu jagen, als mit mir dich zu messen. Doch wenn du einmal willst, so versuche den Kampf, auf daß du erkennst, wie sehr ich dich an Kraft übertreffe." Mit diesen Worten faßte sie mit der Linken ihre beiden Hände an den Knöcheln, riß ihr mit der Rechten den Köcher von der Schulter und schlug ihr ihn lachend um die Ohren, daß die Pfeile zu Boden fielen und die Göttin, ihre Geschosse vergessend, weinend davonfloh, wie eine Taube, die vor dem Habicht in die Kluft des Felsen fliegt. Leto eilte herzu und las, ungekränkt von Hermes, der anfangs kampfbereit entgegenstand, die Pfeile auf, welche ihre Tochter zurückgelassen, und trug sie zum Olympus, wohin ihr Artemis vorangeeilt war. Diese hatte sich zitternd auf die Knie ihres Vaters Zeus gesetzt und weinte. Der Kronide schlang seine Arme um sie und fragte sie mit freundlichem Lächeln: „Wer von den Göttern hat dir das getan, meine Tochter?" Und Artemis antwortete: „Deine Gemahlin Hera hat mir solch' Leid getan, sie, die alle Götter zum Streit und Hader empört."

Auch die andern Götter, die auf dem Schlachtfelde vor Troja sich herumgetummelt hatten, gingen nun wieder zum Olympos zurück; nur Phoibos Apollon begab sich in das heilige Troja, denn er besorgte, daß heute die Danaer gegen das Geschick die Mauer der schönen Veste zerstören möchten.

Hektors Tod

Die Troer flohen vor dem wütenden Achilleus in hastiger Flucht den Toren ihrer Stadt zu. Der greise König Priamos sah von dem Turme über dem Tore das unheilvolle Getümmel und stieg wehklagend herab zu den Torhütern, um sie zu mahnen, daß sie schnell den Flüchtigen die Flügel des Tores öffneten, dann aber, sobald alle sich hineingerettet, sie schleunig wieder schlössen. Die Wächter öffneten das Tor. Apollon aber eilte hinaus, um den Troern, die trocken vor Durst und mit Staub bedeckt daherflohen, ihre Not zu wenden, und erweckte dem Agenor, dem herrlichen Sohn des Antenor, Mut in der Brust, daß er es wagte stille zu stehen und den heranstürmenden Achilleus mit Schild und Lanze zu erwarten. Sein Speer traf das Schienbein des Peliden unter dem Knie, aber er sprang, ohne zu verwunden, von der zinnernen Beinschiene zurück. Jetzt drang Achilleus voll Wut auf den Gegner ein, doch Apollon hüllte ihn in dichten Nebel und entraffte ihn der Gefahr; er selbst nahm die Gestalt des Agenor an und floh, um den Achilleus von der Verfolgung der Troer abzuwenden, durch das Gefilde hin dem Skamanderflusse zu. In fliegendem Laufe eilte ihm Achilleus nach, stets ihm nah auf den Fersen, in beständiger Hoffnung, den Flüchtling zu erhaschen. Unterdessen flüchteten die Troer schnell in die Stadt in Angst und Gedränge; keiner wartete auf den andern, keiner schaute um, wer gerettet sei und wer gefallen, jeder freute sich der eigenen Rettung. Sie kühlten sich den Schweiß, löschten den Durst und lehnten sich ermüdet wider die Brustwehren der Mauer, während die Achäer in dichten Scharen, den Schild vor der Brust, gegen die Stadt anrückten. Nur Hektor stand noch außerhalb des skäischen Tores; so wollte es sein verderbliches Geschick. Achilleus jagte unterdessen noch immer dem Apollon nach; da hemmte plötzlich der Gott seinen Schritt und sprach: „Warum doch verfolgst du mich so eilig, Achilleus, der Sterbliche den Unsterblichen? Du wirst doch nie mich töten. Du vergissest ja ganz das Gefecht der Troer, die du in die Flucht gejagt und welche jetzt in die Veste flohen, während du hier dich verirrest." Da erkannte der Pelide den Apollon und rief unmutig: „Du betrogst mich, Ferntreffer, verderblichster Gott, und wendetest mich von der Mauer ab! Fürwahr, mancher noch hätte im Staube knirschen müssen, ehe er die Stadt erreichte. Aber du raubtest mir den Siegesruhm und rettetest jene, gefahrlos für dich, da du keine Rache zu fürchten hast. Wahrlich, ich rächte mich an dir, wenn ich die Macht hätte!" Mit diesen Worten wandte sich der Held trotzigen Sinnes gegen die Stadt, stürmend wie ein mutiges Roß.

Priamos, der alte König, sah von der Zinne der Mauer zuerst den Helden durch das Gefilde heranfliegen; seine Waffen glänzten ihm hell entgegen wie der verderbliche Hundsstern, der glänzendste der Sterne, der durch sein Erscheinen den Menschen zum Unheil viel dörrende Glut bringt. Wehklagend schlug der Greis sein Haupt mit beiden Händen und rief flehend seinem lieben Sohne zu, der noch unten vor dem Tore stand und den herannahenden Feind erwartete: „Hektor, mein teurer Sohn, erwarte mir diesen Mann nicht allein und von allen getrennt, daß nicht das Verhängnis dich ereile unter seiner Hand; denn er ist viel stärker als du. Ha, der Entsetzliche! möchten die Götter ihn lieben, wie ich ihn liebe! Dann läge er bald niedergestreckt, ein Raub den Hunden und den Geiern, und mir schwände der Gram. Ach, wie viel tapfere Söhne hat er mir gemordet oder auf ferne Inseln verkauft. Komme herein, mein Kind, damit du wenigstens erhalten bleibst und die Männer und Frauen Trojas beschirmst. Erbarme dich mein, so lange ich noch atme, des Elenden, dem Zeus an der Schwelle des Alters verhängt hat noch unendliches Weh zu schauen, die Söhne erwürgt, die Töchter und Schnüre fortgeschleppt, die Kammern des Palastes geplündert und die stammelnden Kinder auf den Boden geschmettert. Zuletzt werde ich selbst, vom mordenden Erze durchbohrt, am Tore meines Palastes liegen, und die Hunde, die ich an meinem eigenen Tisch genährt, werden mein Blut lecken." So klagte der Greis und zerraufte sein graues Haar. Auch die Mutter, die greise Hekabe, jammerte in Tränen; sie löste das Busengewand und rief, indem sie die Brust zeigte: „Hektor, mein Kind, habe Ehrfurcht vor dieser Brust, die dich gesäuget! Komm in die Mauern und wehre von hier den schrecklichen Mann ab; nur stehe ihm nicht draußen. Rasender, wenn er dich mordete, dich fräßen bei den Schiffen der Danaer die Hunde!"

So weinten und klagten Vater und Mutter, aber das Herz des Hektor war nicht zu bewegen, sondern er erwartete, den Schild an den Vorsprung des Turmes gelehnt, mutig den herannahenden Feind, wie an der Felskluft ein Drache, zornerfüllt und gesättigt mit giftigem Kraut, mit schrecklichem Blick eines Mannes harrt. Mancherlei erwog er in seinem Sinne, so lange Achilleus noch fern war; aber sein Entschluß stand fest, den Kampf zu bestehen. Da nahte der Entsetzliche, dem wilden Ares gleich; er schwang seine Lanze hoch in der Luft, und seine Waffen glänzten wie Feuer. Als Hektor ihn sah, erfaßte ihn unwillkürlich Zittern und Schrecken, und er vermochte es nicht, zu bleiben und standzuhalten. Eilenden Laufes flog er davon und Achilleus jagte ihm nach, dem Starken ein Stärkerer, wie ein Falke der Taube, die oft seitwärts schlüpfet, während der Raubvogel, voll heißer Begier sie zu erhaschen, geradeaus schießt. Immer weiter ging die Flucht längs der troischen Mauer, an der Warte und dem Feigenhügel vorbei, bis zu den beiden Quellen des Skamandros und darüber hinaus, in stürmender Eile, denn es handelte sich um das Leben des Hektor. So oft dieser sich der Mauer und den Toren näherte, damit von der Mauer aus die Geschosse seiner Freunde ihn schützten, kam ihm Achilleus zuvor und scheuchte ihn wieder zurück nach dem offenen Felde, wie ein Hund im Gebirge einen jungen Hirsch verfolgt. Dreimal hatte er ihn so um die ganze Stadt gejagt, ohne ihn zu erreichen, und schon waren sie zum vierten Male zu den Quellen des Skamandros gekommen; da nahm Zeus, der Vater der Götter und Menschen, die goldene Waage, legte in die Schalen zwei finstere Todeslose, das des Hektor und das des Peliden, faßte den Balken in der Mitte und wog, und siehe, schwer sank die Schale des Hektor nieder dem Hades zu. Jetzt verließ ihn sein Beschützer Apollon, und sein Tod war gewiß. Athena trat zu Achilleus und sprach zu ihm: „Stehe still und erhole dich, ich werde ihm zureden, daß er dir zum Kampfe entgegengeht; dann vermag er nicht länger unserer Hand zu entrinnen." Achilleus gehorchte freudig und lehnte sich ausruhend an seine mächtige Lanze; Athena aber eilte zu Hektor in der Gestalt seines Bruders Deïphobos und sprach: „Bruder, wie bedrängt dich der schnelle Achilleus, indem er dich stets um die Stadt des Priamos treibt. Wohlan, laß uns standhalten und ihn abwehren." Hektor antwortete: „Deïphobos, du warst immer mein liebster Bruder, und jetzt muß mein Herz dich noch höher halten, da du es wagst, meinethalben aus der Stadt zu kommen, während die andern alle drinnen blieben." „Lieber Bruder", sprach Athena, „Vater und Mutter und die Freunde alle baten mich fußfällig zu bleiben, aber mein Herz litt es nicht. Jetzt wohlan, laß uns mutig kämpfen und die Lanzen nicht schonen, daß wir sehen, ob Achilleus uns in den Staub wirft, oder er deiner Lanze erliegt." So täuschte die Göttin den troischen Helden und führte ihn dem Achilleus entgegen.

Als sie einander genaht waren, sprach Hektor: „Nicht länger fliehe ich vor dir, Pelide! Mein Herz treibt mich dir entgegenzugehen, mag ich dich nun töten oder du mich. Aber laß uns die Götter zu Zeugen eines Eidschwures nehmen: Wenn mir Zeus Sieg verleiht, daß ich dich töte, so will ich deinen Leib nicht mißhandeln, sondern ihn, nachdem ich dir die Waffen geraubt, den Danaern zurückgeben, du aber tue desgleichen." Mit finsterem Blick antwortete Achilleus: „Sprich mir nicht von Verträgen, Hektor. So wenig ein Bund möglich ist zwischen Löwen und Menschenkindern oder zwischen Wölfen und Lämmern, so kann nimmer ein Vergleich stattfinden zwischen mir und dir. Einer von uns muß blutig in den Staub sinken. Darum auf und gedenke des Kampfes! Länger entrinnst du mir nicht mehr; Pallas Athena bändigt dich durch meine Lanze, damit du auf einmal alles Weh meiner Freunde büßest, die du mit deiner tobenden Lanze erschlugst." Mit diesen Worten entsandte er seine weitschattige Lanze. Doch Hektor senkte sich vorschauend aufs Knie und mied die blutdürstige Waffe, daß sie über ihn weg sich in die Erde bohrte. Ohne daß Hektor es merkte, reichte Athena sie dem Peliden zurück; frohlokkend rief er: „Gefehlt, Pelide! Noch nicht hat Zeus, wie du rühmtest, meinen Tod dir versprochen, sondern du wolltest nur mich schrecken, daß ich des Mutes und der Stärke vergäße. Doch jetzt vermeide die Schärfe dieses Speeres!" So rief er und warf seine Lanze, und er fehlte nicht; er traf mitten auf den Schild des Achilleus, doch die Lanze prallte weit zurück, ohne das Werk des Hephaistos zu durchdringen. Das sah der Held mit Zorn und Bestürzung, und schaute nach seinem Bruder Deïphobos um, denn er hatte keine zweite Lanze zu versenden. Doch Deïphobos war verschwunden. Da erkannte er in seinem Geiste, daß Pallas Athena ihn getäuscht hatte, und daß der Tod ihm nahe war. Um nicht ruhmlos zu fallen, zog er sein scharfes Schwert und stürmte gleich einem Adler auf Achilleus los. Der aber drang seinerseits mit Ungestüm gegen ihn mit geschwungenem Speere, dessen Spitze flammte wie ein strahlender Stern, und erspähte sich an der Rüstung des Feindes eine Stelle, wo die Wunde am leichtesten hafte. Rings umhüllte die blanke Rüstung, die Hektor dem Patroklos geraubt, seinen Leib, nur wo das Schlüsselbein den Hals von den Schultern trennt, da schien ihm die Kehle entblößt, die gefährlichste Stelle des Lebens. Dorthin richtete Achilleus seinen Speer und durchstach ihm den Hals, daß die Spitze aus dem Nacken hervordrang und der Held in den Staub sank. Frohlockend rief Achilleus: „Hektor, du glaubtest sicher zu sein, als du dem Patroklos die Wehr raubtest, und dachtest nicht an den fernen Achilleus. Tor, er hinterließ einen mächtigen Rächer, der dir jetzt die Knie gelöst. Nun sollen dich Hunde und Vögel schmählich umherzerren, während jenen die Achäer bestatten." Schwachatmend sprach der unglückliche Hektor: „Bei deinem Leben, bei deinen Knien und deinen Eltern beschwöre ich dich, gib meinen Leib nicht bei den Schiffen der Danaer den Hunden preis. Nimm von meinem Vater und Mutter Erz und Gold in Menge zum Geschenke, aber den Leib sende nach Ilion, auf daß Troer und Troerinnen ihn bestatten." Aber mit finsterem Blick erwiderte Achilleus: „Beschwöre mich nicht bei meinen Knien und meinen Eltern. Niemand soll dir vom Haupte die Hunde und Geier verscheuchen, und wenn sie zehn- und zwanzigfaches Lösegeld brächten und Priamos mit Gold deinen Leib aufzuwägen geböte." „Ich kenne dich", stöhnte Hektor, „dein Herz ist von Eisen und nicht zu erweichen. Aber denke, daß der Götter Zorn mich rächt, an jenem Tage, wo Paris dich und Apollon, so tapfer du auch bist, am skäischen Tore töten werden." Also weissagte er sterbend und schloß sein Auge. Achilleus aber rief, indem er den Speer aus dem Leichnam zog, dem Gestorbenen nach: „Stirb! Mein eigenes Los werde ich empfangen, wann Zeus es will und die anderen Unsterblichen."

Darauf legte Achilleus die Lanze beiseite und zog dem Erschlagenen die Waffen ab, die er selbst einst getragen. Unterdes kamen die andern Achäer herbei und bewunderten die Gestalt und Größe des Hektor, und mancher sprach, indem er die Leiche verwundete: „Wahrlich, jetzt ist Hektor viel sanfter zu berühren als damals, wo er unsere Schiffe mit der lodernden Glut verbrannte." Achilleus aber sprach: „Ihr Achäer, nachdem die Götter mir vergönnt, den zu töten, der mehr als andere uns Böses getan, laßt uns jetzt die Stadt versuchen und sehen, ob sie vielleicht die Stadt räumen, nachdem dieser gefallen, oder ob sie noch länger zu widerstehen wagen. Doch was rede ich? Liegt doch unser Freund Patroklos noch unbestattet bei den Schiffen. Drum stimmt des Siegesgesang an, ihr Männer, und laßt uns mit dieser Beute zu den Schiffen zurückgehen. Groß ist unser Triumph; wir erschlugen den Mann, auf den die Troer in der Stadt vertrauten wie auf einen Gott." So sprach er und durchbohrte grausam dem erschlagenen Feind die Sehnen zwischen

Ferse und Knöchel, zog einen Riemen hindurch und band ihn an den Sessel seines Wagens, daß das Haupt in dem Staube lag. Darauf legte er die erbeuteten Waffen auf den Wagen, sprang selbst hinauf und trieb die Rosse vorwärts. Durch den wirbelnden Staub ward das schöne Haupt des Helden dahingeschleppt über den heimischen Boden, den er so lange tapfer verteidigt, während auf den Zinnen der Mauer seine unglückliche Mutter, ihren glänzenden Schleier weit von sich werfend, und neben ihr der greise Priamos laut jammerten, und alles Volk umher wehklagte, als wenn ganz Ilion in lodernde Glut versänke.

Andromache, Hektors edle Gemahlin, saß unterdessen in ihrem Gemache mit den Mägden am Webstuhl und ahnete nichts von dem Unglück, das ihren Gemahl und sie betroffen. Eben hatte sie die Mägde geheißen, Wasser ans Feuer zu stellen, damit ihr heimkehrender Gatte nach dem Kampfe seine Glieder durch ein warmes Bad erquicken könne; da hörte sie von dem skäischen Turme her Geheul und Klagegeschrei, und vor Schreck fiel ihr das Webschiff zur Erde, denn ihr Herz sagte ihr, daß ihr Gatte, den seine Kühnheit nie im Haufen der übrigen weilen lasse, wohl jetzt durch den furchtbaren Achilleus gefährdet oder gar schon erschlagen sei. Sie eilte einer Rasenden gleich mit klopfendem Herzen aus dem Palaste, begleitet von ihren Mägden, und als sie den Turm und den Schwarm der Männer erreichte, sah sie, von der Mauer herabschauend, wie in der Ferne der Leib ihres geliebten Gatten mitleidlos von den Rossen des Peliden zu dem Lager der Griechen geschleift wurde. Da sank sie rückwärts, wie zum Tode betäubt, und ihr Haarschmuck fiel ihr weit vom Haupte ab. Als sie endlich wieder in den Armen ihrer Schwägerinnen aus der tiefen Ohnmacht sich erholte, begann sie mit Schluchzen und Stöhnen unter den sie umringenden Frauen Trojas zu klagen: „O Hektor, ich Unglückliche! zu gleichem Unheil wurden wir beide geboren, du in Troja, ich im Hause des Eetion! Jetzt gehst du in die Behausung des Hades, in die Tiefe der Erde und lässest mich, eine arme Witwe, in Schmerz und Jammer zurück mit dem unmündigen verlassenen Söhnlein, dem hinfort nur Sorge und Gram beschieden sein wird und mancherlei Kränkung. Darbend, mit tränendem niedergeschlagenem Blick wird er umhergehen zu den Freunden des Vaters; den faßt er flehend am Rock, den am Mantel, und wer sich seiner erbarmt, der reicht ihm wohl ein wenig eine Schale, daß er die Lippen sich netzt und kaum den Gaumen. Oft verstößt ihn mit Schlägen und kränkenden Worten ein Kind glücklicher Eltern von dem Schmause: „Hebe dich weg", sagt es, „dein Vater ist nicht bei unserem Gastmahl!" und weinend geht dann das Kind zurück zur verwitweten Mutter. Sonst wohl nährte sich unser Astyanax auf den Knien des Vaters von Mark und dem fetten Fleische der Lämmer, und wenn er müde des Spiels war, schlummerte er, das Herz mit Freude gesättigt, auf sanftschwellendem Lager ein in den Armen seiner Amme; doch in Zukunft wird er vieles Leid erdulden müssen, da er seines Vaters beraubt ist, den jetzt bei den Schiffen der Danaer die Hunde zerfleischen und reges Gewürm verzehrend wird, nachdem er so tapfer Trojas Tore und Mauern beschirmt hat." So sprach sie weinend und ringsumher seufzten die Troerinnen.

Bestattung des Patroklos

Als Achilleus und die Griechen mit der Leiche des Hektor in ihr Lager kamen, zerstreuten sich die Scharen und gingen jeder zu seinem Schiffe. Nur seinen Myrmidonen verbot Achilleus auseinanderzugehen. Sie ließen die Rosse an den Wagen und fuhren damit, ihren hochragenden König an der Spitze, dem Patroklos zu Ehren dreimal um dessen Leiche, klagend und weinend, daß ihre Tränen über die Rüstung in den Sand rollten. Dann zogen sie alle ihre Rüstung ab, spannten die Rosse von den Wagen und setzten sich, tausende an Zahl, zu dem köstlichen Leichenschmause, den ihnen Achilleus bereitete. Die Leiche des Hektor warf der Pelide im Zorn am Bette des Patroklos aufs Angesicht in den Staub und gelobte, sie den zerfleischenden Hunden preiszugeben. Darauf führten ihn die Fürsten der Achäer zu dem Zelte des Agamemnon; nur mit Mühe hatten sie ihn überredet, die Leiche seines teuren Freundes zu verlassen. In dem Zelte des Agamemnon baten ihn die Freunde, bevor sie sich zum Mahle setzten, durch ein warmes Bad sich den blutigen Staub vom Leibe zu waschen; er aber weigerte sich standhaft und schwor, er werde nicht eher sein Haupt mit einem Bade netzen, als bis er seinen Freund auf den Scheiterhaufen gelegt und ihm ein hohes Grabmal aufgeschüttet. So setzten sie sich denn ans Mahl und schmausten. Als sie dann zur Nachtruhe auseinander gingen, legte sich Achilleus, von seinen Myrmidonen umringt, trauernden Herzens am Meeresgestade nieder, wo die Wellen den Strand rein gespült hatten; denn er mied das Zelt, wo die Toten lagen. Als er, von dem Kampfe des Tages ermüdet, in Schlaf gesunken war, trat die Seele seines Freundes trauernd an ihn heran, ganz in derselben Gestalt, wie er im Leben gewesen war, und sprach zu seinen Häuptern stehend: „Du schläfst, Achilleus, und hast mein ganz vergessen? Im Leben doch vergaßest du mich nicht. Gib mir ein Grab, damit ich schnell in die Tore des Hades eingehe; denn die Seelen der Toten verwehren mir den Zugang, daß ich unstet und ohne Ruhe um die Pforten der Schatten irre. Und nun reiche mir die Hand, ich bitte dich, denn ich werde nimmer zu dir ins Leben zurückkehren. Und auch dir, das wisse, göttergleicher Achilleus, ist verhängt, hier vor den Mauern Trojas zu sterben. Sorge, um dies eine noch bitte ich dich, daß dann meine Gebeine nicht fern von den deinen gelegt werden, sondern daß eine Urne sie umschließt, wie wir von Jugend auf in einem Hause heranwuchsen." Achilleus rief: „Dies alles werde ich vollziehen, wie du es wünschest!" und streckte seine Hände aus, um den Freund zu umarmen; aber der Schatten des Patroklos wich aus und verschwand in der Erde wie Rauch. Da erwachte Achilleus bestürzt und rief jammernd, indem er die Hände zusammenschlug: „So leben denn die Seelen wirklich in der Behausung des Hades, doch ein besinnungsloses Leben! Diese Nacht ja stand die Seele des armen Patroklos, traurig klagend, leibhaftig vor mir." Mit diesen Worten erregte er den Freunden wieder den Gram um den toten Patroklos.

Mit dem frühen Morgen gebot Agamemnon den Männern, zur Bestattung des Patroklos Holz aus dem Walde zu holen. Unter Anführung des Meriones wanderten sie mit Äxten und Seilen, die hurtigen Maultiere voran, auf Krümmungen und Richtwegen zu den waldigen Höhen des Idagebirges, schlugen mit emsiger Hand die Bäume um, zerhieben sie und brachten das Holz zum Teil auf den eigenen Schultern, zum Teil auf den Maultieren in die Ebene hinab an die Stelle am Meeresufer, wo Achilleus dem Patroklos das ragende Grab bestimmt hatte. Jetzt befahl Achilleus seinen Myrmidonen sich zu wappnen und die Rosse an die Wagen zu spannen, damit sie die Leiche zum Orte der Bestattung geleiteten. Als alles bereit war, zogen die reisigen Kämpfer mit ihren Wagenlenkern auf ihren Wagen in langem Zuge voran, und das Fußvolk folgte in dichten Scharen zu Tausenden; in der Mitte aber trugen die Freunde den Leichnam des Patroklos, den sie ganz mit abgeschnittenen Locken überstreut hatten, und Achilleus hielt traurig nachfolgend das Haupt des geliebten Toten. Als sie zur Stelle kamen, setzten sie die Bahre nieder und häuften von dem herbeigeschafften Holze ein Gerüst auf. Achilleus aber trat von dem Scheiterhaufen weg und schor sich von dem Haupte die blonden Locken, die einst dem Spercheios, dem Flusse seiner Heimat, geweiht und gelobt worden waren, und sprach dann, indem er über die dunkle Meeresflut hinschaute: „Spercheios, umsonst gelobte mein Vater Peleus, daß ich heimgekehrt dir meine Locken scheren und an deiner Quelle im Hain vor deinem Altar 50 fette Widder opfern solle. Du hast sein Flehen nicht gehört und lässest mich nicht heimkehren in das geliebte Land meiner Väter; drum laß mich meine Locken dem Helden Patroklos weihen." So sprach er und legte das Haar in die Hände des toten Freundes, um welchen alles Volk aufs neue zu klagen begann. Auf Achilleus' Wunsch aber hieß Agamemnon das Volk auseinandergehen und sich das Mahl rüsten, damit er selbst allein mit den Fürsten die Bestattung vollbringe.

Achilleus und seine Genossen bauten nun den Scheiterhaufen fertig aus zu einer ungeheuren Höhe, je 100 Fuß ins Gevierte. Oben aufs Gerüste legten sie die Leiche und bedeckten sie mit dem Fett vieler Schafe und Rinder, deren abgehäutete Leiber sie rings auf dem Gerüste aufhäuften; auch Krüge voll Honig und Öl stellten sie ans Leichenbett. Dann warf Achilleus noch vier Rosse auf das Gerüst, ferner zwei von seinen neun Haushunden, die er schlachtete, endlich zwölf mit dem Schwert erwürgte trojanische Jünglinge, welche er gestern aus dem Xanthos gefischt. Nun legte er das verzehrende Feuer an den Holzstoß und rief wehklagend: „Heil dir, Patroklos, auch noch in des Todes Behausung! Alles, was ich dir gelobt, vollbringe ich dir jetzt. Auch zwölf tapfere Söhne Trojas verzehrt das Feuer zugleich mit dir; den Hektor aber soll das Feuer nicht verzehren, sondern die Hunde." Aber das Drohen des zornigen Helden erfüllte sich nicht; denn Aphrodite hielt dem toten Hektor Tag und Nacht die Hunde fern und salbte ihn mit ambrosischem Balsam, Apollon aber schützte ihn durch ein dichtes Gewölk vor den Strahlen der Sonne.

Das Feuer des Holzstoßes brannte säumig. Da gelobte Achilleus den Winden Boreas und Zephyros Opfer, spendete ihnen Wein aus goldenem Becher und flehte sie an, durch starkes Wehen die lodernde Glut anzufachen und den Scheiterhaufen zu verbrennen. Iris, die schnelle Botin, trug sein Gelübde und sein Flehen hinüber zu der Behausung des Zephyros, wo die sausenden Winde beim festlichen Gelage zusammensaßen, und Boreas und Zephyros stürmten sogleich über das Meer her und setzten die Glut in helle Flammen. Die ganze Nacht aber umwandelte Achilleus den Holzstoß, sprengte Wein aus goldenem Kruge auf den Boden und rief klagend die Seele seines armen Freundes. Als das Frührot im Osten aufstieg, sank das Gerüst in Staub zusammen und das Feuer verglühte, und nun legte sich Achilleus abseits von dem verglimmenden Schutt ermattet auf den Boden und genoß des Schlummers. Bald jedoch kamen Agamemnon und die anderen Fürsten und weckten ihn durch ihr Getöse. Sie löschten nach seinem Geheiß den glimmenden Schutt mit rotem Wein, sammelten darauf in der Mitte der Brandstätte unter Tränen das weiße Gebein ihres Freundes in eine goldene Urne und stellten diese, in köstliche Leinwand gehüllt, im Zelte auf. Dann maßen sie den Kreis für das Grabmal ab, legten einen Ring von Steinen darum und häuften aus Erde einen Grabhügel auf. Achilleus aber rief jetzt das gesamte Volk zusammen und hieß es sich in weitem Kreise niedersetzen, denn er wollte dem Toten zu Ehren glänzende Leichenspiele feiern. Da kämpften denn die vorzüglichsten Helden nacheinander in den verschiedenen Kampfesarten, im Wagenrennen, im Faust- und im Ring- und im Waffenkampf, im Schleudern der Wurfscheibe und der Lanze und im Bogenschuß. Da ward manch' herrlicher Siegespreis an die glücklichen Sieger ausgeteilt, Dreifüße und Becken, Rosse und Maultiere und Stiere, im Krieg erbeutete Jungfrauen in schönen Gewändern, silberne Krüge und lauteres Gold, und auch die Besiegten gingen zufrieden von dannen; denn der Pelide ließ auch sie nicht ohne Geschenke. Erst mit der sinkenden Sonne endeten die Spiele.

Zurückgabe und Bestattung des Hektor

Die ganze Nacht lag Achilleus unruhig auf seinem Lager. Die Trauer um den verlorenen Freund ließ ihn ohne Schlaf; bald lag er auf der Seite, bald auf dem Rücken oder dem Antlitz, zuletzt sprang er auf und schweifte schweren Herzens an dem Meeresufer umher. Mit dem kommenden Morgen schirrte er sein Gespann an, band die Leiche des Hektor hinten an den Wagen und schleifte sie dreimal um das Grabmal des Patroklos. Dann warf er sie wieder auf das Angesicht in den Staub. Aber Apollon schützte den schönen Leib vor Entstellung, indem er ihn mit der goldenen Aegis überdeckte.

So tat Achilleus im Zorn bis zum zwölften Tag, und Zeus mit allen Göttern außer der Hera hatte Erbarmen mit dem mißhandelten Helden. Er beschickte auf Apollons Bitten die Mutter des Peliden, Thetis, und gebot ihr zu ihrem Sohne zu gehen, daß er seinem Zorn entsage und den Leichnam des Hektor den Seinen zurückgebe. Thetis flog eilenden Schwunges zu Achilleus und fand ihn in tiefem Gram um den Freund. Sie setzte sich zu ihm, streichelte ihn mit der Hand und sprach: „Liebes Kind, wie lange noch willst du ohne Trank und ohne Speise und ohne Schlaf dein Herz in Kummer verzehren? Gut wäre es, wenn du deinen Sinn den Freuden des Lebens wieder zuwendetest, denn des Todes grauses Verhängnis ist dir nicht fern. Auf, vernimm, was ich rede, ich bringe dir die Botschaft des Zeus. Die Götter, und Zeus vor allen, sind erzürnt, daß du so in tobendem Wahnsinn den Hektor auf deinen Schiffen zurückhältst; wohlan, entlaß ihn und nimm für den Leichnam Lösegeld." Zu gleicher Zeit sandte Zeus die Botin Iris zu Priamos, daß er seinen Sohn löse. Iris fand den Priamos in dem Vorhofe seines Palastes, wie er auf dem Boden sich wälzte und in trostlosem Jammer sich den Staub auf Nacken und Haupt streute, während seine Söhne ringsum klagten und ihre Gewänder mit Tränen netzten. Die Töchter und Schnüre jammerten in dem Hause, eingedenk ihrer Gatten und Brüder, welche die Danaer gemordet. Da trat Iris zu dem Greise und begann mit leiser Stimme, daß es ihm durch die Glieder schauerte: „Fasse dich, Priamos, und verzage nicht so. Ich komme als Botin des Zeus, der sich deiner erbarmt und dich heißt, ohne Begleiter, außer einem Herolde, zu dem Zelte des Achilleus zu gehen und deinen Sohn zu lösen. Fürchte weder den Tod noch einen andern Schreck; denn auf dem Wege wird Hermes dich beschützen und in seinem Zelte wird der Pelide dir kein Leid tun. Er ist ja kein Frevler und wird voll Huld des hilfeflehenden Mannes schonen."

So sprach Iris und enteilte auf den Flügeln des Windes. Priamos aber hieß seine Söhne die Maultiere an den Wagen spannen und den Wagenkorb aufbinden und stieg dann selbst in die reiche Schatzkammer hinab, wohin er sein edles Weib Hekabe bescheiden ließ. „Teures Weib", sprach er, „Zeus gebot mir zu den Schiffen der Danaer zu gehen und mit reichen Gaben den Sohn von Achilleus zu lösen. Sage mir, wie deucht solches deinem Herzen? Ich gestehe, mich selbst treibt gewaltig mein Sinn in das Lager der Achäer zu gehen." Da jammerte Hekabe laut auf und rief: „Wehe, Priamos, wohin ist dein sonst so gepriesener Verstand entflohen? Du willst allein zu den Schiffen der Danaer gehen, unter die Augen des Mannes, der dir so viele tapfere Söhne erschlug! Dein Herz ist von Eisen! Wenn er, der Blutgierige, der Falsche, dich in seine Gewalt bekommt, wird er dich schonen? Ehrfurcht haben vor deinem Haupte? Laß uns lieber hier zu Hause den Sohn beweinen, dem einmal die Götter verhängt, die Hunde zu sättigen. Wehe, der Entsetzliche, der den besten Mann in Troja erschlug, daß ich sein Herz mit den Zähnen zerreißen dürfte!" „Halte mich nicht zurück", sprach Priamos, „nachdem ich einmal zu gehen entschlossen bin; werde mir nicht im Hause ein drohender Unglücksvogel. Zeus selbst ja hat mir es geboten. Und erwartet mich auch der Tod, so mag er mich morden, der Wüterich, halte ich nur den lieben Sohn in meinen Händen." Damit öffnete er die Deckel der Kisten und wählte zwölf Feiergewänder und zwölf Teppiche und ebensoviele Leibröcke und Mäntel, wog zehn Talente Goldes ab und nahm vier glänzende Becken und zwei Dreifüße und sogar ein besonderes Kleinod, einen köstlichen Becher, den ihm die Thraker geschenkt, als er in einer Gesandtschaft zu ihnen kam; so begierig war er den trauten Sohn zu lösen. Als er darauf in die Halle zurückkam, scheuchte er alle Troer, die ihn aufhalten wollten, mit dem Stabe zurück, daß sie vor dem eifernden Greise davonflohen, und rief scheltend seinen Söhnen, Helenos und Paris und Agathon, Deïphobos und Polites und den andern: „Auf, ihr schlechten Söhne, zur Schmach mir geboren! Lägt ihr doch alle statt Hektors bei den Schiffen erschlagen! Ich Unseliger, die tapfersten Söhne erzeugte ich mir, und nun ist mir keiner übrig. Die Schandflecke bleiben mir, Lügner und Gaukler und Reigentänzer, die dem Volk ihre Habe fressen. Wollt ihr nicht gleich mir den Wagen rüsten und alles in den Korb mir legen, damit ich meinen Weg vollende!"

Durch die Scheltworte des Vaters erschreckt, schirrten die Söhne schnell die Mäuler an den Wagen und luden die Lösegeschenke darauf; dann führten sie die Rosse herbei, welche Priamos selbst mit dem alten Herolde an seinen eigenen Wagen spannte. Unterdes trat Hekabe mit bekümmertem Herzen vor die Rosse und reichte dem Gatten einen goldenen Becher mit Wein zum Opfertrank. Dieser trat, nachdem er sich die Hände gewaschen, in die Mitte des Hofes, spendete von dem Weine und betete mit zum Himmel erhobenem Blick: „Vater Zeus, Herrscher vom Ida, laß mich Barmherzigkeit und Gnade finden vor Peleus' Sohn! Sende mir ein Zeichen, daß ich getrost zu den Schiffen der Danaer gehen kann!" Da sandte Zeus seinen gewaltigen Aar mit gebreiteten Flügeln rechtsher über die Stadt, und alle Troer, die es sahen, freuten sich, und Priamos schwang sich voll Zuversicht schnell in seinen Wagen und trieb die Rosse vorwärts durch die dumpftönende Halle und das Tor in die Straßen der Stadt; voraus ging der vierräderige Wagen mit den Mäulern, gelenkt von dem Herold Idaios. Alle die Seinen folgten ihm laut klagend, als ginge er in den Tod.

Als sie von der Stadt herabgekommen waren in die Ebene und, von den Ihrigen verlassen, an dem Flusse halt gemacht hatten, um die Tiere zu tränken, da bemerkte der Herold Idaios durch die Dämmerung des Abends in der Nähe die Gestalt eines Mannes und sprach erschrocken zu Priamos: „Merke auf, Priamos, hier gilt's Besonnenheit! Schaue da den Mann, ich fürchte, der wird uns beide vertilgen. Wohlan, laß uns fliehen oder seine Knie umfassen und ihn um Gnade bitten." Da erschrak der greise König, und seine Haare sträubten sich. Aber der Fremde, ein schöner blühender Jüngling, nahete freundlich; es war Hermes, der Götterbote, den der Vater Zeus gesendet, um den Priamos sicher in das Lager der Griechen zu geleiten. Er reichte dem Alten freundlich die Hand und sprach: „Vater, wohin lenkest du so durch die Nacht die Rosse und Mäuler, während die andern Menschen schlafen? Fürchtest du denn gar nicht die erbitterten Achäer? Sähe dich einer von ihnen so in der Nacht so köstliche Habe führen, wie würde dir dann, dem wehrlosen Greis, wohl zumute sein? Doch sorge nicht, daß ich dir etwas zu Leide tu'; ich würde sogar die andern abwehren, denn du gleichst mir dem lieben Vater." „Du hast recht", sprach der alte König, „doch ein schirmender Gott ist mir nah, da mir ein solcher Gefährte auf dem Wege begegnet." „Sage mir", sprach der Jüngling weiter, „sendet du so viele treffliche Habe, um sie zu retten, in ein fremdes Land, oder verlaßt ihr jetzt alle das heilige Troja, nachdem ihr den tapfersten Mann, deinen Sohn, verloren habt, der keinem Achäer an Mut wich." „Aber wer bist du, mein Guter", fragte der Greis, „der du so schön von dem Tode meines armen Sohnes redest, und wer sind deine Eltern?" „Mein Vater heißt Polyktor", war die Antwort, „und ich bin von dem Heere der Myrmidonen, ein Genosse des Achilleus; deinen Sohn haben wir oft, während Achilleus uns zürnend vom Kampfe zurückhielt, aus der Ferne bei den Schiffen mit Bewunderung kämpfen sehen." „Wenn du ein Genosse des Achilleus bist", sprach Priamos, „wohlan, so verkünde mir in Wahrheit, ob mein Sohn noch bei den Schiffen ist, oder Achilleus ihn schon in Stücke zerhauen und den Hunden zum Fraße gegeben hat." „Er liegt noch, o Greis, unversehrt im Zelte, ohne Moder und ohne Gewürm, obgleich schon der zwölfte Morgen verflossen ist. Zwar schleift ihn Achilleus an jedem Morgen mitleidslos um das Grab des Patroklos, doch bleibt er unverletzt. Du würdest dich selbst wundern, wenn du sähest, wie frisch und tauig er daliegt, rein von Blut und unbefleckt und alle Wunden geschlossen. So pflegen die Götter deines Sohnes selbst noch im Tode; denn er war ihnen von Herzen lieb." Da freute sich der Greis und sprach: „Kind, fürwahr, es ist gut, den Unsterblichen die gebührenden Gaben zu bringen; das vergaß auch mein Sohn nie." Darauf reichte er dem Jüngling einen schönen Becher und bat ihn um Schutz und Geleit bis zu dem Zelte des Achilleus. Aber der Jüngling weigerte sich, ohne Wissen des Achilleus irgendein Geschenk anzunehmen, doch übernahm er bereitwillig das Geleit, schwang sich auf den Wagen und lenkte die Rosse in schnellem Lauf zu dem Tore des achäischen Lagers. Die Torhüter waren eben mit ihrem Abendmahle beschäftigt. Hermes übergoß sie mit süßem Schlafe, schob von dem Tore den großen Riegel und führte den Priamos und seinen Wagen mit den Geschenken in das Lager. Bald erreichten sie das Gezelt des Peliden, das hoch aus tannenen Balken erbaut und mit Schilf bedeckt war. Rings um den geräumigen Hof ging ein dichter Pfahlzaun; das Tor war durch einen einzigen tannenen Querriegel verschlossen, den drei andere starke Achäer vor und zurückschoben, nur Achilleus vermochte allein ihn vorzuschieben. Diesen öffnete jetzt Hermes und führte den Greis mit seinen Geschenken in den Hof. Dort gab er sich ihm zu erkennen und verschwand, nachdem er ihn ermuntert, ohne Zögern in das Zelt zu treten und flehend die Knie des Peliden zu umfassen.

Während Idaios draußen bei dem Wagen blieb, ging Priamos in das Zelt. Achilleus saß eben nach beendigter Abendmahlzeit am Tische, um ihn in einiger Entfernung seine Freunde. Da warf sich plötzlich der unvermerkt eingetretene König vor dem erstaunten Jüngling nieder, umfaßte seine Knie und küßte seine Hände, die schrecklichen, die ihm so manchen Sohn gemordet hatten. „Göttergleicher Achilleus", sprach er, „gedenke deines Vaters, den das Alter drückt gleich mir, der vielleicht, von feindlichen Nachbarn bedrängt, hilflos ist wie ich. Aber ihm bleibt doch die Hoffnung, einst den geliebten Sohn gesund nach Hause kehren zu sehen, ich jedoch bin ohne Trost; fünfzig Söhne hatte ich, als die Achäer ins Land kamen, neunzehn von einer Mutter, davon hat der Krieg mir die meisten geraubt, und zuletzt hast du mir den einzigen, der die Stadt noch zu schützen vermochte, meinen Hektor, erschlagen. Den komme ich jetzt zu lösen mit reichem Lösegeld. Scheue die Götter, Achilleus, habe Erbarmen mit mir, gedenke des eigenen Vaters. Ich bin des Mitleides noch werter als er; dulde ich doch, was noch kein Sterblicher duldete, ich drücke die Lippen an die Hand, die meine Söhne mir erschlagen hat." Die Worte des tiefgebeugten Greises erweckten in der Seele des Jünglings sehnsüchtigen Gram um den alten Vater; er faßte ihn sanft an der Hand und drängte ihn abgewandten Gesichts von sich und weinte bald um den Vater daheim, den er nie mehr sehen werde, bald um den toten Freund, und Priamos wand sich zu seinen Füßen und weinte um den erschlagenen Sohn, und die ganze Behausung erscholl von Jammer. Nachdem sie lange so dem Grame sich ergeben, sprang Achilleus plötzlich empor und hob den Alten voll Mitleid mit seinem grauen Haupt und seinem grauen Bart an der Hand vom Boden und sprach zu ihm: „Armer, fürwahr, viel Weh hast du ertragen. Wie aber vermochtest du hierher zu den Schiffen der Achäer zu kommen, vor die Augen dessen, der dir so viele tapfere Söhne erschlagen hat? Du hast ein eisernes Herz! Doch jetzt setze dich auf den Sessel und laß uns den Kummer, so tief er uns auch im Herzen sitzt, vergessen, die Klage ist ja doch vergebens. So ist nun einmal das Los, das die seligen Götter uns elenden Menschen gegeben. Zwei Tonnen stehen im Hause des Zeus, die eine mit Unheil gefüllt, mit Gaben des Glückes die andere; wem der Gott vermischt die Gaben zuteilt, der hat bald Glück und

Priamos vor Aichilleus

bald Unglück, doch wem er nur Leid austeilt, den stößt er in Schmach und Jammer, und Not verfolgt ihn über die Erde. So schenkten die Götter dem Peleus zwar herrliche Gaben des Glücks, doch gab ihm ein Gott auch Unglück; denn ihm ward nur ein einziger Sohn, und dessen Pflege wird er nicht inne in seinem Alter, sondern fern vom Vaterlande sitze ich hier vor Troja und betrübe dich und deine Kinder. Und auch dich, o Greis, priesen die Menschen einst glücklich wegen deiner Macht und Habe und deiner blühenden Söhne, doch jetzt haben die Götter dir Leid beschert, seit Schlacht und Mord deine Stadt umtobt. So duld' es denn und jammere nicht unablässig, die Klage weckt ja die Toten nicht."

Der Greis antwortete: „Heiß' mich nicht sitzen, so lange Hektor in deinem Zelte unbestattet liegt. Übergib mir ihn bald, denn mich verlangt ihn zu sehen, und nimm das große Lösegeld, das wir bringen." Da versetzte der Jüngling zornigen Blickes: „Reize mich nicht mehr, o Greis; ich selbst beabsichtige deinen Sohn zu lösen, Zeus befahl es mir; auch erkenne ich wohl, daß irgendein Gott dich hierhergeführt, denn wie wärest du sonst ins Lager gekommen, an den Wächtern vorbei, und wie hättest du den großen Riegel an meinem Tore zurückgeschoben? Darum rege mir nicht noch mehr mein trauriges Herz auf, sonst möchte ich des Zeus Gebot vergessen und dein, o Greis, selbst in meinem Zelte nicht verschonen." Der Greis schwieg in bangem Zagen; Achilleus aber sprang wie ein Löwe hinaus, und ihm nach seine beiden trautesten Genossen Alkimos und Automedon. Sie spannten die Zugtiere ab und führten den Herold Idaios ins Zelt; dann hoben sie die mannigfaltigen Lösegeschenke vom Wagen, behielten aber zwei Mäntel und einen Leibrock zurück, um darein die Leiche des Hektor zu hüllen. Darauf hieß er die Mägde die Leiche waschen und salben und bekleiden, doch entfernt und ungesehen von dem Vater, damit er nicht bei dem Anblick des erschlagenen Sohnes in Zorn und Trauer aufwallete und er in Zorneswut den Greis erschlüge. Nun legte er selbst die Leiche auf ein Lager und ließ sie auf den Lastwagen heben. Ins Zelt zurückgekehrt, setzte er sich wieder auf seinen Sessel dem König gegenüber und sprach: „Nun ist dein Sohn gelöst, o Greis, wie du es gewünscht. Morgen mit dem Erscheinen des Frührots magst du ihn schauen und heimführen. Doch jetzt wollen wir des Mahles gedenken; du kannst ihn noch genug beweinen, wenn du ihn nach Ilion gebracht; denn er ist wert vieler Tränen." Darauf schlachtete er ein Schaf und ließ seine Freunde ein Mahl bereiten. Nachdem sie sich an dem herrlichen Mahle gesättigt, saßen sie längere Zeit einander gegenüber und betrachteten sich mit schweigendem Staunen; der alte König bewunderte die hohe edle Gestalt des Jünglings, der den unsterblichen Göttern gleich schien, und Achilleus schaute staunend in das ehrwürdige Antlitz des greisen Priamos und lauschte seiner klugen Rede. Endlich sprach der Alte: „Nun bette mich, edler Held, denn seit mein Sohn unter deiner Hand fiel, haben sich meine Augen nicht geschlossen, sondern in stetem Jammer habe ich mich im Hofe auf schmutziger Erde gewälzt, und erst heute kam Fleisch und Wein wieder über meine Lippen." Achilleus befahl seinen Freunden und Mägden, ein Bett unter die Halle zu stellen und purpurne Polster und Teppiche und wollene Decken darauf zu breiten, und sprach dann freundlich: „Jetzt lagere dich draußen, lieber Greis; denn es möchte irgendein Fürst der Danaer, die oft in mein Zelt kommen, mit mir zu beraten, dich durch das Dunkel der Nacht erblicken und es dem Agamemnon verkünden, und dann würde vielleicht die Lösung der Leiche verzögert. Und nun sage mir noch: wie viel Tage gedenkst du deinen Sohn zu bestatten, damit ich während der Zeit dir Waffenruhe gönne." Priamos antwortete: „Wenn du mir vergönnen willst, dem Sohne in Ruhe die Leichenfeier zu halten, so laß uns ihn neun Tage in unserem Hause beweinen, am zehnten wollen wir ihn bestatten und das Leichenmahl halten, am elften ihm den Grabhügel aufwerfen, und am zwölften wollen wir dann, wenn es so sein muß, wieder kämpfen." Achilleus gewährte bereitwillig die erbetene Frist, faßte die Rechte des Greises am Knöchel, damit er ihm alle Furcht benähme, und entließ ihn dann zum Schlafe. Er selbst ging in seinem Zelte zur Ruhe.

Während alles in sanftem Schlummer lag, gedachte Hermes, wie er den Priamos aus dem Lager der Feinde unbemerkt von den Wächtern hinausführte. Er trat zu Häupten des schlafenden Greises und sprach: „Lieber Greis, wahrlich, du schläfst ruhig und unbekümmert unter feindlichen Männern, nachdem Achilleus dich verschont hat. Es ist wahr, du hast den Sohn gelöst mit vieler Habe; aber dreimal höheres Lösegeld müßten für dich, den Lebenden, deine Söhne zahlen, wenn Agamemnon und die Achäer es wüßten." Da erschrak der Greis und erwachte und weckte den Herold. Hermes selbst schirrte ihnen Rosse und Maultiere an und lenkte sie, ohne daß jemand sie bemerkte, in Eile durch das feindliche Heer. Als sie an die Furt des Skamandros kamen, erschien im Osten das Frührot, und der Gott verließ sie. Während sie nun seufzend und wehklagend ihre Wagen durch die Ebene nach der Stadt führten, sah niemand von den Troern und Troerinnen sie herankommen, denn sie lagen noch alle im Schlummer. Nur Kassandra, die schöne Tochter des Priamos, stand am frühen Morgen auf der Höhe der Veste Pergamos und sah in der Ferne den Vater im Wagensitze stehen und den Herold auf dem Lastwagen mit der Leiche des Hektor. Sie klagte laut auf und rief durch die ganze Stadt: „Eilet, ihr Troer und Troerinnen, und schauet den Hektor! Begrüßt ihn, den Toten, wenn ihr je der Heimkehr des Lebenden euch gefreut." Da blieb kein Mann und kein Weib in der Stadt; in unermeßlicher Trauer strömten sie alle hinaus und begegneten an dem Tore dem Leichnam. Andromache, die liebende Gattin, und die ehrwürdige Mutter Hekabe, allen voran, stürzten sich sinnlos mit zerrauftem Haar an den Wagen und faßten klagend sein Haupt, während die Menge sie weinend umstand. Und sie hätten den ganzen Tag bis zur sinkenden Sonne vor dem Tore gejammert, hätte nicht endlich Priamos vom Wagen herab dem Volke zugerufen: „Machet mir Platz und lasset die Maultiere durchgehen! Später sättiget euch an Tränen, nachdem ich ihn ins Haus geführt." Nun trennte sich das Volk und wich dem Wagen aus.

Nachdem sie den Leichnam in das Haus gebracht, legten sie ihn auf ein schönes Lager und stellten Sänger an, welche unter dem Nachseufzen der Frauen die Totenklage anstimmten. Vor allen aber klagte Andromache, indem sie das Haupt ihres erschlagenen Gatten in den Händen hielt: „Mein Gatte", sprach sie, „du kamst um in der Kraft der Jugend und lässest mich als Witwe in dem Hause zurück mit dem unmündigen Knäblein, unserem lieben Kinde. Ach ich befürchte, er wird nicht zum Jüngling heranblühen; denn vorher wird unsere Stadt zerstört werden, da du, ihr Beschützer, dahinsankst. Bald nun werden Trojas Frauen als Gefangene zu den Schiffen der Danaer geschleppt werden, und ich mit ihnen; und mein Söhnlein wird mir folgen, um in Schmach zu arbeiten vor einem unsanften Fronherrn, oder ein Achäer wird ihn am Arme fassen und vom Turme werfen, daß er schmählich umkommt." So sprach sie weinend, und die Frauen umher seufzten mit ihr. Darauf begann auch Hekabe ihre Klage: „Hektor, mein Herzenskind, teuerster von all' meinen Söhnen! Wie lieb warst du den Göttern auch noch im Tode! Mit der Lanze gemordet, im Staube geschleift, liegst du noch so tauig und frisch, als hätte eben Apollon dich mit sanftem Geschosse getötet." So sprach sie weinend und weckte den Frauen unermeßlichen Kummer. Nun begann auch Helena als die dritte zu klagen: „Hektor, liebster meiner Schwäger, nun ist es das zwanzigste Jahr, seit ich dem Paris aus meiner Heimat folgte, was nie hätte geschehen sollen, aber nie hörte ich ein hartes oder verächtliches Wort aus deinem Munde; sondern wenn ein anderer Schwager oder Schwägerin oder die Schwiegermutter – der Schwiegervater war immer mild wie ein Vater – im Hause mich anfuhr, so besänftigtest du immer mit freundlichem Herzen und freundlichen Worten und redetest zum Guten. Drum beweine ich zugleich dich und mich;

denn nun habe ich in dem weiten Troja keinen Freund und keinen Tröster mehr." So sprach sie weinend, und alles Volk umher seufzte.

Jetzt aber rief Priamos: „Wohlauf, ihr Troer, bringet Holz zur Stadt und besorget keinen Hinterhalt von den Achäern; denn Achilleus versprach mir, als er mich entließ, daß er uns nicht angreifen werde bis zum zwölften Tag." Da strömten die Troer hinaus mit Stieren und Maultieren und fuhren neun Tage lang eine unendliche Menge Holz aus der Waldung herbei, und am zehnten Tage trugen sie die Leiche des Hektor hinaus, legten sie auf den Scheiterhaufen und verbrannten sie. Am elften in der Frühe versammelte sich das Volk um die Brandstätte und löschte mit dunklem Wein alle Glut; die Brüder und Freunde aber sammelten unter vielen Tränen die weißen Knochen, legten sie in ein goldenes Kästchen und stellten dies, mit purpurnen Gewanden umhüllt, in die hohle Grube. Darüber legten sie mächtige Steine dichtgeschlossen und häuften dann das Grabmal auf. Währenddem saßen ringsum Späher, damit die Achäer sie nicht unversehens überfielen. Als der Grabeshügel vollendet war, gingen sie zurück in die Stadt und feierten in dem Hause des Herrschers Priamos den stattlichen Leichenschmaus. So ward Hektor, der edle Held, von den Seinen bestattet.

Die Ereignisse des trojanischen Krieges nach der Ilias

Penthesileia

Seit Hektor unter den Händen des Achilleus gefallen war, hielten sich die Troer furchtsam hinter ihren Mauern; denn sie scheuten sich vor der Lanze des schrecklichen Peliden. Alles Volk trauerte und weinte um Hektor und die vielen anderen tapferen Helden, die der Krieg in den letzten Tagen verschlungen hatte, und dachte schon mit Zittern an den Untergang der Vaterstadt. Da nahte ihnen eine unerwartete Hilfe. Fern von der Strömung des Thermodon in der Landschaft Pontus, wo die Amazonen wohnen, das kriegerische Frauenvolk, kam die Königin Penthesileia, eine Tochter des Ares, begleitet von zwölf anderen Amazonenjungfrauen, begierig, sich im Kampfe mit den berühmten Helden der Achäer zu messen. Doch nicht bloß ihr kriegerischer Mut trieb sie den Troern als Helferin zu, sondern sie hatte sich auf der Jagd durch einen unglücklichen Lanzenwurf, der statt des verfolgten Hirsches ihre Schwester Hippolyte traf, mit einer unfreiwilligen Blutschuld beladen, und um den Zorn der Erinyen zu versöhnen, zog sie aus in den blutigen Krieg. Als die Troer die stattlichen Jungfrauen in blinkenden Waffen auf ihren mutigen Rossen herankommen sahen, Penthesileia selbst unter ihrer Begleitung hervorstrahlend, wie der Mond unter den Sternen, lieblich und schön gleich der Morgenröte, da strömten sie staunend herbei und freuten sich der neuen Hilfe. Auch Priamos vergaß des tiefen Grams; er führte die junge Königin freundlich in seinen Palast und ehrte sie wie eine Tochter, die im zwanzigsten Jahre aus weiter Ferne heimgekehrt ist, bereitete ihr ein königliches Mahl und erfreute sie mit den kostbarsten Geschenken. Noch viel größere Geschenke versprach er ihr, wenn sie die bedrängte Stadt aus ihrer Not befreien würde. Die Jungfrau aber gelobte ein übermenschliches Werk, den Achilleus mit allen Achäern in den Staub zu werfen und ihre Schiffe zu verbrennen. Andromache, Hektors trauernde Witwe, hörte die prahlenden Worte und sprach leise zu ihrem Herzen: „O Arme, was sprichst du! Dir mangelt die Kraft, mit dem furchtbaren Peliden zu streiten, und du wirst bald seinem Speere erliegen. Hektor war ein viel stärkerer Krieger, und dennoch erlag er, mir und den Troern zum Schmerz."

Nachdem der Tag sich geneigt hatte und das Gastmahl beschlossen war, ging Penthesileia mit ihren Freundinnen zur Ruhe. Während sie ermüdet in tiefem Schlummer lag, trat der Traumgott, von Pallas Athena gesendet, in Gestalt ihres Vaters Ares vor ihr Lager und hieß sie, dem Achilleus mit mutigem Herzen in der Schlacht entgegenzutreten, sie werde durch seinen Tod sich großen Ruhm erwerben. Die Unglückliche ahnte nicht, daß Pallas Athena ihr baldiges Verderben wollte, und erhob sich freudigen Mutes mit dem anbrechenden Tage von ihrem Lager. Ohne Säumen legte sie ihre glänzenden Waffen an, die goldenen Beinschienen und den funkelnden Panzer, über welchen sie ihr mächtiges Schwert warf in einer Scheide von Silber und Elfenbein; dann nahm sie den Schild, der schimmerte wie der Mond, wenn er aus dem Meeresspiegel aufsteigt, und setzte den mit goldener Mähne prangenden Helm aufs Haupt. So trat sie, zwei lange Speere in der Linken unter dem Schild, in der Rechten eine schwere Doppelaxt, vor das Tor des Palastes und bestieg ihr mutiges Schlachtroß, das schneller war als die geflügelten Harpyien. Die herbeiströmenden trojanischen Krieger sahen sie an mit Staunen und vergaßen alle Furcht. Mit neuem frischem Mute folgten sie ihrem Rufe und zogen mit ihr und ihren tapferen Gefährtinnen vor die Stadt zu blutigem Streit. Während sie jauchzend, voll Hoffnung des Sieges, durch das Tor strömten, erhob der alte Priamos seine Hände zum Himmel und betete: „Vater Zeus, laß heute die Scharen Achaias unter der Hand der kriegerischen Tochter des Ares in den Staub sinken und sie selbst unversehrt in mein Haus zurückkehren. Tue es deinem gewaltigen Sohne Ares zur Ehre, tu' es ihr selbst zu Liebe, die von deinem Geschlechte stammt und den unsterblichen Göttern gleicht; tue es auch um meinetwillen, der ich so viel erduldet und so viele Söhne unter den Händen der Argiver verbluten sah; hilf uns, so lange noch etwas von dem Blute des Dardanos übrig ist und unsere Stadt noch ungebrochen steht, auf daß wir endlich uns erholen von dem verderblichen Kriege."

Als die Achäer bei ihren Schiffen die Trojaner, welche viele Tage lang nicht gewagt hatten, ihre Stadt zu verlassen, so mutig aus dem Tore dringen sahen, wunderten sie sich, und mancher sprach zu seinen Genossen: „Wer denn hat jetzt die Troer wieder vereinigt, daß sie aufs neue kampfbegierig auf uns losstürmen? Gewiß ist ein Gott in ihrer Mitte, der sie antreibt. Wohlan, laßt uns des Kampfes gedenken, ·auch wir werden heute nicht ohne Hilfe der Götter kämpfen." So sprach mancher, und sie legten schnell ihre Waffen an und strömten aus dem Lager dem Feinde entgegen. Da erhob sich ein schrecklicher Kampf, in welchem auf beiden Seiten mit dem größten Mute gestritten ward, und bald war der Boden rot von Blut. Allen Troern voran kämpfte Penthesileia, und von ihrem Speere sank ein Grieche nach dem andern in den Staub. Mit gleichem Eifer fochten ihre Gefährtinnen. Doch nicht lange, so wandten sich die tapfersten Helden im Griechenheere dem Gedränge zu, wo die Amazonen wüteten, und bald fand manche tapfere Streiterin den frühen Tod. Podarkes, der Sohn des Iphikles, durchbohrte die Klonia mit dem Speere, doch nicht ungestraft; denn Penthesileia, erzürnt über den Tod ihrer Freundin, stach ihm die Spitze ihrer Lanze durch die rechte Hand, daß er sich schnell zurückzog und in den Armen seiner Freunde den Geist aushauchte. Idomeneus schleuderte seinen Speer der Bremusa in die rechte Brust; stöhnend sank sie zu Boden, wie eine Esche, die der Holzhauer im Gebirge niederhaut, und ihr Geist entflog. Dem Idomeneus zur Seite stritt Meriones, er erlegte die Euandra und Thermodessa, die eine mit dem Speer, die andere mit dem Schwerte. Aias, der Lokrer, erschlug die Derione, der Tydide Diomedes die Alkibia und Derimacheia. So waren in kurzer Zeit sieben Amazonen gefallen, dazu auch mancher trojanische Streiter; denn die Keren, die würgenden Todesgöttinnen, tummelten sich mit furchtbarer Mordlust durch die Scharen. Penthesileia aber kämpfte unerschüttert und unbezwungen weiter; wie eine Löwin blutgierig im Gebirge unter die Rinder springt, so drang sie furchtbar unter die Haufen der Griechen, und wo sie nahete, wichen die Streiter erschreckt zurück. „Ihr Hunde", rief sie drohend, „heute sollt ihr mir die Schmach des Priamos büßen. Die Vögel und die Raubtiere sollt ihr speisen, und kein Grabmal soll euch ehren; keiner soll heimkehren, dem Weib und den Kindern zur Freude. Wo ist jetzt der Tydide, wo Achilleus und Aias, die die Tapfersten sein sollen im Heere? Sie wagen nicht mir entgegenzutreten, sie fürchten den Tod von meiner Hand!" Mit diesen Worten stürzte sie unter die Danaer und erschlug ein zahlreiches Volk, bald mit der Axt, bald mit dem Speer; auch trug ihr das Roß einen gefüllten Köcher und einen Bogen, falls sie ihrer bedürfte. Hektors Brüder und Freunde folgten ihr mutig nach, und die Männer und die Rosse der Achäer sanken zu Boden wie die Blätter der Bäume. Immer weiter wichen die Griechen zurück, und schon glaubten die Troer in ihrer törichten Freude an ihre völlige Vernichtung; denn sie waren schon ganz nahe bei den Schiffen und machten Anstalt diese zu verbrennen.

Achilleus und der Telamonier Aias nahmen nicht teil an dem Kampfe. Sie lagen an dem Grabmal des Patroklos und gedachten klagend ihres Freundes. Da, als schon die Troer mit Brandfackeln den Schiffen nahe waren, hörte Aias den Lärm der Schlacht und sprach zu Achilleus: „Freund, ein gewaltiges Getöse dringt zu meinen Ohren, als wenn ein harter Kampf entbrannt wäre. Laß uns eilen, daß nicht die Troer uns zuvorkommen und die Argiver erschlagen und unsere Schiffe verbrennen. Das wäre uns beiden eine große Schmach." Jetzt vernahm auch Achilleus den Kampflärm und das Jammergeschrei, und beide eilten zu ihren Waffen, und nachdem sie sich gerüstet, stürmten sie zusammen dem Kampfplatze zu. Als die bedrängten Achäer die beiden gewaltigen Helden in ihren schimmernden Rüstungen heranstürmen sahen, freuten sie sich und atmeten neu auf. Aias stürzte sich in das Getümmel der Troer und erlegte im ersten Kampfe vier tapfere Männer im Vordertreffen, während Achilleus fünf Amazonen erschlug. Darauf wüteten sie verderbend unter dem dichten Haufen der Feinde, wie Feuer im dichten Gebirgswald beim Wehen des Sturmes. Als Penthesileia sie so würgen sah, stürzte sie zornig auf sie ein, wie ein Panthertier gegen die Jäger, und schleuderte zuerst ihren Speer auf den Peliden; aber der Speer sprang zerschmettert zurück wie von hartem Felsen. Darauf richtete sie einen zweiten Speer gegen Aias und rief beiden Helden drohend zu: „Mein erstes Geschoß entflog erfolglos; aber mit diesem hoffe ich euch Kraft und Leben zu nehmen, die ihr euch rühmet, die Stärksten unter den Danaern zu sein. Kommt heran, daß ihr erkennt, wie viel stärker wir Amazonen sind als alle Männer." Die beiden Helden lachten ihrer prahlenden Rede und Aias schleuderte seinen Speer ihr wider die goldne Beinschiene; doch er verwundete ihr den Fuß nicht und wandte sich, ohne sich weiter um das Weib zu kümmern, gegen die Haufen der Troer, dem Peliden allein die Bekämpfung der Amazone überlassend; denn er wußte, daß sie ihm ein leichter Kampf war, wie die Taube dem Habicht.

Penthesileia hatte einen zweiten Speer ohne Erfolg gegen den Peliden geschleudert, da rief ihr dieser zornig zu: „Weib, wie wagst du, eitel prahlend, uns entgegenzugehen, die wir die größten Helden der Erde sind, aus dem Geschlechte des großen Zeus. Sogar Hektor wich scheu vor uns zurück und erlag meiner Lanze, und du drohst wahnsinnig uns zu verderben. Traun, jetzt ist des Todes Stunde dir nahe." Mit diesen Worten drang er, seine Mordlanze schwingend, auf sie ein und traf sie über der rechten Brust, daß das schwarze Blut aus der Wunde sprang und ihre Glieder die Kraft verließ. Nacht überdeckte ihr Auge, und die Streitaxt entfiel ihrer Hand; bald aber erholte sie sich wieder und schaute den Feind an, der eben heransprang, sie von ihrem Rosse herabzuziehen. Während sie noch erwog, ob sie ihr Schwert ziehen und dem stürmischen Angriff begegnen oder um Gnade bitten sollte, durchbohrte Achilleus in wildem Zorne Roß und Reiterin mit einem Stoß. Sterbend sank sie in den Staub, am Speere zuckend und wider ihr Roß gelehnt, das am Boden lag, gleich einer schlanken Tanne, die der Nord gefällt.

Als die Troer die Amazonenkönigin erschlagen sahen, eilten sie in wirrer Flucht zu der Stadt und beweinten die unglückliche Tochter des Ares und ihre eigenen Völker, die in dem traurigen Kampfe gefallen waren. Achilleus aber sprach frohlockend: „So liege denn jetzt im Staube, Unglückliche, den Hunden und den Vögeln eine Speise! Wer verleitete dich auch, mir entgegenzugehen? Du hofftest wohl, aus dem Kampfe zurückkehrend, von dem alten Priamos unermeßliche Gaben zu empfangen, dafür daß du die Argiver erschlagen. Doch das fügten die Götter anders; die finsteren Keren und deine eigene Torheit trieben dich, die Werke der Frauen verachtend, in den Krieg zu gehen, der selbst den Männern furchtbar ist." So sprach er und zog seinen Speer aus den zuckenden Leibern des Rosses und der Jungfrau. Darauf löste er ihr den schimmernden Helm von dem Haupte und sah ihr in das Antlitz, das, obgleich im Tode erblaßt und überdeckt von Staub und Blut, doch noch von lieblicher Schönheit glänzte. Voll Staunen betrachteten die herbeigeströmten Achäer die herrliche Jungfrau, die in ihren glänzenden Waffen dalag wie eine schlafende Artemis, wenn sie, von der Jagd ermüdet, im Walde ruht. Achilleus selbst stand staunend und voll trauriger Rührung vor ihr, ganz in den Anblick ihrer wunderbaren Schönheit versenkt, und Liebe zu der schönen Heldenjungfrau beschlich sein jugendliches Herz. Lieber hätte er sie nach Phthia als traute Gattin in sein Haus geführt, als so blutig erschlagen.

Während Achilleus noch in wehmütiger Trauer dastand und sich von der schönen Leiche nicht trennen konnte, trat der durch seine Frechheit bekannte Thersites aus der umstehenden Menge und schmähte den jungen Helden mit unverschämten Worten: „Tor, warum grämst du dich wegen der Amazone, die uns allen so viel Unheil gebracht? Dein weibersüchtiges Herz empfindet Liebeskummer um sie, wie um eine süße Braut. Hätte sie doch erst dich mit dem Speere durchbohrt, da deine Gedanken so an Weibern hangen und du aller Tapferkeit vergissest." Unter solchem Schelten stieß der Freche der toten Jungfrau seinen Speer ins Auge. Doch kaum war die unwürdige Tat vollbracht, so traf ihn die Faust des erzürnten Peliden mit solcher Macht auf die Wange, daß ihm zugleich mit einem Strom von Blut alle Zähne aus dem Munde fielen und er, aufs Antlitz in den Staub stürzend, seine feige Seele verhauchte. Alle Achäer freuten sich, daß den frechen Lästerer endlich die verdiente Strafe getroffen; nur Diomedes zürnte wegen des Mordes, da Thersites sein Verwandter war; sein Großvater Oineus nämlich und Agrios, des Thersites Vater, waren Brüder. Und es wäre zwischen den beiden Helden Diomedes und Achilleus zu blutigem Streit gekommen, wenn es nicht den vereinten Bemühungen der andern Achäer gelungen wäre, die Erzürnten zu beschwichtigen.

Achilleus und Penthesileia

Achilleus gab mit Einstimmung der Atriden die Leiche der auch noch im Tode von ihm geliebten Penthesileia mitsamt ihrer Rüstung dem Priamos zur Bestattung zurück. Sie ward unter großer Trauer von den Troern auf einem mächtigen Holzstoße verbrannt und ihre Asche in der Gruft des Laomedon beigesetzt. Neben ihr begrub man ihre zwölf Gefährtinnen, die sämtlich in der Schlacht gefallen und ebenfalls von den Atriden an die Trojaner ausgeliefert worden waren.

Memnon

Nach dem Tode der Penthesileia waren die Troer wieder in großer Not. Tag und Nacht standen die Wächter auf der Mauer und den Türmen und spähten furchtsam aus, ob vielleicht die Achäer, von Achilleus geführt, gegen die Stadt selbst heranzögen. Ja manche schlugen schon vor, die Stadt ihrer Väter zu verlassen und in fremdem Lande sich eine neue Wohnstätte zu suchen. Da kam aus dem fernsten Osten, von dem Rande des Okeanos, Memnon, der junge heldenmütige König der Äthiopen, der Sohn der Eos und des Tithonos, also der Neffe des Königs Priamos, der schönste aller Sterblichen, mit zahllosem Volke seinen Verwandten zu Hilfe, und die Trojaner atmeten neu auf; denn ihr neuer Bundesgenosse war ein ebenbürtiger Gegner des furchtbaren Achilleus, ein Krieger von unermeßlicher Stärke, gleich

Achilleus der Sohn einer Göttin und wie dieser von Hephaistos mit einer herrlichen Rüstung beschenkt.

Gleich am folgenden Tage nach seiner Ankunft zog Memnon mit dem Heer seiner Äthiopen und den von neuem Mute beseelten Trojern und Bundesgenossen auf den Kampfplatz hinaus gegen das Lager der Griechen gleich dunkelem Gewölke, das der Sturm daherführt; die ganze Ebene war von Kriegsscharen erfüllt, und dichter Staub wirbelte unter ihren Füßen auf. Schnell waren die Achäer gerüstet und rückten mutig dem Feinde entgegen; denn Achilleus führte sie, gewaltig wie ein Titane, und glänzend in Waffenschmuck wie die aufgehende Sonne. Nicht minder stattlich prangte auf der andern Seite Memnon in den Scharen der Seinen. Furchtbar stießen die feindlichen Reihen aufeinander, gleich den donnernden Wogen im Sturm; die Speere und die Schwerter sausten, dumpf klirrten die Schilde, das Geschrei der Mordenden und der Gemordeten stieg tausendfach zum Himmel. Vor allen wüteten Memnon und Achilleus in dem Getümmel und streckten ganze Scharen ihrer Feinde darnieder. Doch suchte Achilleus seinen großen Gegner nicht auf; denn er hatte von seiner Mutter Thetis erfahren, er werde selbst fallen, kurz nachdem er Memnon erlegt. Darum kämpfte er fern von Memnon und ließ seinem Würgen freien Lauf.

Eben wendete sich der Äthiope mit seinem mordenden Speer gegen den alten Nestor, der mit seinem Wagen nicht entrinnen konnte, da ein Pfeil des Paris ihm eins seiner Rosse zu Boden gestreckt hatte. Der alte Kämpe rief in der Bedrängnis seinen Sohn Antilochos zu Hilfe. Der warf sich zwischen den anstürmenden Memnon und den Vater und schleuderte seinen Speer; doch verfehlte er den Memnon und traf dessen Freund Aithops. Nun stürzte sich Memnon wie ein zorniger Löwe auf Antilochos, der in der Hast einen schweren Feldstein ihm auf den Helm warf, doch ohne ihn zu zerschmettern, und bohrte ihm seinen Speer in die linke Brust gerade ins Herz, daß er augenblicklich tot in den Staub sank. Da jammerten alle Danaer um den teuren Jüngling, zumeist der alte Vater, für den der liebe Sohn sein Leben hingegeben hatte, und er rief schnell seinen Sohn Thrasymedes herzu: „Eile, Thrasymedes, damit wir den Mörder deines Bruders von seiner Leiche abwehren, oder selbst im Kampfe um ihn den Tod finden!" Als Thrasymedes den Tod seines Bruders hörte, faßte ihn herber Schmerz, und er eilte mit seinem Freunde Phereus herbei, um dem Memnon sich entgegenzuwerfen. Der aber, von verschiedenen Seiten angegriffen, stand unerschütterlich, wie im Gebirge ein Eber oder ein Bär, den die Jäger vergebens bekämpfen, und begann dem erschlagenen Antilochos die Waffen abzulösen, während die Speere des Thrasymedes und Phereus ihn umsausten und seine Nachbarn trafen. Als der alte Nestor sah, wie seinem Sohne die Rüstung geraubt ward, rief er in bitterem Schmerze seinen Freunden zu und drängte sich selbst auf seinem Wagen dem furchtbaren Feinde entgegen. Aber Memnon hatte Ehrfurcht vor dem greisen Kämpen und rief ihm zu: „Weiche, o Greis, es scheint mir nicht ziemlich, gegen dich, den Alten, zu kämpfen. Von ferne hielt ich dich für einen jugendlichen Streiter; doch jetzt sehe ich, daß du weit älter bist. Drum weiche, daß ich dich nicht wider Willen töte und man dich töricht nennt, weil du dich in einen ungleichen Kampf gewagt."

Mit widerstrebendem Herzen wich Nestor zurück, und während die Äthio-

Der erschlagene Anticholos

pen und Achäer über der Leiche des Antilochos in furchtbarer Wut hin und her kämpften, eilte er zu Achilleus, der auf der anderen Seite des Treffens focht, und rief ihm zu: „Hilf, Achilleus, mein lieber Sohn ist gefallen, und Memnon hat seine Waffen. Ich befürchte, er wird eine Beute der Hunde. Auf, gedenke des Freundes." Da erfüllte Schmerz und Zorn die Seele des Peliden, denn Antilochos war nach Patroklos sein liebster Freund, und er stürzte sogleich auf Memnon los, ohne der Warnungen seiner Mutter weiter zu gedenken. Als Memnon ihn nahen sah, schleuderte er einen großen Stein, den vor Zeiten die Menschen als Grenzstein aufgestellt hatten, ihm entgegen. Er traf ihn wider den Schild, aber unerschüttert drang Achilleus vor und durchstach ihm die rechte Schulter. Doch unbekümmert um die Wunde, warf auch Memnon seinen Speer und verwundete dem Peliden den Arm, daß das schwarze Blut hervorsprang. Da rief er prahlend in eitler Freude: „Jetzt, glaube ich, ist dir das Verhängnis nah durch meinen Arm, nachdem du mitleidlos so viele Troer erschlagen. Du rühmtest dich, der tapferste aller Männer zu sein; doch jetzt steht dir ein Göttersohn entgegen, der gewaltige Sohn der Eos, die am lichten Himmel den Göttern und Menschen den Tag bringt, während deine Mutter, die Nereide, drunten in der Meerestiefe bei den Fischen und Ungeheuern sitzt, müßig und unbekannt." „Memnon", sprach der Pelide, „wie treibt dich deine Verblendung mir entgegen, dem Sprossen des Zeus und des mächtigen Nereus? Bald sollst du erkennen, welch eine Göttin meine Mutter ist, wenn mein eherner Speer dir in die Leber gedrungen. Den Hektor strafte ich für den Mord des Patroklos, an dir räche ich den Tod den Antilochos; denn du erschlugst nicht den Freund eines Schwächlings. Doch wozu die eitelen Worte? Auf zum Streit!" Mit diesen Worten faßte er sein mächtiges Schwert, und Memnon das seine, und beide stürzten aufeinander los. Mit ungestümer Wut hieben und stießen sie einer auf den andern ein, bald über und bald unter den Schilden, und keiner wich. Zeus selbst schaute mit Wohlgefallen vom Olympos herab den gewaltigen Heldenkampf und machte beide noch größer und stärker, daß sie nicht mehr Menschen glichen, sondern Göttern. Lange währte der Kampf; die göttlichen Mütter der beiden Helden, Eos und Thetis, standen flehend zu beiden Seiten des Zeus, in dessen Händen die Geschicke ihrer Söhne ruhten, und auch die übrigen Götter hatten sich, je nachdem sie den einen oder den andern Helden begünstigten, zu beiden Seiten des olympischen Herrschers geschart und schauten teilnehmend mit Angst und Sorge hinab auf ihre geliebten Streiter. Und es wäre unter den Unsterblichen selbst noch zu Kampf und Streit gekommen, wenn nicht zuletzt Zeus ein Ende gemacht hätte. Er sandte zwei Schicksalsgöttinnen auf das Schlachtfeld und hieß die finstere sich zu Memnon gesellen, die lichte zu Achilleus. Da schrien die Unsterblichen laut auf, die einen vor Freude, die andern vor Leid.

Die beiden Helden kämpften beharrlich weiter, ohne das Nahen der Schicksalsgöttinnen zu merken, und stritten wie unbändige Giganten oder Titanen, bald mit der Lanze, bald mit dem Schwerte oder mit gewaltigen Steinen. Keiner zitterte, keiner wich; sie standen wie die Felsen, und um sie herum würgten sich ihre Genossen, daß der Boden von Blut und Leichen bedeckt war. Zuletzt stieß der Pelide dem Memnon seinen Speer tief in die Brust, daß ein schwarzer Blutstrom hervorsprang und er mit dumpfem Dröhnen tot zu Boden sank. Während die Myrmidonen der Leiche die Rüstung abzogen, verfolgte der Pelide die jetzt auf allen Seiten flüchtenden Trojaner gegen die Stadt hin. Eos, die Mutter des Gefallenen, hüllte sich seufzend in dunkles Gewölk und sandte – so gestattete es der waltende Zeus – ihre Kinder, die schnellen Winde, auf das Schlachtfeld, daß sie die teure Leiche durch die Lüfte entführten. Sie trugen ihn an das Ufer des Flusses Aisepos, in einen lieblichen Hain der Nymphen, der Töchter des Aisepos, welche ihm ein hohes Grabmal errichteten und seinen Tod beweinten. Die Kriegsgefährten des Memnon folgten, durch die Macht eines Gottes in Vögel verwandelt, durch die Lüfte, und alljährlich erscheinen sie seitdem an seinem Grabe, um dort ihm zu Ehren Kämpfe aufzuführen und zu klagen. Die Argiver sahen mit Staunen plötzlich die Leiche des Memnon und alle Äthiopen vom Schlachtfelde verschwunden; die Troer aber waren, von Achilleus gescheucht, in die Stadt geflohen und überließen ihnen das Schlachtfeld. Am folgenden Morgen verbrannten die Griechen unter Trauer und Klage die Leiche des edlen Antilochos, der mit seinem Leben das Leben des Vaters erkauft hatte, und bargen seine Asche in köstlicher Urne, um sie später unter einem Hügel mit der Asche des Patroklos und des Achilleus, seiner trautesten Freunde, beizusetzen.

Tod des Achilleus

Nachdem Antilochos bestattet war, erhob sich Achilleus aufs neue, um an allen Troern den Tod seines Freundes zu rächen. Diese hatte das Verhängnis trotz all' ihrem Unglück wieder aus den Mauern zum Kampf getrieben, ob sie vielleicht noch ihre Stadt zu retten vermöchten; aber Achilleus mit seinen mutigen Scharen scheuchte sie nach kurzem Kampfe in ihre Stadt zurück. Und schon war er nahe daran, das skäische Tor zu durchbrechen und alle Troer in der Stadt zu erschlagen; da schritt Apollon, in unerbittlichem Zorne wegen des Unglücks der Troer, vom Olympos herab, dem Achilleus entgegen; Bogen und Köcher klirrten schrecklich um seine Schulter, unter seinen Schritten bebte die Erde, und er rief mit furchtbarer Stimme: „Weiche, Pelide, fern von den Troern und wüte nicht mehr weiter, damit nicht einer der Unsterblichen vom Olympos dich verderbe!" Aber Achilleus in seiner Kampfeswut wich nicht vor dem göttlichen Rufe zurück, denn schon stand das schwarze Verhängnis ihm zur Seite; sondern, des Gottes nicht achtend, rief er ihm laut entgegen: „Phoibos, warum reizest du mich, wider Willen mit Göttern zu streiten, und stehst den übermütigen Troern bei? Schon einmal hast du mich getäuscht und von Hektor und den Troern abgezogen. Weiche jetzt fern zu den andern Göttern, daß dich mein Speer nicht treffe, obgleich du ein Gott bist." So rief er und wandte sich von dem Gotte ab gegen die Troer, die noch auf dem Felde zerstreut umherflohen; Apollon aber sprach zu seinem zornerfüllten Herzen: „Wehe, wie sehr raset er! Kein anderer Gott, selbst Zeus nicht, würde ihn so länger wüten und mit den Unsterblichen streiten lassen." Und er hüllte sich in ein dichtes Gewölk und sandte seinen tödlichen Pfeil von dem

Bogen. Er traf den Peliden in die Ferse. Diesen durchfuhr plötzlich ein scharfer Schmerz bis hinauf zum Herzen, und er stürzte zu Boden, wie ein Turm, wenn von unten die Erde erbebt. „Wer hat mir", rief er sich umschauend, „versteckt den verderblichen Pfeil zugesandt? Trete er mir entgegen und kämpfe offen mit mir, bald soll mein Speer ihm die Gedärme zerreißen und ihn blutig zum Hades senden. Ich weiß es, kein Sterblicher kann mich fällen im offenen Streit, aber mit Hinterlist lauert ein Feigling dem Stärkeren auf. Er trete hervor, und wenn es ein Gott ist! Ja, mir ahnt es, es ist Apollon, der sich in dunkle Nacht gehüllt hat. Denn so weissagete es mir längst meine Mutter, daß ich am skäischen Tore durch seine verderblichen Geschosse fallen werde; und wohl hat sie die Wahrheit gesprochen."

So rief er und zog den Pfeil aus der unheilbaren Wunde, aus der ein schwarzer Blutstrom hervorquoll, und schon begann der Tod an seinem Herzen zu nagen. Er schleuderte den Pfeil zornig von sich, und die Lüfte trugen ihn in die Hände des Apollon, der wieder zum Olympos zurückkehrte in die Versammlung der andern Götter. Hera empfing ihn mit bittern Worten: „Phoibos, welche verderbliche Tat hast du heute verübt? Hast du doch bei der Hochzeit der Thetis und des Peleus unter den schmausenden Göttern deine Zither gespielt und dem Peleus zutrinkend einen Sohn erfleht, den du heute getötet. Doch das wird deinen Troern wenig helfen; denn demnächst wird sein Sohn, dem Vater an Stärke gleich, von Skyros herkommen und den Troern Unheil bringen. Törichter, mit welchen Augen willst du in Zukunft die Tochter des Nereus anblicken, wenn sie in unsere Versammlung zum Olympos heraufkommt." So sprach sie scheltend; aber Apollon antwortete nicht, aus Scheu vor der Gemahlin seines Vaters, und setzte sich schweigend mit niedergeschlagenem Blick seitwärts von den anderen Göttern.

Achilleus hatte noch nicht seinen wilden Mut verloren; noch kochte sein Blut kampflustig in den gewaltigen Gliedern. Keiner von den Troern wagte es, während er am Boden lag, sich ihm zu nahen; sie hielten sich fern, wie im Walde Landleute furchtsam aus der Ferne den Löwen umstehen, der, von dem Jäger ins Herz getroffen, mit verdrehtem Aug' und zähneknirschend mit dem Tode ringt. So, dem verwundeten Löwen gleich, rang der Pelide mit zornerfüllter Seele am Boden. Noch einmal raffte er sich auf und stürzte sich mit geschwungener Lanze unter die Feinde. Dem Orythaon, einem Freunde des Hektor, warf er den Speer an die Schläfe, daß die Spitze ins Gehirn drang, dem Hippothoos bohrte er die Lanze in das Auge, dann erschlug er noch den Alkithoos und viele andere Troer, die entsetzt vor ihm flohen. Doch allmählich wurden die Glieder ihm kalt und seine Kraft entschwand. Er blieb stehen und lehnte sich an seine Lanze und rief den flüchtigen Feinden mit furchtbarer Stimme nach: „Wehe euch feigen Troern, auch nach meinem Tode noch werdet ihr meinem Speer nicht entgehen, mein Rachegeist soll euch noch alle erreichen." Sie flohen zitternd vor dem letzten Rufe des Peliden, denn sie glaubten, er sei noch unverwundet; er aber sank mit starrenden Gliedern zu Boden unter die anderen Leichen, schwer, wie ein Fels, daß die Erde erzitterte und seine Waffen dumpf erdröhnten. Die Troer sahen es und bebten und getrauten sich nicht zu ihm heran, wie Schafe scheu vor einem Raubtier zurückfliehen, das sie neben der Herde erschlagen sahen.

Zuerst wagte Paris die Troer gegen den Gefallenen anzutreiben, ob sie viel-

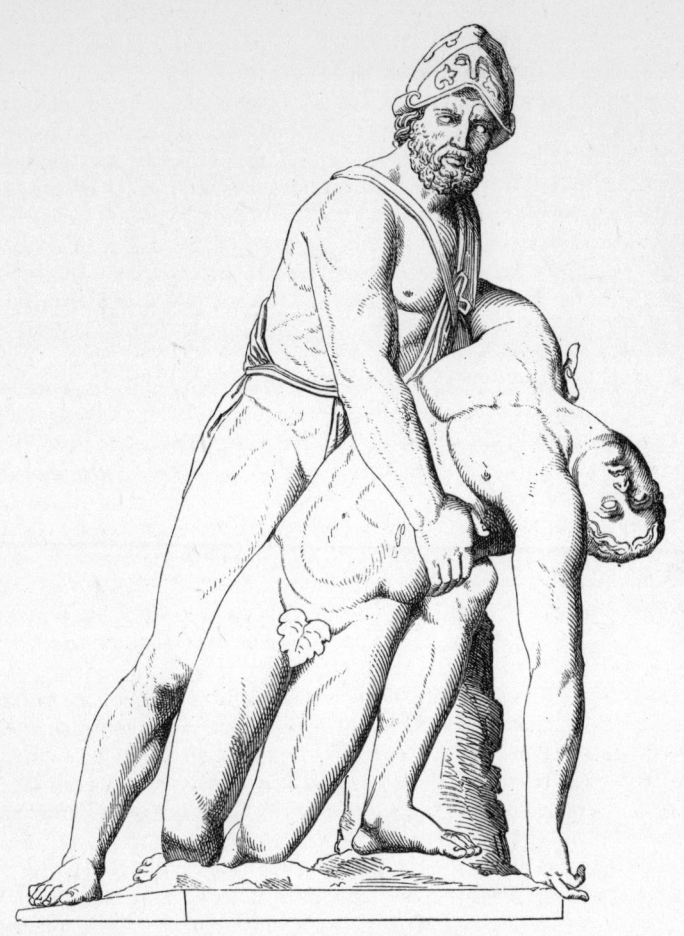

Aias mit der Leiche von Achilleus

leicht die Leiche mitsamt der Rüstung erbeuten könnten und nach Troja führen, Priamos und allen Troern und Troerinnen zur Freude. Da endlich stürmten Aineias und Glaukos und Agenor und viele andere Troer, die sonst vor dem Peliden furchtsam geflohen, mit Paris heran, aber Aias der Telamonier und die anderen starken Freunde des Achilleus traten ihnen entgegen, und nun entspann sich ein wilder Kampf um den Leichnam und die Waffen des Gefallenen, daß sich Hügel von Leichen umher auftürmten und das Blut in Strömen floß. Der Kampf dauerte den ganzen Tag bis zum Abend. Da fuhr Zeus mit einem Sturmwind unter die Streitenden und gestattete den Achäern Leiche und Waffen zu retten. Der starke Aias trug den Leichnam auf seinem Rücken aus dem Gewühl, während Odysseus umsichtig die nachdrängenden Feinde abwehrte. Nachdem sie ihn glücklich zu den Schiffen gebracht hatten, wuschen und salbten sie ihn und legten ihn in seinen zarten Gewändern auf ein Lager, weinten und klagten um ihn und schoren das Haupt. Als Thetis in der Tiefe des Meeres die Trauerkunde vernahm, kam sie mit all' ihren Schwestern, den Nereiden, über die See zum griechischen Lager, mit so lautem Klagen, daß es weithin über die Wogen scholl und die Achäer mit Schrecken erfüllte. Die unglückliche Mutter und die Meerjungfrauen stellten sich in Trauergewändern um die Bahre und klagten, und der Chor der neun Musen kam vom Olympos und sang zu Ehren des Toten Trauergesänge, während das ganze Heer sich in Leid und Tränen härmte. Siebzehn Tage und siebzehn Nächte ehrten sie so den geliebten Toten durch Tränen und Klaggesänge, unsterbliche Götter und sterbliche Menschen; am achtzehnten Tage legte man die Leiche in köstlichen Gewändern auf den Scheiterhaufen und verbrannte sie zugleich mit vielen geschlachteten Schafen und Rindern, mit Honig und Salböl, und die Helden der Achäer hielten zu Fuß und zu Roß in ihren Waffen feierliche Umzüge um den brennenden Holzstoß während der ganzen Nacht. Am frühen Morgen, als die Flamme alles verzehrt hatte, sammelten sie die Asche und das weiße Gebein des Helden und bargen sie in einer goldenen Urne, einem Werk des Hephaistos, das Dionysos der Thetis zum Geschenke gegeben, zugleich mit der Asche des Patroklos. So war es der Wunsch der beiden Freunde gewesen. Dann setzten sie die Urne in dem Grabmale bei, das an dem Ufer des Hellespont am Vorgebirge Sigeion schon dem Patroklos war errichtet worden, stellten daneben die Asche ihres Freundes Antilochos und schütteten darüber einen hohen Grabhügel auf, der weithin über den Hellespontos schaute, ein Denkmal für die späten Geschlechter.

Nachdem die Bestattung vollendet war, veranstaltete Thetis zu Ehren ihres Sohnes in dem Heere der Griechen Leichenspiele mit solchen Glanze, wie noch nie unter den Sterblichen gesehen worden waren. Da zeigten die ausgezeichnetsten Helden im Heere ihre Kraft und Geschicklichkeit in den verschiedensten Waffenspielen und empfingen aus den Händen der Thetis die herrlichsten Preise.

Tod des Telamoniers Aias

Am Schlusse der zu Ehren des Achilleus veranstalteten Leichenspiele hatte Thetis die goldene Waffenrüstung ihres Sohnes, das kostbare Werk des Hephaistos, zum Preis für denjenigen Helden ausgesetzt, der um den Gefallenen sich am meisten verdient gemacht hätte und der Tüchtigste im Heere sei. Da traten als Bewerber Aias und Odysseus auf, welche beide gemeinschaftlich die Leiche des Achilleus vom Schlachtfelde gerettet hatten und beide, hochverdient um das Heer, nach Achilleus' Tod für die Ersten unter den Achäern gehalten werden konnten, der eine durch seine Klugheit und Gewandtheit in Wort und Tat, der andere durch seine riesige Kraft und Tapferkeit. Da die Griechen sich scheuten, zwischen den beiden ausgezeichneten Helden zu entscheiden und durch ihr Urteil den einen oder den andern zu beleidigen, so beschlossen sie auf den Rat des weisen Nestor, trojanische Gefangene, die im Lager waren, als Richter aufzustellen, und diese entschieden zuunsten des Odysseus. Doch bei dem Urteil war es nicht mit rechten Dingen zugegangen. Die Atriden, neidisch auf die Größe des Telamoniers, hatten die Stimmen gefälscht; das argwöhnte das Heer, welches dem Aias den Preis würde zuerkannt haben, das argwöhnte auch Aias selbst. Darum zog er sich grollend in sein Zelt zurück, und sein Unwille steigerte sich zu dumpfer Schwermut, welche seinen Geist so umdüsterte, daß er in der Nacht voll Zorn auf die Atriden und alle Achäer aus dem Zelte stürmte, um mit dem Schwerte Rache an den Urhebern seiner Schmach zu nehmen. Als er jedoch an das Zelt der Atriden kam, verwirrte Athena seinen Geist und setzte ihn in Wahnsinn, daß er in toller Wut sich unter die Herden der Achäer stürzte und ein entsetzliches Blutbad unter ihnen anrichtete, wähnend, er würge die Atriden und die anderen Achäer.

Athena zürnte dem Telamonier seit langem. Als er bei seinem Auszug nach Troja von seinem alten Vater Telamon Abschied nahm, mahnte ihn dieser, der selbst einst die Mauern Trojas überstiegen hatte, tapfer zu streiten und stets der Götter eingedenk zu sein; aber der junge Held, trotzend auf seine gewaltige Kraft, sprach in törichter Übereilung, auch der Schwache könne mit der Götter Hilfe den Sieg gewinnen, er wolle auch ohne die Götter sich Ruhm erwerben. Und als später im Kampfe vor Troja Athena ihm wohlwollend zur Seite trat und ihre Hilfe versprach, wies er sie übermütig zurück mit den Worten: „Göttin, den andern Achäern stehe bei; wo ich mit den Meinen stehe, da wird der Feind sich keine Gasse brechen!" Wegen dieses so trotzigen Übermutes wollte Athena den sonst edlen Helden strafen, damit er lerne sich menschlich bescheiden, und darum hatte sie dahin gewirkt, daß die Atriden das Urteil fälschten und ihm der Preis der höchsten Auszeichnung entzogen ward. Und auch jetzt hatte sie ihn mit Wahnsinn geschlagen, daß er schmählich unter dem dummen Vieh wütete.

Nachdem der rasende Aias unter Herden und Hirten längere Zeit gewürgt, fesselte er eine Anzahl der noch lebenden Tiere, Schafe und Rinder, die er für Odysseus und die Atriden und die anderen gegen ihn verschworenen Fürsten hielt, und trieb sie triumphierend in sein Zelt. Dort band er sie an einen Pfosten und geiselte sie und würgte sie mit dem Schwerte und weidete sich an ihrer Peinigung. Als sich darauf die tolle Wut allmählich legte und er, seine Sinne sammelnd, das Zelt voll gemordeten Viehes sah, da schlug er sich stöhnend das Haupt und setzte sich, das Haar fest mit beiden Händen gepackt, unter die Leichentrümmer der Tiere, stumm und verzweifelt. Tekmessa, seine geliebte Kriegsgefangene, die phrygische Königstochter, die ihm den Knaben Eurysakes geboren, hatte im Zelt voll Schmerz seinem tollen Treiben zugesehen und stand jetzt stumm und ratlos ihm gegenüber, ohne daß sie es wagte, ihn in seinem Brüten zu stören. Da sprang er plötzlich auf und drohete ihr mit furchtbaren Schreckensworten, wenn sie ihm nicht kund tue, was geschehen. Erschreckt offenbarte sie ihm alles. Da begann er aufs neue zu seufzen und zu stöhnen, dumpf, wie ein brüllender Stier und versank wieder in brütendes Schweigen, als wenn er über eine schreckliche Tat nachdächte.

Unterdessen hatten seine treuen Schiffsgenossen sich vor seinem Zelte versammelt, um zu sehen, wie es mit ihrem Herrn stehe. Denn die Kunde von seiner nächtlichen Tat hatte sich schon durch das Heer verbreitet. Man hatte die Herden und die Hirten auf dem Felde erwürgt gefunden, ein Späher hatte ihn mit blutigem Schwerte durch die Ebene springen sehen, und Odysseus hatte, den Spuren seiner Fußtritte bis zu seinem Zelte folgend, entdeckt, daß kein anderer dies blutige Werk konnte vollführt haben. Es konnte nur aus Feindschaft gegen die Atriden und die Achäer geschehen sein, und darum fürchteten sie für ihren Herrn und für sich selbst die Rache des Heeres, obgleich sie noch nicht glauben konnten, daß er wirklich die unbegreifliche Tat getan. Während sie noch mit Tekmessa, die vor das Zelt getreten, sich über das Geschehene besprachen, begann Aias im Innern des Zeltes zu stöhnen, nach Eurysakes, nach Teukros, seinem Bruder, zu rufen. Dann öffnete er das Zelt und sah seine Getreuen und klagte seine Schmach und sein Unglück, dessen ganze Größe er jetzt überschaute. Nirgends sah er Rettung und Befreiung von seiner Schmach und ließ schon nicht undeutlich merken, daß nur der Tod seine verlorene Heldenehre herstellen könne. Da beschwört ihn Tekmessa bei ihrer Liebe und bei allem, was ihm heilig, sie und ihren kleinen Sohn nicht zu verlassen und der Mißhandlung fremder Menschen preiszugeben, und die Macht ihrer Überredung bleibt nicht ohne Wirkung. Aber Aias erwehrt sich des Eindrucks und sucht die Stimme seines Herzens zu übertäuben. Er weist Tekmessa barsch zurück und verlangt nach seinem Sohne, den die Fürsorge der Mutter in Sicherheit gebracht hatte. Eurysakes wird von einem Diener dem Vater gebracht, der ihn in seine Arme nimmt und ihn der Obhut seiner salaminischen Krieger und seines Bruders Teukros, der eben auf einem Streifzug in die phrygischen Berge abwesend ist, anempfiehlt. Seine Waffen sollen mit ihm begraben werden, nur den Schild will er als teures Familienkleinod dem Sohne hinterlassen. Darauf heißt er die schluchzende Tekmessa rasch das Zelt schließen. Er ist entschlossen zu sterben.

Um jedoch ungestört und in Ruhe sterben zu können, nimmt er, der schlichte Held, der sonst nie etwas von List und Trug gewußt, den Schein an, als habe er sich eines Besseren besonnen und sei entschlossen sich den Seinen zu erhalten. Er will, sagt er, an das Meeresufer gehen, um seine Schuld abzuwaschen und den schweren Zorn der Götter zu beschwichtigen, er will das unheilvolle Schwert des Hektor, das dieser ihm vordem nach ihrem Zweikampfe geschenkt, am einsamen Strand in die Erde verscharren und der Nacht und dem Hades übergeben; denn seit er es aus der Hand seines Todfeindes empfangen, sei ihm nichts Gutes und Liebes mehr von Seiten der Argiver geworden. Tekmessa und die Kriegsgenossen glauben ihm und freuen sich seiner Sinnesänderung, und so geht er denn mit dem Schwerte des Hektor allein an den einsamen Meeresstrand, um zu sterben. Er pflanzte das Schwert fest in die Erde und wandte dann noch einmal sich betend an die Götter: „Von dir, Vater Zeus, erflehe ich nur noch eine kleine Gabe; laß zuerst meinen Bruder Teukros meine Leiche finden, daß er sie gebührend begrabe und nicht meine Feinde sie den Hunden und den Vögeln zum Fraße hinwerfen. Und du, Hermes, Geleiter der Toten, bette mich wohl, daß ich schnell und ohne Zucken ende, wenn ich meine Brust an diesem Schwert zerreiße. Euch aber, hehre Erinyen, die ihr alle Leiden auf der Erde schaut, rufe ich an, daß ihr für meinen Tod Rache nehmt an den Atriden, den Urhebern meines Unglücks, und an dem gesamten Heere. Und du, Helios, wenn dein Strahl auf mein heimisches Land fällt, hemme den goldenen Zügel und melde mein Unglück und meinen Tod dem greisen Vater und der unglücklichen Mutter. Wehe, die Arme, wie wird sie jammern, wenn sie die Kunde hört! Doch jetzt ist nicht Zeit zu eitler Klage, das Werk will rasch begonnen sein. Tod, o Tod, komm und schau mich an! Lebe wohl, du heiteres Licht des Tages, lebe wohl, mein Salamis, du heil'ger Boden meiner Väter, und du, hochherrliches Athen. Auch ihr lebet wohl, ihr Quellen und Flüsse und Fluren dieses troischen Landes, die ihr so lange mich ernährt; dies ist mein letzter Gruß!" Mit diesen Worten stürzte sich der unglückliche Held in das aufgepflanzte Schwert.

Aias

Kurz nachdem Aias sich aus seinem Zelte entfernt hatte, war ein eilender Bote des Teukros gekommen, der eben aus den phrygischen Bergen zurückkehrte, mit dem dringenden Auftrag, den Aias sorglich zu bewachen und heute nicht aus dem Zelte zu lassen. Teukros hatte gleich bei seiner Ankunft im Lager das Unglück seines Bruders vernommen, zugleich aber auch von dem Seher Kalchas die tröstliche Versicherung gehört, daß Athena nur noch diesen Tag dem Helden zürnen wolle; überlebe er den heutigen Tag, so sei für ihn nichts weiter zu fürchten. Doch lasse man ihn heute allein, so drohe großes Unglück. Als der Bote diese Kunde brachte, machte sich Tekmessa in verzweifelter Angst mit ihren Freundden sogleich auf, um den Aias zu suchen. Sie fanden im Gebüsch am Ufer die verblutete Leiche des Helden an seinem Schwerte. Während sie noch laut jammerten, erschien auch Teukros. Der Tod des geliebten Bruders, den er noch zu verhindern gehofft hatte, erfüllte ihn mit bitterem Schmerz, und er überließ sich seinen Klagen und trüben Betrachtungen. Der Bruder war immer sein treuer Genosse gewesen, und wie sollte er ohne ihn vor das Antlitz des Vaters treten, den ohnedies das Alter schon hart und grämlich gemacht hatte? Und hier vor Troja sah er sich rings von Feinden umgeben. Während er mit diesen Betrachtungen vor der Leiche stand und eben überlegte, wie er den gewaltigen Leib von dem Eisen losziehen sollte, um seine Bestattung vorzubereiten, kam in hastigen Schritten Menelaos herbei und verbot die Bestattung, da Aias, zum Gehorsam und treuer Hilfe verpflichtet, gegen seine Vorgesetzten feindselig sogar auf Mord gesonnen habe. „Darum soll er auf dem gelben Sande den Vögeln zur Speise liegen bleiben und keiner es wagen, ihm ein Grab zu geben. Wenn er im Leben sich von uns nicht hat befehlen lassen, so wollen wir jetzt um so mehr im Tode über ihn Gewalt üben. Ein untergebener Mann muß gehorchen, denn ohne Gehorsam und Fügsamkeit unter die herrschende Gewalt vermag kein Staat zu bestehen. Drum lege keine Hand an den Leichnam, damit du nicht selbst dem Tode verfällst." Teukros tritt dem Menelaos, der in unedler Weise Rache an dem Toten nehmen will, mit Entschiedenheit entgegen und bestreitet ihm das Recht, dem Aias zu befehlen, der als sein eigener Herr in den Krieg gezogen sei; er werde um sein Verbot sich wenig kümmern und den Bruder begraben. Nach bitterem Wortwechsel, in welchem Menelaos den kürzeren zieht, entfernt sich dieser mit der Drohung, Gewalt gegen Teukros zu gebrauchen.

Sobald Menelaos sich entfernt hatte, machte Teukros Anstalten zur Bestattung. Er ließ Tekmessa und ihr Kind zu beiden Seiten der Leiche niederknien und stellte sie unter den Schutz der Götter, die Kampfgenossen des Aias aber beauftragte er, die Leiche gegen jeden Angriff zu schützen; er selbst entfernte sich, um eine Grabstätte aufzusuchen. Als er zurückkehrte, nahte in heftigem Zorn Agamemnon, welchem sein Bruder die Widersetzlichkeit des Teukros gemeldet hatte, um das gegebene Verbot zu bestätigen und die Drohungen des Menelaos zu wiederholen. Aber Teukros ließ sich nicht einschüchtern; er warf dem Agamemnon seinen Undank vor gegen die großen Verdienste des tapferen Toten und erklärte offen, daß er Gewalt mit Gewalt vertreiben werde. Und nun wäre es nach heftigem Wortstreit zum äußersten gekommen, wenn nicht Odysseus, durch den Lärm herbeigerufen, noch zu rechter Zeit erschienen wäre. Dieser, obgleich im Leben mit Aias verfeindet, war doch edelmütig genug, seinen Haß nicht über das Grab hin auszudehnen. Er redete dem Atriden zu, daß er sich nicht durch die Gewalt hinreißen lasse, die Rechte des Toten zu mißachten und den, der nach Achilleus der größte im Heere gewesen, des ehrlichen Grabes zu berauben. Der Tod ja gleiche alles aus. Der Zuspruch des klugen hochgesinnten Odysseus beschwichtigte das unedle Rachegelüste des Atriden wenigstens so weit, daß er, obgleich noch immer von Feindschaft gegen Aias beseelt, doch die Bestattung zugab. Odysseus erbot sich noch dem Teukros, ihn bei dem Begräbnis zu unterstützen; doch dieser lehnte sein Anerbieten ab, aus Scheu, den Toten zu verletzen, und begrub den Bruder in Gemeinschaft mit seinen Kampfesgenossen.

So erlangte der Held, den alle nach Achilleus für den vorzüglichsten und verdienstvollsten im Heere anerkannten, nachdem er seine Schuld durch freiwilligen Tod abgebüßt und seine Heldenehre wiederhergestellt hatte, die gebührende Anerkennung und ein ehrliches Grab. Sein Grabmal erhob sich an der Küste des Hellespont am Vorgebirge Rhoiteion in der Nähe des Grabmals des Achilleus, seines großen Verwandten, weithin sichtbar noch in späten Tagen.

Philoktetes

Achilleus und Aias, die beiden großen Aiakiden, waren gefallen, der eine durch eigene, der andere durch eines Gottes Hand, und Troja stand noch. Wenn menschliche Kraft und Tapferkeit hingereicht hätte, die feste Stadt zum Falle zu bringen, so wäre das diesen beiden Gewaltigen sicher gelungen; aber mehr als stürmische Gewalt vermag gewandte Klugheit und List, wie sie dem Odysseus eigen war. Dieser war nach dem Tode jener beiden Helden die erste Person im griechischen Heere und führte mit Entschlossenheit und Klugheit alles aus, was zur Eroberung der Stadt nötig war. So fing er in einem Hinterhalte den troischen Weissager Helenos, den Sohn des Priamos, und als dieser den Griechen verkündete, daß Troja ohne Philoktetes mit seinen herakleischen Pfeilen, der vor zehn Jahren bei der Fahrt gegen Troja wegen seiner bösartigen Wunde von ihnen auf dem öden Lemnos zurückgelassen worden war, und ohne den Sohn des Achilleus, Pyrrhos oder Neoptolemos, nicht genommen werden könne, so fuhr er zuerst mit Diomedes nach Skyros, wo der junge Neoptolemos bei seiner Mutter Deïdameia im Hause seines Großvaters, des Königs Lykomedes, wohnte, und bewog ihn, mit nach Troja zu ziehen, und dann unternahm er es, mit dem jungen Sohne des Achilleus den Philoktetes von Lemnos herzuholen.

In Skyros hatten Odysseus und Diomedes leicht ihren Zweck erreicht; denn Neoptolemos, stark und kriegsmutig wie sein Vater, folgte bereitwillig in das griechische Lager, wenn auch seine Mutter ihn ungern entließ. Aber die Fahrt nach Lemnos war mit großer Schwierigkeit und Gefahr verbunden, da vorauszusehen war, daß Philoktetes, verletzt durch das mitleidlose Unrecht, daß ihm widerfahren war, von bitterer Feindschaft gegen die Griechen und besonders gegen Odysseus, der seine Aussetzung geraten und bewerkstelligt hatte, erfüllt sein und nicht leicht sich bewegen lassen werden ihren Zwecken zu dienen. Aber trotzdem übernahm Odysseus das schwere Werk und versprach, den Helden in das Lager zu bringen, sei's durch List oder durch Gewalt.

Als sie an der öden Felsenküste von Lemnos gelandet waren, an der Stelle, welche Odysseus als den Ort erkannt, wo er vor zehn Jahren den kranken Philoktetes schlafend ausgesetzt, sandte er vorsichtig den Neoptolemos den Felsen hinauf, um zu sehen, ob sie sich auch in dem Orte nicht geirrt. Neoptolemos fand bald in der Nähe eines Quells die Wohnung, welche Odysseus einst dem Philoktetes ausgesucht hatte, eine Höhle mit doppelter Mündung, welche im Winter in der Morgen- und Abendsonne ihm auf beiden Seiten einen warmen Sitz böte und im Sommer durch den steten Luftzug Kühlung verschaffe. Den Bewohner fand Neoptolemos nicht drinnen, doch fand er ein Lager von Laub, daneben einen hölzernen Becher und ein Feuergeräte; etwas weiter hingen in der Sonne zum Trocknen ärmliche Lumpen, mit welchen, das sah man, eine eiternde Wunde mußte verbunden gewesen sein. Philoktetes lebte also noch, und er konnte mit seinem wunden Fuß nicht weit sein; entweder war er ausgegangen, um sich Nahrung zu suchen oder um ein linderndes Kraut für seine Wunde zu holen. Damit er sie nicht unversehens überrasche, stellte Odysseus aus den sie begleitenden Schiffsleuten einen Wächter aus und teilte nun erst dem Neoptolemos den Plan mit, wie er sich des Philoktetes und seiner Geschosse bemächtigen wollte. Neoptolemos mußte vor der Hand die Hauptrolle spielen, während Odysseus im Hintergrunde blieb; denn gegen jenen hatte Philoktetes keinen Grund zu zürnen, da er zur Zeit seiner Aussetzung noch nicht beim Heere gewesen, dem Odysseus aber drohte, sobald Philoktetes ihn erkannte, von seinen unentrinnbaren Pfeilen die größte Gefahr. „Darum erwarte du hier allein die Rückkehr des Mannes, und wenn er dich fragt, wer du seiest, so sag' ihm, du seiest der Sohn des Achilleus; darin brauchst du ihn nicht zu täuschen. Weiter aber sage dann, du führest aus dem troischen Lager nach Hause zurück, weil die Achäer dich beleidigt, indem sie dir die Waffen deines Vaters vorenthielten, die sie dem Odysseus zuteilten. Von mir magst du da Schlimmes sagen, so viel du willst, das tut mir nicht weh; allen Argivern aber bringst du Leid, wenn du diesem Trug dich nicht unterziehest; denn ohne seine Pfeile kann Troja nicht genommen werden. Drum lege alles darauf an, daß du der Pfeile dich bemächtigest; das Weitere wird dann schon folgen." Dem geraden offenen Charakter des Jünglings mißfiel die Rolle des Trugs, die ihm Odysseus zugedacht hatte, und er erbot sich, lieber mit offener Gewalt dem Manne entgegenzutreten. „Mit Gewalt, mein junger Freund", entgegnete Odysseus, „ist ihm nicht zu nahen, denn seine Pfeile sind unentrinnbar; wir bedürfen der List und des klugen Wortes. Auch ich war in meiner Jugend träge mit der Zunge und rasch mit der Hand; jetzt aber hat mich die Erfahrung gelehrt, daß die Welt mehr durch Worte, als durch Werke geleitet wird. Und wisse, daß du nur im Bunde mit diesen Pfeilen Troja zerstören wirst." Diese letzten Worte wirkten auf das ruhmbegierige Herz des Neoptolemos, daß er nachgab und eine Rolle übernahm, die mit seiner offenen Natur nicht stimmte.

Odysseus zog sich nun mit dem Späher zurück und ließ den Neoptolemos mit einigen von seinem Schiffsvolk allein. Bald darauf erschien Philoktetes; er schleppte sich unter lautem Schmerzensruf nach seiner Höhle. Sobald er der fremden Männer ansichtig ward, sprach er: „Wer seid ihr, Fremdlinge, die ihr an diesem ungastlichen Strande angelegt habt; aus welchem Lande seid ihr und von welchem Stamm? Eure Kleidung ist die mir teure Hellenentracht; doch möchte ich auch den Laut eurer Sprache vernehmen. Entsetzt euch nicht vor meinem verwilderten Aussehen; erbarmt euch mein, des unglücklichen verlassenen Mannes, und redet, wenn ihr anders als Freunde gekommen seid." Neoptolemos bekannte sich als Sohn des Achilleus, der von Ilion jetzt nach Hause kehre. „O süßer Laut der griechischen Zunge!" rief Philoktet überrascht und in höchster Freude, „o Sohn des liebsten Vaters, geliebtes Skyros, du teurer Pflegling des alten Lykomedes! Also auch du warst vor Troja? Doch warst du nicht von Anfang an bei unserem Zug." „Hast denn auch du einmal teilgenommen an dem schweren Krieg?" fragte Neoptolemos. „So weißt du also nicht, o Kind, wen du vor dir siehst? Du hast nicht einmal meinen Namen gehört, nicht einmal eine Kunde von meinen Leiden vernommen? O ich Unglücklicher, auch nicht der Ruf von meinem Unglück hat sich in Hellas verbreitet! Und meine Feinde, die mich so gottlos ausgestoßen, lachen und schweigen still, während meine Krankheit immer größer wird. O Kind, o Sohn des Achilleus, siehe, der hier vor dir steht, ist Philoktetes, des Poias Sohn, den du vielleicht schon als den Besitzer der herakleischen Pfeile hast nennen hören.

Die Atriden und der Kephallenenfürst Odysseus haben mich so schmählich in diese Wüstenei hinausgeworfen mit meiner wilden verzehrenden Krankheit; als sie endlich nach langer Qual mich in Schlaf versunken sahen, eilten sie frohen Herzens davon und ließen mir nichts als ein paar elende Lumpen und ein wenig Speise zurück, die Gottlosen. Und wie glaubst du, daß mein Erwachen war, liebes Kind? wie ich geweint und geklagt, als ich meine Schiffe, die ich geführt, alle davongegangen sah, und keinen Menschen bei mir, der mir hätte hilfreich sein können in meiner schweren Krankheit? Wohin ich meine Augen wendete, fand ich nichts in meiner Nähe als Elend, und das im Überfluß. Indes strich ein Tag nach dem andern mir einförmig dahin, und ich mußte einsam unter diesem niederen Dach mir mein Haus bestellen. Für des Leibes Nahrung sorgte mir der Bogen. Hatte mein Pfeil eine Taube erlegt, so schleppte ich mich, den kranken Fuß nachziehend, mühevoll zur Stelle; ebenso wenn ich Wasser holen mußte an dem Quell oder des Holzes bedurfte. Dann war kein Feuer da; ich rieb Stein an Stein, bis ich mit vieler Mühe das Feuer hervorgelockt, das mir das Leben erträglich macht; nur von meiner Krankheit befreit mich's nicht. Und nun höre auch, wie diese Insel beschaffen ist. Freiwillig naht kein Schiffer diesem öden Strand; denn hier ist kein Hafen, kein Stapelplatz, kein wirtlich Dach. Und kommt jemand einmal wider Willen hierher, dann bedauern sie mich mit Worten, geben mir auch wohl etwas Speise oder ein Kleid, aber in meine Heimat will mich keiner bringen; und so schmachte ich denn hier schon bis ins zehnte Jahr in Hunger und Elend und weide meine unersättliche Krankheit. Das alles, mein Sohn, haben die Atriden und Odysseus mir getan, mögen die Götter ihnen mit Gleichem vergelten."

Der Sohn des Achilleus war von der Schilderung der Leiden des unglücklichen Helden aufs Tiefste ergriffen, aber er unterdrückte die Regung seines Herzens und spielte die ihm auferlegte Rolle weiter. „Ja ich kenne sie", sprach er, „diese Atriden und den Odysseus, auch mir haben sie übel mitgespielt." Und nun erzählte er die erdichtete Geschichte, wie Odysseus und die Atriden ihn um die Waffen seines gefallenen Vaters betrogen hätten. Als Philoktetes von dem Tode des Achilleus hörte, da klagte er um den teuren Freund; er fragte nach Patroklos, nach dem Telamonier Aias, sie waren tot; Nestor beweinte seinen edlen Sohn Antilochos. „Wehe", rief Philoktet, „die Besten hat der Krieg verschlungen, und die Schlechten leben, wie dieser ränkevolle Sohn des Laertes!" „Ja", sprach Neoptolemos, „der steht im Heere der Argiver jetzt im höchsten Ansehen. Aber ich werde in Zukunft mich fern von Ilion und den Atriden halten. Wo der Schlechte mehr gilt als der Ehrliche, der Feigling mehr als der Tapfere, da ist meines Bleibens nicht. Jetzt ziehe ich heim, das felsige Skyros soll mir in Zukunft genug sein, dort will ich in zufriedener Ruhe in meinem Hause wohnen." Nach diesen Worten reichte er dem Philoktet die Hand, als wollte er Abschied nehmen und von dannen ziehen. Da faßte Philoktet erschreckt seine Hand und bat ihn bei Vater und Mutter und allem, was ihm heilig sei, ihn nicht in diesem Elend zurückzulassen, sondern ihn entweder mit nach Skyros zu nehmen oder an seiner heimischen Küste in der Nähe des Oeta ans Land zu setzen. „O gewähre mir's; ich weiß es, ich bin eine lästige Fracht, doch es dauert ja nicht einen ganzen Tag; lege mich in den untersten Schiffsraum, aufs Vorderteil, aufs Hinterteil, wo ich immer am wenigsten dich und die Deinen beschweren werde, aber nimm mich mit, ich beschwöre dich bei Zeus dem Erbarmer." Neoptolemos verspricht es, freilich mit der unredlichen Absicht, ihn nicht in die Heimat, sondern nach Troja zu bringen. Als eben Philoktet freudetrunken den Jüngling in seine Höhle führen wollte, um von ihr Abschied zu nehmen und ihm seine elende Wohnung vor dem Abgang zu zeigen, erschien ein Mann des Odysseus, als ein griechischer Schiffsherr verkleidet, geführt von einem der Leute des Neoptolemos, und verkündete diesem, er komme von Troja und habe dort gehört, daß Phoinix und die Söhne des Theseus ausgesendet seien, ihn, den Neoptolemos mit Gewalt nach Troja zurückzubringen. Als Neoptolemos fragte, warum nicht Odysseus selbst nach ihm ausgesandt sei, erwiderte der verkappte Kaufherr, der sei mit Diomedes auf dem Wege, den Philoktetes von Lemnos herbeizuholen, da der von Odysseus gefangene Helenos geweissagt habe, daß ohne ihn Troja nicht erobert werden könne. Jetzt dringt Philoktetes, aufs äußerste entrüstet, in Neoptolemos, die Abfahrt zu beschleunigen, damit er nicht in die Hände des Odysseus falle; denn er werde nimmermehr nach Troja gehen. Da heißt ihn Neoptolemos schnell zusammensuchen, was er mitnehmen wolle, damit sie sogleich unter Segel gingen. Sie gehen in die Höhle, um noch Heilkräuter für die Wunde zu holen und einige zum Bogen gehörige Gerätschaften. Als sie wieder aus der Höhle traten, um sich zum Schiffe zu begeben, da wird Philoktet von drei heftigen sich immer steigernden Ausbrüchen seiner Krankheit überfallen, bei denen er, von schrecklichen Schmerzen gequält, bewußtlos zu Boden sinkt. In den Zwischenräumen dieser Anfälle übergibt er dem Neoptolemos Bogen und Pfeile, um ihn nötigenfalls gegen den erwarteten Odysseus zu schützen, und läßt sich von ihm geloben, ihn nicht zu verlassen.

So war Neoptolemos jetzt im Besitz des ersehnten Geschosses, aber die namenlosen Qualen, die er den unglücklichen Helden hatte leiden sehen, hatten einen solchen Eindruck auf ihn gemacht, daß er seine Verstellung nicht mehr fortzuführen vermochte und ihm offen erkläre, er müsse ihn mit sich nach Troja führen. Da geriet Philoktet in Verzweiflung, sich so von dem Jüngling wider Erwarten betrogen zu sehen; nach Troja kann er unmöglich folgen, das verbietet ihm sein allzusehr verletztes Herz, lieber will er in der Einöde jämmerlich umkommen. Er bittet, er beschwört den Neoptolemos, ihm nur seinen Bogen zurückzugeben. Und dieser war schon, von Mitleid bewegt, in Begriff ihn auszuhändigen, da erschien plötzlich Odysseus und trat dazwischen; er erklärte dem Philoktet, der sogleich seinen alten Feind erkannte, er müsse, um der allgemeinen Sache zu dienen, mit nach Troja ziehen, selbst wenn sie ihn mit Gewalt fortführen müßten. Da will sich Philoktet, um den Netzen des Odysseus zu entgehen, lieber von dem Felsen stürzen und sich den Tod geben; aber Odysseus läßt ihn von seinen Dienern ergreifen und festhalten, da zur Eroberung von Troja nicht bloß seine Pfeile, sondern auch seine eigene Person nötig war, und entfernt sich sogleich mit Neoptolemos, der noch immer den Bogen in Händen hat, mit der Drohung, ihn ohne Bogen zurückzulassen, damit vor Troja Teukros oder ein anderer Schütze mit den Geschossen des Herakles die an denselben haftende Ehre gewinne. Hilflos und entrüstet über die gegen ihn geübte Treulosigkeit, überläßt sich Philoktet einer trostlosen Verzweiflung; da kehrt plötzlich Neoptolemos zurück und übergibt ihm, unbekümmert um die Einsprache des ihm hastig folgenden Odysseus, seinen Bogen. Das Mitleid mit dem unglücklichen Helden und die Geradheit seiner Natur hatten endlich vollends über den fremden Zwang gesiegt, daß er das begangene Unrecht wiedergutzumachen suchte. Jetzt, wo Philoktet seinen Bogen wieder in Händen hatte, mußte Odysseus sich eiligst zurückziehen, wenn er nicht das Ziel der unentrinnbaren Pfeile werden wollte.

Der listige Plan des Odysseus war völlig gescheitert, da er sich zur Ausführung desselben einen Gehilfen gewählt hatte, der zu Trug und List nicht geartet war. Auch der Versuch des Neoptolemos, auf geradem offenen Wege von Philoktet durch die nachdrücklichsten Vorstellungen und die Hinweisungen auf den Willen der Götter und sein eigenes Wohl zum Nachgeben zu bewegen, blieb fruchtlos, da der tief Gekränkte den Gedanken nicht ertragen konnte, in Gemeinschaft seiner bisherigen Peiniger zu leben und zu wirken, und befürchtete, neuen Beleidigungen vor Troja entgegenzugehen. Da entschloß sich Neoptolemos zuletzt, sein früher dem Philoktet nur zum Schein gegebenes Versprechen, ihn in die Heimat zu führen, wirklich zu erfüllen; und schon waren sie im Begriffe unter Segel zu gehen, als Herakles, der Freund des Philoktetes und der einstige Besitzer der berühmten Geschosse, in göttlichem Glanze vom Himmel herniederkam und den Philoktetes durch Verkündigung des göttlichen Willens zur Nachgiebigkeit vermochte. Herakles verhieß ihm, daß er vor Troja, durch die Kunst des Asklepios von seiner bösen Krankheit befreit, nach vielen und langen Leiden hohen Ruhm sich erwerben werde, sowie er selbst nach vielen schweren Kämpfen und Mühen in den Olympos aufgestiegen sei. Er werde mit seinem Pfeile den Paris erlegen, den Urheber des langen Krieges und auch seiner Leiden, und dann Troja selbst erobern, zugleich mit Neoptolemos, dem tapferen Sohne des Achilleus; denn keiner von beiden vermöge etwas ohne den andern. Philoktetes, der zum Mißtrauen gegen die Menschen gerechte Ursache hatte, vertraute den Verheißungen seines göttlichen Freundes und folgte nun gern und willig dem Neoptolemos und Odysseus nach Troja, um im Dienste des Geschickes die lang umkämpfte Stadt ihrem verhängten Ziele entgegenzuführen.

Das hölzerne Roß

Vor Troja dauerten die Kämpfe ununterbrochen fort, von seiten der Griechen mit neuem Mute, seit Philoktetes, der im Lager bald von seiner schlimmen Wunde geheilt worden war, und Neoptolemos in ihrer Mitte waren. Diese beiden Tapferen, von den Drangsalen des Krieges noch nicht geschwächt, waren unersättlich im Kampfe und richteten in den Scharen der Troer großes Unheil an. In einer der ersten Schlachten schlug Philoktetes dem Paris, der der Urheber des schweren Krieges gewesen, mit seinem Pfeil eine unheilbare Wunde. Zwar entschwand ihm noch nicht sogleich Leben und Kraft, er konnte noch auf eigenen Füßen sich in die Stadt zurückziehen, aber alle Kunst der Ärzte ward an der Wunde, die der Pfeil des Herakles geschlagen, zuschanden. Da gedachte er eines Orakels früherer Tage, daß am

Rande des Todes ihn Oinone noch retten könnte, die Nymphe, welche im Idagebirge in seiner Jugend mit ihm vermählt gewesen war, die er aber um der Helena willen treulos verlassen hatte. Mit widerstrebendem Herzen, voll Scham und Furcht, machte er sich auf und schleppte sich in das Gebirge zu der von ihm so tief gekränkten Gattin; er flehte sie unter Tränen an, sein Unrecht, wozu ihn nicht die Falschheit des eigenen Herzens verleitet, sondern die Gewalt des Schicksals gezwungen habe, zu verzeihen und ihn von der Todeswunde zu heilen. Aber sein Bitten und Flehen vermochte nicht das beleidigte Herz der Nymphe zu erweichen, sie versagte ihre Hilfe und wies ihn mit harten Worten von sich. Trostlos schleppte er sich über die rauhen Höhen des Ida zurück, und noch in den Bergen, in denen er eine glückliche Jugend verlebt, ereilt ihn der Tod. Die Nymphen und die Hirten des Gebirges beweinten den Tod ihres einstigen Freundes und Genossen und verbrannten seinen Leib auf einem hohen Scheiterhaufen. Während das Feuer hoch emporloderte, erschien plötzlich, einer Rasenden gleich, Oinone, voll Reue, daß sie den Freund ihrer Jugend hartherzig von sich gestoßen und dem Tode überliefert hatte, und stürzte sich verzweifelt in die Flammen, um vereint mit ihm zu sterben. Die Nymphen und Hirten sammelten die Reste ihrer Gebeine, bargen sie vereint in goldener Urne und errichteten darüber ein schönes Grabmal, das sie mit zwei Säulen schmückten.

Die Tapferkeit des Philoktetes und des Neoptolemos und der andern starken Helden der Achäer scheuchte zwar die Troer in ihre Stadt zurück; aber alle ihre Angriffe auf die Mauern scheiterten an der Festigkeit und Höhe derselben sowie an der verzweifelten Gegenwehr der Trojaner. Zuletzt mußte doch die List und Klugheit des Odysseus ihnen den Weg in die feindliche Stadt bahnen, was der Tapferkeit und Stärke nicht gelingen wollte. Er schlich sich, nachdem er seinen Leib durch Schläge und Wunden entstellt hatte, in schlechte Lumpen gehüllt, als Bettler in die Stadt und kundschaftete, von Haus zu Hause gehend, alles aus. Niemand erkannte ihn außer Helena; diese aber hatte jetzt wieder ihr Herz den Griechen und der Heimat zugewendet und wurde von Odysseus, den sie in ihr Gemach geführt, ins Geheimnis gezogen. Nachdem sie ihn gebadet und gesalbt und gekleidet, entließ sie ihn, und er kam wohlbehalten mit vieler Kunde zu den Seinen zurück, nicht ohne auf dem Rückweg noch viele Troer erschlagen zu haben. Dann ging er zum zweiten Mal mit Diomedes in die Stadt und raubte das Palladion, ein altes Bild der Pallas Athena, nach dessen Entfernung erst die Eroberung Trojas möglich war. Zuletzt veranlaßte er die Achäer zur Erbauung des hölzernen Pferdes, durch das endlich die Einnahme der Stadt herbeigeführt wurde. Kalchas nämlich, der Seher, hatte ein bedeutungsvolles Zeichen erschaut: Ein Habicht verfolgte eine Taube, die flüchtete sich in einen Felsenspalt. Lange harrte er voll Ingrimm vor der Spalte; da barg er sich in einem nahen Gebüsch, und die Taube flog in ihrer Einfalt heraus, wähnend, der Feind habe sich entfernt. Der Habicht aber schoß hervor und erwürgte die Taube. Das trug der Seher dem versammelten Volke vor und mahnte es, von den Versuchen offener Gewalt abzustehen und sich auf List zu verlegen. Und Odysseus stimmte bei und riet mit Hinblick auf das Zeichen des Sehers, durch Versteck und scheinbare Entfernung die Troer irrezuleiten und zu verderben. Zwar widersetzten sich Neoptolemos und Philoktetes, die durch offenen Kampf zum Ziele zu gelangen wünschten; aber Kalchas'

Rat und die Zeichen des Zeus, der Blitz auf Blitz und Donner auf Donner niedersandte, bestimmten das schwankende Volk endlich, sich auf Odysseus' Seite zu stellen. Da erbaute der kunstreiche Epeios, unterstützt von Athena, nach Odysseus Rat aus Holz ein schönes hohes Roß mit weitem Bauche, in welchem die kühnsten Helden der Achäer sich bergen und durch die Troer selbst in das Herz der Stadt bringen lassen sollen, während das übrige Heer nach der Verbrennung des Lagers sich hinter dem benachbarten Tenedos verstecke, um zur rechten Stunde ihren Freunden in der Stadt zu Hilfe zu kommen.

Raub des Palladions

Nach drei Tagen hatte Epeios, unterstützt von der jungen Mannschaft im Heere, sein Werk vollendet. Da sprach Odysseus in der Versammlung der Helden: „Jetzt zeigt, ihr Führer der Danaer, euren mutigen Sinn. Wohlan, laßt uns in das Pferd steigen, um dem Krieg ein Ende zu machen. Größeren Mutes bedarf es, in diesem Schlupfwinkel sich zu bergen, als in offener Schlacht dem Feinde entgegenzugehen. Die andern aber mögen zunächst nach Tenedos schiffen." Da war allen voran der kühne Sohn des Achilleus, ihm folgten außer Odysseus Menelaos, Diomedes, Sthenelos, Philoktetes, Aias, Idomeneus und Meriones und viele andere, so viele das hohle Roß zu fassen vermochte. Epeios stieg zuletzt hinein, zog die Leiter herauf und verschloß das Versteck.

Schweigend saßen sie in dem dunkelen Raume zwischen Sieg und Tod. Die andern steckten ihre Lagergezelte in Brand und gingen unter Anführung des Nestor und Agamemnon unter Segel, um sich hinter der Insel Tenedos in den Hinterhalt zu legen.

Als am frühen Morgen die Troer den Rauch aus dem Lager der Griechen aufsteigen und die Schiffe verschwunden sahen, da strömten sie freudig aus dem offenen Tor in die Ebene hinab; denn sie glaubten, die Griechen seien in ihre Heimat gefahren. Doch vergaßen sie ihre Waffen nicht, da die Furcht sie noch nicht ganz verlassen hatte. Sie betrachteten mit Neugier die verlassenen Lagerstätten der Feinde, wo Achilleus seinen Standort gehabt, wo Aias, wo Diomedes; da erblickten sie voll Staunen das gewaltige Roß, ungewiß, was der mächtige Bau zu bedeuten habe. Thymoites forderte zuerst seine Landsleute auf, das Roß in die Stadt zu ziehen und auf der Burg aufzustellen. Dem aber widersetzte sich Kapys und verlangte, daß man das verdächtige Geschenk der Danaer in das Meer stürzen solle oder verbrennen oder zertrümmern, um zu sehen, was es berge. Während das Volk das Roß noch ungewiß umstand, laut streitend, was sie mit demselben beginnen sollten, eilte Laokoon, ein Bruder des Anchises, Priester des Apollon, umgeben von einer großen Schar von Bürgern, aus der Stadt herab und rief schon von ferne: „Unglückliche, welcher Wahnsinn! Glaubt ihr, die Feinde seien davongesegelt? Kennt ihr den Odysseus so? Entweder liegen Achäer in diesem Bau verborgen, oder es ist eine Maschine, die gegen unsere Mauern getrieben werden wird, oder es steckt irgendeine andere Kriegslist dahinter. Traut dem Rosse nicht, ihr Troer; was es auch ist, ich fürchte den Danaer, auch wenn er Geschenke bringt." Mit diesen Worten schleuderte er seine Lanze mit gewaltiger Kraft in die Seite des Tieres, daß die hohlen Räume desselben dumpf erdröhnten wie mit Waffen erfüllt. Und wäre der Sinn der Troer nicht mit Blindheit geschlagen gewesen, sie hätten das Gebäu, das Versteck ihrer Feinde zertrümmert und ihre Stadt gerettet. Aber das Schicksal wollte es anders.

Noch standen die Troer mit ihrem Könige Priamos, der auch in die Ebene herabgekommen war, staunend und unschlüssig um das Pferd, da schleppte eine Schar trojanischer Hirten einen Jüngling gefesselt herbei, der sich freiwillig ihren Händen dargeboten hatte. Es war Sinon, ein schlauer verschmitzter Grieche, welcher es über sich genommen hatte, trotz aller Gefahr, die ihn erwartete, sich unter die Troer zu mischen und sie über den Zweck des Rosses zu täuschen. Die trojanische Jugend umringte neugierig den gefangenen Feind und eiferte ihn zu höhnen. Der Jüngling spielte die ihm von Odysseus aufgetragene Rolle mit meisterhafter Verstellung. Zagend stand er in ihrer Mitte, hilflos und ohne Waffen, und rief, indem er seine ängstlichen Blicke über die ihn umringende Menge gleiten ließ: „Wehe, welch' Land, welch' Gewässer gibt jetzt mir Zuflucht? Ausgestoßen von den Danaern, verfalle ich nun der blutigen Rache der erbitterten Troer!" Dieser Seufzer hemmte den feindlichen Ungestüm der trojanischen Jugend und wandte ihren Sinn. Der König und alles Volk mahnten ihn teilnehmend zu sagen, wer und von welchem Geschlechte er sei und was er bringe, und sprachen ihm Mut zu, wenn er nicht mit feindlicher Absicht zu ihnen käme. Da legte Sinon die erheuchelte Furcht ab und sprach: „Ich will dir, o König, alles der Wahrheit getreu bekennen. Ich leugne es nicht, ich bin ein Argiver und heiße Sinon. Der weise Palamedes, den die Griechen unter dem falschen Vorwande des Verrates abscheulicherweise zu Tode steinigten, weil er vom Kriege abriet, war mein Verwandter; ihm gab mich mein Vater mit in den Krieg. Solange er in Ehren stand und im Rate der Fürsten etwas galt, war auch ich nicht ohne Namen und Ansehen; doch nachdem der Neid des Odysseus ihn gemordet, schleppte ich ein dunkles Leben in Schwermut und Trübsal hin und zürnte über den schuldlosen Tod meines Freundes. Da ich es törichterweise wagte, meinen Groll offen auszusprechen und dem Laertiaden Rache zu drohen, erregte ich dessen unversöhnlichen Haß, daß er mich beständig mit neuen Beschuldigungen schreckte und mit tückischem Herzen allerlei böses Gerede über mich im Volke ausstreute; und er ruhete nicht eher, als bis er mit Hilfe des lügnerischen Kalchas mir den Untergang bereitete. Oftmals nämlich wünschten die Danaer, des langen vergeblichen Krieges müde, auf ihren Schiffen in die Heimat zu entfliehen, aber immer schreckten sie, wenn sie's versuchten, wilde Stürme zurück; und auch zuletzt, als schon dieses hölzerne Pferd aufgebaut dastand, wütete wieder die stürmische See. Da sandten sie den Eurypylos zu dem Orakel des Phoibos, und der brachte einen traurigen Spruch von dem Gotte zurück: „Wie ihr bei eurer Herfahrt mit dem Blute einer Jungfrau die empörten Winde besänftigt habt, so müßt ihr jetzt wieder mit argivischem Opferblute euch die Heimkehr erkaufen." Dieser Spruch erfüllte das Volk mit Schauder und Grauen. Wen fordert der Gott? Wem bereitet das Schicksal den Tod? Da zog Odysseus den Kalchas mit großem Lärm in die Versammlung und forderte ihn auf, den Willen des Schicksals zu verkünden. Zehn Tage lang schwieg der Priester und weigerte sich heuchlerisch, durch sein Wort einen Griechen dem Tode zu bestimmen. Viele weissagten mir schon unterdes ein grausames Ende durch die Ränke des Frevlers und sahen im Stillen, was kommen würde; da endlich nannte der Seher, getrieben durch das Schreien des Odysseus, nach ihrer Verabredung meinen Namen und bestimmte mich für den Altar. Alle stimmten bei, denn jeder freute sich, das Verderben von seinem eigenen Haupte abgewendet zu sehen. Schon war der Schreckenstag erschienen. Gefesselt, die heiligen Binden ums Haupt, stand ich am Altar; da zerriß ich die Fesseln und entzog mich dem Tode durch die Flucht. Während der Nacht lag ich im Moraste versteckt im hohen Schilfrohr, harrend, bis meine Peiniger unter Segel gegangen. Nun ist mir nimmer vergönnt, mein Vaterland wiederzuschauen und die lieben Kinder und den alten Vater, an denen sie vielleicht um meinetwillen grausame Rache nehmen. Drum flehe ich dich an, ehrwürdiger König, bei allen Göttern, erbarme dich meines Jammers, erbarme dich dieses Herzens, das so Unwürdiges duldet."

Priamos und das gesamte Volk waren gerührt von dem Unglück des armen Flüchtlings. Der König ließ ihm die Bande lösen und hieß ihn guten Mutes sein; dann fragte er ihn nach dem Zweck dieses wunderbaren Baues. Da erhob Sinon die gelösten Hände zum Himmel und sprach: „Ihr ewigen Sterne des Himmels, ihr Altäre, und du schreckliches Opfermesser, dem ich entflohen, ihr seid mir Zeugen, daß die Bande, die mich mit dem Griechenvolke verknüpft, gelöst sind, daß ich dem Vaterlande nicht mehr verpflichtet bin und ihre Geheimnisse verraten darf. Du aber, o König, verbleibe bei deinem Versprechen und bewahre mir die Treue, wenn ich die Wahrheit rede. Von jeher war alle Hoffnung der Danaer auf die Hilfe der Pallas Athena gesetzt. Seitdem aber der gottlose Tydide und der verruchte Odysseus es gewagt, ihr heiliges Bild, das Palladium, von der troischen Burg mit von dem Blute der Wächter befleckten Händen zu rauben, war das Herz der Göttin gewendet und alles Glück verschwunden. Die Göttin selbst gab ihren Zorn durch schreckliche Zeichen zu erkennen. Kaum war ihr Bild in das Lager gebracht, so glühten seine Augen von strahlendem Feuer, von seinen Gliedern rann salziger Schweiß, und dreimal sprang es vom Boden auf mit Schild und zitternder Lanze. Da prophezeite Kalchas, daß sie sogleich in die Heimat entfliehen müßten, da der Zorn der Göttin ihnen jetzt die Eroberung der Stadt versage; man müsse von Argos her neue Befehle der Götter einholen. Darum sind sie nun nach Mykenä zurückgeschifft, um sich neues Göttergeleit zu holen; und sie werden bald wieder unversehens da sein. Dieses Roß aber haben sie aufgestellt, um den Zorn der Pallas zu beschwichtigen, und zwar in so ungeheurer Größe, damit ihr es nicht durch eure Tore in die Stadt führen könntet, weil es dann ein Schutz und Hort für euer Volk sein würde. Wenn aber, so prophezeite Kalchas, das der Athena geweihte Geschenk durch eure Hände zerstört würde, dann wäre dem Reiche des Priamos der Untergang gewiß; stiege es dagegen durch eure Hand in eure Burg hinauf, so drohe von Asien her den Mauern Mykenäs dasselbe Geschick, das sie den Mauern von Troja zugedacht."

Die Troer glaubten den Worten des lügnerischen Sinon, dessen Ränke und Tränen ihnen mehr Unheil brachten als alle Tapferkeit eines Achilleus und Diomedes. Noch mehr aber wurde ihr Sinn verwirrt durch ein gräßliches Wunder, das Pallas Athena sendete zum Schutze ihrer Helden, die in dem Rosse versteckt lagen. Eben brachte Laokoon, der seine Lanze in die Seite des Rosses geschleudert hatte, am Ufer des Meeres dem Poseidon ein Opfer. Da kamen von Tenedos her zwei gewaltige Schlangen über das ruhige Meer; sie reckten ihre zischenden Häupter und die blutige Mähne des Halses über den Fluten empor, während der ungeheure Rücken in weiten Schlingungen über die schäumende Fläche nachschleppte. Bald hatten sie das Ufer erreicht und stürzten mit flammenden blutgeröteten Augen und züngelnden Mäulern ans Land, daß das Volk schreckensbleich auseinanderstob. Geraden Weges eilten die Ungeheuer auf Laokoon los, an dessen Seite seine beiden Söhne standen. Sie umstrickten mit ihren Schlingungen die Knaben und zerfleischten ihre Glieder mit grausamen Bissen. Dann umschlangen sie auch den Vater, der mit der Waffe in der Hand herbeieilte, mit ihren schuppigen Rücken; zweimal ringelten sie sich um die Brust und zweimal um den Hals und reckten die von Blut und giftigem Geifer triefenden Rachen hoch über sein Haupt. Der Unglückliche erhob ein lautes Geschrei zu den Sternen, wie ein Opferstier brüllt, der mit blutendem Nacken vom Altar entfloh, und suchte vergebens die Umschlingungen wegzudrängen. Die Ungeheuer ließen ihr Opfer entseelt am Altar liegen und eilten hinauf zur Burg, zum Tempel der Athena, unter deren Füßen und Schild sie sich verbargen.

Die Troer sahen mit Schreck und Grausen das furchtbare Schauspiel und erkannten darin die Strafe der zürnenden Athena, weil er das ihr heilige Roß freventlich durch den Wurf seiner Lanze entweiht habe. Alles schrie jetzt, man müsse das Bild in die Stadt bringen und zur Versöhnung der beleidigten Göttin es in ihren Tempel auf der Burg aufstellen. Man durchbrach die Mauern, denn die Tore waren zu eng, und zog in hastigem Eifer den Bau jubelnd zur

Stadt. Knaben und Jungfrauen sangen unterwegs heilige Lieder und freuten sich, daß Seil, das ihr Unheil in die Stadt zog, mit den Händen berühren zu dürfen. Viermal blieb an der Schwelle des Tores das Roß stehen und wollte nicht weichen, viermal erdröhnten in seinem Bauche die Waffen der versteckten Helden, sie merken's nicht, sie achten's nicht in ihrer Verblendung und ziehen mit verdoppelter Kraft, und stellen das verhängnisvolle Ungeheuer in der Burg auf. Nur Kassandra, die Seherin, erkannte das drohende Verderben und öffnete ihren unglückverkündenden Mund; aber die Troer verlachten sie und glaubten ihren Worten nicht. Sie überließen sich Jung und Alt einer sorglosen Freude bei Tanz und Schmaus; denn endlich war ja, so wähnten sie, der lange verderbliche Krieg überstanden.

Trojas Zerstörung

Die Troer feierten den Abzug der Griechen bei festlichen Gelagen und Reigentänzen bis spät in die Nacht. Flöten und Pfeifen, Gesang und Jubel erscholl durch alle Straßen, und mancher höhnte weinberauscht über die feigen Feinde, die unverrichteter Sache davongeflohen gleich Knaben und Weibern. Um Mitternacht versank alles, niedergedrückt von Wein und Ermüdung, in tiefen sorglosen Schlaf. Da schlich sich Sinon, der mit den jubelnden Troern bis zu Ende geschmaust und getrunken, heimlich zu dem Tore und zündete seinen auf der Flotte harrenden Freunden das verabredete Feuerzeichen an; dann eilte er zu dem Rosse und gab durch leisen Ruf den versteckten Helden zu erkennen, daß es Zeit sei zum Beginnen des Mordes. Die hörten es mit Freuden, denn sie sehnten sich schon lange aus dem finsteren Versteck nach Kampf und Streit. Odysseus aber mahnte sie zur Vorsicht und stieg zuerst mit Epeios aus der leise geöffneten Türe, gleich einem hungrigen Wolfe, der in der Nacht blutgierig zur Herde schleicht. Die übrigen Helden folgten und ergossen sich nun durch die Straßen und in die Häuser der Stadt. Sie begannen furchtbares Morden unter den schlaftrunkenen weinberauschten Troern, warfen Feuerbrände in die Häuser, daß bald hier und dort die lichten Flammen zum Himmel schlugen. Unterdessen trieb auch die Flotte unter günstigem Winde ans Ufer, und das ganze Heer eilte blut- und beutegierig durch das Tor, das durch die eingerissenen Mauern ihnen einen breiten Eingang bot, in die schon mit Trümmern und Leichen bedeckten Straßen. Aber jetzt erst begann das Getümmel der Verwüstung in furchtbarster Weise. Das Blut strömte durch die Straßen, wo die Leiber der Erschlagenen und mit dem Tode Ringenden sich häuften, Verstümmelte unter den Toten sich hinschleppten, die Fliehenden unter dem Stoße der Lanzen zusammenstürzten. Das Stöhnen der Verwundeten, das Schreien der Fliehenden und der mit Wut Verfolgenden mischte sich in die Wehklagen der Weiber und Kinder, die halbnackt in den Häusern und den Straßen umherirrten.

Aber auch für die Achäer war der Kampf nicht unblutig. In der Verzweiflung wehrten sich die Troer mit allem, was ihnen zur Hand war. Die einen schleuderten Becher, Tische oder vom Herd gerissene Feuerbrände gegen die Angreifenden; andere waffneten sich mit Äxten und Beilen und Bratspießen, mit Lanzen und Schwertern und fochten in den Straßen, viele auch warfen Steine und Balken von den Dächern. Die Flammen der brennenden Häuser, sowie die Fackeln, welche die Kämpfenden in die Hand genommen, um den Freund von dem Feinde zu unterscheiden, erhellten allmählich die ganze Stadt, daß der Kampf sicherer ward, der Freund sich zum Freunde gesellen und aus der Schar der Feinde sich seinen Gegner wählen konnte. Da stieß Diomedes dem Koroibos, dem Sohne des Mygdon, der ihm mutig entgegensprang, den Speer durch die Kehle; auch seinen Genossen erlegte er, den gewaltigen Eurydamas, einen Eidam des Antenor. Darauf begegnete er dem Ilioneus, einem troischen Ältesten, und zückte gegen ihn das Schwert. Der Greis sank zitternd vor ihm auf die Knie, und indem er mit der einen Hand das Schwert ergriff, mit der anderen seine Knie umfaßte, rief er flehend: „Wer du auch seiest, hemme deinen Zorn und schone mein Alter! Rühmlich ist's, einen jugendlichen Feind zu erlegen, doch einen Greis zu erschlagen, zeigt wenig Tapferkeit. So gewiß du selber alt zu werden wünschest, schone des Greises!" Einen Augenblick hatte Diomedes aus Scheu vor dem bittenden Greise sein Schwert zurückgehalten; dann aber rief er: „Freilich, o Greis, hoffe ich auch alt zu werden; doch so lang ich jung bin, werde ich keines Feindes schonen!" und stieß ihm das Schwert durch den Hals in die Brust. Er ließ die Leiche am Boden liegen und stürzte sich zu neuem Mord nach einer anderen Seite. In gleicher Weise wüteten Aias und Agamemnon und Idomeneus, vor allen aber der junge Held Neoptolemos, der, ausgerüstet mit der gewaltigen Kraft seines Vaters, jeden erschlug, der vor ihn kam, und ganze Scharen der Troer niederstreckte.

Nachdem in den Straßen das Morden lange entsetzlich gewütet, zog sich der ganze Kampf aus den übrigen Teilen der Stadt allmählich zu der Burg, zu dem Palaste des Königs Priamos. Hier entstand ein solches Getümmel und Schlachtgewühl, als wenn sonst gar kein Krieg wäre, als wäre der Kampf in der übrigen Stadt nur ein Spiel. Mit wildem Kriegsmut stürmen die Danaer gegen die umtürmten Pforten des Palastes; den Schild über dem Haupte, dringen sie zum Teil dichtgedrängt die Stufen hinauf gegen das feste Tor, zum Teil klettern sie auf Leitern an den Wänden der Türme empor. Die Belagerten wehren sich mit dem Mut der Verzweiflung im letzten Todeskampfe, sie reißen ganze Türme und Dächer los und stürzen sie auf die Häupter der anstürmenden Griechen, während andere drunten in dichtgedrängter Schar mit gezogenem Schwert den Eingang verteidigen. Gerade über der Pforte ragte ein hoher Turm, der höchste der ganzen Burg, von welchem aus man ganz Troja überblicken konnte und weithin schaute bis zu den Schiffen der Danaer. Dessen oberstes Stückwerk suchten die belagerten Trojaner abzulösen und auf die Feinde hinabzustürzen. Lange mühten sie sich vergebens, da erschien der starke Aineias mit einigen Begleitern: ein Ruck und zwei mit dem mächtigen Hebeisen, und der schwere Turm wälzte sich krachend hinab und zerschmetterte die Scharen der Stürmenden. Aber zum Ersatz stürzten gleich wieder andere vor, allen voran der eben herzueilende Neoptolemos mit Periphas und Automedon und seinen übrigen Myrmidonen. Mit hochgeschwungener Axt springt er gegen

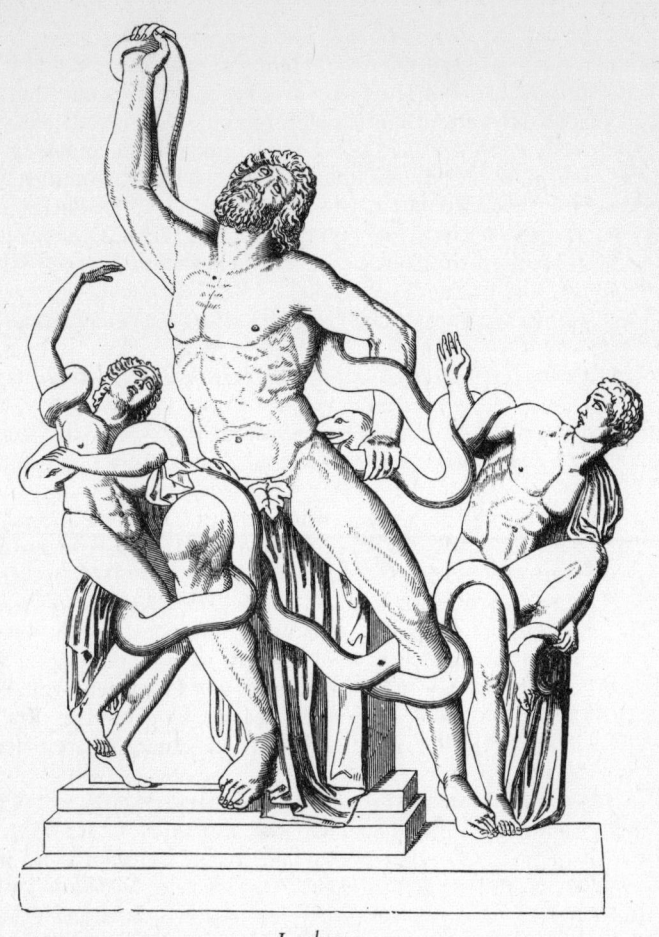

Laokoon

die Pforte, zerschmettert die Balken und stößt die Angeln aus den erzbeschlagenen Pfosten. Jetzt zeigt sich das Innere des Hauses, offen stehen die weiten Hallen, der alte Sitz des Priamos und seiner Ahnen, und füllen sich mit feindlichen Kriegern.

    Drinnen aber in den Gemächern schallte ein jammervolles Klagegeschrei und Geheul der königlichen Frauen zum Himmel, welche zitternd und voll Verzweiflung umherirrten, während die Scharen des Neoptolemos nach dem Aufbruch des Tores sich in alle Räume ergossen, wie ein Strom, der den Damm durchbrach, und die Verteidiger des Hauses nach allen Seiten hin mordend verfolgten. Als Priamos, der alte König, sah, daß die Stadt genommen und sein eigenes Haus in den Händen der Feinde war, umkleidete er noch einmal seine altersschwachen Glieder mit der schweren Rüstung und wollte, die Lanze in der zitternden Hand, sich in das Kampfgewühl stürzen, um den

Sturz seines Reiches und den Untergang seines Volkes nicht zu überleben. In dem Hofe des Palastes an dem Altar des hausschirmenden Zeus saß schutzsuchend seine greise Gemahlin, um sie herum drängten sich in Angst ihre Töchter und Schwiegertöchter, dichtgeschart gleich schüchternen Tauben beim Sturme, und umklammerten wehklagend die Bilder der Götter. Da wollte eben der alte König in den Waffen seiner Jugend vorbeieilen; aber Hekabe hielt ihn zurück von seinem eitlen Beginnen und zog ihn an sich heran an den Altar, damit er hier zugleich mit ihnen Schutz finde oder umkomme. Kaum hat er sich an dem Altar niedergelassen, so stürzt sein Sohn Polites, verfolgt von Neoptolemos, bluttriefend durch die langen Hallen, durch Feinde und Geschosse daher und sinkt, von dessen Speer durchbohrt, tot zu den Füßen des Vaters. Da erfaßt jäher Zorn den Alten, und er ruft: „Mögen die Götter für solche Verruchtheit dir den schuldigen Lohn geben, der du mich zwingst, vor meinen Augen den Tod des Sohnes zu sehen. So war Achilleus, als dessen Sohn du dich lügst, nicht gegen seinen Feind Priamos; nein, er ehrte das Recht des Flehenden und gab mir den Leichnam meines Hektor zur Bestattung zurück und entließ mich ungekränkt in mein Reich." So rief der Alte im Zorn und warf mit ohnmächtigem Schwunge seine Lanze gegen den Grausamen, aber die Waffe prallte kraftlos an der Rüstung des Feindes ab. Mit höhnender Wut rief Pyrrhos: „So melde denn das meinem Vater Achilleus und bring' ihm die Botschaft von den Freveln seines entarteten Sohnes! Jetzt stirb!" Mit diesen Worten faßte er den zitternden König am grauen Haar, schleppte ihn durch das Blut seines Sohnes zum Altar und stieß ihm mit der Rechten das Schwert bis ans Heft in die Brust. Auf dem Boden, wo er einst geherrscht, liegt sein Rumpf unter anderen Toten, eine unbekannte Leiche.

Die noch übrigen Söhne des Priamos in der Stadt traf ein gleiches Los. Deïphobos, nach Hektors Tode der bedeutendste unter ihnen und die Stütze des Hauses und des Volkes, war nach dem Untergange des Paris der Gemahl der Helena geworden. Während des Morden in dem Palaste des Priamos wühtete, eilte Menelaos mit Agamemnon und Odysseus und einer Schar seiner Krieger zu dessen Wohnung. Er fand den dem Tode Geweihten schlaftrunken auf seinem Lager und bohrte ihm das Schwert in die Brust mit den Worten: „Stirb, du Hund, auf dem Lager meiner Gattin! Hätte ich doch auch so den Paris, den Unheilstifter, getroffen, als er mir in der Schlacht begegnete! Doch er ist jetzt zum Hades hinab und hat seinen Frevel gebüßt. So trifft Themis, die Göttin gerechter Vergeltung, jeden Frevler." Nachdem er seinen Zorn noch durch Verstümmelung an der Leiche ausgelassen, durchsuchte er racheschnaubend das Haus nach der treulosen Helena, dem Unglücksweibe, das ihm so vielen Schmerz und Unheil bereitet. Sie hatte sich aus Furcht vor der Rache ihres Gatten in einen dunklen Winkel des Hauses verborgen. Als Menelaos sie fand, stürzte er voll eifersüchtigen Zornes mit gezücktem Schwerte auf sie ein; aber Aphrodite, ihre stete Schützerin, erfüllte plötzlich sein Herz mit dem zarten Gefühl der Liebe, daß der Grimm verschwand und das Schwert ihm aus der Hand fiel. Lange stand er starr und staunend vor der wunderbaren Schönheit des treulosen Weibes und vergaß all' ihre Schuld. Dann aber erwachte wieder der alte Groll der Eifersucht, er hob wieder mit feindseligen Gedanken das Schwert vom Boden auf und hätte das Weib ermordet, wenn nicht Agamemnon, plötzlich dazwischen tretend, ihn gehemmt hätte. „Laß ab, Menelaos", rief er, „es ziemt sich nicht, daß du dein ehelich Weib, um das wir so viele Leiden erduldet, mordest. Hat doch Helena weniger Schuld als Paris, der so schnöde das Gastrecht gebrochen. Drum hat auch ein Gott ihn unter Schmerzen büßen lassen." Menelaos gehorchte dem Bruder und führte sein Weib zu den Schiffen.

Dorthin wurden auch die zahlreichen Frauen und Jungfrauen der Troer als Kriegsgefangene geschleppt, unter ihnen die greise Königin Hekabe und ihre Töchter und Schwiegertöchter, Kassandra, Polyxena und viele andere. Andromache, die unglückliche Gattin des Hektor, welche eine Beute des Neoptolemos geworden war, hatte noch schauen müssen, wie ihr einziger unmündiger Sohn Astyanax von dem unbarmherzigen Feinde von der Mauer hinabgestürzt und zerschmettert ward. Trauernd und klagend saßen die unglücklichen Troerinnen bei den Schiffen und sahen die rauchenden Trümmer ihrer Vaterstadt, wo ihre Väter und Gatten und Söhne erschlagen lagen. Glücklich noch ist das Los der Erschlagenen, sie haben ausgestritten und ausgelitten; aber die armen gefangenen Frauen mit ihren unmündigen Kindern erwartet fern vom Vaterlande unter fremden Herren das harte Geschick der Knechtschaft.

Nur zwei trojanische Fürsten entgingen dem allgemeinen Verderben, Antenor und Aineias. Den greisen Antenor mit seinem Hause verschonten die Achäer, weil er einst den Menelaos und Odysseus, als sie nach Troja als Gesandte kamen, bei sich beherbergt und stets für die Rückgabe der Helena gesprochen hatte. Er zog später mit einer Schar der paphlagonischen Heneter in den innersten Busen des adriatischen Meeres, wo er die Stadt Patavium baute und aus der Vermischung der Heneter mit den Ureinwohnern das Volk der Veneter entstand. Der Held Aineias, der lange in der eroberten Stadt noch tapfer gekämpft hatte, entschloß sich endlich, als er keine Rettung mehr sah, zur Flucht. Er nahm den alten Vater Anchises, den der Blitz des Zeus gelähmt hatte, auf seine Schultern, den kleinen Sohn Askanios an die Hand und eilte unter dem Schutze der Nacht, geführt von seiner Mutter Aphrodite, über Trümmer und Leichen weg aus der Stadt nach dem nahen Idagebirge, von wo er später nach Italien zog, um den Grund zu legen zu dem weltbeherrschenden Rom.

Noch Tage lang brannte die unglückliche Stadt, aus welcher die Sieger eine reiche Beute zu ihren Schiffen schleppten. Die Götter beweinten, in dunkles Gewölk gehüllt, den Fall der herrlichen Veste, die so lange mächtig im asischen Lande geherrscht hatte; nur Hera und Athena jauchzten in ihrem Herzen, daß endlich die verhaßte Stadt zugrunde gegangen. Fernher von den Bergen des Ida und von den Inseln sahen die umwohnenden Völker die Flammen und die Rauchsäulen zum Himmel aufsteigen und erkannten, daß endlich nach jahrelangem Kriege die Achäer das große Werk vollendet und Rache genommen hatten für den ungerechten Frevel des Paris, dem die verblendete Stadt ihren Schutz gewährt hatte.

Hekabe und Polyxena

Als die griechische Flotte nach Zerstörung Trojas an die den rauchenden Trümmern gegenüberliegende thrakische Küste segelte, um den Weg zur Heimat anzutreten, da erschien der Geist des Achilleus auf seinem Grabeshügel am Ufer des Hellespont und rief seinen absegelnden Kriegsgenossen zu, sie sollten ihn nicht ungeehrt im Feindeslande zurücklassen, sondern ihm Polyxena, die schöne Tochter des Priamos, die ihm einst als Braut zugesagt worden war, aber, obgleich wider ihren Willen, seinen Tod veranlaßt hatte, zum Opfer bringen. (Nach einer nachhomerischen Sage fand Achilleus seinen Tod in dem Tempel des thymbräischen Apollon durch Paris und Apollon, als er sich eben mit Polyxena vermählen wollte.) Agamemnon, dem die herrliche Kassandra als Beute zugefallen war, widersetzte sich dieser zuliebe der Opferung; aber Odysseus, der Liebling des Heeres, setzte es durch, daß man dem tapferen Freunde, dem großen um das Heer so hochverdienten Toten, nicht undankbar seinen Wunsch versage. Nachdem man daher an der thrakischen Küste ein Lager bezogen, rüstete man sich zur Opferung der Jungfrau auf dem Grabeshügel des Achilleus. Odysseus ward in das Zelt der Hekabe gesandt, um Polyxena aus den Armen der unglücklichen Mutter zu holen. Diese jammerte voll Verzweiflung und suchte durch Bitten und Flehen die Tochter zu retten; aber wenn ihr Unglück auch das Herz des Laertiaden rührte, er blieb fest entschlossen, den Willen des Heeres zu vollführen. Die Jungfrau selbst scheute den Tod nicht; hatte sie doch keine Hoffnung mehr, daß nach dem Untergang ihrer Vaterstadt und der väterlichen Herrschaft je wieder Glück und Freude ihr beschieden sei. Sie, das Fürstenkind, in schöner Hoffnung aufgezogen, Königen einst zur Braut bestimmt, kann den Gedanken an ein Leben der Schmach und niederer Knechtschaft nicht ertragen und ist gern bereit, zum Hades hinabzugehen. Zwar der Abschied von der Mutter, die sie in Jammer und Elend zurücklassen muß, wird ihr schwer und preßt ihr bittere Klagen aus; dann aber geht sie festen Schrittes und festen Herzens an der Hand des Odysseus dem Opfertode entgegen.

Das ganze Heer der Danaer war um den Grabeshügel des Achilleus versammelt, um den Tod der Jungfrau zu sehen. Da führete Neoptolemos, der Sohn des Achilleus, der als Opferpriester ausersehen war, begleitet von den Ersten des Heeres, die Jungfrau auf den Hügel zu dem Altar. Dann nahm er einen goldenen Becher in die Hand, goß dem Vater die übliche Spende aus und sprach flehend, nachdem er durch den Herold Talthybios Schweigen geboten: „Hehrer Vater, Sohn des Peleus, empfange dies Sühnopfer von meiner Hand, trinke das schwarze Blut der unentweihten Jungfrau, die ich und das Heer dir darbringen. Sei aber nun uns hold gesinnt und gib, daß wir wohlbehalten von Troja heimkehren in das Vaterland." So sprach er, und das ganze Heer flehte mit ihm. Darauf zog er das Schwert aus der goldenen Scheide und hieß durch einen Wink die nahestehenden Jünglinge das Opfer fassen. Da dies die Jungfrau merkte, sprach sie zu dem Heere: „Ihr Argiver, Zerstörer meiner Vaterstadt, ich sterbe willig. Drum rühret meinen Leib nicht an, laßt mich, eine freie Tochter eines freien Vaters, auch frei jetzt sterben. Eine Sklavin im Schattenreich zu heißen, schämt sich das Königskind." Die Völker brausten Beifall, und Agamemnon hieß die Männer von dem Leibe der Jungfrau ablassen. Nun entblößte sie selbst sich Nacken und Brust und sprach zu Neoptolemos: „Schau her, o Jüngling! Willst du in diese Brust dein Schwert stoßen, so stoße zu, wenn in den Hals, wohlan, auch dieser Nacken ist bereit." Mit widerstrebendem Herzen stieß der Jüngling das Schwert ihr in den Hals, daß das Blut hierniederströmte und sie sterbend zu Boden sank. Mit Bewunderung sah das versammelte Heer den Heldenmut der Jungfrau, die auch im Sinken noch bemüht war, daß sie züchtig und ihres Geschlechtes würdig fiel. Sie warfen, um sie zu ehren, grünes Gezweig auf ihren Leib, während andere mit Eifer Kienstämme zusammentrugen, um ihr einen Scheiterhaufen aufzubauen.

Hekabe lag währenddem in ihrem Zelte, eingehüllt in ihr Gewand, das Antlitz an der Erde, und bestreute sich klagend das greise Haupt mit Staub. Da erschien Talthybios, von Agamemnon gesendet, daß sie mit den anderen gefangenen Troerinnen ihr Kind bestatte. Sie schickte daher, um den toten Leib zu baden, eine Dienerin ans Meer, um Wasser zu schöpfen. Diese fand am Gestade den ihr wohlbekannten Leichnam des Polydoros, des jüngsten Sohnes der Hekabe. Priamos hatte ihn, als er an dem Geschicke Trojas verzweifelte, als zarten Knaben mit vielem Golde nach Thrakien zu seinem Gastfreunde, dem König Polymestor, gesendet, daß er hier im sicheren Asyle aufwachse und später das zerstörte Troja wieder aus dem Schutt erhebe. Nachdem aber das Reich des Priamos gefallen, hatte der Barbar aus schnöder Begier nach den ihm anvertrauten Schätzen den Sohn des Gastfreundes gemordet und die Leiche ins Meer geworfen. Die Dienerin hüllte die Leiche in ein Gewand und brachte den toten Sohn zu der noch um die gemordete Tochter weinenden Hekabe. Diese erkannte sogleich den Zusammenhang der schrecklichen Tat und vergaß bei dem Anblick des treulos Gemordeten für den Augenblick ihren Schmerz und ihre Jahre und entschloß sich, furchtbar sich zu rächen. Im Einverständnis mit Agamemnon, der ihr wohlwollte wegen Kassandra und zürnte über den Frevel des gottlosen Barbaren, lockte sie den König Polymestor mit seinen beiden jungen Söhnen in ihr Zelt, unter dem Vorgeben, sie wolle ihm den Ort, wo die Schätze des Priamos verborgen lägen, anzeigen, und fiel hier mit den anderen gefangenen Troerinnen voll Ingrimm über ihn her. Während einige Frauen die Knaben töteten, riß Hekabe, die der Zorn stark gemacht, mit andern dem Polymestor selbst die Augen aus. Wie ein wütiges Raubtier sprang der Geblendete vom Boden und tappte mit rasender Rachebegier in dem Zelte umher, um die blutigen Weiber zu erhaschen, zu zerreißen. Sein lautes Schreien rief endlich den König Agamemnon herbei. Durch diesen hoffte er seine Rache ausüben zu können; doch Agamemnon versagte ihm jede Hilfe, da er unedel an dem ihm anvertrauten Gaste zu freveln gewagt. Dem Spott und Hohn der Frauen preisgegeben, vermochte er in seiner ohnmächtigen Wut sich durch nichts anderes zu trösten, als durch eine Unglücksweissagung, die er einst von Dionysos über Hekabe gehört; sie werde, in einen Hund verwandelt, am Schiffsmast hinaufklettern und durch einen Sprung ins Meer sich den Tod geben; Kassandra aber, ihre Tochter, werde unter der Hand von Agamemnons Gemahlin, Klytaimnestra, fallen.

Nachdem der Wütende auf die Seite gebracht war, ging Hekabe mit den troischen Frauen zu dem aufgerichteten Scheiterhaufen, um die Leichen der

Tochter und des Sohnes zugleich zu bestatten. Das Leid, das auf der Seele der unglücklichen Königin lag, überstieg alles menschliche Maß, ihre Natur vermochte den unermeßlichen Schmerz nicht weiter zu tragen. Während sie noch mit der Bestattung ihrer Kinder beschäftigt war, verwandelte sich plötzlich ihre Natur; sie nahm, so erzählt die Sage, die Gestalt eines Hundes an, sprang auf ein Schiff und stürzte sich ins Meer. Ein Fels, der über den Fluten des Hellespont sich erhebt, hieß nach ihr noch in späten Zeiten Kynossema, das Grabmal der Hündin.

Die Rückkehr von Troja

Nachdem die Achäer Troja in Schutt und Staub gelegt, sann ihnen Zeus eine unglückliche Rückkehr, auf welcher viele noch ihren Tod fanden, wegen des Zornes der Athena. Aias der Lokrer hatte bei der Eroberung der Stadt die Seherin Kassandra bis in den Tempel der Athena verfolgt und, als sie dort bei dem Bilde der Göttin Schutz suchte, sie weggerissen, daß das heilige Bild zur Erde fiel, und unter Mißhandlungen aus dem Tempel fortgeschleppt. Die Achäer hatten diesen Frevel nicht gestraft, und darum wandte sich der Zorn der Athena gegen das ganze Heer. Am Tage nach der Zerstörung beriefen die beiden Atriden, von der zürnenden Athena verblendet, noch gegen Abend eine Volksversammlung, zu der viele weinberauscht kamen, und gerieten bald wegen der Heimkehr in Streit. Menelaos wünschte, daß sogleich alle Achäer unter Segel gingen; Agamemnon aber widersprach dem, er wollte das Volk zurückhalten, bis sie durch heilige Hakatomben den Zorn der Athena gesühnt hätten. Bis zur Nacht standen sie gegeneinander, mit harten Worten streitend, und die Achäer liefen auseinander mit lautem Geschrei und in Zwietracht. In der Nacht lagen sie ruhig und grollten einander. Am frühen Morgen aber zogen die einen ihre Schiffe ins Meer, brachten ihre Beute hinein und die gefangenen Frauen und fuhren davon, während die andern mit Agamemnon zurückblieben. Unter den Absegelnden befanden sich Nestor und Diomedes; sie ahneten in ihren Herzen, daß irgendein Gott den Achäern Unheil sann, und suchten dem Verderben zu entfliehen. Auch Odysseus fuhr mit ihnen; doch als sie nach Tenedos gekommen, kehrte er zurück aus Freundschaft für Agamemnon. Menelaos erreichte den Nestor und Diomedes erst in Lesbos, wo sie haltgemacht und über die weitere Fahrt berieten. Sie entschlossen sich, quer durch das Meer hinüber zur Südspitze Euböas zu fahren, um auf kürzestem Wege dem Unheil zu entfliehen. Die gefährliche Fahrt gelang; sie kamen in der Nacht zu dem Vorgebirge Geraistos am Südende von Euböa, und nachdem sie hier dem Poseidon zum Dank für die glückliche Fahrt ein Opfer gebracht, zogen sie weiter. Am vierten Tage kam Diomedes mit seinen Schiffen wohlbehalten nach Argos, Nestor fuhr um das Cap Malea und gelangte in seine Heimat Pylos, wo er noch lange in Frieden und von seinem Volke hochgeehrt herrschte. Auch Neoptolemos mit seinen Myrmidonen, Philoktetes, Idomeneus kamen ohne Unfall nach Hause.

Bei dem attischen Vorgebirge Sunion war Menelaos hinter seinen Reisegefährten zurückgeblieben; denn hier starb ihm sein trefflicher Steuermann Phrontis, und er wollte dem Freunde die Pflicht der Bestattung nicht versäumen. Als er darauf weiterfuhr und um das gefährliche Vorgebirge Malea biegen wollte, da faßten ihn die Stürme und zerstreuten seine Schiffe. Ein Teil derselben ward an die Küste von Kreta verschlagen, wo sie scheiterten, aber die Mannschaft rettete sich; fünf andere, worunter das Schiff des Menelaos selbst, trug der Wind weithin in die östlichen Meere, wo er acht Jahre lang umher-

Raub der Kassandra

irrte, in Kypros und Phönikien, Ägypten und Libyen, bei den Äthiopen, Sidoniern und Erembern. Er fand an vielen Orten freundliche Aufnahme und reiche Gastgeschenke. So auch in Ägypten, in dem hunderttorigen Theben bei dem Könige Polybos und dessen Gemahlin Alkandra, welche beide dem Menelaos und der Helena köstliche Geschenke gaben. Als er von Ägypten aus auf dem Wege zur Heimat eine Tagereise zurückgelegt hatte, gelangte er zur Insel Pharos, wo er in einem guten Hafen haltmachte und Wasser einnahm. Eine plötzliche Windstille aber hielt ihn zwanzig Tage auf der wüsten Insel zurück, daß ihm die Lebensmittel gänzlich auszugehen drohten und seine Gefährten fischend am Strande umherzogen, um den nötigen Unterhalt zu gewinnen. Da trat, während Menelaos, getrennt von seinen Genossen, traurig am Ufer hinschlich, plötzlich die Nymphe Eidothea, die Tochter des alten Meergottes Proteus, zu ihm heran und sprach: „Warum, o Fremdling, schleichst du so töricht und träge umher und weilst so lange auf der Insel, ohne eine Entscheidung zu finden?" Menelaos antwortete: „O Göttin, wer du auch seiest, nicht freiwillig weile ich auf der Insel, sondern ich muß wohl gegen die Himmlischen mich versündigt haben. Aber du sage mir an, denn die Götter wissen ja alles, welcher der Unsterblichen hält mich zurück und wie kann ich die Rückkehr in die Heimat finden?" Da sprach die Göttin: „Das will ich dir sagen, Fremdling, der alte Meergreis Proteus, der die Tiefen des ganzen Meeres kennt, ein Diener des Poseidon und mein Vater, kommt oft an diese Küste; wenn du diesen fangen könntest, so würde der dir den Weg zur Heimat sagen und auch anderes verkünden, was dir zu Hause während deiner langen Abwesenheit Gutes und Böses sich ereignet hat. An jedem Mittag treibt er die Robben der Amphitrite, welche seiner Hut anvertraut sind, aus dem Meere auf diese Insel und läßt sie auf dem heißen Sande sich sonnen, während er selbst im Schatten der nahen Felsen sich dem Schlafe hingibt. Dann überfalle ihn mit einigen deiner Gefährten und halte ihn fest, in welche Gestalten er sich auch verwandeln mag, bis er wieder seine erste Gestalt angenommen hat und euch nach eurem Begehr fragt. Dann lasset ihn los und fraget, was ihr wünschet." Nach diesen Worten sprang sie wieder ins Meer. Menelaos aber wählte am folgenden Tage drei seiner stärksten Gefährten und ging mit ihnen ans Ufer des Meeres. Nicht lange, so erschien Eidothea. Sie brachte die Felle von vier Robben, die sie eben auf dem Meeresgrunde von der Herde ihres Vaters geschlachtet, und barg darunter auf dem Sande den Menelaos und seine Freunde, und als nun die Herde sich um sie gelagert und Proteus sein Vieh durchgezählt hatte, ohne ein Stück zu vermissen, legte auch er sich zur Ruhe nieder. Da fielen plötzlich Menelaos und seine drei Genossen mit lautem Geschrei über ihn her. Zwar verwandelte sich der Meergreis ränkevoll in allerlei Gestalten, in einen Löwen, einen Drachen, einen Panther, in ein großes Wildschwein, zuletzt in fließendes Wasser und in einen aufsproßenden Baum; aber da Menelaos ihn nicht losließ, so nahm er endlich wieder seine ursprüngliche Gestalt an und sprach: „Welcher Gott, o Sohn des Atreus, hat dich gelehrt, mir einen Hinterhalt zu legen und mich zu fangen? Was begehrst du?" „Warum fragst du, o Greis? du weißt es ja. Sage mir, welcher Gott mich auf meiner Fahrt zurückhält und wie ich den Weg zur Heimat finde." Proteus weissagte ihm nun, daß er dem Zeus und den andern Göttern vor dem Beginn seiner Fahrt in Ägypten zu opfern verabsäumt und nicht eher den Weg zur Heimat finden werde, als bis er, nach Ägypten zurückgekehrt, an dem heiligen Strome die Götter durch ein Opfer versöhnt habe. Auch offenbarte er ihm das Unheil, das zu Hause seinen Bruder Agamemnon getroffen, und wie Odysseus noch immer im weiten Meere von der Heimkehr zurückgehalten werde durch die Nymphe Kalypso; Menelaos selbst aber werde den Tod nicht sehen, sondern als Eidam des Zeus mit Helena ins Elysium eingehen. Nachdem der Meergott also dem Atriden geweissagt, sprang er wieder ins Meer. Menelaos aber segelte mit seinen Schiffen betrübten Herzens wieder nach Ägypten zurück und tat, wie der Gott ihn geheißen. Jetzt gaben die Götter ihm glückliche Fahrt, und er landete bald an der heimischen Küste, um in seinem Königssitze zu Sparta an der Seite seiner Gattin Helena noch viele Jahre in Glück und Frieden zu hausen.

Agamemnon hatte mit den an der troischen Küste bei ihm zurückgebliebenen Scharen erst den Göttern die gebührenden Opfer gebracht und war dann wohlgemut unter Segel gegangen. Wind und Wetter waren günstig, bis sie in die Nähe der gyräischen Felsen bei Euböa kamen. Dort sandte plötzlich die erzürnte Athena einen furchtbaren Sturm über sie, so daß viele Schiffe scheiterten und die Mannschaft umkam. Am meisten grollte Athena dem Lokrer Aias, der in ihrem Tempel die Seherin Kassandra mißhandelt hatte. Sie zerbrach sein Schiff und schleuderte ihn ins Meer; aber Poseidon erbarmte sich sein und rettete ihn auf den gyräischen Felsen. Da rief der wilde trotzige Held im Übermut, er könne auch ohne Hilfe der Götter dem Tod entfliehen. Zornig faßte jetzt Poseidon seinen Dreizack und stieß ihn wider den Felsen, daß der Fels zertrümmert mit dem Frevler in die Tiefe schoß. Wer aus dem verderblichen Sturm Schiff und Leben gerettet hatte, eilte frohen Herzens zur ersehnten Heimat. Auch Agamemnon, der große Sieger, kehrte glücklich in sein Reich zurück; aber kaum hatte er seine Königsburg Mykenä betreten, so traf ihn am eigenen Herde durch die Hand seiner Gattin der Todesstreich. Odysseus, der sich schon an der thrakischen Küste von dem übrigen Heere getrennt hatte, irrte noch viele Jahre lang auf dem unbekannten Meere umher, bis er nach zwanzigjähriger Abwesenheit allein und unerkannt in sein zerrüttetes Haus zurückkehrte.

Das Haus der Atriden

Atreus und Thyestes

Pelops, der Sohn des Tantalos, hatte durch Besiegung des Oinomaos im Wettrennen dessen Tochter Hippodameia und die Herrschaft von Pisa erlangt; aber er hatte den Myrtilos, den Wagenlenker des Oinomaos, einen Sohn des Hermes, der ihm zum Siege verholfen, durch Mord aus dem Wege geräumt, weil er ihm die versprochene Hälfte des Reiches nicht übergeben mochte. Seit diesem Morde ruhte der Fluch auf ihm und seinem Hause, so sehr er auch durch Opfer und Sühnung den Gemordeten und dessen Vater zu versöhnen bemüht war; wie ein finsterer Rachegeist ging der Fluch von Geschlecht zu Geschlechte, ein Verbrechen aus dem andern zeugend. Er selbst erlebte noch in seinem Hause eine schwere Untat. Unter all' seinen Söhnen war ihm der schöne Chrysippos der liebste, den ihm eine Nymphe geboren; aber seine Gemahlin Hippodameia haßte den Sohn der Nymphe und verleitete ihre ältesten Söhne, Atreus und Thyestes, den Bevorzugten zu ermorden. Um dem Zorne des Vaters zu entgehen, flüchteten sie außer Land zu Sthenelos, dem König von Mykenä, der mit ihrer Schwester Nikippe vermählt war. Dieser nahm sie bei sich auf und überließ ihnen die Stadt Midea zum Wohnsitz. Als nun später der Sohn des Sthenelos, der aus der Geschichte des Herakles bekannte Eurystheus, in der Schlacht gegen die Athener und die Herakliden gefallen war, ohne leibliche Erben zurückzulassen, bemächtigte sich Atreus, sein nächster Verwandter im Lande, der gesamten mykenäischen Herrschaft.

Atreus war von den beiden Brüdern der ältere und machte dieses Erstgeburtsrecht bei der Besitznahme des Landes geltend; aber Thyestes, nicht weniger herrschsüchtig als jener, glaubte gleiches Recht zu haben und strebte den Bruder seines Besitzes zu berauben. Dadurch kam unversöhnlicher Haß zwischen die beiden Brüder, welche das Verbrechen des Brudermordes bisher verbunden hatte. Hermes hatte, um Unheil in dem Geschlechte des Pelops zu erregen, dem Atreus ein goldwolliges Lamm geschenkt, an dessen Besitz das Recht der Herrschaft geknüpft sein sollte. Thyestes nun verleitete heimlich die Gemahlin des Atreus, Aërope, zur Untreue gegen den Gatten, daß sie ihm das Lamm einhändigte. Sobald er dasselbe in sein Haus gebracht, ließ er dies unter dem Volke ausrufen und versuchte sich zum König aufzuwerfen. Da gab Zeus der Welt ein Zeichen, daß durch argen Trug das Recht verkehrt worden sei, er kehrte am Himmel den Lauf der Sonne und der Gestirne um und zeugete so für Atreus. Das Volk erklärte sich gegen Thyestes, und Atreus zwang ihn zur Flucht aus dem Lande. Um sich zu rächen, schickte Thyestes den Pleisthenes, einen Sohn des Atreus, den er als den seinigen auferzogen, mit dem Auftrage nach Mykenä, den Atreus zu ermorden. Dieser kam als jugendlicher Held, um offen mit Atreus zu rechten und zu kämpfen, wurde aber von diesem erschlagen. Als Atreus entdeckte, daß er auf Veranstaltung seines Bruders den eigenen Sohn getötet, beschloß er sich furchtbar zu rächen; doch barg er seinen Grimm tief im Herzen, um den Bruder sicher zu machen und in sein Netz zu locken. Nicht lange nachher kehrte auch Thyestes in das Land zurück und suchte die Aussöhnung mit dem Bruder, der zum Scheine darauf einging. Als diesem aber offenbar ward, daß Thyestes im Einverständnis mit seiner Gemahlin Aërope auf neue Ränke sann und ihm nach dem Leben trachtete, da beschleunigte er das Werk seiner Rache und beschloß eine unerhörte Tat. Er schlachtete die beiden Söhne seines Bruders, Pleisthenes und Tantalos, lud ihn dann freundlich zum Mahle und setzte ihm das Fleisch seiner Söhne als Speise vor. Ohne etwas Schlimmes zu ahnen, verzehrte Thyestes das gräßliche Mahl, obgleich der Himmel ob der Freveltat von furchtbaren Donnern erzitterte und Helios entsetzt sein Gespann umwandte. Erst nach vollendeter Mahlzeit erfaßte ihn ein banger Zweifel, und er fragte nach seinen Söhnen. Da ließ ihm Atreus die Köpfe und Füße derselben vorwerfen, und Thyestes erkannte, daß sein Bruder die Söhne ihm aus Rache gemordet hatte. Der Unglückliche flehte um Auslieferung der Leichen, damit er sie bestatten könne. Jetzt erst offenbarte ihm Atreus mit furchtbarem Hohne, daß er die Söhne in seinem eigenen Leibe vergraben habe. Voll Grausen stieß der unglückliche Vater den entsetzlichen Tisch um, warf sich heulend zur Erde und spie das unnatürliche Mahl aus; dann stürzte er sich gleich einem wütenden Tiere hinaus in die Wildnis, den Atreus und den ganzen Stamm der Pelopiden verfluchend. Die treulose Aërope war gezwungen, die ganze Racheszene mit anzuschauen; dann kam auch über sie das Gericht. Sie ward an Händen und Füßen gefesselt und ins Meer geworfen.

  Thyestes hatte sich nach Epirus zu dem König Thesprotos geflüchtet. Da aber über das Land des Atreus wegen seiner sündigen Tat Mißwachs und Hunger kam und das Orakel erklärte, daß die Plage nicht eher enden werde, als bis er den vertriebenen Bruder wieder in das Land zurückgerufen habe, so zog er selbst aus, um den Flüchtigen zu suchen. Den Thyestes zwar fand er nicht, aber er bekam dessen unmündigen Sohn Aigisthos in seine Hände und führete ihn mit sich nach Mykenä, wo er ihn wie seinen eigenen Sohn erzog. Als später Agamemnon und Menelaos, die Söhne des Atreus, den Thyestes aufsuchten und nach Mykenä brachten, kerkerte ihn Atreus ein und schickte den Aigisthos zu ihm, daß der Sohn den Vater morde. Dieser aber erkannte den Sohn an dem Mordschwerte, das er einst selbst besessen, und nun verabredeten sich beide, wie sie Rache an Atreus nehmen wollten. Aigisthos kehrte zu Atreus zurück und meldete ihm, daß er den Thyestes getötet, und als der nun voll Freude über das Gelingen seiner Bosheit am Ufer des Meeres den Göttern ein Dankopfer darbrachte, ward er von Aigisthos mit demselben Schwerte, mit welchem er seinen Vater hatte erschlagen sollen, erstochen. Jetzt bemächtigten sich Thyestes und Aigisthos der Herrschaft von Mykenä und vertrieben die Söhne des Atreus, Agamemnon und Menelaos. Diese flüchteten nach Sparta und vermählten sich dort mit den Töchtern des Königs Tyndareos, Klytaimnestra und Helena. Menelaos ward nach des Tyndareos Tode König in Sparta, sein Bruder Agamemnon aber kehrte nach Argos zurück, tötete den Thyestes und bemächtigte sich wieder der väterlichen Herrschaft.

Agamemnons Ermordung

Als Agamemnon an der Spitze des griechischen Heeres gegen Troja zog, war Aigisthos nach längerer Flucht nach Argos zurückgekehrt und blieb ruhig im Lande. Der Haß der beiden verwandten Häuser schien erstorben zu sein, und der mächtige Agamemnon befürchtete bei seinem Abzuge nichts Böses von seiten des Vetters. Doch während er und die übrigen griechischen Helden vor Troja in rühmlichem Kampfe sich mühten, arbeitete der feige Aigisthos zu Hause in träger Ruhe heimtückisch an seinem Sturze. Er näherte sich der Klytaimnestra und verleitete sie nach langer Werbung zur Untreue gegen den Gemahl, zog in den königlichen Palast und betrug sich, als sei er der Herrscher. Wohl dachte das ruchlose Paar mit Bangen an die Rückkehr des rechtmäßigen Gatten und Königs, allein, einmal auf der Bahn des Verbrechens, scheuten sie auch ferneren Frevel nicht und ersannen schon den Plan, wie sie den Gefürchteten nach seiner Heimkehr beseitigen sollten.

Bei seinem Abzuge hatte Agamemnon mit Klytaimnestra verabredet, sobald Troja erobert sei, wolle er die Siegesnachricht von Troja aus durch Feuersignale von Berge zu Berge bis nach Argos gelangen lassen und so seine baldige Heimkehr verkünden, und Klytaimnestra ließ deshalb auf den Zinnen der Königsburg allnächtlich einen Diener Wache halten, daß er nach dem Siegeszeichen ausschaue. Jahrelang schon hat der Wächter seinen schweren Dienst geübt, in sorgenvollen Nächten, von Tau durchnäßt, im Verkehr nur mit den stillen Sternen und in trüben Gedanken über des Hauses trauriges Los, und er sehnt sich nach der Stunde, wo er endlich seines schlimmen Dienstes überhoben sein wird. Da in der Frühe des Morgens sieht er auf dem fernen Berge das verheißene Signal. Von der Höhe des Ida war die Feuerpost hinübergesandt worden zu dem Hermesfelsen auf Lemnos; von da wanderte die Flamme zum Gipfel des Athos, und dann längs der Küste von einem Berge zum andern, bis zur Felsenstirn des Kithäron und hinüber über den saronischen Busen nach dem Gipfel des Arachnaion in der Nähe von Argos. Laut jauchzte der Wächter, als er die mächtige Flamme auflodern sah, und eilte mit freudigem Rufe von der Warte hinab, um seiner Herrin die Kunde in den Palast zu bringen.

Sobald Klytaimnestra die Nachricht empfangen, veranstaltete sie mit ihren zahlreichen Dienerinnen vor dem Palaste den Göttern ein Dankopfer für die glückliche Vollendung des Krieges und die endliche Heimkehr des Gatten. Auch in der Stadt hatte sich bald die frohe Kunde verbreitet, und zahlreiches Volk strömte zum Palaste, um über die Nachricht Gewißheit zu erlangen. Die Ältesten der Stadt überließen sich mancherlei ernsten Betrachtungen; sie gedachten, wie Paris, frech das Gastrecht verletzend, die Helena aus dem Hause ihres Gatten entführte, sich selbst und den seinen zum Unheil; denn voll Zornwut, gleich Adlern, denen ihre Brut aus dem Felsenneste geraubt ward, eilten die beiden Atriden, von Zeus gesandt, dem Horte des Gastrechts, mit dem lanzenschwingenden Volke und vielem Kriegsgeschrei gegen die trotzige Stadt, die den Frevler schützte, und brachten ihr endlich die gerechte Vergeltung. Nun wissen sie, die Übermütigen, zu sagen, wie Zeus, der Rächende, trifft. Sieggeschmückt kehrt jetzt das Hellenenheer zur Heimat; doch wie viele werden fehlen? Statt des Mannes kehrt in manches Haus wohl nur seine Asche zurück und seine Waffen. Ruhmreicher König Agamemnon, dir ward ein schöner Preis zuteil, dich feiert alles Volk als großen Sieger und Städtezerstörer. Aber selbst in des Ruhmes Übermaß brütet Gefahr, gegen den Glücklichen schleudert leicht der Donnerer neidisch seinen Blitz. Und wie kann sein Herz vergessen, daß er sein Kind, Iphygeneia, des Hauses Kleinod, vom Verhängnis gedrängt, hingab zum blutigen Opfer? Traun, nicht begehre ich auf hohen Pfaden zu wandeln, niedrig sei mein Los und mein Gewissen rein.

Mit solchen Betrachtungen stand das Volk vor dem königlichen Palaste und um die Altäre, an welchen die Dienerinnen der Klytaimnestra aus Schalen und Krügen ihre Weihegüsse spendeten. Die Königin selbst, kalt und stolz, hatte die Miene großer Freude angenommen, doch klang aus ihren Reden, die sie bisweilen mit den Ältesten des Volkes wechselte, schon manches unheilverkündende Wort. Der Sieg ist glücklich errungen: „Mögen die Sieger", spricht sie, „nicht ihrem Siege durch begangene Schuld erliegen; und kehren sie auch schuldlos heim, so könnte doch der Erschlagenen Blut wach werden und Rache von ihren Bewältigern fordern. Doch das Gute siege; mit teuren Opfern habe ich solchen Wunsch erkauft." Sie dachte bei diesen Worten an Tod der Tochter und an die beabsichtigte Tat, die sie tückisch im Herzen trug. Sinnend stand sie da, teilnahmslos und in sich gekehrt; niemand ahnete, welche furchtbaren Gedanken ihr Inneres bewegten. Erst als Stimmen des Zweifels über ihre Siegesnachricht unter dem Volke laut wurden, richtete sie sich stolz auf und antwortete mit schneidendem Hohne; denn sie sieht vom Gestade einen Herold, mit dem Ölzweig bekränzt, herauf durch die Straße kommen, der ihre Nachricht bestätigen wird. Agamemnon, der eben gelandet, hat den Herold geschickt, um seine nahe Ankunft zu melden. Freudig begrüßt er sein Heimatland, die Altäre der Götter und den Palast seines Königs, und verkündigt dann dem Volke und der Königin die siegreiche Rückkehr des Herrschers. Klytaimnestra heuchelt eine ungemessene Freude und trägt dem Herolde auf, ihrem Herrn und Gebieter zu melden, daß er, der Vielersehnte, eilen möge in die Stadt einzuziehen, er werde seine Gemahlin treu im Hause finden und ihm ergeben mit edlem Sinn, wie er sie einst verlassen, – und geht dann rasch mit ihrem Gefolge in den Palast zurück, um, wie sie sagt, den Empfang ihres erlauchten Gemahls aufs Herrlichste vorzubereiten.

Nicht lange, so erscheint vom Meere her der Siegeszug des heimkehrenden Königs. Voraus gehen gewappnete Krieger, mit grünen Zweigen geschmückt, Saumtiere, mit reicher Beute beladen, Wagen mit gefangenen Troerinnen. Dann folgt der goldgeschmückte Siegeswagen des Königs selbst, von weißen Rossen gezogen, die von bekränzten Herolden geführt werden; darin sitzt der siegreiche König, geschmückt mit dem Purpurmantel, das goldene Zepter in den Händen, um die Stirn den Siegeskranz, neben ihm, tief gebeugt, in dunklen Schleier gehüllt, die Seherin Kassandra, die gefangene Königstochter. Die argivischen Greise begrüßen freudig ihren Herrn und König, der in hohem Siegesgefühl dem Hause seiner Väter naht und den Göttern bewegt seinen Dank ausspricht für die glückliche Wiederkehr. Auch Klytaimnestra war mit ihren Mägden aus dem Hause getreten; doch blieb sie an der Pforte des Palastes stehen, als scheute sie sich, den Gemahl öffentlich vor allem Volke zu begrüßen. Erst als der Wagen des Königs näher zum Palaste herangekommen

war und er sich anschickte in seinen Palast einzugehen, eilte sie ihm mit der
Schar ihrer festlich geschmückten Dienerinnen entgegen und begrüßte den
Gatten, sich mit ihrer Liebe entschuldigend, daß sie der Sitte der Frauen zuwider vor allem Volk ihm entgegenkomme. Sie warf sich mit verstellter Freude
und Untertänigkeit in den Staub und sprach viel von ihrem Kummer und
Gram, den sie während der langen Abwesenheit des Gatten in ihrer Einsamkeit getragen, von der Angst bei jedem schlimmen Gerüchte, das von Troja
kam, von ihren Tränen, die sie unaufhörlich geweint, daß jetzt kein Tropfen
mehr aus ihrem kranken Auge fließe. „Doch nachdem ich alles das mit unge-

Ermordung des Agamemmnon

beugtem Sinn getragen, nun begrüß' ich dich, des Hauses Hort, als allerretten-
des Ankertau, als Grundpfeiler des hohen Daches, als schönsten Frühlingsmor-
gen nach dem Wintersturm. So selig ist es, aller Not entflohen zu sein." Und
sofort befahl sie ihren Mägden, kostbare Purpurdecken auf die Erde und die
Stufen des Hauses zu breiten von dem Wagen bis zur Pforte, damit der Fuß
ihres Herrn, des glücklichen Siegers und Zertreters von Ilion, den niedern
Staub nicht berühre. Agamemnon aber weigert sich solcher Ehren, die nur
einem Gott gebühren; als Mensch will er menschlich sich bescheiden und sich
glücklich preisen, wenn er in diesem einmal beschiedenen lieben Glücke sein
Leben beschließen kann. Doch Klytaimnestra weiß ihn durch Schmeichelworte zu überreden, daß er endlich nachgibt. Um sich jedoch selbst zu erniedrigen und den Zorn der Götter nicht aufzurufen, läßt er sich die Schuhe von
den Füßen lösen und geht, nachdem er noch die königliche Jungfrau Kassandra seiner Gemahlin empfohlen, nackten Fußes in die verderbendrohenden
Pforten seines Palastes ein. Während er an Klytaimnestra, die auf der Höhe der
Treppe steht, vorüberschreitet, spricht diese noch einmal ihren lauten Dank

für des Gatten Heimkehr aus; dann folgt sie raschen Schrittes in den Palast mit den kurzen heftigen Worten: „Jetzt, Zeus Vollender, ende mein Gebet und nimm in deine Hände, was du enden mußt."

Während die Ältesten des Volks mit bangem unverstandenen Ahnen noch vor dem Palaste stehen, kommt Klytaimnestra allein hastig zurück und fordert Kassandra, die tiefgebeugt, von niemand beachtet, auf dem Wagen des Agamemnon zurückgeblieben ist, mit herben Worten auf, in das Haus einzutreten, um Teil an dem Opfer zu nehmen. Da die Jungfrau trotz ihrem Drängen und Befehlen stumm und regungslos sitzen bleibt, eilt sie mit heftigem Drohen gegen die Unglückliche in unruhiger Hast in den Palast zurück. Teilnehmend nähern sich die Greise der schweigenden Seherin. Da plötzlich richtet sie ihr Antlitz auf und fährt schaudernd empor. „Ha, weh, Apollon, Apollon!" ruft sie, während die Greise voll Entsetzen ihr zuhören, „Wegführer Apollon, Verderber, wie verdirbst du mich! Ha, gottverhaßtes Haus, Zeuge unzähliger Schuld und verspritzten Blutes! Weinende Kindlein, jäher Mord! Ihr Fleisch gebraten, vom Vater verzehrt! Schau, was beginnt sie, die Wilde, jetzt! Ach und Hilfe von keiner Seite! Wehe, Unselige, du vollführst's? Du lockst ihn ins Bad, den Gatten, deinen Herrn! Sieh, die Schlinge des Mords! Sie trifft, er sinkt, weh, er sinkt in die Flut des Beckens! O ich Arme, denn auch mein Leid sing' ich zugleich, auch meiner harrt Mord von zweischneidiger Axt! O süße Heimat, o ihr glücklichen Tage meiner Jugend! Ach mein Vater, ach du Gram meiner Vaterstadt!" So stürmten in wildem Schmerz der Begeisterung die Sprüche wirr aus dem Munde der unglücklichen Seherin, daß die Greise zuletzt tieferschüttert einstimmen in ihr Klagen. Sie wirft ihr Sehergewand von sich und den heiligen Kranz, den sie um die Stirne trug, sie zerbricht den Seherstab, den Apollon ihr verlieh, und bereitet sich, dem Tod entgegen zu gehen. Die Greise glauben ihrer Weissagung vom Morde des Königs durch die Hand der Gattin und des Feiglings Aigisthos, sie glauben, daß auch für sie die Eifersucht drinnen den Stahl gewetzt hat, und raten ihr, ihrem Schicksal zu entfliehen. Doch für sie gibt's keine Rettung, unverwandten Blickes will sie ihr Geschick vollenden und schreitet gefaßt dem Tode entgegen. Noch einmal bebt sie an der Pforte zurück, da Grabesduft aus dem blutumtrieften Hause ihr entgegenweht; doch ihr Geist ermannt sich, und sie geht festen Mutes in das Haus des Todes. Nur ein Trost noch begleitet sie auf dem furchtbaren Wege, sie sieht im Geiste das Racheschwert des Orestes.

In bangem Harren blieben die Greise vor dem Palaste zurück. Da plötzlich tönt lauter Wehruf aus dem Hause, einmal und wiederum; es ist der König, der gemordet wird. Als eben die Greise mit gezücktem Schwerte in das Haus eindringen wollten, um ihrem König beizustehen oder wenigstens seinen Tod zu rächen, trat Klytaimnestra auf die Pforte des Palastes, das Mordbeil auf der Schulter, Blutspritzen am Gewand und auf der Stirne; hinter ihr her trug man, in Gewänder eingehüllt, die Leichen des Agamemnon und der Kassandra. Im Bade, das sie dem Heimgekehrten bereitet, hatte sie ihn mit dem Beile erschlagen, nachdem sie listig ein von ihr selbst gewebtes Netz über ihn geworfen, und nach ihm hatte sie auch die unglückliche Seherin gemordet.

Als die Greise in höchster Aufregung sie mit heftigen Vorwürfen überhäuften, rühmte sie sich frech und mit stolzer Kälte der schändlichen Tat als eines Werkes gerechter Rache, das ihr Herz erfreue wie ein warmer Regenschauer des Frühlings die durstige Erde. „Er hat", sprach sie, „den Kelch, den er mit fluchgemischter Schuld gefüllt, heimkehrend selbst geleert. Ja, hier liegt er von meiner eignen Hand erschlagen, der freventlich, thrakische Winde zu beschwichtigen, mein liebstes Kind, sein Kind, geschlachtet, und seine treue Buhle legt neben ihm, nachdem sie sich noch ein letztes Schwanenlied gesungen." Mit Abscheu und Grausen wenden sich die Greise von der Verruchten ab und schleudern ihr stets neue Vorwürfe und Drohungen entgegen. Da bemächtigt sich der Mörderin, die den Tod ihres Kindes nur als Vorwand für ihre böse Tat gebraucht hat, allmählich selbst ein inneres Grausen. Erhitzt von der frischen Bluttat, hatte sie anfangs noch des Mordfleckens auf ihrer Stirn sich gerühmt, hatte kühn und stolz dem empörten Volke gedroht; doch jetzt, wo das Bewußtsein der Schuld immer heller in ihrem Geiste auftaucht, entschuldigt sie sich mit dem bösen Dämon, der von alters her blutig in dem Hause der Pelopiden waltet, und wünscht, ermattet in sich zusammensinkend, daß der blutige Geist nun für immer ihr Haus verlassen möge, damit sie ein ruhig friedlich Leben hinleben könne, und sei es in höchster Armut.

Verworfen und verabscheut von dem Zorn des Volkes, in ihrem Innern von dem peinigenden Bewußtsein ihrer Schmach und Schuld erfüllt, steht die Mörderin da, das Beil auf der Schulter, das Blut auf der Stirn, und schaut sich vergebens nach einer Stütze um. Da kommt, von Lanzenknechten begleitet, Aigisthos aus dem Hause, im Königspurpur und das Zepter in der Hand, der Elende, der den Mord des großen Königs veranlaßt, aber selbst zu feige war ihn auszuführen. Er brüstet sich jetzt, der Schwächling, in dem königlichen Schmuck des erschlagenen Helden, preist mit frecher Stirn, was geschehen, prahlt mit seinem Mut und droht dem entrüsteten Volke mit seinem Zorn. Da hält sich das Volk nicht länger; mit gezückten Waffen dringen sie auf den Verhaßten ein, und es wäre zum Kampfe gekommen, wenn nicht Klytaimnestra sich dazwischen gestürzt hätte. „Nimmermehr, ihr teuren Männer!" rief sie, „häufet nicht noch neues Weh! Schon ist des Jammers genug. Geht nach Hause, ihr Greise, daß ihr nicht in Wunden eure Tat bereut; ihr müßt es nehmen, wie wir's getan! Ja, wenn einem Leid zuteil ward, so haben *wir* dessen genug; durch des Dämons harten Zorn leiden *wir* die schwersten Wunden." Das Volk läßt sich beschwichtigen und geht nach Hause. Den Aigisthos, der im Vertrauen auf die ihn umringenden Lanzenknechte noch immer tobt und prahlt, führt Klytaimnestra in den Palast, um dort mit ihm die Frucht ihrer Tat zu genießen.

Ermordung Klytaimnestras und des Aigisthos

Als Agamemnon unter der Hand seines Weibes fiel, rettete ihren unmündigen Sohn Orestes seine Amme Kilissa aus dem Hause und sandte ihn nach Phokis zu seinem Oheim Strophios. Denn da dem Sohne, wenn er erwachsen war, die Blutrache seines Vaters als heilige Pflicht oblag, so gebot die Klugheit den Mördern, auch ihn aus dem Wege zu schaffen. Nachdem Orestes zum Jünglinge herangereift war, kehrte er mit Pylades, dem Sohne des Strophios, mit dem er aufgewachsen und in innigster Freundschaft verbunden war, von dem delphischen Gotte Apollon gesandt, nach Argos zurück, um das Werk der Rache zu vollführen. Fremd, in gewöhnlicher Wandertracht, kam er in das Land seiner Väter zurück, an den väterlichen Palast, der ihn ausgestoßen, in welchem die Mörder seines Vaters hauseten. In der Nähe vor dem Hause war das Grab des Agamemnon. Zu diesem traten am frühen Morgen die beiden jugendlichen Freunde, und indem Orestes zu dem Geiste des Vaters betete, ihm, dem Verwaisten und Heimatlosen, bei seinem Rachewerke hilfreich beizustehen, weihte er ihm von seinem Haupte eine Trauerlocke, zum Zeugnis, daß er heimgekommen, dem Vater die schuldige Pflicht zu üben. Da kam aus dem Hause eine Schar von Mägden in schwarzen Gewändern und Trauerschleiern, unter ihnen Elektra, Agamemnons Tochter, von den andern in ihrer Kleidung in nichts unterschieden; denn ihre Mutter hielt sie gleich einer niederen Sklavin. Orestes und sein Freund wichen vor den Jungfrauen zurück, um nicht vor der Zeit entdeckt zu werden, und diese traten an das Grab. Klytaimnestra hatte sie geheißen, dem Agamemnon ein Totenopfer zu bringen, da ein schrecklicher Traum der verwichenen Nacht sie ängstigte. Sie hatte geträumt, daß sie einen Drachen geboren, der mit der Muttermilch ihr Blut sog. Das deutete auf ein Zürnen des Gemordeten und drohendes Unheil. Die Mägde sind dieselben Troerinnen, die einst mit Agamemnon und Kassandra in Argos eingezogen waren; sie hassen in Klytaimnestra ihre gemeine stolze Herrin und die Mörderin ihres hohen Gebieters und ihrer Königstochter und nahen dem Grabe in tiefster Trauer, sie schlagen wehklagend den Busen und zerreißen Gewand und Wange. Sie singen, das Grab umwandelnd, einen Klagegesang, während Elektra, tief in ihr Trauergewand gehüllt, regungslos dastand. Jetzt steigt sie auf den Grabeshügel; doch plötzlich, ehe sie den Weileguß spendet, fragt sie ratlos ihre Gefährtinnen, mit welchen Gebeten sie für die Mutter das Opfer darbringen solle, ohne den Vater zu betrüben; und die Mädchen raten ihr, nicht für jene, sondern für den Vater und für Orestes zu beten und für alle, die den Aigisthos hassen. In diesem Sinn denn betete sie: „Ihr Herrscher um Schattenreich, die ihr waltet über dem Auge meines Vaters, und du heilige Erde, diese Spende gieße ich aus für die Toten, und rufe dich, mein Vater, daß du dich mein erbarmst und des Orestes. Siehe, wir leben verstoßen von der Mutter; den Aigisthos hat sie sich zum Manne erkoren, der dich mit ihr erschlagen hat. Mich hält sie gleich einer niederen Magd, Orestes ist vertrieben aus seinem Erbe, und sie verpraßt in Prunk und eitler Wollust die Früchte deines Schweißes. Laß, Vater, den Orestes heimkehren unter der Götter Hut, mir aber gib, daß ich tugendhafter sei als meine Mutter und reinen

Wandels; den Feinden, ja das weiß ich, wird, dich zu rächen, einer nahen, auf daß die Mörder wieder morde ihr Gericht." Nach diesen Worten goß sie die Spende auf das Grab, während ihre Begleiterinnen ein Trauerlied sangen.

Als nach beendeter Totenfeier Elektra vom Grabe niedersteigt, gewahrt sie auf demselben eine Locke. Sie gleicht ihrem eigenen Lockenhaar, sie kann von niemand anders kommen, als von Orestes; denn wer ehrte sonst noch den vergessenen König? Doch warum sendet er die Locke, warum kommt er nicht selber als Rächer? Das bereitet ihr neuen Kummer. Da sieht sie auf dem Wege Spuren von dem Fußtritt zweier Wanderer; sie mißt die Spur mit dem eigenen Fuß, und beide treffen ganz zusammen.

Während sie, von Angst übermannt, verwirrten Sinnes dasteht, tritt ihr ruhig und ernst Orestes entgegen und gibt sich ihr als den Bruder zu erkennen. Sie zweifelt, sie fürchtet betrogen zu werden, sie nennt fragend seinen Namen. Um sie zu überzeugen, hält er die abgeschnittene Locke an sein Haupt und zeigt ihr das Gewand, das er trägt, es ist ein Werk ihrer Hände. Da will sie laut aufjauchzen in ihrer Freude; aber der Bruder hält sie zurück und mahnt sie zur Vorsicht, damit sie ihren bittersten Feinden sich nicht verrate. Doch sie kann ihr Herz nicht ganz beschwichtigen, sie muß dem überwallenden Gefühl der schwesterlichen Liebe Genüge tun.

Orestes betete darauf zu Zeus, daß er seinem Beginnen gnädig sei, daß er die verwaiste Brut des Adlers, der selbst den Schlingen und der Umzüngelung der argen Schlange erlegen sei, nicht untergehen lasse und das Geschlecht des Königs nicht ganz vertilge. Und als die Mägde auch ihn zur Vorsicht mahnten, da sprach er zuversichtlich sein Vertrauen auf Apollon aus, der ihm dies Wagnis geboten. Mit schrecklichen Qualen, mit Wahnsinn und Entsetzen, mit jeglicher Schmach, die einen Sterblichen treffen kann, hat ihm der Gott gedroht, wenn er den Mord seines Vaters zu rächen versäume; einem solchen Ausspruch muß man glauben und vertrauen, der Gott wird ihn bei seinem Werke nicht erliegen lassen. Die aufgeregten Schilderungen der Schwester, wie die ruchlose Mutter blutlechzend ihren Vater mit wildem Schlage getötet und ohne Klage tränenlos den König, ihren Herrn, begraben habe, wie sie dem Sohne mit schnöder List den Tod ersann und ihr, der Tochter, ein unwürdiges Sklavenlos bereitete, erfüllen den Jüngling, der dem Gebote des Apollon zu folgen, die heilige Pflicht gegen den Vater zu üben entschlossen ist, mit dem ganzen Zorn der Rache, daß er sogleich zur Ausführung der Tat schreiten will. Vorher aber setzen sich noch die beiden Geschwister auf den Rand des Grabes und bitten, die Hände um das Knie gefaltet, mit zur Unterwelt gerichtetem Blick, nochmals den Vater um seine Hilfe. Dann überlegen sie, wie der Mord auszuführen sei; denn Apollon hatte in seinem Orakelspruch befohlen, daß die Mörder, wie sie mit List den Agamemnon erschlagen, ebenso mit List gefangen werden sollen. Orestes will mit Pylades als Fremdling sich ins Haus einführen, um dort plötzlich die nichts Ahnenden zu überfallen, Elektra aber geht vorher hinein, um jedes Hindernis aus dem Wege zu räumen; die Mägde bleiben vor dem Hause, angewiesen, je nachdem sich's ziemt und frommt, zu reden oder zu schweigen.

Orestes trat also mit Pylades, beide wie gewöhnliche Wanderer gekleidet, an die Pforte des Palastes und pochte. Die auf sein Verlangen von dem Türhüter herbeigerufene Klytaimnestra – denn Aigisthos, der Herr des Hauses, ist draußen auf dem Felde – fragt sie freundlich nach ihrem Begehr und bietet ihnen gastliche Aufnahme. Orestes sagt ihr den Grund seines Kommens: „Ich bin, o Herrin, aus Daulis im Phokerland. Als ich, mein Bündel auf den Schultern, nach Argos wanderte, wo ich übernachten wollte, trat ein Unbekannter – es war, wie ich im Gespräch mit ihm hörte, der Phoker Strophios – zu mir und sprach: „Wenn du nach Argos gehen mußt, mein Freund, so sage doch den Eltern, die du leicht erfragst, Orestes sei gestorben; aber vergiß mir's nicht; frage, ob die Verwandten seine Asche ins Vaterland zurückgebracht wünschen,

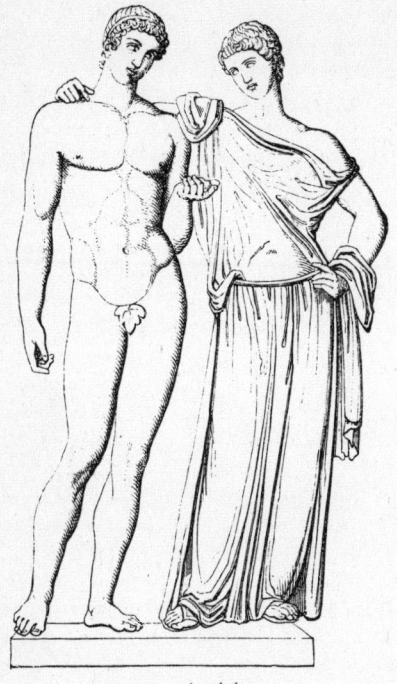

Orestes und Elektra

oder ob ich ihn hier in der Fremde bestatten soll." Das ist mein Auftrag. Ob ich ihn nun den rechten Leuten bringe, die ihn hören müssen, weiß ich nicht; aber sein Vater muß es erfahren." Während Elektra zum Schein in laute Klagen ausbrach, konnte die unnatürliche Mutter kaum ihre Freude über den Tod ihres Kindes verbergen; denn jetzt war sie endlich aller Gefahr und Angst überhoben. Sie ließ die Fremden in die Gastwohnung führen und sandte schnell ihre Sklavin Kilissa, die frühere Amme des Orestes hinaus zu Aigisthos, um ihm die frohe Kunde zu melden und ihn in die Stadt zu rufen. Als die Alte an den Mägden vor dem Hause vorbeiging, weinend über den Tod ihres Lieblings, den sie genährt und gepflegt, trösten diese sie mit der Hoffnung, daß die Sache sich doch wohl anders verhalte, und tragen ihr auf, den Aigisthos ohne seine Lanzenknechte, die den feigen Tyrannen gewöhnlich begleiten, herbeizurufen. So kam denn auch Aigisthos ohne alles Gefolge, voll Freude über die glückliche Botschaft, und eilte in die Gastwohnung zu den Fremden, um genauere und zuverlässigere Kunde zu hören. Kaum ist er hineingegangen, so erschallt sein Weheruf; denn so wie er, um zu fragen, vor den Orestes trat, hieb ihn dieser mit seinen Streichen nieder. Ein bestürzter Sklave sprang mit lautem Geschrei aus der Pforte und rief, an der Frauenwohnung pochend und lärmend, nach Kytaimnestra. Sie tritt erschreckt hervor.

„Die Toten", ruft der Sklave, „morden die Lebendigen!"

„Wehe mir", schrie die Königin, „auch im Rätsel versteh' ich dein Wort nur zu wohl! Jetzt fängt uns die List, gleichwie wir einst mit List mordeten! Bring' mir eiligst, Sklave, mein altes Mordbeil aus dem Hause. Ich will sehen, ob wir siegen oder besiegt werden! Dahin also ist es jetzt in meinem Leid gekommen."

Kaum hat sie das gesprochen, so tritt auch schon Orestes mit Pylades aus dem Hause, bereit, die Mutter zu morden. „Ich suche dich auch", rief er ihr entgegen, „er erhielt schon sein volles Teil!"

„Wehe mir, teurer Aigisthos, du erschlagen!"

„Du liebst den Mann? So liege denn auch treu bei ihm in *einem* Grab!"

„Halt ein, mein Sohn; nein, scheue diese Brust, die Mutterbrust, an der du oft einschlummernd mit deinen Lippen sogst!"

Bei diesen Worten sank dem Sohne die Hand, die er schon zum tödlichen Streiche erhoben, und er fragte schwankend seinen Freund, was er beginnen solle. Pylades mahnte ihn einfach an das Geheiß des delphischen Gottes; da ermannte sich Orestes, und der Drohungen und Flüche der Mutter weiter nicht achtend, führte er sie ins Haus.

„Wehe", rief sie, ihres Traumes sich erinnernd, „diesen Drachen gebar und ernährte ich!"

„Ja dein Schreckenstraum war dir ein rechter Seher! Du erschlugst, den du nicht durftest, leide Gleiches jetzt!"

Im Innern des Palastes fällt sie lautlos unter dem Schwerte des Sohnes an der Leiche ihres Buhlen Aigisthos.

Das nackte Schwert in der bluttriefenden Rechten, trat Orestes wieder aus dem Hause, aus welchem die Leichen des Aigisthos und der Klytaimnestra, mit roten Gewändern überdeckt, auf einer Bahre ihm nachgetragen werden. Sie liegen jetzt auf derselben Stelle, wo vor Jahren die Leichen des Agamemnon und der Kassandra gelegen. Alles Gesinde des Hauses, die alten Freunde des Königs Agamemnon aus der Stadt drängen sich freudig herzu und begrüßen den siegreichen Jüngling als ihren rechtmäßigen Herrn und König, den Göttern dankend, daß sie von der Tyrannei des elenden Aigisthos und der verbrecherischen Klytaimnestra befreit sind. Orestes rechtfertigte vor dem Volke seine Tat.

„Da seht", sprach er, „die Tyrannen dieses Landes, die Mörder meines Vaters, die Zerstörer meines Stammes. Sie haben ihren blutigen Lohn; wie sie, in Liebe verbunden, in stolzer Hoheit auf dem Throne saßen, so sind auch noch im Tode sie vereint, treu ihrem Schwur, den sie schworen, vereint den Vater zu morden und vereint zu sterben. So ist's geschehen. Seht hier ihr alle, die ihr Zeugen dieser Leiden seid, dies blutige Trugnetz, das Gewand, mit dem sie meinen Vater umstrickt, jetzt liegt's, von ihrem Blut getränkt, auf ihren Leichen. Nehmt es, ihr Diener, breitet es weit aus, daß Helios, der allschauende

Sonnengott, der auch meiner Mutter fluchwürdige Tat geschaut, es sehe und einst im Gerichte mir Zeuge sei, wie ich gerecht diesem Morde der Mutter nachgejagt; denn des Aigisthos Tod braucht keine Entschuldigung. Doch wenn ein Weib ihrem Gatten so argen Haß sann, wie diese, so ist kein Schreckensname bezeichnend genug für solches Tun. Nun preis' ich mich glücklich, daß sie durch mich ihr Recht empfing; und doch, wie quält mich diese Tat, bei so schönem Sieg welche Schuld und welcher Fluch!"

Die ihn umringenden Freunde versuchten vergebens ihn zu trösten.

„Ein anderer sieht es einst", rief er, „wo das Ziel ist, ich weiß es nicht! Entsetzen erfaßt mich; zügellos, unwiderstehlich reißt der Geist mich fort und rast hinaus aus seiner Bahn. So lange mir noch Bewußtsein bleibt, ihr Freunde, hört mich: mit Fug und Recht schlug ich die Mutter tot, die Mörderin meines Vaters; der pythische Gott selbst hieß mich durch seinen Spruch, daß ich sonder Schuld sein sollte, wenn ich's täte; tät' ich's nicht – ich nenne die Strafen nicht, die er mir drohte. So will ich denn zu ihm fliehen, zu seinem delphischen Heiligtum, mit diesem heiligen Ölkranz und dem Ölzweig, die ich vom Altar nehme, daß er mich rette; denn zu seinem Altar gebot er mir meine Zuflucht zu nehmen."

Während die Freunde noch tröstend und ermutigend dem Unglücklichen zusprachen, sah er geängsteten verwirrten Geistes furchtbare schwarzverhüllte Graungestalten, das Haar mit Schlangen durchflochten, aus dem Boden aufsteigen; es waren die Erinyen, die Fluchgeister seiner gekränkten Mutter, die sich erhoben, ihn wegen des Muttermordes zu verfolgen.

Entsetzt flieht der Jüngling von dannen, um vor den drohenden Schreckgestalten Schutz zu suchen in Delphi bei dem Gott Apollon.

Orestes und die Erinyen

Orestes war, von den Erinyen verfolgt, nach Delphi gelangt, wo Apollon ihn in seinen Schutz nahm und durch reinigende Sühnopfer ihn von der Blutschuld befreite. Aber trotzdem waren die Verfolgerinnen noch nicht von ihm gewichen. Wir sehen ihn an einem frühen Morgen in dem Heiligtume des Gottes, wie er als Schutzflehender den Altar fest umschlungen hält und von den schwarzen Schreckgestalten umringt ist. Aber sie schlafen, die Macht des Gottes und die Heiligkeit des Ortes hatten ihre Wut beschwichtigt. Diese Zeit benutzt Apollon, um unbemerkt von ihnen seinen Schützling entfliehen zu lassen unter dem Geleite des Hermes. „Sei guten Mutes, ich werde dich nicht verraten und verlassen", sprach er zu ihm, „doch jetzt entfliehe, wo du diese gottverhaßte Brut, die greisen Mädchen, gefangen und bewältigt siehest, und vergiß der lieben Ruhe; denn sie werden dir noch nachjagen über das weite Festland, über Meer und Inseln. Aber dann ziehe nach Athen, zu der Stadt der Pallas, und setz' dich dort an das alte Bild der Göttin, es fromm umschlingend; dort, wo Richter und Sühnung solcher Schuld uns bereit sind, werden wir Wege finden, daß du für immer dieser Drangsale los und ledig werdest. Denn ich gebot dir ja den Mord deiner Mutter."

Nachdem Orestes unter der Führung des Hermes entflohen war, erhob sich aus dem Boden der Schatten der erschlagenen Klytaimnestra. „Ihr schlafet", rief sie den umherkauernden Erinyen zu, „was bedarf's des Schlafs? Mißachtet ihr mich so? Er ist euch entronnen, der Mörder seiner Mutter, flüchtig, einer Hindin gleich, ist mitten aus eurem Garn entsprungen und blickt hohnlachend nun auf euch zurück. Verehrt, was mein Geist euch zuruft, euch ruft der Schatten der Klytaimnestra!" Die Schlafenden stöhnen dumpf auf. „Wohl stöhnt ihr; doch er entflieht fern und ferner schon!" Neues Stöhnen. „Ihr schlaft so fest noch, euch erbarmet meine Qual nicht, und mein Mörder entkommt!" Sie heulen im Schlafe. „Ihr heult? Ihr schlaft noch? Rafft euch eilig empor! Was ist denn sonst euer Amt, wenn ihr nicht Jammer verhängt? Schlafsucht und Ermüdung haben euch grausen Drachen die Kraft gelähmt!" „Faß ihn, faß, hetze, faß ihn, faß!" stöhnen sie im Schlaf. „Im Schlafe verfolgt ihr euer Wild, schlagt laut an wie ein eifriger Jagdhund. Auf, springt empor! ihr säumt! Ich geißele euch nochmals mit meinem Weckruf; auf, stürmt ihm nach, hetzet ihn tot in wilder Jagd!" Mit diesen Worten sank der Schatten der Gemordeten in den Boden zurück; die Erinyen aber erwachten aus ihrer Betäubung, eine rief und trieb die andere, und in wildem wütenden Getümmel stürzten sie sich aus dem Tempel, hastig, in glühender Gier nach ihrem Wilde suchend. Er ist entflohen. Mit Flüchen und Vorwürfen gegen Apollon, der sie, mit seinem goldenen Bogen drohend, von seinem Heiligtume fortscheucht, eilen sie auf der Fährte des entflohenen Orestes davon.

Nach langem Umherirrem ist der flüchtige Orestes endlich nach Athen gekommen. Dort sitzt er hilfesuchend am Altar vor dem Tempel der Pallas Athena und hält das Bild der Göttin fest umschlungen. Die nimmer müden Verfolgerinnen lassen nicht lange auf sich warten. Sie haben ihn getrieben über Land und Meer, wie Spürhunde ein verwundetes Reh, und hoffen jetzt

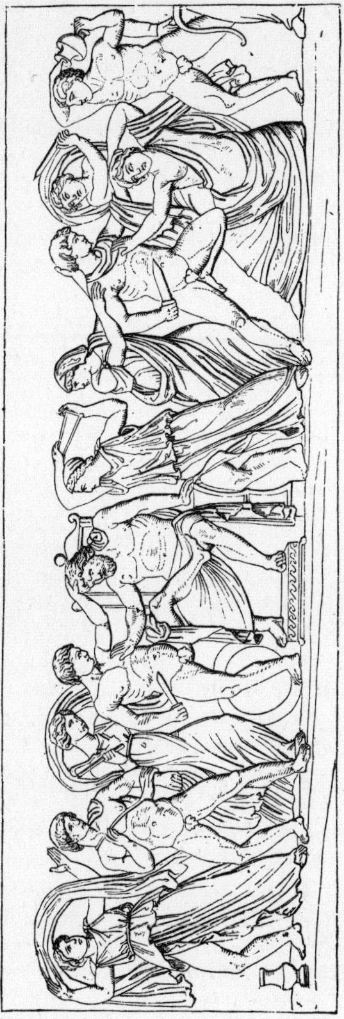

hier ihn zu fangen, sein rotes Blut zu schlürfen; aber er sitzt in guter Hut und läßt sich durch ihr Drohen nicht schrecken. Er ruft mit lauter Stimme die Göttin des Landes, Athena, an, daß sie erscheine und ihm beistehe, während die Unholdinnen sich um ihn scharen und, um ihn zu fesseln, ihren schrecklichen Bindegesang singen:

„So beginnet und schlinget den Reigen um ihn,
 Den Schauergesang zu verkünden,
Zu enthüllen das Amt in der Menschen Geschick,
 Das treu und gerecht wir verwalten.

Wer immer die die Hand schuldrein sich bewahrt,
Auf den stürzt niemals unsere Wut,
 Gramlos durchwallt er das Leben.

Wer aber, wie der, mit frevelndem Sinn
Die blutigen Hände zu bergen versucht,
Da treten wir laut als Zeugen der Schuld
Den Erschlagenen auf und beweisen ihm uns
 Graunvoll als Rächer der Blutschuld.

Mutter, die du mich gebarst, Urnacht.
Mich der Toten und Lebendigen Strafgeist,
Höre mich; denn Leto's Sohn schuf Schmach und Hohn mir,
Raubte das Wild mir, dessen Blut nur
 Sühnen kann den Mord der Mutter.

Drum um das Opfer schlinget das Lied,
Das mit Wahn, mit Verwirrung erfüllt,
Der Erinyen Bindegesang,
 Harfenlos, das Mark verzehrend.

Denn für ewige Zeit hat solches Los
Moira's Zwang beschieden mir als Erbteil,
Wenn ein Haupt sich frevelnd belud mit Blutschuld,
Nach ihm zu jagen, bis er zum Abgrund sinkt;
 Auch im Tode ist keine Flucht ihm.

Drum um das Opfer schlinget das Lied,
Das mit Wahn, mit Verwirrung erfüllt,
Der Erinyen Bindegesang,
 Harfenlos, das Mark verzehrend.

Häuser stürzen wir ein, wo der Streit,
Heimisch gehegt, den Freund gefällt.
Solchem jagen wir nach, wir vertilgen ihn blutig,
Wie er in Kraft auch blüht.
Hebt auch Hochmut menschlichen Wahns

Stolz sich zum Himmel, wir brechen ihn doch,
Schmachvoll stürzt er zu Boden,
Wenn wir nahen im schwarzen Gewand,
Wenn zum Unglücksreigen mein Fuß sich schwingt.
Denn mit der Kraft hastigen Schwungs
Setz' ich den Fuß lastend auf ihn;
Läuft er auch schnell, gleitet sein Schritt
 Doch in schweres Verderben.

Doch er selbst merkt, töricht verblendet, den Sturz nicht,
Also umnachtet die Schuld ihm das Auge.
Jammergeschrei der Menge verkündet, daß Nachtgraun
 Düster ob dem Hause schwebt.

Des Zornes Kraft zeigt uns Wege, führt uns zum Ziel;
Nie vergessend, heischen wir Ehrfurcht,
Unerbittlich, wenn wir in Nacht und Dunkel
 Rächend unser Werk vollziehn.

Welch' Menschenkind schauert nicht in Furcht,
Wenn es meine Satzung hört?
Mein von den Göttern vertrautes Los,
Uraltes Ehrenamt, bleibt ungekränkt,
Lieget mein Reich auch im Schoß der Erde
 Tief in sonnenloser Finsternis."

Der bannende, herzbetäubende, sinnverwirrende Gesang der Erinyen macht auf Orestes keinen Eindruck, da der Gott Apollon ihn beschirmt und behütet; er harret mit Zuversicht auf die Hilfe der Athena. Diese kam auch durch die Lüfte auf ihrem goldenen Wagen, leuchtend im Waffenschmuck; sie hatte den flehenden Ruf des Orestes in weiter Ferne gehört und war wohlwollend bereit zur Hilfe. Beide Teile, Orestes und die Erinyen, trugen der Göttin ihre Sache vor, und auch die Erinyen, im Vertrauen auf ihr gutes uraltes Recht, übergaben ihr willig die Entscheidung des Streites. „Wir sind", sprachen sie, „die Flüche der Toten drunten im Schattenreich; wir treiben die Menschenmörder von Haus und Hof und gestatten ihrer Flucht nimmer ein Ziel, wo die Freude wohnt. In gleicher Flucht treiben wir auch diesen über die Erde hin und wir lassen ihn nimmer los, denn er hat seiner Mutter Blut vergossen." „Die Blutschuld, o Göttin", sprach Orestes, „ist schon von meinen Händen abgewaschen durch sühnende Blutopfer; drum sitze ich nicht mehr blut- und schuldbefleckt hier an deinem heiligen Bilde. Meinen Vater kennst du wohl, den König Agamemnon, durch dessen Heer du die Veste von Troja niederwarfst; bei seiner Heimkehr kam er traurig um durch meine Mutter, die verderbend ihn unter buntgewirktem Netze im Bade fing und totschlug. Als darauf ich heimkam, denn vorher lebt' ich wegen der Mutter in Verbannung, erschlug ich die Mutter, ich leugne es nicht, um des teuren Vaters Mord mit Mord zu züchtigen. So gebot mir's Apollon, indem er mir herzzerreißende Leiden drohte, wenn ich die Rache an den Schuldigen nicht vollbrächte. So entscheide denn du, ob ich gerecht gehandelt oder nicht; ich lege mein Geschick ganz in deine Hände." Athena übernahm über den schwierigen Streit, den kein Mensch allein zu entscheiden vermöchte, die Entscheidung; sie beschloß ein Gericht über den Mord einzusetzen in ihrer geliebten Stadt, das für alle Zeiten als ein heiliger Hort des Staates bestehen sollte, das Gericht des Areopags, und wählte zu dem Ende aus der Bürgerschaft von Athen die ehrwürdigsten Greise als Richter aus, welche, zuerst durch einen Eid verpflichtet, die Sache hören und das Urteil fällen sollten. Sobald die Greise, von einem Herolde geführt, zur Stelle waren und an den Stufen des Tempels sich ehrfurchtsvoll niedergelassen hatten, begann die Gerichtsverhandlung. Den Erinyen, als den Klägerinnen, gestattete Athena zuerst das Wort; sie richten an Orestes einzeln ihre Fragen, die dieser ruhig und ohne Verwirrung beantwortet, doch kann er nicht leugnen, daß das Blut der Mutter an seinen Händen hafte, und bittet nun den Apollon, der bei dem Beginn der Verhandlung als sein Schützer sich ihm zur Seite gestellt hatte, ihn zu vertreten, zu verteidigen, was er geboten. Apollon spricht freudig mit allsiegender Ruhe für seinen Schützling; er macht aufmerksam auf die schwere Schuld der Klytaimnestra, die es gewagt, einen glorreichen von Zeus eingesetzten König zu morden und zwar das Weib den Gatten im eigenen Hause durch arge List; eine so furchtbare Blutschuld mußte gerochen werden, das Blut der Mörderin mußte wieder vergossen werden, und zwar durch den, der durch die natürlichen Bande des Blutes zum Rächer des Vaters berufen war. Darum hat Apollon dem Orestes den Mord der Klytaimnestra befohlen, mochte sie auch seine Mutter sein. Hierauf geben die Richter auf Athenas Befehl ihre Stimme ab; sie werfen, je nachdem sie den Angeklagten für schuldig oder unschuldig halten, ihre schwarzen oder weißen Steinchen in die Urne, die auf dem Altar der Athena steht. Zuletzt wirft auch Athena ihren Stein in die Urne, einen weißen der Lossprechung, mit der Bestimmung, daß bei gleicher Stimmenzahl der Verklagte freigesprochen sei. Als darauf die Stimmen gezählt wurden, ergab sich Stimmengleichheit; Orestes war freigesprochen. Freudig dankt er seiner Retterin Athena und eilt unter Segenswünschen für Athen seiner Heimat zu, um in Ruhe und Frieden hinfort im Hause seiner Väter zu herrschen. Die Erinyen aber bleiben, zornig über die erlittene Schmach, empört über die Vernichtung ihres uralten Rechtes durch die neuen Götter, klagend zurück und drohen dem Lande der Athena Unheil und Verheerung. Athena sucht sie zu besänftigen und bittet sie, wohlwollend in ihrem Lande zu verbleiben, wo sie fortan der heiligsten Verehrung sich erfreuen würden. Und die Furchtbaren lassen sich erweichen, sie entsagen ihrem unseligen nach Menschenblut lüsternen Amte und entschließen sich, gegen fromme Verehrung und unsträflichen Wandel der Bürger als Segensgottheiten im Lande zu wohnen. Indem sie frohes Gedeihen der Fluren und Herden geloben, Frieden und Wohlstand der Bürger und der Gesundheit blühende Kraft, werden sie von den Frauen und Jungfrauen der Stadt in feierlichem Zuge mit lodernden Fackeln nach ihrem zukünftigen Sitze, einer Grotte am Fuße des Areopages, des Areshügels, wo ihnen ein Tempel erbaut ward, hineingeleitet.

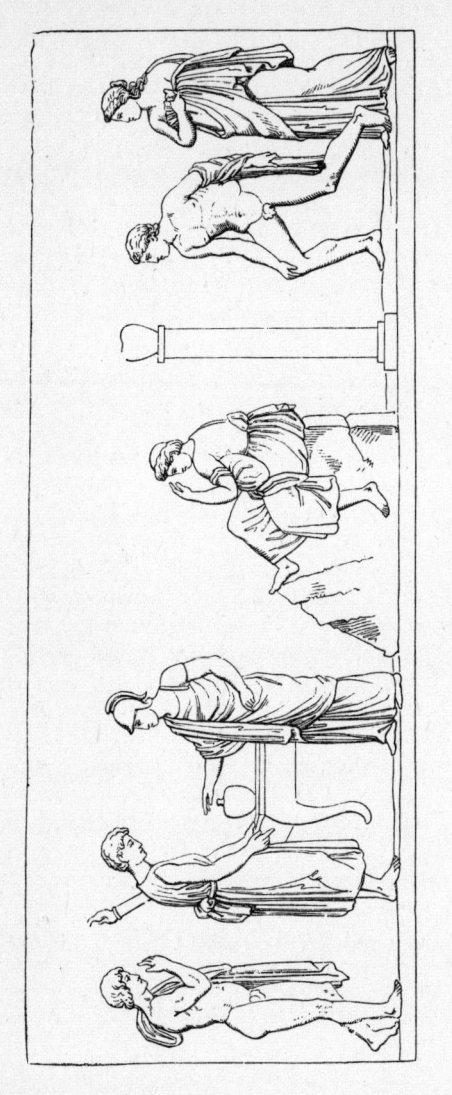

Die Freisprechung des Orestes

Iphigeneia in Tauris

Als in Athen das Urteil über Orestes gefällt worden war, nahmen die meisten der Erinyen in dem Lande Wohnsitz und Verehrung an, ein Teil derselben aber gab sich mit dem Richterspruche nicht zufrieden und verfolgte den Orestes noch weiter. Da eilte er wieder in wahnsinniger Verzweiflung hilfesuchend nach Delphi, und der Gott hieß ihn, damit er für immer von seiner Qual befreit werde, nach dem fernen Tauris (Krim) ziehen, um dort das Bild seiner Schwester Artemis, das einst in jenem rauhen Lande vom Himmel gefallen war und von dem Barbarenvolke in blutigem Dienste verehrt wurde, nach dem schönen Hellas zu bringen, in das Land der Athener. Orestes rüstete also ein Schiff und zog mit seinem Freunde Pylades, der ihn in keiner Gefahr verließ, und einer Schar rüstiger Jünglinge nach Tauris. Als sie dort an der öden Felsenküste gelandet waren, bargen sie ihr Schiff in einer versteckten Bucht und gingen, Orestes und Pylades, ans Ufer, um den bezeichneten Tempel, in welchem das Bild der Artemis stand, aufzusuchen. Sie fanden ihn nicht fern von ihrem Landungsplatze am Ufer; er war kenntlich an der Beute erschlagener Fremdlinge, die an seinen Zinnen aufgehängt war, und an dem blutbefleckten Altar, an welchem das barbarische Volk der Skythen die gestrandeten Fremdlinge seiner Göttin zu schlachten pflegte. Orestes war sogleich bereit, die hohe Ringmauer zu übersteigen oder die Pforten zu erbrechen, um das Bild zu rauben; allein Pylades riet sich zurückzuziehen und die Nacht abzuwarten, wo sie dann mit größerer Sicherheit ihr Werk ausführen könnten. So gingen sie denn nach ihrem einsamen Landungsplatz zurück, um sich dort in den Felsen bis zum Eintritt der Nacht verborgen zu halten.

An jenem Tempel war Iphigeneia, die Tochter Agamemnons, des Orestes Schwester, Priesterin. Als sie vor der Abfahrt der Griechen nach Troja zu Aulis der Artemis hatte geopfert werden sollen, hatte die Göttin selbst sie vom Tode gerettet und durch die Lüfte nach Tauris entführt, damit sie hier in ihrem Tempel ihren heiligen Dienst versehe. Schon viele Jahre weilt sie hier, während man in Griechenland sie längst tot wähnt, freudlos und heimatlos, einem traurigen Dienste ergeben; denn sie hat die schwere Pflicht, alle Fremden, welche an dieser unwirtlichen Küste in die Hände der Skythen fallen, zu opfern. Des blutigen Werkes der Opferung selbst ist sie zwar überhoben; aber sie muß doch jedes Opfer mit dem Opferwasser weihen, ehe es im Innern des Heiligtums von den Tempeldienern geschlachtet wird. Kein Wunder, wenn die edle Jungfrau sich von dem blutigen Dienste und aus der Mitte dieses rohen Volkes fortsehnt zu dem schönen Griechenland, wo, wie sie denkt, in Glück ihre Lieben weilen.

In der Nacht, bevor Orestes und Pylades dem Tempel nahten, hatte Iphigeneia einen erschreckenden Traum. Sie glaubte in der Heimat mitten in dem Frauengemach ihres väterlichen Palastes zu schlafen; da zitterte plötzlich unter ihr die Erde, daß sie entfloh, und als sie draußen den Blick wendete, sah sie die Zinnen des Hauses und alles Gebälk zu Boden stürzen. Nur *eine* Säule von dem Vaterhause blieb stehen, und blondes Haupthaar wallte von ihrem Scheitel nieder, und sie sprach mit Menschenlaut. Sie aber, ihres priesterlichen

Iphigenia und Orestes

Dienstes gedenkend, wusch laut klagend den Stein, als sollte er sterben. Der Traum erfüllte sie mit Angst und Schrecken, und sie konnte sich nicht anders denken, als ihr Bruder Orestes sei gestorben, der ja als des Hauses Säule galt; denn wen ihr weihendes Bad benetzt, der ist des Todes. Darum brachte sie jetzt am frühen Morgen mit den dienenden Tempelfrauen, Griechinnen, die ein unglückliches Geschick an diese Küste geworfen, vor dem Tempel dem Bruder ein Totenopfer, laut klagend über das Geschick ihres Hauses und den geliebten Toten und über ihr eigenes Leid. Während sie noch mit dem Opfer beschäftigt war, eilte vom Meeresgestade ein Hirt herzu und hieß sie die Vorbereitungen zu einem Menschenopfer treffen; denn eben hätten sie zwei Griechenjünglinge, welche ihr Schiff an diesen Strand gebracht, gefangen. „Wir trieben", so erzählte der Hirt, „unsere Rinder zu dem Meere, um sie zu baden, dort, wo der von dem steten Wogenschlag gehöhlte Felsen steht. Da sah einer von uns zwei Jünglinge am Gestade, und indem er sich leise zurückschlich, sprach er zu den andern: „Seht ihr nicht? Zwei Götter sitzen dort am Ufer!" Schon erhob einer von uns frommen Sinnes die Hände und betete; aber ein anderer rief lachend: „Das sind Schiffbrüchige, die sich in der Felsenschlucht bergen, da sie unseren Brauch, die Fremden zu opfern, vernommen haben." Die meisten ergriffen diese Meinung und gedachten schon, unserer Göttin das Opfer zu fangen; da erhob sich der eine von den Fremden, schüttelte wild das Haupt auf und nieder, und stöhnend, mit beiden Händen zitternd, rief er wutbetört: „Pylades, siehst du nicht da diese wilde Jägerin, und diese da, des Hades Drachen, wie sie mich würgen will, mit fürchterlichen Nattern wider mich bewehrt? Und die andere da, Feuer und Mord hauchend, stürmt auf Flügeln daher, meine Mutter im Arm, einen Felsberg schwingt sie gegen mich! Wehe, sie würgt mich! Wie soll ich fliehen?" Und bald brüllte er dann wie ein Rind, bald bellte er wie ein Hund. Wir saßen ruhig und voll Schrecken da; als wir jedoch sahen, wie er mit gezücktem Schwerte sich auf unsere Rinder stürzte und seinen Stahl ihnen in die Seiten und die Eingeweide stieß, tobend, als wehrte er die Erinyen von sich ab, da rüstete sich jeder zum Streit, und wir riefen, auf der Muschel blasend, alles Volk zusammen; denn gegen diese jugendlich starken Männer glaubten wir Hirten im Kampfe nicht bestehen zu können. Jetzt, nach langem Wüten, sank der Jüngling zu Boden, das Kinn von Schaum triefend; da stürzten wir, durch vieles Volk verstärkt, den günstigen Zeitpunkt nützend, auf ihn ein. Doch der andere eilte herzu, reinigte vom Schaum sein Antlitz, umhüllte seinen Leib mit Gewändern und wehrte ihm wie der treueste Freund sorglich alle Wunden ab, die ihm drohten. Als darauf der erste wieder zur Besinnung kam und sah, wie wir, von allen Seiten mit Steinen werfend, feindlich sie bedrängten, rief er: „Pylades, wir sterben! Aber damit wir rühmlich sterben, nimm das Schwert zur Hand und folge mir!" Und wie sie nun beide mit gezückten Schwertern gegen uns anstürmten, da flohen wir auseinander, dem Gebirge zu; doch wenn die einen flohen, stellten die andern sich und warfen mit Steinen, und wendeten die Fremden sich wieder gegen diese, so kehrten die andern, die geflohen waren, sich um und schleuderten ihre Steine. Das war ein unglaublich langer Kampf; zuletzt, als sie ermattet in die Knie sanken, umringten wir sie mit tausend Händen und schlugen ihnen mit Steinen den Stahl aus der Faust und banden sie. Dann führten wir sie zu dem König, der sendet sie nun hierher, auf daß sie der Göttin als Opfer fallen. Mich aber schickt der König voraus, daß du schleunigst das heilige Wasser zur Weihe der Opfer bereitest." Nach diesen Worten eilte der Hirte wieder zu seinen Genossen zurück.

Nicht lange, so brachten die Tempeldiener den Orestes und Pylades gefangen herbei. Die Priesterin löste ihnen nach altem Brauche die Hände, auf daß sie frei und ungefesselt der Göttin geweiht würden, und schickte die Diener in den Tempel, um nach des Landes Sitte die Vorbereitungen zum Opfer zu treffen. Jetzt, wo sie allein mit den unglücklichen Schlachtopfern ist, fragt sie mitleidsvoll: „Ach Unglückliche, welche Mutter hat euch geboren? Wer ist euer Vater? Weh eurer Schwester, wenn ihr eine Schwester habt, die eines so herrlichen Bruderpaares beraubt wird! Ja, was die Götter tun, ist in Nacht gehüllt, und keiner sieht die Gefahr; so füget schwer erkennbar das Schicksal dem Menschen Wohl und Weh. Doch woher kamet ihr, unglückliche Fremdlinge? Weit ist der Weg, der euch zu diesem Lande geführt, und lange von der Heimat fern, sollt ihr ewig drunten sein." „Warum beklagest du unser Unglück, o Weib?" sprach Orestes, „nicht weise dünket mich der Mann, der, hoffnungslos dem Tode nah, noch lange jammert. Laß dem Geschick seinen Lauf und beweine uns nicht fürder; wir kennen den Opferbrauch dieses Landes." „Wie heißet ihr", fragte Iphigeneia weiter, „und aus welchem Lande stammet ihr?" „Was frommt es", antwortete Orestes, „unsere Namen zu wissen? Der Leib ja soll das Opfer sein, und nicht der Name; „Unglückliche" ist unser rechter Name. Und welchen Gewinn bringt dir's, unser Vaterland zu erfahren? Doch wenn du's einmal wissen willst, wir sind aus Argos, aus der berühmten Stadt Mykenä." „Bei den Göttern, Freund, bist du wirklich aus Mykenä? Sagst du mir wohl, was ich wissen möchte? Kennst du Troja, das allberühmte? Man sagt, es sei erobert und zerstört." „So ist es, der Ruf hat dich nicht betrogen." „Und kam Helena wieder in das Haus des Menelaos zurück? Kehrten die Achäer wieder heim, Kalchas und Odysseus?" „Helena wohnt wieder in Sparta mit ihrem vorigen Gemahl; Kalchas ist getötet, sagt man, und Odysseus kehrte noch nicht zur Heimat." „O ihr rächenden Götter! Und Achilleus, der Thetis Sohn, lebt der?" „Er ist nicht mehr, er feierte in Aulis sein Hochzeitsfest umsonst." „Natürlich, es war ja ein trügliches! So nennt es, wer's erfahren hat." „Doch wer bist du, Jungfrau, die du so vieles vom Griechenland weißt?" „Ich stamme aus jenem Lande; doch in früher Jugend schon traf mich das Verderben. Aber der Feldherr, den man so glücklich pries –" „Wen meinst du? Denn, den ich kannte, der gehörte nicht zu den Glücklichen." „Des Atreus Sohn meine ich, Agamemnon ist sein Name." „Ich weiß nicht! Laß dieses Forschen, o Weib!" „Nein, bei den Göttern, sag' mir's, ich bitte dich!" „Er starb, der Arme, und brachte auch andern Unheil durch seinen Tod; sein eigen Weib hat ihn grausam erwürgt. Doch nun frage nicht weiter." „Wehe, wehe, ich Unselige! O tränenwerte Mörderin und tränenwert, den sie erschlug! Doch nur eins noch sage mir, lebt die Gattin des Unglücklichen noch?" „Nicht mehr, ihr eigener Sohn hat sie bestraft, er rächte durch Mord des Vaters Mord." „O unglückseliges, daniedergestürztes Haus! Und leben noch Kinder des Gemordeten zu Hause, lebt Orestes noch, der so wacker die Gerechtigkeit geübt? Und denkt man noch der hingeschlachteten Jungfrau Iphigeneia?" „Die Tochter Elektra lebt noch, die andere erlag einst danklos um ein verruchtes Weib, und der Sohn, er schweift beklagenswert umher überall und nirgends."

Die grausenvollen Nachrichten aus dem väterlichen Hause trafen erschütternd Schlag auf Schlag das arme Herz der Jungfrau. Nur eins noch tröstet sie in ihrem grenzenlosen Leide, ihr Bruder Orestes, den sie tot geglaubt, lebt noch. Nachdem sie lange mit verhülltem Haupte mit ihrem Schmerze gerungen, wandte sie sich wieder an Orestes und fragte: „Willst du mir, Freund, wenn ich dich rette, an meine Anverwandten im Argiverland eine Botschaft bringen, einen Brief, den ein gefangener Grieche mir einst mitleidsvoll geschrieben? Bisher noch fand ich keinen, der mir ihn hätte besorgen können. Du scheinst mir edel und kennst Mykenä und meine Freunde, denen die Botschaft gilt. Drum brich auf und nimm für den Dienst, den du mir leistest, dein Leben, Freund; doch dieser muß leider bleiben und als Opfer fallen, weil das Volk mich also treibt." „Du sprachst schön, o Jungfrau, nur das eine nicht, daß mein Freund sterben soll. Es wäre Unrecht, wollte ich selbst entfliehen und ihn hier dem Untergange überlassen, den ich in diesem Sturme mitgeführt, der so treu in jeder Gefahr bei mir ausgeharrt. Nein! gib ihm den Brief und laß mich sterben." Nun entstand, während Iphigeneia den Brief zu holen ging, zwischen den beiden Freunden ein edler Streit, da Pylades sich weigerte, ohne den Freund in die Heimat zurückzukehren; er will zugleich mit ihm den Opfertod erleiden, damit man nicht sage, er habe seinen Freund aus Feigheit oder Bosheit verraten. Zuletzt jedoch siegt Orestes. „Lebe du, mein Teurer, und laß mich sterben; mich bekümmert's nicht, ein elend Leben, auf dem der Zorn der Götter ruht, so zu endigen. Doch du bist glücklich; dein Haus ist unentweiht und kranket nicht, während das meine voll Frevel und Unheil ist. Lebe du für meine Schwester Elektra, die sich dir zur Ehe verlobt hat; verrate sie nicht und laß unseren Heldenstamm nicht namenlos untergehen. Ziehe zurück in dein Vaterhaus nach Phokis, und kommst du nach Mykenä, dann errichte mir ein Grab und setze ein Denkmal drauf und laß Elektra mir Tränen und Locken ihres Hauptes weihen." Pylades versprach nach dem Willen seines Freundes zu tun und nahm den Brief der Priesterin in Empfang, indem er schwor, ihn gewissenhaft an den Ort seiner Bestimmung zu bringen; nur für den Fall, daß dem Schiffe unterwegs etwas begegnete und der Brief in der Flut verlorenginge, während er selbst sich rettete, wünscht er von seinem Eid entbunden zu sein. Damit ein solcher Fall nicht alles vereitele, will die Priesterin ihm den Inhalt des Briefes mitteilen. „Verkünde also", sprach sie, „dem Orestes, dem Sohne Agamemnons, in Mykenä: „Die Schwester, die einst in Aulis geopfert ward, Iphigeneia, die ihr tot gewähnt, sie lebt und sendet euch dieses." „Wo ist sie", rief Orestes, „kam sie wieder aus dem Schattenreich?" „Sie ist es, die du vor dir siehst. Aber störe uns nicht! Es heißt weiter: „Führe mich heim gen Argos, Bruder, ehe ich sterbe, aus dem Barbarenland von dem Fremdenmord, den Artemis ihrer Priesterin auferlegt; sonst fleh' ich Götterflüche auf dein Haus herab, Orestes. In Aulis sandte Artemis für mich eine Hindin, und die schlachtete ihr mein Vater, vermeinend, mich mit dem Messer zu treffen; mich selber aber führte die Göttin in dieses Land." Dies also ist der Inhalt meines Briefes." „O du hast mit leichtem Schwur mich gebunden", rief Pylades; „ich setze sogleich ins Werk, was ich versprach, und gebe dir, Orestes, diese Tafel, die deine Schwester hier dir sendet." Orestes aber schlang in aufgeregter Freude seine Arme um die Schwester und rief: „O teuerste Schwester, laß dich umarmen! Kaum trau' ich meinem Glück; wie Wunderbares verkündest du!"

„Zurück, Fremdling", rief Iphigeneia erschreckt, „warum fassest du frevelnd das Gewand der Priesterin, das kein Mensch berühren darf!" „O Schwester, o Kind meines Vaters Agamemnon, fliehe nicht vor mir zurück! Du hast den Bruder, den du nie zu schauen gehofft." „Du mein Bruder, Fremdling? Schweige, betrüge mich nicht; hat Argos ihn ausgestoßen und Mykenä?" „Dort ist dein Bruder nicht, Unselige! Du siehst vor dir den Sohn Agamemnons, des Pelops Enkel." „Und wie kannst du mir's beweisen?" „So höre denn! Du kennst doch den Streit des Atreus und Thyestes um das goldene Lamm? Weißt du noch, wie du ihn in ein schönes Gewand eingewirkt hast? Und ein andres Gewebe von dir zeigte, wie Helios, ob dem verruchten Gastmahl entsetzt, seinen Wagen wandte. Als in Aulis die Mutter dich badete, da gabst du ihr eine Locke von deinem Haupte zum Gedächtnis. Das alles hörte ich von unserer Schwester Elektra; und nun, was ich selber sah: Des Pelops alte Lanze, die den Oinomaos erwürgte und die Pisaterin Hippodameia gewann, hast du im Frauengemach zu Mykenä verborgen." „Ja, du bist's!" rief Iphigeneia in lauter Freude und schloß den Bruder in die Arme, „o Liebster, nun hab' ich dich, Orestes, fern, fern vom Vaterland! Als unmündiges Kind ließ ich dich einst im Vaterhause zurück, im Arme der Amme! O welch' unaussprechliches Glück ist mir geworden, mehr als ich sagen und fassen kann!"

Die beiden Geschwister überließen sich für kurze Zeit der Lust und dem Schmerz des Wiedersehens, bis Pylades sie an die Gegenwart und ihre Gefahren ermahnte. Orestes teilte der Schwester den Grund seines Kommens mit, und nun berieten sie, wie sie das Bild der Artemis aus dem Tempel fortbringen und selbst aus dem Lande entrinnen könnten. Der Vorschlag der Iphigeneia wird angenommen. Unter dem Vorwande, daß das Bild durch die Nähe der beiden Fremden, zweier muttermörderischer Brüder, befleckt sei und an den Fluten des Meeres wieder entsühnt werden müsse zugleich mit den beiden schuldbeladenen Schlachtopfern, wollen sie sich an die Stelle, wo das wohlbemannte Schiff des Orestes verborgen liegt, begeben und auf demselben entfliehen. Als eben Iphigeneia das Götterbild aus dem Tempel trug, erschien Thoas, der König des Landes, um zu sehen, ob die Fremden schon geopfert seien, und staunte nicht wenig, als er das heilige Bild in den Armen der Priesterin sah. Iphigeneia befahl ihm, ferne in der Säulenhalle stehenzubleiben, da das Bild von den Fremden, unheiligen Muttermördern, entweihet sei. Die Göttin zürne, unangerührt habe sich ihr Bild von seinem Sitze gewendet und die Augen geschlossen; sie müsse es an einsamer Stelle im Meere wieder reinigen, und auch die Fremden müßten wieder entsündigt werden, bevor man sie opfere. Der König, welcher vor der Priesterin eine hohe Ehrfurcht hatte, mißtraute ihren Worten nicht und lobte ihr Beginnen. Er ließ auf ihr Geheiß den Fremdlingen die Hände fesseln und ihr Antlitz mit Gewändern umhüllen, auch gab er nach ihrem Wunsche zur Sicherheit einige Diener mit. Nachdem die Priesterin noch befohlen, daß während der Zeremonie der Reinigung alles Volk sich daheim halte, um der Entweihung zu entgehen, und daß der König selbst während ihrer Abwesenheit den entweihten Tempel durch die Flamme des Feuers wieder reinige, setzte sich der Zug zu dem Meere unter Fackelglanz in Bewegung. Voraus ging die Priesterin mit dem Götterbilde; ihr folgten die gefesselten Fremdlinge, zu ihrer Seite die bewachenden Diener, hinter ihnen zarte Lämmer, die zum Sühnopfer bestimmt waren. Der König blieb in dem Tempel zurück, um ihn zu entsündigen.

Als sie an das Meeresufer gelangt waren, winkte die Priesterin den Dienern, welche die gefesselten Jünglinge führten, sich zu entfernen und sich so weit zurückzuziehen, daß sie die Zeremonien der Entsühnung nicht sähen. Darauf führte sie selbst die Fremden an ihren Banden ans Meer zu der von Felsen gedeckten Stelle, wo das Schiff lag. Die auf ihre Rückkunft harrenden Diener hörten in der Ferne, wie sie Beschwörungslieder sang und laute Wehklagen erhob, als entsündige sie den Mord. Nachdem sie lange wartend gesessen, kam ihnen die Furcht, die Fremden möchten sich von ihren Banden befreit und der Priesterin ein Leid angetan haben, und machten sich trotz ihrem Verbote auf, nach ihr zu sehen. Da sahen sie denn das Griechenschiff, mit 50 Ruderern bemannt, ans Ufer anlegen und die beiden Jünglinge fessellos eben bereit, die Priesterin auf einer herabgelassenen Leiter ins Schiff zu bringen. Da liefen die Taurier schnell herbei, faßten die Jungfrau und die Taue und das Steuerruder des Schiffes und riefen: „Wer bist du, der du uns die Priesterin entführest?" „Ich bin Orestes", war die Antwort, „Agememnons Sohn, ihr Bruder, wisset das, und führe die Schwester fort, die mir entrissen ward." Aber die Taurier ließen die Jungfrau nicht los und wollten sie zurückschleppen. Da erhob sich ein furchtbarer Faustkampf zwischen ihnen und den beiden Jünglingen, in welchem zuletzt die Taurier zurückgetrieben wurden, und da sie nun aus der Ferne von den Höhen mit Steinen den Kampf fortsetzen wollten, wurden sie von den Bogenschützen des Schiffes auch von dort vertrieben und mußten zusehen, wie Orestes seine Schwester mit dem Götterbilde auf die Schulter schwang und die Leiter hinauf auf das Schiff trug. Das Schiffsvolk jauchzte freudig auf und trieb mit emsigem Ruderschlag das Fahrzeug aus der engen Bucht dem hohen Meere zu. Als sie jedoch eben durch die Mündung der Bucht dringen wollten, warf eine hohe Woge, die vom Meere kam, und ein rascher Windstoß das Fahrzeug wieder nach dem Ufer zurück. Da erhob sich Iphigeneia hoch auf dem Schiff und flehte mit ausgebreiteten Händen zu Artemis: „O Tochter der Leto, errette deine Priesterin von dem wilden Ufer nach Griechenland und verzeih' mir meinen Trug. Du liebest wohl deinen Bruder, Unsterbliche; so ziemt es auch mir, dem Bruder hold zu sein." In das Flehen der Jungfrau mischte sich das laute Gebet der Schiffer, welche aus allen Kräften mit den Rudern arbeiteten, um das Schiff wieder vorwärts zu treiben. Aber immer mehr trieb es dem Felsen zu. Während die einen in das Meer sprangen und anstemmend sich mühten, das Schiff vor dem Scheitern an dem Felsen zu bewahren, andere den Anker zu befestigen suchten, eilte einer der Diener zu dem Tempel, um dem König Botschaft zu bringen und ihn mit dem übrigen Volke herbeizurufen; denn es war augenscheinlich, daß, so lange der Sturm wehete, die Griechen die hohe See nicht gewinnen würden.

Thoas, im höchsten Zorn über den frevelhaften Verrat, rief rasch sein Volk auf zur Verfolgung der Fremdlinge. Die einen sollten zu Roß am Strande hinsprengen, die andern schnell Schiffe ins Meer ziehen, um die Flüchtlinge, mochten sie nun zu Land oder zur See entrinnen wollen, zu fangen und zurückzubringen. Vom schroffen Felsen sollen die Leiber der Verräter herabgestürzt und zerschmettert werden, an Pfählen aufgespießt, sollen sie jämmerlich zugrunde gehen. Als er eben selbst in seinen Waffen, von Kriegern umringt, nach dem Schiffe eilen wollte, kam durch die Lüfte Pallas Athena, die hehre Göttin, und wehrte ihm den Weg. „Wohin, o Fürst", sprach sie, „in dieser schnellen Verfolgung? Höre mich, die Göttin Athena! Laß ab von deinem Zorn, denn der Spruch des Apollon schickte den wutgequälten Sohn des Agamemnon hierher, daß er seine Schwester wieder nach Mykenä heimführte und jenes Götterbild in mein Land brächte, nach Attika. Nimmer auch wirst du, wie du hoffest, den Orestes in dem Meeressturme fangen und würgen, denn Poseidon glättet ihm, mir zu Lieb', den Rücken des Ozeans." Thoas beugte sich dem Willen der Göttin und dem Geschicke. Er entsagte allem Zorne gegen Orestes und Iphigeneia, da sie ja auf Geheiß der Götter, und nicht durch eigenen Frevelmut getrieben, das Bild der Artemis ihm entführten; auch gestattete er gern, daß die griechischen Frauen, welche bisher mit Iphigeneia den Tempeldienst versehen, sie auf der Fahrt in die Heimat begleiteten.

So zogen denn wohlgemut Agamemnons Kinder mit dem Götterbilde unter dem unsichtbaren Geleite der Athena und des Poseidon über das Meer in das schöne Griechenland zurück. Orestes war seitdem von der Verfolgung der Erinyen und seinem Wahnsinne befreit und baute der Göttin Artemis an der attischen Küste zu Brauron einen Tempel, in welchem das Bildnis der taurischen Artemis aufgestellt ward und Iphigeneia den Priesterdienst versah. Darauf kehrte er nach Mykenä zurück, wo Aletes, der Sohn des Aigisthos, sich der Herrschaft bemächtigt hatte. Er erschlug den Aletes und nahm sein väterliches Erbe wieder in Besitz. Sein Freund Pylades aber vermählte sich mit seiner Schwester Elektra und führte sie heim in sein Vaterland Phokis.

Tod des Neoptolemos durch Orestes

Als Agamemnon und Menelaos gen Troja zogen, hatte der letztere schon versprochen, daß sich Orestes, der Sohn Agamemnons, dereinst mit seiner und der Helena Tochter Hermione vermählen sollte. Vor Troja aber vergaß er sein Versprechen und gelobte seine Tochter dem Neoptolemos oder Pyrrhos, dem tapferen Sohne des Achilleus. Sobald er nach Hause gekehrt war, sendete er die zur Jungfrau herangewachsene Hermione mit vielem Heiratsgut nach Pythia, dem Neoptolemos zur Gemahlin. Aber Hermione fühlte sich in dem Hause des Gatten nicht glücklich, durch ihre eigene Schuld. Sie war stolz auf ihre großen Reichtümer und hatte ein hartes herrisches Gemüt, weshalb sie das Herz ihres Gatten für die Dauer nicht zu fesseln vermochte. Auch blieb ihre Ehe ohne den Segen der Kinder. In dem Hause des Neoptolemos war Andromache, Hektors Witwe, welche nach Trojas Eroberung dem Sohne des Achilleus als Kriegsgefangene und Sklavin gefolgt war; aber Neoptolemos hielt das edle Weib nicht wie eine Sklavin, er hatte ihr vor seiner Vermählung mit der Tochter des Menelaos die Rechte einer Gattin und Herrin gewährt und erzog den mit ihr gezeugten Sohn Molossos nicht wie das Kind einer Sklavin, sondern wie seinen ehelichen Sohn. Als Hermione als Gattin des Hauses eingezogen war, blieb Andromache, der Neoptolemos seine Liebe und Achtung bewahrte wie zuvor, mit ihrem Sohne in der bisherigen Stellung, zum großen Verdruß der neuen Herrin, welche die Sklavin, die verhaßte Troerin, kaum neben sich ertrug. Sie wartete nur auf eine Gelegenheit, wo sie an der Nebenbuhlerin Rache nehmen und sie mit ihrem Sohne aus dem Wege räumen könnte.

Neoptolemos hatte nach seiner Rückkehr von Troja sich gegen Apollon schwer vergangen. Er war nach Delphi gezogen und hatte in trotzigem Übermut von Apollon Rechenschaft für den Tod seines Vaters gefordert, indem er sogar drohte, den Tempel des Gottes zu plündern und zu zerstören. Die Delphier, von dem Gotte selbst ermutigt, hatten die Drohungen des kühnen Helden vereitelt. Später bereute Neoptolemos seinen Frevel, und er ging wieder nach Delphi, um bei dem Gotte Abbitte zu tun und für die Zukunft sich seine Gnade zu erflehen. Diese Abwesenheit ihres Gemahls benutzte Hermione, um ihren Racheplan gegen Andromache auszuführen. Sie bat ihren Vater um Hilfe gegen die verhaßte Troerin, welche, wie sie ihm melden ließ, durch bösen Zauber ihr des Gatten Haß bereite, damit sie selbst an ihrer Statt im Hause schalte und sie mit Gewalt von ihrem Gatten vertreibe. Als Menelaos in Phthia angekommen war, sannen Vater und Tochter darauf, wie sie Andromache und ihren Sohn Molossos töteten. Andromache merkte ihren Anschlag und flüchtete schutzsuchend zu einem Heiligtum der Thetis, das in der Nähe des Palastes stand, während sie ihren Sohn Molossos in einem befreundeten Hause verborgen hatte. Vergebens suchte die stolze Hermione sie zu bewegen, den Altar und das Bild der Göttin, das sie umschlungen hielt, zu verlassen; sie wollte lieber an dem Altar sterben, als sich in die grausamen Hände ihrer Feindin geben. Da kam Menelaos, den kleinen Molossos an der Hand, den er in seinem Verstecke aufgefunden hatte, und drohte der unglücklichen Mutter, den Sohn zu ermorden, wenn sie die heilige Zufluchtsstätte nicht verließe; gäbe sie sich aber in seine Hand, um den Tod zu erleiden, dem sie nun einmal nicht entgehen könnte, so solle ihr Kind am Leben bleiben. Da entschloß sich die Mutter zu sterben, um das Leben ihres Kindes zu retten, und verließ das Heiligtum. Menelaos ließ sie sogleich ergreifen und fesseln und offenbarte ihr ohne Scheu und Scham, daß er sie überlistet, daß auch ihr Sohn sterben müsse. Als eben Mutter und Kind fortgeschleppt wurden, um erwürgt zu werden, da erschien der alte Peleus, der seinem Enkel Neoptolemos die Stadt Phthia als Wohnsitz überlassen hatte und selbst nach der Stadt Pharsalos übergesiedelt war. Andromache hatte seit der Abreise des Neoptolemos nach Delphi in ihrer Not und Verlassenheit häufige Boten nach Pharsalos gesendet, um den Greis zu ihrer Hilfe herbeizurufen. Er kam noch gerade zur rechten Stunde, um sie vom schmählichsten Tode zu erretten. Er befahl, dem unglücklichen Weibe sogleich die Fesseln zu lösen, und brachte den Menelaos, der sich dem widersetzen wollte, durch Vorwürfe und Drohungen so weit, daß er auf der Stelle beschämt sich zurückzog und den Heimweg antrat.

Hermione, von ihrem Vater im Stiche gelassen, geriet jetzt in die äußerste Angst und Verzweiflung; denn sie hatte von ihrem heimkehrenden Gatten schwere Strafe zu erwarten. Im Bewußtsein ihrer Schuld zerraufte sie ihr Haar, zerriß ihre Gewänder, und sie hätte sich den Tod gegeben, wenn nicht ihre Dienerinnen sie verhindert hätten. Da kam ihr unerwartet ein Helfer aus der Not. Es war Orestes, der Sohn Agamemnons, dem sie einst als Kind zur Gattin bestimmt worden war. Die Liebe, welche er von Jugend auf zu Hermione im Herzen trug, war nicht erloschen, und er haßte den Neoptolemos doppelt, weil dieser ihn einst, als er ihn um Abtretung der Braut gebeten, mit Hohn zurückgewiesen hatte. Jetzt, nachdem er gehört, daß Neoptolemos nach Delphi gereist war, und da er die Zwietracht in dessen Hause und die Unzufriedenheit der Hermione kannte, eilte er nach Phthia, um Hermione zu entführen. Diese war sogleich zur Flucht bereit, und sie trieb selbst noch zur Eile, da sie die Rückkehr ihres Gemahles befürchtete. Doch über diese Sorge beruhigte sie Orestes, denn er habe dem verhaßten Nebenbuhler in Delphi listig ein solches Netz gestellt, daß er nimmer in sein Reich zurückkehren werde.

Sobald nämlich Orestes erfahren hatte, daß Neoptolemos nach Delphi zu ziehen beabsichtige, war er dorthin geeilt und hatte bei seinen Gastfreunden und unter dem delphischen Volke verbreitet, Neoptolemos nahe wieder, wie früher, in feindlicher Absicht. So brachte er es dahin, daß die Delphier entschlossen waren, den König von Phthia, wenn er erschiene, zu erschlagen. Unterdessen war Orestes nach Phthia geeilt, um Hermione von dort zu entführen; er fand sie nur zu willig und kehrte nun mit ihr nach Delphi zurück, um das dem Neoptolemos gestellte Netz zuziehen zu helfen. Während dieser in dem Tempel des Apollon sein Opfer darbrachte und um die Huld des Gottes flehte, fiel plötzlich eine Schar der Delphier, welche glaubten, er sei gekommen, den Tempel zu plündern und zu zerstören, von Orestes angereizt, aus einem Hinterhalte über ihn her und erschlug ihn nach langem hartem Kampfe. Seine Begleiter retteten den Leichnam und brachten ihn nach Phthia, um ihn dort zu bestatten.

Der alte Peleus empfing mit großem Schmerz die Leiche seines Enkels. Sein großer Sohn war auf dem Kriegszuge des Menelaos umgekommen, und jetzt hat auch sein herrlicher Enkel durch des Menelaos Tochter einen frühen Tod gefunden; kinderlos und verlassen soll er seine letzten Tage in dem einsamen Hause vertrauern, das Leben ist ihm zur Last. Da nahte ihm Thetis, die göttliche Nereide, die ihm einst den Achilleus geboren, aber schon lange wieder in der Tiefe des Meeres, von ihm getrennt, bei dem grauen Vater wohnte, und tröstete ihn. Den Leichnam des Enkels hieß sie ihn nach Delphi bringen und dort in dem heiligen Raume des Tempels bestatten, damit sein Grab dort eine Schmach der Delphier sei und ein Denkmal des frevelhaften Mordes des Orestes. Andromache aber solle, vermählt mit Helenos, dem Sohne des Priamos, der als Kriegsgefangener des Neoptolemos nach Phthia gefolgt war, mit ihrem Sohne Molossos hinfort in Epiros in dem Molosserlande wohnen, das zu dem Reiche des Neoptolemos gehörte. Dort solle einst Molossos herrschen, der einzige Sproß noch aus dem Aiakidengeschlechte, von dem hinfort in dem Reiche Molossia Fürst auf Fürst entstammen werde in hohem Segen. Dem Peleus selbst aber war ein unsterbliches Leben beschieden. Nachdem er den Enkel in Delphi bestattet, wo ihn seitdem die Delphier, um seinen Geist zu versöhnen, als Vorsteher der pythischen Wettkämpfe und der Opfergelage verehrten, ging er auf Geheiß der Thetis in eine Felsengrotte des thessalischen Vorgebirges Sepias und harrete dort, bis Thetis mit dem gesamten Chor der Nereiden ihn in die Tiefe des Meeres geleitete, wo er in den Wohnungen des Nereus, mit der göttlichen Gemahlin vereint, ohne Alter und Tod ein seliges Leben genoß. Sein großer Sohn Achilleus aber lebte unsterblich auf der schönen Insel Leuke im Pontus Euxinus im Verein mit andern seligen Helden, von den Schiffern als rettender Führer verehrt.

Odysseus

Heimkehr des Odysseus

Die Kikonen
Die Lotophagen

Nachdem Odysseus mit seinen zwölf Schiffen von dem zerstörten Troja abgefahren war, trieb ihn der Wind, getrennt von der übrigen Flotte, an die thrakische Küste nach Ismaros, der Stadt der Kikonen. Er zerstörte die Stadt und tötete die Männer; die Frauen und das viele Gut raubten und verteilten sie. Da riet nun Odysseus seinen Gefährten zu fliehen; sie aber folgten nicht in ihrer Torheit und tranken und schmausten die ganze Nacht von dem geraubten Gut. Unterdessen aber riefen die entronnenen Kikonen ihre Landsleute im Innern des Landes herbei, die viel zahlreicher und tapferer waren als sie und geübt in jeglicher Art des Kampfes. Die kamen zahlreich, wie die Blätter und Blumen des Frühlings, mit dem Anbruch des Morgens und begannen eine Schlacht. Den ganzen Tag hielten sich die Leute des Odysseus im Lanzenkampfe gegen die Übermacht; als aber die Sonne sich zum Untergange neigte, wichen sie und ließen von jedem Schiffe sechs Tote zurück. Die Übriggebliebenen eilten auf die Schiffe, froh, dem Verhängnis entgangen zu sein, und fuhren traurigen Herzens von dannen. Doch stießen sie nicht eher vom Ufer, als bis Odysseus einen jeden der Gefallenen bei Namen gerufen hatte; denn das verlangte die Sitte, auf daß die auf fremder Erde Gestorbenen zur Ruhe kämen.

Nachdem sie eine Zeit lang weiter gefahren, überfiel sie ein schrecklicher Sturm; dichtes Gewölke umhüllte Land und Meer, und sie fuhren dahin durch düstere Nacht. Gewaltig tummelte der Sturm die Schiffe auf den tobenden Wellen und zerriß dreifach und vierfach die Segel. Da zogen sie eilig die Segel herab und trieben ihre Fahrzeuge mit den Rudern ans Ufer. Zwei lange Nächte und Tage lagen sie mutlos, entkräftet von Mühe und Kummer, an dem Gestade; als aber die dritte Morgenröte emporstieg, richteten sie die Maste, spannten die Segel und fuhren mit günstigem Winde gen Süden. Schon dachten sie frohen Herzens der Heimkehr; da aber, als sie um das gefürchtete Kap Malea bogen, trieb die Strömung und der heftige Nordwind sie an der Insel Kythere vorbei in die offene See. Neun Tage lang fuhren sie, vom Winde getrieben, durch das weite Meer; am zehnten gelangten sie an die Küste der Lotophagen, der Lotosesser, an der Nordküste von Afrika. Sie gingen ans Land, nahmen Wasser ein und bereiteten sich ein Mahl. Nachdem sie sich an Trank und Speise gesättigt, wählte Odysseus zwei von seinen Leuten aus, fügte einen dritten als Herold hinzu und schickte sie in das Land, um zu erkunden, was für Männer es bewohnten. Die gingen und kamen bald zu den Lotophagen, welche sie freundlich aufnahmen und ihnen von ihrer Speise, dem Lotos, zu kosten gaben. Als diese von der süßen Blumenkost gespeist hatten, dachten sie nicht mehr an Heimkehr und hatten keine Lust, ihren Gefährten Kunde zurückzubringen; sie gedachten im Lande zu bleiben und Lotos zu essen. Da kam Odysseus und trieb sie unter Tränen mit Gewalt zu den Schiffen, wo er sie an die Ruderbänke anband. Darauf hieß er die andern schnell an Bord gehen und fuhr ab, damit keiner mehr Lotos koste und der Heimkehr vergesse.

Der Kyklop Polyphemos

Darauf kamen sie zu dem Lande der einäugigen Kyklopen, der wilden gesetzlosen Riesen, die im Vertrauen auf die unsterblichen Götter weder pflanzten noch einen Acker besäten. Ungepflanzt und ungesät wuchs ihnen alles, genährt von dem Regen des Zeus, Weizen und Gerste und Wein. Sie kannten keine Gesetze und keine Volksversammlung; ohne staatliche Einigung wohnten sie auf den hohen Bergen in hohlen Felsen, und jeder herrschte, unbekümmert um die andern, über seine Weiber und Kinder. Der Bucht des Kyklopenlandes gegenüber erstreckte sich in einiger Entfernung ein kleines waldiges Eiland, von unzähligen Scharen wilder Ziegen erfüllt. Denn die Insel war unbewohnt, kein Jäger durchstreifte den Wald, kein Hirt, kein Pflüger störte die stille Wildnis. Die Kyklopen aber gegenüber hatten keine Schiffe, um herüberzusetzen; auch wohnten dort keine Männer, die herüberkommend die schöne Insel sich hätten urbar machen können. Denn die Insel war einladend und fruchtbar. Zarte wasserreiche Wiesen zogen sich längs des Gestades hin, und im Innern war der fetteste Boden für Weinbau und Saatland. Auch hatte das Eiland einen trefflichen Hafen; das Schiff bedurfte da keines Ankers oder Taues, es lief auf den Sand und stand ruhig, bis es dem Schiffer beliebte weiter zu fahren. Am Ende der Bucht floß aus felsiger Grotte ein klarer Quell, von Pappeln umschattet. Dort landete Odysseus mit seinen Schiffen; ein Gott geleitete sie dahin durch die finstere Nacht. Denn in dem Dunkel hatten sie die Insel nicht erblickt, noch auch die langen Wogen wahrgenommen, die sie an das Ufer trieben. Nachdem sie gelandet, zogen sie die Segel herab und gingen selbst an das Land, wo sie, am Ufer schlummernd, den kommenden Tag erwarteten.

Als der Morgen erschien und sie mit Verwunderung das schöne Eiland durchwanderten, stießen ihnen zahllose Ziegen auf, welche die Nymphen wohlwollend ihnen aufscheuchten. Schnell holten sie aus den Schiffen ihre Bogen und Jagdspieße, teilten sich in drei Scharen und machten eine reiche Beute; auf jedes Schiff kamen neun erlegte Ziegen, zehn wählte sich Odysseus für das seinige aus. Da machten sie sich einen frohen Tag; bis zur sinkenden Sonne saßen sie und schmausten und tranken zu der Fülle des Fleisches süßen Wein; denn bei der Eroberung der Kikonenstadt hatten sie sich damit reichlich versehen. Während ihres Schmauses sahen sie drüben im Lande der Kyklopen

Odysseus und Polyphemos

den Rauch aufsteigen, hörten ihre Stimmen und die Stimmen der Ziegen und Schafe. Mit dem Einbruch der Nacht legten sie sich am Ufer des Meeres zur Ruhe.

Am folgenden Morgen berief Odysseus seine Gefährten zu einer Versammlung und sprach: „Bleibt ihr andern jetzt hier; ich aber will mit meinem Schiffe und meinen Schiffsgenossen hinüberfahren und ausforschen, was dort für Männer sind, ob sie übermütig und roh oder gastlich und voll Scheu gegen die Götter." So ruderte er denn mit seinem Schiffe und seinen Genossen hinüber zu dem Kyklopenlande. Als sie an dem nahen Gestade anlandeten, sahen sie nicht weit entfernt die hohe Wölbung einer Höhle, die mit Lorbeerbäumen umschattet war; vor derselben war ein Hof, von Felsenstücken und Eichen- und Fichtenstämmen eingeschlossen, in welchem des Nachts viele Schafe und Ziegen zu ruhen pflegten. In der Höhle aber wohnte ein riesiger Mann, Polyphemos, ein Sohn des Poseidon und der Nymphe Thoosa, der den Tag über, ohne sich um andere zu kümmern, seine Herden auf den Bergen umhertrieb, ein wahres Ungeheuer, keinem Menschen vergleichbar, eher einem waldigen Berggipfel gleich, der einsam vor allen andern hervorragt. Odysseus befahl nun der Mannschaft seines Schiffes am Ufer zurückzubleiben und das Schiff zu bewachen; er selbst ging mit den zwölf Tapfersten nach der Höhle. Sie nahmen in einem Ranzen Speise mit und füllten sich einen Schlauch voll süßen köstlichen Weines, den ihnen zu Ismaros ein Priester des Apollon, Maron, Sohn des Euanthes, welchen sie bei der Eroberung der Stadt mit Weib und Kind verschont hatten, zum Geschenke gegeben, süß und rein und von großer Stärke. Als sie zur Höhle kamen, fanden sie den Riesen nicht daheim; er war mit seiner Herde auf der Weide. Sie gingen hinein und besahen sich alles voll Staunen. Die Käsedarren waren mit Käse schwer beladen, in den Ställen drängten sich die Lämmer und Böcklein, alle schön gesondert, die Frühlinge allein und die Spätlinge; alle Gefäße waren angefüllt mit Molken.

Die Gefährten des Odysseus baten ihn, von den Käsen zu nehmen und wieder zu dem Schiffe zurückzukehren, auch eine Anzahl Böcklein und Lämmer mit fortzutreiben; aber er ließ sich nicht bereden, er wollte erst den Riesen selber sehen und abwarten, ob er ihn bewirte und ihm Gastgeschenke gäbe. Er hätte besser getan, wenn er ihnen nachgab. Sie zündeten also ein Feuer an und opferten, dann nahmen sie auch von den Käsen und aßen. Darauf saßen sie voll Erwartung, bis der Riese mit seiner Herde zurückkam. Er trug eine gewaltige Last trockenen Holzes auf der Schulter, bei dem er sich ein Abendbrot bereiten wollte. Er warf es mit gewaltigem Krachen in dem Hofe nieder, daß die Fremdlinge sich voll Schreck in die innersten Winkel der Höhle zurückzogen, trieb dann die Ziegen und die Schafe alle in die Höhle, die Böcke und die Widder aber ließ er in dem Hofe. Nachdem er darauf einen großen Felsblock, den die Gespanne von vierundzwanzig vierrädrigen Wagen nicht von der Stelle geschleppt hätten, mit leichtem Schwung vor die Mündung der Höhle gehoben, setzte er sich hin und melkte seine Ziegen und Schafe alle nach der Reihe, ließ die Jungen an den Müttern trinken, setzte dann die Hälfte der Milch, die er gerinnen ließ, in dichtgeflochtenen Körben bei Seite und bewahrte die andere Hälfte in weiten Gefäßen, um sie beim Abendschmause zu kosten. Jetzt, nachdem er seine Geschäfte alle beendet, zündete er sich ein Feuer an. Da sah er die Fremden und fragte: „Fremdlinge, wer seid ihr? Woher kommt ihr über die feuchten Wogen? Habt ihr irgendwo ein Geschäft, oder schweift ihr ohne Verstimmung umher, wie Räuber, die ihr Leben dransetzen, um fremden Menschen Unheil zu bringen?" Dem Odysseus und seinen Leuten brach das Herz, als sie die rauhe Stimme hörten und den scheußlichen Riesen sahen. Aber Odysseus ermannte sich und sprach: „Wir sind Achäer und kommen von Troja: auf der Fahrt zur Heimat trieben uns mancherlei Stürme vom Wege ab hierhin und dorthin. Wir gehören zu den Völkern des Atriden Agamemnon, der jetzt so hohen Ruhm gewann, da er die mächtige Stadt und so viele Völker vertilgt hat. Nun kommen wir zu deinen Füßen und flehen dich um geringe Bewirtung oder eine kleine Gabe, wie sie Fremdlinge empfangen. Habe Scheu vor den Göttern, Bester, und erbarme dich der Schutzflehenden; Zeus, der die Fremden geleitet, ist ein Rächer der Schutzflehenden und Fremden." Mitleidslos antwortete Polyphemos: „Du bist ein Tor, Fremdling, oder kommst weit her, da du mich heißest, die Götter zu fürchten und zu ehren. Wir Kyklopen kümmern uns nicht um den ägisschüttelnden Zeus noch um die anderen Götter; denn wir sind stärker als sie. Nimmer würde ich aus Furcht vor Zeus euch verschonen, weder dich noch deine Gefährten, wenn nicht das eigene Herz mich es hieße. Doch sage mir, wo landetest du mit deinem Schiffe, irgendwo in der Ferne, oder hier nahe? das laß mich wissen." So sprach er voll Tücke; aber Odysseus durchschaute seine Absicht und antwortete: „Mein Schiff hat mir Poseidon zerschmettert, indem er es im Sturme an eurem Gestade wider die Felsen warf; ich aber mit diesen Gefährten entfloh dem Untergange." Der Kyklope erwiderte nichts, sondern sprang auf und faßte mit seinen gewaltigen Händen zwei von den Männern und schlug sie wie junge Hunde gegen den Boden, daß das Gehirn auf die Erde rann. Dann zerstückte er sie Glied für Glied und fraß sie, wie ein Berglöwe, Eingeweide und Fleisch und die markigen Knochen. Die andern ergriff starres Entsetzen, und sie erhuben jammernd die Hände zum Himmel; aber der Kyklope streckte sich, nachdem er den weiten Bauch sich mit Menschenfleisch angefüllt und obendrauf seine Milch getrunken, in der Höhle unter sein Vieh und überließ sich dem Schlafe. Da stieg dem Odysseus in der zürnenden Seele der Gedanke auf, ob er nicht hingehen und dem Ungeheuer sein scharfes Schwert in die Brust bohren sollte, tief bis zur Leber; aber ein anderer Gedanke hielt ihn zurück; denn wie sollten sie den schweren Felsblock von der Türe wälzen? Sie hätten alle in der verschlossenen Höhle eines unglücklichen Todes sterben müssen. Darum ließ er ab, und sie erwarteten mit Seufzen den kommenden Morgen.

Als der Morgen kam, zündete der Kyklop ein Feuer an, melkte seine Ziegen und Schafe nach der Reihe, ließ die Jungen an den Müttern trinken und ergriff dann wieder zwei von den Fremdlingen und verschlang sie. Darauf hob er den Fels von der Mündung der Höhle, um seine Herde hinauszutreiben, und legte ihn wieder davor, leicht wie man den Deckel auf einen Köcher setzt; und nun trieb er mit gellendem Pfeifen seine Herde auf das Gebirge. Odysseus blieb in der Höhle zurück und sann mit zornigem Herzen, wie er mit Hilfe der Athena an dem Unhold Rache nehmen könnte. Endlich schien ihm folgender Rat der beste. Neben dem Stalle lag ein grüner Olivenstamm, dick und lang wie ein Mast; den hatte Polyphem sich auf dem Gebirge gehauen, um ihn, wenn er trocken wäre, als Keule zu tragen. Davon hieb Odysseus ein Stück von der

Länge einer Klafter ab und übergab es seinen Gefährten, es zu glätten; er selbst schärfte zuletzt die Spitze und härtete sie im Feuer. Darauf verbarg er den Pfahl sorgsam unter dem Miste, der in der Höhle in Masse angesammelt war, und ließ dann seine Leute losen, wer mit ihm den Pfahl in das Auge des Riesen bohren sollte, wenn er im Schlafe läge. Das Los traf die, welche Odysseus sich selbst heimlich gewünscht, die vier Stärksten und Mutigsten; er selbst war der Fünfte.

Am Abend kam Polyphemos mit seiner Herde zurück. Heute trieb er die Widder und Böcke mit in die Höhle; denn er ahnte etwas Schlimmes, vielleicht auch ordnete es so irgend ein Gott. Nachdem er den Deckel wieder auf die Öffnung der Höhle gelegt, Schafe und Ziegen gemolken, die Jungen gesäuget, faßte er abermals zwei Männer und verschlang sie. Da trat Odysseus an ihn heran, einen hölzernen Becher voll Wein in den Händen. „Kyklope", sprach er, „da, trink Wein auf das Menschenfleisch, damit du siehst, welch' trefflichen Wein wir in unserem Schiffe hatten. Diesen bringe ich dir zur Spende, ob du dich mein erbarmst und mich nach Hause entsendest. Du wütest ja ganz unerträglich. Schrecklicher, wie wird in Zukunft noch ein Mensch zu dir kommen, da du so unbillig handelst?" Der Unhold nahm und trank; der süße Trank behagte ihm gewaltig, und er bat ihn, noch einmal zu füllen. „Gib mir noch einmal, Lieber", sprach er, „und sage mir auch zugleich deinen Namen, damit ich dir ein Gastgeschenk gebe, das dich erfreue. Auch uns Kyklopen erzeugt die fruchtbare Erde trefflichen Wein, und der Regen des Zeus ernähret ihn; aber dieser da ist ein Ausfluß von Nektar und Ambrosia." Odysseus reichte ihm zum zweiten Male den vollen Becher. Dreimal füllte er ihn und dreimal leerte ihn der Unhold in seiner Torheit. Und als nun der Wein ihm ins Gehirn gestiegen, da redete ihn Odysseus mit schmeichelnden Worten an: „Kyklop, du fragst nach meinem Namen, wohlan, ich will dir ihn sagen, gib mir aber auch ein Gastgeschenk, wie du versprachst. „Niemand", ist mein Name, „Niemand" nennen mich Vater und Mutter und alle meine Gesellen." „Den Niemand fresse ich zuletzt nach seinen Gefährten, das soll ihm sein Gastgeschenk sein!" So rief der grausame Wüterich und fiel zugleich rücklings nieder, daß er mit dem feisten Nacken im Staube lag, und brach, von festem Schlafe überwältigt, schnarchend Wein mit Stücken Menschenfleisch aus. Jetzt schob Odysseus schnell die Spitze des zurechtgehauenen Pfahles ins Feuer, ermutigte seine Gefährten, und als der Pfahl glühte, stieß er ihn mit den durchs Los bestimmten vier Genossen dem Kyklopen in das Auge. Er selbst schwang sich oben auf den Pfahl und drückte ihn durch sein Gewicht tief ein und drehte ihn bohrend um, daß das Blut des brennenden Augapfels ringsum hervorquoll und die Wurzeln des Auges zischten, wie glühendes Eisen, das der Schmied ins Wasser taucht. Der Riese brüllte furchtbar, daß die Höhle erdröhnte und sie, vor Angst bebend, sich in den entferntesten Winkel verkrochen; er riß den bluttriefenden Pfahl aus dem Auge und schleuderte ihn wie rasend von sich. Dann rief er brüllend die andern Kyklopen, welche um ihn her auf den Bergen in ihren Höhlen wohnten. Diese kamen vor seine Höhle und fragten: „Was geschah dir für ein Leid, Polyphemos, daß du so tobend durch die Nacht brüllst und uns den Schlaf raubst? Es treibt dir doch keiner deine Schafe und Ziegen weg? Oder will dich jemand töten mit List oder Gewalt?" Da rief der riesige Polyphemos aus der Höhle: „Niemand bringt mich um, ihr Freunde, Niemand tut es mit Arglist!" "Nun, wenn dir Niemand etwas zu Leide tut und du schreiest doch so entsetzlich, so bist du mit Wahnsinn geschlagen; gegen *die* Krankheit vermögen wir Kyklopen nichts, da bete du zu deinem Vater Poseidon!" So riefen die Kyklopen und gingen ein jeder nach Hause; Odysseus aber freute sich in seinem Herzen, daß er durch den falschen Namen und seine treffliche List sie betrogen.

Der geblendete Kyklop aber tastete sich jetzt seufzend und stöhnend in seiner Qual fort bis zu der Türe, hob den großen Stein weg und setzte sich mit

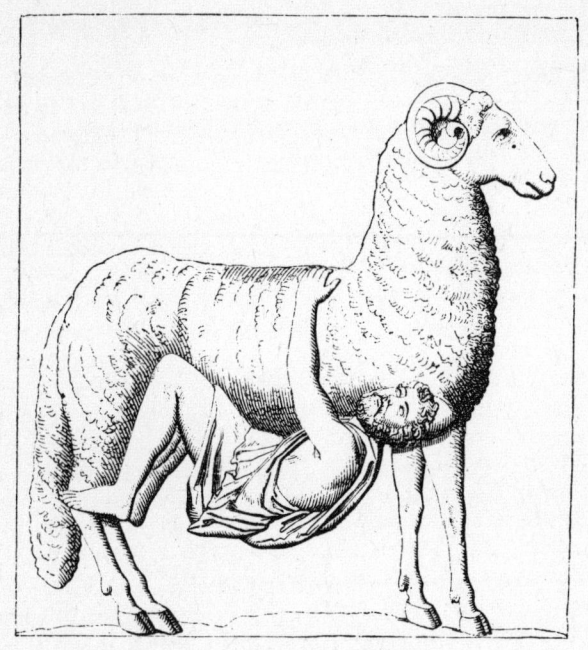

Odysseus mit dem Widder

ausgebreiteten Händen in die Pforte, tastend, ob er vielleicht einen Fremden finge, wenn er mit den Schafen aus der Höhle zu entwischen suchte. Doch Odysseus war so töricht nicht; er sann in seinem klugen Geiste und fand ein sicheres Mittel der Rettung für sich und seine Freunde. Er band mit Weidenruten von dem Lager des Polyphemos je drei starke dickwollige Widder zusammen und jedesmal unter den mittelsten einen seiner Gefährten; er selbst hängte sich unter den Leib des größten und stärksten Widders und erwartete, fest mit den Händen in die dichte Wolle geklammert, mit Seufzern den Morgen. Sobald der Tag erschien, eilten die Widder und Böcke mit Ungestüm auf die Weide, die weiblichen Tiere aber blökten ungeduldig, denn sie waren ungemelkt und ihre Euter strotzten von Milch. Der Unhold saß, von Schmerzen gefoltert, im Eingang und tastete sorgsam über die Rücken der hinauseilenden Tiere, ohne zu ahnen, daß die Männer unter den Leibern der Widder hinausgetragen wurden. Zuletzt von der ganzen Herde kam der Widder des Odysseus, langsam, schwerbeladen von seiner Wolle und dem Gewichte des unheilsinnenden Helden. Als der an dem Kyklopen vorbeiging, sprach er, ihn betastend: „Lieber Widder, warum gehst du heute denn zu allerletzt aus der Höhle? So pflegtest du doch sonst nicht hinter der Herde zurückzubleiben; sonst warst du immer der Herde voran, wenn es zur blumigen Weide ging und zur Tränke, und auch abends warst du stets der Erste auf dem Wege zum Stall. Und jetzt bist du der Letzte; gewiß bedauerst du deinen armen Herrn, dem der schlimme Mann, der Niemand, mit seinen verdammten Gesellen mit Arglist das Auge geblendet, nachdem er mich mit Wein berauschte. Er ist, denke ich, noch nicht dem Verderben entflohen. Hättest du nur Gedanken wie ich und verstündest zu sprechen, daß du mir sagen könntest, wo er sich vor meinen starken Händen verbirgt. Ha, dann sollte er, auf den Boden geschmettert, sein Hirn verspritzen durch die weite Höhle hin; wie sollte mein Herz sich laben nach dem Jammer, den der Verruchte mir zugefügt, der Niemand."

Mit diesen Worten entließ er den Widder. Sobald aber alle sich ein wenig von der Höhle und dem Hofe entfernt hatten, machte Odysseus sich zuerst von seinem Widder los und befreite auch die Übrigen. Dann trieben sie eiligst eine Anzahl der größten und fettesten Schafe zu ihrem Schiffe, wo die Zurückgebliebenen sie mit Freude empfingen, doch nicht, ohne den traurigen Untergang der andern zu beklagen. Nachdem sie die Beute in ihr Schiff gebracht, ruderten sie in die See. Nun glaubten sie endlich sich in Sicherheit, und Odysseus konnte sich nicht enthalten, dem verhaßten Kyklopen höhend zuzurufen: „Nun, Kyklop, das war kein schlechter und schwacher Mann, dem du seine Gefährten in der Höhle gefressen! Das hattest du lange mit deinen bösen Werken verschuldet, Grausamer, da du dich nicht scheutest, die Fremdlinge in deinem eigenen Hause zu fressen; darum strafte dich Zeus und die anderen Götter!" Jetzt erst merkte der Kyklop, daß ihm die Feinde entronnen waren, und in fürchterlichem Zorne schleuderte er einen abgerissenen Felsblock nach der Stelle, von wo die Stimme kam. Er fiel ins Meer ein wenig noch über das Schiff hinaus, daß die Wogen hochauf tobten und der strudelnde Wasserschwall das Schiff rückwärts nach dem Ufer trieb. Odysseus ergriff schnell eine mächtige Stange und stieß das Fahrzeug wieder vom Lande ab, indem er seinen Gefährten mit dem Kopfe zuwinkte, hurtig zu rudern, auf daß sie dem Verderben entrännen. Als sie nun wieder doppelt soweit ins Meer gerudert waren, da begann Odysseus aufs Neue dem Kyklopen zuzurufen, obgleich seine Gefährten sich um ihn drängten und ihn baten, nicht aufs neue sie in schlimme Gefahr zu bringen. „Kyklope", rief er, „wenn jemand dich fragt, wer dir dein Auge geblendet, so sage, Odysseus hat mich geblendet, der Städtezerstörer, der Sohn des Laertes aus Ithaka!" Heulend rief der Kyklop herüber: „Wehe, so hat sich mir die alte Weissagung erfüllt, die der alte Telemos einst, der Weissager, mir verkündete, daß ich durch die Hände des Odysseus mein Auge verlieren werde; doch ich erwartete immer, daß ein gewaltiger, mit großer Stärke gerüstetetr Riese erscheinen werde, und nun hat ein kleiner nichtswürdiger Weichling mir das Auge ausgebrannt, nachdem er mich mit Wein trunken gemacht. Doch jetzt komme wieder, Odysseus; diesmal will ich dich als Gast bewirten und dir von Poseidon glückliche Heimkehr erflehen; denn dessen Sohn bin ich, und der wird mich auch schon wieder heilen." Der schlaue Odysseus ließ sich natürlich nicht durch die dumme List des Kyklopen berücken. „Könnte ich nur", gab er zur Antwort, „so gewiß dir auch Leben und Atem nehmen und dich in den Hades hinabsenden, als selbst Poseidon dir dein Auge nicht heilen wird." Da erhob Polyphem seine Hände zum Himmel und flehte zu dem Herrscher Poseidon: „Höre mich, Erdumgürter Poseidon, wenn ich wirklich dein Sohn bin, laß den Städtezerstörer Odysseus nimmer nach Hause kehren, und wenn ihm doch das Schicksal bestimmt, seine Freunde und sein Haus und sein Vaterland wiederzusehen, so möge er spät und unglücklich und ohne Gefährten heimkehren auf fremdem Schiffe und zu Hause nichts als Elend finden." So sprach er flehend, und der Gott erhörte ihn nur zu gut. Der Kyklop aber ergriff von neuem einen noch größeren Felsblock und warf ihn mit gewaltigem Schwung in das Meer. Diesmal fiel er hinter dem Schiffe nieder, daß er beinahe die Spitze des Steuerruders zerschlagen hätte. Der wirbelnde Wogenschwall trieb glücklich das Schiff an die Ziegeninsel. Sehnlichst von ihren Genossen erwartet, stiegen sie aus und verteilten die mitgebrachte Beute. Den Widder aber, welcher Odysseus aus der Höhle getragen, schenkten ihm seine Freunde bei der Teilung voraus, und er opferte ihn am Gestade dem Herrscher Zeus. Aber Zeus verschmähte das Opfer und sann allen Schiffen und den Gefährten des Odysseus den Untergang.

Den ganzen Tag nun saßen sie am Ufer schmausend und trinkend bis zum Untergange der Sonne. Da legten sie sich zur Ruhe. Am folgenden Tage aber hieß Odysseus seine Gefährten die Anker lösen und wieder in See stechen. Traurigen Herzens fuhren sie von dannen, froh dem Tode entronnen zu sein, doch ohne manchen lieben Gefährten.

Aiolos
Laistrygonen

Darauf kamen sie zu der Insel Aiolia, wo der Winddämon Aiolos wohnte, der Sohn des Hippotes, ein Freund der seligen Götter, den Zeus zum Schaffner der Winde gemacht hatte, daß er sie wehen lasse und ruhen nach seinem Willen. Die Insel war ringsum von einer ehernen unzerbrechlichen Mauer und einem glatten Felsen umgeben; da wohnte Aiolos mit seiner Gattin Amphithea und seinen zwölf Kindern in reichem Hause, sechs Töchtern und sechs jugendlichen Söhnen, die der Vater mit einander vermählt hatte. Den ganzen Tag über sitzen sie schmausend in dem weiten Saale des Vaters bei den köstlichen Gerichten, während das duftige Haus von dem Klange der Flöten wiedertönt. Zu ihrer Stadt und ihrem schönen Palaste kam Odysseus und ward einen Monat lang aufs Freundlichste bewirtet. Der Alte fragte ihn nach allem aus, nach Ilion und den Schiffen der Achäer und ihrer Heimfahrt, und Odysseus erzählte ihm alles aufs Umständlichste. Und als er nun weiter zu ziehen verlangte und um sicheres Geleit bat, da gab ihm der Herrscher in einem Schlauche verschlossen die widrigen Winde mit und ließ einen günstigen Fahrwind in seine Segel wehen. Neun Tage und eben so viel Nächte fuhren sie dahin über das glatte Meer, und in der elften Nacht sahen sie schon das heimische Land auftauchen und erblickten in der Nähe die Feuerwachen; da übermannte den Odysseus der Schlaf, denn er hatte während der ganzen Fahrt selbst das Steuerruder geführt, damit sie schneller die Heimat erreichten. Während nun der König im Schlafe lag, flüsterten seine Genossen heimlich miteinander, denn sie glaubten, Aiolos habe ihn mit vielem Golde und Silber beschenkt, und einer sprach zu dem andern: „Wahrlich, dieser Mann ist doch allen Menschen, zu denen er kommt, lieb und wert. Viele herrliche Beute führt er von Troja mit sich nach Hause, und wir, die wir denselben Weg gemacht und dieselben Gefahren bestanden, kehren heim mit leeren Händen. Und jetzt hat ihm Aiolos aus besonderer Freundschaft diese Geschenke verehret. Wohlan, laßt und sehen, was es sei, wie viel Gold und Silber der Schlauch in sich birgt." So sprachen sie in verderblicher Neugier und öffneten den Schlauch. Da brachen auf einmal die Winde stürmend hervor und trieben die Schiffe rückwärts vom Vaterland weit in das Weltmeer. Das laute Jammern der Getäuschten erweckte den schlafenden Odysseus, der in seiner Verzweiflung nicht wußte, ob er sogleich sich in das Meer stürzen oder schweigend und ausharrend noch unter den Lebenden bleiben sollte. Er duldete und blieb und lag mit verhülltem Antlitz auf dem Verdecke, während der sturmende Orkan das Schiff stets weiter zurücktrieb und die Männer seufzend und klagend um ihn her standen.

So kamen sie wieder zu der äolischen Insel. Sie stiegen aus, nahmen Wasser ein und bereiteten sich ein Mahl. Dann nahm Odysseus einen Herold und einen Gefährten mit sich und schritt wieder zu der Burg des Aiolos, der mit seinem Weibe und seinen Kindern beim Schmause saß. Sie traten ins Haus und setzten sich schweigend auf die Schwelle des Saales nieder. Aiolos und die

Seinen erschraken, als sie sie gewahrten, und fragten: „Wie kamst du wieder hierher, Odysseus? Welcher böse Dämon verfolgt dich? Haben wir doch sorgsam dich entsendet, auf daß du in die Heimat gelangtest und zu deinen Lieben." Odysseus antwortete betrübten Herzens: „Meine bösen Gefährten verdarben mich und mit ihnen der unselige Schlaf. Ach helft mir, ihr Freunde, ihr vermöget es ja." So wollte er sie mit schmeichelnden Worten gewinnen; sie aber schwiegen. Endlich sprach der Alte: „Hebe dich weg von meiner Insel, Unseligster! Mir geziemt es nicht, weiter einen Mann zu bewirten und zu geleiten, der den seligen Göttern verhaßt ist." So sprach er und trieb den Schutzsuchenden aus seinem Hause.

Traurigen Herzens fuhren sie weiter, betrübt über die begangene Torheit. Ohne Aussicht auf ein glückliches Ende mühten sie sich ab an den Rudern, bis sie nach sechs beschwerlichen Tagen und Nächten zu der Stadt der Laistrygonen gelangten. Die Schiffe liefen in einen trefflichen rings von hohen Felsen umschlossenen Hafen ein, dessen Mündung von zwei vorspringenden Felsen eingeengt war, und legten sich dicht neben einander vor Anker; allein Odysseus band aus Vorsicht, so einladend auch die wellenlose Stelle des Hafens war, sein eigenes Schiff vor dem Eingange fest. Darauf sandte er zwei auserlesene Männer mit einem Herold in das Land aus, um zu erkunden, was für Menschen darin wohnten. Diese gingen der Fahrstraße nach, die aus dem Walde ins Innere führte, und kamen vor die Stadt der Laistrygonen an die Quelle Artakia, wo die Töchter der Stadt das Wasser holten. Sie trafen dort die riesige Tochter des Königs Antiphates und fragten sie aus, wer dort König wäre und wie das Volk heiße. Die sagte ihnen das Haus ihres Vaters. Als sie in den prächtigen Palast eintraten, fanden sie die Frau des Königs, ein Weib, groß wie der Gipfel eines Berges, das sie mit Entsetzen anstaunten. Die Königin schickte sogleich auf den Markt nach ihrem Manne. Kaum war dieser eingetreten, so ergriff er einen der Fremden und fraß ihn; die beiden andern entflohen schnell zu den Schiffen, während Antiphates die Scharen seiner Laistrygonen aus der Stadt zusammenschrie. Die riesigen Menschenfresser strömten von allen Seiten zu Tausenden herbei und stürmten mit ihrem König nach dem Hafen. Dort schleuderten sie von den Felsen herab gewaltige Steine auf die Schiffe, die im Hafen lagen, und zertrümmerten sie, dann durchstachen sie die im Wasser umherschwimmenden Menschen wie Fische und trugen sie nach Hause zum Fraß. Während des schrecklichen Getümmels, unter dem Geschrei der sterbenden Männer und dem Krachen der Schiffe zerhieb Odysseus schnell das Ankertau seines vor dem Hafen angebundenen Schiffes und ließ seine Genossen mit äußerster Kraft die Ruder schlagen, auf daß sie dem Verderben entrännen. So entkam er mit dem einen Schiffe, während alle andern samt der Mannschaft zu Grunde gingen.

Die Zauberin Kirke

Traurig setzten Odysseus und seine Gefährten auf dem vereinsamten Schiffe ihren Weg fort durch das öde Meer und kamen zu der ääischen Insel, wo die schöne Zauberin Kirke wohnte, die Tochter des Sonnengottes Helios, Schwester des Aietes, der in Kolchis herrschte. Schweigend liefen sie in die Bucht ein und lagen zwei Tage und zwei Nächte am Ufer in Trauer und Elend. Am dritten Tage nahm Odysseus Lanze und Schwert und bestieg einen nahen Hügel, ob er nicht Spuren von Menschen entdeckte. Da sah er in der Ferne hinter dichtem Walde Rauch aufsteigen; es war da die Wohnung der Zauberin Kirke. Anfangs schwankte er, ob er nicht nach dem Rauche hingehen und weiter forschen sollte; doch schien es ihm besser, erst zu dem Schiffe zu gehen und, nachdem er seine Genossen gespeist, Kundschaft auszusenden. Auf seinem Rückwege trieb ihm irgend ein erbarmender Gott einen großen Hirsch mit stattlichem Geweih entgegen, der zur Quelle ging, um zu trinken. Als das Tier eben stolz aus dem Walde trat, schleuderte Odysseus ihm seine Lanze mitten in das Rückgrat, daß es schreiend in den Staub fiel und sein Leben verhauchte. Er band ihm die Füße zusammen und trug es, über Schulter und Hals gehängt, keuchend und auf die Lanze sich stützend, zu dem Schiffe. Nachdem er seine Beute vor dem Schiffe niedergeworfen, sprach er freundlich zu seinen Genossen: „Freunde, wir werden trotz unserem Grame noch nicht in den Hades versinken; wohlan, so lange Speise und Trank im Schiff ist, laßt uns essen nach Herzensbegier, damit der Hunger uns nicht aufreibt." Da krochen die Gefährten aus ihren Hüllen hervor, bestaunten den gewaltigen Hirsch und begannen das Mahl zu bereiten. Den ganzen Tag über saßen sie schmausend und trinkend am Ufer bis zur sinkenden Sonne. Da legten sie sich am Strande zur Ruhe. Am folgenden Morgen rief Odysseus seine Leute zur Versammlung und sprach: „Höret mich, ihr Freunde, ihr Genossen im Unglück. Wir wissen nicht, wo Abend oder Morgen ist; drum laßt uns bedenken, was zu tun. Ich sah von jenem Hügel herab, daß wir auf einer Insel sind; in ihrer Mitte sah ich Rauch aufsteigen hinter dichtem Wald." Da brach allen das Herz vor Betrübnis, denn sie dachten an den Laistrygonen Antiphates und an Polyphem, die Menschenfresser, und sie weinten und klagten laut. Jetzt teilte Odysseus seine Mannschaft in zwei gleiche Haufen von je 22 Mann; an die Spitze des einen stellte er den Eurylochos, den andern wollte er selbst führen. Darauf losten sie, welche Abteilung auf Kundschaft ausgehen sollte, und das Los traf den Eurylochos mit seiner Schar.

Unter Weinen und Klagen gingen Eurylochos und seine Gefährten von dannen. Sie fanden in einem Waldtale auf einer Anhöhe das aus gehauenen Steinen zusammengefügte schöne Haus der Kirke. Rings um dasselbe wandelten Wölfe und Berglöwen, die kamen zu den Fremden heran und sprangen, freundlich mit ihren langen Schwänzen wedelnd, an ihnen herauf, wie die Hunde an ihrem Herrn, wenn er vom Schmause heimkehrt; es waren von der Zauberin verwandelte Menschen. Die Fremden fürchteten sich vor den schrecklichen Ungeheuern und traten an die Pforten des Hauses. Da hörten sie drinnen die schöne Stimme der Nymphe, wie sie am Webstuhl ein helltönendes Lied sang.

Odysseus und Kirke

Sie riefen; die Nymphe kam schnell heraus und öffnete die strahlenden Pforten, um sie freundlich in das Haus zu führen. Alle folgten, nur Eurylochos blieb außen, denn er ahnte nichts Gutes. Drinnen setzte Kirke die Männer auf schöne Sessel und Stühle und bot ihnen einen Trunk von pramnischem Wein, in welchen sie geriebenen Käse und Mehl und Honig gemischt, aber auch bezaubernde Säfte, die sie der Heimat gänzlich vergessen machten. Nachdem sie getrunken, berührte Kirke sie mit ihrer Zauberrute und verwandelte sie in die Gestalt von borstigen Schweinen; doch behielten sie das menschliche Bewußtsein. Darauf sperrte sie die Weinenden in die Schweineställe ein und warf ihnen Eicheln und Kornellen zum Fraße vor, die gewöhnliche Kost der wühlenden Säue.

Nachdem Eurylochos lange vergeblich auf die Rückkehr seiner Genossen gewartet, lief er voll Entsetzen nach dem Schiffe zurück, um ihren Untergang zu melden. Lange stand er seufzend und stöhnend davor seinen erstaunten Freunden, und die Tränen liefen ihm über die Wangen, aber er vermochte kein Wort zu reden; endlich erholte er sich aus seiner entsetzlichen Angst und erzählte, wie alle seine Gefährten von der Nymphe in das Haus gelockt worden und keiner zurückgekehrt sei. Da warf Odysseus eilends das Schwert um die Schulter, nahm Bogen und Köcher und hieß den Eurylochos, ihn nach dem Hause zu führen. Dieser aber umfaßte voll Angst seine Knie und bat ihn wehklagend: „O laß mich hier, mein König, führe mich nicht mit Gewalt fort; ich weiß, du kehrst nimmer von dannen und bringst keinen Gefährten zurück. Laß uns lieber schnell mit diesen fliehen, auf daß wir vielleicht noch dem Untergange entrinnen." Da sprach Odysseus zornig: „Nun, so bleibe denn hier, Eurylochos, bei dem schwarzen Schiffe und iß und trink; aber ich gehe. Mich zwingt die Pflicht." Mit diesen Worten eilte er davon. Als er in der Nähe der Wohnung der Kirke durch ein Waldtal dahinschritt, trat Hermes in der Gestalt eines schönen Jünglings zu ihm und sprach zu ihm, indem er ihm die Hand reichte: „Wohin, Unglücklicher, wanderst du durch die waldigen Berge, da du die Gegend nicht kennst? Deine Gefährten sind bei Kirke eingesperrt, wie Säue in dichtverschlossenen Ställen. Gehst du sie zu lösen? Glaube mir, du wirst selber nicht zurückkehren, sondern bei den andern bleiben. Aber wohlan, ich will dich aus der Gefahr retten. Da nimm dies Zauberkraut, Moly heißt es, schwer ist es für die Menschen aus dem Boden zu graben, doch wir Götter vermögen alles; damit gehe in das Haus der Kirke, es wird dich schützen gegen den Zaubertrank der Nymphe. Und wenn sie nach dem Trunke dich mit der Zauberrute berührt, dann zieh' dein Schwert und stürze auf sie ein, als wolltest du sie ermorden; und laß sie nicht eher los, als bis sie dir schwört, deine Genossen zu befreien und dir nichts zu Leide zu tun." So sprach der Gott Hermes, gab ihm das Kraut, das er aus der Erde gezogen, und enteilte wieder zum Olympos. Odysseus aber ging unter mancherlei Gedanken zu dem Hause der Kirke. Als er an die strahlende Pforte gekommen, rief er, und die Göttin erschien sogleich und rief ihn herein, setzte ihn auf einen prächtigen Stuhl und bot ihm den Mischtrunk. Nachdem er getrunken, berührte sie ihn mit dem Stabe und sprach: „Nun geh' in den Schweinestall zu deinen andern Genossen." Odysseus aber sprang auf und stürzte mit gezücktem Schwert auf sie ein, als wollte er sie töten. Da schrie die Nymphe laut auf und stürzte ihm zu Füßen und rief, seine Knie umfassend: „Wer bist du und woher? Du erträgst einen Zaubertrank, dem noch kein Sterblicher widerstanden. Bist du vielleicht Odysseus, der nach Troja's Zerstörung hierher kommen soll, wie mir Hermes verheißen? Lieber, wohlan, stecke dein Schwert ein und sei willkommen in meinem Hause." Odysseus aber antwortete: „Kirke, wie kann ich dir freundlich begegnen, da du meine Gefährten in Schweine verwandelt hast und mir selbst arglistig nachstelltest? Nicht eher werde ich dir vertrauen, als bis du mir durch einen heiligen Eid versprochen, mir nichts zu Leide zu tun." Da beschwor sie sogleich, was Odysseus verlangte, und hieß ihre vier holdseligen Mägde dem Gaste Bad und Mahl zu bereiten. Die eine nun breitete geschäftig Teppiche über die Stühle, die andere stellte vor die Stühle schöne silberne Tische und setzte goldene Körbchen darauf, die dritte mischte in silbernem Mischkrug süßen Wein und brachte goldene Becher, die vierte bereitete das warme Bad. Nachdem nun Odysseus sich im Bade erquickt und sich gesalbt hatte, kleidete ihn Kirke in schöne Gewande und führte ihn zu dem köstlichen Mahle. Aber Odysseus saß da mit schwermütigem Herzen und rührte keine Speise an. Als Kirke das wahrnahm, sprach sie: „Warum sitzest du so stumm, Odysseus, und zerquälst dein Herz, ohne Speise und Trank zu berühren? Du brauchst dich nicht mehr zu fürchten, ich habe dir ja einen heiligen Eid geschworen." Odysseus antwortete: „Kirke, welcher Mann, der ein redliches Herz im Busen trägt, könnte sich an Trank und Speise laben, ehe er seine Freunde gelöst vor sich sieht?" Da ging Kirke hinaus mit ihrem Zauberstab, trieb die in Schweine verwandelten Freunde des Odysseus aus dem Stalle und bestrich einen jeden mit einer Salbe; und sogleich fielen ihnen die Borsten von den Gliedern, und sie wurden wieder zu Männern, jünger und schöner als zuvor. Sie erkannten sogleich ihren König, reichten ihm die Hände und weinten vor Freude, daß das ganze Haus erscholl und Kirke selbst gerührt ward.

Darauf hieß Kirke den Odysseus an den Strand zu gehen, das Schiff aufs Trockene zu ziehen und, nachdem sie alle Güter und Geräte in den Höhlen geborgen, mit allen seinen Gefährten zurückzukehren. Das tat Odysseus. Als er ans Schiff kam, begrüßten ihn alle mit herzlichster Freude. „Wie freuen wir uns, o König", riefen sie, „ob deiner Rückkehr! Wohlan, erzähle uns den Untergang der übrigen Freunde." Da antwortete Odysseus freundlich: „Laßt uns vor allem das Schiff ans Gestade ziehen und dann gehet alle mit mir, daß ihr in dem Hause der Kirke unsere Freunde schmausen seht; denn sie haben dort volle Genüge." Alle waren sogleich bereit, nur Eurylochos weigerte sich und wollte die andern zurückhalten. „Unglückliche", rief er, „wo gehen wir hin? Wollt ihr ins Unglück, in Kirke's Wohnung? Sie wird uns alle in Schweine und Wölfe und Löwen verwandeln, daß wir ihr Haus bewachen. Gedenkt ihr nicht mehr, wie es unseren Freunden erging, die Odysseus zu den Kyklopen führte? Auch sie kamen durch seine Torheit um." Da ergriff den Odysseus jäher Zorn, und er wollte sein Schwert ziehen, um dem Eurylochos das Haupt vom Rumpfe zu trennen, obgleich er ihm nahe verwandt war; aber die Freunde drängten sich um ihn und hielten ihn mit flehenden Worten zurück. „Göttlicher König", riefen sie, „wir lassen ihn, wenn du es zugibst, hier bei dem Schiffe bleiben und es bewachen; führe du uns nur zu dem heiligen Hause der Kirke." So sprachen sie und folgten dem Odysseus; aber Eurylochos blieb nicht zurück, er fürchtete den Zorn des Königs. Als sie in das Haus der Kirke kamen, fanden sie ihre Gefährten beim fröhlichen Mahl, alle in schönen Gewändern, in welche sie die Nymphe, nach erquickendem Bade gekleidet hatte. Da die Freunde einander gesehen und sich alles erzählet hatten, überließen sie sich wehmütiger Klage, daß das ganze Haus davon widerhallte. Aber Kirke sprach zu Odysseus: „Jetzt erregt euch nicht mehr den unendlichen Jammer. Ich weiß ja auch, wie viel Elend ihr erduldet; doch jetzt esset und trinket und sammelt euch wieder frischen Mut, wie ihr ihn hattet, als ihr zuerst das Vaterland verließet."

Odysseus und seine Genossen ließen sich beschwichtigen. Und nun blieben sie ein ganzes Jahr lang bei der gastlichen Nymphe und lebten herrlich und in Freuden. Da riefen die Männer endlich den Odysseus bei Seite und baten ihn, der Heimkehr zu gedenken. Noch an demselben Tage fiel Odysseus der Nymphye zu Füßen und flehte, daß sie ihn in seine Heimat entließe. Kirke antwortete: „Ich will euch nicht länger wider euren Willen in meinem Hause zurückhalten; doch müßt ihr euch vor eurer Heimkehr auch noch zu einem andern Weg entschließen, ihr müßt noch zu dem Hause des Hades und der Persephone gehen und die Seele des Sehers Teiresias befragen, der allein von allen Schatten in der Unterwelt Besinnung behalten hat. Der wird euch über eure Heimkehr belehren." Da zerbrach dem Odysseus das Herz in der Brust, und er saß weinend da und wünschte nicht mehr länger das Licht der Sonne zu schauen. Endlich sprach er: „Kirke, wer soll mich auf dieser Reise begleiten? Noch kein Sterblicher fuhr auf schwarzem Schiffe in die Behausung des Hades." Aber Kirke tröstete den Verzweifelten und belehrte ihn, was er, sobald er über den Okeanos an das Gestade der Schattenwelt gekommen sei, zur Beschwichtigung der Toten und der Mächte der Unterwelt zu tun habe und wie er zur Weissagung des Teiresias gelangen werde. Am andern Morgen in aller Frühe weckte er seine Genossen und rief sie zur Abfahrt. Da sollte er nicht ohne Verlust die Gefährten von dannen führen. Der jüngste unter ihnen, Elepenor, nicht besonders tapfer gegen den Feind, auch nicht gerade mit Verstand gesegnet, hatte sich, von Wein beschwert, heimlich auf das Dach der Wohnung der Kirke geschlichen, um dort in der Kühle seinen Rausch auszuschlafen. Als er in der Frühe den Lärm und das Getümmel seiner Freunde vernahm, sprang er empor und vergaß in seinem Taumel rückwärts zur Treppe zu gehen; er ging gerade vorwärts und stürzte vom Dache herunter, daß er den Nacken brach und seine Seele zum Hades fuhr. Nachdem Odysseus seine Leute versammelt hatte und eben mit ihnen zum Gestade gehen wollte, sprach er zu ihnen: „Freunde, ihr wähnet wohl, es ginge zur Heimat; aber vorerst gebeut uns Kirke, zum Hades zu gehen und die Seele des Teiresias zu befragen." Da brach allen das Herz vor Betrübnis, sie setzten sich jammernd in den Staub und zerrauften ihr Haar. Doch was half alle Klage und Kümmernis? sie mußten sich zu dem schweren Wege bequemen. Während sie betrübten Herzens und unter vielen Tränen nach dem Ufer gingen, eilte Kirke ungesehen an ihnen vorüber und band einen Widder und ein schwarzes Schaf, welche Odysseus im Schattenreich opfern sollte, neben dem Schiffe an.

Odysseus in der Unterwelt

Nachdem Odysseus mit seinen Gefährten das Schiff in die See gezogen, die Masten aufgerichtet und die Segel gespannt hatte, brachten sie die Schafe herein und gingen selbst an Bord mit Tränen und Bekümmernis. Kirke sandte ihnen einen günstigen Fahrwind in die Segel, und so fuhren sie, still sitzend, dahin über den tiefwirbelnden Ozean den ganzen Tag. Als die Sonne sich senkte und das Dunkel hereinbrach, gelangten sie an die jenseitige Küste des großen Weltstroms, an die Stelle, wo das Land und die Stadt der Kimmerier lag, wohin niemals ein Strahl der Sonne drang. Sie zogen das Schiff an den Strand, brachten die Schafe heraus und gingen nun selbst längs der Küste des Okeanos zu der Stelle, die ihnen Kirke bezeichnet. Hier hielten zwei seiner Gefährten die Opfertiere, Odysseus aber zog sein Schwert und grub eine Grube in den Boden, eine Elle ins Gevierte. Darauf goß er rings um die Grube eine sühnende Spende für alle Toten und gelobte, wenn er nach Ithaka käme, ihnen eine makellose unfruchtbare Kuh in seinem Palaste zu opfern und für Teiresias noch besonders einen schwarzen Widder, den ausgezeichnetsten in seinen Herden, und zerschnitt dann den beiden Schafen die Gurgel, daß das schwarze Blut in die Grube floß. Sogleich kamen zahlreiche Seelen der abgeschiedenen Toten aus dem tieferen Dunkel und drängten sich um die Grube, um von dem Blute zu trinken; aber Odysseus saß daneben mit gezogenem Schwerte und wehrte ihnen zu nahen, ehe er den Teiresias befragt. Unterdeß häuteten seine Gefährten die geschlachteten Schafe ab und verbrannten sie unter Gebeten zu Hades und Persephone.

Unter den Schatten der Toten war auch der des Elpenor, allen voraus; denn sein Leib lag noch ohne Grab und Bestattung in dem Hause der Kirke. Als Odysseus ihn erblickte, brach er in Tränen aus und sprach voll Mitleid: „Elpenor, wie kamst du in das nächtliche Dunkel? Du kamst schneller hierher zu Fuß, als wir im schwarzen Schiffe." Da erzählte ihm Elpenor, wie er in der Trunkenheit den Tod gefunden, und beschwor ihn, wenn er zu dem Hause der Kirke zurückgekehrt, seiner zu gedenken und ihn nicht unbegraben und unbeweint zu lassen; am Ufer des Meeres möge er ihm ein hohes Grabmahl aufwerfen und darauf das Ruder stecken, das er lebend geführt unter seinen Freunden. Odysseus versprach ihm alles getreulich auszuführen. Darauf kam auch des Odysseus Mutter herzu, Antikleia, die Tochter des Autolykos, die noch lebte zu der Zeit, wie ihr Sohn gen Troja fuhr. Als Odysseus sie sah, weinte er voll Mitleid und Wehmut, doch verbot er ihr, obgleich mit schwerem Herzen, dem Blute zu nahen, ehe er den Teiresias befragt. Endlich kam die Seele des alten thebäischen Sehers Teiresias, den goldenen Stab in der Hand; der erkannte den Odysseus sogleich und sprach: „Warum, Unglücklicher, verließest du das Licht der Sonne und kamst hierher, um die Toten zu schauen und das freudlose Gefilde? Aber weiche von der Grube und entferne das scharfe Schwert, auf daß ich trinke und dir dein Schicksal verkünde." Odysseus wich zurück und steckte sein Schwert in die Scheide; der Seher aber trank von dem schwarzen Blute und begann seine Rede: „Du suchest glückliche Heimkehr, ruhmreicher Odysseus; aber ein Gott wird sie dir schwer machen. Poseidon, der Erderschütterer, grollt dir wegen der Blendung seines Sohnes Polyphemos, und du entrinnst seiner Macht nicht. Aber trotzdem werdet ihr, wenn auch erst nach vielen Leiden, in die Heimat kehren, wenn ihr bei der Landung an der Insel Thrinakia euer Herz bezähmt und die weidenden Rinder des Helios ungekränkt laßt; aber verletzet ihr sie, so verkünde ich deinem Schiffe und deinen Gefährten den Untergang, und wenn du auch selbst dem Unheil entfliehst, so wirst du doch spät und unglücklich, ohne Gefährten nach Hause kehren auf einem fremden Schiffe, und auch im Hause wirst du noch Elend finden; denn übermütige Männer verzehren deine Habe und umwerben dein Weib. Doch du wirst ihren Frevel strafen. Hast du dann die Freier in deinem Hause mit List oder Gewalt getötet, dann nimm ein geglättetes Ruder in die Hand und wandere fort in die Welt, bis du zu Menschen kommst, die das Meer nicht kennen und ihre Speise ohne Salz essen. Wenn dann ein Wanderer dir begegnet und sagt, du tragest eine Wurfschaufel auf der Schulter, so stecke das Ruder in die Erde und bringe dem Poseidon ein großes Opfer, einen Stier, einen Widder und einen Eber. Darauf kehre heim und bringe den himmlischen Göttern allen der Reihe nach heilige Hekatomben. Zuletzt wird außerhalb des Meeres dir der Tod kommen und dich sanft unter deinen glücklichen Völkern in behaglichem Alter dahinnehmen. Also weissage ich dir untrüglich."

Nachdem der Seher geendet, sprach Odysseus: „Teiresias, das also haben die Götter selbst mir verhängt; doch sage mir, da sehe ich die Seele meiner toten Mutter schweigend sitzen in der Nähe des Blutes, und sie schaut mich nicht an und spricht kein Wort zu mir; wie beginne ich's, daß sie mich erkennt?" Da antwortete der Seher: „Was du mich fragst, ist leicht, ich will dir's verkünden: wen du von den Toten zu dem Blute heranlässest, der wird wahrhaft zu dir reden; doch wem du es verwehrst, der geht still wieder zurück." Nach diesen Worten ging Teiresias zurück in die Tiefe des Hades; Odysseus aber blieb an dem Rande der Grube sitzen und ließ seine Mutter trinken. Jetzt erkannte sie ihn sogleich und sprach mit trauriger Stimme: „Mein Kind, wie kamst du in das nächtige Dunkel, da du noch lebst? Kommst du von Troja aus in die Irre verschlagen hierher und warest noch nicht wieder in Ithaka und sahest deine Gattin?" Odysseus antwortete: „Liebe Mutter, der Zwang der Not trieb mich in die Wohnung des Hades, um die Seele des Thebäers Teiresias zu befragen; denn noch nicht kam ich wieder in die Heimat, sondern schweife in der Welt umher von Leiden zu Leiden, seit ich mit Agamemnon gen Troja auszog. Aber sage mir, liebe Mutter, welches Todesgeschick ereilte dich? Verzehrte dich lange Krankheit oder traf dich plötzlich und unversehens das sanfte Geschoß der Artemis? Sage mir auch von dem Vater und dem Sohne: ruht noch meine königliche Würde auf ihnen, oder ward schon ein anderer König, da sie glauben, ich kehrte nicht wieder ins Land? Sage mir auch von der Gesinnung meiner Gattin Penelope: wohnt sie noch bei dem Sohne und hält die Güter des Hauses zusammen, oder ward sie schon die Gattin eines andern Achäers?" Die Mutter antwortete: „Allerdings weilet deine Gattin noch mit duldender Seele in deinem Hause, und unter stetem Jammer und Tränen schwinden ihr die Tage und die Nächte. Dein Königtum erhielt kein anderer, sondern dein Sohn ist noch im Besitze der königlichen Güter und Ehren; aber dein Vater lebt auf dem Lande in Kummer und Elend und kommt nie in die Stadt. Im Winter schläft er im Hause bei den Knechten neben dem Feuer im Staube, in schlechte

Odysseus und Teiresias

Gewänder gehüllt, im Sommer bettet er sich im fruchtbaren Rebengefilde auf den Blättern, wohin er gerade kommt. Da liegt er seufzend und bejammert dein Schicksal und macht sich sein Leid nur immer größer und sein Alter schwerer. In solchem Jammer ging auch ich zu Grunde; denn keine langverzehrende Krankheit, noch auch das schnelle Geschoß der Artemis nahm mir das Leben, sondern die Sehnsucht und Trauer um dich."

Da trieb den Odysseus das Herz, die Seele seiner Mutter zu umarmen, aber dreimal entschwebte sie seinen Händen wie ein Schatten oder Traumbild.

„O Mutter", rief er voll Schmerz, „warum lässest du dich nicht fassen und meine Hände dich umschlingen, damit wir beide unser trauriges Herz durch Tränen erleichtern? Oder hat Persephone nur ein eitel Gebilde mir hervorgesandt, damit ich noch mehr seufze und traure?"

Antikleia antwortete sogleich: „Unglücklichster Sohn, nicht täuscht dich Persephone, sondern sobald das Feuer den Leib verzehret hat, so entflieht die Seele gleich einem Traume. Doch jetzt eile schnell zu dem Lichte zurück und behalte dies alles, damit du es der lieben Gattin erzählest."

Während noch so Mutter und Sohn mit einander redeten, kamen, von Persephone gesendet, viele Frauen heran, Gemahlinnen einst und Töchter ausgezeichneter Helden, welche von dem Blut in der Grube zu trinken strebten. Odysseus aber wehrte sie mit dem langen Schwerte ab und ließ die Frauen nur eine nach der andern nahen, damit er eine jede befragen könnte. Da kam denn zuerst Tyro, die Tochter des Salmoneus, die dem Poseidon den Pelias und Neleus gebar, dann Antiope, die Mutter der Zeussöhne Zethos und Amphion, Alkmene, des Herakles Mutter, und Megara, seine Gattin, Epikaste, die Gemahlin des Ödipus, Chloris, die Gemahlin des Neleus, Leda, die Mutter der Dioskuren, Iphimedia, die Gemahlin des Aloeus, Mutter des Otos und Ephialtes, und viele andere.

Nachdem diese sich zerstreut hatten, kam die Seele des Atriden Agamemnon, umringt von den Seelen der Männer, die mit ihm in dem Hause des Aigisthos erschlagen worden waren. Sobald dieser von dem Blute gekostet hatte, erkannte er den Odysseus und begann laut zu weinen. Er streckte seine Hände nach dem Freunde aus, um ihn zu umarmen, aber ihm mangelte alle Kraft. Da brachen auch dem Odysseus die Tränen aus, und er sprach voll Mitleid:

„Ruhmreicher Atride, Herrscher der Männer, Agamemnon, welches Todeslos hat dich bezwungen? Hat Poseidon dich auf der Fahrt getötet durch wilden Sturm, oder haben auf dem Lande feindliche Männer dich erschlagen im Kampf um die Herden oder um ihre Stadt und ihre Weiber?"

Der Atride antwortete: „Edler Laertiade, nicht Poseidon, nicht feindliche Männer im Streit haben mich getötet, sondern Aigisthos und mein heilloses Weib. Er lud mich in sein Haus und erschlug mich beim Mahle wie einen Stier an der Krippe. Alle meine Gefährten, die mit mir von Troja gekommen, wurden mit mir schmählich gemordet, wie Eber, die man in dem Hause eines reichen Mannes zu einer Hochzeit oder einem Festgelage abschlachtet. Fürwahr, du hast schon manchen Mord von Männern gesehen, einzeln oder in der wilden Schlacht, aber kein Anblick hätte dein Herz so gerührt, als wie wir um den Mischkrug und die beladenen Tische, im Blute schwimmend, am Boden lagen. Jämmerlich hörte ich die Stimme der Kassandra, der Tochter des Priamos, in meiner Nähe schreien, welche von der tückischen Klytaimnestra getötet ward, und ich griff noch sterbend vom Boden auf mit den Händen der Mörderin in das Schwert, aber die Schamlose wandte sich von mir ab und drückte mir nicht einmal im Sterben die Augen zu, noch schloß sie mir den Mund. Wahrlich, nichts scheußlicher auf Erden als ein Weib, das solche Schandtat verübt, das dem ehelichen Gemahl den Tod bereitet. O wie freute ich mich der Heimkehr und des Wiedersehens der Kinder und meines Gesindes; doch sie hat durch ihr boshaftes Sinnen sich selbst und alle Weiber der Nachwelt auf ewig entehrt."

„Wehe", sprach Odysseus, „wie schrecklich hat Zeus das Geschlecht des Atreus heimgesucht durch die Arglist der Weiber. Wie viele stürzten von uns durch Helena ins Verderben, und Klytaimnestra hat dir, während du fern warst, tückischen Tod ersonnen."

Agamemnon antwortete: „Du, Odysseus, wirst nicht sterben durch dein Weib; denn sie ist verständig und edel, die Tochter des Ikarios, die treffliche Penelopeia. Ach, wir verließen sie einst, als wir zum Kriege auszogen, als junge Frau in dem Palaste, sie trug das unmündige Knäblein an der Brust. Der sitzt wohl jetzt unter der Zahl der Männer, ein glücklicher Sohn, denn er wird den Vater wiedersehen und der Vater ihn. Mir hat mein Weib nicht einmal den Anblick des Sohnes gegönnt. Doch sage mir, habt ihr nichts von meinem Sohne Orestes vernommen, wo er lebet; denn gestorben ist er noch nicht."

„Atride, warum fragst du mich das?" antwortete Odysseus, „ich weiß nicht, ob er noch lebt oder tot ist; und Unrecht ist's, Eiteles reden."

Während beide so bei einander standen in traurigem Gespräche und viele Tränen vergossen, erschien die Seele des Peliden Achilleus, und zugleich mit dem Patroklos und Antilochos und der Telamonier Aias. Achilleus erkannte sogleich den alten Kriegsgefährten und sprach:

„Laertiade, listenreicher Odysseus, welche Kühnheit treibt dich, Entsetzlicher, sogar in diese Behausung der Toten zu kommen?"

Odysseus antwortete: „Herrlicher Pelide, ich kam hierher, um den Teiresias zu befragen, wie ich nach Hause kommen könnte. Denn ich habe, seit ich von Troja abfuhr, mein Vaterland noch nicht betreten, und treibe von einem Unheil zum andern. Doch du, Achilleus, bist der Seligste aller Männer; früher im Leben verehrten wir dich wie einen Gott, und nun herrschest du hier noch unter den Toten. Drum bedaure deinen Tod nicht, Achilleus."

Aber Achilleus erwiderte: „Rede mir nichts von dem Tode, Odysseus; ich wollte lieber droben im Leben ein Ackenknecht sein bei einem armen Manne, als hier herrschen über alle Schatten. Doch erzähle mir von meinem Sohne Neoptolemos, ob er in den Krieg zog und sich als den Ersten hervortat, und sage mir, ob Peleus, mein Vater, noch die königliche Würde unter den Myrmidonen hat, oder ob man ihn verachtet in seinem schwachen Alter, seit sein Sohn und Helfer gefallen."

Über Peleus vermochte Odysseus dem Fragenden nichts zu melden, doch von seinem Sohne erzählte er ihm, wie er vor Troja im Rate alle an Klugheit und verständigem Sinn übertroffen außer Nestor und Odysseus, und wie er in der Feldschlacht vor allen andern mit freudiger Kühnheit würdig des großen Vaters gestritten.

Da freute sich der Schatten des Achilleus, und er ging mit großen Schritten über die Asphodeloswiese dahin in das nächtige Dunkel.

So sprachen die Schatten der Toten mit Odysseus, und jeder fragte, was ihm gerade am Herzen lag. Aber Aias, der Telamonier, hielt sich fern; er grollte noch immer wegen des Sieges, welchen Odysseus über ihn davon getragen hatte bei dem Streit um die Waffen des Achilleus. Odysseus bedauerte das Unglück des großen Helden, zu dem er selbst wider Willen beigetragen, und redete ihn freundlich an, um ihn zu versöhnen; aber die Seele des Aias bewahrte fest den Haß, den sie mit aus dem Leben in die Schattenwelt gebracht hatte, und wandte sich, ohne zu antworten, ab, um in das tiefere Dunkel zurückzugehen.

Nachdem die bekannten Helden den Odysseus wieder verlassen, forschte dieser mit seinen Blicken noch weiter in dem Innern des Totenreiches umher und sah da noch den alten König Minos, den berühmten Herrscher von Kreta, den Sohn des Zeus, wie er, die Beschäftigung der Oberwelt fortsetzend, ehrwürdig dasaß mit seinem goldenen Szepter und den Schatten, welche rechtend um ihn herum saßen und standen, Recht sprach.

Ferner sah er den gewaltigen Jäger Orion, der, bewaffnet mit eherner Keule, auf der Asphodeloswiese die Tiere, welche er auf der Oberwelt erlegt hatte, verfolgte und jagte. Auch den Tityos sah er, den riesigen Sohn der Erde. Dieser lag auf dem Boden, über neun Hufen Landes ausgespannt, und zwei Geier saßen ihm links und rechts und zerfraßen ihm die Leber; ohne daß er mit seinen Händen sie abwehren konnte; der Frevler hatte einst an Leto sich vergriffen, der hohen Gemahlin des Zeus, als sie durch die herrlichen Fluren von Panopeus nach Delphi ging zu dem Tempel ihres Sohnes. Auch den Tantalos sah er in seinen schweren Qualen. Er stand hungernd und durstend in einem See, dessen Wasser ihm bis an das Kinn reichten, aber wenn er sich bückte, um zu trinken, so wichen die Wasser zurück, daß der schwarze Boden zum Vorschein kam. Über sein Haupt neigten fruchtbare Bäume ihre Zweige voll Birnen und Granaten, Äpfeln und Feigen; aber sobald der Greis sich aufreckte, um die Früchte zu pflücken, so trieb sie plötzlich der Sturm zu den Wolken empor.

Weiter sah Odysseus den Sisyphos, den alten schlauen König von Korinth. Mit gewaltiger Mühe wälzte er einen großen Steinblock die Höhe eines Berges hinauf.

Hatte er ihn endlich auf den Gipfel gebracht, da stürzte plötzlich der Stein um und rollte tückisch mit Donnergepolter wieder zur Ebene; und nun begann er die vergebliche Arbeit von neuem mit schweißtriefenden Gliedern und Staub in dem Antlitz.

Nach diesem sah Odysseus auch den Herakles, der, der furchtbaren Nacht gleich, dastand, um die Brust ein breites Wehrgehenke mit den schrecklichen Bildern von Bären und Ebern und Löwen, von Schlachten und Männermord, in der Hand den gespannten Bogen mit dem Pfeil auf der Sehne, als wollte er ihn eben entsenden, und die Scharen der Toten flohen ängstlich, schreiend wie Vögel, davon.

Als dieser den Odysseus erblickte, erkannte er ihn sogleich und sprach: „Edler Laertiade, ruhet auch auf dir Armen ein trauervolles Verhängnis, wie ich es ertrug, da ich noch unter der Sonne wandelte? Ich war der Sohn des Zeus, und dennoch duldete ich unermeßliches Elend. Einem Viel schlechteren Manne mußte ich dienen, der mir die schwersten Gefahren auftrug, ja sogar

Odysseus und die Sirenen

mich hierher schickte, um den Hund des Hades zu holen. Aber ich vollbrachte es, geleitet von Hermes und der glanzäugigen Athene."

Nach diesen Worten ging Herakles zurück in das Haus des Hades. Odysseus aber blieb noch immer und harrete, ob vielleicht noch jemand von den verstorbenen Helden käme, und er hätte wohl noch manchen großen Helden der Vorwelt gesehen, wenn nicht unzählige Scharen von Geistern sich herangedrängt hätten mit grauenvollem Getöse, daß ihn blasse Furcht ergriff und er eilends zu seinem Schiffe zurückfloh; denn er fürchtete, daß Persephone ihm gar noch das Haupt der Gorgo aus der Tiefe des Hades entgegensenden möchte. Schnell lösten die Gefährten die Taue des Schiffes vom Ufer und segelten davon, zurück über den breiten Okeanos zu der Insel der Kirke.

Seirenen –
Plankten –
Skylla und Charybdis

Nachdem Odysseus auf der Insel der Kirke gelandet war, schickte er einige seiner Freunde zur Wohnung der Nymphe, um den Leichnam ihres Gefährten Elpenor nach dem Ufer zu holen. Die andern fällten unterdessen Holz für den Scheiterhaufen, und als die Leiche zur Stelle war, verbrannten sie dieselbe samt der Rüstung unter Tränen und Seufzen, errichteten ein hohes Grabmal und steckten nach dem Wunsche des Toten ein glattes Ruder darauf.

Sobald Kirke vernommen, daß Odysseus mit seinen Gefährten wieder aus der Schattenwelt zurückgekehrt war, kam sie mit ihren Dienerinnen zu dem Schiffe und brachte ihnen Brot und Fleisch und Wein. „Wohlan", sprach sie, „jetzt esset und trinket den ganzen Tag, aber morgen mit Anbruch des Morgenrots fahret ab; ich werde euch den Weg sagen und alles verkünden, damit ihr nicht durch irgend eine Torheit auf dem Meere oder zu Land euch neues Unheil bereitet." Nachdem sie den ganzen Tag geschmaust und Kirke den Odysseus mit den Gefahren des Weges bekannt gemacht hatte, fuhren sie am folgenden Morgen ab. Die schöngelockte Göttin sandte ihnen einen günstigen Fahrwind in die Segel, und das Schiff fuhr in ruhigem Laufe dahin, gelenkt von dem Winde und dem Steuermann. Odysseus teilte während der Fahrt seinen Genossen mit, was er von Kirke über ihren Weg gehört hatte. Zunächst würden sie zu den Seirenen, sangreichen Nymphen, kommen, welche durch ihren holden Gesang die vorübergehenden Schiffer bezauberten, daß sie, der lieben Heimat und Weib und Kind vergessend, nach dem Strande hinüberlenken, wo ein sicherer Tod ihrer harrt und Haufen von moderndem Gebein unglücklicher Schiffer liegen, welche die tückischen Sängerinnen ins Verderben gelockt. Diesen verführerischen Zaubergesang der Nymphen sollen sie meiden und ihre blumige Wiese; nur dem Odysseus allein erlaubte sie ihn zu hören. Nachdem sie daher in die Nähe der Seirenen gekommen waren, verschloß er auf den Rat der Kirke seinen Gefährten die Ohren mit Wachs und ließ sich selbst an den Mast festbinden, damit er nicht, von dem Zaubergesange verlockt, ins Meer springe und hinüberschwimme zu dem Ufer des Todes. Plötzlich legte sich der Fahrwind, und das Meer dehnte sich in ruhiger Glätte vor ihnen aus,

Skylla

so daß sie die Segel herabnahmen und die Ruder ergriffen. Da erhoben drüben am Ufer die Seirenen ihren lieblichen Gesang: „Komm, Odysseus, du großer Ruhm der Achäer, lenke dein Schiff ans Land und höre unsere Lieder. Noch kein Schiffer ruderte vorbei im dunkelen Schiffe, ehe er die süße Stimme unseres Mundes vernommen; fröhlich kehrte er dann zurück und weiß viel mehr als zuvor. Denn wir wissen alles, was in dem Gefilde von Troja Argiver und Troer geduldet nach dem Rate der Götter, wir wissen, was irgend geschehen ist auf der weiten Erde." Als Odysseus den lockenden Gesang hörte, wünschte er noch weiter zu hören, und er winkte seinen Gefährten mit dem Kopfe, daß sie ihn lösten. Diese aber banden ihn nach dem früher gegebenen Befehle noch fester an den Mast und beschleunigten den Schlag der Ruder. So fuhren sie glücklich an den Seirenen vorbei, und als sie aus dem Bereich ihrer Stimmen gekommen, ließ er sich von seinen Gefährten lösen und nahm den Verschluß aus ihren Ohren.

Als sie die Insel der Seirenen hinter sich hatten, sahen sie in der Ferne Dampf und brandende Flut und hörten dumpfes Getöse. Das waren die gefährlichen Plankten, die hochaufsteigenden Irrfelsen, die stets von siedender Brandung und Dampf umhüllet waren. Kein schneller Vogel vermag an ihnen vorbeizufliegen, selbst nicht die flüchtigen Tauben, die dem Vater Zeus die Ambrosia bringen; immer wird eine der Tauben von dem glatten Felsen geraubt, so daß Zeus beständig eine zur Ergänzung neu erschaffen muß. Noch kein Schiff, das ihnen nahte, entrann dem Verderben, außer der Argo, dem weitberühmten Schiffe des Jason, und auch das hätte die Flut zertrümmert, wenn nicht Hera es geleitet hätte. Als die Gefährten des Odysseus das Getöse hörten und die dampfende Brandung sahen, ergriff sie lähmender Schreck, daß ihnen die Ruder aus den Händen fielen und das Schiff stille stand. Da eilte Odysseus mahnend zu jedem Manne und sprach freundlich: „Wir sind nicht mehr ungeübt in den Gefahren, ihr Freunde, und diese ist nicht größer als die, welche uns von dem Kyklopen in seiner Höhle drohte. Ich hoffe, wir werden uns auch dieser noch einst erinnern. Auf denn, schlaget alle kräftig mit den Rudern in die stürmenden Fluten, und du, Steuermann, lenke mit aller Gewalt das Schiff aus diesem Dampf und der Brandung nach jenem Felsen zu; so läßt uns, hoffe ich, Zeus noch aus dem Unheil entrinnen."

Sie kamen wirklich durch die vereinte Anstrengung an den Plankten vorbei und liefen auf den Felsen zu, welcher Odysseus dem Steuermann als Ziel bezeichnet hatte. Aber er schwieg wohlweislich von der Skylla, welche nach der Angabe der Kirke in diesem Felsen hausen sollte; denn es war zu befürchten, daß seine Gefährten aus Furcht vor dem Ungeheuer die Ruder verlassen und sich alle in die Mitte des Schiffes zusammendrängen würden. Sie mußten jetzt durch ein enges Meer zwischen zwei Felsen hindurch, von denen der eine, der Fels der Skylla, himmelhoch emporragte, so glatt, daß niemand hinauf oder hinunter zu klettern vermochte, und wenn er 20 Hände und 20 Füße hatte; sein spitzer Gipfel war zu jeder Zeit von dunkelen Wolken umlagert. In der Mitte des Felsens war eine weite tiefe Höhle, in welcher die Skylla lag, ein furchtbares Ungeheuer mit einer grellen bellenden Stimme, gleich der eines jungen Hundes, mit zwölf abscheulichen Klauen und sechs langen Hälsen, auf jedem drohte ein fürchterlicher Kopf mit drei Reihen dichter Zähne. Während ihr Leib in der endlosen dunklen Höhle lagert, reckt sie ihre Häupter aus dem Schlunde hervor und fischt schnappend nach Seehunden und Delphinen und größeren Tieren der See. Ihr gegenüber, einen Pfeilschuß weit, war der andere viel niedrigere Fels; ein wilder Feigenbaum stand oben darauf. Unter diesem schlürfte die göttliche Charybdis die schwarze Flut ein und spie sie aus, dreimal jeglichen Tags, so daß der Wasserschwall bald siedend mit weißem Schaum hervorbrauste, bald in den gähnenden Schlund hinabdonnerte und der schwarze Meeresgrund umher dem Vorübersegelnden entgegendrohte. Als das Schiff in die furchtbare Enge einlief, gürtete sich Odysseus mit seinen Waffen, nahm zwei mächtige Speere in die Hand und stieg auf das Vorderdeck; denn er hoffte, daß von dieser Seite die Skylla kommen werde, um seine Freunde zu rauben. Aber so sehr er auch nach jeder Kluft des Felsens sich umschaute, er sah sie nirgends. Während sie nun zwischen den Felsen dahinfuhren und mit Todesangst hinübersahen nach dem furchtbaren Strudel der Charybdis, näherten sie sich, ohne es zu merken, allzusehr dem Felsen der Skylla. Da fuhr diese plötzlich mit ihren sechs räuberischen Schlangenköpfen hernieder und riß sechs Männer, die stärksten und mutigsten, aus dem Schiffe. Als Odysseus auf das Schiff und nach seinen Freunden zurückblickte, da schwebten sie schon, zappelnd mit Händen und Füßen und in der Angst seinen Namen rufend, hoch über ihm und wurden, wie Fische an der Rute, von den langen Hälsen des Ungeheuers nach dem Felsen hinaufgeschnellt, wo sie vor der Höhle, schreiend und die Hände nach ihrem Herrn ausstreckend, unter seinen grausamen Zähnen zermalmt wurden. Odysseus und die übrigen Freunde jammerten bei diesem Anblick laut auf, aber niemand konnte helfen. Sie eilten, um sobald wie möglich aus dem Bereiche der Skylla und der Charybdis zu entfliehen.

Die Insel Thrinakia
Untergang des Schiffes

Nachdem das Schiff der grausen Gefahr entronnen war, kamen sie sogleich in die Nähe der Insel Thrinakia, wo die Herden des Helios, des leuchtenden Sonnengottes, weideten, sieben Rinder- und sieben Schafherden, fünfzig in jeder Herde, und diese vermehrten sich niemals, noch auch verminderten sie sich. Zwei schöngelockte Nymphen hüteten sie, Phaethusa und Lampetia, zwei Töchter des Helios, die ihm die göttliche Nearia geboren. Schon auf dem Meere, als sie zu der schönen Insel heranfuhren, hörte Odysseus das Brüllen der Rinder und das Geblöke der Schafe; da gedachte er der Warnungen des Teiresias und der Kirke, und er sprach betrübten Herzens zu seinen Genossen: „Hörte, ihr teuren Genossen im Unglück, was mir die Seele des Teiresias geweissagt und Kirke, die mir aufs Strengste befahlen, die Insel des Helios zu meiden; denn da erwarte uns die schrecklichste Gefahr. So lenket denn das Schiff an der Insel vorbei." Bei diesen Worten zerbrach allen das Herz in der Brust, und Eurylochos antwortete zürnend: „Odysseus, entsetzlicher Mann, dir ermüden nimmer die Glieder, du bist von Stahl und Eisen, daß du deine entkräfteten Gefährten nicht ans Land steigen lässest, wo wir ein liebliches Mahl uns bereiten könnten. Du heißest uns die Insel zu meiden und so blindlings in der düstern Nacht auf dem Meere umherzuirren, dem Wind und Wetter preisgegeben. Die Stürme der Nacht sind schrecklich und den Schiffen gefährlich. Wie sollen wir dem Verderben entrinnen, wenn plötzlich ein Sturm über uns kommt? Nein, laß uns jetzt der Nacht gehorchen und uns am Ufer bei dem Schiffe ein Abendmahl bereiten; morgen wollen wir wieder einsteigen und in das weite Meer steuern." Die anderen Gefährten stimmten dem Eurylochos bei. Da erkannte Odysseus, daß irgend ein Gott ihnen Unheil verhänge, und er sprach: „Eurylochos, ihr zwingt mich zum Nachgeben, ich allein vermag nichts gegen euch; doch wohlan, schwört mir alle einen heiligen Eid, daß mir keiner, wenn wir irgendwo eine Herde von Rindern oder von Schafen finden, von bösem Frevelmut verleitet, ein Rind oder ein Schaf tötet, sondern daß wir geruhig die Speise essen, welche uns Kirke mitgab."

Die Genossen schworen, und nun landeten sie in einer Bucht in der Nähe von süßem Wasser, stiegen aus und bereiteten sich das Abendbrot. Nachdem sie sich an Speise und Trank gelabt, gedachten sie weinend ihrer Freunde, welche die Skylla verschlungen, und schliefen unter Tränen ein. Schon war mehr als die Hälfte der Nacht vergangen und die Sterne neigten sich schon zum Untergang, da sandte Zeus, der Wolkenversammler, einen furchtbaren Sturm, der Erde und Meer zugleich in dichte Finsternis hüllte. Darum zogen sie mit Anbruch des Tages ihr Schiff in eine Felsengrotte, damit es dort, so lange der Sturm wehe, in Sicherheit ruhe, und Odysseus berief eine Versammlung und sprach: „Ihr Freunde, im Schiffe ist Speise und Trank; darum verschonet die Rinder, daß uns kein Unheil treffe. Denn diese Rinder und Schafe gehören einem furchtbaren Gotte, dem Helios, der alles sieht und alles höret." Die Freunde versprachen zu folgen. Aber der widrige Wind wehte einen ganzen Monat, so daß sie nicht weiter fahren konnten und zuletzt ihnen die Speisen ausgingen, welche sie im Schiffe hatten. Da streiften sie, von Hunger gequält, auf der Insel umher und fingen sich mit krummer Angel Fische und Vögel und was ihnen sonst vorkam; aber an die heiligen Rinder und Schafe wagten sie nicht ihre Hände zu legen, denn sie fürchteten den Untergang. Als aber eines Tages Odysseus von seinen Gefährten sich entfernt hatte, um in der Einsamkeit zu den Göttern um Hilfe und Rettung zu flehen, und von den Göttern in tiefen Schlaf versenkt worden war, da reizte Eurylochos die Freunde zu bösem Entschluß. „Höret mich, ihr Freunde", sprach er, „zwar jeder Tod ist furchtbar, aber am jammervollsten ist doch der Hungertod. Drum laßt uns die besten von den Sonnenrindern wegtreiben und den Unsterblichen zum Opfer bringen, auf daß wir am Opfermahl uns laben. Wir wollen, wenn wir nach Ithaka heimgekehrt sind, dem Helios zur Versöhnung einen prächtigen Tempel bauen, und sollte der Gott auch unversöhnt bleiben und unser Schiff vernichten, so will ich doch lieber mit einem Mal in den Wellen sterben, als so langsam auf dieser Insel verschmachten."

Die Freunde stimmten ihm freudig bei und machten sich gleich ans Werk. Sie trieben von der Herde, die in der Nähe des Schiffes weidete, die schönsten und größten Rinder herbei und begannen sogleich das Opfer. Aus Mangel an Gerste, welche man sonst über die Opfertiere zu streuen pflegt, warfen sie, während sie zu den Göttern flehten, zarte Eichenblätter über die Tiere und schlachteten sie. Nachdem sie darauf die Rinder abgehäutet, verbrannten sie den Göttern die Schenkelstücke, indem sie in Ermangelung des Weines Wasser darauf gossen, zerstückelten dann das Übrige und steckten es an die Bratspieße, um sich selbst das Mahl zu bereiten. Odysseus war unterdessen aus dem Schlafe erwacht und ging zu dem Schiffe zurück. Als er in die Nähe gelangte, kam ihm schon der süße Opferduft entgegen, und er rief erschreckt und wehklagend: „Vater Zeus und ihr andern seligen Götter! Ach, ihr habt zu meinem Verderben mich in grausamen Schlummer versenkt, damit unterdessen meine Gefährten den entsetzlichen Frevel verübten!" Darauf überhäufte er voll Unmut und Schmerz seine Freunde mit Vorwürfen; aber die Rinder waren tot, die Tat war nicht ungeschehen zu machen. Bald verkündeten auch schreckliche Wunderzeichen den Zorn der Unsterblichen; die Häute der geschlachteten Tiere krochen umher, und das rohe und gebratene Fleisch brüllte, wie Kühe, an den Bratspießen. Doch die hungrigen Männer ließen sich nicht schrecken. Sechs Tage lang noch labten sie sich an dem Fleische, am siebenten aber, als endlich der Sturmwind sich legte, gingen sie unter Segel.

Lampetia, die Hüterin der Sonnenherden, war hinaufgeeilt zu ihrem Vater Helios und hatte ihm den Mord der Rinder gemeldet. Da entbrannte der Sonnengott von Zorn und sprach zu den Göttern: „Vater Zeus und ihr andern seligen Götter, rächt mich an den Gefährten des Odysseus, die übermütig mir die Rinder getötet haben, an denen sich täglich mein Auge ergötzte. Wenn sie mir nicht büßen für den Raub der Rinder, so steige ich in das Reich des Hades hinab und leuchte den Toten." Zeus antwortete ihm: „Helios, leuchte du nur den unsterblichen Göttern und den sterblichen Menschen wie bisher über die nahrungssprossende Erde; jenen will ich bald ihr Schiff mitten im Pontus mit dem flammenden Blitze zerschmettern."

Als das Schiff des Odysseus das Gestade von Thrinakia verlassen hatte und mitten auf dem Pontus war, da breitete Zeus dunkeles Gewölk und finstere Nacht über das Meer und sandte einen furchtbaren Sturm. Die Taue des Mastbaumes zerrissen, Segel und Segelstanden fielen herab mitsamt dem Maste. Der Mast schlug auf den Steuermann, daß er mit zerschmettertem Haupte köpflings, wie ein Taucher, von dem Verdeck hinab in das Meer schoß. Jetzt brauste der Donner des Zeus, der geschleuderte Blitz schlug zerschmetternd in das Schiff, daß es, von schwefligem Dampfe erfüllt, hin und her schwankte und die Männer aus dem Schiffe fielen. Wie Meerkrähen trieben sie um das schwarze Schiff in den Wogen umher und sanken dann, für immer der Heimkehr beraubt, in die Tiefe.

Odysseus ging unterdessen ratlos in dem zertrümmerten Schiffe auf und ab, bis der Sturz der Flut den Kiel von den Seiten abriß; auf den Kiel stürzte der Mastbaum, und an diesem hing noch das starke aus Ochsenleder geflochtene Segeltau. Schnell erfaßte er dies und verband damit Kiel und Mast, setzte sich drauf und trieb so durch die stürmende Flut. Bald legte sich der reißende Sturm, aber es kam ein Südwind und trieb ihn zu seinem Schrecken wieder zurück nach dem Schlunde der Charybdis. Die ganze Nacht fuhr er so über das Meer hin, beim Aufgang der Sonne befand er sich an dem Fels der Skylla und der schrecklichen Charybdis, welche eben die Fluten des Meeres in sich einschlang. Da ergriff er in der Angst den Feigenbaum, der über dem Schlunde stand und ihn mit seinen langen Ästen beschattete, und hing festgeklammert, wie eine Fledermaus, ohne hinaufklimmen oder auch mit den Füßen sich aufstemmen zu können, in furchtbarer Verzweiflung harrend, bis der Kiel und der Mast wieder von dem Strudel ausgestoßen würden. Endlich kamen sie hervor. Schnell schwang er sich mit Händen und Füßen von oben herab in den Strudel neben die Balken, kletterte darauf und ruderte sich mit den Händen fort. Neun Tage lang trieb er so in dem weiten Meere umher; in der zehnten Nacht führten ihn die Himmlischen zu der Insel Ogygia, wo die schöngelockte Nymphe Kalypso wohnte. Diese nahm ihn freundlich auf und behielt ihn bei sich.

Die Götter beschließen die Rückkehr des Odysseus

Sieben Jahre schon weilte Odysseus bei der schönen Nymphe Kalypso, und noch immer sah er keine Aussicht vor sich, in die Heimat zu kehren. Die Nymphe wünschte, daß er stets bei ihr bleibe und der Heimkehr vergesse, und versprach ihm ewige Jugend und unsterbliches Leben; aber Odysseus konnte die Heimat, konnte sein Weib und seinen lieben Sohn Telemachos nicht vergessen und wies alle Versprechungen der schönen Nymphe von sich. Und wahrlich, es war die höchste Zeit, daß er in Ithaka erschien. Mehr als hundert Freier, die vornehmsten Jünglinge aus Ithaka und von den benachbarten Inseln, umlagerten werbend seine Gemahlin Penelope und schwelgten täglich in dem Hause des Königs, in dem Glauben, daß er nie mehr in seine Heimat zurückkommen werde. Den wenigsten galt es um die Hand der edlen Königin; es gefiel ihnen, ohne Entgelt voll Übermut in fremdem Gute zu prassen, und wenn auch alle Habe des Königs zu Grunde ging, um so eher war es möglich, daß statt des ruinierten Königssohnes Telemachos einer aus ihrer Mitte zu der königlichen Würde gelangte. Trotzdem konnte sich Penelope nicht entschließen, dadurch daß sie einem der Freier ihre Hand reichte, dem wüsten Treiben derselben ein Ende zu machen. Denn sie hoffte noch immer auf die Wiederkehr ihres Gatten, dem sie in treuer Liebe ergeben war.

Da endlich erbarmten sich die unsterblichen Götter des vielgeprüften Helden und seines Hauses. In dem Palaste des Zeus auf dem Olympos saßen die Götter zusammen beim Mahle und besprachen sich über die Geschicke der Menschen. Da gedachte Zeus der Ermordung des Aigisthos, der vor kurzem von Orestes erschlagen worden war. „Wehe", sprach er, „wie sehr klagen die Menschen doch immer uns Götter an! Von uns, sagen sie, komme alles Unheil, und doch geraten sie durch ihren eigenen Frevelmut gegen unsere Bestimmung ins Verderben. So hat auch jetzt Aigisthos gegen unsern Willen die eheliche Gattin des Agamemnon geheiratet und ihn selbst bei seiner Heimkehr erschlagen, obgleich er sein Unheil voraussah; denn wir sagten es ihm voraus durch Hermes und verboten ihm jene zu ehelichen und diesen zu morden, da die Rache von Orestes nicht ausbleiben werde. Aber er folgte uns nicht, und so hat er nun alles zusammen gebüßet." Da sprach die glanzäugige Athene, die Freundin des Odysseus und Schützerin seines Hauses: „Vater Zeus, Aigisthos hat sein Verderben verdient; möge so jeder untergehen, der solche Dinge tut. Aber um den unglücklichen Odysseus trauert mein Herz, den fern von seinen Lieben Kalypso, die Tochter des Atlas, auf ihrer Insel zurückhält und beständig durch liebliche Schmeichelworte zu bereden sucht, daß er Ithaka vergesse. Doch er bleibt standhaft; weinend vor Sehnsucht sitzt er am Ufer des Meeres und wünscht nur noch einmal den Rauch seiner Heimat aufsteigen zu sehen und dann zu sterben. Ist denn bei dir kein Erbarmen, Olympier? Brachte dir Odysseus bei den Schiffen vor Troja nicht Opfer genug? Warum zürnest du ihm so sehr, Vater Zeus?" Der Kronide antwortete: „Was sprachst du, mein Kind! Wie könnte ich des edlen Odysseus vergessen, der so weise ist vor allen Menschen und uns Göttern stets so reiche Opfer brachte? Ich will ihm nur Gutes, aber Poseidon verfolgt ihn mit unablässiger Rache, weil er ihm seinen Sohn Polyphemos geblendet. Töten zwar will er ihn nicht, doch hält er ihn stets fern von seinem Vaterlande. Doch jetzt, wo Poseidon fern ist am Rande der Erde bei den frommen Aithiopen, um sich an ihren heiligen Opfern zu ergötzen, wollen wir andern Götter des Odysseus Heimkehr bewerkstelligen; da wird auch er hintennach seinem Zorn entsagen müssen, denn er kann doch nicht gegen uns alle allein ankämpfen." Da sprach erfreut Pallas Athena: „Vater Zeus, wenn denn das im Rate der Götter beschlossen ist, daß der kluge Odysseus heimkehre in sein Vaterland, so wollen wir Hermes, den flinken Boten, nach Ogygia schicken zu der schönlockigen Nymphe Kalypso und ihr unsern Willen ansagen, daß sie den vielduldenden Odysseus endlich entlasse. Und ich will nach Ithaka gehen und den jungen Sohn des Vielgeprüften antreiben und mit Mut erfüllen, daß er das Volk der Ithakesier auf den Markt rufe und den

Freiern sein Haus verbiete, die ohne Aufhören ihm seine Schafe und seine Rinder schlachten; und ich will ihn nach Sparta senden und nach dem sandigen Pylos, daß er nach der Rückkehr seines Vaters forsche und sich einen edlen Ruf erwerbe unter den Menschen."

So gefiel es dem Zeus und den anderen Göttern, und er sandte Hermes, seinen schnellen Boten, nach Ogygia; Athena aber ging nach Ithaka.

Telemachos und die Freier

Athena band sich die goldenen Sohlen unter die Füße, welche sie über Land und Meer dahin trugen gleich den Flügeln des Windes, nahm ihre lange wuchtige Lanze und eilte von den Gipfeln des Olympos hinab nach Ithaka. Plötzlich stand sie auf der Schwelle des Hoftores vor dem Hause des Odysseus, die eherne Lanze in der Hand, in Gestalt des Taphierfürsten Mentes. Die Freier saßen im Hofe auf Häuten von Rindern, die sie selbst geschlachtet, und ergötzten sich am Steinspiel, während Herolde und geschäftige Diener ihnen das Mahl zurichteten; die einen mischten Wasser und Wein in großen Krügen, andere wischten mit Schwämmen die Tische ab und stellten sie in Ordnung, wieder andere zerlegten das Fleisch. Telemachos saß betrübten Herzens unter den Freiern; er dachte an seinen fernen Vater und wünschte, daß er heimkehren und diese übermütigen Jünglinge aus seinem Hause treiben möchte, um selbst wieder in seinem Besitztum zu herrschen und als König zu walten. Indem er mit solchen Gedanken dasaß, erblickte er vor allen Freiern auf der Schwelle des Hoftores die Athena, und unwillig, daß man einen Fremden so lange an der Türe stehen lasse, eilte er sogleich auf sie zu, ergriff ihre Rechte, nahm ihr den ehernen Speer ab und sprach, indem er sie nach dem Hause führte: „Sei gegrüßt, Fremdling, du bist uns willkommen. Komm und stärke dich an unserem Mahle und dann sage, was dein Begehr ist." Als beide in den hohen Männersaal gekommen, stellte Telemachos den Speer in den Speerbehälter wider die große Säule, wo noch viele Lanzen des Odysseus standen, und führte sie selbst zu einem hohen schönen Thronsessel, über welchen er einen Teppich gebreitet, abseits von den Freiern, damit dem Fremden nicht durch das Getümmel der übermütigen Freier das Mahl verleidet werde und um ihn ungestört über seinen abwesenden Vater zu befragen. Er selbst stellte sich einen niedrigeren Stuhl neben sie. Bald brachte eine Dienerin Waschwasser in goldener Kanne und goß es dem Fremden und Telemach auf die Hände über einem silbernen Waschbecken und stellte ihnen einen Tisch vor; der Fleischzerleger brachte auf Tellern allerlei Fleisch und goldene Becher, welche ein Herold häufig herzutretend mit Wein füllte.

Nun kamen auch die übermütigen Freier in den Saal und setzten sich der Reihe nach an den Tischen nieder. Die Herolde gossen ihnen Wasser über die Hände, Mägde setzten hohe Körbchen voll Brot auf die Tische, und dienende Burschen füllten die Becher. Die Freier griffen rüstig zu und labten sich an dem herrlichen Mahle, und nachdem sie sich an Speise und Trank besättigt, gelüstete sie nach Sang und Reigentanz. Ein Herold reichte dem Sänger Phemios, der von den Freiern gezwungen war, bei ihren Mahlen zu singen, die schöne Zither, und dieser begann ein herzerfreuendes Lied. Während alles dem lieblichen Gesang lauschte, neigte Telemachos sein Haupt zu Athena herüber und sprach leise, damit es die andern nicht vernähmen: „Lieber Gastfreund, du wirst mir wohl nicht verargen, was ich jetzt sage. Siehe, die ergötzen sich leicht bei Gesang und Zitherspiel, denn sie prassen in fremdem Gute ohne Ersatz, in dem Gute meines Vaters, dessen weißes Gebein irgendwo im Regen modert am Strande oder in den Wogen des Meeres umhergetrieben wird. Ja, wenn sie ihn heimgekehrt sähen nach Ithaka, dann wünschten sie sich lieber schnellere Füße als Reichtum an Gold und an Gewändern. Doch er kam um und kehret nimmer wieder. Aber sage mir, wer bist du und aus welchem Lande? Wo ist deine Vaterstadt und deine Eltern? Kamst du jetzt zum ersten Mal hierher, oder bist du uns ein Gastfreund vom Vater her? Denn viele Männer kamen einst in unser Haus, als mein Vater noch unter den Menschen verkehrte." Athena antwortete: „Das will ich dir sagen, lieber Jüngling. Ich bin Mentes, des Anchialos Sohn, der König der Taphier, des ruderkundigen Schiffervolks, und bin auf dem Wege nach Temessa in Zypern, um Erz einzutauschen gegen blinkendes Eisen; mein Schiff ließ ich draußen vor der Stadt in dem Hafen Rheithron. Ich bin aber von Alters her ein Gastfreund eures Hauses, wie du von deinem Großvater Laertes hören kannst, der, wie man sagt, jetzt nicht mehr in die Stadt kommt, sondern draußen auf dem Lande in Einsamkeit und Trauer sein Leben hinschleppt. Ich kam nun, weil ich hörte, dein Vater sei wieder daheim. Doch dem ist nun freilich nicht so; aber glaub' mir, dein Vater Odysseus lebt noch; wahrscheinlich halten ihn auf einer einsamen Insel wilde grausame Menschen wider seinen Willen zurück. Aber ich weissage dir, wie es ein Gott mir in das Herz gelegt hat: nicht lange mehr wird er fern sein von dem Vaterlande, er wird Mittel finden in seinem schlauen Sinn, daß er sich löset, und wenn er mit eisernen Banden gefesselt ist. Aber sage mir, bist du wirklich der Sohn des Odysseus? Du gleichst ihm wunderbar an Haupt und den schönen Augen. Ich sah ihn oft, ehe er mit dem Heere der Achäer nach Troja zog." Telemachos antwortete: „Ja, lieber Gastfreund, meine Mutter sagt mir, daß ich der Sohn des Odysseus sei, des unglückseligsten Mannes auf Erden. Wäre ich doch lieber der Sohn eines Glücklichen, den bei seiner Habe in Ruhe das Alter beschliche." Da sprach Athena: „Nun, so werden die Götter doch den Namen seines Hauses nicht ruhmlos vertilgen, da ihm Penelope einen so herrlichen Sohn gebar. Doch sage mir, was ist das für ein Gewühl und ein Schmausen? Feierst du ein Gastmahl oder ein Hochzeitsfest? Denn es ist doch kein Mahl, zu dem ein jeder das seine steuert. Dazu scheinen sie mir gar zu ausgelassen und übermütig zu schmausen. Ein vernünftiger Mann könnte sich ärgern, wenn er solch' freches Treiben ansieht." „Ja einst, lieber Gastfreund", sprach Telemachos, „war unser Haus reich und glänzend, da Odysseus noch daheim war; doch jetzt ist es anders. Alle edlen Jünglinge von Ithaka und den benachbarten Inseln sind hier zusammen und werben um die Hand meiner Mutter; sie aber kann weder die verhaßte Vermählung abschlagen, noch weiß sie ein Ende zu machen. Unterdessen verzehren sie mein reiches Gut, und bald werden sie auch mich selbst noch umbringen."

Da sprach die Göttin mit zornigem Schmerz: „Wehe, wie sehr bedarfst du, o Jüngling, des fernen Vaters! Sähe ich ihn doch jetzt heimgekehrt in der Türe stehen, mit Helm und Schild und zwei Lanzen bewaffnet, in solcher Gestalt, wie ich ihn zum ersten Mal in unserem Hause sah; wahrlich, er schaffte ihnen ein schnelles Ende und bittere Hochzeit. Doch das ruht in dem Schoße der Götter; aber dir rate ich, mein Freund, zu bedenken, wie du dir die Freier aus dem Hause schaffest. Morgen rufe die Ithakesier zur Versammlung und heiße die Freier, sich zu den Ihrigen zu zerstreuen. Deine Mutter aber laß, wenn sie sich wieder zu vermählen wünscht, in das Haus ihres Vaters zurückkehren, da mögen sie ihr die Hochzeit anordnen und die reiche Brautgabe bereiten. Aber du selbst rüste dir das beste Schiff, das du hast, mit zwanzig Ruderern und gehe auf Kundschaft aus nach deinem Vater, zuerst nach Pylos zu dem göttlichen Nestor, und dann nach Sparta zu Menelaos, der zuletzt von allen Achäern von Troja zurückkam, und wenn du hörst, daß dein Vater noch lebt und heimkehren wird, so harre und dulde noch ein Jahr, wenn auch mit schwerem Herzen; hörst du aber, daß er gestorben, so kehre heim und errichte ihm ein Grabmal und bringe ihm Totenopfer. Hast du das alles vollendet, wie's recht ist, dann denke darauf, wie du die Freier in deinem Hause tötest, offen oder mit List. Bist du doch längst den Knabenjahren und den Kindergedanken entwachsen. Oder hast du nicht gehört, welchen Ruhm Orestes sich erwarb bei allen Menschen, da er den Mörder seines Vaters, den arglistigen Aigisthos, erschlagen? Du bist schön und groß, du bist stark, wohlan – daß noch die Nachwelt dich rühme! Erwäge es wohl und nimm dir meine Worte zu Herzen, und laß mich jetzt wieder zu meinem Schiffe und meinen Gefährten gehen, die harren wohl schon lange mit Ungeduld."

Der Jüngling dankte für den väterlichen Rat und versprach ihn zu beherzigen, bat aber den Gastfreund, noch länger zu verweilen, damit er ihn pflege und bewirte und ihm ein Gastgeschenk mitgebe. Doch der Gast ließ sich nicht halten. „Gib mir das Geschenk, wenn ich zurückkehre, und zwar ein recht schönes gegen eine schöne Gegengabe", sprach die Göttin und verschwand wie ein Vogel vor den Augen des Jünglings. Der sah ihr staunend nach und erkannte, daß es eine Gottheit war; seine Brust schwellte nie gefühlter Mut und Kraft, und er dachte jetzt noch mehr an den Vater, als zuvor. Er war plötzlich zum Manne geworden und trat sogleich festen Schrittes unter die Freier.

Diese lauschten noch schweigend dem Liede des Phemios; er sang die traurige Heimkehr der Achäer von Troja, welche ihnen die erzürnte Athena auferlegt hatte. Penelope hörte in dem oberen Stocke des Hauses in ihrem Gemache den herrlichen Gesang, aber der traurige Inhalt des Liedes zerbrach ihr das Herz. Sie stieg daher in Begleitung zweier Dienerinnen die hohe Stiege herab und trat in den Saal. Sie sprach mit tränendem Auge zu dem Sänger: „Phemios, du weißt ja noch viele andere herzerfreuende Lieder; davon singe ihnen eins, und sie mögen ruhig zuhören und ihren Wein trinken. Aber dieses traurige Lied lasse, es zerbricht mir stets das Herz in der Brust; denn es erinnert mich an mein großes Leid." Da sprach Telemach zu ihr: „Liebe Mutter, warum verargst du dem lieblichen Sänger, daß er mit Liedern uns ergötzt, wie es das Herz ihn heißt. Die Sänger sind dir ja nicht Schuld an deinem Leide, sondern Zeus, der einem jeden zuteilt, was ihm beliebt. Die Menschen lieben immerdas neueste Lied. Darum ertrag' es, das Lied zu hören. Odysseus ist's ja nicht allein, der den Tag der Heimkehr verlor. Gehe du ruhig in dein Gemach und besorge mit deinen Mägden die Geschäfte, die dir gehören, Webstuhl und Spindel; hier gehört das Wort den Männern, zumeist aber mir; denn ich bin der Herr im Hause."

Penelope staunte über die verständige und entschiedene Rede ihres Sohnes und ging schweigend wieder zu ihrem Gemache hinauf. Dort weinte sie um ihren lieben Gemahl, bis Athena ihr süßen Schlaf auf die Augen goß. Die Freier aber begannen übermütig zu lärmen. Da trat Telemachos mutigen Herzens unter sie und sprach: „Ihr übermütigen Freier meiner Mutter, jetzt laßt uns ruhig und ohne Geschrei uns am Mahle ergötzen und dem Sange des göttlichen Sängers lauschen. Aber morgen wollen wir alle zur Volksversammlung gehen, daß ich euch dort meinen Willen rücksichtslos heraussage, mir aus dem Hause zu gehen. Sucht euch hinfort andere Mahle, abwechselnd in euren Häusern, und verzehret eure Habe, nicht die meine. Gefällt's euch aber besser, eines Mannes Gut hier zu verschlingen, nun so tut's; ich werde dann die Götter um Vergeltung anflehen, daß ihr in meinem Hause ungerächt zu Grunde geht." Die Freier bissen sich in die Lippen und staunten über die kühne Rede des Jünglings, der bisher wie ein schüchterner Knabe unter ihnen gewandelt war. Doch schwiegen sie; nur Antinoos, der übermütigste und hochstrebenste von allen, konnte sich nicht enthalten, ihm wegen seiner kühnen Sprache Vorhalt zu machen, und ein anderer, Eurymachos, versuchte über den Fremden, der eben dagewesen, etwas zu erfahren. Aber Telemachos wies sie mit entschiedener Antwort ab, und so gingen sie denn, nachdem sie bis zum Abend sich am Tanz und Gesang ergötzt, nach Hause zum Schlaf. Auch Telemachos ging mit bekümmerter Seele zur Ruhe.

Am andern Morgen erhob sich Telemachos mit dem Aufgang der Sonne vom Lager, und nachdem er sich angekleidet und das scharfe Schwert um die Schultern gehängt, hieß er die Herolde das Volk auf den Markt zu rufen. Als sie zahlreich versammelt waren, nahm er die eherne Lanze zur Hand und ging, begleitet von zwei schnellfüßigen Hunden, auf den Markt. Alle staunten den stattlichen Jüngling an, dem Pallas Athena göttliche Anmut über das Haupt gegossen, und die Greise machten ihm ehrerbietig Platz, daß er auf den Stuhl seines Vaters sich niederlassen konnte. Jetzt erhob sich in der Versammlung der verständige Greis Aigyptios, dessen ältester Sohn Antiphos mit Odysseus gen Troja gezogen und auf der Rückfahrt von dem Kyklopen Polyphem in der Höhle gefressen worden war, dessen zweiter Sohn Eurynomos sich unter den Freiern befand, während die beiden jüngsten zu Hause die Geschäfte des Vaters besorgten, und sprach, indem er um den verlorenen Sohn die Tränen nicht zurückzuhalten vermochte: „Ihr Ithakesier, seit Odysseus das Land verließ, hatten wir keine Versammlung. Wer hat uns heute versammelt? Hat er uns eine Meldung zu machen wegen eines herannahenden Kriegsheeres, oder will er irgend einen Vorschlag machen zum Besten des Landes? Gewiß ist er ein biederer Mann; sei er gesegnet, und möge Zeus ihm vollenden, was er im Sinne trägt." Telemachos freute sich der glücklichen Vorbedeutung, die in diesen Worten lag, und erhob sich sogleich, um zu reden. Mit dem Zepter in der Hand trat er mitten in die Versammlung und sprach, zu dem Greise gewendet: „Der Mann ist nicht weit, edler Aigyptios, der das Volk berufen hat;

ich bin es, denn mich bedränget vor allen Kummer und Sorge. Nicht von einem nahenden Heere, noch von einer Sache des Volkes will ich reden, sondern von meinem eigenen doppelten Unglück. Ich verlor nicht bloß den Vater, der mit väterlicher Milde unter euch herrschte, sondern auch mein ganzes Haus wird mir zu Grunde gerichtet. Denn die Söhne der Edelsten im Lande umdrängen als werbende Freier meine Mutter wider ihren Willen; sie sträuben sich, in das Haus ihres Vaters zu gehen und dort um die Tochter zu werben, nein, sie kommen jeden Tag in mein Haus und schlachten mir die Rinder und Schafe und Ziegen und verzehren mir übermütig mein Gut, dessen Beschützer, Odysseus, ferne ist. Wahrlich, hätte ich die Macht, ich würde mich schützen, denn ihr Treiben ist unerträglich. Erkennt doch selbst das Unrecht und schämt euch vor den umwohnenden Menschen, fürchtet den Zorn der Götter, daß sie rächend einmal die Übeltat vergelten. Ich bitte euch bei der Gerechtigkeit des Zeus, wenn je mein Vater euch ein gütiger Herrscher war, tut Einhalt und laßt mich allein in meinem Kummer mich verzehren. Besser wäre es mir, ihr selbst, ihr Greise, verzehret mein Gut; ich würde so lange durch die Stadt wandern und euch anflehen, bis mir alles wieder ersetzt wäre. Aber so häuft ihr unheilbaren Schmerz auf meine Seele."

So sprach er zornig und warf das Zepter zur Erde, heiße Tränen vergießend, das Mitleid das ganze Volk ergriff. Alle saßen schweigend da, und keiner wagte dem Jüngling mit einem harten Worte zu erwidern. Nur Antinoos, der Übermütige, erhob sich und rief: „Trotziger Telemachos, verwegener, welche Lästerung sprachst du da gegen uns aus! Du möchtest uns mit Schmach bedecken! Nicht sind wir Freier die Schuld an deinem Unheil, sondern deine ränkevolle Mutter. Schon sind es drei Jahre, und bald geht das vierte dahin, seitdem sie uns listig betrüget. Allen macht sie Hoffnung, jedem einzelnen macht sie durch heimliche Botschaft Versprechungen, während sie doch anderes im Sinne führt. Unter andern Listen ersann sie zuletzt auch diese. Sie begann in ihrem Gemache ein großes Gewebe und sprach dann zu uns: ‚Ihr Jünglinge, meine Freier, da nun einmal Odysseus gestorben, so harret aus und dringt nicht eher auf meine Vermählung, als bis ich das Gewebe vollendet habe, dem Helden Laertes ein Leichentuch, damit, wenn er stirbt, keine Achäerin mir vorwerfe, daß der Mann, der im Leben so viel besessen, ohne festliches Gewand gestattet werde.' So sprach sie und wir glaubten und folgten ihr. Aber die Listige webte am Tage, und Nachts löste sie beim Schein der Fackel es wieder auf. So hat sie drei Jahre uns hingehalten, und als nun das vierte Jahr kam, da verriet es uns eine Dienerin, und wir überraschten sie, wie sie eben das Gewebe wieder auflöste. Da zwangen wir sie das Werk zu vollenden wider ihren Willen. Dir aber antworten wir Freier hier vor allen Achäern: Schicke deine Mutter in das Haus ihres Vaters zurück und heiße sie dort sich dem vermählen, den der Vater ihr auswählt und der ihr selber gefällt. Wenn sie aber noch lange die Söhne der Achäer hinhält, so ist es dein Schaden; denn wir zehren so lange von deinem Gute, bis sie sich einem von uns vermählt hat." Telemachos antwortete: „Antinoos, wie kann ich meine Mutter, die mich gebar und aufzog, wider ihren Willen aus dem Hause weisen? Nimmermehr! Aber wenn ihr noch Gefühl für Recht und Billigkeit habt, so geht mir aus dem Hause und sucht euch andere Schmäuse, verzehret euer eigenes Gut. Wenn's euch aber besser dünkt, das Erbe eines Mannes ohne Erstattung zu verschlingen, nun, so tut es; ich werden

den ewigen Zeus anflehen, daß euch Vergeltung wird, daß ihr ungerächt in meinem Hause zu Grunde geht."

Während Telemachos also sprach, sandte ihm Zeus als ermunterndes Zeichen zwei Adler von dem Gipfel des Berges herab. Anfangs flogen sie nahe an einander mit gebreiteten Schwingen langsam daher; als sie über die Mitte der Versammlung kamen, drehten sie sich, die Flügel schwingend, im Kreise und sahen drohend auf die Versammlung nieder, zerkratzten sich dann selbst mit ihren Krallen Köpfe und Hälse und flogen rechtshin über die Häuser der Stadt davon. Das Volk staunte die Vögel an und erwog in seinem Sinne, was das wohl zu bedeuten habe. Da erhob sich der greise Held Halitherses, der allein den Vogelflug zu deuten verstand, und sprach: „Höret mich, ihr Ithakesier und besonders ihr Freier; denn euch nahet großes Leid. Nicht lange mehr wird Odysseus abwesend sein, er ist schon irgendwo nahe und pflanzet allen Freiern Tod und Verderben. Drum laßt uns noch bei Zeiten erwägen, wie wir den Freiern Einhalt tun, und sie selber mögen daran denken." Da rief der Freier Eurymachos: „Greis, gehe nach Hause und weissage deinen Kindern, daß ihnen kein Unglück begegnet. Dies Zeichen aber verstehe ich besser zu deuten als du. Viele Vögel fliegen unter den Strahlen der Sonne, aber nicht alle sind schicksalverkündend. Gewiß ist, Odysseus kam um in der Ferne. Wärest auch du nur so gewiß umgekommen, dann sprächst du nicht in der Hoffnung auf Geschenke alberne Weissagungen und reizest nicht so den Groll des Telemachos. Aber laß dich warnen, es bringt dir keinen Segen, und dem Telemachos rate ich, die Vermählung seiner Mutter zu beschleunigen, sonst wird ihm all' sein Gut verzehrt." „Eurymachos und ihr andern Freier", rief Telemachos, „um dieses bitte ich euch jetzt nicht weiter, das wissen jetzt die Götter und alle Achäer. Aber gebt mir, ihr Ihakesier, ein schnelles Schiff und zwanzig Gefährten, daß ich nach Sparta gehe und nach Pylos, um nach der Rückkehr meines Vaters zu forschen. Höre ich, daß Odysseus noch lebt, nun so will ich noch ein Jahr harren und dulden; höre ich aber, daß er gestorben ist, so will ich ihm ein Grabmal errichten und die Mutter vermählen."

Jetzt erhob sich Mentor, der Freund und Altersgenosse des Odysseus, dem dieser, als er gen Troja auszog, die Sorge über sein Haus anvertrauet hatte, daß er unter der Oberaufsicht des alten Laertes alles in Ordnung hielte. Der sprach zornig: „Fürwahr, kein König soll hinfort mehr huldreich und gnädig sein, hart sei er und grausam, da man so hier im Lande des Odysseus vergißt, der mild wie ein Vater war. Wahrlich, den Freiern neide ich ihre gewaltsamen Werke nicht, sie setzen den eigenen Kopf auf das Spiel; ich zürne dem übrigen Volke, daß ihr alle so ruhig dasitzet und zusehet und die Freier nicht zurückhaltet, denen ihr doch an Zahl sehr überlegen seid." Ihm antwortete der freche Leiokritos: „Mentor, verderblicher Tor, du heißest das Volk uns zurückhalten? Selbst wenn Odysseus käme und uns vom Mahle wegscheuchen wollte, es würde ihm übel ergehen. Doch, ihr Männer, zerstreut euch wieder zu euren Geschäften, dem Telemachos werden schon Halitherses und Mentor die Reise besorgen, die von Alters her Freunde seines Hauses sind. Aber ich glaube, er wird noch lange hier sitzen in Ithaka und nach Kunde forschen; die Reise macht er niemals." So löste er die Versammlung auf. Das Volk zerstreute sich und ging ein jeder an sein Geschäft; die Freier aber begaben sich in das Haus des Odysseus.

Telemachos reist nach Pylos

Nach der Volksversammlung ging Telemhhchos traurig nach dem Gestade des Meeres, wusch sich die Hände in der Flut und betete zu Pallas Athena: „Höre mich, Gott, der du gestern in unser Haus kamst und mich hießest über das Meer zu fahren, um nach meinem Vater zu forschen; das alles vereiteln mir die Achäer, zumeist aber die übermütigen Freier." Da nahte ihm Athena in der Gestalt des Mentor und sprach: „Jüngling, wenn du der Sohn des Odysseus bist und des Vaters Kraft und Klugheit dir innewohnt, so wirst du Alles zu gutem Ende führen. Drum laß die Freier mit ihrem törichten und ungerechten Tun, sie werden's schon büßen, und denke an die Reise. Ich, der Freund deines Vaters, werde dir ein Schiff rüsten und dich selbst begleiten. Gehe du jetzt wieder nach Hause in die Gesellschaft der Freier und bereite dir die Zehrung für den Weg, Wein in Krügen und Mehl in Schläuchen, während ich in dem Volke schnell freiwillige Begleiter sammle und dir ein Schiff aussuche, das beste, das ich finde."

Telemachos ging betrübten Herzens nach Hause und fand die übermütigen Freier, wie sie im Hofe Ziegen aushäuteten und fette Schweine sengten. Als Antinoos ihn erblickte, ging er ihm lachend entgegen, faßte seine Hand und sprach: „Trotziger, unbändiger Telemachos, zürne nicht länger, sondern iß und trink mit uns, wie früher. Die Achäer werden dir schon ein schnelles Schiff besorgen und erlesene Gefährten, daß du nach Pylos kommst." Telemachos zog seine Hand aus der Hand des Antinoos und antwortete: „Wie kann ich ruhig bei euch Übermütigen dasitzen und schmausen. Ist's nicht genug, daß ihr, während ich ein Kind war, meine köstliche Habe verschwelget? Jetzt, wo ich erwachsen bin und vernünftig und Mut in dem Herzen trage, werde ich suchen euch den Tod zu geben, mag ich nun nach Pylos fahren oder hier im Lande bleiben. Ich reise aber, und nichts soll meinen Entschluß vereitaln, wenn auch auf gedungenem Schiffe, denn ihr sorgtet, daß mir das Volk weder Schiff noch Ruder gab." Während die Freier sich ihr Mahl bereiteten und manches höhende Wort über Telemachos und seinen mutigen Entschluß sprachen, eilte dieser, um sich Reisezehrung zu holen, in die weite Vorratskammer seines Vaters, wo Gold und Erz in Haufen lag und kostbare Gewande in Kisten, Krüge voll duftigen Öls und Fässer voll alten süßen Weines in Reihen an den Wänden umherstanden. Er traf dort die alte Schaffnerin Eurykleia, seine Amme, welche Tag und Nacht die Güter mit Sorgfalt bewachte, und sprach zu ihr: „Mütterchen, schöpfe und fülle mir Wein in zwölf irdene Krüge und spünde sie alle mit Deckeln und schütte mir zwanzig Maß gutes Mehl in Schläuche. Tu' es aber geheim, und lege mir alles zusammen bereit, daß ich es am Abend abhole, wenn die Mutter sich in ihrem Gemache zur Ruhe begeben hat; denn ich reise nach Pylos und Sparta, um nach meinem Vater zu forschen." Da begann die alte Amme, die ihn liebte wie ihr eigen Kind, laut zu schluchzen und rief wehklagend: „Liebes Kind, wie kam ein solcher Gedanke in dein Herz? Du willst in die weite Welt hinaus, du einziges vielgeliebtes Kind? Dein Vater schon starb fern in fremdem Land, und nun werden die Freier auch dir noch, wenn du gehst, nachstellen, auf daß sie dich töten und dein Gut unter sich verteilen. Bleibe hier auf deinem Besitz und schweife nicht in die wilde See." „Mütterchen, sei getrost", sprach Telemachos beruhigend, „ich handle nicht ohne die Götter. Aber schwöre mir, daß du es der Mutter nicht sagen willst, ehe der elfte oder zwölfte Tag vorüber ist; nur wenn sie mich vermißt oder von meiner Abreise hört, darfst du es früher sagen, damit sie sich nicht in Tränen abhärmt." Die Alte schwor den Eid und machte dann die Reisevorräte bereit; Telemachos aber ging in den Saal zu den Freiern zurück.

Unterdessen eilte Athena in der Gestalt des Telemachos durch die Stadt und warb ihm rüstige Gefährten für die Reise, die sie auf den Abend zu dem Schiffe bestellte. Dann erbat sie sich von dem edlen Noemon, dem Sohne des Phronios, ein Schiff, welches dieser willig versprach. Als die Sonne sank, zog sie das Schiff in die Wellen und rüstete es zur Fahrt aus. Dann eilte sie in das Haus des Odysseus und machte die Freier trunken, daß ihnen die Becher aus den Händen fielen und sie schlaftrunken nach Hause gingen. Endlich trat sie in der Gestalt des Mentor zu Telemachos und führte ihn zu dem Hafen, wo die Gefährten schon harrend am Schiffe standen. Nachdem sie die Mundvorräte schnell in das Schiff gebracht, stiegen sie selbst ein; Athena setzte sich auf das Hinterdeck und Telemachos neben sie, die andern Jünglinge nahmen Platz auf den Ruderbänken. Als Athena einen günstigen Fahrwind sandte, richteten sie den Mast auf und spannten die Segel, und nun lief das Schiff, von dem Winde getrieben, dahin durch die brausende Flut. Die Jünglinge stellten Mischkrüge auf und labten sich während der lieblichen Nacht an dem süßen Wein, indem sie den Göttern allen spendeten, zumeist aber Pallas, Athena.

Mit dem Aufgang der Sonne nahten sie der Küste von Pylos. Dort brachte eben der alte König Nestor mit seinem Volke dem Gotte Poseidon, den sie besonders verehrten, am Ufer des Meeres ein großes Stieropfer. Das ganze Volk saß da in neun Abteilungen geschart zu je fünfhundert Mann, und jede Abteilung hatte zu Opfer und Schmaus neun Stiere. Während sie schmausend dasaßen und dem Gotte das Opfer verbrannten, fuhren die Reisenden gerade an dem Ufer an, nahmen die Segel herab, banden das Schiff an den Strand und stiegen aus. Telemachos ging, von Athena geführt und zu freier Rede ermuntert, zu der Versammlung der pylischen Männer, während ihre Gefährten bei dem Schiffe zurückblieben. Dort saß Nestor mit seinen Söhnen am Mahl; ihre Freunde umher brieten das Fleisch und steckten anderes an die Bratspieße. Als sie die Fremdlinge herankommen sahen, eilten sie ihnen in dichtem Haufen entgegen, reichten ihnen die Hände und hießen sie sich zu ihnen setzen. Peisistratos, Nestors jugendlicher Sohn, faßte beide an der Hand und wies ihnen auf weichen Fellen im Ufersande zwischen seinem Vater und seinem Bruder Thrasymedes den Ehrensitz an, legte einem jeden Stücke vom besten Fleisch vor und brachte einen goldenen Becher mit Wein. Indem er den Becher der Athena reichte, sprach er: „Bete spendend, o Fremdling, zu dem Herrscher Poseidon, denn zu dessen Mahle seid ihr gekommen. Dann laß auch deinen Freund also tun, denn alle Menschen bedürfen der Götter. Er ist jünger als du, in meinem Alter, drum reiche ich dir den Becher zuerst." Athena freute sich der verständigen Rede und betete spendend zu Poseidon um Segen für Nestor und seine Söhne und das ganze Volk der Pylier und um glückliche Vollendung dessen, weshalb sie und Telemaches hierher gekommen. Darauf reichte sie auch Telemachos den Becher, der in gleicher Weise betete.

Darauf wandte man sich zu dem herrlichen Mahl. Als sie sich gesättigt hatten an Speise und Trank, fragte der alte König, wer und woher sie seien, und in welcher Absicht sie gekommen. Telemachos antwortete freimütig, denn Athena selbst hatte ihm Mut in die Seele gelegt: „Edler Sohn des Neleus, großer Ruhm der Achäer, du fragst, von wannen wir sind. Wir kommen aus Ithaka; ich gehe, um nach meinem Vater zu forschen, der einst zugleich mit dir gen Ilion in den Kampf zog und noch nicht nach Hause gekehrt ist. Niemand kann mir sagen, wo er umkam; drum komme ich jetzt zu deinen Knieen, ob du mir seinen traurigen Tod verkünden willst, magst du nun selbst ihn mit Augen gesehen oder von andern gehört haben. Schone mich nicht aus Mitleid, sondern sage mir alles der Wahrheit gemäß." Darauf erzählte Nestor weitläufig die traurige Heimkehr der Achäer von Troja, auch die Ermordung des Agamemnon und die Rache von Orestes; aber von dem Schicksal des Odysseus, nachdem er von Troja abgefahren, wußte er nichts zu melden; darum riet er dem Telemach nach Sparta zu reisen, um den Menelaos zu befragen, der erst vor kurzem nach langer Irrfahrt nach Hause gekehrt sei und vielleicht etwas von Odysseus erfahren habe.

Athena billigte diesen Vorschlag, und da unterdessen der Abend hereingebrochen war, so mahnte sie zur Aufhebung der Sitzung und schickte sich an mit Telemachos zu dem Schiffe zurückzugehen. Nestor aber rief: „Das verhüte Zeus und alle unsterblichen Götter, daß ihr mir jetzt zu eurem Schiffe geht, als wäre ich ein armer Mann, der nicht Decken und Betten hätte zum Lager für sich und seine Gäste. Nein, nimmer soll mir, so lange ich lebe, der Sohn des Odysseus fortgehen, auf dem Deck seines Schiffes zu schlafen." Athena antwortete: „Du hast Recht, lieber Greis; Telemachos mag zum Schlafen mit dir gehen in dein Haus, aber ich will zum Schiffe zurückkehren, damit ich dort alles ordne und morgen in der Frühe zu den Kaukonen fahre, wo ich eine Schuld zu fordern habe. Meinen Freund schicke dann mit einem Wagen und deinem Sohne nach Sparta zu Menelaos." Nach diesen Worten entflog die Göttin in Gestalt eines Adlers. Alle staunten, und Nestor sprach voll Verwunderung zu Telemachos, indem er seine Hand erfaßte: „Lieber Jüngling, du wirst nicht feige werden noch kraftlos, da dich schon als Jüngling so die Götter geleiten. Siehe, das war Pallas Athena, die auch deinen trefflichen Vater so erstaunlich vor Troja ehrte." Darauf betete er zu der Göttin und gelobte ihr ein einjähriges Rind mit vergoldeten Hörnern zu opfern. Nachdem er seinen Gast, seine Söhne und Eidame in seinen prächtigen Palast geführt und sie noch mit süßem balsamischen Weine gelabt hatte, gingen sie alle zur Ruhe. Dem Telemachos wurde in der Halle sein Lager bereitet neben Peisistratos, der ihm an Alter gleich war.

Als der Morgen anbrach, erhub sich Nestor vom Lager und setzte sich auf die weißen Marmorquadern, die vor dem Hoftore als Sitze angebracht waren und auf denen vor Alters her schon sein Vater, der ehrwürdige König Neleus, gesessen. Bald versammelten sich um ihn seine sechs Söhne mit Telemachos, und der Alte ließ nun die Anstalten zu dem Opfer treffen, das er gestern der Athena gelobt hatte. Das Rind wurde vom Felde herbeigeholt, der Goldschmied Laerkes gerufen, um die Hörner zu vergolden, und die Mägde rüsteten im Palaste das Mahl, stellten die Sessel und brachten Holz und Wasser. Auch die Freunde des Telemachos ließ Nestor vom Schiffe herbeirufen. Zwei

Söhne des Nestor führten das Rind an den Hörnern herbei, ein anderer brachte in einem Becken Wasser aus dem Hause und ein Körbchen voll heiliger Gerste; Thrasymedes stand mit der Axt bereit, um das Tier zu erschlagen, während Perseus das Gefäß hielt zum Auffangen des Blutes. Nun wusch sich Nestor in dem Becken die Hände, streute die heilige Gerste über das Opfertier, betete zu Athena und warf die von der Stirn des Rindes geschnittenen Haare ins Feuer. Darauf schlug Thrasymedes mit der Axt dem Tier in den Nacken; als es kraftlos stürzte, riefen die Töchter und Schnüre und Eurydike, die ehrwürdige Gemahlin des Nestor, laut flehend zu der göttlichen Athena. Die Männer aber hoben das Haupt des Rindes vom Boden auf, und Peisistratos durchschnitt ihm die Kehle. Jetzt schnitten sie nach dem Brauch der Göttin die besten Stücke Fleisch aus, welche Nestor auf dem brennenden Holzstoße verbrannte, indem er roten Wein darauf goß, zerstückelten dann das Übrige und steckten es an die Bratspieße.

Unterdessen hatte die schöne Polykaste, die jüngste von den Töchtern Nestors, dem Telemachos, der bei dem Opfer nicht zugegen war, ein Bad bereitet. Nachdem er sich gebadet und gesalbt und in ein schönes Gewand gekleidet, kam er zu der übrigen Gesellschaft zurück und nahm Teil an dem Mahl. Als das Mahl beendet war, befahl Nestor seinen Söhnen einen Wagen mit schnellen Rossen zu bespannen, damit Telemachos nach Sparta fahren könnte. Schnell war das Rossegespann angeschirrt und der Wagen mit Brot und Wein und sonstiger Speise versehen. Telemachos stieg ein; neben ihn setzte sich Peisistratos, ergriff die Zügel und peitschte die Rosse. Willig flogen diese aus dem hochgetürmten Pylos hinab in die Ebene und schüttelten in schnellem Laufe das Joch an dem Nacken bis zum Abend, wo sie nach Pherä gelangten, der Burg des edlen Diokles. Dieser nahm sie gastlich auf, bewirtete und bettete sie. Am andern Morgen setzten sie ihre Reise fort durch üppiges Weizenfeld und kamen mit dem sinkenden Abend nach Sparta.

Telemachos in Sparta

Die beiden Jünglinge fuhren vor den Palast des Königs Menelaos. Dieser gab gerade seinen Freunden und Verwandten einen großen Hochzeitsschmaus; denn er feierte die Hochzeit seiner lieblichen Tochter Hermione, die er vor Troja dem Neoptolemos, dem Sohne des Achilleus, verlobt hatte und jetzt nach Phthia in das Haus ihres jungen Gemahles entsenden wollte; zugleich aber vermählte er auch seinen Sohn Megapenthes, den ihm eine Sklavin geboren, mit einer edlen spartanischen Jungfrau. Als die Jünglinge mit dem Wagen an dem hohen Tore des Palastes hielten, sah sie, aus dem Hause hervortretend, der Diener und Genoß des Menelaos, Eteoneus, und brachte schnell dem König die Botschaft. „Zwei fremde Männer sind draußen", sprach er, „wie es scheint, Söhne von Königen; sollen wir die Rosse abschirren oder sie weiter senden zu einem anderen Hause?" Da rief Menelaos unwillig: „Du bist doch sonst kein Tor, Eteoneus, doch jetzt sprichst du wie ein Knabe. Wir haben ja selbst beide in fremden Häusern, ehe wir heimkehrten, viel Gutes genossen. Eile, spanne die Rosse aus und führe die Männer herein zum Mahle." Eteoneus rief schnell die Diener zusammen, und nun lösten sie die schäumenden Rosse vom Joch und fütterten sie im Stalle mit Hafer und Gerste. Die Fremden aber wurden in den Palast geführt, dessen schimmernden Glanz sie mit Staunen betrachteten, und nachdem sie sich durch ein Bad erfrischt und gesalbt und in schöne Gewänder gekleidet, traten sie in den Saal und nahmen Platz neben dem König Menelaos. Der reichte ihnen freundlich die Hand und sprach: „Nun esset nach Gefallen und seid gegrüßt, ihr Freunde. Dann, wenn ihr euch am Mahle gestärkt, wollen wir fragen, wer ihr seid; denn wahrlich, ihr stammt aus keinem niederen Geschlechte, ihr seid Söhne von zeptertragenden Königen." Mit diesen Worten legte er ihnen das fette Rükkenstück eines Rindes vor, und sie griffen munter zu. Als sie sich gesättigt, sprach Telemachos leise zu dem Sohne des Nestor: „Sieh nur, Peisistratos, mein Teurer, in dem weiten Saale welch' ein Glanz; von Erz und von Gold und Silber und Elfenbein. Welch' unendlicher Reichtum! Nicht herrlicher glänzet der Saal des olympischen Zeus." Menelaos vernahm die Worte des Jünglings und sprach: „Lieben Söhne, mit Zeus wetteifere kein sterblicher Mensch, denn sein Haus und sein Besitz sind unvergänglich; aber von den Menschen mag keiner so leicht sich mit mir an Reichtum messen, den ich nach vielen Leiden und nach vielem Umherirren im achten Jahr in die Heimat brachte. Aber während ich umherschweifte und mir vielen Reichtum sammelte, erschlug mir ein anderer zu Hause meuchelmörderisch den lieben Bruder durch die List seines argen Weibes. Darum kann ich mich meines großen Reichtums nicht freuen, und gern wäre ich mit dem dritten Teile von allem diesen zufrieden, wenn die Männer noch lebten, die meinetwegen vor Troja ihr Leben verloren. Am meisten aber traure ich um einen Mann, um Odysseus, der unsägliches Elend erlitt, und noch immer wissen wir nicht, ob er lebt oder tot ist. Wie sehr mögen Laertes und Penelope um ihn weinen, und sein Sohn Telemachos, den er als Knäblein einst in seinem Hause zurückließ." So sprach er, und dem Telemachos entstürzten, als er von dem Vater hörte, die Tränen, und er drückte sich mit beiden Händen das purpurne Gewand vor die Augen. Da erkannte ihn Menelaos, und er schwankte in seinem Herzen, ob er warten sollte, bis er selbst seines Vaters Erwähnung tue, oder ob er zuerst ihn fragen sollte.

Während noch so Menelaos mit sich zu Rate ging, trat Helena, seine Gemahlin, aus ihrem duftigen Gemach, schön wie die Göttin Artemis. Eine Dieneringg setzte ihr den Sessel hin, eine andre brachte ihr den schönen wollenen Teppich, eine dritte ein silbernes Körbchen mit goldenem Rande, ein Geschenk der Königin von Theben in Ägypten, in welchem gesponnenes Garn lag und darüber die goldene Spindel mit violetter Wolle. Sie setzte sich auf den Sessel neben ihren Gemahl und fragte ihn sogleich leise: „Wissen wir schon, Menelaos, wer die Jünglinge sind, die in unser Haus gekommen? Irre ich, oder ist es wirklich so? noch niemals sah ich jemand, der so sehr an den Sohn des Odysseus erinnert, wie der eine von ihnen." Menelaos antwortete: „So kommt es auch mir vor, liebes Weib; Füße und Hände, der Blick der Augen, Kopf und Haar sind ganz wie bei Odysseus, und als ich eben des Odysseus in meiner

Rede erwähnte, da vergoß er bittere Tränen und hielt sich das Gewand vor die Augen." Peisistratos vernahm ihre Rede und sprach: „Edler Atride, ja, er ist wirklich der Sohn des Odysseus, aber er ist zu bescheiden, um dreist mit dir zu reden. Ihn hat Nestor, mein Vater, mit mir gesendet, denn er wünschte dich zu sehen, ob du ihm vielleicht Kunde geben könntest von seinem Vater." „Ihr Götter", rief Menelaos, „so ist wirklich der Sohn des geliebtesten Mannes in meinem Hause, der um mich so vieles erduldet, dem ich selbst so gern alle Liebe erwiesen hätte; aber dies Glück mißgönnte mir eben der Gott, der dem Unglücklichen die Heimkehr geraubt." So sprach er und erregte allen tiefes Leid in der Seele; Helena weinte und Telemach und Menelaos; auch der Sohn des Nestor weinte, denn er gedachte seines Bruders, des trefflichen Antilochos, den vor Troja der Äthiopenfürst Memnon getötet. Doch zuerst faßte sich Peisistratos wieder und mahnte, daß es besser sei, bei dem Mahle dem Grame zu entsagen, und als sie nun wieder zum Trank und zur Speise sich wendeten, warf Helena heimlich in den Trank ein Zaubermittel, das sie in Ägypten von Polydamna, dem Weibe des Thon, erhalten und welches allen Kummer und alles Leid vertilgte. Wer von dieser Mischung trank, dem benetzte den Tag keine Träne die Wange, und wäre ihm auch Vater und Mutter gestorben, wäre ihm auch vor seinen Augen Bruder oder Sohn ermordet worden. Da vergaßen alle ihren Kummer, und Helena und Menelaos erzählten den Jünglingen, wie Odysseus vor Troja durch Klugheit und entschlossenen Mut dem Heere unvergleichliche Dienste getan. „Wohl habe ich", sprach Menelaos, „manches Land besucht und viele kluge und mutige Helden kennen gelernt, aber noch keinen sah ich, der dem Odysseus gleich kam." „Um so trauriger, edler Atride", antwortete Telemachos, „daß er trotz alledem sich den Untergang nicht ferngehalten. Doch nun lasset uns zu Bette gehen, damit wir der Ruhe genießen." Sogleich ließ Helena durch die Mägde in der Halle aus Polstern und purpurnen Decken ein weiches Lager bereiten, und die beiden Gäste gingen zur Ruhe; Menelaos aber und Helena zogen sich zurück in das Innere des Palastes.

Am folgenden Morgen befragte Menelaos den Telemachos weiter um den Zweck seiner Reise, und als ihm dieser von dem frechen Treiben der Freier in seinem Hause erzählt, rief er voll Unwillen: „Wehe die Feigen, sie gedenken in dem Lager des gewaltigen Mannes sich zu retten! Wie der starke Löwe, wenn die Hündin ihm ihre Jungen ins Nest gelegt, diese heimkehrend würget, so wird Odysseus kommen und ihnen ein Ende voll Entsetzen bereiten. Denn noch lebt er und wird kommen." Darauf erzählte er dem Telemachos, wie er auf der Insel Pharos bei Ägypten den Meergeist Proteus gezwungen, ihm zu weissagen, und wie dieser unter anderm ihm auch verkündet, daß Odysseus auf der Insel der Kalypso weile, aber aus Mangel an Schiffen und Ruderern nicht heimkehren könne. Mehr allerdings konnte er dem Jüngling von seinem Vater nicht berichten.

Menelaos bat den Telemachos, noch elf oder zwölf Tage bei ihm zu verbleiben, und versprach ihn dann mit köstlichen Geschenken zu entlassen.

Mordanschlag der Freier gegen Telemachos

Unterdessen trieben in Ithaka die Freier ihr Wesen in dem Hause des Odysseus fort. Eines Tages belustigten sie sich wie gewöhnlich vor dem Palaste mit Diskusschleudern und Speerwurf, während Antinoos und Eurymachos, die ausgezeichnetsten unter ihnen und die Häupter der ganzen Schar, bei Seite saßen und sich an den Wettspielen nicht beteiligten; da nahte ihnen Noemon, der Sohn des Phronios, welcher dem Telemachos das Schiff geliehen hatte, und sprach zu Antinoos: „Antinoos, weiß man nicht, wann Telemachos von Pylos zurückkommt? Er ist auf meinem Schiffe fort, und ich habe es jetzt nötig, um nach Elis zu segeln, wo ich mir von meiner Stutenweide ein Maultier holen möchte." Bei diesen Worten staunten die beiden, denn sie glaubten nicht, daß Telemachos nach Pylos sei, sie meinten er sei aufs Land zu den Schafen oder zu dem Schweinehirt. Antinoos fragte sogleich: „Sage mir, Noemon, wann reiste er ab, und was für Genossen folgten ihm? auserwählte freiwillige Jünglinge aus Ithaka, oder leibeigene Knhhchte von ihm? Sage mir auch, nahm der Jüngling dein Schiff mit Gewalt, oder gabst du es ihm gutwillig, als er dich darum ansprach?" „Ich gab es ihm selber", antwortete Noemon; „wer hätte es auch einem solchen Manne in solcher Bekümmernis abschlagen können? Als Gefährten gingen die tapfersten Jünglinge aus dem Volke mit ihm und als Führer des Schiffes Mentor, oder ein Gott, denn ich sah gestern Morgen den trefflichen Mento noch hier." Darauf verließ Noemon die Freier und ging nach dem Hause seines Vaters zurück; Antinoos aber und Eurymachos waren voll Unmut und Sorge ob der Nachricht. Als daher die übrigen Freier ihr Spiel geendet und sich in ihrer Nähe niedersetzten, sprach Antinoos voll glühenden Zornes zu der Versammlung: „Wehe, ein großes Werk hat Telemachos kühn vollendet! Er ist auf die Reise, die wir ihm nimmer zugetraut. Der Knabe ist uns allen entwischt, ohne daß wir es merkten. Jetzt wird er den Grund legen zu unserm Verderben; doch möge Zeus ihn vorher vertilgen. Gebt mir ein schnelles Schiff und zwanzig Gefährten, daß ich ihm einen Hinterhalt lege, wenn er zurückkommt, in der Meerenge zwischen Ithaka und Samos. Da soll ihm die Fahrt nach dem Vater jämmerlich enden." Alle lobten seinen Entschluß und trieben ihn zur Eile, indem sie alles versprachen, was er bedürfte. Darauf gingen sie in den Palast.

Aber der tückische Anschlag war nicht unbelauscht geblieben. Medon, der Herold, der den Freiern wider seinen Willen dienen mußte, hatte außerhalb des Hofes an der Mauer gestanden und alles gehört, was jene gesprochen. Er eilte sogleich in den Palast, um der Königin zu erzählen, wie die Freier ihrem Sohne nach dem Leben strebten, wenn er auf der Rückfahrt von Pylos begriffen sei. Da erbebten der Fürstin Herz und Knie, ihre Stimme stockte, und ihre Augen füllten sich mit Tränen. Endlich rief sie: „Herold, sage mir, warum reisete mein Sohn, was zwang ihn, über das gefährliche Meer zu gehen? Will er, daß auch sein Name unter den Menschen vertilgt sei?" „Fürstin", antwortete Medon, „ich weiß nicht, ob ein Gott oder sein eigenes Herz ihn antrieb nach Pylos zu fahren; er will nach dem Vater forschen, ob er umgekommen, oder noch Hoffnung ist, daß er heimkehrt." Nach diesen Worten entfernte er sich. Penelope aber durchströmte herzverzehrendes Leid; sie setzte sich auf die Schwelle ihres Gemaches und klagte laut, und rings um sie her jammerten mit ihr alle Mägde, die im Hause waren. „O ihr Lieben", rief sie, „wie hat mir der Olympier vor allen andern Frauen groß Leid gegeben. Erst verlor ich den trefflichen weitberühmten Gatten, und nun raubten mir auch die raffenden Winde den teuren Sohn aus dem Hause, ruhmlos und ohne daß ich etwas von seiner Abfahrt erfuhr. Ihr Unglücklichen, warum wecket ihr mich nicht aus dem Bette, da ihr wußtet, als er von hinnen fuhr. Hätte ich gemerkt, daß er die Fahrt im Sinne hatte, er wäre gewiß geblieben, oder hätte mich tot hier in meinem Gemache zurückgelassen. Rufe mir eine sogleich den Dolios, den alten Knecht, den der Vater mir in dieses Haus mitgab, daß er alles schnell dem Laertes melde; vielleicht findet dieser einen Rat in seinem klugen Herzen." Da sprach die treue Amme Eurykleia: „Liebe Herrin, töte mich mit dem Schwerte, oder laß mich im Hause; doch will ich dir nichts verbergen. Ich habe alles gewußt, ich gab ihm auf die Fahrt Speise und Wein; doch mußte ich durch einen Eid geloben, dir nichts zu verraten bis zum zwölften Tage. Bade dich jetzt und lege reine Gewänder an und gehe dann mit deinen Mägden hinauf zu dem Söller, um zu Pallas Athena zu beten; sie wird ihn wohl vom Tode erretten. Aber den Alten verschone, er hat schon Kummer genug; die seligen Götter hassen den Stamm des Arkeisios nicht so sehr, daß nicht noch einer bliebe, um über dieses Haus und das Gut zu herrschen."

Penelope tat nach dem Rate der Eurykleia, und nachdem sie zu Athena gebetet, schlief sie voll Kummer ein. Da sandte ihr die Göttin ein Traumbild in der Gestalt ihrer Schwester Iphthime, die in dem thessalischen Pherä an Eumelos vermählt war. Das Traumbild stand an dem Haupte der Schlafenden und sprach: „Schläfst du, Penelope, du Betrübte? Wahrlich, die Götter wollen nicht, daß du weinest und trauerst; denn dein Sohn wird wieder glücklich heimkehren, Pallas Athena steht ihm zur Seite, die starke Helferin, und sie hat mich auch hierher gesendet, dir solches zu verkünden." Da antwortete die Fürstin im Schlafe: „Wenn du denn eine göttliche Erscheinung bist und hörtest die Stimme der Göttin, so sage mir auch, ob mein unglücklicher Gatte noch lebt, oder ob er drunten im Hades wohnt." Das Traumbild ließ sie ohne Aufschluß und verschwand; aber Penelope erwachte voll Freudigkeit.

Die Freier hatten schon während des Tages ein Schiff in das Meer gezogen und mit allem Nötigen ausgerüstet, auch Waffen durch ihre Diener hineintragen lassen, und Antinoos ging mit dem Einbruch der Nacht mit seiner Schar unter Segel, entschlossen zu grausamem Morde. Mitten in der Enge zwischen Ithaka und Samos lag eine kleine felsige Insel, Asteris mit Namen; dort legten sie sich in einen sicheren Hafen in Hinterhalt und lauerten auf den heimkehrenden Telemachos.

Des Odysseus Abfahrt von Ogygia und Schiffbruch

Hermes, der Bote des Zeus, eilte vom Olympos über das weite Meer nach dem fernen Ogygia, um der schöngelockten Nymphe Kalypso den Auftrag des Zeus zu bringen, daß sie endlich den Odysseus, der voll Trauer schon im achten Jahre auf der Insel weilte, abziehen lasse. Wie eine Möwe fuhr er über über das Meer hin und gelangte zu der geräumigen Grotte der Nymphe. Kalypso war drinnen, vor ihr brannte auf dem Herde ein großes Feuer, daß der liebliche Duft von dem brennenden Zederholze sich fernhin über die Insel verbreitete. Sie sang mit schöner Stimme, während sie mit goldenem Schiffchen an einem Gewande webte. Rings um die Grotte stand ein grünender Hain von Pappeln und Erlen und duftigen Zypressen; darin nisteten Scharen von Vögeln, Eulen und Habichte und Meerkrähen. Vorn an dem Felsen der Grotte wucherte ein üppiges Rebengeranke, von purpurnen Trauben beschwert, und vier Quellen, nahe beieinander, ergossen nach verschiedenen Seiten hin ihre schlängelnden Gewässer. An den Bächen grünten sanfte Wiesen voll Veilchen und Eppich.

Hermes betrachtete eine Zeit lang staunend die reizende Lieblichkeit dieses Göttersitzes und ging dann in die Grotte zu der Nymphe. Diese erkannte sogleich den Gott; denn Götter sind sich nicht unbekannt, wenn sie auch ferne von einander wohnen. Den Odysseus traf Hermes nicht in der Grotte; er saß, wie gewöhnlich, weinend am Ufer des Meeres und zerquälte sein Herz mit Seufzen und Kummer. Kalypso bot sogleich dem Gott einen prächtigen Thron zum Sitze und fragte nach dem Zweck seines Kommens, und nachdem dieser an der vorgesetzten Ambrosia und dem Nektar sich gelabt, verkündete er ihr den Auftrag des Zeus. Da erschrak die Nymphe und sprach: „Grausam seid ihr doch, ihr Götter, und neidischen Herzens, daß ihr uns Göttinnen wehrt, uns einen Gemahl zu erkiesen. Ihr veraget mir den Umgang mit dem Manne, den ich vom Tode gerettet, als er auf zertrümmertem Kiel einsam an meine Insel trieb. Ich nahm ihn freundlich auf und reichte ihm Nahrung und verhieß ihm Unsterblichkeit und ewige Jugend. Doch dem Zeus vermag kein Gott zu widersprechen; drum mag er ziehen über das wüste Meer, wenn der Olympier es einmal will. Aber ich selbst werde ihn nicht entsenden, denn mir gebricht es an Schiffen und Ruderern; mit Rat will ich ihn wohl unterstützen und ihm nichts verhehlen, damit er wohlbehalten in seine Heimat kommt." „So laß ihn denn ziehen und scheue den Zorn des Zeus", sprach Hermes und eilte von dannen.

Kalypso aber ging zu dem Ufer des Meeres, wo Odysseus weinend saß, und sprach zu ihm: „Vielgeprüfter Odysseus, traure mir nicht also und härme dein Leben nicht so ab in Schwermut; denn ich bin ja bereit dich zu entlassen. Wohlan, haue dir mächtige Balken und füge sie mit Erz zu einem breiten Floße zusammen; darüber mache ein Band von Brettern. Brot und Wasser und herzerquickenden Wein werde ich selbst dir mitgeben; auch will ich dich mit Kleidern versehen und dir einen günstigen Fahrwind senden. So magst du, wenn die Götter es gestatten, ungefährdet in die Heimat gelangen." Odysseus erschrak bei den Worten der Nymphe und sprach mißtrauisch: „Gewiß, du sinnst auf etwas anderes, Göttin, als mich zu entsenden. Nimmer besteige ich ein Floß, wenn du mir nicht durch einen heiligen Eid gelobest, daß du mir kein Unheil bereiten willst." Da lächelte Kalypso, streichelte ihn sanft mit der Hand und antwortete: „Stets bist du doch schlau und voller Vorsicht. Nun, so schwöre ich dir denn bei der Erde und dem Himmel und den Wassern der Styx, daß ich dir kein Unheil bereiten will; ich rate dir, was ich selbst mir in ähnlicher Not ausdenken würde. Ich trage ja kein eisernes Herz im Busen und bin mitleidsvoll und billigen Sinnes." Mit diesen Worten führte sie den Odysseus zur Grotte, wo sie nach eingenommenem Mahle zur Ruhe gingen.

Am folgenden Morgen gab Kalypso dem Odysseus eine mächtige Axt, ein Beil und einen Bohrer und führte ihn zu dem äußersten Ende der Insel, wo ein Wald von hohen schattigen Bäumen stand, damit er sich die verdorrten leichten Stämme aushaue und zu einem Floße zusammenfüge. Odysseus machte sich sogleich ans Werk und baute sich aus mächtigen Balken ein Floß mit Steuerruder, Mast und Segelstangen, versah es mit Segeln und Tauen und schob es dann mit Hebeln in das Meer. In vier Tagen war alles vollendet; am fünften nahm er Abschied von der Nymphe, die ihn mit Wasser und Wein und allerlei Zehrung versah und ihm einen linden Fahrwind sandte. Freudig spannte Odysseus die Segel aus, setzte sich an das Steuerruder und lenkte sein Fahrzeug über die Flut. Siebzehn Tage lang fuhr er so dahin, ohne daß der Schlaf über seine Augen kam; denn stets hielt er den Blick nach den Sternen gerichtet, damit er nicht vom Wege abirrte; am achtzehnten erschienen ihm in der Ferne die schattigen Berge des Phäakenlandes. Da kehrte eben Poseidon von den Aithiopen heim und sah ferne von den Bergen der Solymer den Odysseus auf dem Meere dahintreiben. Zornig schüttelte er sein Haupt und sprach in der Tiefe seines Herzens: „Wehe, da haben gewiß, während ich fern bei den Aithiopen war, die Götter dem Odysseus die Heimkehr beschlossen. Schon ist er in der Nähe des phäakischen Landes, wo ihm das Schicksal das Ziel seiner Leiden gesetzt hat; aber ich meine, er soll mir doch noch genug Jammers bestehen." So sprach er und versammelte die Wolken, wühlte mit dem Dreizack das Meer auf und band alle Winde los. Erde und Meer hüllten sich in schwarzes Gewölk, Ost- und West-, Süd- und Nordwind stürmten wider einander und wälzten gewaltige Wogen auf. Da erzitterten dem Odysseus Herz und Knie, und er sprach tiefseufzend zu seiner Seele: „Wehe mir Unglücklichen, was soll noch endlich aus mir werden! Dreimal und viermal selig die Danaer, die vor Troja gefallen! Hätte mich doch auch auf dem Schlachtfeld der Tod ereilt an jenem Tage, wo ich, von feindlichen Speeren umsaust, um die Leiche des Achilleus focht! Dann hätten mich die Achäer rühmlich bestattet und weithin mein Lob verkündet; so aber muß ich einem schmählichen Tod erliegen." Während er noch so klagte, schlug eine mächtige Woge von oben herab und riß das Floß im Wirbel dahin, daß er selbst das Steuer aus den Händen verlor und in die tobende Flut stürzte. Der Mast brach in der Wut der Winde krachend entzwei, und Segel und Segelstangen flogen in die Wellen. Lange blieb der unglückliche Held unter der rollenden Flut und mühte sich, von seiner Kleidung beschwert, vergebens emporzutauchen. Endlich kam er empor und spie aus dem Munde das bittere Wasser, das strömend von seinem Scheitel trof. Auch in dieser Not vergaß er des Floßes nicht; er schwang sich ihm nach durch die reißenden Wogen, erhaschte es und setzte sich mitten darauf. So dem Tode entflohen, trieb er hierhin und dorthin, der Willkür der tobenden Wellen preisgegeben.

In dieser Lage sah ihn Ino Leukothea, die Tochter des Kadmos, einst ein sterbliches Weib, jetzt eine hilfreiche Göttin der See, und sie erbarmte sich des unglücklichen gequälten Helden. Sie setzte sich auf den Rand des Floßes und sprach: „Armer, wahrlich Poseidon zürnt dir entsetzlich; aber er soll dich nicht zu Grunde richten. Tue nur, was ich dir sage; zieh' deine Kleider aus und springe in die Flut, das Floß überlaß den treibenden Winden. Schwimme mit den Händen dem Phäakenlande zu, wo die Rettung beschieden ist. Da, breite dir diesen Schleier um die Brust, der schützt dich vor Leid und Untergang. Sobald du aber das Ufer erreicht hast, löse den Schleier und wirf ihn mit abgewandtem Antlitz weit von dir ins Meer." Mit diesen Worten reichte sie ihm ihren Schleier und tauchte dann wieder in die Flut hinab, wie ein Taucher. Odysseus mißtraute zwar den Worten der Göttin, doch war er entschlossen ihr zu folgen, aber nicht eher, als bis sein Floß vom Sturm zertrümmert würde. Kaum hatte er solches in seinem Herzen erwogen, so sandte Poseidon gegen das Floß eine hohe furchtbare Welle, welche alle Balken auseinander riß. Da schwang sich Odysseus auf einen schwimmenden Balken, wie ein Reiter aufs Roß, warf die Kleider ab, hüllte sich den Schleier um die Brust und sprang mit ausgebreiteten Armen in das Meer. Poseidon sah ihn in der brausenden Flut dahinschwimmen und sprach mit zornigem Herzen: „So durchirre mir jetzt von Jammer umringt, das Meer, bis du zu den Menschen kommst, die dich retten sollen; doch auch so wirst du, hoffe ich, der Leiden genug haben." So sprach er und trieb seine unsterblichen Rosse zu seiner glänzenden Wohnung nach Ägä. Jetzt erbarmte sich Athena des armen Helden; sie beschwichtigte alle andern Winde und ließ ihn durch den Nordwind vorwärts treiben, indem sie die hohen Wogen vor ihm brach. Zwei Tage und zwei Nächte schwamm Odysseus so dahin; als das dritte Morgenrot erschien, legte sich der Wind, und er sah voll Freuden das waldige Ufer des Phäakenlandes nahe vor sich. Aber eine hohe Felsenwand zog sich am Ufer hin, und das brandende Meer davor war unergründlich tief. Eine stürmende Woge warf den Schwimmenden an die zackigen Felsen und schleuderte ihn wieder in das Meer zurück. Er rang sich aus der Brandung hervor und schwamm nun längs der Küste hin, bis er die Mündung eines Flusses erreichte, wo das Ufer niedrig und ohne Felsen war und die Landung gestattete. Odysseus flehte den Flußgott um Erbarmen an, und siehe, der Gott hemmte seine wallenden Fluten und rettete ihn freundlich an das seichte Gestade. Da ließ er die entkräfteten Knie und Arme sinken, und, erstarrt von der schrecklichen Arbeit, sank er bewußtlos ans Ufer. Sobald er sich wieder erholte, löste er den Schleier der Leukothea von der Brust und warf ihn rückwärts in die Flut, wo die Göttin ihn wieder an sich nahm. Nun stieg er vollends ans Land, küßte voll Freude die längst ersehnte Erde und suchte sich für die Nacht ein Lager. Nahe am Wasser war ein waldiger Hügel. Hier standen dicht an einander ein wilder und ein zahmer Ölbaum von so dichtem Gezweige, daß weder Regen noch Sonnenschein hindurchdrang. Darunter machte er sich sein Lager von aufgehäuften Blättern und legte sich hinein, so tief vergraben, wie ein verscharrter Feuerbrand in einem Haufen Asche.

Odysseus und Nausikaa

Während Odysseus, entkräftet von Sorge und Anstrengung, in tiefem Schlummer lag, ging Athena, seine treue Schützerin, zur Stadt der Phäaken in den Palast des Königs Alkinoos, wo in prächtiger Kammer dessen Tochter schlief, die Jungfrau Nausikaa, einer Unsterblichen an Schönheit gleich. Zwei Mägde schliefen bei ihr, auf beiden Seiten der dichtverschlossenen Türe. Athena schwebte wie der Hauch eines Lüftchens zu dem Lager der Jungfrau und stellte sich in der Gestalt ihrer Jugendgespielin, der Tochter des Dymas, zu Häupten der Schlafenden, indem sie sprach: „Warum so lässig, Nausikaa? Siehe, deine kostbaren Gewänder liegen ungewaschen, und schon ist der Tag deiner Vermählung nah, wo du selbst schöne Gewänder tragen und andere deinen Brautführern schenken mußt. Denn schon werben die edelsten Jünglinge im Volke um deine Hand. Wohlan, laß uns morgen frühe waschen gehen, ich selbst will dir helfen; bitte den Vater, daß er dir die Maultiere an den Wagen spannt, damit du darauf mit der Wäsche fährst, denn die Waschgruben sind weit entfernt." Nachdem die Göttin so gesprochen, enteilte sie wieder zum Olympos. Sobald aber das Morgenrot die Nausikaa weckte, ging sie hinab zu Vater und Mutter, um ihnen den Traum zu sagen. Die Mutter saß am Herde mit ihren Mägden und drehte die Spindel; der Vater aber begegnete ihr in der Türe, denn er ging eben zur Ratsversammlung der edlen Phäakenfürsten. Sie trat ihm freundlich entgegen und sprach: „Väterchen, willst du mir nicht den Wagen anspannen, daß ich die Kleider zum Waschen nach dem Fluß fahre; denn du selbst mußt ja doch reine Gewänder tragen, wenn du in die Ratsversammlung gehst; und auch meine drei Brüder, die von den fünfen noch unvermählt sind, wollen sich stets mit reinen Gewändern schmücken, wenn sie zum Reigen gehen. Und alles ruht doch auf mir." Der Vater erkannte wohl, daß sie mehr an sich selbst und ihre Vermählung dachte, als an andere, doch ließ er's nicht merken und sprach: „Ja, mein Töchterchen, du sollst Maultiere und Korbwagen haben; die Diener sollen dir alles besorgen." So geschah es. Die Jungfrau trug die Wäsche auf den Wagen und stieg selbst hinauf; die Mutter brachte in einer Kiste Eßwaren und Wein in einem Schlauche, und nun fuhr Nausikaa, von ihren Dienerinnen begleitet, nach dem Flusse, indem sie selbst die Zügel leitete.

Als die Mädchen an den Waschgruben angekommen waren, spannten sie die Mäuler aus und jagten sie auf die Weide, trugen dann selbst die Wäsche in die Gruben und stampften sie wetteifernd mit den Füßen. Als alles gewaschen und gereinigt war, breiteten sie die einzelnen Stücke auf dem Sande an dem Ufer des Meeres in Reihen zum Trocknen aus, badeten und salbten sich mit Öl, das ihnen die Königin mitgegeben hatte, und setzten sich dann an dem grünen Gestade des Meeres zum Mahle nieder. Nachdem sie gegessen, legten sie ihre Schleier ab und begannen auf der Wiese ein Ballspiel. Nausikaa selbst stimmte zuerst den Gesang dazu an, vor allen andern Jungfrauen hervorstrahlend durch hohe Gestalt und liebliches Antlitz, wie Artemis, die blühende Götterjungfrau, vor ihrem Jagdgefolge von reizenden Nymphen. Als die spielenden Mädchen schon an die Heimkehr dachten, da fehlte auf Veranstalten der Athena Nausikaa mit dem Balle eine der Gespielinnen, und der Ball sprang in den tiefen Fluß. Laut schrien die Mädchen auf, daß Odysseus, der in dem nahen Dickicht schlief, davon erwachte. So wollte es Athena. Der Held setzte sich auf in seinem Lager und sprach zu seinem Herzen: „Wehe, in welcher Menschen Land bin ich gekommen? Zu übermütigen Räubern oder zu gottesfürchtigen Freunden des Gastrechts? Doch es däuchte mir, als hörte ich jauchzende Mädchenstimmen; da bin ich doch wohl in der Nähe von redenden Menschen." So sprach er und trat aus dem Dickicht. Da er völlig nackt war, so brach er sich einen dichtbelaubten Zweig, um seine Blöße zu bedecken, und ging auf die Jungfrauen los, gleich einem Löwen, der vom Hunger getrieben, durch Sturm und Regen hinwandelt, eine Beute zu suchen; denn ihn trieb die Not. Als die Mädchen den gewaltigen Mann daherkommen sahen, von dem Schmutze des Meerwassers bedeckt, da flohen sie erschreckt auseinander und versteckten sich hinter den Vorsprüngen des Ufers. Nur Nausikaa blieb stehen und erwartete ihn; ihr hatte Athena Mut in die Seele gelegt. Odysseus schwankte, ob er flehend die Knie der Jungfrau umfassen, oder aus der Ferne sie mit freundlichen Worten bitten sollte, daß sie ihm Kleider gebe und den Weg nach der Stadt zeigte. Das letzte schien ihm ziemlicher, und er rief ihr daher von weitem zu: „Ich flehe dich an, hohe Herrin, magst du nun eine Göttin sein oder eine Sterbliche. Bist du eine Göttin, so scheinst du mir der Artemis gleich an Gestalt und reizender Bildung; bist du eine Sterbliche, so preise ich dreimal selig deinen Vater und Mutter und Brüder! Wie muß ihr Herz sich heben vor Wonne bei solcher Schönheit, wenn sie deine liebliche Gestalt zum Reigentanze schreiten sehen. Aber wer ermißt die Seligkeit des Jünglings, der dich als Braut in sein Haus führet. Erbarme dich mein, o Herrin, denn groß ist mein Elend. Gestern am zwanzigsten Tage entfloh ich dem dunklen Meer, in welchem die Wogen und die Stürme mich umtrieben. Von Ogygia komme ich und ward nun an diese Küste geschleudert, ungewiß, was mir weiter begegnen wird; denn noch glaube ich nicht das Ende meiner Leiden gefunden zu haben. O erbarme dich, Jungfrau; nach unendlicher Trübsal bist du die erste, die mir begegnet, von den andern Menschen, die in diesem Lande wohnen, kenne ich niemand. Gib mir eine Bedeckung für meinen Leib und zeige mir den Weg zur Stadt. Mögen dir die Götter dafür geben, was dein Herz begehrt, einen Gatten, ein Haus und dazu selige Eintracht."

Nausikaa antwortete: „Fremdling, du scheinst mir kein schlechter und kein törichter Mann. Du sollst, da du zu unserer Stadt und unserem Lande gekommen, weder an Kleidung noch an anderen Dingen Mangel leiden, welche schutzflehenden Fremdlingen gebühren. Ich will dir auch die Stadt zeigen und den Namen seines Volkes sagen. Phäaken sind es, die dieses Land bewohnen, und ich bin die Tochter des Alkinoos, der über das Volk der Phäaken herrscht." Hierauf rief sie ihre Dienerinnen und ermutigte sie heranzukommen, daß sie dem fremden Manne Speise und Trank und Kleidung gäben. Sie kamen und legten dem Fremden Mantel und Leibrock hin und die Flasche mit Öl, daß er vorher sich bade und salbe. Nachdem Odysseus an einer versteckten Stelle des Ufers sich den Schmutz vom Leibe gespült und sich gesalbt hatte, zog er die Kleider an, welche ihm die Jungfrau geschenkt, und Athena, seine Beschützerin, machte seine Gestalt schöner und jugendlicher, als sie zuvor war; wallende Locken flossen ihm vom Scheitel herab, und reizende Anmut strahlte von seinem Haupt und seinen Schultern. So in glänzender Schönheit setzte er sich am Ufer des Meeres nieder, abseits von den Jungfrauen. Nausikaa betrachtete ihn mit Staunen und sprach leise zu ihren Gespielen: „Wahrlich, nicht alle Götter sind diesem Manne gram. Vorher schien er gering von Ansehen, jetzt aber gleicht er den himmlischen Göttern. Würde er doch, so wie er da ist, mein Gemahl und bliebe im Lande! Aber, ihr Mädchen, gebet dem Fremden Speise und Trank." Die Mädchen gehorchten, und nun aß und trank der vielduldende Held voll Hast und Begier, denn er hatte lange gedarbet.

Hierauf faltete Nausikaa die getrockneten Gewänder und lud sie auf den Wagen, spannte die Maultiere davor und bestieg selbst den Wagensitz, indem sie zu Odysseus sprach: „Jetzt mache dich auf, Fremdling, um mit in die Stadt zu gehen; ich werde dich zu dem Hause meines Vaters führen, wo du auch die edelsten aller Phäaken sehen wirst. So lange der Weg durch die Felder hingeht, folge du mit den Dienerinnen dem Wagen; aber sobald wir die Stadt erreichen – eine hochgetürmte Mauer umschließt sie und der Weg führt zwischen zwei Häfen hinein, eingeengt durch viele Schiffe, welche auf beiden Seiten an den Häfen in Reihen auf dem Lande stehen. Dort ist auch ein Markt um den schönen Tempel des Poseidon, wo die Phäaken alle Geräte für ihre Schiffe bereiten, Taue und Segeltücher und Ruder; denn um Köcher und Bogen kümmern sich die Phäaken nicht, sondern die Schiffahrt ist ihre einzige Beschäftigung. Wenn wir also in der Nähe der Stadt sind, da miede ich gern, lieber Fremdling, das lose Gerede der Leute; da könnte einer sagen: Sieh doch, welch' ein schöner und großer Fremdling folgt der Nausikaa. Wo fand sie den doch? Er soll gewiß ihr Gemahl werden. Das wäre mir ein Schimpf. Drum, wenn wir an den Pappelhain der Athena kommen, der nahe an dem Wege liegt – eine Quelle entspringt darin, und darum ist eine Wiese – so weit von der Stadt, wie die Stimme eines Rufenden schallt, so setze dich dort nieder und warte so lange, bis wir in die Stadt und das Haus meines Vaters gekommen sein können; dann gehe in die Stadt und frage nach dem Palaste meines Vaters Alkinoos. Er ist leicht zu erkennen, ein Knabe kann dir ihn zeigen. Dort umfasse die Knie meiner Mutter; wenn sie dir wohl will, so wirst du bald in dein Vaterland und zu den Deinen kommen."

So sprach Nausikaa und trieb die Maultiere vorwärts; doch mäßigte sie durch den Zügel die raschen Tiere, damit die Mägde und Odysseus folgen könnten. Als die Sonne sank, kamen sie an den heiligen Hain der Athena. Hier blieb Odysseus zurück und betete zu der Göttin um Schutz und Hilfe, daß er Barmherzigkeit und Gnade bei dem Volke der Phäaken finde. Athena erhörte sein Flehen; doch zeigte sie sich ihm noch nicht von Angesicht, denn sie scheute den Bruder ihres Vaters Poseidon, der dem Helden zürnte, bis er in sein Vaterland kam.

Odysseus bei den Phäaken

Nausikaa war schon in dem Hause ihres Vaters angelangt und hatte sich in ihr Gemach zurückgezogen, als Odysseus sich erhob und in die Stadt ging. Athena hüllte den wehrlosen Wanderer in Nacht, damit kein mutwilliger Phäake auf dem Wege ihn kränke und fragte, wer er sei. Als er eben in die schöne Stadt eintreten wollte, ging sie ihm in der Gestalt eines Phäakenmädchens, das einen Wasserkrug trug, entgegen. Odysseus fragte sie: „Liebes Kind, willst du mir nicht den Weg zu dem Palaste des Alkinoos zeigen, der in diesem Lande herrscht? Denn ich bin ein armer Fremdling aus fernem Lande und kenne hier niemand." Athena antwortete: „Ja, gewiß, Vater, ich will dir das Haus zeigen; er wohnt ganz nahe bei meinem Vater. Doch folge mir schweigend und schaue keinen Menschen an und frage auch niemand; denn die Leute sind hier nicht sonderlich freundlich gegen die Fremden." Unter diesen Worten ging Athena schnell voran, und Odysseus folgte schweigend; kein Phäake gewahrte ihn. Er betrachtete sich bewundernd die Häfen und die prächtigen Schiffe, die Marktplätze und die hohen mit Palisaden besetzten Mauern und gelangte endlich zu dem Palaste des Königs. „Dies ist das Haus, Vater", sprach Athena; „gehe getrost hinein und fürchte dich nicht, dem Kühnen gelingt jegliches Beginnen. Du wirst drinnen die Fürsten der Phäaken beim Schmause versammelt finden; aber suche vor allen Dingen die Königin Arete auf. Sie wird hoch vor allen Frauen geehrt von ihrem Gatten und ihren Kindern und von dem Volke; denn sie ist ausgezeichnet durch klugen Verstand und schlichtet selbst den Männern ihre Zwiste mit Weisheit. Wenn sie dir wohl will, so kannst du hoffen, daß du wieder in die Heimat und zu den Deinen kommst."

Nach diesen Worten entfernte sich Athena. Odysseus aber stand voll Staunen vor dem wunderbaren Palaste, der strahlte wie der Glanz der Sonne und des Mondes. Die Wände waren von strahlendem Erz, die Türe von Gold und hatte silberne Pfosten und eine eherne Schwelle. Auf beiden Seiten waren goldene und silberne Hunde, ein Werk des Hephaistos, wie zur Bewachung des Hauses aufgestellt. Drinnen im Saale standen rings an den Wänden schöne Sessel, mit herrlichen Teppichen überdeckt; darauf saßen die Fürsten der Phäaken jeglichen Tag bei festlichem Mahle. Auf hohen Gestellen standen Jünglingsgestalten von Gold, welche brennende Fackeln in den Händen hielten, um den schmausenden Gästen bei Nacht zu leuchten. Fünfzig Mägde dienten in dem Hause des Königs; die einen mahlten das Getreide, die andern saßen und webten oder drehten die Spindel. Außerhalb des Hofes lag nahe an der Pforte ein großer viereckiger Garten, mit einer hohen Mauer umzogen; darin stehen viele hochragende Bäume mit Birnen und Granaten und Äpfeln, Feigen und Oliven. Sie tragen beständig; weder im Sommer noch im Winter ermangeln sie der Früchte, sondern unter dem linden Wehen des Westes blühen hier die Knospen und reifen dort die Früchte, Birnen auf Birnen, Äpfel nach Äpfeln. Auch war dort ein Feld mit Reben, wo ein Teil der Trauben gereift in den Sonnenstrahlen trocknete, andere geschnitten, wieder andere schon gekeltert wurden; hier schwollen die Heerlinge eben aus der Blüte, dort begannen die

Beeren sich zu bräunen. Am äußersten Ende des Gartens lagen regelmäßige Gemüsebeete mit üppigen Gewächsen der mannigfaltigsten Art. Auch flossen dort zwei Quellen; die eine durchschlängelte den ganzen Garten, die andere floß unter der Schwelle des Hofes hindurch bis an den Palast, wo die Bürger ihr Wasser schöpften.

Nachdem Odysseus all' diese Herrlichkeit eine Weile bewundert hatte, schritt er schnell über die Schwelle in das Haus. Er fand in dem Saale die Fürsten der Phäaken, wie sie eben zum Schlusse des Mahles dem Hermes spendeten, um zur Ruhe zu gehen. Der Held ging, in Dunkel gehüllt, daß er von niemand gesehen ward, bis zu den Sitzen der Königin und des Königs. Das Dunkel wich von ihm, als er eben sich vor Arete niederwarf und ihre Knie umfaßte, und die Phäaken sahen stumm und staunend den fremden Mann an. Dieser aber flehte: „Hohe Königin Arete, ich komme, ein armer Verirrter, hilfesuchend zu deinen Knien, deinem Gatten und diesen Gästen. Mögen die Götter euch Heil und langes Leben schenken und euren Kindern Reichtum und Ehre; mich aber sendet geleitend in meine Heimat, denn ich irre schon lange umher in Trübsal, ferne von meinen Lieben." So sprach er und setzte sich an den Herd in die Asche neben das Feuer. Die Phäaken aber sahen noch immer den Fremden mit schweigendem Staunen an, bis endlich der Greis Echenoos, der älteste der Phäaken, ein verständiger und beredter Mann, zu dem König sprach: „Alkinoos, es ziemt sich nicht, einen Fremdling auf der Erde in der Asche am Herd sitzen zu lassen. Wohlan, heiße ihn aufstehen und sich auf den schmucken Sessel setzen und laß die Herolde aufs neue Wein mischen, auf daß wir dem Zeus Trankopfer spenden, der über die Hilfeflehenden waltet. Die Schaffnerin aber reiche dem Fremden ein Abendmahl." Nun faßte Alkinoos den Fremden sogleich bei der Hand und führte ihn zu dem schmucken Sessel an seiner Seite, indem er seinen Sohn Laodamas, seinen Liebling, der gewöhnlich neben ihm saß, Platz machen hieß. Nachdem der Held sich an dem Mahle gelabt und die ganze Versammlung dem Zeus, dem Beschirmer des Gastrechts, gespendet hatte, lud Alkinoos die zum Aufbruch sich anschickenden Fürsten auf den morgenden Tag zum Mahle, das er dem Fremdling zu Ehren veranstalten wollte, und versprach diesem eine baldige Entsendung nach der Heimat. „Wenn aber", sprach er zu seinen Freunden, „ein Gott vom Himmel zu uns herabgekommen ist, wie sie ja öfter in sichtbarer Gestalt bei uns zum Schmause sich einstellen, nun, dann haben die Götter ein andres mit uns im Sinne." „Hege nicht solche Gedanken, Alkinoos", sprach da Odysseus; „gleiche ich doch an Wuchs und Gestalt nicht den seligen Göttern, sondern ich bin ein Mensch wie andere, und zwar der unglückseligsten einer. Aber ich bitte euch, sobald der Morgen anbricht, beschleunigt die Anstalten zu meiner Entsendung; gerne will ich sterben, wenn ich meine Heimat wiedergesehen."

Die Phäaken versprachen seinen Wunsch zu erfüllen und gingen nach Hause zur Ruhe. Das Königspaar aber setzte sich neben den in dem Saale zurückgebliebenen Fremdling, und Arete, welche in der Kleidung desselben die schönen Gewänder erkannte, die sie selbst mit ihren Mägden gewirkt hatte, redete ihn fragend an: „Fremdling, zuerst muß ich dich fragen, wer du bist und aus welchem Lande, und wer dir diese Gewänder gegeben. Sagtest du nicht, du kämest über das Meer verschlagen zu uns?" Odysseus erzählte jetzt von seinem Schiffbruch und Aufenthalt bei Kalypso, von seiner letzten unglücklichen Fahrt und wie ihn Nausikaa mit Kleidung versehen. „Da handelte meine Tochter recht", sprach Alkinoos mit zufriedenem Herzen, „doch in einem versah sie es: sie hätte dich sogleich, da du zuerst hilfeflehend zu ihr kamst, mit in mein Haus bringen sollen." Odysseus antwortete: „Tadele deswegen nicht, o König, deine herrliche Tochter. Denn sie gebot mir zu folgen mit ihren Mägden; aber ich weigerte mich, aus Besorgnis, dein Herz möchte sich erzürnen, wenn du es sähest. Wir Menschenkinder sind alle leicht zum Zorne gereizt." „Fremdling", antwortete der König, „mein Herz zürnt so leicht nicht ohne Grund; indessen ziemliches Handeln ist immer besser. Wenn doch die Götter mir das Glück verliehen, daß ein Mann, wie du, mir so ähnlich an Gesinnung, die Hand meiner Tochter begehrte und als mein Eidam im Lande bliebe. Haus und Habe wollte ich dir geben, wenn du bliebest; doch wider Willen soll niemand dich zurückhalten. Deine Entsendung aber will ich auf morgen abend bestimmen. Während du im Schlummer liegst, sollen die Ruderer über das stille Meer dich hinüberbringen in deine Heimat, und wenn sie auch noch so entfernt ist; du wirst erkennen, wie vor allen meine Schiffe und Jünglinge geschickt sind, das Meer zu durchfliegen." Der vielduldende Held vernahm die Worte des Königs mit freudigem Danke und ging endlich zur Ruhe, nachdem Arete ihm in der Halle ein weiches Lager hatte aufschlagen lassen.

Am andern Morgen ging der König Alkinoos mit seinem Gaste auf den Markt, während Athena in Gestalt eines Heroldes die Gemeinde der Phäaken zur Versammlung rief. Diese strömten zahlreich herbei, und schnell waren alle Sitze angefüllt. Mit Staunen betrachteten alle den fremden Mann, dem Athena göttliche Hoheit um Haupt und Schultern gegossen und höheren Wuchs und blühende Jugend verliehen hatte, damit er, ehrwürdig und hehr, allen Phäaken lieb und teuer werde. Jetzt erhob sich Alkinoos und empfahl dem Volke seinen Gast, daß sie ihn ehreten und zur Heimat entsendeten. Er ermahnte sie, eins der neuesten Schiffe zur Fahrt zu rüsten und 52 der rüstigsten Jünglinge als Ruderer ihm zur Verfügung zu stellen. Zugleich lud er die Häupter des Volkes zu dem Festmahle, das er dem Fremden zu Ehren in seinem Hause bereiten wollte, und befahl den Sänger Demodokos zu rufen, daß er bei dem Mahle mit seinem göttlichen Gesange ihre Herzen erfreue.

Nach aufgehobener Versammlung begaben sich die auserlesenen Jünglinge in den Hafen und rüsteten das beste Schiff, das sie fanden, zur Fahrt aus. Darauf kamen sie, wie sie Alkinoos geheißen, in den königlichen Palast, um an dem Mahle teilzunehmen. Dort waren schon alle Säle und Hallen und Gehöfte mit Gästen erfüllt; zwölf Schafe, acht Schweine und zwei fette Stiere waren schon geschlachtet und wurden zum Mahle bereitet. Jetzt führte der Herold auch den blinden Sänger Demodokos herbei, den Freund der Musen, setzte ihm mitten unter den Gästen einen schmucken Sessel an eine Säule und hängte die Laute an einem Pflocke über seinem Haupte auf. Darauf stellte er ihm einen Tisch und Speisen vor und füllte ihm einen Becher mit Wein, daß er trinken konnte, wenn's ihm beliebte. Als sich nun die Gesellschaft an dem stattlichen Mahle gelabt, da trieb es den Sänger ein Heldenlied zu singen, ein berühmtes Lied von dem Streite des Odysseus und des Peliden Achilleus vor Troja. Als Odysseus seinen eigenen Namen in dem Liede feiern hörte, da übermannte ihn die Rührung, und er hüllte sein Haupt in die purpurnen Falten seines Mantels, damit die Phäaken die Tränen nicht sähen, welche ihm aus den

Augen stürzten. So oft der göttliche Sänger schwieg, trocknete er sich die Tränen und enthüllte das Haupt, nahm den Becher und spendete den Göttern; wenn aber der Sänger wieder begann, aufgefordert von den Edlen der Phäaken, verbarg der Held wieder seufzend sein Haupt. Keiner der Phäaken bemerkte es, außer Alkinoos, der neben ihm saß. Er hob daher das Mahl auf und forderte die Gesellschaft auf, mit ihm nach dem Markte zu gehen, damit sie den Fremdling durch allerlei Wettkämpfe ergötzten und ihm in diesen Künsten ihre Geschicklichkeit zeigten. Auch der Sänger folgte, geführt von dem Herold. Sobald sie, begleitet von einer großen Menge Volkes, auf dem Markte angekommen waren, begannen die edelsten Jünglinge die Wettkämpfe im Lauf, im Ringen und Sprung, im Diskuswerfen und Faustkampf.

Als die Jünglinge ihre Spiele beendigt hatten, sprach der Königssohn Laodamas, der schönste aller Phäakenjünglinge, der selbst rühmlich mitgekämpft hatte, zu seinen Freunden: „Kommt, ihr Freunde, und laßt uns den Fremdling fragen, ob er auch irgend eine Kampfart gelernt hat. Er ist nicht schlecht von Gestalt, hat mächtige Schultern und Hände und einen hohen Wuchs; auch mangelt ihm die Jugend nicht, doch haben ihn vielleicht die Leiden der Meerfahrt entkräftet." Die Jünglinge billigten den Vorschlag, und Laodamas trat nun in die Mitte und sprach zu Odysseus: „Tritt auch du, Vater und Gast, hervor und versuche dich; du verstehst dich gewiß auf den Wettkampf. Keinen schöneren Ruhm gibt's ja für den Mann, als den er sich durch die Stärke seines Leibes erringt. Drum versuch's und zerstreue den Kummer deines Herzens; deine Reise wird ja nicht mehr fern sein, schon ist das Schiff in das Meer gezogen und deine Gefährten sind schon bereit." Odysseus antwortete: „Laodamas, laßt mich und höhnet mich nicht. Meine Trübsal liegt mir mehr am Herzen, als Kämpfe. Viel habe ich bisher geduldet und gelitten, und jetzt verlange ich nach nichts, als nach der Heimkehr." Da rief der junge Euryalos schmähend: „Nein wahrhaftig, Fremdling, du siehst nicht aus wie ein Mann, der sich auf Kämpfe versteht. Ein Schiffsführer und Handelsmann scheinst du mir zu sein, der dem Gewinne nachjagt, kein Held und Kämpfer." Bei diesen kränkenden Worten ergriff Zorn die Seele des Odysseus, und er sprach mit finsterem Blick: „Jüngling, du bist übermütig und sprichst nicht fein. Du zeigst, daß die Götter nicht immer demselben Manne zugleich schöne Gestalt und Weisheit verleihen. Schönheit der Gestalt ward dir zu Teil, aber dir mangelt der Verstand. Siehe, du hast mir das Herz empört durch deine unziemliche Rede; nicht unerfahren bin ich im Kampf, wie du meinest, ich war einer der ersten, als noch jugendliche Kraft in meinen Gliedern war; doch jetzt haben Schlachten und Stürme mich entkräftet. Doch auch so noch will ich's versuchen, da du mich gereizt hast." So sprach er, und ohne den Mantel abzuwerfen, erhub er sich von seinem Sitze und ergriff einen großen und dicken Diskus, der schwerer war, als die Wurfscheiben, mit denen die Phäaken sich gewöhnlich ergötzten. Er schwang ihn in der nervigten Faust und schleuderte ihn sausend dahin, daß die Phäaken sich erschreckt unter dem Schwunge des Steines niederbückten. Er fuhr weit über die Zeichen hinaus, welche den Wurf der Phäakenjünglinge angaben. Athena, in Gestalt eines Phäaken, setzte das Zeichen und rief: „Fremdling, auch ein Blinder könnte tastend das Zeichen herausfinden, denn es ist weit über die andern hinaus. In diesem Kampfe kannst du sicher sein; kein Phäake wird dich erreichen oder überbieten." Odysseus freute sich, einen gewogenen Mann bei dem Kampfe zu finden, und rief jetzt leichteren Herzens: „Ihr Jünglinge, werfet mir nach! gleich hoffe ich einen andern eben so weit zu werfen, oder noch weiter. Und auch in den andern Kämpfen versuche es einer mit mir, den es gelüstet, im Faustkampf, im Ringen oder im Lauf. Mit allen nehme ich's auf, da ihr mich einmal gereizt, nur nicht mit Laodamas, denn der ist mein Wirt. In allen Kämpfen bin ich nicht schlecht. Den Bogen versteh' ich zu spannen, wie keiner; nur Philoktetes übertraf mich darin, so oft wir Achäer vor Troja uns im Schießen übten. Und mit dem Speere treffe ich so weit, wie ein anderer mit dem Pfeil. Nur in der Schnelligkeit der Füße könnte wohl ein Phäake mich übertreffen; denn die stürmenden Wogen und der Mangel haben mir viel Kraft genommen."

Alles verstummte, nur Alkinoos sprach beschwichtigend: „Fremdling, du hast uns deine Tüchtigkeit bewiesen, hinfort soll kein Vernünftiger dich tadeln. Doch nun höre auch mein Wort, daß du zu Hause bei den Deinen erzählen kannst, worin wir uns auszeichnen. Im Faustkampf und im Ringen suchen wir kein Lob, aber flinke Läufer und Tänzer sind wir und treffliche Schiffer. Auf, ihr besten Tänzer der Phäaken, beginnet das Spiel! Und hole einer dem Demodokos die Laute aus meinem Palaste." Bald war die Laute zur Stelle, der Sänger trat in die Mitte des Tanzplatzes, und nun führten die Jünglinge nach seinem Spiele mit bewunderungswürdiger Beweglichkeit der Füße einen kunstvollen Reigentanz auf. Als dieser beendigt war, hieß der König seinen Sohn Laodamas mit dem flinken Tänzer Halios einen Einzeltanz beginnen. Sie nahmen einen purpurnen Ball zur Hand, der eine warf ihn, rücklings gebeugt, hoch in die Lüfte und der andere fing ihn jedesmal im Sprunge auf, dann tanzten sie in leichten wechselnden Stellungen schwebend über den Boden hin, während die anderen Jünglinge im Kreise den Takt dazu klatschten. Odysseus sah mit Staunen die anmutige Gewandtheit der Tänzer und sprach zu Alkinoos: „Weitgepriesener König, fürwahr, ich staune, ihr habt die trefflichsten Tänzer auf Erden." Alkinoos freute sich des Lobes, und er sprach zu den Fürsten der Phäaken: „Hört mich, ihr Fürsten! Dieser Fremde scheint mir ein Mann von großem Verstande zu sein; laßt uns ihm, wie sich's ziemt, ein Gastgeschenk geben. In unserem Volke sind zwölf Fürsten, ich bin der dreizehnte an ihrer Spitze; jeder von uns verehre ihm einen schönen Mantel und Leibrock und ein Talent Goldes, daß er fröhlichen Mutes sich mit uns zum Abendmahle setze. Euryalos aber soll ihn durch Worte und Geschenke versöhnen, denn er hat nicht ziemlich gesprochen." Alle riefen dem König Beifall zu und schickten sogleich den Herold, die Geschenke in ihren Häusern zu holen. Euryalos war gern bereit den Fremden zu versöhnen; er reichte ihm ein prächtiges Schwert mit silbernem Griff und elfenbeinerner Scheide und sprach: „Heil dir und Freude, Vater; wenn ein kränkendes Wort gefallen ist, so mögen es die Winde verwehen. Dir aber mögen die Götter verleihen, dein Weib und dein Vaterland wiederzusehen, nachdem du so lange in Trübsal umhergeirrt." Odysseus antwortete: „Auch dir, mein Lieber, Freude und Heil! Möge dich nie deine Gabe gereuen." Mit diesen Worten hängte er sich das Schwert um die Schulter.

Es war Abend. Die Geschenke der Phäakenfürsten waren herbeigebracht und wurden von den Herolden in das Haus des Alkinoos getragen, wo die Söhne des Königs sie in Empfang nahmen und ihrer Mutter übergaben. Die übrige Gesellschaft ging, von Alkinoos geführt, in den Palast und verteilte sich wieder an die Tische zum Mahl. Alkinoos ließ unterdessen durch seine Gemahlin die Geschenke des Odysseus in eine schöne Lade legen und fügte selbst noch Mantel und Leibrock und einen kostbaren Becher von Golde hinzu, und als die Königin nun alles zurechtgelegt, schloß Odysseus die Lade durch einen künstlichen Zauberknoten, den er von der Zauberin Kirke gelernt, erquickte sich durch ein von Arete bestelltes Bad und ging dann nach dem Saale zurück, wo die Männer beim Becher saßen. An der Pforte des Saales stand die schöne Nausikaa, welche seit seinem Einzug in die Stadt sich züchtiglich ferngehalten, jetzt aber noch von dem edlen Gaste Abschied zu nehmen wünschte. Sie betrachtete den göttergleichen Helden mit stiller Bewunderung und sprach, indem sie ihm entgegentrat: „Heil dir und Segen, Fremdling; bleibe in der Heimat meiner eingedenk, da du mir doch zuerst deine Rettung verdankest." Odysseus antwortete ihr gerührt: „Nausikaa, edles Königskind, wenn Zeus mich glücklich die Heimat wiedersehen läßt, so will ich täglich dir, wie einer Göttin, voll Ehrfurcht Dank sagen; denn du hast mein Leben gerettet." So sprach er und setzte sich an die Seite des Königs.

In dem Saale ward eben das Fleisch verteilt und der Wein gemischt. Odysseus schnitt von dem fetten Rücken eines Schweines, der ihm als Ehrenstück vorgelegt worden war, ein schönes Stück ab, winkte den Herold herbei und sprach zu ihm: „Hier, reiche dies Fleisch dem edlen Sänger Demodokos; ich möchte ihm gerne etwas Liebes erweisen. Alle Menschen ja ehren und achten die Sänger, welche die Muse liebend ihre Gesänge gelehrt." Demodokos freute sich der Ehre, die ihm der Fremde antat, und als sie nun alle sich an dem Mahle gesättigt, sprach Odysseus zu ihm: „Demodokos, dich schätzet vor allen Sterblichen mein Herz hoch, mag nun die Muse oder Apollon dich deine Kunst gelehrt haben; denn du singest mit bewundernswürdiger Genauigkeit das Geschick der Achäer vor Troja, ihre Taten und ihre Leiden, als wärest du selbst zugegen gewesen. Fahre nun fort und singe uns die Mär von dem hölzernen Rosse, das Epeios gebaut und Odysseus, mit bewaffneten Männern gefüllt, listig in die Stadt gebracht zum Verderben der Troer. Wenn du mir das richtig und genau singest, so will ich dich bei allen Menschen als den trefflichsten Sänger preisen." Der Sänger begann sogleich sein Lied, und alle Gäste horchten mit Bewunderung; Odysseus aber zerschmolz vor Wehmut und vergoß einen Strom von Tränen. Keiner der anderen Phäaken merkte die Trauer des Fremdlings, nur der König, der neben ihm saß, sah seine Tränen und hörte seine tiefen Seufzer. Er hieß daher den Sänger schweigen und sprach zu seinen Gästen: „Besser ist's, daß die Laute nun schweigt; denn nicht alle horchen dem Liede mit Wohlgefallen. Seit wir am Mahle sitzen und Demodokos singt, hat unser Gast noch nicht aufgehört seinem Grame nachzuhängen; ihn drückt wohl ein schwerer Kummer. Drum laßt uns auf andere Weise vergnügt sein, Wirte und Gast. Dem edlen Fremden zu Ehren ist ja diese Feier, so wie die Ausrüstung des Schiffes und die Geschenke. Darum verhehle du uns auch nicht länger, was ich dich jetzt frage. Sage, wie ist dein Name, wie heißt dein Land, dein Volk und deine Vaterstadt? Dies müssen wir ja auch wissen, damit unser Schiff dich dorthin bringt. Nur des Namens bedarf's, dann eilen unsere Schiffe ohne Steuer und Steuermann, gelenkt von dem Gedanken und dem Willen der Männer, in Nebel und Nacht gehüllt, durch die Fluten des Meeres zu ihrem Ziele, und kein Sturm beschädigt oder verschlingt sie. Sage uns auch weiter, zu welchen Ländern und Städten und Menschen du auf deiner Irrfahrt gekommen und warum du so weinest und trauerst, wenn du von dem Schicksal der Achäer und Ilions hörst. Sank vielleicht auch dir in den Schlachten vor Ilion ein edler Verwandter oder ein tapferer Freund?"

Odysseus antwortete: „Mächtiger König Alkinoos, wahrlich, ich höre das Lied des Sängers nicht mit Unlust; es ist eine Wonne, einem Sänger, wie dieser, zu lauschen, und ich kenne nichts Angenehmeres, als wenn bei heiterer Festesfreude eines ganzen Volkes in den Häusern die Gäste, in langen Reihen sitzend, dem Liede horchen, während alle Tische mit Fleisch und Brot besetzt sind und der Mundschenk fleißig die Becher füllt. Dir aber gefällt es jetzt, nach meinen Leiden zu fragen; da werd' ich noch mehr in Kummer und Gram versinken. Aber was soll ich zuerst, was zuletzt erzählen? Denn zahlloses Elend verhängten mir die Götter. Doch zuerst will ich meinen Namen nennen. Ich bin Odysseus, des Laertes Sohn, durch Klugheit und List allen Menschen bekannt und weitberühmt bis zu den Sternen. Das sonnige Ithaka mit dem waldigen Neriton ist mein Vaterland; darum liegen viele Inseln nahe an einander, Dulichion und Same und Zakynthos. Ithaka selbst ist rauh und felsig, doch nähret es rüstige Männer, und das Vaterland ist jedem das Süßeste. Zwar versuchten Kalypso und Kirke, die göttlichen Nymphen, mich zurückzuhalten und verlangten mich zu ihrem Gatten; aber sie konnten meine Sehnsucht nach dem süßen Vaterlande nicht beschwichtigen." Und nun erzählte er all' seine Leiden und Gefahren seit seiner Abfahrt von Troja bis zu seiner Landung auf Ogygia. Voll Staunen hörten die Gäste die wunderbaren Abenteuer des Helden bis tief in die Nacht und gingen erst gegen Morgen auseinander.

Odysseus gelangt nach Ithaka

Odysseus hatte sich von Alkinoos bestimmen lassen, seine Abfahrt bis zum zweiten Abend zu verschieben. Die Phäakenfürsten brachten am Morgen neue Geschenke für ihn, jeder einen großen schönen Dreifuß und ein Becken, welche Alkinoos alle sorglich in dem Schiffe aufstellte, und blieben dann in dem Hause des Königs beim Mahle bis zum Abend. Odysseus sah während des Gastmahles oft unruhig nach dem Stand der Sonne; denn er harrte mit Sehnsucht des Abends, wie ein Pflüger, der den ganzen Tag hinter dem Pfluge ging. Endlich ging die Sonne unter. Da sprach er zu Alkinoos und den Phäaken: „Jetzt laßt uns den Göttern spenden und dann entlasset mich. Denn bereit ist alles, was meines Herzens Wunsch, Fahrt und Geschenke; mögen die Götter sie mir segnen, möge ich zu Hause Weib und Freunde wohlbehalten und untadelig finden. Ihr aber lebet wohl, mögen die Götter euch Tugend und Heil verleihen, und jegliches Unheil euch verschonen." Der Herold mischte auf des Alkinoos Befehl den Wein, verteilte die Becher, und sie spendeten alle. Odysseus reichte nach der Spende der Arete den Becher und sprach: „Lebe mir wohl, o Königin, auf immer, bis das Alter dir naht und der Tod, welche ja jedem Menschen bestimmt sind. Ich aber will jetzt ziehen. Sei in deinem Hause stets froh der Kinder und des Volkes und deines königlichen Gatten."

Mit diesen Worten schritt er über die Schwelle. Ein Herold des Königs begleitete ihn zu dem Schiffe, und drei Mägde der Arete trugen ihm Mantel und Leibrock, die Lade mit Geschenken und Trank und Speise nach. Die Phäakenschiffer brachten alles an Bord, breiteten für Odysseus Decken auf das Verdeck, auf denen er sich schweigend niederlegte, setzten sich an die Ruder und lösten das Schiff vom Ufer. Schneller als ein Falke flog das Schiff, von den

Odysseus' Abschied von Alkinoos

Rudern getrieben, durch die dunkle Flut, während der Held in tiefem Schlummer lag und alle Leiden vergaß, die er im Krieg und auf dem Meere erduldet.

Als der Morgenstern glänzend im Osten sich erhob, da nahte das schnelle Schiff der Insel Ithaka und fuhr in die Bucht des Meergreises Phorkys ein. Am Ende des Hafens stand ein schattiger Ölbaum und nahe dabei war eine liebliche Grotte, die den Nymphen geweiht war. In derselben standen steinerne Krüge und Urnen, in welchen Bienen Honig bereiteten, und Webstühle von Stein, an denen die Nymphen schöne purpurne Gewänder webten. Nie versiechende Quellen sprudelten in der Höhle, welche zwei Eingänge hatte, den einen, gegen Mitternacht, für die Menschen, den andern gegen Süden; durch diesen ging kein Mensch, es war der Weg der Unsterblichen. Hier also landeten die Phäaken; sie hoben den schlafenden Odysseus aus dem Fahrzeug und legten ihn mit seinen Decken auf den Sand. Seine Schätze legten sie am Stamme des Ölbaums nieder, seitwärts vom Wege, damit nicht etwa ein vorübergehender Wanderer sie ihm raubte. Darauf fuhren sie wieder der Heimat zu. Poseidon aber, erzürnt, daß sie den ihm verhaßten Helden in sein Vaterland gebracht, verwandelte sie mit ihrem Schiffe, als sie schon im Angesichte ihrer Stadt waren, in einen Felsen; um die Stadt der Phäaken aber legte er einen hohen Felsendamm.

Als Odysseus aus seinem Schlafe erwachte, erkannte er sein Vaterland nicht wieder; denn Athena hatte ihm Nebel umher verbreitet, damit er nicht sogleich zu seinem Hause eilte, sondern erst alles mit ihr verabredete zur Bestrafung der Freier. Alles erschien dem Helden in fremder Gestalt, die Pfade und Buchten, die Felsen und Bäume. Er sprang auf, blickte erschreckt umher und rief jammernd, indem er mit beiden Händen sich die Schenkel schlug: „Wehe mir, in welches Land bin ich wieder gekommen? Zu wilden Barbaren, oder zu gottesfürchtigen gastlichen Männern? Wohin soll ich meine Schätze retten und wohin selbst irren? Wäre ich doch bei dem Volke der Phäaken geblieben. Doch auch sie haben mich verraten; sie versprachen, mich nach Ithaka zu bringen, und haben mich nun in ein fremdes Land ausgesetzt. Möge Zeus, der Rächer der Schutzflehenden, es ihnen vergelten. Doch ich will mein Gut nachzählen, ob sie mir etwas davon entführt." Er zählte und es fehlte nichts. Während er jammernd am Ufer des Meeres umherschlich, nahte ihm Athena in Gestalt eines jugendlichen Schafhirten, zart und mit feinem Gewande angetan, wie ein junger Königssohn, in der Hand einen Spieß. Odysseus freute sich bei seinem Anblick; er ging ihm entgegen und redete ihn freundlich an: „Lieber, sei mir gegrüßt, da ich dich zuerst in diesem Lande treffe, und nahe mir nicht mit feindlichem Herzen. Rette mich und rette mir dies, mein Gut, ich bitte dich flehend, und sage mir, was dies für ein Land ist." Athena antwortete ihm: „Fremdling, du mußt weit hergekommen sein, da du mich nach dem Namen dieses Landes fragest. Denn es ist nicht so unbekannt und ruhmlos. Voller Berge und Felsen zwar ist es und ein schlechtes Rosseland, aber es ist deswegen nicht arm; Wein und Getreide gedeihet hier trefflich, und es nähret Ziegen und Rinder in Menge; auch an schönen Wäldern und nie versiechenden Quellen mangelt es nicht. Ithakas Name, o Fremdling, reicht wohl gar bis Troja, das doch fern vom achäischen Lande liegt."

Der Name des Vaterlands ergriff mit süßer Freude das Herz des Odysseus, doch hütete er sich, dem Hirten sich zu erkennen zu geben. Er gab sich für einen Kreter aus und erzählte eine ausführliche Geschichte, wie er durch Zufall hierhergekommen. Athena lächelte, und indem sie ihn mit der Hand streichelte, verwandelte sie sich in eine schöne schlanke Jungfrau und sprach: „Schlau und verschlagen bist du doch immer. Unter den Menschen bist du der Klügste in Rat und Rede, wie ich unter den Göttern; aber du hast mich doch nicht erkannt und siehst nicht, wie ich dir stets in allen Gefahren zur Seite stehe. Jetzt bin ich gekommen, um dir deine Schätze bergen zu helfen und um dir zu verkünden, welche Leiden dir noch in deinem Hause beschieden sind. Trage sie standhaft und gibt dich niemand zu erkennen." „Schwer ist es, o Göttin," sprach Odysseus, „dich zu erkennen, da du in allerlei Gestalten dich birgst. Vor Troja, das weiß ich, standest du mir immer helfend und wohlwollend zur Seite, doch seit ich von dort abgeschifft, sah ich dich nie mehr mein Schiff betreten, um mich in Gefahren zu schirmen. Aber jetzt beschwöre ich dich, sage mir wahrhaftig, ob dies in der Tat mein Vaterland ist." Athena antwortete: „So lange du auf dem Meere warst, scheute ich mich, dem Poseidon, dem Bruder meines Vaters, entgegenzuwirken; wußte ich doch, daß du endlich nach Hause kehren werdest. Doch jetzt schaue dich um; siehe, dies ist die Bucht des Phorkys, hier ist die Grotte der Nymphen, denen du so oft geopfert, dort schaue den waldigen Neriton." Mit diesen Worten zerstreute sie den Nebel und zeigte ihm sein Vaterland. Mit freudiger Rührung warf sich der Held zur Erde und küßte den vaterländischen Boden. „Seid mir gegrüßt", rief er, „ihr heimischen Nymphen, Töchter des Zeus! Nimmer hoffte ich euch wiederzusehen. Bald will ich euch wieder Geschenke bringen, wie vormals, wenn Athena mir gnädig zu leben vergönnt und den lieben Sohn mir erhält." Darauf half Athena ihrem Helden die mitgebrachten Güter in der Nymphengrotte verbergen, und nachdem sie den Eingang durch einen Stein geschlossen, setzte sie sich mit ihm unter den heiligen Ölbaum, um über den Mord der Freier mit ihm Rat zu halten. Sie erzählte ihm, wie diese Übermütigen schon drei Jahre lang in seinem Hause schalteten, während seine Gattin in Trauer und Tränen noch immer auf seine Rückkunft harre und die drängenden Freier durch leere Hoffnungen hinhalte. „Wehe", sprach Odysseus, „hättest du mir nicht dies alles vorher verkündet, so wäre mir dasselbe traurige Los in meinem eigenen Hause widerfahren, wie dem zurückgekehrten Atriden Agamemnon. Doch wohlan, ersinne mir List, wie ich sie verderbe, und stehe mir selbst zur Seite, mit deiner Hilfe wage ich selbst mit dreihundert Männern den Kampf." Athena antwortete ihm: „Sei getrost, ich werde dir beistehen; ich werde deine Gestalt verändern, daß niemand dich erkennen soll. So gehe denn zuerst zu deinem Sauhirten Eumaios, der dir und deinem Hause treu ergeben ist. Du findest ihn auf dem Gehöfte bei der Quelle Arethusa am Koraxfelsen, wo er deine Schweine hütet. Dort bleibe und frage ihn über alles aus, was in deinem Hause vorgeht, während ich selbst nach Sparta gehe und deinen Sohn Telemachos zurückrufe, der zu Menelaos reiste, um nach dir zu forschen." „Warum aber", fragte Odysseus, „hast du ihm das alles nicht selbst gesagt? Sollte er etwa auch gleich mir in der Fremde irren und Leiden erdulden, während die andern in Ruhe sein Gut verzehren?" Athena antwortete: „Ängstige dich nicht allzusehr um ihn, Odysseus; ich selbst geleitete ihn dorthin, auf daß er sich im Auslande Ruhm erwerbe. Und er hat keinerlei Leid; er sitzt ruhig in dem Hause des Menelaos und leidet wahrlich keinen Mangel. Zwar die Freier lauern ihm in einem Schiffe auf, um ihn auf dem Heimweg zu töten; doch ehe das geschieht, wird wohl noch mancher von ihnen die Erde decken." Darauf berührte sie ihn leicht mit ihrem Stabe und gab ihm die Gestalt eines alten armen Mannes. Seine Haut schrumpfte welk zusammen um die krummen Glieder, die blonden Locken verschwanden von seinem Haupte und das strahlende Auge ward blöde. Statt seiner schönen Gewande umhüllte ihn jetzt ein zerlumpter schmutziger Kittel und Leibrock, und darüber hing ein altes kahles Hirschfell. Sie reichte ihm darauf einen Stab und einen häßlichen geflickten Ranzen mit einem geflochtenen Tragbande und verließ ihn, um nach Sparta zu gehen; Odysseus aber nahm seinen Weg zu dem Gehöfte des Sauhirten Eumaios.

Odysseus bei dem Sauhirten Eumaios

Auf steinigem Pfade ging Odysseus über die waldigen Gebirgshöhen zu dem Gehöfte, wo sein treuer Diener Eumaios wohnte. Dort hatte der Sauhirt aus schweren Steinen, die er selbst herbeigeschleppt, für die Schweine ein weites Gehege erbaut, das er rings mit Dornen umpflanzt und mit starken Pfählen umzäunt hatte. Darinnen waren zwölf Kofen für die Schweine, in jedem fünfzig Stück; die Eber aber, von ihnen getrennt, waren in viel geringerer Zahl vorhanden, denn der Sauhirt mußte jeden Tag den Freiern den besten aus ihnen zum Schmause in die Stadt schicken. Vier starke Hunde, wild wie reißende Wölfe, bewachten die Herde.

Eumaios saß eben im Vorhof und schnitt sich aus Rindsleder ein Paar Sohlen. Seine Knechte hatten sich zerstreut, drei waren mit ausgetriebenen Schweinen auf der Weide, der vierte brachte den Freiern einen Eber in die Stadt. Da nahte Odysseus. Sobald die Hunde seiner ansichtig wurden, stürzten sie mit lautem Gebell auf ihn ein. Er ließ den Stab aus den Händen fallen und setzte sich nieder. Der Hirt rannte schnell den Hunden nach und scheuchte sie durch Scheltworte und Steinwürfe zurück, sonst währe Odysseus bei seinem eigenen Gehöfte schlimm zugerichtet worden. „Es fehlte nicht viel, o Greis", sprach Eumaios zu dem Fremden, „so hätten die Hunde dich zerfleischt, und du hättest den Kummer, den ich schon in reichem Maße habe, mir noch vermehrt. Denn ich trage bittern Schmerz um meinen göttergleichen Herrn, ich sitze hier und mäste die Schweine andern zum Schmaus, während er, vielleicht der Speise bedürftig, in der Fremde umhirrt, wenn er überhaupt noch lebt. Doch komm' nun, Alter, laß uns in die Hütte gehen, damit du dich sättigst an Speise und Wein und mir sagest, von wannen du kommst und welcherlei Unheil du erduldet."

In der Hütte ließ Eumaios den Fremden sich auf laubigem Reisig niedersetzen, über welches er das zottige Fell einer wilden Ziege ausgebreitet, und als Odysseus, des freundlichen Empfanges froh, ihm seinen Dank aussprach, antwortete er: „Freund, man muß jeden Fremden ehren, auch wenn er noch so gering ist; der Fremde und der Bettler stehen ja unter dem Schutze des Zeus. Meine Gabe ist allerdings nur klein; denn so ist einmal die Lage eines Knechtes. Ja, wäre mein Herr im Lande geblieben, der hätte mir Haus und eigenes Gut und ein Eheweib gegeben, und ich könnte einen Fremdling besser bewirten. Nun aber ist er zu Grunde gegangen. Müßte doch Helena's Stamm von Grund aus vergehen, da sie so viele Männer ins Verderben gestürzt; denn auch mein Herr zog mit Agamemnon in den Krieg gen Troja." Hierauf schlang der Hirt den Gürtel um den Leibrock, ging zu den Kofen und holte dort zwei Ferkel. Nachdem er sie geschlachtet und zerstückt, briet er das Fleisch und setzte es, mit weißem Mehle überstreut, frisch an den Bratspießen dem Gaste vor. Dann goß er Wein in einen hölzernen Becher und setzte sich seinem Gaste gegenüber. „Nun iß, fremder Mann", sprach er, „Fleisch vom Ferkel, denn die gemästeten Schweine essen mir die Freier, die Gottlosen. Gewiß haben sie Kunde von dem Tode meines Herrn, daß sie um seine Gattin nicht werben, wie es recht ist; und in aller Ruhe sein Hab und Gut verschlingen.

Tage und Nächte, so viele Zeus an den Himmel sendet, schlachten sie nicht ein, nicht zwei Stück, nein viel mehr, und leeren dazu ein Faß Wein nach dem andern. Ach, mein Herr hatte ein großes Gut, mehr als irgend ein Fürst auf dem Festlande und auf Ithaka, mehr als zwanzig andere Männer zusammen. Zwölf Rinderherden weiden ihm auf dem Festlande, eben so viele Herden von Schafen, von Schweinen und von Ziegen, welche ihm teils fremde Leute, teils eigene Hüter besorgen. Hier auf der Insel sind elf Ziegenherden, welche wakkere Männer hüten; jeder von ihnen bringt täglich den auserlesensten Ziegenbock den Freiern zum Schmause, und ich sende jeden Tag den trefflichsten Eber."

Während der Hirt also sprach, aß und trank Odysseus hastig und schweigend; denn er sann den Freiern Verderben. Nachdem er sich mit Speise gesättigt und der Hirt ihm noch einmal den Becher gefüllt hatte, fragte er ihn:

Odysseus als Bettler

„Lieber Freund, welcher reiche und mächtige Mann ist denn dein Herr, von dem du erzählst? Du sagtest, er sei umgekommen, da er dem Agamemnon zu Liebe auszog. Nenne mir ihn, vielleicht ist er mir bekannt, denn ich kam viel umher." „Alter", sprach Eumaios, „so leicht wird kein umherirrender Mann hier Glauben finden. Wie oft schon sind solche schweifende Männer, die nach guter Pflege verlangten, zu meiner Herrin gekommen und haben ihr erdichtete Dinge vorgeschwatzt. So könntest auch du leicht ein Märchen erfinden. Dem Odysseus haben gewiß schon lange die Hunde und die Vögel die Haut von dem Gebein gerissen, oder die Fische fraßen seinen Leichnam im Meer, und seine Knochen liegen am Ufer im tiefen Sand. O, welchen Kummer bereitete er uns allen und mir zumal; er war ein gar freundlicher, liebreicher

Herr." Odysseus antwortete: „Freund, weil du denn so ungläubig bist und an der Rückkehr deines Herrn verzweifelst, so sage ich dir mit einem Eide: Odysseus kommt. Bei Zeus und deinem gastlichen Tische, bei dem Herde des Odysseus schwöre ich dir: noch in diesem Jahr wird er heimkehren, in diesem Monat oder im nächsten, und wird Rache nehmen an den Bedrängern seines Hauses. Den Lohn für diese frohe Botschaft magst du mir geben, wenn er wirklich heimgekehrt ist, früher würde ich ihn nicht einmal annehmen." „Alter", sprach der Hirt, „ich werde so wenig den Lohn der Botschaft zahlen, als Odysseus heimkehrt. Trinke ruhig deinen Wein und laß uns auf anderes die Rede lenken; denn jedesmal erfüllt Traurigkeit mein Herz, so oft man mich an meinen guten Herrn erinnert. Und jetzt traure ich auch noch um seinen Sohn Telemachos, der nach Pylos ging und dem die Freier auflauern, um ihn zu morden. Doch überlassen wir ihn der Sorge der Götter, und sage mir nun, wer du bist und wie du nach Ithaka kamst."

Odysseus fabelte nun dem Hirten eine lange Geschichte vor von mancherlei Abenteuern, die ihn von Kreta, seinem Vaterlande, aus in viele Länder geführt. Auch an dem trojanischen Kriege habe er in Gemeinschaft des Idomeneus Teil genommen, und dort sei er auch mit Odysseus bekannt geworden. In Thesprotien, wohin ihn ein Schiffbruch geworfen, wollte er wieder von ihm gehört haben. Dort sei er als Gast des Königs Pheidon gewesen, der ihn mit seinen vielen Schätzen in die Heimat zu entsenden bereit sei. Bei seiner Anwesenheit sei Odysseus gerade nach Dodona verreist gewesen, um das Orakel wegen seiner Rückkehr zu befragen; darum habe er ihn nicht selbst gesehen. Eumaios bedauerte den Fremdling wegen seines vielen Mißgeschicks, doch, was er von Odysseus erzählte, wollte er nicht glauben, da er schon mehr so von Landfahrern getäuscht worden sei. Odysseus aber blieb bei seiner Behauptung.

Unter solchen Wechselgesprächen war der Abend herangekommen, und die Schweine kehrten mit ihren Hütern von der Weide zurück. Eumaios hieß die ihm untergebenen Knechte einen gemästeten Eber herbeibringen, damit er ihn zu Ehren des Gastes opfere. Nachdem die Nymphen und Hermes ihren Teil von dem Opfer erhalten und Eumaios zu den Göttern um die Heimkehr seines Herrn gefleht hatte, bereitete er das Übrige zum Abendmahl und reichte seinem Gaste den Rücken als Ehrenstück. Als alle sich an dem leckeren Mahle gesättigt, gedachten sie des Schlafes. Draußen aber stürmte der Westwind in dunkler Nacht, und der Regen schauerte zur Erde. Der Held begann in seiner Bettlerkleidung zu frieren, und um den Hirten zu versuchen, ob er ihm in seiner aufmerksamen Sorge vielleicht den eigenen warmen Mantel vom Leibe gäbe oder einen seiner Untergebenen veranlaßte, den seinigen ihm abzutreten, sprach er: „Eumaios und ihr anderen Hirten, höret mich, ich will euch was erzählen. Der Wein, der Schalk, der auch den Klugen zum Singen und Lachen und manchem Worte verleitet, das besser ungesprochen blieb, treibt auch mich zum Schwatzen. Wahrlich, ich wünschte, ich hätte noch die Jugend und die Stärke wie damals, wo wir uns vor Troja in den Hinterhalt legten. Führer der Schar waren Odysseus und Menelaos und als der dritte ich selber; denn so wünschten es jene. Als wir in die Nähe der Stadt gekommen in dichtes Gebüsch, legten wir uns, unter die Waffen geduckt, in Rohr und Sumpf nieder, und die Nacht kam, eine schlimme Nacht; eisig blies der Nordwind, der Schnee fiel kalt herab wie Reif, und um unsere Schilde zog sich eine Kruste von Eis. Da schliefen die andern alle, dicht in Mantel und Leibrock gehüllt, den Schild auf der Schulter, nur ich hatte beim Weggehen unbedacht meinen Mantel den Freunden zurückgelassen, da ich auf Kälte durchaus nicht rechnete. Als nur das letzte Drittel der Nacht noch übrig war und die Sterne sich neigten, da stieß ich den Odysseus, der neben mir lag, mit dem Ellbogen an und sprach zu ihm: „Edler Laertiade, ich halte es nicht lange mehr aus, ich sterbe vor Frost; ich ging bloß im Leibrock fort und hab' keinen Mantel." Odysseus, dem immer gleich ein guter Rat zur Hand war, flüsterte mir leise zu: „Still nur, daß keiner der Achäer es vernimmt", und sprach, das Haupt auf den Ellbogen gestützt, zu den andern: „Freunde, mir kam von den Göttern ein warnender Traum. Wir haben uns allzuweit von den Schiffen entfernt; drum gehe doch einer und melde dem Agamemnon, ob er nicht mehr Mannschaft uns senden will." Gleich erhob sich Thoas, der Sohn Andraimons, legte den purpurnen Mantel ab und eilte zu den Schiffen; ich aber ruhte nun behaglich in seinem Mantel bis zum Anfang des Frührots. Ja, wäre ich noch so jugendlich und kräftig wie damals, so gäbe mir wohl aus Freundschaft und aus Achtung vor solch' einem Manne auch irgend ein Sauhirt im Gehöfte einen Mantel. So aber in diesen Lumpen kümmert sich niemand um mich." „Alter, dein Gleichnis ist untadelig", sprach der Sauhirt, „auch kein Wort wider die Schicklichkeit. Drum soll dir's für die Nacht weder an Kleidung mangeln, noch an sonst etwas, was ein Fremdling im Elend billig erwartet. Morgen freilich mußt du wieder die eigenen Lumpen tragen, denn wir haben hier nicht viele Leibröcke und Mäntel zum Wechseln; wenn aber der Sohn des Odysseus heimkehrt, so wird er dir Mantel und Leibrock zur Kleidung schenken und dich geleiten lassen, wohin dein Herz verlangt."

Mit diesen Worten erhob er sich und stellte ihm in die Nähe des Feuers ein Bett, in welches er Felle von Schafen und Ziegen legte. Darauf lagerte sich Odysseus, und Eumaios breitete einen großen dichten Mantel über ihn, den er selbst anzog, wenn es winterlich draußen stürmte. Die andern Hirten legten sich neben Odysseus zur Ruhe; Eumaios aber hängte ein Schwert um die Schulter, hüllte sich in einen dichten Mantel, über den er noch ein zottiges Ziegenfell warf, und ging dann, einen scharfen Speer in der Hand, aus der Hütte, um sich bei den Kofen der Schweine unter einen schirmenden Felsen, Wache haltend, zur Ruhe zu legen. Odysseus sah mit Freuden, wie der redliche Knecht mit treuer Sorge das Gut seines abwesenden Herrn bewachte.

Telemachos kommt von Sparta zum Gehöfte des Eumaios

In Sparta in dem Hause des Menelaos lagen die beiden Jünglinge Telemachos und Peisistratos auf ihrem Lager. Der Sohn des Nestor schlief ruhig und fest; Telemachos aber konnte keinen Schlaf finden, ihn quälte die Sorge um seinen Vater. Da trat Athena zu ihm und ermahnte ihn zur Heimkehr, damit ihm durch die übermütigen Freier nicht alles zu Grunde gehe; schon drängen Vater und Brüder in seine Mutter Penelope, daß sie den Eurymachos sich zum Gatten wähle, der alle andern Freier mit Geschenken überboten habe und eine reiche Bräutigamsgabe verspreche. Sie warnte ihn aber, nicht durch die Meerenge zwischen Ithaka und Same zu fahren, weil dort die Freier lauerten, ihn umzubringen. „Segele nur bei Nacht", sprach sie, „und wenn du das nächste Ufer von Ithaka erreicht hast, so sende dein Schiff nach der Stadt und begib dich zu dem treuen Sauhirt Eumaios. Dort bleibe die Nacht und laß den Hirten in die Stadt gehen, um der Mutter deine glückliche Rückkehr zu melden." Telemachos weckte sogleich seinen Freund, indem er mit der Ferse seinen Fuß berührte und sprach: „Erhebe dich, lieber Nestoride, und schirr' die Rosse an den Wagen, damit wir uns sogleich auf den Heimweg machen." Doch Peisistratos antwortete: „In der Nacht können wir ja doch nicht fahren, Freund. Bald kommt der Tag, so lange warte; dann wird der Held Menelaos uns schöne Geschenke in den Wagensessel legen und uns mit freundlichen Worten entlassen."

Sobald das Morgenrot kam, bat Telemachos den Menelaos, ihn zu entlassen. Der antwortete freundlich: „Wenn du dich nach der Heimkehr sehnst, lieber Gast, so will ich dich nicht länger halten; ein Wirt soll den eilenden Gast nicht zurückhalten, so wenig wie den verziehenden zur Heimkehr mahnen. Doch warte, bis ich dir die schönen Gastgeschenke ausgesucht und euch die Frauen ein Mahl bestellt haben." Schnell ward der Schmaus bereitet, während Menelaos mit seinem Sohne Megapenthes und Helena in die Vorratskammer ging, um für Telemachos die Geschenke auszusuchen. Er selbst nahm einen schönen Doppelbecher in die Hand und übergab dem Megapenthes einen großen Mischkrug aus Silber, der mit einem goldenen Rande geziert war, ein Geschenk des Königs Phaidimos in Sidon; Helena holte aus der Lade, in welcher sie ihre buntgewirkten Gewande verwahrte, das größte und schönste Gewebe hervor, das glänzte hell wie ein Stern. Mit diesen Gaben kehrten sie zu dem Gastfreunde zurück. Menelaos reichte ihm den Becher, Megapenthes stellte den silbernen Mischkrug vor ihm auf, und Helena übergab ihm das Gewand. „Dieses Geschenk, lieber Sohn", sprach sie, „das ich selber gewebt, sei dir ein Andenken von Helena's Hand. Laß es am Tage der Hochzeit deine Verlobte tragen; bis dahin verwahre es die liebende Mutter. Kehre du frohen Herzens in dein Haus und in das Land deiner Väter." Telemachos nahm erfreut die schönen Geschenke, und Peisistratos legte sie in den Wagensessel. Darauf setzten sie sich an das Mahl. Als dieses beendet war, schirrten die beiden Jünglinge die Rosse an den Wagen, stiegen hinein und fuhren ihn aus der Halle. Am Tore reichte ihnen Menelaos noch einen goldenen Becher mit Wein zur Spende vor der Abfahrt. „Lebet wohl, ihr Jünglinge", sprach er, „und meldet dem Völkerfürsten Nestor meinen Gruß; er liebte mich immer wie ein Vater, während wir vor Troja kämpften." Telemachos antwortete: „Gerne wollen wir alles melden, Fürst Menelaos. Träfe ich doch auch heimkehrend meinen Vater Odysseus, daß ich ihm sagen könnte, wie freundlich ich von dir bewirtet und beschenkt ward." Während er dies sprach, siehe, da flog von der rechten Seite ein Adler daher, welcher eine zahme Gans aus dem Hofe in den Klauen trug, verfolgt von schreienden Männern und Frauen; als er nahe gekommen, flog er rechts vor den Pferden hin. Alle freuten sich dieses Zeichens, und Peisistratos fragte den Menelaos: „Sendet wohl, o Herrscher, uns ein Gott dies Zeichen, oder dir selber?" Ehe noch Menelaos eine Antwort fand, sprach Helena: „Höret mich, ich will es deuten, wie es die Götter mir ins Herz legen und wie ich glaube, daß es sich vollenden wird. Wie der Adler, aus dem Gebirge kommend, die in dem Hause gemästete Gans wegraubte, so wird Odysseus nach langem Leid und langer Irrfahrt nach Hause kehren und Rache nehmen, oder er ist schon zu Hause und pflanzt Unheil allen Freiern." „Möge es Zeus also fügen", sprach Telemachos, „dann wollte ich zu Hause stets zu dir flehen, wie zu einer Göttin." Mit diesen Worten peitscht' er die Pferde, und der Wagen flog durch die Stadt dem Gefilde zu.

Am Abend des ersten Tages kehrten die Reisenden bei Diokles ein, dem König von Pherä, der sie auch bei ihrer Hinreise aufgenommen hatte, gegen das Ende des zweiten Tages kamen sie nach Pylos. Aber da Telemachos so sehr eilte nach Hause zu kommen, so bat er seinen Freund, ihn gerade nach seinem Schiffe zu fahren, ohne die Stadt zu berühren, und ihn bei seinem Vater zu entschuldigen. Als er eben vor seiner Abfahrt den Göttern spendete, kam ein fremder Mann hastigen Schrittes zu ihm heran, der Seher Theoklymenos aus dem Weissagergeschlechte des Melampus. Er hatte in Argos, seiner Heimat, einen Mann getötet und war nun vor den zahlreichen Verwandten desselben auf der Flucht. „O Freund", rief er dem Telemachos zu, „da ich dich gerade beim Opfer treffe, so flehe ich dich an bei deinem Opfer und dem Gotte, bei deinem Haupte und dem Leben deiner Freunde, sage mir unverhohlen: wer bist du und woher? Wo ist dein Vaterland?" Telemachos antwortete: „Ich bin aus Ithaka, Fremdling, des Odysseus Sohn, der traurig umkam; drum ging ich mit meinem Freunde auf Kundschaft aus nach dem Verschollenen." „So treibe auch ich jetzt mich in der Fremde umher, da ich einen Mann in der Heimat getötet und seine Verwandten mich verfolgen. Nimm mich in dein Schiff auf, ich bitte dich, erbarme dich des Flüchtlings, daß sie mich nicht töten, denn sie sind mir auf den Fersen." Telemachos nahm ihn bereitwillig auf und versprach ihm in seiner Heimat eine gastliche Aufnahme. Rasch gingen sie nun unter Segel und fuhren, von einem günstigen Winde der Athena getrieben, durch die niedersinkende Nacht an dem Ufer des Peloponnesos hinauf bis nach Elis, von wo sie sich nach Ithaka hinüberwendeten, die Meerenge vermeidend, in welcher die Freier mit Mordgedanken auf ihn harreten. Mit dem anbrechenden Morgen landeten sie an der Küste von Ithaka. Telemachos schickte seine Gefährten mit dem Schiffe zur Stadt, empfahl seinen Schützling Theoklymenos der Obhut seines treuen Freundes Peiraios, daß er ihn in dem Hause seines Vaters Klytios aufnehme und bewirte, bis er selbst zur Stadt käme, und begab sich nun allein zu dem Gehöfte des Eumaios.

Odysseus war noch auf dem Gehöfte; es war der dritte Tag nach seiner Ankunft in Ithaka. Am Abend vorher, wo er nach dem Mahle mit den Hirten in der HÜtte zusammensaß, hatte er den Eumaios versucht, ob er ihm wohl noch länger Herberg und Bewirtung zu bieten gedächte. „Morgen früh", sprach er, „möchte ich in die Stadt betteln gehen, damit ich euch nicht länger hier zur Last falle. Da kannst du mir einen Führer mitgeben, der mir den Weg zeigt; in der Stadt muß ich dann selber umherstreichen, ob mir einer etwas Brot und Wein bietet. Auch möchte ich zum Palaste des Odysseus gehen, um der Penelope Kunde von ihrem Gemahl zu sagen, und mich unter die Freier mischen, ob sie mir etwas reichen; ich könnte auch bei ihnen in Dienst treten, denn ich verstehe mich trefflich aufs Feuerschüren und Holzspalten, Bratspießwenden, Speisevorlegen und Weinkredenzen." Aber der Sauhirt sprach unwillig: „Was für ein Gedanke kommt dir in den Sinn, mein Gast? Willst du dich ganz ins Verderben stürzen? Du willst unter den Schwarm der Freier gehen, deren Trotz und Übermut grenzenlos ist. Wahrlich, die haben ganz andere Diener, Jünglinge in schönen Kleidern, mit schönem Antlitz und duftigen Locken. Bleibe lieber, du beschwerst ja hier niemand, und wenn der Sohn des Odysseus heimkehrt, so wird er dir Mantel und Leibrock schenken und dich geleiten lassen, wohin zu begehrst."

Odysseus nahm das Anerbieten dankbar an und bat den Hirten, ihm denn auch von den Eltern des Odysseus zu erzählen, ob sie noch am Leben, oder bereits ins Schattenreich hinabgegangen seien." „Laertes, der Vater", sprach Eumaios, „lebt noch, aber er wünscht sich beständig den Tod, aus Kummer um den Sohn und um die liebe Gattin, welche sich über das Schicksal ihres Sohnes zu Tode gehärmt hat. Auch ich betraure die Herrin sehr, denn sie erzog mich mit ihrer Tochter Ktimene wie einen Sohn. Als wir aber herangewachsen waren, da verheirateten sie die Tochter hinüber nach Same, mich aber stattete die Herrin mit Kleidern und Schuhen reichlich aus und sandte mich hierher aufs Land. Und seitdem tat sie mir noch viel Gutes. Doch jetzt entbehre ich alles." „So bist du also", sprach Odysseus, „als Kind schon in die Fremde verschlagen? Sage mir, wie kam das? Ward die Stadt deiner Eltern verheert, oder hat man dich, während du bei den Herden allein warst, zu Schiffe fortgeraubt und hierher verkauft?" „Trinke jetzt", antwortete der Sauhirt, „und höre, was ich dir erzähle; niemand zwingt uns ja früh zu Bette zu gehen. Über Ortygia liegt Syria, eine fruchtbare und gesunde Insel mit zwei Städten; darüber herrschte mein Vater Ktesios, des Ormenos Sohn. Dort landeten, während ich noch ein Kind war, ränkevolle Phönikier mit allerlei Waren zum Verkaufe. Nun hatte mein Vater ein schönes phönikisches Weib im Hause, die in ihrer Heimat von taphischen Seeräubern geraubt und an uns verkauft worden war. Diese ward mit einem der Schiffer vertraut und erhielt von ihnen das Versprechen, daß sie sie in ihr Vaterland zu den Eltern zurückbringen wollten. Als Fahrpreis versprach sie an Gold, was ihr unter die Hände kommen würde, und auch mich, das Knäblein; denn ich war ihrer besonderen Obhut anvertraut. Das ganze Jahr nun lagen die Schiffer handelnd mit ihrem Schiffe an der Küste; als sie aber ihr Schiff mit Waren schwer beladen hatten und sich zur Heimkehr rüsteten, da sandten sie einen listigen Mann in das Haus meines Vaters, daß er es dem Weibe kundtue. Der brachte ein schönes goldenes Geschmeide mit zum Verkaufe, und während meine Mutter und die Mägde es bewundernd betrachteten und um den Preis handelten, gab er dem Weibe einen Wink. Die nahm mich an der Hand und führte mich aus dem Hause. Im Vorsaale waren goldene Becher auf den Tischen aufgestellt für geladene Gäste; davon barg sie noch drei in ihrem Busen und eilte dann nach dem Schiffe, wo alles zur Abfahrt bereit war. Eben sank die Sonne ins Meer, als sie die Anker lichteten. Sechs Tage lang fuhren wir durch die brausende Flut; am siebenten starb plötzlich das Weib, und ihre Leiche ward ins Meer geworfen, den Fischen zum Fraß. So blieb ich allein unter den fremden Männern. Endlich landeten wir an Ithaka, wo der Held Laertes mich kaufte." „Wahrlich, Eumaios", sprach Odysseus, „die Erzählung deines Geschickes hat mir das Herz gerührt. Doch Zeus hat neben dem Bösen dir auch Gutes beschert; denn er führte dich in das Haus eines gütigen Mannes, der dir mit Liebe Speise und Trank bietet und ein gemächliches Leben verleiht. Ich dagegen irre beständig darbend in der Fremde umher."

So unterhielten sich die beiden Männer bis tief in die Nacht, so daß ihnen nur kurze Zeit zum Schlafe blieb. Als sie am folgenden Morgen sich an dem Feuer das Frühmahl bereiteten, nahete Telemachos. Die Hunde bellten den Kommenden nicht an, sondern umhüpften ihn schmeichelnd. Das merkte Odysseus, auch hörte er den Hall seiner Tritte, und er sprach zu Eumaios: „Da kommt dir ein Freund oder ein Bekannter, denn die Hunde bellen nicht, sondern schmeicheln." Noch hatte er das Wort nicht ausgeredet, so stand sein lieber Sohn auf der Schwelle. Der Sauhirt sprang in freudiger Bestürzung auf, daß das Trinkgeschirr ihm aus den Händen fiel, eilte seinem jungen Herrn entgegen und küßte ihm weinend Haupt und Augen und beide Hände, froh wie ein Vater, dem der einzige Sohn im zehnten Jahre endlich in die Heimat kehrt. „Bist du da, Telemachos, mein süßes Leben", rief er, „ich glaubte nicht mehr dich wiederzusehen. Nun komm herein, mein teures Kind, daß mein Herz sich an deinem Anblick erfreue." Telemachos antwortete: „Väterchen, so sei es. Deinetwegen kam ich her, um dich zu sehen und um zu hören, ob meine Mutter noch im Hause weilt, oder ob irgend einer der Freier sie geehelicht." „Gewiß", sprach Eumaios, „sie wohnt noch in deinem Hause und vertrauert Tage und Nächte in vielen Tränen." Mit diesen Worten nahm er ihm den Speer aus der Hand, und Telemachos trat in die Hütte. Indem er auf den Sitz losging, wollte Odysseus ihm Platz machen; doch Telemachos hielt ihn zurück und sprach freundlich: „Bleibe sitzen, Fremdling, ich finde schon einen andern Sitz auf unserm Gehöfte; der Mann da wird mir schon einen Sitz schaffen." Odysseus setzte sich wieder, und der Sauhirt machte dem Jüngling aus grünem Laube, über welches er ein Fell breitete, einen Sitz zurecht. Darauf holte er Speise und Trank, und alle drei genossen zusammen das Frühmahl.

Nachdem sie gespeiset, fragte Telemachos den Hirten, wer der Fremdling sei, und Eumaios berichtete ihm kurz, was ihm Odysseus früher von sich erzählt. „Ich übergebe ihn jetzt deinen Händen", sprach er, „tue mit ihm, wie du willst; denn er kam in deinen Schutz." „Eumaios", antwortete der Jüngling, „du bereitest mir Sorge. Wie kann ich den Fremdling in mein Haus aufnehmen, wo ich ihn vor dem Übermute der Freier nicht zu schützen vermag. Behalte du ihn in deiner Wohnung; ich will ihm Mantel und Leibrock geben und ein Schwert und will ihn entsenden, wohin sein Herz verlangt. Die Kleidung will ich hierher senden und auch Speise, damit er dich und deine Gesellen nicht zu sehr beschwert; aber dorthin zu den Freiern möchte ich ihn nicht kommen lassen, sie würden ihn verhöhnen und mir bittern Schmerz bereiten." Da erlaubte auch der Bettler Odysseus sich ein Wort: „Wahrlich, o Lieber", sprach er, „es verwundet mir das Herz, zu hören, wie die Freier in deinem Hause übermütig schalten, dir, einem so herrlichen Jünglinge, zum Trotz. Sage mir, hasset dich etwa das Volk, gewarnt durch die Stimme eines Gottes, oder liegst du mit Brüdern im Streit? Fürwahr, wäre ich so jugendlich stark wie du, oder der Sohn eines Odysseus oder Odysseus selber, das Haupt sollte mir ein Fremder von den Schultern hauen, wenn ich nicht in den Saal des Odysseus dränge und allen Verderben brächte. Und wenn mich auch, den Einzelnen, die Menge besiegte, lieber wollte ich, im eigenen Hause getötet, sterben, als beständig so schmähliche Dinge anschauen." Telemachos antwortete ihm: „Verhaßt bin ich bei dem Volke nicht, o Gast, auch liege ich nicht mit Brüdern im Streit; denn unser Geschlecht pflanzt Zeus durch Einzelne fort. Laertes war der einzige Sohn des Arkeisios und hatte wieder nur den Odysseus zum Sohn, und ich bin der einzige Sohn des Odysseus. Aber zahlreiche Männer von den Inseln umher drangen, um meine Mutter werbend, feindselig in mein Haus und verschlingen mein Gut, und meine Mutter weiß kein Ende zu machen. Bald auch werden sie mich noch selbst zerreißen. Doch das ruhet im Schoße der Götter. Gehe du jetzt, Eumaios, zu Penelope und melde ihr meine glückliche Rückkehr; ich will indessen hier bleiben. Doch sage es ihr allein, daß es kein Freier vernimmt; denn sie sinnen mir Böses." „Wohl, ich verstehe", sprach Eumaios; „aber soll ich nicht auf demselben Wege zu Laertes gehen, der, wie man sagt, seit du nach Pylos fuhrst, weder Speise noch Trank mehr genießt, sondern, in Sorge und Gram dasitzend, sich abhärmt, daß sein Körper völlig versiecht?" „So betrübt dies ist", antwortete Telemachos, „eile du nur so schnell wie möglich zu Penelope und komme dann zurück; die Mutter mag die Schaffnerin heimlich zu Laertes senden, daß sie dem Greise Botschaft bringe." So sprach er und trieb den Hirten zur Eile. Der band sich die Sohlen unter und ging ohne Säumen zur Stadt.

Odysseus gibt sich seinem Sohne zu erkennen

Als Eumaios die Hütte verlassen hatte, stand plötzlich Athena in Gestalt eines schlanken schönen Mädchens an der Türe. Aber sie war dem Telemachos nicht sichtbar. Nur Odysseus sah sie und die Hunde; doch bellten diese nicht, sondern sie verkrochen sich winselnd. Sie winkte dem Odysseus, und dieser trat sogleich hinaus. An der Mauer des Hofes stehend, sprach sie zu dem Helden: „Jetzt, edler Odysseus, sprich ohne Hehl mit dem Sohne, daß ihr beide in die Stadt geht und den Freiern dort Tod und Verderben bringt. Ich selbst werde euch nicht lange fern sein; denn es drängt mich die Frevler zu bekämpfen." Nach diesen Worten berührte ihn die Göttin mit ihrem goldenen Stabe; da umhüllten plötzlich wieder die früheren sauberen

Gewänder seine Brust, seine Gestalt reckte sich wieder hoch empor, die Wange ward voll und bräunte sich, und ein dunkler Bart umsproßte sein Kinn. Nachdem die Göttin dieses vollbracht, verschwand sie wieder; Odysseus aber ging in die Hütte zurück. Als der Sohn ihn in solcher Verwandlung sah, erschrak er und wandte das Antlitz ab; denn er glaubte, es sei ein Gott. „Fremdling", sprach er, „du erscheinst mir jetzt ganz anders als vorher; du hast auch andere Kleider, und deine Gestalt ist ganz verändert. Fürwahr, du bist ein Gott! Nimm unser Opfer und sei uns gnädig." „Nein, ich bin kein Gott", sprach Odysseus, „ich bin dein Vater, um den du in deiner Bedrängnis so oft geseufzet." Mit diesen Worten stürzten ihm die lange verhaltenen Tränen aus den Augen, er umschlang den teuren Sohn und bedeckte ihn mit Küssen. Telemachos aber stand noch immer starr vor Staunen, und er konnte den Worten des Vaters nicht glauben. „Nein", rief er, „du bist mein Vater nicht, du bist ein Dämon, der mich täuschet, damit noch mehr Gram über mich komme. Wie vermöchte auch ein sterblicher Mann durch eigene Kraft sich so zu verwandeln?" „Wundere dich nicht, mein Sohn", sprach Odysseus, „und staune den liebenden Vater nicht so grenzenlos an. Ich bin dein Vater Odysseus, der nach viel Kummer und Not im zwanzigsten Jahre endlich wieder in das Land seiner Väter kommt. Diese Verwandlung ist ein Werk der Athena; denn den Göttern ist es leicht, einen Sterblichen zu erhöhen oder zu erniedrigen."

So sprach Odysseus und setzte sich. Telemachos aber umschlang jetzt mit heißen Tränen den Vater, und in beiden regte sich unendlicher Gram. Sie weinten und klagten laut, lauter als Vögel, denen die junge Brut aus dem Neste geraubt ward. Nachdem sie sich endlich ausgeweint, fragte Telemachos den Vater, wie er in die Heimat gekommen sei, und Odysseus erzählte ihm in aller Kürze seine Heimkehr." „Und jetzt bin ich da", sprach er, „um auf Befehl der Athena mit dir den Mord unserer Feinde zu beraten. Wohlan, zähle mir die Freier auf, daß ich weiß, welcherlei Männer es sind und wie groß ihre Zahl, ob wir beide allein sie bezwingen können, oder uns nach Hilfe umsehen müssen." Der Jüngling antwortete: „Vater, ich habe zwar immer von deinem großen Ruhm gehört, daß du ein starker Lanzenschwinger seiest und von klugem Rate; aber da sprachst du ein zu großes Wort. Nimmer gelingt es uns zweien, so viele streitbare Männer zu bekämpfen. Siehe, es sind nicht 10, nicht 20, nein, viel mehr. Aus Dulichion allein sind 52 der mutigsten Jünglinge da mit 6 Dienern, aus Same 24, aus Zakynthos 20, hier aus Ithaka 12 mit dem Herold Medon, dem göttlichen Sänger und 2 Dienern. Wenn wir solcher Masse uns entgegenstellten, so möchte die Rache uns bitter und entsetzlich werden. So laß uns denn, wenn's möglich ist, auf weiteren Beistand denken." „Höre mein Wort", sprach Odysseus, „überlege, ob Athena und Vater Zeus uns genügende Helfer sind, oder ob wir noch nach andern Verteidigern uns umsehen müssen." „Ja, das sind mächtige Helfer", antwortete der Sohn, „die du da nennst, beide hochthronend in den Wolken, herrschend über die Menschen und die unsterblichen Götter!" „Nun denn, sie werden in dem entsetzlichen Kampfe uns nicht fern sein. Gehe du also morgen in der Frühe zu der Stadt zurück und mische dich in den Schwarm der Freier. Mich wird dann der Sauhirt alsbald nachführen in der Gestalt eines Greises und bekümmerten Bettlers. Wenn sie mich dann im Saale beschimpfen, so ertrage das standhaft in deinem Busen, auch wenn sie mich werfen oder gar am Fuße aus der Haustür hinausschleifen;

höchstens darfst du mit freundlicher Ermahnung sie mäßigen und besänftigen. Auch darf kein Mensch erfahren, daß Odysseus zurückgekehrt ist, weder Laertes noch der Sauhirt oder irgend jemand vom Gesinde, auch Penelope nicht. Wir beide wollen unterdessen allein die Diener und die Mägde prüfen, wer von ihnen uns noch ehrt und fürchtet, und wer mich vergessen und dich, meinen herrlichen Sohn, verachtet." Telemachos erwiderte: „Vater, du sollst mich gewiß nicht nachlässig finden; aber ich glaube, diese Prüfung würde uns beiden wenig Vorteil bringen. Denn bedenke, wie lange müßtest du auf den Gehöften umherschweifen, um jeden einzelnen auszuforschen, während unterdessen im Palaste die Freier Hab und Gut verschlingen. Die Mägde im Hause magst du auskundschaften, wie jede gesinnt ist, das andere versparen wir uns für später." Odysseus freute sich über den verständigen Rat des Sohnes und stimmte ihm bei.

Die Anschläge der Freier gegen Telemachos

Die Reisegefährten des Telemachos waren mit dem Schiffe in dem Hafen der Stadt gelandet und brachten die Geschenke, die er von Menelaos erhalten, in das Haus des Klytios. Zu Penelope schickten sie einen Herold, der ihr die glückliche Rückkehr ihres Sohnes verkünden sollte. Dieser traf vor dem Palaste gerade mit dem Sauhirt Eumaios zusammen, und beide gingen zu der Königin. Der Herold meldete ihr im Beisein aller Mägde laut die Ankunft des Sohnes, Eumaios aber sagte ihr leise, was ihm Telemachos aufgetragen, und kehrte dann sogleich wieder zu seinem Hofe zurück.

Als die Freier die Nachricht von Telemachos' Rückkehr erfuhren, erschraken sie und waren voll Unmut. Sie gingen aus dem Saale und setzten sich, um zu beraten, außerhalb des Hofes auf die Bänke vor dem Tor. Eurymachos ergriff zuerst das Wort und sprach: „Wehe, ihr Freunde, das hätten wir doch nimmer gedacht, daß Telemachos diesen Weg so trotzig vollenden werde. Wohlan, laßt uns gleich ein Schiff rüsten, damit wir unsere Freunde in dem Hinterhalt schnell zurückrufen." Noch hatte er nicht geendet, da sah Amphinomos das Schiff ihrer Freunde in den Hafen einlaufen und sprach lachend: „Es ist nicht mehr nötig, Botschaft zu senden, da sind sie schon. Entweder hat es ihnen ein Gott gesagt, daß Telemachos zurück ist, oder sie sahen selbst das Schiff vorbeifahren und konnten es nicht erreichen." Die Freier standen auf und eilten zum Meeresufer. Sie zogen schnell das Schiff aufs Land, ließen die Waffen durch ihre Diener forttragen und begaben sich dann zusammen auf den Markt, ohne jedoch einen andern aus dem Volke zuzulassen. Hier begann Antinoos, der Führer des Hinterhalts: „Es ist wunderbar, wie die Götter den aus der Gefahr erretteten! Den Tag über saßen Späher um Späher abwechselnd auf den Höhen, und sobald die Sonne unterging, blieben wir nicht mehr auf dem Lande, sondern kreuzten die ganze Nacht auf dem Meere fahndend umher, ob wir den Telemachos haschen und töten könnten. Aber während dem führte ihn ein Gott nach Hause. Jetzt aber laßt uns hier ihm den Tod sinnen; hier soll er uns nimmer entfliehen. Denn wenn er am Leben bleibt, werden wir, fürcht' ich, unsere Sache nicht ausführen. Er ist klugen erfinderischen Sinnes und wird das Volk noch gegen uns aufbringen, indem er unsern Mordanschlag ihnen kundtut, daß sie uns zuletzt aus dem Lande jagen. Drum laßt uns ihm zuvorkommen, wir erschlagen ihn fern von der Stadt, auf dem Land oder auf dem Wege, teilen sein Gut und lassen den Palast seiner Mutter. Gefällt euch übrigens dieser Rat nicht, so laßt uns ihm nicht weiter seine Habe verzehren, sondern von unseren Wohnungen aus mit Brautgeschenken um die Fürstin werben. Da mag sie wählen, wer ihr am meisten darbringt und vom Schicksal bestimmt ward." Nach dieser Rede blieben alle stumm; endlich sprach Amphinomos, der Führer der Freier aus Dulichion, der sich vor allen durch Edelsinn auszeichnete und durch seine klugen Reden der Penelope am meisten gefiel: „Freunde, ich möchte nicht, daß wir den Telemachos umbrächten; es ist etwas Gräßliches, einen Königsstamm auszurotten. Laßt uns wenigstens zuvor den Rat der Götter erkunden. Wenn ein Spruch des großen Zeus es genehmigt, so will ich selbst ihn töten und andere noch dazu treiben; doch verwehren es die Götter, dann laßt es."

Der Rat des Amphinomos ward von allen angenommen. Sie erhoben sich und gingen in das Haus des Odysseus zum Schmause. Medon aber, der Herold, hatte wieder ihre Ratschläge gehört und hinterbrachte sie seiner Herrin Penelope. Als daher die Freier im Saale versammelt waren, kam sie, begleitet von zweien ihrer Mägde, zu ihnen herab und redete den Antinoos mit Heftigkeit an: „Antinoos, frecher Unheilstifter", sprach sie, „mit Unrecht nennt man dich in Ithaka den Trefflichsten an Rat und Rede; du bist das nie gewesen. Rasender, warum sinnst du dem Telemachos Tod und Verderben? Weißt du nicht mehr, wie dein Vater Eupeithes, flüchtend vor dem Zorne des Volkes, weil er Seeraub getrieben gegen unsere Verbündeten, schutzflehend in unser Haus kam und Odysseus den Aufruhr beschwichtigte? Sonst hätten sie ihm das Herz aus dem Leibe gerissen und alle seine Güter genommen. Dafür entehrst du nun schwelgend sein Haus, freiest seine Gattin, willst sein Kind morden und bereitest mir großes Herzeleid. Doch ich rate dir jetzt, halt' ein, und hemme auch die andern." Antinoos schwieg beschämt, und Eurymachos antwortete statt seiner: „Edle Penelope, sei getrost, nie soll, so lange ich lebe, ein Mann die Hand an deinen Sohn legen; sonst soll bald sein dunkles Blut an unserem Speere triefen. Denn auch mich hat der Städteverwüster Odysseus oft auf seine Knie gesetzt, mir Fleisch in die Hände gegeben und roten Wein vorgehalten. Drum ist sein Sohn mir der Liebste von allen Menschen, und er braucht von den Freiern den Tod nicht zu fürchten."

So tröstete der Falsche mit freundlicher Miene, aber im Herzen sann er dem Telemachos den Tod. Penelope aber ging wieder hinauf in ihr glänzendes Gemach und weinte dort um ihren trauten Gemahl, bis Athena ihr Auge mit sanftem Schlummer schloß.

Telemachos und Odysseus kommen in die Stadt

Am folgenden Morgen rüstete sich Telemachos, um in die Stadt zu gehen, und sprach zu Eumaios: „Väterchen, ich will jetzt in die Stadt zur Mutter; denn sie wird nicht eher ablassen von ihrem Weinen und Jammern, als bis sie mich selbst gesehen. Den Fremdling aber führe du selbst in die Stadt, daß er dort bettelt; denn ich kann unmöglich alle Welt erhalten, ich trage schon genug an meinem eignen Kummer. Fühlt sich der Fremde dadurch beleidigt, so ist's für ihn um so betrübter; ich rede gern die Wahrheit." Odysseus, welchem Athena wieder die alte Bettlergestalt gegeben, erklärte sich seinerseits wohl damit zufrieden, doch wolle er, ehe er den weiten Weg zur Stadt antrete, seine alten Glieder noch am Feuer wärmen und eine mildere Luft abwarten. Als Telemachos zu seinem Palaste kam, waren die Freier noch nicht versammelt; er stellte seine Lanze wider eine steinerne Säule und trat in den Saal. Dort war eben seine Amme Eurykleia damit beschäftigt, die Sitze für die Freier mit Vließen zu überdecken. Als diese des Jünglings ansichtig ward, eilte sie weinend auf ihn zu, und alle Mägde kamen herbei und küßten ihm grüßend Schultern und Haupt. Da trat auch Penelope aus ihrem Gemach, schlank wie Artemis, schön und reizend wie Aphrodite. Sie umschlang weinend den geliebten Sohn, küßte ihm Haupt und beide Augen und sprach jammernd: „Kommst du, Telemachos, mein süßes Leben; ich glaubte dich nicht wiederzusehen, seit du heimlich wider meinen Willen gen Pylos fuhrst auf Kundschaft nach dem lieben Vater. Wohlan, sage mir, was du gehört hast." Telemachos antwortete: „Liebe Mutter, rege mir den Gram nicht auf, da ich kaum dem Verderben entflohen bin. Gehe hinauf, bade und schmücke dich mit reinen Gewändern und gelobe den Unsterblichen reiche Opfer, wenn sie einst uns die vergeltende Rache gönnen; ich selbst will auf den Markt gehen und einen Fremdling einladen, der mich auf meiner Herfahrt begleitete. Ich übergab ihn dem Peiraios, ihn in seinem Hause zu bewirten, bis ich selbst in die Stadt käme."

Penelope folgte dem Rate des Sohnes, und dieser ging auf den Markt; Athena hatte göttliche Anmut ihm um das Haupt gegossen, so daß alles Volk ihn anstaunte. Die Freier drängten sich mit freundlichen Worten um ihn, während sie ihm Herzen Böses sannen; aber Telemachos entzog sich ihrem Schwarm und setzte sich zu den alten Freunden seines Vaters, Mentor und Antiphos und Halitherses, die ihn teilnehmend über seine Reise ausfragten. Jetzt kam auch Peiraios mit seinem Gaste Theoklymenos durch die Stadt daher zu dem Markte, und Telemachos ging ihnen grüßend entgegen. Als Peiraios ihn aufforderte, die Geschenke des Menelaos in seinem Hause abholen zu lassen, bat er, sie noch aufzubewahren. „Wir wissen ja noch nicht, wie die Sache sich wendet", sprach er; „wenn mich die Freier töten und mein Gut unter sich teilen, so gönne ich dir doch lieber jene Gaben, als ihnen; strafe ich sie dagegen mit Tod und Verderben, so magst du sie froh dem Fröhlichen ins Haus bringen."

Hierauf führte Telemachos seinen Gastfreund in sein Haus. Sie badeten und salbten sich und setzten sich dann zu Tische; gegenüber saß Penelope an dem großen Pfeiler des Saales und spann. Sie fragte nochmals den Sohn nach der

Reise und ihrem Ergebnis. Er erzählte ihr kurz von seinem Aufenthalte bei Nestor und bei Menelaos und das wenige, was er von letzterem über Odysseus und seinen Aufenthalt bei Kalypso gehört hatte. Da ward ihr Herz voll Traurigkeit, Theoklymenos aber tröstete sie und sprach: „Ehrwürdige Königin, höre du meine Weissagung. Bei Zeus und dem gastlichen Tische, bei dem Herde des Odysseus, dem ich genahet bin, glaube mir, Odysseus sitzt bereits irgendwo im Vaterlande, oder schleicht geheim umher, um auszukundschaften die bösen Werke der Freier, denen er allen Verderben pflanzt. Das erkannte ich aus einem Vogelzeichen, als wir hier ans Land stiegen." Penelope antwortete: „Fremdling, möchte dieses Wort sich vollenden, wie wollte ich dir danken durch Pflege und Geschenke." Unterdessen hatten auch die Freier sich allmählich in dem Hofe eingefunden, und nachdem sie dort mit Diskus- und Speerwurf sich ergötzt, kamen sie, von dem Herold Medon gerufen, in den Saal zum Mittagsmahle.

Die Hälfte des Tages war bereits vorüber, da machten sich Eumaios und Odysseus auf den Weg zur Stadt. Odysseus trug wieder über seiner Bettlerkleidung den alten geflickten Ranzen und stützte sich auf einen dicken Stab, den ihm der Sauhirt in die Hand gegeben. Nachdem sie, auf dem schwierigen Wege hinwandelnd, in die Nähe der Stadt gekommen waren, zu dem hellsprudelnden schöngefaßten Felsenquell, an dem die Bürger ihr Wasser holten – ein Hain von Pappeln war ringsum gepflanzt, und ein Altar der Nymphen stand nahe daran – da trafen sie auf den Ziegenhirten des Odysseus, Melanthios, Sohn des Dolios, der, von zwei Knechten begleitet, den Freiern zum Schmause Ziegen zuführte, die besten aus seinen Herden. Als dieser die beiden Wanderer sah, fuhr er sie mit heftigen Schimpfworten an: „Wahrhaftig, da heißt es recht, ein Taugenichts führet den andern! Immer gesellt sich doch der Gleiche gern zum Gleichen. Wo führst du diesen Fresser hin, verdammter Sauhirt, den lästigen Bettler, den Schmarotzer, der an allen Türpfosten sich die Schultern reibt und um Brocken bettelt? Wenn du mir ihn zum Hüter meines Gehöftes gäbest, daß er die Ställe ausfegte und den Böcklein Laub vorwürfe, so könnte er noch, mit Molken gefüttert, Fleisch um die dürren Lenden ansetzen. Aber freilich, er hat nur schlechte Streiche gelernt, zur Arbeit wird er keine Lust haben, es gefällt ihm besser herumzubetteln und sich den gefräßigen Bauch zu füllen. Aber ich sage dir, kommt er in den Palast des Odysseus, so fliegen ihm die Schemel zahllos in die Rippen." So sprach er und trat boshaft im Vorübergehen dem Fremden mit der Ferse in die Hüfte; doch er blieb unerschüttert auf dem Fußsteige stehen und erwog in seinem erzürnten Herzen, ob er ihm seinen Stab über den Kopf hauen, oder ihn fassen und seinen Kopf zerschmetternd gegen die Erde stoßen sollte. Doch er bezwang sein Herz und duldete die Schmach. Der Sauhirt aber schalt den Frechen ins Angesicht und flehte mit erhobenen Händen: „Ihr heiligen Nymphen des Quells, Töchter des Zeus, wenn je Odysseus euch köstliche Opfer gebracht, so erfüllet meinen Wunsch und lasset ihn heimkehren; er würde dir bald deine trotzige Hoffart vertreiben, du Müßiggänger, der den ganzen Tag in der Stadt herumlungert, während das Vieh verdirbt." „Wunder, was der tückische Hund da spricht!" rief der Geißhirt, „warte nur, ich werde dich noch drüben auf den Inseln als Sklaven verkaufen für ein schönes Stück Geld. Und deinen Telemachos möge noch heute in seinem Hause Apollon mit seinem Pfeile treffen oder die Freier erschlagen, daß er zu Grunde ginge wie sein Vater."

Mit diesen Worten ging er voraus und trat bald in den Palast des Königs, wo er sich unter den Freiern dem Eurymachos gegenüber, der ihm besonders gewogen war, niedersetzte und am Mahle teilnahm. Eumaios aber und Odysseus, die langsam nachgefolgt waren, nahten jetzt auf dem Palaste, aus welchem ihnen die Laute des Sängers Phemios, der eben seinen Gesang anhub, entgegentönte. Odysseus faßte den Sauhirt bei der Hand und sprach: „Eumaios, das ist gewiß die Wohnung des Odysseus! Sie ist leicht aus vielen herauszufinden. Gemach an Gemach! Der Hof mit Mauern und Zinnen umhegt und mit einem Doppeltore mächtig verschlossen; eine unbezwingliche Burg! Auch merke ich wohl, daß viele Männer drinnen ein Gastmahl halten; die Speisen duften, und ich höre die Laute des Sängers, die Freundin des Mahls." Eumaios antwortete: „Du hast Recht; doch jetzt laß uns überlegen, was zu tun. Entweder gehe du zuerst hinein, während ich noch zurückbleibe, oder, wenn du willst, laß mich vorausgehen, aber säume dann nicht zu lange, damit dich niemand hier draußen erblickt und wirft oder stößt." „Gehe du nur voraus", sprach Odysseus, „ich bin der Schläge und Stöße schon gewöhnt und hab' schon viel Böses ertragen, Schrecken des Meeres und des Kriegs. So mag denn auch das noch geschehen. Der Magen ist ein unverschämter Geselle, der sich nicht bändigen läßt."

Während sie also miteinander sprachen, erhob an dem Hoftore ein Hund Kopf und Ohren von seinem Lager. Argos hieß er, Odysseus selbst hatte ihn aufgezogen, ehe er nach Troja ging, und er war lange als der trefflichste Jagdhund gebraucht worden; jetzt aber in seinem Alter, bei der Abwesenheit seines Herrn, lag er verachtet auf dem Düngerhaufen, der vor dem Hoftore aufgeschichtet war, steif und voll Ungeziefer. Als der jetzt seinen alten Herrn sah, wedelte er freudig mit dem Schwanze und senkte die Ohren, doch konnte er vor Schwäche nicht näher zu ihm herankommen. Odysseus sah es und wischte sich heimlich eine Träne aus dem Auge. „Siehe da", sprach er, um seine Rührung zu verbergen, zu seinem Begleiter, „wie der Hund auf dem Miste liegt. Er hat eine schöne Gestalt; ob er aber auch schnell im Laufe war, oder nur so ein Hund, wie die vornehmen Herren sich um die Tische halten zum Staat?" „Freilich", antwortete Eumaios, „es war der beste Hund, den Odysseus hatte. Jetzt aber, seit sein Herr dahin ist, liegt er im Elend, und die Weiber, die saumseligen, geben ihm nicht einmal das nötige Futter." Mit diesen Worten ging er in den Saal, wo die Freier schmausten; der Hund aber, nachdem er seinen Herrn im zwanzigsten Jahre wiedergesehen, senkte den Kopf und starb.

Odysseus als Bettler unter den Freiern

Eumaios hatte sich in dem Saale eben dem Telemachos, der ihn herangewinkt, gegenübergesetzt und begonnen, sich an dem vorgelegten Fleische zu letzen, da trat auch Odysseus, auf seinen Stab gestützt, in den Saal, ein armer bettelnder Greis in schlechten Lumpen. Er setzte sich innerhalb der Türe auf der Schwelle nieder und lehnte sich mit dem Rücken wider den Türpfosten. Sobald Telemachos seiner ansichtig ward, nahm er ein ganzes Brot und eine Hand voll Fleisch, soviel er nur fassen konnte, und gab es dem Sauhirt mit den Worten: „Da, bringe dies dem Fremdling und heiß' ihn auch bei den Freiern herumbetteln; denn die Scham ist einem darbenden Manne nichts nütze." Odysseus nahm dankend die Gabe mit beiden Händen, legte sie sich vor die Füße auf seinen Ranzen und begann zu essen, während der Sänger sein Lied sang. Als er gespeist und der Sänger geendet hatte, die Freier aber in dem Saale einen wilden Lärm begannen, trat die Göttin Athena an Odysseus heran und mahnte ihn, bei den Freiern Speise zu sammeln. Der ging nun bei den einzelnen umher und reckte bettelnd die Hand aus, als wenn er schon Jahre lang dies Gewerbe betrieben; und die Freier gaben ihm mitleidig und fragten einander staunend, wer er sei und woher er gekommen. Da erhub sich der Geißhirt Melanthios und rief: „Ihr Freier, ich habe ihn schon gesehen, der Sauhirt brachte ihn hierher; doch welches Geschlechts er sich rühmt, weiß ich nicht!" „Verdammter Sauhirt", schalt da Antinoos, „warum brachtest du den Menschen in die Stadt? Haben wir nicht schon Landstreicher und lästige Schmarotzer genug, daß du auch diesen noch herschleppst?" „Antinoos", sprach der Sauhirt gelassen, „du sprichst nicht schicklich. Wer wird einen Fremden berufen, ist's nicht ein Seher oder ein Arzt oder ein Sänger? Den Bettler ruft niemand. Doch du warst stets hart gegen das Gesinde des Odysseus, besonders gegen mich; aber das acht' ich nicht, so lange Penelope und Telemach noch leben." Telemachos beschwichtigte den Hirten und sprach zu Antinoos: „Du bist ja wie ein Vater um mich besorgt, Antinoos, daß du den Fremdling mir mit hartem Wort aus dem Hause jagen willst. Doch das möge nicht geschehen. Gib ihm nur, scheue weder mich noch meine Mutter noch einen der Diener. Aber freilich, du willst lieber selbst verzehren, als andern geben." „Sieh nur", rief Antinoos, „welcher Trotz, welche Schmähung! Wollte jeder der Freier diesem Bettler so viel geben, er brauchte drei Monate lang das Haus nicht mehr zu betreten." So sprach er und ergriff schon den Schemel unter seinen Füßen. Jetzt kam Odysseus, dem die andern alle auf seinem Rundgange schon Brot und Fleisch gegeben, zuletzt auch zu ihm. „Gib mir auch, Lieber", sprach er, „du scheinst mir der Edelste unter allen, drum ziemt es dir, mir noch mehr zu geben als die andern, und ich will dich rühmen bei allen Menschen. Auch ich war einst reich und hatte viele Knechte und gab manchem Armen, der in der Irre schweifte; aber Zeus vernichtete mir alles. Er trieb mich, mit Seeräubern nach Ägypten zu gehen, da ward ich gefangen; von dort kam ich nach Zypern und von Zypern hierher." Da rief Antinoos im Zorn: „Welch' ein Dämon hat diesen lästigen Menschen uns hergeschickt? Stell' dich da in die Mitte, fern von meinem Tisch, daß ich dir dein Ägypten und Zypern nicht gesegne, du unverschämter Bettler! Zu jedem stellst du dich der Reihe nach, und alle geben dir ohne Scheu und Schonung von dem fremden Gut." „O ihr Götter", sprach Odysseus, indem er zurückwich, „dein Sinn stimmt nicht mit deiner Gestalt! Von deinem eigenen Gut gäbest du dem Armen auch nicht ein Salzkorn, da du mir, bei fremdem Gute sitzend, nicht einmal einen Bissen schenken magst, obgleich du in Überfluß schwelgest." Bei diesen Worten entbrannte der Zorn des Antinoos noch gewaltiger. „Jetzt sollst du mir, nach solcher Schmähung, nicht gesund aus dem Saale kommen!" rief er mit düsterem Blick und schleuderte den Schemel ihm an die rechte Schulter, dicht ans Halsgelenk. Aber Odysseus stand fest und unerschüttert wie ein Fels. Schweigend schüttelte er das Haupt und kehrte zu seinem Platze auf der Schwelle zurück. Da setzte er sich nieder und legte den gefüllten Ranzen vor sich, indem er zu den Freiern sprach: „Ihr Freier der weitgepriesenen Fürstin, wenn einer im Kampfe um sein Gut geschlagen und geworfen wird, so schmerzt und kränkt das nicht; aber Antinoos warf mich Elenden um des Hungers willen. Wenn noch ein Gott sich der Armen erbarmt, so treffe ihn das Todesgeschick vor seiner Hochzeit." „Schweig' und friß in Ruh", schrie Antinoos, „oder packe dich, sonst schleift man dich an Hand oder Fuß über die Schwelle, daß dir die Haut von den Gliedern geht."

Die rohe Gewalttätigkeit erweckte den Unwillen aller Freier, und einer von ihnen sprach zu ihm: „Antinoos, das war nicht schön, daß du den unglücklichen Fremdling warfst. Wenn er nun gar ein Gott wäre? Denn die Götter gehen bisweilen in Gestalt fremder Wanderer unter den Menschen umher, um sie zu prüfen." Antinoos aber achtete des Vorwurfs wenig. Telemachos sah die Mißhandlungen seines Vaters mit innerem Grimme, doch er sprach kein Wort und schüttelte nur schweigend das Haupt. Als aber Penelope in ihrem Gemach von der Freveltat des Antinoos hörte, sprach sie im Zorne: „Treffe ihn selbst so der Pfeil des Apollon!" und ließ im Stillen den Sauhirt rufen, daß er den Fremden zu ihr beschiede; sie hoffte von dem viel Umhergereisten auch wohl ein Wort über Odysseus zu hören. Eumaios bestätigte diese Hoffnung, indem er ihr erzählte, was er von dem Fremden über Odysseus vernommen. „Geh", sprach Penelope freudig, „rufe mir ihn herein, daß er mir es selbst ins Angesicht erzähle. Die Freier mögen unterdessen sich am Spiele ergötzen, nachdem sie sich an unserem Fleisch und Wein gelabt, die Frevler. Käme doch Odysseus endlich ins Land seiner Väter, bald würde er mit seinem Sohne ihren Übermut bestrafen." Während sie dieses sprach, nieste plötzlich Telemachos so laut in dem Saal, daß es durch das Haus schallte. Da lachte Penelope und sprach schnell zu dem Sauhirten: „Geh, und rufe mir gleich den Fremden. Hörst du, wie Telemachos zu meinen Worten niest? Das ist eine gute Vorbedeutung; nun wird wohl keiner der Freier dem Tode entgehen." Eumaios meldete dem Bettler den Wunsch der Fürstin; aber dieser vertröstete sie, aus Furcht vor den Freiern, bis zum Abend, dann wollte er ihr gerne von dem Gatten erzählen. – Eumaios verabschiedete sich nun bei Telemachos und ging zu seinem Gehöfte, mit dem Versprechen, am andern Morgen mit schönen Schweinen zurückzukehren.

Schon neigte der Tag sich zum Abend und die Freier ergötzten sich an Gesang und Reigentanz, da kam aus der Stadt ein Bettler, der gewöhnlich bei den Freiern bettelte, ein weitberüchtigter Vielfraß, groß von Gestalt, aber ohne

Kraft und Stärke; Arnaios hieß er, aber man nannte ihn gewöhnlich Iros, d.h. Bote, weil er bisweilen durch Botendienst sich etwas verdiente. Der kam, um den Odysseus von seinem eigenen Hause zu vertreiben, denn er befürchtete aus seiner Stelle verdrängt zu werden. Er fuhr ihn zankend an: „Weiche von der Türe, Greis, ehe man dich am Fuße fortschleppt. Siehst du nicht, wie sie alle mir zuwinken, dich fortzuschleppen? Doch das mag ich nicht; drum mache dich fort, ehe es zu Streit und Handgemenge kommt." Odysseus blickte ihn finster an und sprach: „Wunderlicher Mensch, was habe ich dir getan? Die Schwelle hat Raum für uns beide. Du scheinst ein Bettler zu sein wie ich, warum bist du neidisch? Fordere mich nicht zum Zweikampf, sonst möchten, so alt ich bin, dir bald Brust und Lippen vom Blute triefen. Dann hätte ich morgen vielleicht mehr Ruhe hier." Iros antwortete sich ereifernd: „Wie der Fresser plappert, gleich einem Waschweib! Ich möchte dir rechts und links eine geben, daß dir die Zähne aus dem Maul fallen, wie aus einem Schweinsrüssel. Auf, gürte dich! Sie sollen sehn, wie du im Kampf mit einem Jüngeren bestehst."

So zankten die beiden grimmig am Eingange des Saales. Antinoos hörte sie und rief lachend den andern zu: „Freunde, solch' lustiger Spaß war noch nicht da! Iros und der Fremdling fordern sich zum Kampf! Wohlan, wir wollen sie aneinander hetzen!" Rasch sprangen alle auf und eilten lachend herbei, und Antinoos sprach: „Ihr Freier, da liegen die Geißmagen, mit Fett und Blut gefüllt, im Feuer zur Nachkost; wer von beiden obsiegt, der mag einen nehmen und soll immer bei uns essen und sonst keiner." Das gefiel allen; doch Odysseus stellte sich, als fürchte er, der Greis, den Kampf mit dem Jüngeren, und ließ sich kläglich im voraus von den Freiern versprechen, daß sie sich nicht zu Gunsten des Iros einmischen wollten. Alle schworen ihm dies zu, und Telemachos sprach ermutigend: „Fremdling, fürchte dich nicht. Wer dich verletzt, hat es mit mir zu tun und mit Antinoos und Eurymachos; ich bin hier Wirt im Hause." Jetzt gürtete Odysseus seine Lumpen, und die Freier bewunderten seine nervigen Schenkel und Arme, die breiten Schultern und die starke Brust; denn Athena dehnte und stärkte seine Glieder. „Welche stattliche Lenden der Greis aus seinen Lumpen zeigt", sprach mancher zu seinem Nachbar, „ich glaube, dem armen Iros wird es übel ergehen." Dem Iros selbst ward es übel zu Mute; alle Gelenke zitterten ihm und die Diener mußten ihn mit Gewalt gürten und vorführen. Als das Antinoos sah, sein Patron, fuhr er ihn zornig an: „Du bist verloren, Großprahler, wenn du vor diesem verkümmerten Greis zurückweichst. Ich sage dir, wenn er dich besiegt, so werf' ich dich in ein Schiff und schicke dich nach Epirus zu dem König Echetos, dem Schrecken aller Menschen, daß er dir die Nase und die Ohren abschneidet und deine Eingeweide den Hunden vorwirft." Nun faßte ihn noch größeres Zittern, so daß er sich willenlos vorführen ließ. Beide Kämpfer erhoben jetzt die Hände; Odysseus besann sich einen Augenblick, ob er seinen Gegner mit einem Streiche totschlagen, oder mit einem leichteren Hieb nur zur Erde strecken sollte, damit die Freier keinen Verdacht schöpften. Er zog das letztere vor, und als nun beide ihren Schlag fallen ließen, da schlug Iros den Odysseus auf die rechte Schulter, dieser aber jenen an den Hals unter dem Ohr, daß ihm die Knochen entzwei gingen und ihm ein dunkler Blutstrom aus dem Munde schoß. Mit einem Schrei fiel er nieder und wand sich zappelnd und mit den

Zähnen knirschend am Boden. Unter unbändigem Gelächter der Freier zog ihn Odysseus am Fuße über die Schwelle auf den Hof, lehnte ihn dort wider die Mauer und sprach, indem er ihm seinen Stab in die Hand legte: „So ‚da bleib sitzen, als Scheuche für die Säue und die Hunde, und laß dir's nicht mehr einfallen, gegen Arme und Fremde ein Tyrann zu sein; sonst geht dir's noch schlimmer." Damit hängte er seinen alten Ranzen wieder um die Schulter und setzte sich wieder auf die Schwelle. Die Freier gingen unter Gelächter in den Saal zurück, und mancher reichte ihm die Hand und sprach: „Zeus und die Götter mögen dir gewähren, Fremdling, was dein Herz sich wünscht, daß du diesen unersättlichen Fresser uns zur Ruhe gebracht; jetzt senden wir ihn nach Epirus zum König Echetos." Antinoos brachte ihm als Siegespreis die große Blutwurst vom Feuer, und Amphinomos zwei Brote; dabei trank er ihm unter Handschlag aus goldenem Becher zu und sprach: „Heil dir, fremder Vater! Mög' es dir künftig wohlergehen, denn jetzt bist du von viel Trübsal umringt." Odysseus antwortete ihm: „Amphinomos, du scheinst mir ein sehr verständiger und auch ein mildgesinnter Jüngling; drum beherzige, was ich dir sage. Es gibt nichts Schwächeres und Unbeständigeres auf Erden, als der Mensch ist; so lange er glücklich ist und sich stark fühlt, glaubt er, es treffe ihn niemals in der Zukunft ein Unglück, geben ihm aber dann die Götter trauriges zu leiden, so ist er unwillig und voll Kleinmut. Das habe auch ich an mir selber erfahren. Drum warne ich jeden vor Übermut und Frevel und rate, in stiller Demut die Gaben der Götter hinzunehmen. So sollten auch die Freier nicht mit solcher Ausgelassenheit hier schalten, indem sie schwelgen und prassen und die Gattin des Mannes bedrängen, der gewiß nicht lange mehr fern sein wird. Nein, er ist schon nahe. Möge ein guter Dämon dich vorher aus dem Hause führen, damit du dem Manne bei seiner Rückkehr nicht begegnest; denn ohne Blut werden die Freier und er nicht auseinanderkommen." So sprach Odysseus warnend, denn er hätte den Jüngling gerne gerettet, spendete und trank und gab den Becher zurück. Amphinomos ging betrübten nachdenklichen Herzens mit gesenktem Haupte durch den Saal zu seinem Sitze; sein Geist ahnte Unheil. Aber er entging doch seinem Geschicke nicht, das ihm Athena verhängt hatte.

Jetzt gab Athena der Penelope den Gedanken ein, zu den Freiern hinabzugehen; sie sollte den Freiern Sehnsucht im Herzen erwecken und vor Gemahl und Sohn noch achtbarer erscheinen, als zuvor. Ehe sie jedoch hinabging, versenkte sie die Göttin in süßen Schlaf und verklärte ihr Antlitz mit göttlicher Schönheit. Als die beiden Mägde, die sie begleiten sollten, in das Gemach traten, erwachte sie in ihrem Sessel, rieb sich die Wangen mit den Händen und sprach: „Wie sanft habe ich geschlafen; möchte so sanft mir Artemis jetzt gleich den Tod geben, damit ich nicht länger in unaufhörlicher Sehnsucht nach dem herrlichen Gemahle mich zergrämte." Darauf begab sie sich mit den beiden Mägden in den Saal hinab und stellte sich mit verschleiertem Antlitz an die große Säule des Saales. Die Freier staunten sie an, und jeder wünschte sie als seine Gemahlin heimführen zu können. Sie aber wendete sich an Telemachos und sprach: „Telemach, ich erkenne dich nicht; als Knabe zeigtest du mehr Verstand als jetzt, wo du groß bist. Welche unwürdige Tat hast du eben in unserem Hause geschehen lassen! Wenn ein Fremdling, der in unserer Wohnung Ruhe sucht, solche Kränkung erleidet, wie sollte dir das nicht Schande und Schmach bringen?" „Mutter, ich verarge dir deinen Eifer nicht", sprach Telemachos; „ich habe wohl Verstand im Herzen und weiß Böses und Gutes voneinander zu unterscheiden, aber die Freier betäuben mich ganz, die mit bösen Gedanken rings um mich sitzen, ohne daß nur einer mir beisteht. Übrigens ging der Kampf mit Iros anders aus, als die Freier gehofft; der Fremde hat sich stärker gezeigt. Wenn doch die Freier ebenso bezwungen in unserem Hause die Köpfe hängen ließen, wie jetzt Iros dort an der Mauer im Hof; er nickt mit dem Kopfe, wie ein Betrunkener, und kann nicht aufrecht stehen, noch nach Hause wandern."

So sprachen Mutter und Sohn miteinander, ohne daß die Freier es hörten. Eurymachos aber, der reichste der Freier aus Ithaka, von der Schönheit der Königin hingerissen, rief: „Edle Tochter des Ikarios, wenn dich jetzt alle Achäer aus Griechenland sähen, morgen schmausten noch mehr Freier in eurem Hause; denn du überstrahlst alle Frauen an Schönheit und Gestalt und an klugem Sinn." Penelope erwiderte: „Ach, Eurymachos, Schönheit und Gestalt schwanden mir, seit die Achäer und Odysseus, mein Gemahl, gen Ilion zogen. Wenn er wiederkehrte und mein Leben beschirmte, dann wäre in Wahrheit mein Ruhm größer und schöner. Als er die teure Heimat verließ, da faßte er meine Hand und sprach: Liebes Weib, ich glaube nicht, daß alle Achäer von Troja wiederkehren, und ob mich die Götter wieder zurücksenden, steht dahin. Sorge du hier für alles und habe acht auf den Vater und die Mutter, wie bisher, oder mehr noch, da ich abwesend bin; aber wenn unser Sohn erwachsen ist, dann vermähle dich, mit wem du willst, und verlaß das Haus. So sprach jener, und alles wird nun wahr. Der Tag der schrecklichen Vermählung nahet mir Unglücklichen heran, und ich sehe ihm mit bitterem Schmerz entgegen. Denn ihr freiet nicht, wie es sonst Sitte im Lande ist. Sonst bringen die Freier, wenn sie um ein edles Weib werben, den Verwandten der Braut Rinder und Schafe und andere herrliche Gaben zum Geschenke dar, aber ihr verprasset fremdes Gut ohne Entschädigung."

Odysseus freute sich der klugen Rede seiner Gattin; Antinoos aber antwortete ihr im Namen der Freier: „Edle Tochter des Ikarios, keiner von uns weigert dir die Geschenke; nimm sie nur freundlich an. Aber wir gehen nicht eher aus dem Hause, als bis du dir aus unserer Zahl einen Gatten gewählt hast." Die Freier waren mit den Worten des Antinoos einverstanden und ließen sogleich durch ihre Diener die Geschenke holen. Für den Antinoos brachte der Herold ein großes buntgewirktes Gewand mit zwölf goldenen Spangen, für Eurymachos ein Brustgeschmeide aus Gold und anderem glänzenden Metall, das funkelte wie die Sonne; zwei Diener des Eurydamas brachten ein Paar Ohrgehänge, jedes mit drei hellen Sternen behangen, aus dem Hause des Peisandros kam ein prächtiges kunstvoll gearbeitetes Halsband; und so bot ein jeder der Freier der Königin ein besonderes Geschenk dar. Diese ließ sie durch ihre Mägde forttragen und ging wieder in ihr Gemach zurück.

Die Freier setzten ihr Gelage fort unter Tanz und Saitenspiel, bis der Abend kam. Als es dunkel ward, stellte man, um den Saal zu erleuchten, drei Feuerbekken auf, in denen man mit Kienspänen und alten trockenen Holzscheitern Feuer anzündete, welche von den Mägden geschürt wurden. Da trat Odysseus zu den Mägden heran und sprach: „Gehet, ihr Mägde, ins Haus zu eurer Herrin und spinnet und zupfet Wolle, ich will schon die Flamme hier besorgen, und wenn es dauerte bis morgen früh." Die Mägde lachten und sahen einander an; Melantho aber, eine schöne jugendliche Magd, welche von Penelope aufgezogen worden war, die aber um das Herzeleid ihrer Herrin sich wenig kümmerte und in frechem Umgang mit den Freiern lebte, fuhr ihn zankend an: „Du elender Bettler, du bist ein Narr, daß du nicht schlafen gehst in die Schmiede oder in die Volksherberge, und hier so viel schwatzest. Schwindelt dir, weil du den Iros bezwungen hast? Nimm dich in acht, daß kein Stärkerer dir den Kopf zerschlägt und dich bluttriefend hinauswirft." Odysseus sah sie finster an und sprach: „Du Hündin, was schmähst du da! Warte, ich gehe gleich zu Telemachos und sag's ihm, daß er dich in Stücke zerhaut." Da flogen die Mägde, vor Angst zitternd, auseinander, denn sie glaubten, der Alte habe im Ernst gesprochen, und Odysseus übernahm nun die Besorgung der Flammen. Mit seinen Rachegedanken im Herzen stand er an den Leuchtbecken und sah bald hier, bald dort nach; Athena aber reizte jetzt wieder die üppigen Freier zu Spott und Hohn gegen ihn, damit sein Herz noch mehr sich mit Zorn erfülle. Eurymachos sprach zu seinen Gesellen: „Ihr Freunde, fürwahr, irgend ein Gott hat uns da den Fremden als lebendige Leuchte ins Haus gesandt; seht, wie sein kahler Kopf glänzt, auf dem kein Härchen mehr zu sehen ist." Und während die Freier über den rohen Scherz ein lautes Gelächter aufschlugen, wandte er sich an Odysseus selbst und sprach: „Alter, möchtest du dich wohl zu mir verdingen, daß du mir auf meinem Gute Dornen holst und Bäume pflanzest? An Lohn und Kost und Kleidung soll's dir nicht fehlen. Aber ich glaube, du kannst nichts und magst nicht arbeiten; es gefällt dir besser, herumzustreichen und dir den Bauch zu füllen." „Eurymachos", antwortete Odysseus, „ich wollte, es wäre Frühling, und du wetteifertest mit mir, die Sense in der Hand, im Mähen des Grases, ohne Frühstück vom Morgen bis zum Abend; wir wollten sehen, wer es am besten aushielte. Oder ich wollte, wir pflügten um die Wette einen Acker, oder es wäre Krieg und ich hätte einen Schild und zwei Lanzen und einen wohlanschließenden Helm; dann solltest du mich unter den Vorderkämpfern sehen, und du würfest mir gewiß nicht hämisch meinen Magen vor. Aber du bist trotzigen und unfreundlichen Herzens und hältst dich für groß und gewaltig, weil du dich nur mit wenigen und dazu nicht mit den Edelsten missest. Ja, wenn Odysseus käme, dann möchte dir bald die Türe, und wäre sie noch so weit, für die Flucht zu enge werden." Jetzt entbrannte das Herz des Eurymachos in noch größerem Zorne, und er rief mit finsterem Blick: „Elender, gleich sollst du deinen Lohn empfangen für deine unverschämte Rede! Ich glaube, du hast dich am Wein berauscht oder bist beständig ein solcher Tor!" Mit diesen Worten ergriff er einen Schemel und warf ihn nach Odysseus. Der aber setzte sich schnell zu den Füßen des Amphinomos, und der Schemel flog dem Weinschenk an die rechte Hand, daß die Kanne zur Erde fiel und er selbst mit Geheul zu Boden stürzte. Da begannen die Freier einen großen Lärm, und mancher sprach zu seinem Nachbar: „Wäre doch der Landstreicher anderswo zu Grunde gegangen, ehe er hierher kam; dann hätten wir doch hier kein solch' Getümmel. Jetzt ereifern wir uns um Bettler, und alle Lust am Mahl ist dahin." Da der Lärm sich nicht legte, erhub sich Telemachos und bat die Freier höflich aber bestimmt, sich nach Hause zur Ruhe zu begeben. Die Freier ärgerten sich und bissen sich in die Lippen; aber Amphinomos sprach: „Freunde, das war billig gesprochen; drum widersetzt euch nicht, und kränkt auch weiter den Fremden nicht. Laßt noch einmal die Becher füllen, auf daß wir vor dem Nachhausegehen den Göttern spenden. Der Fremdling bleibe hier bei Telemachos, in dessen Haus er gekommen ist." So geschah es, und die Freier begaben sich ein jeder in seine Wohnung.

Odysseus' Unterredung mit Penelope

Odysseus und Telemachos blieben allein im Saale, und jener forderte den Sohn auf, sogleich die Waffen und Rüstungen, welche im Saale sich befanden, hinweg zu schaffen, und wenn die Freier ihn fragten, warum er das getan, so solle er antworten, sie müßten vorm Rauch, der sie schon ganz verdorben habe, hinfort bewahrt werden, auch wolle er verhüten, daß sie sich, vom Weine berauscht, in Streit und Hader verwundeten und so das Mahl störten. Telemachos ermahnte daher die Amme Eurykleia, daß sie ihm die Mägde aus dem Saale holte, er wolle die Waffen seines Vaters aus dem Rauche in die Rüstkammer bringen. Die Alte freute sich, daß Telemachos beginne auf die Erhaltung seines Besitztums bedacht zu sein; „aber wer soll dir denn leuchten", fragte sie, „wenn ich keine Magd in den Saal lassen soll?" Telemachos antwortete: „Das tut der Fremde da; denn wer aus meinem Scheffel ißt, der darf mir hier nicht müßig stehen." Eurykleia verschloß nun alle Pforten, die aus den Gemächern in den Saal führten, und Odysseus und sein Sohn trugen schnell alles in die Kammer, Helme und Schilde und Speere; Athena selbst ging vor ihnen her mit einer goldenen Lampe und verbreitete ringsum Licht und Glanz. Telemachos staunte und sprach zu seinem Vater: „Welches Wunder, Vater; alle Wände umher, Balken und Säulen glänzen wie von flammendem Feuer. Gewiß ist ein Gott im Hause." Odysseus antwortete: „Sei stille, mein Sohn, und behalte deine Gedanken im Herzen, ohne zu forschen; das ist so die Weise der Unsterblichen. Und nun gehe zur Ruh; ich selbst will im Saale bleiben, um noch die Mägde auf die Probe zu stellen und mit deiner Mutter zu reden."

Der Sohn ging in seine Schlafkammer, Odysseus aber harrte im Saale auf Penelope. Diese trat auch jetzt aus ihrem Gemache, schlank wie Artemis, lieblich wie Aphrodite. Man stellte ihr ihren eigenen mit Silber und Elfenbein ausgelegten Sessel ans Feuer, auf den setzte sie sich, während die Schar der Mägde herbeiströmte, um die Speise- und Trinkgeschirre wegzuräumen, und die Tische auf die Seite zu stellen. Sie warfen das Feuer von den Leuchtbecken auf den Boden und legten frisches Holz darauf zur Erleuchtung und Erwärmung des Saales. Da fuhr wiederum Melantho den Odysseus an und zankte: „Bettler, willst du auch die Nacht noch dich hier im Saale herumtreiben und uns beschwerlich fallen? Packe dich zur Türe hinaus, Elender; sonst werfe ich dir einen Feuerbrand an den Kopf und bringe dich hinaus." Odysseus sah sie finster an und sprach: „Warum fährst du mich so grimmig an, du Schändliche? Weil ich in Lumpen gehe und bettle? Das ist das Schicksal aller umherirrenden Männer. Einst war ich auch ein glücklicher begüterter Mann, und ich hatte zahlreiches Gesinde; doch jetzt hat mir Zeus alles vernichtet. Hüte dich, du Stolze, daß du nicht einmal all' dein Großtun verlierst; wie wenn die Fürstin einmal dir ernstlich zürnt, oder Odysseus zurückkehrt, denn es ist noch Hoffnung vorhanden. Aber kommt er auch nie mehr in die Heimat, Telemachos ist jetzt erwachsen, und der Mutwille seiner Mägde bleibt ihm nicht unbemerkt." Penelope hörte, wie der Bettler die freche Magd zurecht wies, und sprach scheltend zu ihr: „Du schamlose Seele, ich kenne dein schlechtes Treiben, und du sollst mir es mit dem Kopfe büßen. Du wußtest alles recht gut, du hörtest von mir selbst, daß ich den Fremden wegen meines Gatten hier ausfragen wollte, und dennoch willst du ihn vertreiben."

Penelope ließ darauf dem Fremden durch die Schaffnerin Eurynome einen Sessel herbeibringen, und nachdem sich dieser gesetzt, sprach sie zu ihm: „Fremdling, zuerst laß mich dich fragen, wer du bist und aus welchem Lande du stammst." Odysseus antwortete ihr: „Edle Frau, du bist untadelig, und dein Ruhm strahlt weit wie der eines großen völkerbeglückenden Königs; aber frage mich nicht nach meinem Geschlecht und meinem Vaterlande, damit du mir nicht bei der Erinnerung an all' das Weh, das ich erlitten, das Herz mit noch größerem Grame erfüllst; und es ziemt sich doch nicht, in fremdem Hause klagend und jammernd zu sitzen; die Mägde und du gar selber, ihr könntet mich schelten und sagen, meine Tränen kämen vom Weinrausch." „Fremdling", sprach Penelope, „meine Herrlichkeit und meine Schönheit ist dahin, seit Odysseus, mein Gemahl, mit den Achäern nach Troja zog. Ja, wenn er wiederkehrte und mein Leben beschützte, dann wäre in Wahrheit mein Ruhm größer und schöner. Doch jetzt traure ich und habe viel zu leiden. Die zahllosen Freier bedrängen mich und fordern meine Vermählung, und ich kann ihnen mit aller List nicht entgehen." Damit erzählte sie ihren Trug mit dem Gewebe, und wie sie, von ihren Mägden verraten, endlich gezwungen ward es zu vollenden. „Nun kann ich nicht mehr länger ausweichen", sprach sie; „meine Eltern dringen mit Ernst in mich, mich zu vermählen, und mein Sohn zürnt ob der Verschwendung seines Gutes, denn er ist jetzt erwachsen und fähig, selbst sein Haus zu besorgen. So steht's mit mir; doch ich bitte, verschweige mir dein Geschlecht und dein Vaterland nicht, denn du bist ja doch nicht vom Himmel gefallen." „Ehrwürdige Gattin des Odysseus", sprach der Fremdling, „du willst mir's also nicht ersparen, mein Geschlecht zu nennen; nun so will ich dir's verkünden, wenn es mich auch vielen Schmerz kostet. Kreta, die fruchtbare anmutige Insel mit neunzig Städten und vielen Völkern, ist mein Vaterland. Dort, in Knossos, der mächtigen Stadt des Minos, zeugte mich und Idomeneus der König Deukalion, des Minos Enkel. Idomeneus, mein Bruder, zog mit dem Sohne des Atreus gen Ilion; ich, der jüngere und schwächere – Aithon ist mein Name – blieb zurück. Da nun sah ich einmal den Odysseus und bewirtete ihn; denn der Sturm hatte ihn auf seinem Wege nach Troja verschlagen und an die Küste von Kreta geworfen. Er kam nach Knossos und fragte nach Idomeneus, seinem Gastfreunde; der aber war schon vor 10 oder 11 Tagen nach Troja abgesegelt. Da führte ich ihn in mein Haus und bewirtete ihn zwölf Tage lang und versah ihn mit reichen Vorräten." Bei dieser Erzählung zerfloß Penelope in Tränen, und Odysseus ward durch den Gram seiner teuren Gattin vom tiefsten Mitleid ergriffen, aber er hielt die

Tränen zurück, und die Augen standen ihm fest und unbeweglich in den Wimpern, als wären sie von Horn oder von Eisen.

Nachdem die Königin ihren Gram ausgeweint, begann sie von neuem: „Fremdling, jetzt muß ich dich wohl ein wenig prüfen, ob du mir die Wahrheit gesagt. Sage mir also, was er damals für ein Kleid trug und wie er aussah und wie sein Gefolge war." Odysseus erwiderte: „Königin, das ist schwer nach so langer Zeit zu sagen; denn es sind jetzt zwanzig Jahre. Doch so viel ich mich erinnere, trug er ein dichtes purpurnes Doppelgewand; daran waren goldene Spangen, mit doppelten Löchern schließend, und vorn eine Stickerei, ein Reh, das zwischen den Klauen eines Hundes zappelte. Unter dem Mantel gewahrte ich einen schimmernden zarten Leibrock, der glänzte wie die Sonne; die Weiber betrachteten ihn mit Entzücken. Ob er diese Kleider mit von Hause gebracht, weiß ich nicht; vielleicht gab sie ihm unterwegs irgend ein Gastfreund, denn ein Mann wie er war Vielen wert. Auch ich gab ihm ein Schwert und ein purpurnes Doppelgewand und einen Leibrock. Ferner hatte er einen Herold bei sich, der etwas älter war als er selbst, Eurybates hieß er und war gekrümmt in den Schultern, von braunem Gesicht und dichten Locken; Odysseus hielt viel auf ihn." Penelope mußte jetzt noch stärker weinen, da der Fremde ihr alles so genau von ihrem Gatten angab. Als sie sich ausgeweint, sprach sie: „Fremdling, du sollst mir in meinem Hause lieb und wert sein. Ich selbst gab ihm diese Kleidung und fertigte sie. Doch ich empfange ihn nie mehr in seinem Hause. Unselige Stunde, wo er nach dem Unglückstroja auszog!" Odysseus suchte ihren Gram zu beschwichtigen und erzählte ihr, was er auch schon dem Eumaios vorgefabelt; wie er in Epirus von dem dortigen Aufenthalte ihres Gatten und seiner baldigen Rückkehr gehört habe. „Ich schwöre dir", schloß er, „bei Zeus und dem gastlichen Herde des Odysseus, daß er noch in diesem Jahre im laufenden Monat oder im nächsten zurückkehren wird." „Möchte sich dein Wort vollenden", erwiderte Penelope, „ich wollte dir's reichlich danken. Aber es ahnet mir in meinem Geiste, er kehret nie." Darauf wollte sie den Mägden befehlen, dem Fremdling die Füße zu waschen und ihm ein warmes Lager in der Halle zu bereiten; doch Odysseus verbat sich das weiche Lager, dem er schon längst entwöhnt sei, und wünschte auch nicht, daß ihm die jungen ungezogenen Mägde die Füße berührten, habe sie dagegen eine alte verständige Dienerin, die gleich ihm schon mancherlei im Leben erduldet habe, so wolle er es schon geschehen lassen. „Lieber Fremdling", sprach Penelope, „noch kein so verständiger Gast ist mir ins Haus gekommen wie du. Ja, ich habe eine alte Dienerin von verständigem Sinn, die den Odysseus schon als Kind gepflegt hat; die mag dir die Füße waschen. So stehe denn auf, Eurykleia", sprach sie, „ und wasche den Fremden, der mit deinem Herrn gleichalterig ist; vielleicht hat auch er schon solche Hände und Füße, denn im Unglück altern die Menschen schnell."

Die Alte bedeckte sich das Antlitz mit den Händen und vergoß heiße Tränen um ihren geliebten Pflegling, der in der Fremde im Elend umherirrte. „Vielleicht verhöhnen auch ihn so die Weiber fern unter fremden Menschen, wie sie dich Unglücklichen hier frech verhöhnten. Drum wasche ich dir gerne die Füße um der Penelope und um deinetwillen; denn du dauerst mich in tiefster Seele. Und wahrlich, unter allen Fremden, die in unser Haus kamen, gleicht keiner so an Gestalt und Stimme dem Odysseus wie du." „Ja", sprach

Odysseus, „das haben alle gesagt, Mütterchen, die uns beide gesehen, daß wir uns sehr ähnlich seien." Darauf nahm Eurykleia die Badewanne und mischte darin kaltes und heißes Wasser zum Bade; Odysseus aber setzte sich von dem Herde ab und wandte sich vorsichtig dem Dunkel zu, damit die Alte nicht, ihn berührend, die Narbe bemerkte, die ihm in seinen jungen Jahren auf der Jagd bei seinem Großvater Autolykos im Parnaß ein Eber über dem Knie ins Fleisch gerissen. Als nun die Alte ihm die Füße wusch und mit der flachen Hand über die Narbe fuhr, da erkannte sie erschreckt ihren Herrn. Sie ließ seinen Fuß in die Wanne gleiten, daß sie umschlug und das Wasser auf die Erde floß. Freude und Schmerz durchströmte ihre Brust, ihre Augen füllten sich mit Tränen, und Stimme und Atem stockten. Nachdem sie sich gefaßt, umschlang sie seine Knie und sprach: „Wahrlich, du bist Odysseus, mein Sohn! Nicht eher aber erkannte ich dich, als bis ich meinen Herrn ganz betastet." Nach diesen Worten wandte sie sich zu Penelope, um ihr die freudige Kunde zu melden; aber Odysseus faßte sie schnell mit der Rechten an der Kehle und sprach leise, indem er sie mit der andern Hand an sich heranzog: „Mutter, warum willst du mich verderben! Ja du hast mich erkannt, doch schweig' und laß es niemand im Hause erfahren. Denn ich sage dir, wenn du mich verrätest und ich bezwinge mit eines Gottes Hilfe die Freier, so schone ich dich, die eigene Amme, so wenig wie die andern Mägde." Die Amme antwortete: „Welch' ein Wort, mein Kind! Du weißt ja, daß mein Herz fest und unerschütterlich ist; ich werde mein Geheimnis festhalten wie Fels und Eisen. Aber wenn du die Freier bezwungen, so will ich dir die andern Mägde alle nennen, die dich verachten." „Dessen bedarf's nicht, Mutter", sprach Odysseus, „ich werde sie schon selbst herausfinden. Aber schweige und überlaß das Weitere den Göttern." Darauf eilte Eurykleia aus dem Saale, um ein anderes Bad zu holen, da das erste verschüttet war. Nachdem sie ihn nun gewaschen und mit Öl gesalbt, zog Odysseus den Sessel wieder näher zu dem Feuer, um sich zu wärmen, bedeckte aber die Narbe vorsichtig mit seinen Lumpen.

Penelope begann aufs neue das Gespräch: „Fremdling", sprach sie, „ich will dich nur noch weniges fragen, denn bald kommt die Zeit der Ruhe. Mein Geist schwankt hin und her, ob ich im Hause bei dem Sohne bleiben und ihm alles wohl erhalten soll, aus Scheu vor dem Gatten und vor der Stimme des Volkes, oder ob ich einem der Freier als Gattin folgen soll. So lange Telemachos noch ein Kind war, durfte ich das Haus nicht verlassen; doch jetzt, wo er das Jünglingsalter erreicht hat, wünscht er selbst, daß ich gehe, da ihm die Freier alle Habe verschwelgen. Nun erkläre mir einen Traum, den ich dir erzählen will. Ich habe hier im Hause zwanzig Gänse, und ich sehe ihnen oft mit Vergnügen zu, wie sie ihren Weizen aus dem Wasser fressen. Da kam nun, so träumte ich, ein Adler aus dem Gebirge und brach allen Gänsen würgend die Hälse. Sie lagen bunt durcheinander im Palaste, und der Adler flog hoch in die Luft; ich aber wehklagte und schluchzte laut. Da sammelten sich die Frauen um mich und trösteten meinen Kummer um die gemordeten Gänse, und plötzlich kam auch der Adler zurück, setzte sich auf das Gesimse des Balkens und sprach, mich tröstend, mit menschlicher Stimme: „Sei getrost, Tochter des Ikarios, das ist ein Gesicht, kein Traum; die Gänse sind die Freier, ich, der ich eben ein Adler war, bin jetzt dein zurückgekehrter Gatte und werde allen Freiern ein schreckliches Ende bereiten." So sprach der Vogel, und ich erwachte. Sogleich sah ich nach meinen Gänsen, und siehe, sie fraßen wie gewöhnlich." „Edle Fürstin", sprach der Fremdling, „man kann den Traum nicht anders deuten, als wie es Odysseus selbst getan hat: den Freiern allen naht das Verderben, keiner wird dem Tode entrinnen." „Fremdling", sprach Penelope, „nicht alle Träume gehen den Sterblichen in Erfüllung. Zwei Pforten gibt es für die Traumgebilde, die eine ist von Elfenbein, die andere aus Horn; die, welche aus jener hervorgehen, sind eitel, doch die aus der hornenen Türe hervorgehen, erfüllen sich. Aus dieser, glaube ich, kam mein Traum nicht! Und doch wie sehr wünschte ich es für mich und meinen Sohn. Ach, morgen kommt mir der entsetzliche Tag, der mich aus dem Hause des Odysseus fortführen soll. Da will ich den Wettkampf bestimmen. Mein Gatte pflegte manchmal in seinem Saale zwölf Äxte in einer Reihe hinter einander aufzustellen und dann aus der Ferne einen Pfeil durch ihre Öhre zu schießen. Diesen Wettkampf will ich jetzt den Freiern aufgeben; wer am leichtesten den Bogen des Odysseus spannt und durch die zwölf Äxte schießt, dem will ich als Gattin folgen. Ach, die Trennung von diesem schönen Hause meines Jugendgemahles wird meinem Herzen schwer fallen, und ich werde es nimmer vergessen, selbst nicht im Traume."

Odysseus billigte das Vorhaben seiner Gattin. „Morgen auf der Stelle bestimme den Wettkampf", sprach er; „denn Odysseus, der listenreiche, wird dir eher kommen, als sie die Sehne gespannt und den Pfeil durch das Eisen geschnellt haben." – Jetzt war es Zeit zum Schlafengehen. Penelope ging in ihre Kammer, dem Odysseus aber breitete die Schaffnerin Eurynome in der Vorhalle eine ungegerbte Stierhaut zum Lager aus, über welche sie das Vließ eines Schafes legte, und deckte ihn mit einem Mantel zu.

Nacht und Morgen vor der Rache

Odysseus lag unruhigen Geistes auf seinem Lager und sann auf das Verderben der Freier. Die Mägde, die im Einverständnis mit den Freiern waren, liefen noch aus dem Hause an ihm vorüber und trieben sich draußen, mit den Freiern lachend und scherzend, zuchtlos umher, daß sein Herz sich empörte und er hinzustürzend die Schamlosen gerne mit dem Tode bestraft hätte. Aber er bezwang sein bellendes Herz und sprach: „Dulde, mein Herz, du hast ja noch Ärgeres erduldet. Ich sah den Kyklopen meine tapferen Gefährten fressen und ertrug's, bis meine List die Rache und Errettung fand." So bezwang er sein Herz, aber er wälzte sich hierhin und dorthin auf dem Lager und fand die Ruhe nicht. Da kam die Göttin Athena vom Himmel herab, stellte sich in Gestalt eines jugendlichen Mädchens an sein Haupt und sprach: „Warum so kleinmütig? Traut man doch einem geringeren Freunde, der sterblich ist und nicht so reich an Klugheit; und ich bin eine Göttin und behüte dich immerdar in jeglicher Gefahr. Selbst wenn fünfzig Scharen rings uns umdrohten, du besiegtest sie doch durch meine Hilfe und nähmest ihnen ihre Rinder und ihre Schafe. Drum schlafe nur ruhig ein, es ist beschwerlich die ganze Nacht zu wachen, und du wirst ja jetzt von deinen Leiden erlöst."

So sprach die Göttin und deckte sein Auge mit Schlummer. Dann eilte sie wieder zum Olympos hinauf. Nunmehr erwachte aber Penelope, und indem sie sich in ihrem Lager aufsetzte, begann sie über ihr Geschick zu klagen und wünschte sich den Tod. Durch ihre Klagen, die herabdrangen bis zur Halle, ward Odysseus aufgeweckt, und er dachte schon, er möchte vor der Zeit erkannt sein. Die Unruhe ließ ihn nicht mehr länger auf seinem Lager; er raffte Mantel und Vließ auf und trug sie in den Saal zurück, die Stierhaut trug er hinaus in den Hof. Hier flehte er mit erhobenen Händen zu Zeus um ein Zeichen seiner Gnade, und der allwaltende Himmelsvater sandte hoch von dem Olympos herab einen lauten Donner. Dessen freute sich der Held, zumal da er auch noch aus dem Hause ein glückverheißendes Wort vernahm. Eine Sklavin nämlich, welche die ganze Nacht hindurch Weizen mahlen mußte zur Speise für die Freier, hielt ihre Mühle an, als sie den Donner hörte, und sprach, indem sie zum Himmel aufblickte: „Vater Zeus, der du bei unbewölktem Himmel deinen Donner sendest, du schicktest wohl irgend einem Sterblichen ein Zeichen. Auch mir Unglücklichen gewähre einen Wunsch: laß heute zum letzten Mal die üppigen Freier hier in dem Hause des Odysseus schmausen, denen ich Tag und Nacht den Weizen mahlen muß; die Knie brechen mir vor Ermüdung." Der Donner und das Wort der Magd bestärkten den Odysseus in der Hoffnung, daß er die Freier züchtigen werde.

Unterdessen erwachte der Morgen. Die Mägde kamen und zündeten auf dem Herde das Feuer an. Telemachos erhob sich vom Lager und trat, das Schwert um die Schulter gehängt und die mächtige Lanze in der Hand, auf die Schwelle des Saals. „Mütterchen", sprach er zu Eurykleia, „habt ihr auch unsern Gast im Hause mit Speise und gutem Lager geehrt, oder liegt er unbeachtet da? Die Mutter scheint mir alle Überlegung verloren zu haben, daß sie die schlechten Freier ehrt und den besseren Mann unbeachtet fortschickt." Eurykleia antwortete: „Mein Sohn, beschuldige die Mutter nicht ohne Grund. Der Fremde trank Wein und aß, so viel und so lange er wollte, aber ein köstliches Lager verschmähte er; er schlief in der Vorhalle auf einer Stierhaut." Jetzt eilte Telemachos, von seinen Hunden begleitet auf den Markt; Eurykleia aber befahl den Mägden, in aller Eile alles zu dem Schmause der Freier vorzubereiten, denn heute, an dem Feste des Neumonds, das dem Apollon heilig, würden sich diese früher einstellen als gewöhnlich. Die einen besprengten den Boden des Saals und kehrten ihn mit dem Besen aus, andere breiteten purpurne Decken über die Sessel, wieder andere scheuerten die Tische mit Schwämmen, reinigten die Mischkrüge und die Becher; zwanzig eilten zum Brunnen, um Wasser zu holen. Indessen kamen auch die Diener der Freier und spalteten das Holz, Eumaios, der Sauhirt, kam mit drei fetten Schweinen und grüßte freundlich seinen alten Gast; auch Melanthios kam, der ungezogene Geißhirt, und brachte schöne Ziegen. Als er den Fremden sah, fuhr er ihn wieder mit harten Worten an: „Bist du noch immer da, du alter Landstreicher, und beschwerst die Männer mit deinem Betteln? Ich glaube, wir beide trennen uns doch nicht, ehe du meine Fäuste verspürt hast." Odysseus schwieg und schüttelte grollend das Haupt.

Jetzt erschien auch der Rinderhirt Philoitios; er brachte von Kephallenia herüber eine Kuh und mehrere Ziegen. Nachdem er sein Vieh in der Halle festgebunden, trat er zu Eumaios und fragte ihn: „Wer ist doch der Fremdling, der da in unser Haus gekommen? Er gleicht an Gestalt einem König. Aber die Götter verkümmern auch Königen, wenn sie ins Elend geraten, ihr Aussehen." Und zu Odysseus sprach er, indem er ihm freundlich die Hand reichte: „Heil dir, fremder Vater, möge es dir wenigstens in Zukunft wohlgehen; jetzt freilich bist du im Elend. Schweiß überlief mich und mein Auge füllte sich mit Tränen, da ich dich sah; denn ich mußte an meinen Herrn denken, der wahrscheinlich auch so, in Lumpen gehüllt, unter den Menschen umherschweift, wenn er anders noch lebt. Schon als Jüngling hat er mich über seine Rinder in Kephallenia gesetzt, deren Zucht sich trefflich mehrt; aber ich muß sie leider anderen zum Schmause bringen, die schon ohne Scheu vor dem Sohne und vor der Strafe der Götter die Habe des verschollenen Königs unter sich zu teilen trachten. Ich wäre schon längst vor Ärger mit den Rindern in ein anderes Land geflüchtet, wenn ich nicht an den Sohn dächte und noch immer hoffte, daß mein unglücklicher Herr zurückkehrte und den Schwarm der Freier zerstreute." Odysseus antwortete ihm: „Rinderhirt, du scheinst mir kein schlechter und törichter Mann zu sein; drum verkündige ich dir mit einem Eide bei Zeus und dem gastlichen Tisch des Odysseus, daß dein Herr noch, während du hier im Hause bist, heimkehren wird und du mit eigenen Augen schauen kannst, wie er die Freier mordet." „Möchte doch dies Wort sich erfüllen, Fremdling", sprach Philoitios, „da solltest du meine Hände auch nicht feiern sehen." Eumaios der dabei stand, stimmte bei und flehte zu allen Göttern um die Rückkehr seines Herrn.

Der Tag der Rache

Die Freier hatten unterdessen eine abgesonderte Versammlung gehalten und über die Ermordung des Telemachos beraten. Aber von der linken Seite kam ein hochfliegender Adler mit einer lebenden Taube in den Krallen. Als diesen Amphinomos sah, sprach er zu seinen Genossen: „Ihr Freunde, uns gelingt nimmer unser Ratschluß in betreff des Mordes; auf, laßt uns zum Mahle gehen." Die Freier gehorchten und gingen zu dem Hause des Odysseus. Nachdem sie hier ihre Mäntel auf den Sesseln im Saale niedergelegt, begannen sie die fetten Schweine zu schlachten und die Ziegen und die Kuh, brieten die Eingeweide und verteilten sie. Dann mischten sie den Wein in den Krügen, und der Sauhirt verteilte die Becher; Philoitios reichte das Brot in Körbchen herum, und Melanthios machte den Mundschenk. Den Odysseus setzte Telemachos absichtlich an die Türe des Saales auf einen schlechteren Stuhl und stellte ihm einen kleinen Tisch vor. Nachdem er ihm Speise und Wein gebracht, sprach er zu ihm: „So, hier bleib' ruhig sitzen und trinke deinen Wein mit den Männern, Schmähungen und Gewalttat werde ich dir abhalten, denn dieses Haus ist dem Odysseus, meinem Vater; drum, ihr Freier, laßt mir Gewalttat und Spott, damit sich kein Zank und Hader erhebt." Die Freier bissen sich zornig auf die Lippen, aber Antinoos sprach zu ihnen: „Freunde, wie hart es auch ist, doch nehmet das drohende Wort ruhig hin; Zeus ja vergönnt es nicht, sonst hätten wir ihn mit seinem Schreien schon längst zum Schweigen gebracht."

Nachdem das Fleisch der geschlachteten Tiere gebraten war, begann der festliche Schmaus, an welchem auch Odysseus auf Befehl des Telemachos seinen Anteil erhielt. Die Freier aber, von Athena verlockt, konnten sich des Spottes nicht enthalten. Ein ruchloser Jüngling Namens Ktesippos, aus Same, rief höhnend: „Ihr Freier, der Fremde hat zwar schon längst sein gebührendes Teil, und es wäre auch Unrecht, wenn Telemachos ihm solches in seinem Hause versagte; doch ich will ihm auch noch ein Gastgeschenk verehren, das er der Magd geben mag, die ihn gebadet, oder irgend einem Diener in dem Hause des göttlichen Odysseus." Mit diesen Worten warf er einen Kuhfuß, den er aus dem nahestehenden Korbe gelangt, nach Odysseus; aber der vermied den Wurf durch eine leise Beugung des Hauptes, schrecklich lächelnd, und der Kuhfuß fuhr wider die Wand. Da erhob sich Telemachos mit Zorn und rief drohend: „Das war ein Glück für dich, Ktesippos, daß du den Fremdling nicht trafst; sonst hätte dich mein Speer durchbohrt, und dein Vater hätte dir ein Leichenfest bereitet statt der Hochzeit. Daß keiner mehr sich eine Ungebühr in meinem Hause erlaubt, denn ich werd's nicht mehr dulden. Lieber mordet mich selber; denn ich will lieber sterben, als noch länger so schmähliche Dinge anschauen." Da verstummten alle; endlich aber sprach Agelaos: „Freunde, er hat Recht; ereifere sich keiner zu feindseliger Rede. Kränkt den Fremdling nicht weiter, noch sonst einen Diener im Hause des Odysseus. Doch dem Telemachos und seiner Mutter möchte ich ein freundliches Wort sagen, wenn ihr's erlaubt. So lange noch eine Hoffnung war, daß Odysseus zurückkehren werde, war's nicht zu verargen, daß man uns hinhielt; doch jetzt, wo es klar ist, daß jener niemals heimkehrt, soll er zur Mutter gehen und sie auffordern, sich einen anderen Gatten zu wählen, damit er ungestört sein väterliches Erbe genießen kann." „Beim Zeus, Agelaos, und bei den Leiden meines Vaters", sprach Telemachos, „ich halte meine Mutter nicht von der Wahl zurück; ich fordere sie vielmehr selbst dazu auf; doch mit Gewalt werde ich sie nicht aus dem Hause treiben." Da brachen die Freier, von Athena in ihrem Sinne verwirrt, in ein unbändiges Gelächter aus. Ihre Mienen verzerrten sich, sie aßen blutbesudeltes Fleisch, und ihre Augen füllten sich mit Tränen, denn ihr Herz versank plötzlich in tiefen Jammer. Das sah der Seher Theoklymenos, und er rief: „Unglückliche, was trifft euch für ein Leid! Euer Antlitz ist in Nacht gehüllt, ihr wegklagt, und eure Wangen sind voll Tränen. Die Wände triefen von Blut, die Hallen und der Vorhof sind vom Schatten des Todes erfüllt; die Sonne verlöscht am Himmel, und gräßliche Finsternis herrscht rings umher!" Da brachen wieder alle in schreckliches Lachen aus, und Eurymachos rief: „Wie schwatzet der hergelaufene Fremdling! Bringt ihn sogleich zur Türe hinaus, daß er auf den Markt geht; hier ist ihm ja alles wie Nacht!" „Ich verlange deine Begleiter nicht", antwortete Theoklymenos; „Augen und Ohren und Füße sind mir gesund und auch der Verstand noch gerade. Damit gehe ich von selbst; denn ich sehe euch das Verderben nahen, dem keiner von euch entgehen wird, da ihr so schamlos frevelt." Mit diesen Worten entfernte er sich und ging in das Haus des Peiraios. Die Freier aber sahen einander an und höhnten den Telemachos wegen seiner Gäste. „Fürwahr, Telemachos", rief einer, „es beherbergt doch niemand schlechtere Gäste als du! Was hast du da für einen aufgelesenen Bettler, der nichts kann als nach Wein und Speise gieren, eine unnütze Last für den Erdboden, und der andere ist ein Narr, der weissagt. Wir wollen sie in ein Schiff werfen und bei den Sikulern für ein gutes Stück Geld verkaufen." Telemachos schwieg und wandte öfter seine Blicke nach dem Vater, ob er noch nicht ein Zeichen zum Losbrechen gebe.

Penelope hatte in ihrem Gemache sich an die offene Türe gesetzt und hörte jedes Wort der Freier. Jetzt erhob sie sich auf Antrieb der Athena, um ihnen den Bogen zum verheißenen Wettkampf zu bringen. Sie nahm den ehernen Schlüssel mit elfenbeinernem Griff und ging mit zwei Mägden zu einer fernen Hinterkammer, wo die Kleinode des Königs lagen, Erz und Gold und Eisen, und auch der Bogen des Odysseus aufbewahrt ward, welchen vordem Eurytos, der berühmteste Bogenschütze des Altertums, besessen hatte; dessen Sohn Iphitos hatte ihn dem Odysseus als Gastgeschenk gegeben. Nachdem sie die knarrende Pforte aufgeschlossen, trat sie auf eine Erhöhung, wo ihre Kisten mit duftigen Gewändern standen, und holte, sich emporreckend, von der Wand den glänzenden Verschluß herab, in welchem der Bogen und der mit Pfeilen reich gefüllte Köcher aufbewahrt wurden. Vom Schmerz überwältigt, setzte sie sich nieder und hielt weinend den Verschluß auf den Knien. Dann, nachdem sie sich ausgeweint, nahm sie Bogen und Köcher hervor und ging damit in den Saal; die Mägde trugen ihr in einem Korbe die Äxte nach. Hier sprach sie zu den Freiern: „Wohlan, ihr Freier, die ihr ohne Unterlaß euch in unser Haus drängt, um zu essen und zu trinken, unter dem Vorwand, um meine Hand zu werben, jetzt bestimme ich euch einen Wettkampf. Hier ist der große Bogen meines Gatten; wer ihn am leichtesten spannt und durch die zwölf Äxte schießt, dem will ich als Gattin folgen." Sie hoffte, daß ihn keiner spannen würde. Darauf befahl sie dem Eumaios, den Freiern den Bogen und die Äxte vorzulegen. Eumaios tat es mit Tränen, und der Rinderhirt Philoitios weinte mit ihm, als er den Bogen seines Herrn sah. Da rief Antinoos ärgerlich: „Ihr albernen Bauern, was weint ihr und macht der Königin das Herz noch schwerer! Setzt euch ruhig hin und schmaust, oder weint vor der Tür. Wir Freier wollen mit dem Bogen den schweren Wettkampf beginnen; denn er ist nicht leicht zu spannen. Unter uns allen ist kein solcher Mann wie Odysseus; ich habe ihn als Kind gesehen." So sprach er, doch im Herzen gedachte er den Bogen zu spannen und durch die Äxte zu schießen. Jetzt erhob sich Telemachos und sprach: „Wehe fürwahr, Zeus hat mich mit Torheit geschlagen! Meine Mutter verspricht jetzt einem andern zu folgen und aus meinem Hause zu gehen, und ich lache dazu und freue mich. Aber wohlan, ihr Freier, jetzt habt ihr einen Wettkampf um ein Weib, wie keins mehr im achäischen Lande ist. Doch wozu soll ich die Mutter loben? Ihr wißt es ja selber. Auf denn und zögert nicht, spannt den Bogen! Möcht' ich doch selbst seine Kraft versuchen; denn wofern ich euch besiegte, bliebe mir die Mutter, und ich wäre nicht verlassen."

Nach diesen Worten warf er den purpurnen Mantel ab und das Schwert und stellte die Äxte gerade in einer Reihe auf. Darauf trat er zur Schwelle und versuchte die Kraft des Bogens. Dreimal zog er mit aller Kraft, aber umsonst; als er mit größerem Eifer zum vierten Mal anzog, hätte er den Bogen gespannt, doch Odysseus winkte ihm, und er unterließ es. „Ich bin ein Schwächling", sprach er, indem er den Bogen an die Türflügel lehnte, „oder noch zu jung; so versucht ihr's denn, die ihr stärker seid als ich." Nachdem er sich auf seinen Platz niedergesetzt, machte Antinoos der Versammlung den Vorschlag, daß sie von der Linken zur Rechten anfingen, in der Weise, wie der Weinschenk seinen Umgang halte; und so erhob sich denn zuerst Leiodes, der Opferpriester der Freier, der beständig zu hinterst im Winkel bei dem Mischkrug saß, der einzige, dem der Unfug zuwider war und der die ganze Rotte der Freier haßte. Der nahm Bogen und Pfeil, trat an die Schwelle und versuchte sich; aber er vermochte den Bogen nicht zu spannen. Nach vergeblicher Anstrengung ließ er den Arm sinken und sprach: „Ich vermag's nicht, Freunde, nehme ihn ein anderer; aber ich glaube, es ist keiner in der Runde, der ihn spannt." Er lehnte Bogen und Pfeil an die Türe und ging zu seinem Sessel zurück. Antinoos aber schalt ihn und rief: „Was sprichst du da, Leiodes, ärgere mich nicht! Du allerdings bist zum Helden und Bogenspanner nicht geboren; doch sind auch noch andere hier." Darauf hieß er den Geißhirt Melanthios ein Feuer anzünden und eine Scheibe Fett aus der Kammer holen, damit sie den starren Bogen über dem Feuer mit Fett einrieben und geschmeidig machten; aber es half nichts, einer nach dem andern versuchte seine Kraft, und keinem gelang es, den Bogen zu spannen. Zuletzt waren nur noch Antinoos und Eurymachos übrig, die stärksten unter allen.

Zu dieser Zeit gingen Eumaios und der Rinderhirt zusammen aus dem Saale. Odysseus folgte ihnen in den Hof und sprach zu ihnen vertraulich: „Ihr Freunde, ich möchte ein Wort mit euch reden. Würdet ihr dem Odysseus gegen die Freier helfen, wenn er jetzt plötzlich aus der Fremde käme? Sagt mir offen, wie es euch ums Herz ist." „Vater Zeus", sprach Philoitios, „wenn du mir doch diesen Wunsch gewährtest, daß Odysseus heimkehrte. Dann solltest du gewiß meine Hände auch nicht feiern sehen." Eumaios stimmte in den Wunsch des Philoitios ein. Als nun Odysseus die Gesinnung beider erkannt hatte, sprach er: „Nun, hier bin ich selbst, nach vieler Trübsal komme ich endlich im zwanzigsten Jahre in mein Haus zurück und sehe, daß ich euch willkommen bin, euch allein von all' meinem Gesinde; denn von den andern hörte ich keinen um meine Rückkehr flehen. Dafür will ich jedem von euch, wenn mir ein Gott die Freier bezwingen hilft, ein Eheweib geben und Besitztum und will euch Häuser bauen ganz nahe bei mir, und ihr sollt mir in Zukunft Genossen und Brüder des Telemachos sein. Und damit ihr nicht zweifelt, hier sehet die Narbe von jener Wunde, welche mir der Eber im Parnaß geschlagen." Mit diesen Worten zeigte er ihnen die Narbe unter seinen Lumpen, und die beiden Knechte schlossen ihn weinend in ihre Arme und küßten ihm Schultern und Angesicht. Auch Odysseus küßte seinen treuen Knechten Haupt und Hände, dann aber sprach er: „Jetzt laß das Weinen, daß es niemand sieht und drinnen sagt, und gehet einer nach dem andern hinein; doch erst, wenn ich wieder im Saale bin. Dort werden die Freier nicht leiden wollen, daß auch mir Bogen und Köcher gereicht wird; aber dann bringe du, Eumaios, sie getrost durch den Saal zu mir her. Zugleich sage den Weibern, daß sie die Türen fest verschließen, und wenn sie im Saal Geächze und Getöse der Männer hören, dann sollen sie ruhig bei ihrer Arbeit bleiben. Dir aber, edler Philoitios, übertrage ich die Hoftüre; schließe sie fest mit dem Riegel und binde das Seil um das Schloß." Darauf ging er wieder in den Saal und setzte sich auf seinen Stuhl; die beiden Knechte folgten bald darauf einzeln nach.

Eurymachos hielt eben den Bogen in den Händen und drehte ihn wärmend hin und her über dem Feuer; aber trotzdem vermochte er nicht ihn zu spannen. Sein ehrsüchtiges Herz stöhnte und er sprach unmutig: „Wehe, wie sehr kränkt mich das um mich und um uns alle! Nicht wegen der Hand der Penelope, denn es gibt noch viele andere Achäerinnen in Ithaka und in den übrigen Städten, nein, daß wir so sehr an Kraft hinter Odysseus zurückstehen, dessen Bogen wir nicht spannen können; das ist eine Schmach noch bei den späten Enkeln." „Dem ist nicht so, Eurymachos", sprach Antinoos, „das weißt du auch selber. Doch heute feiert das Volk ein großes Fest des Apollon; wer wird da den Bogen spannen? Leget ihn ruhig hin und laßt uns dem Gotte eine Spende bringen und trinken; die Äxte mögen stehen bleiben bis morgen. Da wollen wir Apollon, dem Bogenschützen, herrliche Ziegen opfern und dann den Wettkampf beendigen." Der Vorschlag gefiel allen. Die Diener füllten sogleich die Mischkrüge und verteilten die Becher. Als nun alle gespendet und getrunken, da sprach der schlaue Odysseus verderbensinnenden Geistes: „Edle Freier, ihr tut recht, daß ihr den Wettkampf auf morgen verschiebt. Aber gebt mir auch einmal den Bogen in die Hände, damit ich vor euch versuche, ob noch etwas von der alten Kraft in meinen Gliedern steckt." Da entbrannten die Freier in heftigem Zorn, denn sie befürchteten, der alte Bettler möchte wirklich den Bogen spannen, und Antinoos rief ihm scheltend zu: „Elender Fremdling, bist du von Sinnen? Sei froh, daß du ruhig in unsrer stolzen Gesellschaft sitzen und schmausen darfst. Wahrlich, der Wein hat dich betört, hüte dich vor Unheil! Spannst du den Bogen, so findest du bei uns keine Gunst mehr, wir schicken dich übers Meer zum König Echetos, daß er dir Nase und Ohren abschneidet und deine Eingeweide den Hunden vorwirft. Drum iß und trink in Ruhe und wetteifere nicht mit jungen Männern." Aber Penelope sprach ihm sanft entgegen: „Wie unrecht wäre es, Antinoos, den Fremdling vom Wettkampfe auszuschließen. Oder befürchtest du, er möchte mich heimführen als seine Gattin, wenn er den großen Bogen des Odysseus spannt? Das hofft er wohl selbst nicht, auch wäre es fürwahr nicht schicklich." „Nicht das fürchten wir, o Königin", sprach Eurymachos, „nein, wir fürchten die schimpfliche Nachrede, daß ein bettelnder Mann aus der Fremde uns besiegt." Penelope antwortete: „Männer, die mit Schwelgen ein fremdes Haus entehren wie ihr, finden nirgends unter den Menschen eine gute Nachrede. Doch warum fürchtet ihr Beschimpfung? Der Fremdling ist starken und großen Wuchses, auch rühmt er sich als Sohn eines edlen Vaters. Drum gebt ihm den Bogen, daß wir sehen; spannt er ihn und gibt ihm Apollon den Sieg, so schenke ich ihm Mantel und Leibrock und Schuhe, Speer und Schwert, und sende ihn, wohin sein Herz verlangt." Jetzt trat Telemachos hervor und sprach: „Liebe Mutter, über den Bogen hat keiner Macht außer mir; ich kann ihn geben und verweigern nach Willkür. Aber gehe du in dein Gemach und besorge deine Geschäfte mit den Mägden; das Geschoß liegt den Männern ob, am meisten mir, denn ich bin Herr im Hause."

Penelope staunte über die kräftige Rede ihres Sohnes und ging in ihr Gemach zurück, wo Athena einen sanften Schlummer über die Trauernde ausgoß. Der Sauhirt aber, eingedenk der Worte seines Herrn, nahm jetzt den Bogen und wollte ihm denselben bringen. Da schrien die Freier wild durcheinander: „Verdammter Sauhirt, wohin mit dem Bogen? Rasender, wir lassen dich bei den Säuen von deinen eigenen Hunden zerreißen, wenn Apollon uns Gnade gewährt." Der Sauhirt, durch das Schreien erschreckt, legte den Bogen wieder an seine Stelle; aber Telemachos rief mit drohender Stimme: „Alter, bring' das Geschoß! Du hast nur einem zu gehorchen, sonst jage ich dich, obgleich ich jünger bin, mit Steinen aufs Feld hinaus. Wäre ich nur den Freiern überlegen, wie dir; dann jagte ich manchen, übel bewirtet, aus dem Hause!" Die Freier brachen in lautes Lachen aus und vergaßen ihren Zorn. Währenddessen trug der Sauhirt den Bogen durch den Saal und reichte ihn dem Odysseus. Darauf eilte er zu Eurykleia und befahl ihr, die hinteren Türen des Saales zu verschließen; Philoitios verschloß heimlich die Türe des Hofes. Dann setzte er sich wieder auf seinen Platz und hielt den Blick stets auf Odysseus gerichtet. Der drehte den Bogen in den Händen nach allen Seiten um und untersuchte ihn, ob er noch unversehrt sei und die Würmer nicht in seiner Abwesenheit das Horn zernagt hätten. Die Freier sahen ihm voll Erwartung zu, und mancher sprach zu seinem Nachbar: „Der Mann scheint sich auf den Bogen zu verstehen. Hat er wohl selbst einen der Art zu Hause, oder hat er im Sinn ihn nachzumachen? Wie der Landstreicher ihn in den Händen hin und her wendet." Ein anderer sprach: „Daß ihm doch Unheil zu Teil würde, in dem Maße, wie er den Bogen nicht spannen wird."

Nachdem Odysseus den Bogen von allen Seiten untersucht hatte, spannte er ihn ohne Mühe, wie der Sänger die Saiten seiner Laute, und prüfte darauf mit der Rechten die Spannung der Sehne; sie erklang hell, wie die Stimme einer Schwalbe. Schrecken durchzuckte die Freier, ihre Gesichter wurden blaß. Da donnerte Zeus laut aus der Höhle, ein freudiges Zeichen für den Dulder Odysseus; schnell faßt er den Pfeil, der vor ihm auf dem Tische liegt, zieht die Sehne, und der Meisterschuß ist vollbracht, der Pfeil ist durch die zwölf Äxte geflogen. „Telemachos", ruft der Schütze, „dein Gast hat dir in deinem Hause keine Schande gebracht! Das Ziel ist getroffen, und ich spannte sonder Müh'. Noch ist meine Kraft ungeschwächt, so sehr mich auch die Freier verhöhnten. Jetzt aber ist es Zeit, daß wir den Achäern den Abendschmaus geben noch bei hellem Tage." Mit diesen Worten winkte er seinem Sohne mit den Augenbrauen; der warf schnell sein Schwert um, ergriff die Lanze und stellte sich gewappnet dem Vater zur Seite.

Jetzt warf Odysseus seine Lumpen ab, sprang mit Bogen und Köcher auf die hohe Schwelle des Saales, schüttete die Pfeile vor seinen Füßen aus und rief mit furchtbarer Stimme den Freiern zu: „Der erste Wettkampf ist vollbracht, nun will ich ein anderes Ziel mir ersehen, wie noch kein Mann es getroffen; Apollon, der Schütze, wird mir den Sieg verleihn!" Und dem Antinoos, der eben den Becher zum Munde hob, ohne Ahnung des nahen Todes, schnellte er den Pfeil durch die Gurgel, daß ihm die eherne Spitze aus dem Genicke hervordrang; ein dunkler Blutstrom schoß aus seinem Munde, und er stieß hinstürzend mit dem Fuße den Tisch um, daß die Speisen auf den Boden fielen. Die Freier sprangen erschreckt von ihren Stühlen auf und suchten an

Tötung der Freier

den Wänden nach Waffen, doch nirgends war ein Schild oder ein Speer zu finden. Tobend drohten sie dem Fremdling den Tod, daß er den edelsten Jüngling in Ithaka getötet; denn sie glaubten, er habe wider Willen den Mann getroffen, sie ahnten nicht, daß ihnen allen jetzt das Verderben nahe. Odysseus aber schaute sie finster an und rief: „Ihr Hunde, ihr meintet, ich käme nimmer von Troja zurück; drum verschwelget ihr mein Gut, verführtet mein Gesinde, warbt bei meinem Leben um mein Weib, ohne Scheu vor Göttern und Menschen; jetzt ist euch allen die Stunde des Todes gekommen!" Da erfaßte die Freier bleiches Entsetzen, und jeder sah sich schweigend um, wie er entfliehen möchte. Nur Eurymachos faßte sich und sprach: „Wenn du denn wirklich Odysseus bist, so hast du ein Recht uns zu schelten; denn es geschah viel Unziemliches im Palast und auf dem Lande. Aber Antinoos, der all' diese bösen Dinge angestiftet, liegt ja jetzt daniedergestreckt. Drum verschone uns, die wir zu deinem Volke gehören. Wir alle wollen dir zum Entgelt für das, was wir dir im Hause verzehrt haben, jeder zwanzig Rinder geben, und Erz und Gold, bis du versöhnt bist." Finsteren Blickes antwortete Odysseus: „Nein, Eurymachos, und wenn ihr mir euer ganzes Erbgut zubrächtet und noch anderes zulegtet, ich würde doch meine Hände nicht von eurem Morde zurückhalten, bis ihr mir alle eure Missetat gebüßet. Kein einziger soll mir, hoffe ich, entrinnen." Allen erzitterte Herz und Knie; Eurymachos aber rief noch einmal: „Freunde, dieser Mann wird seine Hände nicht von uns lassen, drum ziehet die Schwerter und nehmet die Tische als Schilde, stürmt alle auf ihn ein, daß wir ihn von der Pforte wegdrängen und schreiend in die Stadt eilen; dann wird er zum letzten Mal seine Pfeile versandt haben." Mit diesen Worten zog er sein Schwert und drang mit lautem Geschrei auf Odysseus ein. Aber Odysseus schoß ihm seinen Pfeil in die Brust, daß ihm das Schwert aus der Hand fiel und er mit dem Tische zugleich auf den Boden stürzte; er schlug mit der Stirn auf den Estrich und warf im letzten Zucken des Todes mit den Füßen seinen Stuhl um. Jetzt stürmte Amphinomos mit gezücktem Schwerte auf Odysseus ein, um ihn von der Schwelle zu drängen; aber Telemachos rannte ihm schnell den Speer in den Rücken, daß er aus der Brust hervordrang. Krachend sank er nieder und schlug den Boden mit dem Angesicht. Telemachos ließ die Lanze in dem Leibe des Amphinomos stecken und eilte zu seinem Vater zurück; denn er befürchtete, während er die Lanze hervorzöge, von einem der Freier mit dem Schwerte getroffen zu werden. Darauf holte er schleunigst, so lange dem Vater noch Pfeile zu Gebote standen, für sich, den Vater und die beiden Hirten Schilde und Lanzen und Helme und stellte sich mit den beiden treuen Knechten gewappnet an die Seite des Helden, der, so lange die Pfeile noch ausreichten, einen nach dem andern niederstreckte, dann aber den Bogen zur Seite stellte und sich mit Schild und Helm und zwei Lanzen versah.

Aus dem Saale führte eine Treppentüre nach hinten auf die Straße, deren Obhut Odysseus dem Eumaios übergeben hatte; denn ein Mann konnte die enge Türe verteidigen. Während sich Eumaios wappnete, blieb sie unbewacht. Dies bemerkte der Freier Agelaos und schlug seinen Genossen vor, dort hindurchzudringen, um das Volk aufzurufen. Aber der Geißhirt Melanthios mahnte ab, da die Türe nur immer einem Manne Platz biete und leicht durch einen Mann versperrt werden könne, und versprach, durch die Türe sich heimlich in die Rüstkammer zu schleichen und Waffen zu holen. Er machte sich sogleich auf den Weg und brachte zu wiederholten Malen zwölf Schilde, zwölf Helme und eben so viele Lanzen. Als Odysseus bei den Freiern die Waffen sah, erschrak er und sprach zu Telemachos: „Gewiß, mein Sohn, hat uns das eine der Mägde getan oder Melanthios." „Ach Vater", erwiderte Telemachos, „ich bin selbst schuld, ich ließ selbst die Kammer unverschlossen. Eile denn, Eumaios, und verschließe die Tür und sieh, ob dies eine der Mägde getan oder der Geißhirt." Als eben der Geißhirt wieder zur Rüstkammer geschlichen war, eilten ihm auf Odysseus Geheiß Eumaios und Philoitios nach und faßten ihn, während er mit Waffen beladen herauskam; sie warfen ihn auf die Erde, banden ihm Hände und Füße und hängten ihn, die Hände auf den Rücken gedreht, an einer Säule auf. „Da ruhe die Nacht über aus, Melanthios", sprach der Sauhirt höhnend, „morgen kannst du dann den Freiern Ziegen bringen und ihnen den Schmaus bereiten." Darauf eilten sie wieder in den Saal zurück und stellten sich mutig neben ihren Herrn zum Kampf. Dort standen nun die vier Männer auf der Schwelle des Saales, und ihnen gegenüber die ganze Masse der Freier.

Siehe, da kam Athena in Gestalt des Mentor in den Saal. Odysseus ahnte in der Gestalt des Freundes die Göttin und rief: „Mentor, mein Jugendgenoß, hilf mir das Verderben abwehren und gedenke des Freundes, der dir Gutes getan." Die Freier aber schrien drohend durcheinander, und Agelaos rief: „Mentor, laß dich nicht verleiten gegen die Freier zu kämpfen; sonst morden wir, sobald wir ihn und seinen Sohn erlegt, dich und dein ganzes Haus und verteilen all' dein Gut!" Durch diese Drohung ward der Athena der Zorn noch mehr erregt, und sie sprach zu Odysseus: „Laertiade, dir schwand der Mut und die Stärke, die du vor Troja hattest, wo du viele Männer in der Feldschlacht erschlugst und durch deinen Rat die Feste des Priamos brachst; und jetzt, wo du zu deinem Palaste und deinem Gute zurückgekehrt bist, zagest du den Freiern gegenüber? Wohlan, stelle dich neben mich und schaue mein Tun, auf daß du erkennst, wie Mentor dir deine Wohltaten vergilt." So sprach sie, um ihm und seinem Sohne den Mut zu stärken; aber am Kampfe selbst beteiligte sie sich nicht. Sie verschwand plötzlich und saß in Gestalt einer Schwalbe oben auf einem Balken.

Jetzt drangen die Freier, so viele noch am Leben waren, aufs neue gegen Odysseus und seine Genossen vor, die Tapfersten an der Spitze. Von diesen rief Agelaos: „Mut, ihr Freunde! Er wird bald die Hände sinken lassen; schon ging Mentor wieder weg nach eitlem Prahlen und ließ sie allein. Aber nicht alle zugleich schleudert eure Lanzen; sechs mögen zuerst werfen, und zwar alle auf Odysseus; wenn der am Boden liegt, so hat's mit den andern keine Not." Sechs Mann schleuderten ihre Lanzen gegen Odysseus; aber Athena vereitelte ihnen den Wurf, die Speere fuhren wider die Pfosten, die Türe und die Wand, ohne ihr Ziel zu treffen. „Jetzt ist es an uns, den Speer gegen die Feinde zu schwingen", sprach Odysseus zu seinen Freunden und warf, und die andern folgten. Da stürzten vier unter den vordersten Freiern getroffen zu Boden, und die andern zogen sich entsetzt in den äußersten Winkel des Saales zurück, während ihre Gegner hervorsprangen und ihre Speere aus den Leibern der Gefallenen rissen.

Die Freier griffen aufs neue an, aber sie entsandten ihre Speere wieder vergebens; nur Amphimedon streifte leicht die Hand des Telemachos, und dem Eumaios ward durch die Lanze des Ktesippos die Schulter ein wenig über dem Schilde geritzt. Die Rache folgte auf dem Fuße; Telemachos durchbohrte den Amphimedon und Eumaios den Ktesippos. „Nimm dies, du Lästerer", rief Eumaios dem zusammensinkenden Ktesippos zu, „für den Kuhfuß, den du dem Odysseus schenktest, als er im Saale bettelte." Odysseus erstach darauf mit der Lanze den Agelaos, Telemachos den Leiokritos. Jetzt kam wildes Entsetzen über den Rest der Freier; denn Athena schüttelte ihre männervernichtende Ägis. Wie Vögel, von dem Habicht verfolgt, angstvoll umherflattern und zuletzt in seinen Klauen verbluten, so flüchteten die Freier in dem Saale umher und erlagen ihren würgenden Verfolgern. Keine Flucht half und keine Stärke; Stöhnen und Röcheln der Sterbenden erfüllte den Saal, und der Boden strömte von Blut.

Leiodes, der Opferpriester, warf sich jetzt dem Odysseus an die Knie und rief: „Schone mein, Odysseus, ich flehe dich an bei deinen Knien! Nie habe ich mit Wort oder mit der Tat dein Haus verunehrt, ich suchte vielmehr noch dem frechen Treiben zu steuern; aber sie hörten mich nicht. Dafür traf sie der Tod; aber soll ich, der Opferpriester, der nichts verschuldet, auch fallen?" Odysseus antwortete finsteren Blicks: „Wenn du der Opferpriester warst, so hast du gewiß auch in diesem Hause gefleht, daß ich nimmer kehrte und mein Weib dir als Gattin folgte. Drum sollst du dem Tode nicht entgehen." Mit diesen Worten ergriff er das Schwert, das dem Agelaos bei seinem Sturze auf die Erde gefallen war, und schlug dem Leiodes, während er noch flehte, das Haupt von dem Nacken, daß es auf den Boden niederrollte.

Der Sänger Phemios, des Terpios Sohn, stand, die Laute in den Händen, angstvoll an der Treppenpforte und erwog in seinem Herzen, ob er aus dem Saale schlüpfen und draußen im Hof an dem Altar des Zeus Schutz suchen, oder Gnade flehend sich zu den Füßen des Odysseus werfen sollte. Endlich entschloß er sich zu letzterem; er legte die Laute zwischen dem Mischkrug und dem Sessel zur Erde, eilte auf Odysseus zu und flehte, indem er seine Knie umfaßte: „Erbarme dich mein, Odysseus! Du selbst bereutest es, wenn du den Sänger erschlügst, der Göttern und sterblichen Menschen singt. Der Gott hat mir mancherlei Weisen ins Herz gelegt, damit will ich dich erfreuen wie einen Gott, drum töte mich nicht. Auch Telemachos, dein trauter Sohn, wird mir bezeugen, daß ich nicht freiwillig in das Haus kam, sondern von den Freiern gezwungen ward, ihnen zu singen." Telemachos hörte das Flehen des Sängers und rief herbeieilend: „Halt' ein, Vater, und töte ihn nicht, er ist unschuldig. Auch den Herold Medon wollen wir verschonen, wenn ihn nicht schon einer im Getümmel erlegt hat; denn er hat mich immer, während ich noch ein Knabe war, sorgsam gepflegt." Medon lag, in eine frische Rindshaut gehüllt, in Todesangst unter einem Thronsessel versteckt; als er die wohlwollenden Worte des Telemachos hörte, sprang er eilig hervor und umschlang flehend seine Knie: „Lieber, da bin ich", rief er, „beschütze mich! Sag' es dem Vater, daß er mich im Zorn nicht mordet." Odysseus lächelte und sprach: „Sei getrost, mein Sohn gewährt dir Schutz und Rettung, damit du erkennst und es verkündest, wie sich Wohltun besser lohnt als Übeltat. Aber jetzt gehet, du und der Sänger, aus dem blutgefüllten Saal und setzet euch draußen in den Vorhof, bis ich alles hier zu Ende gebracht." Beide gingen, noch immer in Todesangst, zitternd hinaus und setzten sich an den Altar des Zeus.

Odysseus schaute sich jetzt im Saale um, ob er vielleicht noch einen lebenden Feind entdeckte. Aber alle lagen, mit Blut und Staub besudelt, tot am Boden, wie Fische, die der Fischer aus seinem Netze auf den Sand geschüttet. Nun ließ er durch seinen Sohn die Aufseherin der Mägde, Eurykleia, zu sich bescheiden. Diese erschien sogleich, und wie sie den Odysseus mit Blut befleckt unter den toten Feinden dastehen sah, gleich einem Löwen, der furchtbaren Blickes, die Brust vom Blute triefend, stolz unter den zerrissenen Stieren einherwandelt, erhub sie ob dem großen Werke frohen Jubel. Aber Odysseus wehrte ihr und sprach: „Mutter, freue dich in deinem Herzen, aber juble nicht. Es ist Sünde, über erschlagene Männer laut zu jauchzen. Diese hat das Gericht der Götter gefällt und ihre eigene Bosheit. Jetzt aber nenne mir die Weiber des Hauses, die mich verachtet haben, und welche treu geblieben sind." Da antwortete Eurykleia: „Mein Sohn, fünfzig dienende Frauen sind in deinem Hause, die wir jegliche Arbeit gelehrt haben. Davon sind zwölf der Schamlosigkeit verfallen und haben weder mir noch Penelope gehorcht. Nun aber laß mich zu Penelope eilen, daß ich ihr die Botschaft bringe; ein Gott hat sie in Schlaf versenkt." „Wecke sie noch nicht", sprach Odysseus, „rufe mir erst die unwürdigen Mägde her." Als die Alte wegging, um die Mägde zu rufen, sprach Odysseus zu Telemachos, Philoitios und dem Sauhirt: „Jetzt traget mit den Weibern die Toten hinaus, und laßt die Tische und Sessel vom Schmutze reinigen. Wenn alles wieder geordnet ist, führt die Mägde hinaus zwischen das Küchengewölbe und die Mauer des Hofes und tötet sie mit dem Schwerte, damit sie ihren Mutwillen vergessen, den sie mit den Freiern getrieben." Unterdessen kamen die zwölf Mägde weinend und wehklagend herein. Sie trugen auf des Odysseus Gebot die Leichen hinaus und häuften sie in der Halle des Vorhofs der Länge nach aufeinander, säuberten die Tische und Sessel und trugen den Kehricht vor die Türe, welchen Telemachos und die beiden Hirten zusammengeschaufelt. Darauf wurden sie hinausgeführt und zwischen Küche und Hofmauer zusammengedrängt, wo kein Ausgang war. „Die schändlichen Weiber, die mich und meine Mutter verhöhnt, sollen keineswegs eines ehrlichen Todes sterben", sprach Telemachos und spannte ein Seil um das Küchengewölbe. Bald hingen die zwölf Mägde, mit der Schlinge um den Hals, eine neben der andern an dem Seil, wie Drosseln oder wilde Tauben, die ihm Gebüsch in die Schlingen gestürzt; sie zappelten noch kurze Zeit mit den Füßen, dann war's geschehen.

Hierauf führten sie auch den Melanthios, den boshaften Ziegenhirten, in den Hof und hieben ihn grausam in Stücke. Dann wuschen sie sich die Hände und Füße und kehrten zu Odysseus zurück. Dieser befahl der Eurykleia, Feuer und Schwefel zu bringen, damit er das Haus durch Räucherung reinige, dann aber seine Gattin und alle Dienerinnen zu rufen. Die Alte war gern dazu bereit, doch wollte sie zuerst ihrem Herrn einen reinen Mantel und Leibrock holen, damit er sein Bettlergewand ablegen könne; aber Odysseus verlangte vor allem die Pfannen mit Feuer und Schwefel und durchräucherte nun den Saal und das Haus und den Hof. Unterdessen ging Eurykleia durch das Haus und bestellte die Mägde in den Saal. Diese kamen, mit Fackeln in den Händen, schnell herein, umringten ihren geliebten Herrn und begrüßten ihn, indem sie ihm Schultern und Antlitz und Hände küßten. Da ergriff ihn freudige Wehmut, und er weinte und schluchzte laut; er sah sich in der Mitte seines treuen Gesindes.

Odysseus und Penelope

Nachdem die alte Eurykleia die Mägde zu Odysseus beschieden hatte, eilte sie fröhlichen Herzens die Treppe hinauf, um der Penelope die Freudenbotschaft zu bringen. Sie trat zu dem Haupte der Schlafenden und sprach: „Wache auf, meine Tochter, daß du mit eigenen Augen sehest, worauf du so lange geharrt. Odysseus ist daheim und hat alle Freier erschlagen." Penelope sprach erwachend: „Mütterchen, die Götter haben dich betört! Warum spottest du mein in meiner Trauer durch unwahre Botschaft und weckest mich aus dem süßen Schlummer? Noch nie habe ich so sanft geschlafen, seit Odysseus nach dem Unglückstroja ging. Gehe jetzt wieder hinab; wahrlich, wenn eine andere mir ein solch' Märchen gebracht, ich hätte sie schlimm entlassen, dich schützet dein Alter." Eurykleia erwiderte: „Gewiß, ich verspotte dich nicht, meine Tochter. Odysseus ist wirklich da; es war der Fremde, dem alle im Saale so große Schmach antaten. Telemachos wußte es, aber er verbarg mit klugem Sinn das Geheimnis des Vaters, bis er die Rache begann." Da sprang die Königin freudig von dem Lager und umschlang die Alte unter einem Strom von Tränen. „Verkünde mir doch, Mütterchen", sprach sie, „die lautere Wahrheit. Wenn er gewiß, wie du erzählst, zurückgekehrt ist, wie konnte er allein die Hand an die zahlreichen Freier legen?" „Ich hab's nicht gesehen", antwortete Eurykleia, „ich hörte nur das Ächzen, als er sie erschlug; denn wir Mägde saßen während dem bei verschlossenen Türen voll Angst in dem Winkel der Kammer, bis mich zuletzt Telemachos rief. Da sah ich den Odysseus mitten unter den Leichen stehen und freute mich des Anblicks. Jetzt durchräuchert er das Haus mit Schwefel und hat mich hergeschickt, dich zu rufen." „Mütterchen, laß uns noch nicht frohlocken und jubeln. Vielleicht hat ein unsterblicher Gott die Freier erschlagen, aus Zorn über ihren boshaften Frevel; denn sie ehrten ja keinen Menschen, weder edel noch gering. Darum traf sie ein Gott; aber Odysseus – ach, der kam um fern von seinem Vaterlande." „Was sprichst du, Ungläubige", sprach die Alte; „ich will dir ein deutliches Zeichen sagen; ich selbst sah gestern abend seine Narbe und erkannte ihn. Ich wollte dir's kund tun; aber er faßte mich an der Kehle und verhinderte es. Folge mir denn; du sollst mich mit dem kläglichsten Tode strafen, wenn ich dich belüge." „Mütterchen", sprach die Fürstin, „die Gedanken und Anschläge der Götter sind schwer zu erforschen, wenn du auch noch so klug bist. Dennoch laß uns jetzt hinabgehen zu dem Sohne, daß ich die erschlagenen Freier sehe und den, der sie gemordet."

So ging sie denn mit der Alten die Treppe hinab in den Saal voll Bangen und Hoffnung. Dort setzte sie sich, ohne ein Wort zu reden, im Glanze des Herdfeuers dem Odysseus gegenüber, nahe an die Wand. Er saß an der hohen Säule mit gesenktem Auge und erwartete, was sie ihm sagen würde. Doch Penelope blieb stumm, denn ihr Herz war voll Staunen; bald fand sie ihn ähnlich, bald däuchte er ihr wieder in seiner Bettlerkleidung fremd. Endlich trat Telemachos zu ihr und sprach scheltend: „Böse Mutter, wie ist dein Herz starr und gefühllos. Warum hältst du dich so fern von dem Vater? Setze dich doch zu ihm und frage und forsche. Kein anderes Weib würde sich so hartherzig von ihrem Gemahle fernhalten, der im zwanzigsten Jahre ins Haus zurückkehrte. Dein Herz ist von Stein!" Penelope antwortete: „Lieber Sohn, ich bin von Staunen ganz verwirrt. Ich vermag ihn nicht anzureden und zu fragen, noch ihm gerade ins Antlitz zu schauen. Doch ist er es wirklich, so werden wir uns bald sicherer erkennen; denn wir haben Erkennungszeichen, die wir allein nur wissen." Da lächelte Odysseus und sprach zu seinem Sohne: „Telemachos, laß die Mutter mich immerhin nur versuchen, bald wird sie mich besser erkennen. Jetzt, wo ich in das Bettlergewand gehüllt bin, verachtet sie mich und glaubt nicht, daß ich es sei. Doch wir wollen unterdessen bedenken, was not tut. Denn wenn einer auch nur einen Mann gemordet hat, so flieht er die Blutrache der Verwandten; und wir haben so viele gemordet, die edelsten Jünglinge in Ithaka. Drum gehet erst in das Bad und schmückt euch mit schönen Gewändern; laßt auch die Mägde sich schmücken, und dann soll der Sänger mit der Laute uns zum Reigentanze spielen, daß die Leute draußen, die vorübergehen oder in der Nähe wohnen, vermeinen, es sei hier ein Hochzeitsfest, und der Ruf von der Ermordung der Freier sich in der Stadt nicht eher verbreite, als bis wir auf das Land zu unserm Hofe gekommen. Dort wollen wir erwägen, was zu tun."

Bald ertönte das ganze Haus von Saitenspiel, Gesang und Tanz, und mancher von den Leuten draußen sprach: „Fürwahr, die Königin hat sich einem von den Freiern vermählt; die böse Frau konnte nicht abwarten und das Haus hüten, bis der Gemahl ihrer Jugend zurückkam." Den Odysseus badete und salbte unterdessen die Schaffnerin Eurynome und gab ihm einen schönen Mantel und Leibrock. Athena goß holde Anmut über sein Haupt und seine Schultern und machte seine Gestalt höher und schöner, blonde Locken wallten von seinem Scheitel. So stieg er aus der Badewanne und setzte sich wieder auf seinen Sessel der Penelope gegenüber. „Seltsames Weib", sprach er, „die Götter gaben dir doch ein fühlloses Herz; kein anderes Weib möchte so hartherzig von dem Gemahle sich fernhalten, wenn er im zwanzigsten Jahre nach so viel Trübsal heimkehrte. Wohlan, Mütterchen", sprach er zu Eurykleia, „so bereite du mir denn ein Lager, daß ich zur Ruhe gehe; denn diese trägt ein eisernes Herz in der Brust." Da sprach Penelope: „Seltsamer Mann, ich verleugne dich nicht aus Stolz oder Verachtung, noch hält Befremden mich zurück. Ich weiß recht wohl, wie du aussahest, als du von Ithaka ausfuhrst. Wohlan denn, Eurykleia, bereite deinem Herrn sein Lager außerhalb des Schlafgemachs, das er sich selbst gezimmert; stelle ihm das Bett hinaus und lege ihm wollige Vließe und Mäntel und Teppiche hinein." So sprach Penelope, um den Gatten zu versuchen. Dieser aber sprach unmutig zu seiner Gemahlin: „Da sprachst du ein kränkendes Wort, o Weib. Wer hat mein Bett anderswohin gestellt? Kein Sterblicher vermag es zu verrücken; ich selbst habe es mir gezimmert, und es ist ein großes Geheimnis darin. Als ich die Wohnung anlegte, wuchs im Gehege des Baues ein großer Ölbaum mit einem Stamm gleich einer Säule. Um diesen baute ich das Gemach, und als ich alles wohlgefüget, kuppte ich die Krone des Baumes ab und glättete den Stamm zum Fuße für mein Bett, das ich künstlich daranfügte und mit Gold und Silber und Elfenbein auslegte. Das ist unser Lager, Penelope; ob es noch steht, wie zuvor, weiß ich nicht; wenn es jemand verrückte, so mußte er den Fuß des Ölbaums abhauen."

Als Odysseus dies Zeichen verkündete, erzitterten der Penelope Herz und Knie, und sie fiel weinend ihrem Gemahl um den Hals, küßte ihm das Haupt und sprach: „Zürne mir nicht, Odysseus, du warst ja immer so gut und verständig. Die Götter gaben uns Unglück, weil es ihnen zu selig dünkte, wenn wir in Eintracht uns unserer Jugend erfreuten und in ungetrübtem Gange dem Alter entgegen gingen. Aber du darfst mir nicht gram sein, weil ich dich nicht sogleich, als du erschienst, herzlich empfing; denn ich befürchtete stets, daß irgend ein Betrüger kommen möchte und mich täuschen. Es gibt in der Welt so viele Betrüger. Auch Helena, wenn sie dieses bedacht, hätte sich nicht so leicht von einem Fremdling betören lassen. Jetzt, wo du mir das Geheimnis unserer Lagerstätte genannt, das außer uns nur meiner Dienerin Aktoris bekannt war, ist mein Herz, so hart es sich auch zeigte, besiegt." Von Wehmut überwältigt, schloß Odysseus weinend sein treues kluges Weib in die Arme, das ihm freudig bewegt an der Brust hing, wie ein Schiffbrüchiger freudig das rettende Land begrüßt, nachdem er lange mit Sturm und Brandung gerungen.

Bis tief in die Nacht hinein erzählten sich die beiden Gatten, was sie in der langen Zeit ihrer Trennung gelitten. Endlich begab sich alles, ermüdet von den erschütternden Ereignissen des Tages, zur Ruhe.

Odysseus und Laertes

Am andern Morgen erhob sich Odysseus in aller Frühe von dem Lager und sprach zu seiner Gattin: „Teure, wir haben bisher das Unglück zur vollen Genüge gekostet, du hier im Hause und ich in der Fremde. Jetzt, nachdem wir wieder in Liebe vereinigt sind, hüte mir sogleich den Besitz in dem Hause, dessen Lücken durch Kriegsraub und Ehrengeschenke bald wieder ausgefüllt sein werden, während ich selbst auf das Land gehe, um meinen Vater zu sehen, der in so tiefe Trauer versenkt ist. Ich rate dir aber, da sogleich mit dem Beginne des Tags sich der Ruf von der Ermordung der Freier durch die Stadt verbreiten wird, mit den Mägden in den Frauengemächern zu bleiben und niemanden vor dich zu lassen." Darauf wappnete er sich, weckte den Telemachos, den Eumaios und den Rinderhirten, welche sich gleichfalls mit Waffen versahen, und verließ mit ihnen das Haus, um auf das Land zu gehen. Schon war der Tag angebrochen; aber Athena hüllte sie in eine bergende Wolke, daß sie unbemerkt aus der Stadt entkamen.

Sie erreichten bald das Landgut des Laertes. Es war ein schönes Wohnhaus, rings von Wirtschaftsgebäuden umgeben, in denen die Knechte aßen und schliefen. Auch eine alte Magd aus Sizilien wohnte darin, welche den Greis auf dem einsamen Landgut pflegte. Vor dem Hofe sprach Odysseus zu seinem Sohn und den beiden Hirten: „Gehet ihr jetzt in das Haus und bereitet ein Mahl; ich will unterdessen meinen Vater auf dem Felde aufsuchen und ihn auf die Probe stellen, ob er mich nach so langer Zeit wiedererkennt." Mit diesen Worten übergab er den Dienern seine Waffen und ging suchend durch den

Garten hinauf. Dort traf er den Vater, wie er um ein Bäumchen den Boden lockernd aufgrub. Er trug einen groben geflickten Leibrock und ein Paar alte geflickte Gamaschen aus Rindsleder und Handschuhe zum Schutz gegen die Dornen, auf dem Kopf hatte er eine Mütze von Geißfell. Als Odysseus den traurigen vom Alter geschwächten Greis sah, ward er in innerster Seele betrübt und blieb weinend an dem Stamm eines Birnbaumes stehen. Gerne wäre er sogleich auf ihn zugeeilt, um ihn in seine Arme zu schließen; aber er zog es doch vor, zuerst das Herz des Vaters auf die Probe zu stellen. Er ging auf ihn zu und sprach: „Du scheinst nicht unerfahren, o Greis, in der Bestellung des Gartens, alle Gewächse zeugen von der besten Pflege; doch nimm mir's nicht übel, du selbst scheinst mir nicht gehörig gepflegt, daß du bei solchem Alter in Schmutz und in so elender Kleidung einhergehst. Durch Trägheit verdienst du gewiß diese Vernachlässigung deines Herrn nicht. Und fürwahr, du hast gar nichts Knechtisches an dir, wenn man so deine Gestalt und Größe betrachtet; du hast ein königliches Aussehen. Solch' ein Mann verdiente, wie es dem Alter geziemt, sich zu baden, zu speisen und in behaglicher Ruhe zu leben. Aber sage mir, wem dienst du, wem gehört dieser Baumgarten? Und bin ich hier wirklich in Ithaka, wie mir ein Mann, dem ich eben begegnete, gesagt? Er war nicht sonderlich höflich; denn er antwortete mir nicht einmal, als ich ihn fragte, ob mein Gastfreund noch lebt, den ich hier besuchen will. Ich beherbergte nämlich vor Jahren in meinem Hause einen Mann – ein lieberer Gast kam mir nie über meine Schwelle – der war aus Ithaka und sagte mir, sein Vater sei der König Laertes, der Sohn des Arkeisios. Den bewirtete ich mit aller Freundschaft und gab ihm manches schöne Gastgeschenk, 7 Talente Gold, einen silbernen Krug mit schönen Blumen darauf, 12 Teppiche und eben so viele Leibröcke und Mäntel, auch noch 4 kunstfertige Mägde, die er selbst sich nach Gefallen aussuchte."

Laertes antwortete mit Tränen: „Ja, Fremdling, dies ist das Land, wonach du fragst; aber übermütige frevelhafte Menschen wohnen hier, und du hast deinem Gaste umsonst so herrliche Geschenke verehrt. Hättest du ihn lebend in Ithaka gefunden, er würde dir es anständig vergolten haben. Aber sage mir, wie viele Jahre sind's, daß jener unglückliche Gast dich besucht hat, mein armer Sohn Odysseus, den wohl längst schon fern von der Heimat die Fische im Meer verzehrt haben oder auf dem Lande die Vögel und das Raubwild? Verkünde mir auch, wer du selbst bist und aus welchem Lande; wo steht dein Schiff, und wo sind deine Genossen? Oder kamst du einzeln auf einem gedungenen Schiffe und ließest dich hier aussetzen?" Odysseus antwortete: „Ich bin aus Alybas, der Sohn des Apheidas, und heiße Eperitos. Ein Sturm trieb mich wider meinen Willen von Sikanien hierher, und ich ließ mein Schiff fern von der Stadt auf dem Lande stehen. Fünf Jahre sind's, seit dein unglücklicher Sohn von meiner Heimat abfuhr, unter glücklichen Zeichen, daß er freudig unter Segel ging und ich ihn freudig entließ. Wir dachten noch oft uns als Gastfreunde zu sehen." Eine Wolke der tiefsten Trauer sank bei diesen Worten auf das Herz des Greises; er raffte mit beiden Händen den Staub von dem Boden und streute ihn sich unter vielem Seufzen auf das graue Haupt. Da konnte Odysseus seine Gefühle nicht mehr länger bewältigen; er stürzte auf den alten Vater zu, umarmte und küßte ihn und sprach: „Ich bin es selbst, mein Vater, im zwanzigsten Jahre kehrte ich endlich zurück. Doch nun ruhe vom Weinen und Trauern, denn höre: ich erschlug alle Freier in unserem Hause und strafte ihren frevelnden Übermut." „Bist du wirklich mein Sohn Odysseus", sprach der Alte erfreut, „so gib mir ein sicheres Zeichen an, daß ich dich wiedererkenne." Odysseus erwiderte: „Zuerst sieh diese Narbe über dem Knie, die mir im Parnaß bei dem Großvater ein Eber gehauen. Aber ich will dir auch noch ein zweites Zeichen sagen; ich will dir die Bäume nennen, die du mir einst geschenkt hast. Wenn ich als Kind dich in den Garten begleitete und du mir, unter den Bäumen umherwandelnd, jede Gattung zeigtest und benanntest, da bat ich dich um jeden Baum; und du schenktest mir 13 Birnbäume, 10 Apfelbäume, 40 Feigenbäume, auch 50 Rebengeländer gabst du mir mit prächtigen Trauben." Als der Alte diese genauen Angaben vernahm, da zitterten ihm vor Freude Herz und Knie, und er sank bewußtlos in die Arme seines Sohnes. Sobald er sich wieder erholt hatte, sprach er: „O Vater Zeus, ja ihr Götter lebet noch, wenn wirklich die Freier für ihre Greuel büßten. Aber jetzt befürchte ich, daß die Ithakesier, sie zu rächen, alle über uns herfallen werden." „Sei gutes Mutes, Vater", sprach Odysseus, „und laß dich das nicht kümmern. Jetzt laß uns zu deinem Hause gehen, wo schon Telemachos, der Rinderhirt und Eumaios uns ein Mahl bereiten." Beide gingen zu der Wohnung zurück und trafen den Telemachos und seine Genossen, wie sie das Fleisch zu der Mahlzeit zerschnitten und den Wein mischten. Laertes ließ sich von seiner treuen Sikulerin baden und salben und trat dann wieder, in einen prächtigen Mantel gehüllt, zu den andern. Alle wunderten sich über sein hehres Aussehen, denn Athena hatte seine Gestalt höher und stattlicher gemacht, und Odysseus sprach: „Vater, gewiß hat einer der unsterblichen Götter dir Gestalt und Wuchs verherrlicht." „Ja bei den Göttern", erwiderte der Greis, „wäre ich nur gestern in solcher Gestalt in unserm Hause an deiner Seite gewesen, wie damals, wo ich an der Spitze der Kephallenier die Feste Nerikos am Gestade von Epirus einnahm, dann wäre von meiner Hand dir zu inniger Freude gewiß mancher Freier in die Knie gesunken."

Nachdem sie so geredet, setzten sich alle zum Mahle. Jetzt kam auch der alte Oberknecht Dolios, der Verwalter des Hofes, mit seinen Söhnen vom Felde; sie hatten Dörner zur Einfriedigung der Baumpflanzung geholt. Als diese den Odysseus sahen und im Geiste erkannten, blieben sie staunend vor ihm stehen. Aber Odysseus redete sie freundlich an: „Setze dich, Alter, zu uns zum Mahle und wundert euch nicht; wir harren schon lange auf euch und sind begierig nach Speise und Trank." Dolios eilte mit ausgebreiteten Armen auf seinen Herrn zu, küßte seine Hand und sprach: „Heil dir und Segen, lieber Herr, nachdem du uns zur Freude endlich wiedergekehret. Doch sage mir, weiß auch Penelope schon von deiner Heimkehr, oder sollen wir ihr einen Boten senden?" Odysseus antwortete: „Beruhige dich, Alter, sie weiß es schon", und hieß ihn sich niedersetzen. Auch die Söhne des Dolios drängten sich um Odysseus und drückten ihm bewillkommnend die Hand; dann nahmen sie neben ihrem Vater Platz, und alle ergötzten sich an dem frohen Mahle.

Die Versöhnung

An dem Morgen desselben Tages hatte sich der Ruf von der Ermordung der Freier durch die ganze Stadt verbreitet. Die Verwandten der Erschlagenen eilten sogleich von allen Seiten mit Klagen und Seufzen vor den Palast des Odysseus und trugen ihre Toten fort, um sie zu bestatten; die Leichen der Jünglinge von den benachbarten Inseln legten sie in Schiffe und sandten sie in die Heimat. Darauf eilten sie in Masse auf den Markt, wo Eupeithes, der Vater des Antinoos, von Schmerz und Zorn erregt, unter Tränen also zu der Versammlung sprach: „Freunde, viel Schlimmes hat dieser Mann den Achäern angetan. Erst führte er so viele und tapfere Männer in seinen Schiffen fort, verlor die Schiffe und verlor die Mannschaft; und nun erschlug er heimkehrend die Edelsten des Volkes. Wohlan, ehe er sich rettet gen Pylos oder Elis, folgt ihm und ergreift ihn. Sonst können wir fürwahr die Augen nicht aufheben vor Schmach. Denn es wäre ja eine Schande noch bei späten Geschlechtern, wenn wir für unsere gemordeten Söhne und Brüder nicht Rache nähmen. Nein, lieber will ich sterben und den Schatten der Gefallenen in die Tiefe folgen. Auf denn, daß er uns nicht entflieht."

Erbarmen ergriff die ganze Versammlung, als der Alte so unter Tränen sprach. Jetzt aber kamen der Sänger Phemios und Medon, der Herold, aus dem Palaste des Odysseus, wo sie eben erst aus dem Schlafe erwacht waren; sie traten in den Kreis der staunenden Männer, welche sie auch unter den Toten geglaubt hatten, und Medon sprach zu dem versammelten Volke: „Höret mein Wort, Ithakesier! Odysseus hat dieses Werk nicht ohne den Willen der Götter vollbracht. Ich selbst sah den Gott, der in Mentors Gestalt ihm immer zur Seite stand. Bald kräftigte er dem Odysseus das Herz, bald schreckte er die Freier, daß sie im Saale entsetzt durcheinander taumelten." Als das Volk dieses hörte, wurden sie von blassem Entsetzen erfaßt, und Halitherses, der verständige Greis und Vogelschauer, begann wohlmeinend: „Ihr Ithakesier, ihr selbst seid schuld an diesem Werke; denn ihr folgtet mir und dem Mentor nicht, als wir euch rieten, eure Söhne von dem törichten Frevel zurückzuhalten. Voll Übermut verschwelgten sie das Gut des abwesenden Mannes und bedrängten frech seine Gattin, als käme er nimmer zurück, und ihr sahet ruhig zu. So folgt denn jetzt meinem Rate und laßt den Mann ungekränkt; ihr könntet sonst euch selbst noch großes Unheil herbeiziehen.

Das Volk teilte sich nun in zwei Parteien. Die einen folgten dem Rate des Halitherses und blieben ruhig in der Versammlung zurück; die größere Hälfte aber erhub sich mit stürmischem Geschrei und eilte mit Eupeithes zu den Waffen. Nachdem sie sich in ihre Rüstungen gehüllt, versammelten sie sich vor der Stadt auf dem Blachfelde und zogen dann, von Eupeithes geführt, hinaus, um an Odysseus den Mord der Söhne und der Brüder zu rächen.

Als Athena vom Olympos herab die zornige Schar dahinziehen sah, trat sie vor ihren Vater, den Donnerer Zeus, und sprach: „Herrscher Zeus, unser Vater, sage mir, welchen Rat du in deinem Herzen birgst. Willst du das Volk von Ithaka hinfort durch Krieg und verderbliche Zwietracht züchtigen, oder Friede und Einheit stiften?" Zeus antwortete: „Tochter, warum fragst du? Hast du nicht selbst den Beschluß ersonnen, daß Odysseus heimkehren solle und Rache nehmen? Tue denn weiter, wie dir gefällt. Ich will dir aber sagen, wie ich's für gut halte: nachdem Odysseus die Freier bestraft hat, soll man durch Schwur und heiligen Bund sich versöhnen und Odysseus für immer König sein. Wir wollen dann aus dem Herzen der Beteiligten alles Andenken an Mord der Söhne und Brüder tilgen, daß für die Folge Friede und Eintracht sei und der Wohlstand wieder blühe wie zuvor." Als Athena den Willen ihres Vaters vernommen, flog sie freudig vom Olympos hinab nach Ithaka.

Odysseus und seine Freunde saßen ruhig beim Mahle. Nachdem sie sich gesättigt, verlangte der Held, daß einer hinausgehe vor das Tor und nachsehe, ob die Feinde noch nicht nahten. Ein Sohn des Dolios erhob sich, um dem Willen des Herrn nachzukommen; kaum stand er auf der Schwelle, so sah er schon die feindliche Schar ganz in der Nähe und rief: „Sie sind da, auf, rüstet euch!" Da sprangen alle auf und hüllten sich in ihre Waffen, Odysseus, Telemachos und die beiden Hirten, dann die sechs Söhne des Dolios, der Greis Dolios selbst und der alte Laertes. Die beiden Letzteren wollten bei dieser Gefahr der Ihrigen trotz ihrem Alter nicht zurückbleiben und wappneten sich mutig wie in den Tagen ihrer Jugend. Von Odysseus geführt, eilte die kleine Schar zum Kampfe hinaus. Da nahte Athena in der Gestalt des Mentor und gesellte sich zu ihnen. Als Odysseus sie sah, ward sein Herz fröhlich, und er sprach zu seinem Sohne: „Jetzt, mein Telemachos, zeige dich, wo die Tapfersten sich messen, und schände unseren Stamm nicht, der stets durch Kraft und Mut sich unter allen Sterblichen ausgezeichnet hat." „Vater", antwortete Telemachos, „du wirst sehen, daß ich deinen Stamm nicht schände." Laertes vernahm freudig das Wort seines Enkels. „Welch' ein Tag, ihr Götter!" rief er, „wie freut sich mein Herz! Sohn und Enkel beginnen mit dem Vater den Wettkampf in der Tapferkeit." Jetzt trat Athena zu dem Greise und sprach: „Sohn des Arkeisios, mir lieb vor allen deinen Genossen, bete zu Zeus und seiner Tochter Athena und entsende dann im Schwung rasch deine Lanze." Mit diesen Worten hauchte Athena dem greisen Helden gewaltigen Mut in die Brust; er flehte zu Zeus und Athena, schwang rasch die Lanze und sandte sie mit Kraft gegen den Feind. Er traf den Eupeithes, den Führer der Schar, wider die Kuppe des Helms und zerschmetterte ihm das Haupt, daß er dumpfkrachend zu Boden fiel. Nun stürzten sich auch Odysseus und Telemachos mit Lanze und Schwert in den Vorderkampf, und sie hätten alle niedergemacht, daß auch kein einziger sein Haus wiedergesehen hätte, wenn nicht Athena, die Tochter des Zeus, mit lauter Götterstimme unter sie gerufen hätte: „Laßt ab, Ithakesier, vom unglückseligen Krieg! Trennt euch und schonet das Menschenblut!" Da erfaßte die Ithakesier bleiches Entsetzen; sie warfen ihre Waffen von sich und eilten, um ihr Leben zu retten, nach der Stadt. Mit furchtbarem Rufe stürmte ihnen Odysseus nach, gleich einem hochfliegenden Adler. Da schleuderte Zeus seinen dampfenden Blitzstrahl, daß er gerade vor den Füßen der Athena in den Boden schlug. Athena erkannte den Willen ihres Vaters und sprach zu Odysseus: „Halt ein, edler Laertiade, und laß ab von dem Kampf, damit der Zorn des waltenden Zeus dich nicht treffe."

Odysseus folgte der Mahnung mit freudiger Seele, und Pallas Athena in Gestalt des Mentor erneuerte zwischen ihm und dem Volke das Bündnis des Friedens. Bis in hohes Alter herrschte er mild wie ein Vater auf dem Throne seiner Ahnen und erfreute sich an dem Glück und der Liebe seines Volkes.

Auswanderung des Aeneas

Irrfahrten des Aeneas bis ins siebente Jahr

Nachdem bei der Zerstörung von Troja Aeneas (Aineias) mit seinem alten Vater Anchises, seinem Sohne Askanios oder Julus und den Bildern der Penaten, der Schutzgötter von Troja, sich auf das Idagebirge geflüchtet und dort in den folgenden Tagen die traurigen Reste des troischen Volkes um sich versammelt hatte, erbaute er während des Winters an den Abhängen des Ida zu Antandros eine Flotte und ging mit dem Erscheinen des nächsten Frühjahrs zur See, um für sich und die Seinen eine neue Heimat zu suchen. Sie landeten zunächst an der Troja gegenüberliegenden Küste von Thrakien und schickten sich an, hier eine Stadt zu gründen, welcher Aeneas von sich den Namen Ainos gab. Aber ein Unglückszeichen trieb sie bald von dannen. Als nämlich Aeneas in den nächsten Wald ging, um schmückendes Laub für die Altäre zu holen, an denen er den Schutzgöttern der neuen Stadt opfern wollte, sah er ein grausenerregendes Wunder. Sowie er ein Stämmchen aus der Erde riß, flossen von den Wurzeln die dunklen Tropfen verwesenden Blutes ab; als er sich anstemmte, den dritten Sprößling aus dem Boden zu ziehen, ertönte klagendes Gestöhn aus der Tiefe und eine Stimme sprach: „Wehe, warum zerreißest du meinen Leib, Aeneas! Schone des Toten und beflecke deine frommen Hände nicht. Fliehe dies grausame Land und das habsüchtige Ufer. Ich bin Polydoros, der Sohn des Priamos, den Polymestor hier gemordet; hier überdeckte mich die eiserne Saat durchbohrender Lanzen und wuchs auf zu einem Wald von Bäumen." Schrecken und Angst ergriff den Aeneas, er eilte zurück und meldete seinem Vater und den erwählten Fürsten des Volkes die Wundererscheinung. Sogleich beschlossen sie das frevelhafte Land zu verlassen und gingen schleunig unter Segel, nachdem sie der Seele des Polydoros durch heilige Blutspenden Ruhe im Grabe verschafft.

Sie fuhren gen Süden und kamen nach Delos, der heiligen Insel des Apollon, wo der König und Weissagepriester Anios, ein alter Gastfreund des Anchises, sie freundlich aufnahm. Aeneas bat den weissagenden Gott in seinem Heiligtum um ein Orakel, in welchem Lande er sich und den Seinen eine bleibende Stätte gründen sollte. Apollon antwortete: „Das Land, welches zuerst euren Stamm erzeugt, wird euch auch wieder aufnehmen; suchet eure alte Mutter. Dort wird das Haus des Aeneas, seine Kinder und Kindeskinder herrschen über alle Lande." Anchises deutete das Orakel auf Kreta, von wo Teukros einst nach dem troischen Lande gewandert sei, und sie zogen, froher Hoffnung voll, diesem reichen schönen Eilande zu, welches, wie die Sage ging, ihr alter Feind Idomeneus verlassen hatte. Sie gründen an der Küste eine Stadt, die sie Pergamos nennen. Schon standen die Häuser, schon erhoben sich die Mauern und Türme der neuen Burg, die junge Mannschaft bestellte das neue Gefild und dachte an Ehe und Begründung des Hauses, Aeneas, der König, gab Recht und Gesetz. Da ergriff plötzlich eine tödliche Seuche das Volk, und die Bäume und die Saaten verdorrten unter dem verderblichen Brande des Sirius. In dieser Not gedachte Aeneas aufs Neue in Delos bei Apollon anzufragen, wo das Geschick ihnen Wohnung und Ruhe bestimmt habe; denn aus der Seuche erkannten sie, daß auf Kreta ihre bleibende Stätte nicht war. Aber in der Nacht vor seiner Abreise traten die Götterbilder der troischen Penaten vor ihn, von Apollon selbst zur Weissagung ihm gesendet, und verkündeten ihm, daß er Kreta verlassen und nach Westen steuern solle, nach dem Lande Hesperia oder Italia; dort sei ihnen die neue Heimat und eine glänzende Herrschaft bestimmt, von dort stammten die Urahnen ihres Geschlechtes Dardanos und Iasios. So räumten sie denn wieder ihre Sitze und zogen nach Westen, indem sie einen kleinen Teil ihrer Genossen in dem neuen Pergamos zurückließen.

In dem jonischen Meere überfiel sie ein furchtbarer Sturm. Nach harter Arbeit landeten sie an einer der strophadischen Inseln, wo die Harpyien wohnten, nachdem sie aus dem Reiche des Phineus vertrieben worden waren. Herrliche Rinder und fette Ziegen weideten ohne Hirten rings in dem hohen Grase. Die Troer fielen über sie her und erlegten einen Teil derselben; aber kaum hatten sie sich ihr köstliches Mahl bereitet, so flogen mit lautem Geschrei die Harpyien von dem nahen Felsgebirge sausend daher und zerrafften und durchwühlten die Speisen und erfüllten, was sie von dem Mahle übrig ließen, mit Schmutz und Unrat. Die Troer suchten Schutz unter der Wölbung eines Felsen hinter dicht belaubten Bäumen und bereiteten sich ein neues Mahl; aber auch hier bleiben sie von den Unholdinnen nicht unbemerkt und ungekränkt. Da greifen die Männer zornig nach Schild und Schwert und hauen auf die gefiederten scheußlichen Gäste los, bis sie das Weite suchen. Eine von ihnen, Kelaino, setzte sich auf der nächsten Klippe nieder und rief unheilverkündend den Fremden zu: „Krieg noch bringet ihr, Aeneas, für die Ermordung unserer Rinder und wollt uns aus unserem heimischen Gebiete vertreiben? Drum vernehmet mein Wort: Ihr werdet nach Italien kommen, wie euch verheißen ist; aber nicht eher werdet ihr die gelobte Stadt mit Mauern umtürmen, als bis gräßlicher Hunger euch genötigt, sogar die benagten Tische hinabzuschlingen." Nach diesen Worten flog sie in den Wald. Dem Aeneas aber und den Seinen verzagte das Herz; sie flehten zu den Göttern um Abwehr des gedroheten Unheils und verließen eiligst die unheimliche Insel.

Nun ging der Weg an der Westküste Griechenlands hinauf, an dem verhaßten Reiche des Odysseus vorbei bis zur Küste von Epirus. Als sie hier landeten, vernahmen sie mit Staunen, daß Helenos, der Sohn des Priamos, vermählt mit Hektors Gattin Andromache, in dem Lande über griechische Völker herrsche. Da trieb den Aeneas die Sehnsucht, die alten Freunde zu sehen, und er ging zu der nahen Stadt. Vor derselben in einem Haine fand er Andromache, wie sie trauernd an einem leeren Grabmahl ihrem geliebten Hektor eine Totenspende brachte. Während beide unter vielen Tränen sich noch über ihr und der Ihrigen trauriges Los unterhalten, kommt auch Helenos aus der Stadt heran, und sie führen erfreut den lieben Gast in ihre Stadt, welche Helenos im Kleinen nach dem Bilde der teuren Vaterstadt erbaut hatte. Auch die übrigen Troer, die im Hafen geblieben waren, wurden jetzt in die Stadt berufen und aufs Beste mehrere Tage lang bewirtet. Ehe sie weiterfuhren, machte der Seher Helenos den Aeneas noch mit den künftigen Gefahren, soweit er vermochte, bekannt und entließ sie mit köstlichen Geschenken.

Die Fahrt ging hinüber an die Ostküste Italiens und dann südlich; denn an dem Westufer Italiens an dem Tiberstrome war ihnen nach der Weissagung des Helenos ihr künftiger Wohnort bestimmt. Die sizilische Meerenge, wo die Skylla und die Charybdis drohten, ließen sie, von Helenos gewarnt, zur Rechten und landeten in der Nähe des tobenden Ätna an der Ostküste Siziliens. Während sie hier vor Anker lagen, erschien plötzlich aus dem nahen Walde in erbärmlichem Aufzug eine abgemagerte Mannesgestalt. Er bekannte sich als einen Gefährten des Odysseus, der zufällig hier in dem Kyklopenlande zurückgelassen worden war und seitdem in steter Angst vor den wilden Kyklopen sich in den Wäldern versteckt umhertrieb. Die Troer vergaßen die alte Feindschaft und nahmen ihn erbarmend bei sich auf. Während der Fremde noch von seinen Leiden erzählte, sahen sie von dem nahen Berge den Riesen Polyphemos mit seiner Herde herabkommen, einen gräßlichen Unhold mit geblendetem Auge; er trug einen abgestumpften Fichtenstamm als Stab in der Hand, mit dem er sich tastend den Weg suchte. Als er das Ufer des Meeres erreichte, wusch er sich stöhnend und zähneknirschend das ausgebrannte Auge in der Flut; dann schritt er mitten durch das Meer dahin, ohne daß das Wasser ihm die Seiten netzte. In aller Stille kuppten die Troer eiligst ihre Ankertaue und flohen davon. Der blinde Riese hörte das Geräusch der Ruder und lenkte seine Schritte darauf zu; da er sie nicht zu erreichen vermochte, erhob er ein furchtbares Gebrüll, wodurch das Volk der Kyklopen aus den Wäldern und von den Gebirgshöhen herbeigerufen wurde. Sie stürzten in wilder Hast nach dem Ufer und schauten mit ihren schrecklich funkelnden Augen nach den davoneilenden Schiffen, deren sie zu ihrem Bedauern nicht mehr habhaft werden konnten.

Hierauf segelte die Flotte um die Südküste Siziliens herum bis an die westliche Spitze des Eilandes, wo ein troischer Held, Akestes, eine Niederlassung gegründet hatte. Dieser nahm die Landsleute freundlich auf und behielt sie eine geraume Zeit bei sich. Aeneas hatte hier den Schmerz, seinen teuren Vater Anchises durch den Tod zu verlieren.

Aeneas in Carthago

Hera sah von der Höhe des Olympos die Flotte der Troer auf der Fahrt von Sizilien nach Italien, nicht fern mehr von ihrem Ziele, und Zorn und tiefer Schmerz ergriff ihre Seele. „Sollen diese verhaßten Troer noch zu hohem Ruhm und Glanz bestimmt sein, sollen sie den Grund legen zu der Stadt, die nach dem Schluß des Schicksals mein geliebtes Carthago zerstören wird? Nimmermehr!" Sie eilt nach Aiolia zu Aiolos, dem Schaffner der Winde, und bittet ihn, daß er seine Stürme löse und die verhaßten Trojaner im Meere versenke. Aiolos gehorchet; die aus ihrem Gefängnis befreiten Winde stürzen auf das Meer und wühlen es auf zu tobenden Wogen. Die Schiffe werden mit zerrissenen Segeln und zerbrochenen Rudern in dem Wogenschwalle nach allen Seiten hin zerstreut; drei rennen auf verborgene Klippen, drei werden auf eine Sandbank festgedrängt und rings von Sand umtürmt. Das Schiff des Orontes wird vom Strudel verschlungen, während andere, von den Fluten zerschlagen und zerschellt, aus den Fugen zu gehen drohen und den einstürzenden Wassern nicht mehr zu widerstehen vermögen. Endlich merkte Poseidon, der Meergott, den Aufruhr in seinem Reiche. Er hob sein ruhiges Haupt aus den brausenden Wogen und sah die zerstreute trojanische Flotte in ihrer Bedrängnis. Sofort scheuchte er mit drohendem Wort die wilden Winde aus seinem Gebiet und ebnete die empörte Flut. Triton und die Nereide Kymothoe machen auf sein Geheiß die auf die Klippen geratenen Schiffe wieder frei, er selbst öffnet mit dem Dreizack die Sandbank und gibt den festgerannten Kielen wieder freie Bahn.

Aeneas hatte mit Mühe sieben Schiffe von der ganzen Flotte wieder zusammengebracht und steuerte mit ihnen ermüdet dem nächsten Ufer zu. Es war die Küste von Libyen. Ein ruhiger sicherer Hafen nahm sie auf, geschützt von hohen Felsen und dunkler Waldung. Im innersten Winkel desselben war eine weitgewölbte Grotte mit süßem Quellwasser und mit Bänken aus lebendigem Stein, eine Wohnung der Nymphen. Da stiegen sie ans Land und ruhten aus von ihren Mühen. Achates, der treue Freund des Aeneas, lockte aus dem Kiesel den zündenden Funken und fachte ihn zu einer lodernden Flamme an, während andere das nasse Korn aus den Schiffen holten, um es am Feuer zu rösten, zu zermalmen und zu einer Mahlzeit zuzurichten. Unterdessen stieg Aeneas mit seinem treuen Achates auf den nahen Felsen, um auf das Meer auszuspähen, ob sie nicht einige der verlorenen Schiffe gewahrten. Aber nirgends war ein Schiff zu sehen, dagegen erblickten sie unten im Waldtal ein Rudel stattlicher Hirsche. Sogleich eilten sie in deren Nähe und ruhten nicht eher, als bis sie sieben starke Tiere niedergeschossen. Aeneas verteilte die Beute, so daß jedes Schiff einen Hirsch erhielt; man holte Wein aus den Schiffen und bereitete ein leckeres Mahl. Im Grase gelagert, erquickten sie sich darauf an Speise und Trank bis in die Nacht, doch der Gedanke an ihre unglücklichen verlorenen Freunde ließ die Freude in ihrem Kreise nicht aufkommen.

Am folgenden Morgen machte sich Aeneas mit Achates auf, um die Gegend umher zu erkunden. Als sie in der Mitte des Waldes waren, begegnete ihnen Aphrodite (Venus), die Mutter des Aeneas, in Tracht und Gestalt einer jagenden Jungfrau und rief ihnen zu: „Heda, ihr Männer, habt ihr vielleicht eine meiner umherstreifenden Schwestern gesehen?" Aeneas antwortete: „Wir sahen keine von deinen Schwestern, Jungfrau, oder wie soll ich dich nennen? Dein Antlitz und deine Stimme verrät nichts Sterbliches. Du bist eine Göttin; Apollo's Schwester vielleicht oder eine der Nymphen? Doch wer du auch seist, sei uns gnädig und hilf uns in der Not. Sage uns, in welchem Lande wir sind? Unkundig irren wir umher, verschlagen von Wind und Wogen." Aphrodite antwortete: „Du erteilst mir unverdiente Ehren, Fremdling. Es ist Sitte bei den tyrischen Jungfrauen, Köcher zu tragen und den Fuß sich mit dem Purpurschuh zu gürten. Du bist in punischem Gebiet, bei Tyriern, in der Nähe der Stadt Carthago; das Land ist Libyen, bewohnt von dem kriegerischen Libyervolke. In der Stadt Carthago herrscht die Königin Dido. Sie floh mit ihren

Freunden und ihren Schätzen aus Tyrus im Phönikierlande vor dem schlimmen Bruder und baute hier die Stadt auf dem Grunde, den sie von dem Libyerfürsten erkaufte. Doch sagt mir, wer seid ihr und woher kommt ihr, wohin führt euer Weg?" Nachdem Aeneas Auskunft gegeben, versicherte Aphrodite, daß ihnen in Carthago eine freundliche Aufnahme zu Teil werden würde; auch machte sie ihnen aus einem Vogelzeichen Hoffnung, daß sie dort wahrscheinlich ihre verlorenen Freunde wiederfänden. Denn eben sah man zwölf Schwäne, der Verfolgung eines Adlers entronnen, sich mit rauschenden Flügeln zur Erde senken. Jetzt wandte sich die Göttin und entfernte sich; rosiges Licht umglänzte ihren Nacken, ihr Gewand wallte nieder bis zu den Füßen und ambrosischer Duft erfüllte die Lüfte. Da erkannte Aeneas die Mutter und rief der Scheidenden nach: „Warum doch, o Mutter, täuschest du mich so oft grausam durch solche Truggestalten? Warum darf ich nicht die Hand dir reichen und ohne Trug mit dir reden?" So klagte er und lenkte mit Achates seinen Schritt den Mauern Carthago's zu. Aphrodite hüllte beide in bergenden Nebel, damit niemand sie auf ihrem Wege aufhalte.

Jetzt stehen sie auf dem Hügel, der ihnen aus der Nähe einen Überblick über die Stadt und die Burg bot. Aeneas bewunderte die mächtigen Bauten, die Tore und die langen gepflasterten Straßen. In lärmendem Eifer schaffen die Tyrier an ihrem Werke, führen die Mauern auf, türmen die Burg, wälzen die Quader. Hier werden Fundamente gegraben für neue Häuser, dort behaut man Säulen zum Schmuck des Theaters; andere graben den Hafen aus. „O glückliches Volk, dem es schon vergönnt ist, seine Mauern zu bauen!" sprach Aeneas, indem er seine Blicke über die sich erhebenden Zinnen der Stadt schweifen ließ und ging dann raschen Schrittes mitten unter das Getümmel der Männer, ohne von ihnen bemerkt zu werden. In der Mitte der Stadt wurde in einem Haine der Göttin Hera ein prächtiger Tempel erbaut. Als Aeneas in diesen hineintrat, sah er eine Reihe herrlicher Bilder, welche die tapferen Kämpfe und die Leiden des trojanischen Volkes darstellten, und er erkannte zu seiner Freude, daß man hier ein Herz hatte für ihr Unglück. Während er noch die Gemälde bewundernd betrachtete, erschien, begleitet von einem Gefolge bewaffneter Jünglinge, die Königin Dido, eine schöne erhabene Gestalt gleich der jugendlichen Artemis. Sie ließ sich in der Vorhalle des Tempels auf einem Throne nieder und sprach den versammelten Männern Recht und verteilte gleichmäßig unter sie die Arbeiten des Baues. Da sahen Aeneas und Achates mit Staunen und Freude unter der sich drängenden Menge ihre durch den Sturm von ihnen getrennten Freunde. Diese traten vor die Königin und gaben sich als die Genossen des durch einen Sturm von ihnen verschlagenen Aeneas zu erkennen, baten um Schutz und die Erlaubnis, ihre zerschellten Schiffe am Ufer wieder herstellen zu dürfen, um, wenn sie wieder mit ihrem Führer vereinigt würden, mit ihm nach Italien zu ziehen; sei ihr geliebter König im Sturme umgekommen, so wollten sie nach Sizilien zurückgehen zu dem König Akestes.

Die Königin nahm die Bittenden freundlich auf und versprach ihnen Schutz und Unterstützung. „Wer kennt nicht", sprach sie, „den großen Aeneas, das herrliche Ilion und sein trauriges Geschick? Wir wohnen hier nicht so fern aus der Welt, daß wir euren Ruhm nicht vernommen hätten; auch ist unser Herz nicht unempfindlich und hart. Drum mögt ihr nach Hesperien oder nach

Sizilien steuern wollen, ich will euch sicher und nicht ohne reiche Vorräte entsenden; wenn ihr aber lieber hier im Lande bleiben wollt, so betrachtet meine Stadt als die eure. Wäre doch auch euer König hier. Gleich will ich zuverlässige Mannschaft aussenden und an dem ganzen Meeresufer nach ihm suchen lassen." Kaum hatte Dido also gesprochen, so teilte sich die Wolke, welche bisher den Aeneas und Achates umhüllt hatte, und der troische Held trat in strahlender Schönheit vor die erstaunte Königin. Diese hieß ihn freundlich in ihrer Stadt willkommen und führte ihn mit seinen Genossen in ihr reiches Haus, wo sie ein köstliches Gastmahl ihm zu Ehren bereiten ließ. Seinen Leuten am Ufer sendete sie reichliche Nahrungsmittel. Aeneas aber ließ seinen Freund Achates schnell zu der Flotte hinabgehen und seinen zärtlich geliebten Sohn Askanios herbescheiden, mit köstlichen Geschenken, welche er aus dem Untergange von Troja gerettet hatte.

Aphrodite fürchtete unter den treulosen Tyriern für die Sicherheit ihres Sohnes Aeneas. Sie bat daher ihren Sohn Eros (Cupido), daß er in der Gestalt des Knaben Askanios sich nach Carthago begebe und das Herz der Dido zur Liebe für Aeneas entflamme. Der Liebesgott war zu diesem Spiele gerne bereit und ging, während Aphrodite den Askanios schlafend zu dem duftigen Haine Idalions entführte, an dessen Statt in Begleitung des Achates nach Carthago, wo in dem Palaste der Königin die Trojaner und vornehmen Tyrier schon am Mahle saßen. Die Königin war entzückt von dem anmutigen Knaben, der die schönen Züge seines Vaters trug, und ließ ihn während des Gelages nicht von ihrer Seite. Da erlag sie der Macht des Gottes. Während bei fröhlichen Gesprächen die Becher kreisten, während Aeneas, von der Königin gebeten, Troja's und seine eigenen Geschicke erzählte, drang allmählich eine glühende Liebe zu dem schönen Helden in ihr Herz, und je länger ihr Auge an seinem Antlitz hing, desto höher und heißer schlug in ihrer Brust der Brand der Leidenschaft auf. Als in später Nacht die Gesellschaft zur Ruhe auseinanderging, war Aeneas ihr einziges Sinnen und Denken.

Hera, welches alles aufbot, um den Aeneas von Italien zurückzuhalten, suchte die Absichten der Aphrodite zu ihren eigenen Zwecken auszubeuten und machte ihr daher den Vorschlag, eine Vermählung des Aeneas und der Dido zu Wege zu bringen. Aphrodite ging gern auf den Vorschlag ein, da auf diese Weise die unglückliche Irrfahrt ihres Sohnes enden und er in Carthago eine glänzende Herrschaft gewinnen werde. Aeneas selbst ward durch die Göttinnen ins Netz gelockt; die liebreizende Königin gewann sein Herz, daß er der großen Verheißungen, die seinem Stamme geworden, vergaß und in Carthago mit ihr die Herrschaft zu teilen gedachte. Aber Zeus, der Lenker der Weltgeschicke, konnte nicht zugeben, daß der Schluß des Schicksals, wonach durch das Geschlecht der Aeneaden in Italien der Grund zu einem weltbeherrschenden Reiche gelegt werden sollte, unerfüllt bleibe, und schickte daher durch Hermes dem Aeneas den Befehl zu, Carthago schleunigst zu verlassen und nach Italien zu steuern. Aeneas gehorchte, wenn auch mit schwerem Herzen, dem Gebote des Zeus, und nachdem er in aller Stille die Flotte zur Abfahrt hatte rüsten lassen, ging er, taub gegen das Flehen und die Vorwürfe der verratenen Dido, unter Segel. Da beschließt die Unglückliche, Verlassene zu sterben. Sie läßt einen hohen Scheiterhaufen in dem Hofe ihres Palastes auftürmen und bohrt sich auf demselben, während die Flamme zu lodern beginnt, das Schwert in die gequälte Brust.

Fahrt von Carthago nach Latium

Nachdem Aeneas Carthago verlassen hatte, wurde er durch einen Sturm wieder an die Westspitze von Sizilien getrieben, wo Akestes herrschte. Es war gerade ein Jahr vorüber, seit er zum ersten Male hier gelandet; drum hielt er am Todestage seines Vaters prächtige Leichenspiele an dessen Grabe. Während die Männer und Jünglinge sich an den Spielen ergötzten, reizte Hera durch ihre Botin Iris die Frauen, welche am Meere saßen und den Anchises beklagten, daß sie die Flotte in Brand steckten, damit dem traurigen Umherschweifen auf dem Meere endlich ein Ziel gesetzt werde. Die Männer eilten erschreckt herbei, aber menschliche Kraft vermochte nicht den gewaltigen Brand zu löschen; da sandte Zeus, von Aeneas angerufen, einen starken Platzregen und tilgte das Feuer. Dies Ereignis war aber für Aeneas Veranlassung, daß er die Frauen und die schwachen Männer, die den Mühsalen der Fahrt nicht mehr gewachsen und zum Kriege untauglich waren, in Sizilien zurückließ und ihnen die Stadt Acesta baute.

Sobald die Schiffe wieder hergestellt waren, setzte Aeneas seine Reise fort. Wind und See waren gewogen, und die Flotte zog, von dem Steuermann Palinurus geführt, ruhig dahin. Die Nacht sank herab, die Mannschaft legte sich zur Ruhe; nur Palinurus, am Steuer sitzend, schloß kein Auge. Da nahte ihm durch die tauige Nacht der Schlafgott, setzte sich in der Gestalt des Phorbas aufs Steuerverdeck und sprach zu ihm: „Palinurus, das Meer trägt selbst die Flotte, und der Wind atmet stet und gleich; es bietet sich ein Stündchen zur Ruhe. Lege das Haupt nieder und schließe die müden Augen; ich will selbst ein wenig deines Amtes warten." Aber Palinurus widerstrebte; er hielt sein Steuer fest in den Händen und schaute unverwandt nach der Sternenbahn. Da sprengte der Gott mit einem Zweige einschläfernden Tau der Lethe auf seine Schläfe, und bald schwamm sein Auge in süßer Betäubung. Kaum hatte der Schlaf seine Glieder gelöst, so zerbrach das Verdeck, und der Steuermann fiel mit dem Steuer in die See. Nach kurzem Erwachen bedeckten den Unglücklichen, der vergebens um Hilfe rief, die Wellen; das nahe Vorgebirge Palinurus erhielt von ihm den Namen.

Als Aeneas den Untergang seines Steuermannes gemerkt, übernahm er selbst die Führung und lenkte die Flotte an der italischen Küste hin. Sie kamen an den seirenusischen Inseln vorbei, den Inseln der Seirenen, welche vordem jedes vorübersegelnde Schiff durch ihren Zaubergesang ins Verderben lockten, nachdem aber Odysseus ungekränkt an ihnen vorübergefahren war, nach dem Schlusse des Schicksals sich den Tod gegeben hatten, und fuhren dann in den Hafen von Cumä ein. Dort ging Aeneas mit der Sibylle Deïphobe durch einen tiefen Schlund in die Unterwelt hinab, um seinen Vater Anchises zu sehen und sich von ihm die Zukunft eröffnen zu lassen. Von Cumä aus schiffte er nordwärts nach Cajeta, das seinen Namen von Cajeta, der Amme des Aeneas, erhielt, welche hier von dem Tode ereilt ward. Nördlich davon liegt Circeji, wo die Zauberin Kirke (Circe) hauste. Die Troer schifften während der Nacht eilends vorbei; sie hörten aus der Ferne die grausigen Stimmen der Löwen und Bären, der Säue und Wölfe, in deren Gestalten die schlimme Zauberin die unglücklichen Menschen gebannt hatte, welche an ihre Küste gekommen waren.

Endlich gelangten sie an den Ausfluß des Tiberstroms, der sich in einer stillen Waldlandschaft wirbelnd in das Meer ergoß. Sie stiegen ans Land und lagerten sich in dem Schatten der Bäume, um ein ländliches Mahl zu sich zu nehmen. Sie hatten mannigfaltige Früchte auf Kuchen von Spelt aufgehäuft. Als sie nun die Früchte gegessen und die Eßlust sie trieb, auch die Kuchen zu zerbrechen und zu verzehren, da rief auf einmal Askanios scherzend: „Ei, wir verzehren ja die Tische!" Da brach alles in lauten Jubel aus; denn sie sahen jetzt die drohende Weissagung der Harpyie Kelaino in unschädlicher Weise erfüllt und erkannten, daß sie den Ort ihrer Bestimmung erreicht. Aeneas erhob sich freudig und rief: „Heil dir, o Land, das mir das Schicksal verheißen, Heil euch, Penaten, die ihr mir treu von Troja gefolgt seid! Hier ist unser Wohnsitz und unser Vaterland!" Darauf umflocht er sich das Haupt mit laubigem Gezweig und rief den Genius des Ortes an und die Mutter Erde und die Ströme des Landes und den Zeus, den höchsten Lenker aller menschlichen Geschicke. Dreimal antwortete Zeus seinem Gebete mit lautem Donner aus heiterem Himmel und ließ ihm ein funkelndes Gewölke herniederstrahlen. Da erkannten alle, daß der Tag genahet war, wo sie die verheißenen Mauern gründen sollten; sie erneuten eifrig ihr Mahl, stellten die vollen Mischkrüge auf und schmausten frohen Herzens bis tief in die Nacht.

Am andern Morgen errichtete Aeneas am Gestade ein Lager und umgab es zum Schutz mit Graben und Wall.

Der Kampf um die neue Heimat

Über die friedlichen Gaue von Latium, wo Aeneas gelandet war, herrschte damals in der Stadt Laurentum der alte Latinus, ein Sohn des Faunus, Urenkel des Saturnus. Er hatte nur eine einzige Tochter, Lavinia, um deren Hand viele Fürsten weit und breit sich bewarben; doch der schönste von allen Freiern war Turnus, der edle Rutulerfürst von Ardea, begünstigt von Amata, der Mutter der Jungfrau, deren Neffe er war. Aber wunderbare Götterzeichen sowie die Weissagung des Faunus, welche der besorgte Vater eingeholt, verwehrten die Ehe mit einem einheimischen Fürsten und wiesen auf einen aus der fernen Fremde kommenden Eidam hin, der den Namen ihres Stammes bis zu den Sternen erheben werde. Als daher Aeneas gleich am folgenden Tage nach seiner Landung eine glänzende Gesandtschaft an den König absandte und einen mäßigen Sitz für sich und sein Volk und seine heimischen Götter forderte, erteilte Latinus in Erwägung der ihm gewordenen Wunderzeichen und Orakel eine freundliche Antwort und bot dem gelandeten trojanischen Helden die Hand seiner Tochter an.

Hera hatte ihrem Haß gegen Aeneas und die Troer noch nicht entsagt; sie konnte ihnen zwar, das wußte sie, die vom Schicksal bestimmte Herrschaft nicht wehren noch die Vermählung vereiteln, aber sie wollte doch die Gründung des Reiches möglichst verzögern, und zur Weihe der Hochzeit sollten noch Ströme von Blut fließen. Sie reizte durch die Furie Alekto die alte Königin, welche dem Bund mit dem Fremden widerstrebte, zu rasender Wut und entflammte den kriegerischen Turnus wegen der Verschmähung zu wildem Toben, daß er die Troer und zugleich den Latinus mit verderblichem Kriege heimzusuchen beschloß. Doch sie ging noch weiter und trennte auch die Macht des Latinus und des Aeneas. Askanios nämlich, der an den Ufern des Tiber jagend umherstreifte, schoß mit seinem Pfeil eine Hündin, welche, aufgezogen von Tyrrhus, einem Untertan des Latinus, frei und zahm umherging, eine Lust seiner Kinder, ein Liebling allem Volke, das umherwohnte. Als das verwundete Tier sich ächzend zum Stalle schleppte, stürzten Tyrrhus und seine Söhne und die ganze Nachbarschaft zornig und racheschnaubend auf Askanios los, dem seinerseits die troische Jugend zu Hilfe eilte. Es entspann sich ein wütender Kampf, in welchem auf beiden Seiten viele Menschen fielen. Als die Kämpfenden sich endlich trennten und die Leichen der gefallenen Latiner in die Stadt getragen wurden, entstand ein tobender Aufruhr. Amata, die Königin, und die von ihr fortgerissenen Weiber mit dem gesammten Volke forderten Krieg, Krieg gegen die fremden Abenteurer, die sich frech und übermütig in ihr Gebiet eindrängten. Latinus vermochte dem Sturm nicht zu widerstehen, er schloß sich in sein Haus ein und überließ die Zügel des Reiches seinem Weibe und der tobenden Menge. Hera selbst riegelte die Pforten des Janus auf, die nach altem Brauche beim Beginn eines Krieges geöffnet wurden, und bald stand, von Turnus aufgerufen, das ganze Land umher kriegslustig in Waffen. An der Spitze des gesammten Kriegsvolkes stand der junge heldenmütige Rutulerkönig Turnus, an seiner Seite Mezentius, ein wilder grausamer König aus Hetrurien, der, wegen seiner Tyrannei von den Hetruskern verjagt, mit seinen Anhängern bei Turnus eine Zuflucht gefunden hatte. Mit kriegslustiger Mannschaft kamen Aventinus, der starke Sohn des Hercules, Catillus und Coras aus Tibur, Caeculus aus Präneste, Messapus und Clausus und viele andere Helden, auch Camilla, die Heldenjungfrau aus dem Stamme der Volsker, tapfer und schön wie eine jugendliche Amazone.

Als Aeneas so ringsum sich die Völker in Waffen erheben sah, schwankte sein Herz ratlos in banger Sorge, wie er mit seiner geringen Mannschaft gegen solche Mengen bestehen sollte. Da erschien ihm im Traume der Flußgott Tiberinus, der ihm als dem Begründer der künftigen Römergröße gewogen war, und riet ihm, bei Evander, dem auf dem palatinischen Berge, wo nachmals Rom stand, eingewanderten Arkaderfürsten, Hilfe zu suchen; denn dieser war ein Feind des ihn stets bedrängenden Turnus und des Mezentius. Aeneas folgte dem Rate des Gottes und fuhr am folgenden Tage in zwei Schiffen den Tiber hinauf zu dem palatinischen Hügel. Evander nahm ihn gastlich auf und gab ihm zur Unterstützung 400 Reiter, die von seinem heldenmütigen Sohne Pallas angeführt wurden. Zugleich gab er ihm den Rat, nach Hetrurien zu gehen, dessen Völker unter den Waffen stünden, um den vertriebenen Tyrannen Mezentius und seinen Freund Turnus zu bekriegen, und einem Orakel gemäß einen fremden Führer suchten. Aeneas schickte daher einen Teil seiner Leute wieder auf den Schiffen nach seinem Lager zurück und ritt mit Pallas und seiner Schar nach Hetrurien.

Hera hatte unterdessen den Turnus durch Iris von der Abwesenheit des Aeneas benachrichtigt und angetrieben, das trojanische Lager zu bestürmen. Die Trojaner beschränkten sich nach der Vorschrift des Aeneas auf die Verteidigung ihrer Verschanzungen und schlugen die Angriffe des Turnus tapfer ab. Da versuchte dieser, die Schiffe der Trojaner, welche zwischen dem Wall und dem Flusse in Sicherheit gebracht waren, in Brand zu stecken, und es wäre ihm gelungen, wenn nicht Zeus durch ein Wunder die Schiffe vor solchem Untergange bewahrt hätte. Die Schiffe waren nämlich aus den Stämmen eines Haines der Rhea Kybele, der Göttermutter, im Idagebirge gebaut worden, und Zeus hatte damals seiner hehren Mutter versprochen, daß diese Schiffe kein Ende, wie die gewöhnlichen Schiffe, haben sollten. Als daher Turnus ihnen mit der Brandfackel nahte, rissen sie sich von den Tauen los und stürzten sich niedertauchend in das Meer; als sie wieder gleich Schwänen hervortauchten, schwammen sie als liebliche Meernymphen durch die Flut. Mit neuem Eifer griffen jetzt die italischen Scharen das trojanische Lager an, denn sie glaubten, daß jetzt nach dem Verluste der Schiffe die Fremdlinge dem sicheren Verderben verfallen seien; aber die Troer vereitelten jeden Angriff. Deshalb zog Turnus gegen Abend ab und schloß das Lager von der Landseite mit einer starken Wache ein. Die Nacht über standen die Troer beobachtend auf dem Wall und an den Toren, während die Feinde in ihrem Lager bei Wein und Spiel sich die Zeit verkürzten.

An dem einen Tor des trojanischen Lagers stand ein tapferes Freundespaar Wache. Nisus hieß der ältere, ein starker kampfgeübter Krieger; der jüngere, Euryalus, kaum dem Knabenalter entwachsen, war der schönste Jüngling im troischen Heer. Als diese in dem feindlichen Lager die Wachtfeuer allmählich verlöschen sahen und merkten, daß der Wein und der Schlaf die Mannschaft bewältigt habe, kam ihnen der Gedanke, durch den Feind sich hindurchzuschleichen und die Botschaft, welche die Führer des Heeres von ihrer Bedrängnis dem Aeneas zusenden wollten, zu besorgen. Die versammelten Führer und Askanius nahmen freudig das Anerbieten an, und nun schlichen sich die beiden Jünglinge wohlbewaffnet durch das nächtliche Dunkel den Graben entlang in das feindliche Lager. Hier lagen die Krieger sorglos und weinberauscht in tiefem Schlaf. Die beiden Troer machten sich über die Schlafenden her und mordeten einen nach dem andern. Endlich, als schon im Osten es zu tagen begann, eilten sie ins Freie. Da begegnete ihnen eine Reiterschar, welche Turnus von der Stadt nach dem Lager gesendet hatte, und rief sie an; sie aber flüchteten ohne Antwort in den nahen Wald. Doch der Feind, der Örtlichkeit kundig, besetzte alle Ausgänge, während ein Teil durch das Gestrüpp sie verfolgte. Nisus entkam glücklich aus dem Bereich der Feinde und rettete sich in das Gefilde; doch als er sich nach seinem Freunde umsah, war er nirgends zu finden. Er eilte besorgt zurück und erkannte durch das Dämmerlicht, wie der zurückgebliebene Euryalus von allen Seiten von den feindlichen Reitern umstellt war. Da schleuderte er, um den Freund zu befreien, aus verborgenem Hinterhalt seine Lanze und streckt einen der Reiter zu Boden. Ein neuer Speerwurf fällt einen zweiten. Wutschnaubend stürzt jetzt Volscens, der Führer der Schar, auf Euryalus ein und ruft: „So sollst du denn für beide mir büßen!" „Hier ist der Feind!" ruft Nisus verzweifelt, indem er aus seinem Verstecke hervorspringt, „schone den Unschuldigen; mein Speer hat sie beide gemordet!" Ehe er sich rettend zwischen beide stürzen konnte, hatte Volscens dem Euryalus sein Schwert in die Brust gestoßen. Der zarte Jüngling sinkt zusammen, wie eine Purpurblume, die von der schneidenden Pflugschar erfaßt ward, wie der Mohn mit ermattetem Schafte das Haupt beugt, wenn ihn der Regen schwer belastet. In zornigem Schmerz stürzt sich Nisus den ihn von allen Seiten umdrängenden Feinden entgegen, um den Tod des Euryalus zu rächen, und sinkt endlich, aus vielen Wunden blutend, sterbend auf den entseelten Leib seines Freundes. Die abgehauenen Häupter der beiden Jünglinge, auf Speere gesteckt, verkündeten ihren Freunden im Lager ihr unglückliches Ende.

Turnus setzt am nächsten Tage die Bestürmung des Lagers fort, aber mit so geringem Erfolg, daß Bitias und Pandarus, Zwillingsbrüder vom Ida, zwei gewaltige Recken, welche an dem einen Tor Wache hielten, ihr Tor öffneten und sich mit ihrer Schar hinaus auf den Feind stürzten. Sie brachten diesen in große Verwirrung und richteten ein arges Blutbad an, bis Turnus, von einer andern Seite herbeieilend, dem Kampfe eine andere Wendung gab. Er schmetterte den Bitias nieder und wütete so unter der troischen Schar, daß Pandarus schnell das Tor wieder zuschlug, ohne zu bedenken, daß er viele der Seinen ausschloß, ohne zu sehen, daß Turnus im Lager eingeschlossen war. Sobald er desselben ansichtig ward, stürzte er erzürnt über den Mord seines Bruders auf ihn ein, er glaubte ihn jetzt ganz in seiner Gewalt; aber Turnus verlor mitten im feindlichen Lager den Mut nicht, er hieb den anstürmenden Pandarus mit dem Schwerte nieder und wütete dann unter den Übrigen, wie der Tiger im Schafstall. Nachdem er viele zu Boden gestreckt, warf er sich mit der blutigen Rüstung in den Tiber, der die eine Seite des Lagers deckte, und schwamm zu seinen Freunden zurück.

Unterdessen hatte Aeneas mit den Hetruskern einen Bund geschlossen und zog, von einem zahlreichen Heere derselben begleitet, zur See in vielen Schiffen zu seinem Lager zurück. Unterwegs erschienen ihm die Meernymphen, die aus seinen Schiffen entstanden waren, und verkündeten ihm die Bedrängnis der Seinen. Darum beschleunigte er seinen Lauf. Gleich bei der Landung entspann sich ein wilder Kampf, in welchem sich außer Aeneas besonders Pallas, der Sohn des Evander, auszeichnete, aber endlich unter den Händen des Turnus den Tod fand. Um den jungen Freund zu rächen, stürzt sich jetzt Aeneas mit doppelter Wut auf den Feind und schlägt ihn in die Flucht, während zugleich vom Lager aus Askanius durch einen Ausfall ihn unterstützt. Turnus hätte in dieser Schlacht seinen Tod gefunden, wenn er mit Aeneas zusammengeraten wäre; aber Hera, seine Gönnerin, führte ihn aus der Schlacht, indem sie ein Scheinbild des Aeneas vor ihm her fliehen ließ bis auf ein Schiff am Meeresufer. Sobald Turnus in dieses hineingesprungen war, zerriß die Göttin das Ankertau und führte ihren Liebling an das Ufer von Ardea. Der wilde Mezentius aber und sein Sohn Lausus fanden in dieser Schlacht durch Aeneas den Tod.

Hierauf folgte ein Waffenstillstand zur Bestattung der Toten. Die Leiche des Pallas sendete Aeneas seinem alten Vater Evander heim. Während in der Stadt Laurentum nach so herben Verlusten schon der größte Teil des Volkes und der König Latinus selbst für den Frieden sprachen, andere dagegen, namentlich der kriegerische Turnus, dem widerstrebten, rückte Aeneas mit seinen Scharen von verschiedenen Seiten gegen die Stadt heran; die Reiterei nahte durch die

Ebene, das Fußvolk, von Aeneas selbst geführt, kam von der Seite über die Berge. Diesem legte Turnus einen Hinterhalt, während er der Reiterei die Camilla und den Messapus entgegenschickte. Auf dieser Seite entspann sich eine brausende Reiterschlacht, in welcher die Amazone Camilla Wunder der Tapferkeit tat, bis der tödliche Speer des Arruns ihr in die offene Brust drang. Ihren Tod rächte die Göttin Artemis, ihre Freundin und Schützerin, durch die Hand der Nymphe Upis, welche, von ihr auf das Schlachtfeld gesendet, dem Arruns einen schwirrenden Pfeil in die Brust bohrte. Der Tod der Camilla aber verursachte eine allgemeine Flucht der Rutuler. Als Turnus hiervon die Kunde erhielt, verließ er seinen Hinterhalt, um den Flüchtenden Hilfe zu bringen. Jetzt konnte Aeneas ungehindert durch die Gebirgsschlucht in die Ebene herabziehen, und es wäre in der Nähe der Stadt zu einem harten Treffen gekommen, wenn nicht die hereinbrechende Nacht dem Eifer der beiden Heerführer ein Ziel gesetzt hätte. Sie verschanzten sich beide nicht fern von der Stadt.

Am folgenden Tage erbot sich Turnus, da er die Mutlosigkeit der Latiner sah, zum Zweikampf mit Aeneas, und obgleich Latinus und Amata besorgt dagegen sprachen, so wurden doch die Vorbereitungen zu demselben getroffen. Man maß den Kampfraum ab, brachte die Opfertiere zur Beschwörung des Vertrages und stellte die Bedingungen fest. Wenn Turnus siegte, so wollte Aeneas mit den Seinen zu Evander ziehen und allem Kriege für die Zukunft entsagen; siegt Aeneas, so soll Lavinia seine Gattin werden und beide Völker, Latiner und Troer, zu ewigem Bunde vereinigt sein, Latinus aber vor der Hand die Herrschaft behalten. Während dieser Vertrag geschlossen ward, bestimmte Hera die Schwester des Turnus, die Nymphe Iuturna, daß sie die Jugend der Rutuler mit Besorgnis um das Leben ihres Königs erfüllte und zum Bruche des Vertrages reizte. Plötzlich begannen sie die Mannschaft des Aeneas anzugreifen, so daß bald wieder ein allgemeines Kampfgewühl entstand, in welchem Aeneas selbst durch einen Pfeil nicht leicht verwundet wurde. Er zog sich aus dem Treffen zurück, wurde aber von Aphrodite sogleich wieder geheilt. Als er wieder neu gestärkt in die Schlacht zurückkehrte, umringt von seinen tapfersten Genossen, da fürchtete Iuturna für das Leben ihres Bruders, schwang sich in dessen Streitwagen in der Gestalt seines Wagenlenkers Metiscus und fuhr ihn ringsum auf dem Schlachtfelde umher, stets dahin, wo sein Gegner Aeneas nicht zu fürchten war. Aeneas, des langen Suchens und vergeblichen Verfolgens müde, wandte sich endlich auf den Rat seiner Mutter mit den Tapfersten seines Heeres gegen die Stadt Laurentum, um sie mit Waffen und Flammen anzugreifen und die Feinde durch Vernichtung derselben für den Bruch des Vertrages zu strafen. Als dadurch ein wüster Tumult in der Stadt entstand, die einen der Bürger nach Frieden schrieen, die andern zur Abwehr auf die Mauern eilten, Geschosse hin und wider flogen und schon die geschleuderten Flammen der Troer die Türme und die Häuser entzündeten, da ward die alte Königin, welche von dem Dache ihres Hauses dem tobenden Kampfe zuschaute, von wilder Verzweiflung erfaßt; sie glaubte, Turnus, den sie stets zum Kriege gereizt, sei in der Feldschlacht gefallen, und indem sie sich die Schuld von seinem Unheil beimaß, beschloß sie zu sterben. Sie zerriß ihr Purpurgewand und erhängte sich am Gebälk ihres eigenen Hauses. Lautes Geschrei und Klagen durchtönte die Stadt, sobald sich die Kunde von dem Tode der Königin verbreitete. Als Turnus dies hörte, als er in der Stadt den Turm brennen sah, den er selbst jüngst zur Verteidigung auferbaut, und zugleich ein Bote erschien mit der Nachricht von dem, was in der Stadt geschehen, da ließ er sich von der besorgten Schwester, die er längst unter der Hülle seines Wagenlenkers erkannt, nicht mehr zurückhalten und eilte mitten durch die Scharen der Feinde der Stadt zu, um den Aeneas aufzusuchen und im Zweikampf mit ihm eine endliche Entscheidung herbeizuführen. Bald trafen sich die beiden Helden und stürzten in wütendem Kampfe gegen einander. Nachdem sie ihre Lanzen ohne Erfolg geschleudert, rannten sie mit den Schwertern auf einander los; Schlag fiel auf Schlag, bis die Klinge des Turnus auf der Rüstung des Aeneas, die Hephaistos gefertigt hatte, dreifach und vierfach zersprang. Er floh, von Aeneas verfolgt, in weiten Kreisen durch das Gefilde zwischen der Stadt und den Scharen der Troer, ohne daß ihm einer der Seinen nahen und ein neues Schwert reichen konnte. Der Speer des Aeneas war, als er zuerst ihn gegen Turnus geschleudert, in den Wurzeln eines wilden Ölbaums, der dem Faunus geweiht war, stecken geblieben. Jetzt wollte ihn Aeneas, da er den Gegner im Laufe nicht erhaschen konnte, ausreißen, um den Turnus aus der Ferne zu treffen; aber Faunus, von Turnus um Hilfe angerufen, vereitelte sein Bemühen. Während er vergebens mit aller Kraft die Lanze herauszureißen strebt, eilt Iuturna in der Gestalt des Wagenlenkers Metiscus zu dem Bruder und reicht ihm ein neues Schwert. Nun aber läßt auch Aphrodite ihren Sohn nicht im Stiche, sie fliegt ungesehen herzu und zieht den Speer aus der Wurzel des Ölbaums. Mit neuem Mute und neuen Waffen, der eine mit dem Schwerte, der andere mit der Lanze bewehrt, traten die beiden Helden sich wieder entgegen. Im Olympos aber war der Untergang des Turnus beschlossen. Zeus sandte Graun und Entsetzen in seine Brust, daß ihm die alte Kraft aus den Gliedern entschwand. Als Aeneas ihm naht, will er einen schweren Feldstein ihm entgegenschleudern; aber er vermag die wuchtige Last kaum zu schwingen und erwartet mit bangem Herzen den Speerwurf des Gegners. Wie eine dunkle Windsbraut saust die Lanze des Aeneas daher, durchbohrt Schild und Panzer und dringt ihm tief in die Hüfte, daß er unter dem lauten Wehruf der Seinen zusammenbrechend in die Knie sinkt. „Ich verdiente es so", sprach er kleinmütig, indem er seine Rechte zu dem Sieger emporhob, „ich will keine Gnade, brauche dein Glück! Doch wenn dich der Jammer meines alten Vaters zu rühren vermag, so erbarme dich sein; gib ihm mich oder, willst du's nicht anders, meinen toten Leib zurück. Ich gebe mich besiegt, Lavinia ist dein; setze deinem Hasse ein Ziel." Schon wollte die Seele des Aeneas sich zum Mitleid wenden, da sah er um die Schultern des Besiegten das Wehrgehenke des Pallas, das er diesem nach seiner Erlegung abgenommen. Die Erinnerung an den blutigen Tod des geliebten Jünglings regte den Zorn des Aeneas von Neuem auf, und er stieß grimmig dem Feinde den kalten Stahl in die Brust.

Nach dem Tode des Turnus gab Latinus willig die Hand seiner Tochter Lavinia dem Aeneas, und Troer und Latiner, die sich bisher blutig bekämpft, vereinigten sich zu einem Volke. Aeneas erbaute sich in der Nähe des Tiber eine Stadt, die er seiner jungen Gemahlin zu Liebe Lavinium nannte. Dreißig Jahre nach der Gründung von Lavinium baute Askanios oder Julus die Stadt Alba Longa, von wo aus 300 Jahre später Romulus und Remus, aus dem Geschlechte des Julus, das zur Weltherrschaft berufene Rom gründeten.

Inhalt

1. Prometheus (nach Hesiod)	5
2. Prometheus (nach Aeschylos)	7
1. Die Menschenalter (nach Hesiod)	11
2. Die Menschenalter (nach Ovid)	13
Die große Flut	14
Phaethon und die Phaethontiden	17
Io	21
Danaos und die Danaiden	24
Perseus	25
Sisyphos und Salmoneus	30
Bellerophontes	32
Europa	35
Kadmos	38
Aktaion	40
Pentheus	43
Ion	47
Prokris und Kephalos	52
Daidalos	54
Aiakos	57
Tantalos und Pelops	59
Zethos und Amphion	62
Niobe	64
Aëdon	69
Die Dioskuren und Aphareiden	70
Orpheus und Eurydike	72

Herakles

Des Helden Geburt und Jugend	74
Herakles am Scheidewege	78
Herakles und Eurystheus	80
Der nemeische Löwe – Die Hydra	80
Die kerynitische Hindin – Der erymanthische Eber – Die stymphalischen Vögel	83
Augias	84
Der kretische Stier – Die Stuten des Diomedes	86
Gürtel der Hippolyte – Rinder des Geryones	87
Die Äpfel der Hesperiden – Kerberos	89
Herakles und Eurytos	91

Herakles und Omphale	92
Herakles und Admetos	93
Herakles und Laomedon	97
Herakles und die Giganten	99
Herakles und Deïaneira	101
Ende des Herakles	103
Die Herakliden	108

Theseus

Seine Geburt und Reise nach Athen	112
Theseus in Athen	115
Des Theseus Fahrt nach Kreta	116
Theseus und Hippolytos	120
Hochzeit des Peirithoos	125
Des Theseus Frauenraub und Ende	129

Meleagros

Kamp der Aetoler und Kureten	132
Die kalydonische Jagd	134

Die Argonauten

Phrixos und Helle	139
Jason und Pelias	140
Zurüstung der Argonautenfahrt	142
Die Argonauten auf Lemnos	144
Kyzikos	146
Hylas	147
Amykos	149
Phineus	151
Die Symplegaden – Die Insel Aretias	153
Eine Scene auf dem Olympos	156
Jason im Palaste des Aietes	157
Medeia verspricht ihre Hilfe	160
Medeia's und Jasons Zusammenkunft	162
Jasons Arbeiten	165
Raub des Vließes	167
Die Rückkehr	170
Des Pelias Tod	177
Jason und Medeia in Korinth	178

Ödipus

Des Ödipus Jugend und Frevel	184
Die Entdeckung der Frevel des Ödipus	186
Des Ödipus Ende	193

Die thebanischen Kriege

Des Polyneikes Flucht – Der Auszug der Sieben gegen Theben	202
Die Belagerung von Theben	206

Die Bestattung 211
Antigone 214
Der Epigonenkrieg 220
Alkmaion 222

Metamorphosen

Daphne 224
Narkissos und Echo 225
Die tyrrhenischen Schiffer 228
Die Töchter des Minyas 229
Pyramus und Thisbe 230
Arachne 232
Die lykischen Bauern 233
Prokne und Philomela 234
Philemon und Baukis 238
Kyparissos 240
Hyakinthos 240
Pygmalion 242
Adonis 243
Midas 244
Keyx und Halkyone 245
Aisakos 250
Akis 251
Picus 253
Ampelos 255
Amor und Psyche 258

Die Ereignisse des trojanischen Krieges vor der Ilias

Troja 277
Der Apfel der Eris 279
Raub der Helena 282
Die Werbungen des Menelaos zum Kriegszuge gegen Troja 285
Der erste mißglückte Auszug 288
Lager in Aulis – Opfer der Iphigeneia 290
Die neun ersten Jahre des Krieges 299

Zorn des Achilleus

Streit des Achilleus und Agamemnon 307
Die Versuchung des Heeres durch Agamemnon – Thersites 313
Zweikampf des Paris und Menelaos 316
Schuß des Pandaros – Schlacht 321
Fortsetzung der Schlacht – Hektor 326
Neue Schlacht – Sieg der Troer 332
Versöhnungsversuch bei Achilleus 335
Odysseus und Diomedes auf nächtlicher Kundschaft 338
Zweite Niederlage der Griechen 342
Der Kampf um die Mauer 345
Der Kampf um die Schiffe 348

Patroklos geht in den Kampf und fällt	354
Achilleus entschließt sich zum Kampfe	359
Die Götterschlacht	367
Hektors Tod	372
Bestattung des Patroklos	377
Zurückgabe und Bestattung des Hektor	379

Die Ereignisse des trojanischen Krieges nach der Ilias

Penthesileia	387
Memnon	391
Tod des Achilleus	395
Tod des Telamoniers Aias	398
Philoktetes	403
Das hölzerne Roß	407
Troja's Zerstörung	413
Hekabe und Polyxena	418
Die Rückkehr von Troja	420

Das Haus der Atriden

Atreus und Thyestes	424
Agamemnons Ermordung	426
Ermordung Klytaimnestra's und des Aigisthos	431
Orestes und die Erinyen	436
Iphigeneia in Tauris	442
Tod des Neoptolemos durch Orestes	450

Heimkehr des Odysseus

Die Kikonen – Die Lotophagen	453
Der Kyklop Polyphemos	454
Aiolos – Laistrygonen	462
Die Zauberin Kirke	464
Odysseus in der Unterwelt	469
Seirenen – Plankten – Skylla und Charybdis	476
Die Insel Thrinakia – Untergang des Schiffes	480
Die Götter beschließen die Rückkehr des Odysseus	484
Telemachos und die Freier	490
Telemachos reist nach Pylos	493
Telemachos in Sparta	496
Mordanschlag der Freier gegen Telemachos	496
Des Odysseus Abfahrt von Ogygia und Schiffbruch	498
Odysseus und Nausikaa	501
Odysseus bei den Phäaken	504
Odysseus gelangt nach Ithaka	510
Odysseus bei dem Sauhirten Eumaios	514
Telemachos kommt von Sparta zum Gehöfte des Eumaios	518
Odysseus gibt sich seinem Sohne zu erkennen	522
Die Anschläge der Freier gegen Telemachos	524
Telemachos und Odysseus kommen in die Stadt	526

Odysseus als Bettler unter den Freiern 529
Odysseus' Unterredung mit Penelope 535
Nacht und Morgen vor der Rache 539
Der Tag der Rache 541
Odysseus und Penelope 552
Odysseus und Laertes 554
Die Versöhnung 557

Auswanderung des Aeneas

Irrfahrten des Aeneas bis ins siebente Jahr 559
Aeneas in Carthago 561
Fahrt von Carthago nach Latium 565
Der Kampf um die neue Heimat 566